[MIRROR]

imaginist

040

为了人与书的相遇

M 译丛序

“如果没有翻译，”批评家乔治·斯坦纳（George Steiner）曾写道，“我们无异于住在彼此沉默、言语不通的省份。”而作家安东尼·伯吉斯（Anthony Burgess）回应说：“翻译不仅仅是言词之事，它让整个文化变得可以理解。”

这两句话或许比任何复杂的阐述都更清晰地定义了理想国译丛的初衷。

自从严复与林琴南缔造中国近代翻译传统以来，译介就被两种趋势支配。

它是开放的，中国必须向外部学习；它又有某种封闭性，被一种强烈的功利主义所影响。严复期望赫伯特·斯宾塞、孟德斯鸠的思想能帮助中国获得富强之道，林琴南则希望茶花女的故事能改变国人的情感世界。他人的思想与故事，必须以我们期待的视角来呈现。

在很大程度上，这套译丛仍延续着这个传统。此刻的中国与一个世纪前不同，但她仍面临诸多崭新的挑战。我们迫切需要他人的经验来帮助我们应对难题，保持思想的开放性是面对复杂与高速变化的时代的唯一方案。但更重要的是，我们希望保持一种非功利的兴趣：对世界的丰富性、复杂性本身充满兴趣，真诚地渴望理解他人的经验。

M 译丛主编

梁文道　刘瑜　熊培云　许知远

[英] 理查德 · J. 埃文斯 著　　陈壮 赵丁 译

战时的第三帝国

RICHARD J. EVANS

THE THIRD REICH AT WAR

九州出版社
JIUZHOUPRESS

图书在版编目(CIP)数据

战时的第三帝国 / (英) 理查德 · J. 埃文斯著 ; 陈壮, 赵丁译. — 北京 : 九州出版社, 2020.7 (2024.10 重印)

ISBN 978-7-5108-9223-3

Ⅰ. ①战… Ⅱ. ①理… ②陈… ③赵… Ⅲ. ①德意志第三帝国—史料②第二次世界大战—史料 Ⅳ. ① K516.44 ② K152

中国版本图书馆 CIP 数据核字 (2020) 第 110443 号

著作权合同登记号：图字01-2020-2411
地图审图号：GS（2020）1129号

战时的第三帝国

作　　者　[英] 理查德 · J. 埃文斯 著；陈壮 赵丁 译
出版发行　九州出版社
地　　址　北京市西城区阜外大街甲35号（100037）
发行电话　（010）68992190/3/5/6
网　　址　www.jiuzhoupress.com
电子信箱　jiuzhou@jiuzhoupress.com
印　　刷　山东临沂新华印刷物流集团有限责任公司
开　　本　965毫米 × 635毫米　16开
印　　张　75
字　　数　993千
版　　次　2020年8月第1版
印　　次　2024年10月第7次印刷
书　　号　ISBN 978-7-5108-9223-3
定　　价　189.00元

献给马修和尼古拉斯

目 录

第三章 “最终解决方案”

第四章 新秩序

第五章 “终结的开端”

第六章 德国的道德体系

第七章　倾覆

插图列表

9. 希特勒与、施佩尔与和布雷克尔在巴黎的投卡德侯花园，1940 年 6 月（版权 © akg-images/Heinrich Hoffmann）

10. 博克和林德曼在克里米亚，1942 年 5 月（版权 © Bayerische Staatsbibliothek, Munich）

11. 斯摩棱斯克附近的掷弹兵，1941 年 9 月（版权 © akg-images/ullstein bild）

12. 着火的乌克兰农庄，1941 年 9 月（版权 © bpk/Hähle）

13. 德国士兵拍下处决俄国游击队员的照片，1942 年 1 月（版权 © akg-images）

14. 以铁路货车运输的红军战俘，1941 年 9 月（版权 © 科布伦茨 Bundesarchiv）

15. 在东线，从淤泥里把车辆拖出来，1941 年（版权 © akg-images /ullstein bild）

16. 第三帝国宣传部于 1941 年夏天制作的海报“犹太人密谋颠覆欧洲”（版权 © The Trustees of the Imperial War Museum, London）

17. 希姆莱、海德里希和米勒，1939 年 11 月（版权 © Bayerische Staatsbibliothek, Munich/Heinrich Hoffmann）

18. 解放后的奥斯维辛（版权 © akg-images）

19. 贝尔、门格勒和霍斯，1944 年（版权 © USHMM，由匿名捐赠者提供）

20. 施佩尔，1943 年（版权 © bpk/Hanns Hubmann）

21. 生产中的虎式坦克，1943 年夏天（版权 © Bundesarchiv, Koblenz）

22. 斯大林格勒巷战，1942 年（版权 © akg-images）

23. 在斯大林格勒被俘的德国士兵，1943 年（版权 © Bundesarchiv, Koblenz）

注释说明：本书中表达的观点或看法，以及这些图片所使用的语境，并不必然反映美国大屠杀纪念馆（USHMM）的观点或政策，也不意味着得到其支持或认可。

地图目录

序言

本书讲述的是第三帝国的历史，第三帝国是希特勒以及追随他的国家社会主义者在德国创建的政权，从 1939 年 9 月 1 日第二次世界大战爆发开始，持续到 1945 年 5 月 8 日欧洲战场的结束。正如本书的内容所示，它可以被看作是战争期间的德国史。它同时也是三部曲中的最后一部，这三部曲从《第三帝国的到来》讲起，包括纳粹主义的起源、纳粹思想的发展以及 1933 年纳粹攫取政权。三部曲的第二部《当权的第三帝国》，涉及从 1933—1939 年的和平年代，在这期间希特勒和纳粹党增强了德国的军事力量并准备挑起战争。写作三部曲的基本方法在《第三帝国的到来》一书的序言中已经说明，这里无须赘述。简而言之，这套书的目标是全面分析纳粹德国。 xiii

写作战时第三帝国的历史需要提出两个特别的问题。第一个是相对次要一点的问题。1939 年之后，希特勒和纳粹党越来越不愿将他们的政权称为“第三帝国”，反而倾向于将其称为“大德意志帝国”，以此将人们的注意力集中到 1939—1940 年的大规模边境扩张上。然而，为了统一和连贯，像其他历史学家一样，我仍选择称之为“第三帝国”，毕竟，纳粹党是私下里选择不用这一术语，而不是公开拒绝使用。第二个问题相对严肃。本书的焦点是德国和德国人，而非第二次世界大战，甚至也不是发生在欧洲的第二次世界大战。虽然如此，还是有必要讲述战争的进程，了解德国人对他们所占领的欧洲地区所进行的管理。尽管本书部头庞大，但仍无法以
xiv 同等的篇幅去书写每个阶段以及战争的各个方面。因此，我选择关注重要的转折点战役，包括征服波兰和法国、战争第一年的不列颠战役、1941—1942 年冬天的莫斯科战役、1942—1943 年冬天的斯大林格勒战役，以及 1943 年开始的对德国城市的持续性战略轰炸。我尝试通过士兵和平民双方的日记和信件，来传达德国人在参与这些大规模冲突时的想法。我希望读者在阅读本书的过程中，能清晰明了地选择这些特定的具有转折性意义的事件的原因。

在战争年月里，德国历史的一个核心在于大规模屠杀数以百万计的犹太人，纳粹党人将其称为“欧洲犹太人问题的最终解决方案”。本书对这种屠杀政策的发展和实施进行了完整叙述，同时也将其放置在纳粹种族政策更广泛的背景中讲述，此种族政策针对斯拉夫人，以及少数族群比如吉卜赛人、同性恋者、轻微犯罪者和“反社会者”。我尝试将受纳粹种族政策影响的一些人（既包括那些幸存者，也包括那些未能幸存的人）的证词与实施此政策的一些人（包括主要的死亡集中营指挥官）的证词结合起来。从西欧国家驱逐、屠杀犹太人的内容包含在讨论纳粹帝国的章节中，而德国国内普通老百姓的反应，以及他们在多大程度上知道大屠杀的内容则包含在之后写大后方的章节中。从第一章讲述波兰犹太隔离区（ghetto）的建成一直到最后一章谈到的 1945 年“死亡行军”，几乎在本书的每一部分都会讨论到大规模谋杀犹太人的内容，这反映了此一事实在战时第三帝国历史的诸多方面都是非常重要的。无论读者读到哪一章，即便是在讲音乐和文学历史的第六章，也有此项内容，这是不可忽略

的历史。然而，需要着重强调的是，本书是关于纳粹德国全方位历史的讲述，尽管犹太人和第二次世界大战在本书中都占据重要地位，但它自身并非是消灭犹太人的历史，也不仅仅是第二次世界大战的历史。

本书从《当权的第三帝国》结束的地方（德国 1939 年 9 月 1 日入侵波兰）开始。第一章探讨德国人对波兰的占领，尤其是他们对波兰人以及波兰犹太人的虐待、压榨和谋杀，他们的恶行自入侵起一直持续到 1941 年 6 月入侵苏联前夜。对纳粹党来说，甚至对 xv
许多德国人而言，波兰人和“东方犹太人”是次等人，而且这种态度对德国本国的精神病患者以及残疾人同样适用，不过两者有显著的不同。在由柏林的希特勒总理府发起的安乐死行动中，对这些精神病患者和残疾人的大规模谋杀形成了本章最后一部分的主要内容。第二章主要讲述战争的进程，从 1940 年征服西欧直到 1941 年的俄罗斯战役。这一战役构成了第三章所叙述事件的主要背景，这一章讲述纳粹党所谓的“欧洲犹太人问题的最终解决方案”的启动和实施。第四章转向战争经济，并考察第三帝国如何统治它所占领的欧洲国家，征募数以百万的强制性劳动力充实军工厂，加紧逮捕、驱逐和谋杀居住在纳粹帝国疆域内的犹太人。随着德国人在 1943 年斯大林格勒战役中的重大失败（将在本章的总结部分叙述），第三帝国开始崩溃。接下来一年，在战争的许多主要领域，形势都开始发生逆转，包括德国的一些乡镇和城市因同盟国的战略轰炸而遭到毁坏，隆美尔的军队在北非的失败，以及第三帝国在欧洲的主要盟友——墨索里尼的法西斯意大利——的崩溃。这些事件是第五章讲述的重点。第五章继续探究它们如何影响德国的武装力量，以及它们对德国本国在战争中的影响。第六章主要讲述“大后方”，探讨宗教、社会、文化和科技生活如何与战争相互影响。这一章的总结部分讲述抵抗纳粹主义运动的出现，尤其是在第三帝国内部的抵抗纳粹主义运动。第七章以讲述“奇迹武器”开始,希特勒承诺“奇迹武器”的出现将扭转德国军事上的不利，接着继续描绘第三帝国最终如何失败，简要探究之后发生的事情。每一章都融入了主题内容，并都对军事行动有连续的叙述:第一章讲述 1939 年的军事行动，第二章讲述 1940 年和 1941 年的军事行动，第三章探讨 1941 年发生的后续军事事件，第四章讲述 1942 年的军事事件，第五章叙述 1943 年陆上、空中和海上的战争，第六章叙述 1944 年陆上、空中
xvi 和海上的战争，最后一章讲述从 1945 年 1 月至 5 月这最后几个月的战争。

在写作方法上，本书采用单线叙事的手法，如果说复杂的话，是将叙述同描写和议论穿插在一起，适于从头到尾进行阅读。我希望随着叙述的推进，读者将会明白这种写作方法，在这种写作方法下，故事的不同部分如何相互影响。章节的标题更多的是为了引起读者对内容的反思，而非具体描述每章所包含的内容；有时，这些标题有意地进行模糊化或讽刺化处理。建议希望将本书仅作为参考文献的读者可以关注索引，在索引部分，本书的重要主题、人名以及事件都进行了详细列举。参考文献列出了本书在注释中引用的著作，它并非本书所涉及话题的众多文献的综合指南。

本书的许多内容涉及中东欧的许多国家，那里的乡镇和城市在不同的语言中有不同的名字和拼写方法。比如，波兰城市利沃夫在俄语中拼作 L’vov，在乌克兰语中拼作 L’viv，而德国人则干脆用的是完全不同的名字，也就是 Lemberg；类似的拼法不同还有立陶宛语的 Kaunas 和波兰语的 Kovno 之间，德语的 Theresienstadt 和捷克语的 Terez’n 之间，或者德语的 Reval 和爱沙尼亚语的 Tallinn 之间。纳粹当局也将罗兹改名为 Litzmannstadt，企图将它与波兰有关的所有要素完全抹掉，还用德国名字命名许多其他地址，比如用 Kulmhof 取代 Chelmno，或者用 Auschiwitz 取代 Oswiecim。在

这种情形下，对地名的使用不可能做到一致。我选择使用我在书中所写年代通用的地名，或者在某些场合下使用对英国或美国读者而言最熟悉的名字，同时提醒他们还有其他名字的存在。我也简化了地名和专有名词的重音和变音符号的使用，比如，不使用波兰字母Ł，方便去除我认为将会对英语读者产生的干扰。

在准备本书的过程中，我有幸使用了剑桥大学图书馆超凡馆藏，同时也包括维也纳图书馆以及伦敦德国历史研究所馆藏文献，这给我带来了极大的便利。墨尔本大学在2007年慷慨地任命我为米刚亚（Miegunyah）杰出访问学者，我有幸可以使用墨尔本大学图书馆购买的关于德国现代历史的极佳研究文献，这些文献是已故的广受怀念的约翰·福斯特的遗产。在汉堡的汉堡汉萨自由市州立公文图书馆以及汉堡大学图书馆慷慨地允许我参阅未出版的路易丝·索尔米茨的日记。许多读者的鼓励，尤其是美国读者的鼓励，极大地鼓舞了我完成写作，尽管最终的完成日期比我最初预计的晚了许多。朋友们和同事们的意见和支持也至关重要。我的代理经纪人安德鲁·怀利（Andrew Wylie）、企鹅出版社的编辑西蒙·温德尔（Simon Winder）和他们的团队给了我极大的帮助。克里斯·克拉克（Chris Clark）、克里斯蒂安·格舍尔（Christian Goeschel）、维多利亚·哈里斯（Victoria Harris）、伊恩·克肖爵士（Sir Ian Kershaw）、理查德·奥弗里（Richard Overy）、克里斯廷·塞门斯（Kristin Semmens）、阿斯特丽德·斯温森（Astrid Swenson）、赫斯特·维齐（Hester Vaizey）和尼古劳斯·瓦克斯曼（Nikolaus Wachsmann）阅读了最初的几稿并给予我许多有用的建议。维多利亚·哈里斯、斯特凡·伊里希（Stefan Ihrig）、阿洛伊斯·马德施帕歇尔（Alois Maderspacher）、戴维·莫塔德尔（David Motadel）、汤姆·诺伊豪斯（Tom Neuhaus）和赫斯特·维齐检查了本书的注释，纠正了我的许多错误。安德拉什·拜赖兹瑙伊（András Bereznáy）提供的地图是清晰和准确的典范，与他一起研究这些地图极其有益。戴维·沃森（David Watson）在文字编辑方面的专业知识是无价的，而且我很幸运地能与塞茜尔·麦凯（Cecilia Mackay）一起处理插图。克里斯蒂娜·L. 科顿（Christine L. Corton）以她熟练的校稿眼光，并以诸多方式提供了必不可少的支持。像前两卷一样，这最后一卷也要献给我们的儿子马修（Matthew）和尼古拉斯（Nicholas），在我写作过程中，他们在无数场合鼓舞着我，本书的主题有时是令人震惊和压抑的，几乎达到令人难以置信的程度。我深深地感激以上所有人。克里斯·克拉克。

理查德·J. 埃文斯

于剑桥，2008 年 5 月

第一章

披着人皮的野兽

第一节

闪电战制胜

一

1939 年 9 月 1 日，德军部队首批 60 个师的兵力跨过了第三 3
帝国与波兰的边界。随后，总数将近 150 万人的部队长驱直入。在先锋部队正式设立起海关壁垒时，约瑟夫·戈培尔（Joseph Goebbels）领导的宣传部*的摄影记者们会拍下那些露齿而笑的士兵，只有这时，部队才会稍作停留。德军以 5 个坦克装甲师为先锋，每个装甲师各有坦克约 300 辆，同时配有 4 个机动化步兵师。在他们后面是步兵主力，大炮和装备主要由马匹驮运，每个师约有 5,000 匹马，马匹总数至少有 30 万匹。尽管这一排场已经震撼人心，但德军运用的关键技术并非藏在地面部队中，而是体现在空军力量上。《凡尔赛和约》（Treaty of Versailles）限制了德国军用飞机的发展，因此，当希特勒在大战爆发的四年前否认条约相关条款时，德军的

* 宣传部全名为“帝国国民教育与宣传部”（Reich Ministry for Popular Enlightenment and Propaganda）。——编注（本书除特别说明，脚注皆为编注）

飞机建造几乎是从零开始。此时的德国飞机不仅结构先进，而且已经在西班牙内战中由德国秃鹰军团（Condor Legion）驾驶着经受了反复考验，昔日驾驶897架轰炸机、426架战斗机以及各种侦察机和运输机的老牌飞行员们，如今驰骋在波兰上空。[1]

如此大规模的兵力在入侵波兰时具有绝对的优势。波兰政府一直想通过英法干预来阻止德军侵略，同时又怕各国舆论认为波兰挑衅德军，因此不到最后关头就不动用武力反抗。在德军大规模突袭
4 时，波兰显得措手不及。波兰的兵力可以达到130万，但是坦克和现代装备极少。就双方投入战斗的装甲部队和机械化军团数量而言，德军是波兰的15倍。面对德军的侵袭，波兰空军能参战的只有154架轰炸机和159架战斗机。绝大部分飞机都已过时，尤其是战斗机，而且波兰骑兵部队几乎不曾更换落后的马匹来实现机械化。传言波兰骑兵中队曾像堂吉诃德一样冲向德军坦克部队，这多半是凭空捏造的，但双方在资源和装备上的巨大差异是无可辩驳的。在这之前，德国肢解了捷克斯洛伐克，然后从三个方向包围了波兰。在南方，作为附庸国的斯洛伐克为德国的入侵提供了关键条件，此外，德国许诺占领波兰后将分配给斯洛伐克一小块领土，斯洛伐克政府受其诱使，派出部队协同德军一同进攻。部分德国军队从东普鲁士跨过波兰的北部边界进入波兰，同时还有更多的部队从西边直穿波兰走廊（Polish Corridor）挺进，该走廊是和平协议划给波兰出入波罗的海的通道。波兰军队战线拉得过长，无法有效抵抗所有边界的入侵。斯图卡俯冲轰炸机（Stuka dive-bombers）成群越过波兰空中边界袭击波兰军队的同时，德军的坦克和炮兵也突破了波兰防线，将他们彼此切断并中断了相互之间的联络。仅仅几天的时间，波兰空中力量就被瓦解，德军的轰炸机摧毁波兰军工厂，轰炸其撤退的部队，使得华沙（Warsaw）、罗兹（Łódź）和其他城市的人民深感恐惧。[2]

仅1939年9月16日一天，就有820架德军飞机对毫无防御的波兰人投下总共328吨的炸弹，而波兰全国只有100门高射炮。这一空袭沉重打击了波兰人的斗志，以至于部分地区的波兰军队直接放弃抵抗，在场的德军指挥官便命令停止轰炸。美国记者威廉·L.夏伊勒（William L. Shirer）设法获得批准，可以跟随攻击波兰波罗的海格丁尼亚（Gdynia）港口的德国部队，因而目睹了一场极具代表性的战斗：

> 德国人把能用的武器都用上了：重武器、轻武器、坦克，还有飞机。波兰人除了机枪、步枪以及两挺高射炮以外一无所有。他们拼命将那两挺高射炮当作大炮使，以对抗德国的机枪 5
> 和坦克。波兰人……已经把两座大楼改造成了堡垒——其中一处是军官学校，另一处则是格丁尼亚广播电台——端着机枪从堡垒的窗户向外疯狂扫射。半小时后，德军的一发炮弹击中了学校的屋顶，顿时燃起大火。紧接着，德国步兵在坦克的支援下——或者说，通过望远镜来看，这些步兵看起来像是由坦克带领着——向山头冲去，包围了整个建筑……一架德国水上飞机在山脊上盘旋，为步兵助阵。不久，又有一架轰炸机加入战斗，两架飞机俯冲到低空，扫射波兰军队。最后，又一个中队的纳粹轰炸机投入战斗。波兰人完全陷入了绝望。[3]

在德军向前推进的过程中，这样的战斗在波兰全境不断地重复上演。不到一周，波兰部队就陷入一片混乱，指挥体系也瓦解了。9月17日，波兰政府逃往罗马尼亚，倒霉的波兰官员立即被纳粹当局关押，波兰陷入群龙无首的状态。1939年9月，在流亡巴黎和伦敦的波兰外交家倡议下，流亡政府成立，但已经无济于事。9月9日，波兰人在库特诺战役（Battle of Kutno）中发动了一次猛烈反击，但最后也不过使华沙被包围的日子延迟了几天。[4]

在华沙城里，境况迅速恶化。犹太教师哈伊姆·卡普兰（Chaim Kaplan）在1939年9月28日这样写道：

> 马的尸体不计其数。它们在街道中间倒下，但没有一个人去清理路面，把它们移走。尸体已经在那里腐烂了3天，所有路人都对此感到恶心。然而，由于饥饿在整个城市蔓延，许多人开始吃马肉。他们切成大块吃下去，以缓解饥饿。”[5]

一个名为齐格蒙特·克卢科夫斯基（Zygmunt Klukowski）的波兰医生对被德国侵略后的波兰惨景做了最生动的描绘。他生于1885年，在战争爆发前曾是什切布热申（Szczebrzeszyn）扎莫希奇（Zamość）县医院的负责人。出于对侵略者的蔑视，也为了保留回忆，克卢科夫斯基保存了一本日记，藏在医院的一个隐蔽角落里。日记里写道，在9月的第二个周末，大批难民为了躲避德军的入侵而于深夜逃离，在接下来的几年里，这一场景将在欧洲许多地方轮番上演：

> 6 整条公路上都挤满了军车、各种类型的机动车、四轮马车和成千上万走路的难民。所有人都在朝同一个方向前进——东方。黎明时分，大量走路和骑自行车的人加入了混乱的人群。这实在很不寻常。整群人在惊恐中行进，没有人知道要去哪儿，也不知道是为什么要去，更不知何时才是个头。无数普通汽车和几辆政府用车正试图超越前面的卡车和马车队伍，车身都已肮脏不堪，布满污泥。大多数的车牌号都是华沙的。如此多的上校和将军等级的高级官员携家带口逃离，此情此景，不禁让人感叹。许多人紧紧抓着小汽车及卡车的车顶和挡泥板不放。很多车辆的窗户和挡风玻璃已经破碎，引擎盖和车门也坏了。

> 各式各样的公交车和华沙、克拉科夫（Cracow）以及罗兹的新城市公共汽车行驶缓慢，车上载满了乘客。之后是各式的四轮马车，上面满是妇女和孩子，他们身上都不干净，而且又累又饿。骑自行车的大部分是年轻男人，偶尔会看到年轻妇女。还有各种走路的人，有一些是徒步离家的，还有一些是因车辆报废而不得不下车步行的。”[6]

他估计有 3 万多人以这种方式逃离德国的侵略。[7]

更糟的还在后面。1939 年 9 月 17 日，克卢科夫斯基在扎莫希奇的集市广场听到德国的高音喇叭广播，说红军在德国人的同意下，已经跨越了波兰的东部边界。[8] 在侵略前不久，希特勒已经跟苏联的约瑟夫·斯大林（Josef Stalin）签订了《苏德互不侵犯条约》（Nazi-Soviet Non-Aggression Pact），通过秘密条款来确保苏联不会干涉。条约签订于 1939 年 8 月 24 日，商定两国瓜分波兰的边界线。[9] 德国入侵的头两周，斯大林还举棋不定，因为苏联与日本在满洲的冲突直到 8 月下旬才取得胜利，他的兵力也才能抽出来。但是当波兰抵抗溃败的形势已然明朗的时候，苏联领导人随即下令红军从东面进入波兰。斯大林渴望抓住机会，一举收复 1917 年革命前曾属于俄国的领土。为争夺此地，俄国曾经与一战后旋即成立的波兰政府间爆发激烈的战争。如今是时候赢回来了。出乎意料的腹背受敌让波军措手不及，虽然拼尽全力试图拖住敌军的进攻，却也 7
无济于事。该来的很快就来了。波兰人遭到两支占尽优势的军队夹攻，毫无获胜机会。1939 年 9 月 28 日，一个新条约划定了最终的边界。到此时，德国人对华沙的进攻落下帷幕。1,200 架飞机往波兰首都丢下了大量的燃烧弹及其他炸弹，轰炸形成了一团巨大的烟幕，导致无法准确投弹，结果许多平民被炸死。鉴于他们的绝望处境，城里的波兰指挥官于 1939 年 9 月 27 日与德军达成停火协议，德方保证，战俘在短暂的正式关押后就可以回家，12 万名波军守城将士就此投降。最后一批波兰军队也在 1939 年 10 月 6 日投降了。[10]

这是“闪电战”（Blitzkrieg）的首次尝试，但还远非完美。希特勒的闪电战是一种快速作战的方法，以坦克和机械化部队开道，通过空中力量震慑敌军并瓦解敌方空中防御，以速度和重击为特点压制传统对手。从双方伤亡的人数上就能看到闪电战的战绩。波兰军队在对抗德军的战场上阵亡 7 万人，受伤人数超过 13.3 万，在对抗苏联的战场上阵亡 5 万人，还有无数的人员伤亡未得到统计。德军俘虏了近 70 万名波兰士兵，苏军俘虏了 30 万人。15 万名波兰士兵和飞行员逃亡国外，其中以逃往英国的居多，许多人在那里加入了武装部队。德军方面数据，1.1 万人阵亡，3 万人负伤，3,400 人失踪；苏联方面，仅 700 人阵亡，1,900 人负伤。双方的伤亡数据生动地反映了战争双方的不对等。当然，德军的损失也不容忽视，因为德军除了人员伤亡，装备损失更为惨重。300 多辆装甲车、370 门大炮和 5,000 辆其他车辆损毁，加上大量战机损毁，这些损失只能部分地从对应的战利品中得到补偿，但夺取或俘获的波兰装备一般都十分落后。这样的损失虽说算不得多，但对未来而言却是不祥的预兆。[11]

在那个时候，这些担忧并没有使希特勒感到烦恼。他从设置
8 在装甲列车上的移动指挥部里关注着战局，这个指挥部一开始部署在波美拉尼亚（Pomerania），而后又移到上西里西亚（Upper Silesia），他还不时转乘汽车，在安全距离外观察战事。9 月 19 日，希特勒进入但泽市（Danzig）。但泽先前曾是德国的一个城市，一战后的和平协议将它置于国际联盟的管辖之下。希特勒在此受到了欣喜若狂的德裔民众的热烈欢迎，这些人将此看作是摆脱外人控制的解放。希特勒两次乘飞机对华沙进行巡视，视察被他的军队和飞机所摧毁的华沙市景，之后他又返回柏林。[12] 回到首都后，他虽然

没有进行阅兵或者庆祝演说，但这场胜利已大大地鼓舞了人心。“即使在那些不喜欢这个政权的人当中，我还没发现有任何一个德国人”，夏伊勒在他的日记中写道，“认为德国摧毁波兰是错误的”。[13] 社会民主党（Social Democratic Party）的特工报告说，大部分人支持战争很大程度上是因为他们觉得西方列强援助波兰的失败意味着英国和法国将会很快议和，这种认识被广为宣扬的“和平提议”所强化，这一“和平提议”是希特勒于10月初向法国人和英国人提出的。尽管此提议很快就被驳回，但英国和法国继续保持不干涉的行为，显得两国很可能会妥协而置身战外。[14] 与这些西方列强缔结和平协定的谣言在这个时候非常流行，甚至引起了柏林街道上自发的庆祝游行。[15]

同时，约瑟夫·戈培尔的宣传机器加大了向德国人进行宣传的力度，极力宣传波兰人对在波兰境内的德意志人造成种族灭绝上的威胁，以此证明德国发动侵略战争的必然性。在两次世界大战之间，波兰的民族主义军政府确实过分歧视德意志少数民族。1939 年 9 月德国开始侵略时，由于害怕德意志人在后方进行蓄意破坏，波兰逮捕了 1 万到 1.5 万名德意志人，并将他们驱赶到东部。在驱赶过程中，波兰人不但殴打走得慢的人，更射杀了许多因精疲力竭而走不动的人。德意志少数民族一直受到了广泛的攻击，因此这些人从一战后被迫合并进波兰的时候起，大多毫不掩饰地表达了想重回德意志帝国的渴望。[16] 约有 2,000 名德意志人被大规模地枪杀或者累死在被驱赶的路上。另外有 300 人在布龙贝格（Bromberg，即今波兰比得哥什［Bydgoszcz］）被杀，起因于当地的德意志人认为战争就要结束了，便发动了针对城镇卫戍部队的武装起义，结果被暴怒的波 9
兰人屠杀。这些事件被戈培尔的宣传部巧妙地加以利用以赢得德国大众对侵略的支持，许多德国人都对此深信不疑。梅利塔·马施曼（Melita Maschmann）是希特勒青年团（Hitler Youth）的妇女组织德国少女联盟（League of German Girls）中的一名年轻激进分子，她相信战争在道义上是公正的，不仅仅是由于不公正的《凡尔赛条约》将德语区割让给新建国的波兰，还因为媒体和记者们对波兰武力对付德意志少数民族的报道。她相信有 6 万名德意志人于“血腥星期日”（Bloody Sunday）在布龙贝格被波兰人残忍地谋害了。德国用行动去阻止这种仇恨和暴行，怎能受到指责呢？她这样问自己。[17] 戈培尔最初估计被杀的德意志人的总数是 5,800。1940 年，可能是根据希特勒的个人指示，这一死亡人数无端增加到了 5.8 万，之后又说是梅利塔 · 马施曼所记住的粗略的近似值。[18] 这个数字不仅使大多数德国人相信侵略是正义的，更引发了波兰境内的德意志少数民族对波兰的仇恨和不满。[19] 在希特勒的命令下，这一仇恨迅速地服务于种族清洗和大规模的谋杀运动，程度远远超过了德国占领奥地利和捷克斯洛伐克时所做的一切。[20]

二

事实上，侵占波兰是第三帝国第三次成功吞并他国领土。1938 年，德国吞并了独立的奥地利共和国。同年后期，德军毫无阻拦地进入了捷克斯洛伐克境内的德语边境地区。这两个行动都被国际协定所认可，大体上也被这些区域的居民所欢迎。这可以看作是对《凡尔赛条约》的正当修正，因为《凡尔赛条约》虽宣扬民族自决的基本原则，却不同意上述中东欧地区的德语人群实现此原则。但在 1939 年 3 月，希特勒就已经明显违反了前一年的国际协定，德
10 军迈进了捷克斯洛伐克的其余领土，将它肢解，并在捷克地区建立了波希米亚和摩拉维亚保护国（Reich Protectorate of Bohemia and Moravia）。这是第三帝国第一次大量占领中东欧非德语区领土。事实上，纳粹计划在中东欧和东欧为德国人拓展一个新的“生存空间”

（Lebensraum），让斯拉夫民族失去地位，沦为德意志主人的奴隶和供养者，该计划酝酿已久，这只是第一步。在新的保护国中，捷克人被当作二等公民看待，为了补充急需的劳动力，那些被征召进德国战地和工厂的人都受到了极其严厉的法律和警察制度监管，其严苛程度比德国人自己在希特勒统治下所经历的还要大。[21]

同时，捷克以及新（名义上）独立的斯洛伐克都获准设立自己的政府、法院和其他机构。一些德国人至少对捷克文化保留了一定程度的尊重，而且捷克的经济无疑是很发达的。但德国人对波兰和波兰人的看法就负面得多了。独立的波兰在 18 世纪被奥地利、普鲁士和俄国所瓜分，一战结束后才重新成为主权国家。在那一时期，德国民族主义分子大多认为波兰人根本无法管理自己。“波兰式的混乱”（Polenwirtschaft）是一个表达混乱和无能的常用短语。在学校教科书中，波兰通常被描述为一个经济落后又信仰天主教迷信的形象。入侵波兰对波兰境内讲德语的少数民族并没有起到什么作用，因为他们只占总人口的 3%。与此相较，在捷克斯洛伐克共和国境内，德意志人占到了居民总数的将近 1/4。在这种想法的长期灌输下，几百年来，德国人都认为他们承担着教化波兰的使命。现在是时候再来一次了。[22]

在战前，希特勒对波兰和波兰人并没有什么偏见，与他一直都不喜欢的捷克人相比，他对波兰的个人态度比较模糊，但对捷克人的厌恶却是在 1914 前的维也纳就已经形成。华沙军政府拒绝对他
提出的领土要求做出任何让步，这使得他关注波兰并迅速转变了对 11
波兰的态度。与之相对，1938 年捷克人在国际压力下屈服，愿意与第三帝国合作，同意其肢解甚至最终控制他们的国家。英国和法国拒绝迫使波兰对第三帝国的某些要求做出让步，比如将但泽还给德国，这让局势变得更糟了。1934 年，希特勒与波兰人缔结十年期的互不侵犯条约，表明波兰在未来有可能成为在德国主导的欧洲秩序

下的一个卫星国。但是到了 1939 年，波兰已经成为第三帝国向东扩张的严重障碍。因此它必须从地图上消失，并且要受到残忍的掠夺，以为即将到来的西线战事做经济上的准备。[23]

1939 年 8 月 22 日，入侵前的最后准备正在进行，而要如何处理波兰的决议还没有敲定，希特勒就接下来攻打波兰的设想，对他的主要将领说道：

> 我们的力量在于速度和粗暴。成吉思汗毫不留情地屠杀了成千上万妇女和儿童，历史却只把他看作是一个国家的伟大缔造者……我已经下令，敢有丝毫反对的人都格杀勿论。战争的目标不在于夺取某个阵地而在于彻底歼灭敌人。因此，目前仅在东面，我已经命令“骷髅总队”做好准备，将波兰民族和讲波兰语的男人、女人和孩子通通处死，不得手软……波兰人将会锐减，波兰终将由德国人定居。[24]

他告诉戈培尔，波兰人“兽性多于人性，完全是又愚蠢又丑陋的……波兰人的污秽令人无法想象”。[25] 他认为波兰就该被征服，绝不能手软。1939 年 9 月 27 日，他告诉纳粹党理论家阿尔弗雷德 · 罗森贝格（Alfred Rosenberg）说，“波兰人徒有日耳曼人的外表，皮囊下净是见不得人的东西……城市布满了灰尘……如果接下来的几十年，波兰再继续统治这一古老的日耳曼地区，一切都会变得腐朽和衰败。现在需要有一个果敢的人来治理。”[26] 希特勒的自信心一天天膨胀，直到 1939 年 9 月，也没有任何迹象表明英法将会出手援助波兰人。德军的胜利更是增强了他不可战胜的信心。第三帝
13 国建立波希米亚和摩拉维亚保护国主要是出于战略和经济考量。但占领波兰后，希特勒和纳粹分子首次打算全面推行其种族主义意识形态。沦陷的波兰成为希特勒在中东欧建立新种族秩序的试验场，

他试图接下来在中东欧地区——白俄罗斯、俄国、波罗的海国家和乌克兰——复制该模式。纳粹之前曾提出在东部为德国人建立新“生存空间”的想法，而现在这一举动意味着当初的理论将要付诸实践了。[27]

希特勒本打算让波兰人在残留的领土中自治，但到了 1939 年 10 月初，他已经完全放弃了这个想法。大块的波兰领土被帝国吞并，重新划分并建立了新的但泽–西普鲁士帝国大区以及波森帝国大区（Posen，不久更名为瓦尔塔兰［Wartheland］），前者由但泽的纳粹党地方领导人阿尔贝特·福斯特（Albert Forster）管理，后者由但泽前参议院主席阿图尔·格赖泽（Arthur Greiser）管理。波兰的其他国土并入帝国现存的东普鲁士和西里西亚行政区。这些举措使第三帝国的国境线向东推进了大约 150—200 千米。总共 9 万平方千米的领土被并入了第三帝国，随之并入的民众人数达到了 1,000 万，其中 80% 是波兰人。波兰的其他部分就是所谓的“总督府”（General Government），处在汉斯·弗兰克（Hans Frank）的专断统治之下。弗兰克是纳粹的法律专家，20 世纪 20 年代，他因在刑事案件中为纳粹党人辩护而声名鹊起，之后升任帝国司法专员以及纳粹律师联盟负责人。尽管他对希特勒忠心耿耿，但弗兰克与海因里希·希姆莱（Heinrich Himmler）及党卫队冲突不断，因为希姆莱不像他那样尊重法律程序，而将他调到波兰是疏远他的最简便的方法。然而，因其丰富的法律经验，弗兰克很适合建立一套全新的行政体系。总督府包括卢布林区（Lublin）以及华沙和克拉科夫省的部分地区，总共有 1,100 多万名民众。与波希米亚和摩拉维亚不同，它不是一个保护国，而是一块殖民地，不在帝国统辖范围内，亦不受其法律约束，生活其中的波兰居民实际上既无公民权也无国籍。弗兰克担任总督，几乎处于至高无上的地位，而他的残暴倾向很快就转化为实际的暴行。
福斯特、格赖泽和弗兰克身居行政要职，如今，波兰的整个沦陷区 14

* 但泽是格但斯克的旧称；维尔纳是维尔纽斯的旧称（地图上标示城市的今名仅于首次出现时标注）。

地图1　苏德条约下的波兰和中东欧，1939—1941年

都操纵在纳粹运动中冷酷无情的“老战士”手里，预示着极端的纳粹意识形态将会得到全面贯彻并成为占领区的指导原则。[28]

1939 年 10 月 17 日，希特勒向一小部分高级官员宣告了他的意图。希特勒告诉他们，总督府将从脱离帝国中而自治。它将是“激烈的民族斗争之地，这种斗争不容许任何法律制约，斗争方式和我们的普遍原则也相悖”。他不会试图在这里建立高效而有序的统治，“必须让‘波兰的混乱’继续发展下去”。但交通和通信必须维护，因为在将来时机成熟时，波兰将会是入侵苏联的“成熟跳板”。除此之外，“任何试图稳定波兰局势的努力都将受到压制”，行政管理的任务并不是“为国家奠定良好的经济和财政基础”。绝不给波兰人表达自己主张的机会，“必须阻止波兰知识分子自发形成统治阶层，人民的生活必须维持在低水平，这一国家对我们而言只能是劳动力的储备库”。[29]

这些极端政策由当地的准军事组织和党卫队特遣部队共同实施。战争刚打响，希特勒就命令在波兰组建一个“德意志民族自卫队”（Ethnic German Self-Protection），该民兵组织不久就在党卫队的庇护下成立了。民兵部队组织起来后，在西普鲁士由希姆莱的副官鲁道夫·冯·阿尔文斯莱本（Ludolf von Alvensleben）率领。1939 年 10 月 16 日，他告诉士兵们：“你们现在是这里的主宰民族（master race）……不要手软，不要留情，要消灭一切非德意志民族的人，清除一切不利于建设工作的障碍。”[30] 在没有得到任何军政或民政机关授权的情况下，这些民兵便开始大规模枪杀波兰平民，全面报复波兰曾对德意志民族实施的暴行。阿尔文斯莱本于 1939 年 10 月 7 日报告说，已经有 4,247 名波兰人被施以“极端措施”。仅在 1939 年 10 月 12 日到 11 月 11 日的一个月内，就有大约 2,000 名男子、妇女和儿童被民兵组织枪杀于克拉默（Klammer，库尔姆区［Kulm］）。在德勒加斯（Dragass）教区，民兵把 1 万多名波兰人和犹太人带到了姆尼谢克（Mnisze k），强迫他们沿着砂石场边缘排成一排，然后集体枪杀。截至 1939 年 11 月 15 日，民兵组织又在德国士兵的帮助下，在岑佩尔堡区（Zempelburg）里靠近卡尔斯
15 霍夫（Karlshof）的森林里枪杀了 8,000 人。到 1940 年年初这些暴行才告一段落，数以万计的波兰人倒在了盛怒的民兵枪口下。例如，在西普鲁士的科尼茨城（Konitz，今霍伊尼采［Chojnice］），当地的新教民兵对波兰人、天主教徒、犹太人及任何不合纳粹理念的人都充满憎恶和蔑视，9 月 26 日，他们一怒之下枪杀了 40 名波兰人和犹太人，在杀戮之前甚至连个形式上的审判程序都没有。截至次年 1 月，受害的犹太人和波兰人的人数达到了 900 名。1939 年最后 3 个月内，有 6.5 万名波兰人和犹太人遇害，其中差不多一半是被民兵所杀，有时手段极端残忍。这些只是开战以来德军对平民的首次大规模屠杀。[31]

三

在 1939 年期间，希姆莱、赖因哈德·海德里希（Reinhard Heydrich）以及党卫队的其他主要领导人进行了一个漫长的争论。从第三帝国发动战争开始直到现在，他们已经控制了各种各样的机构——包括党卫队保安处（SS Security Service，SD）、国家秘密警察局（Geheime Staatspolizei）、刑事警察局（Criminal Police）以及大量特别部门——如何以最佳方式组织这些机构就是争论的焦点。因为即将入侵波兰，所以他们的争论变得更加紧迫。可以确定的是，如果这些部门想要在强大德军面前有效运行，那么其责任的分配以及警察部门和保安部门之间权力的划定就必须要重置。1939 年 9 月 27 日，希姆莱和海德里希创立了帝国保安总局（Reichssicherheitshauptamt, RSHA），使警察和党卫队的各个不

同部门均从属于一个统一的中央集权指挥部。经过接下来数月的精心筹划，这一机构最终由 7 个部门组成。其中的两个部门（第一和第二局）负责行政事宜，处理从就业状况到人事档案在内的各种事务。1940 年 6 月，原来的局长维尔纳·贝斯特（Werner Best）最终被他的对手海德里希排挤掉，其职责由几个野心小一些的人代理。海德里希的党卫队保安处掌管第三和第六局，分别负责国内和国外事务。第四局由国家秘密警察构成，下设各处，包括对付政敌处（IVA）、教会和犹太人处（IVB）、保护性拘留处（IVC）、占领区处（IVD）和反间谍处（IVE）。刑事警察局 16
被安置在第五局。第七局则用来调查各种对立的意识形态。整个组织庞大而复杂，又因内部争权夺利而显得分散，而周期性的人事更迭更削弱了它的作用。然而，许多关键人物的存在仍保证了整个组织一定程度的持续和稳定——尤其是总负责人赖因哈德·海德里希、国家秘密警察局的首长海因里希·米勒（Heinrich Müller）、掌管第三局的奥托·奥伦多夫（Otto Ohlendorf）、第七局的弗朗茨·西克斯（Franz Six），以及第五局的阿图尔·内贝（Arthur Nebe）。这实际上是个独立机构，其合法性源于希特勒的个人特权，供职其中的并非传统意义上经合法培训的公务员，而是意识形态坚定的纳粹分子。这种安排的关键在于将警察部门政治化，它的许多高级官员——包括米勒——都是职业警察而非狂热的纳粹分子。因为不受传统行政体制的束缚，任何一个海德里希认为有必要积极干预的领域帝国保安总局都会插手，而首当其冲的便是占领波兰后的种族秩序重建。[32]

现在，这一切进展得非常快。1939 年 9 月 8 日，有报告说，海德里希声称“我们保护普通群众，但贵族、波兰人和犹太人必须要铲除”，这表现出了他的不耐烦，他也确实沉不住气了，觉得正规军事法庭的死刑判处率过低——在这个时候每天才 200 例。[33] 陆军参谋总长弗朗茨·哈尔德（Franz Halder）相信“领导人和戈林*的目标是彻底铲除波兰人”。[34] 1939 年 9 月 19 日，哈尔德记下了海德里希的话，说会有一场“对犹太人、知识分子、教士和贵族的清洗”。6 万名波兰专家和知识分子的名字在战前就上了黑名单，他们都将被杀害。瓦尔特·冯·布劳希奇（Walther von Brauchitsch）和希特勒在 10 月 18 日的会谈证实，该举措旨在“防止波兰知识阶层自身建立起新的领导阶层，把生活水平维持在低下的状态，确保廉价奴工的供应，将所有异己分子逐出德国领土，彻底瓦解波兰”。[35] 海德里希告诉他的部下说，希特勒已经下令，将波兰的犹太人连同具有专业技能和受过良好教育的波兰人一并放逐到总督府，把政治领导人关进集中营。[36]

海德里希根据占领奥地利和捷克斯洛伐克的经验，并按照希
17 特勒的明确指示，组织了 5 个特别行动队（Einsatzgruppen，简称“别动队”），之后又增加到 7 个。这些特遣部队跟随军队进入了波兰，负责实施第三帝国的思想政策。[37] 其领头人由海德里希创建的特别行政部门任命，该部门则由维尔纳·贝斯特领导。[38] 贝斯特任命的各特别行动队及其下属分队的领导人均是保安部门和秘密警察中的高级官员，大多是受过良好教育的中产阶级，年龄在 35 岁至 40 岁之间，在魏玛共和国时期转为极右派。许多年龄更长、职位更高的指挥官都曾于 20 世纪 20 年代早期在自由军团（Free Corps）的极端准军事组织中服役。他们年轻的下属在 30 年代初期念大学时，就经常被灌输极端民族主义、极右翼反犹主义的政治理念。尽管并非人人如此，但大部分人要么是 1919—1921 年上西里西亚冲突中的准军事组织成员，要么是和平协议强迫割让给波兰那部分地区的本地人，或者是德波边境的警官，

* 指赫尔曼·戈林（Hermann Göring），国会议长、国家秘密警察（盖世太保）首长。

反波兰的暴力情绪根植于他们的脑中。贝斯特希望他的官员不仅仅是资历高、经验丰富和高效的行政官，还要有这样或那样的军事经历。[39]

从很多方面来看，布鲁诺·施特雷肯巴赫（Bruno Streckenbach）就是其中的一个典型。他是党卫队的集团领袖（Gruppenführer），1902年出生于汉堡（Hamburg），父亲是海关官员。一战时他因太年轻而无法参战，1919年，他加入了自由军团，直到参加1920年3月的卡普政变（Kapp putsch），他还曾在汉堡参与了反对左翼革命分子的斗争。在20世纪20年代经历了各种行政工作后，施特雷肯巴赫于1930年加入了纳粹党，1931年加入了党卫队。1933年11月他成为党卫队保安处的一名官员，随后青云直上，屡屡晋升，1936年成为汉堡州警的首长，在任期间素以残忍而闻名。随后由人引荐给了贝斯特，于1939年被任命为波兰第一别动队的队长。施特雷肯巴赫不同寻常，主要是因为他缺少相对的教育背景，而他的许多下属官员都拥有博士学位。不过，像他们一样，施特雷肯巴赫也曾是一名狂热的极右主义拥护者。[40]

别动队总人数大约是2,700人，施特雷肯巴赫与队员一起负责建立起德占区的政治经济安全。这不仅包括除掉“波兰人口当中的
领导阶层”，还包括“打击敌人领土内所有与帝国或德意志民族敌 18
对的后方因素”。[41] 实际操作中，这让别动队有了相当大的自由发挥空间。别动队听从军队的正式调遣，军队奉令按照战况进展的需要援助他们。在别动队对付间谍活动、抵抗运动、党派团体以及类似情形时，这是合乎情理的，但是在实际情况中，他们则像党卫队开展大规模逮捕、放逐和谋杀活动那样，更多的是按照自己的方式行事。[42] 别动队手中有一批波兰人的名单，这些人在一战后国际联盟的全民公投造成的动乱期间，或多或少地反对过德国在西里西亚

的统治。*波兰政客、主要的天主教徒和波兰国家主权的拥护者都被单独列出来，准备逮捕。1939 年 9 月 9 日，纳粹法官兼帝国司法部国务秘书罗兰·弗赖斯勒（Roland Freisler）到达布龙贝格，在特殊法庭中进行了一系列形式上的公审，截至年底，该法庭判处 100 人死刑。[43]

齐格蒙特·克卢科夫斯基是一位医院院长，他在日记中记录了德国人在他所处地区大量处决波兰人的情况，处决都是以微不足道的理由为托词，比如 1940 年 1 月初就有 17 个人遇害。[44] 作为一个知识分子和专业人员，他自己也处于极其严重的危险中。克卢科夫斯基无时无刻不生活在被逮捕的恐惧中。1940 年 6 月，他被德国警察从医院抓进拘禁营里，波兰人在这里经受着各种身体刑罚，棍打、鞭抽甚至拳脚相加，关押环境肮脏恶劣。审问时，他告诉德国人，他的医院里有斑疹伤寒疫情，他必须返回医院以免疾病传播到城镇里，而且还有可能感染到他们（“我在脑子里对自己说道‘多亏了虱子’”，他后来在日记中写道）。他立即就被释放了，返回他说的那家疫情蔓延的医院。他觉得自己非常幸运，不用被殴打了，也不用绕着监狱训练场奔跑，这么快就能摆脱那里。他写道，这一经历“胜过所有的传言。我之前无法理解蓄意践踏人类尊严的行为，也不理解人类的待遇怎会比动物还惨，然而当我看到德国秘密警察用刑施虐而脸上还露出一丝快意时，我可以理解了。但是，”他接着说，“……囚犯的行为是壮烈的。没有人乞求怜悯，没有人表现出一丝
19 的怯懦……他们平静地忍受了所有的侮辱、虐待和暴行，同时认为这是在让德国人蒙羞”。[45]

---

* 一战后，波兰对当时已属德国的上西里西亚提出主权要求，国际联盟建议在上西里西亚举行公民投票以决定归属。对德国当局的不满引发民众暴动，导致 1919 年和 1920 年的两次西里西亚暴动。1921 年 3 月 20 日的公民投票中，59.6% 票数支持上西利西亚归属于德国，此次公投的结果最终引起 1921 年的第三次西里西亚暴动起义。

哪怕是一点点的冒犯，德国人的报复也极其残忍。一个华沙医师这样记录瓦韦村（Wawer）发生的一起事件：

> 喝醉的波兰农民与一个德国士兵发生了争吵，结果争执时用刀子将该士兵刺伤了。德国人以此为由大肆滥杀，宣称是以暴制暴。总共有122人惨遭杀害。更有甚者，由于种种原因，村民人数明显达不到预定的屠杀数量，德国人便在当地的火车站拦下一辆去往华沙的火车（通常它根本不经过那里），拖出了几名对此事毫不知情的乘客，未经任何手续就当场处决了他们。其中3个人头朝下被悬挂在当地火车站达4天之久。一块巨大的告示牌放置在这一可怕场景的边上，讲述了这些被害者的故事，也警示所有地方：只要有一个德国人被杀或者被伤，这就是下场。[46]

一个30岁的地方官员，同时也是纳粹冲锋队的队长，醉醺醺地来到霍恩沙查（Hohensalza）监狱，将波兰囚犯从牢房中拖出来，当场枪杀了55人，其中一些还是他亲自动手的。其他地方官员对这一行为表示了抗议，得到的唯一结果只是让大区长官格赖泽令他承诺在未来十年中不再碰任何酒精。[47]另一起事件发生在格丁尼亚附近的奥布乌热（Obłuże），当地警察局的一个窗户被毁坏了，结果50个波兰小学生遭到逮捕。当他们拒绝说出肇事者时，他们的父母便被要求在当地教堂前抽打他们。父母们拒绝了，于是党卫队队员便用步枪枪托击打孩子们，还枪杀了其中的10个人，把他们的尸体扔在教堂前放了整整一天。[48]

1939年到1940年的冬天，这种事情每天都在发生，参与其中的有正规德国部队、德意志民兵组织、别动队和秩序警察（Order Police）的一些分队。尽管军队还没有接到杀害波兰知识分子的命令，但大多数士兵和下层官员都认为波兰人是阴险狡诈的次等人种，这一观点足以使他们将大量波兰知识分子和专业人士作为目标，进行他们所谓的预防或报复措施。[49] 波兰人的反抗虽成效甚微，但
20 却十分激烈，因此德国军官很怕发生针对德国士兵的游击战，在怀疑有此势头的地方都采取了极为严厉的报复性措施。[50]“如果听到前线后方的村庄里有射击的声音，”费多尔·冯·博克（Fedor von Bock）上将在 1939 年 9 月 10 日命令道，“而且又无法确认射击声来自哪一间房，那么就将整个村子烧毁。”[51] 截至 10 月 26 日对波兰的军事管治结束时，有 531 个城镇和村庄被焚毁，16,376 名波兰人被处决。[52] 军衔较低的德国士兵遇到波兰的抵抗时，恐惧、蔑视和狂暴的情绪让他们怒火中烧。在许多军队中，军官们都在入侵前发表鼓动性演说，强调波兰人的落后、野蛮和低等。下士弗朗茨·奥特纳（Franz Ortner）是一个普通步兵，他在报告中责骂他所谓的“残忍的”波兰人，他觉得是他们在战场上刺伤了德国人。一个士兵在家书中将波兰人对待德意志人的情形描绘为“惨无人道”。说波兰人“阴险”“狡诈”“卑鄙”，智力低下、胆小狂热；说他们不住房子，而是住在“肮脏的洞穴”里；他们还受到了“犹太人的不良影响”。他写道，进入某个波兰人住处后，士兵们对波兰人的居住条件表示气愤：“到处是污秽的禾秆，屋里湿气很重，地上摆放着盆盆罐罐，法兰绒衣服随意乱丢”，这证实了他听说的关于波兰人落后的状况。[53]

从格拉尔德·M.（Gerhard M.）的日记中可以看到普通士兵的典型行为。他是一个冲锋队队员，1914 年生于弗伦斯堡（Flensburg），在战争爆发前不久被征召入伍。1939 年 9 月 7 日，他的分队在一个波兰村庄遭遇了“卑劣狙击手”的狙击。格拉尔德·M. 在战前是个消防员，但是现在他和他的部队却将整个村庄烧毁。

> 房子火光四起，妇女们在哭泣，孩子们在尖叫。这是一幅悲惨的景象。但是波兰人并不想如此。在一个简陋的农舍里，我们吃惊地看到一个妇女正在打理波兰机枪。我们掀倒她的房子，将其点燃。不一会儿，大火就将她团团围住，她试图脱身，但被我们阻止，尽管很难狠下心。不能因为她是女的，就把她同其他士兵区别对待。她的尖叫声在我耳边回荡了好久。整个村庄都在燃烧，我们必须在街道的正中间行走，因为两边烧着的房子温度太高了。[54]

在德军向前推进的工程中，这样的场景反复上演。几天后，也就是 21
1939 年 9 月 10 日，格拉尔德 · M. 的分队在另一个波兰村庄遭到了还击，他们又将那里的房子付之一炬。

> 不久，点着的房子就在我们的沿途燃烧起来，从火焰中传来人们的尖叫声，他们藏在房子里面，此刻已经没法自救了。牲畜在死亡的恐惧中吼叫着，一只狗在不停地狂吠，直到被烧死，但是最糟糕的还是人们的惨叫。那情形令人恐惧，如今仍萦绕在我耳边。但是他们向我们开枪，因此他们该死。[55]

从 1939 年 9 月起，党卫队特别行动队、警察部队、德意志民兵组织和普通德国士兵就这样大肆屠杀整个波兰德占区的无辜群众。克卢科夫斯基医生注意到，这种行为发生的同时，越来越多的波兰年轻人在 1940 年的头几个月离开家乡赴德国工作。实际上，在这一年年初，帝国粮食局、劳工部以及四年计划办公室就已经要求为帝国经济提供 100 万名波兰工人。其中 75% 的人要从事农业，因为农业部门的劳动力严重短缺。正如戈林在 1940 年 1 月要求的那样，这些人都从总督府征集。如果没人自愿报名，就进行强制征召。由于波兰沦陷区的处境悲惨，在德国生活的前景颇具吸引力，因此有8万多名波兰工人——其中1/3是妇女——在2月乘坐154辆专列自愿前往德国，这些人也主要来自总督府。然而他们刚抵达德国，就遭受了严苛的法律歧视和打压措施。[56] 关于他们在德国境遇的消息导致了志愿者人数锐减，于是从1940年4月开始，汉斯·弗兰克采用强迫手段试图填补人员配额。越来越多的波兰年轻人逃往森林以逃避征召，波兰地下抵抗运动也从这时候开始了。[57] 1月，抵抗组织刺杀总督府的警察局局长未果，接下来的几周，许多村庄都出现了起义和谋杀德意志人的行动。1940年5月30日，弗兰克发动了“平定行动”（pacification actions），在行动中4,000名抵抗者和知识分子被杀，其中一半是已经被拘留的人，还有大约3,000名
22 波兰人因刑事犯罪被判决。[58] 这一切收效甚微。到1940年2月，在“旧帝国”（Old Reich）充当劳力的波兰人仍然只有29.5万，大部分还是战俘。大规模征召德国人入伍而引起的劳动力短缺并未因此得到缓解。截至1940年夏天，有70万波兰人自愿或被迫在帝国充当劳力，第二年又增加了30万人。那时候，弗兰克向地方管理部门分配要完成的人数配额。警察经常包围村子，然后逮捕所有的年轻男性，那些试图逃跑的人则被枪杀。城镇里，警察和党卫队在剧院、其他公共场合或者街道上抓捕波兰青年，然后直接遣送走。由于这种强制手段，到了1941年9月，帝国的波兰劳工到达了100多万。据估计，其中只有15%的人是自愿去的。[59]

在驱逐大量年轻波兰人到帝国做工的同时，德国占领军开始了大规模的掠夺运动。当德国士兵试图从克卢科夫斯基的医院里偷东西时，他再一次告诉他们医院有几个病人得了斑疹伤寒，才得以逃脱。[60] 其他的人就没有那么机智或幸运了。部队需要依靠这片土地维持生活，但是并没有制定出任何详细的征用规则。从征用家禽，到征用炊具，再到掠夺金钱和珠宝，这之间只有一步之遥。[61] 格拉

尔德 · M. 的经历非常典型，部队抵达一个波兰城镇后就停在街上等候命令：

> 一个机智的家伙发现了一家巧克力商店，商店的窗户用木板遮住了。可惜店主不在那里。因此我们用赊账的方式将东西清扫一空。我们的车辆里堆满了巧克力，直到车里都放不下了。每一个来回搬运的士兵脸颊都鼓鼓的，嘴里嚼着巧克力。我们对如此便宜的购买感到非常高兴。然后我发现了一家商店里的苹果不错，就通通搬到了我们车上。我自行车的后座上放着一罐柠檬和巧克力饼干，然后我们又去搬这些东西。[62]

带头抢劫波兰沦陷区的正是总督本人。弗兰克毫不掩饰他的贪婪，他甚至将自己称为一个强盗贵族。他没收了波托茨基（Potocki）家族的庄园，将其作为一个乡村度假地。他开着一辆超大豪车围着庄园转，这种行为甚至引来了同僚的批评，比如加利西亚（Galicia） 23
的总督。仿照希特勒的做法，他在扎科帕内（Zakopane）附近的山上，按照贝格霍夫（Berghof）* 修建了一幢别墅。他举办大量的豪华宴会，因而腰围迅速膨胀，以至于他因很难穿上制服而咨询营养师如何保持身材。[63]

不久，公开劫掠和强行征用开始变成了帝国占领区内的家常便饭，而且得到了法律的默许。1939 年 9 月 27 日，波兰的德国军政府下令全面没收波兰财产，并于 1939 年 10 月 5 日再次重申了该命令。1939 年 10 月 19 日，戈林宣告四年计划办公室正在接收占领区内所有波兰人和犹太人的财产。1940 年 9 月 17 日，为管理没收的企业，依法设立了“东部信托局”（Haupttreuhandstelle Ost），这

---

* 指希特勒在巴伐利亚萨尔茨堡山上的别墅。

使没收行为变得合法化。到了 1941 年 2 月，其接管的企业数量超过了 20.5 万个，从小作坊到主要工业单位，规格不一。截至 1941 年 6 月，沦陷区内 50% 的商业机构和 1/3 的大型地产都已通过无偿征用的方式被接管。除此之外，为了确保士兵的食物供给，军队接管了大量农场。[64] 他们还没收了大学实验室中的科学实验设备，以供德国使用。甚至连华沙动物园收藏的动物标本也被一并夺走。[65] 金属非常紧俏，刚侵入波兰，一名德国伞兵就报告道，维斯瓦河（Vistula）的两岸堆放着许多大板条箱，箱子里面“装满了铜、铅和锌金属条，数量众多，毫无疑问，这些通通都被装箱运回了德国”。[66] 如此情形也曾一度在第三帝国本土上演，铁制品和钢制品，比如公园的栏杆和花园的大门，甚至还有烛台和炖锅，都被收集起来，熔铸后为德军生产武器和车辆。[67] 1940 年 1 月，寒冬刺骨，克卢科夫斯基医生记载道，“德国警察抢走了所有过往村民身上的羊皮外套，只把短外套留给他们”。[68] 不久之后，占领军就开始劫掠村庄，没收他们发现的所有纸币。[69]

四

24 并非所有德军指挥官都能坦然接受这样的现实，尤其是高级指挥官，纳粹主义对他们的影响没有低层军人那么极端。事实上，他们中一些人不久就开始指责低层军官未经授权而随意下令枪杀波兰平民，声讨德国士兵的抢劫和勒索行为，并宣称“一些囚犯遭到了粗暴的殴打”。一名参谋部军官报告说，“在普乌图斯克（Pultusk）附近，80 名犹太人的头颅被割下，惨无人道。针对此事以及另外两名士兵在布龙贝格犯下的抢劫、谋杀和强奸等暴行，德国专门成立了一个军事法庭。”这些事情开始引起了军队领导层的关注。1939 年 9 月 10 日，陆军参谋总长弗朗茨 · 哈尔德注意到了“前线后方的恶劣行径”。[70] 10 月中旬，由于军队指挥官的指责，德军方面最终达成一致意见，决定解散自卫民兵组织，尽管一些地方的民兵组织在几个月后才真正解散。[71] 这并没有完全打消高层军官的顾虑。1939 年 10 月 25 日，陆军总司令瓦尔特 · 冯 · 布劳希奇严厉地斥责了一些军官在波兰的恶行：

> 大量行径让人所不齿，非法驱逐、违令没收、私自敛财、侵吞盗窃、头脑发热或醉酒后虐待威胁下属、不顾严重后果违抗军令、强奸妇女等，俨然一副雇佣兵的强盗形象，这些都该受到最严厉的惩罚。[72]

其他许多高级官员也同样有这样的看法，包括那些笃信希特勒和国家社会主义的人。[73]

很多时候，军队领导怕自己要为当前的大量谋杀活动负责任，因此非常乐意将这种事转交给党卫队保安部特别行动队的领导层，允许他们放手去做。[74] 然而高级军官抗议党卫队的事例开始成倍增加，他们认为党卫队违犯了战争法律和惯例，还引起了前线后方的动乱，对正常的秩序构成了普遍威胁。隶属第五别动队的某警察分队在姆瓦瓦（Mława）枪杀了一些犹太人，还烧毁了他们的房屋，因此，德国第 3 集团军的司令官格奥尔格 · 冯 · 屈希勒尔（Georg 25
von Küchler）将军下令逮捕该分队，并解除了他们的武装。他还在军事法庭审判了党卫队炮兵团成员，这些人将 50 个刚刚完成加固大桥工作的犹太人赶进了罗赞（Różan）附近的一个犹太教堂，不由分说就枪杀了他们。其他军官也采取了相似的措施，甚至还有次逮捕了希特勒的一名党卫队成员。布劳希奇在 9 月 20 日和 21 日分别会见了希特勒和海德里希，试图解决这些问题。得到的唯一处理结果是希特勒于 10 月 4 日亲自签署了一份特赦令，赦免了那些“面对波兰暴行而冲动”犯下的罪行。但此举动摇了军纪，许多高级军官深感忧虑。谣言很快就在军官中传播开来。上尉汉斯·迈尔-韦尔克（Hans Meier-Welcker）大概35岁，是个足智多谋的参谋，1939年12月初，他在科隆基地听到了德国人所犯的暴行不禁问道，“怎么能进行这样的报复呢？”[75]

对占领政策最直言不讳的批评来自约翰内斯·布拉斯科维茨（Johannes Blaskowitz）上将。他在入侵过程中有着重要地位，于1939年10月下旬被任命为东方总司令，负责对占领区的军事管治。1939年10月26日，军事统治正式结束，权力移交给民事机关。布拉斯科维茨也因此在这一地区不再拥有统治权力，不过他仍然负责这片区域的军事防御工作。在上任几周后，布拉斯科维茨向希特勒递交了一份长长的备忘录，细数了党卫队和警察部队在他所辖区域内犯下的罪孽和暴行。1940年2月15日，陆军总司令来他的总部进行官方视察，布拉斯科维茨因而特地准备了一份更详尽的备忘录，重申了自己的主张。他谴责了对万名犹太人和波兰人的屠杀行径，斥责这一做法只能适得其反。他写道，这将使德国在国外名誉扫地，它只会强化波兰人的民族情感，使得更多的波兰人和犹太人奋起反抗。他认为这是在破坏军队的名声。他警告道，如果不予以制止，“短时间内，无数的暴行及道德沦陷就会在原本高尚的德国人中间蔓延开来，如瘟疫般迅速传播”。布拉斯科维茨列举了党卫队和警察部队所实施
26 的大量谋害和抢劫行为。他写道：“帝国成员和国家权力机关的代表们在波兰犯下了种种罪行，让每一位士兵都感到厌恶和反感。”[76]

他对纳粹党领导人说，这些恶行在民众中激起的仇恨和痛苦正促使波兰人和犹太人联合起来反抗入侵，给军队的安全和经济生活带来了不必要的威胁。[77]希特勒认为这些顾虑太“小儿科”了，并没有放在心上。他认为救世军的方式是打不了仗的。他对助手格哈德·恩格尔（Gerhard Engel）说，他也从未看好或信任过布拉斯科

维茨，应该将其免职。陆军总司令瓦尔特·冯·布劳希奇对这些事件也不予理睬，认为这名属下的描述是“可悲的错误判断”或毫无根据的“谣言”。在他看来，所谓的“对付占领区波兰人的其他强硬非常措施”，都是希特勒命令中“保障德意志生存空间”的必要措施，无论如何，他都全力支持。由于上级的不认同，布拉斯科维茨于1940年5月被解除了指挥权。尽管他后来在其他战争仍然位居高位，但与同批其他的将领不同，布拉斯科维茨再也没能获得陆军元帅的军衔。[78]

军事将领们现在愈发忧虑西线的战况，在诘难虐待波兰人和犹太人的问题上最终选择了妥协。[79] 格奥尔格·冯·屈希勒尔将军于1940年7月22日签署了一份命令，禁止军官们“参与批评任何与总督府居民的斗争，比如涉及对待波兰少数族裔、犹太人和教会事务等方面的问题。民族斗争在我们的东部边界肆虐了数个世纪，”他补充道，“要一劳永逸地解决该冲突尤其需要严厉的手段。”[80] 许多高级军官认同这种观点，他们担心的主要是军纪散漫的问题。鉴于士兵和中下层官员对待波兰人的普遍态度，官员鲜少插手阻止暴行的情况也就不足为奇了。例如，在如何对待波兰战役中俘获的近70万名战俘的问题上，德军上上下下并没有试图违反1929年的《日内瓦公约》（Geneva Convention），但是卫兵枪杀跟不上大军的波兰战俘，处死体弱多病而站不稳的俘虏，把犯人露天关押还不提供足够的食物补给，这样的事情却比比皆是。1939年9月9日，一个机械化德国步兵团在切毕亚洛夫（Ciepielów）附近经半个小时的交 27
火后，俘虏了300名波兰士兵。负责此次战斗的上校发现德军在交火中损失了14名士兵，勃然大怒，他让战俘并排站立，然后用机枪扫射，看着他们倒进路边的阴沟里。后来波兰方面的一份调查显示，类似的事件还有63起，此外，肯定还有无数的事件未登记在案。[81] 仅正式的军事处决中，就有至少1.6万名波兰人被枪杀，还有人估计这一数据应该是2.7万。[82]

第二节

新的种族秩序

一

28 战前，希特勒就曾宣称他要将波兰人从波兰清除出去，让德国人在此定居。实际上，波兰之于德国就像澳大利亚之于英国，或者美国西部之于美国，它将是一块移民型殖民地；殖民地上被认为低等的原住民将会被以各种手段驱逐，为入侵的优等民族腾出空间。强迫某个民族迁移来改变欧洲民族分布的想法并不是第一次出现了。一战刚结束时就有土耳其和希腊之间少数民族大规模对调的先例。1938 年，希特勒曾幻想在《慕尼黑协定》（Munich Agreement）中加上一项条款，将德意志人从捷克斯洛伐克残存国土中调回苏台德地区（Sudetenland）。第二年春天，在吞并其残存领土后，他随即想到一个更加极端的主意，也就是将 600 万捷克人驱逐到东部。不过这些想法都没有付诸实践。但是波兰的情形就不同了。纳粹党的人种与移居部（Head Office for Race and Settlement）最初由里夏德·瓦尔特·达雷（Richard Walther Darré）设立，旨在鼓励城市居民向德国境内新的农场地区迁移，随着侵略的进程的推进，该部门开始将注意力转向东欧。德意志人零散地分布在各个遥远的定居点，遍布整个东欧地区；现在，在“一个民族、一个帝国、一个领袖”的口号下，纳粹理论家开始考虑将他们带回帝国境内，从 1939 年秋天开始，大片波兰人聚居地也被当作安置德意志民族之地。[83]

1939 年 10 月 7 日，为巩固日耳曼人种的优势，希特勒任命海
因里希·希姆莱为强化德意志民族性国家专员部（Reich Commissioner 29
for the Strengthening of the German Race）部长。就在前一天，为了庆祝战胜波兰，希特勒对国会发表了一个冗长的演说。他宣称，是时候“重新审视民族关系了，奠定了如此发展趋势的基础后，只有重新安置各个民族，民族之间的界限才会得到更好的划分”。[84]在 1939 年 10 月 7 日颁布的法令中，希特勒命令党卫队首领处理好以下几件事：

> （1）将国外符合永久返回帝国条件的德国公民和德意志人带回国内；（2）消除威胁帝国及德意志共同体的外来人口不利影响；（3）通过重置居民建立新的德国殖民地，尤其是重新安置那些从国外回到德国的德国公民和德意志人。[85]

1939 到 1940 年的冬天，为执行上述任务，希姆莱成立了一个复杂的官僚机构，该机构充分借鉴了纳粹党种族政策办公室（Racial-Political Office）和党卫队人种与移居部的前期工作成果。两项庞大的强制性人口迁移几乎是立即同时展开：遣散在吞并领土上的波兰人，以及确认并调回欧洲东部地区的德意志人以取代原来的波兰人。[86]

1939 年 12 月上半月，8.8 万名波兰人和犹太人在波森被捕，然后由火车运往总督府，一到站就被赶了下去，沦陷区的日耳曼化 * 运

* 日耳曼化（Germanisation），又作“德意志化”“德国化”。

动也就此拉开序幕。身体健康及四肢健全的男性被挑选出来送到德国充当强制性劳动力。他们失去了自己的家园、土地、工作和财产，但是没有任何人得到了任何补偿。遣送时时值隆冬，他们被关在冰冷的火车车厢里，没有足够的御寒衣服和食物供给，境况惨得要命。1939 年 12 月中旬，一辆运送劳动力的列车抵达克拉科夫后，接车官员不得不从车上抬下 40 具孩子的尸体，都是在运送途中被活活冻死的。[87] 1939 年 12 月的第二周，克卢科夫斯基医生在他位于什切布热申的医院里为波森的撤离人员治疗，他说道：其中有 160 人，包括“工人、农民、教师、文书、银行家和商人”，在经过 20 分钟的训话后，就“被塞进冷冰冰的火车车厢中……德国士兵极其野蛮。我在医院里接收的病人里有个会计员，因为遭到了毒打，必须接受
30 长期的住院治疗”。[88] 克卢科夫斯基医生报告说，1940 年 5 月 28 日，又一批遣送者抵达，共有 1,070 人。这些人“处境极其凄惨，备受命运摧残，尤其是那些孩子被送往劳改营的父母，更是惨不忍睹”。[89] 驱逐运动仍在持续，受害者一抵达，克卢科夫斯基和其他一些同行就拼命地给他们准备食物、医疗护理和住所。截至 1941 年初驱逐运动结束时，波森共有 36.5 万人被遣散。同样的暴行也在原波兰共和国的其他地区上演。总共有超过 100 万人被牵连影响，而其中 1/3 是犹太人。他们丧失了所有的土地、财物和其他资产。克卢科夫斯基写道“许多人前脚还是农民，后脚就沦为乞丐”。[90]

维尔姆 · 霍森费尔德（Wilm Hosenfeld）是一名德国军官，身体状况较差让他免于亲自冲锋陷阵，他也是波兰流放者抵达总督府的目击者之一。1895 年，霍森费尔德出生于黑森（Hesse），此前，他主要的身份是一名教师而非军人。1933 年，他因参与德国青年运动而加入了褐衫军，同时也成为国家社会主义教师协会的一员，并于 1935 年加入了纳粹党。但霍森费尔德强烈的天主教信仰慢慢超越了对纳粹主义的拥护，哪怕是在 20 世纪 30 年代中期。他公开谴

责阿尔弗雷德·罗森贝格（Alfred Rosenberg）对天主教的攻击，这给他在党内招来了一系列麻烦。随后，他于 1939 年 8 月 26 日被征召入伍，一个月后被派往波兰修建战俘营。在战俘营里，波兰犯人虔诚的宗教信仰逐渐激起了他的同情心。12 月中旬，当他看到一列满载波兰流放者的列车时，他设法与其中一些人交谈，这些人诉说的故事令他深感震惊。他私下里给他们提供食物，还给了孩子们一袋糖果。1939 年 12 月 14 日，他在日记中记下了他不安的情绪：

> 我想去抚慰所有这些不幸的人们，请求他们原谅德国人的暴行，德国人行为残酷无情、惨无人道。既然无处安顿这些人，为何要将他们逐出家园呢？他们整天都伫立在寒风中，依偎着瘪瘪的包裹，里面只有很少的行李，没有人给他们提供食物。德国人这样做极具策略性，目的就是让这些人生病、穷困和无助，他们必死无疑。[91]

几乎没有德国人会像霍森费尔德这样想。霍森费尔德记录下了波兰 31
人经受的大量逮捕和暴行。另一名同行军官还跟他说自己是如何委婉地责问一位盖世太保官员的：“你认为这些方式可以说服他们参与改造吗？当他们从集中营返回的时候，将会是德国人最可怕的敌人！！”“是的，”这位警员回答道，“那么你认为他们中还会有人活着回来吗？任何试图逃跑的人都将被枪杀。”[92]

1940 年期间，戈林担心移民计划会搅乱战争经济，但希姆莱不顾戈林的反对，仍从瓦尔塔兰驱逐了 26 万多名波兰人，加上成千上万其他地区的波兰人，尤其是上西里西亚和但泽–西普鲁士。内政部认为现在需做的就是将剩余的波兰人都编入德意志民族的下等之列，瓦尔塔兰的党卫队领导人对这一观点置之不理，并说服地区领导人格赖泽做了一份德意志民族名单。那些被认为适合于日耳曼化的波兰人将以各种各样的身份被编入名单中，比如亲纳粹的德国人、遭受波兰影响的德国人等等，根据不同的身份赋予他们不同的特权。1941 年 3 月 4 日，这一体系进一步应用到了所有的占领区。[93]

一整个官僚机构就此迅速成立，它的职责是根据民族、语言、宗教和其他标准评估这些人是否可以日耳曼化。在实践中党卫队发现了一个问题，正如预想的那样，领导抵抗运动的波兰人大都“有较大比例的北欧日耳曼血统，对应持宿命论观点的斯拉夫种族来看，该血统让他们具有主动挑战性”。其解决方案是把这些家庭中的小孩抱走，让他们免受波兰裔父母的影响。此外，1941 年春，占领区的波兰孤儿院都被关闭，所有孤儿均被带到“旧帝国”。就像 1940 年 5 月 15 日希姆莱在一份备忘录中所说的那样，这一举措将“消除该次等东方民族借由这些良好血统而成立领导阶层的隐患，由于他们会跟我们平起平坐，这对我们来说是种危险”，这份备忘录还得到了希特勒的认可。[94] 成千上万被认为适合日耳曼化的波兰儿童被送到了帝国的特殊安置营。在这里，他们有了德国名字和身份证明（包括伪造的出生证），然后进行了 6 个月的课程学习，以掌握德语并被灌输以纳粹思想的初步理论。这当中的很多小孩确实
32 是孤儿，他们的父母已经被枪杀或作为强制性劳工被驱逐。还有不少小孩是在街上找来的，有的是由德国警察或者党卫队发现，也有的是由纳粹的福利组织“国家社会主义人民福利”（Nazi People's Welfare）的妇女志愿者送来的。“国家社会主义人民福利”只负责这之中的少部分小孩，他们的年龄介于 6 至 12 岁（大多数孩子都在 6 岁之下，最后都送到党卫队设立的“生命之泉”[Well of Life]收容所）。这些孩子最终会被寄养给认可纳粹意识形态的家庭。一种合法的黑市也由此诞生，专门贩卖婴儿和幼童，膝下无子的德国夫妇可以从黑市中获得波兰婴儿，将他们当成德国人来抚养。80% 的流放儿童再也没有返回波兰家中。[95]

知道希特勒和希姆莱都想把占领区尽快日耳曼化后，但泽—西普鲁士的大区长官福斯特将所有村庄和城镇的人口全都编入了官方德意志民族名单中。一位移民官在战后回忆道，只要当地领导人或者纳粹党支部领导拒绝服从福斯特的命令，将当地 80% 的人口列为德国人——因为这些人事实上是波兰人，福斯特便会亲自来到这一村庄，强迫他们执行自己的登记命令。一拿到这样的文件，大量被登记人口便以书面形式向当地领导人表示拒绝。但无论如何，他们还是被登记注册了。因为这一举动，截至 1942 年年底，但泽—西普鲁士新收到了 60 万份日耳曼化的申请。[96] 阿图尔 · 格赖泽是瓦尔塔兰的大区长官，因不满临近地区的竞争对手使用这些花招，他告诉希姆莱说："在但泽—西普鲁士区实施的政策……对我的民族政策构成了威胁。"[97] 但是随心所欲的日耳曼化运动仍在继续，而且从占领区内迅速蔓延到了总督府。1943 年初，像镇里的其他许多波兰人一样，齐格蒙特 · 克卢科夫斯基也被要求填写一个表格，表格名为"德意志民族身份证领取申请表",他用红墨水划掉了这一标题，签上了"波兰人"。[98]

弗兰克总督对这种方式愈发恼羞成怒，因为他所管辖的地区正被当成专门处理讨厌的波兰人的垃圾场。1939 年 10 月底，人们估计,总督府的人口到来年 2 月将从现在的 1,000 万猛增到 1,300
万。[99] 从 1940 年 5 月开始，弗兰克与希特勒达成协议，放弃了此 33
前将总督府作为波兰残存国的政策，着手准备在中长期内将总督府并入帝国。依据这一新目标，弗兰克开始把他管辖的行政区当作德国的一个殖民地，由移居者管理，用无知的波兰人充当廉价劳动力。"在这里我们要从空前的帝国高度来思考问题，"他在 1940 年 11 月这样宣布。[100] 出于对党卫队独立权力的憎恶，弗兰克明确表示波兰人不受法律的保护。他在 1940 年 12 月说道："波兰人必须明白，我们不是在为他们建立一个法治国家，他们只有一个任务，那就是尽力劳作并好好表现。”此外，对占领区的波兰人也实行了特殊的法律条款，虽然并没有完全取代最初几个月的恐怖统治，但还是逐渐发挥了作用。在严苛的法律管制下，德国公民违法，只会招来监禁，但若是波兰人因同样的行为违法，就会受到更加严厉的惩罚（送去劳改营、残酷体罚甚至是死刑）。上诉权利被剥夺，说德国人坏话这样的行为有时都会被处以死刑。这些措施从1941年开始正式推行，它们事实上是将早已广泛实施的惩罚方式加以法律条文化，而这些处罚在实践中其实更加随意武断。与此相对应的是在帝国中实施的苛刻律令，这些律令专门针对波兰和其他国家的劳工。波兰人沦为次等公民，许多地方的警察法规都凸显出了他们的卑微身份，这些条例要求他们在街上遇到德国人时必须站到路边脱帽致敬，商店里和市场上都要优先为德国人服务。[101]

尽管1939年时瓦尔塔兰只有7%的人口是德意志人，但日耳曼化运动仍然在这里拉开序幕，因为1918年之前它曾是普鲁士的一部分。19世纪在俾斯麦领导下，为了在普鲁士–波兰培植德国文化并压制波兰人对自己民族身份的认同，德国人已经采取了很多强硬措施。但其程度远不如1939年后实施的政策夸张。波兰的学校、剧院、博物馆、图书馆、书店、报社以及其他所有波兰文化和语言机构都被关闭，波兰语亦被禁止使用。波兰人不允许拥有留声机和照相机，一旦被发现出入德国人的剧院就很有可能遭到逮捕和监禁。
34 各行政区、城镇和村庄的名字都被日耳曼化，有的直接根据波兰语进行翻译，有的则使用当地德国名人的名字，但是在先前由普鲁士统治的区域，只要有可能，就恢复成1919年以前使用的德语名字。街道名字和公示同样要用德语。大区长官格赖泽对天主教堂发动了一次猛烈攻击，没收了教堂财产和资金，关掉其下属机构。几个世纪以来，在维护和凝聚波兰民族身份方面，天主教体制比其他任何一种体制都更有效。教会众多的教士、僧侣、教区长和行政人员都被逮捕，或被流放到总督府，或被送往帝国的某个集中营，或直接被枪杀。共有约 1,700 名波兰教士被送到达豪（Dachau）集中营，其中一半人都在监禁中死去。在实施这些政策时，格赖泽得到了海德里希和马丁·博尔曼（Martin Bormann）的支持，还受到瓦尔特兰行政长官奥古斯特·耶格（August Jäger）的鼓励。1934 年，耶格因负责对普鲁士境内的福音派教会灌输纳粹思想而声名大噪。到 1941 年年底，瓦尔塔兰的波兰天主教会实际上沦为非法组织。尽管早在 1939 年 10 月 27 日教皇就发布通谕对这一迫害表示抗议，但在其他占领区，波兰天主教会也都或多或少地染上了德国色彩。[102]

在总督府，波兰文化也遭到了冲击。1939 年 10 月 27 日，华沙市市长被捕（之后被枪杀），同年 11 月 6 日，182 名克拉科夫的大学和其他高等教育机构的教学人员遭到逮捕并被送往萨克森豪森（Sachsenhausen）集中营。[103] 大学、中学、图书馆、出版社、档案部门、博物馆和其他波兰文化中心都被关闭。[104] 弗兰克说道："波兰人不需要大学或中学，波兰的土地将变成文化沙漠。" 他在 1939 年 10 月 31 日宣称："对于波兰人而言，唯一可能存在的教育机会，是向他们展示波兰无望的民族命运。" [105] 弗兰克只允许波兰人参与卑贱、低级的娱乐活动，比如情色表演、轻歌剧和饮酒。[106] 波兰作曲家（包括肖邦）的音乐是被禁止的，波兰民族纪念碑都被炸毁或推倒。[107] 德国人对波兰教育观的攻击与他们对波兰文化的压制是同时开始的。在什切布热申，德国军事当局依照惯常的模式，于 1939 年 11 月 20 日关闭了当地的两所高级中学。

这两个学校没有复课。不久后，德国当局开始攻击当地小学的 35
教育体系。克卢科夫斯基医生在 1940 年 1 月 25 日记载道："今天，德国人给所有校长下令，让他们没收孩子们的波兰语手册以及历史和地理教科书。在什切布热申，每一所学校的每一间教室里都是孩子们归还课本的场景……我感到很震惊，心情十分沮丧。" [108] 更糟糕的事情还在后面，1941 年 4 月 17 日，他记录道：“德国人把文法学校阁楼中的所有书本和教学器材都搬走了，将它们堆在操场上，一把火烧掉。”波兰知识分子和教师尽其所能，私下教授非正式的高级课程，尽管这一行动的象征意义非常重大，但是由于德国侵略者大规模谋杀知识分子和教师，这些努力的效果非常有限。[109] 日复一日，齐格蒙特·克卢科夫斯基在他的日记中记载着德军对波兰作家、科学家、艺术家、音乐家和知识分子的谋害行径，许多受害者还是他的朋友。1940 年 11 月 25 日，他写道：“许多人已遇害，还有不少人即将在德国军营中被杀害。”[110]

二

那些符合条件的波兰人被重新划归为德国人，同时，在波兰人被残忍地驱逐出去之后，大批德意志人迅速迁入，接收了他们的农地和生意。1939 年 9 月末，希特勒提出明确要求，要把拉脱维亚、爱沙尼亚以及苏联控制的波兰东方地区的德意志人“遣送回国”。在接下来的数月中，希姆莱采取一系列措施将这些要求付诸实施。数千名德意志人从总督府迁入德国吞并地区，其中大多数人是希姆莱经一系列国家协议的商定从苏联控制区域中迁来的。20 世纪 40 年代初期，众多德意志移民抵达了总督府和吞并的地区，相应地，从 1941 年 3 月开始，有 40 万的波兰人被逐出家园但又并非被遣送走，只是为了给德意志移民腾出住所。在随后的过程中，有 13.6 万名德意志人从波兰东部迁来，15 万人从波罗的海国家迁来，
36 3 万人从总督府迁来，还有 20 万人从罗马尼亚迁来。为了劝他们迁徙，当局软硬兼施，一方面向他们允诺更富足的生活条件，另一方面用苏联共产主义或罗马尼亚民族主义的压迫统治来吓唬他们。截至 1943 年，约 40.8 万人在瓦尔塔兰和其他吞并的波兰地区重新定

居下来，还有 7.4 万人定居于“旧帝国”。[111]

为了获得重新安置的资格，近 50 万移民中除了 5 万名幸运者之外都被安放进了临时难民营，迁移高峰期有 1,500 多个这样的临时难民营。这些人必须接受种族和政治审查，这一程序由希特勒于 1940 年 5 月 28 日亲自批准的。这些难民营通常是由工厂、修道院或从波兰人手里抢来的公共建筑改造而来。尽管当局尽力保证一家人能够住在一起，他们被迫迁移时丢弃的财产也会用债券或财物进行补偿，但难民营里的条件一点都不理想。来自党卫队人种与移居部的审核员抵达难民营后开始工作，他们将自己的办事处设在罗兹的警察移民中心。只经过四周的种族生物学评估培训，这些官员就有了一套评估原则,其中包括 21 条体格标准（有 15 条与外貌相关），但凭借这些标准，他们只能做出一些极其粗略的估计，根本无法准确判断。他们对这些移民进行了 X 光检查、医疗检查、拍照，并询问他们的政治倾向、家庭情况、工作状况以及兴趣爱好等。分类的结果按等级从上到下排列,最上的等级是“非常适合重新安置”的人，这些移民是“纯正的北欧日耳曼人、纯正的伐利亚人（phalian）或者北欧–伐利亚人”，没有明显的“智力、性格或遗传性缺陷”；最下的等级是“在民族或生物学上不适合重新安置”的人，他们认为这些人或者具有非欧洲血统，或者拥有畸形的体格，或者属于“社会弱势或无能家庭”。[112] 这一鉴定过程必然导致人员重置的计划进展得非常缓慢。截至 1942 年 12 月，移民总共接管了吞并区 20% 的企业，帝国的德国人接管了 8%，当地的德国人接管了 51%，代表未来退伍军人的受托人接管了其余的 21%。在这片区域的 92.8 万个农场中，移民接管了 4.7 万个；在 920 万公顷土地中，有 190 万公顷是从波兰人手中攫取过来由德国人接管的。但是在 125 万名移民中，此时只有 50 万人真正获得重新安置，绝大多数人都待在
各式军营中，上千人则已经在那里待了一年以上。在吞并区域中， 37

地图2　德意志民族的人口迁移，1939—1943年

有 300 万人被登记为了德国人，但是在大德意志帝国中还有 1,000 万波兰居民未得到安置。毫无疑问，日耳曼化计划虽然进入了第四个年头，但它的成功之日还遥遥无期。[113]

1943 年，这一计划继续执行，更多的波兰村庄遭强制遣散。希姆莱用该方法来对付“旧帝国”边境地区那些所谓不值得信任的群体，比如与卢森堡（Luxembourg）交界地区的群落。若丈夫在德国军队中当了逃兵，这样的家庭就被聚集在洛林（Lorraine）地区，然后当作移民遣送到波兰。1941 年，5.4 万名斯洛文尼亚人从奥地利边境地区被带到了波兰的临时难民营中，其中有 3.8 万人被认为具有种族价值，因而被当作移民对待。[114] 1943 年 5 月，齐格蒙特·克卢科夫斯基在经过维隆恰克（Wieloncza）和扎瓦达（Zawada）人口净空后的村庄时，记载道：“德国移民正在迁入。到处都能看到德国年轻男孩身着希特勒青年团标志的身影。”[115] 一直到 1943 年 7 月，他不断记录下那些被强制遣送的村庄名单，这些村庄的波兰居民都被带到了附近的营区中。1943 年 8 月参观该营区时，克卢科夫斯基看到铁丝网后面那些营养不良及病痛缠身的被收容者，“几乎不能走路，看起来非常令人痛心”。营区医院里有 40 个还不到 5 岁的孩子，他们患了痢疾和麻疹，每两个孩子躺一张床，看起来“像是一副副骨架”。他提出将一些孩子带到他的医院进行医治，但被德国官员粗暴地拒绝。在他本人所在的什切布热申镇，也有越来越多的波兰人被驱逐出家园，以便为即将到来的德国移民腾出地方。[116]

希姆莱不顾汉斯·弗兰克的反对，在扎莫希奇地区全面推行的日耳曼化运动，实际上是综合计划的第一步，该计划将在适当的时候影响到整个总督府，尽管这一计划从未进行到如此程度。即便这样，在整个过程中，依然有约 11 万波兰人被剥夺了土地，并且从卢布林地区被驱逐出去，这占到了当地人口的 31%。1942 年 11 月到 1943 年 3 月之间，为了给即将到来的德国人腾出地方，扎莫希奇地区有47个村庄被清空。许多波兰居民带上自己能带的所有东西，逃往了山林去加入了地下抵抗组织。[117] 截至1943年7月中旬，克卢科夫斯基的家乡什切布热申被正式宣布为德国殖民地，并由城镇
39 降为村庄。[118] 克卢科夫斯基拒绝接受对他家乡的这种侮辱性设置，他记载道："在城市街道上，你可以看到许多身着平民衣服的德国人，大部分是妇女和儿童，他们全都是新来的移民。"新的设施对他们开放，还包括一个幼儿园。不久，他又记载道："商店由德国人经营，理发师、裁缝、鞋匠、面包师、肉商和机械工里都有德国人。一个名为新家乡（Neue Heimat）的新餐馆开张了。"那些没有登记为德意志民族的波兰人沦为二等公民，被当作强制性的劳动力，可以任意驱使，就好像他们的生命一文不值。1943年8月27日，克卢科夫斯基记录了一个8岁波兰男孩的案例，人们发现他"受了枪伤，躺在一个果园里。被送到医院时，医生已经无法挽回他的生命了。我们得知，男孩跑到那里是想去摘苹果。果园的新主人是一个德国锁匠，他向这个男孩开枪之后，便丢下不管，也没有告诉任何人"。[119]

迁到瓦尔塔兰的德国人对于驱逐该地区的波兰人，来为他们腾出空间的做法没有什么意见。"我真的喜欢波森，"赫尔曼·福斯（Hermann Voss）在1941年4月写道，"假如这里完全没有波兰人，它将是一个非常好的地方。"他是一名解剖学家，被任命为波森新帝国大学医学院的教授，该大学是德国教育系统在占领区的最高机构。1941年5月，他在日记中记载了党卫队接管医学院的焚尸炉一事。对此，他不仅毫无异议，反而相当认可："学院的地下室中有一个焚烧尸体的焚尸炉，是专供国家秘密警察使用的。他们枪杀波兰人后，夜晚把尸体带到这里焚烧掉。如果谁能将整个波兰社会化为灰烬就好了！"[120] 除了东面迁来的移民外，还有约20万德国人从"旧帝国"迁移到吞并地区。他们中有许多人是为躲避空袭而从德国城市撤离出来的孩子和青少年，其中有数千人被安置在军事化

的营区中，他们在那里要忍受严格的纪律，承受士兵的欺凌，只能接受一种粗糙的教育，这种教育明显缺乏学术气息。[121]

但是许多成年人自愿前往德国吞并区，他们认为这些地区是理想的殖民定居点，还常常将自己比作拓荒者。梅利塔 · 马施曼就是其中一员。1939 年 11 月，她作为希特勒青年团的媒体官员被派往瓦尔塔兰。由于看到波兰人口中缺少知识阶层，她就认定波兰人是卑贱、贫困且未开化的民族，无法为自己组建一个可靠的国家。波 40
兰人口的高出生率给德国人未来的发展构成了严重威胁，这种观点也是她在学校的“种族科学”课上学到的。她同情无数波兰儿童的贫穷和悲惨遭遇，她见过这些孩子在街上乞讨或是从储藏库中偷取煤块，但是，受到纳粹宣传的影响，她在后来这样写道：

> 我告诉自己，如果波兰人誓死捍卫那片充满争议的东方地区，那么他们仍旧是我们的敌人，因为这一地区是德国的“生存空间”。尽管我对波兰人有所同情，但是如果他们罔顾政治必然性，那么我必须抑制这种个人情感……我们是被选召的领导民族，因此对我们而言，从‘劣等人群’手中夺取领土是不应受到阻碍的。

很多德国人坚信他们是“主宰民族”而波兰人注定是奴隶，虽然她觉得自己跟这些人不一样，她后来仍这样写道：“为了我们的民族和德意志文化，我和同事们都觉得能为‘征服’这片土地尽一份力是一件光荣的事。我们有‘文化传教士’般引以为豪的热忱。”

马施曼和同事们负责清理波兰农庄，以便为新德国移民的到来做准备。他们还参与了党卫队领导的驱逐活动，也不问这些波兰人将会被驱逐到什么地方。[122] 在这一过程中，她大摇大摆地加入掠夺波兰人财产的行列中，那些遭驱逐的波兰人被迫将自己的家具和设备留给德国移居者。她手持一份伪造的征用令和一把手枪（她根本不会使用）就开始了掠夺。她甚至在重新安置计划尚未开始实施的地区抢夺波兰农民的床上用品、餐具和其他东西，把这些留给即将到来的德意志人。她认为所有这一切都是合情合理的，她的工作经验也是完全正面的。[123] 许多其他德国妇女亦有同感，她们来到占领区，或作为志愿者，或作为新任教师，或是纳粹妇女组织的低层官员，或是满怀雄心的公务员。当被问及她们的工作时，所有人都认为在波兰沦陷区的活动是她们教化使命的一部分，而且还表达了他们对波兰人口贫穷和肮脏状况的惊恐之情，这种认识无论是在当时还是在数十年后都是一致的。与此同时，他们还享受到了美丽
41 的乡村风景，感受到了令她们兴奋的被委以重任远赴他乡的使命感。作为中产阶级的妇女，清理波兰人被遣散后留下的农庄，精心进行布置，营造出一种家庭亲切感来欢迎移居者，这些工作显然赋予了她们一种满足感。她们实际上都觉得，波兰人的遭遇是可以忽视的，或者是可以接受的，甚至是正当的。[124]

三

梅利塔 · 马施曼憧憬着一个由德国人主导的文明在东欧土地上冉冉升起，但她这一憧憬很快就因当时的现实破灭。谋杀、偷窃、抢劫和驱逐出境只是现实图景的一部分而已。德国人管理之下的总督府充斥着贿赂和腐败。在 1940 年的华沙，据说一名犹太人只要花费 125 兹罗提（zloty）就可以贿赂官员，使其免于强制性劳动，而花 500 兹罗提就可以不用佩戴黄色之星，1,200 兹罗提可以买一份雅利安血统证明，1 万兹罗提可以免受牢狱之灾，15 万兹罗提则可以买到意大利移民资格（但最后这项在 1940 年 6 月突然终止了，因为当时意大利站在德国这边加入战争）。[125] 总督府于 1939 年成立，

不久后就陷入了混乱的体制，这很大程度上促使腐败行为的滋长。总督汉斯·弗兰克的总部设在克拉科夫的古老皇宫里，装饰十分奢华，他在那里发表了一系列夸张的言论。但是他的权威时常遭到竞争对手弗里德里希·威廉·克吕格尔（Friedrich Wilhelm Krüger）的打压。克吕格尔是东方地区的“党卫队和警察高级长官”（Higher SS and Police Leader），不仅受到了希姆莱和海德里希的积极鼓励，还得到希特勒本人的支持。同在其他地方一样，希特勒也喜欢让这里的下属们为争夺最高权力而相互斗争，而不是建立一种平稳有效、层级分明的指挥体系。

克吕格尔的权限不仅包括治安，还包括实施希姆莱的人口转移计划。他对总督府波兰人口实行的恐怖统治几乎没有知会弗兰克，而弗兰克则开始担心这些行动会在波兰人中激起仇恨和动乱。1942年，雄心勃勃的克吕格尔看起来像是要完全取代弗兰克。当拉多姆（Radom）的前任行政长官因腐败指控而被捕时，希姆莱迅速启动了调查。这位行政长官的父亲驾驶官方车辆从总督府向帝国运输毛毯、丝绸、烈酒和其他商品。调查结果显示这一事件只是冰山一角， 42
许多官员参与了类似的活动，而总督首先开了这样的风气。希姆莱经调查发现弗兰克利用国家资金和掠夺的财产为自家牟利。调查中发现了两个大仓库，里面满是商品，比如毛皮、巧克力、咖啡和烈酒，这些都是弗兰克为自己和家人准备的。仅1940年11月，弗兰克就往他在帝国的家中送回了72千克牛肉、20千克鹅肉、50千克鸡肉、12千克乳酪和许多其他东西。汉斯·海因里希·拉默斯（Hans Heinrich Lammers）是帝国总理府秘书长，因此也是民政部门的实质领导人，他将总督召回柏林狠狠地训斥一番。随着警察部门对腐败案件的进一步揭露，弗兰克力图予以回击。他在德国大学中发表一系列演讲，谴责警察部门日益增长的权力问题（毫无疑问，他所谴责的警察部门是由他的对手和主要反对者希姆莱领导的），结果希特勒大发雷霆，禁止他再发表公共演说，还剥夺了他所有的党内职务。然而，弗兰克最终还是挺过来了，到 1943 年 5 月，在戈林四年计划办公室的支持下，他成功说服了希特勒，虽然这一天来得有些晚了。他告诉希特勒，警察部门在总督府的残忍暴行使波兰人心中充满了怨恨，导致他们消极怠工，因此没有完成预先规定好的食物产量，破坏了经济发展。1943 年 11 月 9 日，一个更负责的警察局长取代了克吕格尔，但腐败状况仍在持续。[126]

由于波兰人的生活环境持续恶化，社会底层出现了一个巨大的黑市。据估计，波兰人口 80% 以上的日常需求都是由黑市经济满足的。波兰雇主避开了德国人强加的工资条例，给他们的工人支付实物工资或者不过问工人的大规模旷工。据估计，截至 1943 年，总共有 30% 的雇主都这样行事。无论如何，工人们每周都至多只能上 2—3 天的班，因为他们的其他时间都被黑市占用了。当时流行一个波兰笑话，讲述了两个朋友久别重逢的场景："你最近在哪儿工作？""我在市政厅工作。""你的妻子呢，她最近如何？""她在一家纸张店工作。""那么你的女儿呢？""她在一家工厂工作。""天哪，
43 那你们靠什么生活的？""还好，我儿子还没有工作！"[127] 黑市商人做生意不单单是为生计，一些人可以在数周内赚取巨额的利润。当然，被抓的风险也很高，但是大部分人甘冒风险，因为他们别无选择。再者，他们也仅仅是仿照德国统治者的做法而已，对那些德国人来说，贿赂、腐败和牟取暴利在他们的日常生活中司空见惯。[128]

黑市在食品供给领域尤其猖獗。德国刚入侵，波兰就出现了食物匮乏的问题，而撤退的波兰军队烧毁庄稼，又使该问题进一步恶化。总督府管辖着波兰较为贫困的农业区域，情况尤其严峻。1940 年，在克卢科夫斯基所在地区，德军开始统计当地农庄的猪和其他牲畜，下令这些牲畜屠宰后只能供德军食用，当地居民不能食用。[129] 食品店外排起长队成为司空见惯的事情。[130] 德国人开

始向农民强制征收食物，规定他们上交食物的数额，还惩罚那些不履行该规定的农民。[131] 从 1940 年到 1944 年，波兰总共有 60% 的肉制品、10% 的粮食，还有许多其他的东西被运到帝国供德国人使用。[132] 食物供应的状况如此糟糕，连弗兰克都深感震惊。在 1940 年的前几个月中，他设法确保了来自帝国的粮食供应，但是这些来自帝国境内的粮食供应也存在同样的分配问题，即大部分粮食首先提供给德国占领者，其次提供给那些从事关键设施建设——比如铁路建设——的波兰人，再次提供给乌克兰人和普通的波兰人，最后才轮到犹太人。截至 1941 年，华沙波兰人的口粮低至每天 669 卡路里热量的食物，相比之下，德国人的口粮为每天 1,613 卡路里热量的食物，而分给犹太人的口粮仅为每天 184 卡路里热量的食物。[133] 没有人可以靠这么点口粮活下来。人们的健康状况迅速恶化，由营养不良而带来的疾病蔓延开来，死亡率急剧攀升。多数波兰人都想尽办法通过其他途径获取他们所需的大部分食物供给，这再次意味着他们不得不依赖于黑市。[134]

暴力、破坏和掠夺的程度之甚，令人咂舌，在这样的背景下，波兰社会迅速瓦解，克卢科夫斯基医生绝望地记载下了这一切。成群的劫匪在乡村游荡，他们闯入居民家中，抢劫财物，奸淫妇女。为了侵占别人私藏的武器，波兰人之间相互告发。许多人自愿到德国工作，通敌情况很普遍。波兰女子勾搭德国士兵，卖淫之风流行。44
截至 1940 年 11 月，克卢科夫斯基在他的医院接收了 32 名患性病的妇女，他记载道：“其中一些人还是年轻女孩，有的甚至只有 16 岁，她们先是被德军强奸了，之后便开始卖淫，以此作为唯一的维生之计。”“酗酒情况也越来越严重，”他在 1941 年 1 月记录到，“自然而然，酒后闹事也越来越多，但是德国人似乎对这种情况相当满意。”波兰人加入了抢劫犹太人商铺的行列，战前的波兰警官现在开始为德国人服务。他在 1940 年 2 月写道：“我从来没有想过波兰人的士气会如此低落，完全丧失了民族气节。”[135]“我们不能团结一致抵抗德国人，”他在两个月后抱怨道，“谣传、阴谋和告发行为越来越多。”[136]

四

由于《苏德互不侵犯条约》，从 1939 年 9 月 17 日起，苏联红军侵占了部分波兰领土，在这些地方，境况也好不到哪儿去。[137]苏联侵占的波兰领土达 20.1 万平方千米，其人口达 1,300 万人。红军俘获了 20 万波兰战俘，其中一部分被遣散回家，特别是那些住在波兰德占区的人，还有一部分被送到波兰东南部的劳改营从事建设工程。但是，他们中的官员则被驱逐到苏联的军营中，与波兰海关官员、警察、狱警和军警待在一起，总人数后来达到了 1.5 万。1940 年 4 月到 5 月初，在莫斯科方面的命令下，其中 4,443 人被苏联秘密警察内务人民委员会（NKVD）分批带到斯摩棱斯克（Smolensk）附近的卡廷森林（Katyn Forest），在这里他们被蓄意枪杀，中枪部位在脑后方，然后尸体被集体掩埋。剩下的波兰官员后来也被杀了。在这 1.5 万人中，只有约 450 人幸免于难，他们要么是共产党员，要么被认为可接受共产主义。其余的人连同 1.1 万名所谓的反革命分子在各地或各军营被枪杀。有人估计被杀的总人数在 2 万左右，确切的数字可能无从知晓。这些人中大多数是预备役军官、专业人士、医生、地主、公务员以及类似的人。[138]

45 这一灭绝行动是苏联根除波兰民族文化运动的一部分。与此同时，种族之间的大规模暴力事件也相继发生，在这些事件中，成千上万的波兰人在波兰东部遭到乌克兰和白俄罗斯的准军事部队屠杀，而这些部队都受到了苏联占领者的鼓动。在一场作弊的全民公投后，占领区并入苏联，占领区内的经济和社会体制调整为苏联模式，商业机构和地产也被政府征用接管，而后交由乌克兰人和白俄罗斯人来管理。波兰的纪念碑和街道标识都被损毁，书店和文化机构都被关闭。在苏联占据的波兰地区，50 万波兰人被囚禁。许多人忍受着折磨和殴打，惨遭杀戮和处决。大规模的驱逐运动拉开了序幕。被驱逐的人包括党派成员、俄罗斯和其他国家的流亡者、警官和狱警、波兰军队的军官和志愿者、活跃的天主教会下层成员、贵族、地主、银行家、实业家、旅馆经营者、餐馆老板、难民、“到过国外的人”，甚至包括“学习世界语或集邮的人”。占领区内几乎所有的波兰专业人士都被逮捕和驱逐。多数情况下，他们的家人也一同被驱逐。据估计,被驱逐的总人数达到 150 万。1940 年上半年，他们先是被塞进运牛车里，车里挤得只够下脚，然后由大量的火车送往哈萨克斯坦的集体农庄或其他更远的地方。数以万计的波兰人遭到逮捕，他们被控以捏造的罪名，然后送到西伯利亚的劳改营中，这些人要么曾供职于前政府，要么是不愿接受苏联的马列主义思想。1941 年 6 月德国进攻苏联后，幸存者被释放，但在这之前，约 1/3 被驱逐者已经死去。彼时，苏联在波兰占领区的政策开始略微放松，因为莫斯科方面越来越担心德国可能会入侵苏联，而乌克兰人或许会施以援手，这将在一定程度上激起波兰人的民族身份意识，发泄长久以来的反德情绪。尽管如此，就破坏性而言，苏联对波兰的占领与德国对波兰的占领不相上下。[139]

起初，生活在波兰苏占区的 120 万犹太人以及约 35 万为逃离德军而躲到那里的犹太难民都对苏联的接管表示欢迎，因为这是救他们于水火。他们认为在这里能得到保护，不仅能远离德国人实施的种族灭绝措施，还可免遭当地波兰人反犹主义的迫害。甚至连保守的犹太教民也都欢迎苏联占领者的到来。有相当多的犹太人在苏联共产党的统治机构中担任行政职务，尽管准确的供职人数饱受争议，但不管供职的犹太人究竟有多少，其数量足以使许多波兰和乌克兰的民族主义分子相信，所有犹太人都在为他们所憎恨的苏联共产党工作。事实上，当犹太富人和其他人，尤其是知识分子和专业人士遭到逮捕和驱逐时——这些人都像波兰爱国人士一样拒绝在苏联公民身份证明上签字——犹太人对苏联统治本质的美好幻想就被彻底打破了。被驱逐到西伯利亚和苏联其他偏远地区的人中，犹太人占了1/3，据估计，死在途中的人数多达10万。可是，灾难已经酿成。当红军最终被德军赶出去的时候，那些幸存者将为他们当初对苏联入侵的热情付出沉重代价。同时，由于波兰苏占区的境况迅速恶化，逃离波兰德占区的犹太人又开始折返。[140]

然而，波兰德占区和波兰苏占区二者之间存在巨大的差异。与附属于纳粹的波兰西部不同，波兰东部的大多居民并不是波兰人。他们主要是乌克兰人和白俄罗斯人，而且大多是农民，占领当局怂恿他们起来反抗所谓法西斯主义的波兰地主阶级和犹太人。为了进行社会革命，苏联当局没收了波兰人的财产，将银行收归国有，还将大地产分成小块，拨给小农。每一个人都被赋予了正式的公民权利，年轻的犹太人尤其欢欣鼓舞，因为他们可以摆脱波兰军官政权实施的反犹主义歧视政策。当这些犹太人满怀对新政权的热忱加入共产党时，便抛弃了自身的犹太人身份。德国和苏联两国占领当局都将波兰精英阶层视作波兰民族主义的领导者，认为应该用武力予以镇压和消灭。但是苏联人更关心的是从政治上摧毁他们，所以他们不是将这些人从苏联驱逐出去，而是送往内地深处。在斯大林看来，在波兰的占领区内所实施的政策是有利于多数人的社会革命；
47 而在希特勒看来，在波兰的占领区内实施的政策是维护小众利益的种族革命，这个小众就是德意志人。占领区的资本、个人财产和私有企业都原封不动地保留，但不再是波兰人或犹太人的了。[141]

第三节

“恐怖的暴民”

一

如果波兰人在总督府还算是二等公民的话，那么犹太人几乎 48
连人都算不上，德国占领者都这么看，无论是士兵还是平民，纳粹党人还是非纳粹党人。在过去 6 年半的时间里，德国统治当局通过不间断的纳粹政治宣传将大部分德国民众成功洗脑，使他们对犹太人既恐惧又鄙视。在此期间，德国的犹太人——占德国总人口不到 1%——遭受了政府愈演愈烈的歧视、财产剥夺和纳粹分子周期性的暴力镇压。一半的犹太人移居了，其余的则被剥夺了公民权利和赖以为生的工作，他们不允许与其他德国人进行正常的社交，还被迫成为强制性劳动力，事实上是把他们从德国社会中隔离出来了。1938 年 11 月，他们在全国范围内受到了一系列的迫害，德国所有的犹太教堂都被摧毁，成千上万犹太商店被砸毁，犹太人的公寓和房子也遭到了洗劫。有 3 万犹太人被捕，而后被投进了集中营。集中营里的犹太人经历了数周的暴打和恐吓，直到他们保证移居国外后才被最终释放。紧接着，留在德国的犹太人被剥夺了最后的资产。

尽管德国的犹太人充分融入德国文化，在衣着和长相上也与其他德国人并无二致，但德国的非犹太人还是将这些犹太同胞当作另类，这个过程缓慢不一，但是到 1939 年，该现象就已经十分普遍了。[142]

49 不过，德国人入侵波兰时，他们遇到的情况是大不相同的。1939 年时，就人口比例而言，波兰的犹太人多过任何一个欧洲国家，数量接近 350 万，而如果按宗教信仰来分，这占到了波兰总人口的 10%。其中，超过 3/4 的犹太人居住在波兰的城镇地区。仅在华沙一地，犹太人的数量就超过了 35 万，占到了首都人口的近 30%。20 多万犹太人居住在罗兹，占到居民总数的 1/3。总督府 30% 以上的城镇里，犹太人实际上都占了多数。他们中 85% 的人将意第绪语或希伯来语作为第一语言，而非波兰语。绝大多数人信奉犹太教，许多人在穿着上与信奉基督教的波兰人也不同，还根据宗教习俗留着胡须或侧边发辫。他们形成了独特的少数民族，在 20 世纪 30 年代后半期，反犹太的波兰军政府不断地排斥他们。多数波兰犹太人是小商贩、店主、工匠、商人或工薪阶层，只有不到 10% 的犹太人是专业人士或成功的中产阶级。许多人都非常贫穷，1934 年里有超过 1/4 的人靠救济金生活。1939 年 9 月，只有 200 多万犹太人居住在被德国占领的地区，其中有 35 万人随即就逃往波兰东部、立陶宛或匈牙利。对于即将到来的德国人而言，这些人是“东方犹太人”，他们完全是陌生而低贱的少数民族，许多德国人将他们视作“非欧洲人”，认为相比于德国本土的犹太人，这些犹太人更应受到轻视和怀疑。[143] 事实上，1938 年 10 月，有 1.8 万名波兰犹太人从德国被赶入波兰，第二年 6 月又有 2,000 人被驱逐。[144]

在波兰，纳粹党的种族压迫和灭绝政策首次全面实施，这是纳粹党的一次巨大实验，他们不久就会在东欧其他地方如法炮制，但规模会更大。德国在波兰的统治很残酷，而且是专门用来增进纳粹党眼中的德国利益的，包括德国的种族利益。德国人蓄意将波兰社会倒退到一种原始状态，无休止地掠夺资源，大幅降低波兰日常生活水平，滥用强权，暴力地将波兰人赶出家园——所有这一切形成了对波兰犹太人肆意的恐怖统治。而且，国家的混乱局面和希特勒
一再坚持种族政策在波兰问题上的优先地位，从一开始就助长了滥 50
用职权的情况，这些职权掌握在纳粹党和党卫队中最狂热和顽固的人手中。[145] 由乌多 · 冯 · 沃伊尔施（Udo von Woyrsch）统领的党卫队别动队在攻击犹太人方面尤其积极。1939 年 9 月 8 日，他们在本津（Będzin）谋杀了大批犹太小孩，用喷火器烧了当地的犹太教堂，还放火点燃了附近镇里犹太人的房子。别动队不分青红皂白地枪杀他们在街上遇见的每一个犹太人，他们离开的时候，镇里约有 500 名犹太居民被害。1939 年 9 月 11 日，沃伊尔施在克拉科夫与海德里希和施特雷肯巴赫会面后，得知希姆莱已经下令对犹太人采取最严厉的措施，这样犹太人就会被迫向东逃亡，离开德国人控制的区域。于是别动队加倍对犹太人实施恐怖政策，逼迫他们逃亡。他们在迪努夫（Dynów）的犹太教堂中活活烧死了一群犹太人，还在各地大量枪杀犹太人。[146]

1933 年以来，纳粹宣传机构大肆提倡反犹主义，歧视“东方犹太人”，因而普通士兵和低层军官都有了种族偏见。[147] 汉斯 · 费尔伯（Hans Felber）是布拉斯科维茨领导的第 8 集团军的参谋长，他的言论淋漓尽致地体现了德国人的此种态度。1939 年 9 月 20 日，他将罗兹的犹太人描述为“恐怖的暴民，肮脏又狡诈”。他说他们必须被驱逐。[148] 他这是在重申希特勒对犹太人的看法，希特勒在 1939 年 9 月 10 日视察凯尔采（Kielce）的犹太人聚居区时表达过这种看法，陪同他的首席新闻官奥托 · 迪特里希（Otto Dietrich）记载道：“这些人的外貌简直不可思议……他们居住的棚屋肮脏得令人难以置信，在德国，即使是流浪汉也不愿意在里面过夜。”[149] “他们已经不算是人了，” 戈培尔在 1939 年 11 月初视察

罗兹之后这样评论道，“他们是动物。因此，我们要做的不是人道主义的关怀，而是一场大手术。必须在这里采取激进的措施，否则欧洲将会被犹太人带来的瘟疫所吞噬。”[150]戈培尔让影片摄制组拍摄每周新闻片，在德国电影院放映。犹太教的会众和拉比被迫举行特殊的宗教仪式，以供德国摄制组拍摄，这些人还走进犹太人的屠宰场，拍摄屠杀牲口的祭祀仪式。所有的素材都在戈培尔的亲自指挥下采集，希特勒本人也参与了一部长篇纪录片的拍摄，该纪录片名为《永恒的犹太人》(*The Eternal Jew*)，于一年后，即 1940 年 11 月上映。[151]

51 希特勒在战前给将领们的指示促进了种族仇恨和蔑视气氛普遍蔓延，这使得士兵们相信他们可以对波兰的犹太人为所欲为。德国军队一进入华沙时，士兵便开始洗劫犹太人的商店，并持枪抢劫街上的犹太人。[152]1939 年 10 月 6 日，犹太校长哈伊姆·卡普兰在日记中记载到，德国士兵闯进他的公寓，强奸了他的基督教女仆（他们没有强奸犹太妇女，他认为这是由于《纽伦堡法案》[Nuremberg Laws]的约束——尽管这一法令在现实中似乎并没有起到多大的作用）。然后他们殴打她，企图逼她说出他把钱藏在了什么地方（事实上，他已经把钱都转移了）。卡普兰甚至记下了军官在街上虐待犹太人并残暴地割掉他们胡须的情景。他们还强迫犹太女孩用自己的衬衫清洗公共厕所，除此之外，还对华沙的犹太居民进行了大量的施虐行为。[153]齐格蒙特·克卢科夫斯基记载了许多德国士兵在当地波兰人的帮助和怂恿下偷盗和抢劫犹太人商店及经营场所的事件。偷盗行为经常伴随着纵火和恣意破坏，包括一些波兰天主教大人物在内的当地波兰人都热情地参与其中。多年以来，当地波兰人在反犹主义的宣传和波兰民族主义者的思想灌输下，对犹太人形成了根深蒂固的偏见。[154]

1939 年 10 月 22 日，德国士兵动用卡车来运走扎莫西奇地区犹太人商店里的东西，扎莫西奇是离克卢科夫斯基住处最近的一个大城镇。8 天后，德国军官开始从镇里的犹太人家中攫取现金和首饰。[155] 渐渐地，掠夺者和强盗开始使用武力对待犹太受害者。[156] 克卢科夫斯基在他的日记中写道，1939 年 10 月中旬，德国人在扎莫西奇安顿下来后，他们命令犹太人“打扫街道，清理公共厕所，注水清理污水沟。他们命令犹太人在进行任何工作之前都要做至少半小时的大强度体力训练，这对许多人而言，尤其是老年人，是致命的”。“德国人对待犹太人十分残忍，”他在 1939 年 10 月 14 日记载道，“他们割下犹太人的胡须，有时候甚至揪掉犹太人的头发。”[157] 1939 年 11 月 14 日，镇里的犹太教堂连同附近的犹太民房都被烧毁。这无异于 1938 年 11 月 9—10 日德国境内迫害犹太人运动的翻版，它们造成的后果也如出一辙。他们命令犹太社区缴纳巨额的罚金作为“赔偿”。[158] 从 1939 年 12 月 22 日开始，所有 52
年龄在 10 岁及以上的犹太人都必须在袖子上佩戴黄色六角星，商店也必须挂出明确的标识以表明它们是否是犹太人开的店。[159] 除了犹太医生外，其他人不准为犹太人提供医疗服务。1940 年 3 月 29 日，对于为犹太病人看病的情况，克卢科夫斯基医生在日记中这样写道，“我在路上一直在想有没有人正监视着我。我觉得很害怕。在我的处方上，我甚至省略了患者的姓名。所以我们现在的状况是这样：医生的主要职责是给予医疗帮助，但是现在行使这一职责成了一种犯罪，会受到监禁的惩罚。”[160]

令人吃惊的是，这些行动不是由党卫队实施的，而是由德国正规军的军官和士兵实施的。进入镇里的犹太聚居区时，一群群笑嘻嘻的德国士兵朝他们经过的房子里面任意射击，或者将犹太男子聚集在街上，逼迫他们向对方身上涂抹粪便，烧他们的胡须，强迫他们吃猪肉，或者用刀在他们的额头上刻上犹太之星。[161] 对许多普通士兵来说，这是他们与波兰犹太人的首次对峙；就外表来看，许多波兰犹太人非常符合纳粹当局对他们的形象宣传，德国在过去 6 年中一直给国民灌输这一形象。这些人——就像一个下士在 1940 年 8 月所写的那样——“是留着胡须的纯种犹太人，确切地讲，他们甚至比《冲锋报》（*The Stormer*）经常描绘的还要肮脏”。[162] 另一个下士在 1939 年 12 月写道，这里的“犹太人肮脏、油腻，我几乎没见过如此不堪的人，他们在四周游荡，身上裹着破布。这些人对我们来说就像是瘟疫。他们看我们的方式让人恶心，问的问题透露出奸诈，大惊小怪的样子显得装模作样，这经常迫使我们伸手去掏出手枪，以便使这些过分好奇而又爱打听的人清醒过来。”[163]

战争刚爆发，一名犹太学者就决意尽可能地将这种行为完整记录下来，以提醒子孙后代。伊曼纽尔 · 林格尔布卢姆（Emanuel Ringelblum）生于 1900 年，主修历史学课程，在 1927 年获得了博士学位。作为一名活跃的左翼犹太复国主义者，他决心将华沙犹太人在德国统治下的所有遭遇都记录下来，在日记中翔实地记载了每天发生的事件。根据林格尔布卢姆的大量详尽记录，德国士兵和党卫队每天都对波兰人进行抢劫、殴打、枪击和羞辱。在占领的头几个月中，德国士兵强奸波兰和犹太妇女的事情比比皆是。“在特沃马茨凯广场（Tlomackie Place）2 号，”他在 1940 年初记载道，“3 名主人（lords and masters）强奸了一些妇女，尖叫声在整个屋子
53 里不断回响。盖世太保担忧种族退化——雅利安人与非雅利安人厮混——但是却不敢报告。”[164] 贿赂和腐败行为迅速扩散。他记载道：“只有穷人才去难民营。”[165] 林格尔布卢姆记录道，波兰基督徒有时会保护被年轻波兰恶棍欺负的犹太人，但是在德国人面前他们却无能为力。[166] 随着犹太人的境况日渐恶化，林格尔布卢姆开始记录一些苦涩的幽默，犹太人试图依靠这些幽默减轻生活的负担。其中一个玩笑是关于一个犹太妇女的，她将在睡梦中不停大笑或大喊的丈夫叫醒。丈夫说道：“我梦到有人在墙上乱画，‘打倒犹太人！

取消祭祀仪式！’”“那么你为什么如此高兴呢？”妻子问道。“难道你不明白吗？”他回答，“那意味着过去的好日子又回来了！波兰人重新开始管事了！”[167]他们可以应付得来波兰人实施的迫害手段，但是对德国人的惨无人道他们却无能为力：“一个警察局局长来到犹太人家里想拿走一些东西。那个妇女哭诉说自己是寡妇，还拖着一个孩子。警察局局长说如果她能猜出他的哪一只眼睛是假的，那他就不拿走任何东西。她猜对了，是左眼。警察局局长问她是怎么猜到的。‘因为另一只眼睛，’她回答道，‘有人的眼神。’”[168]

且不说华沙，在波兰的许多其他地方，军队将犹太人抓走作为人质，很多地方还发生枪杀犹太人的个体或群体事件。像其他战俘一样，军队将 5 万名被划为犹太人的波兰战俘征召为劳工，但是这些劳工饱受饥饿和虐待之苦，所以截至 1940 年春，其中的 2.5 万人就已经死亡。[169]哈伊姆·卡普兰在 1939 年 10 月 10 日记载道，他们大肆抓捕犹太男子充当劳动力。[170]弗兰克确实已经下令强迫总督府的犹太人参加劳动，还开始设立劳改营。在劳改营里，犹太人境况悲惨，他们有的是在街上被捕的，有的是在家里被警察搜捕出来的。一份贝乌热茨（Belzec）劳改营的医疗报告在 1940 年 9 月记载道，劳改营的住宿条件昏暗又潮湿，且布满了寄生虫。30% 的工人没有鞋子、裤子或衬衫，睡在地板上。75 个人挤在一间屋子里，屋子面积仅有 30 平方米，过于拥挤，以至于其中一些人要躺在另一些人身上。他们住的小屋里没有肥皂和卫生设施，由于禁止外出，
男人们晚上不得不在地板上方便。对于那些必须从事重体力活—— 54
大部分是修路和加固河堤——的男子来说，食物配给严重不足。[171]

一个名为达维德·谢拉科维亚克（Dawid Sierakowiak）的犹太男学生在日记中冷静地记下不断恶化的境况。他在 1939 年 9 月 9 日记载了“德国占领的最初迹象”。“他们抓捕犹太人去干挖掘工作。”尽管已经开学了，但是他的父母不敢让他去上学，怕他被德

国人抓走。两天后，他记载了四处发生的殴打和抢劫事件，还记下了他父亲工作的商店遭洗劫一事。“当地的德国人恣意妄为，”他记载道，“所有的人类基本自由都被摧毁了。”德国人在一个犹太宗教节日当天关闭了犹太教堂并强迫商店开门营业。谢拉科维亚克记录道，他的母亲不得不每天早晨五点就在面包店排队，要排整整两个小时，但德国人却将排队等待购买食物的犹太人从队列中拉出去。此外，他的父亲也失业了。接着德国人关闭了谢拉科维亚克的学校，他不得不去另一所学校，但是由于家里已经无力支付他上学的电车费了，因此他每天必须步行 5 千米去上学。1939 年 11 月 16 日，谢拉科维亚克和其他犹太人一样，被迫在外出时佩戴一个黄色的臂章，12 月初臂章换成了一个 10 厘米大小的黄色大卫之星，要求戴在右胸处和右肩背部。“每晚的新工作是，”他记录道，“扯掉臂章然后缝上新的装饰物。”随着冬天的首场雪的到来，他的学校被关闭了，学生们得到了一些教科书，“我得到了一本德语犹太史、几本德国诗人的诗集、拉丁文课本和两本英语课本。”谢拉科维亚克开始目睹德国人在街上殴打犹太人。犹太人的境况江河日下。[172]

到了第二年秋天，针对犹太人的骇人暴力场景在波兰许多城镇的街道上不断上演，包括什切布热申。1940 年 9 月 9 日，克卢科夫斯基记录道：

> 今天下午我在屋里靠窗站着，目睹了窗外的丑恶行径。医院的对面是一些被烧毁的犹太人的房子。当三个德国士兵经过的时候，一位犹太老人和几个犹太妇女正站在一座房舍边上。
> 55 其中一个士兵突然一把抓住那个老人家，将他扔进了地窖里。妇女们开始恸哭。几分钟后更多的犹太人赶来，但是士兵们就这么若无其事地离开了。我对此感到困惑不解，但是几分钟后这个老人被带到我这里进行医治，他告诉我，德国人经过的时候，

> 他忘了摘下帽子。德国法令要求，无论何时，当德国士兵经过的时候，犹太人必须立正站好，男子必须脱帽。[173]

克卢科夫斯基所目睹的一切，不仅仅是侵略军在对他们所鄙视的少数民族任意行使权力，它更是柏林方面最终决策的直接结果。这一决策经历了漫长的制定过程，处于第三帝国权力中心的新体制架构对此也起到了推波助澜的作用，该体制架构将在未来几年里将发挥越来越重要的作用。[174]

二

纳粹政权的最初设想是将波兰划分为德国人、波兰人和犹太人三个聚居带，分属三个不同的区，大致是在西部、中部和东部。这一规划的落实绝不是党卫队的专属特权，早在 1939 年 9 月 13 日，陆军总司令部军需总监就已经下令，让南方集团军群（Army Group South）将上西里西亚东方地区的所有犹太人都驱逐到即将被红军占领的区域。但在执行的时候，统治当局很快就采取了一种由中央直接管理的方式。第二天，海德里希提到，希姆莱将给希特勒提交一个全面的政策，以处理“波兰犹太人问题，……这只有元首才可以决定”。1939 年 9 月 21 日，希特勒批准了一个驱逐计划，该计划将在接下来的一年予以实施。犹太人立即遭到围捕，尤其是那些从事农业生产的犹太人。所有犹太人——超过 50 万人——将被赶出第三帝国所吞并的领土，一同遭到驱逐的还有 3 万名吉卜赛人以及布拉格、维也纳和帝国与保护国其他地区的犹太人。海德里希说，这是迈向“终极目标”的一步，要高度保密，这一“终极目标”就是将犹太人从德国和德国所占领的东部区域驱逐到一个专门设置的保留地。

负责这一行动的是阿道夫·艾希曼（Adolf Eichmann），他是布拉格的党卫队犹太移民中央办公室（SS Central Office for Jewish
56 Emigration）的负责人。此人工作卖力，热情极高，一面尽力确保相关区域的官员同意驱逐计划，一面在尼斯科（Nisko）的桑河（San）边上设立一个临时收容所。1939 年 10 月 18 日，一辆载有 900 多名犹太人的列车驶离了波希米亚和摩拉维亚保护国的俄斯特拉发（Ostrava），两天后又有 912 名犹太人从维也纳被运走。然而，尼斯科已经没有足够的场所收容他们了。少部分人被派去修建军营，其余的人则被一支党卫队别动队带到了几千米之外，接着卫兵朝他们鸣枪，将他们赶走，嘴里还大喊着："去找你的红军兄弟吧！"希姆莱与苏联在 1939 年 9 月 28 日达成协议，将德意志人转移到吞并区域，然后暂停了迁移犹太人的整个行动，因为他们急需交通设施和人力资源来应付从东边来的德国移民。总之，正如希特勒指出的那样，在尼斯科区域建立一个大型的犹太人保留地，会削弱这一地区作为将来入侵苏联的军事桥头堡作用。艾希曼的宏伟计划终未实现。限于困境的犹太人就那么待在那里，他们住在临时避难所里，只有卢布林的犹太社区给予他们帮助。直到 1940 年 4 月，党卫队才将他们遣散，让他们自己回家，但是最终只有 300 人顺利返回家里。[175]

不过，这一计划并不算是彻头彻尾的失败。它表明，将大量犹太人从他们在帝国和保护国的家里驱逐到东边是可能的，尤其是可以用一些委婉的说法——比如在自治"殖民地"或"保留地""重新定居"——来掩盖该行动的血腥意图。艾希曼被提拔为帝国保安总局负责被占领地区的第 4 局 D 处 4 科（Department IVD4）的负责人，全权负责"撤离"和"再定居"事宜。[176] 他没能在尼斯科为所设想的保留地提供足够的设施，这并非是他组织不利的结果，而是蓄意所为。说到底，他们只是为了将德国和德国占领的中欧地区的犹太人抛弃在那里，然后让他们自谋生路。正如汉斯·弗兰克所言：“能通过物理手段最终解决犹太种族问题是一大乐事。死的人越多越好。打击犹太人就是我们帝国的胜利。犹太人必须时刻感觉到我们已经来了。”1939 年 11 月 20 日，总督府主要官员访问了一座名为齐楚夫（Cyców）的村庄，一报告就此次访问评论道：“根据大区长官施密特的说法，这片极其潮湿的土地可以作为犹太 57
人的保留地。这一措施将会导致大批犹太人的死亡。”毕竟，正如德国外交事务研究机构（German Foreign Affairs Institute）的一名成员在 1939 年 12 月的汇报所言，“消灭这些次等人是造福全世界”。他认为最好通过“自然”方式——比如饥饿和疾病——来实现该目标。[177]

在接下来的几个月中，帝国保安总局、外交部和其他权力机关对各种重新安置中欧犹太人的替代方案进行了详细讨论，这些方案都涉及大规模屠杀犹太人，只不过在措辞上有的直截了当，有的则含蓄委婉。1940 年 2 月和 3 月，在海德里希的命令下，斯德丁（Stettin，今什切青［Szczecin］）几乎整个犹太社区 1,000 多名犹太人都惨遭驱逐，转移他们的运输条件极其恶劣，以致其中近 1/3 的人因饥饿、寒冷和精疲力竭而死于途中。1939—1940 年间以及 1941 年的头四个月，一系列无组织的行动让 6.3 万多名犹太人被驱逐到总督府，其中有 3,000 多人来自阿尔萨斯（Alsace），6,000 多人来自巴登（Baden）和萨尔（Saar），甚至还有 280 人来自卢森堡。这些驱逐行动并未形成一个能在更大范围实施的系统政策，许多行动都是心急的纳粹地方官员自行发动的。其中最著名的要数瓦尔塔兰大区长官阿图尔·格赖泽，此人野心勃勃，希望尽快地将犹太人逐出他所辖的区域。尼斯科计划已经流产，加上战时的压力和处境，波兰境内人口转移的规模和速度降了下来。然而，尽管存在这些困难，将中欧犹太人赶进位于波兰东部的某处保留地的想法仍在讨论中。

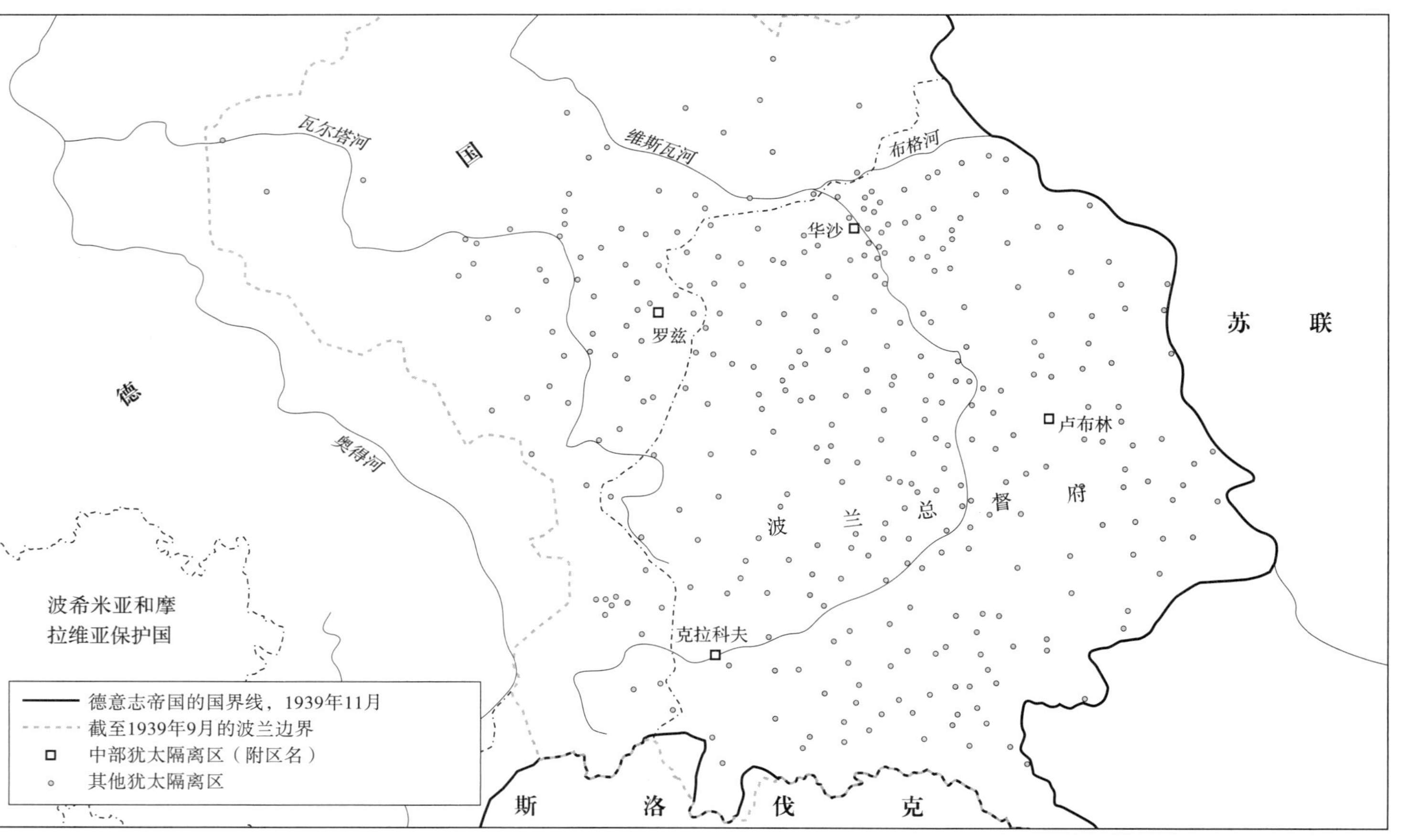

地图3　在德国占领下波兰的犹太隔离区，1939—1944年

第一步，希特勒设想将帝国和新近吞并领土上所有犹太人集中安置在波兰主要城市的犹太隔离区。他和希姆莱以及海德里希一致认为，这将大大简化对犹太人的最终驱逐。[178] 1939 年 11 月，美国记者威廉 · L. 夏伊勒断定，“纳粹党的政策纯粹是为了根除波兰犹太人”，因为如果不是这样，那么将他们隔离起来还会产生什么别的后果呢？如果犹太人无法谋生，他们如何生存下去？[179]

三

1938 年 11 月 9—10 日迫害犹太人的运动发生之后，德国人便 59
即刻探讨了犹太隔离区的问题。[180] 因为几乎没有人觉得隔离区将会长期存在下去，所以柏林方面并未就如何经营隔离区下达集中指令。海德里希建议，应该将犹太人限制在主要城市的特定区域，但是他并没有给出具体操作方案。意识到行政机关尚未做好准备，还没有能力接收和管理大量拥入的身无分文的难民，汉斯 · 弗兰克想阻止将瓦尔塔兰的犹太人驱逐到总督府，因此，格赖泽便在这个总的政策方针下自行其是。[181] 他下令将瓦尔塔兰的剩余犹太人集中到罗兹北部一个“封闭的隔离区”，那是一片贫困区，有不少犹太人已经居住在那里了。1939 年 12 月 10 日，地方行政部门起草了一系列方案，涉及隔离区边界的划定、如何重新安置那里的非犹太人、食物和其他物资的配给、公用事业的建设以及其他各种各样的相关事宜。1940 年 2 月 8 日，卫兵到达隔离区的边界，开始在那里设立屏障，将隔离区与外界隔绝开来。正如达维德 · 谢拉科维亚克所言，早在 1939 年 12 月份，城里就开始大规模逮捕犹太人。“每个地方，每一个人，”他记载道，“都准备好了背包，里面装着贴身衣物、必要的衣服和家用设备。所有人都极度紧张。”许多犹太人逃离城市，尽可能地将东西装在手推车里带走。[182] 到了 1940 年 4 月 30 日和

5月1日隔离区最终封锁完成的时候，城中原来的22万名犹太人中有16.2万人都被聚集在里面。[183]隔离区的基础设施极其糟糕，3万多犹太人的住处既没有自来水也没有设置污水处理系统。[184]纳粹分子本就将犹太人与肮脏和疾病相联系，结果，这一联系好像很快就要被证实了。

1939年9月21日，海德里希制定了总的原则，规定每一个隔离区都由居民委员会（Judenraete）管理，委员会由德高望重的犹太人组成，由一位长者领头。委员会成员被当作德国的人质，他们要确保隔离区内不发生任何反抗或动乱事件，组建犹太警察部队以维持秩序，负责社区的生活，做好居民的登记工作，还必须分发补
60 给。最重要的是，他们必须执行德国行政当局的命令。[185]德国人选择由哈伊姆·伦科夫斯基（Chaim Rumkowski）领导罗兹犹太隔离区。伦科夫斯基曾经历了一连串的生意失败，之后成为罗兹市犹太孤儿院的负责人。他现在70多岁，看起来是最佳人选：雪白的头发，健康的体魄，饱满的精神状态，加上他那同辈人常说的高贵、威严甚至带皇家范儿的面貌和神情。他迅速走马上任，成为隔离区实际的独裁者。他印制了隔离区专用的货币，创建了一个包含食堂、幼儿园和社会服务的综合体系。他还与德国行政当局交涉，获准在隔离区开展生产性工作。这些工作包括进口原材料用于加工，让没有技能的犹太劳工去外面从事建设工作，以及赚取收入用来购买必要的食物和其他商品，以此维持隔离区的人民生活。截至1940年10月，他在与罗兹市长和隔离区管理人的合作上取得了很大的成功。罗兹市长是德国人，工作务实；隔离区管理人是个商人，来自不来梅（Bremen），他想减轻因接济犹太人而产生的公共开销负担，而70%的犹太人都单靠这接济来养活。起初，德国行政当局主要将隔离区作为一种消耗和减少犹太人口的手段。在克服了行政当局的内部阻力后，他们成功地在隔离区发展工业，建立车间，使其成为服

务德国战时经济的一部分。[186] 但是权力也冲昏了伦科夫斯基的头脑。他常带着保镖绕着隔离区来回视察，有次他还向围观的群众抛撒糖果。只要隔离区存在一天，他对德国人来说就是必不可少的，因此，他在隔离区内部受到广泛抨击，甚至是憎恨。但另一方面，他在一定程度上也能理直气壮地说自己对隔离区的生存至关重要。[187]

在总督府，尽管汉斯·弗兰克的言辞决绝犀利，但很快他就不得不面临建立某种秩序的问题，因为成千上万的波兰人和犹太人被驱逐到这里，他们身无分文，而总督府又还没有做好接收他们的准备。他一方面比较成功地对柏林方面施加了巨大压力，要求停止往他那里驱逐犹太人，另一方面开始建立隔离区，以便将犹太人先集中在那里，再进一步将他们驱逐到保留地，保留地将设立在更遥远的东方，但具体在哪里尚未完全确定。1939 年 12 月，总督府的首 61
个隔离区在拉多姆斯科（Radomsko）建立，之后其他的隔离区也陆续建立。在这些隔离区中，有的很小，有的只维持了几个月的时间；但是最大的隔离区迅速站稳了脚跟，就像罗兹隔离区那样，它们成为重要的经济剥削中心。1940 年 1 月后，情况尤其如此，当时弗兰克宣布，总督府不再仅仅作为掠夺的对象，而是要为帝国的经济做出贡献。[188] 1940 年 5 月 19 日，弗兰克下令让华沙的犹太人集中到市里的犹太人专区。最初，为了表明这一行动的正当性，他颇具讽刺地声称，犹太人在传播斑疹伤寒一类的疾病，因此，为了公众健康着想，必须将他们隔离开来。他还用纳粹分子的惯有方式指责犹太人，说他们通过黑市交易引发了通货膨胀。[189] 夏天时，隔离区围墙的建设工程停了下来，因为弗兰克开始想把犹太人转移到马达加斯加（Madagascar）。但是 10 月份时，建设工程又重新展开。[190] 1940 年 11 月 16 日隔离区封锁完成时，市里绝大多数的犹太人连同众多的外地的犹太人都被赶了进去。

驱赶行动伴随着令人恐怖的暴力场景，正如伊曼纽尔·林格尔布卢姆记载的那样：

> 在赫洛德纳和热拉内的街角，没有及时向德国人脱帽行礼的犹太人要被迫用铺路石或瓦片当重物做平衡体操。年老的犹太人也被命令做俯卧撑。他们［也就是德国人］将纸撕成小碎片扔进淤泥里，然后命人捡起来，趁那些人俯身去捡的时候殴打他们。在波兰人居住的区域，德国人命令犹太人躺在地上，然后从其身上踩过去。在莱什诺街，一名士兵乘货车经过时，突然下车殴打一名犹太路人，他命令这名犹太人躺进淤泥里并且用嘴舔路面。邪恶的浪潮席卷整个城市，就像是对上级的默许做出的响应。[191]

一名德国管理者记录，“通过利用既存的围墙，借助原有街道、窗户、门以及建筑物之间的空隙围起新的屏障”，隔离区正式建成，他还补充说道，“围墙有 3 米高，加上顶部的铁丝网就更高了。在围墙外，还有机械化的配车巡警监视”。有 15 个检查站，波兰和德国的警察在这些检查站管制进出隔离区的交通。隔离区内部被分成大小两个分区，这两个分区由一条“雅利安街”分开，一座木桥横穿此街。[192]

62 在围墙内，按照罗兹的既定准则，华沙的犹太隔离区由一名长者领头的犹太居民委员会管理，选定的这名长者是工程师，名叫亚当·切尔尼亚库夫（Adam Czerniaków）。切尔尼亚库夫 60 多岁，在当地犹太人中有一定威信。切尔尼亚库夫每天拼命工作，利用德国占领当局的内部分歧尽力使德国人做出一些小的让步，还不断地报告隔离区的糟糕处境以引起他们的注意。他猛烈地抨击罗兹隔离区长者哈伊姆·伦科夫斯基的专横态度和腐败行径（“一个虚伪愚蠢的人，也是一个危险人物，因为他总是告诉德国当局，在他的管理下，隔离区一切安好”）。[193] 切尔尼亚库夫的态度导致他分别在 1940 年 11 月 4 日和 1941 年 4 月两次被党卫队逮捕。他备受折磨和羞辱，但仍然拒绝妥协，不遗余力地坚持捍卫隔离区居民的利益。但他也偶尔才能成功地使德国人做出让步。在漫长的谈判结束后，德国人向他做的允诺很多都未得到兑现。“所有的辛苦，正如我所见，”他在 1941 年 11 月 1 日写道，“都毫无结果。我的头脑眩晕，思维陷入混乱。没有一个积极的成果。”[194]

华沙隔离区的设立，容纳了近 1/3 的城市人口，但面积只占到城市总面积的 2.4%。1941 年头三个月，6.6 万名周边地区的犹太人被送进华沙隔离区后，总计约 44.5 万人挤在这么一片 400 公顷的区域。根据德国的官方估计，隔离区内平均人口密度是超过 15 个人一间公寓或者六七人一间房，达到了该城市其他地方的两倍。一些房间不超过 24 平方米，却不得不容纳 25 或 30 个人。[195] 燃料非常紧缺，因此几乎没有公寓可以得到供热，即使在最冷的寒冬亦是如此。华沙犹太人口的死亡率从 1939 年的 1‰上升到 1941 年 10.7‰；罗兹的犹太人死亡率甚至更高，1940 年为 43.3‰，第二年则升到 75.9‰。儿童更是处于弱势，仅 1941 年 6 月，华沙隔离区的避难所就有 1/4 的儿童死亡。总体而言，儿童的处境实在恶劣，以致许多家庭想把他们的子女送给周围城市的非犹太家庭抚养。[196] 在隔离区街道上，流浪孤儿的数量不断上升。伊曼纽尔·林格尔布卢姆承认说：“小孩乞讨或哀诉无家可归的哭声，给人一种恐怖又特别怪异的印象。”他记载道，“晚上，小孩子在莱什诺街和马 63
尔克利卡街的转角，痛哭流涕。尽管我每天晚上都听到这样的哭泣，但还是久久难以入眠。我每晚都给他们些许钱，但这也不能使我心安。”[197]

1941 年春天，华沙犹太隔离区人口过度拥挤且虱子丛生，斑疹伤寒肆虐传播，死亡率达到新高。“人们漠不关心地从尸体旁经过，”

伊曼纽尔·林格尔布卢姆在 1941 年 5 月写道，“这些尸体简直是骷髅，骨架上只裹着薄薄的一层皮。”[198] 经过隔离区时，斯坦尼斯拉夫·罗伊齐茨基（Stanislav Royzicki）看见居民像是“噩梦中才会出现的怪物，如同死人的鬼魂”，并写道，“他们眼窝深陷，周围的骨头甚为突出，面色蜡黄，皮肤松弛下垂，形容枯槁，一副病恹恹的样子。另外，脸上还挂着悲惨、惊恐、不安、无情和气馁等情绪交错的复杂表情。”医院里，一张床挤了两三个病人。[199] 1941 年秋，医院每天大约接诊 900 名斑疹伤寒病人，此外，还有 6,000 多名病人抱病在家。结核病也在传播，供水污染则导致许多人感染伤寒。营养不良削弱了人们的疾病抵抗力，医疗服务跟不上来。在华沙隔离区里，目睹死亡是不可避免的经历；在隔离区存在的整个时期，约有 14 万人死在里面。[200] 1941 年 9 月初，齐格蒙特·克卢科夫斯基乘电车穿过隔离区，他记下了犹太人可怕的生存条件和极高的死亡率。他写道“很难想象怎么会发生这样的事情”。[201] 林格尔布卢姆还记载道，就在所有这一切发生时，一个德国电影摄制组来到了隔离区，他们为国内的电影观众取景展示，在他们展示出来的场景中，和善的德国士兵冲上前去保护犹太人，使其免受波兰警察的残忍暴行。[202]

饥饿导致了社会关系恶化。人们争夺残羹剩饭，伪造配给卡，或者从路人手中抢夺食物，一边逃跑一边吃。家庭之间开始为食物配给争吵，新来者卖掉一切可能的东西以便在黑市上购买食物。小孩子冒着被卫兵枪杀的危险从只有铁丝网围起来的地方溜出隔离区，到城市中找寻食物。那些在外工作的劳工返回时，总是设法私自携带食物进入隔离区，与此同时，有组织的走私者与德国卫兵展
64 开了游击战。[203] 大约 2.8 万名各年龄层的犹太人在华沙隔离区之外寻找到藏身之处，他们主要是靠非犹太波兰人的帮助；在德国人到来之前，他们许多人与这些非犹太波兰人建立了良好的社交关系，

成为朋友或熟人。父母时常试着将他们的孩子送到隔离区之外的安全地方。孩子们有时被藏在阁楼或地下室里，有时候冒充“雅利安人”，他们过着极不稳定的生活。许多孩子被捕，如果他们的父母已经去世，那么他们将被送进类似监狱的孤儿院，这种情形经常发生。一些波兰人帮助藏匿犹太人是为了经济收益，一些纯粹是出于同情心，不过还是有人在发现这些孩子是犹太人时，向德国警察告密。少数人甚至雇用犹太人工作，他们成功地将这些工作归为必不可少的工作，然后尽可能多地雇用犹太人，保护他们免遭德国人以种种理由带走。波兰 1.1 万名犹太人能在战争中幸存下来，大都要归功于波兰帮助者。但是，以种种形式帮助犹太人的波兰人只是少数，更多人持反犹主义的立场，他们愿意参与设立隔离区以及将全部犹太人赶出城市的行动，并从中获益。无论是波兰地下民族主义组织“家乡军”（Home Army）还是伦敦的波兰流亡政府，甚至是波兰天主教会，都没有采取明确的立场反对德国人对波兰犹太人的谋杀政策；而如果他们有立场的话，那也正相反，这三个组织都将波兰的犹太人视为布尔什维主义的支持者。正如 1941 年夏天波兰教会给流亡政府的一份半官方报告所宣称的那样，德国人“已经证明将波兰社会从犹太瘟疫中解放出来是可能的”。[204]

波兰警察也尽力地将隔离区与城市其他地区隔离开来。1941 年 9 月，维尔姆·霍森费尔德经过隔离区时记载道：

> 隔离区围墙下有暗渠，住在外面的犹太孩子通过暗渠将土豆偷运进来。我看见一名波兰警察在殴打一个试图这样做的男孩。当看到孩子衣服下面瘦弱的双腿和他脸上惊恐的表情时，我心中涌起一股巨大的同情。我非常愿意将我的水果给那个男孩。[205]

但是即便是德国军官，这样做也会受到严厉的惩罚，因此他不敢冒

险去尝试。甚至像霍森费尔德这样，向他们隐隐表示同情的也极端
65 罕见。德国官员、士兵、警察和党卫队时常进入隔离区，用棍棒肆意殴打他们遇见的犹太人。1941 年 2 月的一天，哈伊姆 · 卡普兰朝窗外看时，发现一群人惊恐地跑过下面的街道，在他们后面是“一个面色如火的纳粹谋杀者，一举一动都透露出愤怒，他正跨着沉重的步子搜寻下手对象。手里握着一条鞭子”。当这个人遇见一个乞丐时，便开始无情地殴打他，乞丐倒地后，还在他身上踩踏，对他拳打脚踢长达“20 分钟”，而乞丐早已一命呜呼了。“很难理解这种虐待现象背后的秘密，”卡普兰在日记中写道：

> 毕竟，这名受害者只是个陌生人，并非宿敌；他并没有对他说无礼的言语，更别说与他有身体碰撞了。那为什么德国人会有如此愤怒的残忍行为呢？是我的话，怎么能毫无理由地攻击一个像我一样有血有肉的陌生人呢，甚至把他打伤，蹂躏他，在他身上留下疮疤、瘀伤和鞭痕？这怎么可能呢？但千真万确，这一切都是我亲眼所见。[206]

对德国占领军中的许多士兵而言，隔离区给他们提供了一个对无助的犹太人尽情施暴的机会，他们这样做不会遭到一丝一毫的报应。

一些德国人确实时不时地乘车穿过隔离区，挑选一些下手的对象。还有一些德国人只不过是来观看或来拍照的，有时会让他们摆好姿势拍摄照片以用于宣传。波兰流亡政府甚至宣称，纳粹休闲组织“力量来自快乐”（Strength Through Joy）还组织游客参观隔离区，德国人亲手在隔离区中造成的环境进一步肯定了参观者们的优越感，因为他们在里面看到的犹太人都衣衫褴褛、饥肠辘辘和疾病缠身。[207] 梅利塔 · 马施曼在经过库特诺的一个犹太隔离区时，看到高高的铁丝网后面关着的这些人，让人震惊，他们无精打采，贫

穷落魄。一些孩子将手伸出铁丝网来乞求。

> 孩子们的悲惨处境令我如鲠在喉。但是我咬紧牙关。在这种处境中我慢慢学会了如何迅速而彻底地压制自己的“私人感情”。我对自己说，这太可怕了，但是如果要让瓦尔塔兰帝国大区成为一个德意志国家，那么驱逐犹太人这种不幸的事就是我们必须要做的。

她看见一些德国铁路官员走近铁丝网，盯着那些犹太人看，好像这 66
些犹太人是动物园里的动物。[208] 尽管他们看到的景象是德国侵略的结果，但还是加深了他们对“东方犹太人”的偏见。正如一名陆军士官在 1941 年 6 月 30 日所写的那样：

> 我们驱车穿过了隔离区，那里瘟疫肆虐。我无法描述这一地区和其中居民的状况……数千人在杂货铺和烟酒店外排队……我们经过时，看见一个人无端地摔倒了，肯定是饿得不行了，因为每天都有大量乌合之众饿死。少数人仍然穿着战前完好的衣服，但是大多数人都衣衫褴褛，裹着麻袋和破布，这些组成了一幅饥饿贫困的景象。孩子和妇女在我们后面跟着跑，大声喊着“面包，面包！”[209]

像维尔姆·霍森费尔德那样的德国官员确实太少了，1941 年年初他在出差时参观隔离区，发现里面简直是“恐怖的处境”，“所有一切都是对我们的指控”。[210]

尽管处于这种悲惨而可怕的处境，甚至生存压力让他们难以遵守安息日休息的习俗，严峻的医疗卫生条件使其无法保持个人清洁的传统，隔离区居民仍设法维持一定的文化、宗教和社会生活。在华沙，演员和音乐家上演戏剧和音乐会，而在罗兹，哈伊姆·伦科夫斯基一如既往地自己组织各种文化活动。亚当·切尔尼亚库夫在日记中记载他经常参加室内音乐演奏会，哪怕到1942年6月6日，他还在考虑上演一场歌剧——《卡门》，又或许《霍夫曼的故事》。华沙隔离区最重要的项目之一是由年轻历史学家伊曼纽尔·林格尔布卢姆组织的，他将许多不同政治信仰的人集合起来，将他们的日记、书信、回忆录、访谈和文献收集归档，为子孙后代保留了这段隔离区历史。隔离区的生存环境愈发让人难以忍受，他在这样的环境下求得生存的同时，还写了一部严肃探讨战争期间波兰—犹太人关系的作品。[211]

四

67 战争的头两年，留在德国国内的犹太人处境持续恶化。根据纳粹的官方种族划分，1939年9月时国内犹太人的数量为20.7万，大多是中年人或老年人。德国犹太人的所有资产几乎都已经被剥夺了。他们实际上被排除在德国社会之外，只能依靠自身的组织来维持任何形式的集体生活。早在战争爆发之前，许多待在德国的年轻犹太男子就已经被征募为强制性劳动力。义务劳动经常是做一些沉重肮脏的体力活，比如挖沟或铲雪，这种劳动一直持续到1940年。那年春天，在卢布林区建立犹太人保留地的计划被搁置，加上军事工业出现了严重的劳动力短缺，政策因而发生改变。处于当兵年龄的犹太男子被禁止移民出境，以防止他们武装起来反对德国。所有年龄在15岁到55岁之间的犹太男子以及15岁到50岁之间的犹太女子都被要求充当劳工。截至1940年10月，4万名犹太人被强制劳动，从事战争相关工业的人数不断上升。事实上，戈培尔于1941年3月22日在他的日记中写道，柏林有3万名犹太人在军工厂工作（“谁会想到那是真的呢？”），犹太劳工非常廉价，而且雇主不需要为他们提供专门的宿舍，也不像波兰或捷克工人那样需要为他们聘请翻译。[212]

1933 年以来，已经有超过一半的德国犹太居民移民出境，但是由于急需犹太劳动力，移民出境的计划就开始显得次要了。1940 年期间，只有 1.5 万名左右的犹太人在中立国家找到了避难所。1939 年，在美国捐赠者的资助下，梵蒂冈方面安排签证，帮助约 1,000 人去往巴西。令人有些吃惊的是，一位名叫杉原千亩（Chiune Sugihara）的日本领事主动向找他的犹太人签发去往日本的过境签证，虽然这些人并未得到进入日本的许可。1939 到 1941 年，他先后驻在立陶宛、布拉格和柯尼斯堡（Königsberg），主要任务本应是观察军务。大约有 1 万名犹太人持有他签发的文件，其中可能有一半的人最终通过非法途径进入加拿大、美国或其他地方。[213] 一 68
些犹太人继续非法迁往巴勒斯坦，这是盖世太保所鼓励的，但是巴勒斯坦的英国托管当局却设立关卡加以阻止，因为英国人害怕犹太人的到来会引起巴勒斯坦人的憎恨。1940 年 11 月，英国不允许一艘载满犹太难民的船只进入巴勒斯坦，难民们经由多瑙河和黑海抵达巴勒斯坦，入境却遭到拒绝，之后被转移至另一艘返回罗马尼亚的船只。在这艘船发生爆炸事故而沉没，导致 251 名乘客丧生后，英国当局才允许生还者上岸，在巴勒斯坦定居下来。相比之下，上海就没有对移民施加什么限制，在 1941 年 12 月太平洋战争爆发前都一直保持开放。截至 1941 年夏天，2.5 万多名犹太难民从包括德国在内的各个欧洲国家出发，途径匈牙利或斯堪的纳维亚半岛，然后经由西伯利亚大铁路，最后走海路成功逃到了上海。[214]

那些仍在德国的犹太人现在大多数都集中在柏林。尽管处境极端艰难，但是他们仍设法维持一些社会和文化生活，这归因于犹太文化联盟（Jewish Culture League）的存在。犹太文化联盟负责出版书籍和期刊，举办音乐会和戏剧表演，安排讲座并放映电影，但这一切都必须得到犹太文化联盟的纳粹党负责人汉斯·欣克尔（Hans Hinkel）的批准，此人禁止犹太文化联盟染指宣传“德国”文化遗产。在战时的限制条件下，犹太文化联盟开展工作也比之前更加困难，特别是在柏林之外的地方。[215] 德国的帝国犹太人协会（Reich Association of Jews）代表第三帝国境内犹太人社区的整体利益，根据希特勒的明确指令，它被赋予了一些特定的职责，包括进行慈善施舍、组织教育和培训、安排移民以及在可能的地方为犹太人找工作。1939 年 1 月，根据纳粹党的指令，犹太文化联盟实质上已经并入了帝国犹太人协会，这样做的一个重要考虑就是使该协会可以利用文化联盟的财政资金促使犹太人向外移民。此外，一个新的行政委员会也成立了，其成员包括帝国犹太人协会以及柏林和维也纳犹太教会中的代表。不过，尽管资金几近枯竭，犹太人文化联盟呈现的文化活动依然保持着很高的质量水平，其中包括法国剧作家莫里哀（Molière）和其他剧作家的经典戏剧，马勒（Mahler）和柴可夫斯基（Tchaikovsky）的交响乐作品，此外，还为地方首府的犹太观众提供室内音乐团体演奏。尽管在 1938 年 11 月 9—10 日
69 的迫害中，德国的犹太教堂都被摧毁了，但对那些犹太教的信徒而言，宗教生活仍在继续，只是规模明显缩小而已。[216]

在帝国境内没有设立这样的犹太隔离区，但在 1940 和 1941 年间，犹太人开始被驱逐出他们的住处，被迫搬进“犹太人之家”（Jews' Houses），那里的住宿越来越拥挤。德国犹太人的遭遇与波兰沦陷区犹太人的处境别无二致，只不过波兰沦陷区的犹太人遭受了更大规模和更残忍的迫害。1939 年 4 月 30 日颁布的法令规定，如果犹太租客有其他住所，房东可以驱逐犹太租客，据此，各地方当局开始将犹太人口集中起来，同时还根据此法令的其他规定，强迫犹太房主接纳犹太租客。在许多情况下，替代的住所就是废弃的营房及

类似的建筑。在靠近科隆（Cologne）的穆格斯多夫（Müngersdorf），2,000 名犹太人被置于一个荒废的堡垒中，20 个人挤在一间屋子里。战争爆发后，约 38 个类似这样的“住宅营”建立起来。战争也导致德国犹太人的所有无线电设备都被没收了，1940 年，犹太人的电话被没收，微薄的收入被课以新税，用于换购鞋子、衣服和织物的定量配给卡也被收回去了。众多新的警察条例和法令使他们的生活更加艰难，也使他们更易于触犯法律。战争爆发后，统治当局立即对德国犹太人实行宵禁政策，严格限制其外出购物时间。德国犹太人只能在特定的时间在指定的雅利安人商店购买日用品（已经没有犹太人开的商店了）。与非犹太人相比，他们的食品和衣物配给额要低得多，而且还被禁止购买巧克力。希姆莱在 1939 年 10 月宣布，任何违反条例、不遵守指示，或对国家及其命令做出任何抵抗的犹太人都将被逮捕并关进集中营。相应地，警察和其他机构骚扰和迫害犹太人的权力也不断增长。例如，在克雷费尔德（Krefeld）的莱茵镇（Rhenish），战前由盖世太保处理的与犹太人相关的案件占全部案件的 20%，而战争开始后，该比例升至 35%。而且，1941 年春天，希姆莱宣布，任何犹太人一旦被关押进集中营，那么在整个战争期间将被一直囚禁在那儿。[217]

1940 年 10 月，希特勒就已经亲自下令驱逐两个特别的德国 70
犹太人团体，他们居住在巴登、萨尔兰（Saarland）和普法尔茨（Palatinate）这三个位于德国西南部的州。帝国保安总局负责此次驱逐行动。依据警察部门整理的详细名单，这些犹太人被聚集起来，送上公共汽车。他们每人只允许携带一个 50 千克重的手提箱，以及寝具和食物，此外每人最多可以带 100 帝国马克，但他们的住所、家具和值钱的东西都必须留下来，由帝国接管。同样的命运早在 1940 年 7 月 16 日就已经降临到阿尔萨斯–洛林的犹太人身上，当时法国战败后，阿尔萨斯和洛林被德国人占领。如此一来，萨尔州、普法尔茨州和阿尔萨斯–洛林将被合并起来，形成一个新的单一的纳粹党行政区，这片区域上将完全“没有犹太人”。所有犹太人都被驱逐出法国边界，关进未占领区的营区中；之后，更多人被带去波兰总督府。法国当局承诺很快就会将剩余犹太人放逐到法国的殖民地马达加斯加。眼下，这些是仅有的从德国境内被放逐的犹太人，同他们一起的还有前一年 2 月被强迫带到卢布林的施奈德米尔（Schneidemühl，今皮瓦［Piła］）和斯德丁的犹太居民，以及从维也纳和帝国保护国被带到尼斯科的犹太人。[218]

在德国其他地方除了剩余的犹太人之外，还有一个重要的群体，他们被定义为“混血种族”，即有一半犹太血统或有 1/4 犹太血统的人。尽管并非全部，他们中的一部分人在先前的 6 年中必须忍受纳粹党的一些歧视性政策。他们不能在国家的单位工作，包括授课和参与地方行政管理，但是，至少直到 1941 年，他们可以在军队服役。如果他们有一半犹太血统，那么他们就被禁止与非犹太人结婚，如果他们信奉犹太教，那么就会被划为完全的犹太人。而另一方面，如果一个犹太人与一个非犹太人结婚，并且这对夫妇的孩子从小不信奉犹太教，那么这个犹太人就可以免受大部分反犹主义政权的压迫；而且，即使这对夫妇没有孩子，只要他们自己不信奉犹太教，那么也能得到一定程度的豁免。[219]维克多·克伦佩雷尔（Victor Klemperer）夫妇就属于这种情况。克伦佩雷尔是一名研究法国文学的退休犹太教授，妻子埃娃（Eva）是非犹太人，曾经是一名钢琴家。战争期间，克伦佩雷尔写了大量的日记，幸亏这些日记保存了下来，使得这对夫妇在此期间的生活可以被详细地还原。表面上
71 看，克伦佩雷尔丢失工作并非因为他是犹太人，而是因为他的职位被认为是多余的，因此他只能靠少量的退休金生活。到了 1939 年，他被禁止使用德累斯顿（Dresden）的图书馆，而他就住在德累斯顿。他也不准使用市内的大部分公共设施，还必须随时携带犹太人

身份证，身份证上他自己的姓名处被加上了“犹太人”的字样。事实上，写回忆录和日记，以及在德累斯顿的多尔兹肯（Dölzschen）郊区照看他的房子和花园，成为他仅有的活动。他还专注于整理纳粹主义的语言表达方式，他称之为 *LTI—Lingua Tertii Imperii*，即“第三帝国的语言”。他定期地将手稿和日记存放在一个非犹太人朋友安娜玛丽·克尔勒（Annemarie Köhler）那里。此人是一名医生，在德累斯顿之外的皮尔纳（Pirna）经营一家诊所。[220]

起先，战争对克伦佩雷尔没有什么影响。盖世太保搜查他的房子，以确保里面没有无线电设备和违禁著作，但是警官们对他足够客气。作为一个犹太人，他面对的主要问题是政府对他征收的特殊税种，这令他不堪重负。然而，1939 年 12 月 9 日，他和妻子得到通知，必须将他们的房子租给一个当地的菜贩子，让其在里面开店，他们则必须搬到城里专为犹太人准备的一个房子里。在这个房子里，他们可以分到两间房间，剩余的房间则由其他犹太人居住。承租条款在 1940 年 5 月 26 日生效，条款规定，克伦佩雷尔不准靠近他的旧宅，菜贩子对这一房子有优先购买权，价格定在 16,600 帝国马克，克伦佩雷尔认为这定价低得荒唐。没过多久，房子的新占有者就开始寻找借口将买卖成交。位于卡斯帕·大卫·弗里德里希街 15B 号的“犹太人之家”是一幢孤立的住宅,里面“塞满了相同命运的人”。克伦佩雷尔被“陌生人不断的骚扰”激怒了，而且无法阅读他的书籍也令他恼怒，因此他被迫将这些书藏了起来。他开始变得越来越焦躁,火气越来越大,而且他还与另一名居住者陷入了“激烈的争执”中，这名居住者指责他用水过度。[221]

尽管外出购物会遭到不断的羞辱（“对我来说，展示犹太人卡总是令人讨厌的”），但克伦佩雷尔一家人还是尽量外出。非犹太公司不能再给他们送货，所以他现在不得不去商店购买一切必需品，包括牛奶。在大半年的时间里，克伦佩雷尔一家人的生活都是这样

的，直到1941年6月灾难降临。克伦佩雷尔有一种学究气，对细
72 节格外注意，这也使他的日记非常有价值，也正因为如此，克伦佩雷尔能够生存下来，特别是他能谨小慎微地遵守第三帝国为犹太人制定的所有规章制度。“在战争进行的17个月中，”他写道，“我们对灯火管制总是格外小心。”但是2月的一个夜晚，他外出散步回来后，意识到自己忘了熄灯，邻居看见他的屋子里有灯光，便向警察投诉。警察处理了这一事件，克伦佩雷尔被判监禁8天。他从未听过任何一个人首次违反灯火管制条令就被监禁。“毫无疑问，我只能将其归咎于我的犹太身份。”1940年6月23日，在请求宽大处理被拒绝后，他前往警察局开始坐牢。在牢房的隐蔽世界里，他携带的老花眼镜以及用于打发时间的书籍都被没收了，典狱长粗暴地催促他，将他领进89号牢房，里面有一张折叠床，也可以当桌子用，一些刀叉和瓷具、一个脸盆、毛巾和肥皂，还有一个厕所（每天能冲两次水，水是从外面冲进来的）。无聊的时间难以打发，他感觉遥遥无期，“被可怕的空虚填满的192个小时，时间都静止了”。深知自己的犹太人身份是锒铛入狱的主要原因，他开始思考自己究竟能否活着走出去。[222]

五

在战争头两年，犹太人和波兰人并非是纳粹种族政策和实践激进化的唯一打击目标。入侵波兰期间，为了在中欧和中东欧建立种族新秩序，纳粹党制订了一系列的方案，大约2.6万名居住在德国的吉卜赛人也在方案之中。截至1939年9月，希姆莱在刑事学家罗伯特·里特尔（Robert Ritter）的劝说下，认定混血的吉卜赛人对社会尤其是一种威胁，于是命令各地的刑警局设立一个专门应对“吉卜赛问题”的办公场所。他发布一项命令，禁止吉卜赛人与雅

利安人结婚，还将大约 2,000 名吉卜赛人关入特殊营区。[223] 战争爆发时，海德里希禁止吉卜赛人在德国西部边境经营流动性的贸易。甚至在这之前，这些地区的一些地方当局因为固有的传统观念，害 73
怕吉卜赛人在战时充当间谍，已经主动采取措施将吉卜赛人驱逐出管辖区域；由于同样的原因，已经被招募进军队的吉卜赛人也被逐出部队。[224] 1939 年 11 月，法律禁止吉卜赛妇女进行占卜活动，认为她们在传播关于战争结束的错误预言（很明显，对于咨询她们的许多德国人来说,战争结束的日期是他们特别想要知道的事)。结果，许多人被关进了拉文斯布吕克（Ravensbrück）妇女集中营。1938 年 12 月，希姆莱宣布“针对犹太人问题的最终解决方案”。为了实现该目标，海德里希在 1939 年 9 月 21 日通知他的高级下属，表示要像对待犹太人一样，将吉卜赛人从德国驱逐到波兰东部。在进行人口统计的时候，德国的吉卜赛人被命令待在原处，违者将被投入集中营；之后，德国当局允许吉卜赛人在有限范围内进行活动，这对吉卜赛人维持生计是必需的，但此举并不能算是德国当局做出的一种让步。[225]

同时,希姆莱在 1940 年 1 月开始制订驱逐吉卜赛人的详细计划，将他们聚集起来，投入集中营。1940 年 5 月，大约有 2,500 名吉卜赛人被送上火车，然后从莱茵兰、汉堡、不来梅和汉诺威的 7 个搭乘中心被带到波兰总督府。他们可以携带数量有限的行李，而且还可以得到食物和医疗护理，但是他们留在住处的财产和物品最终都被夺走充公了。刚到达波兰总督府，他们就被驱散到各个城镇、村庄和劳改营。其中一辆火车甚至停在了空旷的乡下，卫兵将吉卜赛人丢在那里，任其自生自灭。在劳改营恶劣的条件下，许多吉卜赛人死于营养不良或疾病，还有一些人在拉多姆附近的一次屠杀中被杀死。尽管如此，在多数情况下，他们可以自由地行动，许多人找到了不同类型的工作。许多人借机返回德国，在德国他们通常会被逮捕，但是不会被送回波兰。然而，针对吉卜赛人的驱逐行动，与计划性驱逐犹太人行动一样，迅速终止了。因为弗兰克反对进一步大规模地将吉卜赛人驱逐到波兰总督府，而且在德国征服法国后，原本认为将吉卜赛人从帝国的西部边界移走的军事必要性也随之消
74 失了。那些留在德国的吉卜赛人暂时留在原处。越来越多身体健康和有劳动能力的人被征募为强制性劳动力。[226]

与犹太人一样，战争开始后，德国吉卜赛人的处境也迅速恶化。他们清楚地知道德国不是他们可做长久之计的地方，而且当大规模驱逐行动最终到来的时候，德国当局必将采取暴力残忍，甚至谋杀的手段来达到目的。在波兰的利益冲突加上瞬息万变的战争形势，使得针对吉卜赛人的驱逐暂时停止，这给了他们一个喘息的机会。然而，希特勒公开宣称的驱逐帝国所有犹太人和吉卜赛人的决定绝不会半途而废。最终完成这一目标只是时间问题。

第四节

“不配活着”

一

1939 年 9 月 22 日，在被占领的波兰，一支党卫队分队从孔拉 75
茨泰因（Konradstein，今科茨博罗瓦［Kocborowo］）的精神病院里挑出一群精神病人，将他们装在一辆卡车里，开到附近的一片森林。该分队是从库尔特 · 艾曼（Kurt Eimann）——此人是一名地方党卫队首领——在但泽建立的准军事党卫队和警察队伍中抽调组成的，约有 500 到 600 人。这片森林是一块死亡之地，德国人已经在这里枪杀了数千名波兰人。党卫队令他们沿着沟渠边缘排成队列，来自“旧帝国”的盖世太保警官朝着他们一个一个的脖子，从后面开枪，而他们仍旧穿着精神病院的衣服，一些人甚至还穿着约束衣。枪声刚落，这些精神病人便跌入沟渠中，而准军事队伍士兵仅仅用一层薄薄的土掩盖他们的尸体。在接下来的几周内，更多的卡车载着精神病院的病人抵达这里，等待他们的是同样的命运，最终大约 2,000 名精神病人被杀害。受害者的亲属被告知他们已经被转移到了其他精神病院，但情况却恰恰相反，同时来自锡尔伯哈默

（Silberhammer，今斯雷布斯克［Srebrzysk］）、梅韦（Mewe，今格涅夫［Gniew］）和里森堡（Riesenburg，今普拉布蒂［Probuty］）的各个机构中，身心有缺陷的儿童被带到孔拉茨泰因处死。同样的杀戮也在其他地方上演。在施韦茨（Schwetz，今希维切［Świece］）和科尼茨（今霍伊尼采［Chojnice］），德国警察部队和德意志民族自卫小组在开展杀戮行动，而在 1939 年 11 月，来自施特拉尔松德（Stralsund）、切比亚图夫（Treptow an der Rege）、劳恩堡（Lauenburg）以及乌埃克尔明德（Ückermünde）的病人被带到西普鲁士的诺伊施塔特（Neustadt）被枪杀。[227]

在瓦尔塔兰，大区长官格赖泽清空 3 个主要精神病院的病人，并且杀掉了其中所有的波兰人和犹太人。他们中的大多数人是被党卫队第 6 别动队的成员枪杀的。然而，特雷斯考（Treskau，今奥
76 温斯卡［Owińska］）的医院里的病人却在等待一个特殊的命运。他们被带往波森，然后被塞进一个城堡中一间封闭屋子里，这个城堡是盖世太保在当地的总部所在地。在这里，他们被气筒里释放出来的一氧化碳毒死。这是历史上首次用一间毒气室来进行大规模屠杀。进一步的谋杀在这个城堡中接踵而至，1939 年 12 月，希姆莱亲自过去观察了一次杀戮行动。1940 年年初，这一谋杀行动停止了，最后一次是将更多精神病院的病人运往瓦尔塔兰的科斯滕（Kosten，今科希强［Kościan］），在那里，他们被关在安装在卡车后面的毒气室里，然后被带到乡下，因窒息而死。总而言之，截至 1940 年 1 月最初行动结束时，大约有 7,700 人被杀害，这些人来自精神病院以及为身心残疾病人设立的机构。一同被杀的还有大量来自格丁尼亚和布龙贝格的妓女，以及来自格但斯克旧城（Preussisch-Stargard）的吉卜赛人。[228] 对这样的事件保密几乎是不可能的。克卢科夫斯基医生在 1940 年 2 月听闻杀戮行径后写道：“很难相信还有什么事情比这更可怕了。”[229]

在接下来的数月中，杀戮行为继续。1940 年 5 月和 6 月，1,558 名德国人和 300 名左右的波兰人从一家东普鲁士精神病机构中被带走，这一机构位于索尔道（Soldau，今贾乌多沃［Działdowo］），他们在一辆行进的毒气货车中被毒死。这一行动是由赫伯特 · 朗格（Herbert Lange）指挥的一个特殊部队组织的，他们继续以同样的方式在吞并区迫害更多的病人。朗格手下的人员每杀死一名这样的病人就会收到 10 帝国马克的特殊津贴。杀戮甚至扩展到了罗兹隔离区的精神病人。一个德国医学委员会带走了那里的 40 名精神病人，于 1940 年 3 月在附近的森林里将他们枪杀，另外一批则在 1941 年 7 月 29 日被枪杀。到了此刻，隔离区的生存条件已经严重恶化，以至于犹太家庭不得不乞求医院接收他们患了精神疾病的家属，即使他们完全明白此举意味着什么样的风险。总共有超过 1.2 万的病人被艾曼、朗格和他们手下的人在各种各样的行动中杀害。[230] 尽管这些谋杀发生在战争的环境中，在战争中有成千上万或者更多的波兰人和犹太人被德国常规军事部队、党卫队保安处别动队以及地方德意志民族民兵组织所杀，不过，这两种谋杀在某些方面具有本质的不同。在波森，军事化的党卫队部队的驻扎需要一定的空间，这一需求促使谋杀行动的发生，而在一些情况下，被害者留下的住所可以供波罗的海德意志人移居时使用。但是多数情况下，这些实际考量只是次要的因素，或者实际上仅仅是为 77
他们行动的合理性提供一些看似合理的说法。杀戮所带来的可用空间与从东部来的移民数量之间没有任何关系。杀戮的真正原因并非是基于现实因素或某种有利的结果，而是存在于意识形态方面。[231] 也没有令人信服的证据表明谋杀者的行动是出于安全考虑。不像波兰知识分子那样，这些受害者并未被视为对德国的占领或对该地区长期的日耳曼化运动构成威胁。重要的是，收容机构里只有少数被认为有工作能力的病人得以被赦免并被带往德国。其余的人则是“社会渣滓”“不配活着”，应尽快杀掉。[232]

二

正如希姆莱参观波森城堡的杀戮行动所展示的那样，柏林方面的纳粹党领导们非常清楚正在进行的一切，而且实际上还为杀戮行动的开始提供了意识形态方面的动力。至迟从 20 世纪 20 年代中期以来，由于受到激进的优生学家作品的影响，希特勒认为，为了确保德国的种族健康和军事效率，有必要消除遗传链条中的“退化因素”。“如果德国每年新出生 100 万儿童，”他在 1929 年纽伦堡的纳粹党代会上宣称，“除掉其中最软弱的 7 万到 8 万人，那么实际上最终结局或许意味着人口整体力量的提升。”[233] 1933 年 7 月 14 日，政府宣布对被认为有遗传缺陷的德国人实行强制性的绝育措施，这些遗传缺陷包括“心智低下”，这是一个模糊的标准，许多不同种类的社交异常行为均可被归为“心智低下”。截至战争爆发时，大约有 36 万人被强制进行绝育。[234] 此外，在 1935 年，以优生为理由的流产被合法化了。[235] 然而，在这之前，希特勒已经开始策划更加激进的行动。根据帝国总理府秘书长汉斯 · 海因里希 · 拉默斯的说法，希特勒曾考虑将一个杀戮精神病患者的条款加入 1933 年 7 月 14 日的法律中，但是考虑到此举将会极具争议，因此搁置了下来。然而，正如他的医生卡尔 · 勃兰特（Karl Brandt）回忆的那样，在 1935 年，希特勒告诉帝国首席医务官格拉尔德 · 瓦格纳（Gerhard Wagner），他将在战时实施这一措施，“当整个世界都在关注战事的
78 时候，在危机状态中，人类生命的价值就显得次要了”。1936 年以来，越来越多的党卫队医生被任命为精神病机构的负责人，同时对教会管理的机构施加压力，将其病人转移到非教会精神病机构。1936 年年底或 1937 年年初，在元首办公厅（Chancellery of the Leader）

内部，一个秘密的帝国遗传健康事务委员会（Reich Committee for Hereditary Health Matters）成立了，它最初是为了给帝国遗传健康法庭（Reich Hereditary Health Court）起草法律。同时，党卫队的刊物《黑色军团》（*The Black Corps*）也公开刊载催促杀死那些“不配活着的人”的言论，同时，有证据表明许多党区领导人开始准备在他们的地区谋害收容机构的精神病人。这一切表明，各方此时已经开始准备杀害残疾人，只等即将到来的战争将杀戮行动付诸实践。[236]

1939 年夏天，这样的期望终于成真。5 月，与波兰的战争准备正在进行的时候，希特勒制定了行政部署，对患有精神疾病儿童进行杀戮，此举得到了帝国遗传健康事务委员会的支持，为了更加准确，这一机构更名为帝国严重遗传和先天性疾病登录委员会（Reich Committee for the Scientific Registering of Serious Hereditary and Congenital Illnesses）。此时，一个先例，或者更像是借口出现了。一个男婴的父亲在给希特勒的请愿书中表示希望杀掉这个婴儿。这个男婴生于 1939 年 2 月，先天缺少一条腿和部分手臂，患有痉挛。但是男婴父亲首先求助的那名莱比锡（Leipzig）医院的医生却拒绝这样做，因为这将使医生遭到谋杀的起诉。希特勒的私人秘书将关于此事的文件呈递给希特勒，希特勒命令勃兰特前往莱比锡，在确认诊断过程以及与那里的医学同事商量过后亲自杀掉那个孩子。不久之后，勃兰特向希特勒汇报已在 1939 年 7 月 25 日让当地的医生杀掉了那个婴儿。希特勒现在正式要求勃兰特以及元首办公厅主任一起积极准备一个重大计划，这一计划意在杀戮有身心缺陷的儿童。希特勒的私人医生特奥·莫雷尔（Theo Morell）密切参与此计划中，他建议如果报告上被谋害儿童的死亡原因是自然死亡，这样的结果更容易被儿童的父母所接受。作为计划过程的最后一个阶段，元首办公厅主任菲利普 · 鲍赫勒（Philipp Bouhler）邀请了 15—20 个医 79

生参加会议，讨论杀戮计划。在这些医生中，有许多人是精神病机构的负责人。菲利普·鲍赫勒现年 39 岁，是一个老资历的纳粹党，他建立了元首办公厅，并且逐渐将它的影响力扩展到政府的许多领域，成千上万呈递给希特勒的请愿书都提及了这些领域，该机构的工作就是处理这些请愿。尽管计划始于对儿童的杀戮，但希特勒、马丁·博尔曼、汉斯·海因里希·拉默斯和李奥纳多·孔蒂（Leonardo Conti）决定将计划扩展到成年人，由孔蒂承担这一任务。孔蒂是纳粹党的健康办公室（Health Office）的负责人，1939 年 3 月 25 日格拉尔德·瓦格纳去世后，他就继任为帝国首席医务官。既然已经做出杀害成年精神病人和残疾人的决定，1939 年 8 月 31 日的一项法令正式结束绝育计划，个别情况除外。[237]

在希特勒看来，元首办公厅是筹备和实施杀戮计划的理想之地。这是他的个人办公室，既不像党办公厅那样从属于纳粹党，也不像帝国总理府那样隶属于民事行政部门，因此，就考虑“安乐死”的问题而言，元首办公厅比党办公厅和帝国总理府这两个正式的官僚机构都更易于操控，这两个机构不容易保守秘密。莫雷尔向希特勒呈递了一份备忘录，内容是关于将杀戮残疾人士的行动正式合法化的可能性，希特勒个人对这一想法表示赞同。在鲍赫勒办公室的指示下，司法部关于刑法改革的官方委员会准备草拟法律，免除杀戮残疾人士——这些人因患了无法治愈的精神疾病而被关在精神病机构中——的刑事制裁。在对这一法律草案进行修正和完善的过程中，相关的法律、医学和优生学机构进行了为期数月的详细讨论。但对希特勒来说，这些貌似无休无止的探讨太慢了，也太迂腐了。就像该委员会其他草案那样，该法案最终也被搁置了。[238]事情无法进展，希特勒对此很不耐烦，在鲍赫勒的压力下，他同意将杀戮权从孔蒂再转给元首办公厅，并且在 1939 年 10 月签署命令，让鲍赫勒和勃兰特负责“扩大指定医生的权力，这样，人们预计的无法治愈的病人——他们的疾病状况经历了最严苛的评估——就可以被执行安乐死”。尽管这不是一个正式的法令，但它却获得了有效的法律效力，因为在德国的政体下，主要的宪法专家早就认为即便是希特 80
勒的口头指令也有法律约束力。不过，为预防起见，帝国司法部部长弗朗茨·居特纳（Franz Gürtner）还是被告知了这一命令，以防出现任何可能的起诉；但是除了告知少数几个特定的参与计划的人之外，对其他人则严格保密。为了表明提出这样的命令是出于战时净化德国种族的迫切需要，希特勒将该命令的签署日期提前为 1939 年 9 月 1 日，也就是战争爆发的那一天。[239]

当希特勒签署命令时，在波兰杀害成年精神病人的行动已经在进行中了；但假如波美拉尼亚、但泽–西普鲁士和东普鲁士的大区长官不知道柏林方面已经做出了决定，那么该迫害运动也不会在那些地方拉开序幕。在德国，谋杀计划最初针对的是儿童。帝国严重遗传和先天性疾病登录委员会这一秘密组织设置在鲍赫勒的元首办公厅下，1939 年 8 月 18 日，该委员会命令所有“畸形的”新生儿都须登记注册。[240] 这些婴儿包括以下几种情况：患了唐氏症、头小畸形、四肢不全、头部或脊椎畸形、大脑麻痹及类似的情况，还有一些定义模糊的情况，比如“低能”。医生和助产士只要向他们的上级报告一例这样的情况就会得到两帝国马克，这些上级人员则将问题婴儿的清单寄到柏林的一个邮政信箱中，这个信箱紧邻鲍赫勒的办公室。元首办公厅的 3 名医生处理这些报告。接着，如果哪个孩子将会被杀害，他们便在登记表上做一个“+”的标志，并且就近将他们送去公共卫生办事处，办事处将命令儿科诊所接收这个孩子。一开始，只有 4 个这样的诊所接收问题婴儿，但之后又建立了许多，最终多达 30 个。[241]

登记、运送和杀戮的整个过程最初针对的并不是已经在医院或医疗机构中的婴儿和儿童，而是那些和父母一起住在家里的婴儿和儿童。他们的父母被告知这些孩子将会得到很好的照料，甚至得到了保证，说将他们的孩子转移到特殊的诊所是为了治愈疾病，至少能够改善他们的疾病状况。囿于遗传病诊断上的偏见，很大一部分比例的病患家境贫困，缺乏基本的教育，还有相当一部分人已经被认定为有“孤僻”症状或“遗传缺陷”。有些人反对他们的孩子从家中被带走，但如果不服从命令，有时候，他们会面临被削去福利
81 的威胁。不管怎样，1941 年 3 月以来，残障儿童就没有儿童津贴可领取了，而 1941 年 9 月后，哪怕这些残障儿童的家庭拒绝，他们的孩子也会被强行带走。在一些机构中，父母被禁止探望他们的孩子，而机构给出的理由是探视将让孩子们更加难以适应新环境；而其他的人则发现，因为许多机构位置偏远，很难搭乘公共交通到达那里，所以想要探望孩子绝非易事。一旦得到社会和医疗服务部门的批准，这些孩子们将被投入特殊病房，与其他病人隔离开。大多数杀戮中心将这些儿童活活饿死，或者在他们的食物中放入过量的鲁米那镇静剂来完成任务。几天后，孩子们会出现呼吸问题，最终死于支气管炎或肺炎。有时医生根本不理会他们的疾病，有时则给他们注射致命剂量的吗啡。[242]

一位老师在 1939 年秋天参观了位于埃格尔芬–哈尔（Eglfing-Haar）收容所的杀戮房，他后来作证说，负责人赫尔曼·普凡米勒（Hermann Pfannmüller）——一名老资历纳粹党员，多年来一直倡导非自愿安乐死——公开告诉他，他更喜欢让这些孩子们自然死亡而不是通过注射杀死他们，因为如果消息一旦传播出去，将会引起国外的敌对性评论：

> 普凡米勒说这些话的时候，正与一名病房护士合力将一个孩子从他的小屋里拖出来。他向我展示那个孩子就像展示一只死兔子一样。他一副行家的神情，夹带着嘲讽的假笑，自以为

> 是地说：‘比如，像这个孩子，还能活 2 到 3 天。’我仍能清晰地回想当时的场景，一个满脸假笑的胖子，肥圆的手上抓着一个瘦骨嶙峋低声哭泣的孩子，同时他的身边还围着其他饥饿的儿童。而且，这位谋杀者还说，他们并不会突然停止供给食物，但是会逐渐减少配给额。[243]

在战争接下来的大部分时间内，这一计划以类似的方式一直在持续，据估计，总共有 5,000 名儿童遇害。逐渐地，被强制带走且谋害者年龄上限不断提高，首先是 8 岁，接着提高到 12 岁，最后是 16 岁。事实上，一些被害人的年龄甚至超过了 16 岁。其中许多孩子和青少年仅仅是患有某种发育障碍就被杀害了。[244]

大批卫生官员和医生参与了该计划，因此，该计划的性质和
目的在医疗行业中广为人知。他们中很少有人表示反对；即使那些 82
表示反对拒绝参与的人也没有出于道义提出任何批评意见。多年以来——不只是自 1933 年以来——医疗行业，尤其是精神病学领域，一直笃信一种观念——将少数残疾人士判定为“不配活着”是正当合理的，有必要将这群人从遗传链条上移除，唯有如此，第三帝国统治下为提升德国种族健康水平而采取的多种措施才不至于白费。实际上，整个医疗行业已经积极参与了绝育计划，而且在许多人看来，绝育计划离非自愿安乐死只有一步之遥。这个观点在一篇关于“新德国医生”的文章中得到了淋漓尽致地阐释，该文章刊载在 1942 年主要的德国医学期刊上。文章指出医疗行业的任务就是，尤其在战争期间，当大量最精干和勇敢的德国士兵死在战场上的时候，“在他们自己人中实现反向选择”。“婴儿夭折，”文章继续指出，“是一个选择过程，在大多数情况下，只有体质差的人才会受到影响。”医生的任务就是恢复自然平衡到原始状态。如果不杀掉那些无法治愈的人，治愈大多数病患和提高全民族的健康水平将是天方夜谭。

许多参与其中的医生对他们的工作感到自豪，甚至是在战后还这样认为，他们坚持认为他们是在对人类的进步做贡献。[245]

三

希特勒在1939年10月发布了这个有追溯效力的“安乐死”命令，给7月底已经做出的决定涂上了一层伪法律性的色彩，这一决定不仅能施用于对儿童，而且能施用于医院和类似机构中的成年人。扩大杀戮计划的打算在战前就已开始了。该计划代号为“T-4行动”，是以元首办公厅所在地——动物园大街4号——命名的。元首办公厅负责计划执行，而具体负责人就是维克托·布拉克（Viktor Brack），元首办公厅的一位高级官员。布拉克生于1904年，现年35岁，是一位医生的儿子。他是一个受过训练的农学家，曾打理一块属于他父亲疗养院的地产。他在1929年加入了纳粹党和党卫队。
83 由于他父亲认识海因里希·希姆莱，还为他接生过一个孩子，布拉克因此获益颇丰。在20世纪30年代早期，他经常充当希姆莱的司机，之后被任命为副官，接着成为鲍赫勒的参谋总长，并且跟随他到了柏林。布拉克是非自愿安乐死的狂热支持者，他在战后宣称，非自愿安乐死是基于人文关怀。然而这样的想法在当时还没有强烈到足以克服他的顾虑，他意识到他正在做的将会被视同谋杀，因此，当他处理杀戮计划时，便使用假名“延内魏因”（Jennerwein），在这一点上，他的副手维尔纳·布兰肯堡（Werner Blankenburg）也这样做。1942年布拉克去前线作战时布兰肯堡接替了他，布兰肯堡也伪装了自己的身份（使用假名“布伦纳”[Brenner]）。[246]

布拉克很快就建立了一整个实施T-4行动的官僚机构，包括一些负责登记、运输、人力和财政方面事情的前线组织，这些前线组织都使用一些听起来毫无恶意的名字做掩护。他让维尔纳·海德

（Werner Heyde）医生负责计划中医疗方面的事情。[247] 海德生于1902年，曾随着自由军团部队到爱沙尼亚作战，之后开始学医，于1926年毕业。他明显与极右派保持着密切的联系。1933年，希姆莱要求海德对后来达豪集中营的指挥官特奥多尔·艾克（Theodor Eicke）进行一次心理评估，当时，特奥多尔·艾克与普法尔茨的大区长官约瑟夫·比克尔（Josef Bürckel）发生了一次激烈的争吵，之后比克尔将他送进了收容所。海德对特奥多尔·艾克做出有利的评估，这使得希姆莱很高兴，海德因而开始得到希姆莱的支持与青睐。这次事件过后，海德在1933年5月加入了纳粹党。1936年他成为一名党卫队军官。30年代期间，海德在绝育计划中充当医学专家仲裁人，同时也对集中营犯人进行评估。1932年海德就职于维尔茨堡大学（Würzburg University），成为盖世太保在精神病学方面的顾问，讲授有关遗传疾病（或疑似遗传疾病）的课程，而且还领导纳粹党的种族政策办公室在当地的分支机构。1939年他成为维尔茨堡大学的一名全职教授。海德的例子表明，作为一名医疗人员，他不是以一种更加常规的方式建立自己的事业，而是在纳粹党医学方面最受意识形态影响的领域建立了自己的事业。他似乎是负责杀戮计划的完美人选。[248]

早在1933年7月末，海德、勃兰特、孔蒂，以及其他参与成年人非自愿安乐死计划的人士就与鲍赫勒进行了一次关键的会面，
那时，他们就已经开始讨论最佳的杀戮实施方案。考虑到希特勒希 84
望杀戮大约7万名病人，而谋害儿童的方法似乎起效太慢，也非常容易引起公众的怀疑，于是勃兰特便就此事向希特勒咨询。之后他宣称，当纳粹党元首问他杀戮这些病人最人道的方式是什么时，他提议用一氧化碳来毒杀，许多医生已经向他建议了这种方法，而且媒体对自杀和家庭事故的报道已经让这种方法为人所熟知。警察已经对这类案件进行过深入的调查，因此鲍赫勒的办公厅委派阿尔贝

特·威德曼（Albert Widmann）去找到大量杀死这些“人形野兽”——他是被这样告知的——的最佳方式。威德曼生于1912年，是一名党卫队军官，也是帝国刑警局刑事技术（或者，可以说是法医科学）机构的顶尖化学专家。他指出需要一间密封的屋子，并且在勃兰登堡（Brandenburg）的老城监狱建造了一个这样的屋子。自从1932年勃兰登堡—哥登（Brandenburg-Görden）建了一间新监狱后，勃兰登堡的老城监狱就一直空着。党卫队建筑工人建了一间高3米，面积15平方米的牢房，里面铺了一层瓷砖，看起来像是一间浴室，以麻痹那些被带进来的人。一个气管沿着墙壁安装，上面有孔，以便让一氧化碳进入房间。最后，安装一个密封门，上面嵌有一个小玻璃窗，以便观察里面发生的情况。[249]

当密室完成时，大概在1939年12月，波森已经开始用毒气进行谋杀，并且希姆莱也亲自察看过。毫无疑问，这一方法是由威德曼或他的一个同事介绍给波森地区的党卫队军官的，这些军官中至少有一人有化学学位，而且与“旧帝国”主要的化学家保持联系。[250]希姆莱的下属克里斯蒂安·维尔特（Christian Wirth）是斯图加特（Stuttgart）警局的一名高级官员，他曾在勃兰登堡参加了毒气杀人的首次示范活动，同他一起的还有鲍赫勒、勃兰特、孔蒂、布拉克，以及许多来自柏林T-4行动总部的其他官员和医生。他们依次从玻璃窗向里窥探，毒气室里的8名病人正在被一氧化碳杀死，威德曼控制毒气的排放，还向他们讲述如何确定正确的毒气剂量。所有人都对这一方法表示赞许。勃兰特和孔蒂对其他病人给予了致命剂量注射，但这些病人并没有立即死亡——之后他们也被毒死了——因此，结果表明威德曼的方法更快，也更有效。不久，
85 勃兰登堡的毒气室开始正常使用，而且直到1940年9月一直被用来杀戮精神病人。之后，在格拉芬埃克（Grafeneck，位于符腾堡）收容所里又建了其他的毒气室，在1940年1月至12月期间一直保

持工作。1940 年 5 月，林茨附近哈特海姆（Hartheim）的毒气室开始运转。1940 年 12 月，黑森的哈达马尔（Hadamar）毒气室开始运转，取代了格拉芬埃克的毒气室。以上这些地方之前是医院，在被 T-4 行动接管后，专职用作杀戮中心；其他地区的一些医院除了行使正常功能之外，也建立毒气室投入使用。在萨克森（Saxony）的索嫩斯泰因（Sonnenstein），医院的毒气室在 1940 年 6 月开始使用。另外，萨勒河（Saale）河边贝恩堡（Bernburg）医院的毒气室在同一年 9 月也开始使用，代替了在勃兰登堡的最初设施。[251]

每个中心负责杀戮特定区域的精神病人。当地精神病医院以及残疾人士机构必须向 T-4 行动办公室呈报他们的细节，连同一些病人的登记表，这些病人包括长期病人、精神分裂症患者、癫痫病患者、无法医治的梅毒患者、年老的人、犯罪精神病人，以及患了脑炎、亨廷顿病（Huntington's disease）和“各类智力低下疾病”的人（这是一个非常广泛和模糊的概念）。至少在开始时，这些机构中的许多医生还不知道这一要求的目的，但不久之后，他们就了然于心了。登记表由政治上可靠的，经当地纳粹党机关批准的初级医学专家进行评估——只有少数几个推荐给 T-4 行动办公室的专家拒绝执行分配给他们的任务——之后，一组高级官员再对登记表进行审核。评估的关键性标准不是出于医学，而是出于经济方面的考虑，即这些病人是否能够从事生产性工作？这个问题在未来其他类型的杀戮行动中将发挥关键作用，这也成为 T-4 行动医生对那些没有提交登记表的机构进行评估的重要标准。然而，在经济评估背后，意识形态的因素在该计划中也非常明显。在 T-4 行动办公室看来，为了德国的长远复兴，这些人必须从德意志民族中清除掉；因为这一原因，杀戮对象还包括其他一些病人，比如癫痫病患者、聋哑人和盲人，只有获得荣誉的战争老兵可以被豁免。然而实际上，所有这些标准都非常随意，因为表格只包含少量的真实细节，并且以极快的速度在短时间内被大量处理。例如，赫尔曼 · 普凡米勒在 1940 年 11 月 12 日至 12 月 1 日期间评估了超过 2,000 名病人，换言之，平均每
86 天评估 121 人，他同时还承担埃格尔芬—哈尔公立医院的院长职务。另一位专家约瑟夫 · 施雷克（Josef Schreck）从 1940 年 4 月至年底完成了 1.5 万个表格的审查，有时一周处理 400 个以上，而他同时还身兼医院其他的职务。在每一个病例中，他们两人只有几秒钟的时间去决定该病人的生死。[252]

每一份表格都由 3 位初级专家进行标记，红色加号表示死亡，蓝色减号表示活着，或者（有时）用问号表示需要进一步考虑。然后这些表格送给 3 位高级医生中的一位进行确认或修正，他们的决定是最终的。当最终的表格返还给 T-4 行动办公室时，选出来的杀戮对象名单将被送往 T-4 行动运输办公室，办公室通知杀戮地点的相关机构，并且派去一名官员做必要的安排。名单的拟定经常是随心所欲的，以至于往往将一些工人也包括进去，但机构负责人认定这些工人是良好的劳动力，因此为了填补规定的名额，便当场用其他病人替换他们，这种情形经常发生。非德国公民或没有“日耳曼或相关血统”的病人也必须要上报。犹太精神病人首当其冲。1940 年 4 月 15 日颁布了一个专门针对犹太精神病人的特殊命令，命令规定，由于雅利安职员对他们有诸多抱怨，且不愿意医治他们，因此在接下来的两年半时间里，数千名犹太精神病人被带走并毒杀，或者将他们带到波兰沦陷区杀掉。精神病院的负责人在这一恰当的时机自豪地宣布，在最后一个犹太病人被杀或带走之后，他们的机构现在“没有犹太人”，赫尔曼 · 普凡米勒在 1940 年 9 月 20 日这样表述道。[253]

对于被选中的各类病人而言，杀戮程序或多或少都是一样的。在指定的日期，巨大的灰色汽车将精神病人带走，这种汽车原本被邮政部门用来在乡村地区提供公共交通。尽管 T-4 行动的医生和工

作人员一再强调，这些病人都精神失常，既不能自己做决定也不知道正发生的一切，但是对绝大多数被选中的杀戮对象来说，情况绝非如此，尽管他们被认为“智力低下”。一些病人最初表示欢迎这些公共汽车来接他们，他们相信医院职员对他们的承诺，即他们将要进行一次郊游。但是许多人也清楚地意识到他们将要踏上死亡之路。医生和护士并不会对“一直欺骗这些病人”这件事很上心，谣 87
言很快就开始在德国的收容所和医疗机构传播。“我又活在恐惧的状态中了，”住在斯德丁一个机构的一名妇女给她的家人写道，“因为汽车又到这儿了……昨天汽车又到这儿了，8 天前也是这样，他们又一次带走了许多人，他们被带去了哪里没有人会想得到。我们都极度心慌，以至于所有人都大哭起来。”在赖谢瑙（Reichenau），当一名护士对一个上车的病人说“再见！”时，这个病人转过头回复道，“我们彼此将不会再见面，她知道在希特勒的法律之下，她面前的命运将会如何”。在埃门丁根（Emmendingen），当汽车到来时，一名病人喊道：“谋杀者来了！”医院职员经常给狂躁的病人注射高剂量镇静剂，这样他们就能在半昏迷的状态中被抬上汽车。但是一些病人开始拒绝注射，他们害怕里面有毒。当一些人被抬上汽车时，他们开始武力抵抗，而他们的反抗只会招致更残忍的暴行，这只能令其他人愈发焦虑。被拖上车的时候，许多人开始失声痛哭。[254]

他们一到达目的地，就有医院职员接他们，将他们领进接待室，告诉他们脱去衣服。他们必须接受身份核验，以及一个敷衍的身体检查，主要目的在于可以在记录上写一个貌似合理的死因。那些牙齿中有金属填充物的人后背或肩上被划了一个十字。他们身体上被印上或贴上一个识别码，还照了相（以表明他们可能的身心缺陷），然后，他们光着身子被带进一间伪装成浴室的毒气室。仍然对自身处境感到焦虑的病人会被注射镇静剂。当他们进入毒气室后，门就

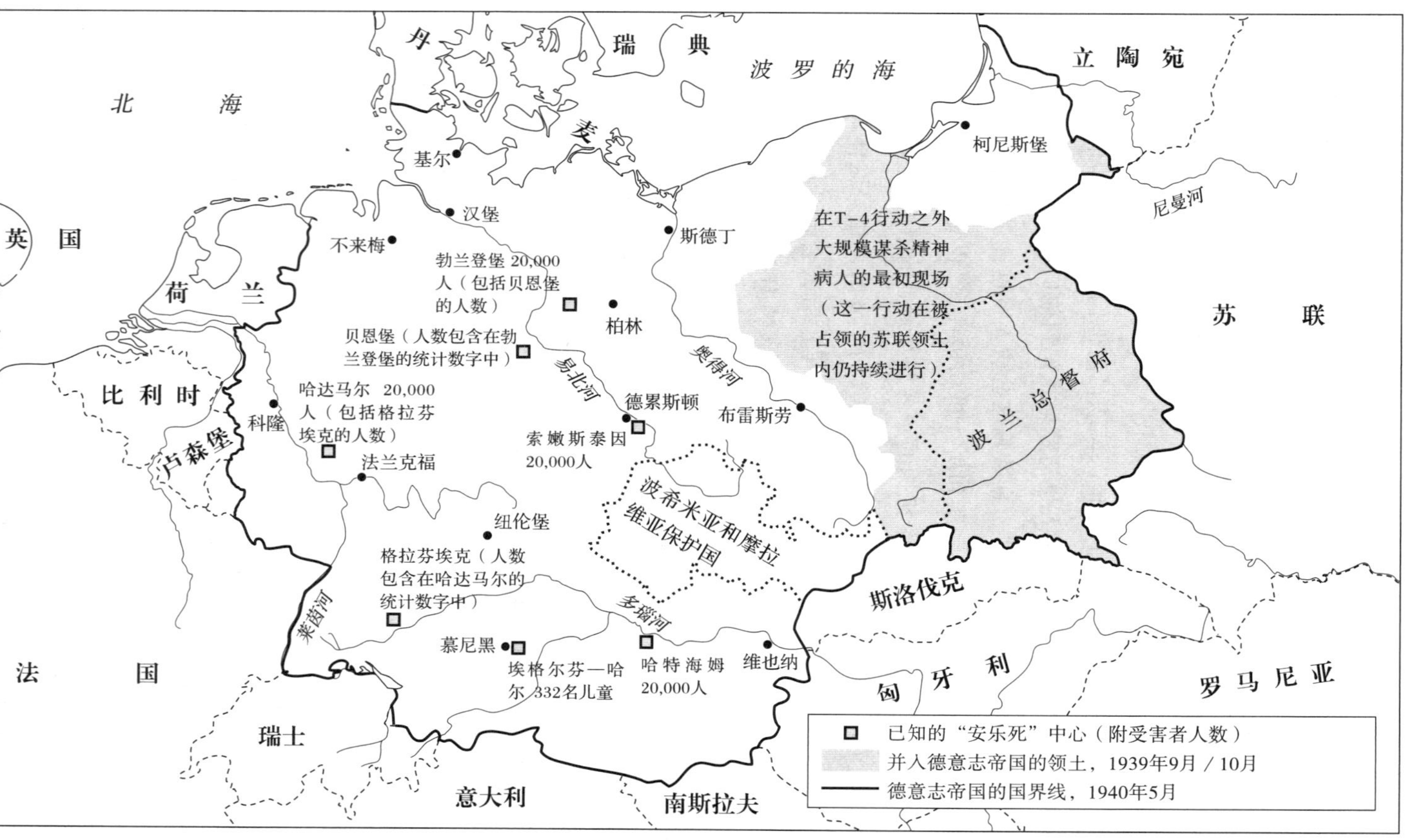

* 柯尼斯堡为加里宁格勒的旧称；斯德丁为什切青的旧称；布雷斯劳是弗罗茨瓦夫的旧称。

地图4 “T-4行动”的杀戮中心，1939—1945年

被锁上，工作人员便开始释放毒气。病人的死亡过程绝不是平静和人道的。后来，一个在场者描述了他在哈达马尔毒气室外，透过窥视孔看到的一切：

> 隔壁屋子里密密麻麻挤满了人，大约有40—50个人，正缓慢地死去。一些人躺在地上，其他人瘫坐在地上，许多人张大着嘴，好像再也无法呼吸。他们的死亡方式太痛苦了，没有一丝人道的意味，对那些意识尚清晰，明白所发生事情的人来说，情况更是如此。这一过程我只看了两三分钟就离开了，因为我无法忍受再看下去，我感到恶心。[255]

通常这些病人以15—20个人为一组被杀害，尽管有时会有更多 89
的人被塞进狭窄的毒气室。大约5分钟之后，他们失去知觉，20分钟后就会死去。一两个小时后，工作人员就用风扇为毒气室通风。一名医生进去确认死亡情况，之后，后勤兵进入毒气室清理尸体，将他们拖到“死人屋”，这些后勤兵就是广为人知的“司炉工”（Brenner）。在这里一些尸体被挑选出来用于解剖，或是供初级医师进行病理学训练，或是被其他人奉命摘掉其中不同的器官，然后被送到研究机构用于研究。对于身上有十字标记的尸体，司炉工摘掉他们的金牙，包好后一起送到柏林的T-4行动办公室。接着，这些尸体被放在金属板上，然后送到火葬室，司炉工经常通宵达旦地工作将其火化。[256]

事情发生过之后，受害者的家属和亲戚仅仅被告知他们被转移到一个杀戮中心。[257]接着，接收机构会寄去一封信，告知他们安全抵达的情况，但是警告亲属在他们安顿下来之前不要前去探望。当然，亲属接到信时，病人事实上已经死了。稍后，家属得到通知，这些病人已经死于心脏病发作、肺炎、肺结核或类似的疾病，T-4 行动办公室提供了这些病的清单，并且根据病人初来时的体检记录增加病的种类。由于意识到他们这样做某种程度上是违法的，在签署死亡证明时，这些医生便使用假名，当然也附上一个虚假日期，使死亡看起来发生在他们到达之后的几天或几周之内，而不是短短的一小时左右。延迟宣布死亡也会给接收机构带来额外的经济利益，因为病人的实际死亡时间与官方记录的时间有出入，官方记录的时间往往要晚于实际死亡的时间，这使接收机构可以在这一时间差中继续得到付给受害者的福利、津贴和家庭补助。家属会收到一个骨灰瓮，并被告知里面装的是他们不幸亲人的骨灰；实际上，司炉工在将一整群受害者集体火化之后，就从一堆骨灰中随意地铲一些装了进去。亲属还被告知，受害者的衣服被送去“国家社会主义人民福利”，但事实上，如果他们的衣服质地较好，杀戮者通常会据为己有，挂进自己的衣柜。杀戮者还精心设计了一些欺骗
90 设备，比如地图。在地图上，工作人员在每一个被杀者的家乡所在地钉上一根彩色的大头针，如果有太多的大头针出现在同一个地方，那么死亡之地会选在另一个机构；事实上，杀戮中心甚至相互交换死者名单以减轻疑虑。杀戮中心尽最大努力对整个过程保密，工作人员被禁止与当地民众有私交，并且要宣誓，除了当局官员，不会把正在进行的一切泄露给其他人。“任何一个不听话的人，”克里斯蒂安·维尔特在哈特海姆告诉一群新的司炉工，“将被送进集中营或枪杀。”[258]

杀戮中心的氛围与无数表格和文件呈现出的冰冷无情的杀戮计划给人的感觉相反。杀戮执行者有专门的烈酒配给，经常喝得酩酊大醉。据称，他们沉迷于大量随便的性生活，希望以此驱走记忆中无法消散的尸体臭味。在哈特海姆，职员们举行了一次聚会，庆祝他们进行的第一万次火化。他们聚集在焚化室里，围在一具裸露的尸体旁，这名受害者刚被毒死。尸体放在担架上，还覆盖着花。其

中一名职员打扮成一个教士，主持了这一简短的仪式，之后，在场每个人都分到了一些啤酒。最终，多达2万人在哈特海姆被毒气杀死，在索嫩斯泰因有同样多的人被毒死，在勃兰登堡和贝恩堡、格拉芬埃克和哈达马尔均有 2 万人被毒死，总计有 8 万人被毒杀。[259]

四

尽管非自愿安乐死计划高度保密，但该计划还是超出了 T-4 官僚机构及其各杀戮中心的控制，终究引起了人们的注意。住在哈达马尔附近的人注意到，每次运送车辆到来不久后，该精神病院的烟囱就会冒起浓烟。而且，精神病院的职员在外出购物或去当地酒馆喝酒时——他们能够外出的机会极其有限——也会不可避免地谈到他们的工作。此外，其他人也注意到，当汽车抵达他们所在地区时，一些精神病人被带走了。在 1941 年年初时，有一次阿布斯贝格（Absberg）一家精神病院的病人被装上了汽车，但这一过程不是在精神病院大门里面，而是在城镇广场上进行的，当地人把这一
切都看在眼里。当这些精神病人开始抵抗并被高大粗鲁的后勤兵强 91
行推上车时，围观的当地人开始抗议，哭泣，高声谴责这种行为。[260]更多的疑虑在被带去杀戮中心的精神病人家属之间传播开来。不过，一些人实际上也乐于接受他们的孩子或需要照顾的家人被杀害的结局。感知迟钝一些的人更愿意在精神病院传来的虚假信息的安慰下，麻痹自己心中的恐惧。但绝大多数父母和亲属之间存在相互联系，知道彼此境况相似，因为在去医院探访病人时就曾碰过面，或者此前在医生诊室那里打过照会。当获悉自己的亲属已经被转移到像哈特海姆或哈达马尔这种地方时，他们凭直觉就知道了正在发生的一切。有时，他们试图抢在患病亲属的名字被列入运输名单之前将他们带回家里。一位母亲在得知自己的儿子已经被转移后，她立

即给儿子所在机构的负责人写了一封信："如果我的儿子已经死了，我要求见到他的骨灰，因为慕尼黑流传着各种各样的谣言，这一次我想知道事情的真相。"另一位女士收到她的阿姨被转移到格拉芬埃克的官方通知单，她在这封通知单的边缘写道："几天后，我们将会收到可怜的伊达（Ida）死亡的消息……我恐惧下一封信的到来……我们甚至都不能去伊达的墓地，也不知道送来的骨灰究竟是不是她的。"这种情况越来越多，以至于最后当官方的死亡通知到来时，恐惧演变成了愤怒。一名被害男子的妹妹向他被转走之前所在机构的负责人质问道，如果他病得很重，且很快就会死去，那么究竟为何还要将他带走。他的病不可能是"昨天才得的"。"最终，"她愤怒地对他说，"我们面对的是一个可怜的，**需要帮助的**病人，而**不是一头畜生！！**"[261]

一些司法官员开始注意到精神病院中病人不正常的死亡频率，一些检察官甚至要求盖世太保去调查这些死亡事件。然而，在这件事上，没有人像洛塔尔·克赖西希（Lothar Kreyssig）那样执着。洛塔尔·克赖西希是勃兰登堡的一名法官，专攻监护和收养方面的法律问题。他同时也是一名退伍军人和认信教会（Confessing Church）成员。当那些在他职责范围内受法庭监护的精神病人开始被转移出去，并于不久之后就被宣布突然死亡时，他对此产生了怀疑。克赖西希给司法部部长弗朗茨·居特纳写信表示抗议，认为大规模谋杀的计划是非法且有悖道德的。对于克赖西希的抗议以及其他地方法律官员类似的问询，司法部部长的回应总是一贯的，那就
92 是一次次地尝试起草法律，给予谋杀者实质的豁免权，但都被希特勒否决了，因为将这种事情公之于世后将会给同盟国的政治宣传提供危险的口实。1941年4月末，布拉克和海德代表司法部组织了一次高级法官和检察官传达会，试图安定人心。同时，克赖西希被召去与司法部国务秘书罗兰·弗赖斯勒进行一次会谈，后者告知他实

施杀戮行动是希特勒的命令。克赖西希拒绝接受这样的解释，他给他所在地区精神病院的负责人写信，告诉他们将病人转移到杀戮中心是非法的，而且还警告他们，要是他们再运走在他司法管辖权下的任何一个病人，他就要采取法律行动。他宣称，保护受托人的利益——事实上是保护他们的生命——是他的法律职责。与居特纳的进一步谈话并没有使他改变心意，1941 年 12 月他被强制退休。[262]

在坚持不懈地阻止杀戮运动的征程中，克赖西希孤身一人。司法部平息了相关律师和检察官们的疑虑，随后他们自然没有采取任何法律行动。或许，更加普遍的是宗教领袖的疑虑。尽管自 1936 年以来许多病人被转移到国立精神病院，但仍有大量身心残疾人士由医院和收容所照料，这些医院和收容所由各个教会以及它们的世俗社会福利组织——比如福音派教会的“内在使命”（Inner Mission）和天主教的“明爱会”（Caritas Association）——管理。一些由“内在使命”管理的精神病机构的负责人尽力延迟登记和转移病人，其中特别值得一提的是牧师保罗 · 格拉尔德 · 布劳内（Paul Gerhard Braune），他是符腾堡此类医院团体的总负责人，还赢得了牧师弗里德里希 · 冯 · 博德尔施文格（Friedrich von Bodelschwingh）的帮助，后者是新教福利组织中的一个著名人物。博德尔施文格在比勒费尔德（Bielefeld）管理著名的贝瑟尔医院（Bethel Hospital），他断然拒绝他的病人被纳粹党带走杀害。因为博德尔施文格无私地践行着基督教的慈善原则，使得他蜚声国内外，连他所在地区的纳粹党区领导也拒绝逮捕他。在僵持之中，1940 年 9 月 19 日午夜过后不久，一架飞机出现在医院上空，并开始轰炸，共炸死了 11 名残障儿童和 1 名护士。戈培尔迅速指示媒体加大宣传力度，抗议英国人的残忍暴行——“贝瑟尔杀婴事件——可恶的 93
罪行”，《德意志汇报》（*German General Paper*）刊登出了这一醒目的大标题。官方媒体诘问道，英国人怎么能挑选这样一个著名的基督教慈善中心呢？只有博德尔施文格自己清楚地知道这是多么大的一个讽刺。他向地方政府管理者质问道："难道我应该谴责英国人的行为，然后马上参与到在贝瑟尔展开的更大规模的'杀婴行动'中吗？"[263]

袭击两天后，一名德国官员走进了美国记者威廉·L. 夏伊勒的宾馆房间，此人是夏伊勒的一名情报提供者，在切断电话电源后，这名德国官员告诉夏伊勒，盖世太保正在消灭精神病院中的病人。他强烈地暗示道，贝瑟尔医院是被一架德国飞机炸毁的，原因是博德尔施文格拒绝合作。到 11 月末的时候，夏伊勒的调查有了结果。"这是一个邪恶的故事"，他在日记中这样记载。德国政府，他写道，是在"系统地消灭帝国的精神病人"。一名情报提供者指出被害人数是 10 万，而夏伊勒认为这一数字有所夸张。这名美国记者已经查明，这些杀戮是依据希特勒的书面指令，在元首办公厅的指挥下进行的。他的情报提供者还注意到大量出现在格拉芬埃克、哈特海姆和索嫩斯泰因的讣告，这些讣告是由病人亲属发出的，有时措辞隐晦，这表明他们知道正在发生的一切："我们已经收到了令人难以置信的消息……经过数周的不确定……直到火化之后我们收到了不幸的消息……"他认为，德国的报纸读者们知道如何揣摩这些讣告字里行间所蕴含的信息，这也是它们现在被禁的原因。夏伊勒总结道，这是"极端的纳粹党决定执行他们的优生学和社会学理念的结果"。[264]

博德尔施文格和布劳内去拜访布拉克，目的是抗议杀戮行动，随后，著名的外科医生费迪南德·绍尔布鲁赫（Ferdinand Sauerbruch）也加入了抗议的队伍，他们共同去游说帝国司法部部长居特纳。这两次会面都无任何成效，因此布劳内整理了一份详细的关于这些谋杀暴行的文件寄给希特勒，很明显，他以为希特勒对此一无所知。布劳内的陈述文件厚而翔实，在文末，他要求停止这一计划。“如果人命如此一文不值，这难道不会危及整个民族的道德准则吗？”他反问道。他被告知希特勒无法阻止这一项目。1940年8月12日，布劳内被盖世太保逮捕并关押起来；但是，不久之后，在1940年10月31日，他又被释放出来了，条件是他将停止 94
反对活动。[265] 特奥菲尔·武尔姆（Theophil Wurm）是符腾堡教区的新教主教，他在1940年7月19日给内政部部长威廉·弗里克（Wilhelm Frick）写信，要求停止谋杀：

> 成千上万罹患精神疾病的种族同胞们需要照顾，这件事情严肃至极，如果仅从暂时的功利角度看待这一问题，并将残忍灭绝这些种族同胞作为解决措施，那么一个不祥的发展趋势就会拉开序幕，而且基督教也被彻底抛弃，不再作为可以决定德意志人民个体和集体生活的力量……这一灾难性的退化不会再停止。[266]

没有收到任何回复，他在1940年9月5日再次写信问道：“元首知道这一事件吗？他批准了吗？”[267]

这些行动的问题在于，它们仅仅只是少数几名勇士的个人干涉行为，因此没有取得任何实际的成效。总体上，他们对第三帝国的抗议，在社会上也没有引起更广泛的反响。一些军事保守派反对者清楚地知道杀戮行动，并且强烈地反对这种行为，他们其实早就对现政权不满了，只不过令他们不满的是其他方面的原因。[268] 像博德尔施文格那样的人也并非反对第三帝国的每个面向。在遭到统治当局数年的迫害之后，认信教会此刻处于一种危险的境地。大多数新教牧师和福利组织的官员们要么属于支持纳粹党的德国基督徒那一方，要么在教会内部斗争中选择明哲保身，行事低调。1933年以来，教会内部的斗争将福音教会搅得天翻地覆。在被谋杀的病人中，足足有一半来自由新教或天主教会管理的机构，而他们之所以能被带走并被杀害，通常是因为得到了这些机构管理者的批准。[269]“内在使命”的全国领导准备附和杀戮行动，只要被杀戮对象被限制为“大脑机制无法被唤醒或无法融入人类社会的病人”，甚至博德尔施文格也接受了这一妥协。尽管博德尔施文格寻找机会在他的机构中设置精密的防护措施以应对杀戮者选择迫害对象，试图无限期地延迟整个杀戮进程，但他还是表示，只要将上述杀戮对象范围清晰地规定在一个正式的公法中，他就能接受这一杀戮行动。当牧师们在争论是否要大声疾呼反对统治当局的时候，怀疑、困惑和绝望折磨着他们的良心，因为他们之中没有一人质疑过统治当局存在的合法
95 性。教会只有与统治当局口风一致，才不会遭到迫害吗？如果他们抗议，难道不会导致各“内在使命”机构被国家一并接管吗？许多人担心，公开的抗议将给统治当局一个绝佳的口实，使其加大对教会的进一步迫害。关于这个问题，教会举行了众多的会议，在其中一次会议上，恩斯特·维尔姆（Ernst Wilm）——一名认信教会牧师，曾在博德尔施文格的贝瑟尔医院工作过——说道：“我们有义务进行调解斡旋，为我们的病人负责任……这样病人才不会说自己落入了谋杀者的手中，而我们却袖手旁观这样的话。”对于像他这样彻底反对杀戮行动的少数者而言，在1940年年底和1941年的大部分时间里，情形都是如此。[270]

五

多年以来，天主教会一直遭到德国统治当局的抨击。教会的许多世俗机构都被关停，大量神职人员遭到逮捕和关押。它与统治当局的协定——1933年教皇庇护十一世（Pius XI）签订的教务专约正式确定了该协定——已名存实亡。此协定希望保护教会在德

国的地位，作为回报，它保证神职人员远离政治活动。截至 1939 年，德国主要的高级神职人员决定低调行事，以防更糟糕的事情降临到自己头上。[271] 然而，与新教相比，天主教会在教皇的领导下统一程度更高，不打算就一些教义的问题进行妥协。教皇已经对当局针对所谓的不配生存的人种实施的绝育政策表示抗议，因此不可能悄无声息地容许这一政策扩大为彻底的谋杀行动。德国主教们也已对绝育计划表示谴责，并且颁布了指导方针，规定了天主教医生、护士和官员可以参与的程度，尽管事实上这些规定根本没有实施。截至此时，经过 1939 年 3 月 2 日的选举，罗马产生了新教皇庇护十二世（Pius XII），他就是原先的枢机主教欧金尼奥 · 帕切利（Eugenio Pacelli）。他可以用流利的德语进行写作和交流，在 20 年代的大部分时间里，他是梵蒂冈驻德国的代表，并且在战前起草教皇文件，在抗议当局违反教务专约的行动中起了主要作用。 96
1939 年 10 月，他在他的第一个教皇通谕《至高司祭》中（*Summi Pontificatus*）宣布，世俗政权不应该试图取代上帝成为人类的主宰者。但是直到 1940 年夏天，天主教抗议杀戮残疾人士的行动才开始，最初是由贝瑟尔医院的争议事件引发的。[272]

贝瑟尔医院位于主教克莱门斯 · 奥古斯特 · 冯 · 加伦（Clemens August von Galen）的辖区，早在 1933 至 1934 年，冯 · 加伦就与世俗政权达成了和解，但随着战争的爆发，特别是当主要的纳粹党成员——如阿尔弗雷德 · 罗森贝格和巴尔杜尔 · 冯 · 席拉赫（Baldur von Schirach）——对基督教徒进行意识形态攻击，冯 · 加伦对当局的所作所为持愈加批判的态度。[273] 在得到博德尔施文格提供的大量信息后，冯 · 加伦在 1940 年 7 月 28 日给枢机主教阿道夫 · 贝尔特拉姆（Adolf Bertram）写了一封信，描述了谋杀运动的细节并敦促教会在此问题上站稳道德立场。其他的主教也非常关心这一问题。1940 年 8 月 1 日，弗赖堡地区（Freiburg）的大主教康拉德 · 格勒贝尔（Conrad Gröber）给帝国总理府秘书长汉斯·海因里希·拉默斯写信，信中，他转述了一些在俗天主教徒对于亲属被杀害的忧虑，警告当局谋杀将会损毁德国的国际声誉，并表示愿意向国家补偿“本应被处死的精神病人的照顾费用”。[274] 许多德国明爱会——德国主要的天主教福利组织——经营的机构中的病人被带去杀害，这些机构负责人正急切地向天主教统治阶层寻求建议。1940 年 8 月 11 日，富尔达主教会议（Fulda Bishops’ Conference）在另一封给拉默斯的信中抗议杀戮行为，这之后又委任明爱会的海因里希·温肯（Heinrich Wienken）主教亲自进行交涉。在内政部，T-4 行动的官员试图证明杀戮行动的合法性，但是温肯引用第五条诫命（“你不能杀戮”）警告道，如果杀戮计划不停止的话，那么教会将会公开反对。[275]

然而，在第二次会议上，温肯退却了，只要求在选择杀戮对象时对病人做更加彻底的评估。他担心自己的立场不利于将天主神父从达豪集中营中解救出来。枢机主教米夏埃尔·福尔哈贝尔(Michael Faulhaber）要求他认清形势，并郑重地告诉他，相对于人们正在被谋杀这一主要的事实，他现在所关注的事情只是次要的小事。“如
97 果事情以目前的步调进展下去，”这位枢机主教警告道，“处决将会在半年之内结束。”[276] 托马斯·莫尔爵士 * 在其著作中认为，杀死“不适宜生存者”是合理的，这个观点很明显是在温肯的建议下提出的，福尔哈贝尔对此嘲讽地写道，“这真是莫大的讽刺”。英国人和中世纪突然间成了楷模，人们还不如直接引证焚烧女巫和在斯特拉斯堡（Strassburg）屠杀犹太人的运动。”[277] 协商最终破裂了，因为内政部拒绝达成任何书面协议。1940 年 12 月 2 日，梵蒂冈发布了一个

---

* 托马斯·莫尔（Thomas More，1478—1535）：英国亨利七世与亨利八世时期的政治家，著有《乌托邦》。

教令，严厉地宣布："因精神或身体缺陷而直接杀戮那些无辜者是不被允许的。"这"违背了自然律和明文律"。[278] 尽管如此，德国的教会统治阶层仍然认为进一步的行动将是不明智之举。"任何轻率或鲁莽的行动，"枢机主教贝尔特拉姆的首席顾问在 1940 年 8 月 2 日警告道，"事实上都将会对主教和教会的事务带来最不利的深远影响。"[279] 1940 年 8 月 5 日，贝尔特拉姆对冯 · 加伦说，证据还不足以举行抗议行动。直到 1941 年 3 月 9 日，冯 · 加伦才把这一教令刊登在他的官方通信上。然而，最终迫使冯 · 加伦大胆表达自己意见的是因为盖世太保对教士进行逮捕，还没收冯 · 加伦所辖的明斯特教区（Münster）的耶稣会地产，而这块地本来是用于为在空袭中无家可归的人们提供住处的。同时，这也使他确信，贝尔特拉姆一年前建议的审慎原则已经没有任何意义。在 1941 年 7 月 6 日、13 日和 20 日所进行的布道中，他挞伐盖世太保强占明斯特及周边地区教会地产的行为，并且谴责盖世太保驱逐修道士、修女、俗家修士和修女的行为。此外，他还谴责"安乐死"行动。警察袭击了他姐姐海伦 · 冯 · 加伦（Helene von Galen）所在的女修道院，将她逮捕并监禁在一个地下室里，试图以此威胁冯 · 加伦，让他保持沉默。然而，他的姐姐临危不惧，爬出窗户逃走了。[280]

冯 · 加伦此刻被彻底激怒了。在 1941 年 8 月 3 日的第四次布道中，他的批判比之前更加强烈。促使他这样做是由于马林塔尔机构（Marienthal Institution）的神父海因里希 · 拉克曼（Heinrich Lackmann）对他进行了一次秘密的拜访。在这次拜访中，拉克曼告诉他，病人将被带走并被杀害，希望他能就此采取一些行动。冯 · 加伦认为这是一种潜在的犯罪，揭露这些行为是他的法律职责——事实上，这确实是他的职责。在这次布道中，他首先再次谴责了逮捕教士以及没收教会地产的行为，接着又将矛头指向了整个安乐死计 98
划，并发表了长篇的谴责言论。他提供了一些包括个案在内的具体细节，这些细节他在1941年7月6日的布道中仅仅是含沙射影地暗示了一下，并且他补充说道，帝国首席医务官医生领袖孔蒂“毫不掩饰地承认，德国大量精神病患者实际上已经被有预谋地杀掉了，此外还有更多的人也将遭到杀戮”。这样的谋杀行为是非法的，他宣布道。一听到来自明斯特附近马林塔尔机构的病人在上个月月底被转运走的消息，他说，他已经在一封给检察官的信中正式控告了那些需要为谋杀行为负责的人。他对会众说道，人们不能像老马或老牛那样，一旦毫无用处就被屠杀掉。如果这一原则可以适用于人类，“那么**从根本上说**，杀戮所有无生产能力者——患了无法治愈疾病、无法工作或无法参与战争的人——的大门就是敞开的，那当我们因年老体衰而无法参加生产劳动时，杀戮的大门也将对我们所有人敞开”。在这样的情形下，他反问道，“还有谁敢再相信他的医生呢？”他所列举的事实都有很强的说服力。他宣布道，天主教徒必须阻止任何人亵渎和攻击天主教，也要阻止其杀害无辜男女。否则，他们将被卷入罪孽之中。[281]

这些布道——尤其是最后一次——所产生的轰动效应是巨大的。冯·加伦将它们印出来，作为一封主教的公开信，在各个教区教堂进行宣读。英国人得到了一份副本，便通过BBC德国频道播放了部分内容，而且还将副本作为传单在整个德国分派，并将信件翻译成其他几种语言，在法国、荷兰、波兰和欧洲其他地区进行传播。许多家庭收到了这样的传单。因此，不少人开始抗议，或与同事讨论这些杀戮行动；结果，许多人被逮捕并被投入集中营，其中包括一些复印和传播布道词的教士。冯·加伦的行动极大地振奋了其他一些主教，比如林堡教区（Limburg）的主教安东尼乌斯·希尔夫里希（Antonius Hilfrich）。1941年8月13日，他给司法部部长居特纳（本身是个天主教徒）写了一封抗议信，谴责谋杀行动是“天理不容的”。[282]美因茨教区（Mainz）主教阿尔贝特·施托尔（Albert

Stohr）在布道中反对剥夺生命。[283] 自第三帝国成立以来，在所有抵抗纳粹政权的运动中，这是最强烈、最鲜明和范围最广泛的一次。冯 · 加伦从容不迫，甘于殉道。但是什么也没有发生，冯 · 加伦安 99
然无恙。他鼓动起的民意如此巨大，因此，纳粹党领导们尽管极端愤怒却不敢对他采取任何行动。党区领导人迈尔（Meyer）写信给博尔曼，要求将这名主教处以绞刑，博尔曼本人表示非常赞同。但是，当博尔曼将此事告诉希特勒和戈培尔时，二人一致认为让冯·加伦成为殉道者只会导致更多的动乱，而这种动乱在战乱时期是不被允许的。战争结束后再好好处置他，希特勒说。明斯特的纳粹党下属对此十分不解，他们问道，很明显这名主教是一名叛徒，为什么不将他囚禁起来？[284]

政府的答复闪烁其词。1941 年 8 月政府播放了一部名为《我控诉！》（*I Accuse*）的电影，电影中一个漂亮的年轻女子饱受多发性硬化症的折磨，她希望通过死亡来结束这种痛苦，最终在经过漫长的是非讨论之后，她在丈夫和另一位朋友的帮助下结束了自己的生命。讨论还进一步触及非自愿安乐死的原则问题，在一场精心策划的讲座中，一名大学教授在一段演讲中指出非自愿性安乐死是正当的。1,800 万人观看了这部电影，据党卫队保安处的报告，许多人视之为对冯 · 加伦布道的回应。事实上，关键镜头是 T-4 办公室的维克托 · 布拉克亲自插入的。老年人，尤其是医生以及受过高等教育的人，反对电影所传达的思想，但是年轻医生更倾向于赞同，认为只要经过恰当的检查并在医疗条件下实施安乐死就是合理的，这一原则得到许多普通人的赞同。律师们发表言论声称，电影中所刻画的那种辅助性自杀需要更加谨慎的法律基础，同时大多数人表示，他们绝不赞成安乐死，除非是病人出于自愿。如果一个被杀的人是“低能的”——电影中根本没有提到这一类别——那么大多数人认为只有在得到患者家属的同意后才能实行安乐死。党卫队保安处报告道，天主教神父一直在拜访教区居民，劝说他们不要观看这部电影。普通人对该电影的意图也了然于心。“电影真的很有意思，”一个人说；“但是电影中上演的情节就如同在精神病院中一样，在精神病院中所有疯狂的人正在被杀掉。”很明显，言外之意，他对 T-4 谋杀计划的合理性并不认同。[285]

然而，杀戮行动停止了。1941 年 8 月 24 日，勃兰特接到了希
100 特勒下达的直接命令，并传达给鲍赫勒和布拉克，要求暂停毒杀成年人的行动，至于何时恢复等进一步通知，但希特勒要求杀戮儿童的行动——规模更小，因此不太引人注目——继续进行。[286] 冯·加伦的布道以及由此在公众中引发的广泛抗议极易导致进一步的动乱，这使得继续进行杀戮行动难上加难，纳粹党领导人极不情愿地承认这样的事实。护士和护理员，特别是那些在为病人和残疾人服务的天主教机构中的护士和护理员，开始有意地阻挠登记程序。杀戮行动现在已经众所周知了，受害者的亲属、朋友和邻居开始公开表达他们的忧虑。而且，他们明确地将杀戮行动与纳粹党的领导权及其意识形态联系起来；尽管像武尔姆主教这样的人天真地以为希特勒并不知晓杀戮行动，但是希特勒本人必须承担一定的责任确是不争的事实。到了 1941 年年中，甚至连希姆莱和海德里希也在指责行动“实施中的错误”。但是希特勒设定的杀戮 7 万人的指标已经达成了。[287]

然而这些事实最终并没有削弱冯·加伦所做努力的重要意义。[288] 如果他没有对天主教会上层人士的劝告置之不理，并且没有站出来大声抗议对精神病患者和残疾人士进行杀戮的话，那么很难预料会有什么后果。鉴于纳粹政权在没有遇到阻碍或遇到较小阻碍的时候，容易将政策激进化的倾向，我们可以推测，在 1941 年 8 月完成原定指标后，他们至少有可能——事实上极为可能——将杀戮行动继续下去；即使现有的一些执行团队已经动身前往波兰，但

是找到其他人在哈达马尔和其他地方操作毒气室并不困难，事实上他们也确实这么做了。最终，可以明确的是，纳粹党绝不会放弃消灭他们所认为的社会累赘的打算。但是自 1941 年 8 月以来，如果终究要执行杀戮计划的话，那也必须秘密地缓慢进行。患智力障碍的人、长期精神病患者以及其他被统治当局归为“不配活着”的人与德国社会的中枢网络紧密绑定在一起，以至于无法单纯地进行隔离和处理。而且自从 T-4 专家对畸形的定义变得越来越随意，并将越来越多足够聪明和积极地了解发生在他们身上事情的人也列入杀戮对象时，情况更是如此，因为这些人难免会将他们的遭遇告诉其他人。

然而，对德国社会中其他被迫害的群体——比如吉卜赛人或 101
犹太人——而言，情况则不尽然。冯 · 加伦对他们只字未提，各个教会中的其他代表同样也未提及他们，只有极少数人谈及他们。从整个事件中，希特勒吸取到的教训不是下达大规模谋杀人民群体的命令不可取，而是为了避免以后在对付另一个少数群体的行动中陷入类似的麻烦，不能书面下达这样的命令。T-4 行动已经被委婉的宣传所掩饰，当开展其他更大规模的集体谋杀时，这种委婉的宣传以及对受害者和他们亲属的欺骗和保证——将谋杀说成是“特殊处理”，将毒气室伪装成浴室——将会得到进一步加强。非自愿安乐死计划已经成为一个公开的秘密，这一计划所使用的委婉和迂回的措辞让人们不得不做出选择：是不管事实如何只按照字面意思去理解，还是追究文字背后的真正含义。想弄清事件真相几乎不是一件困难或成问题的事情，但是接下来是选择袖手旁观还是插手干预则是一个困难的抉择。截至 1941 年 8 月主要的谋杀行动结束时，医疗和护理行业中已经有很大一部分人参与进来。从最初一小组忠诚的医生开始，牵扯进来的人越来越广，势头无法逆转，直到最后连普通医生、精神病医生、社工、收容所职员、护理员、护士、经理、司机和其他人都被牵连进来。在这些人中，有的是通过官僚程序参与进来的，有的是因为同行的压力、宣传和引诱，以及各种各样的报酬参与进来的。在T-4行动期间发展起来的大规模谋杀组织系统——从选择受害者到对他们的遗产进行经济掠夺——已经以可怕的效率运行起来。在T-4行动中被检验后，这一谋杀组织系统现在开始准备以更大的规模应用到其他人身上。[289]

六

第三帝国在1939年秋天开始的大规模谋杀——无论是在德国境内还是在波兰占领区——绝不是因为爆发了一场纳粹领导层认为将危及德国生存的战争而做出的回应。更不是“战争野蛮化”的产
102 物，即在严酷条件下，面对与残忍敌人你死我活的斗争所带来的必然选择。入侵波兰发生在有利的形势下，而且天气适宜，敌人轻而易举地就被打垮了。也不需要对入侵的军队进行政治教化，告诉他们敌人对德国的未来构成了巨大的威胁，因为很明显，波兰人并没有对德国人构成任何威胁。军队普通士兵仍然保持着高度的集体忠诚感，因此也没有必要代之以极端苛刻的军纪体系，在这一军纪体系下，军人价值观将让位于种族意识形态。[290]大约两年后，也就是在1941年6月，德军入侵苏联，入侵波兰过程中所发生的一切将以更大规模的方式在入侵苏联的过程中上演。[291]党卫队保安处的别动队一进入苏联，就将政治敌对人物聚集起来集体枪杀或送往集中营。他们还屠杀犹太人，逮捕当地的男性，将其送往德国充当强制性劳动力，并系统地实施种族清除政策。此外，他们残忍地实行人口转移。

并非只有党卫队在干这些勾当。从一开始，纳粹党官员、冲锋队、民事官员，尤其是一些初级军官和普通士兵都参与其中，之后没过

多久，定居波兰的德国移民也参与进来。逮捕、殴打和谋杀波兰人，尤其是波兰犹太人成为家常便饭。但是更令人吃惊的是，普通德国士兵竟然如此仇恨和鄙视犹太人，在街上迫不及待地从仪式上羞辱他们。这些士兵一边奚落和嘲笑犹太人，一边扯掉他们的胡子，让其做出不雅的举动，当众出丑。同样令人惊讶的是，无论是入侵的德国士兵，还是定居此处的德国移民都理所当然地认为波兰人和犹太人的财物可以当作战利品自由地取用。德国士兵偷窃和劫掠犹太人财产的情形几乎是普遍存在的，有时他们还受到当地波兰人的帮助和教唆。多数情况下，非犹太裔波兰人也遭到了抢劫。所有这些行动是对当时官方政策的一个映射，当然，这些政策是依据希特勒的指令制定的。希特勒已经宣布要彻底摧毁波兰，消灭受过高等教育的知识阶层和行业专家，目的是使波兰人沦为生命一文不值的奴隶。很明显，没收波兰人和犹太人的财产是柏林方面明确下达的命令，同样，对吞并的领土进行日耳曼化运动、转移人口以及强制隔离犹太人也是来自柏林方面的命令。德国入侵者受到中央政策的鼓 103
舞，狂热地执行命令，不过在实施过程中，他们表现出的残忍程度超乎常人想像，而他们这种狂热需要在此做出一些解释。

在德国，对波兰人的普遍仇恨和鄙视正如对乌克兰人、白俄罗斯人和俄国人那样，是根深蒂固的，然而对“东方犹太人”的仇恨和鄙视程度更深。甚至一战前，社会民主党开展工人运动，向大部分工人阶级灌输人类平等和解放观念时，也没有将这些少数群体纳入该崇高理念的关怀范围。大多数普通工人认为波兰人和俄国人是落后、原始和未开化的，他们经常引用在沙皇俄国频繁出现的反犹屠杀，将其作为证据来支持这种观点。对野蛮东方人入侵的恐惧在1914 年说服社会民主党人投票支持战争贷款的行动中发挥了关键作用。苏联共产主义独裁政治的出现只是强化和加深了这些信念。对大多数德国人而言，在波兰的“东方犹太人”看上去甚至更加落后和原始，讽刺的是，甚至连许多受过高等教育和被同化的德国犹太人也持这样的观点。在20年代初期，当他们中的一小部分人找到了躲避俄国内战的避难所时，他们引起的怨恨情绪大大超过了他们的人数。纳粹宣传机构在30年代不停地宣传，更强化了这一印象，对斯拉夫人和东方犹太人的偏见越来越深，直到后来许多德国人，特别是年轻一代德国人，认为他们根本算不上是人。[292]

1933年以来，坚韧、冷酷、残忍、乐于动武、崇尚暴力这些品性已经灌输给了整个年轻一代的德国人，即使纳粹党在这些方面的教育和宣传取得的成功程度不一，但可以明确的是，它并非完全没有效果。在纳粹主义的教导下，武力是公正的，赢者拥有一切，劣等种族是可以随意攻击的猎物。果然，年轻一代德国士兵对犹太人的行为是最残暴的。1939年11月在波兰的维尔姆·霍森费尔德给他儿子写的一封信就体现了这一点，“犹太人说：‘年纪大一点的士兵相对仁慈一些，年轻的士兵则非常可怕。’”[293] 1939年9月以来，入侵和占领波兰的德国人，其所作所为与其说是战争的产物，不如
104 说是长期教化的结果，他们根深蒂固地认为斯拉夫人和东方犹太人是次等人类，认为政治敌人毫无任何权利可言。在这方面表现最典型的是戈特哈德·海因里希（Gotthard Heinrici）将军，他并非纳粹狂热分子，而是一个彻头彻尾的职业军人，他在信中将斯拉夫人、犹太人、污垢和寄生虫随意地联系在一起，反映出他根深蒂固的偏见。“这里到处都是臭虫和虱子，”1941年4月22日他在波兰写给妻子的信中说道，“还有令人讨厌的犹太人，他们袖子上戴着大卫之星。”[294]他毫不掩饰地说，在看到德国士兵处置犹太人和波兰人的场景时，他想到了相似的历史事件。“波兰人和犹太人被当作奴隶，”几天后，他这样写道，“没有人体谅他们。这里的情形就像是古代罗马人征服其他人民的情形一样。”[295]他将波兰总督府描绘为“欧洲真正的垃圾堆”，到处都是“半塌的、坍毁的、肮脏的房屋，

里面窗帘破烂，灰尘满屋”。[296] 很明显，在他的祖国，他还从来没有到过更贫穷的地区。对海因里希及许多其他人而言，肮脏属于斯拉夫人和波兰人。“正当你经过街道的时候，”1941 年 4 月，他在波兰写道，“就已经感觉到身上有了虱子和跳蚤。在犹太人居住的小巷里，臭味是如此之重，以至于在通过后你必须清洁鼻子和不断呼气，这样做只是为了摆脱吸入的不洁空气。”[297]

因此，当入侵的德国军队遭到波兰人的抵抗时，他们采取的报复行动——劫持人质、枪杀平民、焚烧活人、夷平农庄，以及其他有过之无不及的行为——并非出于军事需要，而是遵循以种族仇恨和种族蔑视为要义的意识形态。但在他们进一步向西入侵其他国家时,这种意识形态很大程度上是不存在的。[298] 在战争爆发之前很久，针对种族和政治敌人——无论是真实存在的还是幻想的——暴力行动在第三帝国已经司空见惯了。1939 年 9 月以来，对波兰人，尤其是犹太人的暴力行动一直持续，这进一步加强了第三帝国指定的行动方针，同样，波兰人和犹太人遭受的掠夺和没收行为也在持续和强化。在希特勒和主要纳粹党成员的思想中，采取这些政策的根本原因就是通过消除所谓的犹太人威胁，使德国适于战争，这样就可以防止大后方“刀刺在背”的颠覆性因素，他们相信大后方的颠覆性因素使德国输掉了第一次世界大战。[299]

很明显，从一开始德国占领波兰就是为了给将来入侵苏联提供 105
跳板，占领其他国家也是出于类似的考虑。而且，德国在 1939 年夏天开始的大规模谋杀精神病患者和残疾人士的意图也很清楚。同样，这也并非纯粹是战争的产物，更不是像有时所暗示的那样，是由一名残障婴儿的父母偶然向希特勒请愿的。正相反，它是经过长期策划的。战争爆发前，将近 40 万“不适合生存”的德国人被强制绝育，这就已经预示了后来的谋杀行动。希特勒 10 年前就已在计划，而且自 30 年代中期以来，一直都在准备着。德国军队在波兰实施的暴行也是预先制定好的。这些暴行是纳粹党在和平时期所采取政策的延续，后来又以骇人的新方式进一步扩充并加强了这些政策。[300] 在不到两年的时间内，这些政策被进一步执行，而且规模更大。同时，无论他们多么沉迷于种族清洗和在东方追求“生存空间”，希特勒和纳粹党仍然面临着无法回避的现实，那就是 1939 年 9 月以来开始的一切，不仅仅是要实现梦寐已求的向东扩展德国的政治和种族边界，而且还是一场世界大战，形势对他们而言并非那么乐观。在这场世界大战中德国遭到了英法联军的抵抗。英国和法国这两个欧洲国家拥有最大的海外殖民地，它们在 1914—1918 年的战争中战胜了德国。直到最后，希特勒还寄希望于这样的冲突可以被避免，这样他就可以轻松地摧毁波兰。然而现在，他所面临的问题是如何对付德国在西线的敌人。

第二章

战争的命运

第一节

“上天的安排”

一

1939年11月8日晚上8时左右，希特勒到达贝格勃劳凯勒啤酒馆（Bürgerbräukeller），1923年他曾在位于慕尼黑的这家啤酒馆发动了一次不成功的暴动。他计划在这里对纳粹党党区领导和纳粹运动的“老战士”发表年度演说。在1939年的会议上，他只讲了不到一个小时。接着，出乎所有人的意料，他突然动身前往火车站去搭乘开往柏林的火车。他需要在位于柏林的帝国总理府讨论入侵法国的计划，就在两天前，由于坏天气的缘故，讨论被迫推迟。这些“老战士”感到非常失望，因为他并没有依照惯例，留下来进行半小时的聊天。他们中大多数人不情愿地离开了，只留下100多位工作人员清理会场。在9点20分，也就是希特勒离开这栋建筑不到半小时后，大厅里发生了一次剧烈的爆炸。走廊和屋顶都塌陷了，爆炸气流震塌了窗户和门。3个人被当场炸死，随后，5个人因伤势过重身亡，另外有62人受伤。惊慌失措的人们挣扎着逃出这座被炸毁的建筑物，周围的尘土呛得他们咳嗽连连，身上到处是瘀伤，血流不止，他们以为是遭到了英国人的空袭。渐渐地，他们意识到爆炸是由一枚藏在大厅内的炸弹引起的，这枚炸弹就在大厅中的一根柱子里。

当希特勒乘坐的火车在纽伦堡停下时，他得到了爆炸的消息。一开始，他还以为这是一个笑话。但是当他看到周围没有一个人笑时，他意识到他刚刚与死神擦肩而过。他宣称，上天再一次眷顾他，目的是让他完成未竟的事业。但是仍有许多问题没有解决。纳粹党
110 领导人问道，是谁卑鄙地想要取走希特勒的性命？战争开始两个多月后，答案似乎显而易见。爆炸事件的背后推手是英国秘密情报局。希特勒亲自下令绑架了两名英国特工，此前，海德里希的党卫队保安处情报负责人瓦尔特·舍伦贝格（Walter Schellenberg）一直在荷兰边境的芬洛（Venlo）监视他们。舍伦贝格相信他们会透露刺杀阴谋的原委。舍伦贝格与这两名特工进行接触，劝说他们与党卫队队员见面，他们以为这些队员是德国军事抵抗力量的代表。党卫队队员枪杀了一名试图插手的荷兰军官，然后在其他人赶来阻止之前，飞快地带着这两名英国特工穿过边界进入德国。尽管这两名英国情报人员经劝说后，在柏林提供了大量在欧陆的英国特工姓名，他们两人对弄清刺杀事件的原委并没有什么帮助。[1]

戈培尔的宣传机器迅速开始大肆挞伐英国秘密情报局。当边防警察在德国南部一个偏远地区逮捕了一名试图无证穿越瑞士边境的男子时，真相才开始显现出来。被逮捕者名叫格奥尔格·埃尔泽（Georg Elser），是一名38岁的家具木匠。在搜捕他的衣服和财物时，他们发现了爆炸发生的地下啤酒馆的一张明信片、一个导火索和炸弹的草图。埃尔泽迅速被移交给当地的盖世太保。当爆炸的消息传到盖世太保的办公室时，警察根据事实推断，将埃尔泽送到慕尼黑进行审问。起初，没有人相信这个家具木匠是独自实施刺杀行动的，各种各样的可疑人物都被逮捕了，刺杀现场附近形迹可疑的人接二

连三地遭到举报。海因里希·希姆莱走进审讯中心，不停地用军靴踢埃尔泽，还命人殴打他。但是埃尔泽坚称他的所作所为完全是个人行为。盖世太保甚至让他重新做一个一模一样的炸弹，令他们吃惊的是，他的确做到了。最终，他们私下里被迫承认刺杀行动是埃尔泽一人所为。[2]

格奥尔格·埃尔泽是一个出生卑微的普通人，他的父亲凶狠残暴，使他心中对暴政充满了强烈的憎恶。作为共产党红色阵线战士同盟（Red Front-Fighters' League）的一名成员，他曾经一度无法在第三帝国找到工作，他因此将自己的不幸归咎于希特勒。在慕尼黑，他侦察了希特勒发表年度演讲的地下啤酒馆，然后开始筹备刺杀计划。在数月中，他从雇主那里窃取了一些炸药、一个雷管以及 111
其他设备，他甚至找了一份采石场的工作，这样他就可以得到所需的材料。尽管他没能成功地在啤酒馆找一份工作，但他仍秘密地在地下啤酒馆丈量尺寸。每天晚上 9 点左右，他都会在那里吃晚饭，然后躲进库房，直到酒馆晚上关门。在凌晨时分，埃尔泽谨小慎微地对承重柱进行作业，他认为承重柱是实施爆炸的理想之地。他在柱子的木质保护层里安装了一个暗门，挖出砖块，将爆炸物和雷管放进去，还装配了一个特制的定时器。两个月后，在 1939 年 11 月 2 日，他放入了炸弹；又经过了三个晚上，他设定了定时器，他将爆炸时间设为 8 日晚上的 9 点 20 分，他认为在这个时间希特勒正在进行演讲。庆幸的是，为了动身前往柏林，希特勒缩短了演讲的时间，才因此躲过了当场被炸死的命运。[3]

党卫队保安处阿谀奉承地报告道，这一事件对公共舆论的影响是引起了人们对英国的普遍反对。“刺杀事件导致人们更加爱戴元首，大多数人对战争的态度甚至变得更加积极主动。”[4] 这种影响如此广泛，以至于美国记者威廉·L. 夏伊勒认为纳粹党为了博取同情，自编自导策划了这场袭击。否则为什么，夏伊勒自问道，那些

“政府要员……全都跑出了建筑物”而不是待在里面聊天？[5]尽管也有一些后来的历史学家相信这一说法，然而就像纳粹党反驳说刺杀是英国鼓动的一样，这一说法也缺乏事实根据。[6]埃尔泽被送去萨克森豪森集中营。进行一次正式的审判将会把他独自行动的事实公之于世，但是希特勒和其他主要的纳粹党领导人更希望将谎言维持下去，那就是，他的行动是英国秘密情报局所策划的阴谋的一部分。埃尔泽坚定地表示，除了事实，其他的他什么也不愿意说。为防他改变心意，当局将他作为一个特殊的犯人关在集中营，还给了他两间屋子供其独自使用。他甚至可以将其中一间屋子充当工作坊，这样他就可以继续练习家具木匠的手艺。他可以定期得到香烟，还能通过弹奏奇特琴来消磨时间。与其他犯人说话或会见来访者是不被允许的。如果他不承认纳粹党所希望听到的事情，那么他的死将不会有任何意义，但他至死都没有承认。[7]

二

112 这次暗杀行动发生的时间正好是希特勒准备将注意力转向英法两国的时候，此前，希特勒令人震惊地成功征服了波兰。德国入侵波兰后，英法两国立即向德国宣战。但是从一开始，英法两国就意识到，在援助波兰方面它们几乎无能为力。它们在20世纪30年代中期就已拥有精良的装备，但是直到1936年才开始提高武器制造的速度，因此还需要更多时间。开始时，英法两国认为它们在此次战争中将以防御为主；只有将来在人力和装备方面可以与德国相匹敌时，它们才能进攻。这段时期被称为“假战”（drôle de guerre，又称为“静坐战”[Sitzkrieg]），在此期间，每个交战国都紧张地等待重大行动的开始。1939年10月9日，希特勒对德国武装部队说，如果英国拒绝妥协，他将在西方发动进攻。然而，德军的领导阶层警告道，波兰战役已经消耗德军太多资源，现在需要时间恢复。而且，英国人和法国人肯定是比波兰人更加难以对付的对手。[8] 对于这种谨慎态度，希特勒感到很失望。1939 年 11 月 23 日，在一个有 200 名高级军官参加的会议上，他提醒道，军事将领们曾经对莱茵兰再军事化、吞并奥地利、入侵捷克斯洛伐克以及其他大胆的行动深感忧虑，但最终这些行动都取得了胜利。他不止一次地告诉这些将领，战争的终极目标是在东方创造“生存空间”。如果不能创造“生存空间”，那么德国人将会从地球上消失。他警告道，“我们只有在西方无后顾之忧时，才能抵御俄国人”。至少在接下来的两年内，俄国的军事力量薄弱，所以现在是时候巩固德国的后方了，这样才能避免两线作战，而 1914—1918 年的两线作战给德国造成了严重的后果。只有在征服了法国、比利时和荷兰，以及占领了英吉利海峡的海岸后，德国才可能打败英国，因此必须尽快开始征服这些国家和地区。现在，德国比以前任何时候都更加强大。超过 100 个师的兵力已做好进攻的准备，军队的补给状况良好，英法也还没有完成重整军备的任务。最重要的是，希特勒说，德国有一个因素可以
使它战无不胜，那就是他自己。“我对自己的才智和决策能力充满 113
信心……帝国的命运只取决于我……我将毫不畏缩，并且摧毁任何一个胆敢反对我的人。”他宣称命运垂青于他，而两周前他躲过了地下啤酒馆的爆炸，更加坚定了他的这一信念。“在目前的进展中，我甚至看到了天意。”[9]

希特勒首次说出这种不负责任的侵略言论时，主要的军事将领们都深感震惊。他们恳求再宽限一些时间，以便训练更多的新兵，修复和补充在波兰战役中损毁或丢失的装备。陆军参谋总长弗朗茨·冯·哈尔德尤其感到震惊。1938 年夏天，纳粹当局计划入侵捷克斯洛伐克，哈尔德等人极力反对，在与当局的对峙中，他便伙同其他一些军官、军队反情报组织中的不满者以及一些保守的公务员

和政客一起策划了一些阴谋计划，如今他们准备重启这些计划。他甚至一度随身携带一支上了膛的左轮手枪，希望在有利的时机刺杀希特勒。由于哈尔德曾宣誓对纳粹党元首保持忠诚，这种观念已深深地植入了他的大脑，加上他意识到无法从公众甚至他的下级军官那里获得绝对支持，所以才没有对希特勒开枪。1939 年 11 月，这些同谋者再次开始准备逮捕希特勒和他的主要副手，他们期望将权力交给戈林，因为戈林严重质疑与英法的战争。然而，在 1939 年 11 月 23 日，希特勒对高级军官发表演说。其中一个军官指出，“元首的立场是坚决反对任何形式的失败主义”。他的演说透露出“一种对军队领导人的不满之情！”“‘胜利，’他说，‘不会通过等待就能赢得！’”[10] 哈尔德陷入了惊慌，他相信希特勒已听到关于阴谋的风声，于是完全放弃了计划。阴谋行动破产了。最终，由于谋划者之间缺乏沟通和协作，加上没有对逮捕希特勒后的具体事项做出任何计划，阴谋从一开始就注定难逃失败的命运。[11]

无论如何，最终冲突显得并不那么重要了。由于糟糕的天气条件，在整个 1939 至 1940 年的冬天，希特勒被迫一再推迟进攻的时间。持续的暴雨使西欧大片土地泥泞不堪，在这种状况下，德国的坦克和装甲部队根本无法快速挺进，而这种迅雷不及掩耳之势的进军速度曾在波兰战役中发挥了至关重要的作用。数个月的延迟有利
114 于德国的战争准备，因为希特勒对军备方案做了重大修改。在 30 年代后期，他就已经要求打造一支规模庞大的空军。但是德国缺乏足够的飞机燃料。而且，截至 1939 年夏天，由于缺乏钢铁、其他原材料以及合格的建造工程师，建造计划的规模急剧缩减。飞机生产还需要与坦克和战舰的生产争夺优先权。1939 年 8 月，希特勒在德国航空部的强烈游说下，决定将轰炸机“容克斯 Ju 88”（Junkers Ju 88）的制造重新排在生产日程的首要位置。海军建设项目的削减也使得希特勒要求大量增加军火，尤其是炮弹的制造得以

可能。从这时开始，飞机和军火一直占去 2/3 或更多的武器生产资源。从规划到生产，这些改变是一个漫长的过程，他们需要起草新的蓝图，更换机器，修建设备，重新部署现有的工厂，同时开设新的工厂，这一切都需要时间。工人被征集到军队中，这也加剧了劳动力短缺的问题。同时，铁路系统的投资不足意味着没有足够的铁路车辆在全德国运送武器、零部件以及原材料，而用于工业生产的煤炭供应开始受到严重推迟。克服所有这些因素都需要时间。[12]

直到 1940 年 2 月，军火的产量才开始显著增加。截至 1940 年 7 月，德国武器的产量已经翻倍。[13] 然而，此刻的希特勒已经对军备采购系统失去了耐心，该系统是由少将格奥尔格·托马斯（Georg Thomas）下属武装部队所管理的。1940 年 3 月 17 日，他设立了一个新的帝国装备部*，并令弗里茨·托特（Fritz Todt）负责。托特是希特勒最喜欢的工程师，20 世纪 30 年代，他主持了希特勒特别重视的一个项目——建设新高速公路系统。[14] 军队采购机构的负责人卡尔·贝克尔（Karl Becker）将军在这种情形下感到万分沮丧，接着又有人诽谤他所领导的机构，声称其效率低下，这些导致他最终饮弹自尽。对他的诽谤在某种程度上是由军火公司——比如克虏伯公司（Krupps）——的代表精心策划的，这些人在新的军需安排中看到了机会。托特立即建立了一个委员会系统，这些委员会分别服务于武器生产的不同方面，由实业家起带头作用。在接下来数月中，武器生产数量剧增，但这很大程度上应归功于之前的采购管理层，115
因为他们打通了关键原材料——比如铜和钢铁——的供应瓶颈。但是现在功劳完全归于托特。[15]

* 装备部于 1940 年 3 月 17 日成立，在 1943 年 9 月 2 日前全名为“帝国装备与军火部”(Reich Ministry of Armaments and Munitions)，之后改名为“帝国装备与战时生产部”(Reich Minister for Armaments and War Production)。

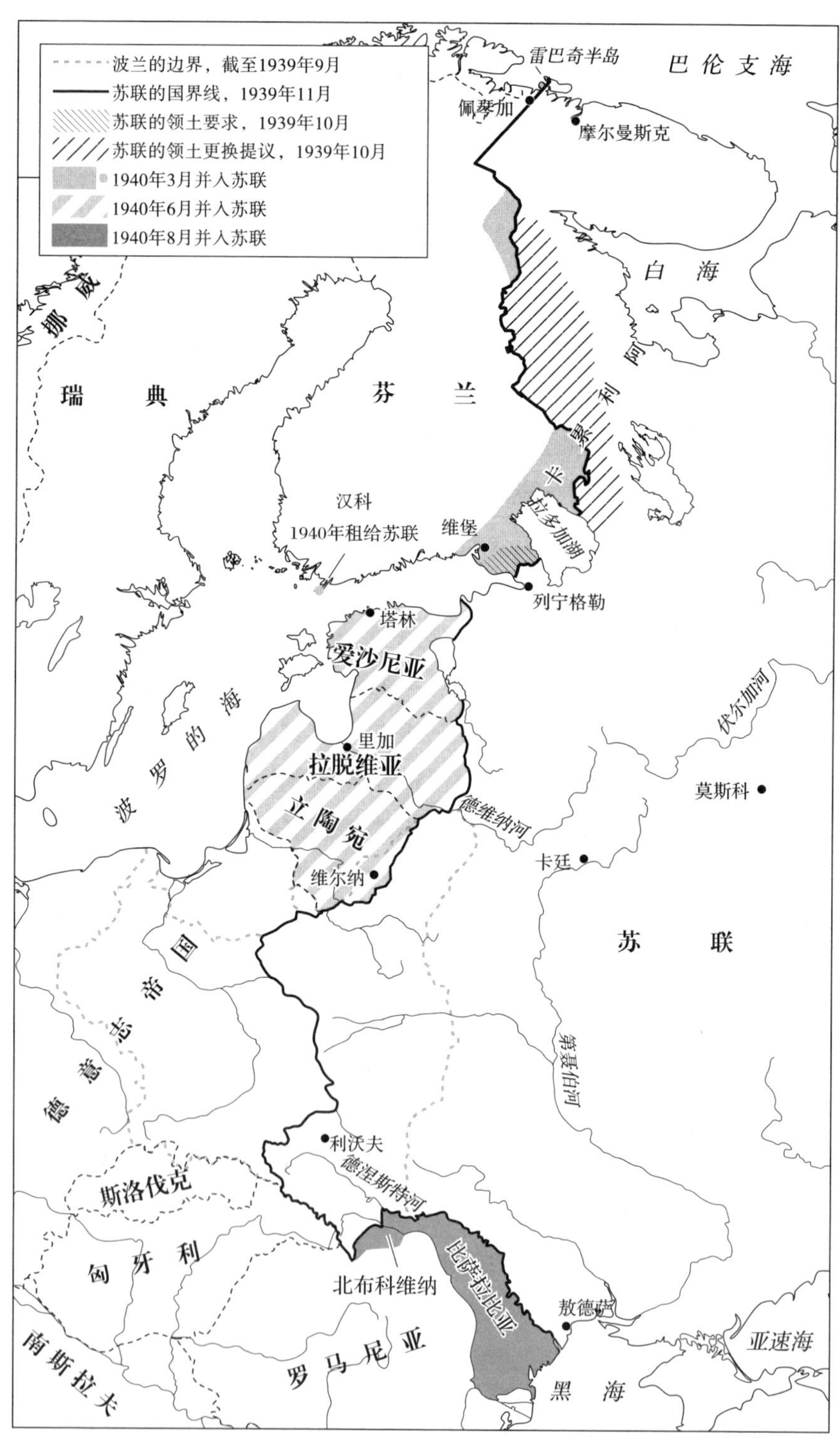

* 列宁格勒为圣彼得堡的旧称。

地图5 苏联领土的增加，1939—1940年

三

《苏德互不侵犯条约》以及围绕入侵波兰的进一步协商，导致德国不仅将波兰东部和波罗的海国家转置于俄国的势力范围之下，连带芬兰也置于俄国的势力范围之下。1939 年 10 月，斯大林要求芬兰割让紧靠列宁格勒（Legingrad，今圣彼得堡）北部的领土以及雷巴奇（Rybachi）半岛西部的领土给俄国，作为回报，芬兰可以取得卡累利阿（Karelia）东部的大部分领土。但是谈判于 1939 年 11 月 9 日破裂。11 月 30 日，红军开始入侵，在芬兰边界的一个城镇扶植了一个共产党傀儡政权，并令芬兰政府签署协定，答应割让斯大林所要求的领土。然而此时，对苏联领导人来说，事情开始变得一团糟。苏联许多高级将领在 20 世纪 30 年代的清洗运动中已经被清除，结果，由于缺乏有力的领导，苏联军队的准备工作严重不足。冬季已经到来，芬兰士兵身穿白色制服，在雪地上飞快地移动，而且他们在谋略上也远胜于刚刚征募进军队的苏联士兵，这些士兵尚未接受过在厚重的积雪中作战的训练。一些苏联军官认为这样的伪装是懦弱的象征，即使在完全可以进行伪装作战的情况下，他们也拒绝执行。红军士兵只训练过如何进攻，当他们径直跑向机枪火力网的时候，整支部队齐刷刷地倒下，这些火力网设置在曼纳海姆防线（Mannerheim Line）的防御掩体中，曼纳海姆防线是一条长长的混凝土战壕，以芬兰总司令的名字命名。[16]

“他们就像拍打苍蝇一样打击我们。”1939 年 12 月，一位在芬兰前线的苏联步兵抱怨道。截至战斗结束，超过 12.6 万名苏联士兵已经阵亡，另外还有 30 万士兵因伤痛、疾病或冻伤而从前线撤退。芬兰人伤亡情况也非常惨重，按比例来说甚至更严重，共计 5 万人阵亡，4.3 万人受伤。不过，毫无疑问，芬兰人给了苏联人一次血的教训。在民族主义献身精神的鼓舞下，芬兰士兵不仅表现出

了勇气和决心，而且还足智多谋。他们借鉴西班牙内战中佛朗哥
117 （Franco）部队的经验，将煤油和其他化学品装进空烈酒瓶子里，每个瓶子里塞一个灯芯，点燃后扔向朝他们驶来的苏联坦克，坦克顿时被火焰吞噬。“我原来根本不知道一辆坦克可以燃烧那么久。”一个芬兰老兵说道。他们还为这种投掷物想出了一个新名字，为了纪念苏联外交部部长，他们将其称为“莫洛托夫鸡尾酒”（Molotov cocktails）。[17] 不管怎样，这一战术最终产生了效果。在第二次强攻失败后，斯大林召来了许多援兵，同时抛弃了芬兰傀儡政府，转而与在赫尔辛基的芬兰合法政府进行谈判。在 1940 年 3 月 12 至 13 日的晚上，芬兰人意识到了不可避免的结局，同意与苏联签订和平条约，将南部大量的领土划归苏联，而这些领土的面积远大于苏联最初所要求的。尽管芬兰最终战败了，还允许苏联人在其领土上建立军事基地，然而芬兰人保住了国家的独立。芬兰人顽强而有效的抵抗将红军的弱点暴露无遗，也使希特勒坚信苏联人不值得畏惧。对斯大林来说，芬兰将成为一个受控的缓冲国，这样，德国和同盟国在斯堪的纳维亚的争夺就不会波及俄国。这些挫折和战争灾难迫使斯大林召回之前被清洗和贬黜的军官，让他们重新服役，而且位居高位。这些军官也促使斯大林的将领们着手进行彻底的军事改革，他们希望此举确保红军在下次行动的时候会有更好的表现。[18]

然而，在此期间，在芬兰进行的战争以及英法干预的失败使希特勒将注意力转向挪威。挪威的海岸港口可被用作德国对抗英国的重要潜水艇基地。这些港口还可以提供关键的航道，用于运送中立国瑞典向德国出口的急需原料铁矿石，特别是在冬天的时候，因为纳尔维克（Narvik）是不冻港。入侵法国的前景并不明确，加上英国明显有可能先发制人，率先入侵，这使得希特勒觉得侵袭挪威迫在眉睫。德国在一战期间没能控制欧洲西北海岸，德国海军领导埃里希·雷德尔（Erich Raeder）元帅对这一被动局面的后果了然于

心，因此早在 1939 年 10 月就已经向希特勒提醒这一教训。为了做好准备，雷德尔与挪威法西斯党的领袖维德孔 · 吉斯林（Vidkun Quisling）进行了接触。吉斯林生于 1887 年，是一位牧师的儿子。他曾以有史以来最高的分数从挪威军事学院毕业，之后在 24 岁时进入军队的参谋总部。1931—1933 年，他在由农民党（Agrarian 118
Party）领导的政府中担任国防大臣。农民党是不久前才成立的民族主义团体，它代表国家小型农业团体 300 万人的利益。快速的工业化导致城市中激进的亲共产党的工人运动风起云涌，它引起了农民的警觉。此时，吉斯林公开声明北欧人种的优越性，并警告人们要防范共产主义的威胁。他自己以农民利益倡导者的面目出现。在 1933 年 3 月政府倒台时，他发起了自己的民族统一运动，并用德国纳粹新政权的一些理念，比如领导原则，来粉饰这项运动。[19]

吉斯林领导的运动在 30 年代并未取得任何进展。随着挪威社会民主党人开始处于权力中心，他领导的运动遭到了破坏。社会民主党人通过调和工人和农民的利益，自 1936 年以来在议会中一直占有多数席位。吉斯林与纳粹党人开始往来，并在 1940 年初拜访希特勒，试图说服希特勒支持由他领导一场法西斯政变。德国人对此深表怀疑，因为在挪威，吉斯林明显缺乏民众的支持。然而，吉斯林让希特勒相信，同盟国入侵挪威是可能的，因此，他们会面两天后，希特勒决定德国应先发制人，率先出击，并下令制订入侵挪威的计划。吉斯林在 1940 年 4 月 4 日到达哥本哈根，会见了一名德国参谋，并向其提供挪威防御情况的细节，还指出了最佳的入侵地点。尽管入侵挪威是一场灾难，但吉斯林的背叛反而给了同盟国大肆宣传的口实。或许因为他的名字朗朗上口，“吉斯林”迅速成为各种叛徒的代名词，取代了之前更加冗长的叛徒代名词“第五纵队队员”（fifth columnist）。“第五纵队队员”这一术语在西班牙内战中首次使用，英国宣传者认为大多数人可能已经忘了这一名称。[20]

1940 年 3 月 1 日，希特勒下达了入侵的正式命令（被称作“威瑟堡行动”[Weser Exercise]）。明显是出于地理因素的考虑，入侵对象不仅包括挪威，还包括丹麦。反对意见指出，挪威人和丹麦人目前处于中立地位，而且它们有可能将来继续维持中立，但是希特勒对此不予理会。他指出，鉴于敌人力量单薄，完成此行动只需要
119 较少的兵力。1940 年 4 月 9 日早上 5 时 25 分，德军从南部穿过边界进入丹麦，同时，在奥尔堡（Ålborg）的空降部队占领了丹麦空军的主要基地。此外，德国海军从海上 5 个地点同时入侵丹麦，其中一处在哥本哈根，那里的守军完全猝不及防。德军出现的唯一的意外就是“石勒苏益格–荷尔斯泰因号”（*Schleswig-Holstein*）战列舰搁浅了。在早上 7 时 20 分，在意识到无法扭转结局后，丹麦政府下令停止抵抗。德国入侵不到两个小时便大功告成。[21] 然而，在挪威，入侵的部队遇到了更严重的抵抗。德国的运输船在驶往特隆赫姆（Trondheim）和纳尔维克的途中尽量避开严阵以待的英军，但是糟糕的天气吹散了同行的舰队，包括 14 艘驱逐舰、2 艘战列舰（“沙恩霍斯特号”[*Scharnhorst*] 和“格奈森瑙号”[*Gneisenau*]）以及“希佩尔海军上将号”（*Admiral Hipper*）重型巡洋舰。英国战列巡洋舰“声望号”（*Renown*）与德国两艘战列舰相遇，结果德国战列舰遭到严重的破坏而不得不撤退，但是，关键的问题在于，其他的英国战舰距离挪威海岸都太远了，以至于它们无法阻止德国的海军主力进入挪威的峡湾。挪威的岸防要塞给德军造成了一些破坏，新服役的“布吕歇尔号”（*Blücher*）战列巡洋舰被击沉，但这也未能阻止德国士兵接管挪威所有的重要城镇，首都也包括在内。即使这样，德军的进攻也并非一帆风顺，1940 年 4 月 10 至 13 日，英国舰队的两次袭击击沉了停靠在纳尔维克港及附近的 10 艘德国驱逐舰。德国人还丧失了 15 艘运输船，迫使他们使用 270 艘商船从对

面的丹麦运来 10.8 万名后援士兵和物资补给，同时还空运了 3 万名士兵。依赖空运、缺少运输船意味着首次入侵将无法采用重兵压境的办法，但大规模的兵力确实是不可或缺的。挪威多山的严峻地势，使得挪威人可以借此伺机抵抗入侵的德国军队。[22]

4 月 9 日，刚占领奥斯陆，德国方面就宣布吉斯林为新成立的亲德国政府的首脑，这一声明让入侵变得愈发困难重重。吉斯林任命几个之前的支持者为阁僚，结果这些人公开拒绝追随他，同时，挪威政府严厉地谴责他的行为。国王呼吁继续抵抗，将奥斯陆留给内阁照管。国王得到军队和大多数挪威民众的支持，他们对吉斯林 120
这名德国傀儡的就职深感愤怒，因为他缺乏选民支持。吉斯林宣称国王和政府是叛徒，说他们将国家出卖给了掌控英国的犹太人，并指出挪威的未来应致力于构建他所谓的“德意志命运共同体”，还声明要在 1940 年五一国际劳动节时发动一次“民族革命”，结果除了嘲笑，人们对他的这一声明没有其他任何反应。[23] 随着德国的入侵，挪威士兵在纳尔维克港和其他西部的港口的抵抗起到了关键的作用。很明显，对德国人来说，事情并未如计划的那样进展。但是对英国人来说，事情甚至更为严重。4 月 14 日和 17 日，在法国外籍军团（French Foreign Legion）和许多波兰部队的协助下，英军中途在沿着海岸的两个地方登陆。但是他们对于应该去哪儿却充满了疑虑。其中许多士兵没有充足的冬季作战装备，也没有雪地鞋，而其他人则背着沉重的冬季装备，这令他们几乎无法前行。最关键的是，他们没有有效的空中支援。德国飞机无情地轰炸他们。在多次延误后，同盟国军队最终于 1940 年 5 月 29 日占领了纳尔维克港，但是德国的援军也抵达了。德军发动了一次突袭，在 6 月 4 日击沉了英国的“光荣号”（*Glorious*）航空母舰，甲板上的飞机也全部葬身海底，这使得英国的处境更加艰难。纳尔维克港南边的盟军已经开始撤退，而在摧毁海港之后，占领纳尔维克港的军队也于 1940 年 6 月 8 日扬帆回程。就在前一天，挪威国王和政府乘坐“德文郡号”（*Devonshire*）巡洋舰流亡国外，他们留下了停火的命令，但是明确表示，在另行通知以前，挪威和第三帝国之间的战争状态将会继续下去。[24]

尽管困难重重，但是德国人依靠前所未有的陆海空协作进攻取得了胜利。他们此时占领了欧洲大陆西北海岸的大部分地区，并在那里建造了一系列重要的海军基地，尤其是潜水艇基地，因为这些潜水艇可以有效阻碍英国从美国那里获得物资补给。如此一来，如今不仅运到德国的瑞典矿石可以得到保证，而且瑞典本身尽管名义上仍是中立的，但实际上已经沦为德国的附属国。甚至在挪威战役期间，瑞典当局就已经允许德国可以在瑞典领土上进行补给运输，
121 随后，他们还允许几十万的德国士兵经过瑞典领土。瑞典的造船厂为德国海军制造战舰，同时，只要德国提出要求，瑞典经济实际上已经成为德国战略物资的供应来源。正如威廉 · L. 夏伊勒在日记中所记载的，相比之下，同盟国军队的整个行动是一场“溃败”。英国人计划在挪威关键海港的外侧布雷，但该计划一拖再拖，直到最终丧失机会。此外，英国陆军和皇家海军之间缺乏协调。军事计划一片混乱，甚至前后矛盾。登陆后不久，英国军队就不得不屈辱地撤退。在纳尔维克，他们对继续进军畏首畏尾，这是致命的，如此一来，他们丧失了出其不意的偷袭机会，使德国人可以轻而易举地等来援兵。这一切对英国未来的战争形势不是一个好兆头。[25] 实际上，早在 1940 年 3 月 21 日，军事指挥官汉斯 · 迈尔–韦尔克就在他的日记中指出，德国普通民众都表现得非常乐观，相信战争在夏天就会结束。[26]

在伦敦，对军方的指责迅速袭来。首相内维尔 · 张伯伦（Neville Chamberlain）在下院为他的行为进行辩护，不过他的辩护听起来毫无说服力，令人难以信服。反对党工党的领袖克莱门特 · 艾德礼

（Clement Attlee）在议会中开门见山。“不单单是挪威，”他说，“挪威代表的是所有令人不满的战役中的极点。人们指出，那些应负主要责任的人几乎从未摆脱过失败的命运。首先是在捷克斯洛伐克和波兰的败北，紧接着又在挪威失利。到处上演着‘为时已晚’。”艾德礼对局势的评价素来直言不讳，这得到许多人的赞同。反对党工党决定对这一问题进行强制表决。615 名议员中有 486 人投票，80 名保守党人因没有参加讨论而弃权，另有 40 名在场的保守党人投票赞成反对党。张伯伦政府在议会中的席位由 213 席直降为 80 席。第二天，鉴于不可避免的下台命运，心灰意冷的张伯伦决定辞职。下野一年内，他就去世了。[27] 外交大臣爱德华·伍德（Edward Wood），即哈利法克斯勋爵（Lord Halifax），被大多数人认为是张伯伦明确的继任者，但是他拒绝领导内阁，因为他是一名上议院议员，认为通过上院来领导国家是不可能的，他的看法是正确的。因此，人选落到了温斯顿·丘吉尔（Winston Chruchill）身上。丘吉尔是英国海军大臣，从形式上讲，应该为挪威的溃败负责，尽管他曾在关键的辩论中为政府的行为辩护，但是他大体上并没有遭到批评，因为人们普遍认为他有胆有识，只是被那些过度谨小慎微的官员拖累了。被任命为首相的时候，丘吉尔已经 65 岁了， 122
他曾目睹了 19 世纪末和 1914 年至 1918 年间发生在苏丹的战争。多年以来，他在政府多个部门中供职，但截至第二次世界大战爆发时，他在过去十年的大部分时间里，一直是一名后座议员，原因在于他特立独行，尤其是因为他尖锐批判第三帝国并无休止地倡导重整军备，所以被政府排斥。他立即扩大政府根基，将其打造为一个联合政府。他就任后在下院的首次演说措辞坚决。他宣布，英国将战斗到底。[28]

四

德国袭击丹麦和挪威，这预示着针对法国以及比荷卢国家（比利时、荷兰和卢森堡）的更大规模战斗即将来临。武装部队的最初计划非常传统，那就是从三面进攻法国、比利时和荷兰。经过数月的讨论后，该计划改为两面夹攻，之后又不得不再次更改，因为一名参谋官员在强行登陆比利时时被俘，而且他在被捕前没有销毁文件，导致作战计划落入了敌军之手。计划必须重新拟定，希特勒建议集中兵力，出其不意地穿过阿登（Ardennes）山区，这是一片树木繁茂的丘陵地区，人们普遍认为在这一地区作战坦克是派不上用场的，因此，法国在这里只做了轻微的防御。如此一来，德军就可以避免在防卫森严的马其诺防线（Maginot Line）——沿着法德边界绵延数英里——向法国防御阵地发起进攻。埃里希·冯·曼施泰因（Erich von Manstein）将军详细地介绍了这一新的、临时准备的计划，当这一计划被参谋总部实施的军事演习和模拟实战证明切实可行后，军方高层最初的顾虑才被打消。冯·曼施泰因生于1887年，是格尔德·冯·伦德施泰特（Gerd von Rundstedt）将军的一名亲信，后者在制订入侵波兰的计划中发挥了领导作用。冯·曼施泰因的野心令哈尔德将军非常恼怒，结果哈尔德将他调往斯德丁，执行野战任务。冯·曼施泰因新计划的一个次要目标就是使伦德施泰特的南方集团军队在对法国的入侵中起主要作用。冯·曼施泰因
123 在1940年2月17日面见希特勒时表示，只要经过谨慎的计划部署，使一支重型机动化部队穿过阿登山区是可能的。一旦这支队伍穿越了阿登山区，德军主力就可以直驱英吉利海峡，从南部切断同盟国军队。同时，另一支更靠北的侵略部队将进入比利时和荷兰，迷惑盟军，使其觉得这里将是主战场。如此一来，英国远征军和法国军队实际上将会受到南北夹击，被逼到海边。[29]

到了5月初，雨已经停了。挪威战役无疑会以德军胜利结束，时机已经来临。1940年5月10日，德军入侵荷兰，一些士兵靠降落伞空降荷兰，大多数则直接从德国跨过边界进入荷兰。荷兰军队撤退了，脱离了南面的英法军队。荷兰只有8个师，根本无法对抗重兵入侵的德国军队。1940年5月14日，德国对鹿特丹发动了一次空袭，摧毁了市中心，几百名普通百姓遇难，这使得荷兰人不得不相信，为避免遭到进一步的屠杀，最好投降。第二天，荷兰就投降了。威廉明娜女王（Queen Wilhelmina）和政府逃亡伦敦，在英吉利海峡的另一边继续挣扎。同时，德国空降兵和滑翔机特种部队夺取了关键的桥梁和防御阵地，还控制了进入比利时的主要道路，驻守比利时的士兵因与前来支援的英法军队协调行动失败，很快就被击退。突如其来的猛烈攻击令人胆寒。威廉·L. 夏伊勒对德军的行军速度深感震惊。夏伊勒和一群记者开车进入荷兰，看见通厄伦（Tongres）城镇里的火车站遭到严重的轰炸，“周围的铁轨被炸得面目全非，火车车厢和车头都脱离了轨道”。“城镇完全被废弃了。两三只饥饿的狗悲伤地在废墟中搜寻，很明显，它们是在找水、食物和它们的主人。”[30]

再向前，他们经过在路上蹒跚前行的难民队伍，“老妪们，”夏伊勒写道，“用衰老的臂膀抱着一两个婴儿，母亲则用力拖着家当。幸运的人可以用自行车来搬运家当。只有极少数的幸运者可以用手推车搬运。难民队伍沉浸在悲伤和痛苦中，他们神情恍惚，面露惧色，但不失尊严。”到达鲁汶（Louvain）时，他发现大学图书馆再
次被摧毁。在一战时，由于德国士兵遭到比利时人的反抗，就在一 124
次蓄意的报复行动中将图书馆焚毁，后来在美国出资帮助下，图书馆进行了重建，再次藏满图书。“这个伟大的图书馆建筑，”夏伊勒在1940年5月20日写道，“内部完全被摧毁了。废墟仍在闷燃。”戈培尔的宣传机构急着宣称图书馆是被英国人摧毁的，但是当地的

德军指挥官耸耸肩膀，对夏伊勒说，“镇里发生了一场战斗……街道上战斗非常激烈。大炮和炸弹全都用上了。”他说，所有的书都被烧毁了。[31] 德军在激烈的战斗中不断向前推进。比利时有22个师的兵力可以调令，因此与荷兰人相比，比利时军队可以进行更加顽强的抵抗。但是，面对德军，比利时军队仍招架不住，彻底溃败。1940年5月28日，比利时国王利奥波德三世（Leopold Ⅲ）向德国投降了，这让英法两国感到沮丧。比利时政府建议利奥波德一道流亡伦敦，但是他拒绝了，留在了比利时。在之后的战争期间，他一直被德国人监禁着。[32]

比利时国王做出投降的决定，在很大程度上是受了发生在更南部的事件的影响。1940年5月10日，就在德军入侵比利时和荷兰的同时，一支德国大军开始秘密穿越阿登山区。法国人对他们抵抗德国入侵的能力非常自信。重整军备已经在飞快地进行。截至1940年年初，法国拥有大约3,000辆现代化的精锐坦克，相较之下，德国装甲部队只有约2,500辆坦克，而且质量普遍不及法国坦克，此外，法国有约1.1万门火炮，而德国只有7,400门。德国总共有93个师，而同盟国方面，法国有93个师，英国有10个师。1940年春天，法国有647架战斗机，242架轰炸机以及489架侦察机可支配使用，加上英国可支配使用的261架战斗机、135架轰炸机和60架侦察机，作战飞机总共达到将近2,000架。德国空军此时可调动3,578架作战飞机，但是若算上比利时和荷兰的空军，德国空军本身已经不足以压倒对手。然而，除去最近交付的500架现代化美国飞机，法国许多的飞机都非常陈旧，而且英国和法国的空军都不懂得如何在战术上支援地面部队，反观德国空军在入侵波兰时就为地面部队提供了战术支持。结果，在荷兰、比利时和法国，德国俯冲轰炸机可以摧毁敌方的防空工事，打击敌方的通信系统，并在同盟国空军想出
125 对策之前建立空中优势。更有甚者，同盟国将许多飞机储备起来，

但德国空军几乎倾其全力投入了战斗。这是一次大胆的赌博，德国损失了多达 347 架飞机，包括在荷兰和比利时使用的大部分伞兵运输机和滑翔机，但是这次赌博获得了惊人的回报。[33]

法国情报人员完全没有预测到德国会实施怎样的入侵计划。他们确实注意到了德国的一些准备工作，但是没有人将所有情报整合成条理清晰的信息。法国将领们还相信之前截获的计划，虽然该计划已经被德国废弃，但他们却认为这就是德军将要付诸实践的。法军对德军的了解还停留在第一次世界大战中的情报，未能掌握德国装甲师此刻的行军速度和行军里程。1914—1918 年间的堑壕战陷入了僵局，之后，空军和坦克的使用已经将战争的优势从防御方转移到进攻方，但同盟国方面很少有人注意到这一转变。为了更好地概览战局，法国将领们将指挥部设置在前线后方好几英里远的地方，如此一来，他们与战场的通信状况就很糟糕，无法第一时间对战场上瞬息万变的情势做出反应。不久，法军将 57 个师集结在北面，以击退试图经由荷兰和比利时入侵的德军。但是这里的德军只有 29 个师，而且当法国沿着马其诺防线部署另外的 36 个师的兵力时，德军只能抽调 19 个师来应对。德军战斗力最强的 45 个师——其中包括一些经过最严格训练和装备最精良的兵力——正集中精力穿越阿登山区。毫不奇怪，至少在开始时，法国在北面的防守非常稳固。在阿尼（Hannut）*，法军在历史上第一次坦克大战中击退了德军。然而，真正起决定作用的是更南面的被称为“迄今为止欧洲所知的最大一次交通堵塞”。在那里，埃瓦尔德·冯·克莱斯特（Ewald von Kleist）将军带领着 13.4 万名士兵、1,222 辆坦克、545 辆半履带装甲车，以及近 4 万辆卡车和汽车，一起穿越阿登山区树木丛生的狭窄山谷。[34]

---

* 原书作 Hannur。

这一大胆的计划极其冒险。事实上，它几乎动用了德国所有的装甲设备。行动失败将会使德国遭到毁灭性的反击。费多尔·冯·博克将军正指挥 B 集团军群（Army Group B）向北行进，他很能干，但很保守。他一听说要穿越阿登山区展开入侵计划就指出，很明显，“该计划只会把我们自己拖垮，除非法国人失去了理智”。[35] 但是运
126 气站在了德国人这边。四列纵队缓慢且痛苦地前行，每一列皆延伸将近 400 千米，他们沿着狭窄的道路朝着默兹河（Meuse）缓慢前行。他们时常放慢速度停下来。为了查清威胁行军的堵塞路段，行军主管的轻型飞机在队伍的首尾来回查看。先头部队在沿途预先设立了加油站，为坦克补充燃料。所有人员和驾驶员都必须三天三夜持续行军。特种作战部队需要服用大剂量的安非他命（被士兵戏称为“装甲部队的巧克力”）以保持清醒。暴露的行军队列易受攻击，成为同盟国军队的空袭目标。然而他们侥幸躲过轰炸，因为盟军未能认出他们才是德军主力。1940 年 5 月 13 日，德军抵达默兹河，此时法军才首次向他们发起了真正的阻击战。克莱斯特调集了 1,000 多架飞机对法军阵地进行狂轰滥炸，一波又一波的轰炸持续了大约 8 个小时，最终迫使法军隐蔽起来或者撤退，此举严重挫伤了法军的士气。德军此刻将数百艘橡皮艇扔进河里，它们载着士兵抵达河对岸的三处地方。这些士兵摧毁了岸上法军的防御阵地，并在左岸建立了一个足够大的据点，使工程师可以据此修建一座桥，帮助德军坦克跨越河流。[36]

这是关键性的突破。此刻，德军仍很容易遭到反攻，但是法国人再一次反应迟钝。克莱斯特的部队没有像法军所预期的那样向东挺进，从马其诺防线的后方发动进攻，相反地，它们转而向西，执行冯·曼施泰因著名的“镰刀收割”（sickle-cut）计划。该计划意在钳制比利时的同盟国军队，如此一来，从马其诺防线后方入侵的德军和从北面入侵的德军就能夹击盟军，再将他们赶入大海。到他

们抵达默兹河时，德军的坦克在数量上已经大大超过了法军的坦克。法军的许多坦克已经耗尽了汽油，且大部分都被摧毁了。盟军飞机仍在遥远的比利时中部和北部，当它们最终抵达时，却发现很难正确瞄准地面目标。这些飞机还遭到德军防空炮火的重创：英国派去的 71 架轰炸机折损了 30 架。同时，德军坦克穿过空旷的平地，迅速向西前进。在许多情况下，德军指挥官被进攻的势头冲昏了头脑，便将上司们谨慎制订的计划抛在脑后，继续以更快的速度向更西部挺进。前线的法军士兵对德国人向西挺进的程度十分诧异。法军的领导层陷入了绝望。在参谋总部，当法军将领们得知德军正以 127
势如破竹之势进军时，都急得哭了出来。1940 年 5 月 15 日早晨，法国总理保罗·雷诺（Paul Reynaud）拨通了丘吉尔的电话。“我们已经被打败了。”他说。由于过分投入在比利时的战争，法国已经用尽了所有的兵力储备。1940 年 5 月 16 日，丘吉尔抵达巴黎，与法国各领导人进行了一次紧急会议。“每个人脸上都显得极端沮丧。”他后来这样描述。法国陆军总司令莫里斯·甘末林（Maurice Gamelin）将军绝望地报告道，由于“人数不够、装备落后、战术不占优势”，他无法发动一次反攻，正如丘吉尔后来回忆道，他说这些话时候，“绝望地耸了耸肩膀”。[37]

1940 年 5 月 19 日，雷诺将甘末林免职，甘末林素以谨小慎微著称，但他的这一品质在战争中却被证明是致命的。马克西姆·魏刚（Maxime Weygand）将军取代了甘末林，此人是第一次世界大战中广受尊敬的老兵，已经在 1935 年退伍。然而为时已晚。第二天，第一批德军坦克抵达了英吉利海峡。在比利时的盟军部队此时已被德军师团三面包围，而这三面之外则是大海。魏刚认为，从南北同时进攻可以击破德军的坦克先遣部队，但很快他就发现，在目前的混乱局势下，协同进攻绝无可能。与比利时国王会谈后，魏刚准确地判断利奥波德国王已经放弃了抵抗。英国和法国之间的通信实际

地图6　德国人对西欧的征服，1940年

上中断了。所有尝试联系英国陆军参谋总长戈特勋爵（Lord Gort）的努力都失败了。[38] 法国北方军队的总指挥在一次车祸中丧生，但法国方面却找不到令人满意的接替者。在一连串指责推诿中，反攻计划失败了。英国人开始认为法国人是无能的，而法国人则觉得英国人不可靠。5 月 28 日，随着比利时的投降，情况变得更糟了。据说，雷诺一听到这个消息就气得“脸色煞白”，而英国在一战中的首相戴维 · 劳合 · 乔治（David Lloyd George）则写道，“比利时国王背信弃义，他的所作所为是胆小怯懦的表现”，很难“找到比这更黑暗和卑劣的行为了”。三路德军坦克进攻部队席卷北部和西部，与另一支从东面穿过比利时前来的部队会合，此时，英国和法国的部队开始在敦刻尔克（Dunkirk）港口撤退。[39] 129

在甘末林被免职的那天，早已预见这一系列挫败的英国政府开始集结一支舰队，准备实施撤退，这支舰队包括了几乎所有沿着英国海岸可以找到并及时抵达集合地的船舶。在德军俯冲轰炸机的扫射和轰炸下，最终有 860 艘船舶——其中 700 艘是英国的——抵达了敦刻尔克海滩，把近 34 万士兵运到了英国。在这些人中，英国人将近有 20 万，其余大多数是法国人。若不是希特勒亲自下令让德军先遣部队停止前进，能逃脱的人将少得多。希特勒之所以做出这样的决定，是因为戈林一再向他保证，他的空军将会毁灭盟军部队，而且伦德施泰特也向希特勒提议，应该在向南进军巴黎之前，让他疲惫的部队休整一下。无论是陆军总司令布劳希奇还是在北部战线的 B 集团军群指挥官费多尔 · 冯 · 博克都无法理解希特勒的决定。博克告诉布劳希奇，进攻必须马上重新开始，“否则英国将会在我们的眼皮底下从敦刻尔克运走他们想运走的一切”。但是希特勒支持伦德施泰特，还将此事看作是重申自己权威的一个良机，以表明他的权威是在最高指挥官之上的。等到布劳希奇劝说希特勒重新发动袭击时，盟军的撤退行动正在进行中，守军的顽强抵抗给疲

倦的德军造成很多麻烦。博克在1940年5月30日带着明显的愤怒之情写道，

> 在敦刻尔克，英国人仍在撤离，甚至是从开阔的海岸撤离！当我们最终抵达那里时，他们将全部撤离完毕！元首叫停坦克部队被证明是一个严重的错误！我们继续进攻。战斗是艰难的，英国人像皮革一样坚韧，我指挥的师团已经精疲力竭了。[40]

当作战最终结束的时候，博克考察了作战现场。用于守卫敦刻尔克的混凝土掩体和铁丝网防御工事数量之大，令他深感震惊。此外，敌方装备的质量也令他感到不安：

> 英国人撤退路线上的情形简直难以形容。不计其数的汽车、火炮、装甲车和军事装备堆叠在一起，在最狭小的空间里，它们相互交叉重叠。英国人试图烧掉一切，但是在匆忙中，他们只烧掉了一部分。这里放着整支军队的军备物资，装备精良简直令人难以置信，我们这些可怜的人只能在一旁吃惊、羡慕地看着。[41]

130 两天后，敦刻尔克终于投降了。4万名殿后的士兵——大部分是法国人——被抛下，成为德军的俘虏。尽管在最后一批英国士兵离开海滩后，撤退行动仍然持续了两天，但魏刚还是指责英国人抛下法国士兵的做法。无论如何，法国人殿后是合情理的，因为他们抵达敦刻尔克的时间相对较晚。不过，魏刚怒火中烧，对丘吉尔大为不满，指责他拒绝派遣更多的飞机或部队去帮助法国。英国人则看不起法国的将领和政治领袖，认为他们过于感情用事，是软弱的失败主义者。英国已下定决心，不会在别的地方牺牲过多的武装力量或飞机

而连累自身对不列颠群岛的防御。无论他们的处境多么可怕，英国将领不会流泪。两国的关系接近冰点，并且在一段时间内，它们之间的关系不会恢复。[42]

在重新部署、补救和恢复之后，德军的 50 个步兵师和 10 个装甲师开始向南挺进，不可否认的是，这 10 个装甲师基本上都耗尽了资源。40 个法国步兵师和 3 个装甲师的残余部队阻挡了他们前进的道路。1940 年 6 月 6 日，德军跨过了索姆河（Somme）。三天后，他们到达了鲁昂（Rouen）。法国政府已经撤退到一些城堡中，这些城堡分布在巴黎南部的乡下，那里的通信非常困难，可用的电话非常稀少，而且漫长的难民队伍此时堵塞了公路，使得在此地通行几乎不可能。1940 年 6 月 12 日，在离开巴黎后的首次会议上，魏刚对那些惊魂未定的部长们说道，进一步的抵抗是无用的，是时候要求停战了。在魏刚看来，英国无法扛住德军的入侵，因此，将法国政府撤离到伦敦毫无意义。而且，与其他越来越多的将领观点一致，魏刚开始认为，对于军队的溃败，应受指责的是负责民事行政管理的政治家，而非军官。军队的职责是与敌方达成一个体面的和平条约。只有通过这种方式，才可能阻止法国出现无政府状态和革命——1870 年法国被德国打败后就曾进入无政府状态并爆发革命——也只有通过这种方式才可能为法国的道德重生扫清障碍。年迈的菲利普·贝当（Philippe Pétain）元帅是第一次世界大战中凡尔登战役（Battle of Verdun）的英雄，如今被雷诺安排在政府中，作为名义上的军事领袖，他此时也支持这种观点。“我不会放弃法国的土地，”他宣称，“我愿意承受施加在祖国及其子民身上的痛苦。尝尽痛苦 131
后将迎来法国的复兴……在我看来，停战是永恒的法国持续下去的必要条件。”[43]

1940 年 6 月 16 日，法国政府在波尔多（Bordeaux）重新召集之后，由于在反对停战事宜上陷入孤立，雷诺辞去总理职位。他被贝当所取代。1940 年 6 月 17 日,新的法国领导人通过公共广播宣布，现在是时候停止抵抗、寻求和平了。在战争中，大约 12 万法国士兵阵亡或被登记为失踪（此外，还有 10,500 名荷兰人和比利时人，以及 5,000 名英国人），这表明很多人确实在战斗，也驳斥了当时一种说法，即法国民族自豪感已经被 30 年代的政治所摧毁。但是在贝当的宣告过后，许多人放弃了抵抗。在这之后，150 万沦为德军俘虏的法国士兵中有一半人彻底投降了。那些想继续战斗的士兵时常遭到来自平民的人身攻击。像贝当那样憎恶第三共和国民主体制的保守主义分子，最终并不明白他们为什么应该誓死捍卫这些体制。他们之中有许多人崇拜希特勒，而且想利用这次失败的机会按照德国的样子重塑法国。他们很快就得到了将其付诸实践的机会。[44]

五

与此同时，法国几乎陷入了彻底的混乱中。在全国各地，庞大的难民队伍向南出逃。伊莱娜 · 内米洛夫斯基（Irène Némirovsky）是一名俄国流亡作家，1917 年，当时 14 岁的她，为了躲避布尔什维克革命，与经商的犹太裔父亲逃到了法国。她生动地描述了法国此刻的场景，“混乱的人群在灰尘中艰难地前行”，幸运者推着“独轮手推车、婴儿车和手拉车，其中手拉车是由四块木板放置在简陋的轮子上改装而成的，这些车子都被包裹、破烂的衣服、睡着的孩子压得低低的”。[45] 车辆尽力沿着挤满难民的道路前行，“都装满了行李和家具、婴儿车和鸟笼、装货箱和衣服篮子，每一辆车子顶部都紧紧地系着一个垫子”,看起来就像是“大量脆弱的脚手架”。“小汽车、卡车、手拉车、自行车以及农民的马车一道形成了一条看不见尽头的车流，从巴黎缓缓地流过，这些农民丢弃了自己的土
132 地”。[46] 德军入侵的速度和规模意味着制订一个正式的撤退计划是

不可能的。对德军1914年实施暴行的记忆，以及轰炸如何可怕的谣言使法国人陷入了集体歇斯底里的状态。全部的城镇都被抛弃了，据说，里尔（Lille）的人口在几天内从20万直降到2万，沙特尔（Chartres）的人口从2.3万降到800。抢劫者闯进商店和其他营业场所拿走他们想要的东西。在南方，安全的地方塞满了难民，随时要被挤爆。波尔多通常居住30万居民，在几周内人口就翻了一倍，同时，15万人拥向波城（Pau），而在平时，波城只居住着3万人。据估计，总共有600万到800万人在德国入侵期间逃离家园。在巨大的人流冲击下，社会结构崩塌了。人们只是逐渐地才开始返回他们的家园。消沉的意志对法国政治体系产生了毁灭性的影响，正如我们看到的那样，在压力下，法国政治体系瓦解了。[47]

因此，当德国人在1940年6月14日进入巴黎时，他们发现巴黎的大部分地区已经被遗弃了。耳畔回响的不是刺耳的汽车喇叭声，唯一能听到的是市中心一群牛哞哞的叫声，这些牛是向更北方逃亡的难民途经巴黎时抛弃的。在法国，德国士兵一到达被遗弃的城镇和村庄，都将那里洗劫一空。“这里能买到所有的东西，就像在一个大百货商店一样，但这些东西都是免费的。”汉斯·迈尔-韦尔克在1940年6月12日从埃尔伯夫（Elbeuf）报告道：

> 士兵们搜遍了所有的地方，拿走任何他们看中的东西，如果他们能拿得动的话。他们将整麻袋整麻袋的咖啡从卡车上拖下来。衬衫、袜子、毯子、靴子以及其他不计其数的东西都摆在地上供他们挑选。很多原本需要士兵们省吃俭用地攒钱才能买得起的东西在这里到处都是，在街上或地上随处可见。士兵们还立即掌控了运输工具。在各个地方你都能听见发动机的嗡嗡声，那是还不熟练的司机刚刚启动它所发出的声响。[48]

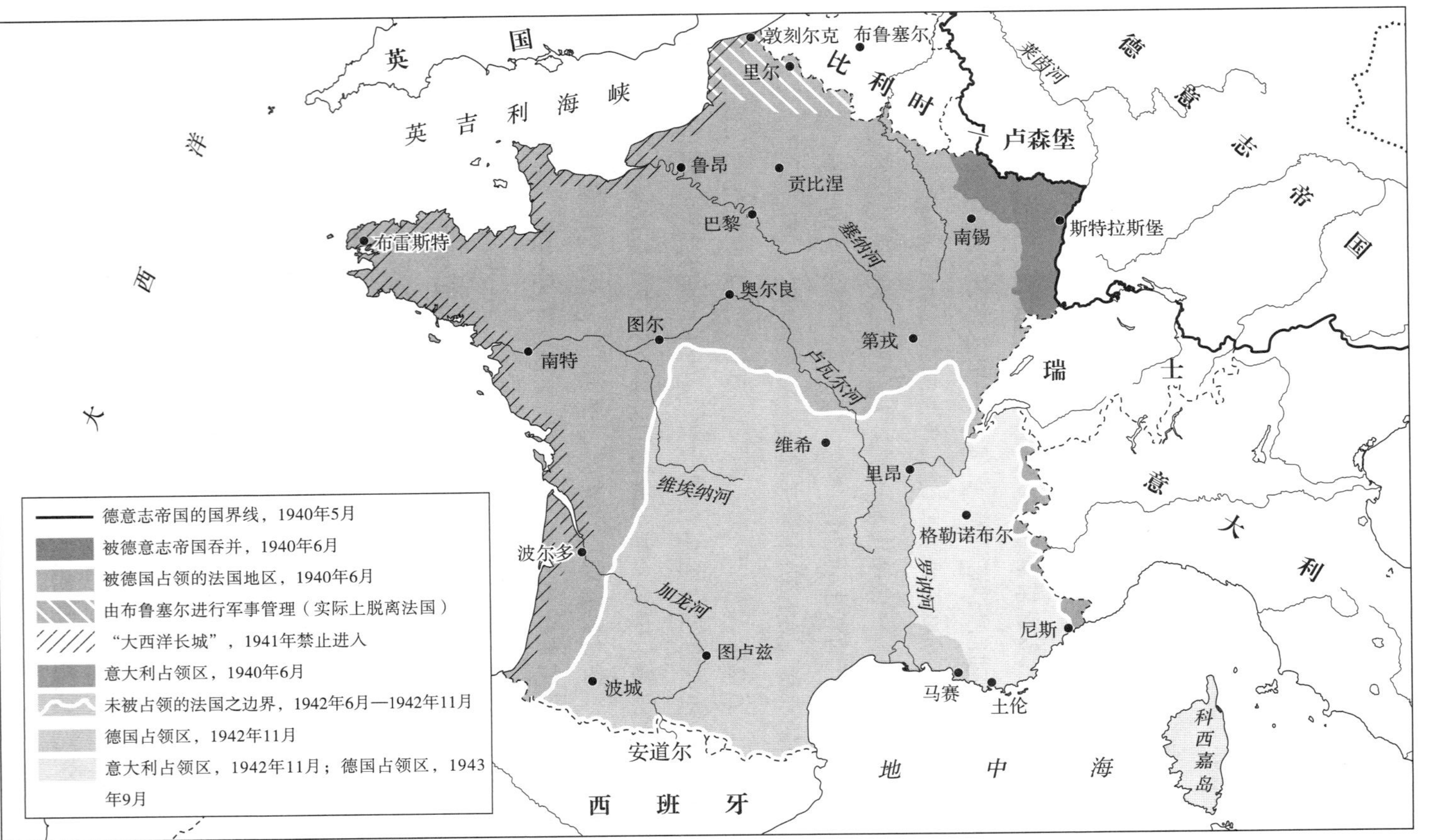

地图7　法国的分割，1940年

法国彻底蒙羞了。然而更糟的还在后面。德军在一个博物馆中找到了第一次世界大战中法国指挥官福煦（Foch）元帅的私人火车车厢。1918 年 11 月 11 日，停战协定就是在这节火车车厢里签订的。在博物馆的墙壁被一个德军清拆队损毁后，按照希特勒的个人指示，这
节火车车厢被搬出来，并被拖到贡比涅（Compiègne）森林，停放 133
在它曾经所在的位置，一战停战协定正是在这个位置上签署的。当德国人抵达的时候，威廉 · L. 夏伊勒注意到，希特勒的脸上“洋溢着复仇的神情”，从他“轻快的步伐”可以看出其中还夹杂着胜利的喜悦。希特勒坐在 1918 年福煦所在的位置，摆了个姿势拍了照片，之后就离开了，他傲慢地将代表团的其余人士——包括赫斯、戈林、里宾特洛甫*以及军事将领们——留下来宣读条款并接受沮丧的法国人的签字。[49] 依据停战协定，所有的战斗在 1940 年 6 月 24 日停止。法国被一分为二，北部和西部是占领区，南部和东部为名义上的自治国家，其政府驻地在温泉小镇维希（Vichy），由贝当元帅领导，贝当政府的法令在整个法国都有效力。[50]

德国军队进行了历史上最大一次军事包围。就德军的伤亡情况来看，这是一场著名而划算的胜利，只有不到 5 万人伤亡（阵亡或失踪），在这方面，接下来德军的任何一场胜利都不及它。相比于战争中的其他单一军事行动而言，这次胜利俘虏了更多的战俘，差不多有 150 万人。这次成功使希特勒和主要的将领们相信，在未来的军事行动中，尤其是在第二年入侵苏联的作战中，同样的战术也将会奏效。[51] 德国羞辱了宿敌，洗清了在凡尔赛的耻辱。希特勒极度兴奋。1940 年 6 月 28 日黎明之前，他秘密地飞往巴黎，进行了

* “赫斯”指鲁道夫 · 赫斯（Rudolf Hess），1920 年加入纳粹党，于 1933 年被任命为纳粹党副元首。“里宾特洛甫”指约阿希姆 · 冯 · 里宾特洛甫（Joachim von Ribbentrop），1932 年加入纳粹党，历任德国裁军事务代表驻国际联盟大使、驻英国大使，于 1938 年出任外交部部长。

一次短暂的、完全私人的观光旅行，随同前往的是他的建筑师阿尔贝特·施佩尔（Albert Speer）和雕塑家阿尔诺·布雷克尔（Arno Breker）。他们参观了巴黎歌剧院、埃菲尔铁塔、荣军院以及蒙马特的艺术区。为了方便希特勒参观，歌剧院的灯光全被打开。破晓时分，三人以埃菲尔铁塔为背景，拍了一张非正式的照片。“参观巴黎是我一生的梦想，”希特勒对施佩尔说，“梦想在今天实现，我的喜悦之情是难以表达的。”满意于这次游览，他告诉建筑师，他曾经常想着要将巴黎夷为平地。然而，他后来说道，在将他俩的宏伟建设计划付诸实践后，德国首都柏林将变成新的世界之都日耳曼尼亚（Germania），到那时“巴黎只是一个影子。为什么还要摧毁它呢？”[52]

希特勒从此没再返回法国的首都。胜利的游行将在德国国内进行。1940 年 7 月 6 日，冗长的欢迎队伍排列在柏林的街道上，人们沿着元首经过的路线，在从车站到帝国总理府的道路上抛撒了无数
135 的花束。他一到达总理府，就被反复要求到阳台上接受下面聚集人群的致意。正如威廉·L. 夏伊勒所记载的那样，当最初宣布入侵法国的消息时，人们并不感到兴奋。总理府前也没有大规模的人群，但是其他时候，每当有大事件发生时，总理府前通常都聚集起人群。他在 1940 年 5 月 11 日写道，“我看到大多数德国人对这个消息感到深深地沮丧。”[53] 就像在之前的外交危机中一样，人们对入侵法国的后果普遍感到忧虑，加上害怕盟军可能对德国城市进行空袭，这种情绪更加严重。但是，也正如之前的情形一样，希特勒轻松地就实现了他的目标，这种安慰之情和民族自豪感一起汇成了一股欢乐的浪潮。这次的成功远比之前更伟大。很典型的是一个中产阶级学生的反应。这个学生名叫洛蕾·瓦尔布（Lore Walb），生于 1919 年的莱茵兰，现在是慕尼黑大学历史专业的学生。“难道这不是一个伟大的事件吗？”1940 年 5 月 21 日，当她在日记中记载这次胜

利时，她这样反问道。像许多人一样，她把对希特勒的溢美之词全都记了下来：“只有现在我们才能真正体会到元首的伟大。作为一名政治家，他已经证明了他的天赋，作为一名军事指挥家，他的才能也丝毫不逊色……在元首的带领下，除了胜利，不会有其他结果！每一个人都坚定地相信这一事实。”[54]

“人们对德军成就的仰慕之情难以形容，”1940 年 5 月 23 日，党卫队保安处报告道，“现在，甚至那些在战役开始之前仍远远观望和持怀疑态度的人也开始钦佩德军所取得的成就。”[55] 报告继续说道，比利时的投降“使各地群情高涨”，德军进入巴黎则“让帝国所有地区的民众陷入前所未有的兴奋之中。欢呼游行和兴奋的场景在许多城市广场和街道上演”。[56] 据 1940 年 6 月 20 日的报道，“目前的兴奋状态每次都给人一种印象，即不会再有比这更加强烈的情感了，然而，每当再有新鲜事件发生时，人们的喜悦之情就会更加强烈。”就在贝当宣布法国投降的同时，德国许多城镇广场都进行了庆祝游行。参加过第一次世界大战的老兵对取得胜利的速度感到不可思议。甚至那些反对希特勒政权的人也承认他们的自豪之情，他们还说道，普遍的喜悦气氛使得他们无法再继续进行秘密抵抗运动了，他们真的就停止了抵抗。[57] 天主教军官维尔姆·霍森费尔德 136
曾经大力批判德国在波兰的政策，他曾给妻子写信道“我有时羞于成为一名德国士兵”[58]，但德军胜利的消息立即打消了他的这种念头。“孩子，噢，我的孩子，”他在 1940 年 6 月 11 日给他的儿子写道，“参与其中的人怎能不感到高兴呢！”[59] 在汉堡，保守的教师路易丝·索尔米茨也在享受这种普遍的喜悦之情。“对德国人民来说，这真真是一个伟大的日子”，1940 年 6 月 17 日，一听到贝当宣布和谈时，她在日记中这样写道，“我们全都沉浸在幸福和狂喜之中，激动不已。”胜利意味着“令人难以置信的民族命运的伟大改变，意味着长久以来民族主义梦想的实现”。直到此刻之前，占据她日记绝大部分篇幅的都是战争期间每天发生的事情，相比此刻的情绪，这种日常的描绘显得黯淡无光。只有当她想起自己和犹太丈夫弗里德里希（Friedrich）所遭受到的迫害——尽管他们的婚姻被定义为“享有特权的异族通婚”——时，她才停下来思考：“成功是如此巨大，以至于这一光明所带来的阴影将会变得更加黑暗和危险。”[60]

六

在1933年和1945年间，对法国的征服见证了希特勒名望的最高点。人们自信地期待英国此刻将会寻求和谈，而且战争将在夏末结束。然而，下一步该如何行动，这个问题却很棘手。此外，从根本上讲，希特勒对英国的态度是矛盾的。一方面，他羡慕大英帝国。在20世纪三四十年代，作为世界上最大的帝国，大英帝国面积覆盖了地球上的大部分区域。同时，他还将英国人视作德国人的“盎格鲁-撒克逊”亲戚，认为英国人最终将在种族命运的驱使下与他们联合起来。另一方面，他意识到，在英国政治中，有一些强大势力将他领导下的德国视作对大英帝国的一个重大威胁，甚至必须不惜一切代价除掉这个威胁。前年9月，在德军入侵波兰后，这些势力促使英国首相内维尔·张伯伦立即对德国宣战。希特勒清楚地知
137 道，保守党内的许多主要人物——最著名的是外交大臣哈利法克斯勋爵——仍然渴望和平解决冲突，并希望他能以某种方式说服这些人开始协商和平协议。在战争头几个月的大部分时间里，希特勒对英国的政策在进攻和安抚之间摇摆不定。丘吉尔被任命为首相后，单独讲和的可能性变得很小，即便如此，希特勒仍抱着一丝希望，同时，为了防止希望落空，他开始准备入侵计划。[61]

外交部部长约阿希姆·冯·里宾特洛甫完全赞成入侵英国。在入侵和征服完成后，他设想让前任国王爱德华八世（Edward VIII）

复位。1936 年，在爱德华八世宣布和一位美国离婚妇女结婚后，他被迫让位给他的弟弟，自己则以温莎公爵（Duke of Windsor）的头衔在外流亡。在他宣布放弃王位后不久便访问了德国，据说他曾用修改过的纳粹礼向德国官员表示问候。他不止一次明确表示，他知道纳粹党试图在德国做什么勾当，而他对此表示赞赏。截至 1940 年，他对那些愿意听他讲话的人说，英国事实上已经输掉了战争，是时候与纳粹党讲和了。在 1940 年夏初，公爵和他的妻子居住在葡萄牙，里宾特洛甫指派瓦尔特 · 舍伦贝格——因芬洛事件而出名的党卫队情报人员——绑架他们，并经由西班牙将他们带到德国。虽然他也考虑到绑架温莎公爵将会使与英国单独讲和更加困难，但他也有自己的盘算。纳粹党的阴谋在于使公爵夫妇相信他们正处于被英国间谍绑架的危险中，还有可能被刺杀，而英国间谍这样做是为了防止他们落入德国人的手中。被征募的西班牙法西斯分子瞒着中立的佛朗哥政府，准备在公爵夫妇穿越边界时将其偷偷拐走。此举一旦发生，西班牙和英国的关系将会遭到破坏，这将使佛朗哥政府感到胆战心惊。然而，不可避免的是，这个阴谋陷入了纳粹党的内部政治权力争斗中，无论是舍伦贝格还是其他人都没有尽力促成绑架，唯恐这一阴谋的实现将使他们憎恨的里宾特洛甫大获全胜。丘吉尔建议公爵应该去巴哈马群岛担任总督，公爵和公爵夫人同意了丘吉尔的建议，如此一来，阴谋最终破灭了。而他的走马上任也使自己可以就此远离这样的阴谋。舍伦贝格的上级赖因哈德 · 海德
里希向这位年轻的情报人员表示祝贺，庆祝他以表面上积极活跃但 138
实际上毫不作为的正确方式合理地应对了里宾特洛甫的委任。[62]

同时，希特勒正在与陆军和海军负责人商议入侵的可行性。德国舰队在挪威战役中蒙受了沉重的损失。3 艘巡洋舰和 10 艘驱逐舰已经被击沉，2 艘重型巡洋舰和 1 艘战列舰因遭到重创而无法再投入战争。在 1940 年夏天，元帅雷德尔只能调用 1 艘重型巡洋舰、2

艘轻型巡洋舰和 4 艘驱逐舰。想凭这点可怜的海上力量去掌控英吉利海峡远远不够，因为英国方面出动了 5 艘皇家海军战列舰、11 艘巡洋舰和 30 艘驱逐舰守卫英吉利海峡，并且，只要有需要，另外一支海军力量也可以随时从直布罗陀海峡驶来，为守卫英吉利海峡提供关键的支持。[63] 而且，在法国投降后，德国没能将法国的舰队编入自己的海军。1940 年 7 月 3 日，英军的一次大胆行动进一步激怒了法国。在法国控制的阿尔及利亚地区，为了阻止法国海军落入德军之手，英国战舰袭击了法国位于奥兰（Oran）附近凯比尔港（Mers El Kébir）的海军基地，损毁了许多战舰，并造成 1,250 名法国水手遇难。这样一来，雷德尔可以支配的战舰就更少了。因此，对德军来说，通过摧毁英国皇家空军，进而赢得英吉利海峡的制空权是必要的，而这也是最低限度的手段。只有通过这种方式，英国海军的支配地位对德军构成的潜在障碍才能或多或少得以消除。[64]

经审慎考虑，希特勒在 7 月 16 日签署了入侵的指令，但指出只有在“必要时”才发动侵略。三天后，在国会中一个精心安排的场合，他重新提出了之前对英国人的和平提议。然而，和平提议的条款非常模糊，以至于丘吉尔政府在一小时内就拒绝了希特勒的要求。威廉 · L. 夏伊勒与一群军事和文职官员在广播中听到了英国拒绝德国和平提议的消息，他被这一通告所产生的惊恐情绪所震撼。他写道，这些官员“不敢相信他们的耳朵。其中一个人对我吼道：‘你能理解吗？你能理解那些愚蠢的英国人吗？现在拒绝和平？’”“跟我谈话的那些德国人，”夏伊勒在第二天评论道，“简直不能理解此事。他们想要和平。他们惧怕再经历一次去年那样的冬天。他们对英国没有什么不满……他们认为，如果到了要决战的地步，他们
139 也可以轻松战胜英国。但是他们更想要和平。”[65] 在许多德国人看来，英国拒绝讲和这件事将他们心中憎恨和复仇的痛苦情绪完全释放出来，这种情绪源于对战争的失望，因为很明显，战争终究

无法结束。“我从没有过如此严重的憎恨之情，”学生洛蕾·瓦尔布在 1940 年 6 月 17 日的日记中写道，“但是这次，我期盼着一件事，元首必须放下仁慈，应该给英国人一次真正的教训——正是因为他们，如此多的人陷入了不幸和痛苦中，他们应该为这一切负责。”[66]

希特勒仍然希望英国政府中那些支持单独讲和的人能推翻丘吉尔。然而，事实上，这种事情根本没有机会发生。不仅丘吉尔，丘吉尔内阁中的所有人都知道，德国如今在西欧占据统治地位，与德国讲和将为德国开辟道路，使德国可以进一步插手英国国内事务，进而对犹太人采取更为残酷的措施，甚至支持法西斯主义政客奥斯瓦尔德·莫斯利爵士（Sir Oswald Mosley）——英国潜在的像吉斯林那样的人——上台。另外，长远来看，与德国讲和还将削弱并摧毁英国的独立，如果在此期间德国成功征服苏联，那么情况更是如此。正如捷克斯洛伐克的例子所显示的那样，希特勒的和平提议一次又一次地被证明并没有带来“我们时代的和平”，而仅仅带来了他得寸进尺的要求，到了 1940 年 7 月，几乎没有英国政治家对和平提议再抱有任何幻想。[67]

因此，希特勒开始准备入侵英国，虽然他的随从人员可以明显看出他是不情愿的。前一年的冬天，“海狮行动”（Operation Sealion）开始。由 2,000 艘平底驳船组成的舰队在英吉利海峡和北海港口集结（大多数船完全不适宜跨海航行，除非是在风平浪静的条件下），这些船只举行了登陆演习，海峡沿岸还竖起了标志，向士兵们指示去往登船地点的道路。[68] 瓦尔特·舍伦贝格为德国士兵和军官准备了一本指南，向他们介绍即将要碰上的英国机构。[69] 军队中的高级将领对此举是否有用持怀疑态度。雷德尔警告道，海军最早在 9 月中旬之后才能准备就绪，而且在第二年 5 月之前，最好按兵不动。参谋总长弗朗茨·哈尔德则与海军指挥官无休止地争论

最佳的登陆地点。陆军希望在一个宽阔的地点登陆，以便最大程度地发挥陆军的优势，但是海军希望在一个狭窄的地点登陆，以便将
140 遭到皇家海军攻击的风险降到最低。但是，无论如何，为了扫清入侵障碍，英国的防空力量必须被摧毁。因此，在 8 月 1 日，希特勒签署了空袭英国的命令。征服瑞典和法国的经验给予了希特勒信心，他相信假如他的飞机在掌握制空权上没有受到任何挑战，那么理论上讲，从空中和海上联合入侵的计划是可行的。英国海军对英吉利海峡和北海的控制可能对德军形成某种阻碍，这种阻碍在陆上入侵中是未曾遇到过的，但是如果没有空军保护，那么皇家海军的战舰一定将成为德国俯冲轰炸机的牺牲品。[70]

从 1940 年 6 月 5 日至 6 日以来，德国飞机已经对英国展开了具有针对性的小规模轰炸。从 7 月 10 日开始，轰炸力度开始加大，接着，8 月 18 日之后改为密集轰炸。尽管英国大部分城镇都沦为德军的轰炸对象，但轰炸比较零散。从 8 月中旬以来，德军轰炸的主要目标是皇家空军战斗机司令部（Royal Air Force's Fighter Command）的飞机场。与英国人传颂的“少数”神话相反，两支军队势均力敌。在 1940 年 8 月中旬，有 1,379 名英国战斗机飞行员处于战备状态，而德军方面的飞行员有 870 名。当然，英国的飞行员部署在整个国家，而德国的飞行员则主要集中在英吉利海峡沿岸。德国的轰炸机要依赖战斗机提供的保护，这些轰炸机装备都很差，性能根本不及被派来拦截它们的英国战斗机，不可能将后者击落。英国人部署了两种世界上最快、最先进的战斗机——飓风式战斗机（Hurricane）和喷火式战斗机（Spitfire）。为了加强防卫，英国正在以极快的速度批量生产这两种战斗机。在进攻的德国空军到来之前，它们已经“紧急起飞”了，这多亏使用了在 1935 年首次研发的雷达，拦截了德国的无线电信号，以及部署在英吉利海峡沿岸的上千名观察员。因此，德国飞机从来没能及时赶到英国并当场

击中英国战斗机。[71]

当空战中鲜明的白色雾化尾迹开始在英格兰东南部的上空交错时，形势逐渐变得明朗，德国人的目标将落空。尽管德军主要的战斗机“梅塞施密特 Me 109”（Messerschmitt Me 109）在 2 万英尺的高度可能比英国同类战斗机的性能优越，但由于它不得不维持在较低的高度以保护轰炸机，以至于这些优势都没能显现出来，而在 141
这样的高度，英国的喷火式战斗机和飓风式战斗机更灵活，可以更快地转弯和倾斜。“梅塞施密特 Me 110”（Messerschmitt Me 110）重型战斗机原本是用于护送轰炸机编队，无力摆脱移动迅速的英国战斗机的攻击。德国空军总体上是为了给地面部队提供近距离的支持，难以在空中对轰炸机编队给予保护。用于发动袭击的空军基地都是最近在法国北部占领区紧急临时修建的，这些基地的补给都很困难，而且修复工作通常要花费很长时间。两国空军战斗机飞行员在技能或水准上都相差无几，但是双方的补给都相对缺乏。然而，当一些英国飞机被击落后，飞行员设法降落到英国的土地之后可以再次加入战局，但这样的事情很明显不会发生在德国飞行员身上。战斗的结果可以从伤亡数字中读出：在 1940 年 8 月 8 日至 31 日之间，将近 900 架德国飞机被击落，其中至少包括 443 架战斗机，而英国方面，在相对更长一点的时间段内，从 8 月 6 日至 9 月 2 日，有 444 架飞机被击落。在弥补损失方面，英国方面没有遇到什么困难，仅 1940 年 9 月 6 日，就有 738 架可供使用的飓风式战斗机和喷火式战斗机投入战斗，而德国在 8 月 23 日只有 672 架可使用。截至 9 月初，英国方面准备就绪的飞行员是德国方面飞行员的两倍之多。[72]最关键的是，截至此刻，德国飞机的产量严重落后于英国。1938 年 4 月，德国刚刚吞并奥地利，英国政府就设法在未来两年内加速建造 1.2 万架新战斗机。到了 1940 年下半年，英国生产的战斗机数量足足是德国的两倍。[73]

然而德空军指挥官，特别是两位最早参与进来的指挥官——元帅阿尔贝特·凯塞林（Albert Kesselring）以及在西班牙的秃鹰军团（Condor Legion）前领导陆军元帅胡戈·施佩勒（Hugo Sperrle）——已经收到了大相径庭的战争结果情报。根据他们得到的信息，英国的所有战斗机中有 50% 已经被毁，而德国方面则只有 12% 被毁，或者说，英国方面损失了 791 架飞机，而德国方面只损失了 169 架。许多德国飞行员相信他们已经赢了。1940 年 8 月 17 日，夏伊勒在一家比利时咖啡馆遇见一名梅塞施密特战斗机飞行员，他认为这名飞行员并非是那种天生自负的性格，但这名飞行员
142 的话却令他震惊不已，他听到这名年轻人平静地说："你知道，再过几周，我们将结束与皇家空军的战斗。现在只是时间的问题，在两周内，英国不会再有更多的飞机。"[74] 乌尔里希·施泰因希尔佩尔（Ulrich Steinhilper）是一名年轻的 Me 109 飞行员，他怀着无限的热情向他的母亲介绍他的使命。他向她讲道，1940 年 8 月 19 日，在袭击曼斯顿（Manston）的一个飞机场时，"我瞄准了一个运油车，它正在给一架喷火式战斗机加油，接着又瞄准了另外两架喷火式战斗机，它们一个接一个地被我击中。运油车爆炸了，它周围的一切都开始燃烧。另外两架喷火式战斗机开始自己燃烧起来。直到此刻我才意识到掌控这四个喷射器的飞行员被赋予了如何强大的力量"。[75] 在 8 月的最后一天，他的乐观情绪仍没有减退。"今天的一次任务，"他写给他的母亲，"也是通过两轮空袭，对德特灵（Detling）的机场进行地面攻击。我们的编队击中了 3 架敌机而毫发无损，整个小组击中了 10 架。随着我们的战斗经验和技能的增长，这应该是形势发展的方向。吠嗬（Tally-Ho）*！"[76]

---

* 此词是猎狐时的呼喊声，声音听起来像"吠嗬"。源自 19 世纪英国的猎狐活动，当猎人发现第一只狐狸时就这么吆喝。

柏林方面对这样的乐观主义信以为真。因此，9 月初，德国认为是时候发动下一阶段进攻了，通过对英国主要城市进行密集轰炸，摧毁英国的工业、交通，并打击英国人的斗志。这样的轰炸袭击在缺乏协调作战的情况下展开了。1940 年 8 月 24 日德国空军对伦敦东区的袭击促使英国皇家空军在第二天夜晚对柏林发动了一次反空袭。尽管就破坏力来说，英国的空袭并不是非常有效，但它使德国首都的人民感到了惊慌，也激怒了希特勒。1940 年 9 月 4 日，希特勒在柏林体育宫举行的一次公众集会上宣布，如果皇家空军对德国城市掷下几千千克的炸弹，“那么我们将在一夜之间向它们掷下百万千克的炸弹。而且如果他们胆敢宣布将对我们的城市发动更大规模的攻击，那么我们将夷平他们的城市！”[77] 然而，眼下的战争中，无论是英国还是德国的空袭都不是希特勒在 8 月 1 日所称的那种“恐怖袭击”。他提出这种战略只是为了表明除非根据他的明确指示，否则不能发动“恐怖袭击”，实际上，在 1942 年 4 月 4 日之后，他才发布了这种作战命令，当时，英军首次对非军事目标——德国北部城市吕贝克（Lübeck）——发动了重大空袭。[78]

双方的飞行员均接到指示，无论宣传员说什么，只有当他们看到具有一定经济或军事意义的合适目标——比如伦敦船坞——时才丢下炸弹。当然，实际上，由于无法保障控制炸弹爆炸的计时仪 143
器的精确性，这样的指示并非完全适用。而且，大约在希特勒 9 月 4 日演讲的两周前，对伦敦的轰炸就已经开始了。只不过此刻空袭的频率和强度都发生了变化。9 月 7 日，350 架轰炸机在白天轰炸了伦敦船坞，造成严重的破坏。为了避开防空火力，轰炸机和随同的战斗机编队都必须在一定高度飞行，因此，英国人将他们的战斗机编队撤出了海岸机场，朝西撤退以便争取时间紧急起飞，并且部署了一个固定的空中巡逻阵容，负责预测德军的空袭。当飞机爬升时，英国飞行员对他们的飞行高度进行虚假判断，并通过无线电将信息传递出来，以迷惑德国战斗机飞行员，使他们保持相对较低的飞行高度。这一切措施降低了英国方面的损失。同时德国为了减小损失，很快被迫采取以夜间空袭为主的袭击方式进行反击。在 1940 年 9 月 7 日至 10 月 5 日之间，德国空军实施了 35 次大规模的空袭，其中 18 次是针对伦敦的。仅在 1940 年 9 月 7 日至 15 日的一周内，就有 298 架德国飞机被击落，而英国方面则只有 120 架被击落。在 9 月 15 日，超过 200 架轰炸机，在大量战斗机的护航下，对伦敦发动了攻击。其中有 158 架轰炸机抵达目标，有一些在抵达伦敦之前就被击落，其他的则由于这样或那样的原因被迫返航。英国 300 架飓风式战斗机和喷火式战斗机在首都上空与德军交战，击落了德军 36 架轰炸机和 26 架战斗机，还损毁了更多的飞机。[79]

德国轰炸机的主力容克斯 Ju 88 移动非常缓慢，而且体积太小，无法携带有效的炸药量，此外，缺乏灵活性，无力避开英国战斗机。其他的轰炸机——像亨克尔 He 111（Heinkel He 111）和道尼尔 Do 17（Dornier Do 17）——不仅体型相对较小，而且在许多方面都非常陈旧。事实上，尽管容克斯 Ju 88 存在诸多缺陷，仍逐渐取代其他机型。由于轰炸机数量不足，德国空军已无力完成它们的任务。仅就 9 月 15 日的空袭而言，最初 200 架轰炸机中的 1/4 都未能返回。德国空军无法承受这种规模的损失。[80] 战斗机和飞行员都越来越紧缺。9 月 17 日，在对伦敦的一次大规模空袭中，乌尔里希 · 施泰因希尔佩尔负责护航任务，他驾驶的是一架新的改良过的 Me 109，结果“出人意料地碰上了敌方战斗机的猛烈反击”。[81] 1940 年 9 月 29 日，“当我们飞抵伦敦开始战斗时，我突然发现编队中只有 5 架飞机和我一道，但是对手却有大约 30 至 50 架喷火式战
144 斗机”。他侥幸脱险，因为英国战斗机突然离开去攻击一个更加重要的目标。截至 10 月，他告诉他的父亲，在他的队伍里，“最初的成员只剩下 12 个人了”，他们不能将缺乏经验的新手拉入战斗，唯

恐失去他们。而且此时出现了一种新型的速度更快的喷火式战斗机，以至于“我们的 Me 109 战斗机几乎跟不上它的速度……我们在空中已经没有绝对优势了”。[82]“空军的领导人，”陆军参谋总长弗朗茨·哈尔德在 1940 年 10 月 7 日听完关于形势的报告之后指出，“完全低估了英国战斗机的力量……我们需要 4 倍之多的空军力量才能击败他们。”[83] 1940 年 10 月 27 日施泰因希尔佩尔驾驶的战斗机被击中，他跳伞后被俘，在余下的战争期间一直被囚禁。德国实际上已经在空中作战中失败了。

1940 年 9 月 14 日，在“海狮行动”原定发动日的前夜，希特勒召集军队领导人举行了一次会议。在这次会议上，他承认，关于对英国的入侵，“总体上，尽管我们取得了诸多成功，但发动‘海狮行动’的前提条件还未成熟……成功登陆意味着胜利，但这需要完全掌握制空权”，而德国并未取得制空权。“海狮行动”被无限期推迟。[84] 雷德尔说服希特勒继续发动夜间空袭——尤其是对伦敦——以摧毁伦敦的军事和经济设施。在影响平民的士气方面，空袭渐渐体现出了价值。德国许多人欢迎这一决定。“毁灭英格兰的战争现在真正开始了，”1940 年 9 月 10 日，洛蕾·瓦尔布在她的日记中满意地写道，“但愿他们不久后就会屈膝求饶！”[85] 这场“毁灭战争”在伦敦被称为“大轰炸”（The Blitz）。在不列颠战役和伦敦大轰炸期间，总共有约 4 万名英国平民遇难。但是英国的士气并没有瓦解。为了削弱英国平民的士气和空中力量，德国制定了一个新的策略，即派遣战斗机和战斗轰炸机在高空实施空袭——仅在 1940 年 10 月就实施了 253 次这样的空袭。1940 年 10 月，约 146 架喷火式战斗机和飓风式战斗机折翼。但是皇家空军改变战术，提升了高空巡逻的高度，结果，在同一个月中，德国又损失了 365 架飞机，其中大多数是轰炸机。在 11 月，一个由 450 架轰炸机组成的机群对中部城市考文垂（Coventry）发动了空袭，摧毁了整个市中心，包括一间中世纪教堂，380 名平民遇难，另有 865 名平民受伤。145 英国情报部门没能预见到这次空袭，因此这个城市完全处于暴露状态，没有采取任何防护措施。[86]

但这是一个罕见的疏忽。多数情况下，德国的轰炸机遭到了剧烈的抵抗，这些抵抗都经过了周密的准备。雷德尔断定这样的袭击收效甚微，因此说服希特勒从 1941 年 2 月 19 日起将轰炸目标转向英国的海港。尽管德国发动了多次这样的空袭，然而，由于使用了雷达和由雷达控制的火炮，英国的夜间防御在这些空袭地点也迅速生效。截至 1941 年 5 月，空袭的规模开始缩小。尽管在轰炸行动的初始阶段英国民众的士气有所动摇，但并没有瓦解。国内并未给丘吉尔施加任何压力，迫使他必须要求和平。英国的飞机生产也没有受到严重影响。600 架德国轰炸机已经被击落，德国普通民众开始对战争的结果感到沮丧。“自从战争开始以来，”1940 年 10 月 3 日，洛蕾 · 瓦尔布在她的日记中写道，“我坚定的乐观主义信念首次开始动摇。在与英国的战争中，我们没有取得任何进展。”[87] 在 1940 年 12 月，像许多其他人一样，汉斯 · 迈尔–韦尔克也被迫私下里总结，没有迹象表明“英国民众的士气已瓦解”。[88] 希特勒首次输掉了关键的战役。后果影响深远。[89]

第二节

“病态的野心”

一

德国空军无法赢得英国和欧洲大陆之间空域的制空权，这一事 146
实已经显而易见。于是，希特勒四处寻找其他可能令英国屈膝求饶的方法。他将注意力转向了地中海。或许在摧毁英国在地中海的海上力量和海军基地的过程中，德国有可能得到意大利、维希法国和西班牙的支持。

但在10月末举行的一系列会议却没有取得任何有价值的成果。谨慎的西班牙领袖佛朗哥将军虽然感谢希特勒在西班牙内战中给予的支持，但他没有做出任何许诺，而只是说他将在合适的时机站在德国一边加入战争。在他看来，战争的最终命运仍是悬而未决的，而且他公开对德国人的判断——英国很快将被打败——嗤之以鼻。他说，即使德国可以成功入侵，丘吉尔的政府将会撤退到加拿大，然后在皇家海军的支持下，从那里继续坚持作战。而且，美国很可能支持丘吉尔。事实上，在1940年9月3日，美国总统富兰克林·罗斯福（Franklin D. Roosevelt）已经与英国签署了条约，向英国海军租借 50 艘驱逐舰。鉴于希特勒不愿意迫使维希法国将它在北非的任何一块殖民地让给西班牙，希特勒几乎没有什么东西可以给予佛朗哥以回报他的参战，对此，西班牙独裁者心知肚明。“这些人太过分了，”佛朗哥在会议之后对他的外交大臣说，“他们想让我们参战却不付出任何代价。”[90] 会谈破裂了，没有取得任何结果。愤怒的里宾特洛甫责骂佛朗哥是一个“忘恩负义的懦夫”，认为佛朗哥拒绝提供帮助，是在卑劣地报答德国在西班牙内战中对他提供的
147 援助。而希特勒在几天后告诉墨索里尼，他宁愿“拔掉三四颗牙”也不愿再忍受 9 个小时与这位西班牙独裁者进行协商了。[91]

希特勒在贝当元帅及皮埃尔·赖伐尔（Pierre Laval）总理那里也遭到了冷遇，这两人希望希特勒承诺给予维希政权一块新的殖民区域，以回报法国对袭击英国提供的帮助。会议结束后，双方谁都没有允诺任何事情。更糟糕的是在意大利的境遇。法西斯独裁者贝尼托·墨索里尼（Benito Mussolini）在 20 世纪 30 年代后期已经深受德国的影响，但当战争在 1939 年 9 月开始的时候，他却置身战争之外。他的野心是在地中海建立一个新罗马帝国。然而，他的力量却来自别处。1936 年，他战胜并吞并了埃塞俄比亚。另外，在 1936 年至 1939 年间的西班牙内战中，他站在佛朗哥一边，成功地参与了这场内战。正是这些事情使他获得了力量。截至此刻，墨索里尼开始仿效希特勒，在 1938 年秋末，他引入了德国式的种族立法。[92] 在他开始建立自己的事业时，他是希特勒的老师，而如今的墨索里尼却开始成为希特勒的学生。每一次德国外交政策的成功都有掩盖意大利法西斯主义光芒的危险。因此，在德国于 1939 年 3 月占领捷克–斯洛伐克残存国家不久之后，墨索里尼入侵了阿尔巴尼亚。在此之前，阿尔巴尼亚已经由意大利在幕后操纵，但从未被正式吞并。如今，它成为另一块被并入新罗马帝国版图的地区。就在一年多以后，1940 年 6 月 10 日，希特勒很明显正在取得对西

欧的完全主导权，意大利最终加入了战争，希望获得英国和法国在北非——也就是沿着地中海南部海岸线——的殖民地。由于维希法国事实上是第三帝国的盟国，因此这一目的不容易达到。在贡比涅火车车厢的谈判中，意大利独裁者被粗暴地排除在外。一艘法国军舰在英国对凯比尔港的袭击中被摧毁，甚至在这之前，希特勒还在这艘法国军舰上拒绝了他的要求。[93] 墨索里尼非常愤怒和失望，他开始四处寻找构建新罗马帝国的新机会。他在巴尔干半岛发现了这个机会。1940 年 10 月 28 日，在未提前告知希特勒的情况下，墨索里尼派遣一支意大利军队跨过阿尔巴尼亚的边界进入了希腊。德国元首对此非常恼怒。但这里的地形非常艰险，天气十分恶劣，而且冬天来临时，天气不可避免地会更加糟糕，因此整个冒险似乎是一次不必要的行动，使意大利分散了过多的精力。[94]

希特勒的担忧是正确的。意大利军队操练不勤，力量弱小，丝 148
毫没有做好战争准备。他们因缺少必要的御寒衣物而无法适应高山积雪的严酷气候。他们缺乏海军支持，因此无法发动两栖登陆作战，而这种两栖登陆作战在挪威和丹麦都已被证明是非常奏效的。他们没有地图指引他们穿越阿尔巴尼亚–希腊边界广大且人迹罕至的地区。意大利的装甲部队完全无法攻破希腊的防御阵线。意大利没有统一的指挥系统，外交部无法阻止入侵的消息提前泄露出去，因此希腊人有时间采取防御措施。在几天内，意大利人被全线击退。1940 年 11 月 14 日，希腊人开始反攻。他们得到了英国 5 个飞机编队的支援，轰炸了意大利的主要港口和通信线路。在几周内，墨索里尼的军队被迫撤退，深入到阿尔巴尼亚的领土。意大利军队总计才刚过 50 万人，此次就折损了将近 3.9 万人，5 万多人受伤，超过 1.2 万人被冻伤，同时还有 5.2 万人由于其他种种原因被迫退出战斗。[95] 入侵行动完全是一次惨败。尽管宣传机构竭力用各种冠冕堂皇的说辞来掩盖这灾难一样的事实，但墨索里尼的耻辱是无法被掩盖的。

无论从哪个角度来看，为了夺取英国位于地中海的关键海军基地，墨索里尼都应该去进攻马耳他（Malta），和可能的直布罗陀（Gibraltar）和亚历山大港（Alexandria），而不应该去进攻希腊。但是墨索里尼忽视了这一紧迫的战略。1940 年 11 月 11 日，英国空军以航空母舰对塔兰托（Taranto）进行空袭，结果意大利一半的战舰都受到重创，无法再启用。几个月后，在 1941 年 3 月 28 日，由于布莱切利园（Bletchley Park）的解码中心破译了一条意大利海军情报，受此提醒，英国海军在地中海马塔潘角（Cape Matapan）外击沉了 3 艘意大利巡洋舰和 2 艘驱逐舰，这些舰艇当时正在去往拦截英国护送船的路上，而这些护送船护送的是英国向希腊提供的补给。英国方面只损失了 1 架飞机。[96] 在战争余下的时间内，意大利剩余的装备良好的现代舰艇都停在港口不敢出航，生怕再遭到进一步的毁坏。在此之前，意大利军队曾试图从意大利殖民地利比亚入侵英国控制的埃及，被一支经过良好训练，但规模仅 3.5 万人的英印军队击退了，这支军队在 1940 年 12 月俘虏了 13 万名意大利俘虏，还缴获了 380 辆坦克。[97] 或许最大的耻辱发生在 1941 年 4 月，当时意大利在埃塞俄比亚首都亚的斯亚贝巴（Addis
149 Abeba）的占领军向一支同盟国联军投降了。联军在这次战役中将此殖民地从它的法西斯主人那里成功夺回，而且此次战役历时远比 1935—1936 年意大利最初征服这个殖民地所用时间短很多。英国情报部门已经成功破译了意大利众多的作战计划，并且获得了关于意大利军队各个行动以及作战部署的具体信息，这使得英国指挥官可以提前很久就获知意大利的一切动向。一支由 9.2 万名意大利士兵和 25 万名阿比西尼亚（Abyssinian）士兵组成的部队被 4 万名由英国率领的非洲士兵彻底击溃了。埃塞俄比亚皇帝海尔 · 塞拉西一世（Haile Selassie）成功复位。同时，截至 1941 年 5 月，大量同盟国军队已经拥入厄立特里亚（Eritrea）和意属索马里兰（Italian Somaliland），这样，整个非洲东北部都在同盟国军队的掌控之中。[98]

意大利如此全面的溃败令希特勒别无选择，只有干预。1941年1月19日，墨索里尼抵达贝格霍夫，与希特勒进行为期两天的会谈。意大利的失败完全改变了两位独裁者之间的关系。虽然希特勒之前对他这位导师怀有尊敬之情，但是现在，尽管他尽力表现得体，但很显然他和随从开始怠慢这位意大利独裁者。1941年2月6日，希特勒指示埃尔温·隆美尔（Erwin Rommel）将军负责挽救北非的局势。隆美尔于1891年生于一个中产阶级家庭，他并非一位典型的德国将军。他在一战中得到了高度嘉奖；此外，他对一本1937年出版的关于步兵战术的书备受关注。在入侵法国的过程中，他率领一支坦克师勇敢作战，这使他声名远播。他被任命去领导新近成立的非洲军团（Africa Corps）。1941年2月12日，他抵达的黎波里（Tripoli），以阻止意大利在利比亚的进一步溃败。名义上，隆美尔由意大利军官指挥，但实际上，他几乎完全无视意大利将领的存在。他的士兵受过良好的训练，迅速就适应了平坦、单调、多沙的特殊作战环境。隆美尔能利用破译的电文来预测英军的行动，这些电文是德国从在开罗的美国军事随员那里破译来的，但隆美尔自己向上级发送的信息却经常与他真实的决定毫不相关。依靠先前空军和装甲部队联合作战的经验，隆美尔的军队迅速投入战争，击退了一支英国军队。为了帮助希腊抵御德国可能的入侵，这支英国军队中的许多得力士兵都被调走了，其力量因此被严重削弱，给了隆美尔军队可乘之机。[99]

到了1941年4月1日，隆美尔已经取得相当辉煌的战果，以
至于他将柏林方面的命令抛在一边，继续向前推进数百英里，直到 150
靠近埃及的边界才停下来。哈尔德认为他已经“完全发疯了”，因为他觉得隆美尔的部队战线拉得太长，将自己暴露给反攻的敌人。

他猛烈地批判隆美尔“病态的野心”。[100] 英国派遣了一名新的指挥官，加强了部队的力量，开始反攻。隆美尔确实严重拉长了他的补给线，因此不得不撤退。但是他最终设法得到了更多的坦克和燃料，并在 1942 年 6 月夺取了利比亚的关键港口图卜鲁格（Tobruk）。这次胜利促使希特勒晋升他为元帅。隆美尔成为德国陆军中最年轻的元帅。经过这次穿越空旷沙漠的远距离快速作战，隆美尔此时已经逼迫英国人退回至埃及深处。他目前已经处于可攻击苏伊士运河的距离之内，这威胁到英国的一条关键补给线，并且使夺取中东大量油田的诱人前景变得可能。[101]

隆美尔现在已经被许多人视作英雄，不仅在德国如此，甚至在英国也如此。而他的胜利也为纳粹分子及其同盟实现他们的教义——他们在种族地位上要优于其他毫无防御能力的少数群体——创造了新的机会。在北非的主要城市里，犹太人通常居住在那些历史非常悠久的社区，非洲军团的胜利给这些犹太人带来了可怕的厄运。德军刚刚占领突尼斯，居住在那里的 5 万名犹太人就开始遭难，他们的家园立刻被洗劫一空，他们的财产都被没收，贵重的物品被偷走，而且年轻男性——超过 4,000 人——被送往前线附近的劳改营。德国士兵强奸突尼斯犹太妇女的事情屡见不鲜。瓦尔特·劳夫（Walter Rauff）从东欧的杀戮场转调，担任盖世太保在突尼斯市的长官，他迅速展开对突尼斯市犹太人的恐怖统治。许多犹太人遭到了残忍的虐待，只有少量犹太人被善良的阿拉伯人藏了起来。临近的摩洛哥和阿尔及利亚是维希法国的殖民地，那里犹太人的处境也好不到哪儿去。1940 年维希政权刚刚建立，大约 1,500 名在法国外籍军团中服役的犹太人基本上都被革职，囚禁在劳改营里，这些劳改营的数量急速增长，很快就超过了 100 个。连同来自包括波兰、希腊和捷克斯洛伐克等诸多国家的战俘，这些人被迫在极端残酷的条件下从事工程项目，比如建造新的穿越撒哈拉的铁路。维希政权在法国国内对犹太人实施的苛刻歧视性法律同样也适用于法属北非。在轴心国占领期间，共计约 5,000 名北非犹太人丧命，大约占 151
北非犹太人总人数的 1%。如果可以穿过地中海将他们运送到位于德占波兰的集中营，那么将有更多犹太人被迫害。[102]

发生这些冲突事件时，德国试图通过煽动伊拉克人民反抗英国的统治，进而获得中东地区关键的石油供应控制权。但是英国在 1941 年夏天没费多大力气就成功镇压了动乱，并以此为基础从维希政权手中夺取了法国的殖民地叙利亚。希特勒感到受挫，他无法再应允他没有机会实现的诺言了。在伊拉克的暴动失败后，伊斯兰神职人员，耶路撒冷大穆夫提（Grand Mufti of Jerusalem）阿明 · 侯赛尼（Haj Amin al-Husseini）逃亡柏林。希特勒在 1941 年 11 月 28 日向他许下空头承诺，答应摧毁巴勒斯坦的犹太人居住地。[103] 事实上，为了避免冒犯阿拉伯人，宣传部曾一度建议在媒体中不再使用“反闪米特人”（antisemitic）*,而采用更加具体的“反犹太人”（anti-Jewish）的说法，因为阿拉伯人也是闪米特人。[104] 然而隆美尔的胜利确保了攫取中东大量油田的梦想仍有机会实现。

二

对石油的寻找不仅局限于北非和中东。1940 年 5 月 27 日，在西线取得惊人的成功之后，第三帝国随即霸占了罗马尼亚的石油供应。截至 7 月，罗马尼亚对英国的石油输送完全被切断了，而之前输送到英国的石油占了普洛耶什蒂（Ploesti）油田近 40% 的产量。[105] 但是协商这些事务的罗马尼亚独裁统治者卡罗尔国王（King Carol）却陷入了麻烦，因为希特勒迫使他将特兰西瓦尼

* 此处“antisemitic”指的是反闪米特人而非反犹人。——译注

亚（Transylvania）北部割让给德国的盟国匈牙利，并且将更南边的一片区域让给保加利亚（希特勒之所以应允，是因为德国部队必须经过保加利亚才能抵达希腊）。按照前一年《苏德互不侵犯条约》达成的部分协议，卡罗尔还被迫将比萨拉比亚（Bessarabia）和布科维纳（Bukovina）北部割让给苏联。这些让步激起了民愤，1940 年 9 月 6 日，卡罗尔被迫退位。接着，扬 · 安东内斯库（Ion Antonescu）将军领导军队和法西斯铁卫团（Iron Guard）一起将卡罗尔驱逐出罗马尼亚。安东内斯库成为新联合政府的首相，这一
152 政府受到军队的大力支持。然而，在 1941 年年初，铁卫团筹划了一场针对新政府的暴动，将愤怒的矛头直指国内的 37.5 万名犹太人，荒唐地指责他们应该为割让土地负责。在霍里亚 · 西马（Horia Sima）的带领下，铁卫团在布加勒斯特（Bucharest）横冲直撞，对犹太人穷追猛打，将他们带到森林中去枪杀。西马的手下还将 200 名犹太人带进一个屠宰场，脱光他们的衣服，让他们经受原本用于屠宰动物的整个流程，接着用挂肉钩穿过他们的喉咙将尸体悬挂起来，再贴上“适合人类消费”的标签。有一些证据表明纳粹党卫队支持这一叛乱，希望借此机会牢牢控制这个动乱的巴尔干国家。但是两天后，这一叛乱就被安东内斯库迅速镇压下去了，安东内斯库如今成了国家的军事独裁者。霍里亚 · 西马被迫逃亡，在德国避难。一次暗中操纵的全民表决确定了安东内斯库的新统治地位。这位出身于军人家庭的职业军人，此时已 50 多岁。他已经与希特勒建立了良好的关系，从个人角度来讲，希特勒对他印象非常深刻。在其他的事情之外，这位罗马尼亚领导人成功说服纳粹党停止支持铁卫团，并将铁卫团交由政府处置。作为回报，希特勒声称将协助罗马尼亚收回之前割让给苏联的大量领土，甚至在这之外还能获得更多领土。两国之间的紧密联盟就此缔结。虽然德国士兵进驻了罗马尼亚，但罗马尼亚不仅仅是一个拥有名义上独立主权的国家。截至

1941 年，罗马尼亚原油产量的将近 50% 是由德国公司生产的，而且，相比前一年，石油产品的出口翻了将近 3 倍。尤其重要的是，为了确保这些供应，希特勒认为有必要将意大利从他们与邻国希腊的麻烦中解救出来。[106]

然而，对希特勒而言，在多民族组成的南斯拉夫王国，处境已经变得更为棘手。1941 年 3 月 25 日，南斯拉夫政府屈服于德国的压力（比如，希特勒在贝格霍夫召见了摄政王保罗［Paul］，对他进行了一次特别的恐吓）与德国正式结盟，如此一来，德国就为即将发起的入侵希腊行动做好了另一项外交准备工作。勉为其难的南斯拉夫政府成功地让德国做出保证，即德国士兵不会借道南斯拉夫去往希腊，也不会要求南斯拉夫提供军事支持。为了回报南斯拉 153
夫，德国向其承诺，一旦德国成功征服希腊，将把希腊的萨洛尼卡港（Salonika，今塞萨洛尼基［Thessalonica］）交给南斯拉夫。但是对南斯拉夫军官团中的塞尔维亚军官来说，与德国的结盟是一个诅咒。这些塞尔维亚军官将与德国的结盟看作是克罗地亚势力严重渗透内阁的证据，而且他们忠于同盟国，自第一次世界大战以来，他们一直对德国和奥地利怀有敌意。1941 年 3 月 27 日凌晨，塞尔维亚军官发动了一场政变，推翻了摄政王，将当时只有 17 岁的彼得二世（Peter II）扶上王位。塞尔维亚人狂喜不已，他们在贝尔格莱德（Belgrade）的街上举行游行庆祝。因为柏林方面可能会反对这一事件，所以一个多党派的政府建立起来，以暂时掩盖塞尔维亚和克罗地亚之间严重的分歧。[107] 柏林方面迅速对此事件做出了回应。希特勒十分震怒。他召集德国陆军和空军的首领，向他们宣布，鉴于这种背叛行为，应该击溃南斯拉夫，必须发起“一场闪电行动”，进攻南斯拉夫，而且要“毫不留情”。意大利、匈牙利和保加利亚都将从战败的南斯拉夫分得一些领土，克罗地亚人也将获得独立地位。还必须在尽可能短的时间内修改入侵希腊的计划，以便在入侵

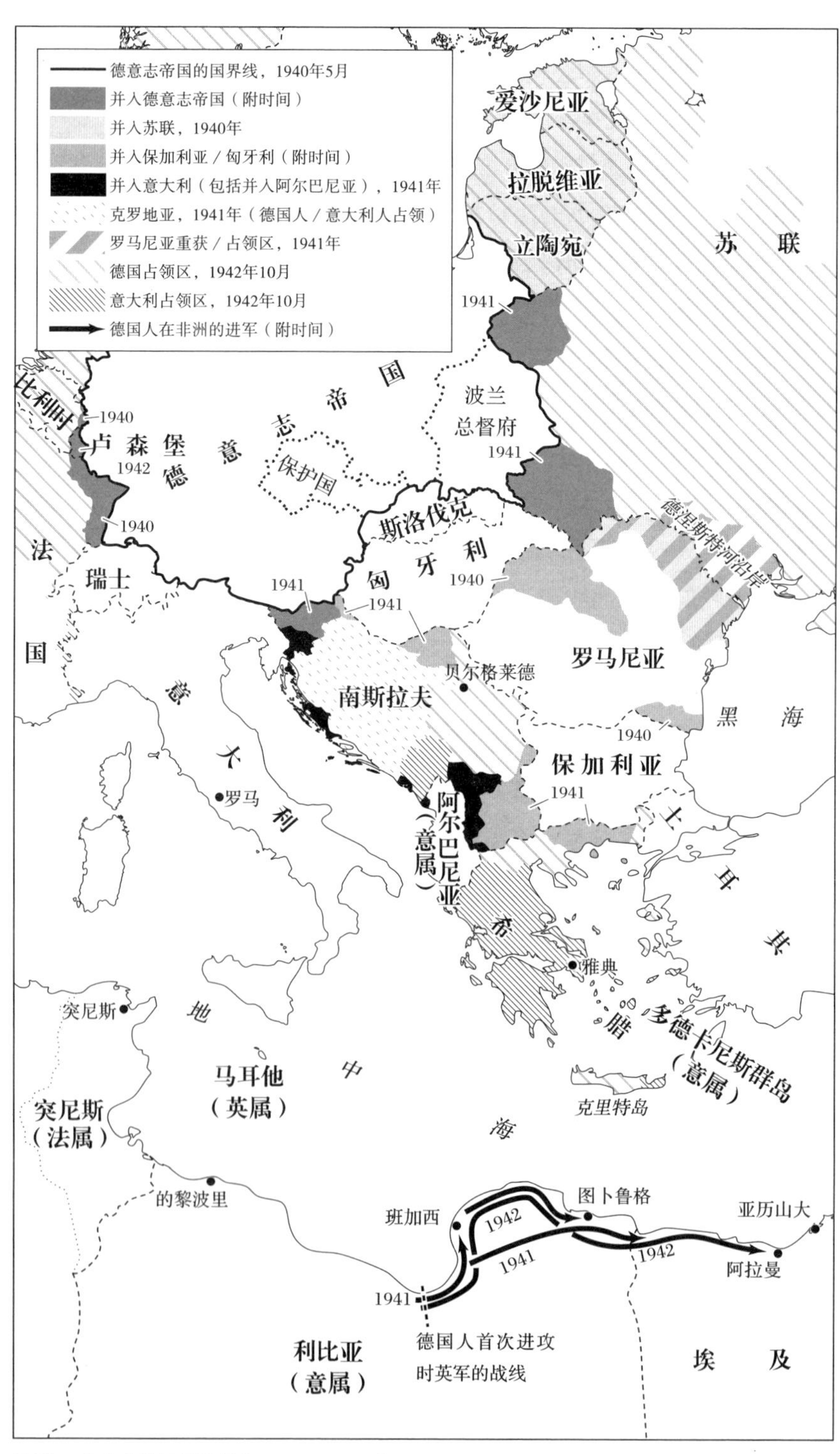

地图8　在地中海地区的战争，1940—1942年

希腊的同时对南斯拉夫也发起进攻。像波兰一样，南斯拉夫是另外一个胆敢公然挑衅他的国家，因此，必须彻底被摧毁。[108]

在对德国的盟国匈牙利和意大利做了必要的部署之后，德国第 12 集团军在 1941 年 4 月 6 日进入了南斯拉夫南部和希腊北部。1941 年 4 月 8—10 日，德国、匈牙利和意大利联军入侵了南斯拉夫北部。由于兵力数量的优势以及更加现代化的装甲部队和武器，再加上有 800 架飞机的协助，德军力压对手。尽管南斯拉夫军队号称拥有 100 多万兵力，但装备很差，领导不力，而且由于民族分裂，军队缺乏协调。南斯拉夫军队很快就瓦解了。由于德国轰炸机对南斯拉夫首都贝尔格莱德发动了一波又一波的轰炸，贝尔格莱德已经被摧毁，德军装甲师和步兵迅速向前推进。他们在 1941 年 4 月 12 日攻下贝尔格莱德，5 天后，南斯拉夫政府投降。34.4 万名南斯拉夫士兵被俘。德军总共损失了 151 人。与此同时，希腊人在一支英国远征军的支持下，展开了顽强的抵抗，但是这里的情形如同南斯拉夫一样，德军的空中力量和现代化装甲部队联手粉碎了抵抗，这 155
一策略经过了德军的反复试验，屡试不爽。撤退的英国部队从希腊军队中分离出来后，决定转移。一支匆忙组建的海军负责执行转移任务，虽然不断受到德国飞机的袭击，在转移过程中又损失了一些船只，但截至 4 月末，英国仍设法从海滩成功转移了大约 5 万名士兵。希腊首相对事态的进展深感绝望，在 1941 年 4 月 18 日饮弹自尽。德军在 1941 年 4 月 27 日进入雅典。[109]

希腊国王和政府早已离开雅典去往克里特岛（Crete），希腊部队、英国和其他同盟国军队的残余部队也都撤退到这里。但是在 1941 年 5 月 20 日，德军空降部队降落到岛上，迅速占领了主要的飞机场，德军后续部队随后陆续抵达。岛上的英国指挥官之前并没有意识到空防的重要性。由于没有战斗机，英国军队无法拦截正在到达的空降部队。截至 5 月 26 日，逆转这一形势已毫无希望。一场混乱的转移行动开始了。由于完全掌握了制空权，德国飞机击沉了 3 艘英国巡洋舰和 6 艘驱逐舰。他们迫使同盟国军队在 1941 年 5 月 30 日放弃转移行动，将 5,000 人留在岛上。布莱切利园解密了德军的军事情报，并事先提醒过英国指挥官，告知其德军的这些行动，但是英国指挥官没有足够的地面或空中力量去应对德军的这些行动。英国指挥官被禁止将军队重新部署在德军可能的攻击地点，因为此举可能会引起德军指挥官的警觉，暴露他们的信号已经被截获的事实。超过 1.1 万名英国士兵被俘，将近 3,000 名士兵和水手被杀。整个行动对英国来说是一场灾难，丘吉尔和他的幕僚们被迫承认当初向希腊派兵是一个错误的决定。[110]

然而德国的胜利虽然看起来非常壮观，但却是以沉重的代价换来的。希腊军队和他们的盟友誓死顽抗，入侵的德国士兵难逃伤亡的代价。在克里特岛，入侵的 17,500 名德国士兵中有 3,352 人阵亡，这种情况迫使德国武装部队在针对马耳他和塞浦路斯的作战中不再采取类似的空降行动。[111]“我们骄傲的伞兵部队，”一名士兵在胜利之后写道，“再也没有从克里特岛所遭受的巨大损失中恢复过来。”[112] 更严重的是，他们很快就发现，占领被征服的地区远非是一件简单的事情。保加利亚将势力范围扩展到马其顿东部和色雷斯（Thrace）西部，在这些地区开展残酷的“种族清洗”行动，将超
156 过 10 万名希腊人驱逐出去，让保加利亚移民迁入。与此同时，一个傀儡政府也在希腊被扶植起来，维持名义上的独立。然而实权掌握在德国军队手中，德军占领了陆上和一些岛屿——尤其是克里特岛——上的关键据点，除此之外，意大利人掌控希腊的其他大多数地方。当德军部队进入雅典时，士兵们又累又饿，缺乏补给，他们开始要求餐馆提供免费的食物，并在宿营区劫掠民房，还在街上拦截路人，抢走他们的手表和首饰。一名居住在那里的音乐学家，米诺斯 · 唐尼亚斯（Minos Dounias）问道：

> 德国人世代相传的正义感都去哪儿了？我在德国居住了 13 年，没有一个人欺骗我。现在突然间……他们变成了窃贼。他们将屋子里所有看得上眼的东西搜罗一空。在皮斯托拉斯基（Pistolakis）的家里，他们拿走了枕套，还霸占了他们家收藏的珍贵的克里特传家宝。在这一片区，他们攫取了穷人家的床单和毯子。他们又在其他临近的街区霸占了油画，甚至连门上的金属把手也不放过。[113]

在普通士兵极尽所能地窃取各种物品的同时，供应官正在搜刮大量的食品、棉花、皮革和许多其他的东西。所有能找到的橄榄油和大米都被征用了。在占领的头三周内，2.6 万个橘子，4,500 个柠檬以及 10 万支香烟从希俄斯岛（Chios）运了出去。像克虏伯和法本（I. G. Farben）之类的公司派去了代理人，以低价强制收购采矿和工业设施。[114]

由于国内经济遭到大规模破坏，希腊的失业率猛涨，而且食品价格——本来就因为军事行动造成的破坏而维持在高水平——急剧飙升。抢劫和征用导致农民囤积自己的农产品，并且袭击从城镇派来征收农产品的代理人。地方军事长官试图确保农产品不外流出他们管辖的区域，阻挠甚至切断对主要城市的粮食供应。配给制开始实施。尽管意大利开始向希腊派送额外的供给以缓解形势，但柏林当局拒绝仿效此种做法，他们认为此举将会危及德国的食品形势。不久，饥饿和营养不良在雅典的大街小巷上开始蔓延。在 1941 年至 1942 年的严冬里，由于燃料供给严重匮乏且价格高昂，人们无 157
法给房子供暖。人们在街上乞讨食物，在垃圾箱中搜寻残羹剩饭，在绝望中甚至开始吃草。德国军官们将剩饭从阳台上扔给下面的一群群孩子，看这些孩子为获得这些残渣而相互打斗，他们却以此为乐。人们——尤其是孩子——遭到疾病的侵袭，垂死在街道上。在

1941 年至 1942 年的冬天，总体死亡率上升了 5 倍甚至是 7 倍。红十字会估计，在 1941 年至 1943 年之间，有 25 万名希腊人死于饥饿或因饥饿引起的疾病。[115]

在希腊北部的山区，武装团伙在德军的供给路线上进行偷袭，给德军造成了一些伤亡。为了报复，德军地方军队的指挥官命令烧毁了 4 座村庄，还枪杀了 488 位希腊平民。在克里特岛，陷入困境的英国士兵参与了抵抗活动，在此期间，他们绑架了一名德国将军。对德军展开的野蛮报复行动是否有效已经无法确认。因为在德军占领的第一年里，希腊人民缺少统一指挥的领导层，很少尝试武装反抗，他们陷入了普遍的饥饿和精疲力竭的状态中。[116]

三

在德国占领的南斯拉夫，形势则明显不同。第一次世界大战结束后，各种族和宗教团体被人为地合成一个单一的国家，德国刚刚入侵，社会内部各团体之间尖锐的冲突和敌对就彻底爆发了，结果南斯拉夫四分五裂。第三帝国吞并了位于奥地利边界之南的斯洛文尼亚北部地区，同时意大利吞并了亚德里亚海沿岸直到达尔马提亚（Dalmatian）群岛中的一些岛屿，并接管了对黑山大部分地区的管理权。阿尔巴尼亚自 1939 年 4 月以来归属意大利，此时占领了东南部的大部分地区，包括科索沃（Kosovo）的大部分地区和马其顿西部，此外，还吞并了黑山的部分地区。与此同时，贪婪的匈牙利人攫取了巴奇卡（Bačka）和其他一些他们自 1918 年以来一直在统治的地方。保加利亚人不仅从希腊手中夺取了马其顿的大部分领土，还攫取了南斯拉夫在马其顿占领的那部分领土。南斯拉夫其余的国土被一分为二。希特勒决心奖赏他的盟友并惩罚塞尔维亚人。1941
158 年 4 月 10 日，德军进入贝尔格莱德，就在当天，克罗地亚的法西斯领导人安特·帕韦利奇（Ante Pavelić）在德国的鼓舞下，宣布克罗地亚独立，国土涵盖克罗地亚人居住的所有地区，包括波斯尼亚和黑塞哥维那。新独立的克罗地亚远比塞尔维亚残余国家更大。帕韦利奇立刻与德国结盟，向同盟国宣战。同挪威的吉斯林一样，帕韦利奇也是一个极端主义分子，在国内完全不得民心。1929 年，在一系列游行示威中，塞尔维亚警察杀死了许多克罗地亚民族主义者，随后，国王亚历山大一世（Alexander I）开始实行由塞尔维亚人主导的独裁统治。帕韦利奇是一名持民族主义立场的律师，便借此建立了他的组织。帕韦利奇建立的组织被称为“乌斯塔沙”（Ustashe，意指叛乱分子），他领导这一组织在 1934 年成功发动了一次出其不意的政变。当时，政变参与者们与马其顿恐怖主义分子联手刺杀了南斯拉夫国王，与此同时，法国外交部部长也不幸被杀，因为南斯拉夫国王那时正好在法国进行国事访问。南斯拉夫国内随即开始镇压帕韦利奇的组织，他带领组织逃亡意大利。在此期间，他将自己的组织发展成一个完全成熟的法西斯团体，并灌输“克罗地亚人是‘西方人’而不是斯拉夫人”的种族观。他告诉该团体的成员，信奉东正教的斯拉夫人、持无神论的布尔什维克以及犹太人对信奉天主教和新教的西方造成了严重威胁，他们的使命就是拯救西方。然而，据估计，在 20 世纪 40 年代初，在南斯拉夫 600 万克罗地亚人中，他只赢得了不超过 4 万人的支持。[117]

希特勒最初打算任命温和的克罗地亚农民党（Crotian Peasant Party）领袖弗拉德科·马切克（Vladko Maček）为新政权的首脑，但是弗拉特科·马切克拒绝了，人选落到了帕韦利奇头上。他流亡归来，宣布成立一个一党制的克罗地亚国家。[118] 帕韦利奇着手从城市最下层阶级中为乌斯塔沙招募年轻人，而且立刻掀起一波种族清洗的巨浪，用恐怖行动和种族灭绝手段驱逐新政权的 200 万塞尔维亚人、3 万吉卜赛人，以及 4.5 万犹太人，或者至少让他们皈依天主教，进而转变为名义上的克罗地亚人。极端的民族主义学生以及许多怀有克罗地亚民族主义思想的天主教神职人员——尤其是方济各（Franciscan）僧侣——满腔热情地加入了行动中。1941 年 4 月 17 日出台了一条法令，任何人只要有冒犯克罗地亚民族荣誉的过错，无论是过去、现在还是未来，都将被定为叛国罪并被处死。另一条法令将克罗地亚人定义为雅利安人，并且禁止与非雅利安人
159 通婚。犹太男性与克罗地亚女性发生性关系是非法的，但克罗地亚男性与犹太女性发生性关系则是合法的。所有非克罗地亚人都被剥夺了公民权。新的叛国法在城镇至少获得了口头上的支持，但是乌斯塔沙在乡村地区甚至都不愿费神去获得表面上的合法性。1941 年 7 月，乌斯塔沙在格利纳镇（Glina）枪杀了大约 300 名塞尔维亚人——包括妇女和孩子——之后，对周围村庄的居民实行特赦，条件是他们必须皈依天主教。在格利纳的东正教会举行皈依仪式那天，有 250 人到场。一走进会堂，迎接他们的不是天主教神父而是乌斯塔沙民兵，这些民兵迫使他们躺下，然后用带尖刺的棍棒打他们的头部。在新成立的克罗地亚政权下，类似大规模谋杀的恐怖场景在 1941 年夏秋时节轮番上演。有好几次，塞尔维亚村民被赶进当地教堂，教堂的窗户则用木板堵住，然后教堂被付之一炬，里面的人无一幸免。克罗地亚的乌斯塔沙部队甚至挖出塞尔维亚男人的眼睛，还用小刀切掉女人的乳房。[119]

克罗地亚的第一座集中营在1941 年 4 月底落成，同年 6 月 26 日，克罗地亚制定了一项法律，确保建成一个遍布全国的集中营网络。设立集中营的目的不是为了关押政权的反对者，而是为了消灭少数族裔和宗教少数派。据估计，仅在亚塞诺瓦茨（Jasenovac）集中营就有 2 万多犹太人惨遭杀害。集中营囚犯最主要的死亡原因是疾病和营养不良，但是在方济各会修士的怂恿下，乌斯塔沙民兵经常在通宵的大规模谋杀中用锤子将犯人击打致死。在洛博尔（Lobor）

集中营，1,500 名犹太妇女遭到司令官及其手下的多次强奸。当斑疹伤寒在史塔拉–格拉迪什卡（Stara Gradiska）集中营爆发时，行政长官命人将感染者送至贾科沃（Djakovo）尚未被传染的集中营内，这样贾科沃集中营的囚犯也会感染斑疹伤寒。1941 年 7 月 24 日，乌德比纳（Udbina）的助理牧师写道："截至目前，我的兄弟们，我们都是拿十字架和祈祷书为我们的信仰而工作的，而此刻，我们将使用左轮手枪和来复枪工作。"[120] 阿洛伊齐耶 · 斯特皮纳奇（Alojzije Stepinac）大主教是克罗地亚天主教会的首脑，坚决反对东正教"分裂主义者"；他宣称，上帝之手正在帮助卸下塞尔维亚东正教带来的束缚。1941 年 5 月 18 日，教皇甚至私下接见了帕韦利奇。然而，斯特皮纳奇最终受到触动，开始抗议强制性的皈依，
因为这些皈依明显都是通过恐吓手段达到的——尽管他直到 1942 160
年，斯捷潘 · 菲利波维奇（Stjepan Filipović）神父因为在亚塞诺瓦茨领导谋杀小队而被方济各会驱逐后，才开始谴责杀戮行动。之后直到 1943 年，斯特皮纳奇持续谴责登记和驱逐克罗地亚剩余犹太人的行动，这些犹太人将被驱逐到集中营。但是，这一切来得太迟了。截至此刻，大约有 3 万犹太人已经被杀，连同遇难的还有克罗地亚的绝大部分吉卜赛人（许多吉卜赛人在从事萨瓦河［Sava］河堤的建设工程时死于残酷的工作环境），而据最准确的估计，塞尔维亚受害者的总人数大约为 30 万。成千上万穿越边界到达达尔马提亚的塞尔维亚和犹太难民，将发生在克罗地亚的大规模谋杀行动公之于众，这在意大利造成了巨大的恐慌，以至于意大利军队开始前往克罗地亚领土，并宣称将保护那里的少数群体。但对大多数人而言，早已为时已晚。长久以来，克罗地亚的种族灭绝行动在塞尔维亚人心中留下了深刻而长久的痛苦记忆。20 世纪 90 年代，战后的南斯拉夫政权解体，塞尔维亚和克罗地亚最终重获独立，但是直到现在，塞尔维亚人对这一种族灭绝行动仍然记忆犹新。[121]

四

从本质上来讲，希特勒对从海上入侵英国的准备工作并不热心，这突出反映出一个事实，那就是在1940年7月末之前，他的注意力已经转向了一个更符合他心意的计划，即征服俄罗斯。从20世纪20年代初以来，该计划一直都是希特勒思考的中心问题。在他的自传体政治短文《我的奋斗》中，希特勒就已经以一种坚决的口吻表明了在东欧为德国人获取“生存空间”的必要性。在对军事人员的众多演说中，他反复表达了这一立场。最著名的一次发生在1933年2月3日，在那次演讲中，他明确向军队首领许诺，他将在未来的某个时刻发动一场战争，将东欧“日耳曼化”。[122] 1940年接近7月底，希特勒会见军队将领时，说现在是时候开始筹划这件事了。德军需要80至100个师来击溃红军。与入侵法国相比，与红军的作战如同儿戏一般。[123] 事实上，军方已经研究过了与红军作战的可行性，得出的结论是，在第二年春天之前发动入侵是不切实际的。进一步的研究认为应在1941年5月发动进攻。

161 两线作战的可能性并没有使希特勒警觉。法国已经被打败，英国近乎崩溃。至于红军，经过斯大林的清洗运动，战斗力已经被严重削弱，与芬兰的战争已经证明了这一点。无论如何，斯拉夫人是次等人种，他们无法对优等种族展开有效的抵抗。布尔什维主义只会使他们更加虚弱。希特勒将布尔什维主义视为是犹太人发动世界阴谋的一个工具，它已经成功奴役了斯拉夫人，让其屈从于自己的意愿。当然，有许多原因表明这种观点只是希特勒的幻想，最重要的事实是斯大林本身是一名反犹主义者，他已经在1939年罢免了外交部部长李维诺夫（Litvinov），其中一个原因就是李维诺夫是一名犹太人。而且，希特勒认为，如果西欧那些高级种族国家都能轻易地被征服，那么斯拉夫人又怎能抵挡得住德军的进攻呢？“俄罗斯人低人一等，”希特勒在1940年12月5日对布劳希奇和哈尔德说，“他们的军队群龙无首。”德国武装部队仅仅只需要四五个月就能征服苏联。[124]

除了在意识形态上极为重要的“生存空间”之外，进攻苏联还有一些与实在利益相关的原因。在1940年和1941年上半年，第三帝国严重依赖东欧的补给。当然，里宾特洛甫和苏联外交部部长维亚切斯拉夫·莫洛托夫（Vyacheslav Molotov）在1939年8月24日签订的《苏德互不侵犯条约》这时仍然有效。[125]实际上，1940年11月12日，应希特勒之邀，莫洛托夫亲自抵达柏林讨论未来的合作。1941年1月10日，苏联签署了一项新的贸易协定，根据该协定，乌克兰出口到第三帝国的谷物量将翻一倍。讽刺的是，这一举措反而使希特勒进一步相信——如果他需要令人信服的理由的话——苏联几乎拥有无止境的粮食储备，这对他进一步发动战争和对第三帝国未来总的发展而言至关重要。斯大林对德国贸易需求的妥协几乎没有，或者可以说丝毫没有令德军入侵苏联的计划有所改变。[126]

无论苏联提供什么，希特勒都无意放弃他的计划。1940年12月18日，他命令武装部队做好准备，在第二年春天发动一场速战速决的战争，击溃苏联。他之所以这么匆忙，最重要的原因是他没能击败英国。他认为美国很可能在1942年以前，站在同盟国一边加入战争。如果能打败苏联人，德国在面对美国人时将占据主动地位。这能消除日本在西线的主要威胁，鼓励日本加入对抗美国的战 162
争中。而且，这也将进一步孤立英国人，或许最终能迫使他们回到谈判桌上。这确实是1941年发动入侵战争的首要原因。“但是如果俄罗斯被粉碎，”希特勒在1940年7月31日对他的将领们说道，“它将使英国的梦想破灭，英国人无法再指望局势的改变。”[127]“你知道，英格兰的绅士们不蠢，”1941年1月初时，他对元帅费多尔·冯·博克说道，“当俄罗斯被打败，退出战争时，他们将会意识到将战争继续进行下去毫无意义。”[128] 几周后，他又补充道，有必要在英国被打败之前发动入侵战争，如果入侵战争发生在英国被打败之后，那么德国人民将不会支持这样的战争。希特勒亲自给此次入侵行动取了一个代号，即“巴巴罗萨行动”（Operation Barbarossa），这是以 12 世纪神圣罗马帝国皇帝和德国十字军战士腓特烈 · 巴巴罗萨（Frederick Barbarossa）的名字命名的。[129]

入侵计划越来越详细，然而一开始却并未确定入侵到底需要投入多少个师的兵力，直到最后才确定为大约 200 个师。苏联方面召集的红军，其规模与入侵者大体相当，但是在希特勒和他的军事将领的心中，红军在战斗力上远不敌德军。当然，就装备来看，在战斗区，红军比对手有更多的武器，他们的大炮和坦克的数量是德军的将近三倍。即使是在空中，苏联军队也有明显的数量优势，他们的战斗机数量是德军及其盟友的两倍。但是，这些武器装备大多已陈旧过时，新型坦克和新型大炮，无论数量多少仍没有被生产出来，30 年代斯大林的大清洗运动波及飞机和军需生产的管理者和设计者、军事指挥官和空军高级军官。[130] 而且，德军的准备十分周密。在入侵法国过程中，装甲师大获成功，这鼓舞了希特勒，于是在武器生产方面，他命令集中力量生产坦克。从 1940 年夏天至 1941 年夏天，德军装甲师的数量翻了一番，半履带车的数量也有相应的增长，机动步兵师依靠这些半履带车得以在坦克后面快速移动，充分利用此优势打击敌军。在入侵苏联的前一年，为了打一场经典的闪电战，德国在武器生产上确实集中力量为此提供支持，而在入侵法
163 国之前，德国并没有如此安排。为了提供支持，武器生产从弹药——他们现在有充足的弹药——转向机关枪和野战炮。弗里茨 · 托特、格奥尔格 · 托马斯和赫尔曼 · 戈林掌控不同的采购和经济管理机构，尽管这些机构之间的官僚内讧仍在继续，但是在准备巴巴罗萨行动

方面，第三帝国的武器工业仍然在一定程度上有效地运转。[131]

1941 年上半年，在德国占领的波兰，铁路和其他交通设施都得到了改善，物资补给都储存在边境地区。最终设想的战略计划是在边界地区切断并摧毁苏联军队，并且迅速向前推进到北起阿尔汉格尔斯克（Archangel）南至阿斯特拉罕（Astrakhan）的战线。在北面，芬兰同意调动一支由 16 个师组成的军队，这支军队刚刚组建，配备了最新的德国装备。在 1940 年“冬季战争”（Winter War）结束时，芬兰的一部分领土被苏联人夺走了，对此，芬兰人一直耿耿于怀，然而此刻芬兰的目标也仅仅在于夺回丧失的领土。[132] 在南面，罗马尼亚派出 18 个师加入战争。[133] 一小支匈牙利军队加入了罗马尼亚的部队，但是由于两国关系不和，这两支军队必须被分开。匈牙利军队的大多数装备都已陈旧过时，步兵使用的来复枪经常哑火，而且只有 190 辆年久失修的坦克，此外，他们还投入了 10 个“高山”（Alpine）营，其中 6 个是骑着自行车加入入侵俄罗斯的队伍中的。更重要的是，匈牙利迅速成为德军石油的重要来源，在战争的前半阶段，匈牙利是继罗马尼亚之后第二大为德军提供石油的国家。[134] 匈牙利统治者海军上将霍尔蒂·米克洛什（Miklos Horthy）深感不安，他担心罗马尼亚人将会抢先一步夺走 1940 年他们丧失给匈牙利的领土，这一顾虑也是促使匈牙利参战的最重要原因。德国的附属国斯洛伐克派了 2 个师的兵力，他们主要是为了确保前线后方的安全。同样，斯洛伐克参战是为了获得德国的好感，以避免匈牙利会对斯洛伐克提出进一步的领土要求。相比之下，墨索里尼派遣的 6 万名意大利士兵并没有参加入侵战争，而且他本人也不指望德国在战后的和平谈判中会满足意大利的愿望。4.5 万名西班牙反共产主义志愿者加入了列宁格勒前线的战争，他们一方面受到了意识形态的鼓舞，而另一方面佛朗哥也批准了他们的行动。佛朗哥这么
做是为了摆摆姿态，表示他对希特勒的感激之情，因为希特勒曾在 164

他夺取权力的斗争中援助过他。这些志愿者到达的时候却高兴不起来，因为一支德国空军军乐队在欢迎他们的时候错误地奏响了共和党人的国歌，而共和党人正是在内战中被他们打败的敌人。[135]

与匈牙利和罗马尼亚相比，德国在巴尔干的盟国保加利亚则采取一种更加谨慎的态度。国王鲍里斯三世（Boris Ⅲ）掌管国家的军事和外交政策等事务，他非常清醒地认识到，他的军队是由征募的农民组成的，这支军队不适合参与现代战争，也不愿意在远离家园的地方作战。鲍里斯必须小心翼翼地平衡各方利益。他曾经说道："我的军队是亲德国的，我的妻子是意大利人，我的臣民是亲俄罗斯的。在这个国家，我是唯一一个亲保加利亚的人。"[136]他曾经迫不及待地加入分裂希腊和南斯拉夫的行动，并且在保加利亚军队占领的地方对教育系统和公共生活的各方面开展保加利亚化运动。但是保加利亚吞并色雷斯的行动引发了激烈的反抗，直接导致了1942年年底的一场重大暴动。鲍里斯不无道理地宣称，需要调动军队去色雷斯镇压暴动。在第二个月他就派军队前往镇压，杀死约4.5至6万名希腊人，并下令驱逐或重新安置更多的希腊人。然而，在国王看来，法西斯主义共和党人发动的内部反叛也同样极具威胁。为了防止这一威胁，同时也是迫于德国的压力，他在1940年10月提出了反犹主义法，禁止犹太人和非犹太人之间发生性关系，并且将犹太人从各种各样职业和行业中驱逐出去。但是保加利亚的立法机构谨慎地从宗教角度对犹太人进行定义，因此，许多犹太人可以通过皈依——通常仅仅是形式上——基督教来逃避法律的影响。另外，法律也没有被非常严格地执行。比如，法律规定犹太人需要在他们的衣服上佩戴犹太之星，但是被委托生产犹太之星的政府工厂只生产了很少量，所以少数一开始佩戴犹太之星的犹太人很快就将其摘了下来，因为他们发现，除了自己没有其他人佩戴。国王也被迫去摧毁国内共济会的集会点——这是纳粹党和法西斯主义阴谋理论家所特别关注的目标，但这一举动极大地激怒了本身就是共济会成员的大臣们。但是，考虑到保加利亚眼前这个俄罗斯巨人隐约可见的国力，鲍里斯果断地拒绝再派遣任何士兵前往苏联前线。而且，实际上，尽管保加利亚向西方同盟国宣战，但是它却从未向苏联宣战。[137] 希特勒半是恼怒， 165
半是赞赏，称他为“一个非常机智甚至是狡猾的人”，而戈培尔则更直白地称他为“一个狡诈、阴险的家伙”。[138]

由于其他各国都削减兵力，因此“巴巴罗萨行动”实质上只能说是德国的行动。当中东欧地区冬天的积雪融化并且地面解冻后，德国武装部队开始向苏联边界运送大量的士兵和装备。在 1941 年 5 月至 6 月初的时间内，齐格蒙特 · 克卢科夫斯基记载了无休无止的德军纵队和车辆经过他所在的波兰地区。比如，他注意到，仅在 6 月 14 日一天，就有五六百辆车通过。[139] 斯大林慌忙采取措施。苏联根据 1941 年 1 月签署的贸易协定，增加了亚洲橡胶和其他供给品的交付量，试图以此来抚慰德国人，但却无济于事。斯大林是一名教条式的马克思列宁主义者，笃信希特勒的政权是德国垄断资本主义的工具，因此，他认定如果能满足德国商界的一切需求，德国就没有立即入侵苏联的理由。在前一年年初，根据《苏德互不侵犯条约》的贸易条款，苏联已经为德国提供了德国所需磷酸盐的将近 3/4，德国进口石棉中超过 2/3 也是由苏联提供的，这只比铬矿的出口少一点。苏联还提供德国一半以上的锰以及 1/3 以上的进口镍，另外，最关键的是，德国 1/3 以上的进口石油也来自苏联。[140] 有人提议穿越苏联与波兰的分界线发动袭击，以扰乱德军的集结，但这一提议被斯大林亲自否决了。苏联特工，甚至德国驻莫斯科大使馆的成员都发来报告，称入侵迫在眉睫，但这些报告只是使斯大林相信德国人正在使用强硬手段迫使他做出更多的经济让步。[141]

同时，斯大林也开始认清了形势，正如他于 1941 年 5 月 5 日在莫斯科对军校毕业生说的那样，“与德国的战争不可避免”。莫洛托夫或许能将战争的爆发日期推迟两或三个月，但是同时，至关重要的事情是“加强对我们的军队和指挥官的教导。向他们灌输进攻精神”。[142]向年轻军官传达这样的消息，是对未来的一种夸张的表述，他并非真的这样认为。斯大林并不相信红军能在1942年甚至1943年以前做好对付德国人的准备。参谋总部不仅尚未起草任何进
166 攻德国军队的计划，而且也没有制订任何防御德军进攻的计划。[143]
尽管德国人精心准备了一个规模庞大的欺骗计划，试图掩盖他们的真实意图，但是苏联情报部门还是发来了关于德军入侵的准确报告，报告称，入侵预计在1941年6月22日左右发动。但是斯大林置若罔闻。更早的报告曾指出，入侵行动将在1941年5月15日进行，尽管此情报在那时是准确的，但是德国为了发动对希腊和南斯拉夫的入侵延迟了巴巴罗萨行动，所以该情报结果却被证明是错的。希特勒后来还因这一后果指责墨索里尼，但实际上，即使德国元首没有被迫抽身去将他的意大利盟友从南欧的纷争中拯救出来，中东欧这几周的天气情况也不利于入侵苏联。结果，做出这一预测的苏联特工们丧失了所有信誉。[144]斯大林狭隘多疑的心性使他认为在英国的资本主义势力，包括波兰流亡政府，正在向他提供关于德国意图的错误情报，目的是引诱他加入战争。可以确定的是，无论如何，在与英国的战争结果悬而未决的情况下，德国元首是不会入侵苏联的。1941年6月21日，一名前共产党士兵从德国军队中逃跑，在游过一条河后，告诉河对岸的俄罗斯人，他的部队已经得到指令，将在第二天早上发动入侵。斯大林却将他枪毙，理由是散播“虚假情报”。[145]

第三节

巴巴罗萨行动

一

当柏林方面正在紧锣密鼓地筹备入侵时，希特勒的副手鲁道夫·赫斯对两线作战的前景变得愈发担心，认为这是不祥之兆。两线作战有不少历史先例，其中最重要的就是1914年至1918年间的两线作战，但这些战争都以失败告终，纳粹党主要领导人依旧对此耿耿于怀。赫斯对希特勒唯命是从，他不无道理地相信，自从征服法国后，这位纳粹元首在西方的主要目标是将英国带到谈判桌上。在过去几年内，赫斯——他从来都不是纳粹党党内最突出的人物——已经逐渐丧失了影响力。自从1939年9月战争爆发后，他接近希特勒的机会严重减少，他所辖部门的很大一部分权力正在逐渐被马丁·博尔曼所蚕食；马丁·博尔曼是他的副手，此人野心勃勃。赫斯没有参与制订“巴巴罗萨行动”计划，而且，事实上，他从未在外交政策方面扮演过任何角色。但是，他认为自己完全能胜任这些工作。赫斯的老师卡尔·豪斯霍费尔（Karl Haushofer）是地缘政治学家，赫斯深受他的熏陶，在他的教导下，赫斯笃信英国的使命是同德国站在一边，一起加入世界反布尔什维主义的斗争中。这位副元首感到非常怨恨和迷惑，他心里形成了一个大胆的计划。他将亲自飞赴英国进行和平协商。签署一份协议将使他重新获得希特勒的青睐，并在即将到来的进攻苏联的行动中确保德国的后方安全。尽管希特勒明确反对这样做，但赫斯仍在暗中锻炼他的飞行技巧。他有一架专用的 Me 110 战斗机，还获取了德国、北海和英国北部的地图和气象图。1941 年 5 月 10 日晚上 6 点，他穿上了内里衬着毛皮的飞行服，从奥格斯堡（Augsburg）的梅塞施密特战斗机工
168 厂的飞机场起飞，向西北方向飞行，驶向不列颠群岛。[146]

五个小时后，赫斯在格拉斯哥（Glasgow）附近跳伞，让飞机在无驾驶员的情况下继续飞行，直到最终爆炸烧毁。他在一块空地上降落，动作稍微有点笨拙。迎面走来一个农场工人，他告诉此人自己的名字是阿尔弗雷德·霍恩（Alfred Horn），有信息要带给汉密尔顿公爵（Duke of Hamilton），汉密尔顿的家就在附近。这名贵族在战前曾是英德学会（Anglo-German Society）的成员，豪斯霍费尔的儿子阿尔布雷希特（Albrecht）曾告诉赫斯，他将是和平提议的重要联络者。这将豪斯霍费尔的无知以及赫斯盲目轻信他人的弱点暴露无遗。事实上，汉密尔顿在英国不是一个特别重要的政治人物。此刻，汉密尔顿是一名皇家空军中校，他极可能不愿意传达德国的和平提议。应赫斯的要求，汉密尔顿被召到地方军营房，赫斯之前被带到了这里，赫斯迅速让汉密尔顿相信与他面对面的是纳粹党的副元首。冒险飞行给赫斯造成了一定的精神压力，他此刻头脑一片混乱，以至于无法真正与公爵讨论单独的和平问题，事实上，他现在什么也想不起来，只能重复希特勒去年 7 月制定的模糊的“和平提议”。外交官伊冯·柯克帕特里克（Ivone Kirkpatrick）被派往苏格兰去询问赫斯，此人于 1933—1938 年间在柏林大使馆工作，能讲一口流利的德语，他成功地从赫斯那里获得了更多的信

息。他汇报时说道，赫斯“来这里事前没有告知希特勒，他前来的目的是说服相关负责人，使他们相信，英国不可能赢得战争，最明智的做法是现在讲和”。赫斯比大多数人都更了解希特勒，他可以向柯克帕特里克保证，德国元首不会对大英帝国有任何企图。这是苍白无力的保证。柯克帕特里克总结道：“至于作战行动，赫斯似乎不是……德国政府决策层的核心成员。”[147] 在战争余下的时间内，赫斯被囚禁在不同的地方，其中包括伦敦塔。他自愿承担的“使命”完全毫无意义。除了表明他的头脑混乱和不切实际之外，他的莽撞行为没有取得其他任何成果。[148]

希特勒对赫斯的此次飞行一无所知，直到副元首的一名助手卡尔–海因茨·平奇（Karl-Heinz Pintsch）到来，才得知此事。平奇在 1941 年 5 月 11 日快到正午的时候到达贝格霍夫，他向希特勒呈递了一封信。在这封信中，赫斯将他的意图告诉了纳粹党元首，并且告知他，当他读这封信时，他已经在英格兰了。赫斯写道，如果希特勒不赞成这次冒险，那么希特勒可以简单地将他作为一个疯子 169
处理。然而，并没有什么消息从英国人那里泄漏出来。希特勒万分惊愕，他立即召见博尔曼，并打电话通知戈林立即从纽伦堡附近的城堡中赶来。“可怕的事情已经发生了。”他说道。[149] 希特勒极度担心，万一英国首先宣布这一消息，那么这等于是向墨索里尼和德国的其他盟国表明他正在背后与英国单独媾和。希特勒采纳赫斯自己的建议，将副元首的此次飞行归于他的精神错乱和幻觉，接着，他批准发布一则广播声明，在 1941 年 5 月 11 日晚上八点播出。广播的内容告诉德国人民，赫斯已经飞向不列颠群岛，但是他的飞机可能已经在途中坠毁。1941 年 5 月 13 日，BBC 宣布了赫斯到达苏格兰以及接着被捕的消息。同时，在奥托·迪特里希——希特勒的首席新闻官——的建议下，第二个声明通过德国无线电广播发布出去，此声明强调了赫斯的妄想状态和精神错乱。戈培尔在这天稍晚时候抵达贝格霍夫，他认为这样做只会火上浇油。“目前，”他在日记中写道，“整件事情尚不明朗。”“元首已经心烦意乱到极点，”他补充道，“对这个世界而言，这是怎样的一个洋相／尴尬的场面呀，元首任用的二把手竟然是一个精神错乱的人。”[150]

一接到赫斯叛逃的消息，希特勒就废除了他副元首的职位，并且将赫斯的办公室更名为党办公厅（Party Chancellery），像以前一样仍由博尔曼领导，但是现在形式上由赫斯以前的心腹监督。这一变动极大地加强了博尔曼的权力。此时如何解释这一事件仍是一个问题。希特勒已经将所有帝国首脑和党区领导召集到贝格霍夫。1941 年 5 月 13 日，他向这些人重复道，赫斯患有精神疾病。为了确保这些人对他保持忠诚，他饱含情感地解释，并宣布赫斯已经背叛而且欺骗了他。在演讲结束时，正如当时在场的汉斯 · 弗兰克几天后对波兰总督府的人员所描述的那样 ：“相比我之前所见，元首显得更加疲惫不堪。”[151] 就像戈培尔认为的那样，将事件归咎于其助手长期精神错乱并不能使他或者他的政权很好地说服外界舆论。许多纳粹党员一开始拒绝相信这个消息。根据纳粹特工的记录，纳粹党员们普遍感到“沮丧和疑惑”。[152]“没有人相信他生病
170 了。”一名地方官员报告道，这名官员来自巴伐利亚埃伯曼施塔特（Ebermannstadt）的乡村地区。[153] 听了费多尔 · 冯 · 博克元帅口中的这个“神秘的故事”，也没有人相信官方解释。[154]“为什么元首对赫斯事件三缄其口？”维克托·克伦佩雷尔的朋友安娜玛丽·克尔勒问道。“他真的应该说点什么。他将使用什么借口呢？声称赫斯已经病了很多年吗？但如果这样的话，赫斯不应该担任希特勒的副手。”[155] 洛蕾 · 瓦尔布现在在海德堡大学学习历史，她亦深有同感。“如果他之前真的长时间生病（间歇性的精神疾病？），那么为什么仍然让他保留领导职位？”她问道。[156] 但对于希特勒遭到副手的背叛，大多数人似乎表示同情。[157] 他们通过讲笑话来缓解

焦虑、迷茫和困惑。在一个笑话中，赫斯去丘吉尔那里进行面谈，当到达首相办公室后，丘吉尔对赫斯说道：“这么说你就是那个疯子？”“不，”赫斯回复道，“只是他的副手。”“英国短评：‘今天我们获悉赫斯确实精神错乱——他想返回德国。’”“我们的政府疯了，这件事情我们早就知道了，”据报道，柏林人是这样说的，“但是政府竟然承认了——这可真新鲜！”[158]

二

希特勒被迫花一周左右的时间处理赫斯事件，这种分散精力的事情是他非常讨厌的。然而，截至 1941 年 5 月中旬，纳粹党元首重新将他的心思集中到在东欧创造“生存空间”的计划上。他恣意地把对这片广大区域的未来设想滔滔不绝地讲述给共进午餐和晚餐的同伴，这片区域贯穿波兰、乌克兰和白俄罗斯，穿过了俄罗斯欧洲地带的大片领土，直到高加索。自 1941 年 7 月初以来，在希特勒的授意下，根据博尔曼的命令，这些话被一个政党官员海因里希·海姆（Heinrich Heim）记录了下来，此人一般坐在屋子一个不起眼的角落里（有时候，他的工作由另一个初级官员亨利·皮克［Henry Piker］代为执行）。这些记录之后被口述给一名速记员，接着呈给博尔曼，博尔曼对其进行修改后归档，为后代保存下来。当希特勒过世后，它们将被印刷出版，第三帝国将永垂不朽，希特勒的继任者们将能参考这些指示，了解他们伟大的元首对于诸多政治和意识形态问题是如何思考的。[159] 尽管这些记录话语有时重复且冗长单调，但是，作为希特勒思想——在政策和意识形态方面的广 171
泛而普遍存在的问题——的指南，它们确实很珍贵。多年来，希特勒在这方面的观点几乎没变，因此，他在 1941 年夏天发表的言论一定可以清楚地表明他在春天的所思所想。

1941 年 7 月，希特勒在谈及东欧的未来时，向他的客人描绘了一幅空中楼阁的场景，以此自娱。他说，一旦征服完成，德国人将吞并大片领土，以服务于种族生存和扩张。“适者生存的选择规律证明无休止的斗争是正确的。”[160]“高等民族不得不痛苦地蜗居在狭窄的土地上，而散漫无组织的大众对文明毫无贡献却占据了世界上最肥沃的大片土地，这简直不可思议。”[161]他说克里米亚和乌克兰东部将成为“德国人独占的殖民地”，现有的居民将被“逐出去”。[162]至于东部的其他地方，他说，少数的英国人已经控制了数百万的印度人，那么，德国在俄罗斯也将会如此：

> 德国殖民者应当拥有富饶而广袤的农场。德国的公务人员将住在体面的建筑中，总督将住在宫殿里……沿着城市，在纵深 30 千—40 千米的距离内，我们将有一片气派的村庄，这些村庄之间将由最好的道路连接。在这之外将是另外一个世界，在这里我们将任由俄罗斯人过他们想过的生活。只不过，我们必须要统治他们。万一有革命发生，我们只需要朝他们的城市扔下一些炸弹，事件就会被平息。[163]

他继续说道，将会修建密集的道路网，“在道路延伸到的所有地方都布满了德国城镇”，在这些城镇周围，“我们的殖民者将会定居下来”。具有德意志血统的殖民者将从整个西欧，甚至是美洲赶来。截至 20 世纪 60 年代，将会有 2,000 万殖民者，同时，我们将允许俄罗斯人的城镇“坍塌瓦解”。[164]

“在 100 年内，”希特勒宣布道，“我们的语言将成为欧洲的语言。”正是因为这个原因，他已经在 1940 年秋天规定，在所有官方通信和出版物中用罗马字体取代哥特字体。[165]几个月后，他又对新的德国东方进行了展望。新的铁路将会修建，以确保各主要中心与君士坦丁堡之间的“快捷通信”：

> 我想象直达快车以平均每小时200千米的速度飞速行驶， 172
> 但是我们目前的铁路车辆明显不能胜任。我们将需要更大的车厢——或许是双层火车，双层火车将使上层的乘客有机会欣赏沿途的风景。这可能需要建设比目前所使用的更宽的铁路轨道；此外，线路的数量必须要翻倍，以应对繁重的交通……仅凭这一点，我们就能实现开发东部领土的计划。[166]

与此同时，将建成规模宏大的六车道高速公路网，新的铁路系统也得以升级和扩张。他说道：“如果我们能够以每小时80千米的速度，在数千千米的高速公路上行驶，短短两天就能轻松到达克里米亚，其意义不可估量！”他设想着以后能“沿着一条帝国的高速公路，从克拉根福（Klagenfurt）到达特隆赫姆，从汉堡到达克里米亚”。[167]

按照这一设想的进展，俄罗斯社会将会被远远抛在后面。“相比于俄罗斯，”他宣布，“甚至波兰看起来更像是一个文明国家。”[168]德国人对本土居民“没有一丝怜悯”。“我们不会扮演儿童护理员的角色；就这些人而言，我们绝没有任何义务。”他们将不会得到医疗或教育设施；不仅不给他们接种疫苗和采取其他预防措施，而且要使他们相信疫苗对他们的健康是绝对有害的。[169]这些观点暗示着，俄罗斯社会最终将逐渐失去生气并且消失，与之一起消失的还有白俄罗斯、乌克兰和波兰等其他斯拉夫社会。在100年内，东欧的斯拉夫人口将会被居住在这片土地上的“数百万德国农民”取代。[170]在1941年年初，这句话的具体含义已经非常明确了。1941年1月，党卫队负责人海因里希·希姆莱在韦沃尔斯贝格城堡（Wewelsburg Castle）告诉其他党卫队长官说，对苏联作战的目标是减少30万斯拉夫人口。之后其他的纳粹党领导人也重复了这一数字，其中就包括赫尔曼·戈林，戈林在1941年11月15日告诉意大利外交部部长加莱亚佐·齐亚诺（Galeazzo Ciano）道："今年，在俄罗斯将有20至30万人被饿死。"[171]这30万将被饿死的人中不仅包括俄罗斯人，还包括其他苏联被德国人控制地区的居民，
173 而且不是让其缓慢饿死，而是将其立即饿死。苏联城市——其中有许多是在1930年斯大林发动的残酷的强制工业化运动中兴建的——将因为饥饿而消失，然而，被征服地区的所有粮食基本上都将用来给入侵的德国军队提供食物，并且维持德国国内的营养标准，这样，营养不良和饥饿——（希特勒认为）这是第一次世界大战中德国后方崩溃的致命原因——将在第二次世界大战中得以避免。这一"饥饿计划"首先是由赫伯特·巴克（Herbert Backe）提出并展开的，此人是农业部国务秘书，也是一名强硬的纳粹分子，他不仅与帝国农业部长里夏德·瓦尔特·达雷——主要的纳粹农民理论家——共事多年，而且与海德里希私交甚好。但是这一计划也得到了格奥尔格·托马斯将军的赞同，此人是武装部队中央行政机关中的武器采购负责人。1941年5月2日，在与托马斯将军会谈之后，各政府部门的国务秘书一致同意，武装部队将必须依靠东部征服土地的资源为生，他们还一致认为，"毫无疑问，如果将这些对我们来说非常必要的资源从这个国家拿走之后，数百万人将会饿死。"[172]

这些想法在所谓的"东方总计划"（General Plan for the East）——由强化德意志民族性国家专员部的负责人希姆莱于1941年6月21日委托制定——中有具体的表述。康拉德·迈尔（Konrad Meyer）教授是该部门的学术专家，专门研究安置政策，他在1941年7月15日将这一计划的初版呈给希姆莱。经过大量的讨论和进一步的改进，计划最终在1942年5月完成。该计划得到了希特勒的批准，并于1942年7月被帝国保安总局正式采纳。东方总计划

此时已成为第三帝国的官方政策，计划中提出方案：迁移 80%—
85% 的波兰人、64% 的乌克兰人和 75% 的白俄罗斯人，将他们向
更东的地方驱逐或任由他们死于疾病和营养不良。不算这些区域的
犹太人口，该计划打算在驱逐的过程——毫无疑问是残忍和暴力
的——中强制性地将至少 3,100 万人赶出自己的家园。据估计，算
上计划的人口增长，被驱逐的总人数不少于 4,500 万。在 20 年内，
不仅波兰的领土被并入德国，而且波兰总督府、拉脱维亚和爱沙尼 174
亚，以及中东欧实际上的更大部分区域将完全成为德国的领土。斯
拉夫人腾出的空间将被 1,000 万德国人占据。德国的边界实际上将
向东延伸 1,000 千米。[173]

希姆莱和党卫队将这看作中世纪十字军条顿骑士团教化使命的恢复和完成。但这是一种顺应 20 世纪状况的新的现代化的使命。迈尔称，新的德国移居者不会是偏狭迂腐的传统主义者，而是积极进取的农民，他们配备有最新式的机械，致力于创造一个农业仙境，将使新扩展的大片德国土地富饶丰盈。他们返回后将拥有农庄，与帝国那些靠限定继承制获得农庄的农民别无二致。[174] 他们中有 1/3 的人将是退休的党卫队军官，这些人将为整个事业提供意识形态和军事支持。而且，由于本地劳动力将不再可用，来自德国西南部农村地区的过剩劳动力将加入这一事业。东方总计划也考虑了希特勒对大规模现代城镇和工业中心——相互之间通过先进通信方式联系——的设想。在计划中，农业人口数量不超过德国新拓居地总人口的 1/3。迈尔认为实现东方总计划所需的总投资额将不少于 400 亿帝国马克，希姆莱对这一数额进行了修正，将其提高到 670 亿帝国马克，这相当于 1941 年德国国内生产总值的 2/3，或者相当于每一平方千米新拓居地将获得 50 万帝国马克的投资。这一巨大的金额将通过多种渠道筹集，包括国家预算、党卫队基金、地方政府、铁路和私营部门。东方总计划的野心蓝图令人惊愕。计划中如此大

规模的破坏活动在人类历史中从没有过。[175]

对苏联的入侵将使野蛮残忍的政策应用到更大的区域上，自开战以来，这些政策已经在波兰实施了，包括种族驱逐和重新安置、人口转移、日耳曼化、文化灭绝以及通过剥夺财产、饥饿和疾病等手段减少斯拉夫人口。但是与对波兰的占领相比，对苏联的入侵将更为激进。希特勒、纳粹党人和大多数主要将领将波兰人看作是与斯拉夫人一样的次等人类，但是，他们将苏联看作是一个威胁，因
175 为他们认为苏联的斯拉夫居民是由残忍狡猾的领导者所领导的，而这些领导者也是“犹太–布尔什维克”（Jewish-Bolshevik）世界阴谋的领导者，意在削弱德意志种族的力量和摧毁德意志文明。尽管希特勒对波兰人和他们的领袖嗤之以鼻，但是他反复表达了他个人对斯大林的仰慕之情，正如 1941 年 7 月那样，他称斯大林为“世界历史上最了不起的人物之一”。[176] 一年后，希特勒对与他共进晚餐的同伴讲道：“斯大林也必须得到我们无条件的尊重。在某种程度上他是一个可怕的家伙！他非常了解他的偶像成吉思汗和其他人……”[177] 在另一个场合，希特勒说：“斯大林半是野兽，半是巨人……如果我们再给他十年，他将横扫欧洲，就像是在匈奴时代那样。”[178] 因此，希特勒在 1941 年 3 月 17 日告诉军队首长们：“斯大林任用的知识分子必须被消灭掉。”[179] 就像波兰知识阶层已经被除掉一样，现在同样的命运将降临到苏联知识阶层头上。1941 年 3 月 30 日，希特勒在一次演讲中详细阐述了这个观点，其中的关键部分被哈尔德将军记录了下来。即将到来的战争将不是普通的战争，而是“两种世界观之间的战争。改变对布尔什维主义的看法就如同反社会的犯罪行为一样。共产主义是对未来巨大的威胁。我们必须抛弃军人友谊的立场。共产主义者绝不是我们的同志。这是一场消灭的战争”。[180] 尤其不能把红军中的政治委员当作战士来对待，而应将他们当作罪犯，并做相应地处理。希特勒要求“消灭布尔什维

克的政治委员和共产党知识分子……”，他警告道：“这里的战争将与西线的战争截然不同。”[181]

三

1941年5月19日，部队收到了入侵的指导方针，该方针要求他们对“布尔什维克煽动者、非正规军、破坏者、犹太人采取残忍有力的行动，并且全面排除所有积极和消极的抵抗”。[182] 在这个清单中，将“犹太人”作为单独的一类人包含进去具有重要的含义。实际上，这是批准德国军队不管在哪里遇上了犹太人，都可以杀害他们，因为军队认为所有的犹太人都属于布尔什维克抵抗力量。对波兰的征服已经表明，德国正规军对“东方犹太人”采取了残忍而 176
且经常是虐待般的暴力行为。对苏联的入侵将是以更大的规模再现这种暴力行为。1941年6月6日，入侵计划强调对囚犯进行蓄意谋杀，同时，国防军最高统帅部（OKW）* 总监威廉·凯特尔（Wilhelm Keitel）元帅签发了一项命令，要求将所有的红军政治委员——他认为这些人是“野蛮的、亚洲式作战方法的始作俑者——一旦俘获，立即枪毙”。[183]

驻扎波兰的高级军官——比如约翰内斯·布拉斯科维茨——曾经疑虑重重，而截至入侵时，这些疑虑早已被消除。没有任何一名将军对希特勒的命令提出任何公开的异议。军官团中一贯的反共产主义和反犹主义思想经过纳粹党连年不断的宣传和教化而得以强化。在波兰的经历使这样一种观念在他们心中根深蒂固，那就是斯拉夫人和犹太人将遭到镇压，而且是以能想到的最残忍的方式进行。

* 原书以联合武装部队最高指挥部（Combined Armed Forces Supreme Command）指称德国的国防军最高统帅部（Oberkommando der Wehrmacht）。

只有极少数人——比如费多尔·冯·博克元帅或亨宁·冯·特雷斯科（Henning von Tresckow）中校——秘密指示自己手下的军官不用理会杀害政治委员和平民的命令，因为他们认为这要么触犯国际法，要么会对军纪构成威胁，或者两方面都有考虑。然而，绝大多数将军将命令进一步传了下去。[184] 在 1941 年 3 月 27 日希特勒演讲之前，陆军总司令瓦尔特·冯·布劳希奇元帅——已经发布了一项指示，要求士兵“必须要弄清一个事实，那就是，这场冲突是一个种族与另一个种族之间的战争，势必是严酷的。”[185] 在多方位的宣传努力——其中不可避免地会提到“与世界犹太人的斗争，这些人正在努力煽动世界其他所有民族反对德国”——中，士兵们也得到了相应指示。[186] 正常的规则被弃之一边。军官们不仅仅是军官，更扮演着领导反对“犹太布尔什维主义”种族斗争的角色。正如艾里希·霍普纳（Erich Hoepner）将军在 1941 年 5 月 2 日为他的士兵写的行军命令中所言：

> 与俄罗斯的战争是德意志民族为生存而战的基本组成部分。它是德国人反对斯拉夫人的旷日持久的斗争，也是捍卫欧洲文化的斗争，使其免遭莫斯科人文化和亚洲文化泛滥的影响，同时还是防御犹太布尔什维主义的斗争。这场斗争必须致力于粉碎今天的俄罗斯，因此，必须以空前的严酷手段来进行这场斗争。[187]

177 许多其他的将领也签发了同样的命令，包括瓦尔特·冯·赖歇瑙（Walter von Reichenau）、埃里克·冯·曼施泰因和卡尔–海因里希·冯·施蒂尔普纳格尔（Karl-Heinrich von Stülpnagel，后来成为军事抵抗力量的成员）。[188]

军需总监霍斯特·瓦格纳（Horst Wagner）和党卫队保安处

负责人赖因哈德·海德里希之间的争论导致1941年4月28日出台了一个军事命令，这一命令赋予党卫队自主行动权，使其在实施政委令（Commissar Order）和在后方执行类似的“安全”任务时可以自由行事。A、B、C和D四个党卫队保安处别动队被建立起来，每队有600人至1,000人，随同军队进入贯穿俄罗斯南北的四个区域。在他们身后是更小规模的党卫队小队和警察。最终，在由文官掌控的离前线很远的后方将由大批党卫队士兵提供“安全”保障。警察部队由23个警察营组成，总共有420名军官和11,640名成员，这些人是从志愿申请者中挑选的，而且接受了党卫队的意识形态训练。他们中的大多数行年30多岁，比士兵的平均年龄要大，而且相当大一部分人在魏玛共和国早期的暴力年代里曾是自由军团的士兵。其中有许多人长期担任警察，是从坚定的左翼团体“秩序警察”——魏玛共和国为应对国内动乱而建立的——中选出来的，大多数来自左派准军事部队。其中一些人是纳粹褐衫军或来自波兰的德意志种族“自卫”（Selbstschutz）民兵组织。在这些营里，有一小部分由警察预备役人员组成。所有人都是志愿者，他们经过了党卫队的仔细筛选，并且接受了包括大量反犹主义思想的教化灌输。他们特地被挑选出来在苏联服务。大多数人是从中低阶层中招募的，据说，秩序警察成员会经营小本儿生意，当他们不在时，他们的妻子可以将生意继续下去。1941年5月中旬以来，他们在普雷奇（Pretzsch）——莱比锡附近——的边境警察学校（Border Police School）接受了意识形态训练，强化了他们对斯拉夫人和犹太人既有的偏见。因此，尽管后来的历史学家持相反的论调，但这些人既非“普通人”，也非“普通德国人”。[189]

1941年7月2日，别动队和警察营得到命令，处决所有的共产主义公职人员、人民委员、“在政党或国家当职的犹太人”以及“其他激进分子（破坏者、宣传家、狙击手、暗杀者、煽动者，等等）”。[190]

相比于之前接到的命令，只枪毙某一特定类别犹太人的命令乍看似
178 乎意味着军队行事方式受到了更多的限制。这个命令将别动队的注意力首先集中到被希特勒认定为共产主义知识分子和犹太精英的那些人身上，希特勒、海德里希以及其他大多数主要的纳粹党成员和许多军队将领都认为这两类人或多或少是一样的。而且这个命令只针对男人，跟最初在塞尔维亚的情况非常相似。然而，妇女和孩子并没有被明确排除在外。此外，将犹太人和共产主义者等同起来这种模式不仅是受到了多年反犹主义宣传的鼓动，而且还受到了另一个事实的鼓动，那就是，在苏联关键的精英群体——包括秘密警察——中，犹太人确实是最大的单一民族团体，这一点众所周知，从未被刻意隐藏。至少到纳粹入侵和随之而来的反犹主义暴行发生时，他们中的所有人无一例外地都早已否认了自己的犹太人身份和宗教背景。他们完全认同布尔什维主义的超越民族的、不朽的意识形态。除此之外，将界定模糊的种类——比如“宣传家”和“煽动者”——包括进去，是在公开鼓励杀死所有的犹太男性，因为纳粹意识形态认为在原则上这包括了**所有的**犹太男人。结果，不仅党卫队，还有军队对待波兰犹太人的方式都强烈地表明，别动队和警察营从一开始就并不纠结于该枪毙哪些犹太人或该枪毙多少犹太人。[191]

四

到了 1941 年 6 月 22 日凌晨，数月的规划工作最终完成。凌晨 3 点 15 分，就在一年中夜晚最短一天的黎明之前，密集的炮火开始沿着一条战线发射，这条战线从波罗的海向南延伸超过 1,000 英里。超过 300 万德国士兵和另外 50 万来自罗马尼亚和其他盟国的士兵，从北部芬兰边境的众多据点穿越苏联边界，一直向南行进到

黑海腹地。他们装备有 3,600 辆坦克，60 万辆机动车和 70 万门野战炮以及其他火炮。约 2,700 架飞机——整个德国空军力量的一半以上——在战线后方集结。当首次机动化地面攻击开始时，500 架轰炸机、270 架俯冲轰炸机和 480 架战斗机在上空向前飞行，对苏联的军用机场造成破坏。这是迄今为止整个人类历史上集结起来的最大规模的入侵力量。德国的军事目标是通过一连串大量的包围行动使苏联军队陷入困境并摧毁他们，将其牵制住，使其背对第聂伯 179
河（Dnieper）和德维纳河（Dvina）一线——距离入侵点 500 千米左右。[192] 仅在第一天，德国就对 66 个苏联飞机场发动了空袭，摧毁了超过 1,200 架苏联飞机，几乎所有的苏联飞机还没来得及起飞就被摧毁。在第一周内，德国空军摧毁了超过 4,000 架苏联飞机，这些飞机已经无法再修复。空袭也在一些主要城市——从比亚韦斯托克（Bialystok）到塔林（Tallinn），从基辅（Kiev）到里加（Riga）——上演。在获得了空中主导地位之后，三个主要的集团军群和坦克一起向前推进，俯冲轰炸机在天上支援，快速行进的步兵紧随其后，他们突破了红军的防守，给准备不足的苏联部队造成了巨大的损失。在入侵第一周里，中央集团军群（Army Group Centre）果断地突破了苏联的防守，在一系列战斗中将红军士兵团团包围。截至 7 月第二周结束，德军已经俘虏了 60 万名苏联士兵。截至此刻，超过 3,000 门苏联重炮和 6,000 辆坦克已经被缴获或摧毁，或者直接被士兵遗弃。164 个红军师中有 89 个已经丧失了战斗力。德军攻下斯摩棱斯克后继续朝莫斯科推进。北方集团军群（Army Group North）夺取了拉脱维亚、立陶宛和爱沙尼亚的大部分地区并向列宁格勒挺进。南方集团军群朝基辅驱驰，侵占了乌克兰的农业和工业地区。芬兰士兵在德国部队的支持下，封锁了摩尔曼斯克港（Murmansk），从北部向列宁格勒前进，同时，德国和罗马尼亚部队进入了更南部的比萨拉比亚。[193]

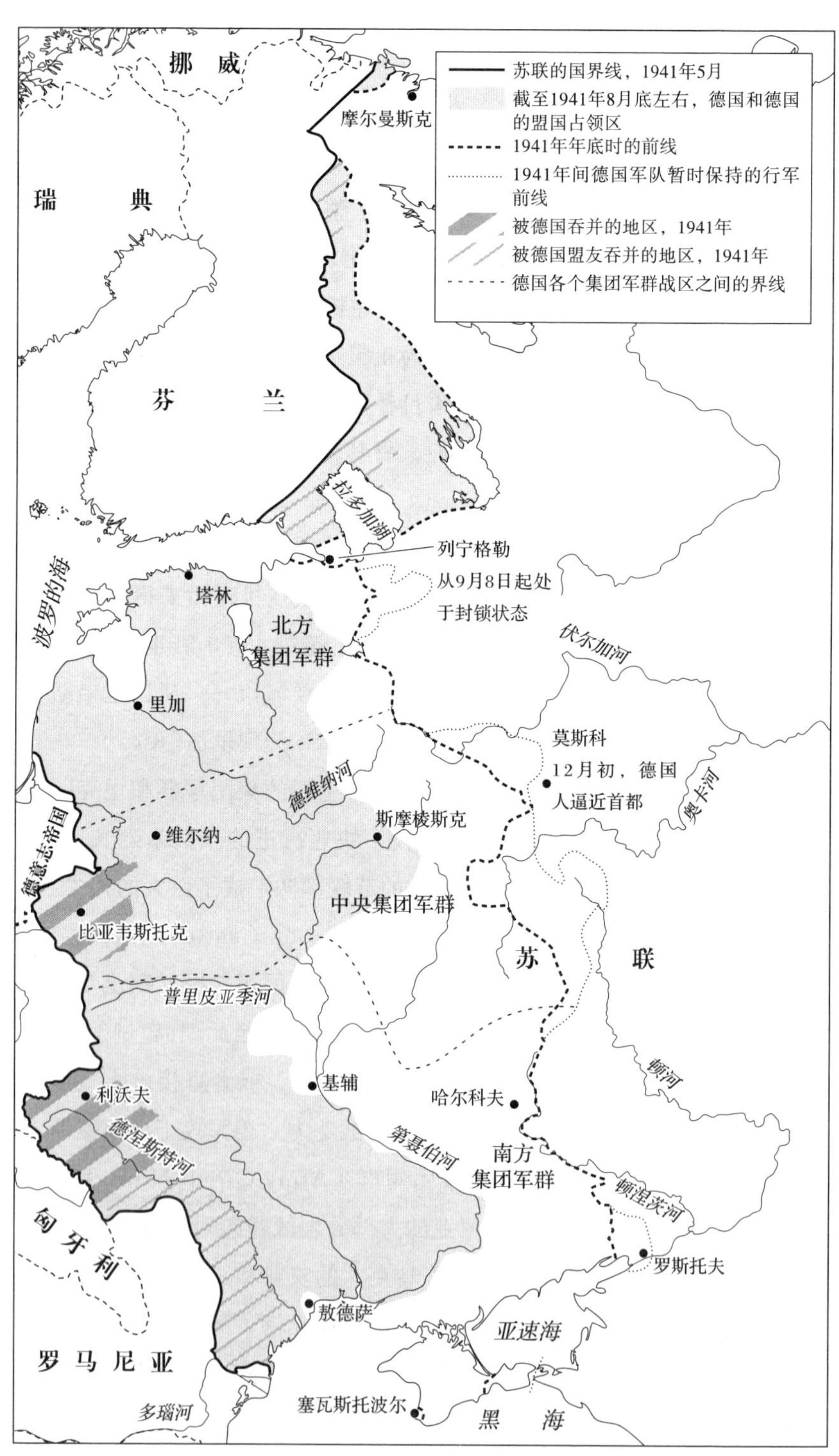

地图9　巴巴罗萨行动和东线，1941年

出其不意的行动和迅雷不及掩耳的攻势在瓦解苏联军队的过程中至关重要。德国士兵一天向前推进 50 千米，有时甚至更远。1941 年 7 月 11 日，戈特哈德 · 海因里希将军在给妻子的信中写道，入侵“对我们而言意味着奔跑，直到我们累得气喘吁吁，还要一直不停地跑，跑，跑”。[194] 阿尔贝特 · 诺伊豪斯（Albert Neuhaus）是一名士兵，震惊于他当时看到的场景，他在 1941 年 6 月 25 日给他妻子写信道：“我可以告诉你，在这里，一列列的车辆夜以继日地通过。这样的事情在整个世界上也只会发生一次。人们不停地交头接耳，并自言自语猜测这些成千上万的车辆都是从哪儿来的。”[195] 在炎热干燥的夏季，庞大的德国装甲纵队扬起了大团的灰尘，令人 181
窒息。在入侵的第一天，一名士兵已经这样写道：“甚至一小会儿的时间，落在我脸上和制服上的灰尘足有一指那么厚。”[196] 海因里希将军沿路驱使，他发现自己的车辆“正在覆盖着灰尘的道路上跋涉，而这些灰尘竟然深及脚踝。每前进一步以及每一辆行驶的车辆都掀起了令人望而却步的大团灰尘。行军路上，天空飘浮聚集着黄褐色的烟尘，就像长长的面纱一样”。[197] 当德军继续保持着迅猛的势头进军时，红军陷入了全线混乱和崩溃中。红军的通信被切断了，交通遭到破坏，弹药、装备、燃料、备用品和其他更多的东西很快就被耗尽了。由于未做好应对入侵的准备，红军军官们甚至无法预测德国人将在哪里发动下一次进攻，而且他们常常没有可用的火炮来对付即将到来的德国坦克。红军的许多坦克——从 BT 到 T-26 和 T-28——都已过时，而红军在 1941 年部署的总共 2.3 万辆坦克，更多的是因为故障而不是在对敌作战中报废的。自从芬兰战争后，红军的无线电通信一直没有得到改进，仍然是以最基本的方式进行加密，因此，德国人可以轻而易举地破译他们所监听到的情报。或许，最糟糕的是，医疗设备完全不足，难以应付数量庞大的尸体和治疗数以万计的伤者。由于缺乏适当的军事规划，红军军官们除了命令士兵们迎面进攻德国人之外，想不出其他的办法，因此其面临的灾难性的后果可想而知。想要井然有序地撤退几乎不可能，因为德国人事先已经摧毁了战线后方的道路、铁轨和桥梁。由于士气低落，红军士兵们陷入了混乱和绝望之中，其逃亡率迅速上升。仅在1941年6月末的三天时间内，苏联秘密警察就抓捕了将近700名逃亡者，这些士兵是从西南战线的战场上逃亡的。“撤退导致了盲目的恐慌，”正如白俄罗斯共产党首脑在1941年9月3日给斯大林的信中所言，“士兵们累得要死，甚至在炮火下也能睡着……第一次轰炸过后，士兵们的队形就瓦解了，许多人直接向丛林里逃窜，前线地区的丛林里满是诸如此类的避难者。许多人扔下他们的武器，逃回家中。”[198]

一些关于灾难程度的看法可以从尼古拉·莫斯克温（Nikolai Moskvin）的日记中得到估量，此人是一名苏联政治委员，他在日记中记录了苏联士兵们的情绪从乐观（“我们一定会赢。”他在1941年6月24日写道）在几周后迅速转变为绝望（“我将对这些士兵们
182 说些什么呢？”他在1941年7月23日沮丧地问自己，“我们一直在撤退”）。[199]在1941年7月15日，他已经枪毙了自己部队中的第一批逃亡者，但是士兵们仍然在不停地逃跑，而且月末时，由于他自己也受伤了，他承认：“我也到了精神完全崩溃的边缘。”[200]由于没有任何地图，他的部队迷路了，许多士兵在德国人的进攻中阵亡了，而莫斯克温由于无法动弹，正与两个随从躲在丛林里等待救援。一些农民发现了他们，照顾他使他恢复了健康，并且让他帮忙收获农作物。当他逐渐了解了这些人之后，他发现这些人并不忠于斯大林体制。他们的主要目的是活下来。每当战斗结束后，他们就冲到战场上对尸体进行劫掠。不管怎样，忠于斯大林能给他们带来什么呢？1941年8月，莫斯克温碰上了一些从一个德国战俘营里逃出来的红军士兵。“他们说那里没有躲避风雨的地方，也没有水，

人们正死于饥饿和疾病，而且许多人没有合适的衣服或鞋子。”他写道。几乎没有人曾想象被德国人囚禁将意味着什么。现实远比人们想象的要更糟。[201]

根据接到的命令，德军无意让几十万苏联战俘活着。对于跟随红军的苏联政治委员，希特勒和军队领导层已经下达命令，要求一旦俘获他们就立即枪毙，指挥官们的确执行了该命令，进行当场处决，但通常他们也将战俘移交给党卫队进行“特殊处理”。数万名苏联政治委员被带往德国的各个集中营，在那里，他们被行刑队枪决。[202] 在最初几周，许多普通士兵被俘后也立即被枪毙。“我们现在只抓少量的战俘，”1941 年 6 月 27 日，阿尔贝特 · 诺伊豪斯在信中向他的妻子这样写道，“因此你可以想象这意味着什么。”[203] 正如许多士兵在他们的信件中所反映的那样，对于那些在战役开始几周内就投降的红军士兵，“毫无宽恕可言”。[204] 那些得到饶恕的士兵，其命运也好不了多少。1941 年 10 月，齐格蒙特 · 克卢科夫斯基目睹了一列由 1.5 万名苏联战俘组成的队伍经过了他所在的区域。眼前的一切令他深感震惊：

> 他们看起来都骨瘦如柴，就像是人影一样，勉强能够移动。我这一生中还从未见过此种场景。一些人倒在了街上，身体强壮一点儿的人扛着其他人，用他们的手臂将这些人抬起来。他们看起来像是饥饿的动物，而不像是人。他们为争抢街边 183
> 沟渠中的苹果残渣而相互打斗，完全不顾可能会用橡胶警棍殴打他们的德国人。一些人在自己身上画十字架，跪在地上乞求食物。护送他们的士兵无情地殴打他们。士兵们不仅殴打战俘而且还殴打那些站在旁边试图递给他们一些食物的人。当这一骇人的队伍经过后，几个四轮马车过来拉上无法走路的囚犯。以这种难以置信的方式对待人类的行为只有在德国

人的伦理下才有可能。[205]

第二天，当另一队战俘经过时，当地人为他们在路面上摆了面包、苹果和其他一些食物。“当他们争抢食物的时候，护送的士兵开始朝他们射击，”克卢科夫斯基注意到，“但即便如此，这些战俘也没有停止争夺，他们根本不管开枪的德国人。”在强迫当地人将食物拿走后，德国人随后才同意可以将这些食物放在一辆马车上，然后分发给这些战俘。克卢科夫斯基认为这些战俘看起来“更像是动物的骨架而不像是人”。[206]

在去往集中营的路上，许多苏联战俘死于饥饿和精疲力竭。瓦尔特·冯·赖歇瑙元帅命令他的卫兵“枪毙所有倒下的战俘”。一些人是通过铁路被运走的，但是只能用敞篷的货车。在这种情况下，后果是灾难性的，尤其是冬天来临的时候。封闭的铁路货车只在 1941 年 11 月 22 日那天被调用，当时，从中央集团军群运送的 5,000 名战俘中有 1,000 人在途中被冻死。即使是这样，在下一个月，一份德国的官方报告指出，“有 25%—70% 的战俘”死于去往集中营的路上，主要是因为没有人愿意给他们任何一点食物。在战线后方建立起来的集中营几乎不配被称为集中营。许多集中营只是用带刺的铁丝网粗糙围起来的露天场地。对于应对数量如此巨大的囚犯，集中营几乎没有做任何准备，而且也没有采取任何措施为囚犯提供食物或药物。一名逃离集中营的囚犯成功返回苏联阵线，他告诉审问他的警察说，他曾被关进波兰的一个集中营，这个集中营包括 12 个楼区，每个楼区住 1,500 名至 2,000 名囚犯。德国卫兵将这些犯人当作练习用的靶子，放狗追赶他们，并打赌哪只狗能给囚犯造成最严重的创伤。犯人们饥饿难耐。当他们中的一人死亡之后，其余
184 的人扑到尸体上开始吞食。有一次，12 个人因嗜食同类被枪毙。所有的人都浑身是虱子，而且斑疹伤寒迅速传播。他们身上穿的单薄

夏装根本不足以保护他们抵御冬天的酷寒。截至1942年2月，在最初的8万名囚犯中，只有3,000人活了下来。[207]

在战线后方，同样的一幕在其他集中营轮番上演。克萨韦尔·多施（Xaver Dorsch）是托特组织（Todt Organization）的一名公务员，他于1941年7月10日参观了明斯克（Minsk），他发现，军队已经“在一个面积近似于柏林威廉广场的区域内”建立了一个集中营，里面关押了10万名战俘和4万名平民，这几乎相当于明斯克所有男性人口的总数。

> 囚犯们在这个区域内紧紧地挤在一起，以至于他们几乎不能移动，而且不得不原地大小便。他们由一个连的现役士兵守卫。守卫部队规模较小，这意味着只能通过最残忍的暴力手段来控制集中营。事实上，战俘的吃饭问题无法解决。其中一些人已经6—8天没有吃东西了。饥饿使得他们产生了一种致命的漠然情绪，在这种情绪下，他们只有一个念头，找到吃的东西……对虚弱的守卫部队——他们不得不在没有替班士兵的情况下日夜履行职务——来说，唯一可能的语言就是使用枪支，无情地使用枪支。[208]

截至1941年年底，已有超过30万红军战俘死去。维尔姆·霍森费尔德对饿死俄罗斯战俘的方式非常震惊，他发现这一政策“如此丑恶、残忍和愚蠢，以至于人们只能为我们的所作所为感到深深地羞愧”。[209] 周围地区的居民愿意帮忙给囚犯提供食物，但是德军禁止他们这么做。[210] 陆军参谋总长弗朗茨·哈尔德在1941年11月14日记录道：“每天有大量的囚犯饿死。这恐怖至极，但是目前要做点事情帮助他们似乎是不可能的。”[211]

政策最终还是得到改变，但这是由一些现实因素而非道德考虑导致的。1941 年 10 月底，德国当局开始意识到，苏联囚犯可以被用作强制性劳动力，于是他们采取了一些措施，给囚犯提供适量的——尽管只是勉强足够的——食物、衣服和住处。[212] 许多人（尽管并非所有人）被安置在废弃的工厂和监狱里。然而，在 1942 年 1 月，仍然有大量囚犯住在防空洞里。1943 年，情况再次恶化，尽管
185 并没有恶化到战争最初几个月的绝对低点。到了此刻，苏联手中已经控制了足够多的德国战俘，德国武装部队的领导层不得不担心苏联会采取报复措施。在整个战争期间，德国部队俘获了大约 570 万苏联战俘。德国的官方记录表明，截至战争结束时，其中有 330 万人已经死亡,约占总人数的 58%。实际的数字可能高得多。相比之下，红军俘获的 200 万德国战俘中，有 356,687 人死亡，其中大多数是在战争后期死亡的，死亡率几乎达到 18%。这一数字远超被德军俘虏的英国人、法国人和其他军人的死亡率，直到战争最后几个混乱的月份，他们的死亡率仍低于 2%，更不用说被西方同盟国俘虏的德国军人的死亡率了。但是，苏联集中营里德国战俘的高死亡率反映了苏联以及古拉格（Gulag）集中营体系总体上糟糕的生活条件，这是由两方面因素引起的，即战争造成的巨大破坏和战后初期的歉收状况，而不是任何具体的针对德国战俘的报复情绪。实际上，相比于苏联集中营里的其他战俘，没有证据表明德国战俘受到了区别对待，只有一点区别，即作为“法西斯分子”，他们接受了不同强度的政治再教育。[213]

相比之下，德国人手中的红军战俘，其死亡是由纳粹种族主义思想直接导致的，此一种族思想在德国军官团中得到了压倒性的支持，它将“斯拉夫人”比作是可以牺牲的次等人类，当有饥饿的德国人需要养活的时候，斯拉夫人就不配活下去。[214] 在某种意义上这是执行“东方总计划”的第一阶段。只有少量德国军官反对虐待苏联战俘，其中包括率领中央集团军群的费多尔 · 冯 · 博克元帅。

他在 1941 年 10 月 20 日记录道：

> 数万名俄罗斯战俘走向斯摩棱斯克的场面给人留下可怕的印象，这些战俘几乎没有人去把守。这些不幸的人沿路蹒跚前行，有的快要累死了，有的饿得半死，许多人因为精疲力竭已经倒下了，还有的已经死了。

“我向军方说起此事，”他补充说道，“但是提供援助几乎不可能。”
而且，甚至是博克——传统意义上“标准”普鲁士军官的代表——
最终更加关心的是防止这些囚犯逃出去加入游击队。这些游击队是
由成千上万的红军士兵组建的，由于德国武装力量的快速推进，他
们被困在战线后方。“必须更加严厉地监督和看管他们，”在看到蓬 186
头垢面的俄罗斯战俘后，他这样总结道，“否则，我们将助长越来
越多的游击运动。”[215] 许多像博克那样的高级军官心中都感到不安，
但这种情绪被希特勒安抚了，希特勒坚持认为，不应像对待普通士
兵那样对待苏联战俘，而应该将他们当作种族和意识形态敌人。那
些天天负责看管战俘的初级军官在看到这些战俘死亡后，没有丝毫
良心不安。[216] 那些最终被释放并返回苏联的战俘——远远超过了
150 万人——不得不面临严重的歧视，因为斯大林在 1941 年 8 月签
发了一项命令，将投降等同于叛国。在经过苏联军事反情报组织的
筛选之后，他们中有许多人被遣送到古拉格。尽管斯大林死后，格
奥尔吉·朱可夫（Georgy Zhukov）元帅试图终止此前对战俘的歧视，
但是直到 1994 年他们的名誉才被正式恢复。[217]

五

1941 年 6 月 22 日凌晨 3 点 30 分，红军参谋总长格奥尔吉 · 朱

可夫给斯大林的乡间宅邸打电话，将这位苏联领袖从睡梦中唤醒。他告诉斯大林，德国人已经开始沿着前线炮轰红军阵地。斯大林拒绝相信一场全面的入侵战争正在到来。这天早上晚些时候，他在莫斯科对一小部分民事和军事领导人说，他确定希特勒不知道此事。这肯定是德国武装部队领导人发动的一场阴谋。只有当德国大使弗里德里希·维尔纳·冯·舒伦堡伯爵（Count Friedrich Werner von der Schulenburg）在克里姆林宫会见苏联外交部部长莫洛托夫并递交了德国的宣战书之后，斯大林才意识到他被希特勒欺骗了。斯大林最初感到很震惊和不安，一时间不知所措，不过他迅速振作了起来。1941 年 6 月 23 日，他在克里姆林宫的办公桌前从早上 3 点 20 分工作到晚上 6 点 25 分，汇总情报并为设立一个最高指挥部做必要的安排，这个最高指挥部将负责作战行动。随着时间的推移，他越发对德国的进军规模和速度感到心灰意冷。在 6 月底，他动身前
187 往他的乡间宅邸，以他独特的粗俗方式说道：“一切都完了。我不再抱有希望。列宁创建了我们的国家，但是我们却把它搞砸了。”他没有对苏联人民发表演讲，也不跟他的下属商量，甚至不接电话。事实上，德国飞机已经在红军阵线上方投放传单，声称斯大林已经死亡。当政治局的代表团抵达他的乡间宅邸时，他们发现斯大林消沉地躺在一个手扶椅上。“你们来干什么？”他问道。带着一阵恐惧，代表团的两位成员米高扬（Mikoyan）和贝利亚（Beria）意识到，斯大林认为他们是来逮捕他的。[218]

由于希特勒和主要将领们都相信苏联体系正处于糟糕的状况之中，只需要一次果断的出击就可以使它彻底崩溃，因此他们把一切都押在迅速击溃红军上。就像 1914 年的情形一样，他们预计战役将在圣诞节前结束。他们没有储备一些关键的编队或为补充前线丧失的兵力和装备做好准备。在战役进行过程中，许多飞行员希望在 9 月初时被调回到西线去与英国人作战。最初几周惊人的军事胜利

使他们相信他们的想法是正确的。苏联军队肯定被完全摧毁了。希特勒也沉浸在这种普遍盲目的乐观中。1941 年 6 月 23 日，他从柏林转移到他在前线后方的新战地指挥部，这一指挥部位于东普鲁士的拉斯滕堡（Rastenburg，今肯琴［Kętrzyn］）。新指挥部在去年秋天就已经开始建设，指挥部的巨大建筑群坐落在丛林深处，有铁路专线通向这里，戈林时不时地乘坐他的豪华私人列车沿着这条专线驶来。建筑群包含许多地堡和临时营房，都隐藏在周围的环境里，从空中很难发现。有卫兵的营房、餐饮设施和会议室。在时间紧迫的时候，简易机场可供轻型飞机载人到达或离开指挥部。不远处的两个其他封闭建筑群供武装部队的首长和参谋人员使用。希特勒用他在 20 年代的绰号“狼穴”（Wolf’s Lair）来给指挥部命名。他就是在这里接受武装部队领导们的简要汇报，而且在午餐和晚餐时发表一系列冗长的讲话，博尔曼曾命人将这些讲话记录下来，供后代参考。希特勒并没有打算在那里待上几周。“东部的战争基本上已经赢了，”他在 1941 年 7 月 8 日告诉戈培尔。[219] 这也是整个军队的看法。

1941 年 7 月 3 日，陆军参谋总长弗朗茨 · 哈尔德已经表露了他 188
的乐观情绪，他记录道，红军似乎没有更多的军力储备投入战斗了。他在日记中记录道：“因此，如果我宣称对俄罗斯的战役将在 14 天之内取胜，这绝不是夸大之词。” [220]

因此，1941 年 7 月 16 日，希特勒召开了一次会议，为管理已征服的领土进行安排。名义上，全面负责此事的是纳粹党的首席理论家阿尔弗雷德 · 罗森贝格，他被任命为帝国东方占领区事务部部长（Reich Minister for the Occupied Eastern Territories）。他的波罗的海德国人血统似乎使他成为负责这项工作最合适的人选。罗森贝格的办公室曾计划拉拢该区域的一些苏联附属民族——尤其是乌克兰人——将其作为抗衡俄罗斯人的力量。但是这些计划是无用的。希特勒不仅明确地将军队，而且也将希姆莱的党卫队和戈林的四年计划组织从罗森贝格的职权范围内移除。另外，不仅仅是希姆莱和戈林，而且希特勒自身也希望对占领区的数百万居民进行无情的镇压、驱逐或谋杀，而不是将其吸纳进纳粹新秩序中。为了达成这个目标，希特勒指派东普鲁士的党区领导埃里克·科赫（Erich Koch）去领导乌克兰总督辖区（Reich Commissariat of the Ukraine），还指示他要尽可能地冷酷无情。科赫满怀热情地完成了任务。而他在东方总督辖区（Reich Commissariat of the Eastern Land）——包括之前的波罗的海国家——的同僚欣里希·洛泽（Hinrich Lohse），以及白俄罗斯总督辖区（General Commissariat of Belarus）的同僚威廉·库贝（Wilhelm Kube）分别被证明是缺乏能力和腐败的，而且最终像罗森贝格本人那样备受冷落。因此，这里的情况甚至比在波兰的情况还要严重，党卫队或多或少被允许在新占领区为所欲为。[221]

希特勒知道，对占领区的原居民实施激进的种族镇压和灭绝计划，有可能会疏远世界舆论。因此，他在 1941 年 7 月 16 日说道，宣传部门必须要强调，德国军队占领这些区域是为了恢复当地的秩序和安全，将其从苏联控制下解放出来。[222] 他们向德国民众声称，入侵行动不仅仅是反对“犹太布尔什维主义”战争的决定性阶段，而且还是一个预防措施，目的是在苏联袭击德国之前，采取先发制人的行动。事实上，在 1941 年 9 月 17 日，希特勒对与他共进晚餐的同伴们说道，他不得不“预测斯大林可能将在 1941 年期间实施
189 进攻”，然而，戈培尔在 7 月 9 日就已经记录到，希特勒曾大声斥责“布尔什维克领导集团曾意图入侵德国”。这些声明在很大程度上反映了这两个人的真实看法，这是个颇具争议的问题：这两个人都知道他们的话将被记录下来，供后人参阅——希特勒的话是由博尔曼的速记员记录，而戈培尔的话是由他的秘书们记录，因为在这个时候，戈培尔已经改为口授日记而不是亲自书写，而且他已经签

署了合同，待他去世后就可以将这些文字出版。[223] 但是，可以确定的是，这就是向德国广大民众宣扬的文字。

宣布入侵使大多数德国人完全措手不及。在之前的很多情况下，战争的来临已经非常明显，因为戈培尔的媒体机构曾接二连三地对未来可能的敌人进行了大规模广泛的敌对性宣传。但是，由于希特勒希望迷惑斯大林，使斯大林认为将不会有任何进攻，因此，在这一次，类似的宣传完全没有出现。事实上，在 6 月中旬，甚至谣传斯大林将对德意志帝国进行一次正式的访问。大多数人的注意力仍集中在与英国的战争上，而且希望能与英国达成协议。因此，面对发动巴巴罗萨行动的公告，民众的反应是复杂的，这一点也不令人感到惊讶。学生洛蕾 · 瓦尔布在她的日记中准确地呈现了公众的反应。她写道，人们同时感到“极度的担忧和沮丧，但是，他们也莫名其妙地松了一口气”。她觉得，德国与苏联布尔什维主义之间的结盟，虽然在战略上是必要的，但在政治上却是错误的，而现在，结束这种结盟至少可以澄清事实。[224] 巴伐利亚埃伯曼施塔特乡村地区的地方当局报告道，人们都“神色焦虑”，而且担心“这将又是一次旷日持久的战争”。[225] 路易丝 · 索尔米茨也认为入侵苏联预示着这将是一场没有尽头的战争。[226] 约亨 · 克莱珀（Jochen Klepper）是一名记者，已经被征募为德军在保加利亚和罗马尼亚的储备军官，他写道：“我们所有人首先关注的是战争持续的时间，但是所有人都确信，迟早要进行与俄罗斯之间的清算。”[227]

一些人担心希特勒高估了自己的能力。1941 年 6 月 22 日，梅利塔 · 马施曼在去拜访父母的路上，经过了博登湖（Lake Constance）附近的一个露天啤酒馆，这时，她听到了希特勒在无线电广播中宣布入侵苏联。她后来回忆道，她的第一反应是恐惧和 190
担忧。两线作战从来不是一个好主意，而且甚至是拿破仑也无法打败俄罗斯人。

> 我周围的人都面露不安。我们都避免眼神接触，都在眺望湖的远方。在灰色的天空下，远方的湖岸笼罩在迷雾中。在这个阴郁的夏天的早晨，人们心情都有点沉重。广播还未结束，天空下起了雨。我昨晚整晚没睡，现在感到很冷。我沿着湖岸行走，感到一阵阵沮丧。湖水拍打着码头，气氛阴郁又冷漠。入侵俄罗斯有一点是确定无疑的，即战争将会持续很多年，而且或许将会有无法估量的巨大牺牲。[228]

1941年6月29日以来，德军一连串令人震惊的胜利被媒体大肆宣扬，它振奋了一些人的精神，使他们中的许多人相信，战争或许不会持续很长时间。然而，对大多数人而言，担忧之情还是压倒了乐观的情绪。[229] 数周后，也就是在1941年8月29日，埃伯曼施塔特的一名官员非常诚恳地总结了人们的反应。那些“热切关注事件进展，充满狂热之情”的人数量“极其少。大多数人期待着战争结束，就像病人渴望康复所怀揣的那种感情一样”。[230]

第四节

沿着拿破仑的足迹

一

斯大林绝望地躲回了他的郊外宅邸，但短短几天后他便重整旗鼓，如果说他之前的确已经偃旗息鼓的话。一些人认为，就像几世纪前“恐怖的伊凡”（Ivan the Terrible）那样，他短暂地退隐纯粹只是想证明自己的不可或缺。之后，斯大林亲自担任主席，成立了国防委员会（State Defence Committee）。他的退隐使他有机会重新考虑自己的作用。1941 年 7 月 3 日，斯大林通过无线电广播对苏联人民发表讲话，这是他第一次以一名爱国领袖而非共产党统治者的身份发表讲话，而在同一天，弗朗茨 · 哈尔德在日记中袒露了自己的想法，他认为德军已经赢得了胜利。“兄弟姐妹们，”斯大林说道，“朋友们！”这是一种全新的语调。他甚至承认红军之前没有做好进攻准备。他说，德国人“既邪恶又背信弃义……他们配备有大量的坦克和大炮”。但是他们并不能取胜。苏联人民必须组织起来进行全民抵抗运动，动员每一份力量，竭尽所能地打败敌人。必须要在战线后方开展游击队活动，给敌人造成尽可能多的损伤和破坏。人们感觉到，沉默、谎言和逃避最终被某种真理取代。[231]共产党的政治宣传开始强调，抵御德国人不是出于革命需要，而是为了祖国。苏联共产党的官方报纸《真理报》(*Pravda*)抛弃了报头上“全世界无产者，联合起来！”的口号，代之以“杀死德国侵略者！”尼古拉·莫斯克温在1941年9月30日记录道，“当地民众的情绪发生了剧烈变化”。他们之前不断威胁说要将他出卖给德国人，现在转而开始投身于爱国事业，因为他们了解到德国统治当局之所以维持集体农庄的正常运转，是因为集体农庄更便于他们收集粮食并运回德国。[232]

192 因为民众们已经开始体会到德国统治当局给他们带来的痛苦现实，所以斯大林的演讲愈发强烈地激起了他们的爱国热忱。战俘营的恐怖情况与目击者关于德国士兵大规模枪杀平民和烧毁村庄的报告夹杂在一起，使仍在撤退的红军队伍产生了一种抗敌决心，而这种决心在战争最初的混乱时期内几乎完全不存在。库尔斯克(Kursk)陷落后，德国人逮捕了所有健康的男性居民，将他们关在一个由带刺铁丝网围起来的露天围栏里，由手持橡胶警棍的德国人看守他们，不给他们提供食物或水，还强迫他们劳动。“街道都是空的，”一份苏联情报这样记录道，“商店已经被洗劫了。没有自来水和电。库尔斯克已经被毁了。”[233]费多尔·冯·博克报告道，明斯克仅仅是一座“废墟”，“人们四处游荡，没有任何食物”。[234]其他城镇都沦落为类似的样子。红军撤退时本就运走了当地的大量物资，使当地情形已经非常严峻，但是德国征服者还存心让当地民众挨饿，征用了绝大部分食物。希特勒宣布，他坚决“要将莫斯科和列宁格勒夷为平地，这样就可以阻止人们留在那里，我们也就不用被迫供养他们过冬了。这些城市将被空军彻底摧毁”。[235]许多人在德国士兵到来之前就已经逃走了——比如，基辅的人口减少了一半，从60万人减为30万人——而对每个沦陷区内留下来的人而言，如何活下去迅速成为头等大事。德军颁布了一连串命令，宣布实施宵禁、征用年轻男性为强制劳动力、征用冬衣，以及处决上百名具有纵火或蓄意破坏嫌疑的市民。[236]与之前在波兰的情形如出一辙，德国士兵到处打家劫舍。“在每个地方，”戈特哈德·海因里希将军在1941年6月23日讽刺地写道，“我们的人到处寻找马具，从农民家里带走他们的马。村庄里回荡着哀号和恸哭。这就是所谓的‘被解放’的人民。”[237]他在1941年7月4日补充道，在食品征用上，德军无所不征，且丝毫不留。“这片土地很可能迅速地被榨干。”[238]一些人最初将德国士兵们视为将自己从斯大林暴政中拯救出来的解放者，但他们很快就对士兵们的所作所为失望透顶，并开始与之疏远。“要是我们的人能稍微得体和明智一点该多好！”汉斯·迈尔-韦尔
克叹息道。“他们从农民手中拿走一切看得上的东西。”迈尔-韦尔 193
克看见士兵偷农民的鸡，将蜂巢撕裂，在里面找寻东西，还在一个农家院子里抓了一群鹅。他试图去约束这些劫掠者，但却无济于事。[239]

在前线的另外一个地方，一名陆军军官在1941年8月31日报告道：

> 不仅是奥尔沙（Orscha）的人民，而且还有莫吉廖夫（Mogilëv）和其他地方的人民都不断抱怨某个德国士兵拿走了他们的财产，而且对这些士兵本人而言，他们拿走的东西根本没有用。其他的就不说了，奥尔沙的一名妇女告诉我，一名德国士兵拿走了她三岁孩子的外套，当时她把孩子抱在自己怀里。说这些的时候，她流着眼泪，一脸绝望。她说她的整个家都已经被烧毁了，而且她从未想到德国士兵会如此冷酷无情，竟会拿走小孩子的衣服。[240]

陆军总司令部发布命令，威胁说要惩罚这样的行径，但却沦为一纸空文。在维捷布斯克（Witebsk），当地集体农场有 200 头牛，除了其中 8 头，士兵们带走了其余所有牛，但只支付了 12 头牛的价钱。此外，大量物资被偷，包括当地一个木料厂的一百万张层压板以及一个仓库的 15 吨盐。天气变冷时，士兵们开始从居民家里偷木质家具用作燃料。据说，在南部，匈牙利士兵“拿走一切没有被钉牢的东西”，当地人将他们称作“奥地利匈奴人”（Austrian Huns）。当地市民被迫为数万名士兵提供住宿，这些士兵吃得当地市民家家倾家荡产。许多妇女感到绝望无助，她们开始卖淫。在一些地区，德国士兵中的性病发病率很快就达到了 10%，而且为东部士兵开设的 200 家军队官方妓院对于缓解病情也收效甚微。尽管德军并未刻意将强奸当作一项政策，但强奸并不少见。然而，在因各种罪行被军事法庭定罪的 150 万武装部队成员中，只有 5,349 人因性犯罪受审，且大多数都是由于女性受害者控告才遭到审判的。法庭宽大处理这种犯罪，而且 1941 年 6 月 22 日后，因劫掠和偷窃而被捕的士兵数量开始下降。显然，只要不影响士气，军队对士兵们在东部的不端行为只是睁一只眼闭一只眼。[241] 除了偷窃和强奸，德军还蓄
194 意破坏。德军部队在各式各样的宫殿里自娱自乐，这些宫殿散布在圣彼得堡周围的乡村地区，他们用机枪扫射宫殿的镜子，将丝绸和锦缎从墙上扯下来。他们拿走了装饰彼得大帝夏宫著名喷泉的铜像，将其熔毁，还破坏了驱动喷泉的机械装置。俄罗斯文化名人曾居住的房屋成为重点破坏对象，托尔斯泰在亚斯纳亚波利亚纳庄园的手稿被放进炉子里烧了，而作曲家柴可夫斯基的房子也被摧毁，散落在地板上的音乐手稿则被军用摩托反复碾压。[242]

从一开始，军队就采取了一种极端残忍的报复政策。就像在塞尔维亚一样，德军部队劫掠了乌克兰人、白俄罗斯人和俄罗斯人居住的村庄，烧毁了他们的房屋，射杀了当地的居民，甚至对最微

不足道的蓄意破坏行为也进行报复。无论如何，即使摧毁那些他们眼中似乎是无法居住的房屋，他们亦不会良心不安。“若非亲眼看到俄罗斯人落后的居住环境，”德国士兵汉斯–阿尔贝特·吉泽（Hans-Albert Giese）在1941年7月12日写给他母亲的信中说道，“那么，一个人就无法相信竟然还有这样恶劣的居住环境……在俄罗斯人愿意居住的家中，其最好的房间与我们自己家里的牛栏相比，我们的牛栏或许就像黄金一样。他们或许是比吉卜赛人还要糟糕的暴民。”几天后他将俄罗斯村民称作“丛林黑人”（bush negroes）。[243]高级陆军军官同样鄙视俄罗斯平民，冯·曼施泰因便是其中的典型，他将俄罗斯描述为一片远离西方文明的土地。而伦德施泰特则不停地抱怨他在前线南部地区居住的营房有多么污秽不堪。对德军各级军官和普通士兵而言，苏联居民似乎都野蛮粗鄙，是典型的亚洲人，或者沉闷呆滞、听天由命，或者诡计多端、不知廉耻。[244]一进入苏联领土，戈特哈德·海因里希感觉自己已经进入了另一个世界：“如果我们没有像现在这样逐渐徒步进入苏联，而是像航海那样进入地球的一个陌生地区，只有这样，我相信我们才能公正地对待苏联的情况，就像我们离开自己国家的海岸线，并切断了与国内所熟悉事情的一切内在联系那样。”[245]这是一种消极的旅行，一名占领区的士兵这样写道：“在这片悲惨的土地上，几乎每个人都时常高兴地想起德国以及家中的亲人。这里的情形确实比波兰还要糟糕。在这里，肮脏和无以复加的贫穷支配着一切。没人能理解这些人是如何在此种环境下生存的。”[246]因此， 195
无论这些悲惨的半人类受到何等程度的残酷对待，都无关紧要。数百名平民被当作人质劫走，按照惯例，下一次游击抵抗行动发生时，他们就会被枪毙。“我们目前正在空前的灾难中经历战争，它是人类的巨大不幸，它使人们变得粗鲁和残忍。”阿洛伊斯·朔伊尔（Alois Scheuer）这样汇报道，他是一名下士，生于1909年，属于士兵中年长的一代，只有在想起妻子和孩子以及他的天主教信仰时，他才能避免“变得几乎丧失了精神和灵魂”。[247] 德军入侵者最初赢得了当地民众的支持，然而，他们对平民的军事暴力很快就使这种支持消失殆尽。游击抵抗运动招致了进一步的报复，报复促使更多人加入游击队，结果又激起了升级的新一轮暴力行为，这就像死循环般不断持续。阿尔贝特·诺伊豪斯在 1941 年 8 月坦言：“对双方来说，这都是一场残酷的战争。” [248]

几个月后，他记录了一件平常的事情，这种事情之前必定已发生过多次。“今天下午，在我们经过的一个临近村庄，我们的士兵将一个妇女吊死在一棵树上，因为她曾煽动人们反对德国士兵。因此我们很快就处理了这些人。” [249] 诺伊豪斯是一名摄影爱好者，他拍下了一名被指控的游击队员被吊死在树上的画面，然后将这张照片给家里的妻子寄了回去，对诺伊豪斯而言，此类事情太稀松平常了。[250] 在每一个地方，德国士兵都将村庄夷为平地，而且还枪杀了数以千计的平民。[251] 德军的行进速度极快，这意味着许多红军部队都与其他部队失去了联系，于是，这些红军部队就继续在前线后方战斗，并与当地人组建游击队，在后面骚扰敌人。这一举动激怒了德国士兵，就像 1939 年他们在波兰所遇到的情形一样，无论如何，他们认为这是不公平的。“失去联系的士兵，”戈特哈德·海因里希在 1941 年 6 月 23 日——入侵行动中的某一天——报告道，“分散在大森林和无数农庄的各个地方，他们在数量上颇具规模，通常能从后方发动袭击。总体上，俄罗斯人的作战方式阴险狡诈。我们的人已经毫不留情地对他们发动了多次清剿。” [252] “我们的人”，他在 1941 年 7 月 6 日写道，“殴打和枪毙了一切身着棕色制服东奔西跑的人。” [253] 1941 年 11 月 7 日，海因里希不得不告诉他的传译员博伊特尔施巴赫（Beutelsbacher）中尉——此人一直在处决实际的或假想的苏联游击战士——“不允许在我窗户前 100 米的地方绞死游击队员。在早晨看到这种场景令人很扫兴。”[254]

面对这样的恐怖行径，苏联士兵和平民开始听从斯大林新的爱 196
国主义训示，开始对德军予以回击。越来越多年轻男子在斯大林的鼓舞下走进丛林，加入了游击队，袭击德国的军事设施，如此一来，暴力和镇压这一恶性循环也被加剧。到了年末，占领区大量的平民已经转变主意，开始支持苏联政权，他们受到了斯大林的鼓动，斯大林强调要热爱祖国，抵御残忍的外国入侵者。[255]随着游击抵抗运动的不断升级，红军的作战效力也迅速恢复。红军的臃肿结构得以简化，因而产生了一些灵活的作战部队，它们可以更快地应对德军的战略进军。而另一方面，苏联指挥官得到命令，将他们的大炮集中设置在反坦克防御工事中，因为德国装甲部队有可能从这些地方发起进攻。苏联的战略反思持续到 1942 年和 1943 年，但是在 1941 年年底之前，苏联已经奠定了坚实基础，能更加有效地应对持续不断的德军的入侵。国防委员会调整了调动体制，以便充分利用根据 1938 年普遍征兵法所征募的 1,400 万预备役军人。在德国入侵的几周内，超过五百万预备役军人被迅速调动起来，而且之后还有更多的预备役军人被成功调动。然而，这次军事动员如此仓促，以至于大多数新成立的师和旅在武器装备上仅能得到来复枪。造成这种情况的部分原因是，军工生产设施正在进行大规模的搬迁，因为乌克兰工业区的工厂都被拆除了，并被转移到了乌拉尔山（Ural）东部的安全地带。6 月 24 日，一个特别的搬迁理事会成立，7 月初，搬迁行动已经开始进行。德国侦察机发现，在这个区域里，铁路货车正在集结，这令人费解，比如，它报告道，多达 8,000 辆货运车厢被用来转移冶金设施，这些设施将从顿巴斯（Donbas）的一个城镇转移到在乌拉尔的马格尼托哥尔斯克（Magnitogorsk）新建立的工业中心。在 1941 年 7 月至 11 月之间，总共有 1,360 家军火工厂向东迁移，使用了 150 万辆铁路货车。安德烈 · 柯西金（Andrej

Kosygin）是这项复杂转移任务的负责人，由于对工作毫不倦怠以及高效的管理模式，他赢得了实至名归的声誉，因此在战后苏联位居高位。而不能被转移的一切，比如煤矿、发电厂、铁路机车修理厂，甚至包括第聂伯河上的一座水电大坝，都被破坏或者直接摧毁。这种焦土政策剥夺了德国入侵者本指望占有的资源。但是转移行动
197 所带来的必然结果就是，在1941年至1942年的冬天，红军不得不依靠现有的装备坚持战斗，直到新的或重新安置的生产中心投入使用。[256]

斯大林还下令进行了一系列大范围的种族清洗行动，以清除他和苏联领导层认为的战场上潜在的颠覆分子。从1941年9月起，在乌克兰，超过39万名德意志人被强制向东驱逐。苏联总共有将近150万德意志人。1.5万名苏联秘密警察拥入伏尔加（Volga）地区，开始驱逐居住在那里的德意志人，截至1941年8月中旬，其中5万名德意志人已经被驱逐。同样的行动发生在伏尔加河下游地区，那里有一个大型的德国后裔聚居区。1941年9月中旬，驱逐行动开始在一些主要城市拉开序幕。截至1942年年底，超过120万德意志人已经被驱逐到西伯利亚和其他更远的地区。由于警察的虐待、饥饿以及疾病，或许有多达17.5万人死亡。他们中有许多人根本不讲德语，而且仅凭从遥远的祖先那里继承的德国血统就算是德国人。但苏联人根本不管这一点。其他族群也被盯上了。正如我们所见，从1939年起，波兰人被大量驱逐，而且在战争后期，多达50万车臣人和高加索地区的其他少数族群也因涉嫌与德国人勾结而被驱逐。另外，在德军向苏联推进的时候，苏联秘密警察有系统地杀害位于德军进军路线上的监狱里的所有政治犯。一支行刑队抵达了位于卢克（Luck）的一所监狱，这所监狱在一次空袭中已被损毁，他们让这些政治犯以列的形式一字排开，然后用机枪杀害了多达4,000人。仅在乌克兰西部和白俄罗斯西部，就有约10万名犯人

被枪毙、刺刀刺杀或被扔进他们牢房中的手榴弹炸死。[257] 无论这些行为对战争产生了什么样的影响，但它们带来了仇恨的苦果，在很短的时间内招致德军恐怖的复仇行动。

二

苏联统治集团上上下下将以这些不同的方式进行顽强抵抗，德 198
国军事领导人很快就清楚地认识到了这一点，同时也意识到，战争终究无法在几周内结束。虽然中央集团军群成功地包围了大量苏联士兵，但是在北部和南部，红军仅仅被击退，而且德军的行进速度开始减慢。红军不仅没有覆灭，而且开始采取措施将新鲜兵力运往前线，并开始发动成功的局部反击。早在 7 月底之前，元帅费多尔·冯·博克就被迫应付苏联军队的多次反击。俄罗斯人正变得“死搅蛮缠”，他记录道。“胜利还没有实现！”“俄罗斯人的顽强令人难以置信！！”[258]“一天接一天地”，一名普通士兵在宣传手册上写道，士兵必须忍受“一群群布尔什维克分子的尖声喊叫，他们似乎是从地里成群冒出来的”。[259] 这种情况在斯摩棱斯克附近，在从明斯克到莫斯科，一直到第聂伯河的路上尤其严重，苏联指挥官朱可夫和铁木辛哥（Timoshenko）在 1941 年 7 月 10 日已经发动了一连串强有力的反击，试图阻止海因茨 · 古德里安（Heinz Guderian）将军的装甲部队向斯摩棱斯克挺进。由于装备落后、行动不协调以及补给不足，苏联抵抗运动失败了，但是它迫使德军减缓了行军速度，还对古德里安军队——他的战线此刻拉得过长——的兵力和装备造成了严重损失。普通士兵都认为俄罗斯人的顽强是他们事先没有预料到的。[260] 德军遭到了不断的骚扰和反复攻击。“俄罗斯人非常强悍，他们孤注一掷地进行战斗，”戈特哈德 · 海因里希将军在 1941 年 7 月 20 日写给他妻子的信中说道，“他们突然就在各处出现，开枪射击，或者是袭击队伍、私人汽车、信使……我们蒙受了惨烈的损失。”[261]

实际上，截至月底，德军已经损失了6.3万人。[262]1941年7月22日，海因里希向妻子坦言：“没有人会觉得俄罗斯人总体而言已经放弃了抵抗意念，也没有人会觉得他们想驱逐自己的布尔什维克领导者们。目前，我们都感觉即使攻下了莫斯科，战争仍将在这
199 片辽阔土地的深处继续进行下去。”[263]在接下来的几周，他在回信中反复惊叹于俄罗斯人“难以置信的抵抗力量”，以及他们令人惊骇的“顽强”品质。“他们的部队都折损过半，但是他们很快补充了新人，再次发动进攻。我无法想象俄罗斯人是如何做到的。”[264]德国的军事情报未能发现在第聂伯河东部安置着大量的苏联预备役部队，这些部队为前线不断地输送生力军。[265]入侵开始后仅仅一个月，主要的德军将领开始意识到，拥有“无尽人力资源”的苏联是第三帝国“第一个真正的对手”。[266]到了8月2日，哈尔德将军已经开始考虑如何为德国士兵提供冬季衣物。[267]9天后，他深深地忧虑道：

> 从全局来看，我们低估了俄罗斯巨人的实力，这是非常清晰的事实。鉴于俄罗斯是一个极权主义国家，统治当局可以完全不受任何限制，并以此方式有意识地进行了战争准备。这一结论既可以说明它的经济力量，也可以说明它的组织力量，还可以说明它的运输体系，而且，最重要的是，可以说明它能调遣的纯军事力量。在战争开始时，我们预计他们有约200个师。现在，据我们的统计，他们已经有了360个师。可以确定的是，这些师所拥有的装备并非像我们严格意义上的装备，而且在战术上，他们通常缺乏领导。但是他们无疑是一支重要的力量。而且，当他们的十几个师被击溃后，另外十几个师可以立即补充上去。[268]

而且，事实上，哈尔德如此悲观的统计也严重低估了对手的实力。此外，德国士兵正在蒙受巨大的损失，截至 1941 年 7 月底，10% 的入侵兵力已经死亡、受伤或失踪。“鉴于我们虚弱的兵力以及辽阔的作战空间，”他在 1941 年 8 月 15 日沮丧地总结道，“我们永远无法取得胜利。”[269]

在战役的最初几个月中，当红军利用大量的预备役士兵填补因数百万士兵死亡或被俘造成的空缺时，德国武装部队已经用尽了大多数可调遣的兵力，而且几乎没有生力军可投入战斗。在 7 月底，古德里安带领他的装甲部队向前推进，控制了德维纳河和第聂伯河之间的区域，但是，德国的战线拉得过长，以至于在防守中出现了漏洞，同时，重新燃起战斗激情的红军发动了一连串反攻，这令中
央集团军群的指挥官费多尔·冯·博克元帅忧心忡忡。正当残酷的 200
攻击在持续进行时，他被迫承认，“我们的士兵精疲力竭，而且，由于损失了大量军官，士兵们的行动也缺乏必要的连续性”。他在 1941 年 7 月 31 日坦承：“我几乎没有储备兵力来对抗不断集结的敌军和他们接二连三的进攻。”到了 8 月第一周周末，“在敌人不断的攻击下，我们士兵的战斗士气正在逐渐下降”，他对此深感忧虑。他想知道，在这种情形下，他的部队怎样才能继续向前推进。[270]

除此之外，相比于法国、荷兰或比利时，在这里的乡村地区来回行动要更加困难。碎石路非常稀少，而且彼此之间相距甚远，在苏联一望无际的领土上，碎石路的总里程只有 6 万多千米。一个士兵指出，即使是已修成的路也都是坑坑洼洼的，所以他的部队更愿意沿着边上的沟渠行进。[271] 红军几乎转移了所有的苏联火车头、铁路货车和铁路客车，同时摧毁或故意破坏了轨道、桥梁和高架桥，所以很难将西欧的轨道车辆调用到苏联的宽轨上。而且，即使没有这些问题，苏联的铁路线也非常贫乏，无法快速地运送德国人战斗所需的大量人员和物资。尽管有 20 世纪 30 年代机械化运动的助推，

但德国的吉普车和卡车产量仍相对较低，而且，由于缺乏燃料，机动车的使用也受到限制。在这种情形下，德国和盟友国军队只能依靠大量的马匹——在东部战线至少使用了62.5万匹马——来进行基本的运输，拖运大炮、运载弹药和牵引供应车。在东欧，马匹通常更能适应被当作道路的泥泞而危险的小径。“感谢上帝，我们有马！”几个月后汉斯·迈尔–韦尔克感叹道：

> 有时，它们是我们最后也是唯一的依靠。感谢它们帮助我们度过了冬天，尽管其中成千上万的马匹因疲惫、缺乏饲料以及高强度工作而死亡。这一年的夏季非常潮湿，而且，我们目前所在的战区通常是密林覆盖、多沼泽以及没有路可通行的地带，因此，马匹尤其重要。去年冬天和春天，我们所在区域的机动部队严重萎缩。[272]

201 但是马匹也行动迟缓，在大多数时候，马匹的速度比士兵的步行速度快不了多少。而大部分步兵则一如既往地徒步行进，艰难跋涉。

随着入侵的深入，几乎不间断的飞行任务使得德国飞机的损耗问题开始凸显。截至1941年7月底，仍在服役的飞机仅仅超过1,000架多一点。如果没有足够多的轰炸机对苏联的军工生产造成严重破坏，那么制空权就没有意义。无论德国空军在战术上多么有效，俄罗斯的疆域如此之辽阔，德国空军不可能保持永久空中优势。斯图卡俯冲式轰炸机从空中俯冲时，其发动机所产生的巨大轰鸣对敌方步兵产生了强烈的震慑作用，但是它们极易受到战斗机的攻击；与此同时，使用最频繁的道尼尔Do 17和容克斯Ju 88轰炸机因航程限制，无法有效地摧毁苏联的军事设施。截至此时，包括失踪、受伤和阵亡的士兵在内，德军总共损失了超过了21.3万人。其余的人，正如博克所见，开始饱受疲惫的困扰，因为他们已经连续战斗了一个多月。坦克和装甲运兵车的零配件补给亦非常紧张。1941 年 7 月 30 日，陆军总司令部下令停止前进，重新部署。入侵开始后仅仅一个月，德军的势头就已经开始减弱了。[273]

德军将入侵部队分为北方集团军群、中央集团军群和南方集团军群，命令它们围绕普里佩特沼泽（Pripet mashes）并以相切的角度发动进攻，采取该举措的部分原因是普里佩特沼泽面积庞大，无法穿越，却又恰好处于入侵区域中。但是，这意味着德国武装部队无法集中力量发动一次势不可挡的毁灭性进攻。截至 1941 年 8 月，一个非常清楚的事实是，德军无法同时恢复这三条战线上的进攻。这三条战线分别是进攻列宁格勒的北线，进攻莫斯科的中线，以及进攻基辅的南线，至于下一阶段的进攻重点是放在这三条战线中的哪一条上，此时必须做出决断。主要的德军将领们依据经典的普鲁士军事思想，认为应该进攻敌人的中心地带，因此，他们想继续向莫斯科进发。但是，希特勒并不认为此举是必要的，这源于他对俄罗斯士兵无限的蔑视；对他来说，苏联无论如何都会崩溃，而将苏联西部地区的经济资源弄到手才是首要目标。德军在法国和西方取得胜利后，无论是哈尔德还是观点与他类似的其他将领都无法说服元首改变主意。1941 年 8 月 21 日，在长时间争论后，希特勒否决 202
了军队继续向莫斯科挺进的请求，命令将领们从中央集团军群中抽调兵力，加强对南方的进攻，拿下基辅，确保夺取乌克兰的农业资源，之后再拿下克里米亚，使俄罗斯人无法将克里米亚用作空袭罗马尼亚油田的基地。希特勒还要求进一步地从中央集团军群抽调士兵和物资，加强进攻列宁格勒的力量。但是德国的盟国芬兰不仅缺乏物资和人力，而且还特别缺乏政治决心，根本不可能将苏联军队远远赶回到原先的俄芬边界；由于苏联的顽强抵抗，德军的进军速度降了下来。沮丧的希特勒在 1941 年 9 月 22 日宣布，他已经“决定让圣彼得堡在地球上消失”。“在苏联战败后，我没有兴趣让这座巨大的城市继续存在。”[274]然而，他的恐吓终究只是空洞的咆哮。

费多尔·冯·博克元帅打电话给哈尔德，告诉他重点进攻南部区域的决定是错误的。

> 最重要的是，它使对东部的进攻问题重重。战争训令总是说重点不在于夺取莫斯科！我不想夺取莫斯科！我想摧毁敌军，而且，敌军的大多数兵力就在我面前！！向南方进攻，不管进攻规模多大，都不是重点，这样做只能给主要作战计划——即在冬天到来之前摧毁俄罗斯的武装力量——的执行带来麻烦，它根本毫无助益！！[275]

失望的博克只能在日记中发泄自己的沮丧之情。“东部战役已经接连取得了成功，如果它的势头消退下去，沦落为沉闷的防守，”他写道，“那不是我的错。”[276]哈尔德也同样恼怒，他在日记中批评“元首的个人命令变来变去”，连作战目标也发生了变化。[277]起初，希特勒决定削弱中央集团军群的决定似乎并未带来任何问题。来自中央集团军群和南方集团军群的德国装甲师由海因茨·古德里安指挥，此人无节制的过度要求曾令博克大为恼怒。古德里安领导下的德国装甲师突破了苏联防线，并击退了于8月底、9月初发起大规模反攻的苏联军队，并俘获66.5万名战俘，收缴884辆坦克和3,000多
203 门大炮。在9月底和10月，基辅、哈尔科夫（Kharkov）以及乌克兰的大部分中部和东方地区都被德军占领。1941年11月21日，德军攻下顿河畔罗斯托夫（Rostov-on-Don），这使得切断红军的高加索石油补给线以及利用顿涅茨盆地（Donets Basin）的工业资源有可能变为现实。这些都是德国在战争中最大的军事胜利。[278]

甚至在进攻基辅前，德军因阵亡、失踪、受伤或退伍而损失的

兵力就高达近40万人，而且德军一半的坦克都已报废或正在维修。博克将这次行动称作“一次辉煌的成功”，但是补充道，“俄罗斯的主力依然完好无损地挡在我面前，而且，像之前一样，我们能否在冬天来临之前成功地打垮苏联，并且扩大战果，使俄罗斯在这场战争后无法重整旗鼓，这个问题依然没有得出结论”。[279]希特勒认为这仍是可能的。他在1941年9月23日告诉戈培尔，德军已经实现了他们一直以来都在寻求的突破。此外，德国士兵将很快包围莫斯科。希特勒认为，斯大林届时必定求和，这也势必会迫使英国回到谈判桌前。德国必将走向最终的胜利。然而，希特勒现在不指望这种场景会立即出现。他已经接受了一个事实，那就是战争将继续进行下去，直到明年春天。之前几个月的巨大胜利使他自信地认为战争最迟也将在1942年年中结束。[280]大量士兵被重新调回中央集团军群。为了再次向莫斯科挺进，中央集团军群补充了新的物资，而且随着北方兵力的加入，其战斗力也得到加强。博克如愿以偿。[281]1941年10月，在大规模空中力量的配合下，200万德国士兵和2,000辆坦克发起了一场名为“台风行动”（Operation Typhoon）的新战役，他们开始向苏联首都挺进，再一次包围了红军部队，俘获了67.3万名战俘和不计其数的装备。1941年11月8日是1923年啤酒馆暴动失败的周年纪念日，在慕尼黑举行的由党区领导和“老战士”参加的传统年会上，希特勒发表演讲，他宣称：“之前从没有一个庞大帝国像苏联这样在如此短的时间内被击败和打垮。”[282]

但这又是一个幻想，因为数周的延误导致了致命的后果。回想
历史，许多人都认为，要是当年8月和9月加紧向莫斯科推进，德
军很有可能已经拿下了苏联首都，尽管这么做将会远离基地，把补 204
给线向西拉得很长，进而导致诸多问题。而且，正像博克期望的那样，
如果这样做，他们可能会极大地挫败红军主力的士气，甚至对其造

成致命影响，使其一蹶不振。但是，这终究只是一种极其扭曲的后见之明。无论是在当时还是以后，博克、哈尔德和其他一些将军都支持这样一种观点，即应该对集结在莫斯科城前的苏联军队发动一次致命的进攻。他们这种立场充分反映出普鲁士军事传统的教义，该传统教义认为，事先制定的进攻是军事行动中的重中之重，而且对任何军事战役而言，彻底摧毁敌军是唯一正确的目标。这些将军都是在这一传统的熏陶下成长起来的，而且在他们的一生中，大部分时候都奉该传统为圭臬。博克几乎比其他任何人都更清楚，他的士兵已经疲惫不堪，他的部队正在枯竭，补给也时断时续，而且部队的装备无法适应冬季战役。但是像德国陆军中的许多高级指挥官一样，博克对 1914 年马恩河战役（Battle of the Marne）始终耿耿于怀，那是西方战线的一次失败进攻。与希特勒一样，他决不允许这样的悲剧再次上演。与此同时，他与希特勒的另一个相似之处就是，他也严重地低估了敌人的力量，他虽然知道敌人在人员和物资储备方面的潜力，但他就是简单地予以漠视。他一直都持这种轻视态度，就像到头来虽然红军在新的战斗精神的鼓舞下已经给他的部队造成了惨重伤亡，但他仍然无视红军的这股战斗精神。[283]

三

截至 10 月，正如博克之前担心的那样，苏联领导层已经重新考虑和组织了整体的作战思路。德米特里·巴甫洛夫（Dmitri Pavlov）在德军入侵苏联时是红军在西方战线的指挥官，在斯大林的命令下，他已经被简易军事法庭审判并被枪毙，同时斯大林还签署了惩罚玩忽职守者和逃兵的严苛法令，但之后，斯大林开始意识到，正如他在 1941 年 10 月对他的军官们所说的那样，应该通过“劝服而非暴力”来激励士兵。他开始允许他的指挥官们在指挥战役时有更多的行动自由。同时，在读了库图佐夫（Kutuzov）——此人是沙皇时代的一位将军，在面对拿破仑入侵时放弃了莫斯科——的传记之后，斯大林这位苏联领导人认定舍弃首都将导致恐慌。将一个19世纪早期的小城镇焚为灰烬是一回事，而彻底交出一个已经发展成为现代苏联首都的大都市是另外一回事。“我们不会撤离，” 205
斯大林说道，“我们将守在这里，直到胜利到来。”[284] 在斯大林的领导下，新的国防委员会开始掌控局势。1941年10月10日，斯大林任命格奥尔吉·朱可夫将军指挥军队保卫首都。朱可夫的军队人数大约100万，随着博克向莫斯科快速逼近，他们被迫采取防御措施。尽管当德军飞机集中火力袭击苏联地面部队时，莫斯科并未遭到恐怖轰炸，但在城里的一些地区，恐慌仍然开始在人群中爆发。[285]

此时此刻，秋雨来势凶猛，地面本就坑坑洼洼的俄罗斯道路变得泥泞不堪，无法通行。1941年10月15日，古德里安告诉博克，他必须命令停止前进。博克元帅不仅把责任归咎于敌人的顽强抵抗，而且还归罪于“难以形容的道路状况，因为糟糕的路况使机动车辆几乎无法移动半步”。[286] 由于“公路和铁路暂时无法通行”，迈尔—韦尔克写道，“我们没有收到任何燃料、军火或食品”，因此，士兵们只得靠他们所能找到的任何东西——主要是土豆——为生，此外，他们还自己烤面包以及屠宰当地的牲畜。[287] 1941年10月16日，海因里希将军驱车沿着该区域的一条道路行驶，他发现“长长的一排机动车辆全都出了故障，都完全陷在泥里无法动弹。在泥潭中，几乎同样多的马匹尸体躺在这些车辆旁边”。“今天，”他被迫承认，“由于路况艰难，我们只有停了下来。”[288] 截至10月底，德军已经陷在淤泥中3周了。

朱可夫抓住这一机会恢复了军队的秩序，他在1941年10月19日宣布了军事法，而且将9支预备役部队部署在伏尔加河后方。尽管其中大部分都是由新兵和之前被军队拒收的人组成，但他们的总人数达到了90万，斯大林和朱可夫都希望他们能强有力地阻止德国企图包围莫斯科的任何行动。而且，理查德·佐尔格（Richard Sorge）——斯大林在东京的间谍——在1941年10月18日被捕前不久发来的报告使这位苏联领导人相信，日本不会袭击俄罗斯（事实上，日本人心里有其他目标）。在获取了更多情报后，斯大林采取了一次重大行动：1941年10月12日，斯大林命令40万经验丰富的士兵、1,000辆坦克和1,000架飞机向西穿过西伯利亚进入莫斯
206 科后方阵地，同时用数量充足的新兵取代这些兵力，以防日本人临时变卦，用这支新兵制止他们。[289]斯大林派来的增援部队不仅令德国人始料未及，而且这些增援部队也起到了决定性作用。博克元帅担心发生最坏的情况，他在1941年10月25日写道："集团军群的分裂加上糟糕的天气状况，已经导致我们陷入僵局。俄罗斯人趁机赢得了时间，填补他们已经七零八落的作战师兵力，并加强了防御力量。而且，他们控制着莫斯科周边的大多数公路和铁路线，所以有更充足的时间部署兵力。这非常糟糕！"[290]

到了1941年11月15日，随着冬天来临，地面变得足够坚硬，博克得以带领部队继续进军。坦克和装甲车再次向前进发，抵达了莫斯科城郊30千米之内的阵地，而且切断了莫斯科—伏尔加运河。但不久后天空就开始下雪，而且在12月4日夜晚，气温骤降到零下34摄氏度，不仅冻坏了德军装备，而且冷空气还穿透了士兵们本就单薄的冬衣。第二天夜晚，气温降得更低，有些地方达到了零下40摄氏度。德军原本自信地打算将在秋天时结束战役，结果当俄罗斯的严冬到来时，德军士兵衣衫单薄，装备不足。"所有的军队，"博克在1941年11月14日就已写道，"都在抱怨获取新的物资供给——食品、弹药、燃料和冬装——极其困难。"[291]很快，帝国宣传部部长戈培尔就开始发起为士兵筹集冬装的运动。希特勒在1941年12月20日发出个人呼吁，而在当天夜晚，戈培尔在广播中播报

了所需物资的清单。1941 年 12 月末，德国犹太人的毛衣和皮衣都被没收，被送往东部战线给受冻的士兵。但是，一切都太晚了，而且，无论如何，运输困难意味着多数衣服将无法抵达前线。在 1942 年 1 月末，迈尔–韦尔克只得指望这些“羊毛衣物”至少能在第二年冬天来临前抵达前线。越来越多的德国士兵饱受冻疮之苦。“他们的脚肿得厉害，”他写道，“必须用刀切开靴子才能将其脱下。他们的脚，或者至少是脚趾冻青了，有的还受冻疮感染变黑了。”[292]

高级将领们已经意识到了这一问题，但是他们盲目乐观，认为可以通过占领像莫斯科和列宁格勒那样的大城市来解决这一困难，207
因为在这些地方，他们可以住在温暖的冬季营房里。冬天已经来临，但是他们仍然在空旷的草原上扎营。海因里希将军写道，风“像针一样扎在脸上，穿透了头盔和手套。眼睛被风吹得眼泪直流，看不见任何东西”。[293] 从 1941 年 12 月 20 日至 1942 年 2 月 19 日，一个步兵师 13% 的平均兵力因为冻疮退出了作战。[294] 由于数周没有洗澡，也不能更换衣服，这些士兵身上肮脏不堪，满是虱子，“每个人身上都长满了虱子，都在不停地抓挠，”海因里希写道，“由于一直在抓挠，许多人的伤口已经化脓。而且，因为他们躺在冰冷的地上，许多人的膀胱和肠道都被感染。”他的部队“极度疲惫”。[295] 而苏联军队则非常适应这样的环境，他们在与芬兰的冬季战争中已经吸取了不少教训，现已经为在如此极端状况下作战做好了充分准备。他们部署了滑雪营，可以在冰雪覆盖的地面迅速滑动，还部署了轻骑兵，可以在潮湿的地面上迅速前进，而德军的坦克却无法通行。德军的防御战略是基于如下假设，即德军在反击时将有充足的兵力提供纵深防御，而且红军将主要出动步兵，此外，高级军官可以选择他们的战场，必要时还可以进行战术撤退。所有这些假设从一开始就被证明是错误的，结果导致了灾难突然降临到德军身上。1941 年 12 月 5 日，朱可夫下达了反攻命令，首先着力从莫斯科南北夹击德军，以消除莫斯科被围的危险。他命令道，苏联士兵将不去浪费时间和生命对坚固阵地发动正面攻击，而是要直接绕过它们，留下掩护的兵力，向德军的撤退路线冲过去。1941 年 12 月 7 日，博克注意到，他现在面临的除了 11 月中旬他所在战区的红军兵力，还有另外 24 个师的兵力。不利于他的条件正在迅速累积。德军士兵没有补给，而且人数上占劣势，还缺乏后备力量，并且各个精疲力竭，因此无法迅速地对这些士兵进行部署以应对敌军的猛攻，这支敌军的兵力“似乎取之不竭,正以不计后果的方式发动反攻”。[296]

208 博克无法决定到底是继续前进还是停止前进，除了向哈尔德发去一连串增援要求外，什么办法也想不出来。第二天，希特勒意识到了形势的严峻性，他命令停止前进。同时，博克的犹豫不决使得士兵们也军心不稳。如果他们无法继续前进，那么他们下一步该如何打算呢？[297] 士气骤然跌落。早在 1941 年 11 月 30 日，下士阿洛伊斯 · 朔伊尔就在离莫斯科 60 千米的阵地给妻子写信：

> 在昏暗中，我和同志们正坐在一个防空洞里。你根本无法想象我们看起来多么污秽和疯狂，你也无法想象这种生活对我是一种怎样的折磨。根本无法用言语来形容。我只有一个想法：我们什么时候才能离开这个地狱？……对我来说，我已经无法承受在这里所参与的一切。它正在逐渐地使我们走向毁灭。[298]

截至 1941 年圣诞节，朔伊尔估计，他最初连队中 90% 的士兵已经不在队伍中了——因死亡、受伤、失踪、生病或受冻疮折磨。他自己的脚趾也开始变黑。朔伊尔渡过了这一难关，但该病况一直持续到他 1943 年 2 月阵亡，他当时仍在东线战斗。[299] 疯狂的暴风雪毁坏了德军的野战电话线，并阻塞了道路，博克手下的士兵也开始陷入恐慌。只有一条铁路线可以用于撤军，公路上挤满了无法移动的坦克和车辆，由于德军对敌人的反击深感震惊，面对朱可夫的猛攻，他们开始退却，因此许多坦克和车辆都被抛弃。在更远的北部和南部，德军分别在在季赫温（Tikhvin）和罗斯托夫遭遇了较小规模的反击，无法将增援部队运送到前线。[300]

在多数情况下，德军的坦克和装甲车都没有燃料。弹药和其他物资的供应皆不足。战斗机无法在猛烈的风雪中飞行。1941 年 12 月 16 日，在将德军的突击部队击退到莫斯科的北部和南部后，朱可夫命令全线向西推进。在 10 天内，德军就陷入绝望的处境。“我们度过了艰难的一天，”迈尔—韦尔克在 1941 年 12 月 26 日写道：

> 我们被大雪尤其是雪堆所阻，通常是一米又一米地铲出一条道路。我们行进的车辆和装备根本无法适应俄罗斯的冬天。在我们身后，敌人正逐渐逼近，我们需要考虑及时地将部队带 209
> 到安全地带，还要将伤员一起带上，并且不能落下太多的武器和装备，以免落入敌人之手，所有这一切对部队士兵和领导层而言都是棘手问题。[301]

最糟糕的是，“暴风雪会迅速覆盖我们刚刚铲出的道路，让我们无法前行”。[302] 我们无法阻挡俄罗斯士兵的攻势。“他们有上好的冬季装备，在任何地方他们都能设法通过我们之前遇到的深沟，”海因里希在 12 月 22 日注意到，“尽管眼看我们有可能陷入被包围的灾难，但是上面仍一次次要求我们停止撤退”。事实上，即使德军的补给没有被完全切断，他们仍是除了撤退别无选择。结果，德军的撤退并非井然有序而是混乱不堪。“我们在冰雪中撤退，”海因里希写道，“绝对就是拿破仑当年撤退场景的翻版。损失上也大同小异。”[303]

四

面对宏大的进攻计划下的失败，博克和高级指挥官们对下一步该如何行事毫无头绪。前一分钟他们还在命令撤退，后一分钟却认为继续抵抗比较好。古德里安坦承，他不知道该如何让军队从目前的困境中解脱出来，根本无法准备越冬的防御阵地，当古德里安仍在犹豫不决时，博克仍近乎荒唐地对进一步前进的可能性持乐观态度。然而，博克认为，目前是否要撤退更多的是一个政治问题而不是军事问题。现在，德军将领们开始为他们的铤而走险付出代价。德军在莫斯科城前的危机促使德国武装部队高层发生震动，这是战争期间德国武装部队高层的首次大规模震动。首先开始的就是南方集团军群的指挥官格尔德 · 冯 · 伦德施泰特元帅。希特勒曾通过总司令瓦尔特 · 冯 · 布劳希奇元帅对他发号施令，命令他去阻止埃瓦尔德 · 冯 · 克莱斯特将军，克莱斯特未经元首同意，擅自命令自己被包围的装甲师从罗斯托夫郊区撤退。但是，由于担心自己将被包围，伦德施泰特拒绝执行该命令。怒不可遏的希特勒在 1941 年 12 月 1 日罢免了伦德施泰特，随即代之以瓦尔特 · 冯 · 赖歇瑙。只有在 1941 年 12 月 2 日至 3 日亲自视察了这一战区时，希特勒才承认
210 伦德施泰特当时是对的，但他也没有让伦德施泰特恢复原职。冯·赖歇瑙只是指挥了很短一段时间，就因心脏病发作于 1942 年 1 月 17 日去世了。他的死亡反映出当时高级指挥官所承受的严重的身心压力，这些人大多数已五六十岁，处于非常劳累的状态下。在 12 月初，伦德施泰特已经感觉身体不适，犯了心脏病，但是这次发作并不致命。下一个身体垮掉的是博克本人。早在 1941 年 12 月 13 日，他就已经告诉布劳希奇，说他的“身体状况非常差”。“‘俄罗斯病’和明显的过度劳累已经把我的身体压垮了，”他在几天后写道，“我非常担心自己将无力指挥。”1941 年 12 月 16 日，他请求希特勒批

准他休病假。然而，这两个人之间不存在任何观念上的差异。在博克于 1941 年 12 月 19 日离开前线之前，他将中央集团军群的指挥权移交给京特 · 冯 · 克卢格（Günther von Kluge）元帅，还命令自己的士兵坚守战线。他在日记中写道，他与希特勒在 1941 年 12 月 22 日的会面“非常友好”。博克在身体康复后即向希特勒请求恢复原职，由此可以清楚地看出，博克是真的生病了，而非策略性的退隐，事实上，他也的确很快就重回前线指挥了。[304]

1941 年 12 月 16 日，希特勒接受了陆军总司令瓦尔特 · 冯 · 布劳希奇元帅的辞呈，这是高层军事人员一系列变动中最重要的一次变动。元首和属下将领们的要求针锋相对，布劳希奇感到精疲力竭，再也无力应对失败的压力。此外，他在 11 月中旬也遭受了一次心脏病发作。经过一番讨论后，希特勒决定他亲自而不是让其他人接替布劳希奇的位置。[305] 当希特勒宣布他已经取代布劳希奇，将亲自指挥军事行动时，许多被围困的德国士兵松了一口气，他们对此表示欢迎。“布劳希奇因病辞职后，元首现在已经亲自接管了我们的命运，”阿尔贝特·诺伊豪斯在 1941 年 12 月 21 日向妻子写道，“而且元首知道如何在正确的地点恰当地排兵布阵。”[306] 将军们也松了一口气，因为把军队从莫斯科城前的混乱中拯救出来的责任最终从他们的肩头卸下了。由于希特勒“一贯精力充沛”，古德里安现在对“快速有力”的行动充满期待，而同时，另一位坦克指挥官格奥尔格–汉斯 · 赖因哈特（Georg-Hans Reinhardt）将军对即将到来的情况也表示欢欣鼓舞，他认为“终于有了一个直接的元首命令”，该命令将“清晰果断”地指挥下一步的军事行动。只有少数人依 211
旧疑虑重重，其中就有海因里希将军，他在 1941 年 12 月 20 日向妻子写信道，希特勒已经掌握了指挥权，但是“他可能也无法扭转局势”。[307]

但是几乎所有将领都认为，身为一名军事指挥官，希特勒已经在 1940 年证明了自己的军事天赋，而且相信他将快刀斩乱麻，尽快带领军队结束战斗。希特勒急不可耐地履行军事决策人的职责，他命令从西面调来增援部队，并且告诉东部战线的将士们，在他到来之前必须坚守阵地。“必须激发士兵们的狂热意志，让他们誓死捍卫所在阵地，”四天后他对中央集团军群的军官们说，“必须用一切可能的手段甚至是最严苛的手段，将这种意志灌输给士兵们。”“谈论拿破仑的撤退是不祥的凶兆，有可能使撤退变为现实。”他在 1941 年 10 月 20 日警告道。拿破仑的撤退是这位法国皇帝终结的开始。同样的事情将不会发生在他的身上。[308] 一方面，希特勒固守阵地的命令不仅使军队有明确的目标，而且对振奋士气也有一定影响。而另一方面，他此时严厉地执行命令，却也影响到了小规模的战略性撤退，在前线各个地区的危急处境下，这种撤退有时对德军很有必要。面对不断要求固守阵地的命令，一些将领愈发失望，特别是戈特哈德 · 海因里希，因为这些接二连三的命令把军队置于被包围的危险中。“灾难持续着，”他在 1941 年圣诞节前夕给妻子写信道：

> 在柏林的高层领导人中，特别是最高层领导人中，没有人想承认这一点。神明想摧毁谁，首先就会将其蒙蔽。每天我们都要重新经历一次。但是出于声望的考虑，没有人敢坚决地撤退。他们不想承认自己的军队已经完全被围困在莫斯科城前。他们拒绝承认俄罗斯人可以打败他们。而且他们对正落入万丈深渊的现实视而不见。最终，不出四个星期，他们将在莫斯科城前失去自己的军队，而且不久后，将输掉整场战争。[309]

海因里希对他的上级军官牢骚满腹，这些人由于“害怕冒犯最高领导层”而拒绝下令撤军。[310]

这是一则持续流传的故事的开始，战后，希特勒手下幸存的将领们将再三讲述这一事件，强调只要希特勒当时将权力下放给他们，212
他们本来可以取得胜利。只有专业将领知道如何指挥才能赢得战争，而像希特勒——无论他多么天赋异禀——那样的外行，其对战争的干预最终只会带来毁灭。然而，事实却迥然相异。从 1941 年秋天至初冬，德军将领盲目地坚持进攻，未能成功搭建越冬的防御阵地，且明知面对的是意志坚定和装备先进的敌人，却仍抱持着天真的乐观态度。此外，士兵们明显越来越疲惫，将领们却依旧刚愎自用地拒绝承认这会导致严重后果，再加上补给日渐困难以及许多装备在俄罗斯冬天的酷寒中无法发挥作用，到了 12 月，这一切将德军置于寸步难行的艰难境地，他们陷入绝望和犹疑，并最终瘫痪。希特勒稳定了局势后，愈发鄙视这些将领。“元首的行事与德军将领的作为再次形成鲜明对比，” 1942 年 1 月 3 日，哈尔德在他的日记中写道，“元首严重质疑将领们能否鼓起勇气，当机立断。” [311] 如今，希特勒决定收回将领们的所有行动决策权。威廉 · 里特尔 · 冯 · 勒布（Wilhelm Ritter von Leeb）元帅指挥北方集团军群，当他 1942 年拜访希特勒，请求希特勒允许他从一些他认为无法防守的阵地中撤退，以避免遭受进一步损失时，遭到了希特勒的严厉斥责。希特勒认为撤退将削弱集团军群的北翼，使即将到来的夏季战役更加困难。希特勒的这一立场得到了哈尔德的支持。自己的请求遭到拒绝，里布提交了辞呈，1942 年 1 月 16 日，他的辞职被批准。接替他的是格奥尔格 · 冯 · 屈希勒尔将军，哈尔德严肃地告诉冯 · 屈希勒尔，他最好遵守希特勒指挥部直接下达的命令。[312]

此时，违抗希特勒的命令将会招致严重的后果。海因茨 · 古德里安将军在 1941 年 12 月 20 日会见希特勒时请求希特勒允许他撤退。希特勒告诉他，他必须命令士兵掘壕固守。但是古德里安反对道，地面以下 5 英尺已被冻得僵硬。希特勒则反驳道，那么士兵必须自我牺牲。希特勒得到了克卢格和哈尔德的支持，此二人都不喜欢这位像博克一样自大且固执的坦克指挥官，他们想利用希特勒与古德里安的这次分歧将后者除掉。古德里安违抗了自己的指挥官克卢格的明确命令，采取了一次重大的撤退行动，并对克卢格说："在这种特殊情况下，我将本着我的良心来率领军队。"克卢格认为自
213 己应该对上级军官们负责，于是向希特勒说道，要么是古德里安走，要么是他走。1941 年 12 月 26 日，古德里安被革职。核心将领之间缺乏团结，这不可避免地严重削弱了他们本可能为抗拒希特勒的命令——希特勒毫不退步地命令他们不惜任何代价进行抵抗——所做出的一切努力。[313] 坦克指挥官艾里希 · 霍普纳将军敏锐地觉察到："只凭借'狂热的意志'取胜是不可能的。意志是有了，但缺乏力量。"[314] 第 20 军团面临被包围的危险，霍普纳请求撤军，退到一个更有利于防守的阵线。中央集团军群的新指挥官京特 · 冯 · 克卢格元帅告诉他，他正在向希特勒汇报此事，并命令他准备立即撤退。霍普纳认为这意味着希特勒将准许他撤退，而且，由于他不想因为进一步耽搁而招致灾祸，便果断开始撤退，在 1942 年 1 月 8 日下午命令部队撤军。对于希特勒将如何看待此事，克卢格感到担心害怕，他立即向元首报告了霍普纳的行动，希特勒当晚就将霍普纳革职，让其连退休金都没有。[315]

上述这些变动，以及其他一些较低级别指挥层变动之后，希特勒已经完全控制了军队高层指挥官。从现在开始，他们将按照希特勒的意志行事。在莫斯科城前，他们自诩的职业水准并没有发挥作用。现在希特勒将亲自指挥军事行动。由于已经将这些将领收拾服帖，他现在可以松口，不用再毫不妥协地命令他们坚守阵线。截至 1942 年 1 月中旬，克卢格元帅获得了希特勒的批准，可以对前线进行一系列调整，包括撤到"冬季阵地"的许多局部撤退。一方面，战斗在继续，而另一方面，红军在持续攻击德军后方的狭窄的联络

线。海因里希将军是一位声名卓著的防守策略家，因为他成功地坚守阵地，直到俄罗斯的进攻失去了势头；在战争末期，希特勒又让他负责守卫柏林，他又重获此声誉。[316]不过，德军在莫斯科城前惨败，这是所有人都心知肚明的。朱可夫已经将德国人击退到他们两个月前发动“台风行动”的地方。正如弗朗茨·哈尔德将军所言，对德军来说，这是“两次世界大战中最大的危机”。[317]它给德国武装部队造成了巨大的损失。在 1939 年，德军只有 1.9 万人阵亡；在 1940 年的所有战役中，德军损失总共不超过 8.3 万人——损失确实很严重，但并非不可弥补。然而，在 1941 年，登记在册的阵亡或 214
在行动中失踪的德军士兵多达 35.7 万名，其中，超过 30 万人是在东部战线阵亡或失踪的，这些巨大的损失则不容易弥补。只是由于斯大林决定沿着整个前线进攻，而不是充分把握机会集中兵力对撤退中的德国中央集团军群发动一次全面进攻，德军蒙受的损失才不至于更严重。[318]

尽管自 1941 年 6 月 22 日以来，德军不断朝苏联逼近，但无论在东方战场的哪个地方，他们都未能实现预期目标。他们在巴巴罗萨行动的最初几周过于乐观，但此刻，这份自信已经被不断增长的危机感所取代，从希特勒接二连三地罢免主要将领的命令中就可以看出来。德军首次看起来如此脆弱。莫斯科战役后，希特勒仍对获胜的概率持乐观的态度。但是现在他知道，取得胜利的时间将比他最初设想的要长。[319]入侵苏联无可挽回地改变了战局。德军在西方轻而易举地取得了一连串胜利，但随后的东方战争却越来越胶着残酷。相比于苏联战线所发生的一切，德军在法国、丹麦、挪威或者荷兰取得的胜利则相形见绌。从 1941 年 6 月 22 日以来，德军武装部队至少 2/3 的兵力一直都在东部战线。在东部战线及其后方战斗和阵亡的士兵人数比 1939—1945 年间所有其他战场——包括远东——上战斗和阵亡的总人数还要多。东部战场的战斗规模之大，史无前例。此外，双方斗争的激烈程度和意识形态的狂热程度上也是空前的。最终，是东部战线而非其他任何战线决定了战争的命运。[320]

第三章

“最终解决方案”

第一节

“毫无怜悯”

一

1941年6月27日，当陆军上校洛塔尔·冯·比朔夫斯豪森 217
（Lothar von Bischoffshausen）——他只是一名普通的陆军军官——走进立陶宛的科夫诺（Kovno，今考纳斯［Kaunas］）时，他注意到道路边一个加油站前面的空地上聚集着一群人，有男人、妇女和儿童，他们都在大笑和欢呼。他感到好奇，便停下来看看发生了什么。比朔夫斯豪森生于1897年，是一名功勋卓著的职业军人，曾是一名自由军团战士。他不是什么富有人道主义精神的自由主义者，但是走近人群后，眼前的一切甚至令他也大为惊骇：

> 在加油站前面的混凝土地面上，一个25岁左右、中等身高的金发男人支着一根木棍，站在那里休息。木棍从地面一直到他胸前，足有他的手臂那么粗。他脚下躺着15至20个已经死亡或将死的人。水管里的水不停地流，将鲜血冲进排水沟里。就在这人身后几步远的地方，武装的平民看押着20多人，这些

> 人静静地站在那里，听天由命，等待残忍的死刑。他做了一个简单的手势后，下一个人便一声不吭地向前走去，接着此人就被木棍殴打致死，画面惨不忍睹，每一次殴打都伴随着围观群众狂热的叫喊。[1]

他注意到，一些妇女举起自己的孩子，以便他们能看得更清楚。之后，军队参谋人员告诉比朔夫斯豪森，这些谋杀是当地人的自发行动，“在俄罗斯占领结束后，该行动是在报复叛徒和与俄罗斯占领者勾结的人”。实际上，正如其他目击者所报告的那样，受害者都是犹太人。一个德国摄影师设法用相机拍下了当时的情景。他挥舞着自己的军人通行证，成功避开了一名企图没收他的胶卷的党卫队队员，因而得以将其记录，并为后代保存下来。比朔夫斯豪森向他
218 的上级报告了这次屠杀行为。尽管他发现自 1941 年 6 月 24 日以来党卫队保安处的成员就已经来到了这一区域，而且也不难猜测他们有意煽动了这次屠杀，但是这片区域的德军总指挥官却说，这是立陶宛的内部事务，因此拒绝干预。[2]

他所目击的一切绝非地区性的或自发的暴力行为。德军一进入苏联和它控制的各区域，党卫队保安处的四个别动队以及下属特遣分队，包括许多警察营也随之到来，他们开始执行海德里希下达的杀戮平民反抗者、共产党官员和犹太人的命令，同时还杀害所有的犹太战俘，目的就是消除一切“犹太布尔什维克党人”发起抵抗和颠覆行动的可能性。最初，如果可能的话，杀戮行动由当地人来执行，纳粹党希望这些人起来反抗他们视之为压迫者的共产党员和犹太人。[3] 在一份写于 1941 年 10 月中旬的报告中，A 别动队的指挥官瓦尔特 · 施塔勒克（Walter Stahlecker）记录了海德里希的指示，海德里希指示由当地人发起他称之为“自我清洗行动”的杀戮行动，或者换言之，发起反犹太人的屠杀，使之看起来像是立陶宛爱国人

士的自发行动。重要的是，“要让后人觉得，是被解放的当地人主动采取了最残酷的手段对付布尔什维克和犹太敌人，绝不能被看出这是德国人下达的指示，而且还必须让它看起来有理有据，可考可查”。“出乎意料的是，最初很难在那里发动一次大规模的屠杀。”他报告道。但是，最终在 6 月 25 日至 26 日夜晚，一个反布尔什维克的地方游击队首领在“没有得到德国的明确命令和煽动下”，设法杀害了 1,500 多名犹太人，而且在第二天夜晚，又进一步杀害了 2,300 名犹太人，还烧毁了 60 幢犹太人房屋和许多犹太教堂。“武装部队的各分队，”他补充说道，“得到了指令，而且大家对该行动完全心领神会。”[4]

在德国占领的最初几天内，这种屠杀在许多地方上演。自从 1940 年春季以来，在苏联的占领下，当地的精英和民族主义者遭到了迫害、逮捕、驱逐或杀害，这点燃了波罗的海国家的反犹主义情绪。斯大林鼓励俄罗斯人和犹太少数民族协助建立新的苏联加盟国家——拉脱维亚、立陶宛和爱沙尼亚，而且，拉脱维亚共产党中央 219
委员会 2/3 的成员要么是俄罗斯血统，要么是犹太血统，当然，像所有共产党员一样，他们都放弃了之前的种族和宗教身份，转而支持世俗的布尔什维克国际主义。对这些国家的民众来说，纳粹党并非将波罗的海民族视为斯拉夫次等人类，而是将他们看作有潜力被德意志主宰民族同化的民族。然而，在这些国家，只有一小部分极端的民族主义者将苏联占领期内郁积于胸的反共产主义仇恨之情发泄到当地犹太人身上。[5] 比如，在里加，A 别动队不得不让辅警而非当地平民杀害 400 名犹太人。实际上，同样的情形很有可能也会在其他地区上演，比如叶尔加瓦（Jelgava，德文名为 Mitau）。据报告，叶尔加瓦当地的 1,550 名犹太人还“无一例外地都被当地民众处理掉”。在爱沙尼亚，犹太人口少得可怜，只有 4,500 人，根本不可能采取此类行动，而且大多数犹太人设法逃到了安全地带。[6] 无论如何，等到德国士兵到达爱沙尼亚时，党卫队别动队和在拉脱维亚和立陶宛的其他分队都已亲自杀害男性犹太人。在立陶宛的边境城镇加尔格日代（Gargždai），德军士兵曾遭遇红军的激烈抵抗，之后，防卫工作留给了一支来自梅梅尔（Memel，今克莱佩达［Klaipėda］）的德国边境警察分队，他们逮捕了600名至700名犹太人。汉斯－约阿希姆·伯梅（Hans-Joachim Böhme）是盖世太保在蒂尔西特（Tilsit，今苏维埃茨克［Sovetsk］）的负责人，在他的命令下，盖世太保将200名男性犹太人和一名犹太妇女（一名苏联政治委员的妻子）赶到附近的一块空地上，在那里，他们强迫这些人挖掘自己的坟墓，接着，在1941年6月24日下午，将这些人全部枪杀。其中一个受害者是一名12岁的男孩。伯梅的团队现在成为众所周知的“蒂尔西特特遣分队”（Tilsit Task Unit），他们接着向东进发，截至1941年7月18日，他们杀害了3,000名平民。[7]

1941年6月30日，希姆莱和海德里希参观了这个团队，对他们的行为予以批准。很明显，伯梅及其手下正在将他们的想法付诸实践。德军将所有的男性犹太人当作共产党员、游击队员、破坏分子、劫掠者、知识阶层的危险分子，或者直接当成“可疑分子”来对待。反犹主义也导致德国正规部队枪杀被俘的犹太士兵，而并非将他们送到前线后方囚禁起来。阿尔贝特·诺伊豪斯是来自明斯特的一名普通士兵，生于1909年，因此比士兵的平均年龄稍长一点。他在1941年6月25日写道：“在立陶宛，几乎一切都
220 被镀上了一层犹太色彩，在这种情况下，毫无半点怜悯可言。”[8] 1941年7月6日，一名德国正规士兵从加利西亚东部的塔尔诺波尔（Tarnopol）给父母写信，从他的信中，我们不仅可以明显地看到各种机构都参与到大屠杀中，而且还能强烈感受到在意识形态方面先入为主的反犹主义思想和军事或安全合理化的思想紧密地交织在一起。在描述完被红军所俘虏的德国士兵之残缺尸体被

发现的过程之后，这名士兵继续写道：

> 昨天，我们和党卫队都非常仁慈，我们抓到的每一个犹太人都被立刻枪毙了。今天的情况就不同了，因为我们又发现了60位同志的残缺不全的尸体。现在，犹太人必须将尸体从地窖中搬出来，然后将其整齐地摆开，接着德军在犹太人面前展示犹太人犯下的所谓的暴行。在看过遇难者之后，他们被警棍和铲子打死。截至目前，我们已经处决了约1,000名犹太人，但是鉴于他们的所作所为，这还远远不够。[9]

当然，根本没有确凿的证据表明犹太人和这些暴行有任何联系。尽管如此，该城镇犹太人中仍有大约5,000名被屠杀，其中包括一小部分妇女和儿童。[10]

在6月末和7月最初几周，别动队开始在东部占领区杀害越来越多的男性犹太人，希姆莱和海德里希频繁造访这些别动队的管辖范围，这让他们愈发地备受鼓舞。党卫队领导人开始给别动队下达杀害犹太人的人数指标。在维尔纳（Vilna，今维尔纽斯［Vilnius］），截至7月底，至少有5,000名，或许有多达1万名犹太人被杀。他们中大多数人被投进坑里，这些坑是之前红军为油罐地基挖的，同时，他们的衬衫被撩起来蒙住头部，这样他们就无法看见行刑的场景，接着以12个人为一组被机关枪扫射。7月中旬，在里加当地辅警的协助下，党卫队保安处的3个小分队已经在里加城外的一个丛林里杀害了另外2,000名犹太人，同时，在其他人口中心，还有成千上万的人以同样的方式被枪杀。在早期的大规模枪决中，行刑者还会做一些表面功夫，形式上走一下法律程序，包括执行行刑队传统仪式，但随着该邪恶活动的持续进行，他们甚至连这些表面形式都彻底抛弃了。[11] 早在1941年6月27日，来自各个分队的人在陆军第221保卫师（221st Security Division）的总体指挥下，将500多名犹太人赶进比亚韦斯托克的一个犹太教堂，并将他们活活烧死，同时，为了阻止火势蔓延，各陆军分队炸毁了周围的建筑。他们还在街上逮捕了其他一些犹太男子，将他们的胡子点着，强迫他们在被枪杀之前，一直跳舞。总共有至少2,000名犹太人被杀。不久之后，
221 一个德国警察营进入了残余的犹太隔离区，带走了载满20辆卡车的掠夺品。希姆莱和海德里希在1941年7月初已经抵达比亚韦斯托克，据说，他们抱怨道，尽管实施了这些屠杀行动，但做得还不够，这还不足以对抗犹太人的威胁。紧接着，德军逮捕了超过1,000名处于参军年龄的犹太男子，将他们带到城外，枪杀了。[12]

别动队报告说，它的目标在于"肃清"这一区域的全部"犹太–布尔什维主义核心领导层"，但实际上，他们逮捕并杀害了几乎所有成年犹太男子，完全不管其职业或教育水平。[13] 1941年德国发动入侵，不仅是斯大林，连犹太人最初都感到吃惊；当时大部分犹太人没有逃亡，除非一些与共产党有某些联系的犹太人。他们中许多人对一战期间的德国占领有相对正面的印象，而且由于苏联压制犹太人的习俗，共产党没收他们的产业，以及反宗教运动迫使他们放弃传统服饰和停止守安息日，犹太人已经被疏远。[14] 一名德国士兵报告道，他的分队在波兰东部受到了欢迎，不仅当地村民向他们提供牛奶、黄油和鸡蛋，而且犹太人也欢迎他们的到来。这些犹太人，他说道，"还没意识到他们的死期已经来临"。[15] 但是这种情况很快发生了改变。屠杀的消息迅速传播，当德军快要到来时，犹太人便开始大规模逃亡。德军的行进速度如此之快，以至于他们经常被德军赶超，这样，他们就无法摆脱在后面穷追不舍的党卫队别动队。[16] 不过，1941年9月12日，一份由C别动队的第6别动小组提交的报告指出，在乌克兰的许多城镇，90%或者甚至100%的犹太人已经逃亡。这份报告还补充道："驱逐几十万犹太人——从我们听到

的情况来看，大多数情况下是让他们穿越乌拉尔山——不费吹灰之力，而且为解决欧洲的犹太人问题做出了巨大贡献。”[17]

二

费利克斯·兰道（Felix Landau）是一名30岁的奥地利木匠，7月初的时候，他在伦贝格（Lemberg，今利沃夫［Lvov］）。1934年4月，兰道加入党卫队，并且参加了1934年谋杀奥地利总理陶尔斐斯（Dollfuss）的行动。[18]因此，他是一名立场坚定的纳粹分子和反犹主义者。他自愿在C别动队服务。1941年7月2日，他正是随同C别动队的一支小分队，紧跟着前进的德军抵达伦贝格的。兰道坚持写日记，他在日记中记录了他所在分队的进展情况。他写道，德军士兵进入伦贝格后，发现了乌克兰民族主义者残缺不全的尸体，这些人都是在一次未遂的起义后被苏联秘密警察杀害的，据称，除他们之外，还有许多被俘的德国飞行员遭到了同样的对待。[19]实际上，在伦贝格以及其他城镇，苏联秘密警察在德国入侵之前已经设法从监狱中撤离了“反革命分子”，并且杀掉所有无法带走的人。他们屠杀的人中包括许多德国战俘。许多受害者被殴打致死，他们被挖出来的骨头都是破碎的，虽然一般的说法是，苏联秘密警察挖出了这些人的眼睛，或者切除了他们的生殖器，但这更有可能是老鼠和其他食腐肉动物破坏之后的结果。也有一些证据表明，伦贝格的乌克兰民族主义者把这些尸体钉在监狱墙上，或者将尸体的胸部和生殖器切除，以便给人制造出这样一种假象，即苏联的暴行比实际中的更血腥。[20]残缺不全的尸体被发现后，德军、乌克兰人以及别动队都开始实施了无节制的暴力行为。[21]“我们到达后不久，”兰道写道，“第一批犹太人就被我们枪毙了。”他本人不是特别愿意这样做，他说道：“我不愿意射杀手无寸铁的人，即使他们只是犹太人。我更愿意来一场公开公平的战斗。”但是，1941 年 7 月 3 日，他所在的分队枪杀了另外 500 名犹太人，而在 1941 年 7 月 5 日，又有 300 名波兰人和犹太人被枪杀。[22]

他们到达伦贝格后不久，兰道所在的分队得知当地的乌克兰人和德国士兵已经将 800 名犹太人带到原本苏联秘密警察的大本营，并开始斥责这些犹太人，要他们对监狱中的屠杀行为负责。当兰道向大本营走去的时候，他看到：

> 223 数百名犹太人沿着街道行走，他们的脸上鲜血如注，脑袋上满是窟窿，双手受了伤，眼窝深深地陷进去。他们浑身是血。其中一些人扛着那些已累倒的人。我们朝大本营走去，并在那里看到了很少人曾目睹的场面。在大本营的入口处有士兵站岗，他们手持足有手腕那么粗的棍棒，痛打任何招惹他们的人。犹太人从入口处涌出来，一排排犹太人像猪一样一个躺在另一个身上，惊恐地呜咽着。犹太人浑身鲜血淋漓，他们不断从大本营里涌出来。我们停下来，想看看是谁在负责这个分队。一些人已经让犹太人离开了。他们被打，仅仅是施暴者要发泄心中的愤怒和仇恨。[23]

鉴于之前所发生的一切，兰道觉得这些暴行“完全可以理解”。一些乌克兰人对犹太人的仇恨被宗教歧视和民族主义情绪所点燃，这种宗教歧视和民族主义情绪源于许多犹太人曾经为波兰地主工作过。在为反犹主义和极端民主主义的民兵组织提供支持方面，这种仇恨发挥了作用。这些民兵组织随同前进的德军士兵挺进了加利西亚东部。然而，最重要的是，无论是乌克兰民兵还是德国士兵都因撤退的苏联秘密警察屠杀战俘而指责犹太人。乌克兰人通过将犹太人打死进行他们所谓的报复，在一个叫别列扎内（Brzezany）的地方，他们用布满钉子的棍子将犹太人打死。在鲍里斯拉夫（Boryslav），当德国指挥官在城镇广场上，看到被苏联秘密警察杀害于狱中的年轻人尸体时，他给了愤怒的人群24小时的时间自由处置当地犹太人。这些愤怒的人将犹太人围起来，让他们清洗尸体，强迫他们跳舞，接着用铅管、斧子、锤子和手边的任何东西将他们打死。[24]在入侵的最初几周内，单在伦贝格一地，就有7,000名犹太人被谋杀。乌克兰民族主义者的参与引起了广泛的关注，而且，在月底时，乌克兰人实际上又进一步谋杀了2,000名犹太人。即使是这样，这些行动总体上还算不上是有组织的。[25]只有相对较少的乌克兰人是热衷于报复苏联共产党的彻底民族主义者，他们之所以如此，是由于受到苏联共产党多年的压迫以及20世纪30年代初的大规模饥荒。C别动队被迫承认，“为了煽动对犹太人的大屠杀而谨慎采取的尝试并没有达到我们希望的效果……基于种族或精神的坚定的反犹主义 224
对这些人来说是陌生的”。[26]

离开伦贝格后，兰道的分队继续向克拉科夫进发，在那里，枪杀犹太人的行动仍在继续。[27]他将23个犹太人——其中一些是来自维也纳的难民，包括两名妇女——带到一个丛林里，并准备将其枪杀，当这些犹太人开始挖掘自己坟墓时，他问自己道：“在这种时候，他们脑子里究竟在想些什么呢？我想他们每一个人都心怀一个渺茫的希望，即自己不会被枪杀。由于没有那么多铁锹，这些将死的人被分成三班轮流挖坟墓。奇怪的是，我完全无动于衷。毫无怜悯。”他写道。[28]挖完坟墓后，这些受害者被要求转过身。“我们中的6个人必须向他们射击。任务是这样分配的：3个人朝心脏射击，3个人朝头部射击。我是朝心脏射击的。枪响之后，脑浆在空中划过。2个人朝头部打已经太多了。他们基本将头颅打穿了。”[29]在这些杀戮行为之后，兰道被安排负责征募犹太人充当强制性劳动力。1941 年 7 月 22 日，他枪杀了 20 名拒绝露面的犹太人，在这之后，他在日记中写道，一切都进展顺利。[30] 除了对这些大规模谋杀情况进行冰冷的描述之外，兰道在日记中还非常挂念他的女朋友——一名他在拉多姆遇见的 20 岁的打字员。截至这一年年末，他和女朋友住在一个大的别墅里。在别墅里，他委托犹太艺术家兼作家布鲁诺·舒尔茨（Bruno Schulz）画一幅壁画，这名犹太艺术家的作品给他留下了很深的印象。这也暂时保住了这名艺术家的性命，尽管不久之后舒尔茨就被当地党卫队里一名与兰道为敌的军官枪杀。[31] 至于兰道是否心存任何同情，他在日记中并未记载。

这些大规模谋杀和大屠杀活动通常都发生在公共场所，而且参与者和旁观者不仅观察并报告了这些活动，还将其拍摄下来。士兵和党卫队成员把一些处决和枪杀场面的照片放在钱包里，并给家人和朋友寄回去，或者在他们休假的时候，将这些照片带回德国。一些德国士兵被红军杀害或俘虏后，红军在他们身上发现了许多这样的照片。士兵们认为，这些报告和照片能表明德军是如何让野蛮而劣等的敌人受到应有惩罚的。犹太人似乎证实了他们在尤利乌斯·施特莱歇尔（Julius Streicher）的反犹小报《冲锋报》中读到的一切：在东欧，士兵们所到之处，他们都发现了充满“寄生虫”的“肮脏窝棚”，“污秽又破旧”，里面住着“数不尽的犹太人，他们都是《冲
225 锋报》提到的可恶之徒”。[32] 在前线南部，元帅格尔德·冯·伦德施泰特不得不住一些条件恶劣的营房，他毫不客气地直接将这些营房斥责为是“肮脏的犹太人窝棚”。[33] “一切都破破烂烂，”戈特哈德·海因里希将军在 1941 年 7 月 11 日给他的妻子写道，“我们正在学习珍视布尔什维克文化的恩典。家具也只是最原始的那种。我们几乎是住在空屋子里。墙上和地毯上到处都绘着大卫之星。”[34] 海因里希随意地将肮脏、布尔什维主义和“大卫之星”等同起来，

持他这种观点的人比比皆是。它影响了东方战役期间许多军官和普通士兵的行动。

三

1941年7月16日，希特勒对戈林、拉默斯、罗森贝格和凯特尔发表讲话，他宣布，为了恢复占领区的和平，有必要“枪毙所有甚至只是看起来可疑的人”。[35]“所有必要的措施——枪毙、驱逐等等——不管怎样，我们都要实行……俄罗斯人现在已经下令在我们前线后方发动游击战争。这游击战争也有它的好处：它使我们有可能根除任何反对我们的人。”当然，在这些反对者中，希特勒认为最重要的是犹太人，而且不仅是在俄罗斯的犹太人，还包括在欧洲，准确来说是世界上其他地区的所有的犹太人。第二天，关于对东方新占领区域的管理，他颁布了两个新的政令，宣布由希姆莱全权负责采取“安全措施”，不用说，这自然包括破除“犹太–布尔什维克颠覆活动”的威胁。希姆莱明白，这意味着用枪杀和隔离等一系列手段将所有犹太人从这些区域中清除出去。当然，从他的角度来看，这不仅为他进一步实施在东欧建立种族新秩序的雄伟计划铺平了道路，而且还能借此极大地增强自己的权力，能与该区域名义上的行政长官阿尔弗雷德·罗森贝格相抗衡。他命令两个党卫队骑兵旅——总共接近1.3万人——在1941年7月19日和22日分别前往这一区域。[36]

1941年7月28日，希姆莱对党卫队第一骑兵旅发布了行动准则，帮助他们完成处理普里佩特沼泽居民的任务：

> 从民族的角度考虑，如果这些人是敌对分子，在种族和人 226
> 种上是劣等的，或者甚至是由定居到那里的罪犯组成的，而这

> 种情况在沼泽地区是常见的，那么，每一个有支持游击队嫌疑的人都将被枪毙；妇女和儿童将被带走，家畜和食品将被没收和带到安全之地。村庄将被夷为平地。[37]

骑兵旅从一开始就认为，这些游击队员被“犹太布尔什维克分子”所鼓动，因此，骑兵旅的一个主要任务就是杀死该区域的犹太人。1941 年 7 月 30 日，党卫队第一骑兵旅在一份报告的结尾处报告道：“此外，截至这份报告所涵盖的期限结束时，有 800 名年龄在 16 岁至 60 岁的犹太男子和妇女因支持布尔什维主义和布尔什维克非正规军而被枪杀。”[38] 由于杀戮对象从犹太男子扩展到犹太妇女以及儿童，这使得谋杀率被提升到一个新的高度。特别是由新委派的党卫队骑兵旅实施的屠杀，其规模达到了前所未有的程度。在俄罗斯中部的“党卫队和警察高级长官”埃里希·冯·登·巴赫–热勒维斯基（Erich von dem Bach-Zelewski）的命令下，一个骑兵旅在不到一个月的时间内，枪毙了超过 2.5 万名犹太人。他们是在执行希姆莱 8 月初发布的命令，当时希姆莱正访问该区域，他命令道，“所有犹太男子必须被枪毙。犹太妇女将被赶进沼泽地”。妇女不再被赦免，换句话说，她们将被溺死在普里佩特沼泽中。然而，正如党卫队骑兵在 1941 年 8 月 12 日报告的那样：“将妇女和儿童赶进沼泽并不能取得预计的成效，因为沼泽不够深，他们不可能陷进去。在多数情况下，人们在沼泽下一米深的地方就会碰到硬的地面（可能是沙子），因此陷进去是不可能的。”[39] 如果无法将犹太妇女赶进普里佩特沼泽，那么，党卫队军官总结道，她们也必须被枪毙。

在 8 月上半月，在巴赫—热勒维斯基管辖区域活动的 B 别动队的指挥官阿图尔·内贝命令他的士兵不仅开始枪毙男人，而且也枪毙妇女和儿童。在更南部，希姆莱的其他党卫队分队在弗里德里希·耶克尔恩（Friedrich Jeckeln）的指挥下，开始有组织地枪杀整个犹太居民，他们在 1941 年 8 月底的 3 天内，在卡缅涅茨–波多利斯基（Kamenets-Podolsk）已经杀害了 23,600 名犹太男子、妇女和儿童。1941 年 9 月 29 日和 30 日，耶克尔恩的属下在乌克兰警察分队的帮助下，将大量犹太人带出基辅，并告诉他们将他们集合起 227
来是为了重新安置，他们被带到娘子谷（Babi Yar），在那里他们被命令脱下衣服。正如库尔特 · 维尔纳（Kurt Werner）——一名分队成员*，被命令去执行杀戮——后来证实道：

> 犹太人必须靠着峡谷壁趴在地上。在深谷底部有 3 组射手，每一组大约 12 个人。同时，一批批犹太人被送下去，分配给这 3 组行刑队。后续下来的犹太人必须躺在已经被杀害的犹太人的尸体上。射手们站在这些犹太人后面，向他们的颈部射击，将其打死。我今天仍能回想起犹太人抵达深谷的上沿，首次目睹犹太人尸体时的那种极度恐惧的样子。许多犹太人在惊恐中大声呼喊。几乎无法想象拥有什么样的钢铁意志才能在下面干出这种卑劣的勾当。太可怕了……我必须在深谷下面待一个上午。有时我必须持续不断地射击。[40]

正如 C 别动队在 1941 年 10 月 2 日报告的那样，在两天内，他们在峡谷中总共杀害了 33,771 名犹太人。[41]

截至 10 月底，耶克尔恩的士兵已经杀害了超过 10 万名犹太男子、妇女和儿童。在从 7 月末到 9 月初期间的不同时间点开始，别动队和附属分队在东部前线后方的其他地点不仅杀害犹太男子，而且也开始杀害妇女和儿童。[42] 在所有这些情况下，拒绝参加谋杀行动的少数人被允许外出休息，而且不用承担违反纪律的后果。这

---

* 库尔特 · 维尔纳属于 C 别动队的分队之一“4a 特遣队”（Sonderkommando 4a）。

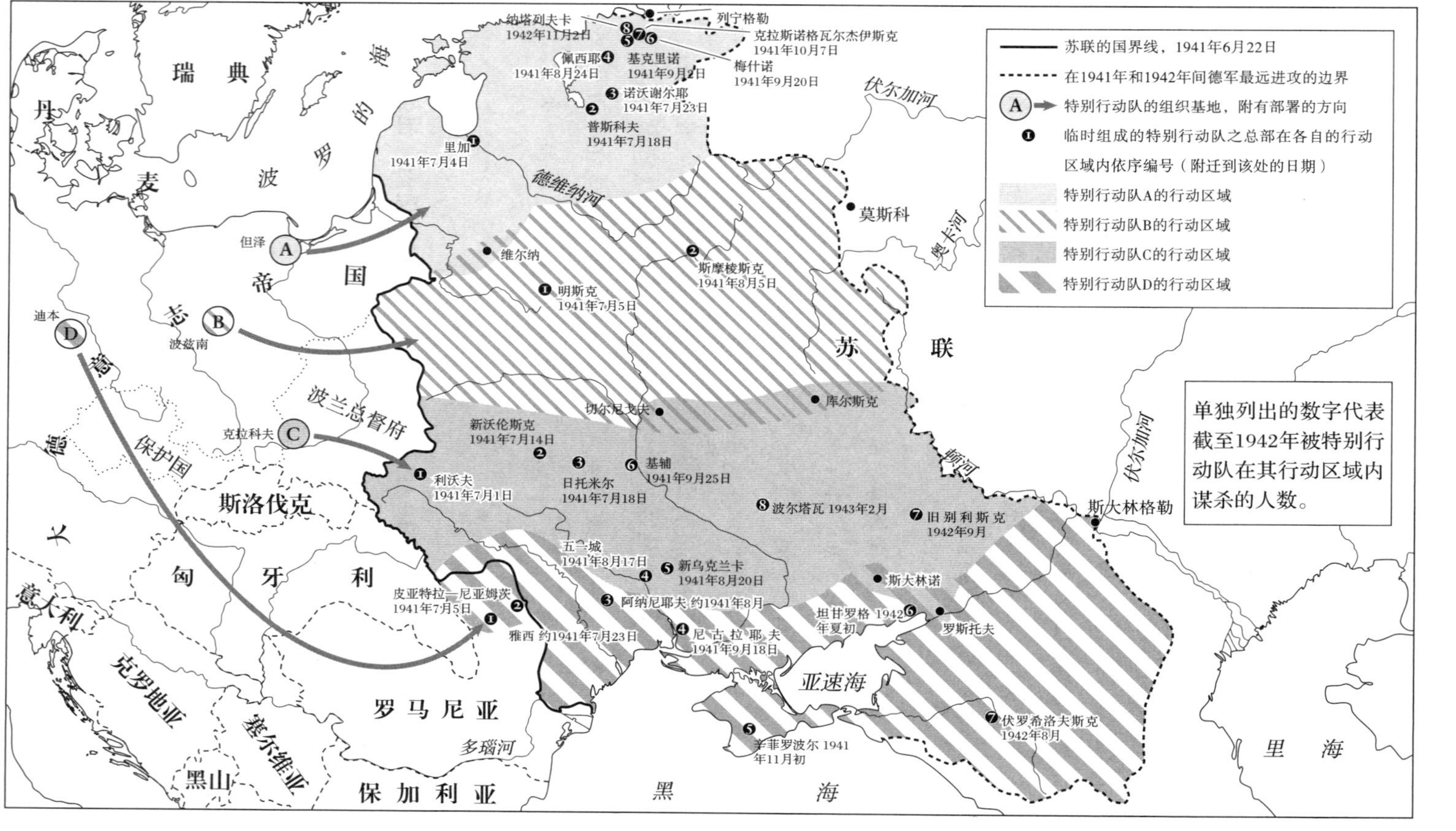

* 迪本为巴德迪本的旧称；克拉斯诺格瓦尔杰伊斯克为加特契纳的旧称；斯大林格勒为伏尔加格勒的旧称；伏罗希洛夫斯克为斯塔夫罗波尔的旧称。

地图10 党卫队特别行动队的杀戮行动，1941—1943年

些人中甚至包括高级军官，比如 C 别动队的第 5 别动小组组长埃尔温 · 舒尔茨（Erwin Schulz）。1941 年 8 月初，舒尔茨在接到希姆莱命令枪杀所有不从事强制性劳动的犹太人时，他要求与帝国保安总局人事主管面谈，后者在听到舒尔茨拒绝参加谋杀行动后，说服海德里希免除了这位不情愿执行命令的军官的职务，并让他回到柏林警察学院（Berlin Police Academy），担任原先在学院的职务，这对他的职业生涯没有任何不利之处。然而，大部分军官和士兵都欣然参加行动，而且并没有表示任何异议。根深蒂固的反犹主义情绪，混杂着不愿示弱的渴望，以及种种其他的动机，特别是贪婪的欲望，因为在所有这些大屠杀中，受害者的财产都被夺走，他们的房屋遭到劫掠，土地被没收，就像在娘子谷的情形一样。正如一名参与谋杀的警官后来承认的那样，所有人都将掠夺来的东西据为己有。[43]

在加利西亚的史坦尼斯拉维夫镇（Stanisławów，今伊万诺–弗 229
兰科夫斯克［Ivano-Frankivsk］），秘密警察指挥官汉斯 · 克吕格尔（Hans Krüger）得到德国地方当局的通知，后者将要建立的犹太隔离区无法容下镇上约 3 万或者更多的犹太人。所以，克吕格尔在 1941 年 10 月 12 日将镇上的犹太人聚集起来，让他们排成一个长队，队伍一直延伸到镇上墓地里事先准备好的露天沟渠的边缘。在这里，他们将被德国警察、德意志人和乌克兰民族主义者枪杀。在射击的间歇，克吕格尔还为执行枪决者摆了一张桌子，上面满是食物和烈酒。当克吕格尔一只手拎着伏特加酒，另一只手拿着热狗，来回踱步，前来监督屠杀行动时，犹太人开始恐慌。这些犹太人跳进沟里，在那里他们被枪杀或被在他们之后倒下的人的尸体掩埋掉，当其他一些没有立刻死亡的人试图攀越墓地的围墙逃跑时，也被枪杀了。截至日落时分，1 万至 1.2 万名犹太男子、妇女和儿童已经被杀。接着克吕格尔对其余的人宣布，希特勒已经推迟了对他们的处决。许多人在冲向墓地大门时遭到踩踏，在那里，他们又被聚集起来，带到隔离区。[44]

有时候，就像在佐洛奇夫镇（Złoczów）的情形一样，当地的德军指挥官对杀戮行动表示抗议，并设法制止谋杀行动，至少使之暂时停下。[45] 相比之下，在基辅南部的白采尔克瓦村（Byelaya Tserkow），奥地利战地指挥官里德尔（Riedl）上校下令登记全部犹太人口，并命令C别动队的一支分队将他们全部枪毙。同乌克兰民兵和来自党卫队一个排的士兵一道，别动队士兵将几百名犹太男子和妇女带到附近的一个靶场，朝他们的头部射击。之后不久，也就是在1941年8月19日，许多受害者的孩子也被装进卡车带到靶场枪杀；但是其中年龄最小——从小婴儿到6岁孩童——的90个孩子被留下，他们被安置在村庄周围的一栋建筑中，无人照管他们，也没有食物和水。德国士兵听到孩子们整晚在哭泣和呜咽，便将此情况告知了分队的天主教随军牧师，这名随军牧师发现这些孩子迫切需要水，他们躺在肮脏的环境中，身上满是苍蝇，地板上到处是粪便。少数几个武装的乌克兰守卫在外面站岗，但是德军士兵可以来去自如。随军牧师得到了团参谋赫尔穆特·格罗斯库特（Helmuth Groscurth）中校的帮助，后者在检查了这栋建筑之后，安排士兵在周围守着，防止这些孩子被带走。得知自
230 己的权威遭到了践踏，里德尔愤怒至极，他向地区指挥官赖歇瑙元帅抗议道，格罗斯库特和随军牧师正在背离正统的国家社会主义意识形态。“他解释道，”格罗斯库特报告道，“他认为消灭犹太妇女和儿童是迫切需要的。”赖歇瑙支持里德尔，命令将谋杀儿童的行动继续执行下去。1941年8月22日，这些儿童和婴儿们被带到附近的一个丛林里，里德尔的士兵们事先挖好了一个很大的沟渠，他们就在沟渠边上被枪杀。负责此事的党卫队军官奥古斯特·哈夫纳（August Hafner）后来报告道，他反对执行该任务，因为他的手下许多人都有孩子，他无法找到合理的理由要求这些人对孩

子进行枪决。之后他得到允许，可以让乌克兰民兵代替他们去执行枪决。孩子们的“哭声”，他回忆道，“是难以形容的。我此生将无法忘记当时的场景。当时的场景令人难以忍受。我特别记得有一个金发的小女孩，她用手拉着我。后来她也被枪杀了……许多孩子在死之前被射击了 4 或 5 次”。[46]

格罗斯库特对这些事件的厌恶反映出了他在道德上的疑虑，这种疑虑促使他与保守派的军事抵抗力量进行接触。他抗议道，这样的暴行实际上比苏联共产党人实施的暴行好不到哪儿去。他认为，在这个村子里发生的事情的报告肯定会传回国内，这将损害德军的声誉，打击军队的士气。身为一名虔诚的新教徒和保守的民族主义者，他无畏的立场在 1941 年 8 月激怒了他的上级，因此，他受到了冯 · 赖歇瑙的训斥。他本可以以一种很好的方式表达反对意见，并借此得到上级一定程度的信任。然而，他在 1941 年 8 月 21 日给冯 · 赖歇瑙的报告中总结道，愤怒不是源于枪杀儿童，而是源于这样一个事实，即这些孩子被留在恶劣的条件下，但负责的党卫队军官却优柔寡断。他认为，一旦做出决定要杀害这些成年人，那么除了将这些孩子也杀害之外，别无选择。“为了避免这种非人的痛苦，婴儿和儿童，”他宣布，“都应该被立即处死。”[47]

四

1941 年 6 月 12 日，在访问慕尼黑期间，罗马尼亚的陆军参谋 231
长和独裁者扬 · 安东内斯库收到了来自希特勒的“指导方针”，内容是关于如何处理在苏联控制区的犹太人，而作为巴巴罗萨行动计划的一部分，按计划，罗马尼亚军队将于 10 天后进入这些区域。在他的命令下，罗马尼亚警察指挥官开始隔离居住在城镇的犹太人，以及在乡村地区发现犹太人后，将其“就地消灭”。10 万名犹太人从这些区域逃亡苏联，但是在罗马尼亚人开始大规模屠杀犹太人之前，他们并没有逃离。[48] 在入侵之前，安东内斯库已经下令登记所有的罗马尼亚犹太人，并且禁止他们从事各种职业。犹太人的财产被没收，而且犹太人被命令充当强制性劳动力。从 1941 年 8 月 8 日开始，所有犹太人必须佩戴黄色星章。这些以及其他命令的出台，不仅是希特勒催促的结果，而且也反映了安东内斯库自身根深蒂固的强烈的反犹主义思想。罗马尼亚政权中的统治阶级以正统基督教征伐异教徒的名义为他们对待犹太人的方式辩护，他们得到了东正教牧首尼科迪姆（Nicodim）所发表声明的支持，该声明称，有必要摧毁犹太人，他们是布尔什维主义的仆从以及杀害基督的罪人。安东内斯库言语中也经常表明他的反犹主义思想，他的这些言语带有宗教色彩（“斯大林是犹太人。”他在一篇恶毒的反犹主义的谩骂文章中写道）。但是他也反复提及他所认为的对罗马尼亚进行种族“净化”的必要性，而且他引入的歧视性法律在本质上是种族的，而不是宗教的。[49] 他痴迷于将犹太人看作是布尔什维主义的主要鼓动者，并视布尔什维主义为最反宗教的政治运动。他将罗马尼亚的军事损失、食物和补给的匮乏以及他所面临的任何问题的责任都推给犹太人。在这些观点上，他受到了德国领导层的鼓动。

1941 年 6 月 26 日，在罗马尼亚东北部的雅西镇（Iași）开始了一场大屠杀，这场屠杀是由罗马尼亚和德国的情报人员组织的，当地的警察组织也参与其中。至少 4,000 名当地犹太人被杀，其余的犹太人则被塞进两列封闭的货物列车，接着他们就踏上一段没有明确目的地的旅程；等到列车最终停止时，列车里的 2,713 名犹太人已经因口渴或窒息而死亡。甚至是德国观察员也被这种暴行所震惊。
232 “发生的一切都是按照计划来的，包括对犹太人的屠杀。”1941 年 7 月 17 日，其中一名观察员在雅西写道。但是他补充道：“这里正在发生的暴行以及将要发生的暴行都无法用言语形容——而且，我们，我和其他人都在忍受而且必须忍受这种暴行。”[50] 在雅西，被屠杀的犹太人可能多达 1 万人，之后安东内斯库命令将所有犹太人，连同其他可疑的危险分子，从比萨拉比亚和布科维纳驱逐出去。他们用上了机关枪，观察员说道，这里不存在法律。成千上万犹太人被枪杀，其余的犹太人在被驱逐到德涅斯特河沿岸（Transnistria）——在乌克兰南部，被罗马尼亚军队占领——之前，被监禁在环境恶劣、补给糟糕的营房和隔离区内，这些营房和隔离区主要是在比萨拉比亚的首府基希讷乌（Kishinev）。强制性行进、饥饿和疾病令犹太人大受其苦，遭受重创；1941 年 12 月和 1942 年 1 月，罗马尼亚当局命令直接枪杀成千上万的犹太被驱逐者。[51] 在德涅斯特河沿岸的一处集中营，指挥官将一种通常给牲畜吃的豌豆作为食物分给被收容者。犹太医生报告说这种豌豆会导致下肢麻痹，多数情况下会造成死亡，但指挥官依然命令继续将这种豌豆分给被收容者。他们没有别的东西可吃。据报告，在食品供应情况最终改变之前，至少 400 名犹太人已经瘫痪。[52]

当罗马尼亚部队占领敖德萨（Odessa）时，他们执行了更多的屠杀。1941 年 10 月 22 日，一个先前由俄罗斯特务机关埋下的定时炸弹炸毁了罗马尼亚陆军总部，杀死了 61 个人，其中大多数是罗马尼亚军官和参谋人员，包括敖德萨的军事指挥官。安东内斯库下令进行残酷的报复。为了给每一位在爆炸中遇难的军官报仇，200 名“共产党员”被绞死。罗马尼亚士兵将此次爆炸当作是发动大屠杀的特许证。在接下来的两天内，417 名犹太人和被断定为共产党员的人被绞死或枪毙，而且约 3 万名犹太人被聚集起来，他们被强迫离开城市，去往达尔尼克（Dalnic）。但是当时在敖德萨市长的干预下，他们又返回了城市港口。在这里，他们被赶进四个大的棚屋，所有人都被机枪扫射而亡。在这之后，棚屋被放火烧毁，以确保没有任何一个幸存者。[53] 敖德萨剩余的成千上万名犹太居民都被带出城市，之后他们将被驱逐到被德国控制的乌克兰。5.2 万名来自敖德萨和比萨拉比亚南部的犹太人在博德加诺夫卡(Bodganovka)被塞进约 40 个牛棚，或关在露天的圈栏里。在附近的多马尼夫卡
233 (Domanovka ）和阿克梅切特卡（ Akmecetka)，还有 2.2 万名犹太人被士兵故意赶进位于一个被遗弃的苏联国有大农庄的猪舍中，过程极度残暴。他们的钱财和首饰被没收并被送往罗马尼亚国家银行。在如此恶劣的卫生条件下，斑疹伤寒开始爆发，大量犹太人死亡。[54]

罗马尼亚人期望能将这些犹太人运往被德国人控制的乌克兰，但当这种情况显然不可能发生时，博德加诺夫卡的卫兵在当地乌克兰警察的帮助下，将大约 5,000 名老弱病残的犹太人塞进马棚里，在屋顶上撒上干草，用汽油浸湿，然后点上火，将他们在里面活活烧死。那些尚可以行走的犹太人，大约 4.3 万人，被带到附近的一个峡谷中，他们一个接一个因脑后中枪而死。在多马尼夫卡，在罗马尼亚人的命令下，1.8 万多名犹太人被乌克兰警察枪杀。阿克梅切特卡的猪舍用于关押那些病弱的犹太人，而且在罗马尼亚地区指挥官伊索佩斯库（ Isopescu ）中校的命令下，多达 1.4 万名犹太人被蓄意饿死。上千名罗马尼亚犹太人被驱逐到德涅斯特河沿岸的隔离区和营区，这些隔离区和营区都是临时准备的，管理十分混乱，而且供应糟糕，在 1941 年至 1942 年的冬天，那里的死亡率达到了 1/3 和 1/2 之间。相比之下，在华沙的隔离区，尽管拥挤匮乏，但是至少有一个可以运转的群居和行政基础设施，那里的死亡率此时大约为 15%。[55]

面对罗马尼亚犹太社区领袖们——他们在这些大屠杀中幸存了下来——铤而走险的请求，安东内斯库每次都用相似的口吻搪塞过去，他说道，这些犹太人之前折磨和谋杀过罗马尼亚士兵，所以他们罪有应得。“每天，” 10 月 19 日他在一封给一个犹太社区领袖的

公开信——这封信在罗马尼亚的报纸上被发表——中写道，“我们的殉道者残缺不全的尸体从基希讷乌的地窖中被带出来……你问过有多少我们的人倒下，有多少我们的人被你们的教友以卑鄙的方式谋杀吗？——而且有多少人是被活埋的……这些都是接近疯狂的报复行为。”他继续说道：“针对你们犹太人对待我们宽容又热情的人民的方式……”[56] 在他们的运动开始一年内，罗马尼亚军队，有时和德国党卫队和警察分队一道，但更多的时候是他们自己行事，已经杀害了 2.8 万—3.8 万名犹太人，这是除了德国以外，在二战期间一个独立的欧洲国家杀害的最大数量的犹太人。[57]

在这些杀戮行动中，党卫队 D 别动队对许多行动的混乱状态 234
很不满意，试图将它所谓的“由罗马尼亚人执行的不合理的虐待成性的处决行动”引导成为一个“更有计划性的程序”。[58] 奥托·奥伦多夫向柏林方面抱怨道，罗马尼亚军队已经将“成千上万儿童和孱弱的老人——他们中没有人有工作能力——从比萨拉比亚和布科维纳驱逐到德国的势力范围内”。他的人又将许多人赶回罗马尼亚，并在此过程中杀害了其中大多数人。一直到 8 月底，正如他的一名属下后来报告的那样，奥伦多夫随身携带一份“文件”，“文件有一个宽宽的红色边缘，上面标着‘秘密帝国事务’字样……根据这份文件，他通知我们，从现在开始，不加区分，杀戮所有犹太人”。[59] 9 月中旬，根据这一命令，别动队的一个下属分队杀害了杜伯萨里镇（Dubossary）的所有犹太人。他们用来复枪枪托痛打犹太母亲和她们的孩子，强迫他们站在专门挖的坑的边缘，在那里，他们被迫跪下，然后因背后中枪而亡。在一次大规模处决行动中，大约 1,500 人以这种方式遇害，这是别动队和它的各种下属分队此时执行的众多类似行动中的一个。当屠杀进行时，希姆莱再次出现在当地。[60] 对奥伦多夫和希姆莱来说，罗马尼亚军队的谋杀行动既不彻底，也不够系统，而且有过多的低效率、腐败和毫无目的的残忍暴行。当

D 别动队向南行进，并最终抵达克里米亚时，士兵搜查了每一个城镇和村庄，杀害每一个发现的犹太男子、妇女和孩子，并自豪地及时发回报告，表明已经将该区域完全变成“无犹太人”区。[61]

五

1941 年春天，为了入侵苏联而发布的命令明确将大规模杀害布尔什维克委员、犹太人、游击队员和其他人包含在内，这也刺激了巴尔干其他地区将犹太人种族灭绝的行动提到日程上。在南斯拉夫，因被克罗地亚的法西斯乌斯塔沙政权控制的区域发生了暴力行动，形势更加严峻。在 1941 年春天，当乌斯塔沙开始大量谋杀塞尔维亚人时，成千上万避难者穿过了德国占领的塞尔维亚边界，在
235 那里，他们加入了新成立的抵抗运动，该运动的参与者主要是曾经的士兵和警察，他们在 1941 年 4 月逃往山区。这些团体通常被称为切特尼克（Chetniks），在 20 世纪初巴尔干战争中反土耳其的武装团伙之后，这些团体逐渐归于德拉查 · 米哈伊洛维奇（Dragoljub Mihailović）上校的麾下，此人是一名塞尔维亚民族主义者，他与年轻国王彼得的流亡政府保持联系。1941 年 6 月末，切特尼克各个不同的行动合并成一次全体起义，这在欧洲被德国占领的国家中是头一次发生。由约瑟普 · 布罗兹 · 铁托（Josip Broz Tito）领导的共产党游击队员加入了这次反叛，此人已经组织他的部队数月有余。尽管与抵抗德国人的意愿比起来，切特尼克被激怒的原因是由于塞尔维亚人对克罗地亚人的痛恨，但是铁托领导的共产党员的目标在于，在反对占领军的抵抗运动中将所有民族和宗教团体的力量团结起来。形势的恶化不仅是由于临近的克罗地亚持续发生种族屠杀的暴行，而且还因为德军从一开始就采用严酷的政策。陆军参谋总长哈尔德将军已经签署了命令，这些命令与之前在波兰执行的命令没

有什么区别，但是尽管如此，这些命令更加全面和严厉。武装部队将与即将到来的德国警察和党卫队保安处合作，逮捕已知的或可疑的恐怖分子、破坏者和德国流亡者，哈尔德本人又进一步增加了两类人，即共产党员和犹太人。[62]

在入侵几周内，军事占领当局已经对塞尔维亚的犹太人进行强制登记，而且在一些地方强迫他们佩戴犹太之星。德军下达命令，将犹太人从各种职业中驱逐出去，无偿没收他们的大部分财产，并且将这些措施用到塞尔维亚的吉卜赛人身上。在犹太房主被驱逐、囚禁或枪杀后，军官们搬进了他们设施齐全的别墅中，同时，普通士兵开始以极低的价格大量购买犹太人被没收的物品。[63]切特尼克起义一开始，贝尔格莱德的军事指挥官就命令犹太社区每周交出 40 名人质，如果抵抗运动继续的话，这些人质将被枪杀。结果，截至 1941 年 7 月 22 日，在德军的“报复”行动中，被其处决的 111 个人中许多都是犹太人。从 1941 年 7 月 27 日开始，如果塞尔维亚人为反叛者提供环境支持，那么他们也有“连带责任”。在德军士兵看来，所有的反叛者都是共产党员或犹太人。在 8 月中旬，巴纳特（Banat）地区的犹太人被驱逐到贝尔格莱德，那里所有的犹太男子 236
和吉卜赛人在9月初都被关押。根据一个德国的官方报告，到了此刻，尽管事实上“将近 1,000 名共产党员和犹太人已经被枪毙或公开绞死，而且被判定有罪者的房屋都被烧毁，但是却依然无法把持续发展的武装反抗运动压制下去”。[64]

就在大部分武装部队转向希腊的时候，德国在南斯拉夫留下了 2.5 万名缺乏战斗经验的士兵，他们的平均年龄是 30 岁。军官都来自预备役部队。驻扎在塞尔维亚的少量德国辅助部队和警察团也未参加过打击游击暴动的战争。他们几乎不知道该如何对付得到有力支持和有战斗力的抵抗运动。然而，他们所做的与德军在东欧其他地方所做的别无二致。“这是可以理解的”，1941 年 8 月 23 日，在塞尔维亚的一位高级德军指挥官巴德尔（Bader）将军解释道：

> 那些经常遭到后方共产党团伙射击的士兵迫切想要报复。通常在这种情况下，一旦在战场上发现这些人，这些士兵就立即逮捕和枪毙他们。然而，在多数情况下，他们并未逮到这些共产党团伙，因为他们早已不见了；他们逮捕无辜的人，这样就导致那些到目前为止仍对他们衷心的人，因出于恐惧或怨愤而投向共产党或其他抵抗力量。[65]

他的警告未被理睬。德国士兵继续实施残忍的报复行动，因为他们对敌人的攻击无法发起反击。“今天创下了一个新纪录！！”一名中尉在1941年7月29日写道，“今天早晨我们在贝尔格莱德枪毙了122名共产党员和犹太人。”[66]任命一个由米兰·内迪奇（Milan Nedić）——一名亲德反共的塞尔维亚政治家——主导的塞尔维亚傀儡政府对改变形势并没有什么帮助。这个地区的总指挥官威廉·李斯特（Wilhelm List）元帅——一个巴伐利亚天主教徒和老资历的职业士兵——愈发感到沮丧。在他看来，塞尔维亚人天性凶暴鲁莽，只有用武力才能驯服他们。1941年8月，希特勒亲自强调了有必要采取“最严厉的干涉手段”来军事镇压反抗运动。[67]戈培尔并不这么认为。1941年9月24日，他不无担忧地写道，克罗地亚人对塞尔维亚人的“血腥恐怖统治”正在将他们逼到“绝望的境地……因此反抗运动正愈演愈烈”。[68]

237 而且实际上，切特尼克变得更加大胆，他们在1941年9月初的两次独立事件中俘获了175名德国人。李斯特将在塞尔维亚服役的军事指挥官——一名空军将军——排挤掉，并调来一名奥地利人——弗朗茨·伯梅（Franz Böhme）将军——为总指挥。伯梅深受希特勒的信任，在1938年德国入侵奥地利之前不久，希特勒在与奥地利独裁者库尔特·许士尼格（Kurt Schuschnigg）谈判时，实际上曾一度推举他为奥地利军队的总指挥。伯梅也怀有强烈的反塞尔维亚和反犹主义的偏见，而且，他对奥地利军官团极度地怨恨。他在 1941 年 9 月 25 日对他的士兵们说：

> 你们的使命将要在一个国家完成，在这个国家中，由于塞尔维亚男男女女的背叛，导致德国人在 1914 年血流成河。你们是死者的复仇者。必须给整个塞尔维亚人树立一个令其生畏的例子，那就是用最严厉的方式打击塞尔维亚全国人民。任何表达怜悯之心的人都是在背叛他同志的生命。他应该负起不尊重自己人的责任，而且被送交军事法庭。[69]

伯梅将既有的武力报复实践系统化。他下令讨伐城镇和村庄，在沙巴茨（Šabac）和贝尔格莱德建立集中营，来关押所谓的“共产党员”和犹太人，并枪杀所有可疑的布尔什维克分子——其中超过 1,000 人已经在 1941 年 10 月 4 日被杀。1941 年 9 月 16 日，在全欧洲，为了给每一个在德国占领的欧洲区域中被杀的德国士兵报仇，国防军最高统帅部总监威廉·凯特尔元帅，已经下令枪杀了 50 至 100 名共产党员。在 1941 年 10 月 10 日，伯梅甚至发布了一个意义更加深远的命令：“共产党员或被怀疑为共产党员的男性居民，所有的犹太男子，以及指定数量的具有民族主义和民主倾向的居民将被抓为人质，每当有德国士兵被杀时，他们将以一定的比率被杀，即游击队员每杀害一名德国士兵，将有 100 名人质被杀，而每当有一名德国士兵受伤，将有 50 名人质被杀。”[70]

伯梅所做的事超越了凯特尔的命令，凯特尔在命令中没有提到犹太人。德国人普遍认为，鉴于犹太人在德国和波兰的待遇，德国在占领塞尔维亚时，犹太人自然成为他们的敌人。同样的逻辑也用

在了吉卜赛人身上，尽管那些有稳定工作和其家族至迟从 1850 年
238 以来已经不再四处流浪的吉卜赛人得到了明令赦免。军政当局在毫无任何确凿证据的情况下就声称，“犹太人很大程度上参与了抵抗运动的领导，而且吉卜赛人应当为特定的暴行和间谍活动负责”。[71] 在伯梅的命令下，来自沙巴茨和贝尔格莱德集中营的 2,200 名囚犯被枪杀，其中有 2,000 名是犹太人，另 200 名是吉卜赛人。此次事件有许多的目击证人。米洛拉德 · 耶利西奇（Milorad Jelisić）是囚禁在附近另一个集中营里的一名塞尔维亚人，他被带到沙巴茨附近的一个地方，并且和其他人一道被命令挖一个明沟，而与此同时，一支德国士兵的别动队正在吃他们的午餐。他事后如下做证：

> 一支 50 人的队伍从一片玉米地后面被带过来，我可以看出这些人是犹太人……一个军官下达命令，接着德国人瞄准他们的后脑勺——每一个犹太人由两个士兵拿枪对准。接着，我们必须跑向敞开的墓地，将尸体扔进去。然后，德国人命令我们仔细检查他们的口袋，并拿出任何有价值的东西……如果我们无法将戒指摘下来，这些德国人就给我们刀子，我们必须切断犹太人的手指，把戒指摘下来给德国人。[72]

接着，另一支 50 人的犹太人队伍被带出来；在接下来的两天内，这样的行动重复进行，而吉卜赛人受害者所占的比例越来越大。一些犹太人是奥地利难民，他们发现此刻枪杀自己的主要是奥地利士兵，而这些奥地利士兵是为了报复塞尔维亚游击队对德军进行的抵抗行动，对他们来说，这是残酷的历史反讽。[73]

伯梅的举措指向了那些与游击起义没有任何关系的人，他的行为已经越过了一个界限，将军事报复行动——无论多么过分——与无端的大规模谋杀区分开。进一步的枪杀接踵而至。许多情况下，

这些枪杀行动都被拍下来用于宣传。10 月 10 日命令发布后的两周内，塞尔维亚的军事分队总共枪杀了超过 9,000 名犹太人、吉卜赛人和其他平民。甚至一些参与枪杀的士兵感觉他们像是在做某种运动。当一名休假的维也纳士兵返回他在贝尔格莱德的团部时，他所在团部的同志向他轻率地随口一问：“要不要和我们一起去枪杀犹太人？”[74] 在任何一个地方，如果士兵按照命令杀光了所谓的共产党员、民主人士、民族主义者、犹太人和吉卜赛人，那么他们就将剩余的男性居民也聚集起来枪杀掉。比如，第 717 步兵师的分队以这种方式首先在克拉列沃（Kraljevo）枪杀了 300 人，这些人似乎 239
属于伯梅在命令中划定的类别，之后，为了完成每死亡一个德国士兵就枪杀 100 名“人质”的指标，他们不加区别地又将 1,400 名塞尔维亚人聚集起来枪杀掉。[75] 像伯梅一样，在被占领的南斯拉夫，几乎所有高级陆军军官和党卫队指挥官都是奥地利人，许多陆军分队，包括第 717 步兵师的士兵也都是奥地利人。他们对当地的塞尔维亚人、吉卜赛人和犹太人实施了极端暴力的行径，这格外反映出他们对塞尔维亚人根深蒂固的敌意，以及他们国家的反犹主义的极端恶毒本性，就像希特勒一样。[76]

截至 1941 年底，在整个东欧，被陆军、党卫队保安处别动队和它们的附属部队谋害的人，总数有几十万，首当其冲的是犹太人。据 A 别动队的报告，截至 10 月中旬，他们已经杀害了超过 11.8 万名犹太人，而截至 1942 年 1 月底，这一数字增加到了接近 23 万。B 别动队明确地报告道，截至 10 月底，45,467 名犹太人被枪杀，到了次年 2 月底，这一数字上升到 9.1 万出头。截至 1941 年 10 月 20 日，C 别动队已经杀害了大约 7.5 万名犹太人。D 别动队则报告道，截至 1941 年 12 月 12 日，他们已将近 5.5 万名犹太人杀害，而且到了 1942 年 4 月 8 日，被杀的犹太人的总数达到了将近 9.2 万。我们无法精确核实这些数字的准确性。在某些情况下，这些数字可能被夸大或被重复计算了。但另一方面，这些数字并没有包括所有被当地民兵或德军分队杀害的犹太人，而这些部队的指挥官往往下令杀害“犹太共产党员”和其他“犹太分子”。军队高级军官时常认为，有必要禁止他们的士兵参与大屠杀、劫掠和大规模枪杀犹太平民的行动，这一事实反映了这些行动是多么普遍。事实上，在某些情况下，例如在白俄罗斯的第707陆军师，军方其实是以对付游击队活动的名义对犹太人实施屠杀行动的。[77]总之，截至1941年年底，可能有大约50万犹太人被别动队、附属的军事团体和准军事团体枪杀。[78]

虽然在时间上并不统一，但确凿无疑的是，重要的一步已经迈出：将杀戮对象扩展到妇女和儿童，以及放弃了原先的借口，或在许多情况下实际上是放弃一个观点，即之所以杀戮犹太人，是因
240 为他们对入侵的德国军队进行抵抗。谋杀的时机、方式和范围通常是由地方党卫队指挥官当场决定的。在命令扩大杀戮行动方面，希姆莱的角色至关重要；与此同时，他——有时与海德里希一起——还视察杀戮发生地，以此激励杀戮行动继续进行下去，并且通过加强杀戮地党卫队的力量以促成更多的杀戮。[79]正是由于希姆莱反复对他的属下下达命令，对犹太人不加区分屠杀——不论性别和年龄——的政策转变在1941年7月和8月才得以实现。他此刻清楚地认为——以后也如此——他是在实施希特勒7月16日的意愿，即枪杀“任何一个哪怕只投来怀疑目光的人”。在这方面，正如在其他情况下一样，纳粹的指挥链条是间接发挥作用的。没有一个具体明确的命令。希特勒设定行动的总体方针，希姆莱则对这些方针加以说明，而在他鼓励下，在决定何时和以什么方式将这些方针付诸实施方面，现场的党卫队军官拥有主动权。比如，不是所有党卫队军官都是在同一时间做出决定从枪杀犹太男子转向枪杀犹太妇女和儿童的，从这一点就可以清晰体现出党卫队军官所拥有的主动权。不过，很明显，这时候发生的大规模谋杀东欧犹太人的行动首先反

映了希特勒自己的个人愿望和信念，在这几个月中，希特勒在公开和私人的场合反复表达了这些意愿和信念。[80]

因此，比如在 1941 年 10 月 25 日，希特勒在与希姆莱和海德里希共进晚餐时，他的思绪自然转向了他们在俄罗斯发动的大屠杀，另外还特别转向了希姆莱在 8 月初发布的将“犹太妇女赶进沼泽”的命令：

> 在德意志帝国国会大厦，我曾对犹太人预言，如果战争不可避免，那么犹太人将从欧洲消失。这个罪犯的种族在一战中死亡了 200 万人，这已经引起了它的内疚，而现在又有几十万人死亡。没有人能告诉我：我们不能将他们送进沼泽！又有谁关心我们的人民呢？我们正在灭绝犹太人，这可能造成很大的恐惧，但这种恐惧总比我们正在被犹太人灭绝所带来的恐惧好。[81]

1941 年 8 月 1 日，盖世太保的负责人海因里希 · 米勒命令帝国保安总局将别动队发给希特勒的报告进行转发。通常情况下，每一份报告总共都有 40—50 份复印件在政党和政府机关流通。[82] 例如，“事件报告第 128 号”——于 1941 年 11 月 3 日发布，包含别动队从 7 月至 10 月的首批 6 份完整报告——的 55 份复印件不仅分发给纳粹 241
党办公厅，而且也分发给政府部门，包括外交部。在外交部，这份复印件有多达 22 名官员的副署签名。[83] 这样，不仅希特勒，而且还有许多党内和国家行政部门的高级成员都完全知晓党卫队别动队在东方实施的大屠杀。

第二节

发动种族灭绝

一

242 鉴于希特勒在1941年10月25日提到他自己对世界战争爆发后犹太人被灭绝的预言，此刻他考虑在全球范围内灭绝犹太人的问题就不足为奇了。在希特勒的谋划中，通过巴巴罗萨行动和之后的一系列行动，苏联很快就会战败，而这亦会导致英国投降。1940年，德国试图通过轰炸使英国屈服的做法明显失败了。但是有其他的方式将他们带到谈判桌上。其中最主要的方式是破坏他们的补给，英国的补给必须走海路，一部分来自英国广大的帝国地区，但主要还是来自美国。截至目前，美国总统富兰克林·罗斯福通过将美国置身战争之外，已经赢得了国内的广泛支持。但是有时，他私下里曾考虑，为了阻止德国的进一步侵略，美国将必须行动起来。[84] 因此，在国会投票赞成用巨额金钱建造飞机、舰船、坦克和军事装备后，罗斯福开始了大规模的武器生产计划。1940年5月16日，罗斯福已经向国会建议每年至少建造5万架军用飞机，而且立即开始建造。这相当于任何一个欧洲参战国所能达到产量的好几倍。与英国私下进行的技术讨论确保了这些飞机对英国抵抗德国的战争有直接助益。不久之后，国会还通过了《两洋海军法案》(Two Oceans Navy Expansion Act)，开始建造在大西洋和太平洋上航行的巨型舰舰队，这些舰队围绕在航空母舰的周围，将使美国海军有能力对美国在世界各地的敌人发动进攻。接下来是征兵，首先开始征募和训练一支由 140 万人组成的军队。1940 年 11 月，罗斯福再次当选 243
总统。由于罗斯福在国会中得到了两党成员的支持，根据“租借法案”的安排，他将越来越多的陆军和海军补给以及食品和其他各种物资转移到英国。仅 1940 年一年，英国人就从美国购买 2,000 多架战斗机；在 1941 年，这一数量升到了 5,000 多架。这一数量有重大意义。1941 年 8 月中旬，罗斯福和丘吉尔会面并签署了《大西洋宪章》(Atlantic Charter)，其中包括一个条款，即在驶往英国的途中，美国潜水艇将在至少一半的大西洋航程中护送英国船队。[85]

从 1941 年 6 月起，美国也开始向苏联运送越来越多的补给和装备；罗斯福不无道理地担心，如果苏联战败，那么德国将会把矛头再次转向英国，接着将对美国发起挑战。[86] 美国在 1940 至 1941 年重整军备的速度和规模，以及德国通过入侵苏联将苏联军队牵制在西方，这两方面情况让积极扩张的日本政府相信，如果它坚持在东南亚和太平洋地区建立一个新的日本帝国，那么就需要消灭这一地区的美国的海军力量，而且宜早不宜迟。1941 年 12 月 7 日，6 艘日本航空母舰派它们的飞机轰炸美国在夏威夷珍珠港的海军基地，在那里，它们击沉、搁浅或毁坏了 18 艘战舰，之后，它们转向入侵泰国、马来西亚和菲律宾。袭击事件将美国人民团结起来，让他们在干预战争的态度和决心上取得了一致性。而且它也促使希特勒放下到目前为止对美国的克制态度。他此时下令在大西洋击沉美国的舰船，摧毁或者在可能的情况下截断美国对英国和苏联的补给。接着，由于他打赌美国会将精力集中在太平洋上，因此，他在

1941 年 12 月 11 日正式对美国宣战。意大利、罗马尼亚、匈牙利和保加利亚也随即对美国宣战。希特勒相信，日本人的进攻分散了美国人的军事努力，削弱了美国人的力量。这将为在大西洋打败美国并截断它对英国和苏联的补给提供一个极好的机会。而且，当日本转向英国从马来亚到缅甸的殖民地，或许最终还能转向印度时，它将可以消耗英国在远东的重要资源。希特勒之所以采取该决策，最重要的是他意识到，必须在美国的军事力量达到成熟并进而演变到
244 势不可当的程度前，尽快发起进攻。[87]

这些事件直接关系到纳粹党对犹太人的政策。美国对英国和苏联快速增长的援助加深了希特勒的推断，即美国与丘吉尔和斯大林同在一个秘密的、由犹太人主导的联盟中，因此才参与战争。1941 年 6 月 22 日是巴巴罗萨行动的发动之日，在这一天，希特勒宣布时机已经到来，“有必要借此良机将打击犹太—盎格鲁—撒克逊战争煽动者的阴谋提到日程上，同时也应将打击布尔什维克莫斯科中央犹太统治者的事情提到日程上”。[88] 宣传部的目的在于使德国人民相信，罗斯福政府是犹太人反对德国的国际阴谋的一部分，而这种政治宣传在 1941 年春天就已经开始进行。在 1941 年 5 月 30 日和 6 月 6 日，宣传部对各家报纸强调道，“英国幕后的真正统治者是犹太人；美国亦如此”，而且强调“必须明确，犹太人在美国的真正目标是不惜任何代价摧毁和消灭德国”。[89] 此时，德军的宣传攻势进一步大大加强。

巴巴罗萨行动从一开始就设定为一场突然袭击，所以在行动之前没有像 1939 年那样的舆论宣传。在 1939 年，德国计划入侵波兰，而人们在行动之前就通过各种舆论宣传得到了这层讯息。在 1941 年 6 月 22 日德国对苏联发动入侵几周后，纳粹领导层认为有必要发动一场宣传攻势，以赢得德国人民对入侵苏联的事后支持。紧接着，希特勒将他的注意力集中到犹太人身上。在之后舆论声势中，

他们的核心目的就是让民众相信巴巴罗萨行动与美国扩大对英国和俄罗斯援助之间纯属巧合。这一舆论宣传由希特勒亲自指导，深刻反映了他的信念。[90] 1941 年 7 月 8 日，希特勒指示戈培尔加强对共产主义的舆论攻击。“我们的宣传阵线，”戈培尔在第二天写道，“因此是非常明确的：我们必须继续揭露布尔什维主义和金钱政治之间的合作，而且现在也要越来越多地揭露这一战区的犹太特性。”[91] 媒体及时收到了指示，一场大规模的宣传运动正在进行。1941 年 7 月 14 日，希特勒进一步鼓舞了他的宣传部部长，强化了这场运动。[92]

这场运动由纳粹党的日报《人民观察家报》（*Racial Observer*）带头，1938 年以来由威廉·魏斯（Wilhelm Weiss）担任该日报的总编辑。《人民观察家报》是一份半官方的报纸，它的发行量接近 175 万份。它的报道内容很大程度上取决于帝国新闻官奥托·迪特 245
里希发布的新闻指令；在与元首的每日会面之后，奥托·迪特里希就从希特勒的总部将这些指令发出去。在 1940 年整年中，这份报纸没有用过任何一个反犹主义类型的头版标题。在 1941 年 2 月和 3 月，有 3 个反犹主义标题出现，但在之后的 3 个月中没有更多这样的标题，直到 7 月份，反犹主义标题开始爆炸式地频频出现。7 月 10 日和 12 日，这份报纸用了关于“犹太布尔什维主义”的头版标题，7 月 13 日和 15 日，它将注意力转向英国（“犹太人让苏联的谎言充斥英国”），7 月 23 日和 24 日，它刊登了关于罗斯福的报道，认为罗斯福是企图摧毁德国的犹太人和共济会的工具。8 月 10 日和 19 日，这份报纸进一步登了头版报道（“罗斯福的目标是让犹太人统治全世界”），而且在 10 月 27 日和 29 日以及 11 月 7 日，还有更多耸人听闻的攻击罗斯福的标题，11 月 12 日，报纸还登了一个关于“犹太敌人”的导言。此后，宣传运动逐渐平静下来，在 1942 年只有 4 个反犹主义的标题。[93] 同样，“每周的话”（Word of the Week）壁报自 1937 年以来已经发布了 12.5 万版，它们被贴在整个德国境内的墙上或亭子上，或者贴在特别设计的玻璃陈列箱上。壁报每周都更换主题，在 1940 年的 52 版中只有 3 版提到了反犹主义的主题，而在 1941 年到 1943 年壁报停办之间，有 1/4 的版本都有攻击犹太人的内容。与《人民观察家报》比起来，壁报宣传运动持续到 1942 年，截至当年 7 月，在已发布的 27 版中，有 12 版专门关注反犹主义的主题。[94] 因此，在 1941 年下半年，各种各样的反犹主义宣传毫无疑问达到了顶峰，这反映了希特勒在 7 月 8 日给戈培尔下达的将宣传机构的关注点集中到犹太人身上的命令。宣传几乎产生了立竿见影的效果。例如，在 1941 年 6 月 23 日，一名驻扎在里昂（Lyon）的德国陆军军士报告道："现在犹太人已经在各条战线上对我们宣战，从一个极端向另一个极端，从伦敦和纽约的财阀直到布尔什维克。受犹太人控制的一切力量都已集结起来与我们为敌。"[95]

在这一运动中，美国人西奥多·考夫曼（Theodore N. Kaufman）写的一本小册子得到了大力宣扬，这本小册子在 1941 年年初发行，标题为《德国必须灭亡》（*Germany Must Perish*），书中要求对所有德国男人做绝育手术，并让德国的欧洲邻国瓜分其所有领土。考夫曼是个古怪的人（没有比这更强烈的说法了），他已经饱受美国
246 媒体的嘲笑，因为他曾催促对所有美国男性进行绝育手术，以防止他们的孩子成为谋杀者和罪犯。不过，戈培尔利用了他这本新的小册子，将考夫曼描绘为白宫的官方顾问，并将该册子鼓吹为是犹太人的产物，认为它反映了罗斯福对德国的真正意图。1941 年 7 月 24 日，《人民观察家报》声称，这个意图就是"犹太人实施的庞大灭绝计划"。"罗斯福要求对德国人进行绝育，德国人在两代之内将被灭绝。"[96]"德国必须被消灭！"，1941 年 10 月 10 日的"每周言语"壁报这样断言。"目标依旧。"戈培尔宣称。[97] 他将把考夫曼的书翻译成德语，并将上百万份复印本分发出去，"首先就是分发给前线"。一本含有内容摘录德语译文的手册在 1941 年 9 月按时完成，

编辑宣称，这就是“在纽约、莫斯科和伦敦的世界犹太人同意彻底消灭德国人民”的证据。[98] 与此同时，宣传部部长将此与媒体反复报道的红军士兵对德国士兵施行所谓的暴行联系起来。他所传达的信息再明确不过，即犹太人正在全世界密谋消灭德国人，因此，为了自卫，无论在什么地方发现了犹太人，都应该将其杀死。[99] 正如 1941 年 7 月 20 日戈培尔为《帝国》（*The Reich*）——他于 1940 年 5 月创的一份周刊，截至此时，这份周刊的发行量已经达到了 80 万份——写的一篇文章中宣布的那样，为了回应这些威胁，德国甚至是整个欧洲将对犹太人发起“残酷无情”的打击，最终将促成“他们的崩溃和灭亡”。[100]

在 1941 年夏末秋初,这种打击的势头有所减弱。正如我们所见，自 6 月末以来，别动队和其辅助部队正在杀戮越来越多的男性犹太人，接着从 8 月中旬开始，他们在东方也开始杀戮犹太妇女和儿童。但是，截至此刻，很明显，纳粹领导人所考虑的不仅仅是特定区域内的杀戮，更是全欧洲范围内的杀戮。1941 年 7 月 31 日，海德里希带给戈林一份需要其签署的简要文件，后者是犹太人政策的正式负责人。这份文件使海德里希有权“做一切必要的准备，包括组织方面、实践方面和物质方面的准备，以彻底解决德国在欧洲势力范围内的犹太人问题”。这一命令的关键部分在于，它将海德里希的指示扩展到整个欧洲大陆，根据此命令，如果涉及所有其他纳粹党和各政府部门的职权范围时，海德里希有权和他们进行协商。它不 247
是要求启动——目前还谈不上执行——“解决犹太人问题总体方案”的命令，它只是一个为该行动做准备的命令。但是，另一方面，虽然它并不是一个要求提出“解决犹太人问题总体措施”的命令，但另一方面，它也不像有的历史学家所理解的那样，仅仅是一个关于灭绝犹太人“可行性研究”的计划，在以后或许会被付诸实践，或许就此作罢，而且我们在相关的文献记录中也找不到关于此类研究的结果报告或者是提到这些研究的文字。[101]

这件事拖延了几周，与此同时，希特勒和将领们正在争论是否要向莫斯科进发或将德军转移到更北或更南的地方；接着，在8月初的大部分时间内，希特勒因为身患痢疾，病情严重。[102] 然而，根据1941年8月19日戈培尔的日记内容来看，希特勒病情在8月中旬有所好转，已经可以对犹太人发起新的抨击：

> 元首相信，他当时在帝国国会大厦所做的预言——如果犹太人再次成功挑起一次世界大战，那么结局将以犹太人的灭亡告终——正在应验。在最近这段时间内，它正在成为现实，这种确定性几乎是难以置信的。在东方，犹太人正在付出代价；而一定程度上，在德国的犹太人已经得到了报应，而且在未来他们还必将得到更多的报应。他们最后的避难所仍然在北美洲，而且，无论从长期来看或者从短期来看，终有一天他们也将在那里付出代价。[103]

令人吃惊的是，戈培尔在这里说漏了嘴，他泄露了纳粹主义在全球范围内终极的地缘政治野心。更为直接的是，戈培尔在说出这些言论时，别动队急剧扩大了在德国占领的东欧地区进行的杀戮行动，这种巧合绝非偶然。而且，从1941年2月至4月，应前奥地利首都的纳粹党区领导巴尔杜尔·冯·席拉赫——此人在20世纪30年代作为希特勒青年团的首领已崭露头角——的请求，希特勒已经批准将大约7,000名犹太人从维也纳驱逐到卢布林区。席拉赫的主要目的是夺取这些犹太人的房子和公寓，将其分配给那些无家可归的非犹太人。同时，他的行动与意识形态色彩浓厚的反犹主义的措施保持一致，这些措施可以追溯到1938年3月德国占领维也纳的最初日子。[104] 几个月以来，这仍是一个相对孤立的行动。当战争仍在进行时，为了避免国内任何可能的骚乱，希特勒也暂时否决了海德里希要求开始将德国犹太人从柏林转移出去的建议。[105]

然而到了 8 月中旬，希特勒重新拾起了他在 1941 年夏天早些 248
时候已经否决的想法，即开始将德国剩余的犹太人驱逐到东方。截至 9 月中旬，他的意愿在纳粹统治集团中已广为人知。1941 年 9 月 18 日，希姆莱对瓦尔塔兰的领导阿图尔 · 格赖泽说：“元首想将‘旧帝国’和［波希米亚和摩拉维亚］保护国的犹太人尽快从西方赶到东方。”[106] 希特勒可能想把这些将公开实行的驱逐行动当成是对“国际犹太人”——特别是在美国的犹太人——的一个警告，警告他们不要进一步扩大战争，否则，更糟糕的事情将会发生在德国犹太人身上。在斯大林对伏尔加德意志人进行驱逐之后，希特勒已经开始对“犹太—布尔什维克”俄罗斯采取报复性措施。[107] 党区领导，特别是汉堡的卡尔 · 考夫曼（Karl Kaufmann），迫切要求逐出犹太人，为因轰炸而无家可归的德国家庭腾出地方。约瑟夫 · 戈培尔以柏林党区领导的身份决定，“我们必须尽快将犹太人从柏林转移出去”。“一旦我们在东方战场解决了军事问题”，这将有可能实现。[108] 由于波兰总督府东部的大片领土已经被征服，所以已经可以将中欧的犹太人驱逐到那里。在与海德里希会面之后，戈培尔说，他们将被投入已经由共产党员建好的劳改营里。“这些劳改营应该给犹太人居住，这还不够明显吗？”[109] 在影响希特勒决策判断的所有可能的因素中，安全是最重要的一个因素。在他的记忆中，犹太人曾在 1918 年在德国背后捅了一刀，因此，自从他掌权以来，他一直采取越来越激进的手段将犹太人从德国驱逐出去，试图防止这种情况再次发生。一方面，随着对苏联的入侵，以及美国卷入战争的程度越来越深，这种威胁似乎愈发严重。另一方面，在东方新吞并的领土为大规模驱逐运动提供了机会。在全欧洲范围内采取行动的时机似乎已经到来。[110]

二

249 在这期间，仍留在德国的犹太人，生活环境迅速恶化。其中一名犹太人就是维克多·克伦佩雷尔，由于他娶了一位非犹太人妻子埃娃，加上他是一名退伍老兵，所以某种程度上，他仍然处于被保护的境地。1941 年 6 月 23 日，他因违反灯火管制条例被囚禁在德累斯顿的一个警察局拘留所，他发现在监牢里的时光给他造成了极大的心理压力。但是他并未遭到虐待，而且，尽管他偏执地担心他已经被遗忘了，但是在 1941 年 7 月 1 日他被释放了。他重新回到了拥挤的犹太人之家，与德累斯顿其他类似的夫妇一样，他和妻子是被迫住进去的。[111] 不久，他的日记中就记满了他和他的非犹太人妻子在他称之为“寻找食物”的过程中所经历的越来越多的困难。1942 年 4 月，他绝望地记录道：“我们现在饥肠辘辘。今天甚至连芜菁也只‘供给登记过的客户’。我们的土豆吃完了，我们的面包券或许只能维持 2 周，而不是 4 周。”[112] 他们开始乞讨和以物换物。[113] 截至 1942 年年中，克伦佩雷尔时常感到饥饿，而且还被迫从犹太人之家的另一位居民家里偷食物。（“问心无愧，”他坦承，“因为她只需要很少的食物，大部分食物都被浪费了，因为她年迈的母亲给了她许多食物——但是我感到十分羞辱。”）[114]

从 1941 年 9 月 18 日起，根据帝国交通部发布的一份指令，德国犹太人将不再被允许在火车上使用餐车、乘坐短途旅行公共汽车，或在高峰期乘坐公共交通出行。[115] 当克伦佩雷尔的妻子在 1941 年 9 月 19 日将犹太之星缝在他外套的左胸位置时，他“发出了一阵绝望的叹息”。像许多其他犹太人一样，他羞于外出（“对什么”感到羞愧呢？他不禁反问自己道）。于是，外出购物的事情也由他妻子开始操持了。[116] 克伦佩雷尔的打字机被没收了，因此，从 1941 年 10 月 28 日开始，他必须手写日记以及他自传的余下部分。[117] 接着，犹太人越来越多细小的权利也被剥夺了。犹太人领取剃须皂优惠券的权利也被剥夺了（“难道他们是想强制恢复中世纪犹太人的胡子样式吗？”克伦佩雷尔讽刺地问道）。[118] 他列出了这次他们遭受到的所有限制，足足超过了 30 项，包括禁止使用公共汽车、买花、拥有皮毛大衣和羊毛毯、进入火车站、在餐厅吃饭以及坐在折叠式 250
躺椅上。[119] 1941 年 12 月 4 日公布的一个法律几乎规定犹太人不论犯了什么罪，都要被判处死刑。[120] 1942 年 3 月 13 日，帝国保安总局下令在每一所犹太人住处的入口处都贴上一个白纸做成的星。[121] 进一步的打击发生在 1942 年 5 月，当时统治当局宣布，犹太人将不再被允许饲养宠物或者将其送给别人；于是，怀着沉重的心情，克伦佩雷尔和他的妻子将他们的宠物猫“淡菜”（Muschel）带到一个友善的兽医那里，用非法的手段结束了它的生命，因为如果在大搜捕行动中将他们的猫交出去，猫一定会遭受痛苦。[122] 所有这些措施发生的时机清晰地表明，它们是在为将德国犹太人大规模驱逐到东方做准备。[123]

为了强调驱逐决策的坚定性，1941 年 10 月 23 日，希姆莱下令，不再允许犹太人从第三帝国及其占领的任何国家迁移出去。[124] 1941 年 9 月 11 日，盖世太保解散了犹太文化联盟，这也标志了德国犹太人社区的终结；犹太文化联盟的资产、乐器、物品和财产被分发给包括党卫队和陆军在内的各种各样的机构。[125] 所有第三帝国境内的犹太人学校都已经被关闭。[126] 1941 年 10 月 15 日，对犹太人的围捕和驱逐开始进行；根据 1941 年 5 月 29 日和 11 月 25 日公布并得到希特勒亲自批准的指令，被逐者将被剥夺德国国籍，而且他们的财产也将被国家没收。截至 1941 年 11 月 5 日，24 辆冗长的列车满载着犹太人——其中大约有1万名来自“旧帝国”，5,000名来自维也纳，以及5,000名来自波希米亚和摩拉维亚保护国——已经驶往罗兹，随同这些犹太人一起被驱逐的还有5,000名来自布尔根兰（Burgenland）的奥地利农村地区的吉卜赛人。截至1942年2月6日，又有34辆列车将3.3万名犹太人带到里加、科夫诺和明斯克。[127]尽管这样，仍然有相当数量的犹太人留下来从事强制性劳动任务，这些任务被认为对战时经济至关重要。戈培尔十分失望，他迫切要求加快驱逐的进度。1941年11月22日，他在日记中写道，希特勒已经同意以城市为单位将驱逐运动逐步进行下去。[128]

为了给驱逐行动做好准备，盖世太保将从德国境内的帝国犹太人协会那里获得当地犹太人的名单，并从中挑选出那些将要被驱逐的人，然后给他们每人一个编号，并告知他们离开的日期以及旅程
251 的安排。每一个被逐者允许带50千克行李，以及3—5天的给养。他们被当地警察带到一个收容中心，在那里他们通常要等待许多个小时，接着他们被送上普通旅客列车，然后踏上行程。这些举措是为了防止这些犹太人对他们的命运提前有所警觉。然而，这些列车是在晚上从调车场而不是客运站出发的，而且这些被驱逐者通常是在警察的咒骂和击打下，被粗鲁地推进列车的。每趟行程都有一个警察看守陪同。当这些被驱逐者抵达目的地时，他们的处境急剧恶化。比如，第一辆离开慕尼黑的列车在1941年11月20日出发，在驶离了最初的目的地里加——那里的隔离区已满——之后，它在3天后抵达了科夫诺。当被告知科夫诺的隔离区也已经人满为患后，警察将这些被驱逐者带到附近的“第9堡垒”（Fort IX），在那里，这些被逐者被迫在第9堡垒周围干涸的深沟中等了两天，之后，他们全部被枪杀了。[129]

1942年1月，德军下达了将德累斯顿的犹太人驱逐到东方的命令。当维克多·克伦佩雷尔获悉异族通婚的一级铁十字勋章的持有

者，比如他自己，可以得到豁免时，他如释重负，这一点显而易见。[130]但对留下的犹太人而言，生活变得更加艰难。1942 年 2 月 14 日，克伦佩雷尔被命令从事清扫街面积雪的工作，而此时，他已经 60 岁了，健康状况不是很好。到达工作地点时，他发现在场的 12 名犹太人中，他是最年轻的。幸运的是，他回忆道，来自市政清洁部的监工非常友善和礼貌，允许他们坐着闲聊，并告诉克伦佩雷尔：“你不必太卖力，政府并未这样要求。”[131]他们只得到了数量微薄的收入，每周的税后收入仅 70 帝国马克出头。[132]当这项服务不再需要时，克伦佩雷尔被送去一个包装厂工作。[133]盖世太保愈发残忍暴虐，因此犹太人开始惧怕当局上门搜查。当克伦佩雷尔居住的犹太人之家（Jews’ House）被搜查时，他碰巧出门去拜访朋友。当他返回时，发现房子已经被翻了个底朝天。所有的食物和酒，以及一些钱和药品都被偷走。橱柜、抽屉和架子上的东西都被倾倒在地面上，并被任意踩踏。盖世太保把他们想偷的任何东西，包括被单和枕套，都装进四个手提箱和一个大行李箱中，并命令这些居民在第二天将这 252
些东西带到警察局。埃娃·克伦佩雷尔也遭到了侮辱（“你这个犹太人的娼妇，你为什么嫁给一个犹太人？”），他们还朝她的脸反复地吐唾沫。“对德国来说，这是一个多么难以想象的羞辱呀，”维克多·克伦佩雷尔如此想道。[134]“**这些**不再是房屋搜查，”他的妻子批评道，“这是**迫害**。”[135]克伦佩雷尔极度地担忧盖世太保会发现他的日记（“一个人会因轻微的行为不端而被谋杀”），他开始让妻子更加频繁地将日记带到他的非犹太人朋友安娜玛丽·克尔勒医生那里进行保管。“但是我将继续写下去，”他在 1942 年 5 月宣布道，“我要表现得英勇一些。我要见证这些暴行，留下精确的见证记录！”[136]

对于在汉堡的路易丝·索尔米茨来说，多亏她的犹太人丈夫有战争荣誉，因而拥有特权地位，加上他养育了一个信仰基督教的女儿，因此她的犹太丈夫弗里德里希不用必须佩带黄色的大卫之星。

路易丝·索尔米茨在1941年9月13日痛苦地记录道："我们开始走坏运了——一切都无法对我们产生影响。"索尔米茨一家执行了盖世太保的一项规定，即像他们这样处于特权异族通婚情况下的人们，不能在他们家里接纳或帮助犹太人。与其他德国人相比，他们的养老金、福利和配给被削减。在其他方面，他们的生活基本与之前无异，只是更少与外界往来，因为弗里德里希事实上已被排除在非犹太人社交圈子之外，虽然他们之前曾与之往来。在1941年期间，由于食物供给变得更加短缺，路易丝·索尔米茨和她丈夫的体重锐减。到了1942年12月21日，她的体重是96磅。然而，她对配给安排制度改变的担忧，主要不是因为他们的饮食将变得更受限制，而是因为她将无法领取全家人的配给卡，而弗里德里希将不得不以犹太人的身份亲自去配给办公室，忍受政府施加给他的"邪恶、难以忍受的别称"（"以色列人"），而且还得在"那些与他从来没有任何来往的人中间"，或者，换句话说，在汉堡剩下的犹太人中间排队。此外，她也开始担心她半犹太血统的女儿吉塞拉（Gisela）的安全，因为有谣言说，那些被定为混血的人也将被驱逐。"我们已经是黑暗和邪恶力量的掌中之物。"1942年11月24日，她在日记中悲伤地记录道。[137]

三

253 很明显，截至1941年10月，驱逐计划在原则上涵盖了整个欧洲，而且按计划几乎将被立即执行。[138] 1941年10月4日，海德里希提到了"将犹太人从我们所占领的区域中全部转移出去的计划"。[139]在1941年11月初，他为自己赞成对巴黎犹太教堂发动反犹主义进攻的行为——发生在四天前——进行辩护，认为"犹太人已经被确凿无疑地认定为是纵火者，应为欧洲发生的事情负责，因此必须最终从欧洲消失”。[140] 希特勒自己再一次对犹太人发起愈发尖锐的言语攻击，而且不仅针对在苏联和美国的犹太人，还针对整个欧洲的犹太人。1941 年 11 月 28 日，在会见耶路撒冷的大穆夫提阿明 · 侯赛尼时，希特勒宣布道：“德国决定逼迫欧洲国家相继解决犹太人问题。”他也向大穆夫提保证，一旦德国控制了巴勒斯坦地区，那里的犹太人问题将会得到解决。[141]

此刻，在被德军占领的东欧地区，幸存的犹太人被聚集起来，关在主要城镇的隔离区内。在维尔纽斯，从 1941 年 9 月 6 日开始，2.9 万名犹太人挤在之前只能容纳 4,000 人的空间内。1941 年 11 月初，在视察维尔纽斯隔离区时，戈培尔注意到，“犹太人一个挨着一个蹲着，形状恐怖，外人不允许探视他们，更不用说接触了……犹太人是人类文明中的寄生虫。他们必须以某种方式被消灭……不管在什么地方，只要你饶恕了他们，之后你将成为他们的受害者”。[142] 1941 年 7 月 10 日，另一个隔离区在科夫诺设立起来，那里的 1.8 万名犹太人经常遭到德国和立陶宛部队的暴力劫掠，他们的贵重物品被搜刮。[143] 大约在同一时间，随着对当地犹太人的严重屠杀，在巴尔干国家的其他城镇中，更小的隔离区也建立起来。由于这些屠杀主要目标是男性——至少在初始阶段是这样的——因此，在这些隔离区内妇女和儿童通常在数量上占优势。比如，在里加，1941 年 10 月底隔离区建立起来时，隔离区内有将近 1.9 万名妇女，相比之下，一个多月后，当这个隔离区关闭时，隔离区的男性才刚刚超过了 1.1 万人。1941 年 11 月 30 日和 12 月 8 日，2.4 万人被带出去 254
枪杀，剩余的大多是男性，他们被送去德国当产业工人。1941 年 10 月 28 日，一场类似的更大规模的屠杀在科夫诺上演，当时，镇上盖世太保犹太人部门的负责人赫尔穆特 · 劳卡（Helmut Rauca）命令 2.7 万名犹太居民早晨六点在主广场集合。劳卡和他手下的人花了一整天将这些犹太人按照有劳动能力和没有劳动能力区分开。

到黄昏时，有 1 万名犹太人被归为没有劳动能力的人。其余的人被送回家。第二天早晨,这 1 万名犹太人离开城市,步行到达第 9 堡垒,接着被分批枪杀。[144]

入侵苏联后，德国在东欧占领区建立的几乎所有隔离区都是临时性的，使用时间很短，它们仅仅是当作犹太人的临时收容所而建的，而这些犹太人在不久的将来注定会死亡。1941 年 12 月 5 日，雅尔塔（Yalta）建立了一个隔离区，这个隔离区是通过在城市的边缘隔出一块地方建立的，但不到两周后，也就是在 1941 年 12 月 17 日，这个隔离区就被关闭了，里面的居民被杀害。相似的情况也可以在其他屠戮中心发现。[145] 很明显，东欧的犹太人不会活更久。这些隔离区将被清理干净，以便为即将到来的犹太人腾出地方，因为希特勒此时反复催促将犹太人从“旧帝国”及波希米亚和摩拉维亚保护国驱逐出去，而且，在这之后，还要将德国在欧洲占领的其他地区的犹太人也驱逐出去。一些历史学家尝试弄清楚希特勒下令驱逐和灭绝欧洲犹太人的确切日期。然而，他们援引的证据缺乏说服力。众所周知的是，战争结束很久后，阿道夫 · 艾希曼回忆道，海德里希在 9 月末或 10 月初召见他，告诉他“元首已经下令用物理手段将犹太人灭绝”。后来，希姆莱也不止一次提到了这样一个命令。但是，令人非常怀疑的是，是否希姆莱或海德里希，抑或其他任何人事实上真的得到这样一个如此具体的命令。希特勒的言论记载在大量材料中，其中最主要的是他演说的公开记录，戈培尔也在日记中记载了他的私人谈话以及后来的《席间闲谈》(*Table Talk*)，这些言论既反映了希特勒在此问题上的讲话风格，也体现了他的谈话内容。在强制性安乐死这个行动上，寻找或假设有一个希特勒发布的命令，无论是书面的还是口头的，都是错误的做法，因为在这种行动中，需要的是给专业医生而不是忠诚的党卫队成员
255 提供行动合法性，这些党卫队成员无论如何都不怎么需要这种合法

性。[146]正如纳粹党最高法院在1939年注意到的那样，在魏玛共和国的统治下，纳粹党领导已经习惯于确保“行动……没有得到绝对明确或详细的命令”，以此来逃避法律责任。相应地，纳粹党成员已经习惯于“从这样的一个字面命令中读出更多的东西，就像它已成为签署命令的人的普遍习惯那样……不用说出一切”，“只暗示”命令的意图。[147]

戈培尔领导下的宣传机构以及大众媒体都在恶意宣传反犹主义，因此，自1941年年中以来，在这些媒体机构的支持下，希特勒针对犹太人的讲话都是影射其真实意图的，他不会再讲更多的内容，不可能反复发出上面那种声明。这样的声明通常是被广泛地播放和宣传出去的，而且实际上，纳粹党、党卫队和类似组织中的每个成员至少对那些公开做出的声明都是熟悉的。在巴巴罗萨行动之前，德国已经下达了杀害苏联政治委员和犹太人的明确命令，而且，自1939年9月以来，谋杀政策已经在波兰实行，在这种情形下，这些声明发表后，就给在柏林的希姆莱以及他在东部现场的高级官员们造成了一种即将实施大屠杀的心理暗示，驱使他们都争先恐后想办法怎样才能完全彻底地将希特勒反复许诺的话，或者称之为威胁——彻底消灭欧洲犹太人——付诸实践。通常情况下，德军会面临严重的食物短缺，因此，就像在波兰一样，他们建立了一种食物配给的等级制度，在这一等级制度下，犹太人不可避免地沦为最底层。对当地和地区的许多狂热指挥官而言，从这种情况到实际的灭亡只有一步之遥，与在白俄罗斯的情形如出一辙，他们也下令杀害看起来无法工作因而是“无用的饭桶”——用他们的话说——的人。精神病人和残疾人士也在此类人群中。德国的“安乐死”运动已经提供了一个重要的先例，就是谋杀这些人并不是由于种族原因，而是出于经济方面的考虑。关于这些人对斯拉夫人种遗传性的“退化性”影响，党卫队并没有什么异议，他们只是觉得这一区域的精神病人和残疾人士是多余的。[148]

最迟直到1941年10月中旬，这一心理所带来的实际效果是显著的。此时，来自大德意志帝国以及波希米亚和摩拉维亚保护国的犹太人正被驱逐到东方，而来自德国占领的欧洲其他地区的犹太人也将随后被驱逐。任何犹太人都不允许移居外国。从这时起，来自纳粹统治集团各等级的人的众多说法都证明了一个事实，那就是纳
256 粹统治集团已达成共识，要将欧洲所有犹太人驱逐到东方。别动队不分青红皂白地在德国占领的东欧地区枪杀大量的犹太人。1941年12月1日，在一个向军队、警察、纳粹党、劳工阵线中的高级成员，以及德国科学院的学术、文化成员和其他成员发表的演讲中，戈培尔报告道，希特勒在1939年1月30日的预言此时正在应验：

> 同情，甚至后悔完全是不合时宜的。发动这场战争的世界犹太人对可支配的军队做了完全错误的评估。世界犹太人现在正在经历毁灭的过程，而这种毁灭本是他们为我们准备的，如果犹太人有力量毁灭我们，那么毫无疑问他们会将灭绝计划付诸实施。犹太人现在正在灭绝，这种结果是其自身的律法造成的，即“以眼还眼，以牙还牙”。[149]

正如戈培尔暗示的那样，很明显地从实际情况出发，大规模谋杀是分阶段进行的，但正如1941年11月18日阿尔弗雷德·罗森贝格在一个新闻发布会上所言，德国的目标毫无疑问是“对欧洲的全部犹太人进行生物灭绝”。[150]

很明显，军事当局、警察部队、党卫队和民政官正在毫不费力地合作实施灭绝计划。根据一份由武装部队武器监察局（Arms Inspectorate of the Armed Forces）编写的报告，“令人遗憾的是”，乌克兰民兵“在德国武装部队成员的自愿参与下，在许多地方”以

一种“恐怖的”方式枪杀犹太男子、妇女和儿童。多达 20 万人已经在乌克兰总督辖区被杀害，而且最终遇害犹太人的总数将接近 50 万。[151] 但是这种大规模枪杀犹太人的方式依然未能达到希姆莱所要求的灭绝规模，这点已经变得越来越清晰。然而，别动队的负责人们也开始抱怨，说持续的大规模枪杀手无寸铁的妇女和儿童给他们的手下造成难以承受的压力。正如一名党卫队高级军官鲁道夫·霍斯（Rudolf Höss）后来回忆的那样，“一想起大量牵涉其中的妇女和儿童，以及用枪杀来灭绝犹太人的情境，我就不寒而栗”。许多别动队成员“无法再忍受蹚着血泊行进，已经自杀了。一些人甚至疯了。当他们实施这项恐怖工作时，大多数人……必须用酒精麻痹自己”。[152] 被枪杀的犹太人的数量如此巨大，以至于 1941 年 11 月 3 日的一个别动队报告总结道：“尽管到目前为止，总共有约 7.5 万名犹太人已经以这种方式被杀害，不过很明显，这种大屠杀的方法 257
仍将无法解决犹太人问题。”[153]

四

然而，问题的解决方案立刻就出现了。在克莱门斯 · 冯 · 加伦主教对 T-4“安乐死”行动进行谴责后，1941 年 8 月 24 日，T-4“安乐死”行动被强制终止，之后，安乐死行动中的致命毒气技师被调遣到东方地区。[154] T-4 分队的专家在 9 月份视察了卢布林，它的两名主要管理者维克托·布拉克和菲利普·鲍赫勒也随之一起视察。“在用毒气处死精神病人方面”，奥古斯特 · 贝克尔（August Becker）医生称自己为“专家”，他后来回忆道：

> 在帝国党卫队首领希姆莱和高级文官领导布拉克的私密会谈之后，我被调到在柏林的帝国保安总局。由于安乐死计划的

> 暂停，执行此计划的人手便可被重新调遣，委以新的任务。希姆莱希望部署这些人以及一些像我一样用毒气实施灭绝行动的专家，参与刚刚在东方开展的大规模毒气谋杀行动。[155]

另外，阿尔贝特·威德曼——此人曾设计用于“安乐死”计划的标准毒气室——视察了明斯克和莫吉廖夫，因为在杀戮当地精神病院病人的过程中，那里的B别动队请求技术支援。在东部，这样的谋杀是别动队的常规任务，这与1939年至1940年在波兰的情况如出一辙，而且几千名精神病人已经被他们所害。在一个封闭的房间里，大量病人被汽车排出的一氧化碳毒死，之后，别动队的头领阿图尔·内贝想出了一个新的谋杀方案，即将病人装进一个密闭的气罐车里，同时将废气注入里面。海德里希批准了他的这个想法。[156]

1941年10月13日，希姆莱在傍晚时分会见了地区警察领导奥迪洛·格洛博奇尼克（Odilo Globočnik）和汉斯·克吕格尔，他同意应该在贝乌热茨建一个营区，用作毒气气罐车的基地。换句话
258 说，建立这个营区的唯一目的就是杀人。[157] 1941年11月1日，营区开始建设，第二个月，来自T-4行动的专家被送去那里。[158] 波兰犹太人隔离区中的居民此时正被有组织地杀害，以便为从欧洲其他地区带到那里的犹太人腾出地方。一个类似的气罐车屠戮中心在瓦尔塔兰的海乌姆诺（Chelmno）建立起来，在那里，从罗兹隔离区运来的犹太犯人将被装进气罐车带出去，接着他们将在气罐车中被毒死。位于海乌姆诺的3辆气罐车一次可以杀死50个人，将犯人从营区带到16千米外的丛林里，里面的犯人在路上被活活闷死。到丛林后，车子停下来，车上恐怖的尸体被卸下来，扔进由营区内其他犹太犯人所挖的沟里。有时候，气罐车里的母亲设法裹紧她的婴儿，以避免婴儿吸入致命的毒气。雅科·格罗伊诺夫斯基（Jakow Grojanowski）是党卫队雇佣的一名掘墓者，他报告了德国士兵是

如何将那些在旅途中存活下来的婴儿拎起来，并将他们的头在旁边的树上撞碎的。每天多达 1,000 人被杀，来自罗兹隔离区的 4,400 名吉卜赛人也被谋杀了。在海乌姆诺气罐车中心建起来的前一段时间里，总共有 14.5 万名犹太人被处死，之后还有更多的犹太人被处死，而且在 1944 年春天那里的营区重新启用的短暂时间里，又有 7,000 名犹太人被杀。在这个营区遇害的犹太人总数超过了 36 万。[159]

这些气罐车是由柏林一个小型汽车制造商生产的 30 辆气罐车中的一部分。首批 4 辆气罐车在 1941 年 11 月至 12 月期间交付给别动队；截至 1941 年年底，全部 4 个别动队都在使用它们。[160] 气罐车操纵员后来描述了多达 60 个衣着完整的犹太人是如何被塞进每一辆气罐车的尾部的，这些犹太人的健康状况通常比较糟糕，他们又饥又渴，虚弱至极。一个人后来说道：“这些犹太人似乎不知道他们将要被毒死。”“废气被灌入车里，”安东 · 劳尔（Anton Lauer）回忆道，他是第 9 后备警察营（Police Reserve Battalion 9）的成员，“直至今天我依然能听见犹太人在敲着车大喊着，‘亲爱的德国人，放我们出去’。”另一名操作员回忆道：“当车门打开后，大量烟雾飘出来。在烟雾散去后，我们开始了肮脏的工作。太可怕了。你可以看出他们为了生存曾绝望地挣扎。其中一些人捏住了自己的鼻子。他们密密麻麻地堆在一起，我们得把他们的尸体分开。”[161]

自去年 7 月起，切特尼克起义一直持续着，弗朗茨 · 伯梅将军认为犹太人也参与其中，必须对其实施报复，因此一辆气罐车被送往塞尔维亚，弗朗茨 · 伯梅在那里紧锣密鼓地灭绝犹太人。1941 年
12 月，据报告，160 名德国士兵被杀，278 名德国人受伤，作为报复，259
他们杀了 2 万名至 3 万名塞尔维亚平民，包括所有成年犹太男子和吉卜赛人。到目前为止，杀戮对象只包括男性，伯梅设想将剩下的 1 万名犹太妇女、儿童和老人，以及所有幸存下来的犹太男子聚集

起来，关进一个隔离区内。超过7,000名犹太妇女和儿童，500名犹太男子和292名吉卜赛妇女和儿童穿过来自贝尔格莱德的一条河，被党卫队赶进位于萨吉米斯切（Sajmište）的一个集中营，在那里，他们被关在没有取暖设备且肮脏不堪的营房中，同时，党卫队正安排一个可移动毒杀装备从柏林运送来。一方面，吉卜赛人被释放了，而另一方面，犹太人则被告知他们正在被转移到另一个条件更好的营区。首批64名犹太人刚爬进气罐车中，车门就被封死，而排气管则转向车内注入致命的毒气。当气罐车穿过贝尔格莱德的中心区，像日常行车那样经过毫不怀疑的人群，抵达首都另一侧位于阿瓦拉（Avela）的靶场时，里面的犹太人都正在被毒死。阿瓦拉的一支警察部队将他们从车里搬出来，扔进事先已经挖好的集体墓地。至1942年年初，营区中所有的7,500名犹太犯人已经以这种方式被杀害，一同遇难的还有在贝尔格莱德犹太人医院的犯人和职员以及附近另一个营区的犹太囚犯。位于塞尔维亚的党卫队军官哈拉尔德·图尔纳(Harald Turner)于1942年8月自豪地宣布，塞尔维亚是唯一一个到目前为止已经彻底“解决”了犹太人问题的国家。[162]

第三节

万湖会议

一

1941 年 11 月 29 日，赖因哈德·海德里希命令阿道夫·艾希曼 260
起草一份给各政府部门的高级公务员的邀请函，这些部门负责解决这样或那样的犹太人问题，与这些高级公务员一同被邀请的还有参与其中的党卫队和纳粹党关键部门的代表。这份邀请函以这样的语言开始："1941 年 7 月 31 日，大德意志帝国的帝国元帅委托我，在其他中央部门的协助下，为彻底解决犹太人问题做好一切必要的组织和技术准备，并且尽快向他呈送一个完整的解决方案。"[163] 为了完善这个方案的具体细节，所有相关的机构需要会面详谈。海德里希尤其关心的是党卫队与之协调时产生摩擦的机构和部门，务必将这些机构和部门的代表包括进去。外交部被要求派一名高级官员，以便掩饰此次会议后来才说明的真正意图，即纯粹是为了解决德国犹太人问题。实际上，尽管海德里希并没有透露此次会议要讨论之事的任何细节，但是外交部相信，它将集中讨论在德国占领的每一个欧洲国家中安排围捕和驱逐犹太人的工作。[164]

会议时间预定在1941年12月9日，地点选在一个湖边别墅，这个别墅位于柏林郊区安静的万湖（Wannsee）。但是，在会议召开的前一天，在听说日本袭击珍珠港后，海德里希的助手给所有受邀者打电话，推迟了会议日期，因为他和其他参加者很有可能被召去帝国议会讨论此次国际政治的新局势。[165]然而，这并不意味着对
261 犹太人的政策将退居次要地位。对美国宣战后的第二天，希特勒在会见纳粹党高级官员时发表讲话，他以更明确的方式重复了他在当年8月的观点，正如戈培尔在日记中记载的那样：

> 至于犹太人问题，元首准备开始行动。他向犹太人发表预言，表示如果他们挑起另一次世界大战，那么他们将因此自食其果，招致毁灭。这不是一句空话。世界大战已经展开，犹太人的毁灭是必然的结果。这个问题经过了深思熟虑，没有任何感情的成分。我们现在不是同情犹太人，而是同情我们自己的德国同胞。既然德国在东线战场上已经又折损了16万人，那么这场血腥战争的发起者必须用他们的生命付出代价。[166]

1941年12月14日，考虑到国际政策，罗森贝格赞同希特勒的观点，在他即将发表的一场公开演说中不提“灭绝犹太人”，尽管——正如希特勒所言——“他们让我们承受这场战争，而且带来破坏，所以毫无疑问，他们首先自咽苦果”。[167]

在此刻，很明显的，希特勒和纳粹统治集团中的其他每一个人都清楚，战争将不会按照他们所期望的那样尽快结束。他们现在接受了一个事实，那就是战争将持续整个冬天，尽管他们仍然认为，苏联将在1942年夏天的某个时间垮台。因此，将欧洲犹太人驱逐到东方的运动将于战争结束之前进行。希特勒在1941年11月和12月的激进言辞意在尽可能地加速驱逐政策详细计划的制定和实

施。[168] 在被德国占领的东欧地区，包括像瓦尔塔那样已经并入帝国的地区，德军已经对犹太人展开了屠杀行动，因此，决定将犹太人驱逐到乌克兰总督辖区，或者以东更远的一些未界定地区的早期计划，此时很明显地已经被抛弃。1941 年 12 月 12 日，纳粹党领导与希特勒在柏林举行会议，在会议结束返回后的 12 月 16 日，汉斯·弗兰克在波兰总督府对他的助手说道：

> 至于犹太人——我想直言不讳地告诉你——他们的结局已
> 经注定，无论是以这种方式还是那种方式……在柏林，有人对
> 我们说，你们为什么提出所有这些异议，在东方总督辖区或者 262
> 在乌克兰总督辖区，我们什么也做不了，你们自己消灭他们吧！！
> 绅士们，我必须防止你们产生任何同情的想法。为了维持帝国
> 在这里的完整性，无论在哪里碰到犹太人以及在任何可能的情
> 况下，我们都必须消灭他们。[169]

然而，该怎样付诸实施呢？弗兰克被命令杀害波兰总督府的犹太人，然而，波兰总督府的犹太人数量庞大，根据弗兰克的估计，总共大约有 350 万（有些夸张，他的助手后来将数字更正为 250 万）。“我们无法枪杀这 350 万犹太人，”弗兰克在 1941 年 12 月 16 日向他的助手抱怨道，“我们不能毒杀他们，但是我们可以采用某种能成功导致他们灭亡的措施，也就是说，这些措施与第三帝国将要讨论的大规模屠杀措施有关。”[170] 这些措施具体是什么很快就会变得清晰。

1941 年夏天开始的大规模谋杀东欧犹太人的行动，在某种程度上归因于一些人——像瓦尔塔兰大区长官阿图尔 · 格赖泽，以及警察首长和别动队长官——狂热的意识形态，这些人自发地在许多杀戮中心里大规模杀害犹太人。然而，与此同时，这些行动也受到一

个总的政策的约束，这一政策的范围由希特勒设定，在实践中则由希姆莱将其落实。比如，当从柏林来的一车犹太人被逐者到达时，里加的警察首长弗里德里希·耶克尔恩下令将他们枪杀，而希姆莱却怒不可遏，因为他曾在1941年11月30日下达命令，不要杀害这些犹太人，但他的命令传到耶克尔恩那里时已经太晚了。他的意图在于将这些犹太人暂时保留在里加隔离区内。希姆莱处分了耶克尔恩，并告诉他不要再擅自行动。[171]然而，在大多数情况下，当地和地区的决定完全符合总的政策。将毒杀技术以及知道如何设置和操纵毒杀装置的专家大规模地转移到东方，加上一系列机构，比如弗兰克的波兰总督府管理机构、军队、元首办公厅（提供毒气技术专家），以及由希姆莱领导的帝国保安总局都参与其中，这都证明了在中央指示下存在一个广泛协调的政策。地区性杀戮行动的时机选择也是如此，这一时机与有组织地对帝国的犹太人开始驱逐的时间，以及启用特殊营区——位于东方主要隔离区的附近，唯一目的就是屠杀隔离区居民——的时间相一致。

263 在第三帝国，执行任何行动，无论大小和规模，都需要向希特勒汇报。希特勒作为国家元首的地位意味着执行这些行动的机构最终都会向他负责。1941年下半年，希特勒在多个场合反复重复了他蓄意但经过慎重概括的反犹主义言论，这对推动希姆莱和他手下的人将杀戮行动执行下去起到了关键的作用。[172]有时，希特勒直接对谋杀行动表示准许。比如，12月18日，希特勒在会见希姆莱时，根据后者的记录，希特勒告诉这名党卫队首领，“至于犹太人问题，应该将犹太人当作游击队员消灭掉”。[173]这样，在犹太人是游击队员的借口下，消灭苏联犹太人的行动持续进行。仅仅一年后，这一政策的成果在“第51号报告”中就可以看到，这份报告的完成日期是1942年12月29日，由希姆莱呈送给希特勒，正如希特勒的助手在报告的边缘所做的记录所表明的那样，希特勒看到并阅读了这份报告。这份报告的题名为“与抵抗者做斗争”，在名为“那些协助抵抗的人或可疑的抵抗行为”的副标题下，报告写道，在从1942年8月至11月的几个月中，在俄罗斯南部、乌克兰和比亚韦斯托克被“处决的犹太人”的总数不少于363,211人。[174] 杀戮的骇人程度本身也成为一个重要因素，向主要的纳粹党领导人强烈地表明，此时以迄今为止难以想象的规模大量消灭犹太人是有可能的。截至此刻，纳粹党的屠杀网急剧扩大，杀戮对象不仅包括波兰和苏联的犹太人，而且还包括在整个欧洲德国占领区的犹太人。[175]

二

1942年1月20日，赖因哈德·海德里希从前一年11月就开始召集的高级官员会议最终举行。在万湖别墅，15位代表各部门的高级官员围坐在一起，有罗森堡的帝国东方占领区事务部的代表、弗兰克的波兰总督府办公室的代表、在波兰和拉脱维亚的党卫队保安处的代表、东方占领区帝国委员，所有人都与灭绝计划的实际执行有关。帝国的内政和司法部门、纳粹党办公厅，以及帝国总理府负责法律和行政方面的问题；外交部处理居住在德国境外名义上独立的国家——尤其是西欧国家——的犹太人问题；四年计划办公室负 264
责处理经济方面的问题；帝国保安总局的党卫队人种与移居部将负责执行灭绝行动。在纳粹党内部各个主管人之间，特别是汉斯·弗兰克和阿尔弗雷德·罗森贝格之间，在占领区内谁应该对“犹太人问题”拥有控制权的问题上发生了一些争论，而海德里希则希望确立党卫队的权威。因此，他开始提起那次发生在1941年7月31日的会议，会议上戈林曾让他负责制订最终解决欧洲犹太人问题的详细计划，因此全面负责的权力落在他上级海因里希·希姆莱那里。在概述前几年采取的一系列将犹太人迁出德国的措施之后，海因里希提到，希特勒最近已经批准了一个将他们驱逐到东方的新政策。他强调，这只是一个暂时的措施，尽管这个新政策将提供“实用的经验，并对即将到来的最终解决犹太人的问题具有重大意义”。[176]

海德里希接着继续罗列欧洲各国的犹太人数量，包括一些位于德国势力范围之外的国家。比如，他提到，在爱尔兰有 4,000 名犹太人，在葡萄牙有 3,000 名犹太人，在瑞典有 8,000 名犹太人，而在瑞士有 1.8 万名犹太人。这几个国家都是中立国，但是也被包含在清单内，这强烈地暗示，在不久的将来，第三帝国企图通过给这些国家施加压力，使其交出犹太人，予以灭绝。海德里希估计，欧洲的犹太人口总共约有 1,100 万，然后，他还不以为然地指出，这些人在多数情况下只是信犹太教，“因为一些国家仍然没有根据种族原则对犹太人这一词汇进行定义”。[177] 他说，在最终解决的过程中以及在适当的领导下，“应该让犹太人在东方工作。有劳动能力的犹太人将按照性别，被分配到大规模的劳工队中，去东方修建道路”。但是，实际上，这是灭绝犹太人的另一种方式，因为，海德里希继续说道：“毫无疑问的是，大量犹太人将因为自然原因而被消灭掉。”任何在此过程中活下来的人将“被适当地对待，因为，根据自然选择理论，他们将孕育更强的下一代，使犹太人再次复兴（参见历史的经验）”。在任何情况下，那些“适于工作”的人注定只是少数。波兰总督府的代表指出，“无论如何，在这一区域的 250
265 万犹太人基本上是不适于工作的”。年龄超过 65 岁的犹太人——占德国和奥地利剩余犹太人口的将近 1/3——以及在战争中受勋的犹太人，或者在第一次世界大战中严重受伤的犹太人，都将被送去老年人隔离区。此次会议还讨论了关于劝说被占领国家和盟国交出它们的犹太人民的问题。为了达成这一目的，一名“犹太人问题顾问”将被强行安置在匈牙利政府。之后，会议继续指出，在斯洛伐克和克罗地亚的“犹太人问题”已经被“解决”了；紧接着，会议又就关于如何处置“混合人种”的问题展开了咬文嚼字的讨论，但并未得出结论。在接下来特别是1942年3月6日的会议和讨论中，这一问题继续被讨论。接着，会议结束，会议记录含糊其词地将会议的结果描述为“各种可能的解决措施”。根据后来的证词，这些措施中包括使用毒气气罐车。[178]

有人认为，这次会议的主要目的在于为大规模的道路建设计划——东方总计划设想的一部分——提供劳动力。因此，它并不完全是关于大规模谋杀的会议。[179]但是，实际上，C别动队在几个月前就已经建议征募犹太人从事劳动项目，并且评论道，这将“导致犹太人逐渐走向灭亡”。犹太奴隶劳工将被剥夺充足的配给，而且还必须一直工作，直到死亡为止。鉴于劳动力短缺的状况使德国的战争经济遭到了越来越严重的损失，因此，用犹太工人似乎是不可避免的；但是这终究不是杀戮计划的替代方案，只是杀害犹太人的不同方式而已。对于波兰总督府的犹太人基本上无法工作的事实，会议只是附带做了说明，同时会议还声明，在劳工队中活下来的犹太人将被杀害，这都表明会议的主要目的是讨论灭绝行动的组织工作。坐在万湖别墅会议桌上的代表都十分清楚这一事实。[180]

这次关于“通过劳动消灭犹太人”的会议所强调的重点在未来几周内对德军管理部门产生了重要的影响。1942年2月，所有集中营的管理部门都进行了重新改造，经济、建设和内部管理部门合并入新成立、由奥斯瓦尔德·波尔（Oswald Pohl）领导的党卫队经济与管理部（SS-WVHA）。经济与管理部的D组由里夏德·格吕克斯（Richard Glücks）领导，此人现在负责全部的集中营体系。这些改变表明了一个事实，那就是这些集中营现在被当成是向德国 266
战争工业提供劳动力的一个重要源头。实际上，这种情况在战前已经开始了，但是现在变得更加系统化。不过，党卫队并不需要以一种合理的方式利用囚犯劳动力来服务战争经济。对他们来说，不是通过改善这些人的生活条件或付给他们工资就能发挥他们的最大功效。相反，这些囚犯将在暴力和恐吓下被迫提高他们的劳动投入。党卫队认为这些囚犯不仅是可牺牲掉的，而且从中长期来看，这些囚犯对东欧种族新秩序的形成是一个障碍。因此，这些囚犯只能接受“通过劳动被灭绝”的命运。那些没有生产能力的人将被杀掉，新的奴隶劳工将取代他们。一旦战争结束，这也是党卫队设想的将发生在数百万斯拉夫人身上的事情。选择身体强壮的犹太人从事工作任务，这为大规模地杀害数百万不能工作的人提供了一个方便的理由。[181]

正如为会议做记录的艾希曼后来承认的那样，万湖会议讨论的是关于杀戮的事宜，通常“以一种直截了当的口气……完全不考虑是否合法 / 按照法律语言”来表达。[182] 会议记录使语言显得没有那么重要，但在关键的部分，参会代表明确表示，欧洲所有的犹太人将以这样或那样的方式被消灭。此次会议的所有人几乎都在某一时刻要么下达了杀戮犹太人的直接命令，要么在隔离区制造了一些他们明知会对里面许多居民造成致命后果的生活条件。就前者而言，他们中有 4 个人曾下令或指示由党卫队保安处别动队执行大规模杀戮行动，艾希曼和外交部的马丁 · 路德（Martin Luther）明确要求枪杀塞尔维亚的所有犹太人，许多参加者包括纳粹党办公厅和外交部的代表很可能看了由别动队编写并送回柏林的谋杀记录，而且波兰总督府和东方占领区事务部派往万湖参加会议的官员已经批准了谋杀那些被认为不能工作的犹太人。[183] 所以，在计划大屠杀方面，各方代表都没有异议。

会议结束时，参会者闲站了一会儿，喝着白兰地酒并相互庆祝一天成果颇丰的工作。海德里希和艾希曼以及盖世太保头子海因里希 · 米勒三人靠着壁炉坐下，这三个人都来自帝国保安总局。海德里希开始抽烟，品尝法国白兰地酒，艾希曼后来说，他之前没见过

海德里希这样做，或者至少很多年没见到了。内政部和波兰总督府 267
已经达成一致，而且海德里希在“最终解决方案”中的最高权威已经得到了明确的肯定。30 份会议记录的副本将被送给各个官员。海德里希指出，“关于如何执行犹太人问题的最终解决方案”，“很高兴的是，其基本的方针”已经确定了。[184] 在读到海德里希的会议记录副本时，约瑟夫 · 戈培尔指出 :“犹太人问题现在必须在全欧洲范围内进行解决。”1942 年 1 月 31 日，艾希曼发出了新的驱逐命令。运输问题使事情耽搁了几周，因此在 3 月份时，他下令对德国犹太人进行新一轮的驱逐行动。[185] 他们将被带到东方的隔离区而不是集中营。他们将被暂时监禁在隔离区内，在被杀之前，他们可能一直待在那里，直到战争结束。在此期间，那些能够劳动的人将被用作劳动力。为了给他们腾出地方，在隔离区的波兰和东欧犹太人将被带到附近的营区中被杀害，这些营区已经为这一目的做好了准备。[186]

三

万湖会议及其之后采取的一系列行动发生在强烈的反犹主义宣传的氛围下，而希特勒亲自领导了这一宣传运动。1942 年 1 月 30 日，在纪念他 1933 年被任命为帝国总理的周年纪念日上，希特勒一如既往地发表演说；他在柏林体育宫对他的观众们说，他在 1939 年已经预言，如果犹太人挑起一次世界大战，那么他们将被消灭掉:“我们非常清楚，这场战争只能有一个结局，要么是雅利安民族被灭绝，要么是犹太人从欧洲消失……这次，我们将首次把犹太人自己的古老定律‘以眼还眼，以牙还牙’付诸实践！”[187] 私下里，希特勒向希姆莱和拉默斯保证说，犹太人必须完全离开欧洲。他在 1942 年 1 月 25 日对他们说道 :

> 我不知道，我太仁慈了。在罗马教皇统治的时代，犹太人的待遇非常糟糕。在1830年之前，每年都有8名犹太人和驴子一起被驱赶着穿过城市。我只是说，他们必须离开。如果他们在这过程中死亡了，那么我无能为力。如果他们不自愿离开，
> 268 那么我只能看到他们被全部毁灭。为什么我不应该用对待俄罗斯囚犯的方式对待犹太人呢？许多人在囚犯营区中死去，这是因为我们已经被犹太人逼到了这种境地。但是我能做什么呢？为什么当时犹太人要挑起战争呢？[188]

在这里，希特勒等于承认了杀戮大量苏联战俘的事实，因为他宣布同样的命运正在降临到欧洲犹太人的头上，但是同时，他在口头上又撇清了实施这两种大规模谋杀行为的责任：在他自己的想象中，犹太人应为此负责。

在1942年的最初几个月中，希特勒仍然在明确地对大屠杀进行辩护。他反复强调摧毁、迁移、消灭和根除欧洲犹太人的必要性，这对他的属下——以希姆莱为首——带来了一系列的刺激，促使他们甚至在战争结束前就加紧展开灭绝犹太人的行动。[189] 1942年2月14日，希特勒告诉戈培尔，

> 他决定在欧洲毫不留情地清理犹太人。在这方面，不允许有任何情感因素。犹太人今天经历的一切是他们罪有应得。当我们的敌人被消灭了，犹太人也将经历他们自己的灭亡。我们必须无情地推进这一过程，而且只要我们这么做了，那么我们就对人类种族做出了不可估量的贡献，因为犹太人已经折磨了人类种族上千年。[190]

对于正在实施的杀戮计划，戈培尔自己对其过程十分清楚。尽管戈

培尔非常谨慎，他不会将任何事情付诸文字，但在 1942 年 3 月 27 日，他在日记中还是吐露了一些他获悉的细节——或者至少是一部分细节。戈培尔的记录非常关键，它们既体现了希特勒对这位宣传部部长的观点，也体现了希特勒本人的观点，因此，值得详细引用：

> 从卢布林开始，犹太人现在正在从波兰总督府被赶到东方。这一过程相当野蛮，我不会详细予以描述，犹太人也所剩无几。总体来看，我们可以确信他们中的 60% 必须被消灭，而只有 40% 的人可以充当劳动力。实施这一行动的是维也纳的前党区领导格洛博奇尼克，他做得相当谨慎，而且采用了一个不太惹人注意的步骤。可以确定的是，犹太人正在受到野蛮的惩
> 罚，但是他们完全是罪有应得。元首对他们发动一次新的世界 269
> 大战的最终结果所做的预言，正在以一种最恐怖的方式应验。在这些事情的处理上，我们必须防止任何感情因素的掺杂。如果我们不为自己而战，不抵御犹太人，他们将反过来消灭我们。这是雅利安种族和丑陋的犹太人之间的生死斗争。没有其他政府和政权可以召集力量对这一问题提出总的解决方案。在这里，元首既是彻底贯彻解决方案的执着的先驱者，也是代言人，这是事情发展的必然要求，因而是不可避免的。[191]

他继续说道，波兰总督府的犹太人隔离区空出来后（换句话说，当里面的居民被杀掉后），将被来自帝国的犹太人填满，接着这一过程将会重演。[192] 他坚持认为犹太人决意灭绝德意志种族，这为大规模杀戮犹太人提供了内在合法性。

1942 年 4 月 26 日下午，希特勒在帝国大厦召开了最后一次会议并发表演讲，将反犹主义的批评性言论推向了顶点。他说，犹太人已经摧毁了人类社会的文化传统。“而所残留的是人类动物性的

一部分，而且犹太人阶层已经混入了领导层，最终这一阶层将像寄生虫那样摧毁它自己的营养来源。”此时此刻，新的欧洲正在向犹太人宣战，势必要终结犹太人对欧洲民族的腐蚀。[193] 同一天，戈培尔在他的日记中写道：“我再一次与元首详细地讨论犹太人问题。对于这一问题，他不会有任何退步。他希望让犹太人从欧洲彻底消失。”[194] 在这几个月中，除了希特勒发表演说外，其他纳粹党领导也发表了反犹主义演说，媒体也大肆发表诽谤言辞予以呼应。1942 年 2 月 2 日，德意志劳工阵线（German Labour Front）领导人罗伯特 · 莱伊（Robert Ley）在柏林体育宫发表了一场演说，他宣布，“犹太人即将并且一定会被消灭。这是我们的神圣使命，也是这场战争的意义”。[195] 在这里，至关重要的一点是，纳粹党领导人由于受意识形态驱使，他们坚信犹太人会对安全造成威胁，因而愈发担忧。这些在一次炸弹袭击中淋漓尽致地体现出来，这次袭击发生在 1942 年 5 月 18 日柏林的一次反苏联展览会上，是由赫伯特 · 鲍姆（Herbert Baum）领导的一个共产主义抵抗者团体所组织的。这次袭击没有造成破坏，也没有人受伤。但它给纳粹党领导层留下了深刻的印象。盖世太保成功追捕到了行凶者；戈培尔在 1942 年 5 月
270 24 日写道，在他们中间有 5 名犹太人和 3 名具有一半犹太血统的犹太人，以及 4 名非犹太人。他写道：“从凶犯的组成来说，人们就可以看到我们的犹太人政策是多么正确。”通过这件事，戈培尔认为，作为一个安全举措，所有剩余的犹太人必须被逐出柏林。“当然，消灭他们将是再好不过的事了。”[196] 鲍姆在受尽折磨后自杀了，其他小组成员被处决，另外，作为报复，萨克森豪森集中营枪杀了监禁在那里的 250 名犹太人，这些犹太人将被从柏林带到那里作为人质的另外 250 名犹太人所取代。1942 年 5 月 23 日，希特勒对聚集在帝国总理府的纳粹党领导们说，这次炸弹袭击表明，“无论如何，犹太人都决定要胜利结束这场战争，因为他们知道，失败对他们来

说也意味着个人的毁灭”。[197] 1942 年 5 月 29 日，在与宣传部部长谈话时，希特勒赞成否定这样一种呼声，那就是反对将犹太强制劳动力从柏林驱逐出去的声音。完全可以用外国劳动力来取代他们。戈培尔说：“我看到了一个巨大的危险，因为在帝国的首都还有 4 万名一贫如洗的犹太人仍逍遥法外。”希特勒补充道，第一次世界大战的经验表明，德国人只有在被犹太人怂恿的情况下才会参加颠覆运动。戈培尔写道：“无论如何，元首的目标是使整个欧洲变成没有犹太人的欧洲。”[198]

海德里希 · 希姆莱将这些针对犹太人的激烈诽谤言辞转化为行动，在这几个月中，他多次与希特勒秘密商谈。万湖会议后，也就是在 1941 年冬末和 1942 年春初，希姆莱不断推进杀戮计划。他在 3 月 13 至 14 日视察了克拉科夫和卢布林，当时用毒气大规模杀戮的计划刚刚开始。一个月后，1942 年 4 月 17 日，他出现在华沙，并下令杀害在罗兹隔离区内的西欧犹太人，而在这天之前，他已与希特勒进行过会谈。1942 年 7 月 14 日，在与希特勒进一步商谈之后，希姆莱再次前往东方地区，加速推进杀戮计划。在卢布林，他给波兰总督府的警察首长弗里德里希 · 威廉 · 克吕格尔下令，命令他在年底之前组织杀害波兰总督府剩余的犹太人。希姆莱甚至签发了一份书面命令，要求消灭最后的乌克兰犹太人，这一行动于 1942 年 5 月开始。就像在前年秋天和冬天一样，希姆莱在波兰占领区频繁地往返，屡次催促杀戮行动尽快执行。万湖会议虽然使杀戮计划更易 271
于在各部门间协调和实施，但这场杀戮运动却并不是由此开启的，而且也没有因此成为一连串自动运行的事件。[199] 希姆莱无休止的活动确保杀戮行动被付诸实施。正如他在 1942 年 7 月 26 日指出的那样，为了回应罗森贝格试图插手犹太人政策的行为，他认为：“东方的占领区将没有犹太人。元首已经将落实这个棘手任务的责任放在了我的肩上。因此，我禁止其他任何人插手。”[200]

同时，帝国保安总局的阿道夫·艾希曼在万湖会议后马上就发布了一系列命令，意图再次派遣列车将犹太人送往东欧隔离区。1942 年 3 月 6 日，他告诉盖世太保的首长们说，另外 5.5 万名犹太人将被驱逐出“旧帝国”、波希米亚和摩拉维亚保护国和“东方边境”（即前奥地利）。在接下来几周内，大约 60 辆列车驶向隔离区，每辆列车载有多达 1,000 名的被驱逐者。大多数在剩下的犹太人机构中工作的雇工也开始被转移，1942 年 10 月 20 日，第一辆满载犹太人的列车出发了，之后，第三帝国集中营里的犹太犯人也被带走了。当驱逐德国生产军需品的犹太工人，并用波兰人取代他们的命令下达之后，警察在 1943 年 2 月 27 日开始将德国剩下的“纯犹太人”和他们的家属聚集起来。第一辆列车在 1943 年 3 月 1 日离开，截至行动开始后第一周的周末，将近有 1.1 万名犹太人已经被驱逐，包括 7,000 名从柏林来的犹太人，大多数剩下的德国犹太人之前都居住在柏林。被逮捕的犹太人中有 1,500—2,000 名柏林犹太人能够向警察说明他们可以免于被驱逐，其中大多数人的理由都是他们已经与非犹太人结婚了。尽管当局给出了他们将被派去工作的地方的详细信息——出于安全原因，不再是在军需品工厂工作，而是在首都一些剩下的犹太人机构，比如医院中工作——但被拘留者的妻子、亲戚和朋友聚集在他们被拘留的建筑物——位于罗森斯塔塞街（Rosenstraße）2—4 号——对面的人行道上，等待着分配决定，呼唤他们，还不时地试图将粮食包送进建筑物中。到了 1943 年 3 月 8 日，大多数被拘留者已经被再分配了工作，其余的人随后也都被分配了工作。小规模的人群散开了。随后的传闻将此事件上升为一次罕见的公开抗议，它促使德军释放了被拘留者，但是当局从没有打
272 算将这些特别的犹太人送往东方进行消灭，而且，人群中也并没有爆发明显的抗议活动。[201] 此刻，在德国最后剩余的犹太人社区组织最终被摧毁，唯一留下的犹太人是那些处于特权地位的犹太人（大

多数人都是与非犹太人结婚而获得这一特权）或已经转入地下组织的犹太人。

对一些人来说，自杀似乎是唯一有尊严的解脱办法。约亨·克莱珀是一名虔诚的新教作家，他的妻子和继女是犹太人，像许多人那样，出于爱国的原因，他拒绝了抵抗的想法。“我们不能因为怨恨第三帝国而希望德国垮台。”在战争爆发时，他在日记中这样写道。[202] 当一个又一个新的反犹主义措施降临他现在的家庭时，克莱珀设法获得允许，让他的一个继女移民外国，但是另一个女儿雷娜特（Renate），只能留在德国。他曾在 1937 年将自己撰写的一本大获成功的历史小说《父亲：士兵王的小说》（*The Father: The Novel of the Soldier King*）寄给帝国内政部部长威廉·弗里克，而凭借弗里克对他作品的欣赏，克莱珀在 1941 年 10 月获得了一封官方信件，确保了雷娜特将免于被驱逐。1942 年 12 月 5 日，雷娜特从柏林的瑞典大使馆获得一份入境许可，但是当克莱珀拜访弗里克，试图得到允许其妻子与女儿一起离开的许可时，内政部部长告诉他：“我无法保护你的妻子。我无法保护任何犹太人。这种事情由于其本身的性质，无法秘密进行。他们将会传到元首的耳朵里，到那时将会连累好些人。”[203] 弗里克说，这两名女性有可能被驱逐到东方。“天知道，”克莱珀绝望地写道，“我无法忍受让汉妮（Hanni）和孩子走上这条最残忍和恐怖的驱逐之路。”[204] 不管怎样，还有最后一个机会。由于弗里克丧失了授予移民许可的权力，克莱珀想尽各种方法获得了与阿道夫·艾希曼进行一次私人会面的机会，后者告诉他，他的女儿或许能离开，但他的妻子却不能。克莱珀和他的妻子、女儿彼此都不想分开。“现在，我们将一同长眠——噢，那也是由上帝掌控的，”克莱珀在 12 月 10 日写道，“今夜我们将一起死去。在我们最后的时刻，基督祝福的身影站在我们头顶，他将为我们奋战。看到他时，我们的生命将会终结。”[205] 几个小时后，他们离世了。

此时，许多犹太人选择自杀而不是被驱逐，他们这么做，更大程度上是因为他们对越来越难以忍受的处境感到绝望。约阿希
273 姆·戈特沙尔克（Joachim Gottschalk）就是其中之一，他是一个著名的电影演员，但由于他拒绝与犹太妻子离婚，戈培尔禁止他出现在荧屏上。1941 年 11 月 6 日，当他的妻子和女儿收到驱逐命令时，他们全都自杀了。另外一名是画家马克思·利伯曼（Max Liebermann）的遗孀，她在 1943 年收到驱逐命令时也自杀了。她被埋在魏森塞（Weissensee）的犹太人公墓中，前一年的 811 名自杀者也被埋在那里，1941 年则有 254 名自杀的犹太人被埋在那里。在 1941 至 1943 年，多达 4,000 名德国犹太人自杀，而仅在 1941 年第 4 季度就有 850 名德国犹太人自杀。截至此刻，尽管存留下来的犹太人社区的人数非常少，但自杀的犹太人几乎占到柏林所有自杀者的一半。他们中大多数人是老年人，最普遍的自杀方法是服毒，他们以这种形式申明他们有权按照他们希望的时间和方式结束他们自己的生命，而不是被纳粹党所谋杀。一些人在自杀前带上他们在第一次世界大战中的战斗勋章。这些自杀事件几乎持续到战争结束。比如，1944 年 10 月 30 日，一名柏林犹太妇女拒绝接受她目前的处境，她也没有从家乡的盖世太保办公室领取“犹太之星”，她宁愿选择自杀，而之前她的非犹太人丈夫已经在东部前线阵亡。[206]

在这之前很久，灭绝计划就已经扩展到欧洲其他地区。1942 年 3 月 25 日，驱逐行动开始。在接下来的几周内，大约有 9 万名犹太人，首先是用作劳工的年轻男人，接着是年老的男人、妇女和儿童，从傀儡国斯洛伐克被驱逐到位于卢布林区的隔离区以及位于东方的集中营。在 1942 年 4 月 10 日视察斯洛伐克的首都布拉迪斯拉发（Bratislava）时，赖因哈德·海德里希告诉[斯洛伐克]总理沃伊捷赫·图卡（Vojtech Tuka），后者的行动只是他“计划的一部分”，他计划将 50 万犹太人从包括荷兰、比利时和法国在内的欧洲国家

中驱逐出去。[207] 1942 年 3 月 27 日，1,112 名犹太人从巴黎被驱逐到东方，这些人是作为人质被驱逐的，以震慑法国的抵抗运动（事实上，这些犹太人中极少有人与法国抵抗运动有任何关系）。1942 年 6 月和 7 月，装满 5 辆列车的犹太人被驱逐，而海德里希早在春天就已经有计划驱逐他们了。7 月，德国决定要求克罗地亚政府将国内的犹太人驱逐到德国进行灭绝，而第二个月，5,000 名犹太人就被按时驱逐了。德国也向其他盟国施加了压力，包括匈牙利和芬兰，它们也被迫这样做。“欧洲犹太人问题的最终解决方案”此时 274
正在进行中。[208]

四

几个月前，在接近 1941 年 9 月末的时候，希特勒免去了波希米亚和摩拉维亚的帝国保护长官康斯坦丁 · 冯 · 诺伊拉特（Konstantin von Neurath）的职务，此人是外交部前部长，是一名年老的保守主义者，表面上希特勒是因为他的健康问题而辞退他的。德军开始遇到捷克人越来越多的抵抗，而且随着德国对苏联的入侵，共产党员的破坏活动和其他颠覆行动也在增加。希特勒认为，这种局面需要一个更加有力和彻底的解决办法，而诺伊拉特却无法提供这样的解决办法。新的帝国保护长官是赖因哈德 · 海德里希，在海德里希众多其他的职责之外，他现在又多了管理波希米亚和摩拉维亚的职责。海德里希立刻宣布，捷克人将被分成三个基本群体。在种族和意识形态方面不可靠的人将被驱逐到东方。那些被判定为在种族上不符合要求，但在意识形态方面勉强合格的人将被绝育。在种族上没有瑕疵，但在意识形态方面有问题的将被日耳曼化。如果他们拒绝，将被枪杀。然而，海德里希在开始实施这个异乎寻常的计划之前，他必须应对日渐高涨的抵抗运动。他开始逮捕和处决那些参加抵抗运动的人，在他履职的头两个月内，就已经处理了404人。在同一时期，他将另外的1,300人送往位于第三帝国的集中营，他们中的大多数都在那里丧生。1941年10月，他策划了一场对捷克的傀儡总理阿洛伊斯·埃利亚斯（Alois Eliás）的作秀审判，在众目睽睽之下，此人被判处死刑，因为他被认定有与捷克流亡政府接触以及鼓动当地抵抗运动的嫌疑。1942年6月，埃利亚斯最终被处决。这些措施有效地摧毁了捷克抵抗运动，这为海德里希赢得了“布拉格屠夫”的绰号。为了向德国的农业和工业提供物资，海德里希众多任务中的一个重要任务就是提高捷克工人和农民的生产力，与此同时，他也为超过200万名工人增加了食物配给，以及为军需品工人做了20万双急需的新鞋。他整顿和改善了捷克
275 的社会安全体系，而且开展了一系列活动公开呼吁捷克大众远离民族主义的知识分子，比如有一次他实施了一个将工人派往捷克温泉镇豪华旅馆的计划。既然现存的抵抗运动已经被有效地摧毁了，那么，他认为，所有这些措施将阻止任何种类的危险的抵抗运动再次出现。[209]

海德里希的政策显然非常成功，在伦敦的捷克流亡政府对此感到恐慌，敦促应该杀掉海德里希。此举将会招致残酷的镇压，但这将会有额外的好处，因为镇压反而会使抵抗运动再次兴起。对波希米亚和摩拉维亚保护国来说，没有一个有效的抵抗运动为之服务，一旦战争结束，捷克流亡政府可能会发现它自己处于不利的谈判地位。英国政府对这个刺杀计划表示赞同。1941年12月，捷克流亡政府选派两名捷克流亡人士约瑟夫·加比奇克（Jozef Gabčík）和简·库比什（Jan Kubiš）去完成此项任务。由英国人训练他们的破坏和侦察技术；1942年5月，他们乘坐由英国特别行动处（British Special Operations Executive）提供的一架飞机飞往波希米亚和摩拉维亚保护国，到达指定地点后，跳伞降落到布拉格郊区的一块空

地上。1942 年 5 月 27 日早上，海德里希离开他距离布拉格 12 英里的住家，开车前往位于市中心城堡区（Hradcany Castle）的办公室。尽管他是第三帝国主要的安全官员，但是他对自身的安全却一点也没有在意。他独自出行，没有一个护从，在车里陪着他的唯一一个人是他的司机。享受着春天美好的特殊时光，海德里希此时要求开敞篷车去工作。刺客已经确认海德里希每天在同一时刻走同样的路线。在这个特殊的早晨，尽管他比平常稍晚了一会儿，但是当车在捷克首都郊区的一条道路上因急转弯而减速时，他们正在等待时机。当加比奇克准备向海德里希开枪时，他的斯特恩式轻机枪哑火了，但是库比什成功地抛了一枚手榴弹，手榴弹击中了车的后轮发生爆炸，车立即停了下来。海德里希从车中跳出，掏出他的左轮手枪开始朝库比什射击，库比什此时正在一辆路过的有轨电车背面奔跑，随即跳上一辆自行车从现场消失。看到未射中这名刺客，海德里希转而朝加比奇克开枪，加比奇克用一把左轮手枪还击，但他没有射中海德里希，反而射伤了司机的两条腿。接着海德里希用手撑着臀部，摇摇晃晃地停了下来。加比奇克跳进一辆拥挤的有轨电车，离开现场后安全地逃脱。负责放风警戒的人在用镜子反射以提醒刺客车子到来后，随即冷静地从刺杀现场离开了。[210]

海德里希受伤严重。手榴弹爆炸后将汽车垫衬物中皮革和马鬃 276
的碎块以及弹簧的碎片扎进他的肋骨、胃和脾脏中。手术取出了异物，但伤口因太深而被感染，1942 年 6 月 4 日海德里希去世了。[211]党卫队报纸《黑色军团》在他的讣告上这样宣称，“他是一个完美无瑕的人”。[212]希特勒称他为“必不可少的人”。[213]他显然被许多人当成是集党卫队所有优点于一身的人。甚至他手下的人有时也带着讽刺意味的口吻称他为“金发野兽”。然而，他的个性是令人困惑的，难以解释清楚。大多数历史学家将他刻画为一个“玩弄权术的专家”，一个“不折不扣的实用主义者”，或者“用暴力手段进行治理的化身”。可以肯定的是，他毫无疑问有在第三帝国出人头地的强烈野心。有人断言，他过于聪明而不会认真对待意识形态的问题。然而，他的书面备忘录和声明等材料都不加考虑全盘吸收纳粹意识形态，里面充斥着纳粹主义的思维模式，还拒绝承认除纳粹世界观之外的其他任何可能的观念，任何人只要读了他的这些材料一定会对此留下深刻的印象。[214] 他提出的这个令人震惊的计划——对捷克人口进行分类和处理——就是一个很有说服力的例子。

海德里希的言谈中没有粗鄙和简陋的措辞，而这两个特征在像汉斯·弗兰克、赫尔曼·戈林或海因里希·希姆莱等“老战士”所使用的语言中是很常见的。对海德里希来说，纳粹意识形态似乎完全是客观的，是由一套无可争议的思想和看法组成的，而他的野心就是用冷酷无情的效率将这种意识形态落到实处。他的大多数下级和同事都惧怕他，即使是希姆莱也如此，希姆莱十分清楚他在智力上不及他的这名下属。“你和你的逻辑，”希姆莱有一次对他喊道，“除了你的逻辑，我们从没听说任何事情。我建议的所有事情你都用你的逻辑将它打垮。我受够了你和你的冷酷、理智的批评。”[215] 然而，另一方面，正如许多人讲的那样，海德里希也是一个热情的人、一个狂热的体育爱好者、一个在拉小提琴时经常被深深打动的音乐家。他分裂的人格没有逃脱他同辈人的注意，许多人（非常错误地）用他分裂的、半是犹太人血统的说法对此做出解释；“一个愁苦的人，完全的自我矛盾，这种情况经常在混血种族者身上发生”，据报告，希姆莱已经观察到了这一点。[216] 卡尔·J. 布尔克哈特（Carl J. Burckhardt）在 20 世纪 30 年代是国际联盟在但泽的专员，
277 在会见海德里希时，他自言自语道：“就像两个人同时在看着我。”[217] 海德里希的一名同事告诉布尔克哈特一则关于海德里希的故事：海德里希喝醉回家后，浴室的门敞开着，里面的灯亮着，他透过门，在对面墙上的全身镜中看到了他自己，于是他掏出左轮手枪对着镜

中的人开了两枪，大喊着：“我终于抓到你了，败类！”[218]

希特勒为海德里希举办了一个与他身份相称的庄严又盛大的追悼仪式。私下里，他对安保方面的疏忽非常不满，正是这一疏忽给了刺客机会。海德里希沉溺于“驾驶非装甲敞篷车辆以表现自己英勇姿态”的习惯，他说道，“是无知和愚蠢的”。[219] 取代海德里希在波希米亚和摩拉维亚保护国地位的是卡尔·赫尔曼·弗兰克（Karl Hermann Frank），后者曾是他的副手，也当过诺伊拉特的副手。相比海德里希，弗兰克拥护一种更加低调但更残忍的镇压方法，最终他在 1943 年 8 月被任命为波希米亚和摩拉维亚的德国国务部长。希特勒此时迁怒于捷克人，命令弗兰克对捷克人进行可怕的报复。刺客躲在布拉格的圣西里尔和圣美多迪乌斯东正教大教堂（Ss. Cyril and Methodius Orthodox Church），英国特别行动处的一名当地特工为了高额的报酬将他们出卖给盖世太保。他们和其他 5 名也是被英国人空降到波希米亚和摩拉维亚保护国的刺客一道，与盖世太保展开了一场持续几个小时的激烈枪战。最终，当他们意识到已经濒临绝境时，他们将枪口对准了自己。为了报复刺杀行动，希特勒最初想枪杀 1 万名捷克人，并且消灭捷克所有的知识分子，就像他对波兰人所做的那样。他对捷克的傀儡总统说道，如果再发生类似的事件，那么“我们将考虑驱逐所有捷克人口”。[220] 赫尔曼·弗兰克迅速飞往柏林劝说元首，他说道，这些措施将对捷克的武器生产造成巨大的破坏。一份文件提到了一个名叫利迪策（Lidice）的捷克村庄，这份文件是从特别行动处的另一名捷克特工那里发现的。弗兰克建议，惩罚这个村庄以警戒他人将是一个足够有力的报复措施。希特勒同意了。1942 年 6 月 10 日，利迪策的全部人口在被指控为给刺客提供避难所的罪名下，被聚集起来，男人被枪杀，女人被送往拉文斯布吕克（Ravensbrück）集中营，儿童被带走进行种族分类。他们中有 81 个人被认定是劣等种族，被带走杀害，其他

17 个人被赋予新的身份，送给德国家庭收养。村庄被夷为平地。在
278 一个名为莱扎奇基（Lezacky）的小村庄，另外 24 个男人和妇女被枪杀，他们的孩子被送去拉文斯布吕克。另外 1,357 个人在经过简单审判过后，以因涉嫌参加抵抗运动而被处决。250 名捷克人，包括他们所有的家人在毛特豪森（Mauthausen）集中营被杀害。而且在布拉格有 1,000 名犹太人被聚集起来，并被带走杀害。总共有大约 5,000 名捷克人在这次恣意的报复行动中丧生。波希米亚的军需工业规模巨大而且技术先进，只是由于纳粹政权极度需要它的军需工业提供的产品，恐怖行动才没有进一步开展下去。至少在眼下，恐怖行动已经实现了它的目标。[221]

刺杀海德里希的行为加深了纳粹领导层对犹太人的担忧，他们愈发认为犹太人（事实上犹太人与刺杀行为毫无干系）对战争的大后方会造成越来越严重的安全威胁。一些历史学家也认为，第三帝国食物逐渐短缺的形势是促使此时德国加快杀戮计划的一个原因。1942 年 4 月，每天分配给德国国内人口的食物已经被削减。这些削减措施不仅不受欢迎，而且还迫使政府进一步削减分配给外国劳工的食物，以避免德国本国人会有怨言并进行恶意评论。此举使外国劳工的生产力有所降低。削减食物配给的后果如此严重，以至于希特勒采取了不同寻常的举措，他强迫农业部长里夏德 · 瓦尔特 · 达雷——此人被证明更适合做一名理论家而不是管理者——卸任，晋升农业部国务秘书赫伯特 · 巴克为代理部长。1942 年 5 月，在与希特勒和希姆莱会面之后，巴克促成他们同意停止从德国向德国武装部队供应粮食。自此以后，德国武装部队必须靠山吃山，自己解决粮食问题。在东方——武装部队中的大多数都驻扎于此——这意味着进一步削减当地人口的食物配给，巴克在 1942 年 6 月 23 日下达了此项命令。至于当地剩下的犹太人，他们的食物供给已经被当地行政官削减到濒于饿死的程度，现在将被完全切断。巴克说，“在

未来一年内”，波兰总督府的犹太人将被“清除”。[222] 但是，鉴于已经在进行中的杀戮计划的规模，这当然并非是一个意向声明，而是一个不管在什么情况下都希望得到的成果报告。也没有任何证据表明食物供给形势和任何对灭绝计划有决定性推进作用的因素有直接的因果联系。在纳粹领导层心目中，安全考虑仍是最重要的。 279

1942 年 7 月 19 日，希姆莱命令波兰总督府的警察首长弗里德里希 · 威廉 · 克吕格尔，确保“执行并在 1942 年 12 月 31 日之前完成重新安置波兰总督府所有犹太人口的计划”。打造欧洲种族新秩序需要进行一次“总清洗”。[223] 希特勒现在也决定，正如他在 1942 年 9 月所说的那样，应该尽快将犹太工人从第三帝国的军需品工厂中清除出去，而且柏林所有剩余的犹太人应该被驱逐。[224] 在 1942 年 9 月 30 日，他再次重申了他于 1939 年 1 月 30 日在柏林体育宫发表演说时所做的“预言”。他当时告诉他的听众，他已经预测到，“如果犹太人为了灭绝雅利安民族而挑起了一次世界大战，那么最终将是犹太人而不是雅利安民族被灭绝”。但是现在，“一股反犹主义的浪潮”将在欧洲“各民族间”翻涌，而且每一个参战国都将成为一个反犹主义的国家。[225] 据报告，戈林在 1942 年 10 月 10 日与博尔曼私下讨论时，表态说他“相信帝国党卫队领袖希姆莱采取的措施将是完全正确的”，尽管必须至少对其中一部分人做特殊处理（可能是出于经济方面的原因）。[226] 就在之前几天，戈林还在柏林体育宫发表的一次演讲中告诉他的听众说，丘吉尔和罗斯福是“酗酒的精神病人，他们受犹太人所摆布”。这场战争是一场“伟大的种族战争……关乎德国人和雅利安人能否活下来，和犹太人是否将统治世界”。[227] 因此，他也将灭绝行动当成是德国人民必要的自卫举措。1942 年 11 月 8 日，希特勒在慕尼黑对纳粹“老战士”发表年度演讲，此次演讲也通过德国广播播放出去；其中，他再次重复了他在 1939 年的预言，不过这次他直截了当地表示战争将以犹太人的“灭绝”而告终。他补充说道，那些（他认为）曾经嘲笑他的犹太人，将“无法再笑下去”。[228]

这次演讲之后，希特勒的首席新闻官迪特里希立即再次加强反犹主义宣传攻势。在接下来几个月里，戈培尔也反复重申这个主题。1943 年 2 月 18 日，他在柏林体育宫发表演讲，此次演讲也通过德国所有的无线电台播放出去，演讲的其中一个关键部分就是反犹主义宣传：

> 280 在汹涌的——［听众们兴奋的叫喊声］——在汹涌的苏联部队的后方，**我们已经能够看到犹太人杀戮小队**，它们在令人**恐惧**的情景背后若隐若现，在欧洲，数百万饥饿的幽灵陷入了彻底的混乱中。在这里，国际犹太人再一次证明它自己是具有强大腐蚀力的**邪恶**之源……**我们从来没有惧怕过犹太人，而且相比以往，今天我们可以更勇敢地面对它**！［“万岁！”的欢呼，雷鸣的掌声］……布尔什维主义的目标是犹太人发动世界革命……在犹太人的这次威胁面前，至少德国不会畏缩，相反，如果有必要的话，还要用及时、**彻底**和**最极端**手段灭……［纠正他自己］**驱逐**犹太人！［雷鸣的掌声，狂野的叫喊，大笑］。[229]

戈培尔蓄意的口误，使全国的听众成为支持他的同谋，这不仅体现在大规模谋杀犹太人这件事上，而且还体现在他们的看法上，即他们认为当提到谋杀一事时必须用委婉的说法。在 1942 年 2 月 24 日和 3 月 21 日，希特勒也有同样的说法，但不那么明确。他指示戈培尔在对外国，尤其是英国的广播中，加强反犹主义宣传攻势。[230] 在戈培尔将注意力转向沙皇俄国伪造的《锡安长老会纪要》（*The Protocols of the Elders of Zion*）（希特勒坚持认为这本著作毫无疑问是真实的）后，1943 年 5 月 12 日，希特勒这位纳粹党元首给戈培尔这位宣传部部长讲了一段很长的话，表示他坚持认为，各地的犹太人正在按照他们的种族本能破坏文明。“现代民族没有其他的选择，唯有灭绝犹太人。”只有“用我们所能用的所有方式”与犹太种族作战，胜利才有可能实现。最先发现犹太人真相和最先与犹太人作战的民族将代替他们统治世界。[231] 这一演说的启示语调令人印象深刻。希特勒在辩护中将灭绝犹太人当成德国人统治世界的一个必要前提。

1943 年 5 月 3 日，戈培尔对德国媒体发布了一则机密通知，要求其将更多注意力放在对犹太人的攻击上。他认为：“将犹太人的真面目暴露出来，其潜在价值是无限的。”“在德国的媒体中，犹太人必须成为一个政治的靶子：犹太人将受到指责；是犹太人挑起了这场战争；犹太人把战争形势弄得更糟糕；而且，三番五次地重复，应当受到指责的是犹太人。”[232] 在整个 1942 年期间，《人民观察家报》只刊登了 4 则关于反犹主义性质的头版新闻，而在 1943 年头五个月中，这样的头版新闻，其数量飙升到 17 则。事实上，在 1943 年，这份报纸总共有 34 个头版新闻涉及犹太人。[233] 宣传攻势 281 反复对丘吉尔、罗斯福和斯大林进行诽谤，程度之深，达到了令人作呕的地步，人们现在已经熟悉了这些诽谤之词，即丘吉尔、罗斯福和斯大林都是受犹太世界阴谋操纵的傀儡，阴谋的目的就是消灭德意志种族——有人断言，这是纳粹主义灭绝犹太人的动力的一种反映。[234] 随着战势的恶化以及同盟国对德国城市的空袭开始产生严重的影响，那些认为同盟国的胜利将意味德意志民族将遭到屠杀灭绝的宣传警告逐渐变得越来越强烈。战争初期苏联秘密警察在卡廷屠杀波兰军官，其墓穴被发现后，德国对此过分夸大——这一屠杀不可避免地被归咎于犹太人而不是俄罗斯人。在 1941 年的下半年，德国方面开展了第一阶段的高强度反犹太人宣传，在这一阶段中，反犹主义宣传被用作一种舆论手段来启动纳粹党所谓的“欧洲犹太人问题最终解决方案”，而现在。它正演变为号召德国人民继续战斗的一个手段。[235]

因此，从 1941 年夏天开始，杀戮计划实施的速度、理由和方式一直在不断地改变。如果我们把“最终解决方案”的诞生视作一个过程而不是一个单一的决定，那么我们就会发现，促使“最终解决方案”产生的一系列动力其实源于整个纳粹领导层，尤其是希特勒和希姆莱，是他们计划要与德国在全世界的假想敌战斗到底。然而，其中最重要的是对 1918 年的记忆，即他们笃信，犹太人无论在什么地方，无论以什么身份，无论是通过颠覆、游击活动、共产党抵抗运动还是其他的许多方式，都会对德国的战争努力产生致命的威胁。推动纳粹党统治集团各个层次领导人进行灭绝行动的不是对数百万斯拉夫人界定为可有可无的次等人类的鄙视之情，而是一种恐惧和憎恨相交织的复杂情结，具有浓厚的意识形态色彩，这种情结促使他们将德国所有的灾难归因于犹太人，而且，为了德国的生存，摧毁犹太人就成为攸关生死的大事。

第四节

“待宰羔羊”

一

在万湖会议之前，希姆莱已经任命卢布林的“党卫队和警察长官”奥迪洛·格洛博奇尼克有组织地杀害波兰总督府的所有犹太人。隔离区必须被清空，以便为从西方驱逐过来的犹太人腾出地方。在“赖因哈德行动”（Action Reinhard）中，格洛博奇尼克将建立一系列集中营来实现这个目标。[236] 格洛博奇尼克是一名奥地利纳粹党员。他强烈的反犹主义情结驱使他在 1933 年谋杀了一名犹太人。在奥地利被合并后，他被任命为维也纳的党区领导，但是在 1939 年 1 月，他又沦落到投机外汇的行列。然而，希姆莱并没有忽视他，次年 11 月又安排他在卢布林担任该职位。1940 年，格洛博奇尼克利用犹太奴隶劳工创建了一个小型经济帝国，而且在 1941 年 7 月，他下令在马伊达内克（Majdanek）修建一个巨大的劳改营。为了实施赖因哈德行动，格洛博奇尼克从之前的 T-4 行动组招募了大量人员，其中包括克里斯蒂安·维尔特。尽管他们听从格洛博奇尼克的指挥，但他们继续由柏林的元首办公厅安乐死计划总部支付薪水。 282

在这些由格洛博奇尼克建立的集中营中，每一个集中营中的二三十名党卫队人员几乎都属于此种类别，他们受雇于格洛博奇尼克，致力于完成其使命。正因如此，这些集中营与党卫队既有体制的正常运行有所不同。所有这些党卫队人员都是军官或士官。基本的人力由乌克兰辅助部队提供，其中许多人是从战俘营中征募的，他们在经历了一个简短的培训后，就被送去为格洛博奇尼克工作。[237]

283 三个为执行灭绝计划而建的“赖因哈德行动”营区都坐落在布格河（Bug）以西很远的地点，但是与波兰其他地区之间有方便的铁路交通，前往主要的隔离区也比较容易。1941 年 11 月 1 日，首个集中营建在贝乌热茨一个既有劳改营的旧址上。一名前安乐死计划的工作人员监督工程的建设，1941 年 12 月当克里斯蒂安 · 维尔特被任命为营区指挥官时，此人留下来帮助他。他建了一条从附近车站驶进营区的铁路专线。还有为党卫队建的房屋；有为一小部分长期囚犯建的工房，比如皮匠、裁缝或木匠，他们是为党卫队服务的；还有为乌克兰辅助部队建的营房。毒气室是木制的，但是是密封的，而且配有管道，汽车的有毒废气通过这些管道被注入毒气室，杀死里面的所有人。维尔特之所以这样做，是因为很难大量获得那些曾用于安乐死行动的一罐罐纯一氧化碳，而且如果让即将到来的受害者看到后，可能引起他们的怀疑。1942 年 2 月，设备已经准备就绪。他们用一小群犹太人进行试验，接着也毒死了那些帮助建设集中营的犹太工人。1942 年 3 月 17 日，首批交付给营区的被驱逐者在他们刚到达后就立即被毒死了。在 4 周内，7.5 万名犹太人已经被杀死，包括 3 万名卢布林隔离区的居民，这个隔离区原本共计只有 3.7 万名居民，以及更多的来自波兰总督府其他区域，包括扎莫希奇和皮亚斯基（Piaski）的犹太人。[238]

德军围捕犹太人并将其运到贝乌热茨的凶残暴行被齐格蒙特 · 克卢科夫斯基医生记录了下来，关于这些暴行对波兰当地犹太人口的影响，他的日记提供了一个虽然并非完全准确但十分生动的记录。1942 年 4 月 8 日，他获悉：

> 每天都有两辆列车来到贝乌热茨，每辆列车有 20 节车厢，一辆来自卢布林，另一辆来自利沃夫。所有的犹太人下车后，被驱赶到带刺铁网的围墙后面。一些被电击死，一些人被毒气毒死，尸体都被焚烧。在去往贝乌热茨的路上，犹太人经历了许多恐怖的事情。他们知道他们的命运将如何，因此一些人尝试抵抗。在什切布热申的一个火车站，一个年轻妇女用一个金戒指为她濒于死亡的孩子换了一杯水。在卢布林，人们目睹了小孩子在高速行驶的火车里被扔出窗外的场景。在到达贝乌热茨集中营之前，许多人已经被枪杀了。[239]

没过多久，2,500 名犹太人从扎莫希奇被带走，有几百人在街上被 285
枪杀。什切布热申的犹太居民处于一种绝对的恐慌状态中，他们将孩子送到华沙与波兰人住在一起，还贿赂波兰人让他们将孩子藏起来。在犹太人被驱逐时，有些当地人成群结队，等待他们被驱逐后抢夺他们的房屋。[240] 1942 年 5 月 8 日，克卢科夫斯基报告道，一支德国警察分队抵达了什切布热申，他们开始枪杀犹太人，“像杀鸭子一样，不仅在街上杀戮，而且还到他们的家里杀戮，不分男女和儿童”。克卢科夫斯基开始张罗为伤者提供帮助，但他却被告知这样做是不被允许的，因此，他懊丧地通知医院外面的人不准进入医院。“我这样做是幸运的。”他后来写道，因为不久后，警察来到了医院，他们端着机关枪，仔细检查病房，搜寻犹太人，要是发现医院里有任何一个犹太人，克卢科夫斯基和他的一些同事或许都要被枪杀掉。整个屠杀使他深感沮丧，正如他在日记中记载的那样：

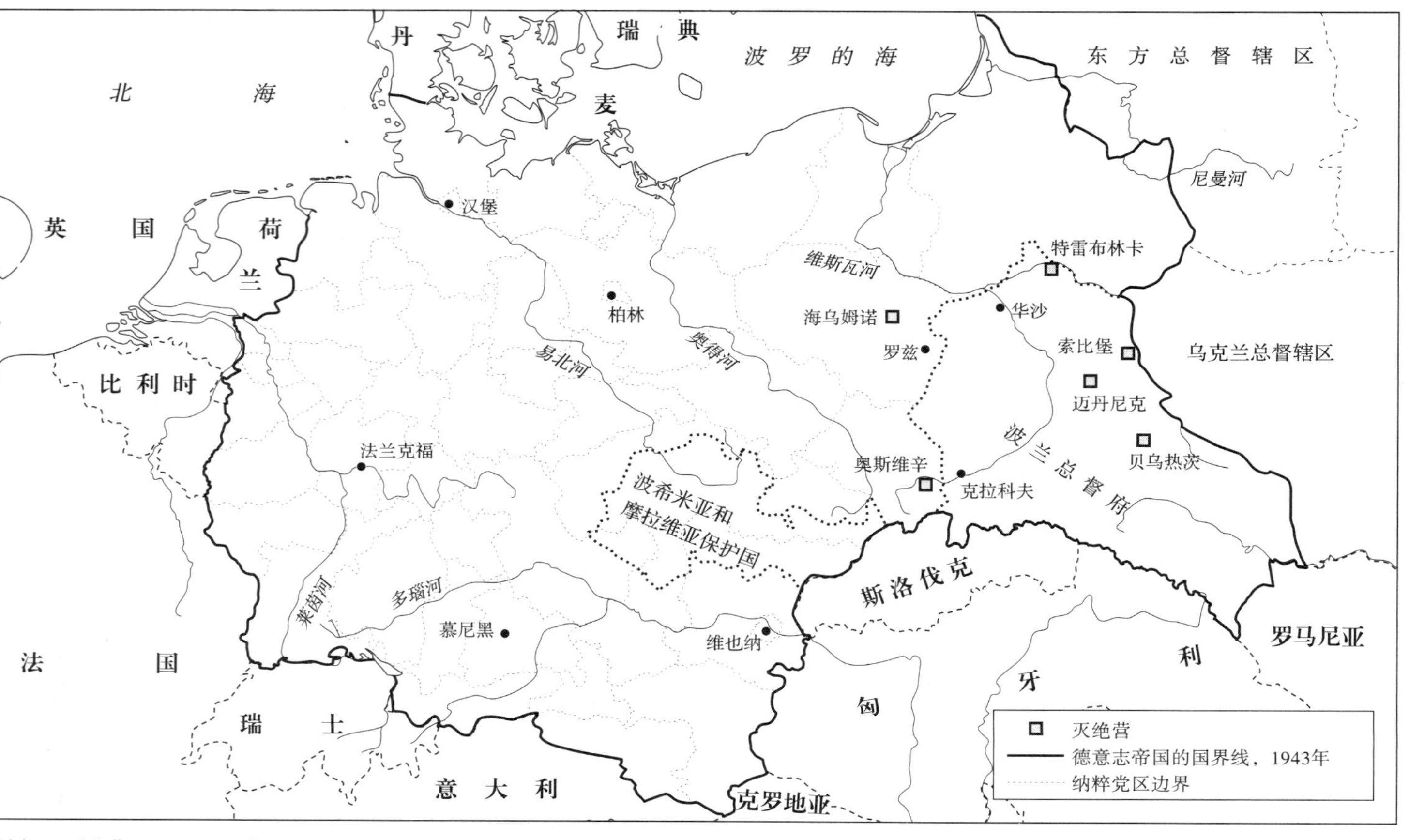

地图11 灭绝营，1941—1945年

> 我为我不得不拒绝提供任何帮助感到痛心。我这样做纯粹是因为德国人下了严格的命令。这与我的初衷和一个医生的职责是相悖的。我亲眼看见装满尸体的火车，看到一个犹太妇女在队伍中行走，臂弯里抱着她死去的孩子，还看到许多受伤的犹太人躺在我医院对面的人行道上，而我却被禁止给予他们任何帮助。[241]

他对一些波兰人的行为感到震惊，这些波兰人洗劫了被害者的房屋，而且看到被害者遭到枪杀时甚至发出了大笑。后来，德国警察还命令当地犹太人理事会支付用于大屠杀的军火费用。[242]

在贝乌热茨，为了减轻到达那里的犹太人的疑虑，维尔特尝试用一种独特方式设计营区。犹太人被告知这是一个中转地，他们在被消毒后就能得到干净衣物和取回他们的贵重物品。毒气室本身设计得看起来像是浴室。所有这些都是仿照安乐死计划进行设计的，只不过规模更大。但是这些策略仅仅是做做样子。犹太人被残忍地围捕，这一过程使他们放弃了对未来命运的任何幻想。另外一名奥地利党卫队军官弗朗茨·施坦格尔（Franz Stangl）在1942年春天描述了他在贝乌热茨的见闻：

> 我驱车前往那里。我刚到达，就首先去了在道路左侧的贝 286
> 乌热茨火车站。营区在道路的同一侧，但是在一个小山上。指挥官的办公室在道路另一侧200米远的地方。它是一个一层建筑。臭味……噢，天哪，臭味到处都是。维尔特不在他的办公室。我记得，他们带我去见他……他正站在山上，旁边是一个个坑……这些坑……满满的，它们都被填满了。你无法知道，坑里不是成百的尸体，而是成千上万的尸体……其中一个坑已经溢出来了。他们在里面放了太多的尸体，而且腐败物繁殖迅速，

> 以至于下面的液体推动上面的尸体溢了出来，于是尸体滚下小山。我看见了其中一些……噢，天哪，太可怕了。[243]

施坦格尔之后将在赖因哈德行动中扮演一个关键的角色。他生于1908年，是一名残忍的退伍军人的儿子。他在一个贫穷的小镇长大，被训练成一名织工。1931年他加入了警察队伍，在许士尼格专政期间，他接受了严酷的训练，然后参与追查和逮捕非法的社会主义反对成员。在某一时刻，他已经成为纳粹党的一名激进的秘密成员，而且在1938年奥地利合并进第三帝国之后，他得到了晋升，之后,他于1940年被调到柏林“安乐死”谋杀计划的管理中心工作。在这里，他认识了克里斯蒂安·维尔特，后者召他去贝乌热茨，让他去熟悉那里的赖因哈德行动。[244]施坦格尔认为计划的运行效率实在低得可怜。贝乌热茨集中营的毒气室极其简陋。它们不停地坍塌，结果导致那些等待的被驱逐者连续多天没有食物或水，许多人饿死了。最终,连维尔特也无法忍受这种情况了。1942年6月，他临时中止了运送犹太人，并拆了木制的毒气室，代之以一个混凝土建筑物，这个建筑物包含六个毒气室，这些毒气室一次可同时处理2,000人。新建的毒气室在7月中旬开始运行，之后运送犹太人的行动继续进行，杀戮一直持续到12月中旬。截至1942年年底，大约41.4万名来自波兰占领区的犹太人已经在贝乌热茨集中营被杀害，而且更多来自中欧其他地区的犹太人也被杀害，这些犹太人之前已经被带到卢布林区的隔离区；被杀的犹太人总数高达60万。[245]

为赖因哈德行动建造的第二个集中营在索比堡（Sobibor）村附近，那里到目前为止除了一个小型的犹太妇女劳改营之外什么也
287 没有。建设工程于1942年3月开始，但是进度落后于预定计划，因此维尔特任命弗朗茨·施坦格尔为营区指挥官，首先下令他按时

完成营区建设。1942 年 5 月中旬，毒气室已经就绪。这些毒气室都分布在一栋砖房里，每个可以容纳 100 人，这些人将被从外面注入的发动机废气杀死。这个营区的建设仿照的是贝乌热茨集中营，管理和接待区就在铁路专线周围，灭绝区在更远的地方，避开了人们的视线，通过一条 150 米长的被称作“管道”的狭窄通道可以到达那里。毒气室的后面是埋葬坑。一辆窄轨电车通过轨道到达埋葬坑，电车里面装着死在旅途上的人的尸体。为了消除抵达的受害者心里的疑虑，他们通常会做出一些安抚，但是，就像在贝乌热茨一样，这些安抚往往是无效的，因为当他们跑着穿过“管道”时，党卫队，尤其是乌克兰卫兵朝这些受害者大喊大叫和殴打他们。犹太人在进入毒气室之前被要求脱光衣服，一些党卫队人员训练了恶犬，对这些犹太人进行撕咬，增加了他们的恐慌之情。施坦格尔按照自己的标准高效地运行这个集中营，因此不像在贝乌热茨那样，这里的营区没有因大量被运来的犹太人而人满为患。即使如此，在营区开始运行的头三个月中，仍然将近有 10 万名来自卢布林、奥地利、波希米亚和摩拉维亚保护国以及“旧帝国”的犹太人已经在这里被杀害。[246]

1942 年夏天，由于主干铁路线上有施工作业，所以将犹太人运送到集中营的行动暂时中止。同时，天气炎热导致灭绝区后面埋葬坑里密集堆积的层层尸体开始发胀，并溢出地面，就像贝乌热茨发生的情形一样，它们发出阵阵恶臭，引来了大量老鼠和其他食腐肉动物。党卫队人员也开始注意到水中开始散发出腐臭味。营区是通过水井供水的，很明显水已经被污染了。因此，营区管理人员挖了一个大坑，里面填满木材，并将其点燃；他们还用一个机械挖掘机，将尸体挖出，放到大坑上面的铁格子上，一支犹太人别动队将尸体焚烧，之后这些别动队成员也都被处死了。同时，运送犹太人的行动在 1942 年 10 月重新开始，一直持续到 1943 年 5 月初。一辆列车将 5,000 名犹太人从马伊达内克集中营运来，他们身着条纹制服，由于饥饿和虐待，已经虚弱不堪。这一次，毒气室出了故障，因此这些犯人们露天待了一整晚。其中 200 人死于精疲力竭，或者在遭
288 受党卫队黑暗中的毒打和枪杀后死去了。剩下的人在第二天被赶进毒气室。另一辆列车在 1943 年 6 月抵达，车上的犯人已经被脱去衣服，因为利沃夫的党卫队认为此举将使他们的逃跑难度增大。整个旅途十分漫长，在 50 节货运车厢中，有 25 节车厢装的全是尸体。他们已经死于饥饿和干渴，而且正如一名目击者后来回忆道，到他们抵达的那一刻，其中的一些人已经死了长达两星期。[247]

犹太人仍然带着他们的一些个人财物。这些财物，连同他们的衣服以及手提箱里的东西都被拿走了。贵重物品也被营区官员扣留了。其中许多财物都进了一些党卫队成员以及他们助手的口袋里。最珍贵的首饰和从死尸牙齿填充物中提取出来的金子被送往柏林的分拣办公室，在那里，珍贵的金属被熔成金条送往德意志帝国银行，而首饰则被拿到占领国和中立国兑换德国军工厂所需的工业用钻石。[248] 从 1942 年 8 月开始，收集和交付这些物品的工作由奥斯瓦尔德 · 波尔的经济与管理部执行。而罗森贝格的办公室则负责没收家具和犹太人留下来的其他财物，包括衣服、陶器、地毯和许多其他东西，之后这些被没收的东西都将在德国被拍卖掉。[249] 上交波尔部门的一份报告估计，截至 1943 年 12 月 15 日，在赖因哈德行动中被没收的犹太人所有物的总价值不下于 1.8 亿帝国马克。[250]

截至此刻，在索比堡，差不多 25 万名受害者已经被杀。当希姆莱在 1943 年初视察该集中营时，行动已经趋于尾声。按照计划，尽管此时已经没有新的犹太人被定期运来，但是为了让他观看一次毒杀行动，营区管理者特意从这一区域的劳改营中运来犹太劳工。希姆莱对他看到的行动非常满意，于是晋升了 28 名党卫队成员和警官，包括维尔特、施坦格尔和其他高级官员。他同时下令做好准备，

一旦最后一批受害者被杀后，就关闭这些营区以及清除他们活动的所有痕迹。索比堡将被改造为一个储藏库，用来储藏从红军那里缴获的军火。犹太劳工则被迫为他们建造这些新的设施。同时，焚化受害者尸体的行动加速进行。很明显，这些犹太劳工——他们中许 289
多人是久经战场锻炼的苏联战俘，于 1943 年 9 月 23 日抵达这里，已经形成了一个具有凝聚力的纪律良好的团体——将必死无疑。他们开始策划逃跑。1943 年 10 月 14 日，他们通过种种借口，成功地诱使大多数营区党卫队职员和许多乌克兰辅助部队成员进入车间，然后在不惊动警戒塔上的卫兵的同时，用匕首和斧子杀死他们。这些犹太反抗者切断了营区的电话线和电力供应。当他们冲向主要的大门时，乌克兰卫兵用自动武器朝他们开火，杀死了许多人；其他人通过周边的围墙逃了出去。一些人在围墙外的布雷区被杀死，虽然如此，在总共 600 名犯人中，超过 300 人成功地逃出了集中营（所有未成功逃走的人在第二天被枪杀）。当党卫队和警察发动大规模的搜查行动，包括出动侦察机搜查时，有 100 名出逃者被抓住，几乎当场就被枪毙了。但是其他的人逃离了抓捕，许多人最终成功找到了游击队。没过多久，一支新的犹太犯人别动队到达这里拆除了营区。建筑物被夷平，新种上了树，还建了一个农场，但是当工作完成时，这些犹太人被迫躺在烤肉用的铁格子上，然后一个接一个被枪杀。1943 年 12 月之后，营区中空无一人，所有明显的痕迹也已经消失不见了。[251]

二

第三个赖因哈德行动集中营建在华沙东北部的特雷布林卡（Treblinka），它在一个偏远的丛林里，位于从马基尼亚（Malkinia）的火车站——从华沙到比亚韦斯托克主要铁路线上的一个火车站——到一个旧采石场的单轨支线的尽头。1941 年春，德国占领者在这个采石场附近建了一个劳改营，用于挖掘材料，这些材料被用来修筑在波兰的苏德边界的防御工事。一年后，党卫队将它选为一个新集中营的地址。建设工程在 1942 年 6 月初开始，由里夏德·托马拉（Richard Thomalla）监督修建，此人是一名党卫队军官，曾参与修建索比堡集中营。截至工程开始时，在贝乌热茨和索比堡的集中营已经在运行，因此托马拉试图以此为基础进行改善。犹太工
290 人被带到这里修建新的营区，他们中有许多人在工作时被党卫队任意地枪杀，或者在砍树清理路面时，被迫站在树丛中，因此修建进度经常被打乱。他们修建了一条铁路专线和车站，抵达的犹太人从那里被带到供长期囚犯居住的“隔离区”附近的一个更衣室。他们一到达那里，被命令脱光了衣服后就被驱赶着通过一个狭窄的围栏围起来的通道（被党卫队称为“天堂之路”），进入营区上方一栋小心遮掩的大砖房中。这个建筑物包含 3 个毒气室，受害者在喊叫声和辱骂声中被赶进去，他们将被柴油机的废气毒死，这些废气通过一个管道系统被注入毒气室内。在建筑物后面是一系列沟渠，每条都有 50 米长、25 米宽和 10 米深，它们由一个自动挖掘机挖成。由犯人组成的别动队沿着一条窄轨铁路用小货车推送来自处理区的尸体，并将这些尸体倒入沟渠中，当沟渠被填满后，他们在上面用土将尸体覆盖。[252]

就像在索比堡一样，那些到达的犹太人被告知，他们已经到达了一个中转营，而且在经过一次消毒淋浴后，他们将收到干净的衣服和被保存的贵重物品。最初，每天有 5,000 名或者更多的犹太人抵达，但是在 1942 年 8 月中旬，杀戮开始加速。截至 1942 年 8 月底，有 31.2 万名犹太人已经在特雷布林卡被毒死，其中不仅有来自华沙的犹太人，还有来自拉多姆和卢布林的犹太人。自从 1942 年 7 月 23 日营区屠杀首批犹太人以来，将近两个月的时间已经过去了。

营区的第一个指挥官伊姆弗里德·埃贝尔（Irmfried Eberl）是一名奥地利医生，曾经参与“安乐死”行动，他宣称，他的目标是要比其他任何一个集中营杀戮更多的犹太人。运送犹太人的列车没有通风设备，也没有水或卫生设备，因此在炎热的天气中，成千上万犹太人都死在途中。要杀戮的犹太人是如此之多，以至于所有的借口都被弃置一边。

奥斯卡·贝格尔（Oskar Berger）于1942年8月22日抵达特雷布林卡，他注意到，在站台上，“数百具尸体横七竖八地到处躺着”，“成堆的包袱、衣服和手提箱等所有东西都混在一起。党卫队队员、德国人和乌克兰人正站在营区的屋顶上不加区分地朝人群射击。男人、妇女和孩子们倒在血泊中。周围一片尖叫声和哭泣声”。幸存者被党卫队人员用鞭子和铁棒赶进毒气室。为了防止他们的尖叫声被下面等候的那些人听到，党卫队安排了一个小型管弦乐队，演奏中欧的热门歌曲，以压过他们的声音。如此多受害者同时抵达，导致毒气室不堪负荷，因此，就像1942年8月22日运来的犹太人经 291
历的情形一样，党卫队卫兵在等待区枪杀了大量犹太人而不是在毒气室将他们毒死。即使这样做也无济于事，因此，刚到达的列车只能在炎热的天气中等候数小时甚至数天。列车里面许多人死于干渴、中暑或窒息。毒气室时常出故障，有时出故障的时候，受害者已经在里面了，因此，他们被迫在里面等候数小时，直到维修工作完成。沟渠很快就被塞满了，而新的沟渠又无法尽快挖成，因此不久，营区中到处都是未掩埋的尸体。[253]

埃贝尔和他手下的人将没收的犹太人的大量财产据为己有。据说，在分拣场，黄金和钱币堆得像小山一样，旁边是成堆的衣服和手提箱，这些东西堆积的速度太快而无法及时被处理。由于缺乏合适的住处，乌克兰卫兵在营区周围搭建了帐篷，在那里，他们与当地的妓女混在一起。据说埃贝尔曾让一名犹太女孩脱去衣服，裸体在他面前跳舞，这名女孩之后被枪杀了。格洛博奇尼克和维尔特获悉营区管理混乱的消息后，出其不意地前去视察，当场将埃贝尔革职了。维尔特在1942年8月被任命为这三个集中营的总监察官，他的任务是保证杀戮行动顺利开展。在9月初，他将这处营区的控制权转移给索比堡的指挥官弗朗茨·施坦格尔。施坦格尔一到达这里就建立了他所认为的有序的管理制度。他打扮整洁，穿着时髦的白色夹克衫、深色裤子和长筒靴，还常常拿一条短马鞭，尽管他从不使用，也从不亲身参与任何暴力行动。他造了一个假的火车站，配有时刻表、售票亭和车站大钟，然而钟的指针是画上去的，从来没有移动过。他修了花园，建了新的营房，还配备了新的厨房，所有一切都是为了迷惑抵达的受害者，使他们相信他们到达的是一个中转营。站在上营区和下营区之间的有利位置——他通常这么做——他可以看到赤身裸体的犯人被残忍地驱赶到“天堂之路”，他只是将这些犯人看作是“货物”而非人类，后来他对这种想法供认不讳。施坦格尔时常在休假时回家探望他的妻子和家人。他从来没将他的工作告诉他的妻子，而他的妻子认为他只是从事建设工作。[254]

在营区，虐待和暴力的场景仍在继续。犹太劳工经常被打，而当他们的工作期限结束时，他们在接替者面前被枪杀。乌克兰辅助
292 部队的人员常常逮捕和强奸年轻的犹太妇女，而且，据报道，一位名叫伊凡·德米扬鲁克（Ivan Demjanjuk）的人负责监督犹太人进入毒气室和在外面操纵柴油发动机，在上了年纪的犹太人进入毒气室时，他割掉他们的耳朵和鼻子。[255]1942年9月，一名叫作迈尔·伯利纳（Meir Berliner）——事实上，此人是一名阿根廷居民——的囚犯，在点名时用刀将一名党卫队军官杀死了。维尔特被召来后，为了报复，他随意地将160名犯人处决，而且还下令停止了所有劳工的食物配给和水供应，时间长达3天。这一事件并没有中断将受

害者送进毒气室的进程。运送犹太人的列车数量在 1943 年最初几个月一直在波动，但是到了 1943 年 7 月底，营区中少数幸存下来的工人都意识到，工作量正在下降。在 1942 年春天，希姆莱已经决定将埋在集中营的尸体挖出来烧掉，以便摧毁谋杀的证据。格洛博奇尼克拒绝执行这一政策，除了像索比堡这种出于其他原因显然要执行此政策的地方。据说，他不但没有挖出尸体，他还表示，他们应该“把铜制标牌也埋掉，这些标牌表明只有我们才有如此勇气执行这项不可思议的任务”。[256]

然而，1942 年 12 月，焚烧行动在海乌姆诺和贝乌热茨开始，1943 年 4 月特雷布林卡也开始了焚烧行动。由于波兰隔离区的绝大多数犹太居民现在已经被杀，希姆莱决定关闭营区。截至 1943 年 7 月底，也就是在 4 个月后，挖出并火葬大约 70 万名已经被残忍埋在大量坑里的犹太人的任务基本完成。将犹太人运往特雷布林卡的列车数量开始变得越来越少。工人们自己意识到他们自己就是下一个进入毒气室的人。秘密抵抗集团在上下营区都建立起来，而且尽管协同行动的计划最终并没有奏效，但是他们在 1943 年 8 月 2 日成功将部附属营区地点燃，并得到了武器，这使得 850 名营区犯人中几乎一半的人得以冲破周边的围墙逃离出去。施坦格尔从窗口望出去，突然看见犹太人在内部围墙之外，他开始射击。由于电话线还没有被切断，所以施坦格尔从外面叫来了援军。犹太人反抗者并没有弄到很多武器和弹药，因此，当装备更好的党卫队卫兵开始还击时，大约有 350—400 名反抗者被杀。而卫兵方面则只有 6 人被枪杀。在逃出去的人中，有一半不久就被再次俘虏，但是可能有 293
100 人逃出后消失在附近的丛林里，这些人中到底有多少人存活下来，我们不得而知。在交火过后，几乎唯一未受损伤的建筑是包含毒气室在内的坚固的砖房。[257]

施坦格尔最初打算重建营区，但是 3 周后，格洛博奇尼克召唤他，告诉他营区将立即被关掉，而且他将被调到的里雅斯特（Trieste）去镇压游击队员。回到营区，施坦格尔收拾好行囊，接着将所有留下来的犹太劳工叫到一起，“因为，”他之后说道，毫不掩饰他的讽刺口吻，“我想对他们说再见。我与他们中的一些人握了握手。”[258]在他离开后，这些犹太人都被杀了。与此同时，在索比堡和特雷布林卡的暴动坚定了希姆莱的一个信念，那就是在任何地方，犹太人都是对安全的一个威胁。这两个营区的犯人数量是比较少的，但是在卢布林区由赖因哈德行动人员管理的三个劳改营中有大约 4.5 万名犹太人，包括妇女和儿童，尤其是特拉弗尼基（Travniki）和波尼亚托瓦（Poniatowa）的劳改营，还有在马伊达内克集中营也有大量的犹太人。希姆莱决定立刻将他们杀掉。在一个经过周密计划，代号为“丰收节行动”(Operation Harvest Festival)的军事化行动中，数千名警察、党卫队和军事党卫队成员包围了营区，以修筑防御工事的借口，命令营区里的人挖壕沟。当德国部队抵达时，他们让所有犯人脱去衣服进入壕沟，在里面将犯人全都枪杀了。在波尼亚托瓦，一个秘密的犹太人抵抗团体占据了一个营区建筑，在里面向党卫队开火，但是德国人点燃了整个营区，里面的犹太人全部被活活烧死。在马伊达内克集中营，所有犹太人都被挑出来，和从卢布林区较小的劳改营来的犹太人一起，被命令脱去衣服，然后被驱赶进之前准备好的壕沟中被枪杀。当壕沟被填满时，新抵达的赤裸的受害者被命令躺在尸体上面，之后他们也被枪杀。从早上大约 6 点钟开始，杀戮行动一直持续到下午 5 点。单在这一天，在这一营区中就有大约 1.8 万名犹太人被杀害。在特拉弗尼基和马伊达内克，杀戮行动的全程中，营区喇叭以最大音量播放舞蹈音乐，以淹没射击的声音和受害者的喊叫声。总而言之，“丰收节行动”总共杀戮了 4.2 万名犹太人。[259]

到了今天，赖因哈德行动集中营已几乎没有留下什么痕迹了。

暴动之后，特雷布林卡剩下的建筑被拆毁，地上被草覆盖，还种上 294
了花和树，毒气室的砖用来建造一个小型的农场，目的是为了让一名乌克兰人居住，此人向德军保证告诉之后的来访者他在这里已经住了几十年。[260] 但是当地的波兰人知道那里曾经发生了什么，而且 1944 年夏天时有谣言到处散播，说犹太人被埋在那里时他们的金牙没有被取走，而且他们装满首饰和贵重物品的衣服也和他们埋在一起。在几个月的时间里，大量农民和农场工人在这一区域搜寻，希望找到埋藏的宝物。1945 年 11 月 7 日，当波兰国家战争罪行委员会的一名成员参观特雷布林卡的遗址时，她发现“一大群各种各样的小偷和盗贼手里拿着锹和铲……他们在沙地上挖扒和搜寻。他们将腐烂的四肢从扔在那里的灰土、骨头和废物中移开”。只有当波兰政府在营区遗址上建立一个官方纪念馆并在它周围安置卫兵后，令人毛骨悚然的寻宝活动才终止。[261]

根据 1943 年 1 月 11 日送给艾希曼的一份报告——这份报告被英国监听部门截获——截至 1942 年年底，在赖因哈德行动集中营中被杀的犹太人的数量总共达到近 125 万。[262] 根据希姆莱的命令，他的“统计检查员”里夏德 · 科赫尔（Richard Korherr）在 1943 年 3 月 23 日提供了一份更加完整的名单，这份名单将所有“被疏散”或“被关在集中营”的犹太人的人数都包括在内，总数是 1,873,539 人，尽管这一数字包括了在赖因哈德行动集中营之外的被杀的犹太人人数。在 1943 年 4 月 19 日希特勒 54 岁生日前夜，一份更简短的用大号字体印刷的报告被呈递给近视的希特勒手上，里面列出的数字更新到 1943 年 3 月 31 日。[263] 根据现代研究者的估计，在贝乌热茨、索比堡和特雷布林卡集中营被杀的人，其总数约达到 170 万。[264]

三

征服波兰和打败法国后，阿尔萨斯和洛林重新并入德国领土，这促使德国在吞并的领土上新建立了一批集中营：1939年9月，靠近但泽的施图特霍夫（Stutthof）集中营建立（直到1942年1月之前，一直由当地管理）；1940年6月，在阿尔萨斯的纳特兹维莱（Natzweiler）集中营建立；1940年8月西里西亚的格
295 罗斯—罗森（Gross-Rosen）集中营建立（最初是作为萨克森豪森［Sachsenhausen］集中营的附属集中营）。另一个集中营在1940年4月建立，它建在奥斯维辛（Oswiecim）——在德语中称奥施维茨（Auschwitz），现在是德意志帝国的一部分——城周围一个旧的民工收容中心里，目的是安置波兰政治犯。1940年5月4日，达豪和萨克森豪森的前自由军团战士和营区军官鲁道夫·霍斯被任命为指挥官。在回忆录中，霍斯抱怨给他的职员素质低下，而且缺乏补给和建筑材料。他记录道，当他无法获得足够多的带刺铁丝网将营区封锁起来时，他就从其他地方偷窃；他从旧的要塞获取了钢材，而且在需要的时候，他还“窃取”卡车和货车。在记录这些的时候，他流露出一股自豪。他必须开车到90千米外的地方去获取厨房用的烹饪锅。在此期间，犯人已经开始到来。1940年6月14日，第一批囚犯到达后被分类，在经过一段隔离期后，接着被派到其他营区。当他们在奥斯维辛时，其中大多数被征募从事建造工作。但是奥斯维辛很快就变成永久的波兰政治犯安置中心，在营区中他们的人数多达1万人。在入口处，霍斯安置了一个锻铁铸成的拱门，上面用德语写着“Arbeit macht frei”，意思是“工作让人解放”，他是在达豪集中营学到这个口号的。[265]

1940年11月，希姆莱告诉霍斯，“奥斯维辛将变成东部区域的农业研究站……将在那里建立巨大的实验室和苗圃。这里将从事

各种各样的畜牧业”。[266] 在巴巴罗萨行动之后，这一营区仍在进一步扩大。1941 年 9 月 26 日，希姆莱下令在比克瑙（Birkenau，今布热津卡［Brzezinka］）修建一个更大的新营区，它离奥斯维辛集中营主营区 2 千米远，目的是安置苏联战俘，让他们从事工程建设。根据他的计划，多达 20 万人将被监禁在那里，尽管这些计划从来没有完全实现。1941 年 10 月，1 万名苏联战俘抵达。在主营区，霍斯将他们安置在一个单独的收容所内，而且试图让他们在附近的比克瑙修建新的营区，但是他发现这些人身体太虚弱，而且营养不良，丝毫不能派上用处。他后来写道，“他们像苍蝇一样死去”，尤其是在冬天。嗜食同类的行为时有发生。“我亲眼，”他回忆道，“在无意中目睹一个躺在砖堆中的俄罗斯人，他的尸体已经被剖开，肝脏被拿走。为了食物，他们相互将对方打死……他们不再是人类。他们已经变成动物，他们活着只是为了寻找食物。”显而易见，霍斯并没有想过要给他们食物。截至第二年春天，在这 1 万人中，只 296
有几百人活下来。[267]

在奥斯维辛—比克瑙的新集中营只是两个中的其中一个，另一个关押苏联囚犯的劳动中心建在卢布林市的东部。这一中心的非正式名字是马伊达内克集中营。但是这一工程进展得并不顺利，营区规模只达到了预计规模的 1/5（他们甚至想过一个更宏大的计划，就是让它容纳 25 万名囚犯，但该计划迅速就被放弃了）。只有 2,000 名苏联囚犯，而不是原计划的 5 万名苏联囚犯，被送来从事营区建设。当马伊达内克集中营建成后，它承担了各种不同的功能，不仅接纳战犯，还接纳波兰抵抗组织成员、人质和被驱逐者，后来还接受从其他营区运过来生病的犯人，并负责将其杀害。集中营里还有各种车间和小工厂，但是营区管理者从来没有成功地将它们并入德国的战争生产系统中，在这里德军虽然强迫犹太人长时间从事劳累工作，但这只是一种杀害他们的方式。1942 年 7 月，当希姆莱决定加快灭绝犹太人的步伐时，马伊达内克集中营建了大约 7 个毒气室，而且截至 1942 年 9 月，其中至少有 3 个毒气室已经投入使用。在接下来几个月中，大约 5 万名犹太人在这些毒气室中被废气毒死。另外，随着索比堡的反叛，作为丰收节行动的一部分，马伊达内克集中营中的 1.8 万名犹太人被枪杀。最终，总共有 18 万人在马伊达内克集中营被杀，其中至少有 12 万名犹太人，这些犹太人不仅来自卢布林区，而且还来自更远的地方，包括西欧。马伊达内克集中营的规模并没有扩大，至少一部分原因是持续的管理不善。集中营的管理很快就因其腐败和残忍而人尽皆知。两名指挥官卡尔·奥托·科赫（Karl Otto Koch）和赫尔曼·弗洛尔斯泰特（Hermann Florstedt）不仅大规模地偷盗，而且还完全无视他们的行政职责，他们非常喜欢用赤裸裸的恐怖手段强制别人执行他们的命令。甚至对帝国保安总局来说，他们的行为也太离谱了，最终，他们被逮捕和处决。他们的继任者马克思·克格尔（Max Koegel）早在 20 世纪 20 年代就因挪用公款和欺诈而获罪，所以，新的指挥官也好不到哪儿去。许多卫兵是克罗地亚人和罗马尼亚人，这些人非常难以控制。他们对待犹太犯人的残忍程度是臭名昭著的。作为一个动荡的、管理不善和效率低下的营区，马伊达内克集中营从来没有发挥它最初应有的
297 潜力，那就是成为一个多功能的劳动和灭绝中心。奥斯维辛集中营则取得了这一成绩，如果算是成绩的话。[268]

事实上，奥斯维辛注定成为世界历史上最大的大规模杀戮中心，甚至比在贝乌热茨、索比堡和特雷布林卡的杀戮中心还要大。根据霍斯后来的回忆，在 1941 年夏天的某个时候——但最有可能是几个月后，也就是在 1941 年底或 1942 年初时——希姆莱召见他，通知这名营区指挥官说，在东方，由于现存的灭绝设施不足以最终解决犹太人问题，因此他计划将奥斯维辛选作一个额外的杀戮中心，主要是因为奥斯维辛交通情况良好，离主要的居民中心相对较远。

这之后不久，艾希曼抵达这个营区，讨论计划的详情。已经建立的赖因哈德行动集中营的主要目的是杀戮波兰的犹太人，而奥斯维辛集中营最终的功能则是杀戮那些来自欧洲其他占领区的犹太人，不仅包括前波兰附近地区的犹太人，而且，一旦这些地区的犹太人被杀后，还包括来自德国、波希米亚和摩拉维亚帝国保护国，以及像法国、比利时和荷兰之类的西欧国家的犹太人。从一开始，奥斯维辛集中营使用的杀戮方法就与其他营区使用的方法有所不同。最初，这纯属偶然，但不久就变得系统化了。[269]

1941 年 7 月，一组囚犯和看管他们的党卫队卫兵正在用一种名为“齐克隆 B”（Zyklon-B）的化学农药——主要成分是硫酸——为一些衣服和寝具消毒时，他们注意到，一只误闯进屋子的猫很快就被屋内的气体杀死。其中一个卫兵推测，这种化学品或许也可用于杀人。T-4 行动组在 1939 年曾短暂考虑过这个想法，但是因其不切实际而放弃，如今奥斯维辛集中营的管理者们又开始采纳这种想法。1941 年 9 月初，这种方法在大约 600 名苏联战俘——上个月被一个盖世太保委员会归类为“共产党狂热分子”——和 250 名患有疾病的营区囚犯身上进行试验。在主营区，他们被带到 11 号囚室的一个地下室，然后被毒死。之后在同个月，在营区停尸房，这一实验又在 900 名健康的红军囚犯身上重复。[270] 霍斯后来回忆了他曾观察的毒杀过程。这些人被赶进门已被封死的毒气室中，接着齐克隆 B 粉末通过屋顶的孔喷撒下来。毒气室塞满了囚犯，他们身上的热气迅速将粉末变成致命的毒气。“一会儿，”他回忆道，“一阵 298
嗡嗡声传来。当粉末被撒进屋里，人们喊着‘毒气！’，接着是大声的惨叫，然后被困的犯人猛推房门。但是门都被封死了。”所有的犯人都死了。[271] 艾希曼再一次视察这个营区时，同意系统地使用这种毒气。但是营区停尸房与主要的管理区距离非常近，以至于苏联囚犯被杀时，管理人员可以听到他们在毒气室的喊叫声。因此，霍斯决定，这种杀戮方法将必须在远离主营区之外的奥斯维辛—比克瑙实行。不久，那里就为行动准备了两个临时的毒气室，分别被称为 1 号碉堡（Bunker I）和 2 号碉堡（Bunker II），或者称为“红房子”和“白房子”。1942 年 3 月 20 日，他们杀害了第一批受害者。[272]

一抵达营区，党卫队卫兵和辅助部队成员就用恶犬和鞭子将幸存的被驱逐者粗暴地撵出列车，朝他们大喊：“下车！下车！快点！快点！”他们让这些被驱逐者排成一排——在最初几个月，他们在离营区 2.5 千米远的一个旷野排成一排，这个地方在一个货物列车专线的尽头；在后期，他们沿着从铁路专线到营区的臭名昭著的“斜道”排成一排——然后接受“挑选”。“挑选的过程，”霍斯后来不带一丝自我意识地回忆道，“……本身就充满了各种变数。”[273] 挑选过程由党卫队医生负责实施，他们询问这些到来者一些问题，然后给他们做一个粗略的医疗检查。那些年龄在 16 岁以下的被驱逐者、带着孩子的母亲、病号、老人和体弱者被移到左边，他们被告知将在那里进行“消毒”，接着他们被装上卡车，直接带到毒气室。霍斯回忆道，许多人从一个队列冲回到另一个队列，试图与他们的家人待在一起。“通常必须使用武力来恢复秩序。”体格健壮的男人和妇女被带到营区，他们左臂上被纹上一个序列号，并登记下来。这样的人在全部被运来的人中属于少数。在主营和劳改营，德军进行定期的“挑选”工作，以排除那些被认为不再适于工作的人。不像许多新到来者，这些受害者知道摆在他们面前的命运如何，当他们哭泣、乞求怜悯，或试图抗拒被推入毒气室时，恐怖的场景经常上演。[274]

299 那些被挑选出来将被杀害的人从挑选区行进至毒气室。两个碉堡分别可以容纳 800 人和 1,200 人。在 1942—1943 年期间，奥斯维辛—比克瑙的毒气设施进行了扩充和改善。1941 年 10 月，主营已经要求提供一个为特定目的设计的毒气室，然而，这个毒气室却交付给了比克瑙集中营，另外，还建造了3个焚化室。当主营的2个毒气室在1943年7月被关闭后（一个被毁，另一个封存），所有4个焚化室被重新调整为1至4号焚化室。他们虽然规划建造更多的焚化室，但从未付诸使用。所有新的焚化室都远离囚犯营区。他们被树丛和灌木遮掩。其中两个被党卫队称为“森林焚化室”。新的一批毒气室在1943年3月至6月之间完成。运送来的被驱逐者若少于200人就被带进2号或3号焚化室的洗手间，在“挑选”过后，剩下的人都颈部中枪而死。人数更多的时候，被驱逐者将会被毒死。在每个设施中，毒气室大多在地面之下，按通常的方式，它们被伪装成一个浴室，由一个带窥视孔的密闭门进行封闭。那些被挑选出来将被杀害的犹太人被带进一个脱衣室，他们脱去衣服，被告知将进入一个消毒淋浴间。“最重要的是，在犹太人抵达和脱衣服的整个过程中，必须最大程度地确保整个氛围都是很平静的。”霍斯后来写道。犹太人囚犯别动队的成员负责在毒杀结束后处理尸体，他们与受害者聊天，尽力安抚他们。那些不愿脱衣服的人将得到“协助”，而那些难驾驭的人将被“安抚下来”，或者，如果他们开始喊叫，那么他们将被拉出去，从后面被枪杀。许多人没有被迷惑。一些母亲有时候试图将她们的孩子藏在衣服堆里。孩子们经常哭喊，但是大多数孩子还是“进入毒气室，他们带着自己的玩具，与其他孩子玩乐”，霍斯写道。有时，当他监督整个过程的时候，犹太人会同他说话。“一个妇女经过时，快速走向我，”他后来回忆道，“而且，她指着她的四个孩子，其中较大点的孩子正勇敢地照顾弟弟妹妹穿过高低不平的地面，她耳语道：‘你怎么忍心杀害如此美丽可爱的孩子们？你还有没有良心？’”[275]

当受害者被赶进毒气室后，党卫队人员站在加固的混凝土顶板上，通过四个缺口抛洒装有齐克隆B颗粒的罐子，使其进入一个金
属丝网柱中，当受害者身体散发的热气使空气变暖之后，这根网柱 300

能让颗粒物挥发出致命的毒气。20 分钟左右后，这些罐子被再次拉上来，防止更多的毒气挥发出去，同时给毒气室再次通风，一支犹太囚犯别动队将尸体拖到另一个屋子，拔出牙齿和金属填充物，剪下妇女的头发，摘掉金戒指、眼镜、假肢和其他多余的东西，然后将尸体放入升降梯内，运到地面上的焚烧室，在那里，尸体被放入焚烧炉内烧成灰。其他剩下的骨头被碾碎，灰烬被用作肥料或扔进附近的丛林或小溪中。这些设备由爱尔福特（Erfurt）的托普夫父子公司（Topf and Sons）设计和提供，它们的发明者申请了这些设备的专利以供未来使用。这位发明者是工程师库尔特·普吕弗（Kurt Prüfer），他数次来到奥斯维辛监督这些设施的建设、测试和最初运行。他引入了小的技术革新，例如在 2 号焚化室安装加热设备，以便在寒冷的冬天加速齐克隆 B 的挥发速度。他的计划被保存下来，为历史学家提供了关于焚化室工作方法的重要文件证据。[276] 然而，普吕弗设计的设施未能禁得住持续不间断的使用。很快地，尸体的数量过于庞大，焚化室的焚烧炉已无法负荷。砖砌的建筑物开始破裂，焚烧炉则因为过于高温而被损坏。在新设施建设之前，大多数尸体已经被埋在地下，但是从 1942 年 9 月以来，党卫队在保罗·布洛贝尔（Paul Blobel）——此人负责其他营区的类似行动——的命令下，开始让囚犯别动队将他们挖出来，并且将其置于沟渠上的金属架上烧掉，这种方式不久之后被赖因哈德行动的各个营区效仿。截至 1942 年年底，他已经用这种方法处理了 10 万具尸体，试图以此掩盖谋杀的痕迹，欺骗后代。无论何时，只要当焚化室的焚烧炉无法应对运来的数量巨大的尸体时，他们都会采取这一方法。[277]

在奥斯维辛，就像在赖因哈德行动集中营一样，每隔一段时间，别动队的囚犯都会被杀害，代替他们的是其他年轻的和体格强健的囚犯。在 1943 年夏末的某个时间，别动队中的一些囚犯，包括之前法国抵抗运动的成员和波兰地下共产党员，形成了一个秘密的囚犯组织，这个组织设法与普通囚犯参与的一个更大的秘密抵抗运动取得了联系。由于奥斯维辛集中营征募了党卫队援军，他们策划的 301
一场旨在为大规模越狱行动开辟道路的行动失败了。然而，在1944年，当又一次逃跑行动失败之后，党卫队营区卫兵杀害了200名别动队成员，之后，在1944年10月7日，另外300名被挑选出来将要被杀害的成员在他们靠近焚化室Ⅵ的时候，使用他们手里可以得到的任何东西，包括石头和铁棒，对党卫队人员发起袭击。他们点燃了建筑物，摧毁了它。烟雾提醒了其他营区抵抗组织成员，其中一些人设法突破包围焚化室Ⅱ的带刺铁丝网，但是没有人成功逃出来，重获自由。这些人都被杀害，包括一群在谷仓里避难的成员，他们在里面被党卫队活活烧死。同时，党卫队已经在营区建起了机枪阵地，他们开始不加区分地射击。在接下来的3天内，总共有大约425名别动队囚犯被杀害。[278]

四

被运往奥斯维辛集中营的第一批犹太人在1942年3月到达，他们来自斯洛伐克和法国。最初，这些犹太人接受登记和得到许可，以为自己将以劳工的身份进入营区，但是不久之后，在1942年5月，有组织的灭绝行动开始了，不仅有法国和斯洛伐克的犹太人被杀害，还有其他来自波兰、比利时和荷兰的犹太人也被杀害了。1942年7月17日和18日，希姆莱在视察奥斯维辛集中营时，观看了从荷兰运来的一批犹太人被挑选和谋杀的过程。“他没有进行任何责备。”霍斯记录道。事实上，在视察过后，这位帝国党卫队首领用晋升来奖赏这名营区指挥官。在晚宴上，霍斯注意到，希姆莱“兴高采烈，主动聊天，而且极其友善，尤其是对妇女”。第二天，希姆莱走进妇女营，“参加了一场鞭笞女性罪犯的活动”，而且“与一些女性耶和华见证人交谈，与她们讨论她们的狂热信仰”。在离开前的最后演讲中，希姆莱命令加紧杀戮行动，同时催促霍斯尽快完成在比克瑙的新营区的建设。[279] 从 7 月以来，德国犹太人开始抵达，首先是来自维也纳的犹太人，接着，在 11 月和 12 月，来自柏林的犹太人也抵达了。列车开始交付来自罗马尼亚、克罗地亚、芬兰、挪威，
302 然后是保加利亚、意大利、匈牙利、塞尔维亚、丹麦、希腊以及法国南部的犹太人。[280]

大多数犹太人直接从他们的国家被运往奥斯维辛，但是一些人则来自位于捷克北部泰雷津（Terezin）的一个特殊营，德国人将这个镇称作特莱西恩施塔特（Theresienstadt），盖世太保在波希米亚和摩拉维亚保护国的中心监狱就建在那里。1941 年 11 月，这个新营区开始建设，首批 1 万名犹太人在 1942 年 1 月初抵达。它最初的目的是作为捷克犹太人的一个收容中心，它是按照隔离区的方法组织起来的，有一个由犹太复国主义者雅各布 · 埃德尔斯坦（Jakob Edelstein）长老领导的犹太人委员会，在捷克犹太人中，此人是一名主要人物，为阿道夫 · 艾希曼熟知。在埃德尔斯坦的领导下，营区举行了许多各种不同的文化和体育活动，建立了一个福利体系，还从德国当局那里得到了充足资金，这使得它扮演了一种模范隔离区的角色，并被拍成国际新闻短片，展示给来访的机构代表团，比如红十字会的代表团。一部电影在 1944 年 11 月底完成，它展示了公园、游泳池、体育活动、学校、音乐会，以及无所不在的幸福面孔。这个电影名为《元首给予犹太人一个营区》（*The Leader Givers the Jews a Camp*），但实际上它从来没有公映。它的导演是德国犹太裔演员库尔特 · 盖隆（Kurt Gerron），在魏玛共和国末期，此人因在首次录制贝托尔特 · 布莱希特（Bertolt Brecht）和库尔特 · 魏尔（Kurt Weill）的《三分钱歌剧》（*Threepenny Opera*）时演唱《恶刀麦克》（“Mack the Knife”），以及与埃米尔 · 雅宁斯（Emil

Jannings）和玛琳·黛德丽（Marlene Dietrich）联袂主演电影《蓝天使》（*The Blue Angel*）而成名。1933 年他首先逃亡到巴黎，接着逃到荷兰，在那里他继续拍电影，但是在纳粹入侵后，他与其他犹太人一起遭到扣押，并被送往特莱西恩施塔特。盖隆在营区组织了一场名为《旋转木马》（*The Carousel*）的卡巴莱歌舞表演，这次演出非常成功，他因此被视为导演这部电影的不二人选，尽管他是在被胁迫的情况下导演的。在演出完成后，作为最后一批离开营区被运往奥斯维辛的人，盖隆在 1944 年 10 月 18 日被毒死。[281]

不像其他方面，电影对隔离区营区积极的文化生活的描绘没有说谎。1944 年 10 月，与盖隆一同被运走的还有捷克裔犹太作曲家维克托·乌尔曼（Viktor Ullmann），此人是阿诺尔德·勋伯格（Arnold Schoenberg）的追随者，后者在两年前被带到特莱西恩施塔特。除了别的作品之外，乌尔曼创作了一部歌剧《亚特兰蒂斯皇帝》（*The Emperor of Atlantis*），这部歌剧在室内乐和钢琴曲的伴奏下在营区 303
成功演出。后来，乌尔曼沦落到只能在计划驱逐到奥斯维辛的犯人名单的背面进行他的创作。直到战争结束，乌尔曼的朋友们以各种方式设法将他的许多作品保存下来。营区里的犹太艺术家给孩子们上绘画课，他们的许多绘画也保存了下来。尽管有如此多文化活动，但营区的条件总体上是糟糕的，而且随着时间的推移开始恶化。从 1942 年 7 月开始，从第三帝国运来的年老的犹太人开始抵达这个营区。许多人身体虚弱，他们精疲力竭或疾病缠身，而且成百成百地死去。仅 1942 年 9 月，在 5.8 万人中就有 3,900 人死去。特莱西恩施塔特的犯人也包括那些经历过一战的犹太老兵和他们的家人，以及“异族通婚”破裂后的犹太人。1943 年 9 月 8 日，1.8 万多名犯人被带到奥斯维辛。他们被允许携带衣服和财物。在那里，他们住在一个特别设计的带有一个学校和幼儿园的“家庭营”里，里面的住宿条件相对优越，他们还可以对住处进行装饰。“家庭营”的目的是给来访者留下好印象，以及为国际宣传提供素材。6 个月后，“家庭营”就被关闭了。在 1944 年 3 月和 7 月的两次独立行动中，除了被转移到其他营区的 3,000 人之外，这些犯人几乎全部被带到毒气室杀死了。[282] 接着，在 1944 年 10 月，12 辆列车单独离开特莱西恩施塔特去往奥斯维辛，留下的人口刚刚超过 1.1 万，而在 9 月中旬，这里的人口将近 3 万。然而，在几周内，由于来自斯洛伐克、捷克和第三帝国的被驱逐者开始涌入——其中大多数是“混血族”——这一数字再次上升到 3 万。1945 年 2 月，营区当局建了一个巨大的密闭大厅，以及一个有盖子的巨坑。如果形势有利或有必要的话，剩下的犯人可以立刻全部被灭绝。最终，这种情况没有发生。不过，在特莱西恩施塔特存在期间，在运往那里的 14 万出头的人中，截至战争结束时，只有不到 1.7 万人幸存下来。[283]

如果说特莱西恩施塔特是一个模范隔离区的话，那么，在新征服的东方，奥斯维辛在许多方面是一个典型的德国城镇。截至 1941 年 3 月，有 700 名党卫队卫兵驻守在奥斯维辛集中营，截至 1942 年 6 月，这一数字已经上升到超过 2,000；在奥斯维辛集中营存在
304 期间，总共有大约 7,000 名党卫队成员曾经驻守在那里。党卫队和他们的家人——如果他们有家人的话——住在镇里，同他们住在一起的还有秘书和行政人员；这里有音乐表演会，有诸如德累斯顿歌剧院等来访的戏剧公司举行的戏剧表演，有一个酒馆（楼上有一个专门为希姆莱准备的房间，但实际上，他从未用过），还有一个医疗中心。党卫队成员的食物供应充足，而且还允许他们定期休假。如果他们未婚，那么他们可以接待来访的女友，或者，如果他们已婚，而他们的家人住在第三帝国的其他地方，那么他们可以接待来访的妻子，这种情况通常发生在夏天暖和的时候。营区工作人员居住在新建的房屋内，而且，在附近的莫洛维茨（Monowitz），有法本公司庞大的化学工厂，这使奥斯维辛成为一个主要的经济中心，

它雇佣了德国的经理人、科学家、管理人员和秘书。在一片独立的区域内开辟出一块住宅区，建造一个工厂、一个劳改营和一个灭绝中心，德国希望采用这种模式在德国东部的其他地区建成类似的城市社区，至少来说，在东方总计划彻底执行完毕之前要将其付诸实践。城镇居民唯一可抱怨的就是从营区焚化室飘向城镇和党卫队生活区的异味。[284]

在奥斯维辛集中营存在的整个时间内，至少有 110 万，或许有多达 150 万人被杀，其中 90% 的人——或许约 96 万人——是犹太人，这占到战争期间被杀的犹太人总数的 1/5 到 1/4。他们中包括来自波兰的 30 万名犹太人、来自法国的 6.9 万名犹太人、来自荷兰的 6 万名犹太人、来自希腊的 5.5 万名犹太人、来自捷克斯洛伐克（波希米亚和摩拉维亚保护国）的 4.6 万名犹太人、来自斯洛伐克的 2.7 万名犹太人、来自比利时的 2.5 万名犹太人、来自“旧帝国”的 2.3 万名犹太人、来自克罗地亚的 1 万名犹太人、来自意大利的 6,000 名犹太人、来自白俄罗斯的 6,000 名犹太人、来自奥地利的 1,600 名犹太人、以及来自挪威的 700 名犹太人。在战争的后期阶段，正如我们将要看到的那样，大约 39.4 万名匈牙利犹太人被带到毒气室毒死。超过 7 万名非犹太裔波兰人被杀，2.1 万名吉卜赛人被杀，1.5 万名苏联战俘被杀，以及多达 1.5 万名各个国家的人——主要是东欧国家的人——被杀。少数被“挑选”来工作的人一到达就被登记，前臂被纹上一个数字。这样的人大约有 40 万，其中约一半是犹太人。在这些被登记的囚犯中，至少一半的人死于营养不良、疾病、筋疲力尽或被冻死。[285]

鲁道夫·霍斯后来坦承，作为世界历史上最大的杀戮工厂的指 305
挥官，他发现很难泰然自若地行使他的职责。

我必须确保一切顺利。我必须日夜连续监视，看他们移走和焚烧尸体，提取牙齿填充物，切断头发，这一切可怕至极，无休无止……我必须透过毒气室的窥视孔观察死亡的过程，因为医生们想让我看到它。我必须做所有这一切，因为我是所有人都指望的人，因为我必须向他们所有人展示一种姿态，即我不是仅仅发布命令和制定条例，而且我也做好了准备，将亲自参与任何我分配给他们的那些任务。[286]

他的下属经常问他："我们所做的这一切都是必要的吗？杀掉成千上万的妇女和儿童是必要的吗？"霍斯觉得他"必须告诉他们，灭绝犹太人是一定要进行的，只有这样，德国和我们的后代才可能永远免受残忍敌人的奴役"。[287] 霍斯是一名彻头彻尾的反犹主义者，战争结束后，他回忆道，反犹主义"只有当犹太人加紧追逐权力的时候，以及当犹太人的邪恶阴谋过于明显以至于普通大众都心知肚明的时候，才受到人们的关注"。[288] 这些信仰使他坚定地履行他的职责，霍斯觉得，在他执行那些他笃信是希特勒下达的命令时，他必须压制内心的疑虑。他将这归于他的属下，这些人没有表现出一丝的软弱。毕竟，"冷酷"是党卫队的核心价值。"我必须表现得冷酷和对事情漠不关心，而这些事情一定会折磨任何一位拥有人类情感的人的心灵，"他后来回忆道，"在母亲和或哭或笑的孩子们走进毒气室的时候，我必须冷冷地看着。"[289] 特别是一天晚上，在他与阿道夫 · 艾希曼喝酒之后，后者"向他表示，他完全着迷于摧毁每一个他能抓到的犹太人的想法"，霍斯觉得他必须压制他的个人感情："在与艾希曼的这席谈话后，我几乎认为我的这些感情是对元首的一种背叛。"[290]

当霍斯看到犹太人一家人走进毒气室的时候，他情不自禁地想起他自己的妻子和孩子。在家里，他被这些场景的回忆所困扰。但是在奥斯维辛，他也为应接不暇的工作感到头疼。对扩张的不断需求、下属的无能和欺诈，以及要管理的囚犯数量不断增加，这些深深地困扰着他，他开始借酒浇愁。他的妻子和他们的四个孩子（第五个孩子在 1943 年出生）住在营区外的一幢房子里，她设法安排聚会和短途旅行以改善他的生活状况，但是霍斯暴脾气变得人尽皆 306
知，尽管他可以从营区储藏物中（非法地）征用他想要的任何东西。“我妻子的花园，”他后来写道，“是一座花的乐园……孩子们总是向我为那些囚犯讨要香烟。他们尤其喜欢那些在花园工作的囚犯。”霍斯的孩子们在花园养了许多动物，包括乌龟和蜥蜴；每当星期天，他和家人穿过田野去看望他们的马和马驹，或者在夏天，他们到河里游泳，这条河形成了整个营区的东部边界。[291]

五

许多抵达奥斯维辛—比克瑙的犹太人，特别是在营区存在的后期阶段，都是直接从他们的祖国被带到那里的。但是就像所有在赖因哈德行动集中营中被杀的犹太人一样，还是有许多人在被送到集中营之前，先被监禁在隔离区。在那里，他们可能活上几个月或数年。在这些隔离区中，最大的一个建于 1939 年征服波兰后不久。其中一些隔离区一直维持运转直到战争的下半阶段。当然，实际上，隔离区的条件是如此糟糕，以至于对那里的许多居民来说，住在那里也等于是慢性死亡。他们迫切需要物资，即使对那些服务于德国战争经济的人也是如此，这些人住在过度拥挤的环境中，缺乏适当的卫生设施，疾病横行。在整个 1941 至 1942 年的冬天，在饥饿和疾病的影响下，华沙隔离区的犹太人长老亚当·切尔尼亚库夫继续尽其所能与迅速恶化的形势做斗争。“在公共救助收容所，”他在 1941 年 11 月 19 日记录道，“为了获取更多的食物配给，母亲将死去的孩子藏在床下长达 8 天。”1942 年 6 月 14 日，切尔尼亚库夫绝望地记录下当他看到一群儿童时的感受，他们真的是“皮包骨……
我羞于承认这个事实”，他写道，“但是我哭了，尽管我已经长久没
有哭泣过了”。由于从德国驱逐来的大量犹太人队伍开始抵达，而
且在他们被运往特雷布林卡之前将在隔离区待上一段时间，因此，
307 死亡营的谣言开始传播，切尔尼亚库夫尽其所能压制隔离区不断增
长的惊恐之情。他甚至为隔离区的孩子们安排戏剧活动，他将自己
比作泰坦尼克号的船长（“在这艘正在下沉的船上，船长却在振奋
乘客的精神，他命令管弦乐队演奏爵士乐曲。我已经下定决心效仿
这位船长的所作所为”）。[292]

德国当局反复向他保证，驱逐行动即将展开——这一“令人惊恐的谣言”不是真的，他在隔离区到处发表讲话，试图“安定人心”（“他们是看不见我所付出的心血的”）。但是 1942 年 7 月 21 日，德国秘密警察开始在他面前逮捕犹太人委员会的成员和其他官员，目的是将这些人作为人质，以换取其他人的合作。第二天早上，地区党卫队的驱逐专家赫尔曼·赫费勒（Hermann Höfle）召集切尔尼亚库夫和隔离区剩下的主要犹太人官员召开一次会议。当他的翻译人员马塞尔·赖希·拉尼基（Marcel Reich-Ranicki），一名年轻的犹太人，进行会议记录的时候，约翰·施特劳斯（John Strauss）的《蓝色多瑙河》（“The Blue Danube”）华尔兹舞曲从打开的窗户外面飘了进来，这是从外面街上党卫队的一个可携带留声机播放出来的。之后，切尔尼亚库夫被正式告知，所有的犹太人都将以每天运送 6,000 名的速度被驱逐，而且驱逐行动立刻开始。任何试图阻止行动的人都将被枪杀。在担任长老期间，切尔尼亚库夫保存了一片氰化物药片，准备在他收到任何他无法违背良心去执行的命令时吞下去。负责驱逐的一名党卫队军官告诉他，孩子们也将被驱逐，但切尔尼亚库夫坚决不同意将孩子们交出去并被杀害。“我无能为力，”在最后一封信中，他写道，“在痛苦和怜悯中，我的心在颤抖。我

无法再忍受这一切。我的举动将向每一个人表明他们该做的正确的事情。”由于拒绝签署驱逐命令，他吞下了药片，当即死亡。在隔离区，关于他的各种疑虑迅速就被平息下去。“他的结局证明他的开始是正确的，”哈伊姆·卡普兰写道，“一瞬间，切尔尼亚库夫获得了永生。”[293]

驻扎在华沙的德国陆军军官维尔姆·霍森费尔德是一名天主教徒，负责组织士兵的体育活动，当将囚犯驱逐到特雷布林卡的行动刚刚开始时，他就已经知晓此事。“在 20 世纪，所有的人，男人、妇女和儿童，都被我们，单单被我们屠杀，我们正在发动一场对布尔什维主义的征伐之战，这一如此恐怖的谋杀罪，令我们羞愧得无地自容。”[294] 他报告道，仅在 1942 年 7 月的最后一周，就有 3 万 308
名犹太人被运走进行大规模灭绝。即使在断头台时代和法国大革命的恐怖统治时期，他讽刺地写道：“这样的大规模谋杀技术都从来没有实现过。”[295] 他在 1942 年 8 月对他的儿子说，犹太人“正在被灭绝，而且已经开始了。一方面，人类正在遭受无法估量的磨难；另一方面，人类的邪恶和残忍也是无法估量的。这一切都将为众人所知。有多少无辜的人必须去死，谁在要求正义和合法性？这一切必须发生吗”？[296] “死神在隔离区的街道上游荡，”1942 年 6 月，哈伊姆·卡普兰在他的日记中这样记载道，“每天波兰犹太人都被带去屠杀。据估计，75 万波兰犹太人已经离开了这个世界，这一数字有一些根据。”1942 年夏天，在不间断的驱逐行动中，每天人们都被聚集起来带往特雷布林卡，卡普兰记录下了这些可怕的场景。1942 年 8 月 5 日，轮到居住在孤儿院和其他儿童之家的孩子们被驱逐了。这些驱逐行动既混乱又充满暴力。德国士兵、党卫队人员和辅助部队成员恣意地用武力将犹太人聚集起来，并强迫他们登上列车。将这些犹太人聚集起来后，其中一些人试图进行抵抗，但最终仍有超过 1 万名犹太人在隔离区被枪杀。1942 年 8 月初，齐格蒙特·克卢科夫斯基在视察华沙时，来自隔离区内的机枪的声音不断地敲打着他的神经。“我被告知每天大约有 5,000 人被杀害。”[297] 截至围捕犹太人的行动在 1942 年 9 月 12 日完成时，超过 25.3 万名隔离区居民已经被带往特雷布林卡毒死。在 1942 年 8 月，卡普兰担心最坏的事情将发生在他身上，他将他的日记交给了一个朋友。他的朋友随后将日记私运出隔离区，并交给波兰地下组织的一名成员，此人在 1962 年移居纽约时随身带着这本日记，之后，日记最终出版。卡普兰自身的担忧被证明是完全有理由的，在将日记转交给别人后不久，他就和其他囚犯一起被聚集起来，并于 1942 年 12 月或 1943 年 1 月，他与他的妻子在特雷布林卡毒气室被毒死了。[298]

截至 1942 年 11 月，华沙隔离区只留下了 3.6 万名犹太人，所有的人都在从事这样或那样的劳动计划。[299] 现在几乎没有人怀疑那些在一场“行动”中被带走的人将会面临什么样的遭遇。他们知道他们将要死去，即使他们对怎样的死法模糊不清。大规模驱逐运动导致在政治上激进的犹太人开始进行痛苦的自我审查。“为什么
309 我们允许自己像待宰羔羊一样”，伊曼纽尔·林格尔布卢姆扪心自问这个令人痛苦的问题。[300] 林格尔布卢姆认为犹太人由于被德国人的极端暴力行径所恐吓而陷入消极不抵抗状态。人们知道，如果他们试图反抗，那么其他许多未参与反抗的人也将成为德国人报复的目标。在隔离区内，信奉宗教的犹太人可能占到居民总数的大部分，他们或许倾向于将痛苦和死亡仅看成是转瞬即逝的事情，而且他们倾向于接受一种观念，那就是无论这是多么艰难的事情，所发生的一切都是上天的旨意。犹太人警察也参与了挑选和驱逐过程，这也使得抵抗变得更加困难。通常人们信任隔离区的领导层，这些领导人几乎总是设法向他们保证未来一切安好而不是通过传递恐慌的情绪来制造问题。要想获得武器非常困难，波兰抵抗组织通常（尽管并非总是）不愿提供武器，而且在黑市上，武器经常以极高的价

格才能买到。希望总是会有的，而且对希望的渴望经常意味着隔离区居民不愿相信他们所听到的关于集中营的传闻。通常，特别是在杀戮行动进行的初期阶段，德国当局使那些被挑出来驱逐的人相信，他们只是被转移到另一个隔离区或另一个营区。长期的饥饿、贫穷和疾病，以及每天不得不为活着而挣扎，所以这些使得绝大多数犹太人太过虚弱而无法进行任何抵抗。不过，在许多隔离区，年轻的犹太人和在政治上激进的犹太人组织了秘密的抵抗运动，准备武装反抗或策划逃到森林里加入游击队，游击战术也是共产党员偏好的战术之一（但是这也降低了在隔离区内部进行抵抗的可能性）。在维尔纳，这样的一个小组尤其活跃，但是通常无法展开有效抵抗，这是因为内部的共产党员、社会主义者和犹太复国主义者之间存在政治分歧，而且他们的行动遭到管理隔离区的犹太人委员会的反对，此外，当他们露出任何轻微的抵抗迹象时就会遭到德国当局的暴力干预。[301]

然而，在华沙，抵抗行动取得了成效。在 1942 年期间，犹太人地下组织开始形成，而且波兰共产党员向他们提供武器。1943 年 1 月 18 日，反抗者袭击了护送一支驱逐队伍的德国卫兵，被驱逐者逃跑了。希姆莱此时将隔离区视为一个安全威胁，并下令在 1943 年 2 月 16 日对隔离区内的犹太人进行最终的“清洗”。但是这次袭击使抵抗运动广为人知，而且华沙剩余的犹太人对此行动表示钦佩，310
他们开始收集和储藏食物供给，并准备发动一次起义，尽管隔离区的犹太人委员会对任何武装行动都持敌对态度。由于对武装冲突能否成功感到恐慌，加上对隔离区内一些地下领导人的左翼政治感到担忧，波兰民族主义抵抗力量拒绝了他们的求助请求，并主动提出将他们安全地私运出去，但却遭到拒绝。对这些抵抗者来说，最重要的是，他们确信隔离区的全部人口将被杀害；留下来是没有希望的，而且这些抵抗者，绝大多数是年轻男性，他们开始坚信，在斗争中有尊严地死去，也比懦弱地接受被灭绝的命运要强。当党卫队在1943年4月19日进入隔离区开始将这些犹太人最终聚集起来时，抵抗者们在几个地点遭到了射击，因此不得不在一系列艰难的街头抗争中艰难前行。[302]

于尔根·斯特罗普（Jürgen Stroop）是负责镇压这次反抗行动的党卫队军官，他描述了他手下的人是如此日夜对抗这些绝望的抵抗者的。1943年4月23日，希姆莱命令他用“最严厉、残忍和冷酷的手段”对付这些抵抗者。斯特罗普写道：

> 因此，我现在决定，通过烧毁所有住宅区，包括那些属于武器工厂的房子，来消灭犹太人居住区的所有人口……接着，犹太人几乎总是从他们的躲藏地和掩体中跑出来。通常的情况是，犹太人一开始待在燃烧的房屋里，直到火势蔓延和害怕被烧死，他们才决定从楼上跳出去，不过跳之前，他们会先将床垫和其他带软垫的东西扔到街上。虽然骨头摔碎了，但他们还是设法爬过街道到那些还没点着或只有部分火焰的住宅区。[303]

一些抵抗者逃进了隔离区地下的排水道，因此斯特罗普将大量井盖打开，将烟雾棒放进去，迫使地下的抵抗者向城市的一个区域移动，在那里他们将被逼得走投无路，然后被枪杀。少数一些人成功地穿过边界逃到城市中波兰人所在的地区。绝大多数人都被杀害了。1943年5月16日，斯特罗普炸毁主要的犹太教堂，并宣布行动结束。这场战斗是一场不平等的战斗。只有15名德国人和辅助部队的士兵被杀。几乎可以确定的是，这一数字被低估了，但是同样可
311 以确定的是，不管实际的数字是多少，与被杀害的犹太人的数量相比，这一数字都不算什么。据斯特罗普报告，在街头混战中，7,000名犹太人被“消灭”了，而且多达6,000人死于建筑物被烧毁或炸毁。

隔离区剩余的居民已经被带往特雷布林卡。[304]隔离区最后残余的犹太居民已经被清除了，维尔姆·霍森费尔德在1943年6月16日报告道：“一名党卫队冲锋队首领向我描述了他是如何扫射那些冲出燃烧着的房屋的犹太人的。整个隔离区成为一片灰烬。这就是我们希望赢得这场战争所采用的方式。这些野兽。”[305]

1943年6月11日，希姆莱下令将华沙隔离区的废墟夷平。地下室和下水道被填埋或堵塞。在这些工作完成后，土壤将被倾倒在隔离区的原址上，并在上面建一个公园。尽管这个公园从来都没有开始建造，但是在接下来的几个月中，被毁坏的建筑物被彻底夷平。希姆莱和党卫队无情地搜捕起义的幸存者。斯特罗普对在城市里波兰人居住的那部分地区逮捕犹太人进行悬赏，执行逮捕任务的警察只要抓到任何一个犹太人，这些犹太人身上所带现金的1/3就会被奖赏给逮捕者，而且还威胁说要处决任何藏匿犹太人的波兰人。斯特罗普报告道，华沙的波兰人口“总体上欢迎这些针对犹太人实施的措施”。在一段时间内，在波兰人的保护下，很多的犹太人幸存了下来。马塞尔·赖希·拉尼基就是其中之一，他曾从他的雇主——犹太人委员会——的保险箱里偷取了大量钱财，并将其中大部分交给抵抗组织。利用剩下的钱，他和他的妻子在1943年2月依靠贿赂的手段逃离出了隔离区，并在市郊一名波兰排字工人及其妻子那里找到了一个藏身之所。每次冒险外出，拉尼基都感觉到自己处于巨大的危险当中，因为年轻的波兰人通过在街上识别犹太人并将其交给警察可以获得钱财，或者有时候他们这么做只是为了获得受害者的首饰或冬季的衣服。[306]

伊曼纽尔·林格尔布卢姆也藏了起来，这名历史学家勤勉地收集日记、信件和文件，为我们提供了关于华沙隔离区的大多数信息。在起义期间，林格尔布卢姆被逮捕并被带往特拉弗尼基集中营，在那里一名波兰铁路工人和一名犹太联络人于1943年7月将他解救

出来。林格尔布卢姆打扮成一名铁路员工，带着波兰地下人员提供
312 的假证件，和他的妻子及 12 岁的孩子返回华沙，在那里，他们和其他 30 名犹太人一起躲藏在一个波兰蔬菜农场暖房下面的地堡里。在这里，他和犹太人抵抗组织又建立了联系，并且重新开始收集信息和为后代写关于局势发展的报告。然而，1944 年 3 月 7 日，藏在这个地堡里的人被出卖了，盖世太保逮捕了这里的居民。林格尔布卢姆被拷打了三天，接着被带到了隔离区，在那里，他眼睁睁看着他的妻子和儿子被杀，之后，他自己也遭到处决。德国人已经得知他搜集了档案，但是他们最终无法得到这些档案。林格尔布卢姆在起义期间已经把它埋在了隔离区的地下，但是他拒绝透露它的下落。1946 年 9 月，部分档案最终被找到并被挖了出来，其他的在 1950 年 12 月被发现，与之一起被发现的还有林格尔布卢姆的《笔记》（*Notes*），这份《笔记》当时被放在一个密封的牛奶桶中。[307]

早在林格尔布卢姆去世之前很久，大多数犹太人隔离区最初的领袖都早已被革职，他们被那些更易于受到威胁而按德国人的吩咐行事的人所取代。[308] 实际上，这些人的唯一选择是通过证明隔离区中少数居民在经济上是不可或缺的，来设法保护他们免受纳粹党狂热的灭绝计划的伤害。然而，即使这样最终也无法奏效，因为希特勒和希姆莱越发觉得犹太人所带来的安全威胁超过了他们能为战争经济带来的价值。[309] 此刻，隔离区领袖面临的这种进退两难的困境可以从哈伊姆 · 伦科夫斯基的行动中得到生动的体现。伦科夫斯基是罗兹隔离区一名充满争议的顽固的长老，他最初通过说服德国人将隔离区当作一个生产中心保住了隔离区。但这种做法无法阻止德国人有组织地剥夺隔离区的食物供给。1941 年 4 月，年轻学生达维德 · 谢拉科维亚克的日记已经记载了罗兹隔离区内“饥饿横行”的状况。生活对他，以及对其他人来说沦为永无止境的寻找食物——大多数情况下是胡萝卜和其他根茎类——的过程。谢拉科维亚克通

过与一群共产党朋友学习世界语来排遣无聊，之后他加入了隔离区的学校，再次开始学习课程。和其他囚犯一起，谢拉科维亚克通过秘密收听 BBC 广播和阅读从外面私运进来的德国报纸了解世界大事。这些新闻只会使他更沮丧，因为德国连连获胜，似乎没有尽头。

1941 年 5 月 16 日，他记录道，一次体检让他深深地担忧自己 313
的健康状况，医生“看到我瘦骨嶙峋，感到震惊……肺病是隔离区最新流行的疾病，与痢疾和斑疹伤寒相比，它对我们有同样致命的伤害。至于食物，各处都是越来越糟，距离上一次吃土豆已经一星期了”。但无论如何，他挺过了这一年，在这期间，他心无旁骛地把奥维德（Ovid）的诗译成波兰语，以及通过进行私人辅导赚取一些钱。尽管经常生病，他顽强地坚持自己的研究，并在 1941 年 9 月将其完成，之后他在一家制鞍厂找到了一份工作。[310]

与此同时，由于越来越多的隔离区犯人被隔离区犹太人警察带走，再也没有回来，于是，来自欧洲其他地区的犹太人开始被运到这里。伦科夫斯基设法说服德国当局，表示隔离区已经没有容纳他们的空间了，但是无济于事。1941 年秋天，罗兹隔离区内居住着 14.3 万名犹太人，在 10 月份，又有 2,000 名来自附近小镇的犹太人住了进去，接着，来自第三帝国以及波希米亚和摩拉维亚保护国的 2 万名犹太人连同 5,000 名吉卜赛人也住了进去。谢拉科维亚克认为，这些新来者都穿得非常得体。然而，他们不久就被迫卖掉他们定做的西装以换取少量的面粉和面包。与此同时，在 1941 年 12 月 6 日，在海乌姆诺新建的营区的毒气货车已经开始运转。伦科夫斯基被命令登记 2 万名隔离区居民，他们有可能被送到隔离区外从事劳动服务。他成功地说服了德国人将此人数缩减至一半，并和一个特别委员会挑选妓女、罪犯、领取救济金的人、失业者和吉卜赛人充数。为了试图消除人们心中的疑虑，1942 年 1 月 3 日，伦科夫斯基在一次公开的演说中宣布，诚实的人无所畏惧。1942 年 1 月 12 日，第一波驱逐行动开始了。截至 1942 年 1 月 29 日，超过 1 万名犹太人已经从隔离区被直接带到切姆诺，并在毒气货车中被毒死。截至 1942 年 4 月 2 日，另外 3.4 万名犹太人已经被带走并被杀害；截至 5 月，被杀害的犹太人总数达到了 5.5 万，包括从西方驱逐到罗兹的 1 万多名犹太人。[311]

犹太人始终都在被送来，尤其是从瓦尔塔运来的犹太人。因此，隔离区的人口数量一直远超过 10 万人。[312] 截至 1942 年年中，谢拉科维亚克报告道，大量的人死于“隔离区病”：“一个人变得瘦弱（像一个‘沙漏’），脸色苍白，接着身体开始肿胀，在床上或医院里待
314 上几天，然后就死去了。前一秒还活着，后一秒就死了。我们的生死就如同牲畜一样。”1942 年 9 月，在以伦科夫斯基为首的隔离区领导层的合作下，2,000 名病人从隔离区医院被带出去毒死；接着，所有不足 10 岁的儿童，65 岁以上的所有人，以及所有失业者，总共有 1.6 万人也被毒死了。谢拉科维亚克的母亲也在这些人中。许多人被枪杀，这暗示着对驱逐行动的抵抗活动越来越多。1942 年 9 月 4 日，伦科夫斯基在对隔离区居民的一次演讲中对他在行动中的合作态度进行辩解，他说：“我必须截肢以保全整体！”他一边说，一边哭泣。他是否真是这样想的，我们不得而知。由于恐惧和压抑，剩余的大多数居民每天为生存挣扎都来不及，根本无力做出反抗，只能听天由命。1942 年 11 月，谢拉科维亚克的父亲生病了，他“身上爬满了虱子，到处是疮疤”，3 月份时，他去世了。1943 年 4 月，对达维德 · 谢拉科维亚克来讲，事情开始有所起色，他在一个面包店找到了一份工作，这是一份非常抢手的工作，因为这可以使他在工作时用面包填饱肚子。但是太晚了。由于遭受发烧、营养不良、结核病、满身虱子和疮疤，他已经病得很严重。他的身体太虚弱了，以至于有时候他在早上无法下床。“对我们来说，真的没有什么办法摆脱这种局面了。”他在 1943 年 4 月 15 日写道。这是他日记中

最后的记录。1943 年 8 月 8 日，他去世了，此时离他 19 岁生日刚过去了两周。[313]

截至此时，罗兹隔离区存留的时间已经屈指可数。华沙隔离区起义后，希姆莱在 1942 年 6 月 21 日已经下令对东方所有剩余的隔离区进行“清洗”。第三帝国境内所有剩余的犹太人都将被驱逐。[314]在接下来的几个月中，明斯克隔离区的 2.6 万名居民被杀，而且截至 1942 年年底，另外的 9,000 名从事劳工计划的居民也都遇难了。[315]在比亚韦斯托克，最终的“清洗”于 1943 年 8 月 15 日开始，德军突袭了在那里策划的抵抗运动。在抵抗力量中，共产党员和犹太复国主义者之间存在深深的分歧，这进一步阻碍了他们的一致行动，而且他们没有得到隔离区居民的普遍支持。不过，抗争持续了 5 天。格洛博奇尼克亲自负责镇压这次行动，他调来了坦克，仿照斯特罗普的做法，烧毁了隔离区所有的建筑物。[316]其他的隔离区，在希姆莱下达命令之前，就已经开始了“清洗”运动。[317]在利沃夫，
1942 年 8 月中旬，4 万名犹太人从一个劳改营被带往贝乌热茨集中 315
营毒死，剩余的犹太人被送进城市里一个新建立的隔离区，而犹太人委员会的 12 名成员在街上的灯杆上，或在委员会办公室大楼的屋顶上被公开绞死。在接下来的几个月，进一步的行动将数千名隔离区居民带往贝乌热茨的毒气室，这一行动一直持续到 1943 年隔离区被关闭，而那里剩下的犹太人被运回劳改营。16 万人中，只有 3,400 人在战争中活了下来。[318]在维尔纳，围捕犹太人的行动于 1943 年 4 月开始，与其他地方一样，这促使许多抵抗组织的年轻成员——特别是那些有共产主义信仰的成员，这些人的主要目标是通过拖住德国部队来援助红军——逃进附近的丛林里。隔离区剩余的 2 万名居民中的大多数被带走杀害，其中许多人在索比堡被杀。

最后一个被关闭的主要隔离区是罗兹隔离区，它在 1944 年夏天逐步开始结束运转。超过 7.3 万人仍居住在那里。将他们驱逐到

切姆诺的行动在7月中旬开始，即使在这一刻，犹太人警察仍参与执行行动，接着，从8月3日开始，每天大约有5,000名犹太人被命令在火车站集合，德国人向他们许诺，他们将被重新安置到条件更好的地方。所有列车直接驶向集中营。在1944年8月28日，最后一辆列车驶离现在基本上已经撤离一空的隔离区，列车上有隔离区长老哈伊姆·伦科夫斯基和他的家人。一到达奥斯维辛—比克瑙，他们所有人都被送往毒气室。在1944年7月底，还有将近7万名犹太人住在隔离区，到了第二年1月，只剩下877人了，他们负责清理隔离区。[319] 总之，截至此刻，在波兰的330万犹太人中，90%以上的人已经被杀害了。[320]

六

有时，对犹太人的灭绝被看作是一种工业化流水线式的大规模谋杀，而且这种描述至少有一定的合理性。在历史上还没有其他大屠杀是通过机械手段——毒杀——在特别建造的设施，比如在奥斯维辛或特雷布林卡运行的设施中执行的。然而，同时，这些
316 设施并没有高效或有效地运行，而且，如果通过将它们称为工业化的，而给人们造成一种印象，即它们是自动的或与人力无关的，那么，这是一种错误的印象。像霍斯和施坦格尔等人以及他们的下属，通过称他们的受害者为“货物”或“物品”来使他们自己避免从人性的维度看待他们所做的事情。1942年9月，在与华沙的党卫队保安处负责人格哈德·施塔贝诺（Gerhard Stabenow）谈话时，维尔姆·霍森费尔德注意到施塔贝诺是怎样使用语言将他自己与参与对人类的大规模屠杀撇清关系的：“他将犹太人说成是蚂蚁或其他害虫，说是对它们进行‘重新安置’，这意味着，他们的大规模谋杀行为是在为房间清除害虫。”[321] 但是，同时，这

些人并不能摆脱他们尽力去压抑的人类情感，而且他们还清晰地记得，一个个妇女和儿童请求他们发善心的场景，即使这样的请求是徒劳的。持续杀害手无寸铁的平民，包括妇女和儿童，给这些人造成了巨大的心理压力，就像党卫队别动队之前的情形一样，那些别动队士兵之前曾枪杀成千上万的犹太人，之后，为了加快屠杀进程，同时也为了使屠杀在某种程度上不受个人感情影响，他们启用了第一批毒气货车。

一种信念在驱使这些人进行杀戮行动，即他们正在执行希特勒的命令，正在杀害德意志种族现在和未来的敌人。他们并非是毫无个性的官僚或杀人专家，而且无论从哪个层次来看，屠杀也不仅仅是服从上级命令的客观压力的结果，也不是毫无人情地为第三帝国追求物质或军事优势。一些党卫队人员，像艾希曼、施坦格尔和霍斯的经历揭示了他们是坚定的反犹主义者。他们下属的种族仇恨情绪，在数年的宣传、训练和教化的煽动和刺激下，几乎达到了极端的程度。对他们来说，将对犹太人的那种发自肺腑的抽象的仇恨之情转变成现实中大规模谋杀的行为并非难事，同样，这种行动对在东方掌握党卫队特别行动队领导权的大量党卫队保安处官僚来说也并非难事。尤其是党卫队低等级人员以及正规军人员，当他们遇到单个或一小群犹太人时，他们个人经常会产生某种残忍的施虐欲望，以及一种渴望羞辱和摧毁他们的情绪，而当他们对付普通波兰人、俄罗斯人或其他斯拉夫人时，这种欲望却很少被唤醒。斯拉夫囚犯在被枪杀之前，没有像犹太人那样被迫表演体操或跳舞；他们也没有像犹太人那样被迫用他们的衣服或徒手清理厕所。在他们看来，斯拉夫人仅仅是工具，而 317
犹太人才可能是斯大林政权背后的操纵者，这些犹太人命令苏联秘密警察对德国囚犯实施残忍的屠杀，鼓舞游击队在后方对德国士兵发动残忍和卑劣的进攻。普通德国士兵，不管是正规军士兵还是党卫队成员，都被宣传和教化深深地影响，而且，如果他们是年轻人，那么在第三帝国的学校体制下，经过数年的教育，他们相信，犹太人，特别是东方犹太人通常是肮脏的、危险的、不可靠的和病态的，他们是所有文明人类的敌人。[322]

苏联秘密警察的暴行使德国士兵坚信，犹太人——他们将责任归咎于犹太人——是残忍的凶手，应该对其毫不留情。一名军士写道：

> 犹太人只适合用来做一件事，那就是被消灭……而且我自己已经确认，苏联体制的整个领导层由犹太人组成。因此，他们的罪行是巨大的，他们造成的痛苦是令人无法想象的，他们的谋杀行径是穷凶极恶的。只有消灭他们才能让他们赎罪。到目前为止，我已经不再认为我们的所作所为是不道德的。但是在亲眼看到“苏联乐园”后，我不知道还有其他的解决方法。这些东方犹太人由各种罪犯组成，是人类的渣滓，因此我意识到我们使命的独特性。[323]

虐待和羞辱犹太人也可以被普通士兵当作是对自己卑微的地位和每天忍受的贫穷的补偿。“在这里最好的事情是，”1942 年 5 月，一名士兵在东方占领区写道，“所有的犹太人必须向我们脱帽致敬。如果一个犹太人在 100 米外看到了我们，他就已经脱下了帽子。如果他们没有这么做，那么我们会教育他这么做。在这里你会感觉自己是一名士兵，因为我们主宰这里的一切。”[324] 在高级指挥层中，军队经常为他们杀戮犹太人的行为找借口，认为这是维持他们自己关键的食物供给的必要步骤，[325] 但是这种声明不能仅从它的表面意义来看。供养军队和德国国内平民的需要在特定的时刻确实产生了一种权衡需求，那就是有必要采取在医学术语上被称为**检伤分类**的

措施，这一措施将那些被认为迫切需要食物以及需要大量食物的
人，与其他那些在需要食物的紧急程度和数量上都比较轻的人区别
开来。但是将犹太人放在这一等级的最底层并非是以基于经济贡献
的理性计算为依据的。归根结底，它源于一种过分执着的意识形 318
态，这一意识形态不仅将犹太人看成是在东欧占领区最可有可无的
居民，而且将其看成是在各个方面对德国构成真实威胁的人，他们
认为这些犹太人与世界各地的，尤其是在英国和美国的犹太人合谋，
发动对第三帝国的战争。若犹太人仅仅是稀缺资源的多余消耗者，
那么希姆莱也许不会亲自造访芬兰，尝试说服芬兰政府交出芬兰境
内数量少得可怜的犹太人用于驱逐和灭绝。[326]

由此可见，灭绝计划受到中央的反复指导和推进，尤其是1941年下半年的时候，希特勒不断发表言论攻击犹太人，而且当犹太人的威胁再次在他头脑中隐隐出现时，他在其他场合又反复重复了这些言论。就灭绝计划而言，德国当局并未做出任何一个统一的决定，并用理性、官僚的方式予以执行；相反，灭绝计划是在一个持续了几个月的过程中出现的，在这个过程中，纳粹党的宣传机构在人们心中植入了一种大屠杀的心理，这种心理推动希姆莱和其他主要的纳粹党成员将杀戮犹太人的行动以一种前所未有的规模向前推进。在战争期间，总共约300万犹太人在集中营中被谋杀。70万犹太人在可移动的气罐车中被杀害，另外有130万犹太人被党卫队别动队、警察部队和德国的盟国部队或辅助的民兵部队枪杀。在集中营里，特别是在第三帝国在占领区建立的隔离区内，多达100万犹太人死于饥饿、疾病或党卫队的暴行和枪杀。要想计算出一个准确的数字是不可能的，但是可以确定的是，至少550万犹太人被纳粹分子和他们的盟国部队以各种方式蓄意杀害。在20世纪90年代，从公开的苏联集团的档案中可知，确切的被杀害的犹太人总数可能约600万，这个数字是1961年在耶路撒冷审判阿道夫·艾希曼时他给出的。

“随着这种对犹太人的恐怖谋杀，”维尔姆·霍森费尔德在1943年6月16日写道，“我们已经输掉了战争。我们已经带给自己无法洗刷的耻辱，这一诅咒我们将永远无法消除。我们罪有应得，我们都是有罪的。”[327]

第四章

新秩序

第一节

战争命脉

一

阿尔贝特·施佩尔是希特勒的至交，亦是他最钟爱的建筑师。1942 年 2 月凌晨时分，他在希特勒位于东普鲁士拉斯滕堡的大本营中向希特勒详细介绍了自己重建柏林的宏伟计划。当时，希特勒本已疲惫不堪，因为前几小时同装备部部长弗里茨·托特的谈话令人丧气不已。据施佩尔后来回忆道，他同希特勒的对话令精疲力竭的元首再次热血沸腾。早在 1941 年 11 至 12 月的莫斯科战役期间，装备部部长就悲观地认为德国没有胜算。德国的工业资源不仅无法与英美两国相匹敌，而且连苏联也赶不上，后者的工业生产在质量和规模上都更具优势、更适合冬季作战。此外，德国的军需供应也日渐捉襟见肘；实业家们向托特明确表示，敌国的军备生产令德国难以望其项背。希特勒却对此充耳不闻。在他看来，日本袭击珍珠港能有效制止美国加入欧洲战场，给德国获胜提供了新的契机。1941 年 12 月 3 日，希特勒颁布法令，要求“简化军备生产的程序，提高效率”，以便“在现代理念的基础上实现大规模生产”。在希特勒的命令下，托特将军备生产管理体制重组为五个主要委员会，分别负责弹药生产、武器生产、坦克生产、工程建造和设备供应；同时还设立了一个新的指导委员会，由实业家和空军代表组成。1942年2月7—8日，托特造访希特勒，他们极有可能是在探讨这些新的组织结构及其裨益。尽管上述变革能带来一定改观，但此次来访拉斯滕堡，托特最有可能的还是提醒希特勒，德国虽尚未临近千钧
322 一发的时刻，但局势仍不容乐观。因此，希特勒在结束会谈时，满脸都写着沮丧和失望。[1]

托特同施佩尔喝了一杯酒，简短地聊了一会儿，安排他搭乘自己的专机于2月8日早上8点一起返回柏林。这位建筑师留在拉斯滕堡也纯粹是机缘巧合，因为大雪，他未能从第聂伯罗彼得罗夫斯克（Dnepropetrovsk）搭乘火车返回柏林，转而乘坐别人的飞机，顺便来到希特勒的大本营，这样他至少离自己的目的地更近一些。他一直在寻求返回柏林的交通工具，所以托特的邀请是极大的诱惑。但当希特勒和施佩尔结束聊天各自回房休息时，已是凌晨3点；施佩尔因此留下话，说自己想睡个懒觉，就不和装备部部长搭乘飞机一起返回了。早上刚过8点，仍在酣睡的施佩尔床头电话便铃铃作响。托特乘坐的飞机——一架改造的双引擎亨克尔111轰炸机——正常起飞后就坠落地面，瞬间被火焰吞噬。整架飞机毁得面目全非，机上乘客无一幸免。[2]调查委员会后来表示，飞机失事的原因是飞行员错误地启动了一个自毁装置，但事实上，这架飞机根本没有配备该装置，而且也没有任何空中爆炸的可靠证据。尼古拉斯·冯·贝洛（Nicolaus von Below）是希特勒的空军副官，他后来回忆道，希特勒对亨克尔轰炸机的适航性顾虑重重，所以曾明令禁止自己的高级官员使用这样的小型双引擎飞机，还命令飞行员在托特登机前试飞一次。贝洛认为，当时天气条件恶劣，能见度极低，飞机起飞后，这名经验尚浅的飞行员视野势必受到严重影响，由此导致坠机。

此次飞机失事成为一桩悬而未决的谜案，尚未得到令人信服的解释。施佩尔是否在飞机上安置了炸弹呢？这似乎不大可能。尽管在回忆录中，他对此次事故的回忆不甚准确，但我们没有理由怀疑他的解释——他来拉斯滕堡纯属巧合，因此根本没有充足的时间来策划害死托特。此外，虽然托特和施佩尔两人关系十分紧张，但施佩尔并无任何明显的理由定要置托特于死地。抑或是托特的报告浸染着令人泄气的悲观情绪，希特勒对此忍无可忍，所以决定除掉这位装备部部长？他私下或许告知施佩尔莫要搭乘这班飞机？此猜测亦毫无根据，因为这并非希特勒的待人方式，如果属下未能令他称心如意或不能对其言听计从，他断不会采取此种曲折婉转的处理方式。如果他想要除掉托特，按他的惯常方式，更有可能直接免去他的官职，如若再极端一点，会干脆利落地将其逮捕处决。[3]

托特是一名工程师，亦是一名坚定的纳粹党人。20 世纪 30 年 323
代时，他因修建了德国著名的高速公路而声名鹊起。希特勒非常敬重和赏识托特，不仅命其负责军火生产，而且还让他负责能源开发和航道修建，还有战时强制劳动力的部分组织工作。在戈林的第二个四年计划期间，托特还是全国建筑业的一把手。此外，托特还组建了自己的运营团队，即托特组织；修建了庞大的公路系统，将德国占领的所有领土有效地连接起来；建造了齐格菲防线以及大西洋海岸的一系列 U 艇基地。在纳粹党内，托特还是科技办公室的负责人，该办公室控制着科技领域中各式各样的志愿组织。1940 年春，希特勒创建了新的装备部，任命托特为部长。尽管托特不得不应付各种竞争对手——尤其是赫尔曼 · 戈林——但身兼数职的他在战争经济管理上有着举足轻重的地位。[4] 纳粹党内很难找到一个人取而代之。

1942 年 2 月 8 日，在希特勒大本营用早餐期间，大家都在讨论谁将接过托特的指挥棒。施佩尔意识到自己将被任命接管托特的一部分职务，因为在担任柏林总建筑师时，他就已经分担了托特在该领域的部分职责，包括修复被炸毁的建筑以及建造防空洞。托特曾任命他改善乌克兰的交通系统，这也是施佩尔前往第聂伯罗彼得罗夫斯克的原因。而且希特勒不止一次向施佩尔表示，自己有意将托特手中的部分项目委派给他。施佩尔在“当日下午1点左右——一如既往地——被希特勒率先召见”，据他后来所回忆的，当被告知自己将全权接管托特的工作，而不仅仅是建筑领域的职责时，施佩尔感到措手不及。尽管“惊诧不已”，但施佩尔仍镇定自若地请求希特勒颁布正式的委任状，以便他能在这些全新领域中有效地执行自己的权威。但施佩尔还面临最后一块绊脚石。正当他准备离开时，戈林“匆匆赶来”。戈林当时在60英里外的狩猎别墅，得知托特的死讯后，便立即搭乘专列前往大本营。他自己说道：“要是我能接管托特博士的全部任务，将其纳入自己的四年计划体系之中，那真是如虎添翼，再好不过！”但为时已晚。希特勒特意强调了他已正式任命施佩尔全权接管托特的工作。此外，戈林在经济方面的控制
324 权被进一步削弱，因为施佩尔成功说服希特勒于1942年3月21日签署了一份法令，要求经济活动的方方面面均须服从于施佩尔本人控制的武器生产。[5]

多年后，施佩尔在自己的回忆录中不无诚意地承认道，这略显“草率而随意的”任命当时确实令他吃了一惊。毕竟，他在军事管理和工业生产方面经验全无。他写道：

> 这跟希特勒浅尝辄止、博而不精的特点相一致，他更偏向于选择非专业人士作为自己的下属。他曾任命一个卖葡萄酒的人当自己的外交部部长，任命纳粹思想家担任帝国东方占领区事务部部长，还让退役战斗机飞行员负责监管整个国家的经济。有了这些先例后，这也就不足为奇了。现在，他又将一名建筑

> 师任命为他的装备部部长。毋庸置疑，希特勒喜欢让门外汉身居要职，发号施令。终其一生，他对专业人士的态度都是敬重但不信任，比如对沙赫特便是如此。[6]

但后来的事实证明，希特勒的这一选择并非像施佩尔所声称的那样不理智。作为一名建筑师，施佩尔并非一名不问世事、只知道坐在画板前绘制建筑草图的艺术家，而更像是一名运筹帷幄的经理人，井井有条地打理着一个规模庞大、分工复杂的机构，专门负责重大的建筑和设计项目。[7] 柏林总建筑师的工作让他早已熟知大轰炸会造成的巨大破坏，而作为乌克兰公路与铁路交通系统重建工作的负责人，他亦深谙交通不畅所带来的种种困难以及充足劳动力的重要性。他与托特在众多工作领域都有过密切的合作，通过这些职责，他已得到充分历练，因此能从容不迫地展开与戈林等人的权力博弈。他就此次突如其来的任命表现得淡定自然，更是证明了他能驾轻就熟地应对那些老谋深算的政敌。但最重要的是，他是希特勒的心腹。他与希特勒有私交，而且很可能是希特勒唯一的朋友。任命完毕后，他们还继续详细探讨打造新柏林的计划，并遐想着战后德国各大城市将发生的翻天覆地的变化，这将是他们携手努力的成果。早在希特勒对其委以重任之前，施佩尔就已深深地臣服于这位领袖的非凡魅力，这是施佩尔自己承认的。施佩尔唯希特勒马首是瞻，对其绝对服从。[8]

此时，包括弗里茨·托特在内的其他人则开始对德国将取得战争的最终胜利产生了严重质疑，这与施佩尔一贯的乐观态度形成了鲜明对比。被任命的前几个月，施佩尔就前往了位于德绍（Dessau） 325
的容克斯工厂，拜访工厂总经理海因里希·科彭堡（Heinrich Koppenberg），就计划在东部设立存放大型新式飞机工厂的厂房问题，与总经理进行了讨论。施佩尔后来回忆道，在被科彭堡“领进一个上锁的房间后，他给我看了一幅美国和我们国家接下来几年的轰炸机生产对比图”。“我问他，”他继续写道，“我们的领导人们如果看到这些不容乐观的数据会做何感想呢？‘看了就看了，他们根本就不相信。’他答道，随即便情不自禁地哭出声来。”[9] 格奥尔格·托马斯将军在国防军最高统帅部任职，负责军火采购。自 1941 年夏天以来，他就对整个局势变得愈发悲观。截至 1942 年，部署在东部的德军面临着灾难性的物资供应短缺问题，而他更关心的不是如何亡羊补牢，而是谁该就此负责，“因为”——正如他所言——“总有一天，终归要有人被架出来承担所有责任”。[10] 弗里德里希·弗罗姆（Friedrich Fromm）将军是国内预备军总司令，并负责相应的军备供应。1941 年 11 月 24 日，他对陆军参谋总长弗朗茨·哈尔德明确表示，军火生产正呈“下降趋势”，他还在日记中写道，“他考虑到了实现和平的种种必要性”。[11] 兵力储备正逐渐耗尽，而石油供应也开始告急。因此，弗罗姆建议希特勒将所有可供调遣的新部队派往南方集团军群那里，如此一来，南方集团军群便可放手一搏，直奔高加索地区的油田。这股绝望情绪甚至进一步加剧。1941 年 11 月 17 日，恩斯特·乌德特（Ernst Udet）——空军资源采购组织负责人，亦是一名退役的王牌飞行员——自裁了。他曾多次劝告希特勒和戈林，表示英美两国的飞机生产如此迅猛，几个月内德国飞机将面临巨大的压力，胜算渺茫，但他们两人却置若罔闻。[12] 1942 年 1 月，波鸿协会（Bochum Association）的负责人瓦尔特·博尔贝特（Walter Borbet）也开枪自杀了。波鸿协会是一个重要的军火生产商，博尔贝特正是在这里引入了新的生产方式。他深信德国战胜的概率几乎为零，而且也知道国家领导人绝不会听劝而讲和。[13]

他们的忧虑并非毫无根据。尽管德国方面已竭尽全力，但坦克和其他武器的产量仍无法与英国相匹敌。部队中负责武器采购的官员全然不顾当下大规模的武器需求，仍偏执地追逐高科技。此外，海陆空三军嘴仗不断，为了在资源分配中争得优先权，均花言巧语地给出了看似令人信服的理由。同廉价的大规模生产相比，精密复杂的武器生产能带来更丰厚的商业利润。所有这一切都减缓了德国 326
的武器生产，因而减少了可供武装部队使用的军备物资。但与此同时，希特勒却不断给武器产业施加压力，因为整个战局并未取得他所预期的突破性进展。1941 年 7 月，希特勒下令组建新的公海舰队，同时命令空军数量要增长 4 倍，陆军机械化师的数量扩大为 63 个。之所以如此，是因为希特勒非常清楚，美国正在迅猛提高军备产量，并力图将其运往英国。1941 年 12 月，美国正式加入战争并大规模地生产武器，没有任何迹象表明德国能与之比肩。此外，1942 年初，陆军军官还注意到苏联的军备物资和武器生产亦有所提高。因此，强行要求德国的武器生产与上述劲敌相媲美显得过于不切实际。[14]

托特和其他经济生产的负责人一致认为，就经济和军事层面而言，这场战争他们已经输了。与这些人不同，施佩尔笃信德国仍有获胜的希望，希特勒也持这一观点。施佩尔对希特勒的能力近乎盲目地崇拜。希特勒的强大意志战胜了每一阶段的困难，这一次也定不例外。施佩尔并非一名技术官僚，他是希特勒最虔诚的信徒。[15] 当然，他之所以被委以重任，一个重要原因便是他忠心耿耿，这一点他了然于心。事实上，希特勒不止一次向施佩尔袒露，托特恰巧在他造访大本营之际离世简直是天赐良机。正如施佩尔后来写道：

> 希特勒起初必定认为，同不听使唤的托特博士相比，我是心甘情愿当他的工具。就这一点而言，这次人事变动完全符合他的任人原则，即委任听命于己的人，他的随行人员无一例外地均是按照该原则选拔出来的。委任唯自己马首是瞻的人，这

> 是他回应反对派的惯常方式；因此，多年来他已在身边聚集了一帮愈发对其唯命是从的领导班子，他们不管是非黑白与公平正义，只会坚决地执行希特勒的命令。[16]

莫斯科战役溃败后，这一原则已经在军队高级官员的人事调整中彰显，现在又被进一步施用于战时经济的管理。至少就这一点而言，施佩尔并非毫无经验。在接下来的几周中，戈林曾数次试图限制施佩尔的权力，但均被后者成功粉碎。施佩尔借助希特勒的信任，不
327 断地恳请希特勒支持自己，甚至提出将四年计划中武器生产的相关职权也转移到他本人所管辖的装备部。由此可见，他在权力博弈方面的天赋不输于纳粹政权中任何追名逐利的人。[17]

二

就提高德国军备物资的生产效率而言，施佩尔具有几个主要优势。首先，他有希特勒的鼎力支持，因此，他在任务执行过程中只要受到严重阻碍，便可随时向希特勒求助；此外，他与纳粹政权中多名关键人物有良好交情。例如，施佩尔在担任柏林总建筑师时，便和希姆莱及其执掌的党卫队有过密切合作，并依靠其弗洛森比格（Flossenbürg）和毛特豪森这两个集中营囚犯的采集，来获得大量的石料供应。[18] 此外，他在军备管理集团中也有熟人，尤其是空军元帅艾尔哈德·米尔希（Erhard Milch），他时任帝国航空部国务秘书，虽然名义上听命于戈林，但实际上更乐意与施佩尔合作。而且在施佩尔走马上任时，体制合理化改革的需求已经开始凸显；希特勒当时不断指责效率低下，再加上 1941 年 12 月托特推行的经济管理方式转变，这都进一步刺激了合理化改革的进程。在这样的背景下，施佩尔尽力清除海陆空三军在武器生产上的重叠部分。他将主要的

工业生产商全部揽入自己麾下，直接听命于他，然后下放给他们一定权力，要求他们改善各自的生产方式。他打击过度的官僚习气，引入了流水线的大规模生产模式。他后来声称道，这一改革在短短6个月内就取得了巨大成效，每个地方的产量都得到大幅度增长。“军备物资的总生产效率提高了59.6%……两年半后——尽管大轰炸刚刚拉开序幕——我们整个军备生产的平均指数就从1941年的低点98猛烈攀升到1944年的顶点322。”[19]

在接过军备生产的指挥棒后，施佩尔便大力宣扬合理化改革的益处。他提拔了许多实业家，让他们执掌托特新设立的委员会，以期提高生产效率。这一点，我们从他对潜水艇生产的改革便可见一斑。1943年，他任命了一位汽车制造商来重组潜水艇的装配过程。 328
这位新上任的潜水艇总指挥将每艘潜水艇的制造细分为8个相互独立的生产部门，每个部门按统一规格生产潜水艇组件，还雇用另一个公司来确保各生产部门能在预先协调好的期限内完成各自的任务，最后在一个中心工厂集中组装。这一新的生产方式使每个U艇的生产时间由过去的42周有效减少为16周。施佩尔还采用了托特1941年1月引进的新定价合同制度；该制度强制拉低了商品价格，但同时规定，生产商们若能通过削减成本进而大幅度降低售价，就能获得免缴公司税的特权。施佩尔要求公司引入两班制，以便更高强度地压榨工人；此外，为削减成本，他尽可能地提高现有厂房的使用率，而非建造新工厂。多达180万名工人被雇用来建造新工厂，但由于能源短缺，机床匮乏，很多厂房都只有闲置；有鉴于此，施佩尔终止了价值30亿帝国马克的新工业设施建造合同。他就武器和整个经济中与武器相关产品的生产，进行了极大的集中和简化。例如，棱镜广泛用于取景器、望远镜、双筒望远镜以及潜望镜和其他类似设备，专事棱镜生产的小公司数量从23个骤降为7个，而名目繁多的镜片类型更是由惊人的300种猛减为14种。施佩尔发现，不少于 334 个工厂在为空军生产炮火设备，而到 1944 年初，他就把该数字降到了 64，人们认为此举使每个月的生产时间节省了 36 万工时。1942 年初，机床生产商多达 900 家，到了第二年 10 月，就只留下了 369 家。施佩尔甚至将合理化改革拓展到消费品生产领域。他还留意到德国 117 家地毯商中有 5 家包揽了全行业 90% 的地毯生产，于是勒令其他 112 家生产商关门歇业，将他们的厂房和劳动力用于服务战争经济。在资源竞争中，海陆空三军以及他们相应的生产商都无一例外地夸大了各自的需求。例如，飞机制造商便狮子大开口，甚至要求 4 倍于每架飞机制造实际所需的铝。这种金属材料被大量囤积起来，或者用于无关紧要的领域，比如制造梯子或温室。于是，施佩尔要求各公司交出先前囤积的铝，并根据具体的生产目标对原材料实行按需分配。[20]

329 武器生产需要大量的钢材，希特勒明确规定，必须优先满足陆军军备生产的钢材需求，而非海军或空军。在提高钢铁生产效率上，帝国财政部及其核心官员汉斯·克尔（Hans Kehrl）功不可没。为了协调武器生产，克尔和米尔希成立了一个新的中央规划机构。1942 年 5 月 15 日，该机构召开会议，他在会上制定出了一套全新的订购与生产制度。与此同时，施佩尔还任命了节能工程师，旨在给公司提供建议，指导它们更高效地利用钢铁等原材料。精良的设备和准确的自动化控制有效地减少了浪费。截至 1943 年 5 月，施佩尔便可志得意满地宣告道，如今，平均生产 1 吨武器装备所消耗的钢铁数量还不到 1941 年的一半。战争结束时，每吨钢所能生产的军需品是 1941 年的 4 倍。但是，生产钢材需要大量的焦炭；而当时铁路运输系统困难重重，加之在矿区工作的强制性劳动力生产效率极低，所以要求焦炭供应源源不断无异于痴人说梦。雪上加霜的是，矿区仍人手不足，还需要至少 10 万名以上工人；而铁路系统在人力方面也捉襟见肘，尚需 9,000 名工人来填补装载煤炭和驾驶火车的劳动力缺口。1942 年 8 月 11 日，希特勒被告知这些难题后，直截了当道：“如果钢铁产业因焦炭匮乏而未能实现预期的产量突破，那么这场战争我们必败无疑。”[21]

供消费者使用的煤被削减了 10%，转而用于钢铁生产。1943 年初，大德意志帝国的钢铁月产量增长到 270 万吨。军工厂分得的钢铁量与日俱增，而且在新机制的驱策下，实业家的生产热情高涨，施佩尔因此得以踌躇满志地吹嘘道，在他上任第一年，武器的总产量就翻了一番。与此同时，艾尔哈德·米尔希和他负责的空军部亦将飞机的月产量提高了一倍，这一成就主要是得益于他们将飞机制造的任务集中分配给少数几个巨型工厂。米尔希迫使主要生产商调整各自的高层管理团队，将它们纳入统一的生产体系，进而推行合理化改革，放弃研发更先进的新式战斗机和轰炸机，转而大规模地批量生产现有型号的飞机，因此取得了令人瞩目的规模经济效益。梅塞施密特的 Me 210 是一种杀伤力更强的战斗机，但航空部因急于求成，全然不顾该飞机在设计和研发上仍存在的重大缺陷就将其投入生产。尽管这种机型极不稳定，当下却有数百架正在生产 330
中。米尔希果断取消了该生产项目，并集中资源生产诸如亨克尔的 He 111 双引擎轰炸机等型号的飞机。这款中型轰炸机于 1934 年首航，在伦敦大轰炸中表现平平，因此被另作他用，在德国充当夜战拦截机，取得了一定的成效。同样地，米尔希利用大量资源生产了 Me 109 战斗机。战斗机制造商的数量由 7 个锐减为 3 个，月产量则从 180 架大幅增长为 1,000 架。这些变化意味着同一年半前相比，1943 年夏天的飞机月产量翻了一番。[22]

空军方面反复要求对现有飞机进行改良，飞机生产的步伐也因此放缓。事实上，截至 1942 年底，关于容克斯 Ju 88 轰炸机在设计上的修改意见就达到了惊人的 1.8 万条，而调整亨克尔 He 177 重型轰炸机规格的建议书则堆在亨克尔各个设计室里，塞满了不下 56

个厚实的文件夹。此时，施佩尔与米尔希合作密切，并尽其所能地阻止空军对飞机设计提出五花八门的改造要求，但直至 1944 年初，他才艰难地将仍然投产的战斗机由 42 种减少到 30 种，然后再进一步减少为 9 种，最后削减为 5 种。1944 年 1 月，尽管陆军方面极不情愿，而且已蓄意拖延良久，但最终仍达成一致意见，将坦克和装甲车的类型由 18 种缩减为 7 种，而且现有的 12 种反坦克武器也全部由一种取而代之。施佩尔发现，投产的军用卡车多达 151 种，而到了 1942 年，他便将其减少为 32 种。这一简化方式也进一步扩展到煤矿开采和机床生产中，共计 440 种形形色色的机械压力机和液压机被减少为 36 种。零部件问题十分突出，把整个生产搞得复杂而低效。例如，容克斯 Ju 88 轰炸机就用了 4,000 种不同规格的螺栓和螺丝，而最终取代它的 Ju 288 轰炸机则仅用了 200 种。而且在该生产领域——亦在其他可行的领域——自动铆合机替代了人力劳动，该简化过程也意味着，跟之前相比，工人们只需要花更短的时间接受更基础的培训便可上岗。这些措施极大地提高了生产效率，就国防工业而言，1944 年的生产效率与两年前相比高出了 50 个百分点。[23]

施佩尔还对坦克生产进行了合理化改革。战争初期，德国军
331 队主要依赖两种中型坦克：一种是马克 3 型坦克（Mark III）与马克 4 型坦克（Mark IV），另一种是捷克设计的 T-38 坦克。它们在 1939—1940 年德国入侵波兰和西欧时均表现出良好的作战能力。但 1941 年时，它们面对苏联生产的 T-34 坦克便黔驴技穷了，因为 T-34 坦克不仅灵活迅速，而且配备了更坚实的装甲外壳和更有效的射击装置。这促使德国进行了重大反思，研制出两种新式坦克，分别是重达 56 吨的虎式坦克和 45 吨的豹式坦克。这两款坦克的杀伤力皆令人胆寒，T-34 坦克远不能望其项背，而且在弹药配备上远胜美国的同类坦克。截至 1943 年，施佩尔已生产完成数量惊人的坦克零

部件，但当它们正要被大规模组装时，同盟国的猛烈轰炸摧毁了生产工厂，所以这两款坦克的产量从未能满足德军的需求。与此形成鲜明对比的是，到 1943 年初，苏联的坦克产量达到了德国的 4 倍。苏联不惜巨大代价将工业转移至乌拉尔山区，这一浩大的迁移工程终于得到回报。[24] 或许德国能在某些领域生产出比敌国更精良的武器，但在数量上却无法与它们相匹敌。同其他国家相比，德国标准化的大规模生产可谓姗姗来迟，事实上，到最后已为时甚晚。[25]

军备生产其他领域的差异即便尚未达到霄壤之别的程度，但也同样令人震惊。1942 年，哪怕是更具优势的美国，在步兵武器方面的产量也仅为苏联的一半，其战斗机和坦克的产量亦不及苏联。美国合理化改革的方式与德国如出一辙，亦是由几个大型工厂集中生产种类不多的标准化武器。然而，德国在某些领域的合理化改革却是以牺牲质量为代价的。例如，Me 109 战斗机机动性差，与苏联更灵活的同类型战机相比黯然失色。容克斯轰炸机在速度上同样不具竞争力，而且机身太小，根本无法携带足以产生毁灭性效果的炸药量。虽然新型的虎式和豹式坦克性能优越，但设计上的缺陷尚未得到彻底的解决，便被匆忙地投入战争，这在德军中早已司空见惯。它们很容易抛锚，令德军忧虑不安；燃料耗尽而又得不到及时补给亦是时有发生的事情。[26] 与此同时，苏联人民则为他们艰巨的生产任务付出了昂贵的代价：不计其数的农民被强制征召去从事工业生产——30 年代时，斯大林全力推进工业化进程，人们因此早已熟知了这种充满暴力的招募方式——农业生产严重受损，全国出现大面 332
积的营养不良，甚至饥荒四起。1942 年，苏联开展狂热的经济动员，这种大规模的动员行动不可能持久存在。但美国的租借政策为苏联军队提供了充足的食物、原材料和通信设备，尤其是无线电收发报机和野战电话，同时也给英国提供了重大的设备和物资救援。不久之后，美国就将直接参与欧洲和北非的战争。施佩尔的合理化改革、托特的效率改革、米尔希的组织改革以及克尔对行政管理的改革，最终还是未能力挽狂澜，扭转德国的颓势。[27]

战争进行到一半时，武器、飞机、战舰、弹药以及军备设施的生产在美国如火如荼地进行，数量惊人，令第三帝国难以企及。1942 年，美国工厂生产的战机接近 4.8 万架，第二年近乎 8.8 万架，而 1944 年更是超过了 11.4 万架。当然，这些战机中很大一部分都飞往了太平洋战区去对付日本人，但仍有数量可观的一部分被调往了欧洲战场。此外，苏联和英国的飞机产量也优于德国。1940 年，苏联的飞机产量超过了 2.1 万架，1943 年时接近 3.7 万架；而大英帝国在 1940 年时生产了 1.5 万架飞机，1941 年时刚过 2 万架，1942 年时超过 2.3 万架，1943 年时大约 3.5 万架，而 1944 年时，则达到了 4.7 万架左右，而且这些飞机中绝大部分都是在英国国内生产的。相比之下，1940 年，德国生产了 1 万架飞机左右，1941 年 1.1 万架，1942 年才达到 1.5 万架。施佩尔和米尔希采取的合理化改革以及集中资源生产飞机的措施自 1943 年才得见成效。1943 年，德国生产了 2.6 万架飞机，1944 年达到 4 万架。但这仍然少于英国及其自治领生产的飞机总量，更是不及同盟国中三个主要成员国飞机总和的 1/5。[28]

其他领域的情况也概莫如是，不容乐观。例如，据德国国防军最高统帅部所言，1942 至 1944 年期间，德国每年的坦克产量也只是勉强维持在 5,000 到 6,000 辆之间，并未取得突破性进展。这一生产状况与英国及其自治领的坦克生产情形不相伯仲，它们的坦克年产量也只在 6,000 到 8,000 辆左右。然而在此期间，苏联的坦克年产量却达到了惊人的 1.9 万辆左右，而美国的坦克年产量则从
333 1942 年的 1.7 万辆激增为 1944 年的 2.9 万多辆。1943 年，同盟国机枪的总产量为 111 万挺，而德国仅为 165,527 挺。当然，同盟国军事装备的矛头并非全都指向德国，事实上，英美两国正分别在亚

洲和太平洋地区酣战。尽管如此，美国仍然将成批的武器和军备设施运往了英国和苏联，使苏联如虎添翼，进一步提升了它在坦克和飞机作战上的巨大优势。1942 年，正如托特事先所料，一切已成定局。[29] 到了 1944 年，德国即将战败已是人尽皆知的事实。

三

截至 1944 年，德国对战争的经济投入达到国内生产总值的 75%，苏联为 60%，而英国仅为 55%，由此可见，德国当时面临着巨大的经济压力。[30] 然而，德国在上半场战争中成功吞并或占领了欧洲很大一部分领土，亦能从中获利。正如我们所见，攻占波兰给德国带来了一系列攫取财富的契机，面对此等诱惑，任何国家都会垂涎三尺。或许更为重要的是，占领西欧的富庶国家给德国人注入了新的希望，他们相信自 1940 年起，德国的经济会得到重大改善，因为这些国家的工业技术发达，而且农产品丰富。据估计，总体而言，德国 1940 年在欧洲的势力范围内共有 2.9 亿左右的人口，这些势力范围的战前 GDP 总和要高于美国。在被占领的国家中，法国、比利时和荷兰均有庞大的海外殖民地，这给第三帝国增强经济实力提供了更多的良机。德国开始肆无忌惮地压榨沦陷国家的资源，全然不顾这些国家未来的持续发展。胜利初期，德国处于极度兴奋的状态，强取豪夺、大肆劫掠等暴行是家常便饭之事。法国沦陷后，德军将 30 多万挺步枪，5,000 多门大炮，近 400 万枚炮弹以及 2,170 辆坦克据为己有，德军在战争后期甚至还在使用这其中的不少武器。德国从法国那里攫取了大量战利品，而上述物资还不足总数的 1/3。还有 1/3 的战利品是成千上万的火车头与数不胜数的轨道车辆。在 334
战争爆发前的几年里，由于德国的铁路运输系统匮乏资金，全国范围内诸如煤炭等补给品的大规模运输因而严重受阻。而现在，德国凭借从法国、荷兰与比利时铁路系统那里抢来的4,260个火车头和14万节车厢，又能够补给消耗殆尽的库存量了。最后，德国的武装部队还劫掠了不计其数的原材料，用于国内军火生产，其中包括8.1万吨铜、足够使用一年的锡和镍，还有相当数量的汽油和石油。据法国估计，在被占领期间，德国总共掠走了价值77亿帝国马克的物资。[31]

对沦陷国家进行掠夺的不仅仅是德国政府和德国武装部队，正如我们所见，连普通的德国士兵也在这场宰割的狂欢中满载而归。他们在波兰、苏联、西欧以及东欧掠夺的物资不计其数。在寄回德国的家书中，士兵们不是在给国内亲人汇报自己抢劫或用帝国马克购买了多少商品，就是向他们承诺自己将要以此方式获得多少东西。海因里希·伯尔（Heinrich Böll）后来成为一位名满天下的小说家，获得了诺贝尔奖，他就曾给家人寄回去一盒盒黄油、书写纸、鸡蛋、女鞋、洋葱，凡此种种，不一而足。1940年，在即将回乡休假前，他就扬扬得意地向家里人宣告道："我给你们准备了半头小乳猪。"国内的妇女们不断地给身在法国、比利时、拉脱维亚和希腊的儿子或丈夫们汇钱，让他们在当地购买生活用品，返乡时一并带回或直接寄回国内。几乎没有士兵是双手空空回到德国的，他们的大袋子和手提箱都装满了礼物，这些礼物有的是买的，而有的则是抢来的。起初，德国士兵允准携带或邮寄回国的包裹数量是有上限的，后来统治当局提高了限额，因此每个月通过军队邮政从法国寄回德国的包裹数量激增为300万件。快到1940年底时，士兵的薪水有所提升，显而易见是为了让他们手头更宽裕，便于他们给亲人购买外国商品。但在被占领的东欧国家中最引人注目的还是德国的军队和民事当局，他们以官方名义征用或扣押了当地不计其数的商品、设备，尤其是食物。[32]

与此同时，第三帝国也开始采取更隐性的经济剥削策略。他们人为操控货币兑换率，如此一来，德国的帝国马克在兑换为法国与比利时的法郎、荷兰的荷兰盾以及西欧其他沦陷国家的货币时，便占尽优势。例如，据估计，帝国马克在法国的购买力高于其正常购 335
买力的 60%，这正是因为帝国马克与法郎的兑换率是通过法令人为设定的，而非由市场规律自我调节而来。[33] 除了明目张胆地抢劫外，德国还以合法方式从被占领国家那里进口了大量商品，但它并没有相应地增加出口来作为补偿。相反，向德国出口商品的法国、荷兰和比利时公司均是从本国的中央银行那里得到货款的，这些货款都用法郎或荷兰盾支付，德国人先赊账，将其记在位于柏林的帝国银行的账上。显然，德国从未偿还过这些债务；因此，截至 1944 年底，帝国银行债台高筑，欠法国 85 亿帝国马克，欠荷兰大约 60 亿帝国马克，欠比利时和卢森堡 50 亿帝国马克。[34] 1940、1941 和 1942 年这三年间，法国每年近乎 50% 的公共开销都支付给了德国，而 1943 年时，这个比例甚至达到了 60%。[35] 据估计，法国当时 40% 的资源都是德国在享用。[36] 纵观全局，西方沦陷国家被德国掠走的物资要超过它们战时商品净产量的 30%。[37] 德国的强取豪夺严重地影响了被占领国家的经济发展。此外，德国控制了被占领国家的中央银行，解除纸币发行量的限制，肆意印发纸币，导致严峻的通货膨胀，这是被占领国家付出的主要“占领成本”。再加上可资购买的商品都被转移到德国，这些国家出现了严重的商品匮乏，令本就岌岌可危的经济形势雪上加霜。[38]

凭借帝国马克在汇率上的人为优势，德国公司得以控制了法国、比利时以及西欧其他地区的竞争对手。德国政府在贸易调节和原材料分配上往往给这些公司大开方便之门，公司也因此从中获益。然而，由于德国没有向沦陷国家的中央银行偿还债务，所以出现严重的财政赤字，这反而令其愈发捉襟见肘，无力输出更多资本收购沦陷国家的企业。法本公司是德国染料业托拉斯，它就成功地控制了法国大部分化工业，其他德国公司，尤其是政府资助的赫尔曼·戈林国家工厂，也抢先占领了阿尔萨斯–洛林地区的大部分采矿业和钢铁业。赫尔曼·戈林国家工厂因为有德国政府的资助，所以在
336 兼并外国公司时具有私营企业无法企及的竞争优势。许多被接管的企业均是国有企业或外资企业。此外，德国政府在犹太人经营的公司中推行雅利安化运动，尽管该运动总体而言并未大规模推行，但亦产生了一定影响。另外，许多大型私营企业还是成功避免了被德国接管的命运，其中包括飞利浦、壳牌以及联合利华等荷兰主要跨国公司以及当时名为阿贝德的钢铁集团。当然，德国占领者仍然通过各种手段监视着这些公司的生产活动，但在多数情况下，德国人均不能对其直接发号施令，也不能堂而皇之地搜刮它们的利润。[39]

德国人之所以未能彻底掌控西欧沦陷国家的企业，最根本的原因是当地政府虽然权力颇为受限，但依然屹立不倒，财产法和财产权仍一如既往地具有法律效力。因此，在柏林方面看来，它必须以经济合作的名义与这些国家展开经济活动，哪怕这种合作极不平等，但也不能像对付波兰一样，以暴力手段彻底没收或征用当地企业。德国在沦陷区设立的民事与军事管理机构为德国企业创造了基本条件，并通过雅利安化（德国并未在法国推行该政策，因为法国犹太人的财产是由法国政府控制的）等措施为它们提供了大量的契机。德国企业寄望于在沦陷区扩大自己的势力范围，分得一杯羹，因此它们能做的便是极力巴结德国在沦陷区的统治当局，以便在与对手的竞争中抢占先机。[40]柏林方面出台的合作政策限制了这些企业的行动自由，而这一举措亦是出于两方面的考虑。一方面，在与英国的拉锯战中，德国希望赢得法国和其他西欧国家的合作橄榄枝，因此该政策算得上是一条权宜之计；而另一方面，这是德国出于更宏伟愿景的需要：在欧洲建立新秩序——一个规模宏大，囊括所有欧

洲国家的经济体——如此一来，它就能将欧洲大陆作为一个防御整体，与美国和大英帝国的庞大经济体系相抗衡。1940 年 5 月 24 日，来自外交部、四年计划工作组、帝国银行、财政部以及其他相关部门的代表们召开会议，共同讨论如何建立新秩序。新秩序不能被宣传为德国的扩张工具，而应被美饰为促进欧洲合作的提案，这一点不言而喻。德国凭一己之力供养战争的政策显然不奏效，必须攫取并利用其他国家的资源。1940 年 6 月 20 日，希特勒本人也向托特明示道：“战争如此漫长，要想完全自给自足赢得胜利根本是痴人说梦。”[41] 新秩序同样是为了实现自给自足，只不过是建立在全欧 337
洲范围的基础上。[42]

因此，正如四年计划总负责人赫尔曼·戈林在 1940 年 8 月 17 日所言，他们的当务之急是“将德国与荷兰、比利时、挪威和丹麦等国的经济利益紧密联系起来”，同时加强与法国的经济合作。法本公司等大型企业也踊跃参与新秩序的建设，并结合自身情况提出相应的建议，正如该公司 1940 年 8 月 3 日的一则备忘录指出，“通过创建一个自给自足的大型经济体，同时将它与世界上其他经济体整合起来，统筹规划”，自己的工业需求便可得到满足。[43] 同样，1940 年 8 月 3 日，帝国财政部的一位代表解释了德国在推行新秩序时为何需要分外谨慎：

> 有人认为我们只需要发号施令，直接宣告欧洲经济即将发生的事情即可，换言之，我们仅以德国利益为出发点，片面地对待这些问题。私营企业有时遵循这种价值观，它们视野较窄，注意力囿于本领域，以此出发思考欧洲未来的经济结构问题。然而，这种思维方式实属谬论，因为归根结底，我们不可能在欧洲孤立独存，亦不可能经营一种我们一家独大而其余国家则彻底听命于我的经济。显而易见，我们要避免堕入两种极端的

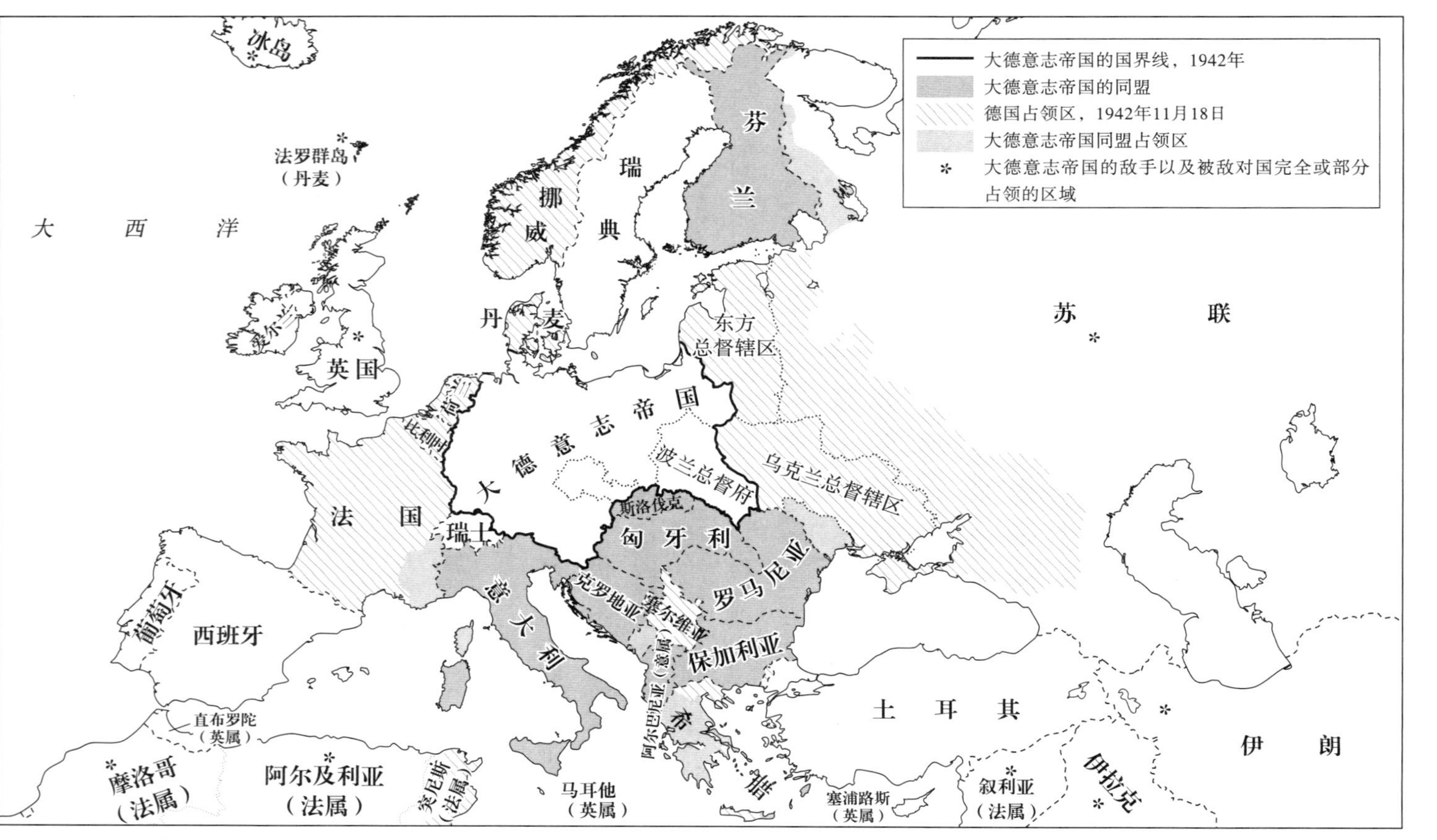

地图12　欧洲新秩序，1942年

> 思维方式：一种是我们要吞并一切，将别人搜刮殆尽；而另一种则是我们万不可如此，我们什么也不要。[44]

这种折中路线与经济帝国主义者采纳的发展方针大同小异，他们极富远见，一战前就有建设德国经济利益圈的想法，这个利益圈有时被称为“中欧”（Mitteleuropa）。经济规划者认为，要建成这样一个经济圈，他们必须创建影响力波及整个欧洲的卡特尔（cartels），在全欧洲范围内投资，展开一系列企业收购。整个过程可能需要政府出面废除关税壁垒，人为操控货币金融。但从德国工业的角度看，实现新秩序的构想关键在于私营企业。新秩序旗帜下的欧洲经济整合倚靠的不是国家和政府的调控，而是欧洲市场经济的重组。[45]

为了实现该目标，德国需要尽可能地避免给人留下这样一种印象，即征服西欧国家正是为了使它们在经济上臣服于自己并对其实 339
行经济剥削。然而，与此同时，德国的经济规划者们对建立新秩序的根本意图了然于心，那就是服务德国的经济利益。要想在这一点上做得不露痕迹，德国方面需要费不少心思，有时还需要一些十分高明的手腕。例如，1919 年以来，德国一直背负着战争赔款的恶名并对此耿耿于怀，有鉴于此，第三帝国并未向战败国索取经济补偿。1919 至 1932 年期间，德国向法国和比利时支付了战争赔款，以此补偿 1914 年它入侵这两个国家时造成的破坏。但 1940 年时无人入侵德国，它又怎能觍着脸去索要赔款呢？所以，德国就以战胜国的身份巧立名目，强行向战败国收取所谓的“占领成本”。德国谎称这些钱用于供养驻扎在占领区的德国军队，以及设置在那里的陆军基地、海军基地、飞机场和防御性炮台。但事实上，德国据此名目盘剥而得的费用远超实际所需的占领成本。例如，德国每天向法国勒索的占领成本达到 2,000 万左右的帝国马克，按照法国方面的统计，这笔开销足以供养 1,800 万人的部队。截至 1943 年底，接近

250 亿帝国马克以此名义流入了德国国库。占领成本的金额如此庞大，所以德国鼓励法国转让股份，以此为支付手段。法国一些重要企业掌握着罗马尼亚石油业以及南斯拉夫铜矿开采业的命脉，可不久之后，这些企业的控股权便逐渐落入纳粹党麾下的德国企业手中，比如人尽皆知的赫尔曼·戈林国家工厂以及新成立的“跨国”公司大陆石油。[46]

四

这一切都折射出一个事实——从德国紧锣密鼓地为入侵苏联做准备的那一刻开始，德国便将经济合作提上了议程，成为重要性仅次于经济剥削的任务。施佩尔等人相当认真地思考过这些理念。[47]但在希特勒看来，这些伎俩不过是障眼法罢了。例如，1941 年 7 月 16 日，他留意到维希政府出版的法文报纸中有一则宣言，该宣言称
340 这场对抗苏联的战争是全欧洲人民的战争，因此所有欧洲国家均能从中获益。他说道：“就我们所采取措施的动机，我们给这个世界的说法，应该取决于战略因素。”[48]把入侵苏联称为欧洲事业便是这样一种战略。但事实上，这一切都是从德国利益出发的，纳粹政权的领导们对此早已心知肚明。正如戈培尔 1940 年 4 月 5 日所宣告的那样：“我们此刻在全欧洲开展的革命与我们之前在国内开展的规模相对较小的革命并无二致。”他继续道：“如果有人问我们，你们是如何看待新欧洲的，我们必须回答说对此一无所知。当然，我们并非真的一无所知，我们对此的确存有自己的看法，但如若将其公之于世，我们势必会立即招致更多的敌人。”[49] 1940 年 10 月 26 日，他更是将这些想法的言外之意毫无避讳地公之于世：“我们想在战争结束后成为欧洲的霸主。”[50]

因此，截至 1941 年，西欧的沦陷国家遭到了德国无所不用其

极的剥削。德国想要赢得战争则必须获得多方面工业生产的鼎力支持，大多数沦陷国家因而加快了相关工业领域的生产步伐。但法国的工业生产很快就呈现出明显的疲软态势，远不能满足德国经济规划者与军事领导人的期许。1941 年 2 月 12 日，德国与法国最终签订协议，法国工厂同意为德国生产 3,000 架飞机。在签订协议前，飞机生产就已时常中断；即使签订协议后，因铝材匮乏，加之煤炭能源的获得困难重重，生产进程也严重受阻。截至当年年底，法国和荷兰的工厂总共仅交付了 78 架飞机，而在此期间，英国却向美国购买了 5,000 架飞机。第二年情形有所改观，它们向德国空军交付了 753 架飞机，但这只是英国从美国那里获取飞机数量的 1/10。工人士气萎靡，身体不佳，营养不良，在意识形态上或许还极不情愿，所以法国飞机厂中工人的生产效率仅为德国同行的 1/4。整个战争期间，西欧沦陷区为德军总共只生产了 2,600 架出头的飞机。[51]

甚至算上西欧沦陷区的丰富自然资源，战争期间第三帝国的经济发展仍然囿于燃料严重不足的问题，其中最为棘手的当属石油短缺。德国方面试图找到替代能源，但徒劳无功。1943 年，人工合成燃料的产量也仅由 4 年前的 400 万吨增长为 650 万吨。此外，1940 341
年被德国攻占的西欧地区也是进口石油的主要消费者，这些地区本身并不生产石油，由于它们之前的石油供给被突然切断，因此进一步加剧了德国石油短缺的形势。罗马尼亚和匈牙利每年各自供应 150 万吨左右的石油，但这也只是杯水车薪。德军占领了法国和其他地区的燃料储藏地，这使得法国的石油供给严重缩水，仅为战前石油供给水平的 8%。意大利是德国的盟国，由于它的石油供给来源也被切断，所以也进一步消耗了德国和罗马尼亚的石油。整个战争期间，德国的石油储备量从未超过 200 万吨。相比之下，大英帝国治下各地和美国在 1942 年则向英国出口了 1,000 万吨石油，1944

年这一数字更是翻了一番。另外，德国人也未能攫取高加索地区和中东的石油资源。[52]

煤炭仍然是最基本的燃料，广泛应用于发电，为工业生产提供能源，同时也供家庭使用，西欧和中欧都有着数量惊人的煤炭储量。但沦陷国家的工人故意怠工，煤炭产量因此暴跌。有的工人甚至选择罢工，以此抗议少得可怜的食物配给和日益恶化的工作环境。1943 至 1944 年，德国国内使用的煤炭中，大约有 30% 来自沦陷区域，特别是上西里西亚地区。但事实上，德国可获取的煤炭资源本应更多，尤其是来自比利时和法国北部丰富的煤炭矿层。英国的封锁切断了德国从海外进口粮食、肥料和动物饲料的渠道，而德国人在法国、荷兰以及比利时的农场大肆征用这些资源，同时将这些地区的农场工人征为强制性劳动力，将其遣送至德国境内做苦力，这又给农业生产带来灾难性后果。农民不得不大规模地屠杀猪、鸡以及其他家禽家畜，因为他们已经没有饲料来饲养这些牲畜了。从 1938 到 1940 年的两年间，法国的粮食收成急剧下降了 50% 以上。德国占领者因此实施了食物配给制度。截至 1941 年，挪威每天的标准食物配额为仅能提供 1,600 卡路里热量的食物，而在法国和意大利，每天的食物配额更低，为仅能提供 1,300 卡路里热量的食物。任何人都不可能以如此少的食物维持生命，为求生存，人们开始违反法律，因此，在包括东欧沦陷区在内的地方，黑市迅速发展起来。[53] 这一切都表明，西欧各沦陷区的经济并未像德国起初估计的那般，能极大地服务于自己的战争。不仅煤矿区的生产效率大幅度下降，而且由于德国没收了法国、比利时以及荷兰的铁道车辆和火车头，煤炭运输因此也在这些国家严重受阻，这一进步阻碍了工业生产。
342 煤炭供给量下降，炼钢厂因而严重缺乏用于熔炼钢铁的焦炭，所以亦无可避免地开始陷入困境。德国不仅无法充分利用从法国和比利时那里夺来的煤矿，而且它自己的煤矿开采也开始每况愈下。德军把许多表现突出的煤矿工人提拔进武装部队，但并无效果；又试图通过提高薪酬刺激工人深入矿井，但也无济于事，因为他们的工作时间过长——甚至周日也不能休息——工作条件危险至极，而且最重要的是实物配额少得可怜，煤矿工人根本难以为继。[54] 总而言之，一切都事与愿违，德国攻占其他欧洲国家远未给自己的战争经济带来预期的改善。

归根结底，这都显示出政府下令进行粗暴掠夺的首要地位。有的经济学家——奥托·布吕蒂加姆（Otto Brütigam）便是其中之一，他在罗森贝格负责的德国东方占领区事务部中身居要职——认为，如果德国领导人当初能采纳在欧洲建立一种经济合作的新秩序策略，而非执行种族压迫和大规模屠杀等政策，那么德国能从被其征服的欧洲国家中攫取多得多的经济利益，尤其是从东欧地区。[55] 一部分商人和资本家或许也有类似的想法，但总体而言，他们还是将纳粹政权对臣服民族的压迫政策当作既定事实，因此无所不用其极地从他们身上榨取经济利益。正如流亡政治学家弗朗茨·诺伊曼（Franz Neumann）在战争期间所言，这显然是一种指令型经济，即资本主义市场经济愈发受制于统治阶层的指令与控制。[56] 德国的政策是否不止于此呢？纳粹经济是否与资本主义的自由企业制度完全背道而驰呢？毋庸置疑，整个战争期间，纳粹政权愈发得寸进尺地干预经济，远不止简单地调整经济发展方向或迫使其在全球战争的政治语境中运作。人为操控物价和汇率，控制劳动力和原材料的分配，限定股息，强制实行合理化改革，一次次更改设定生产目标，林林总总，不一而足，这一切严重地扭曲了市场。政府急剧地提高军备开销，将用于消费品生产的资源大量转移到武器相关产业和其他重工业，打破了市场平衡。整个工业生产因此愈发服务于受意识形态驱使的政治目的和政权利益。[57]

而且，随着时间的推进，政府和纳粹党利益集团控制了愈来愈 343

多的经济领域。例如，整个报刊业在战前几乎全部沦入纳粹党的手中，而包括电影制作公司和书籍出版社在内等其他媒体行业也大都由纳粹党组织的分支机构所掌控。在图林根等地区，纳粹党地方领导人可以左右本地区的关键行业。1939 年后，政府机构或纳粹党组织还能接管外资企业，只要这些企业的所属国正与德国交战。此外，德国在沦陷国家对犹太人经营的公司实行雅利安化政策，为德国提供了更多的契机。国有企业赫尔曼戈林工厂也通过上述方式，进一步扩大了自己的影响力。奥斯瓦尔德 · 波尔是党卫队经济与管理部部长，该部门在短时间内编织了一张庞大而复杂的业务网，所涉领域数量惊人。波尔 1940 年成立的控股公司，即所谓的德意志经济经营公司（Deutsche Wirtschaftsbetriebe），通过持有、外租和有效操纵等方式控制了大量的房地产公司、家具制造商、瓷器制造商、水泥生产商、采石业、武器生产商、木制品生产商、纺织工厂以及书籍出版社等等，不一而足。吞并哪些行业往往反映出希姆莱本人的关注焦点，有时甚至是他略显乖戾的个人偏好。例如，希姆莱就减少德国——尤其是党卫队——的酒精消费表现出极大热情，于是经他安排，位于巴特诺因阿尔的阿波黎纳里斯矿泉水公司——战前归英国所有——便从它的德国受托人手中被转租给党卫队控股公司，该矿泉水公司得到回报就是一笔庞大的订单，负责给党卫队提供矿泉水。矿泉水公司的现任经理并未被革职，但党卫队给他任命了一位副手，他必须与其共事，党卫队由此获得了很大的控制权。其他公司则完全归该控股公司所有。凭借此类发展方式，党卫队经济帝国得以迅猛扩张。[58] 然而与此同时，这个庞大的经济帝国对自己该扮演何种角色似乎尚未形成一个清晰的定位，它只是在以吞并的方式毫无计划地进行扩张，这一点我们从它控制阿波黎纳里斯矿泉水公司的例子中便可见一斑。党卫队也并未将控制德国经济作为自己的重要目标，因为与种族和国家安全政策相比，经济目标永远只能处于从属地位。[59] 事实上，在战争最后两年，党卫队将大部分精力都用于实现国家安全和种族压迫的目标，而经济方面的宏志早就退居幕后。[60]

尽管这些经济制度上的变化产生了令人瞩目的影响，但它们依然没有改变一个事实，即德国经济仍是一种由民营企业主导的资本主义经济。虽然调控政策渗入到各行各业而且极具干预性，但这些 344
政策的执行者却是各种不同的机构和组织，而且它们之间往往相互倾轧。[61] 行业经理和公司高管设法保留一定程度的活动自由，但战争期间，他们的自治权以及自由市场经济的运作越来越受限制，他们对此了然于心；而且，令他们更忧心忡忡的是整个经济模式或许会过渡为彻底的“社会主义”国营经济制度。这方面令他们尤其忧虑不安是约瑟夫·戈培尔，他是一名众所周知的“社会主义者”；除他之外，赫尔曼戈林工厂和实力日渐庞大的党卫队经济帝国亦是令他们忧虑原因之一。这样的担忧促使不少商人和实业家选择尽可能地与统治当局合作，他们笃信，这样就能避免统治当局变本加厉地蚕食他们的决策权。[62]

因此，经理、执行主管以及公司主席都非常乐意去利用政府提供的各种利诱政策，其中最引人注目的自然是诱人的军备生产合同。此外，德国企业还从党卫队的活动中大获其利。例如，德累斯顿银行（Dresdner Bank）向党卫队提供信贷，作为回报，党卫队便授予该银行的高层领导以军衔。德累斯顿银行为党卫队在萨克森豪森的建筑工程提供贷款，同时还给他们在奥斯维辛的 2 号焚化室工程提供经济支持。[63] 胡塔（Huta）是生产气罐车的一个小公司，这些气罐车专门用于屠杀被关押在海乌姆诺集中营和其他集中营的犹太人；托普夫父子公司是一家工程公司，为奥斯维辛集中营修建了大量的毒气室。诸如此类的公司不胜枚举，它们无一例外地都热衷于在这笔杀人买卖中大发横财。自己的产品将被用来作何，有的公司对此或许一无所知，比如给奥斯维辛集中营提供齐克隆 B 的公司就属于这种情况，但在大多数情况下，这些产品的用途不言而喻。奥斯维辛集中营和其他死亡营的犹太人被残杀后，尸体口中的金牙被拔下来，负责处理加工这些黄金的公司对它们的来源再清楚不过。这些金牙在集中营搜集好之后，被送往总部位于法兰克福的德固赛公司（Degussa）的精炼厂，这是德国贵金属加工业的领军企业。这些黄金连同其他黄金材料、珠宝以及类似物一并被融化掉，然后制成金属条，它们都是从欧洲沦陷区的犹太人和其他族群那里夺来的。据估计，1939 至 1945 年间，德固赛公司从对犹太人的掠夺中总共盈利了 200 万左右的帝国马克；1940 至 1944 年间，该公
345 司 95% 的黄金均是劫掠而来。[64] 德固赛公司通过德国国家银行将这些黄金销售给德意志银行等金融公司，以此获取利润。[65] 曾在车间处理加工过这些黄金的工人对大部分黄金的出处都有深刻的了解。战争结束很久之后，德固赛公司的一名工人回忆道，这些金属填充物刚送到工厂来的时候，一看就知道它们原本是在什么地方，“有的在牙冠上，有的在齿桥上，有的牙齿都还在上面……最令人痛心的是口腔里的一切都还在上面，就像是刚从嘴里面活生生摘出来的一般，牙齿都还附着在上面，有的血迹未干，上面还有一块块的牙龈”。[66]

第二节

“命如草芥”

一

施佩尔成功推动了战争经济的发展，大幅度地提高了产量—— 346
虽然这最终也于事无补——这一瞩目的成就尤其要归功于他对劳动力的有效利用。1939 到 1941 年，从事武器生产的劳动力比重增长了 159 个百分点，而截至施佩尔开始掌权时，武器生产领域就已经没有多少提升空间了。通过增加轮班制工作的数量以及他本人在各生产领域推行的合理化改革等措施，施佩尔推进了劳动力的更高效利用；例如，他将生产一辆马克 3 号坦克所需要的工时缩减了一半。1941 到 1944 年期间，德国工厂生产的战斗机数量翻了四番。即便在对战斗机产量做数据统计时，我们选择的数据终止日期将产量增长最大化了，但战斗机的增长数量也的确真实可信。而飞机制造厂在 1944 年取得这一产量突破的同时，投入的劳动力与 3 年前相比却没有发生太大的变化，准确说来，只是从 36 万增长到了 39 万。[67]

与此同时，军工业注入了大量新鲜劳动力，几个关键生产领域的劳动力数量因而急剧增加。1942 年，从事坦克生产的工人数量增长了近60%。同年，火车车头生产商的员工数量猛增了90%，火车车头的产量因此由1941年的2,000个不到激增为1943年的5,000多个。但最具突破性的增长还是出现在弹药生产领域，截至1943年秋天，该行业总共雇用了45万名工人，与坦克工厂的16万名工人和武器行业的21万名工人数量形成了鲜明对比。另外，还有一些重大增长并非由施佩尔主导，而是得益于托特在1942年1月10
347 日开始推行的一个项目。[68] 1942年3月21日，希特勒设置了一个名为劳动力调配全权总代表的新职位，专门负责征募新工人，他将这一重任委派给了弗里茨·绍克尔（Fritz Sauckel）。绍克尔与施佩尔等人截然不同，他不如他们处事圆滑，也不像他们那样是受到良好教育的中产阶级专业人士。绍克尔出生于1894年10月27日，父亲是一名普通的邮局工人。他在弗兰肯（Franconia）长大，生活贫困拮据，年仅15岁便辍学，在一艘货船上当侍应生。一战刚爆发，他所在的轮船就被法国战舰击沉，因此一战期间，他一直被囚禁在战俘集中营里。1919年回到德国后，他在滚珠轴承厂中当车床工人，后来才开始学习工程建设。因此，无论从出身还是从生活方式来看，他都是一个不折不扣的下层平民。与纳粹党的其他领导人不同，他的婚姻生活似乎非常美满，总共养育了至少10个孩子。1923年，他听到了希特勒的公众演讲，希特勒在该演讲中大肆宣扬实现民族团结的必要性，这令绍克尔深深地折服。同年，啤酒馆政变失败后，绍克尔对希特勒的忠诚依旧坚定不移，希特勒因而在1927年时任命他为图林根州大区长官，以此嘉奖他的赤胆忠心。1929年他又被选为图林根州的立法议会议员，而1932年，当纳粹党在国家选举中脱颖而出成为实力最强大的党派时，他更是被任命为图林根州州长。[69]

20世纪30年代，绍克尔不仅带头将图林根州的一家大型武器生产商雅利安化，而且还确保该生产商由自己的控股公司——威廉·古斯特洛夫基金会（Wilhelm Gustloff Foundation）——收入囊中。由此可见，绍克尔虽然出生平民，但并非对商业世界和工业领域一窍不通。他的人生阅历在1942年时发挥了意想不到的作用。战争刚爆发，根植于他身上的平民色彩民粹主义思想便得到淋漓尽致的表现。他请求希特勒允许自己在武装部队服役，但遭到拒绝，于是他偷偷藏匿在一艘U艇中，直到该潜艇起航之后他才被发现。考虑到他的个人威望，U艇舰队司令卡尔·邓尼茨（Karl Dönitz）下令返航，而这起事件对绍克尔的名声并未产生丝毫影响。绍克尔是马丁·博尔曼的亲密盟友，在博尔曼，甚至在希特勒看来，绍克尔的旺盛精力和冷血无情都是解决1942年劳动力问题不可或缺的特质。他之前的表现已充分证明他是一名坚定的纳粹分子。面对"非人的"斯拉夫人，哪怕他们的劳动对德国的战争经济至关重要，绍克尔也不会心慈手软，这一点纳粹党确定无疑。

这个新职位直接听命于希特勒，绍克尔因此被赋予了极大的权力，这一点与施佩尔的情形类似。尽管明眼人都能轻易看出绍克尔和施佩尔之间的关系异常紧张，而且后来还演变成真枪实弹的权力 348
博弈，但至少在初期，绍克尔通过该职位的确与施佩尔展开了亲密合作，尤其是在征募外籍工人的问题上。包括帝国劳工部、四年计划工作组以及德意志劳工阵线等在内的一些机构之前在劳动力调配上也有着举足轻重的作用，但现在均被排挤在外。与此同时，劳动力的有效调遣离不开一定的强制势力，所以由海因里希·希姆莱统辖的帝国保安总局也插手其中，而他本人也由此成为除绍克尔和施佩尔之外对该领域具有决定性影响的第三名角逐者。[70]

到绍克尔走马上任，接受这个新出炉的职位时，德国已有大量的外籍工人了，其中波兰人超过了100万。一方面，因为希姆莱和戈林将波兰人视为劣等民族，方方面面都要低人一等，所以他们认为波兰人只能做一些简单的农活，这些工作不需要什么技能，而另一方面，由于大量的德国劳动力被征兵入伍，本土农民长期往城镇迁移，所以德国人在该领域又迫切需要波兰人。[71] 1940 年 5 月，在德国劳作的 120 万名战犯和外国公民中，60% 的人都在从事农业生产。这 120 万人中有 70 万是波兰人，他们当中绝大多数人都只被安排在农场工作，只有很少一部分人被派去修建公路。德国试图征募波兰人到矿井工作，但却阻碍重重，因为波兰工人经验不足，而且他们中许多人营养不良，健康堪忧，根本吃不消煤矿工人必须从事的重体力劳动，此外，他们的生产效率也不尽人意。[72] 一方面，波兰劳动力被大规模地征用于农业生产，而另一方面，到了 1940 年中期，军工业生产又亟需更多的工人。按照一些军备生产检察官的说法，该领域的劳动力缺口达到了惊人的 100 万。1940 年 5 月至 6 月，纳粹德国入侵西部国家，俘获了众多的法国人和英国人，安排他们去生产武器似乎再合适不过。截至 1940 年 7 月，他们中的 20 万名战俘已经被送往德国，一个月后，这一数字猛增为 60 万，到了 10 月份，更是激增为 120 万。[73]

德国方面试图甄选出有技能的工人进而安排他们从事武器生产，但效果却不甚理想。截至 1940 年 12 月，一半以上的战俘跟波兰人一样，都被派去做农活。因此，武器生产的劳动力空缺不得不由平民志愿者来填充。他们是从西欧沦陷国家和德国的盟国中征募而来，所以从理论上来讲，他们的薪酬待遇和工作环境应当与德国
349 工人相一致。截至 1941 年 10 月，在德国的平民工人中，有 30 万来自西欧国家，还有 27 万意大利人、8 万斯洛伐克人以及 3.5 万匈牙利人。意大利工人时常就德国的食物发牢骚，而且他们总是在夜晚吵吵闹闹，寻衅滋事，这很快就让他们在德国不受待见；而更令德国人愤愤不平的是，政府赋予了意大利人一系列特权。此外，外籍工人的工作表现也没有达到德国雇主的期望。正如党卫队保安处所抱怨的那样，大部分外籍工人都敷衍了事、尸位素餐。而其中缘

由再明显不过，那就是他们的薪酬高低并非取决于个人业绩，不管勤奋还是怠惰，他们的工资总是低于德国同行。[74]

然而，入侵苏联之后，德国在外国劳动力的调配部署上有了新资源。正如我们所见，德国在巴巴罗萨行动中攻陷了一大片苏联领土，起初，希特勒、戈林以及第三帝国的经济负责人们并未将这些沦陷区的民众视为不可或缺的劳动力资源。在他们看来，既然胜利在望，沦陷区的劳动力便是可有可无的。然而，到 1941 年 10 月，战局已经非常明朗，德国不可能在当年取胜。因此，德国实业家开始向统治当局施压，要求统治当局把红军战俘遣送至矿井等工作场所，这些地方因劳动力匮乏而产量下降。1941 年 10 月 31 日，希特勒下令将苏联战俘用于服务德国的战争经济。用他们替代德国的技术工人，去从事那些对专业技能没有过高要求的劳动，如此一来，德国技术工人就能被重新部署在最需要他们的岗位上。[75]但截至此刻，大量的苏联战俘已经死亡，而余下的战俘身体条件又极差，所以到 1942 年 3 月底时，被俘获的 335 万名红军士兵中仅有 5% 的人被用作工人。[76]因此，征募平民百姓的任务变得愈发迫在眉睫。

早在绍克尔上任之前，德国在东部沦陷区的民事和军事当局就开展了大规模的平民工人征募运动，他们威逼利诱，软硬兼施，一方面通过广告大肆宣传，出台刺激性政策，而另一方面则采取一系列威胁手段和恐怖措施。武装征募委员会在乡村地区四处搜索，逮捕并囚禁那些四肢健全有劳动力的年轻男女；他们本人如果藏匿起来，那么其父母和家人就将备受虐待，直至他们现身投降。1942 年 11 月底，绍克尔宣称，自走马上任以来，他又征募了 150 万名外籍工人，使外籍工人的总人数达到了近 575 万。然而，他们中大部分人——尤其是来自西部地区的工人——合同期都仅为 6 个月，而且其中一部分人因不能胜任工作，合同因此被取消了，如此一来，德国国内的外籍工人实际数量（包括战俘在内）还不足466.5万人。
350 在绍克尔本人看来，这是一个令人瞩目的成就。[77]但事实上，劳动力数量仍然不够。到了1942年，东部战区的战争已经演变成不折不扣的消耗战，这是希特勒一直竭尽全力所避免的局势。从1941年6月到1944年5月，德国武装部队在东部战线每月平均折损6万兵力。此外，德军因被俘、受伤以及疾病等原因还折损了成千上万的兵力。[78]填补这一兵力缺口绝非易事。1942年，通过降低征兵年龄，德军又征募了近100万新兵；还有20万人是从军工业的工人中招募而来，在此之前，从事军工业生产的工人享有不被征兵入伍的特权。与此同时，提高征兵年龄的上限，将中年人也纳为招募对象，这对增加新兵数量来说也是一项必要措施。军工业和农业的劳动力数量本就捉襟见肘，而这些政策又进一步加剧了这两个领域的劳动力短缺问题。[79]

德军在东部战线上阵亡的人数越多，先前受保护的德国军工业工人被强制征兵入伍的数量就越大，这些行业则需要用更多的外籍工人来填补本国员工遗留下的劳动力空缺。德国政府不愿提高外籍工人的薪资报酬，改善他们的工作环境，因为这会在本国民众中激起民愤，由此，统治当局甚至在西部地区也加强了征兵力度。1942年6月6日，希特勒与维希政权总理皮埃尔·赖伐尔达成一致意见，同意释放5万名法国战俘，作为回报，法国要派遣15万名平民工人奔赴德国,这一交换项目的规模随后还将进一步扩大。1942年初，绍克尔要求将全法国1/3的金属加工工人——共计15万名技术工人——调往德国，与此同时，还要求法国派遣25万名来自各行业的工人前往德国。截至1943年12月，在德国工作的法国工人已超过66.6万名，另外还有22.3万比利时工人和27.4万名荷兰工人。绍克尔手下的征兵委员四处游荡，他们愈是在法国工厂中强行抓捕工人，这些工厂就愈是不愿为德国的战争服务生产武器和装备。与之前在波兰的情形大同小异，德国方面施加的压力愈大，人们的抵制性就愈强。[80]

在绍克尔看来，同西方战区相比，东方战区的强制性征募空间要大得多。随着德国在东线的战事愈发吃紧，德国军队、沦陷区的德国统治当局以及党卫队抛弃了所有顾虑，开始肆无忌惮地在当地 351
征募劳动力。1943 年 10 月，海因里希 · 希姆莱在波森发表讲话，宣布道 ：“1 万名俄罗斯妇女在为德国修建防坦克壕时因精疲力竭而倒下，这种事情唯一能引起我注意的就是，这个战壕是为我们德国人修建的。”[81] 如果有哪个村庄的年轻人回避劳动力征募，党卫队就会纵火将整个村庄夷为平地，他们还会直接在大街上抓捕符合条件的工人，再或者扣押人质，直到足够数量的劳动力候补人主动站出来 ；概言之，党卫队使尽浑身解数，不择手段地征募劳动力。与此同时，东部沦陷区的德国军事当局制订了一个计划（“干草行动”[Operation Hay]），决定抓捕多达 5 万名年龄介于 10 至 14 岁的孩子去从事建造工作，为德国空军服务，或者将他们送往德国军工厂充当劳动力。截至 1944 年秋天，通过这些手段，从苏联沦陷区被抓到德国来充当劳动力的外籍工人激增为 280 多万名，其中包括 60 多万名战俘。到此刻为止，第三帝国总共拥有近 800 万名外籍工人。具体而言，农业领域中外籍工人占 46%，采矿业中占 33%，金属业中占 30%，建筑业中占 32%，化工业中占 28%，而交通运输业中占 26%。在战争最后一年，德国 1/4 以上的劳动力均是外国公民。[82]

二

自 1942 年春天以来，外国劳动力大规模输入，极大地改变了德国城镇的面貌。营区和廉价招待所雨后春笋般在德国遍地开花，它们都是用来给这些外籍工人提供住宿的。例如，仅慕尼黑就有

120 个战俘营和 286 个供外国平民工人使用的各类营区与招待所，通过这种方式，可供外籍工人使用的床位达到了 8 万个。有的公司招募了数量惊人的外国员工，比如，接近 1944 年尾声时，机动车制造商宝马公司在 11 个特别安置中心为 16,600 名外籍工人提供了容身之所。[83] 戴米勒–奔驰公司（Daimler-Benz）的厂房位于斯图加特附近的下图尔克海姆，从事生产飞机引擎和其他军需品，它在战争期间拥有多达 1.5 万名工人。截至 1943 年，除研发部门外，外籍工人在该公司其他部门的工人比例中占到了一半以上，而在 1939
352 年时，外籍工人的数量还几乎为零。他们被安置在 70 个形形色色的场所，在一个破旧音乐厅和一所废弃学校中临时搭建的简陋房屋就包括在其中。[84] 克虏伯公司的炼钢厂位于埃森（Essen），截至 1942 年 9 月，它一半以上的德国本土工人被征召入伍，但与此同时，自 1937 年以来，军需品订单大幅增加，让它不得不面对提高至两倍生产量的需求。到 1943 年年初，这些炼钢厂的外籍工人占到了差不多 40%。之所以会出现如此大比例的外籍工人，一方面是因为克虏伯公司向政府相关部门（就是后来绍克尔统辖的部门）反复提出请求，另一方面则是因为该公司在西欧展开了征募技术工人的招聘活动。克虏伯公司的高层领导在法国沦陷区的德国行政管理部门中拉拢关系，以确保后者能在 1942 年秋天为他们安排近 8,000 名工人，而且其中许多工人都有娴熟的专业技能。绍克尔统辖的部门甚至开始怀疑克虏伯公司更倾向于雇用外国技术工人，不愿选用训练较少、经验不足的德国工人。在克虏伯公司的所在地埃森，有的外籍工人租住在当地居民家中，如果他们是战俘或者从东边征募而来，就会被安置在专门为其建造的营区中，营区往往有重兵把守。专门为苏联工人修建的营区其条件分外艰苦，卫生设施不足，而且连床单枕套以及其他基本设备都没有。大部分平民工人尚不满 18 岁。同其他国家的工人相比，他们的食物配给要糟糕得多。克虏伯公司汽车制造厂的一名工头也在党卫队中担任中士，因此他不可能同情苏联工人。他曾抱怨道，他应该过更体面的日子，而不是和这群工人打交道，他们每天吃的“简直就是一碗水，上面浮着几丝蔓菁，就像洗碗水一样”。克虏伯公司的另一名经理指出：“这些工人被派到我们这里来建造锅炉，但他们一直食不果腹，根本吃不消这份苦力劳动。”[85]

在外籍工人安置营中，腐败现象甚为猖獗，指挥官和军官们中饱私囊，将补给品转入自己名下，然后在黑市出售，或者将技术工人转租给本地商人，以此换取烈酒或食物。准假许可证的买卖也十分活跃，它们通常都是有文化的犯人伪造的，这些人在安置营的行政管理部门中工作。在其中一个安置营中，一位德语–波兰语口译建立了一个庞大的卖淫网络，此人利用年轻女囚犯提供性服务，同时用食物贿赂德国守卫兵，让他们对此不闻不问，而这些食物亦是从安置营厨房中偷来的。安置营中的德国官员经常和女囚犯发生性 353
关系，这些女囚犯往往是被迫的，而且强奸等暴行也时有发生。截至 1943 年，为了满足外籍工人的性需求，安置营专门设置了 60 个妓院，里面安排了 600 名性工作者，全都来自巴黎、波兰和捷克保护国，而且她们——至少党卫队保安处是这样说的——都出于自愿，并通过给工人提供性服务而挣得了不菲的收入。但她们的工作是否真如党卫队所说的那般报酬颇丰，我们仍对此存疑。例如，奥尔登堡安置营一所妓院里的大概 6 至 8 名妇女，仅在 1943 年就为客人提供了 14,161 次服务，每周的收入仅为 200 帝国马克，而生活开销就需 110 帝国马克。[86] 如果德国方面采取这些措施旨在阻止外籍工人与德国公民有任何往来，那么他们的如意算盘就彻底落空了。只要来自西边国家的劳动者不是战俘，那么他们就没有被禁止与德国人往来，必然有很多的性行为存在，所以德国妇女与外籍工人有大量的私生子——事实上，据党卫队保安处估计，他们至少有2万名私生子——因此，“其他种族对日耳曼人血统的污染与日俱增”。[87]

波兰工人在第三帝国的处境尤为恶劣。德国社会民主党当时受到严重打压，该党的秘密观察员曾于1940年2月汇报:在乡村地区，德国村民用各种方式援助波兰工人。尤其是在东方地区，几十年来，德国人已经习惯将波兰人视为季节性迁移工人，是自己生活的一部分。统治当局对德国人与波兰人之间的这种手足情分感到骇然惊诧，于是开始大肆宣传，详尽地描绘所谓波兰人犯下的罪行，声称波兰人是劣等民族，极力鼓吹他们给德国造成的威胁，并提供所谓的相关证据予以证明。[88] 1939年3月后，不少捷克工人被征入第三帝国，纳粹政权从对待他们的方式中总结经验，再进一步发挥。[89]经希特勒、希姆莱和戈林多次商议后，纳粹政权于1940年3月8日颁布了一系列法令，以确保德国民众清楚地意识到波兰人是劣等民族。纳粹政权给在德国的波兰工人发放宣传册，警告他们，如果他们怠慢工作或试图罢工，那么就将被关进集中营。他们与德国工人同工却不同酬，他们的薪资更低，而且还要支付各类苛捐杂税，此外，他们既没有额外奖励，也没有生病补助。波兰工人还必须佩戴一个身份徽章，清楚标明自己是一名波兰人，这也是第二年纳粹政权要求犹太人佩戴“犹太之星”的雏形。波兰工人必须被安置在隔
354 离的居住区中，他们既不能出入德国的文化机构，也不能进出酒吧、旅店和餐馆等休闲娱乐场所。此外，他们更不能进入德国天主教徒使用的教堂。为了阻止波兰人与德国妇女产生任何性关系，纳粹政权在波兰征募工人时就确保了男女数量一致；在有的地方不能实现这样精确的男女平衡，那么纳粹政权就为波兰男性设立妓院。波兰工人也被严禁搭乘公共交通，而且还专门针对他们实施了宵禁。希特勒本人有权处死与德国妇女发生性行为的波兰男性。而任何与波兰工人发生性关系的德国妇女都会被点名通报，遭到公开羞辱，羞

辱方式不一而足，剃光她们的头发便是其中之一。如果法庭没有下令将她们关进监狱，那么无论如何也会被送往集中营。事实上，纳粹政权在对性行为的处罚上实行双重标准，这样就确保了与波兰妇女发生性关系的德国男性不会受到类似的惩罚。在战争第一阶段，虽然诸如剃光德国妇女的头发等羞辱行为也在民众中引起普遍忧虑和不满，但这些法令还是下达到各地方当局，而且在很多地方都得以严格贯彻实施，当然，有时也是因为当地百姓谴责、告发这些性行为。[90]1940 年 8 月 24 日在哥达（Gotha）发生的一起事件就极具代表性，一名年仅 17 岁的波兰工人还未受审，就在 50 名波兰人（他们是被迫出席的）和 150 名德国人（他们是自愿参加的）面前被公开绞死。他的罪行就是被当场逮住与一名德国妓女发生性行为。自 1940 年秋天开始，这样的事情愈发普遍。[91] 德国绞尽脑汁，穷尽一切措施，将波兰人与德国民众隔离开。因此，难怪许多波兰工人逃离德国，而且在波兰国内，民众抵制德国征募工人的行动也迅速蔓延开来。[92]

同波兰工人相比，苏联战俘在德国受到了更加非人的待遇。[93]在 1941 年 11 月 7 日的一场会议上，戈林制定了如下基本方针：

> 德国本土的技术工人都应在军工业中发光发热，那才是属于他们的天地。铲土采石这种粗笨工作不是他们该干的，那是俄罗斯人的本职工作……他们不能与我们德国民众有任何联系，与我们之间尤其不能有什么“团结”情怀。俄罗斯人无一例外地都须听从德国工人的指挥……食物供给由四年计划工作组负责。俄罗斯人须自行解决食物问题（比如吃猫、马匹等）。他们的衣服、住宿条件以及基本的生活费都已经比他们在家那边好
> 一点了，他们在那边都只能住洞穴……在对俄罗斯人的监管上， 355
> 工作期间由武装部队负责，同时德国工人也应扮演好辅警角色，

> 共同管理……在处罚方式上，从削减食物配给到直接枪决，无所不包；但总体而言，这两种处置方式就足矣，程度介于二者之间的方式基本不用。[94]

在对待俄罗斯人时，将德国工人纳入优等民族之列，以此诱使德国工人阶级接受统治当局的意识形态，这是上述管理措施的意图之一，但许多工人对纳粹政权的意识形态仍持敬而远之的态度。一方面，党卫队意图推行种族灭绝政策，另一方面，他们又需要劳动力，而以上管理措施就折射出他们在竭力平衡这两方面自相矛盾的需求。这种折中妥协也体现在另一领域，即德国一方面急不可待地将这些所谓的劣等人征募为工人，但另一方面却仍待之以非人的方式，非但拒绝给他们提供良好的生活条件，而且还对他们实行严厉的监视和残酷的惩罚。1942 年 2 月 20 日，经数周协商后，海德里希签署了一份法令草案，将苏联战俘和强制性劳动力尽可能地与德国人隔离开，因为他们是在布尔什维主义的荼毒下成长的，深受这种敌对意识形态的浸淫，是国家社会主义的宿敌；此外，他还命令他们佩戴特制徽章，如果他们与德国妇女发生性行为，那么他们将被处以绞刑。[95]

无论当初是否出于自愿，苏联工人受到的都是同样非人的待遇。他们挤在简陋的房屋中，里面布满了虱子，因此还要尊严全无地去驱除虱子；他们只能以面包为食，喝稀薄寡淡的汤水。1942 年初，两名年轻的俄罗斯女人向家人诉苦道，“我们在这里生活得简直猪狗不如，命如草芥”——她们因为是自愿来的，所以可以给家人写信。“……这里大门紧锁，与坐牢无异……我们没有活动自由，不能出去……我们早上 5 点起床，7 点开工，下午 5 点结束。”[96] 肺结核以及类似的疾病在这里肆虐蔓延。[97] 很快，雇主们便开始抱怨，从东方地区来的工人严重营养不足，每天都有 10% 以上的人因疾病旷工，而其他人也几乎不适合劳作。有的妇女在劳动期间因饥饿过度而晕厥。她们在那里的非人待遇不胫而走，传到了国内亲朋好友的耳中，因此志愿劳动力的数量急剧下降。罗森贝格统辖的东方占领区事务部要求改善工人的待遇。此外，1942 年 3 月 13 日，施佩尔也向希特勒汇报了该情况，希特勒下令解除对俄罗斯平民工人自由的限制，提高他们的工资待遇，增加食物配额，同时按工作表现 356
给予额外奖励。而另一方面，任何违抗命令者都有可能被处以死刑。1942 年 4 月 9 日，这些命令以条文形式出现在一套新的管理条例中，绍克尔立刻将其付诸实践。这套管理条例的措辞冷酷而直接，旨在向纳粹思想家们保证，他们并未以真正的人道主义方式对待俄罗斯人这一劣等种族。绍克尔说道，如果俄罗斯人不服从命令，他们就将被交给盖世太保，然后被“绞死，或枪决”！现在，如果他们的配额被提高了，那是因为规律使然，“即使是一台机器也只能在有燃料、润滑油和护理的前提下才能正常运转”，何况人呢。如果不提高他们的待遇，俄罗斯人势必将成为我们德国人的累赘，甚至威胁到我们自身的健康。[98]

党卫队一直对征募苏联平民工人怀有敌意，而管理条例的强硬措辞则能有效地克制他们的敌对情绪。然而，在德国人的配额逐渐减少时，苏联工人的工资待遇与生活条件并没有实质性的改善，这具有重大的政治意义。反其道而行只能引发德国民众的不满，激起他们的抵制运动。有人认为，无论如何，苏联工人在东方地区的生活水平本来就更低。但另一方面，也不能将他们的工资定得过低，因为如此一来，雇主们就会直接解雇德国工人，转而雇用苏联人。为了避免这些麻烦，雇主若是雇用来自东方地区的工人，需要缴纳附加税。而为了提高生产效率，雇主以计件工资的方式支付工人报酬，效率高的工人还能获得额外奖励。30 年代时，斯大林在苏联强制推行工业化运动，许多工人在该运动中练就了一身娴熟技能，这些技能是此刻德国工业发展亟需的宝贵资源。意识到这一点后，雇主们愈发积极地采用这一刺激性的报酬方式。尽管改善力度极其有限，但他们征募到的工人数量还是与日俱增。形势虽看似乐观，但绍克尔认为仍有必要提醒纳粹地方官员。因此，1942 年 9 月，他对地方官员说道："俄罗斯工人如果被鞭子抽得遍体鳞伤，或者食不果腹，饥肠辘辘，或者已经被折磨致死，他们是不能为我们挖煤矿的，在生产钢铁方面也将一无是处。"[99] 到了 1942 年底，外籍工人变得对德国工业和农业都愈发不可或缺。但与此同时，随着沦陷区的男男女女大规模地流入德国各城镇，党卫队、执法机关以及纳粹党各机构变得日渐忧心忡忡，害怕这些外族人会威胁到德国的安全，因此开始想方设法地去控制这种威胁。在与帝国保安总局达成协议后，马丁 · 博尔曼策划了一场特别监视运动，由可靠的纳粹党员、退役士兵、党卫队和冲锋队成员组成几支小分队，负责监视外籍工人，
357 如果他们违反管理条例——比如搭乘公共交通、进入酒吧或骑自行车——就立即举报他们。[100]

工人不仅面临着恶劣的生活环境，而且自身安全也得不到切实保障，虽然雇主和相关机构违反规定也会受到严厉惩处，但这也于事无补。1942 年 4 月，当绍克尔开始实施引进外国劳动力的计划时，仅有 2,000 名苏联战俘和平民工人逃离自己的营区或宿舍；3 个月后，这个数字便翻了 10 倍以上。1942 年 8 月，盖世太保悲观地预测，年底之前至少还会逃走 3 万人。他们声称能抓回 3/4 的逃跑者，但即便所言非虚，整个局势显然也已经超出了他们的控制范围。9 月，盖世太保负责人海因里希 · 米勒接手应付这一局面，他在全国设置路障、拉起警戒线、在火车站设置关卡，并在市中心布置人手，负责检查行动可疑的路人，核实他们的身份证明文件。外国劳动力大规模涌入德国后，德国警察扩大了控制范围，提高了检查力度，因此极大地影响了德国普通民众的生活。截至 1943 年春，汉堡聚居

了大量的外籍工人；因此，路易丝·索尔米茨才会在她的日记中写道:“无论走到哪里，你总能听到各种各样的语言嘈杂地交织在一起，混乱不已。”[101]

> 与此同时，弗里德里希·索尔米茨看到一列外籍工人在奥斯特马克街上痛苦地行进，他们中有金发女孩，有年轻人，也有老人。有一部分年轻人肯定来自亚洲，而老人们都不堪重负，走路蹒跚趔趄，他们脸上全无东方人特有的笑容，背着自己少得可怜的行李，精疲力竭，看起来奄奄一息的样子。“滚到路边去，你们这群强盗！”[102]

尽管德国人在苏联囚犯和强制性劳动力面前通常都有一股强烈的种族优越感——我们从路易丝·索尔米茨在日记里所使用的“亚洲人”这一指称中便可见一斑——但德国民众还是对他们表现出普遍的怜悯之情。[103]几个月后，弗里德里希·索尔米茨因给了一名饥饿难耐的强制劳动工人一些食物而遭到匿名举报，被盖世太保逮捕。但幸运的是，警察当局只给了他一个警告，他便安然无恙地逃过此劫。[104]

三

由于各种各样的原因，统治当局并未在德国女性中征募到足够 358
的劳动力，这在很大程度上解释了德国为何大规模地征召外籍工人为自己的军工业服务。在德国本土征募到充足的女性劳动力，其可能性微乎其微。几十年来，德国女性劳动力的比例其实高于工业经济更为发达的英国。截至1939年，在年龄介于15至60岁的德国女性中，一半以上的人都在工作，而英国同年龄段的女性中却仅有

1/4 的人在工作。英国方面做出巨大努力，因此到了 1944 年，将这一比例提高到了 41%，但它的女性劳动力比例从未达到能与德国比肩的程度。此外，德国女性劳动力的比例也高于美国，后者仅为 26%。之所以出现这样的形势，一个根本的原因就是德国农业区密密麻麻地分布着一个个小型农场，而这些小农场极其依赖女性劳动力，当德国男性被送往前线或被强制安排去从事军工业生产的时候，情况就更是如此。1939 年，不少于 600 万德国妇女在农场上劳作，而英国仅为 10 万。由于男性被征召入伍或被安排去从事军备生产，女性在德国本土农业劳动力中的比例从 1939 年的 55% 增长为 1944 年的 67%。农业生产是战争经济不可或缺的一部分，因此，为了给专事农业生产的妇女提供援助，统治当局会在收割期一类的农忙时节额外征募临时女性劳动力，比如在 1942 年夏天，统治当局就临时征募了近 95 万名女性劳动力。除此之外，成千上万的女性充当家庭助手，在农场或商铺中无偿工作。截至 1941 年，受雇用的德国女性达到了 1,400 万，占德国本土劳动力的 42%（战前，德国已经有不计其数的外国女工，而且其数量也在与日俱增）。但女性劳动力的比例究竟还能增长多少？[105] 经济负责人认为，即便他们竭尽所能地动员妇女参加军工生产，也不可能以此方式征募到 1,400 万名女性劳动力。而且，这也只是杯水车薪，远不能满足战争经济对劳动力数量的实际需求。[106]

战争刚爆发，德国便出现了女性劳动力锐减的情况，多达 50
359 万名德国女性在 1939 年 5 月至 1941 年 5 月期间退出了劳动力市场。女性劳动力之所以骤降，很大程度上是因为纺织业、制鞋业以及整个消费品工业都在大规模地裁员，而这些都是女性劳动力聚集的领域。截至 1940 年 6 月，这些生产领域有约 25 万名女工被转移到了军工业。1939 年 5 月至 1942 年 5 月期间，在专门制造生产性货物的行业中，女性劳动力的数量从 76 万激增为 150 万出头，而与此同时，消费品工业中的女性劳动力数量则从160多万跌到不足130万。因此，德意志劳工阵线开始大力游说政府，要求政府提高女工的条件待遇，以吸引更多的女性劳动力投入军工业中。1942年5月，他们成功说服政府投入更多资金修建托儿所，让已婚妇女无后顾之忧，并提高女工产前和产后几周的补贴，同时出台新政策，严格限制准妈妈和哺乳期妈妈的工作时间。但这些鼓励性措施并未达到它预期的效果，其吸引力被另一项政策彻底掩盖。政府规定，只要丈夫在战争中服役，而且表现积极，那么他们的妻子就能获得丰厚的政府补贴，而且即便他们战死疆场，其遗孀亦能获得政府补贴。在服役之前，丈夫们大都从事普通民众的工作，而现在，补贴额度有时甚至能达到他们之前工作报酬的85%。此外，希特勒本人也极力反对让德国女性从事军工业生产，因为他认为在军工厂工作可能会严重妨碍女性生育小孩的计划，甚至会打击她们生小孩的积极性。1943年11月，有人提议征募年龄介于45岁至50岁的妇女服劳役，希特勒本人直接予以否决，宣称这将使她们无暇照顾丈夫和家庭。而就在前一年，他也动用自己的影响力，竭力确保自愿受雇于战争相关行业的妇女只被分配一些相对轻松的文职工作。在任何一个交战国中，动员并组织有小孩的妇女参加工作都是不能被接受的，但无论如何，截至1944年，德国超过350万名的家庭妇女都在做兼职工作，这一数量是英国的四倍。或许，希特勒之所以尽其所能地保护妇女权益，根本原因是他害怕祸起萧墙，“在背后被捅一刀”，因为在他看来，这是德国1918年战败的根由所在。这一前车之鉴，他一直难以释怀。当时，大后方的妇女们块垒难平，她们被迫在工厂从事危险至极的工作，每日精疲力竭，而且报酬少得可怜，她们对此深恶痛绝，有的妇女因而加入了罢工运动，希特勒认为这严重打击了大后方的士气。此外，她们当时也没有充分的福利保障，无可奈何之下参与到抢夺食物的暴乱中，并且在民众中传播反战情绪，

360 波及范围越来越广。希特勒不愿重蹈覆辙，决不允许这样的内忧在第二次世界大战中再次上演。[107]

1939 年 9 月 1 日，为确保万无一失，希特勒号召妇女们加入德国“抗战社区”，为战争贡献自己的力量。但她们究竟需要做出怎样的贡献呢？[108]整个战争期间，统治当局都在强调母亲这一角色在日耳曼“民族社区”中的独特意义。各个纳粹妇女组织举行宣扬母性光辉的巡回展览，开设课程指导妇女抚养小孩，并大张旗鼓地庆祝母亲节，而这些活动在战前就已经在组织。[109]此外，颂扬德国母亲的文学作品还在继续出版，专供妇女阅读的新文集也如雨后春笋般涌现，这些文集主要讲述日耳曼民族史上女性英雄的生平事迹。然而，她们所表现出的英雄主义指的并不是她们自己在战场上立下了实实在在的赫赫战功，而是她们有一颗深明大义的崇高之心，是顾全大局的贤内助，将自己的丈夫和儿子送上战场，或者兵临城下时，她们能英勇无畏地保护自己的儿女。她们在战争中的大无畏精神主要是通过她们处理悲恸情绪的方式表现的，当得知至亲战死疆场时，她们不向绝望低头。通过各种各样的媒体，统治当局大力鼓吹妇女们应扮演好家庭主妇的角色，做一名称职的消费者，在艰难的经济形势下亦能保证自己的家庭衣可蔽体、食能果腹，这被标榜为她们对战争的一种贡献。如果统治当局试图说服妇女投身于与战争密切相关的工作，那么这些工作必须被阐释为能凸显纳粹意识形态下女性光辉的工作。例如，她们若是担任空袭预警员，那么她们其实是在捍卫日耳曼大家庭；她们若是在军工厂生产军需品，那么她们其实是在为战场上浴血厮杀的德国士兵们提供借以生还的武器。无私奉献是她们的命运。曾有一位妇女在工厂工作，而她的儿子在前线奋战，据报道，该妇女曾说道：“以前，我在家给他做饭，而现在，我把手榴弹涂得锃亮，我相信这是给他的手榴弹。”[110]

美国曾大力宣传“铆工罗西”（Rosie the Riveter）的形象。在该形象中，一名女工挽起袖子，热情洋溢地投身于军工生产中，进入属于男性的工业世界，做着长期以来被视为只适合男人做的工作。德国并没有制造这样一个夸张的文化符号。[111] 尽管统治当局制定了一整套福利措施以保障在职母亲的权益，但与其他国家一样，这也依然无法改变一个事实，即大多数做着有偿工作的全职女性依然是年轻人和未婚族。一方面，德国少女联盟和德意志劳工阵线等组织不遗余力地招募女性投入各种各样与战争相关的工作中，而另一方面，对纳粹党深信不疑的年轻女性对纳粹事业怀着一片热忱，自愿参加劳动服务，其积极性之高，程度不容小觑。女性在本土普 361
通劳动力中的比例确实有所提高，有人估计，该比例从 1939 年的 37% 增长到了 1944 年的 51%，而且截至 1944 年，有 350 万名女性在兼职做轮班制工作，有的甚至是时间长达 8 小时的三班倒兼职工作。但毋庸置疑，德国的普通劳动力本身就一直在缩水，越来越多的德国男性奔赴前线，因此，从事有偿工作的德国女性虽然在比例增长上比较显著，但实际数量却只是从 1939 年 5 月的 1,462.6 万名增长为 1944 年 9 月的 1,489.7 万名。[112] 而且在雇主看来，依靠外籍工人要简便省事得多。雇主会从苏联沦陷区或法国那里获得工人，这些工人技能娴熟，或至少说来他们曾受过基本的技能培训，而且无论如何他们更能吃苦耐劳（至少理论上来说是这样的）。此外，雇主只需支付给他们很低的报酬，无须为他们提供各种各样的福利待遇或给予他们名目繁多的特权，而这些都是德国女性工人所有依法享有的权利。[113]

当然，雇主们并不拒绝这类廉价的女性工人。事实上，截至 1944 年 5 月，在德国境内的波兰和苏联平民工人中，58% 的人都是女性。她们中许多人被聘为家庭用人，帮助德国的家庭妇女，而在和平时期，家庭用人的角色通常都是由德国的年轻女孩担任，现在，这些年轻女孩被送去参加为期一年的义务性劳动了。1942 年 9

月10日，绍克尔颁布法令，要求从东方输入女性工人，安排她们在德国家庭中充当用人。在此之前，许多民事管理的行政人员和武装部队的军官就已经将沦陷区的女性带回德国，安排在自己家中当用人使唤，而绍克尔的这个法令实际上将这一现象正式合法化了。当有人向希特勒请示该问题时，他对潜在的种族反对意见置若罔闻。他宣告道，无论如何，乌克兰的许多妇女本身就是德国后裔，如果她们有金色的头发和一双蓝色的眼睛，那么在第三帝国服务了一段适当的时间后，她们就能被有效地日耳曼化。同时，绍克尔的法令要求这些女性在外貌上应尽可能地与德国女性相似，而且年龄须得介于15岁至35岁之间。中产阶级迫不及待地想要抓住这一良机，家里面有一个来自东方的女用成为一种新的身份象征。与德国用人不同，他们有权命令这些东方用人做任何肮脏繁重的工作。同时，她们更廉价，能毫无假期地长时间工作，此外，她们还能被置于绝对的从属地位。

362 正如党卫队保安处所汇报的那样：“不少家庭主妇都经常抱怨，与俄罗斯女用相比，德国女佣总是鲁莽放肆，偷懒耍滑，而且放荡不羁，她们总是自行其是。”[114] 家中有一名俄罗斯用人让中产阶级家庭得以重温往昔的美好时光，那时，用人们非常清楚自己的地位，能安分守己，听从使唤。[115]

工业生产领域的雇主们也发出了类似的抱怨。与德国女工不同，来自东方的女工能上夜班，也能被安排去做繁重的体力活。她们可以不休假，雇主们把她们当唯命是从的奴仆对待。卡尔蔡司（Carl Zeiss）光学仪器工厂位于耶拿（Jena），1943年6月，该工厂的管理层曾宣告道：“我们需要更多来自东方的女工！”[116] 考虑到外国女工的惊人数量，德国男子与外国女工发生普遍的性关系是无可避免的事情。而希姆莱和党卫队更关心的却是由此产生的小孩。有的波兰女工和其他国家的女工试图故意怀孕，因为她们认为这样能促使德国把她们遣送回国。[117]但自1942年年底，怀孕的外籍女工也不能被遣送回她们的出生地，反而会被送去检查，看她们腹中的胎儿是否有望成为“主宰种族”成员。如果检核合格，小孩出生断奶之后就将从她们母亲身边被带走——如果母亲来自东方沦陷区，那么这一蛮横行为就无须征求她们的同意——然后被寄养在专门设置的护理院中，进而被当作德国人抚养长大。其他未入选的孩子则被留在专门为外国小孩设立的护理院中。这些婴儿通常都营养不足，整体都没有得到很好的照顾和护理。例如，在黑尔姆施泰特（Helmstedt）附近的一所护理院中，96%的波兰和俄罗斯小孩在1944年5—12月期间相继死于疾病和营养不良，而位于费尔德（Voerde）的一所护理院有120名小孩，其中48名都在这一年死于白喉病。位于沃尔夫斯堡（Wolfsburg）的大众汽车厂也设立了护理院，安置在那里的俄罗斯和波兰女工的婴儿死亡率也同样高得吓人。1943年8月11日，一位党卫队将领向希姆莱汇报道，他曾前去探访过一所护理院，里面的小孩显然被“任由其慢慢饿死”。[118]诸般政策必定会大为打击许多外籍工人的士气和工作热情。然而，尽管在1939—1941年期间军工业中工人的人均产量跌了近25%，但1942年时产量又开始恢复，而且到了1944年，工人的生产效率得到了显著提高。这一转机最主要得益于施佩尔及其支持者发起的合理化改革方案，以及他们在贯彻实施该方案时所倾注的巨 363
大决心。德国的战争经济因而在1944年达到顶峰。

四

在对军火经济的管理上，施佩尔不仅与党卫队展开密切合作，而且还与德国工业联手，这是他管理方式的重要组成部分。显然，一张共同的利益网很快就在他们之间编织起来。德国境内的工业公司都在寻求廉价而驯服的劳动力，他们将眼光越过了可资利用的外籍工人，开始将其投向关押在集中营的囚犯。例如，截至1944年10月，化工业巨头法本公司雇用了83,300名外籍工人——这占据了其工人总量的46%——他们当中不仅有9,600名战俘，还有10,900名囚犯，这些囚犯是集中营体系为其提供的。战争期间，法本公司建立了数个重要的工业生产基地，其中一个大型工厂位于莫洛维茨，专门生产丁纳橡胶（一种人工合成橡胶），该工厂距离奥斯维辛镇仅3英里。在地理位置上它虽然较为偏僻，为免遭爆炸袭击而深入东方，但它享有非常便利的铁路运输系统，而且临近水、石灰和煤炭等原料供给地。1941年2月6日，刚获批建设该厂后，法本公司的主管卡尔·克劳赫（Carl Krauch）——他也在赫尔曼·戈林四年计划组织中担任研发中心的负责人——立即请求戈林，希望戈林能让希姆莱下令，从该地区重新安置的德意志人和附近集中营的囚犯（此刻关押的是波兰政治犯与军事犯）中挑选劳动力，以加快工厂的修建进程。法本公司同意，每有一名囚犯完成一次9至11小时的换班制工作，它就向党卫队支付3—4帝国马克的报酬，而与此同时，该集中营的指挥官鲁道夫·霍斯答应为法本公司提供囚犯，并负责相关培训工作，解决囚犯的饮食问题，同时也包揽了看守他们的职责，另外还答应修建一座桥和一条铁路支线，以有效地连接集中营和工厂。截至1942年春，该厂房建筑工地上的施工人员达到了11,200名，其中2,000名来自集中营。奥托·安布罗斯（Otto Ambros）是法本公司丁纳橡胶项目的负责人，他曾宣称，法本公司将“为大日耳曼主义奠定坚实的工业基础，为其在东方的快速发展和良性成长铺平道路”。“我们同党卫队的新友谊，”他私底下跟他在公司的顶头上司弗里茨·特尔梅尔（Fritz ter Meer）说道，“被证明是百利而无一害的。”[119]

然而，直到1943年末，厂房竣工的日子仍遥遥无期。调往莫

洛维茨的工人已经多达 2.9 万名，他们当中一半左右是外国人，1/4 364
是德意志人，而剩下的则是来自集中营的囚犯。党卫队的看守人员肆意虐待这些囚犯，囚犯们不仅在食物配给上少得可怜，而且他们在建筑工地上的住所极为简陋，缺乏最基本的医疗设备和卫生条件，此外，他们还不得不两三个人挤一张床。如此恶劣的生活条件导致他们中越来越多的人疾病缠身，或者变得体力不济，根本不能再满足建筑工地长时间地做重型体力劳动的要求。还有就是，截至此刻，集中营里关押的大部分囚犯都是犹太人。很可能是受法尔本公司在场管理人员的邀请，党卫队的一名军官专程从集中营赶到建筑工地，视察参与建筑工程的 3,500 名囚犯。那些被判定不能胜任此地工作的囚犯，就被他遣送回奥斯维辛集中营，关进毒气室毒死。自此以后，这样的“筛选工作”就极为频繁发生，从 1943 至 1944 年，总计 3.5 万名囚犯被转移到莫洛维茨集中营。就我们已知的数据来看，他们之中死于疾病或劳累过度，或被关进毒气室毒死的人有 2.3 万名；而遇难者的总数可能高达 3 万人。焚化室的烟囱发出一股股的恶臭，连公司经理的住所也淹没在这股刺鼻的气味中。而且更严重的是，自 1942 年 9 月以来，不计其数的尸体有时被堆在铁架子上，集中营的工作人员就在露天直接焚烧这些堆砌成山的尸体，那股熏天的腐臭味令人作呕不已。惨无人道的大屠杀正在比克瑙集中营上演，法本公司的监督员和管理层对此了然于心，而且他们也深谙那些被党卫队鉴定为不适合在莫洛维茨建筑工地上工作的人将面临怎样的悲惨命运。事实上，法本公司的不少管理人员甚至将毒气室视为行之有效的威胁手段，借以威慑在他们看来懈怠工作的工人。与此同时，通过与法本公司这一化工巨头的合作，党卫队从中牟取了高额的利益，前者支付给党卫队的劳动力报酬总共高达 2,000 万左右的帝国马克。[120]

1942 年初，集中营在性质、规模以及管理方式上都发生了根本

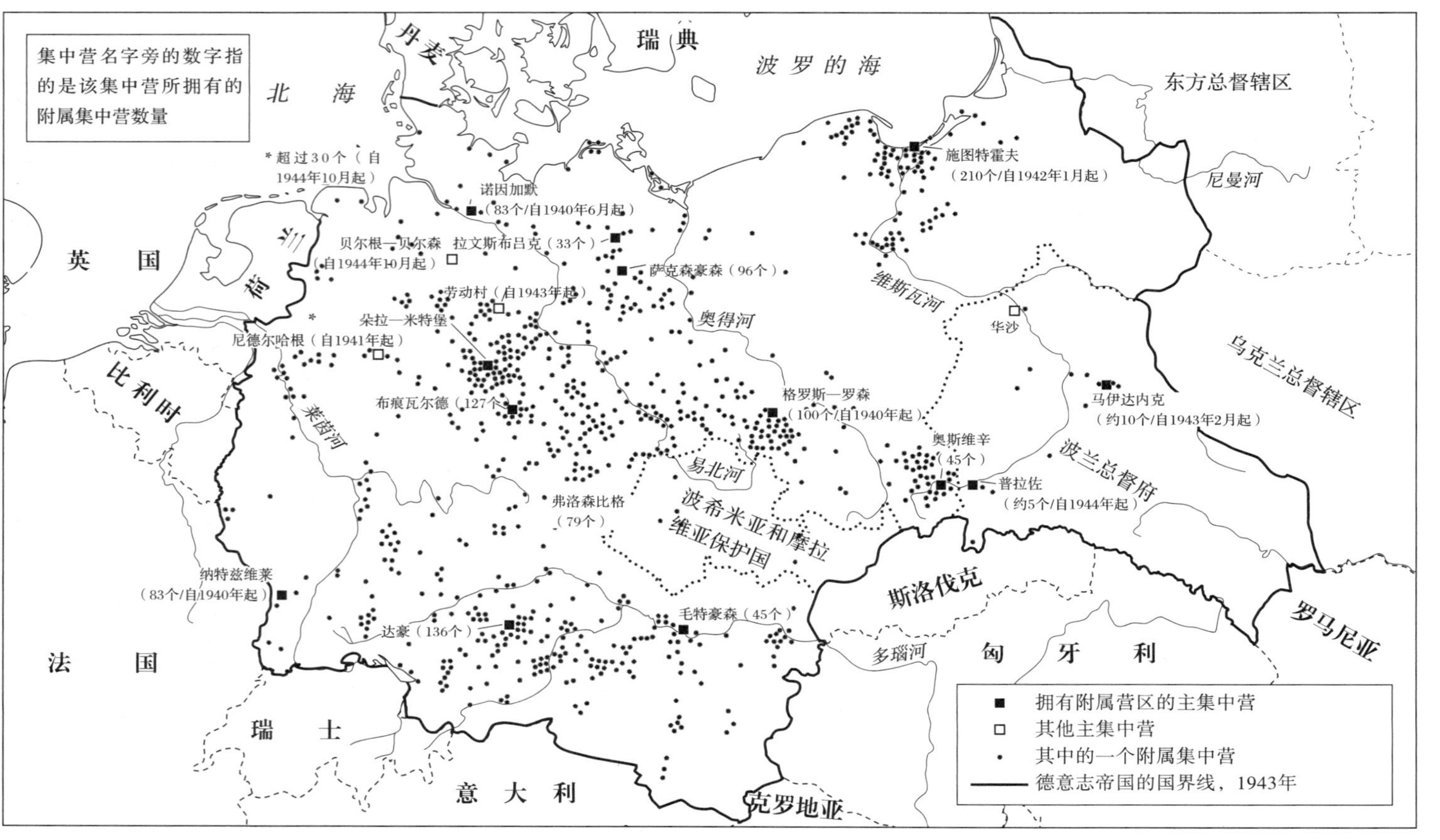

地图13　集中营及其附属营区，1939年—1945年

转变，才有了统治当局将关押在集中营的囚犯用作工人的结果。特奥多尔·艾克自第三帝国成立后不久就一直负责集中营的管理工作，战争刚爆发，他就被调去承担军事职责。1943 年 2 月 16 日，他在俄罗斯执行任务时遇难。里夏德·格吕克斯成为他的继任者，在接过指挥棒后，集中营体系的总人口从战争前夕的 2.1 万名暴增为 1942 年的 11 万名。显然，这一统计数据尚未包含赖因哈德行动的各个集中营，因为关押在这些集中营内的囚犯并未登记注册，他们 365
中除极少一部分人曾被安置在别动队中工作了一段时间外，其他人都直接被关进毒气室毒死。新关押进来的囚犯有很大一部分是波兰工人；而自 1940 年以来，来自波希米亚和摩拉维亚保护国、法国、比利时、挪威、荷兰和塞尔维亚等国的一些人因抗议德国在占领区的统治也被投进了集中营，他们中有的是知名的抗议人士，有的仅是犯罪嫌疑人。工人、专家以及神职人员更是他们的重点打击对象。随着对苏联的入侵，他们实施了更大规模的抓捕行动。1941 年 10 月，盖世太保制定的一张详细的逮捕清单，统计了他们在第三帝国全境内实施的逮捕行动。据该表显示，在 10 月份，盖世太保总共抓获了 544 名信奉“社会主义和马克思主义”的异端分子、1,518 名“反对分子”、531 名“违反禁令与波兰人或战俘有密切交往的人”，以及至少 7,729 名“停工人员”。还有一部分数量相对较少的人员因宗教信仰或自身犹太人的身份而锒铛入狱；前者是因为他们的宗教观与纳粹意识形态相左，而后者则更具戏剧性，1938 年 11 月针对犹太人的迫害运动中，这群犹太人从集中营里被释放出来，条件是他们必须移民国外，但他们未能成功移民，因而再次身陷囹圄。[121]

战争爆发后的头两年半内，集中营体系迅速扩张，新的集中营一个个拔地而起，其中包括奥斯维辛集中营、格罗斯–罗森集中营以及施图特霍夫集中营。尽管希姆莱坚持声称其中一些新建的集中营的确只是纯粹的劳改营，但随着战争的不断推进，集中营、劳改营和犹太人居住区之间的区别变得愈发模糊。尤其正值德国战争经济对劳动力的需求迅猛增长之际，他们更愈发昭彰地将囿于上述区域内的人口用作工人，令其在战争相关行业服务。随着德军在莫斯科的溃败以及阿尔贝特·施佩尔出任装备部部长，德国的战争经济进行了大规模的重组，促使集中营劳动力问题发生了重大变化。1942 年 3 月 16 日，希姆莱将集中营督察委员会并入奥斯瓦尔德·波尔负责的党卫队经济与管理部。借此渠道，各个公司就能请求获得劳动力，而党卫队也把越来越多的波兰人和来自东方沦陷区的工人投入集中营，如此一来，他们就能满足这些公司对劳动力的需求。1942 年 4 月 30 日，波尔给希姆莱写信，他在信中总结了集中营正经历着的职能变化：

> 集中营所有劳动力的灵活调动变得越来越重要，起初是为军事任务而调动（用以提高军需品产量），后来是为和平时期建设项目而调动。要彻底地实现这一点，我们必须采取相应行动，逐渐改变集中营的性质，将其从片面单一的旧式政治形式转变为能满足经济发展需求的组织。[122]

367 希姆莱虽然一直强调集中营应致力于政治再教育，“否则社会舆论或许就会怀疑这些人被捕的原因，以及已然锒铛入狱者一直被关押不放的意图，他们会认为这样做纯粹是为了获得工人”。[123] 但他还是对这一根本性的变革大加首肯。

他们提供劳动力的方式与莫洛维茨集中营提供劳动力的方式如出一辙。党卫队以工资的形式获得丰厚的报酬，作为回报，他们负责监督并看守劳动别动队，确保这些人卖力工作，并为他们提供衣服、食物、住宿和医疗护理。希姆莱下令，必须甄选出集中营里的技术工人，与此同时，如果有必要的话，也应给予其他工人一些适当培训。他们中绝大部分人都被分配到建筑项目中，去从事那些极为繁重的体力劳动，这些工作往往没有过高的技能要求。而对确有一技之长的工人，希姆莱要求必须最大限度地加以利用。1933 年以来，众多的集中营囚犯每天都被押着前往工地工作。但集中营体系的规模由此开始迅猛增长，有些工地距离主营太远，走到工地要一天以上，在附近设立附属营区就成了当务之急。截至 1943 年 8 月，关押在集中营的囚犯达到了 22.4 万名。其中，由奥斯维辛集中营、萨克森豪森集中营和布痕瓦尔德（Buchenwald）集中营等三个集中营构成的集中营群是所有集中营中规模最大的，它们扣押的囚犯数量分别为 7.4 万名、2.6 万名和 1.7 万名。截至 1944 年 4 月，囚犯们被安置在 20 个集中营和 165 个附属营区里。到了 1944 年 8 月，囚犯数量大幅度攀升，接近 52.5 万名。与此同时，沦陷区中越来越多的强制性劳动力被转移到第三帝国境内，因此，到 1945 年 1 月份时，囚犯数量已经快接近 71.5 万人，其中包括 22.2 万名妇女。[124]

截至该阶段，附属营区比比皆是。虽然许多附属营区规模甚小，但数量惊人，第三帝国几乎每个城镇都有集中营囚犯在城镇内外劳作。例如，诺因加默（Neuengamme）集中营就有 83 个以上附属营区，其中一个位于海峡群岛（Channel Islands）的奥尔德尼岛（Alderney）；而奥斯维辛集中营则有 45 个附属营区。有些附属营区规模很小，例如，卡托维兹（Kattowitz）集中营仅有 10 名来自奥斯维辛的囚犯，整个 1944 年他们 10 个人都在为盖世太保修建防空洞和兵营。其他附属营区则隶属于主要的工业集团，例如莱茵金属—博尔西希公司（Rheinmetall-Borsig）在劳拉胡伊特（Laurahütte）经营的一家生产防空武器的工厂便是其中之一，1944 年年底时大约有 900 名囚犯被安排在那里劳作，与他们一同劳作的还有 850 名强制劳动力和 650 名德国人。许多囚犯是特意甄选的，他们具有 368
专业知识和生产技能，因此待遇相对较好；其他人则在厨房劳动，或做一些文职工作，或干一些完全没有技术含量的体力活，负责商品和设备的装卸。该集中营的负责人名为瓦尔特·夸克纳克（Walter Quakernack），他本是一名卫兵，素以残暴冷血闻名，是专门从奥斯维辛主营区临时调遣过来的。此人犯下的罪行罄竹难书，1946 年被英国人处死。[125] 但当党卫队失去了分配与使用集中营囚犯的权力时，这一情况很快便发生了转变；1944 年 10 月，装备部最终接过了对集中营囚犯的管理权。在战争的最后几个月，党卫队已大权旁落，形同虚设，事实上，它的职责已沦为保障囚犯雇主们的“安全”。[126]

德国众多的武器生产公司都在利用集中营劳动力。军工业生产对劳动力的需求量如此之大，因此，甚至连犹太囚犯也被命令去从事生产工作，只要他们有合适的专业知识和生产技能，而这严重违背了党卫队和集中营管理当局所奉行的最基本的意识形态原则。[127] 生产商根本无视囚犯的福祉，党卫队对待他们的方式与之前在集中营也并无二致。因此，营养不良、劳动过度、身体压力，尤其是看守人员的持续施暴，都对他们造成了难以估量的负面影响。大众汽车公司在位于沃尔夫斯堡的工厂中有 7,000 名来自集中营的囚犯，他们自 1944 年 4 月以来就被安排在那里劳动，主要从事建筑工作。他们在那里苦不堪言，生活环境甚是恶劣，公司管理层对此置若罔闻，而党卫队也并未把他们当作真正的工人，一如既往地着力打压囚犯的个性及团结精神。[128] 位于汉堡的布洛姆–福斯造船厂（Blohm and Voss）征用了不少囚犯，党卫队在那里也设立了一个附属营区。同样，造船厂追逐经济利益与党卫队狂热的打压之间也存在矛盾。[129] 自 1943 年 1 月开始，来自萨克森豪森集中营的 180 名囚犯被安置在戴米勒–奔驰汽车公司位于根沙根（Genshagen）的工厂中工作，同时还有来自达豪集中营和其他一些集中营的上万名集中营囚犯被派往该汽车公司下属的众多工厂劳动。调遣集中营劳动力的工作在一步步开展，促使统治当局在全国各地设置附属营区，这自然也从侧面反映出军备生产愈发分散，生产基地分布在众多不同的地方，有的是地下的，其他的则设置在乡村地区，如此安排只为尽可能避免同盟国的注意，以防招致空袭。企业亟需劳动力来建造新设施，而党卫队更是迫不及待地为之提供劳动力。[130]

关押强制性劳动力的集中营条件极其恶劣，死亡时有发生。无论在哪个营区，凡是因身体虚弱或疾病缠身而无法劳作的囚犯都会 369
被枪杀，有时还会被关进毒气室毒死。与其他集中营不同，奥斯维辛集中营一直到最后都扮演着劳改营和集中营的双重角色；相对而言，大规模的毒气设施在其他集中营使用上都比较有限，例如萨克森豪森集中营和毛特豪森集中营。但是，集中营的党卫队医生一般都得到指示，通过注射致命剂量的苯酚杀死那些因身体孱弱或病入膏肓而无法工作的囚犯。这时医生们会声称这些人死于斑疹伤寒或其他类似疾病。[131] 有人曾记录到，奥斯维辛集中营的副指挥官汉斯·奥梅尔（Hans Aumeier）于 1942 年 12 月 16 日对一名负责扎莫希奇地区驱逐工作的党卫队军官说过下面这段话。他说道：

> 只有身体健全的波兰人才能被送到集中营，以尽可能避免对集中营和运输系统产生无用的负担。精神有缺陷的人、白痴、残疾和病秧子都必须被尽快清除，以减轻集中营的负担。但是帝国保安总局明确指示，波兰人与犹太人不同，他们必须以自然方式死亡，这使得应采取何种恰当处理手段的问题变得更为复杂棘手。[132]

由此可见，奥梅尔真正的言外之意是，只有当波兰人被杀害后，他们才需要篡改死亡记录，将死因伪造为自然死亡。事实上，死亡率高得吓人。仅 1942 年下半年，平均每 9.5 万名囚犯中就有 5.7 万多名囚犯遇难，死亡率达到了60%。有的集中营，比如最臭名昭著的毛特豪森集中营，专门接收“不善交际”和已是戴罪之身的德国人，他们被送到那里“劳动至死”，这类集中营的死亡率甚至还要更高。1943年1月，里夏德·格吕克斯命令集中营指挥官“竭尽所能地降低死亡率”，以“保留囚犯劳动力，继续压榨他们的工作能力”。自此之后，死亡率的确有所下降。然而，1943年1月至8月期间，又有6万名囚犯死于疾病、营养不良以及党卫队非人的虐待或谋杀。[133]一方面，党卫队仍然把集中营视为惩处手段和实行种族与政治压迫的工具，这一根深蒂固的思想无法改变；而另一方面，工厂雇主却把集中营当作廉价劳动力的不竭源泉。因此，党卫队和工厂雇主之间的矛盾始终存在，从未得到令人满意的解决。[134]

企业雇用强制性劳动力和囚犯可以牟取多少利益呢？显而易见，这些劳动力十分廉价。例如，雇用一名苏联战俘的成本还不足德国工人的一半。截至1943年，德国企业最有可能榨取经济利益
370 的途径便是使用外籍工人。但事实上，外籍工人的生产效率很低，战俘的生产效率尤为如此。比如，在1943至1944年期间，矿井内战俘的生产效率仅为佛兰德斯工人的1/2。[135]德国方面在建筑工程上也愈发普遍地使用外国劳动力，但在战争结束前，这些工程并未产生重大的经济效益。位于奥斯维辛—莫洛维茨的一个巨型化工厂便是其中典型。虽然其中一处厂房从1943年10月起便开始生产甲醇——一种用于航空燃油和炸药的化学品——但该化工厂却从未彻底竣工，也未能成功生产任何丁纳橡胶。截至1944年年底，该工厂的甲醇产出只占了全德国甲醇产量的15%。但从长远角度来看，这个位于莫洛维茨的工厂的确成了名副其实的人工橡胶生产巨头，但那时战争早已结束，落入了苏联手中。[136]另一个类似的例子便是化工巨头德固赛公司。该公司雇用集中营囚犯为劳动力在各处修建工厂，截至1944年年底，它光在格莱维茨（Gleiwitz，今格利

维采［Gliwice］）就花费了2,100万帝国马克修建工厂。但该工厂所生产产品的销售净利润还不到700万，而且，后来苏联军队为将其据为己用，拆卸了囚犯们修建的这些生产设施，再之后这些残余设施被波兰政府收归国有。德国企业迫不及待地利用集中营管理体系，视之为廉价劳动力的供给来源，在战争最后两年尤其如此，这反映出他们不单是为了牟取眼下利益，更在做长远打算。截至1943年，大部分企业领导人都意识到德国必将战败。他们开始将眼光投向未来，考虑各自企业在战后的正确定位。对他们而言，最保险的投资方式便是购买不动产和工厂，为了实现该目标，他们必须扩大自己的工厂以便兼并更多的土地，从政府那里获得更大的军需品订单。这反过来也要求他们拥有更大数量的工人，因此，企业领导人根本不太介意这些工人究竟出自何处。企业一旦得到这些工人即权柄在握，自行决断如何最大限度地压榨他们，全然不顾中央规划机构的相关指示。虽然是党卫队和纳粹政府在负责提供强制性劳动力，并安排他们在恶劣程度甚于谋杀的环境下工作，但对于迅速扩大强制性劳动力的规模并压榨他们，这些索要劳动力的企业应负有更大的责任。[137] 总体而言，整个战争期间，德国工业一共征募了大约843.5万名外籍工人，而截至1945年中期，他们中仍然在世的仅为794.5万人。战俘的处境更为不堪。战争期间，被充作强制性劳动力的战俘有458.5万人，而到战争结束时，其中仅有342.5万人得 371
以幸存。[138] 这些生还者直到半个世纪后才获得了要求索赔的权利。

施佩尔一直未能独揽德国经济大权。尽管他在经济领域具有举足轻重的地位，但他的影响力很大程度上源于他与其他利益团体的紧密合作。这些利益团体不仅包括戈林及其执掌的四年计划工作组，还涉及武装部队及其采购官员，比如米尔希和托马斯，还牵扯到绍克尔以及他统辖的劳动力调遣部门，还有帝国财政部和党卫队。后来在回忆录中，施佩尔以自己走马上任为分水岭，将他执掌德国经济的年代与之前截然分开，并将之前的管理说成是混乱不堪；但事实上，他本人的这一区分有点言过其实。[139] 一方面，弗里茨·托特在去世之前就已经实现了一定程度的集权化管理；另一方面，历史学家发现，在施佩尔上任之前，德国的战争经济就已经形成了“多头政治”般的管理体制，而且该制度一直沿用到战争结束。[140] 施佩尔力图控制它，颇费心思，但收效甚微。同等重要的还有纳粹政权丰富的战利品，这为施佩尔的管理奠定了坚实的基础。通过明火执仗的劫掠和强制性征收等方式，德军从沦陷国家那里攫取了大量的食物、原材料、武器、军备和工业产品。同时，纳粹政权以非法手段没收了欧洲犹太人的财产，并与受控于己的国家建立了名目繁多的不平等税目、关税和交换关系。德国普通士兵以有利的汇率持续不断地购买五花八门的商品，再加对上外国劳动力的派遣部署，这一切都为德国的战争经济做出了不不可估量的贡献。或许，整个第三帝国多达 1/4 的财政收入都是以各种手段抢夺来的。[141]

然而，即使有这么多收入，还是不足以支撑德国的战争经济与美国、苏联和大英帝国庞大的总经济实力相匹敌。不管规模大小，合理化改革、效率刺激措施和劳动力调遣都无法长期运行。其实，德国在战争头两年取得的军事成就很大程度上得益于德军的出其不意，迅雷不及掩耳的出击速度，加上波诡云谲的军事策略，使全无准备的敌人毫无招架之力。德军一旦失去了这一优势，也就与胜利无缘了。到了 1941 年年底，这场战争已经演变为一场不折不扣的消耗战，与一战的情形如出一辙。敌国的工业产量令德国难以望其项背，最终，纵然施佩尔倾尽全力，也无法力挽狂澜，挽救德军的颓势。其实，在施佩尔于 1942 年走马上任之前，不少经济管理者就已经对德国无可避免的战败命运洞若观火。

372 整个战争期间，同盟国的国内生产总值之和都比轴心国——包括日本在内多得多，前者在任何时刻都是后者的两倍以上，到了

1944 年，前者甚至达到了后者的 3 倍多。[142] 到 1944 年初，甚至连施佩尔本人也开始意识到德国战胜的概率微乎其微。德国战败已成必然，他所做的一切只是强弩之末，不过是稍稍推迟了德军悲剧命运最终到来的时刻。他的努力并非致力于消除武器供给的危机，而是掩盖这一危机。大规模地征募外国劳动力，不遗余力地进行合理化改革，垂死挣扎般地协调军需品生产，本质上这一切都不明智，忽略了一个基本的事实，即德国要想在工业产量上超过对手无异于天方夜谭。[143] 1944 年 1 月 18 日，阿尔贝特 · 施佩尔积劳成疾，被送进了医院。长期以来，他呕心沥血，力图将这个天方夜谭的故事变为现实，终使自己心力交瘁。将近 4 个月之后，他才得以康复，重返工作。在他缺席期间，希姆莱和绍克尔等一干竞争对手如秃鹫般死盯着他建立起来的庞大经济体系，他们都认为他的政治生涯已经走到了尽头，都在觊觎着从他的经济帝国中分得一杯羹。[144]

第三节

臣服于纳粹政权

一

373 在有些人看来，欧洲新秩序不仅仅是一个经济理念，它同时也意味着政治重组。[145] 第三帝国攻陷了欧洲的一大片区域，如何管理这些区域便成为当务之急；对此，第三帝国给出了一套大杂烩般的管理体制，数种不同的管理方式同时并存，呈现出纳粹政权在治理上一贯的杂乱无章。[146] 一方面，一些地区——比如波兰西部、法国东部和比利时——被直接并入德国，而另一方面，诸如阿尔萨斯—洛林、卢森堡和比亚韦斯托克等地区则由距离最近的德国地方长官统辖，计划以后再将其正式纳入第三帝国的版图。而波希米亚和摩拉维亚保护国、乌克兰总督辖区以及“东方”总督辖区（包括波罗的海国家和白俄罗斯）则属于第三种管理方式，地位多少有些模糊；尽管在波希米亚和摩拉维亚保护国的官僚体系中还有很多捷克人，但以上地区都由专门成立的德国行政管理机构统辖。德国还在其他占领国中实行军事管制，比如比利时、法国沦陷区和希腊便是如此，因为在德国看来，这些地区具有重大的战略意义。另外，德国人认为挪威、丹麦和荷兰等国家是“日耳曼民族”的一部分，因此只是委派了一名总督实行民事管理，而且尽可能地使用当地的行政管理机构。维希法国是一个名义上独立的国家，它的政权具有鲜明的纳粹特征，而在其他地区，纳粹德国只是在挪威将一名当地的法西斯分子扶植为领导人。第五种类型便是克罗地亚和斯洛伐克等附庸国，在这些国家，德国只实行了极其有限的军事管理，但各种各样的德国代理人却有着巨大的权力。最后，德国还有一些盟友，最引人注目的便是匈牙利、意大利和罗马尼亚，德国对这些国家虽然没有控制权，但却有重大的影响力。然而，以上所有国家和地区并非一成不变地属于某一种管理类别，而是随着战 374
争形势和当地局势的变化而变化，所以它们有的时候会从一种类别变为另一种类别。[147]

对占领当局而言，经济剥削并非唯一的优先任务。为了维护德国的利益，“新秩序”不仅要求欧洲经济重新洗牌，也要求在欧洲范围内进行种族重组。德国在占领国设立的管理当局，以及派驻在附庸国和盟友国中的代表都有一个共同的目的，那就是像在德国国内一样，在这些地方也实行“解决欧洲犹太问题的最终方案”。凡是在可行的地方，德国的行政管理人员——无论是民事的、军事的还是来自党卫队的——皆果断地采取行动，确保当地政权通过反犹太法，推行雅利安化运动，没收犹太人的财产，最后将犹太人隔离起来，一并遣送到位于东方的屠杀中心。这些国家对迫害犹太人的政策反应不一。一方面，这要看德国人的反犹情绪到底有多狂热，另一方面也取决于当地政权反犹情绪的强度以及当地人民和政府有多强的民族自豪感，除此之外还有诸多其他影响因素。几乎在任何地方，从其他国家逃来的犹太难民总是首当其冲，最先成为受害者。他们在德国或其他国家受到迫害，无可奈何之下选择背井离乡，向他国寻求庇护。但通常情况下，这些接收国的统治当局都没有提供他们任何安全保障，甚至连当地的犹太组织也不愿施以援手。而且，当德国人采取行动，打击这些国家的本土犹太人时，这些国家的反应变得愈发复杂，分歧也愈发明显。

总体而言，德国的这些行动始于1941—1942年，当时，西欧占领国内尚未爆发大规模的抵制运动。1940年，德军取得了一系列军事大捷，其速度之快、规模之大，使西欧人民惊慌失色、无望沮丧。数百万的难民必须踏上归途，被军事行动破坏的建筑必须予以重建；人们的正常生活必须尽快恢复——整个就是一副民生凋敝、百废待兴的局面。1940—1941年时，大家都清楚地知道，希特勒迟早会向英国发起猛攻，当时没有人相信英国能挺住德军的进攻。西欧占领国内的大多数人都决定静观其变，看接下来会发生什么，与此同时，竭尽所能地过好自己的生活。无论何种抵制行动，参与的人都寥寥无几。此外，1941年6月以前，《苏德互不侵犯条约》仍然有效，对共产党具有牵制作用，因此他们很难采取任何行动。虽然由独立的左派人士和右翼民族主义者组成的小团体的确组织了各种各样的抵制运动，但这些都未涉及暴力行动，总体而言也没有产生什么效
375 果。对绝大部分人来说，德国的胜利反而使之成为一个受人崇拜的国家，至少是一个值得尊敬的国家。这些胜利充分证明了独裁的强大和民主的软弱。战前的政治秩序已经名誉扫地。与占领当局的合作看起来无法避免。[148]而且对有些人来说，至少战败刺激了本民族的奋发图强。

这一点在法国表现得最为明显。停战协议签订后，法国一分为二，北部地区和西海岸沿线地区是德国占领区，而南部和东方地区则是自由区，由贝当元帅组建的政府管辖，首府设在水疗圣地维希。法兰西第三共和国因战败而名誉扫地，严格说来，维希政府是它的最后一届政府，但议会很快就投票表决，同意贝当全权负责起草新宪法。这位年迈的元帅宣布废除法兰西第三共和国，却并没有正式

创建任何国家来替代它。他开始独揽大权。“所有部长仅仅听命于我，”他在 1940 年 10 月 10 日宣告道，“只有历史能评判我的是非功过。”[149] 他开始培养民众对自己的个人崇拜。他的肖像随处可见，而且还要求所有公务员必须宣誓效忠于他。在维希法国，市长和其他官员都并非选举产生，而是直接任命而来，整个过程由贝当本人一手把持。在民众看来，他就是法国的救世主。他的政权镀上了一层法西斯主义色彩，提倡通过“民族革命”复兴法国社会和文化。一场新的青年运动就此拉开序幕，它将充分地历练年轻人，鼓励他们积极地投身于为国家服务的事业中。维希政府极力倡导传统的家庭美德，认为妇女应扮演的本职角色就是妻子和母亲。此外，政府还意图用天主教的价值观替代法兰西第三共和国的无神论世界观，因此，神职人员，无论地位高低，都鼎力支持这一政权。但维希政府既缺乏充足的时间，也没有前后一致的连贯政策，没能发展为一个成熟的法西斯主义政权。此外，它的许多政策很快就开始不受民众欢迎。年轻一代很不待见维希政府的道德压迫，而德国人实施的劳动力征用计划也在法国民众中引起了反对与德国合作的抗议。皮埃尔·赖伐尔时任副总理，他喜欢将自己视作一个现实主义者，因此对“民族革命”持合理的怀疑态度，因而未能赢得贝当的青睐，并在 1940 年 12 月时被免职。然而，1942 年 4 月 18 日，贝当又将他重新召回委以总理之职；自此以后，他一直担任总理，并逐渐从这位年迈元帅的手中接过对政府的控制权，直至战争结束。[150]

随着贝当元帅和法国极右民族主义者的胜利，在法国尚未被 376
占领的自由区上诞生了一个反犹太情绪深入骨髓的政权。这股强大的反犹主义传统有多方面的根源。首先，19 世纪 90 年代时，犹太裔军官阿尔弗雷德·德雷福斯（Alfred Dreyfus）被控告为德国间谍，民众当时发起运动，要求当局免除对他的诬告，但遭到军事镇压；后来，20 世纪 30 年代时出现了一系列金融丑闻，这些臭名昭著的事件使反犹主义得以持续存在；此外，在希特勒的影响下，反犹主义在全欧洲日渐升温，波及甚广，法国亦不能置身事外。[151] 1936—1937 年间，莱昂·布鲁姆（Léon Blum）出任政府首脑，成立了共产党支持的“人民阵线”，使法国政治走向极端，但布鲁姆本人恰好是犹太裔，这给右翼分子的反犹太情绪火上浇油。此外，大约 5.5 万名犹太难民从中欧涌入法国，因此，截至 1940 年，法国境内的犹太人总数达到了 33 万；极具讽刺意味的是，这令军事当局惶惶不安，他们害怕这些人是秘密效忠德国的“第五纵队”，仍然偏执地认为他们与德雷福斯是一丘之貉。[152] 居住在法国的犹太人中，一半以上都不是法国公民；而那些本身是法国公民的犹太人，他们很大一部分也是在第一次世界大战之后才加入法国国籍的。这些移民者首当其冲，率先成为政府歧视的对象。早在法国战败前的 1939 年 11 月 18 日，统治当局便出台了新法律，规定任何可能会威胁到祖国的人都将被逮捕，据此，在法国居住的 2 万名外国人被投进囚犯集中营，其中不少人是来自德国、奥地利以及捷克斯洛伐克的犹太移民。他们中很多人关押不久后就重获自由，但德军刚刚侵入法国时，所有德国公民——大多数是犹太人——立刻遭到逮捕，再次被送进集中营。来自阿尔萨斯—洛林、法国和荷兰的犹太人与数百万难民一同仓皇逃往南方。同时，查尔斯·莫拉斯（Charles Maurras）和雅克·多里奥（Jacques Doriot）等反犹主义运动者对犹太人进行了前所未有的口诛笔伐，将犹太人视作法国战败的罪魁祸首。不仅右翼势力中的许多高级官员接受这一观点，而且连众多的法国民众也对此深信不疑，但最甚者还是法国的天主教团体。[153] 在随后的战争岁月中，诸如路易–费迪南德·塞利纳（Louis-Ferdinand Céline）、德里欧·拉罗舍尔（Pierre Drieu La Rochelle），以及吕西安·勒巴泰（Lucien Rebatet）等其他反犹主义作家也在自己的作品中表达了这样的观点。比如，吕西安·勒巴泰在他畅销书《废墟》(*Les Décombres*)中就对犹太人大加挞伐，将法国犹太人描绘为杂草，必须连根拔除。[154]

随着法国战败和维希政权在自由区的成立，贝当政府首次废除 377
了煽动种族或宗教敌对情绪的禁令；之后，又在 1940 年 10 月 3 日通过了针对犹太人的首部正式法案。该法案规定，任何有 3 到 4 名犹太裔祖父母的人都算是犹太人，此外，某个人自己与犹太人结婚，那么如若他本人有两名犹太裔祖父母，那么此人也算作犹太人。该法案尤其禁止犹太人拥有或经营媒体公司。除极少数特例外，绝大部分犹太教授都被解聘。这些法令在全法国都有效力，甚至连占领区也包括在内。此外，德国当局在占领区采取手段打击犹太人时，维希政权也频繁地予以效仿，美其名曰保证法国在行政管理上的一致性。1940 年 10 月 4 日，另一部新法律出台，规定在维希政权的统辖区域内建立专门的拘留营，用以关押所有外国犹太人。截至 1940 年年底，有 4 万名犹太人被关押其中。[155] 法国本土犹太人和他们的代表向维希政府保证，外国犹太人的命运与他们无关。[156] 相对而言，本土犹太人暂时还没有受到太大影响，但这一局面并不会持续很久。1940 年 8 月，德国驻巴黎大使馆就已开始催促军事当局将所有犹太人逐出占领区。[157] 实质性的行动随之而来。

奥托·阿贝茨(Otto Abetz)是德国的驻法大使，他催促法国占领区的相关部门立即采取措施，打击犹太人。希特勒明确指示，犹太人禁止迁往法国占领区，所有仍居住在占领区的犹太人也将被全部驱逐出境，并且相关的准备工作也已经展开。1940 年 9 月 27 日，经陆军总司令布劳希奇同意，已经逃亡至法国自由区的犹太人禁止返回占领区；同时，占领区内所有犹太人及其财产都要登记注册，统治当局将采取行动将这些犹太人驱逐出境，并没收其财产。从 1940 年 10 月 21 日开始，犹太商铺都被标记出来。截至此刻，占领区内 15 万左右的犹太人都已全部注册完毕。[158] 此时，将犹太人经营的企业加以雅利安化的运动正在大规模开展，而犹太人赖以生存的经济基础则日益恶化，因为一系列法令禁止他们从事任何工作，例如犹太人不得进入有德国士兵消费的酒吧。另外，在特奥多尔·丹内克尔（Theodor Dannecker）的领导下，党卫队也开始干预其中，并愈发活跃。丹内克尔是党卫队保安处驻法国的一名军官，专门负责“犹太问题”。1941 年 5 月 14 日，他下令逮捕了 3,733 名犹太移
378 民者，将他们关进拘留营中。维希政府也如法炮制，开展雅利安化运动，没收犹太人的财产和生意。截至 1942 年初，大约有 14 万名犹太人已被正式登记注册，因此，统治当局得以随心所欲地从中挑选。[159] 1941 年 9 月，希姆莱和法国占领区的数名高级行政官员——包括阿贝茨在内——进行了多次会谈，紧接着，驱逐犹太人的准备工作在 10 月和 11 月就正式展开了。[160]

这些难民中，许多人都曾是纳粹政权的反对者，不少人都遭到盖世太保冷酷地通缉。尤其是其中一名犹太难民，他即将经历极其特殊的命运。1940 年 6 月，盖世太保的一支小分队到达巴黎，去逮捕一个名为赫舍尔 · 格林斯潘（Herschel Grynszpan）的波兰年轻人。此人在巴黎刺杀了一名德国外交官，德国方面曾以此为借口，于 1938 年 11 月 9 日至 10 日发起了一场迫害犹太人的运动。事实上，法国的监狱当局早就下令将格林斯潘转移到图卢兹（Toulouse）。但在押送路上，他成功逃跑了。这或许是押送者有意纵容，也或许是他自己逃脱了。但令人意想不到的是，不久之后，他来到一个警察局自首。盖世太保因而立即赶到现场。他们将他带回了位于柏林阿布雷契亲王大街（Prinz Albrecht Street）臭名昭著的地下室严加审问，让他说出犹太同伙，但这些人都是德国人自己编出来的。之后，他于 1941 年 1 月 18 日被送到萨克森豪森集中营；据说，他还得到了相对较好的待遇。1941 年 3 月，他又被转移到弗洛森比格，10 月份时被关进柏林的莫阿比特（Moabit）监狱，等待奥托–格奥

尔格·提拉克（Otto-Georg Thierack）领导的人民法院做出判决。与此同时，一个律师团也被派往巴黎搜集证据，证明格林斯潘采取的刺杀行动是犹太阴谋的一部分；1938 年时德国曾以此为据，开展了迫害犹太人的运动。但他们却一无所获。而且更糟糕的是，事实表明，他所枪杀的那个人，即冯·拉特（vom Rath），是同性恋；而此刻关于他们之间存在性关系的谣言已甚嚣尘上。尽管这些谣言都是无稽之谈，但德国方面仍然很有可能使自己陷于十分尴尬的境地。所以，戈培尔打消了审判他的想法。1942 年 9 月，格林斯潘被转移到位于马格德堡的监狱。他似乎于 1945 年初死在了那里，但是否是自然死亡就不得而知了。[161]

与此同时，在巴黎以及法国占领区的其他地方，反犹太情绪也愈演愈烈。1942 年 2 月 16 日，卡尔—海因里希·冯·施蒂尔普纳
格尔从东部战线调往法国占领区，取代他的堂兄奥托·冯·施蒂尔 379
普纳格尔（Otto von Stülpnagel），成为占领区高级军事指挥官，他是一名坚定的反犹主义者。这名新上任的指挥官下令，未来将通过大规模逮捕并送往东方来报复犹太人。743 名犹太人——大部分是法国人——在攻击德国士兵后遭到逮捕，被关进德国人在贡比涅设立的营区；最后，他们于 1942 年 3 月连同另外 369 名犹太囚犯被一并遣送至奥斯维辛。[162] 此外，1942 年 6 月 1 日，一名新的党卫队分区长官卡尔·奥贝格（Carl Oberg）来到巴黎接任，他也是从东部战线调遣过来的。最终，皮埃尔·赖伐尔于 1942 年 4 月重新执掌大权，出任维希政府总理之职，这标志着维希政府更加乐意与德国人合作，他们坚信这将为建立良好的法德伙伴关系奠定坚实的基础，有利于在战后共同打造新欧洲。随着德国对犹太人采取愈发赶尽杀绝的政策，赖伐尔也跟进任命激进的反犹主义分子路易·达基耶尔（Louis Darquier）（他狂妄地自称“达基耶尔·德佩尔普瓦”［Darquier de Pellepoix］）全权负责占领区的犹太事务，同时任命

雷厉风行且不择手段的勒内 · 布斯凯（René Bousquet）为新的警察局长来辅佐他。1942 年 5 月 7 日，海德里希访问法国，有人趁此向他提出请求，将另外 5,000 名犹太人从位于德朗西的临时难民营转移到东方。这个方案的提出者正是布斯凯。截至 6 月底,其中 4,000 名犹太人已被成功转移到奥斯维辛。[163]

1942 年 6 月 11 日，艾希曼在帝国保安总局召开会议，与驻守在巴黎、布鲁塞尔和海牙等地的党卫队保安处犹太事务部部长共同商讨。会议传达了希姆莱的命令，要求将西欧的犹太男女送去充当劳动力，一并运送的还有一大群被认为不适宜工作的人。但出于一系列的军事原因，这个夏天不可能再将更多的犹太人逐出德国。法国的占领区和自由区将送走 10 万名犹太人(后来由于诸多现实原因，驱逐数量减少为 4 万人），荷兰将送走 1.5 万人（后来这一数量猛增为 4 万人，以填补法国削减的人数），而比利时将送走 1 万人。[164] 截至此刻，佩戴犹太之星已成为占领区的强制性政策，引起了法国共产党员、学生和天主教知识分子因为同情而组织的游行抗议。[165] 1942 年 7 月 15 日，逮捕无国籍犹太人的行动正式拉开序幕。根据之前编辑整理的档案，法国警察甄别出巴黎地区的 2.7 万名犹太难民，准备围捕他们。此次行动的规模非常大，所以还在计划阶段时，
380 相关信息便不胫而走，许多犹太人躲了起来。截至 1942 年 7 月，仅有 1.3 万多名犹太人被捕。警察当局首先将所有单身人士和无子女的夫妇送往位于德朗西的集合营，然后将剩下的 8,160 名男女老幼关进“冬季自行车赛馆”（Vél’ d’Hiv’）的自行车比赛场馆。前者在集合营停留了 3 至 6 天，那里没有水、厕所和寝具，室温高达 37 摄氏度，甚至更热；他们每天的食物仅为一两碗汤水。最后，他们与来自维希政权所辖区域的 7,100 名犹太人一同途经数个集合营后被送到奥斯维辛，截至当年年底，这拨遣送队伍的数量总共达到了 42,500 名。他们当中还包括 1942 年 8 月 24 日转移的 533 名犹太人，

这群犹太人主要是年龄介于 2 岁至 17 岁的患病小孩和青少年。他们起初被留在医院，父母则被遣往奥斯维辛；而他们此次刚到达奥斯维辛集中营，就被关进毒气室活活毒死了。[166]

起初，法国犹太社区的代表们并未采取什么行动来抗议统治当局驱逐外国犹太人，更没有设法阻止。直到绝大部分外国犹太人被驱逐出境，德国人开始将注意力投向法国本土犹太人的时候，他们的态度才开始转变。[167] 在犹太人问题上，法国的天主教会也经历了类似的思想变化。1942 年 7 月 21 日，法国的枢机主教和大主教们商讨决定，拒绝采取任何措施制止统治当局驱逐犹太人，他们当时还未意识到等待这些犹太人的是死亡。他们指出，那些抗议者都是基督教的敌人，共产党便是其中典型。与他们沆瀣一气是不智之举。1942 年 7 月 22 日，他们在给贝当元帅的信中仅仅无关痛痒地批判了拘留犯受到的虐待，尤其是关押在冬季自行车赛馆的拘留犯。有的高级神职人员更加言不由衷。1942 年 8 月 30 日，图卢兹大主教朱尔–热罗 · 萨利埃热（Jules-Géraud Saliège）发表了一封致教徒的公开信，义正词严地宣告道，法国犹太人和外国犹太人都是人，不应如牛马般被装上火车。其他人主张秘密开展营救行动，尤其是当犹太儿童是打击对象的时候。但法国的天主教堂其实是一个极其传统保守的机构，在感情上甚至更倾向于君主主义时代；而且总体上它十分赞同维希政权的基本理念。只有在统治当局迫于压力，将早在 1927 年便加入法国国籍的全部犹太人重新划定为外国人时，枢机主教和大主教们才明确地发出抗议之声。显然，该政策自然会成为众矢之的，招致民众的普遍挞伐，因此，贝当和赖伐尔于 1943 381
年 8 月否决了这一提案。毋庸置疑，还有一层原因促使他们愈发不愿意实行这一方案，那就是他们此刻也意识到，德国已经开始式微，必将以战败告终。[168]

1942年11月11日是签订一战停战协议的纪念日。这天，德军越过法国占领区的边界线，进入维希政权的控制区域，开始接管这一地带。维希政权未能阻止同盟国入侵自己在北非的所辖区域，尤其是阿尔及利亚；此外，它的武装部队疲软乏力，显然也无法抵抗同盟国越过地中海进攻法国南部海岸线，因此，希特勒下令解散维希政权的武装力量。[169]这预示着，仍滞留在法国境内的犹太人将陷入更绝望的处境。1942年12月10日，希姆莱提到，在与希特勒的会谈中，他们两人已经达成一致意见，将“杀死法国境内60至70万犹太人”。[170]事实上，这是法国境内犹太人实际数量的两倍。然而，就在当日，希姆莱对自己的属下说：“元首已经下令，将逮捕法国境内的犹太人和我们第三帝国的其他敌人，然后将他们全部带走。”[171]1943年2月，驱逐运动再次拉开帷幕，但德国当局在抓捕和驱逐犹太人时面临着越来越多的困难。民众愈发施以援手，非常乐意保护犹太人或者将他们藏匿起来，而且大约3万名犹太人成功逃离到相对安全的法国东南部，那里是意大利占领的区域。艾希曼主意已定，势必要将法国犹太人赶尽杀绝。因此，1943年夏天，他直接将阿洛伊斯·布鲁纳（Alois Brunner）调往德朗西，去取代专门负责当地临时难民营的法国官员。此前，布鲁纳本就带着25名党卫队军官在萨洛尼卡执行类似任务。在随之而来的几个月中，盖世太保逮捕了法国犹太社区的绝大部分领导人，并将他们遣送到奥斯维辛或泰雷津；其中，最后一拨人是在1944年8月22日被送往奥斯维辛的。[172]总体而言，35万法国犹太人中有大约8万人——接近1/4——遇害；同丹麦和意大利等拥有很大自治权的西欧国家相比，法国境内这一犹太人受迫害的比例高得惊人。[173]

法国之前未被占领的区域现在被德国正式接管，这预示着维希政权的没落。此刻，贝当已经沦为傀儡，实权都掌握在赖伐尔手中，后者已充分地表达出自己激进的右翼分子观点。他公然宣称，希望

德国能赢得战争，这在法国民众中引起一片哗然。为了强制民众接 382
受自己的观点，赖伐尔愈发依赖压迫政策。1943 年 1 月，他组建了一支新的警察部队，名为法兰西民兵(Milice française),由约瑟夫·达尔南（Joseph Darnand）统领，而达尔南本人的法西斯准军事组织军团则构成了该民兵组织最活跃的核心成员。法兰西民兵有接近 3 万名成员，他们全都信奉一种极端的行为准则，坚决消灭民主、共产主义、个人主义和“犹太麻风病”等，本质而言，与罗马尼亚的米夏埃尔 · 科德雷亚努（Michael Codreanu）执掌的铁卫团(Legion of the Archangel Michael）并无二致。达尔南加入了党卫队,作为回报,希姆莱的党卫队组织为他提供资金和武器。此刻,赖伐尔的势力正在被右派分子蚕食，而 1943 年 12 月，德国授权法兰西民兵，准其在法国全境开展行动。这些事件使占领当局和维希政权愈发不得民心。经济危机日渐加剧，生活水平迅速下降，劳动力征募愈演愈烈，所有这一切都进一步削弱了人民对维希政权的信任。在英吉列海峡那头的伦敦,一场由夏尔·戴高乐(Charles de Gaulle）上校领导的自由法国运动正在酝酿，一触即发。截至 1943 年，维希政权已经失势，德国接管了法国的自由区，这彻底摧毁了维希政权所赖以存在的民族复兴理念，这曾是它吸引法国民众的最大筹码。[174]

二

随着德国入侵比利时，整个比利时陷入一片动荡，绝大部分民众都只是在考虑如何重新恢复秩序。当德军进入比利时的时候，200 万比利时人——这是比利时 1/5 的人口——已经向南逃往法国；尽管德国与比利时之间的冲突持续时间相对较短，但军事行动造成的财产破坏依然不可估量。从比利时的立场来看，它们对自己所处形势的理解与英吉列海峡那边对这一形势的理解大相径庭。在比利时人眼中，国王利奥波德三世是凝聚国家的功臣，虽然他的迅速投降让伦敦那边愤怒不已，但战争期间他坐镇布鲁塞尔——尽管他是被囚禁起来的——就已经为民族团结提供了一个强有力的凝聚点。民众批判逃亡伦敦的比利时政府，斥责他们是比利时战败的罪魁祸首，同样罪不可赦的还有一并逃离的议会。战前的统治秩序不得民心，甚至连一些极左和极右主义小团体也不待见这一秩序，这些小团体曾极力抵制德国占领比利时，但收效甚微。希特勒清楚地意识
383 到比利时海岸是入侵英国的一个重要战略起点，他深知自己或许在1940年或以后某个时间会向英国发起进攻，因此，他决定在此实行军事管理，正如他在法国的北部–加来海峡大区（Nord-Pas-de-Calais）实行军事管理一样。* 如果当时希特勒任命一位民事纳粹总督在该地区实行管理，那么占领方式就会截然不同，而且在某种程度上会更为激进。从德国的角度来看，比利时的重工业对德国战争经济亦不可或缺，所以，切勿疏远劳动人群就显得至关重要。如此一来，现有的比利时管理机构、民事服务机构、律师、实业家、教会以及没有选择流亡生活的政治领导人都与德国的军事当局展开合作，尽其所能地维护和平，保持现有的社会秩序。绝大部分比利时普通民众别无选择，唯有顺势而为，做出他们认为必要的让步，与占领势力达成和解。[175]

德国占领者倾向于持这样一种观点，即比利时的佛兰德斯居民以及荷兰的绝大部分居民都具有北欧日耳曼人的血统。事实上，纳粹政权的长远计划是将荷兰并入第三帝国的版图。因此，德国的行政当局在荷兰采取了一种相对缓和的政策，行事上谨小慎微，唯恐

---

* 纳粹德国设立了“比利时和法国北部军事行政区”，范围包括今比利时、法国北部大区和加莱。

与当地民众疏远而产生嫌隙。无论如何，与比利时的情形雷同，荷兰民众普遍将战败归咎于战前的统治秩序，而且大部分人都认为，除了与占领当局和平共处之外，他们别无他途，至少在短到中期，情形是这样的。最明智的做法似乎是与德国人暂时达成妥协，静观其变，看在接下来的长时间内会有什么变化。因为威廉明娜女王已经和政府逃往伦敦，因此，奥地利政治家阿图尔·赛斯–英夸特（Arthur Seyss-Inquart）在这里设立了一个民事管理机构，并任命奥地利同僚担任此机构中几乎所有的重要职位，只有一个除外。另外，荷兰的党卫队长官汉斯·劳特尔（Hanns Rauter）也是奥地利人，他同时也是德国警方驻荷兰的负责人。军事管理方面则相对较弱，由一名空军将领负责。由此可见，纳粹党任命的官员和党卫队在荷兰实施极端政策的空间要比他们在比利时的施展空间大得多。在荷兰政府缺席的情况下，赛斯–英夸特出台了一系列法令和禁令，并全面控制了整个管理机构。这些做法的后果很快就会暴露出来。[176]

1940 年德国武装部队入侵荷兰时，大约有 14 万名犹太人居住 384
在荷兰，其中 2 万名是外国难民。荷兰的本土犹太人社区是欧洲最古老的犹太社区之一，因此，在德国占领之前，荷兰的反犹主义无论是在分布范围还是在强烈程度上，都相对有限。但因为荷兰政府不在场，加上纳粹党，尤其是党卫队领导层的反犹主义态度极为强烈，而且当地的奥地利行政当局几乎全都站在反犹主义的立场上，所以，对荷兰犹太人的迫害运动一触即发。此外，极具讽刺意味的是，希特勒和纳粹领导人将荷兰人视为典型的雅利安人，因此，将犹太人逐出荷兰社会成为当务之急。德国的行政当局几乎立即开始制定反犹太人措施，起初是限制，而到了 1940 年 11 月时，则直接禁止犹太人从事工薪阶层的工作。所有犹太商铺都要登记注册，而且 1941 年 1 月 10 日时，他们还规定所有犹太人（大体上根据《纽伦堡法案》来判定一个人是否为犹太人）也需要登记注册。随着本土荷兰纳粹党的成立已成不可逆转之势，他们与犹太人的关系变得愈发紧张。阿姆斯特丹一家冰激凌店的犹太店主将两名德国警察误认为荷兰纳粹党员，对他们施以攻击，德军趁此包围了阿姆斯特丹的犹太聚居区，逮捕了389名年轻男子，将他们遣往布痕瓦尔德集中营，然后又送进毛特豪森集中营。他们中仅有一人生还。荷兰的学者和新教教会（路德教会除外）组织了许多抗议运动，讨伐占领者的反犹太政策。荷兰共产党宣布开展大罢工，使阿姆斯特丹在1941年2月25日那天全城瘫痪。对此，德国占领当局实行了大规模的暴力镇压，许多抗议者都不幸遇害，而大罢工也就此迅速收场。另外，1941年6月3日，一小拨抵抗者大胆地向一个德国空军通信中心发起进攻，但以失败告终；为此，占领当局通缉并抓获了200名年轻犹太人——他们是来自德国的难民——然后在毛特豪森集中营将他们处死。[177]

艾希曼于1942年6月11日召开会议，自此以后，荷兰犹太人简直处于人间地狱。阿姆斯特丹犹太居民委员会自1941年10月开始负责管理全国犹太人，早在1942年1月7日，该委员会就在执行德国人的命令，开始将赋闲的犹太人送进位于阿默斯福特（Amersfoort）和其他地方的特别劳改营。这些集中营主要由荷兰纳粹党负责，它们很快就成为臭名昭著的酷刑中心，充斥着惨无人
385 道的折磨与虐待。另外一个营区位于韦斯特博克（Westerbork），是拘留德国犹太难民的地方，此时已成为一个主要的中转营，关押被遣往东方的非荷兰裔放逐者；而荷兰犹太人则集中关押在阿姆斯特丹，之后被塞进火车，送往位于奥斯维辛、索比堡、贝尔根–贝尔森（Bergen-Belsen）以及特莱西恩施塔特的集中营。统治当局还出台了新的反犹太法律，其中包括一个荷兰版本的德国《纽伦堡法案》，而且早在1942年5月，佩戴犹太之星就成为强制性规定，因此，在荷兰辨识犹太人的身份变得愈发容易。围捕、拘禁并驱逐犹太人

的任务主要落在了荷兰警察的身上，他们本身也心甘情愿地参与这一暴行，尤其是其中一支由 2,000 名志愿辅警组成的队伍，手段甚是残忍，他们是在 1942 年 5 月被征募的。阿姆斯特丹的德国秘密警察——总共约 200 人——按照一贯的方式，强迫犹太居民委员会与他们合作，共同完成驱逐任务，尤其是获得允许对犹太人进行分类，列出可以免遭驱逐的群体。绝望的荷兰犹太人用尽各种手段，都希望自己的身份证被盖上豁免章，因此，腐败和徇私行为开始迅速蔓延。但非荷兰裔的犹太人——他们绝大部分都是德国难民——并没有资格得到该豁免权，因此，许多人四处寻找藏身之地，其中包括弗兰克（Frank）一家人。弗兰克一家是德国犹太人，他们正值青春期的女儿安妮（Anne）写了一本日记，这本日记在战后出版，广为人知。[178]

犹太居民委员会的两名成员设法摧毁了近 1,000 名犹太儿童的档案，这些儿童大都是工人阶级的孩子。他们原本都聚集在一个中心托儿所，此时被这两名成员藏匿起来了。但荷兰民众并没有采取大规模的救援行动。民事机构和警察都习惯了与德国占领者合作，在他们眼中，德国占领者让他们执行的命令具有绝对的法律效力，万不可违逆。1942 年 7 月 11 日，新教和天主教教会的领导人共同向赛斯—英夸特发起抗议，不仅反对屠杀皈依基督教的犹太信徒，而且也反对屠杀尚未受洗的犹太人——绝大部分犹太人都没有受洗。当乌得勒支（Utrecht）天主教主教扬·德容（Jan de Jong）拒绝屈从于德国当局的威胁时，盖世太保抓捕了能找到的全部天主教徒，并将其中的 92 人遣送至奥斯维辛。尽管发生了这一冲突，但教会和流亡在外的荷兰政府都没有采取任何行动，号召民众抵抗驱逐运动。荷兰党卫队志愿者和两名从奥斯维辛集中营释放出来的荷兰政治犯，曾向荷兰寄过数份报告，描绘了集中营的情况，但并未得到什么回应。1942 年 7 月至 1943 年 2 月期间，前后 53 列火车载 387

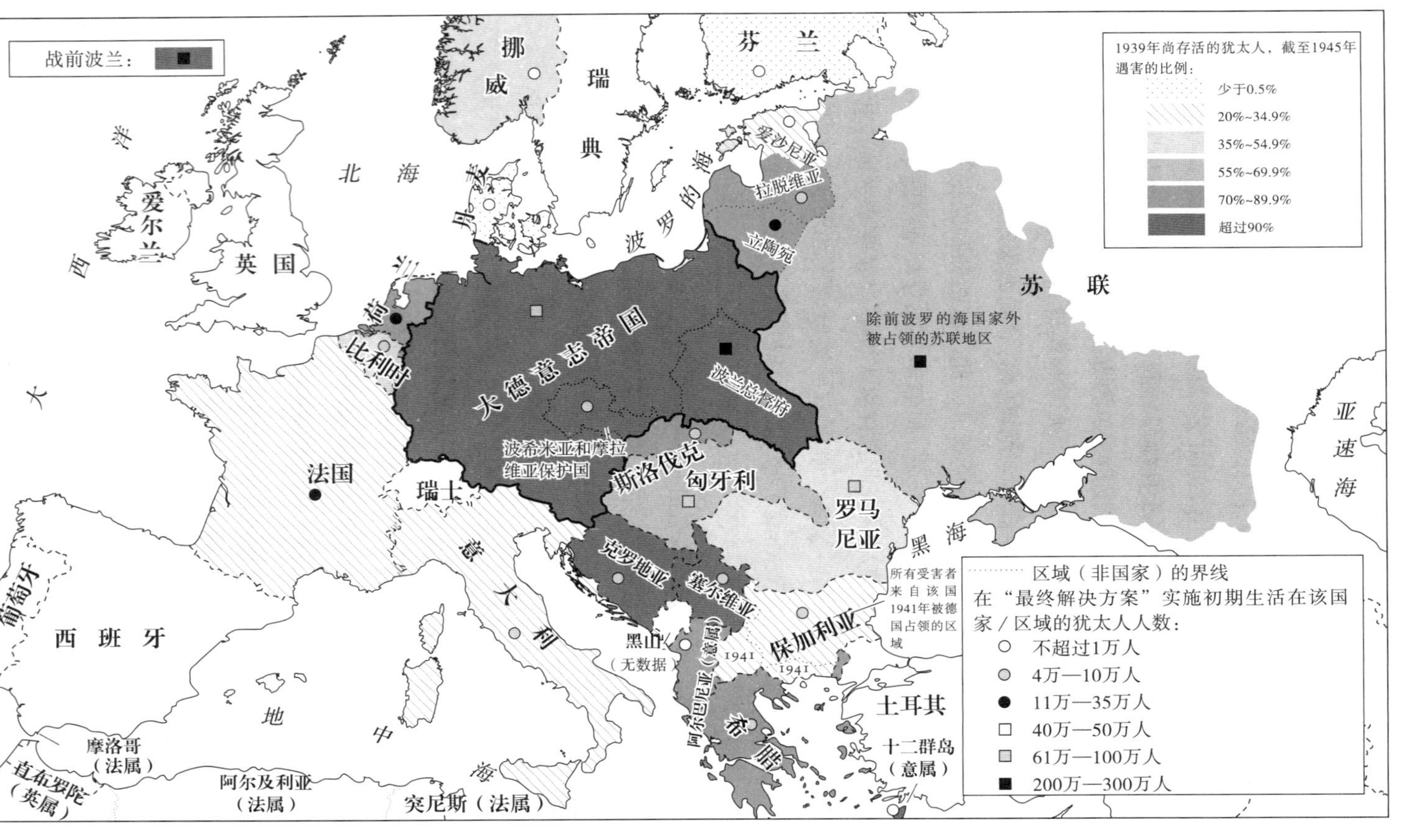

地图14　欧洲犹太人的灭绝

着近4.7万名犹太人离开韦斯特博克，驶往奥斯维辛；截至战争结束，这些人中仅有266人生还。[179]在接下来的几个月中，又有3.5万名犹太人被送往索比堡，其中仅19人生还。在此期间，每周二都有1,000名犹太人被塞进火车，带离位于韦斯特博克的中转营，再加上后来转移的人数，截至战争结束，总共超过10万名犹太人被驱逐和杀害。[180]在反犹主义的问题上，荷兰的纳粹管理当局比其他任何西欧国家的纳粹管理当局都要极端，这充分反映出奥地利人在当地管理层中拥有强大的话语权。更甚的是，在荷兰登记在册的夫妇中，赛斯—英夸特认为有600对是所谓的种族通婚夫妇，因此，他试图对这些夫妇中的犹太伴侣施行绝育手术。这种政策曾在德国被探讨过，但从未在德国本土付诸实践。[181]

只要对比一下邻国比利时，就能发现荷兰的犹太人受迫害的程度是何等骇人听闻。战争初期，比利时的犹太人数量在6.5万至7.5万之间，而且其中高达94%的人都是移民者或难民。1940年10月28日，德国军政府颁布法令，强迫他们在统治当局那里登记注册。很快，民事机构、法律系统以及媒体行业就解聘了所有的本土犹太人，与此同时，统治当局开始对犹太人的所有财产进行登记并开展雅利安化运动。在一部反犹主义的电影上映之后，1941年4月，安特卫普（Antwerp）爆发了佛兰德斯民族主义运动，参与者点燃了当地的犹太教堂。[182]然而，德国军政府报道说，比利时的普通民众对犹太人问题的严重性知之甚少，如果军政府围捕比利时本土犹太人，他们担心这会招致民众的敌对反抗。似乎绝大部分比利时人都将本土犹太人一同视为比利时人。希姆莱也非常赞同将驱逐本土犹太人的计划暂时推迟一下，而且当第一趟遣送列车于1942年8月4日驶往奥斯维辛集中营时，车上也只装载了外国犹太人。截至1942年11月，大约有1.5万名犹太人被驱逐。然而，截至此刻，一个新成立的犹太地下组织已经与比利时的抵抗组织取得了联系，共产主义团体是该抵抗组织的构成力量之一，早已吸纳了为数众多的外国犹太人；他们正在大规模地采取行动，开始将整个国家剩下的犹太人藏匿起来。此外，许多当地的天主教机构也施以援手，参与到藏匿犹太儿童的救援行动中。而另一方面，在荷兰，连犹太社区的领导层都不积极协助隐藏犹太人。当然，无可否认的是，比利时君主、政府与民事机构以及警察当局都还坚守在自己的国家，这
388 一事实应该能在一定程度上遏制纳粹占领者狂热的种族屠杀欲；而
且，控制比利时的是德国军队，而在荷兰呼风唤雨的是纳粹总督赛斯–英夸特和党卫队，他们之间有着截然不同的区别。当然，同荷兰警察相比，比利时警察也不太愿意协助德国当局围捕犹太人。鉴于以上原因，比利时仅有 2.5 万名犹太人被送进奥斯维辛集中营的毒气室；还有 2.5 万名犹太人成功地将自己隐藏起来。总体而言，共有 40% 的比利时犹太人被纳粹党屠杀，如此比例已然令人惊骇咋舌，然而，在荷兰，这个比例达到了惊人的 73%，换言之，总共 14 万名犹太人中就有 10.2 万名犹太人遇难。[183]

三

希特勒想要根除欧洲所有犹太人的意图众人皆知，为了实现该目标，尽职负责到近乎死板迂腐的海因里希 · 希姆莱还将自己的注意力投向了斯堪的纳维亚半岛。那里的犹太人数量少到根本不可能产生重大的政治或经济影响；同其他西欧国家相比，当地的反犹主义情绪也极其有限。1942 年 7 月，希姆莱甚至前往赫尔辛基，去劝说芬兰政府——当时，芬兰已是第三帝国的盟友——交出芬兰境内的 200 名左右外国犹太人。当芬兰的警察部门开始整理名单时，即将实施逮捕行动的消息便四处传播，政府内外都发出了抗议之声。最终，这一逮捕数字被削减为 8 人（包括 4 名德国人和 1 名爱沙尼

亚人，以及他们的家人），他们于 1942 年 11 月 6 日被遣往奥斯维辛；除了其中一人外，全都遇难。芬兰的 2,000 名左右本土犹太人并未受到影响，而且，当芬兰政府向希姆莱保证芬兰国内不存在“犹太人问题”后，希姆莱也不再强求他们将犹太人交给党卫队了。[184]

希姆莱在挪威的任务要简单得多，因为那里已经被德国直接占领。挪威国王和战前成立的政府已经流亡英国，他们在那里通过广播，定期地向挪威民众发表讲话。德国的入侵遭到了强烈抵制。此外，新成立的傀儡政府不得民心，因为它的法西斯主义领导人维德孔·吉斯林承诺，将与德国占领者合作。与西欧其他国家一样，食物和原材料越来越匮乏，德国方面想借此拉拢挪威民众，但收效甚微。绝 389
大部分挪威民众仍然反对德国占领当局，但他们暂时无可奈何，并不能改变这一局势。而在幕后，整个国家其实操纵在帝国总督约瑟夫·特博文（Josef Terboven）手中，他是埃森的纳粹党党部领导人。挪威有大约 2,000 名犹太人；1941 年 7 月，吉斯林政府解雇了工薪阶层的犹太人和从事专业工作的犹太人。1941 年 10 月，他们的财产被雅利安化。不久之后，在 1942 年 1 月，吉斯林政府下令，依照《纽伦堡法案》对犹太人的定义，将犹太人登记注册。然而，1942 年 4 月，德国人意识到吉斯林根本无法赢得公众的支持，因此解散了他的政府，特博文走到台前，开始直接管理挪威。1942 年 10 月，德国当局下令驱逐挪威的犹太人。1942 年 10 月 26 日，挪威警察开始逮捕犹太男子，紧接着，在 11 月 25 日，他们又将魔爪伸向了妇女和儿童。11 月 26 日，532 名犹太人走海路被运往斯德丁，此后，还有犹太人相继被送往那里。总体而言，共有 770 名犹太人被驱逐，其中 700 人在奥斯维辛集中营的毒气室被毒死。然而，有 930 名犹太人设法逃到瑞典，其余的犹太人则藏匿起来，或以其他某种方式逃走了。[185] 驱逐挪威犹太人的运动刚刚拉开序幕，瑞典政府就决定，向欧洲其他任何地方逃往瑞典的犹太人提供庇护。[186] 对于那些力图阻止种族灭绝的人而言，此刻，中立的瑞典国肩负起了一份重大的使命。毋庸置疑，瑞典政府也非常清楚迫害行动的最新动向。卡尔·英韦·文德尔（Karl Ingve Vendel）是瑞典驻斯德丁的领事，他曾效力于瑞典的情报机构，而且与抵制纳粹党的德国军事组织成员有联系。1942 年 8 月 9 日，他递交了一份详细的报告，明确指出，不计其数的犹太人正在波兰总督府被活活毒死。尽管瑞典当局继续为越过自己国境线的犹太人提供庇护，但却拒绝发起任何行动，阻止刽子手的暴行。[187]

希特勒认为丹麦人与瑞典人和挪威人一样，也是雅利安人。但与挪威人不同的是，面对 1940 年的德国入侵，丹麦人并未采取什么明显的抵制行动。使丹麦处于一种安稳和平的状态也极其必要，如此一来，重要的物资就可以在德国、挪威和瑞典之间毫无阻碍地畅通运输。此外，丹麦具有无与伦比的战略意义，因为它控制着一条重要的海岸线，与英国隔海相望。鉴于以上缘由，德国方面给了丹麦政府和管理机构很大的自治权，没有过多干涉；这种状
390 态一直持续到 1942 年 9 月，直到丹麦国王克里斯蒂安十世（King Christian X）极大地震怒了希特勒。因为在克里斯蒂安十世生日那天，希特勒给他发来了祝词，但他的回复却简短生硬，希特勒视之为赤裸裸的冒犯。而且，在此之前，丹麦政府所拥有的高度自治权已然令希特勒大为光火，此刻，希特勒更是怒火中烧。因此，他立即替换了驻丹麦的德国军事指挥官，要求新的接任者采取更强硬的措施。更重要的是，1942 年 10 月 26 日，希特勒任命党卫队高级军官维尔纳·贝斯特为帝国驻丹麦全权大使。然而，此时希特勒已经冷静下来，贝斯特也深知，万不能采取极端政策激怒丹麦民众、他们的政府以及国王。因此，贝斯特出乎意料地采取了一些稍加克制的弹性政策。丹麦有大约 8,000 名犹太人，连续几个月，贝斯特在采取针对这些犹太人的政策时都表现得极为谨小慎微。他并未开展

任何出格的行动，只实施了一些不痛不痒的歧视政策，这些政策连犹太社区的领导人都没有反对。[188]

然而，随着德国军力日渐衰落，丹麦境内的抵制行动也日盛一日。在1943年夏天，蓄意破坏、罢工以及各种各样的暴乱此起彼伏。希特勒宣布实行军事戒严，紧接着，丹麦政府就拒绝再与德国当局合作。德国的外交部部长里宾特洛甫更倾向于重建一个更愿意与德国合作的政府取而代之，但显然，这无异于痴人说梦。此时，贝斯特亲自披挂上阵，独掌大权，通过丹麦的民事机构来实行他的个人统治。为了达到这一目的，他亟须大规模地扩充警力，而扩充警力的方法对他来说似乎再明显不过，那就是实施已拖延良久的驱逐犹太人行动。1943年9月17日，希特勒批准了将于1943年9月22日执行的驱逐令。在希特勒看来，丹麦的抵制行动之所以愈演愈烈，犹太人是罪魁祸首，将他们驱逐出境才能有效地终止这些抵制行动。行动迅速和出其不意对于驱逐行动至关重要，但逮捕即将展开的消息却不胫而走。瑞典政府从驻哥本哈根的大使口中获悉了逮捕日期，随即发表公告，表示愿意向此时已开始四处躲藏的所有丹麦犹太人提供庇护。依贝斯特之见，丹麦民众根本不愿通敌卖国，而且本土的反犹主义情绪也极其微弱，在这里实施军事行动或许只能适得其反。开展军事搜索很有可能会耗上数周的时间，而且可能激起普遍民愤。于是，他试图说服柏林方 391
面取消逮捕行动，但没有产生任何效用。因此，他自行决定，务必让该行动的计划日期——1943年10月2日——遭到泄露，并四处流散。1943年10月1日，在精心周全地秘密筹划之后，来自全国各地以及社会各阶层的丹麦人通力合作，将大约7,000名犹太人送上船，穿过海峡，送达瑞典这片安全的国土。在随后几天的“逮捕行动”中，仅有485名犹太人被捕。贝斯特极力影响艾希曼，以确保被捕者都尽可能被送往特莱西恩施塔特集中营，而非奥斯维辛集中营，战争结束时，他们中大部分人都得以生还。[189]

贝斯特称这一行动是德国政策的胜利。在给德国外交部的信中，他写道："丹麦的犹太人已被彻底清除，因为再也没有犹太人能根据相关法令，合法地在丹麦境内活动或居住了。"[190] 贝斯特是党卫队的一员，党卫队一直大肆宣传并鼓动反犹主义这种危险致命的极端思想，而他之所以保护犹太人，并非良知发现，纯粹是处在这种大环境下，对权力和政治博弈胜算仔细考量之后的决策。当时，军事戒严很快就会结束，这一点再明显不过；当军事管制被取消后，他实行了一种被称之为幕后恐怖统治的管理方式。依照这种管理方式，他对公众宣称，将沿用弹性政策，但事实上，他依照希特勒的命令，采取报复行动，利用秘密武装团体——有时让党卫队扮作普通市民——杀害他眼中的敌对势力。他认为，破坏德国军事和经济设施的运动之所以声势日盛，这些人是始作俑者。但他的政策收效甚微，在 1944 年 4 月 19 日，甚至连他的私人司机都被暗杀了。随着局势进一步恶化，有可能陷入不受控制的内战状态，另外，按当下的发展形势来看，20 世纪 20 年代芝加哥的情形或许会再次出现在欧洲的哥本哈根，所以贝斯特又一次对政策进行了调整。希特勒和希姆莱命令他对嫌疑犯实行示众公审，并予以现场处决，贝斯特对该命令充耳不闻，采取了单个处死的政策；然而，甚至在哥本哈根爆发了大规模的罢工运动后，他也仍然拒绝执行大范围的反恐怖政策。但是，在丹麦人看来，希特勒和希姆莱两人提出的政策与贝斯特本人实际执行的政策并没有任何区别。乌尔里希 · 冯 · 哈塞尔（Ulrich von Hassell）与派驻在丹麦的贝斯特见了一面，正如前者在 1944 年 7 月 10 日所记载的那样，贝斯特是"一个非常明智的人"——"谋杀德国士兵或者杀害对德国人持友好态度的丹麦人都没有受到惩罚，也没有以枪杀对方人质的手段予以回击。相反，那里采取的只是一种简单的报复性谋杀政策，换言之，就是杀害一些无辜的丹麦人。希特勒想要将报复性谋杀的比例设置为5∶1，但贝斯特将其减少为2∶1。丹麦的每一个角落都弥漫着仇恨的味道。”[191]
因此，贝斯特的这种政策产生的效果是一样的。丹麦的正常生活一 392
如既往地继续着，民事管理当局仍然正常运转，只是德国占领者对丹麦的控制权日渐飘摇欲坠。尽管贝斯特本人已经违背了自己的诺言，不再利用“犹太政策”废除现有的合作形式，而是实行赤裸裸的恐怖统治，但这种名实不一的政策将被运用到其他国家，并产生致命的后果。[192]

与此同时，在整个欧洲占领区中，逮捕犹太人的行动仍在疯狂进行，全然不顾这些犹太人能否产生经济效益，也不管他们是否濒临种族灭绝。希腊便是其中典型。希腊拥有一个庞大的犹太社区，其中，德国在希腊占领区的犹太人数量为5.5万名，而在意大利人控制的区域，犹太人的数量为1.3万人。直到1943年，意大利人不愿与德国合作一起推行反犹太政策，这极大地挫败了帝国保安总局的野心。然而，1942年，德军开始强行征募犹太男子参加劳工计划；1943年2月，佩戴犹太之星也成为强制性规定。北部城市萨洛尼卡生活着众多犹太人，他们被赶进萨洛尼卡的一个破败城区，等待被遣送出境。与此同时，艾希曼所辖部门的高级官员已经抵达萨洛尼卡，其中包括阿洛伊斯·布鲁纳，他们是来为驱逐运动做准备工作的。1943年3月15日，第一趟遣送列车开走了，车上载有2,800名犹太人；在接下来的几周内，遣送列车相继驶出。最终，全城5万名犹太居民中，有4.5万人被运往奥斯维辛集中营，他们绝大部分人刚到达那里就被处死。由于抓捕行动很突然，而且，如果可能的话，犹太人对奥斯维辛集中营正发生的事情也知之甚少，所以他们并没有采取抵制行动，另外，希腊也没有或许能对他们施以援手的组织机构。兹维·科雷茨（Zwi Koretz）拉比是萨洛尼卡的教区领袖，他也只是竭尽全力地安抚教众的恐惧之心。勒内·伯克哈特

（René Burckhardt）是红十字会驻雅典的代表，他强烈反对德国的暴行，于是，德国方面向红十字会总部发出请求，成功地将他调回了瑞士。圭尔福 · 赞博尼（Guelfo Zamboni）是意大利驻萨洛尼卡的领事，他也插手干预犹太人问题，尽可能多地争取豁免资格，同时驻雅典的大使也予以鼎力支持，但他最终也只能拯救 320 名萨洛尼卡犹太人。此外，德国人还将犹太人的公墓夷为平地，并用他们的墓碑在该墓区铺设新道路。[193]

由于犹太社区成员的名单被摧毁了，所以直到几个月后，驱逐
393 运动才蔓延到希腊首都。然而，1944 年 3 月 23 日，800 名犹太人聚集在一个主要的犹太教堂，因为德国当局曾许诺给他们分发逾越节的面包，但他们却遭到逮捕，然后被遣往奥斯维辛集中营。而在整个 1944 年 7 月，德国人围捕了希腊各岛屿上的小型犹太社区的居民，包括在科斯岛上逮捕了 96 名犹太人，在罗德岛逮捕了 1,750 名犹太人，然后用船将这些犹太人送往大陆，依照惯例又将其遣送到奥斯维辛。[194] 与芬兰的情形如出一辙，党卫队全然不顾军事和经济方面的实际情况，将希腊的最后一拨犹太人也赶尽杀绝，在这一暴行中，当地的德国民事当局和军事当局也为虎作伥，这充分暴露出，在第三帝国的意识形态中，反犹主义的思想占据了绝对统治地位。

四

在纳粹德国的盟国中，犹太人的处境极为复杂，随着战局的变化而变化。其中一些盟国本来就怀有极端的反犹主义；正如我们所见，在罗马尼亚，强烈的反犹主义就引发了大规模的迫害犹太人运动。1942 年年中，罗马尼亚独裁者扬 · 安东内斯库又开始考虑屠杀掉全部罗马尼亚犹太人，他们在整个罗马尼亚的专业人士阶层中

占据了很大一部分。美国、红十字会、土耳其政府、罗马尼亚王太后、特兰西瓦尼亚东正教都主教以及教廷大使等各方面势力都出面干预，对这名独裁者施加影响。也有证据显示，一些罗马尼亚犹太富人曾贿赂安东内斯库和他的官员，以期延迟自己被驱逐的时间。此外，罗马尼亚知识分子、教授、中小学教师以及其他人士也在暗地里警告安东内斯库，口吻强硬地提醒他，除德国之外，罗马尼亚是唯一一个主动大规模屠杀犹太人的欧洲国家。因为丘吉尔和罗斯福曾在1942年12月宣布，迫害犹太人的国家将受到惩罚，将成为同盟国的战争打击目标，所以等到战争结束德国人被彻底打败时，安东内斯库的屠犹政策将严重威胁到罗马尼亚对特兰西瓦尼亚北部地区的认领权，而罗马尼亚的许多领导人此时此刻就已经认为，德国最终战败的概率越来越大。起初，安东内斯库已经应允德国，不仅同意把生活在德国以及欧洲德占区的罗马尼亚犹太人驱逐到沦陷国波兰，而且还准许将遗留在罗马尼亚的30万名犹太人遣往那里。 394
然而，虽然安东内斯库已经削弱了国内罗马尼亚籍犹太人的民事权利，并采取了其他打压措施，但德国方面得寸进尺，仍屡次试图逼他交出国内罗马尼亚籍的犹太人，这令他大为光火。尽管德国外交部警告道这些犹太人是一个严重威胁，但安东内斯库仍迟疑不决。在博弈了一段时间后，安东内斯库首先停止再向德涅斯特河沿岸遣送犹太人，然后在1943年年末时开始将幸存的被逐者送回他们的故乡罗马尼亚。[195] 然而，希特勒并没有放弃，仍试图说服他重新开启种族屠杀的政策，而且迟至1944年8月5日还对他警告道，如果罗马尼亚战败，罗马尼亚决不能指望罗马尼亚犹太人能捍卫这个国家或做出其他什么有益的事情，他们只可能拥立一个共产主义政权。[196] 但安东内斯库已经不愿再听他号令了。

保加利亚的鲍里斯国王最关心的是自己的主权问题，在国内爆发了大规模的民众抗议运动后，他拒绝将国内犹太人交给党卫队。

早先，保加利亚迫于德国方面的压力，引入了反犹太人的律法，剥夺了1.1万名犹太人——他们生活在被保加利亚吞并的色雷斯和马其顿领土上——的公民身份，然后将其围捕，进而转交给德国人杀害。尽管如此，但保加利亚的议会仍然在起作用，能一定程度上限制他们这位独裁君主的决策自由，而且议员们也极力反对驱逐保加利亚公民。保加利亚的犹太少数族裔本来就很少，所以反犹主义思想并未在国内流行。当一名狂热的反犹主义官员将6,000名来自战前保加利亚王国地区的犹太人罗列出来，准备与其他人一并驱逐时，民众普遍表现出愤怒。东正教会插手保护犹太人，宣称如果这些犹太人被驱逐，那么羞愧之心将令保加利亚永远铭记这场战争。1943年4月2日，鲍里斯国王出访德国，他向德国外交部部长里宾特洛甫解释道，保加利亚剩下的2.5万名犹太人将被送进集中营，而不是转交给德国人。里宾特洛甫则坚持声称，据他所见，“最极端的解决措施才是正确的措施”。但鲍里斯王国迫于民众压力，最后也只能说保加利亚不能再做出让步了。[197]

同样，匈牙利政府之前也将犹太人的土地收归国有，并与德国政府商讨驱逐匈牙利籍犹太人的相关事宜，但面对德国外交部愈发蛮横过火的要求，匈牙利政府此刻也开始寻找诸般借口，表示自己无力配合德国行事。霍尔蒂·米克洛什是匈牙利王国的摄政王，也
395 是事实上的国家元首。1942年10月，他和总理卡洛伊·米克洛什（Miklós Kállay）一起拒绝了德国方面强制匈牙利籍犹太人佩戴犹太之星的要求。虽然希特勒在面对罗马尼亚和保加利亚的不配合态度时并没有计划与它们撕破脸，但当匈牙利未将国内80万名犹太人交由德国屠杀，也没有没收他们的财产时，希特勒恼羞成怒了。此外，霍尔蒂笃定，德国战败的命运已无可避免，因此召回了在东线听命于德国人的匈牙利部队。所以，1943年4月16日至17日，希特勒在萨尔茨堡（Salzburg）附近会见霍尔蒂，还有外交部部长里

宾特洛甫，意图就这两方面问题给霍尔蒂施压。其中，霍尔蒂在第一天的商讨中就明确指出，匈牙利在解决“犹太人问题”时必须要充分考虑本土的实际情况。霍尔蒂的不合作态度令希特勒和里宾特洛甫甚为沮丧，第二天，他们又开始讨论这一问题。此刻，双方都抛开了迂回的外交辞令，直入主题。据议员的会议记录显示，里宾特洛甫对霍尔蒂说:“要么屠尽所有犹太人，要么将他们送进集中营，没有第三种选择。”希特勒也发表了长篇大论：

> 凡是犹太人自生自灭之地，都弥漫着可怕的贫穷和极端的堕落，比如波兰就是其中典型。犹太人是不折不扣的寄生虫。有人已经根除了波兰的这一状态。如果犹太人不想劳作，那么他们就被枪杀；如果他们不能劳作，那么他们就必须死。犹太人就像结核杆菌，我们健康的躯体也会被他们感染。野兔和鹿是大自然创造的生物，为了防止它们造成破坏，连它们这样无辜的生物也会被杀害，想到这一点，就不会觉得消灭犹太人是惨无人道的。犹太人这些禽兽会给我们带来布尔什维主义，我们为什么还要纵容手软呢？一个国家如果不将犹太人铲除殆尽，那么它必将走向灭亡。[198]

但霍尔蒂并没有丝毫退让。很快，他就要为自己的毫不妥协付出代价。

斯洛伐克是一个农业小国，信奉天主教，于1938年签订了《慕尼黑协定》后成立。1939年3月，它在名义上成为一个独立国家，由天主教神父约瑟夫·蒂索（Jozef Tiso）出任总统，极端的民族主义者沃伊捷赫·图卡担任总理，后者是一名法学教授。图卡是民族主义运动中极端派别的领袖，该派别越来越趋向于国家社会主义，而且有一支名为赫林卡卫队（Hlinká Guard）的准军事力量可以倚

靠。赫林卡卫队以神父安德烈·赫林卡(Andrej Hlinká)的名字命名，
396 此人长期以来都在鼓动斯洛伐克民族主义。在 1940 年 7 月 28 日的会议上，希特勒嘱咐蒂索、图卡以及内政部部长马哈（Mach）实施针对斯洛伐克犹太少数族裔的法律，这些犹太人占全国人口的 3.3%，共计 8 万名。他们同意任命德国党卫队军官迪特尔 · 维斯利策尼（Dieter Wisliceny）为他们在犹太人问题上的官方顾问。维斯利策尼到达斯洛伐克首都布拉迪斯拉发后不久，斯洛伐克政府就开始全面实行迫害犹太人的计划，他们没收了犹太人的财产，禁止他们参与经济生活，剥夺了他们的民事权利，并将他们作为强制性劳动力征入各种劳工计划。斯洛伐克犹太人被迫佩戴犹太之星，这与第三帝国国内实行的政策一致。在短短几个月的时间内，斯洛伐克的犹太人变得一贫如洗。1942 年初，德国政府请求斯洛伐克方面为德国军工业支援 2 万名斯洛伐克工人，作为回应，斯洛伐克政府却向他们提供了 2 万名犹太工人。因此，这一支援事情就转由艾希曼全权负责，他决定让这批犹太人去修建奥斯维辛—比克瑙集中营。艾希曼还提议带走他们的家人，换言之，他其实是在确保有劳动能力的人在到达集中营后便能立即投入劳工计划，而没有劳动能力的人会被直接带到毒气室毒死；艾希曼的这一做法后来成为一种惯例。1942 年 3 月 26 日，在当地德意志民族小分队的协助下，赫林卡卫队对 999 名年轻的斯洛伐克籍犹太女子拳脚相加，侮慢咒骂，将他们装进运牛的货车，然后送往奥斯维辛。很快，更多的犹太儿童和成年男女也相继被送往那里。有点反常的是，每有一名“低生产效率的”犹太人，斯洛伐克政府就会向德国当局支付 500 帝国马克，以此作为他们的运输费用，同时也作为补偿，感谢德国当局允许自己占领犹太人的财产。艾希曼向斯洛伐克方面保证，这些被逐者一个也不会活着回来。事实上，截至 1942 年 6 月底，大约有 5.2 万名犹太人——远远超过了斯洛伐克一半以上

的犹太人数量——被驱逐出境，其中绝大部分被送往奥斯维辛；有些人因为被安排到比克瑙从事建筑工作，所以一时得以幸免于难，但连这些人不久后也都遇害了。[199]

然而，斯洛伐克政府此刻主动采取的驱逐行动——并非是回应德国方面的请求，这一点尤其值得注意——遭到了民众的反抗。在铁路站场，赫林卡卫队把被驱逐的犹太人打得遍体鳞伤，这一幕悲惨的暴力场景激起了斯洛伐克普通民众的强烈抗议，声势浩大，而且还赢得了一些重要神职人员的声援，比如主教帕沃尔·扬陶施 397
（Pavol Jantausch）就坚决要求以人道方式善待犹太人。而斯洛伐克天主教会的官方立场则变得愈发矛盾。一方面，他们要求必须尊重犹太人的民事权利，而另一方面，他们又控诉犹太人应当为耶稣被钉死在十字架上负责。梵蒂冈方面两次召见斯洛伐克大使，私下询问其中的具体情况。此举虽然效力有限，但仍然促使蒂索重新思考现行的迫害运动，因为他毕竟还是一名圣职在身的神父。而且，更重要的是，一群家境仍然殷实的斯洛伐克犹太社区领导人开始有组织地贿赂斯洛伐克官员，请他们颁发更多的豁免证。到 1942 年 6 月 26 日时，德国驻布拉迪斯拉发的大使抱怨道，已经颁发了 3.5 万个豁免证了，所以现在几乎没有犹太人可供驱逐了。在德国外交部，恩斯特·冯·魏茨泽克（Ernst von Weizsäcker）* 对这位德国大使说道，必须告诫蒂索，“目前为止，斯洛伐克在犹太人问题上采取的合作措施令我们感激万分”，但此刻却又停止驱逐运动，这着实让我们吃惊。然而，除了在 1942 年 9 月份时短暂地恢复过驱逐运动，此时斯洛伐克全境内已经终止了该行动。1943 年 4 月，图卡威胁说要重启驱逐运动，但遭到公众的强烈抗议，其中，教会的声讨之势尤为激烈，他们此刻已彻底明了等待这些被逐者的命运。迫于压力，

* 恩斯特·冯·魏茨泽克时任德国外交部国务秘书。

图卡只得打消了这一想法。德国方面继续施压，希特勒甚至在1943年4月22日与蒂索亲自面谈，但依然无果。[200]然而，1944年，实力日渐强大而且反抗态度也愈发坚决的斯洛伐克抵抗组织采取了一次推翻蒂索统治的行动，这对德军来说是灾难性的，但此次行动遭到赫林卡卫队的残酷镇压，后者得到了德军的支援。此刻，蒂索下令驱逐国内剩下的犹太人，他们中有的被遣往萨克森豪森集中营，有的被遣往特莱西恩施塔特集中营，但绝大部分都被送到了奥斯维辛集中营。[201]

五

398 到了1943年，在整个欧洲占领区，抵抗运动的声势开始逐渐壮大，而在有的地区，抵抗运动早就拉开了帷幕。在法国，一个名为马基（Maquis）的抵抗组织成立了，此组织由招募的劳工组成，名字源自他们最初曾出没的科西嘉岛（Corsica）上一片同名的灌木丛。潜伏在特别行动处的英国间谍有时给这些抵抗组织的成员充当顾问，帮助他们训练，并为他们提供军备物资。抵抗组织四处发放宣传册，散布言论，鼓动各种形式的非合作运动，甚至包括罢工，这渐渐削弱了民众对德国占领者的支持。他们不断攻击单个的德国士兵以及当地主要的通敌者——包括警察在内——而且越来越频繁地组织参与破坏和颠覆运动。1944年初，法兰西民兵的首领约瑟夫·达尔南取代勒内·布斯凯，成为警察局局长；与此同时，菲利普·昂里奥（Philippe Henriot）也接管了统治当局的宣传事宜，此人多年来素以极右主义分子的身份著称。昂里奥用心险恶地制造了大量反犹主义的资料文献，并将迅速成长的法国抵抗运动污蔑为犹太人对付法国的阴谋。同时，达尔南领导的警察局也四处作恶，折磨并谋杀了大量杰出的犹太人和抵抗运动人士。作为回应，1944年

6 月，抵抗组织暗杀了昂里奥。[202] 在法的德国军事当局采取了报复行动，逮捕并枪杀了“人质”。1944 年 6 月初，德国军事当局下令扩大报复行动，党卫队第 2 装甲师将其理解为执行在东方早已成为惯例的大屠杀政策。1944 年 6 月 10 日，党卫队第 2 装甲师的部队进入格拉讷河畔奥拉杜尔村（Oradour-sur-Glane），枪杀了所有男性居民，并将全部妇女和儿童赶进教堂，将其活活烧死。总共 642 位村民在这次大屠杀中遇难。据称，这次屠杀纯粹是报复行动，因为德国部队最近受到了暴力攻击，但事实上，那次攻击发生在另一个社区，而且那个社区与抵制运动没有丝毫关联。此次屠杀的唯一后果就是在全法国掀起了一股憎恶德国占领当局的浪潮，进一步恶化了德国占领当局与法国民众的关系。[203]

随着抵抗运动的波及范围越来越广，抵抗力量与同盟国联军展开了更紧密的合作。然而，与此同时，几乎各处的抵抗运动都出现
了严重的内部分歧。1941 年 7 月，斯大林敦促各地共产党成立游击 399
队，促使他们采取行动，但与此同时，与之相竞争的民族主义者，通常持右翼立场的游击队以及抵抗运动也出现了，而且这些人一般都效忠于自己流亡伦敦的政府。另外，纳粹反犹主义——民族主义抵抗运动者有时也提倡这种思想——亦促使一些地区的犹太人成立自己的游击队。此时的欧洲就是一个各自为政的局面，各股抵抗势力相互争斗，因此，对任何一支游击队而言，他们的敌人远不止德国一家。[204] 或许，最严重的分歧发生在欧洲东南部的抵抗运动中。在希腊，共产党抵抗势力成功切断了德国的通信联络，而且截至 1944 年年中，他们实际上已经接管了大部分山势崎岖、交通不便的内陆地区。1943 年 8 月，共产党领导的抵抗力量与规模较小的右翼竞争对手爆发了激烈的战斗，后者由大名鼎鼎的拿破仑 · 泽尔瓦斯（Napoleon Zervas）领导，此人野心勃勃，他带领的这支势力得到了英国的支持，因为英国想利用他来制衡共产党。最终，这场冲突

演变为一场不折不扣的内战。类似的萧墙之祸也在前南斯拉夫上演。铁托领导的南斯拉夫共产党游击队赢得了英国方面的鼎力支持，因为与塞尔维亚民族主义组织切特尼克相比，他们更加积极活跃。截至 1943 年,铁托的抵抗力量达到了 2 万人左右。与希腊的情形一样，共产党游击队顶住了德国占领军疯狂的报复行动，成功接管了南斯拉夫大片荒芜偏远的内陆地区。但比希腊更甚的是，共产党游击队和切特尼克自相残杀的时间甚至与他们抗击德国人的时间都基本相当。事实上，铁托甚至与德国方面展开过协商，并承诺如果德国占领军同意暂停反游击队战争，那么他就愿意协助德国剿灭切特尼克。事实上，在希特勒亲自否决这一交易前，德国方面的确暂时中止了反游击战。[205]

入侵苏联还不到一年，德国在东部战线后方的统治就开始逐渐瓦解。1942 年春天，波兰一些地区的安全形势已经超出了德国的控制。医院主任齐格蒙特 · 克卢科夫斯基就在日记中记载了接二连三的抢劫事件。他写道，游击队员无处不在，他们掠夺食物，并杀死了那些效力于德国行政当局的人。“要辨别出他们到底谁是谁，这近乎不可能，”他记载道，“因为他们中有波兰人，俄罗斯人，甚至还有德国逃兵以及土匪。”警察方面都已经放弃了,开始听之任之。[206]不少游击队装备精良，组织有序，而且一些波兰军官还成立了波兰家乡军的正规部队。德国士兵的到来，使许多村民被迫离开家乡，他们纷纷加入游击队和波兰家乡军，一心渴望复仇。通常情况下，
400 他们会在德国人占领之前赶回各自的村庄，将自己的房屋付之一炬。[207]波兰家乡军与流亡伦敦的波兰政府维持联系，流亡政府给他们的建议是再耐心等一等，但他们从来都充耳不闻。自 1943 年 1 月以来，克卢科夫斯基开始在日记中用越来越多的篇幅描述波兰家乡军的军事抵抗和破坏行为。频繁的爆炸和机枪扫射已经破坏了当地的一些铁路。他们攻击德国移民者定居的村庄，侵占他们的家

畜，而且还对任何反抗者拳打脚踢。当地的游击队领袖成为民间英雄。克卢科夫斯基与其中一名游击队领袖会面后，答应为他们的抵抗运动提供医疗物资。[208] 此后，他与波兰家乡军的联系就愈加频繁。他化名为波德温斯基（Podwinski），为抵抗运动者提供钱财，向他们汇报自己所在区域的大小事件，并充当各游击队小分队的情报传递中心。此外，他没有服从德国方面要求他向警察局汇报任何一例枪伤病人的命令，为受伤的游击队员提供医疗救治。当然，他还是一如既往地小心谨慎，比如，游击队指挥官来拜访他时，他会让他们脱下自己的外衣，“这样，如果有德国人突然闯入，这也会看起来像一次普通的体检”。[209]

此刻，与波兰家乡军和游击队竞争的其他游击队也非常活跃，尤其是俄罗斯人组织的游击队。其中一些游击队的规模有数百人之多。[210] 游击队的活动激怒了德国占领军，他们采取了一系列激进的报复行动，将当地人抓为人质，并威胁道，抵抗运动者每枪杀一名德国人，他们就会公开处决 10 到 20 名人质。他们多次将这一威胁付诸实践，进一步加剧了当地民众的恐惧和忧虑。[211] 抵制运动风起云涌，而且暴力事件、抢劫以及社会动乱等各种问题此起彼伏，这一切令德国和波兰辅警表现得愈发乏力，无法采取有效行动。德国在东欧的暴力统治从一开始就不得民心，绝大部分民众都对其避而远之。[212] 有人认为，这是四处爆发游击队抵抗运动的症结所在，而且阿尔弗雷德·罗森贝格也持这一观点，但希姆莱和德军领导层却不以为然。游击队的活动也进一步加强了民事管理人员的反犹主义情绪。1942 年 10 月，白俄罗斯的一名官员写道，在他看来，犹太人“对整个破坏运动的成功起到了无可比拟的作用……仅在一天的镇压行动中……有 223 名暴徒被处死，其中就有 80 名配有武器装备的犹太人……我很高兴地看到，”他继续写道，“这片区域原来 401
的 2.5 万名犹太人现在减少为 500 人”。[213] 丧生在游击队战乱中的人数约为 34.5 万名，大约为白俄罗斯总人口的 5%。据估计，在整个德国占领期间，约 28.3 万名居住在白俄罗斯的人加入了这样那样的游击队。[214] 在东欧其他地区，德国的军事报复行动也造成了类似的大规模人员伤亡。

面对党卫队特别行动队的机枪，犹太人纷纷逃往东欧的丛林深处，1942 年初，由这些人组成的各种犹太人游击队也开始出现了。[215] 许多犹太人自己单独躲到丛林中去，未能与游击队取得联系。所以，他们常常不仅被盗匪偷走了衣物，而且还饿得饥肠辘辘。正如齐格蒙特·克卢科夫斯基所记载的那样，他们的境遇甚是恶劣，所以“犹太人自己又跑到警察局，让警察干脆把他们枪杀了，这种现象时有发生”。[216] 他指出，很多时候，村民们都非常敌视这些游击队。“许多人都没有把犹太人当人看，而把他们视为动物，必须被消灭殆尽。”[217] 尽管如此，犹太人还是广泛地参与到游击队运动中。1941 年 12 月 31 日，23 岁的知识分子阿巴 · 科夫纳（Abba Kovner）在维尔纳成立了东欧第一个犹太人抵抗游击队。150 名年轻人参加了当天的成立大会，会议对外宣称是新年前夕派对。会上，科夫纳宣读了一份纲领。他首先阐述了自去年夏天以来德国人就在一直实施的大规模枪杀和迫害运动，进而宣告道：“希特勒计划将欧洲犹太人灭绝殆尽……我们决不能像待宰羔羊一般任由他们带到屠宰场。”[218] 1942 年初，别尔斯基（Bielski）四兄弟组建了另一支犹太人游击队，他们四兄弟本是白俄罗斯的村民，其父母在 1941 年 12 月时被德国人杀害。他们将自己的大本营隐秘地设立在该地区的丛林深处，以此为基地，建立了一套详尽的夺取武器的方法，而且其他犹太人也逐渐加入了他们的队伍。截至战争结束，他们的成员人数多达 1,500 名。更多的犹太人则是以个人身份加入了共产党领导的本地游击队。[219]

欧洲新秩序开始瓦解。起初，德国建立欧洲新秩序是为了构筑

一个庞大的经济与政治合作圈，但面对惨淡的战局，他们逐渐放弃
了这一野心。德国在每一处的统治都变得愈发残酷。德国方面笃信，
镇压抵抗运动的唯一途径就是实行恐怖统治，在这种思想的指引
下，他们放弃了与沦陷区当局的非正式自愿合作以及逼迫后者通敌
卖国，代之以赤裸裸的处决和大规模的枪杀。对第三帝国持友好态
度的各国——从维希法国到匈牙利——也与德国方面渐行渐远，他 402
们逐渐失去了自治权，也开始陷入同样的压迫和抵抗模式，在被德
国直接占领的国家内，这样的抵抗运动正蚕食着德国的控制力。德
国战争经济对劳动力和原材料的需求就是一个无底洞，加上德国无
所不用其极地压榨傀儡国家的经济，这极大地刺激了越来越多的年
轻男女投身于抵抗运动。他们到处开展不合作运动、扰乱秩序、蓄
意破坏以及暗杀行动，为了打压他们，德国方面采取了更强硬的报
复行动，而这反过来又促使占领区的民众对德国当局更加疏远，进
一步推动了抵抗运动的发展壮大。然而，这一暴力循环同时也反映
出德国在战争中的全面失势，尤其是从 1943 年初期开始，这一趋
势变得愈加明显。起初，整个欧洲都认为，除了臣服于德国之外，
他们别无选择，此刻，这种观念开始逐渐消失。欧洲人之所以开始
重整旗鼓，展开抵抗运动，一个根本的原因就是他们清醒地意识到，
希特勒或许终究会输掉战争。斯大林格勒战役就是这样一场具有历
史转折意义的战役，因为它比其他任何一场战役都更淋漓尽致地表
明，德国武装部队可以被打败。

第四节

总体战

一

403 1942 年，德国武装部队再次发起进攻，在这一战争背景下，纳粹政权进一步扩大了灭绝犹太人的计划。德军在莫斯科败北之前，希特勒一直认为，苏联的斯大林政权必定不堪一击。显然，他的判断被证明是一个致命的错误。1941 年 6 月，德军怀着战无不胜的自信发起了巴巴罗萨行动，但最终却没有实现它的目标。红军在成功遏制住德军对莫斯科的进攻浪潮后，就开始发起反攻，迫使德军撤退。正如一名德国军官在给自己兄弟的信中写道："俄罗斯人正在誓死捍卫自己的祖国，戈培尔将他们表现出的勇气和坚韧描绘为'动物'的兽性本能；每次为了击退这些进攻者，我们都要付出流血的代价。""显然，"他以讽刺的口吻继续写道，"全世界真正的勇气和英雄主义只会诞生在西欧，而且是在西欧这片土地的中心位置。"这一讽刺口吻也暴露出德军对红军与日俱增的敬意以及他们对德军军官——尤其是戈培尔——的普遍鄙夷。[220]

冬日里严寒刺骨，紧接着春天来临，路上堆满了正逐渐融化的

雪泥，在这样的环境下，发动任何规模的新攻势都并非易事，这样
的情形一直持续到了 1942 年 5 月。苏联军队在莫斯科战役中力挫
德国人，斯大林因此信心倍增；此刻，他下令发起了一系列反击战。
斯大林之所以胸有成竹，还得益于一个重要的事实，那就是转移到
乌拉尔地区（Urals）和外高加索地区的工厂已经投入运营，生产了
大量的军备物资。截至 1942 年 5 月春天战事吹响号角时，它们已
经制造了 4,500 辆坦克、3,000 架飞机、1.4 万挺枪和 5 万多门迫击炮。
在 1942 年的整个夏天和秋天，红军指挥部试验了各种各样利用坦 404
克与步兵和炮兵配合作战的方式，并从中汲取教训提高战斗力。[221]
但斯大林的第一次反击战与前一年秋天的军事行动一样，也以灾难
性的失败收场。他下令对列宁格勒地区的德军发起大规模进攻，但
却未能解除列宁格勒被围困的局势；此外，经过激烈的战斗，德军
击退了向列宁格勒城区中心进攻的苏联军队，而且在南边，德军也
挺住了苏联军队的多次进攻，牢牢地坚守在那里。1942 年 5 月，苏
联军队又在哈尔科夫地区发起了一场大规模的进攻，最终，10 万名
红军士兵战死沙场，20 万名红军士兵被俘。苏联军队的指挥官们严
重低估了德军在该区域的军力，也没有成功夺取该地区的制空权。
与此同时，1942 年 1 月 20 日，费多尔 · 冯 · 博克元帅病愈归来，
他是南方集团军的指挥官，认为进攻就是最好的防御手段，他在克
里米亚地区打了一场拉锯战，并最终取得胜利。但一直以来，博克
对德军存在的隐患都洞若观火，那就是德军的战线过长，兵力比较
稀薄，而且军队持续作战，一直处于精疲力竭的状态。因此，他忧
虑重重地指出，德军的“进攻变得举步维艰，并且损失惨烈”。[222]
在一次大捷中，博克拿下了沃罗涅日市（Voronezh）。整个战局似
乎在扭转，变得对德国愈发有利。汉斯—阿尔贝特 · 吉泽是来自德
国北部农村地区的一名士兵，他写道：“在那里，我亲眼看见了我
们的坦克如何将庞大的俄罗斯雕像炸得粉碎。德国士兵在每一方面

都更优秀。同时，我也相信，我们今年就能顺利完成在这里的军事任务。”[223]

但情况并非如此。依希特勒之见，博克在攻陷沃罗涅日后开始变得拖沓迟缓，行事太过谨小慎微，所以错过了围捕并一举摧毁苏联多个主力作战师的良机。当时，博克关心的是他的部队已经精疲力竭，无力作战。但希特勒拒绝接受这个理由。希特勒下令解除了他的指挥权，从 1942 年 7 月 15 日生效，取代他的是上将马克西米利安·冯·魏克斯（Maximilian von Weichs）。[224] 自此以后直至战争结束，沮丧万分的博克都处于免职状态，他仍力图证明自己的策略——在沃罗涅日休整之后再进军——合理正确，并指望着希特勒能再次任用他。与此同时，1942 年 7 月 16 日，希特勒为了亲自指挥军事行动，下令将现场指挥部转移到乌克兰文尼察（Vinnitsa）附近的一个新指挥中心，代号为“狼人”（Werewolf）。希特勒和他的各部长以及参谋人员总共搭乘 16 架飞机离开东普鲁士前往新的指挥中心。在接下来的三个半月里，他们一直住在设施极为简陋的棚屋里面，潮湿难耐，而且白天还热浪腾腾，到处都是恼人的蚊子。另外，此时这里还是陆军最高指挥中心和整个德国武装力量的
405 最高指挥中心所在地。[225] 德国在这个夏天发起进攻，其主要目标是占领高加索地区，及其丰富的油田。去年冬天，德国之所以在莫斯科受到重创，一个关键的原因就是燃料短缺。希特勒向来喜欢夸大其词，同样，他这次警告道，如果德军不能在三个月内攻陷高加索地区的油田，那么德国将输掉整场战争。在此之前，希特勒已经将南方集团军一分为二，北部地区的称为 A 集团军群，南部地区的称为 B 集团军群。此刻，希特勒命令 A 集团军群前往顿河畔罗斯托夫，去彻底歼灭聚集在附近的敌军，然后穿过高加索地区，占领黑海东海岸，进而拿下里海边上的车臣和巴库（Baku），这两个地区有丰富的石油储藏。同时，他命令 B 集团军群去攻占斯大林格勒

（Stalingrad，今伏尔加格勒［Volgograd］），途经伏尔加河下游的阿斯特拉罕，向里海地区挺进。希特勒将南方集团军一分为二，命令这两支军队同时出击，此外，他还命令数个作战师向北方前进去支援进攻列宁格勒的部队，这一切都充分反映出，希特勒仍然低估了苏联军队的实力。陆军参谋总长弗朗茨·哈尔德绝望不已，尽管希特勒对德国陆军的领导层嗤之以鼻，但这也无法让他打起精神。[226]

然而，无论这些将领们私下里怎么想，除了按照希特勒的计划行事外，他们别无他途。在这一轮攻势中，A 集团军群率先向克里米亚地区发起进攻，埃里克 · 冯 · 曼施泰因元帅挫败了 21 个红军作战师，在 30 万名与他对峙的红军士兵中，多达 20 万名被杀死或俘虏。当红军指挥部意识到德国人已经放弃了——至少暂时如此——夺取莫斯科的野心，转而集中火力向南方全线出击时，为时已晚。塞瓦斯托波尔（Sevastopol）是克里米亚地区的主要城市，红军在那里负隅顽抗，但在被围困一个月之后，塞瓦斯托波尔最终还是沦陷了，9 万名红军士兵被俘。然而，整个军事行动让德军也付出了伤亡近 10 万人的代价，而且，当德国、匈牙利、意大利和罗马尼亚的军队向南挺进时，他们发现俄罗斯人采取了一种全新的战术。俄罗斯人不再誓死抵抗，直到自己被彻底包围歼灭，相反，斯大林允许他们采取撤退战略，如此一来，德国人抓获的战俘远不如预期。在三次大规模的战役中，德国人只抓获了 10 万到 20 万名战俘，比之前少了许多。A 集团军群士气高昂，他们攻占了迈科普（Maykop）地区的油田，结果发现，俄罗斯人在撤退时已经有组织地将那些炼油厂摧毁了。为了庆祝此次进攻的胜利，奥地利的山地兵登上了厄尔布鲁士山（Mount Elbrus）的顶峰——此乃高加索地区的最高点，海拔 5,630 米——将德国的旗帜插在那里。希特勒在 406
私底下大为光火，因为在他看来，这根本就不是此次进攻的真正目标。“我经常看到希特勒怒火中烧，”阿尔贝特·施佩尔后来回忆道，“但他很少大发雷霆，而这次当前线战报传来时，他表现得怒不可遏。”他怒斥说：“应该把这些山地兵送上军事法庭，他们简直就是一群疯子。”“他们在打仗的时候还想着自己愚不可及的登山爱好。”他愤愤不平地说道。[227]他的这一反应充分暴露出他对此次进军的紧张程度，而后来事实也证明，这次进攻非常有必要。

在北方，德军自1941年9月8日以来就切断了列宁格勒同外界的联系。列宁格勒市内以及郊区共生活着300多万居民，随着物资补给几乎被完全切断，列宁格勒很快就陷入绝境。不久，居民们因为饥饿难耐，开始吃猫、狗、老鼠，甚至还吃自己的同类。外面的俄罗斯同胞穿过拉多加湖（Ladoga Lake）结冰的湖面与列宁格勒市内的民众保持着一定联系，但这条物资补给线规模甚小，而且时断时续，所以他们借此给市内居民提供的食物和取暖燃料简直是杯水车薪。在被封锁的第一个冬天，有886人因吃人而锒铛入狱。有44万名居民被成功转移，但据德国方面估计，在1941—1942年的冬天，有100万居民死于饥饿和寒冷。在1942年，列宁格勒的形势有所好转。城内的居民全都种植蔬菜，为下一个寒冬储备粮食，而且又有50多万居民被成功转移，此外，当拉多加湖的湖面又结冰之后，外界穿过湖面给城内居民送去大量的补给品和军备设施，帮助他们囤积物资。而且，拉多加湖的湖底还铺设了输油管道，如此一来，居民们就可以抽取石油作为燃料。德国空军试图炸毁苏联的这条物资补给线，但未能成功，还损失了160架战斗机，而对列宁格勒的轰炸，除了造成大面积破坏之外，并未能将其彻底摧毁，也没能挫败剩余居民的士气。最后，连上苍都在帮列宁格勒的居民，因为与上一个灾难性的冬天相比，1942—1943年的冬天要好过得多,直到11月中旬列宁格勒才开始结霜。随着气温又下降到了冰点，整个列宁格勒又展开了与德军封锁的对峙。[228]

1942 年 8 月，苏联继续向南，开始向德军发起反击，进攻勒热夫（Rzhev），这严重威胁到中央集团军群。哈尔德请求希特勒准许德军撤退到一个更易于防守的地方。“你每次来见我都是那套老方案，只知道撤军。”希特勒朝他这位陆军参谋总长大声呵斥道，并指责他跟士兵一样，都缺乏顽强作战的坚毅品格。哈尔德也忍 407
无可忍，称自己已经非常顽强了。“但在战场上，成千上万的将士们前赴后继，一批又一批地倒下，从普通的火枪手到中尉，无一例外，此刻我们毫无胜算可言，他们是在白白牺牲。这一切都是因为他们的指挥官们被缚手缚脚，无权做出唯一正确的决定。”[229] 汉斯·迈尔—韦尔克留意到，在对勒热夫的进攻中，苏联方面在作战策略上有了惊人的改进。此时，苏联开始有效地协调坦克、步兵和空军配合作战，在此之前，这三方面力量没有成功地进行过此种合作。米尔—沃克认为，同德军相比，红军士兵更擅长应对极端天气环境。1942 年 4 月，他写道：“俄罗斯人在泥地里的表现令我们惊叹不已！”[230] “我们的车队，”一名军官记载道，“绝望地陷在深不可测的泥沼里，根本难以保证进一步的物资补给。”[231] 在这种环境中，德国的装甲车实在是无用武之地。到了夏天，德军还要忍受酷热，连背阴处的温度都达到了 40 摄氏度，此外，机动车辆行进时扬起的厚厚尘土也是一个棘手问题。“整个道路，”这名军官在给兄弟的信中写道，“都淹没在一片厚重的尘土中，无论是人还是动物都只能艰难前行，因为根本就睁不开眼睛。在风的作用下，这些尘土经常打转，绞成厚厚的一股，逆着我们队伍行进的方向打来，有时，我们连续几分钟都无法睁开眼睛，什么都看不到。”[232]

对这些实实在在的问题，希特勒早就不耐烦了——或许他对此根本就一无所知——他要求各将领们加快行军步伐。1942 年 8 月底，哈尔德绝望地写道：“今天同元首的讨论还是老样子，他一如既往地痛斥陆军军事领导层的无能，骂他们自以为是，屡教不改，完全抓不住问题的关键。”[233] 最终，1942 年 9 月 24 日，希特勒罢免了哈尔德，当着他的面说他是懦夫。取而代之的是少将库尔特·蔡茨勒（Kurt Zeitzler），此人之前负责西边地区的海防。蔡茨勒是一名彻头彻尾的国家社会主义分子，继任之后，他即刻下令，要求陆军参谋总部的全体成员都要再次表达自己对元首的绝对忠心，很显然，这个忠心哈尔德早就已经丧失了。据估计，截至 1942 年年底，德国及其盟国组成的入侵部队在东线折损了近一半兵力，换言之，战死沙场的、身负重伤的、勒令退伍的以及被俘虏的士兵总共达到了约 150 万人。其中，德国士兵的死亡人数达到了 32.7 万人。[234] 要填补这些折损所遗留下的兵力空缺变得愈发困难。此时，东部的战
408 事已经止步不前了。为了打破这一僵局，德军向斯大林格勒挺进，因为斯大林格勒不仅是一个重要的工业中心以及往来高加索地区的补给品分配中心，同时，斯大林格勒这一名字也赋予了这个城市无与伦比的象征意义，在随即而来的几个月中，这层象征意义所起到的作用比这个城市为形势所逼而采取的任何措施和行动的意义都更大。[235]

二

1942 年 8 月 24 日，碧空如洗，温暖和煦，年轻的战斗机飞行员海因里希·冯·艾因西德尔（Heinrich von Einsiedel）伯爵驾驶飞机，在斯大林格勒的上空侦查敌人的活动迹象，他是帝国宰相奥托·冯·俾斯麦（Otto von Bismarck）的曾外孙。他写道：“当我驾驶 Me 109 战斗机高高地盘旋在一望无际的大草原上时，我看到草原上有一层薄薄的雾霭。我扫了一眼远方的地平线，它淹没在杂乱无形的薄雾中。天空、草原、河流与湖泊都伸向远方，隐隐约约，静谧平和，交错着流向永恒。”艾因西德尔今年刚满 21 岁，他对战

斗机飞行员的身份怀着十二分的美好憧憬。在他看来，战斗机飞行员都是空中骑士，这吸引着像他这样的贵族青年加入了德军的空军部队。战争带来的兴奋与刺激如此强烈，远远超过了他对这场战争本身是否公正的疑虑。但他的记述也透露出俄罗斯战斗机的数量甚是庞大，最终，面对如此强大的空军战斗力，德国飞行员视死如归的勇气和精湛的飞行技能也无济于事。他如此描述敌军向他逼近时候的情景：

> 我们每一架斯图卡轰炸机，每一架战斗机都被成群的俄罗斯战机团团包围……我们一下子变得心慌意乱，手足无措。一个两星 Rato 在我正前方飞过。俄罗斯飞行员看到我后立刻俯冲而去，试图通过低空飞行来避开我。但恐惧似乎令他一下子不知所措。他沿直线方向在离地面 10 英尺的高度飞了一段距离，但还是被我击中。机枪发射的反冲力使我的飞机晃动不已。那架俄罗斯飞机的油箱蹿出一股火焰，然后整架飞机发生爆炸，在地面上翻滚了几圈，留下一大片烧焦的草地。[236]

艾因西德尔发现他正上方有一组苏联战斗机，于是立刻停止俯冲，朝着它们迎头而去。他坦言："当时，我脑子里面全是追逐所能带来的刺激，其他的一概都没有考虑。"艾因西德尔以大幅度倾斜飞行，死咬住其中一架苏联战斗机，并成功将其击落。此举太过莽撞。
"当我调转机身去搜寻其他俄罗斯战斗机时，"事后他在日记中写道，409
"我看到在距我 80 码左右的后方，他们正朝着我疯狂地射击。我感到一股强大的爆炸力，脚部受到猛烈冲击。我驾驶战斗机在空中打转，强行将其猛然拉高，成功地将俄罗斯战斗机甩掉。"但艾因西德尔的飞机遭到严重损坏，机枪也已经不听使唤了，他最后还是艰难地回到了基地。[237]在 1942 年夏末以及整个秋天，斯大林格勒的上空每天都在上演这样的场景，这也无可避免地造成了巨大的破坏。高级军官们指责这种爱出风头的个人行动，他们认为这是在浪费燃料。从此刻开始，艾因西德尔的飞行部队被命令去协助德国步兵作战，并且尽量避免与苏联战斗机正面交锋。德军注定会输掉这场战役。“很多飞机都有故障……一个战斗机机群的 42 架战斗机中，能用的战斗机一般都不超过 10 架。”根本毫无胜算。8 月 30 日，当艾因西德尔正要低空飞过俄罗斯防线的时候，他的发动机冷却器被击中，飞机瞬间坠落地面。艾因西德尔奇迹般地毫发无损，但苏联部队迅速赶到现场，在将他带回去审问之前，把他全部的个人随身物品洗劫一空。[238]

正如艾因西德尔记载的那样，德国空军并没有在该地区取得绝对优势。在与德国王牌飞行员的战斗中，苏联空军一旦有飞机坠落，他们就会立刻将其他战线的飞机调往该作战区。但另一方面，苏联空军也没有在这一区域取得制空权。在 1942 年的整个春夏，德国和苏联双方的战斗机飞行员都在为争夺制空权斗得你死我活，而与此同时，德国的地面部队 B 集团军群正朝着斯大林格勒持续挺进，斯大林格勒是通向伏尔加河下游以及里海的门户。直到现在，德国既没有拿下莫斯科，也没有征服列宁格勒。因此，攻陷斯大林格勒并将其夷为平地对于希特勒而言变得愈加重要。1942 年 8 月 23 日，德国飞机对斯大林格勒实行了一波又一波的地毯式轰炸，造成大规模的城市破坏和人员死亡。同时，德国坦克几乎长驱直入，没有遇到任何抵抗，到达了伏尔加河北部。一方面，空军的轰炸持续不断，而另一方面，德国大炮更进一步增强了德军的破坏力，鉴于这一情况，斯大林允许城里的老百姓开始撤离，斯大林格勒正迅速沦为一片废墟，不再适合居住。1942 年 9 月 12 日，在赫尔曼 · 霍特（Hermann Hoth）将军的第 4 装甲集团军的支持下，来自德国第 6 集团军的部队进入斯大林格勒，弗里德里希 · 保卢斯（Friedrich

Paulus）将军任指挥官。这一切似乎表明，斯大林格勒在几周之内
就会沦陷。但从多个方面来看，这位德国指挥官都不是夺取斯大林 410
格勒的最佳人选。这一年年初，保卢斯被委以此任，而在此之前，他曾是陆军副参谋总长。保卢斯出生于 1890 年，在他的整个军事生涯中，包括一战期间，他差不多都是在参谋部里任职，几乎完全没有实战经验。在这种情况下，他很大程度上都依赖希特勒；在他眼里，希特勒是一名功勋卓著的指挥官，令他肃然生敬。9 月 12 日，当他的部队进入斯大林格勒时，他与元首正在文尼察开会。他们两个人都认为，德军成功拿下斯大林格勒后，就能有效地控制顿河和伏尔加河全线。红军已经弹尽粮绝，斯大林格勒很快就会沦陷，如此一来，德军就能加快行军步伐，全力以赴地朝高加索地区挺进。保卢斯向这位元首保证，不出几周，斯大林格勒就会成为德国的囊中之物。[239] 而且希特勒主意已决，拿下斯大林格勒后，所有成年男子都将被直接处死，妇女和儿童则将遭到驱逐。[240]

截至 1942 年 9 月 30 日，保卢斯的部队已经占领了斯大林格勒 2/3 的领土，希特勒于是迫不及待地发表了公开宣言，称斯大林格勒的沦陷指日可待。希特勒的演讲极大地增强了德军的信念，他们笃信自己必将取得最终胜利。1942 年 10 月 3 日，阿尔贝特 · 诺伊豪斯从斯大林格勒前线给妻子写信道："元首的伟大演讲令我们信心倍增，我们愈发坚定最后的胜利属于我们。"[241] 纵然希特勒的演讲可以有力地振奋军心，但这些演讲并不能彻底挫败苏联的抵抗。负责此次军事行动的上将——包括保卢斯和他的顶头上司魏克斯，以及哈尔德的继任者蔡茨勒在内——全都建议希特勒下令撤军，他们担心长时间的巷战会给德军造成惨重伤亡。但此刻，希特勒一心只想攻陷斯大林格勒这座极富象征意义的城市，至于其他的现实问题，他一概不顾。1942 年 10 月 6 日，他再次声明，必须拿下斯大林格勒。[242] 而斯大林方面也甚是看中斯大林格勒这座城市所具

有的象征意义。在这一年的抗战中，斯大林格勒方面几乎一直处于战败的局势，斯大林心意已决，将投入尽可能多的人力物力，不惜一切代价捍卫尚未沦陷的区域。这座城市是以他的名字命名的，如果连这座城市都陷落了，他的心理势必受到重创。而且，在前几个月中，苏联方面连连受挫，斯大林丧气不已，所以，此刻他决定将指挥权彻底交给参谋总部长亚历山大 · 华西列夫斯基（Aleksandr Vasilevskii）将军和格奥尔吉 · 朱可夫将军——朱可夫将军一年前曾在莫斯科成功阻截德军——让他们俩全权负责南方的军事行动。
411 同时，他将斯大林格勒的红军指挥权交由瓦西里 · 崔可夫（Vasili Chuikov）将军，此人 40 多岁，是一名精力充沛的职业军人。崔可夫的职业生涯可谓大起大落。在 1940 年冬季战争（Winter War）中，他的第 9 集团军遭芬兰人打败，随后，他就以驻外武官的身份被派往中国，脸面无存。此刻，他又在斯大林格勒被启用为第 62 集团军的负责人，这对他来说是一个证明自己的千载良机。崔可夫深知，他必须“守住斯大林格勒，或者在誓死捍卫中阵亡”，他亦是这样对该地区的政治领导人尼基塔 · 赫鲁晓夫这样说的。他在每一个渡河处都部署了苏联政治警察小分队，为他们配备了武器，目的是阻截逃兵，将其就地处决。因此，撤退是万不可能的。[243]

德国的飞机和大炮继续攻打斯大林格勒的苏联占领区，而城中轰炸后残留的废墟却给苏联军队提供了绝佳的防御环境。他们在垒得高高的碎砖瓦砾后挖掘战壕，住在地下室，在被炸得千疮百孔的公寓街区高层布置狙击手，如此一来，苏联军队就能有效地伏击进犯的德国部队，将他们的大规模进攻打散，或是把他们引入事先埋伏了反坦克炮和重型武器的街道，将其一举挫败。他们在昏暗地带埋藏了大量地雷，又趁夜晚时分去轰炸德军的据点，而且还布置了饵雷，当德国士兵走进房屋时就会被炸死。崔可夫组建了机枪队，并确保大量手榴弹被送进城内。[244] 很多时候，双方都是在进行肉搏战，用匕首和刺刀近身作战。很快，这场战争就演变为一场消耗战。持续不断的战斗造成了愈发不良的影响，许多士兵都病倒了。德国士兵的家书中充斥着强烈的不满，因为他们被告知将要在战场上连续度过第二个圣诞节。尽管有被军事审查官发现的危险，但这些士兵仍毫不避讳地袒露自己的心声。“我现在只有一个愿望，”一名士兵在 1942 年 12 月 4 日写道，“那就是快点结束这些糟糕透顶的事情……我们全都绝望不已。”[245] 然而，苏联军队将在保卢斯部队后方，而非斯大林格勒城内取得重大突破。朱可夫和华西列夫斯基劝斯大林为军队注入大量的新生兵力并予以相关的军事训练，配备坦克和大炮，准备发起一场大规模的包围行动。此时，苏联每月的坦克产量已超过 2,000 辆，而德国才 500 辆。截至 10 月，红军已经为包围行动组建了 5 个新的坦克集团军和 15 个坦克军。到了 1942 年 11 月，100 多万士兵集合完毕，严阵以待，准备向保卢斯的战线发起大规模进攻。[246]

保卢斯的上司马克西米利安·冯·魏克斯将军是 B 集团军群司 412
令，当他决定帮助保卢斯集中兵力攻打斯大林格勒的时候，朱可夫和华西列夫斯基看到了胜利的曙光。罗马尼亚军队接管了德军在斯大林格勒西部一半左右的据点，如此一来，德军就能集中兵力攻打斯大林格勒。冯·魏克斯认为，罗马尼亚军队不仅仅是他们强有力的后卫部队，而且还能发挥更大的作用。但朱可夫深知，罗马尼亚军队与驻扎在它旁边——也就是斯大林格勒的西北方——的意大利军队一样，在战事上的表现都不值一提。于是，他往霍特装甲部队所在地的西北方向调遣了两个装甲军和四个集团军，旨在与罗马尼亚军队和意大利军队对峙，与此同时，他还往东南地区——也就是德国装甲部队的另一端——调遣了两个坦克军，去守住那里的罗马尼亚军队。整个军事调遣行动高度保密，无线电通信的使用尽可能地降到了最少，军队和装甲车辆在白天进行伪装，直到夜晚时分才转移。保卢斯并没有巩固自己的防线，他更倾向于将他的坦克部署在斯大林格勒附近，但事实上，这些坦克在城市附近根本没有用武之地。1942 年 11 月 19 日，苏联新组建的部队最终准备就绪，这天天气也极为有利，他们向罗马尼亚防线中兵力较弱的一个突破点——在斯大林格勒西面近 100 英里左右的地方——发起进攻。清晨，薄雾未消，苏联方面 3,500 件机枪和重型迫击炮同时开火，为坦克和步兵杀出了一条通道。由于缺乏反坦克武器，措手不及的罗马尼亚军队被苏联军队完全压制住了。短暂抵抗之后，他们就开始惊慌逃窜。保卢斯未能及时做出反应，以至于当他最终派遣坦克部队前去支援罗马尼亚防线时，一切都太晚了。此刻，大规模的 T-34 坦克群穿过罗马尼亚防线的这一豁口，汹涌而来，保卢斯的救援部队根本寡不敌众。[247]

不久，苏联风驰电掣般地进军，迫使德国防线连连后退，也逼迫保卢斯的军队进一步往斯大林格勒的方向撤退。没有哪一位德国将军曾料想到苏联会有如泰山压顶般的攻势，他们后来才意识到，苏联军队此刻采取的是典型的包围策略。因此，德国方面并没有调遣军队去阻止苏联从两个方向来的坦克部队会合。1942 年 11 月 23 日，苏联的两个坦克纵队在卡拉奇（Kalach）会和，彻底切断了保卢斯部队与后方部队之间的联系，同时，还将霍特的装甲部队阻隔在围困区之外。保卢斯麾下有 20 个师——其中 6 个是机动师——总共有 25 万人左右，面对苏联军队的封锁，他的第一念头是向西突围。但保卢斯并没有一个明确的突围计划，这使得他再次犹豫不决。因为突围就意味着撤退，意味着放弃一直大肆吹嘘的攻陷斯大林格勒的计划，而这是希特勒绝不会批准的，因为他已经公开宣称
413 斯大林格勒即将被拿下。[248] 1942 年 11 月，施佩尔在贝格霍夫向希特勒汇报战事，他私下里向希特勒抱怨道，德国将领们总是妄自菲薄，过高地估计俄罗斯军队的实力，在他看来，俄罗斯已经耗尽了

他们最后的物资储备，已是强弩之末，很快就将被彻底击溃。[249]对此，希特勒深以为然，所以他组织了一支救援军，由陆军元帅冯 · 曼施泰因和霍特将军负责。冯 · 曼施泰因胸有成竹，笃信自己能成功冲破苏联军队的包围，这愈加坚定了希特勒的决心，不允许保卢斯撤军。1942 年 11 月 28 日，冯 · 曼施泰因给被围困的德军发去一封电报 ："坚持住——我马上来救你们出去——冯 · 曼施泰因。""我们一下子信心倍增！"在斯大林格勒战区的一名德国少尉惊叹道。"这要比给我们送来一火车的弹药和一飞机的食物更振奋人心！"[250]

三

冯 · 曼施泰因的救援军由 2 个步兵师和 3 个装甲师组成，其中，这三个装甲师全都听从霍特的号令。1942 年 12 月 12 日，这支救援军从南边出发，向红军阵地挺进。为了阻止冯 · 曼施泰因的救援军，朱可夫开始攻打西北方向的意大利第 8 集团军，将其拿下之后又继续往南推进，前去切断冯 · 曼施泰因与德国后方部队之间的联系。1942 年 12 月 19 日，德国的救援装甲部队在距保卢斯后方防线 35 英里左右的地方被阻断了路途。9 天后，这支救援装甲部队几乎被完全包围，因此，冯 · 曼施泰因不得不同意霍特撤军。救援行动以失败告终。正如冯 · 曼施泰因于 12 月 23 日向希特勒所说的那样，此刻，保卢斯别无选择，只能放手一搏，突出重围。但如此一来，德国方面夺取斯大林格勒的努力也等于是付之东流了，因此，希特勒再次拒绝保卢斯撤军。但保卢斯告诉希特勒，第 6 集团军现有的燃料即将耗尽，只够他们的装甲车辆和运输车辆再行驶 12 英里。戈林之前曾承诺，为保证保卢斯的部队能正常行军，每天将向他所在的战区空投 300 吨的物资补给品，但事实上，每天空投的物资补

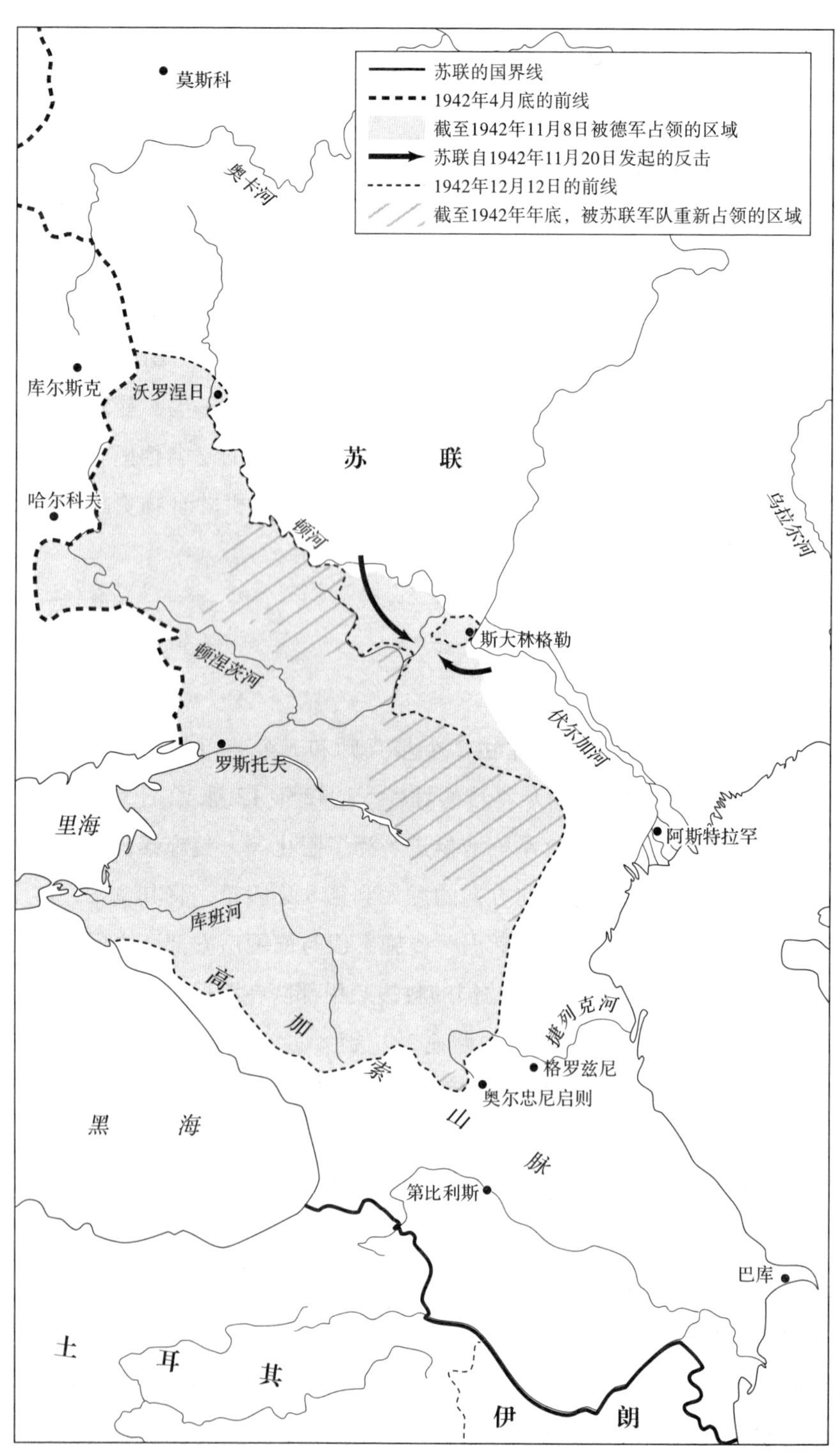

* 奥尔忠尼启则为弗拉季高加索的旧称。

地图15 东线，1942年

给品只有 90 吨出头，甚至在希特勒的亲自过问下，补给品的数量也只增加到了 120 吨左右，而且此种情形也仅持续了 3 周。在厚厚的雪地里，飞机难于起飞和降落，而且机场还经常受到俄罗斯军队的攻击。[251] 物资补给品的数量在持续下降，斯大林格勒城内的德军处境每况愈下。此时他们除了挣扎着活命之外，没有其他任何念头。他们大多数人都住在地下室、地下掩体或者露天散兵 415
坑中，而且都尽可能地在这些住处的里外垫上一层砖和木头。通常，他们还会尽其所能地添置一些家具，进行简单的装点，以便营造出一种家庭温馨感。正如一名士兵于 1942 年 12 月 20 日在给妻子的信中写道：

> 我们 15 个人蜗居在一个掩体中，也就是地里面的一个洞，跟我们在维德豪森（Widderhausen）［他在德国的家］的厨房差不多大，大家的随身物品也都塞在里面。你完全可以想象这里有多拥挤。你还能想象一下我们的生活画面。有的人在洗漱（如果有水的话），有的人在挑身上的虱子，有的人在吃饭，有的人在做油煎食物，还有一个人在呼呼大睡。这就是我们在这里的基本生活状态。[252]

他们待在诸如此类的地洞里面，等待苏联军队定时的进攻，竭尽所能地不浪费任何弹药和物资补给品。[253]

节日来临时，保卢斯的军队变得彻底了无生气，如丧考妣。圣诞节时，士兵们往家中写信，压抑已久的情绪如洪水决堤般爆发，此刻，他们处于绝望无助的境地，而在前几年，他们有家人的陪伴，祥和而安宁，如此霄壤之别，情何以堪。他们点燃了蜡烛，并用折断的树枝充作圣诞树。一名年轻军官 1942 年 12 月 27 日给母亲的家书可谓淋漓尽致地表达了他们此刻的心境：

> 尽管这里的一切都令人沮丧不已，但这棵小小的树还是营造出圣诞节的节日氛围，以及一种温馨的家庭感，这种感觉如此剧烈，我起初都不敢看这些点亮的蜡烛。我真的感慨万分，以至于难以压抑自己的情感，只好背过身去停了一分钟，然后才坐下来，和其他人一起唱圣诞颂歌，看着被烛光照亮的圣诞树，沉浸在这份美好之中。[254]

通过收听祖国发来的无线电广播，士兵们能够获得无限慰藉，尤其是当电台播放那种容易勾起人情绪的歌曲时，更是如此，士兵们有时会很投入地学习这些歌曲并跟着一起唱。“我们经常唱其中一首歌，”1942年12月17日一名士兵在家书中写道，“副歌是这样唱的：‘一切都快结束了——终有一日会完结——萧瑟的12月后，和煦的5月总会如期而至’，等等。”[255] 写家书成为抒发情绪的一种方式，一想到迟早能够回到德国与家人重聚，士兵们就不会被绝望彻底吞噬。这场冲突持续了数个月，在此期间，部队官兵从封锁区向德国家乡写了近300万封信，或者说是在士兵们身上找到这么多信，这些人或者在战争中遇难，或者被俘虏，他们的信根本没有寄出去。[256]

与前一年的情形不同，德军士兵并没有被冻死。1942年11
416 月5日，在从斯大林格勒寄回去的家书中，汉斯·米歇尔（Hans Michel）写道：“顺便提一句，我们这里有足够的物资补给品过冬。我得到了一双袜子，一条做工精细的羊毛围巾，又得到了一件套头毛衣，还有皮衣以及暖和的内衣，不一而足。这些都是羊毛制品。若你看到其中一些士兵穿着女士套头毛衣或者类似的衣服，你肯定会笑得前俯后仰。”那些守夜的士兵还额外得到了毛毡靴子和毛皮大衣。参加过莫斯科战役的老兵们也提到，同前一年相比，1942年末至1943年的那个初冬要暖和得多。[257] 但他们的衣服一层层的，非常厚实暖和，反而成为虱子繁衍的理想温床。1942 年 11 月 5 日，一名士兵在给妻子的家书中写道："你给我的那件红色套头毛衣简直就是专门为捕捉虱子设计的，我已经成功捕捉了为数不少的虱子（请谅解我脑袋里会冒出这样的想法，但刚才有一只虱子正在咬我）。"另外一名士兵写道，虽然他身上聚集的虱子不是最多的，但是"我也抓到了好几千只虱子了"。在家书中，有的士兵尽量将这个恼人的问题轻描淡写（其中一个士兵打趣道："'说每个人都自带了一个动物园'也毫不夸张。"），但长此以往，这些虱子给他们的身体造成了难以忍受的痛苦和不适，使本就士气日渐低落的德国士兵愈发不振。"他们简直要将你逼疯，"一名士兵在 1942 年 12 月 28 日这样写道，"我们再也不能正常睡觉……渐渐地，我们开始憎恶自己的身体……没有任何机会洗澡，也不可能换内衣。"1943 年 1 月 2 日，另外一名士兵抱怨道："这该死的虱子，他们就像是要将我们生吞活剥了。整个躯体都被他们蚕食殆尽了。"[258]

然而，更严峻的是，食物短缺的问题日益加剧，德国士兵无论穿得有多暖和，但没有充足的食物，他们的御寒能力也大为削弱。1942 年 12 月 31 日，一名德国士兵写道："我们现在主要以马肉为食，我甚至还生吃过马肉，因为我实在太饿了。"[259]"短短几天之内，所有的马都被吃光了，"1943 年 1 月 14 日，参谋赫尔穆特 · 格罗斯库特这样写道，而且他还极具挖苦意味地补了一句，"在我们这个伟大政权成立 10 周年之际，我们却正面临着有史以来最大的灾难之一。"[260]"尽管我已经精疲力竭，"另一名士兵在同一天写道，"但我在夜里仍然无法入眠，而是睁着眼睛在做梦，一次又一次地梦到蛋糕、蛋糕、蛋糕。有时我向天祈祷，有时我又诅咒自己的命运。无论如何，一切都没有意义。"[261]"此刻我体重仅为 92 磅，简直就是皮包骨，一具行尸走肉。"一名士兵在 1943 年 1 月 10 这样写道。[262]此时，天气条件已经变得极其恶劣，虚弱不堪的士兵们根本无力与

417 严寒作斗争。在这种环境下打仗无异于痴人说梦，整个德军的士气受到持续打击，他们开始听天由命。“你现在一无是处，就是一个废人……我们全都万念俱灰。”[263]“我们的身体也在逐渐失去抵抗能力，”在另一封写于1943年1月15日的信中，写信人这样说道，“因为没有脂肪和足够的食物，我们的身体根本不能长时间行军。这样的情形已经持续8周了，我们的处境——我们令人绝望透顶的处境——依然没有丝毫起色。有生以来，命运之神还未曾如此残忍地捉弄过我，我也从来没有被饥饿折磨得如此不堪过。”[264]一名士兵说道，他和他的战友们每6个人才分得一条面包，这还是3天的食粮。“亲爱的妈妈……我的腿再也挪不动了，其他人也一样，我们都太饿了。我们的一位战友死了，他骨瘦如柴，在行军的路上倒下了，最后被活活冻死了，严寒最后压垮了他。”[265]1943年1月28日，德军接到命令，放弃病号和伤员，让他们自己饿死。事实上，德军此刻遭遇的命运与希特勒为斯拉夫人预备的命运毫无二致。[266]

此刻，甚至德军将士们对希特勒的信任也开始动摇了。海诺·菲茨布姆（Heino Vitztbum）伯爵是一名贵族军官，1943年1月20日，他写道：“我们还没有彻底放弃对元首的信任和希望，我们依然相信他能找到对策来保全我们这里成千上万的将士，但很遗憾的是，我们等来的是一次又一次莫大的失望。”[267]此时，德军不仅快要断粮了，而且连弹药也快消耗殆尽了。1943年1月17日，其中一名士兵抱怨道：“俄罗斯人正在井井有条地为寒冬囤积武器，放眼望去，他们拥有我们想要的一切装备：大炮、掷弹筒、喀秋莎火箭炮以及飞机。他们昼夜不息地攻击我们，而我们却因形势所迫，不得不精打细算地节约每一发子弹。我们多希望能再一次正常地射击。”[268]有的士兵开始怀疑，继续这样无望的挣扎是否还不如被对方军队俘虏。1943年1月20日，一名士兵说道，被俘虏或许并没有那么糟，“但前提是俘虏我们的是法国人、美国人或者英国人，但如果被俄罗斯人俘虏，说不定直接给自己一枪是更好的选择”。“亲爱的，如果战败，”另一名士兵则向他的妻子写道，“不要指望我成为俘虏。”与其他人一样，他也开始给亲人们写诀别信。[269] 远在德国的党卫队保安处拆开了很多诸如此类的信，以此真实地了解这些信对军队士气的影响。早在 1 月中旬，党卫队保安处就针对大后方军队士气 418
的问题做了一系列秘密报告，报告指出，民众根本就不相信源自柏林的政治宣传。前线野战邮政局送来的信件被视为唯一可靠的信息来源。“如果说与一周前相比，众多民众对东线战况骤然表现出异乎寻常的关心，那么一个关键的原因就是，刚刚从前线野战邮政局送达国内的信件大部分听起来极其严重，并在一定程度上流露出了悲观绝望的情绪。”[270]

康斯坦丁·罗科索夫斯基（Konstantin Rokossovskii）元帅是一名身经百战的军官，20 世纪 30 年代时，他在肃反运动中遭到清洗，被斯大林监禁了起来。但在 1940 年，他又被重新启用，负责指挥斯大林格勒西面的红军部队。他这时候已经命令部下由西向东挺进，将保卢斯的军队包围在了“口袋”里，并最终于 1943 年 1 月 16 日攻陷了德军在该战区的最后一个机场。飞机轰炸、坦克、大炮以及数量惊人的步兵一起向本就薄弱不已的德国防线袭来，势如破竹，德国方面毫无还击之力。驻守在斯大林格勒南面的罗马尼亚军队直接仓皇而逃，给整个防线遗留下一个很大的豁口，红军大量的 T-34 坦克经此从南面汹涌而来。此时，天气已经变得甚为寒冷，许多德国士兵在撤退时因精疲力竭而倒下，躺在雪地里被活活冻死。其他士兵则将负伤的战友放在雪橇上，拖着穿行在结冰的道路上，路上满是被遗弃的或者支零破碎的军事装备。德军有时候还会展开抵抗，但他们很快就被逼退到斯大林格勒城中的废墟地带，那里有 2 万名伤员挤在临时的地下医院和地下室里，这些医院和地下室的门口都叠着一堆堆冻得僵直的尸体。绷带和药物也用光了，而且病人全身都爬满了虱子，根本就不可能将其驱除干净。甚至那些原本健康的士兵此时也生病了，他们忍受着饥饿，饱受冻疮的折磨，已经耗尽了体力。[271]

8 天前，苏联最高统帅部主动向保卢斯提议，希望他能进行荣誉投降。截至此刻，已经有 10 万德国士兵在这场战役中牺牲。因为冯 · 曼施泰因未能成功突破苏联军队的封锁，所以很显然，德军剩下的部队无论怎样挣扎，都没有获胜的希望了。但希特勒再次命令保卢斯继续作战，要求德军用猛烈的火力对所有逼近的苏联军队予以还击。尽管如此，1943 年 1 月 22 日，保卢斯仍然向希特勒建议，投降是保全剩余部队的唯一方式。希特勒再一次拒绝了他的请求。与此同时，罗科索夫斯基的军队继续向前推进，先将“口袋”内保卢斯的军队一分为二，再把剩下的 10 万名德国士兵逼到了斯
419 大林格勒城内的两处小犄角地块里。[272] 此刻，戈培尔的宣传团队也不再像先前那样大肆吹嘘胜利。报纸和新闻短片中的故事开始愈发强调被围困士兵们所表现出的英雄主义，所有人都应当从中认识到继续作战是光荣的，哪怕到了弹尽粮绝、无力回天的地步，也决不能屈服。1933 年 1 月 30 日，希特勒就任帝国总理，在他就职 10 周年纪念日的前夕，保卢斯发来一封对纳粹宣传极为有利的电报。电报内容是：“值元首执掌政权周年之际，第 6 集团军特发来贺电。纳粹万字旗仍然在斯大林格勒招展飘扬。希望我们的奋斗能为当代人和后世树立一个典范，即使没有获胜的希望，我们也绝不投降。德国必将胜利。元首万岁。保卢斯上将。”[273] 同一天，赫尔曼 · 戈林也通过广播发表了演讲。在演讲中，他将第 6 集团军的将士们比作斯巴达军队，后者与进犯的波斯大军殊死搏斗，在捍卫温泉关（Thermopylae）的战斗中壮烈牺牲。他说道，这“永远都将是我们历史上最伟大的英雄斗争”。斯大林格勒周围及郊区布满了德军的掩体，里面的士兵们蹲在收音机旁聆听戈林的演讲，他们许多人都注

意到了戈林的话中，斯巴达勇士们在温泉关的结局，那就是以身殉国。为了强调这一层信息，1943 年 1 月 30 日，希特勒将保卢斯提拔为元帅，旨在让保卢斯为国捐躯，保卢斯本人对希特勒的意图了然于心。[274]

但在最后关头，保卢斯终究还是违抗了希特勒的命令。1943 年 1 月 31 日，他率领斯大林格勒城内他所占领区域的残余部队投降了，而没有以身殉国。罗科索夫斯基前来正式接管投降部队，与之随行的还有一位摄影师、一名翻译、秘密警察、数名陆军军官以及来自苏军参谋总部的沃罗诺夫（Voronov）元帅。在过去数月中，保卢斯承受着巨大的压力，此刻，他乌黑的头发和新长出来的胡子都开始变白了，而且他还患上了面部痉挛症。苏联将领们让保卢斯下令，要他手下所有残余部队都缴械投降，以避免进一步的流血冲突。但保卢斯骨子里依然残留着对希特勒的效忠之念，因此拒绝命令另一抵抗战区的德军停火。德军残余的 6 个师躲在该区域内，希特勒命令他们抗争到底。但在俄罗斯人无情的轰炸下，他们最终于 1943 年 2 月 2 日投降。在这场战役中，总共有大约 23.5 万名来自德国及其盟国全部作战部队的士兵被俘虏，超过 20 万人战死。9.1 万名德 420
国及盟国士兵被遗留在斯大林格勒，他们衣衫褴褛，蓬头垢面，胡子也没有剃，身上满是虱子，几乎无法行走，成为俘虏的他们排成一列，被押走囚禁起来。他们已经是苟延残喘，饱受饥饿和病痛的折磨，士气低落，无望沮丧，数千名士兵在前往战俘营的路上就一命呜呼了。面对如此大规模的战俘，俄罗斯根本没有做好应对准备，食物供给完全不够，所以截至 1943 年 4 月中旬，死亡的战俘人数就超过了 5.5 万名。赫尔穆特 · 格罗斯库特就是上述战俘其中之一，他在 1939—1940 年期间所写的日记成为重要史料，使后来的历史学家得以了解针对希特勒的保守军事抵抗运动在早期是如何发展的。1943 年 1 月 2 日，他所在的战区选择投降，他也因此被捕；之后，他因为患斑疹伤寒，于 1943 年 4 月 7 日过世。

最终，斯大林格勒战役中被俘的战士中，总共不到 6,000 人活着回到了德国。[275]

四

此次战败，德国损失惨重，要想轻易地将责任推掉是不可能的。前一年从莫斯科撤军可以被视为一条权宜之计，一种战略性的撤退，会在将来发挥到更大的作用。但要想在斯大林格勒也采取这样的作战方针，这几乎是不可能的。整个德军遭到彻底包围并被完全歼灭，这一点是不能回避的。在私底下，希特勒怒斥罗马尼亚军队和意大利军队太过无能，但最令他大为光火的还是保卢斯及其高级军官，因为在希特勒眼中，这些人就是不折不扣的懦夫，他们宁可颜面尽失地投降，也不愿意光荣地自裁殉国。但更糟糕的事情其实还在后面，即将来临。几乎就在向德军发起进攻的同时，俄罗斯人也开始试图对德国战俘进行“再教育”，希望将他们改造为“反法西斯主义者”，再教育对象从士官逐渐升级到军官。俄罗斯人非常明智地采取了软硬兼施的策略，越来越多的战俘开始相信“反法西斯主义”事业，但他们绝大部分人之所以选择跟随，是因为这是他们最容易做的事情。他们中有一小部分人是坚定的德国民族主义者，在俄罗斯人的规劝下，这部分人相信希特勒正在将德国带向毁灭的深渊，而加入他敌人的队伍就是拯救德国最迅捷的方式。少数机会主义者——他们大多是前纳粹党员——在支持“反法西斯主义”的声援中表现得尤其积极。截至 1942 年 7 月，苏联的秘密警察在游说方面已经取得了足够进展，他们开始着手成立一个新的组织，成员就是被成功说服的战俘，在第二年的时候，他们进一步将其发展为“自由德国民族委员会”（National Committe Free Germany）。
421 年轻的飞行员海因里希·冯·艾因西德尔成为“自由德国民族委员会”

的核心领导人之一，该组织中的共产主义分支对他本人和其他少部分人的吸引力越来越大，那少部分人甚至在沦为战俘之前就已经对纳粹事业产生了严重质疑。然而，最令人意想不到的是，连弗里德里希·保卢斯元帅也加入了自由德国民族委员会，而且在俄罗斯人的成功说服下，他还通过广播，代表苏联向德国发表了一系列宣传性的讲话。或许，这些播报内容本身没有任何实际效用，但播报人是保卢斯，单单这一事实就足以令纳粹领导层名誉扫地，而且这还是一份强有力的证据——如果希特勒需要这份证据的话——说明陆军领导层不值得信赖。[276]

甚至早在德军于斯大林格勒投降之前，戈培尔就已经展开相关活动了，以便让民众对即将来临的坏消息做好心理准备。在他的操纵协调下，各媒体通过铺天盖地的报道，构建出一个新的神话，那就是——正如《人民观察家报》在 1943 年 2 月 4 日时所评论的那样——“他们牺牲了，所以德国才得以幸存”。将士们的自我牺牲精神给以后的所有德国人都树立了一个榜样。然而，他们的牺牲到底换来了什么，这真的很难说。例如，洛蕾·瓦尔布是一名年轻的学生，她接受德国当局将斯大林格勒的德军将士们宣传为“英雄主义”的化身形象，而且也承认他们“誓死抗战”的必要性。但即便如此，她在 1943 年 2 月 3 日的日记中依然写道：“对全体德国人来说，今天是我们战争史上最黑暗的一天。”[277] 而且许多民众开始揶揄调侃宣传部的说辞。[278] 党卫队保安处报告说，德国国内民众“普遍甚为震惊”。人们正在谈论德国付出的惨痛代价，同时也在争议统治当局是否及时意识到苏联当时给第 6 集团军带来的威胁：

> 最重要的是，人们都说敌人的实力当时必定被低估了，否则的话，德军将士怎么可能甚至在被包围之后，还要冒这么大的风险，试图继续攻占斯大林格勒。德意志民族同志根本不能

> 够理解，放弃斯大林格勒完全不可能。东部战线南方战区的整个发展形势究竟如何，他们中一些人根本就没有获悉准确而充分的信息，所以他们也无法正确理解这些战役所具有的战略意义……人们普遍认为，发生在斯大林格勒的这场战役标志着战争出现了一个新的转折点。[279]

事实上，党卫队保安处在报告中被迫承认，有人认为，在斯大林格勒的战败是德国“终结的开始”，而且，据说在柏林的各政府部门中，“一定程度上都出现了一股死气沉沉的绝望气氛”。[280]

422 在弗兰肯，据说人们将挞伐的矛头“直指军队领导层”，他们诘问道，为何在明明还有机会撤退的时候，却不允许第6集团军撤兵。此外，“在看了［从前线］寄来的信之后，民众都在四处谈论，说许多士兵因精疲力竭而亡，也说有的士兵瘦成了皮包骨，仅凭外貌根本就辨认不出来是他本人。”该报告总结道：“谣言甚嚣尘上，这给整个民众的士气造成了极大的负面影响。”[281]其他地区的报告也指出，由于战败，各地区民众的情绪“如果说还没有低落到万分绝望的程度，也变得极其严肃沉重”。[282]在巴伐利亚州埃伯曼施塔特（Ebermannstadt）的农村地区，许多人的儿子、兄弟和丈夫都在第6集团军中当兵，“虽然为了避免招致刑事控诉，那里的民众在措辞上都极其谨小慎微，但他们仍然颇为坚决而强烈地”批判了军队领导层。因此，民众虽然没有指名道姓地戳破批判对象是谁，但大家都知道他们谴责的就是希特勒，而且原因也非常明显，那就是：希特勒不把一切都彻底毁掉是不会收手的；他高估了德国的军事实力；他本应该竭尽所能地争取和平的。[283]1943年2月14日，心怀不满的外交官乌尔里希·冯·哈塞尔头一次在日记中写道，“批判性的谣言”正指向希特勒本人。[284]人们质问希特勒，为何不命令第6集团军的剩余部队投降，以此保全他们的性命。[285]此刻，德国境内还残留着很少一部分犹太人，饱受折磨和迫害，他们从德国的战败中又重新燃起了希望。1943 年 2 月 5 日，维克多 · 克伦佩雷尔了解到，德国“在俄罗斯的失利据说是一次真正的、具有决定性意义的战败”。战败在德国公众中引起极大的震动，一位非犹太裔的朋友对他说，国内随时可能要爆发一场针对纳粹党的起义。[286]

在斯大林格勒的失利严重地挫败了民众的士气，这一精神危机并未迅速消散。1943 年 3 月 19 日，巴伐利亚州的一名地方官员说道“民众再也没有振作起来”。“斯大林格勒这几个字仍然是人们讨论的焦点。”[287] 其他官员则报告说道，“很多人都在谴责战争”。不计其数的民众都希望这场战争立刻结束，而且他们认为，英国人和美国人不会允许俄罗斯人接管德国，哪怕他们允许俄罗斯人这样做，那么受到惩处的应该也只有纳粹党人。[288] 截至 4 月中旬，党卫队保安处汇报说，民众要求在更多的场合看到希特勒。“给民众们看一张元首的图片，让他们相信元首的头发还没有彻底变白——谣言是这样流传的——这与那些激进的宣传口号相比，能更有效地鼓舞德意志民族同志的士气，让他们振作起来。”[289]

希特勒的个人魅力开始逐渐消失。纳粹党官员们报告说，关 423
于他的笑话开始在街头巷陌流传。“希特勒和太阳有什么区别呢？”一个笑话这样说，答案就是，“太阳是从东方升起，而希特勒是从东方落下。”[290]

到 1943 年 7 月时，党卫队保安处指出，“**一些最荒诞无稽、用心歹毒的谣言是关于我们党和国家领导成员的，这些谣言正迅速传播，持续数周，甚至数月之久**”。[291] 比如，据说巴尔杜尔 · 冯 · 席拉赫已经和家人一起逃往瑞士了，这完全毫无根据。更严重的是：

> 自斯大林格勒战败以来，讲那些低俗下流而且令政府名誉扫地的笑话，甚至是揶揄元首人格的笑话，变得愈发普遍。当

> 民众们在酒肆、生产工作区以及其他任何碰面的地方聊天时，他们就会向对方讲述“最新的”政治笑话。就内容而言，哪些笑话相对来说无伤大雅，哪些笑话明显具有反政府的意味，他们在讲的时候通常都不加区分，口无遮拦。甚至素昧平生的人们也会互相讲政治笑话。显然，在他们看来，**此刻任何人都能随心所欲地讲任何笑话，完全不用担心会遭到对方的严词拒绝，更不用担心被别人举报到警察局去。**[292]

这份报告也同样指出，此时，民众开始公开批判统治当局，指责其效率低下，组织混乱，而且贪污腐败。还有一个很明显的变化就是，“在最后几个月内，收听外国广播电台的现象变得越来越常见”。党卫队保安处认为这一事实充分说明了为什么民众对战争的最后结果表现出普遍的悲观情绪。而且民众们与统治当局渐行渐远，其中一个显著的象征性标志就是，“在最后几个月中，人们行德意志礼——正如店主和与公众打交道的官员们所使用的那种礼仪方式——的频率大幅度下降。而且纳粹党员也不再佩戴党章了，这也从另一个角度证明了纳粹党不得人心”。[293]

五

宣传部部长约瑟夫·戈培尔深知，非常有必要采取一些激进措施来振奋民众的士气，扭转眼下的颓势。德军的战斗力之所以大不
424 如前，背后一个至关重要的原因就是德国的战争经济未能提供充足的装备、充足的坦克、充足的枪支、充足的飞机、充足的潜水艇，以及充足的弹药，对此，约瑟夫·戈培尔与纳粹政权的其他领导人一样，都了然于心。对德国而言，德军在斯大林格勒的败北就是一场巨大的灾难，但德军究竟会在这场灾难中蒙受何等巨大的损失，

在这一点尚未彻底明了之前，戈培尔就已经开始宣告道："只有当民众们更积极活跃地参与到战争中，我们才能处于有利地位，赢得军事胜利。每一天，新的证据都进一步表明，"1943 年 1 月 4 日时他在一个部长级会议上说道："我们在东部战线上正面临着一个残暴的敌人，只有凭借最残暴的手段我们才能将其击败。为了实现这个目标，我们有必要动用所有的资源和预备部队。"[294] 此刻，戈培尔对希特勒步步紧逼，要求他宣布全民皆兵，来一场"总体战"，包括动员妇女参加工作，关闭"奢侈品店"以及"奢华的咖啡厅"，还有其他建议，不一而足。希特勒虽然决定支持戈培尔的这一想法，但之后的实施进展却非常缓慢，戈培尔对此甚为不满，因此，他决意发起一场声势浩大的公众集会，表达民众的意愿，向希特勒施加更大的压力。

1943 年 2 月 18 日，戈培尔在柏林体育宫发表了一场重大的演讲，在场的 1.4 万名观众都是精挑细选的狂热纳粹分子，而且这场演讲还通过广播在全国播放。正如他所言，这些观众代表了"前线和国内的全体德国人民。我说的对吗？［全场大声地回应道"对！"还有经久不息的掌声］但是这里没有人代表犹太人！［又是雷鸣般的掌声和狂热的尖叫］"。[295] 在罗列完反对奢侈品和娱乐活动的措施后，他宣告道，此刻，每一位德国公民需要的都是"一种斯巴达人的生活方式"，那种元首本人事实上也在亲自践行的生活方式。为了取得胜利，每个人都必须咬紧牙关，不遗余力地贡献自己。在演讲的最高潮，他抛出了 10 个反问句，让本就被彻底激发的观众变得愈发亢奋，热血沸腾。他与观众的其中一次互动是这样的：

> 如果元首下令，每天必须工作 10 个、12 个，如果有必要的话 14 个甚至 16 个小时，你们和德国人民们有这个决心吗？将你们的一切都奉献给伟大的胜利，你们有这个决心吗？［全

> 场大声地答道“有！”，并投以经久不息的掌声］……我问你们：“你们愿意打一场总体战吗？如果有必要的话，这将是一场更全民化更激进的战争，完全超过我们今天所能想象的程度，你们愿意吗？”［全场热血沸腾地答道“愿意！”，并投以震耳欲聋的掌声］

这位宣传部部长号召执行总体战就是效忠希特勒，现场观众则疯狂地喊叫，表示要动用所有资源——包括女性工人在内——放手一搏，
425 争取最终的胜利。观众们疯狂的叫声、异口同声的口号（“胜利万岁！”“元首，我们追随你！”）以及狂热不已的掌声打断了戈培尔的演讲 200 多次。后来，这起事件就被描绘为“一场技艺精湛的集体催眠”。数百万民众收听了这场演讲，他们在期待统治当局的某种指示。为了彰显这场演讲的重要性，第二天早上，各家日报都刊登了戈培尔的演讲内容，而且在那周周日，这次演讲通过无线电广播又重播了一次。此次演讲被宣传为是淋漓尽致地彰显了德国人民抗战到底的决心。[296]

最有可能的情形是，事先，希特勒基本同意了戈培尔发起总体战的提议，但戈培尔并没有就演讲的具体内容征求希特勒的意见，所以希特勒立刻让人送来一份戈培尔演讲内容的副本，并宣布他完全赞同戈培尔的倡议。[297] 但“总体战”究竟具体意味着什么呢？在纳粹党领导层内部，人们首先将其视为戈培尔攫取大后方控制权的手段，并认为他是受到了施佩尔的教唆，而且还得到了后者的鼎力支持。起初，面对当前的危机，希特勒给出的回应是成立“三人委员会”，由马丁·博尔曼、汉斯·海因里希·拉默斯和威廉·凯特尔组成，负责执行“总体战”的相关措施。但戈培尔一直试图将这个三人委员会剔除在权力中心之外，他采用了一些手段，此次演讲就是其中之一，同时，他进一步与赫尔曼·戈林密谋策划，准备

从这三人手中夺回对“总体战”的管理权。但此时，戈林的身体已大不如前，吸食大量的吗啡使得他的身体虚弱不堪，此时他已经对吗啡上瘾了。一方面，戈培尔和施佩尔联手，而另一方面，拉默斯等人组成了三人小组，这两股势力正在为争夺大后方的控制权而相互倾轧，但希特勒拒绝将权力交给其中任何一方。截至 1943 年秋，三人委员会已经名存实亡了。该组织成立的初衷是通过减少重复性的职能机构——比如帝国财政部和普鲁士财政部这两个机构（前者建议直接废除后者）——来简化第三帝国的民事管理，但结果却事与愿违，他们浪费大量的时间来讨论一些无足轻重的问题，比如是否应该禁止赛马。[298] 而且就德国经济的实际情况来看，实行“总体战”的可行性也不高。问题的症结并不是民众们工作得还不够勤奋，而是他们缺乏充足的原材料。在 1943 年间进行的战争中，德军大大小小的失败以及遇到的各种瓶颈都是由此造成的。如果没有足够的煤炭和钢铁建造飞机坦克，没有足够的汽油给这些装备提供燃料，那么一味地要求提高产量根本毫无意义。而且正如我们所见，鼓动妇女参与生产工作，这对于解决劳动力短缺的问题而言也不过是杯水车薪；最终，还是只能靠惨无人道地征募外籍工人来扩充劳
动力。其实，最直白地讲，“总体战”归根结底就是压制国内民众 426
的消费，将资源都转移到军工生产中。但这样做所能取得的效果同样甚为有限。

毋庸置疑，1943 年初颁布的一系列法令的确取缔了与战争无关的生产和消费。1943 年 1 月 30 日，三人委员会下令终止所有不必要的商务活动。仅勃兰登堡地区就有 9,000 家企业因为这一措施而关门歇业，其中大部分都是小型企业。这引起了中下层阶级的普遍不满，因为那些独立作坊主们此时被迫进入军工厂工作，成为领取工资的劳动工人。他们中许多人都担心，战争结束后自己的作坊不能重新开张营业。短短几个月之后，在宣传部的强烈要求下，这

一政策就被迫终止了，因为民众中出现了广泛的抵制运动，而且他们想方设法地逃避这一政策。[299] 据报道，位于柏林选帝侯大街的音乐酒吧（Melody Bar）关门之后改头换面，又立刻以餐馆的名目重新开张，里面的服务员还是以前的人。另一个名为 Gong Bar 的酒吧更名为 Cafe Gong 之后继续营业，只不过不再提供啤酒和鸡尾酒，而是销售咖啡和蛋糕。这一措施也给军工厂的工人以及从事其他战争相关行业的工人带来许多问题，因为他们工作日晚上都不回家，晚饭一般都在饭店里面解决。此刻，许多酒吧和小餐馆都是到了退休年龄的人经营的，几乎不可能再将他们征入兵工厂中工作。供工人阶级消费的酒吧被关闭，但与此同时，那些顶级的酒店和奢华的餐厅——比如位于汉堡的四季酒店（Four Seasons）以及舒曼生蚝酒窖餐厅（Schumann's Oyster Cellar）便是其中典型，前者还设有昂贵的烤肉室——却仍然在正常营业，这在民众中引起了普遍不满。[300] 无论如何，对那种炫富夸耀式消费的打击仅仅停留在象征层面上。德国民众必须过斯巴达人那样的生活，这句话说起来容易，但在 1943 年时，许多德国人认为他们其实已经在过着这样的生活了。

事实上，早在 20 世纪 30 年代时，生产重心和资金投入就已经逐渐从消费品行业向战争相关行业转移，只不过战争爆发后，转移的速度进一步加快。到战争爆发后的头一年年底，军费开销在国民产出中的比例从 1/5 猛增为 1/3 以上。为了不让德国民众觉得帝国财政部正在榨干他们的血汗来养活军队，帝国财政部放弃了最初大幅度提高税收的想法，转而实行配额制度以控制消费者
427 的开支。截至 1939 年 8 月底，人均消费已经下降了 11%；第二年又下降了 7%。[301] 几乎就在战争爆发的同时，统治当局就在衣食方面实行了配额制度。当然，总体而言，这种政策并不新奇。早在 20 世纪 30 年代，统治当局对特定食品和其他供应不足的物品就实行

过定额分配。[302] 1939 年 10 月，官方的食物配额标准规定，普通民众每天的配额是 2,570 卡路里热量的食物，军队成员的配额是每人 3,600 卡路里热量的食物，而对那些从事极度繁重体力劳动的苦力工人而言，配额是 4,652 卡路里热量的食物。民众去店铺买东西的时候必须带上他们的定量配给卡，这些卡有颜色区分，不同的颜色代表不同的商品（比如红色代表面包）。他们买完东西后，商家还会在上面做标记，以免他们的购买量超过定量配给卡所注明的最高限额。这些定量配给卡的有效期是一个月，如此一来，统治当局就能在必要时发行新的配给卡，以调整最高限额。[303]

比如，具体而言，在战争初期，一名普通成年人每月面包的定额不足 10 千克，肉类食品的定额为 2.4 千克，包括黄油在内的油脂类食品定额为 1.4 千克，奶酪的定额为 320 克。随着战争的推进，每个人分配到的食品定额开始被削减。到 1941 年年中，面包的定额相对而言比较稳定，而肉类食品的定额却减少到了 1.6 千克，与此同时，统治当局也开始对水果实行配额制度，不久之后，蔬菜和土豆也成为定量分配的食品。截至 1943 年初，每月的面包配额为 9 千克，谷物配额为 600 克，肉类食品配额为 1.85 千克，油脂类制品配额为 950 克。虽然这些食品的配额偶尔会上下波动，但总体而言，还是较为稳定，这种状态一直持续到战争的最后阶段。1945 年 1 月时，每月的面包配额还是 10.5 千克，而到 4 月份时，这一配额就骤降为 3.6 千克；同一阶段，谷物的每月配额从 600 克跌为 300 克，肉类食品的每月配额跌为 550 克，而油脂类制品的每月配额则从 875 克大幅度削减为 325 克。只有土豆的供应量似乎一直都很充足，整个战争期间的每月配额都保持在 10 千克左右。但是，这些食品不仅在配额量上无法满足绝大部分人的需求，而且更糟糕的是，由于供应不足，民众很多时候根本就换购不到这些食品。此外，与英国相比，德国受定额制度限制的消费品种类更多。截至 1941 年

10 月，服饰方面的严格限制使德国民众在该方面的平均消费仅为和平时期的 1/4。而且，许多衣服都是由劣质的人工合成材料制成，此外，由于皮革供应严重不足，人们一般情况下都只能穿木底鞋。“有个人因为厌倦了生活，试图上吊自裁却死不了，” 1942 年 4 月时民众中流传着这样一个笑话，“他根本不可能上吊成功，因为他上吊用的绳子是合成纤维做的。然后，他又试图跳河自尽，但他沉不下去，
428 因为他穿的衣服是用木料做的。最终，他还是成功了结了自己的性命，因为连续两个月以来，他除了配额的食物外，再没有其他东西可以吃。” [304]

民众对统治当局削减食物配额——哪怕只是一点食物——的做法表现出强烈的不满。例如，1942 年 3 月，党卫队保安处报告了将要减少食物配额的消息，说普通民众每天的配额将减少大约 250 卡路里热量的食物，重型体力劳动工人每天的配额将减少大约 500 卡路里热量的食物，这对民众而言简直就是一场“灾难”，事实上，这样的消息“比战争中其他任何事情都更具打击性”。工人们尤其不能理解为什么需要削减配额，因为在他们看来，目前的配额已经少得可怜了。“民众的情绪极其低落。”这份报告警告道，“自开战以来，如此低落的情绪还没有出现过。”与此同时，许多人发现，那些殷实人家能动用他们的私人关系获得更多的，远远超过配额规定的食物，对此，民众们普遍都感到很愤懑。[305] 一战期间也曾出现过类似的饥荒，事实上，德国统治当局一直对此耿耿于怀，因为在希特勒看来，发生在 1918 年的“刀刺在背”事件，其背后的元凶之一就是饥荒。此时，如果饥荒能够得以避免，那么一个至关重要的原因就是德国从国外进口了大量食物，尤其是从 1940 年开始，德国从沦陷区掠夺了大量食物。这些进口食品扮演着一个不可或缺的角色，因为它们能将面包的配额保持在一个民众可接受的水平，对许多德国民众而言，面包是他们的主食。1942 年 4 月时，统治当

局曾削减过面包配额，对此，“全体民众都怨声载道”。[306]

1939—1940 年间，德国进口了 150 万吨用于做面包的谷物，而 1942—1943 年间，这一数字增长为 360 万吨，在接下来的一年，进口速度也基本保持在这个增长水平。然而，无可否认的是，绝大多数民众还是觉得这点食物配额难以维持生计，统治当局每次削减配额，他们都表现出普遍的不满，抱怨之声不绝于耳。在法国和其他西欧地区军队中服役的朋友或亲人会带回来一些食物，这能在一定程度上解燃眉之急，但也不是长久之计。而对有的家庭而言，他们往往还得给在外当兵的亲人寄食物，对那些有亲人在斯大林格勒和东部战线打仗的家庭来说尤其如此。总的来说，德国通过战争从沦陷国家——无论是在东部的还是在西部的——那里掠夺了大量的经济财富，但这对德国经济所作的贡献可能还不到经济总量的 20%。这不足以让德国民众觉得他们过得还不错。“印度和德国有什么区别呢？”1943 年春天时流传着这样一个笑话，“印度的情形是一个人（甘地）为所有人忍饥挨饿，而德国的情形却是所有人因一个人（希 429
特勒）而忍饥挨饿。”[307]

戈培尔极力宣扬忍受痛苦和自我牺牲的精神，但他天花乱坠的说辞并没有信服力，因为早在 1943 年之前很久，民众的生活水平就已经受到了严重影响。事实上，他的说辞都是陈词滥调。德军在莫斯科严重受挫之后，戈培尔于 1942 年初开始倡议实行“总体战”。[308] 早在 1939 年 3 月，希特勒就宣告道，“任何动员都必须是全民式动员”，经济也须纳入其中。统治当局致力于军备改良，但实际上在此之前，民众的生活水平就已经受到了冲击。闪电战是一种经济型战略，它旨在以廉价而迅速的方式进行战争，以使国家经济免受战争的影响。[309] 历史上能像闪电战这样经久不衰被人记住的传奇可谓屈指可数。但事实上，早在战争开始之前，德国的经济就已经以战争为中心了。[310] 1928 年，德国民众个人消费占国民收入的 71%，到了 1938 年，这一比例就已经跌到了 59%，而且到战争爆发时，民众的实际收益也未能恢复到大萧条之前的水平。1938 年，德国民众的实际工资与 1913 年相比，仅仅增长了 9%，而在同一阶段，美国民众的实际工资增长了 53%，英国增长了 33%。受 30 年代进口限制的影响，德国的许多商品（从衣服到食物）质量都大不如前了。战争打响后，财政部和四年计划工作组就达成一致意见，认为必须以配额制度为主要措施，尽可能地限制个人消费，只要保证民众的基本生存需要即可。啤酒、烟草、电影、戏剧、旅游以及其他消费领域的税费都提高了，而且所有纳税人都必须缴纳紧急战争附加税。因此，在 1939—1941 年期间，年均收入为 1,500—3,000 帝国马克的人——大多数都是工人阶级——所缴纳的税费平均增加了 20%，而在此期间，年收入为 3,000—5,000 帝国马克的人所缴纳的税费平均增长了 55%。德国一半的军事开销都是来源于税收，而另一半则是通过政府贷款以及从德国占领区域那里压榨而来。[311]

希特勒拒绝进一步提高所得税税率，因为他担心这会激起民众的强烈抗议。不过统治当局还是通过挪用民众的银行存款筹得了额外的资金。政府非常清楚，自 1940 年初以来，民众将越来越多的钱存进了德国本土的储蓄银行和保险基金管理机构。在这一年内，投资者们放入银行的一年期存款超过了 10 亿帝国马克。政府悄无
430 声息地将这些钱挪走，用于供养军队，同时大量削减了那些本该予以经济支持的项目，比如房屋建造。具体而言，1937 年新建造的房屋数量超过 32 万间，而 1942 年新建造的房屋仅有 4 万间。早在 1940 年时，统治当局就从储蓄银行挪用了 80 亿帝国马克去进行军备建设，第二年的时候，该数额更是增长为 128 亿帝国马克。这种战时筹资体系要比向公众募集贷款的形式更有优势。在第一次世界大战的时候，政府就是以借款方式筹集资金的，结果产生了灾难性

的后果，爱国投资者们的储蓄在战后的通货膨胀中损失殆尽。但正如人们有时所言，公众允许政府将自己的储蓄拿去供养战争，这并不意味着他们信赖政府或者说相信德国必将取得胜利。这只是因为政府限制了其他形式的投资，民众别无选择。与其做长线投资，他们更倾向于尽可能地将钱放在一处安全稳妥的地方，当他们需要时便可轻而易举地拿出来——当然，这指的是战争结束之后。[312]此外，他们似乎真的是没有其他投资方式了。玛蒂尔德 · 沃尔夫–门克贝格（Mathilde Wolff-Mönckeberg）是汉堡的一名妇女，她的家庭在当地具有很高的知名度，正如她在 1944 年 3 月 25 日所记载的那样，所有人都在以物换物：

> 我用桌子来换食用油、肉以及许多其他的美食，这些食物都是一位餐厅新主人从她的餐厅那儿拿来的。但在这些日子里，人们还能做什么呢？肚子饿了要吃东西，但钱却什么也买不到。每个人手里都有大把大把的钞票……你只有直接给工人香烟或是请他们喝一杯白兰地，才能把工人请进屋里来干活。我连蒙带骗地想让燃气管理局的一个人给我们家安新的燃气灶，但直到我们给了他一听啤酒、两个香肠三明治加一支雪茄之后，他才最终松口答应。[313]

两个月前，党卫队保安处针对以物换物这种交易形式在民众中的传播情况，做了一份特别报告。因为很多生活必需品供应不足，缺乏基本服务，所以“对许多人来说，在黑市中进行小规模的商品交易已经成为他们的一种生活方式，对这种交易方式持保留态度的人都会遭到这些人的驳斥，他们回应说：‘那些不选择自救的人永远也不能改善自己的处境’”。只有以盈利为目的的交易和以物换物才会遭到人们的鄙夷。尽管如此，这种小规模的交易还是极有可能发展为一个大规模的黑市市场，它们之间只有一步之遥。[314]

在战争初期，银行的存款迅猛增加，这反映出消费性开支一直在剧烈下跌，直到 1942 年才变得相对稳定，自此，这一稳定状态一直延续到战争的最后几个月。在 1939—1942 年间，德国（这里
431 指的是德国战前的疆域，包括奥地利、苏台德地区和梅梅尔）的人均消费骤降了 1/4，此后才稳定了下来。如果将波兰相对贫困的地区也作为第三帝国的一部分算进去，那么 1941 年的实质性人均消费水平仅为 1938 年的 74%，在接下来的两年中，实质性人均消费水平维持在 1938 年水平的 67% 至 68% 上下，与此同时，人均消费品零售额也出现了大致相同的跌幅。从 1938 年到 1941 年，所有个人消费品的实际人均产出量下降了 22%。在因恐慌购买而出现了一阵销量增长之后，纺织品、金属产品以及家庭用品在 1940 年 6 月的销量与前一年同期相比下降了 20%，而家具的销量则下降了 40%。[315] 这些数据掩盖了这样一个事实，即消费品都优先供应给了军队。例如，在 1941—1942 年期间，军队里肉类食品的人均消耗量要比普通百姓的人均消耗量高出 4 倍多，而用于做面包的谷物，部队的人均消耗量要高出普通百姓人均消耗量 2.5 倍。士兵们能够喝到真正的咖啡，而普通百姓只能将就喝一些替代类饮料，而且供应给士兵的香烟和酒也十分充裕。这都是政策所致。士兵们的肉类食品配额是普通百姓的 3.5 倍，他们每天的面包配额也是普通百姓的 2 倍。此时的德国经济中，大部分非武器行业都主要在为军队服务。截至 1941 年 1 月，生产的所有家具中，90% 流向了军队。而 1940 年 5 月时，一半的纺织品都卖给了军队、党卫队以及其他需要统一着装的机构。80% 的民用化学制品（包括牙膏和鞋油）也都供应给了部队。[316] 此外，大量的煤都用在了工业生产上，以至于普通民众在冬天都没有足够的煤来取暖。1941 年，民众中曾广泛流传着这样一个笑话："在德国，温度计量的标准还是摄氏温度和列氏温度。

希特勒下令，在将来，我们必须用德国的华氏温度来计算。如此一来，我们的气温就会升高 65 度，煤炭短缺的问题就自然而然地解决了！”[317]

在前线打仗的人和留在国内的人当中，都有一部分人被戈培尔蛊惑人心的演讲成功煽动。伞兵马丁·珀佩尔（Martin Pöppel）在东部战线作战，1943 年 2 月 19 日，他在日记中写道：“现在是凌晨两点，我脑中一遍遍回放着戈培尔号召开展总体战的演讲，挥之不去。他的演讲如此撼人心魄，令人热血沸腾，我觉得一定要给家里面写信，告诉他们我此刻的想法。他的话让我们所有人都心潮澎湃，我们全都为他惊人的魅力所俘获。他说到了我们的心坎里。”[318]
戈培尔为自己赢得了广泛的赞誉，大家都称赞他清晰透彻地阐明了 432
德国正处于何等危急的战况中。在他演讲之前，很多人显然没有充分意识到这一点。在这些人看来，统治当局是如此开诚布公，他们因此折服不已，但其他人则表现出强烈的质疑。有人认为戈培尔言过其实，他“描绘的情形比真实的情形‘恐怖’，以此来着重强调实施一系列总体战措施的必要性”。在一些人看来，就具体内容而言，他的演讲几乎全是陈词滥调。“毋庸置疑，”党卫队保安处报告说，“总体而言，人们还是肯定了他提出的 10 个问题的意义，但来自社会各阶层的德意志民族同志和纳粹党员都认为，这些问题的答案和宣传意图都太过明显，无论是听众还是读者都能轻而易举地辨别出来。”[319] 人们听到一些小型农场主抱怨，说他们“已经被迫超负荷工作很长一段时间了”，因此，他们觉得戈培尔在演讲中提出的要求或多或少有些不可理喻。[320] 事实上，据报告，在维尔茨堡，一些人“将戈培尔演讲的最后一部分，也就是他抛出一系列问题的那部分，称作一场闹剧，因为在场的人并不是（能代表全体的）普通民众，而是一群奉命坐在那里的人，显然，他们对任何问题都会异口同声地表示赞同”。[321] 戈培尔在体育宫的演讲明显就是一场蓄意策划的政治宣传，大体上没有产生较强的说服力，因为民众深知，经济动员其实已经开展到接近极限了。他此次演讲所掀起的攻击矛头大部分都指向了那些“奢侈”单位，但总体而言，这类单位对战争经济的影响微乎其微。然而，演讲之后的短短几个月内，总体战就以一种无论是戈培尔或其他任何人都始料未及的方式在大后方上演，它给经济和民众带来的都是一场不折不扣的灾难。

第五章

“终结的开端”

第一节

硝烟弥漫的德国

一

1934 年 11 月 9 日，德累斯顿（Dresden）的一名男学生写了 435
篇描述空战的作文，他想象了在将来的某场战争中，如果敌人决定轰炸德累斯顿的话，这座城市将出现什么样的情况。他写道，警报长鸣，人们仓皇地躲进防空洞。炸弹落下来，发出震耳欲聋的声音，将窗户震得粉碎，所有的房屋被夷为平地。“整个德累斯顿都淹没在肆虐的战火中。”第二波敌机紧随其后，往地面投掷不计其数的毒气弹。防空洞里的人几乎无一幸免。放眼望去，整个城市只剩下灰烬和碎石。此次空袭就是一场灭顶之灾。但这个男孩的预言并没有得到高分。“这篇作文简直糟糕透顶！”老师气急败坏地在他的作文上写道，认为这根本是无稽之谈，“愚蠢！混账！夷平德累斯顿哪有那么容易！你几乎丝毫没有写我们的防御抵抗。整篇作文错漏百出。”[1] 仅仅过了 10 年，这个男孩的预言就被证实，而且是以一种最戏剧性的方式被证实的。但他老师的话也并非全无道理。自 1933 年第三帝国成立以来，统治当局就已经开始做防空准备。他们任命了专门的空袭预警员，安装了防空警报，而且还强制要求住在市中心的居民多次参加空袭逃生演练。统治当局还开始建造防空炮台，他们笃信地对空炮火（“高射炮火”）将起到至关重要的作用。然而，他们并没有花太多的心思修建防空洞和地下掩体，直到 1940 年秋天的时候，这一情况才有所改变，但即便是到了那个时候，由于劳动力和原材料匮乏，修建工事也没取得多大的进展。实际上，该建造计划两年后被搁置了。[2]

战争爆发后，频繁的警报（很多时候是错误的）扰乱了人们的生活，让民众感到极其不满和愤怒，但至少在最开始的时候，轰炸
436 造成的破坏还相对较轻。1940 年 5 月，随着德国在法国战场的战势愈发严峻，英国决定有选择地轰炸莱茵河东部的一些地方。其中汉堡是德国的第二大城市，是一个重要的海港，也是工业和贸易中心，交通便利，穿过北海就能轻而易举到达，因此成为英国的重点攻击目标。1940 年 5 月 17—18 日，英国向汉堡发起首次进攻，这也是德国的大城镇首次遭到攻击，随后，截至当年年底，汉堡又遭到 69 次空袭，总共拉响警报 123 次。在此期间，汉堡的民众几乎每隔一天就要在地下掩体和防空洞中过一次夜。但这些空袭造成的人员伤亡规模相对较小，具体而言：遇难 125 人，受伤 567 人。在 1941 年以及 1942 年的上半年，空袭仍在继续，只不过间隔的时间更长一些；截至 1942 年 7 月中旬，汉堡总共遭到 137 次空袭，遇难 1,431 人，受伤 4,657 人。汉堡的总人口是 200 万，因空袭而无家可归的人数有 2.4 万人之多。汉堡当局采取应对措施的时间虽然相对较迟，但截至此刻，他们也已经加固了绝大部分地下室。在易北河附近的区域，由于地下水面过高，无法修建地下掩体，所以统治当局就在地面修建了掩体。第三帝国的其他城镇也采取了类似的预防措施。[3] 但很快，英国轰炸机开始向更远的地方轰炸了。在 1940—1941 年期间，柏林持续遭到英军夜间空袭，空袭的规模虽然

不是很大，破坏力也不是很强，但却甚是恼人，空袭的频率如此之高，首都的民众们也开始变得有点不以为意。当局给民众的官方建议是，趁傍晚时分轰炸尚未开始，抓紧时间休息一会儿。民众中流传着这样一个笑话：如果一个人来到防空洞，对里面的人说“早上好”，这表示里面的人刚才确实睡觉了；如果一个人来了之后说“晚上好”，这表示里面的人还没有睡觉；而当好几个人来到防空洞，然后说“希特勒万岁”，这表示里面的人已经长眠了。[4]

尽管德国方面也做了诸多准备，但与苏联的统治者一样，第三帝国的领导阶层也没有打算采取大规模轰炸的战略。双方都将轰炸机的使用当成一种战术性策略，或者是派轰炸机去支持地面作战，或者是派它们去为地面部队开路。1940 年，德国方面袭击伦敦和其他城市，其最主要的意图只是迫使英国坐到谈判桌上来，但当德国方面发现这样做其实徒劳无功的时候，就停止了轰炸。对敌人的腹地进行长时间的大规模轰炸进而将其彻底摧毁的做法，柏林方面并不推崇。德国只在东部战线实施过此种轰炸，但当时也严格地限制了军事打击的目标，而且并没有持续很长时间。1943—1944 年，德国空军向苏联的几个工业生产中心和通信中心发起了一场战略 437
性轰炸战。此次轰炸取得了一定成功，最突出的战果是在 1944 年 6 月份，摧毁了 43 架美国制造的 B-17 轰炸机以及近 100 万吨的航空燃料，这些轰炸机和燃料在交付给苏联之后就停放在波尔塔瓦（Poltava）的机场，德国此举也有效地解除了美国轰炸机从东西两翼夹击德国的威胁。但由于燃料短缺，以及当时英国和美国对德国城市不断实施轰炸袭击，德国的飞机生产线转而全力制造战斗机，因此德国没能将此次轰炸战继续下去。[5] 同样，斯大林也认为，轰炸的主要作用是辅助前线的地面部队。他并没有组建一支庞大的轰炸机队伍来实施大规模的战略性轰炸，而且在战争的最后两年，红军向德国挺进，沿线的德国城市虽然遭到攻击，但这些城市最终遭受到的摧毁性打击却是由英国和美国的轰炸机造成的，而非俄罗斯轰炸机。但无可否认的是，斯大林的确希望西方的同盟国们能开展一场针对德国本土的大规模轰炸，如此一来，红军的压力就能得到缓解。[6]

20 世纪 30 年代时，全欧洲都因空袭而提心吊胆，特别是德国和意大利的轰炸机在西班牙内战期间将格尔尼卡（Guernica）彻底炸毁之后，人们愈发忧心忡忡。轰炸机在打击目标时从来都不太精准，其中一个很重要的原因就是，轰炸机需要装载足够多的弹药，其体型一般很大，如此一来，灵活性降低，操作难度也相应增加，因此轰炸机必须尽可能高地在高空飞行，以免被高射炮击中。所以，它们一般都在云层之上飞行，这样一来，要辨别攻击目标就变得难上加难。白天空袭几乎不可能，因为对方的战斗机和地面防御力量会给偷袭方造成惨重的飞机损失。战争初期曾发生过几次白天空袭，但很快就被摒弃了。然而，夜间空袭也并非易事，尤其当所有参战国都实行了不同程度的“灯火管制”制度，这将各城镇的公共照明和私家照明都最大限度地掩盖起来，或直接关闭，如此一来，敌人的轰炸机就无法发现它们。还有一个很常见的现象就是，轰炸机必须飞行相当长的距离才能抵达它们的攻击目标上空，因此，导航也是飞行员必须克服的一个棘手的问题。飞行员顶多能依照自己的判断，朝着估计的目标所在地飞行，然后在大概的方向投下炸弹。虽然像斯图卡这样的小型俯冲轰炸机精准度更高，能为地面部队提供更好的战略支持，但它们能携带的弹药量极为有限，因此不可能用作大规模的战略性轰炸。所以，在实际操作中，所有大规模空袭都
438 或多或少有些随意，要实现精准打击根本不可能。因此，战略性轰炸从一开始就只是为了实现两个目标，一是摧毁敌人的军事和工业资源，二是削弱敌方民众的士气，而事实上，要将这两个目标泾渭分明地区分开是不可能的。在 1941 年的众多袭击中（按照后来的

标准，这些袭击都是小规模的），大部分炮弹都未能击中既定目标。飞机在夜晚高空中飞行，只可能击中那种非常庞大的目标（实际上就是以整个城镇为攻击目标），这也是 1941 年年末丘吉尔和英国领导层最终决定采取的战略。为了实现该目标，他们任命精力充沛又做事果断的军官亚瑟·哈里斯（Arthur Harris）为轰炸机司令部总司令。哈里斯下令，集中火力攻击德国的主要城市，因为在这些主要城市中，他的轰炸机队伍能准确判断战争相关工业以及生产工人的住所所在地，无须低空飞行来刻意搜寻。1942 年，在欧洲大陆和非洲的两个地面战场上，英国的战争前景都不容乐观，而此时哈里斯的轰炸机队伍给德国城市造成重创，极大地振奋了英国军队和普通百姓的士气。但与此同时，无论看似多么出人意料，几乎没有英国人认为可以通过轰炸德国来一雪前耻，让德国为炸毁考文垂和轰炸伦敦付出代价。[7]

与德国人和俄罗斯人不同，早在 20 世纪 30 年代末，英国人和美国人就已经确定，重型轰炸机将成为未来战争的战略性武器。截至 1942 年，英国已经在大规模地生产重型轰炸机，其中最引人瞩目的就是四引擎的兰开斯特轰炸机（Avro Lancaster），还有就是哈利法克斯轰炸机（Handley Page Halifax），前者于 1941 年首飞，而后者于 1940 年引入。这些重型轰炸机与之前那些重量相对较轻的双引擎轰炸机相比，破坏力更强，轰炸机司令部之前使用的一款主流双引擎轰炸机是惠灵顿式轰炸机（Wellington），这款轰炸机当时总共制造了 1.1 万多架。哈里斯走马上任时，手里只有 69 架重型轰炸机可供调遣。到 1942 年年底，重型轰炸机已有近 2,000 架了。这些轰炸机成了英国空袭德国的中流砥柱。最终生产出的兰开斯特轰炸机有 7,000 多架，哈利法克斯轰炸机有 6,000 多架，它们取代了作战能力较弱的四引擎斯特林式轰炸机（Stirling）。自 1942 年年末以来，美国轰炸机也出现在了英国的机场上，其中比较突出的机型是被称为空中堡垒的B-17轰炸机，这种轰炸机异常结实，总共生产了1.2万多架。还有被称作解放者的B-24轰炸机，这种轰炸机更轻快敏捷，但也更脆弱，当时是大规模批量生产的，最终生产出1.8万多架。哈里斯的策略是对主要城市进行大规模的轰炸袭击。1942年3月28日至29日夜间，他对吕贝克实施了首次试验性轰炸。吕
439 贝克这座城市并没有什么值得一提的军事或经济意义，但它的建筑物都是陈旧的砖木结构，因此，这成了一个检测其轰炸策略威力的绝佳目标。因为吕贝克几乎没有设防，从海上飞过去极其便利，所以，总共234架惠灵顿式轰炸机、兰开斯特轰炸机以及斯特林式轰炸机在吕贝克低空掠过，先是投掷大型炸弹炸开城市建筑物，接着以燃烧弹将这些建筑物付之一炬。半个城市都被摧毁，1,425栋建筑物被完全夷为平地，1万栋建筑物遭到破坏，其中近2,000栋建筑物面目全非。320人在空袭中不幸丧生，另有785人受伤。此次袭击后，哈里斯又下令在1942年4月对波罗的海沿岸的其他小城市发动进一步空袭，其中就包括历史可以追溯到中世纪时期的城市罗斯托克（Rostock）。[8]

英军的这些空袭对希特勒而言是一种挑衅，1942年4月，希特勒宣布将要对英国的特定目标实行“恐怖袭击”，旨在“以报复为目的……最大限度地破坏他们的公共生活”。[9]英国的城市在过去的一年时间里，都未遭到任何严重袭击，此时，希特勒命令德国空军发起一场反击战，袭击英国的类似城市，这场反击战被称为“贝德克尔空袭”（Baedeker raids），是以一套知名的旅游手册命名的。德国只派遣了为数不多的飞机执行空袭（在白天的空袭中，仅有30架战斗轰炸机可供调遣，而在夜间空袭中，有130架轰炸机可以使用），袭击目标主要是一些有历史意义的，几乎没有空中设防装备的小城镇。此次空袭并没有给英国的战斗力造成什么破坏，也未取得任何具有军事意义的成就。[10]这纯粹是希特勒被激怒后的个人情

绪宣泄。哈里斯的轰炸机司令部麾下集结了庞大的军力，希特勒根本难以望其项背。然而，尽管空袭对吕贝克造成了严重破坏，但城内民众的士气似乎并未受到太大打击。空袭后的第一天，许多商铺又重新营业，挂出的标牌上写着“这里的生活依然继续！”[11]空袭似乎也没有激起当地民众对英国人的愤怒。路易丝·索尔米茨在日记中客观地记录了空袭，好像那只是自然灾害或者上苍的旨意一样。1942 年 9 月 8 日，她听天由命地写道：“我们再也无法主宰自己的命运，只能接受命运的摆布，在悲观和绝望中麻木地承受着命运的一切安排。”[12]吕贝克是德国北部汉萨（Hanse）的同盟城市，有很多古老的红砖墙建筑，历史悠久，它的摧毁令索尔米茨伤心感怀，但与此同时，她也记录了德国对英国城市约克（York）和诺里奇（Norwich）的轰炸，“我为那些被毁的德国文化感到痛心不已……到处都是痛苦和战火的痕迹”。[13]

吕贝克如此轻而易举地遭到攻击，这着实有点出人意料。1940 年，英国对鲁尔区（Ruhr）实行夜间空袭，因此，德国统治当局任命约瑟夫·卡姆胡贝尔（Josef Kammhuber）为空军将军，负责 440
组建全国范围的空袭防御体系。截至 1940 年年底，他已经建造了一系列雷达站，成功地建立了一条从巴黎延伸至丹麦的雷达线，而且由中控室直接控制的 Me 110 夜间战斗机提供防御保护，再加上地面探照灯以及高射炮，德国的防空实力大为增强。因此，英国在 1941 年损失了超过 1,000 架的轰炸机。1942 年，英国引入兰开斯特轰炸机，并安装了无线电导航设备，该设备能使轰炸机之间保持统一的阵型，让德国的防御体系应接不暇，到这时，英国空军的战斗力才得以增强。哈里斯将“探路者”（pathfinders）战机部署在轰炸机队形前方，为其寻找和定位攻击目标。这些空降引导队通过投掷燃烧弹为轰炸机指明目标方位。自 1943 年初，轰炸机上就安装了机载雷达和无线电目标搜寻设备，虽然这些设备直至第二年才得以进一步完善，但也有助于轰炸机在低能见度的情况下飞行。哈里斯还在每架轰炸机上配备了一名轰炸员，如此一来，飞行员就可以专注于寻找飞行路线。而且自 1943 年年中以来，英国轰炸机安装了一种叫“窗户”（Window）的雷达干扰设备，该设备由一袋袋的铝箔条组成，飞行员将其丢出炸弹舱，干扰敌人的雷达。英国方面经过了很长时间的考虑，才将此设备用于战斗，其中一部分原因就是他们担心德国人或许也想到了这个点子。为了应对英国采取的这些措施，德国空军研发了自己的航空雷达，借此，他们的夜间战斗机可以结队飞行，定位敌人的轰炸机并将其击落。德国空军将大部分战斗机调遣到了西部战场，只留下了不到 1/3 的战斗机去对付红军。德国还制造了大量的防空炮台，截至 1944 年 8 月，德国的防空炮台已达 3.9 万个。为了在夜间操作这些炮台，德国方面调遣了至少 100 万名炮手。德国的防空力量成功地击落了英军不计其数的轰炸机，造成英国轰炸机司令部的飞行员死亡率高达 50%，超过 5.5 万人在战争中丧生。然而，与防御相比，希特勒素来更倾向于进攻，他坚持对英国进行还击，下令展开新一轮的轰炸袭击。同时，他下令减少防御地区的战斗机生产任务和部署工作。对于战斗机而言，在任何情况下，要攀升到足够的高度去攻击在 3 万英尺高空飞行的轰炸机，这要耗费相当长的时间，飞行员普遍感觉，只有当他们将机上的弹药丢掉之后才能攀升上去与敌军的轰炸机对峙。[14]

441 然而，在最初的时候，德国并未遭到持续的轰炸。哈里斯为了证明他们能对更大的攻击目标实行更大规模的袭击，在 1942 年 5 月 30 日下令，派遣上千架轰炸机对科隆实施大轰炸，摧毁了 3,300 多栋建筑物，造成 4.5 万人无家可归。在此次轰炸中，474 人遇难，5,000 人受伤，其中很多人伤势严重。这场空袭说明，大规模的轰炸机战队能够毫无差池地飞抵攻击目标，并重创当地的防御体系。[15] 1942 年夏天，英国方面又派遣 1,000 架轰炸机去袭击埃森，然而，相对而言，这次轰炸并不成功，英国方面也没有再次尝试此种战术；除了其他的前提条件，要做到如此大规模的轰炸，必须有大量的轰炸机平时受过训练，而且还要给轰炸机配备指定的飞行员，使其在训练阶段就与轰炸机进行磨合。此后，英国轰炸机不再将注意力放在城市，转而集中火力进攻位于法国大西洋沿岸的U型潜艇掩藏坞。这些掩藏坞都加盖了厚厚的混凝土，防护异常严密，未曾受到大的破坏。然而，轰炸机的核心任务似乎还是保护在大西洋的舰队。1943年1月，丘吉尔和罗斯福在卡萨布兰卡（Casablanca）会面，直到此刻，他们才决定正式展开战略性轰炸行动。斯大林曾要求开辟第二战场，丘吉尔和罗斯福一致同意将其推迟到1944年，此刻，他们要入侵意大利，用1943年1月21日联合参谋长委员会（Combined Chiefs-of-Staff）给英国和美国空军下达的命令来说，该新一轮轰炸的目标是“进一步摧毁及扰乱德国的军事、工业和经济体系，打击德国人民的士气，予以他们致命一击，使其丧失军事抵抗能力”。[16] 鲁尔区在这轮联合轰炸中首当其冲，遭受了一系列的攻击。1943年3月5日，362架轰炸机对埃森进行了空袭，那里是克虏伯军工厂的所在地。接下来的几个月中，埃森还遭到了一系列进一步的袭击。在此期间，杜伊斯堡（Duisburg）、波鸿（Bochum）、克雷费尔德、杜塞尔多夫（Düsseldorf）、多特蒙德（Dortmund）、伍珀塔尔（Wuppertal）、米尔海姆（Mülheim）、盖尔森基兴（Gelsenkirchen）和科隆都遭到了袭击，它们都是重要的工业和采矿中心。其中，多特蒙德受到的袭击尤为惨烈。科隆在前一年遭到了千机大轰炸，而与之相比，800架轰炸机此次在多特蒙德投下的弹药是它的两倍。650人因此丧生，而且多特蒙德的图书馆被火焰吞噬，里面20多万卷的书籍和一个独一无二的报纸档案室也一并被付之一炬。1943年6月28日至29日，科隆再次受到袭击，造成近5,000人身亡。在这一波接一波的袭击中，德国西部的工业城市总共有1.5万人遇难。此外，1943年5月16日，“堤坝终结者”中队朝着埃德河（Eder）和默讷河（Möhne）上的主要堤坝
442 低飞过去，发射“弹跳炸弹”炸毁了这些混凝土屏障，大量的水倾泻而出，严重影响了鲁尔区的水供应，流泻出来的水也淹没了乡村地区的大片土地，工厂的用电也因此被中断。1,500多人不幸遇难，他们大部分都是外籍工人和战俘，德国民众因恐慌而谣言四起，传闻说丧生的人数多达3万。为了彻底摧毁攻击目标，在大规模空袭的间隙，蚊式战斗轰炸机也飞到鲁尔区内实行进一步轰炸，以确保德国方面没有喘息的余地。该轰炸机是木制的，因而拥有更快的飞行速度和更大的作战半径。[17]德国遭到如此大规模的摧毁，帝国宣传部长戈培尔骇然不已。“我们已处于明显的劣势，绝望无助，”多特蒙德被袭击后，他在日记中写道，“我们虽然怒火中烧，愤恨难平，但也不得不承受英国人和美国人给我们造成的重创。”[18]

装备部部长阿尔贝特·施佩尔对此高度警惕。他多次前往鲁尔区组织劳动力转移工作，将那里的劳动力暂时转移到其他营区；如果这些劳动力所属的工厂在轰炸中被摧毁，那么他们就会从这些营区再被送到其他工厂去。此外，施佩尔还竭尽所能地采取补救措施，恢复之前的秩序，让一切都重新运转。他从齐格菲防线那边调了7,000人来重建这些大坝。德意志劳工阵线、托特组织和纳粹党地方组织也成立了专门小组来收拾残局、清理现场，以便安排矿工和军火生产工人重新投入工作，与此同时，“国家社会主义人民福利”组织也开展了安抚工作，前去关心并抚慰那些因轰炸而流离失所的人。[19]尽管统治当局采取了上述各种措施，但敌军轰炸机给德国战争经济造成了重创，这一点毋庸置疑。自1942年6月以来，德国军备产量以平均每月5.5%的比例在增长，而现在，增长全面停止。1943年第二季度，德国的钢铁产量暴跌了20万吨，用于生产武器装备的钢铁配给量也因此削减。飞机零部件也出现了供应危机，所

以，从 1943 年 7 月到 1944 年 3 月，飞机生产一直处于停滞状态。[20] 1943 年 8 月 17 日，美国轰炸机袭击了施韦因富特（Schweinfurt），当地许多生产滚珠轴承的工厂遭到了严重破坏，滚珠轴承的产量因此暴跌了 38%。“我们的工业生产供应……几乎到了彻底崩盘的境地，”施佩尔对空军采购办公室的人说道，“不久之后，我们的飞机、坦克以及卡车都会缺少某些关键零部件。”他还提醒希特勒道，如果德国的工业中心继续受到空袭，那么德国的军备生产将会彻底停止。[21]

二

在鲁尔区遭到了一系列的攻击之后，汉堡（德国最大的海港城 443
市，同时也是主要的造船中心和工业中心）也遭到了大规模的袭击。在对汉堡的轰炸中，英国空军首次使用了名为“窗户”的雷达干扰设备，结果证明，该设备十分有效。在 1943 年 7 月 24 至 25 日夜间，791 架轰炸机分别从位于英国东部的 42 个机场出发，沿东北方向飞向易北河河口。其中 45 架飞机因为机械故障，不得不将所载的炸弹投入海中，中途折返。而绝大部分轰炸机则改变了航向，开始沿东南方向朝着汉堡北部飞去。此举令汉堡的防御力量措手不及，英军轰炸机每隔一分钟就朝空中抛洒一袋袋的铝箔条，严重地干扰了汉堡的地面雷达。汉堡方面几乎没能做出任何抵抗，而英军只损失了 12 架飞机。飞行员汇报说，探照灯发出的光束在毫无头绪地移动，四处搜寻攻击目标。接近凌晨 1 点的时候，空降引导队“探路者”向地面投下了燃烧弹以作标记，主力轰炸机部队随即将携带的炸弹投向了市中心。人们惊慌逃窜，纷纷奔向防空掩体。虽然许多炸弹投向了人口比较稀疏的偏远郊区和村庄，但市中心以及位于港口的一系列造船厂也被击中，甚至在轰炸结束之前，汉堡的消防车以及清理工作小组就按照事先的计划开展了救援工作。但英军对汉堡的轰炸是一种全新的攻击行动，即他们要采取的不是一次单独的袭击，而是一系列的袭击，旨在分阶段、有步骤地摧毁这个城市。第二天，109 架美国空中堡垒轰炸机出现在汉堡上空，开始了第二波袭击。与夜间空袭相比，在白天展开袭击要危险数倍，因此，至少 78 架轰炸机被汉堡的防空火力击中，导致许多轰炸机还未抵达攻击目标就被迫投下了炸弹，这次轰炸对港口区域和偏远郊区也造成了一定程度的破坏。第二天夜晚，英军再次发动了一场规模较小的袭击，没给汉堡任何喘息的机会。而在 1943 年 7 月 27 至 28 日夜间，735 架英国轰炸机从汉堡东部再次袭来。“探路者”机队在位于市中心东南部的一个密集区域投下了燃烧弹，标记目标位置，随后，主力轰炸机部队在折返之前朝地面投放了 2,326 吨炸弹。英军总共损失了 17 架飞机及其机组人员，但大部分飞机在完成任务之后都成功撤离，因为整个空袭期间，沿线 1/3 的地面防空炮兵得到的指令都是将炮火打击高度限制在 1.8 万英尺以内，以便德国的夜间战斗机能予以敌人回击。但除了斯特林式轰炸机（该轰炸机已经完成了历史使命，退出了历史舞台）以外，所有轰炸机都能在这一高度以
444 上飞行；此外，德国夜间战斗机的数量太少，根本起不到对英军有效回击的作用。[22]

当晚，天气异常的热，而且还十分干燥。大部分消防员都集中在汉堡的西部地区，忙于处理前几波轰炸留下的、仍在燃烧的残余物。而在此次轰炸刚开始的 23 分钟内，英军轰炸机已在这块汉堡东南部的狭小区域投掷了不计其数的燃烧弹、气浪弹和高爆炸弹，火焰四处蹿起，最后汇聚成了一团，将周围地区的空气也吸了进去，直至方圆 1 平方英里的区域全都吞噬在火光之中，其中心地带的温度高达 800 摄氏度。火焰开始以飓风般的力量吸收周围的空气，随着轰炸机继续向地面投掷炸弹，火焰又朝东南方向窜烧了 2 英里的

距离。轰炸造成了风暴性大火，火星在风的作用下飞舞乱窜，强风肆虐，力度之大，将树连根拔起，也将路上逃窜的民众活生生地点燃，人们如同一支支移动的火把。与此同时，风暴性大火也吞噬了地下掩体中的空气，那里蜷缩躲藏着成千上万的民众，他们有的吸入一氧化碳被毒死，有的被困在地下掩体里，窒息而死。后者是因为地面建筑物被炸成的碎石瓦砾挡住了地下掩体的通风口和出口。截至凌晨 3 点，长达 133 英里的街道两侧的 1.6 万栋公寓式建筑物都淹没在火海之中，直到风暴性大火最终开始减弱。到早上 7 点的时候，大火才熄灭。许多人纯粹是因为运气好才能幸存下来。特劳特·科赫（Traute Koch）当时是名 15 岁的女孩，她描述了她妈妈是如何将她裹在湿床单中推出防空掩体并朝她喊道“快跑！”的场景：

> 我在门口不知所措。我的眼帘被大火覆盖，到处都是红彤彤的，就像是个火炉口。我被一股热浪击中，一团明火就落在我的双脚前。我立即缩了回来，但正当我要越过这团火时，它又被卷走了，似乎有一股幽森鬼魅的力量在起作用。我冲到了大街上。身上裹着的床单如同船帆一般，我感觉自己就要被风暴卷走。我跑到了一栋五层楼房前面，这是我们事先商量好的碰头地点。这栋建筑物已经在之前的空袭中被轰炸过，里面的东西都烧得差不多了，只剩下一个空架子，因此也不容易被大火再次点燃。有人走出来，一把将我抱住，把我带进了门里面。[23]

他们躲到了地下室中，因而幸免于难。其他人就没有这么走运了。约翰·布尔迈斯特（Johann Burmeister）是一名卖果蔬的商贩，他记录到，人们为了弄熄衣服上的火焰，纷纷跳进汉堡的运河中。有些人甚至选择了自杀。一名兜售女帽的 19 岁女孩回忆了她阿姨拽着她穿越街道的画面。当时，阿姨拽着她在火星四溅的街道上逃窜，

445 她们突然动弹不得，因为路面上的沥青熔化了，她们无法挪步向前。“路上还有其他人，有的已经死了，有的仍躺在地上，活生生地陷在沥青中……他们的脚粘在里面，他们伸出手，试图借双手的力量从沥青中挣扎出来，结果他们的手和膝盖都陷入了沥青，整个人四肢着地，在那里尖叫呐喊。”最终，这名女孩横下心来，决定利用一些燃烧着的树枝，沿着斜坡向下滚。“我将我的手从阿姨的手中抽了出来，然后向前滚。我感觉自己有时是从活人身上滚过去的。”在斜坡底部，她发现了一条毯子，将其裹在了身上。第二天早上，她发现了阿姨的尸体，这不过也只能凭借阿姨一直戴着的蓝白相间的戒指才能辨别得出。许多尸体都是一片焦黑，烧得又干又皱；而有的尸体则凝成一团人形脂肪，脏兮兮地附着在地面上。[24]

然而，汉堡将要忍受的灾难痛苦还远不止这一切。火势尚未灭尽的废墟上升腾出一股股烟气，风还未将其完全吹散，轰炸机司令部就决定向汉堡发动第三波袭击。在7月29至30日夜间，786架轰炸机往汉堡飞来。其中45架轰炸机因机械故障被迫折回，还有一小部分轰炸机在飞抵汉堡之前就被击落了。尽管如此，绝大部分轰炸机还是抵达了它们的目的地，借着城市中遍布的火光，飞行员轻而易举地就辨识出了汉堡的位置，他们甚至在地平线上就看到了这座显眼的城市。德军在汉堡城中以及周围地区匆忙布下了更多的探照灯，探照灯将强光投到轰炸机上，防空炮台和夜间战斗机则充分利用这一点，无须依靠雷达读数就能判断轰炸机的位置，因为英军轰炸机抛洒的“窗户”铝箔条对他们的雷达仍然具有强烈的干扰作用。在这次袭击中，英军炸弹的投掷范围要广得多，而且在强风的作用下，“探路者”机队偏离了航线。因此，汉堡的东北部遭到重创，而英军预先计划摧毁的更西边的地区则逃过一劫。然而，即便到此时，哈里斯对目前的战果依然不满意。由于天气条件恶劣导致了新一轮攻击的延期后，哈里斯下令于1943年8月2日至3日向汉堡发动第四次也是最后一次袭击。两组轰炸机队伍同时起飞。第一组机队有498架轰炸机，由54架“探路者”开道，它们的攻击目标是位于汉堡中央湖泊阿尔斯特湖（Alster）西面的富人聚居区；第二组机队有245架轰炸机和27架“探路者”，它们的任务是摧毁位于汉堡南部的工业区。这次，德国防御力量已经学会了如何应对“窗户”这种雷达干扰设备，那就是让夜间战斗机在空中自由飞翔，凭借飞行员自己的可视操作，加上地面人员持续不断地为飞行员提供实时播报，告知其轰炸机的所在位置，再配合以夜间战斗机的自身机载雷达，与敌机进行对抗。此外，天气条件变得愈发恶劣，轰炸机被卷入了庞大的雷暴之中，正如其中一名飞行员报告说，轰炸机的螺旋桨在雷暴的作用下变成了巨大的火轮，导致轰炸机满 446
天乱飞。一波一波的轰炸机队伍被彻底打乱，许多轰炸机将炸弹投向了小型的城镇和村庄，或者直接投掷在了乡村地区，很多战机还没抵达汉堡就折返了回去，还有部分轰炸机坠毁了。德军的战斗机和防空火力给它们敲响了丧钟。在此次轰炸中，英军共有35架轰炸机未能返航，而汉堡却并未受到严重的破坏。但是，总体而言，在这四次大规模的空袭中，同盟国的轰炸机在汉堡上空的飞行次数共计超过了2,500次，共计朝攻击目标投放了8,300吨以上的燃烧弹和高爆炸弹。德国的夜间战斗机总共击落59架轰炸机，专门用于防空作战的高射炮击落11架，而在最后一次空袭中，还有17架轰炸机因风暴破坏等一系列错综复杂的原因而折翼。汉堡受到了毁灭性的打击。该城市的造船厂全都化为灰烬，因此，本来计划建造以及已经在建的20～25艘U型潜艇的计划也化为泡影。据后来统计，汉堡的工业产量降到了5个月前的80%，而轰炸对军工生产造成的损失几乎等同于汉堡整个城市2个月的产量。轰炸中断了整个城市的正常秩序，这一影响甚为深远。汉堡所有的火车站都被炸毁，沉陷的船只堵住了港口和河道，而落入水中的残骸也给河流和运河造成了堵塞。城市的天然气、自来水以及电能的供应亦被全部切断，直到 8 月中旬才恢复。然而，最惨重的损失还是人员伤亡。由于部分偶然因素和部分人为因素，英军大量的炸弹都落在了人口聚居区。风暴性大火的破坏力尤其突出，它摧毁了位于市中心东南部的工人阶级聚居区，在这一带生活的居民向来都反对纳粹党。而位于城市西北方向的富人别墅区则基本上毫发无损，这一带聚居着拥护纳粹党的精英分子，虽然在最后一次不成功的袭击中，炸毁该区域就是其目标之一。汉堡总共 56% 的住宅（大约为 25.6 万间）都被炸毁，90 万人变得无家可归。大约 4 万人不幸遇难，还有 12.5 万人亟需医疗救治，他们很多人都是被烧伤的。[25]

1.4 万名消防员、1.2 万名士兵以及 8,000 名技术专家昼夜不休，全力对付火势，他们赶赴重灾区展开救援工作，带去食物和水等紧急物资。早在第一次空袭之后，民众们就已经开始逃离汉堡这座城市。玛蒂尔德 · 沃尔夫 · 门克贝格的孩子们旅居国外，正如她在一封写给孩子们但却并未寄出的信中说道，“到处都弥漫着恐惧，一切都处于混乱无序之中……没有有轨电车，没有地铁，也没有去郊外的铁路交通。大多数人都将他们的私人物品装在手推车上、自行
447 车上、婴儿车上，或者直接扛在背上，他们都步行前进，只为逃离这个地方”。[26] 84 万无家可归的人从城市中心撤离，在警察的指示下，他们赶往位于市郊的还完好的火车站或渡口码头。纳粹党党区领导人卡尔 · 考夫曼安排这些人撤离到位于北部和东部的农村地区。625 辆火车将 75 万多民众送往新的安置点，其中大多数都是临时住所。尽管考夫曼呼吁官员们都坚守在自己的岗位上各司其职，但他们中许多人还是逃走了。汉堡食物分配办事处原本有 2,500 名官员，但在空袭过去的 3 周后，还有 900 人没有回到自己的岗位，他们或者失踪不见，或者已经遇难。许多纳粹党地方领导人擅作主张，强

行征用他们所辖城市片区的民众撤离专列，他们中不少人还大肆挪用汽车和卡车，用来转移自己的亲属，同时尽可能地将他们的财产转移出城。纳粹党政府此时似乎已处于坍塌的边缘。第三帝国是一个家长式统治的国家，一切都由政府裁决，在这种意识形态下，民众一旦遭遇危机，会理所当然地期待从政府那里获得援助，然而，在这场空袭灾难中，政府却表现出全方位的无能，这在民众中引发了广泛的批判性言论。尽管戈培尔的宣传机构极力激起民众对英国的报复情绪，但民众的愤懑之情却并未指向英国发起的“恐怖袭击”，相反，他们的矛头直指戈林以及德国空军，指责他们未能捍卫自己的祖国，同时，他们也对纳粹党进行抨击，指责它给德国招致了如此毁灭性的打击。“纳粹党成员，”玛蒂尔德·沃尔夫·门克贝格记载道，“为了保护自己，将纳粹党党章从自己的衣服上扯下来。城里到处都有人在咆哮道‘打倒那个谋杀犯’。面对这样的反动言论，警察方面并未采取任何行动。”[27]

这一波又一波的空袭使路易丝·索尔米茨惊骇愕然，她找不出任何恰当的词语来形容这一切。1943 年 8 月初，她和丈夫提心吊胆地走出房门，来到城市的街道上，放眼望去，进入眼帘的“唯有碎石瓦砾，我们的脚下满是碎石瓦砾”。在恐惧和震惊中，索尔米茨观察着灼热的建筑物如何缓慢地冷却下来：

> 排屋拐角处的煤仓，终究，终究是燃尽了。这真是一出绝佳的戏剧。煤仓上面的商铺被摧毁殆尽，闪着红色或玫瑰色的光。我来到通往地下室的楼梯，这有点唐突而不负责任。我上面这座巨大的房屋已经被炸得满目疮痍，而在地下室下面，我看见的只有一片地狱般的火海，里面火光四起，飞舞乱窜的火焰在其中咆哮肆虐。后来，只有煤仓井壁里还有火光，而上面的商铺则成了一个个黑漆漆的洞穴，满是阴森死气。火焰最后烧成

了蓝色。在白天的时候，空气因受热也在闪烁晃动。[28]

格哈德 · M. 是一名士兵，他曾是纳粹冲锋队的成员，喜欢骑着自
448 行车四处游览。他曾在几天前到过汉堡，但在 1943 年 7 月 28 日，当他再次来到汉堡时，他发现这个城市已被遗弃了。“这些人都去哪里了？”他自言自语道。在哈默布鲁克大街（Hammerbrookstraße）工人阶级聚居区（港口附近），他看到了这样一番景象：

> 一片死寂。没有人来这里寻找他们的私人物品，因为这里的人们也都淹没在了碎石瓦砾之下。这里的道路也无法通行，我只能将自行车扛在肩上，艰难地跨过这些碎石。房屋全都被夷为平地了。放眼望去，一片废墟，安静得如同死亡一般。没有人成功逃离这里。燃烧弹、空中炸弹以及定时炸弹同时朝这里投来。路面上你还能看到死尸。在碎石瓦砾掩盖之下的路面上，又究竟躺着多少尸体呢？[29]

他问自己，这里的一切什么时候才能重建起来？人们什么时候才能恢复正常的生活？作为一名资深的冲锋队员，他深知答案只有一个，即“当我们最终赢得战争的时候。当我们能够再次在德国境内不受干扰地工作的时候。当外国民众不再嫉妒羡慕我们的时候”。[30] 在一个多世纪以前，也就是 1842 年的时候，汉堡发生大火，整个城市都吞噬在火焰之中，但汉堡依然从这场噩梦般的灾难中恢复过来了，格哈德 · M. 对此感到十分欣慰。接着，在他的想象中，伦敦民众“对德国的强大实力一无所知”，正沉浸在一片欢愉之中，过着“无忧无虑”的生活，伦敦在不久的将来必定会遭受同样的厄运。用他的话来说，就是“有朝一日，高傲的伦敦将会切身感受到战争的威力，它将遭受到的破坏会是此刻汉堡遭受的数倍”。[31] 他

在做这番遐想的时候，或许忘记了德军“闪电战”对伦敦造成的巨大破坏和惨烈的人员伤亡。然而，他对汉堡空袭的这种反应并不普遍。在防空洞中，如果有人试图火上浇油，在民众中煽动憎恨英国人的情绪，这种人经常会被人们嗤之以鼻。“我们在防空掩体中待了近 3 个小时，”路易丝·索尔米茨记述了后来发生的一个场景，“负责看守防空掩体的雇佣兵说道：‘伦敦人不得不在他们的防空掩体中待上 120 个小时。我希望他们永远也出不来，他们活该！’——‘他们也只能按照政府的命令行事。不然他们还能怎么样呢？’其中一名妇女回应道。”[32] “尽管在这一系列的袭击中我们蒙受了沉重的损失，”索尔米茨后来写道，“但汉堡民众并未对这位‘敌人’产生多大的仇恨情绪。”[33]

令民众真正挥之不去的情绪是绝望。“我们已经失去了勇气，笼罩在一股被动而漠然的氛围之中，全都哑然失声，”玛蒂尔德·沃尔夫·门克贝格写道，“报纸以及无线电收音机中播报的内容纯粹是虚张声势，尽是些空洞的垃圾言论，这一点几乎每个人都了然于心。”[34] 党卫队保安处汇报说，“大部分民众都对当前这种形式的宣 449
传内容置若罔闻”。[35] 最终，许多民众还是回到了汉堡，所以截至当年年底，汉堡的人口数量由 60 万人恢复为 100 多万人。尽管如此，仍有相当多的难民盘桓在第三帝国的其他地区，这进一步增强了党卫队保安处所说的“冲击效应和极度惊惶的情绪”，这种效应和情绪存在于“整个第三帝国领地内的民众中”。“撤离的德意志民族的同志们四处讲述汉堡遭受的破坏产生了怎样的后果，这令民众心中本就存在的恐惧情绪变得愈发强烈。”[36] 同盟国军队还经常向德国城市空投宣传册，警告德国民众说这些城市将被夷为平地，有时候还带着一丝威胁的腔调，比如，“哈根（Hagen，鲁尔区的一个城镇）的民众们，你们虽然躲在洞里，但我们仍然能找到你们”。这些宣传册在一定程度上加重了民众的忧虑。1943 年，同盟国的飞机朝地面投掷了许多伪造的食物定量配给卡，这在普通民众中引起了一阵混乱，给本就焦头烂额的当地统治机关增加了更多的工作负担。汉堡在 1943 年 7—8 月的空袭中遭受了惨烈的破坏，这严重地挫败了民众的士气；其实，在此之前，德军在斯大林格勒的灾难性败北已经打击了汉堡民众的士气。1943 年 8 月之后，德国民众心中不再抱有对战争的热情，此时他们的内心充满了恐惧——他们恐惧如果德国战败他们可能面临的命运。在戈培尔的组织协调下，媒体愈发利用民众的这种恐惧情绪，进行大肆宣传。[37]

与此同时，宣传部催促德国普通民众拿出十二分的干劲，投入全民参与的“总体战”中，但统治当局显然尚未做好充分准备，这极大地削弱了宣传部的鼓励成效。一名初级陆军军官在其家乡汉堡遭到轰炸后埋怨道：“他们完全是在睁眼说瞎话。汉堡所发生的事情充分证明，‘总体战’只是句口号，根本没有付诸实践。”[38] 1943 年 6 月 17 日，正如党卫队保安处所汇报的那样，在伍珀塔尔和杜塞尔多夫遭到袭击之后，民众们已经“彻底精疲力竭，变得完全无动于衷”。但有的人（或者说这是党卫队保安处的谨慎猜测）在谴责统治当局。在不来梅，两名冲锋队员看到一位妇女在自家地下室前面痛哭流涕，她的房屋已经被炸毁，房子里面躺着 3 具尸体，分别是她的儿子、儿媳以及 2 岁大的孙女。当他们两人试图去安慰她时，她大声叫道：“穿褐色制服的冲锋队应该为战争负责。他们如果去了前线的话，一切都会好一些，英国人也没法来到这里。”[39] 党卫队保安处在报告中继续说道，一个值得注意的问题是，在被轰炸的
450 城市中，民众碰面时说的是“早上好！”这种旧式的寒暄方式，而非“希特勒万岁！”。一名对数字敏锐的纳粹党员汇报说，在巴冕城（Barmen）遭受袭击后的一天，他用“希特勒万岁！”这句话跟 51 个人打招呼，但只有 2 个人以同样的措辞予以回应。1943 年 8 月，党卫队保安处汇报说民众中流传着这样一个笑话：“任何人只要能

带 5 名新人加入纳粹党，那么他自己就可加入纳粹党。要是能带 10 名新人加入纳粹党，那么他就能得到一张证书，承认他跟纳粹党永远不沾边。”[40] 另一个在第三帝国许多地方流传的笑话是这样的：

> 有这么两个人，一个来自柏林，一个来自埃森，他们在讨论各自城市在轰炸中所受到的破坏程度。来自柏林的这个人说道，柏林遭到的轰炸实在是太恐怖了，甚至在袭击结束 5 小时后，窗户玻璃还在往房子外面掉。来自埃森的那个人则回答说，这不算什么，在埃森，甚至袭击结束 2 周后，元首的肖像都还在往窗户外掉呢。[41]

在杜塞尔多夫，有人将希特勒的画像挂在一个自制的绞刑台上。[42] 在诸如此类的城镇，民众对希特勒完全不抱希望，早在 1933 年以前，社会民主党和共产党组织的劳动运动就已经在这些地方出现了。但在几乎所有的，包括汉堡和柏林在内的大城镇，对希特勒政权不抱幻想的这种情绪都普遍存在。因为纳粹体系从未深入民心，所以民众中的不满情绪很容易就显现出来了。

三

除了汉堡以外，第三帝国的其他城镇也出现了大规模的居民撤离。敌军每开展一次大型袭击，德国方面都会出现一次人口撤离。尽管如此，每一次人口撤离都会事先制订一个撤离计划。最初撤离计划的对象主要是年轻人，换言之，就是不能直接服务于战争经济的群体。统治当局制订了一个详细的“儿童下乡运动”（Kinderlandverschickung）计划，将 10 岁以上的城市儿童送往位于德国南部、萨克森州以及东普鲁士的营区，同时还有一部分儿童被送往位于波兰、丹麦、波希米亚和摩拉维亚保护国以及波罗的海国家的营区。截至 1940 年年底，大约有 30 万名儿童已被送到了共计近 2,000 个营区，他们大部分人只是在那里待几个星期；10 岁以
451 下的儿童被安排在当地人的家中。到 1943 年的时候，他们在营区逗留的时间要更长一些，有时要连续待上好几个月，而且无论什么时候，分散在大约 5,000 个营区中的儿童，其总数都一直在 100 万以上。[43] 该计划是由希特勒青年团和国家社会主义人民福利组织共同负责的，其中一个重要目的就是保证希特勒青年团能够转移儿童，使其免受家庭尤其是教会的影响，同时为他们提供严格的纳粹教育。这些营区都禁止神父和牧师靠近，主教们开始抱怨说这些孩子们缺乏宗教教育。[44] 在希特勒青年团的负责人巴尔杜尔 · 冯 · 席拉赫及其下属看来，在纳粹教育这方面上，该计划显得异常成功，因此，他们甚至拟订方案，决定在战争胜利后继续沿用该计划。[45] 然而，乡村民众却对该计划表现出强烈的敌对情绪，尤其是其中一些家庭，安排他们接待的儿童来自德国大城市中凋敝的工人阶级聚居区，这些孩子鲁莽放肆，无法无天，因此，即便统治当局以金钱作为补偿，许多农村家庭也拒绝接收他们。城市里的学校因炸毁而被迫关闭，小学生和老师被迫转移到乡村地区，相对而言，出现这些现象的区域范围还是较小。甚至在 1943 年年底，柏林 24.9 万名小学生中也只有 3.2 万名以这样的方式被撤离；有 8.5 万名仍留在城市里，还有 13.2 万名被他们的父母送到德国的其他地方，寄居在自己的亲戚家中。德国各大城镇中有众多区域都被炸为一片废墟，而据上述情形所见，此时，在将儿童撤离出这些区域的过程中，自立自助要比等待政府或纳粹党的指导更重要。[46]

在整个 1944 年及 1945 年初期，随着空袭强度愈演愈烈，越来越多的人落得无家可归，撤离者和难民的数量不断攀升，最后超

过了 800 万人，其中不仅包括儿童，还有母亲、婴儿以及老人。[47] 1943 年 11 月 18 日，党卫队保安处就当前情况做了总结。总结指出，尽管绝大部分撤离的妇女和儿童都能理性接受他们的命运，但还是有一小部分人仍对此感到不满，那些被迫丢下家中男性成员的人尤其如此。男性也发出了类似的抱怨，这一点在工人阶级男性成员中表现得尤为明显，他们的家庭被撤离到乡村地区，他们感觉自己被抛弃、被忽视了，感到落寞无助。据报告，鲁尔区的一名矿工在轮班结束之后对他的工友说：“一想到漫长的夜晚，我就又痛苦万分。只要在工厂，我就不会去想，但一回到家，我就笼罩在一股深深的恐惧中。我想念我的妻子，想念孩子们的欢声笑语。”而且，这份 452
报告继续写道：“在说这段话的时候，该男子已在落泪了，他毫不掩饰，也不觉得当众落泪是丢脸的事情。”[48] 有的工人阶级家庭被撤离到了天主教地区，他们与接收他们的当地虔诚教徒之间的关系变得十分紧张，因而导致了一系列棘手的问题。在慕尼黑和纽伦堡也遭到袭击后，巴伐利亚人被撤离到了德国北部，据说，一些巴伐利亚人对当地人说道：“我们之所以有今天，都是拜你们汉堡人所赐。之所以这样，都是因为你们不信教！”[49] 正如该报告所指出的那样，“绝大多数被撤离的妇女和儿童都被安排在小村庄和农村社区，这些地方的环境是最原始落后的”，这使得紧张氛围愈发强烈。妇女们不得不走很长一段距离去领取物资，“不管是风雨天气还是冰雪交加”，她们都只能将自己的孩子留在住的地方，无人照看，这令她们愈发焦虑不安。人们感觉农村地区的地方管理机构和纳粹党组织根本帮不了什么忙。还有一个很明显的情况就是，中产阶级和上层阶级的房子还有空余闲置的房间，而农民和工人却不得不在他们本就拥挤不堪的农舍中为撤离者腾出一些空间，这也导致了民众怨声载道。撤离者还有一些受损的财产留在原来的城市，这些财产的命运如何，也是令其忧心不已的问题。[50]

由于诸如此类的问题，许多妇女带着她们的孩子回到了自己的故乡，统治当局力图阻止此举，并出台命令，规定她们的定量配给卡在自己家乡是无效的。因此，1943 年 10 月 11 日，300 名妇女在多特蒙德附近的工业城镇维滕（Witten）发起了一场公共游行，当地统治当局不得不命令警察前来恢复秩序。然而，警察到达现场之后却拒绝采取任何行动，因为他们被成功说服，认为妇女们的抗议是正义的。在鲁尔区的其他地方也上演了类似的，戏剧性稍差一些的场景。一份报告以震惊诧然的口吻指出 :“人们甚至辱骂官员和领导。”[51] 报告称，其中一名妇女说道 :“你们为何不直接把我们送到俄罗斯去，用机关枪把我们全都杀死呢？”这句话显然在隐射德国犹太人的命运。[52] 民众希望他们的房屋能尽快得到修缮，或者统治当局能直接修建新的房屋。[53] 但这几乎不可能，因为遭到破坏的房屋规模非常大。汉堡党区领导人卡尔 · 考夫曼等一些官员要求加快驱逐犹太人，以便为在轰炸中房屋被毁的德意志人提供更多的容身之所。但德国的犹太人本就少得可怜，即便是在顶峰时期，其人数也不到德国总人口的 1%，所以尽管德国领导成员们确实利用
453 了该机会来驱逐犹太人，尤其是阿尔贝特 · 施佩尔，他借此机会为工人寻觅住所，但这也只是杯水车薪，完全解决不了问题。地方统治当局计划建造临时住宿点，其中包括两层楼的简易木质房屋，但这些修建计划与官方优先发展战争相关行业的规定相冲突。1943 年 9 月 9 日，希特勒颁布法令，成立“德国住房援助”（German Housing Aid）机构，由罗伯特 · 莱伊负责，统治当局提供专项资金，建造用预制构件组装而成的房屋，其中一些房屋是由犹太集中营囚犯建造的。但这也无济于事。据官方统计，截至 1944 年 3 月，无家可归的人多达 190 万，总共需要 65.7 万处新的住所。而截至 1944 年 7 月底，仅有 5.3 万处住所落成。有的雇主仅为德国工人提供一些设施简陋的新住所，但即便是这样的住所，其数量也颇为有

限。1944年12月，戈培尔参观了波鸿，他指出尚有10万居民住在那里，随后又纠正了自己的措辞，“说他们‘住’在那里是不对的；他们只是在地下室和地洞里面搭了个窝”。[54]

1943年1月,希特勒任命戈培尔为部际轰炸破坏委员会（Inter-Ministerial Bomb Damage Committee）主席，因此，在处理空袭相关的事宜方面，他的角色愈发举足轻重。这一职位极大地扩展了他的权力范围，他在受灾城市采取了紧急救援措施，其中甚至包括征用军营来为无家可归的民众提供临时住所。1943年10月22日，卡塞尔市（Kassel）遭到空袭，轰炸所引起的风暴性大火损毁了全市63%的房屋和公寓，令其无法再用于居住。戈培尔派去的队伍几乎刚到卡塞尔市就报告说，当地的纳粹党负责人卡尔·魏因里希（Karl Weinrich）完全无法应付空袭造成的破坏。在戈培尔的要求下，魏因里希很快就以身体原因为由退休了。这件事情促使戈培尔说服希特勒在1943年12月10日设立了帝国人民空战措施督察委员会（Reich Inspectorate for Civil Air War Measures），由戈培尔本人负责。这一切赋予了戈培尔充分的权力去批评他不喜欢的纳粹党官员，同时，他也凭借自己的影响力开始凌驾于他们之上，甚至直接将他们换掉。当然，在处理空袭事宜的领域中，他也并未达到拥有全部控制权的地步。而且，事实上，从某些角度来看，这反而将他置于与其他权力人物针锋相对的处境，比如戈林和希姆莱，前者负责民防工作，后者负责警察服务体系和消防工作。敌军投掷的炸弹很多还未爆炸，而处理这些隐患的工作是由帝国司法部负责的，在接到 454
希特勒1940年10月颁布的命令后，帝国司法部派遣关押在国家刑罚机构的犯人去拆除这些炸弹。帝国司法部向希特勒汇报道，截至1942年7月,他们已经成功拆除了3,000多枚炸弹。在随后几个月中，随着空袭愈演愈烈，被拆除炸弹的数量也大幅度上升。参与炸弹拆除工作的犯人，其死亡率在50%左右。起初，这些囚犯得到了能减刑的承诺，于是才铤而走险参与拆除炸弹的工作，而此刻，对那些幸存下来的犯人而言，这一承诺根本没有兑现。此外，在重大空袭之后，许多其他紧急措施是由国家社会主义人民福利组织采取的，该组织临时设立了户外伙食供应处，为民众提供食物，有时部队也会对其施以援手。在战争背景下，该组织也转而肩负起了承担救援行动的重任，以实际行动响应总体战的号召，安置撤离者，照顾老人，为孤儿找合适的收容者，设立寻找遗失儿童的服务机构，还有提供其他服务，不一而足。截至 1944 年，在该机构及与其紧密相连的德国红十字会中服务的志愿者人数超过了 100 万。国家社会主义人民福利组织成功地打败了教会团体在福利工作上的竞争。[55]尽管如此，它仍然还有竞争对手，即纳粹党内的妇女组织，该组织在安抚带小孩儿的家庭上亦扮演着重要的角色，这些家庭的房屋都在轰炸中被炸毁了。[56]纳粹党党区领导人们也被赋予了一些权力，他们有权提高食物配额，分发额外的食物，同时为那些在轰炸中丢失定量配给卡的人发放新的卡片。然而，物资供应还是经常短缺，此外，由于原材料匮乏，以及原材料需要优先满足军工生产，因此民众对炊具和其他家庭用品的需求也得不到满足。虽然政府为房屋被炸毁的人提供经济补偿（这是 1940 年 11 月出台的两个法令所要求的），以便他们能租赁新的容身之所，更换必要的生活用品，但受惠人群极其有限。[57]

结果证明，要将防空设施的水平提升到令人满意的程度也并非易事。尽管纳粹党高级官员经常实地巡查，这其中就包括汉堡的党区领导人卡尔·考夫曼，他在 1945 年 1 月巡视德累斯顿时曾就防空掩体匮乏的问题提出了严厉批评，但各地方当局也并未因此采取措施予以改善。起初，希特勒计划在 1940 年 9 月底之前建成 2,000 个防空掩体，但到了 1943 年 8 月底，落成的掩体仅有 1,700 多个。1941 年年中时，柏林市内的掩体建造达到了顶峰，在首都这里建造防空掩体的工人达 2.2 万多名，其中许多人都是国外强制性劳动力。但很显然，即便是建成了 2,000 个防空掩体，这对于德国庞大的城 455
市人口而言也只是杯水车薪。建造 U 型潜艇基地需要混凝土，开展军工业生产和修建西部壁垒需要劳动力，运送制造武器的相关原材料需要交通运输设施，建造飞机坦克更需要钱。因此，当空袭来临的时候，那些已建成的防空掩体就变得异常拥挤，尤其是那些混凝土加固过、墙体厚实的地面防空掩体更是被挤得水泄不通。例如，1945 年年初，汉堡–哈尔堡（Hamburg-Harburg）的一个防空掩体里面塞了 5,000 人，而该掩体建造的时候，其预期容量仅为 1,200 人。无论是在小城镇还是在大都市，都只有很少一部分人口能得到防空保护。比如，吕登沙伊德（Lüdenscheid）有 38,400 人，但防空设施仅够 1,200 人使用，而索斯特（Soest）有 25,100 人，防空设施却只够 4,000 人使用。早在 1943 年的时候，人们就已经开始抱怨，说在战争初期的时候，钱、人力以及原材料都已经准备就绪，但统治当局却并未采取任何行动修建防空设施。很快，谣言便甚嚣尘上，说纳粹党的领导人们为自己修建了私人防空掩体，就像萨克森州的党区领导人马丁 · 穆奇曼（Martin Mutschmann）一样，他命令党卫队先锋劳动队在自己位于德累斯顿的私人别墅下面修建防空洞，这是整个城市中的唯一一个防空洞。当然，其中最奢侈的还是希特勒，他在位于柏林的帝国总理府下面为自己修建了一个庞大的防空掩体群。其实，自 1936 年以来，这个防空掩体就已经存在了，在 1943 年初的时候，针对该防空洞的扩建计划开始实施。这个防空洞分为两层，位于地下 40 英寸的地方，顶部加盖了一层厚达 12 英寸的混凝土，里面有柴油发电机，用来取暖和照明，同时还用来取水，并将废物排出去。该防空洞由埃森的豪赫蒂夫公司（Hochtief）建造。此外，希特勒在图林根州奥尔德鲁夫（Ohrdruf）的现场指挥部还有一个指挥中心防空掩体，以及一个地下指挥中心建筑群，这些建筑也由豪赫蒂夫公司建造。修建上述这三处建筑消耗了大量的混凝土，动用了众多的劳动力（总共投入了2.8万人），其投入比1943和1944这两年德国用于修建民事防空掩体的总投入还要大。[58]

正如戈培尔在对波鸿的评论中所提到的那样，在战争后期，德国各个大小城镇的居民在很多时候甚至是绝大部分时间里，都是在防空洞、掩体以及地下室中度过的，而且这一形势愈演愈烈。空袭不分昼夜，警报拉响的频率也越来越高，人们一听到警报声就匆忙跑进这些防空掩体中。例如，1943年和1944年，明斯特的空袭警报分别拉响了209次和329次；而且，在1944年时，有231次或者更多的空袭警报是在白天拉响的。而仅在1945年的头三个月中，
456 明斯特的空袭警报就拉响了293次，这比1943年全年的拉响次数还要多。德国的其他城镇也出现了类似情况。空袭警报严重地打乱了民众的日常生活、睡眠以及经济活动，在战争的最后几个月，很多地方的民众对空袭警报的忍耐几乎都达到了极限。民众尝试着用笑话来消除这一紧张情绪，其中一个笑话是这样的：“‘夜间战斗机这个事情我们该感谢谁呢？’‘赫尔曼 · 戈林。’‘整个空军这个事又是拜谁所赐呢？’‘赫尔曼 · 戈林。’‘赫尔曼 · 戈林是奉谁的命令呢？’‘元首的命令！’‘要不是赫尔曼 · 戈林和元首，我们现在在哪儿呢？’‘在我们自己床上！’”[59]1944—1945年，敌军向前推进而穿过欧洲沦陷区时，德国的预警雷达站没有发出任何声音，而且，从空袭警报拉响到袭击正式开始之间的间隙也越来越短。人们开始陷入恐慌，匆忙而无序地冲进防空洞中，拥挤中导致的受伤甚至死亡的情况越来越多。事实上，1944年1月，当民众们你争我抢地试图钻进位于柏林赫尔曼广场（Hermannplatz）的一个防空掩体时，有30人因踩踏而亡。当年11月，类似的悲剧也在一个名为万讷艾克尔（Wanne-Eickel）的城市上演了，35个人因此不幸丧生。[60]

那些躲在自己家中的人准备好了一袋袋的沙子以及一桶一桶的

水，以便及时扑灭轰炸引起的火势。他们都深知，如果自己的房屋被炸弹直接击中，这屋子根本无法提供有效防护。人们把地下室的墙壁凿穿了，这样一来，如果炸弹落在他们自己的房屋上，他们就能借此逃到邻居家去。在一次夜间空袭中，一名日记作者躲在自己的地下室里，这样描绘了那晚的情形：

> 最开始的时候，我们附近落下来许多燃烧弹，随即，这些燃烧弹一枚枚地爆炸开来，震耳欲聋，威力骇人。因为我们家的地下室不是很深，所以我们都蹲在地上，或者蹲在席子上，紧挨着我们凿开的墙洞（这是用来逃生的，方便我们逃到邻居家去，凿洞也是统治当局的规定）。每个人头上都裹着一层湿布，手里拿着防毒面具，兜里面揣着火柴，随身还带着一张湿毛巾，一听到“注意！”的口令，我们就将毛巾蒙在脸上。这一声命令意味着重型炸弹即将来临，甚至大家都能听到它飞射而来的声音，这时，我们就用拇指和小指将湿毛巾捂着嘴和鼻孔，如此一来，炸弹爆炸后产生的强烈气压以及四处乱溅的碎石扬尘就不会钻进我们的嘴里以及紧闭的双眼。尽管我们所在的街道并未遭受高爆炸弹和雷弹的攻击，但我们的墙壁仍然晃动得厉害，这令我们胆战心惊。灯光熄灭了，我们点亮了灯笼。玻璃碎裂的声音、瓷砖坠地的声音和窗框被炸落的声音等混杂在一起，接连不断。我们估计，整个房屋应该都被炸成了碎石瓦砾。此外，我们还闻到一股东西烧着的味道。[61]

在公共防空洞中，有专门的看守人员对民众的进入以及他们在防空 457
洞中的行为进行严格管理和控制，但在战争的最后阶段，民众愈发无视这些规定。按照规定，只有自己家中没有防空掩体的人才有资格躲进防空洞，而且犹太人和吉卜赛人是无权进入的。1944 年，戈培尔颁布命令，规定从事核心军工行业的工人可优先使用防空洞。人们要想进入公共防空洞，必须出示进入许可证。到1943年下半年，基本上没人在意这些规定了。人们你争我抢，毫无秩序地涌入防空洞，里面的通风设备原本只够容纳少部分人，此刻完全不够用，所以，防空洞里臭气熏天，人们也汗流浃背，疥疮以及其他由环境污秽引起的疾病和感染在里面蔓延滋长，人们开始彻底失去秩序。正如哈姆（Hamm）的一名卫生官员在1945年1月时所记载的那样："他们抢夺其他人的财产，完全不尊重妇女和儿童，所有秩序和卫生都荡然无存。此刻，那些素来衣着讲究的人也一整天都不洗漱，也不再梳理自己的头发……在防空洞中，他们不再去厕所排便，而是直接选个暗处解决，比如就在防空洞中的某个角落。"[62]

与此同时，在重大空袭之后，警察部队竭尽所能地恢复地面秩序。他们将那些存在安全隐患的废墟封锁起来，清理街道，整理尸体，如果可能的话，还对尸体进行辨认，并将其埋葬，有时候仅仅在尸体上裹一层纸，然后埋在集体墓坑里。尽管希特勒曾禁止这样的做法，但在绝大多数情况下，采取其他更人性化的措施根本不切实际，因为尸体的数量实在太大，远远超过了公墓的容纳量，而且长期以来，宗教传统反对尸体火化，这意味着此刻即便他们要火化这些尸体也没有足够的设备可以利用。人们的房屋被炸得面目全非，但他们仍然在残余的墙壁上写上粉笔字，给失踪的亲人留下信息，希望他们能活着看到信息找到他们。人们的财产散落在废墟的各个角落：床、家具、锅碗瓢盆、衣服、盛装食物的瓶瓶罐罐，还有其他一切能想到的东西。特遣小分队四处搜集这些散落的财产，将其送到专门用于储藏遗失物品的仓库，直到他们的主人（如果他们还活着的话）来认领。仅在科隆，这样的仓库就有150个，但其中绝大部分仓库在后来的空袭中都被炸毁了。[63]在这种情况下，街上到处都游荡着绝望而流离失所的人，仓库的物品对他们来说具有非常强烈的诱惑力。那些因偷盗而被抓住的人会受到严厉的惩罚。1939年9月5日出台的法令明确规定，灯火管制期间偷盗的人都是“国民害虫”(Volksschädlinge)，将被处以死刑。正如汉堡的一份报纸 458
在1943年8月19日（汉堡受到重大空袭之后不久）所报道的那样：

> 警察和法庭开始全力以赴地打击偷盗抢劫等案件，他们持续工作，使越来越多趁乱打劫的人，得到应有的报应，因为这些犯人自私地为了满足一己私利而给受苦的同胞们带来了绝望的情绪。任何因抢劫而使民众受到严重冒犯的人都会遭到清算！[64]

如果犯人抢劫的物品较少，造成的不良影响较小，那么他有可能被囚禁在州立监狱一至两年。但那种屡教不改的偷盗抢劫者或者参与大规模偷盗的人将被处以死刑，倘若负责清理工作的别动队成员犯罪时，处罚更是如此。

1943年3月4日，不来梅的特别法庭判处一名男子15年监禁，他的偷盗罪名有15项，其中包括夜间在遭轰炸的灾区偷盗衣服、收音机、食物以及其他物件，然后又将其卖给一名销赃犯。法庭指出此人有前科，并宣布此人为一名危险惯犯。然而，检察官认为这一判处实在过于宽大仁慈，于是提出申诉，要求将其改为斩首死刑。在审理该申诉案的前一天，这名犯人就直接自尽了。[65]在另一个于1945年1月23日审理的案件中，一名有10项前科罪名的劳工被处以死刑，他的罪名是在前一年6月份的时候偷盗空袭遇难者身上的物品，包括一只腕表、一个烟斗、一罐烟草、一把修面刷、一串钥匙、一把指甲刀、两个打火机以及一支烟嘴和一个烟盒。他在1945年3月15日被处死。[66]各地的特别法庭处理的此类案件越来越多。1941年，多特蒙德、埃森以及比勒费尔德的特别法庭一共做出了 52 次死刑判决，其中 32 次与财产相关。而 1943 年，在全德国做出的所有死刑判决中，有 1/4 都与财产相关，绝大部分罪名都是在被轰炸的地方进行抢劫。[67] 然而特别法庭采取的这种判决措施也只是徒然。德国被摧毁的城市越多，其社会体制就愈发趋于倾覆解体。1943 年，整个德国由“民族共同体”开始逐渐转向“废墟社会”。到了 1945 年的时候，整个德国社会几乎完全崩盘。

四

459 1943 年春天和夏天，同盟国进行的一系列轰炸行动取得了巨大的成功，这无异于是对戈林麾下的空军发出了一次严厉的控诉。戈林在纳粹党领导层中的地位开始动摇，同时，他在民众中的威望也大打折扣。很快，关于他的各种揶揄笑话便四处流传。因为他曾夸下海口，说哪怕有一枚敌军炸弹落到祖国领土上，他就改姓“迈尔”（Meier），因此，人们现在都习惯性地称他为“迈尔先生”。然而，据施佩尔后来回忆道，这位帝国元帅对此只是避而不谈。阿道夫 · 加兰德（Adolf Galland）将军是战斗机队伍的负责人，他警告道，美国战斗机的油箱容量扩大了，已经能随着轰炸机深入到亚琛（Aachen）这样远的城镇，但戈林对此不予理会。因为作为一名资历颇深的战斗机飞行员，他断定这种情况根本不可能出现，即使出现，也一定是风把小部分飞机吹到东边去的。当加兰德一再坚持，称其中一些战斗机已经被击落而且已经获得地面确认时，戈林彻底失去了耐性，火冒三丈地叫道：“我此刻正式给你下达命令，它们飞不过来！”当时，加兰德嘴里叼着一支长长的雪茄，然后向戈林妥协了，流露出明显的讽刺意味。施佩尔回忆说，加兰德面带一种令人难以忘怀的笑容答道：“属下遵命，长官。”面对如此惨烈的空袭，德国空军参谋总长汉斯 · 耶顺内克（Hans Jeschonnek）陷入了绝望无助的境地。因此，1943 年 8 月 18 日，他选择了自杀，并留下了一张纸条，表示不想让戈林出席他的葬礼。当然，身为帝国元帅，戈林不可能不参加他的葬礼，事实上，他还代表希特勒献上了一个花圈。两年前，王牌飞行员恩斯特 · 乌德特选择自戕；两年后，耶顺内克也选择了同样的命运，这再次表明，戈林目无一切的傲慢和大言不惭的作风正把他的部下逼上绝路。[68]

1943 年，同盟国军队并未继续对鲁尔区实施进攻，而是开始将注意力转向柏林。柏林既是第三帝国的首都，从某种程度上来说，它也是全德国最大的工业中心。但英国机场到柏林的距离要比到汉堡和鲁尔区的距离远得多，轰炸机必须飞行很长一段距离，绕一个大圈子才能到达柏林。如此一来，德国的防御力量便有时间来对这些轰炸机进行定位。此外，由于地面曲度的影响，柏林的地理位置比较隐蔽，所以即使是最有效的导航辅助手段也无法准确定位柏林。然而，同盟国的空军无所畏惧。1943 年 11 月 22 至 23 日夜间，700 多架轰炸机飞到柏林上空，借助雷达的指引，在厚厚的云层上投下 460
了携带的炸弹。尽管许多炸弹没有击中其预期目标，但此次空袭仍然摧毁了众多人们所熟悉的标志性建筑，其中就包括主要的火车站，而且更具讽刺意味的是，连英国和法国之前驻德国的大使馆也被炸毁了。阿尔贝特 · 施佩尔从一个高射炮台那里观察了一场空袭，此处视野极其开阔，他看到“空中落下一枚枚的降落伞照明弹，发出明亮的光芒，柏林民众称这些照明弹为‘圣诞树’；随后便是此起彼伏的爆炸带来阵阵亮光，被吞没在厚厚的烟层中。不计其数的探照灯到处晃动，有架飞机被探照灯逮住，它试图逃出探照灯的锥形射束，在空中惊慌乱窜，而当这架飞机被击中后，迅速坠落到地面，仿若一支燃烧着的火把，转瞬即灭”。破晓时分，整个城市淹没在浓厚的烟雾和尘埃之中，这些烟雾和尘埃缓缓升腾，达到 2 万英尺的高度。[69]

在接下来的几个月中，轰炸机司令部又对柏林发动了18次空袭。在这一系列的空袭中，柏林总共有9,000人遇难，共造成81.2万人无家可归。但同盟国的损失也甚为惨重。英国飞行员和机组人员共计3,300多人遇难，近1,000人被迫跳伞逃生，结果被俘。在1944年3月24日的空袭中，10%的轰炸机彻底被毁，此外还有很多轰炸机被击中。这是英国对德国实施的最后的空袭。1944年3月初,美国对德国展开了日间袭击,并一直持续到4月和5月。[70]截至此刻，美国人已经学会了如何减轻损失，他们派出战斗机去应付德国的空中防御力量，以协助轰炸机的空袭。然而，战斗机的作战半径实在有限，以至于刚飞至德国边界便被迫折回。1943年10月14日，一支由近300架B-17轰炸机组成的机队途经亚琛飞入第三帝国境内。美国战斗机护航机队刚刚折返，一大群德国战斗机就出现在空中，用机炮和火箭瞄准这些轰炸机射击，在完全打乱轰炸机的阵型后，随后将其各个击灭。虽然有220架美国轰炸机飞抵施韦因富特，给那里生产滚珠轴承的工厂造成了进一步破坏，但同时也有60架轰炸机被击落，还有138架轰炸机机身受损。同样，在1944年3月30日对纽伦堡实施的空袭中，795架轰炸机甚至在飞抵德国之前就已经被德国的防空力量发现了，因为当天夜晚月光明亮，所以轰炸机飞行时留下的水汽尾迹异常明显。这导致这些轰炸机在飞向其最终目标的漫长航程中，一路上都遭到德国夜间战斗机中队的攻击。95架轰炸机被摧毁，相当于此次执行任务的轰炸机总数的11%。哈里斯警告道，如此惨烈的损失他们负担不起。[71]

显然，轰炸机需要战斗机来保驾护航，以应对德国的夜间战斗机。虽然P-38闪电式战斗机（P-38 Lightning）和P-47雷电式战斗机（P-47 Thunderbolt）都在机翼下安装了额外的油箱来延长
461 飞行距离，但真正取得突破性进展的还是P-51野马战斗机（P-51 Mustang），这款战斗机由美国产机身和英国产劳斯莱斯“梅林”

（Rolls-Royce Merlin）发动机组装建成，装有额外的油箱，最大续航能力达1,800英里，这使其足以护送轰炸机一直飞到柏林并返回，而且还有燃料剩余。很快，数千架P-51战斗机就生产完毕并投入使用。1943年12月，在对基尔（Kiel）的空袭中，第一批P-51战斗机飞抵德国。不久之后，每次对德空袭，同盟国的轰炸机都有战斗机中队护航，这些战斗机虽然携带额外的燃料，但它们依然迅速而敏捷，足以与德国战斗机相抗衡。其实，早在1943年11月，随着同盟国空军开始采取这一新的战略，德国战斗机折损的数量就逐渐攀升。到12月份，德国战斗机编队的战斗力损失已接近1/4。到1944年春天，德国战斗机每月的损失数量达到50%，战斗机的产量完全跟不上，无法弥补这一豁口。而且，受空袭的影响，飞机制造厂的产量由1943年7月的873架减少为1943年12月的663架。德国将战斗机调往西部对付敌方轰炸机，这极大地削弱了它在东部战线的战斗力，到1944年4月，德国空军在东部战线只剩500架战斗机，而它面临的是苏联的1.3万多架飞机。德国航空部认为，每个月的飞机产量必须达到5,000架，才有可能在这些对抗中取得胜利。然而，到1944年6月，同盟国的轰炸机不仅炸毁了德国的飞机制造厂，而且还破坏了德国的炼油厂和燃料生产设施，使德国空军只能使用之前积存的燃料。事实上，德国空军此时已经被彻底击败了，盟军的战略轰炸进攻范围在不断扩大，德国的领空已经任其鱼肉了。[72]

当然，尽管德国的战斗机防御力量急剧削弱，难以对同盟国构成重大威胁，但同盟国的轰炸机中队仍然必须与数量庞大的德国防空炮台周旋，而且飞过德国城镇的上空依旧是一个危险甚至致命的任务。但同盟国空军的损失已经降到了空军负责人可以接受的程度，而且英国和美国的飞机产量取得了大幅度的增长，所以要弥补这些损失绰绰有余。截至1945年3月，参与空袭行动的美国轰炸机和战斗机数量达到了7,000多架，而英国出动了1,500多架重型轰炸机，在全德国范围内几乎连续不断地实施轰炸。战争期间，投放在德国境内的炸弹总量达 142 万吨，而在 1944 年 4 月底到 1945 年 5
462 月初之间，这也是战争的最后一年，投放的炸弹超过了 118 万吨。但这不仅仅是一个数量问题。德国防御力量受到削弱，这给了体型较小的战斗轰炸机进入德国、轰炸攻击目标的机会，其精确性比兰开斯特轰炸机和有空中堡垒之称的 B-17 轰炸机都高。在 1944 年下半年时，这些轰炸机将注意力转向德国的交通运输系统，开始轰炸铁路和通信中心。截至 1944 年年底，德国铁路货物运送减少了一半。此外，军工厂也受到前所未有的破坏。据施佩尔的装备部统计，截至 1945 年 1 月底，与预期计划相比，整个战时经济生产的坦克减少了 25%，飞机减少了 31%，卡车则减少了 42%，而罪魁祸首都是轰炸造成的严重破坏。但即便这些生产目标都完成了，德国的军工业产量也无法与美国惊人的军工业产量相匹敌，更何况英国和苏联的军工业也在大力生产军备武器。此外，为了对付同盟国的轰炸，德国不得不投入越来越多的资源。1944 年时，德国生产的大炮中已有 1/3 都是高射炮，而且为了部署防空力量以及组织空袭后的修复与清理工作，德国投入了 200 万人力。此时，德国已经失去了它在东部战线的空军优势，战斗机和轰炸机数量都已不足以为地面部队提供协助支持，但在战争初期，德国空军曾为地面部队提供了至关重要的支持。到了 1944 年，同盟国的轰炸机队伍已经能够肆意轰炸诺曼底海滩背后的公路、大桥以及铁路系统，这使得德军完全无法调遣足够的增援部队。如果德国空军仍保持着空中霸主的地位，那么同盟国的入侵也不会发生。[73]

据此，有人认为，轰炸缩短了战争持续的时间，因而有助于减少伤亡人数，尤其是削弱了德国方面的抵抗，这减少了同盟军的人员伤亡。然而，轰炸也导致了德国城镇中的遇难人数达到 40 万至 50 万，而且其中绝大部分都是普通居民。在这些死者当中，于

1942年年底遇难的大概有1.1万人，于1943年遇难的大约为10万人，于1944年遇难的大约为20万人，而在1945年战争最后几个月的时候，遇难人数在5万到10万之间。其中10%的遇难者是外籍工人和战俘。所有的数据基本上都只是估算值，但毋庸置疑的是，大部分遇难者都是在战争最后两年内遇难的。同盟国方面，在对德国的空袭中大约有8万名空军士兵遇难，而在德国发动的空袭中，英国有6万名平民遇难，在德国对华沙、鹿特丹、贝尔格莱德、列宁 463
格勒、斯大林格勒以及其他欧洲城市的一系列空袭中，平民死亡人数极有可能与英国死亡人数不相上下。在德国方，居民数量在2万人以上的德国城镇，40%左右的住宅被同盟军炸毁，而像汉堡和科隆这样的城市，高达70%的住宅被炸毁。在帕德博恩（Paderborn）和吉森（Giessen）这样的小城镇，几乎每一栋住宅都遭到了破坏，不再适于居住。这些住宅遭到如此严重的破坏，要花很多年才能将其修复。[74]

多年后，在其他地方的人们习惯用“附带伤害”来形容在这场战争中丧生的德国民众，但事实上，德国民众遭受的远远不止于此。尽管攻击普通民众会被判为战争罪，但毫无疑问，同盟国的战略轰炸行动目标，不仅包括对德国民众的士气进行彻底打击，甚至还包括对德国和德国民众实施报复。即使人们对整个轰炸行动是否有必要仍存在争议，但至少有一点是没有争议的，那就是轰炸行动没有必要持续那么长时间，尤其在战争最后一年，同盟军进行的无差别轰炸活动，更使其难辞其咎。[75]显而易见，关于这个棘手的问题，激烈的争论将持续不休。然而，无可否认的是，轰炸行动对民众的士气产生了巨大的影响。英国国内的一些人希望德国普通民众在轰炸行动的刺激下能站起来反抗纳粹党，采取革命行动以尽早地结束战争，但这种希望根本不切实际。大部分受空袭影响的德国人都自顾不暇，他们忙于在废墟中求生，忙于重建被炸得满目疮痍的家园

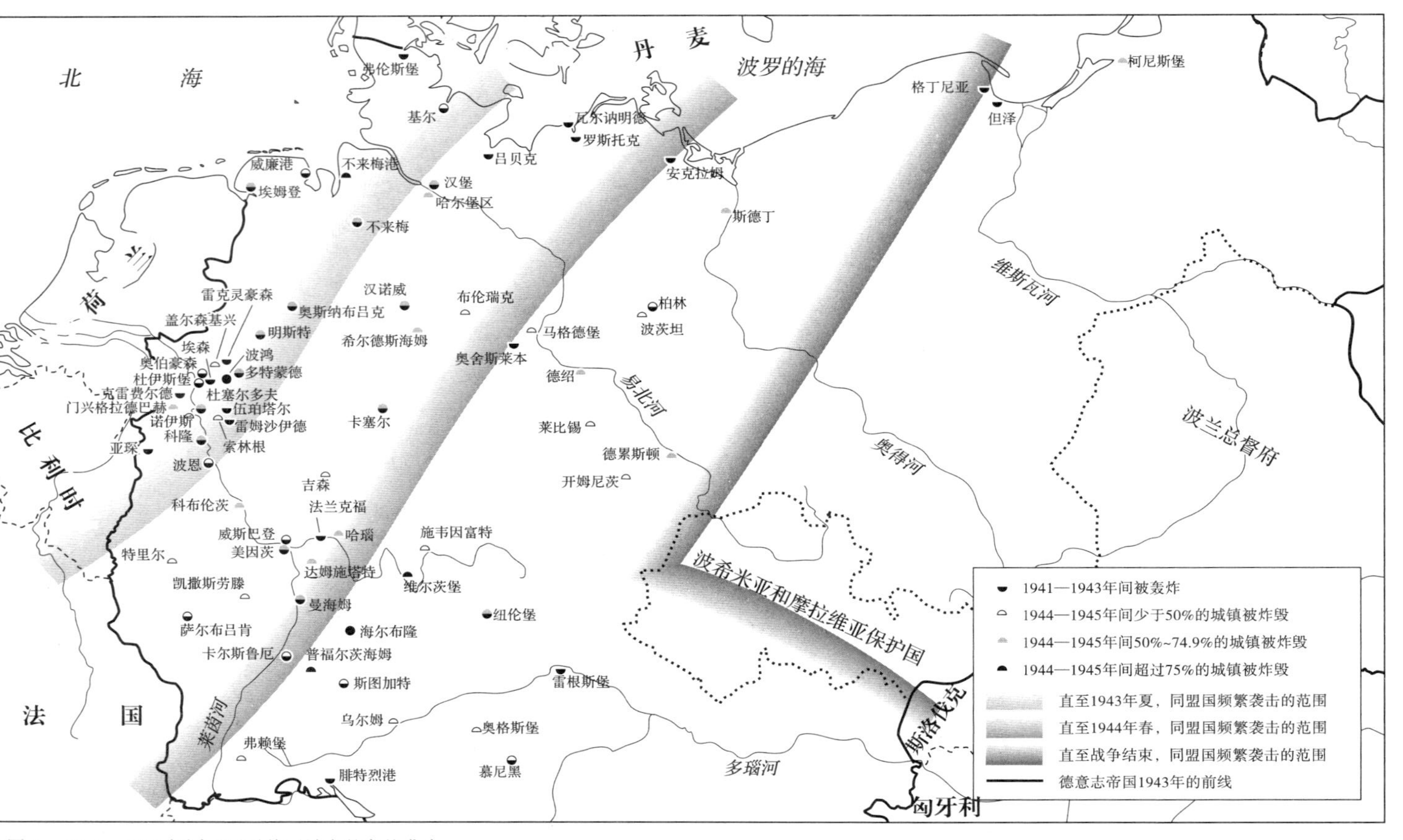

地图16　1941—1945年同盟国对德国城市的轰炸袭击

和恢复被彻底打乱的生活，他们想方设法躲避死亡，根本没有时间来思考如何反抗。战后，当被问及德国民众当时最无法忍受的事情时，91% 的人都回答说是轰炸；而且超过 1/3 的人回答说轰炸削弱了民众的士气，包括他们自己在内。[76] 民众对纳粹党不再抱有幻想，这种负面情绪的传播甚至要比德军在斯大林格勒和北非的战败还有影响力。在这方面，伞兵马丁·珀佩尔的家书就是一个典型的例子，当时他正在一支队伍中服役，对抗在诺曼底登陆之后进犯的同盟国军队。1944 年，他远在德国家中的妻子给他寄来越来越多饱含绝望之情的信件。她再也无法理解，更不会支持纳粹党了。“德国曾如此美好辉煌，他们究竟把我们这个国家变成什么样子了啊？”她问道，“这足以让人痛哭流泪。”同盟国的轰炸在毁掉一切。显然是时候叫停这场战争了。“为什么会有人让我们的士兵去白白送死呢？他们为什么还要将德国剩下的地区也摧毁殆尽呢？这一切的灾难痛苦是因为什么？这一切究竟是为什么？”[77]

戈培尔的宣传部将怨愤发泄在同盟国的轰炸机机组人员以及他 465
们的政治领导人头上，骂美国人是恶棍，说他们的空军都是从监狱里面放出来的犯罪分子，没有一点教养。此外，德国媒体还声称，相比而言，英国飞行员则主要是从那些没落的贵族里选出来的。然而，依照纳粹媒体所大肆宣扬的观点来看，这两方面的势力都效力于犹太阴谋者，并且犹太阴谋者还操控着罗斯福和丘吉尔，试图借此将德国彻底摧毁。[78] 这样的宣传的确产生了一定的作用。[79] 至少自 1943 年以来，民众纷纷要求对伦敦实行报复性轰炸，但这并非出于愤怒，而是因为在他们看来，唯有如此才能阻止敌军对德国的进一步轰炸，他们甚至认为这是阻止德国全面战败的唯一手段。[80] 党卫队保安处汇报说：“人们经常能听到这样的言论，说‘如果我们再不尽快采取行动，那我们做什么也无济于事了’，或者是说‘我们所拥有的一切都被炸毁了，我们不能再忍了’。”[81]

1944 年，连续不断的空袭警报给德国民众造成严重的心理压力，伴随着袭击、死亡和破坏的发生，以及戈培尔控制下的大众传媒不停煽风点火，民众中滋生了一些仇视同盟国轰炸机飞行员和机组人员的情绪。这种情绪开始以暴力的方式宣泄出来，其具体表现就是，同盟国空军因飞机被击中而被迫跳伞后，往往遭到暴力对待。1944 年 8 月 26 日，7 名美国空军在吕塞尔斯海姆（Rüsselsheim）的上空被迫跳伞，结果被一群愤怒的当地人活活打死。1945 年 3 月 24 日，一名英国空军被迫跳伞，落在波鸿附近的田野上，结果被一名士兵用步枪枪托攻击。他摔倒在地，被一群人团团围住拳打脚踢，受伤严重。有人试图一枪打死他，但枪却卡壳了，因此他被人们一直拖着走，直到人群中有人拿来一把锤子打死了他。还有 3 名英国空军也落在这片区域，结果被盖世太保抓获，在遭到一番折磨拷打之后也被枪杀了。当地工厂的一名消防员反对自己的工友们杀害这些空军，结果自己却遭到举报，随后被盖世太保抓捕并枪杀。不仅是警察不能插手阻止类似的事件，任何插手干预的人，都会以“与战俘非法接触”的理由被逮捕和审判。1945 年 2 月 25 日，威斯特法伦（Westphalia）南部地区的党区领导人下令道，“被击落的飞行员在民众的愤怒面前是不受保护的”。在战争最后两年，总共有至少 350 名同盟国飞行员被民众私自处死，还有 60 名左右的飞行员虽然没有被处死，但也受到了伤害。其中尤其臭名昭著的案件就是，
466 1944 年 3 月 24 日，58 名英国飞行员逃离了一个位于下萨克森州萨根（Sagan）附近的战俘营，盖世太保奉海因里希 · 希姆莱明确下达的命令，将所有抓回来的飞行员都枪杀了。但是我们必须正确看待这些事件。由盖世太保私自处死或枪杀的同盟国飞行员，其数量还不到被俘飞行员总数的 1%。[82] 这些残忍行为都是受到了仇恨情绪的驱使，而滋长这股仇恨情绪的最直接原因就是最后阶段的空袭，正如党卫队保安处所言，这种仇恨情绪在 1944 年以前还不曾

出现。保安处的观察员指出，民众（尤其是那些在轰炸中无家可归的人们）中有这样一种呼声，要将英国人关进毒气室毒死或“全部清除”，但这些观察员也补充道：“这种对英国充满敌意的措辞很多时候只是一种绝望情绪的发泄，而且说这种话的人也只是笃信唯有摧毁英国才是唯一的出路……我们不能说这种敌对情绪是针对全部英国人的。”其中一名妇女在轰炸中沦落到无家可归的境地，观察员引用她的话说道：“我拥有的一切都永远失去了，这令我痛心不已。但这就是战争。至于英国人，不，我根本不恨英国人。”[83]

第二节

漫长的撤退

一

467 1943 年，德国民众的士气变得极其低落，这不仅受到同盟国加强空袭的影响，也反映出德国在其他战场遭遇了一系列重大的溃败。其中，最令其沮丧的是德国在北非的失利。1942 年夏天，陆军元帅埃尔温 · 隆美尔成功攻占北非地区的重要海港城市图卜鲁格（Tobruk），把英国人赶回了埃及。但隆美尔的军队在陆路和海路的兵力补给方面都面临着重重困难，这极大地削弱了军队的实力；同时，英军死守着阿拉曼（El Alamein），并在那里部署了很深的防御工事，准备集结兵力，发动反击战。1942 年 10 月 23 日，在行事谨慎的新指挥官伯纳德·蒙哥马利（Bernard Montgomery）的领导下，英军以至少两倍于隆美尔的步兵和坦克数量向德军发起了进攻。在为期 12 天的鏖战中，英国军队给了德军致命一击。隆美尔部队有 3 万人在匆忙穿越沙漠撤退的过程中被俘。而在之后的两周多时间里，同盟国位于地中海的司令部则几乎毫发无损，完全没有受到威胁。同盟国又往摩洛哥和阿尔及利亚调遣了 6.3 万兵力，并配备了

430 辆坦克。如此一来，德国方面本想控制北非，并以此为切入点夺取中东地区的油田的计划此刻已彻底落空。1943 年 3 月，隆美尔告病返回德国。[84] 5 月中旬，轴心国 25 万兵力（其中一半左右是德国人）向同盟国投降，这让德国在北非的战败上颜面无存。[85] 德军未能动摇英国在埃及和中东地区的控制权，这使得第三帝国终究无法得到这些地区重要的石油资源。德军接二连三的失利不仅反映出了英国人绝不屈服妥协的事实，同时也反映出大英帝国的势力范围分布广阔，实力强大，不容小觑，而且，英国此刻还得到了美国 468
的支持，为其提供越来越多的物资。[86] 1944 年，隆美尔元帅自己也在反思失利的根由，但他仍然笃信，如果德国军方能为他提供“更多的机械化队伍以及稳定的物资补给”，那么他就能够控制苏伊士运河，阻断英国的物资补给，进而拿下中东、波斯甚至巴库在里海沿岸的油田。但这只是痴心妄想。他悲痛地承认，“北非地区的战争胜负完全取决于英美国家的物质补给。事实上，自美国参战以来，我们取得最终胜利的希望就变得微乎其微了”。[87] 许多普通德国民众都持这一观点。一个名为洛蕾 · 瓦尔布的女学生在自己的日记里说隆美尔是一名杰出的将军；不过她还写道：“他兵力有限，而且又缺少武器装备，他能怎么样呢？”在同盟国军队于 1942 年 11 月重新占领了图卜鲁格后，瓦尔布开始思考“这是否是终结的开端”，几天后她开始担心德国可能会输掉整场战争：“老天爷会忍心看着我们被杀害吗？？？”[88]

第三帝国的盟国也开始与其背离。1943 年 3 月，保加利亚国王鲍里斯三世就认定德国不可能赢得战争。在他 6 月份与希特勒会晤时，这位德国独裁者提出要求，希望用保加利亚的军队去顶替德国部署在塞尔维亚东北部的军队，如此一来，这些德军就能被调遣到东部战线去作战，鲍里斯三世心里清楚，答应希特勒的这一要求才是明智之举。但他拒绝向德国方面提供任何进一步的援助，而且他开始秘密地向同盟国国家示好，发出请求和平的试探性信号，因为他完全有理由担心，苏联或许会在扩大化的冲突中，无视保加利亚保持中立的官方态度。1943 年 8 月，希特勒再次与鲍里斯会面并进一步向其施压。但在尚未就磋商内容采取任何实际行动之前，意想不到的事情就发生了。鲍里斯在回到索菲亚（Sofia）后不久就一病不起，并于 1943 年 8 月 28 日辞世，年仅 49 岁。在当时狂热而极端的政治氛围之下，说鲍里斯被毒死的谣言很快就甚嚣尘上。然而，20 世纪 90 年代初期人们对鲍里斯进行了一次尸检，结果显示他是因左心室心肌梗塞而死。之后，还是一个小男孩的西美昂二世（Simeon II）继承了鲍里斯的王位；而在其整个摄政时期，保加利亚基本上都沿用鲍里斯的政策，脱离与德国的关系。从 1943 年 11 月开始，同盟国加强了对索菲亚的空袭，保加利亚更是加紧撇清与德国的关系。反战情绪在保加利亚民众中迅速传播，在受苏联启发而形成的“祖国阵线”（Fatherland Front）组织的领导下，武装游击队也出现了，这使得保加利亚的秩序愈发混乱。英国特工专门前
469 来辅助他们，但游击队运动依然未能取得突破性进展，而且其中一些特工还被出卖并遭到杀害。然而，在这些压力下，保加利亚政府开始回归之前的政策，废除反犹太人法律，并于第二年宣布完全中立的立场。[89]

德军在北非失利后，意大利境内一连串的戏剧性事件更是令许多德国人愈发惊恐不安。1943 年 7 月 10 日，英美联军越过海洋，在空军对西西里岛海滩后的防御工事进行空袭的辅助下，成功登陆当时由意大利和德国军队联合占领的西西里岛。尽管英美方面对此次进攻做了大量的准备工作，但在具体实施时，他们还是远未取得预期的效果。登陆的军队误将头顶上的飞机当作敌机，对其开火射击，此举严重地削弱了空袭的破坏力。英军指挥官蒙哥马利将位于东面的部队一分为二，一支为海岸纵队，另一支为内陆纵队，这一

错误性决策导致英军在德军的拼死抵抗下进展缓慢。英军攻陷锡拉库萨（Syracuse）后，进展迟缓，使得绝大部分德军都成功转移到了大陆地区。但西西里岛最终还是被同盟国军队占领。同时，意大利的法西斯主义独裁者墨索里尼也有一种不祥的预感，因为当美军入侵巴勒莫（Palermo）时，当地的民众已经举起了白旗，而且愈来愈多的迹象都表明，意大利的普通民众根本就不想再继续作战。1943 年 7 月 18 日，希特勒前往意大利北部拜访墨索里尼，试图重振他的信心。希特勒一个人不停地给他讲了两个小时，结果反而使这位意大利独裁者沮丧不已，这让希特勒逐渐意识到墨索里尼已经失去了继续作战的意志。在经历了自 1941 年以来的各种灾难性失利（尤其是希腊的失利）后，墨索里尼这位独裁者就一蹶不振，他的威望和民众拥护程度大打折扣。而且自此以后，他和希特勒的关系便发生了根本性转变。甚至连他自己都认为，法西斯意大利不过是轴心国的“尾灯”而已；不久之后，他就有了一个新的绰号——意大利党区领导人。习惯晚睡的希特勒，总是在半夜时分给墨索里尼发信息，并命人将他叫醒起来接收信息。这位意大利独裁者开始抱怨，说希特勒频繁召见他开会，弄得自己就像个待命的侍应生一样，他已经受够了。[90]

虽然意大利军队仍然在继续作战，但对于这份要求他们奉献自己生命的事业，他们已经逐渐失去了信念。墨索里尼本人私底下也开始抱怨说意大利民众想让他下台。希特勒早已不相信意大利方面还能坚持战斗，他制订了相关计划，计划接管意大利以及意大利在法国南部、南斯拉夫、希腊以及阿尔巴尼亚所占领的区域。并任命 470
隆美尔负责这一接管行动。[91] 随着同盟国开始对意大利展开空袭，其地面部队也同时在向意大利本土逼近。而德军则顺势进驻了意大利半岛，这足以看出意大利人此刻究竟是在为谁的事业而战斗。多年来，对墨索里尼独裁统治的强烈抗议第一次浮出水面，到 7 月底，抗议达到高潮。墨索里尼的法西斯党开始对他愈发不满，1943 年 2 月，墨索里尼对党内领导人实行了一次清洗运动。在此之前，意大利法西斯党对墨索里尼的政治和军事领导就提出了愈发频繁的指摘和批评。而此次清洗运动算是他采取的最后一次决定性行动了。墨索里尼早已手足无措、气势全无了，他开始饱受胃痛的折磨，这损耗了他大部分心力。他很多时候都和情妇克拉拉 · 贝塔西（Clara Petacci）厮混在一起，花大把时间将意大利经典小说翻译为德文，或者是把时间耗在一些鸡毛蒜皮的行政事务上。因为墨索里尼不仅是意大利军队的最高指挥官，同时还身兼多个政府部门的部长之职，这意味着权力中心此时出现了一个真空地带。那些被他罢免的党内领导人们开始策划针对他的阴谋。法西斯大委员会（Fascist Grand Council）中的一些成员决定在 1943 年 7 月 24—25 日举行的会议上（这是他们自 1939 年来举行的第一次会议）剥夺墨索里尼的绝大部分职权，这些人主要分为两类，其中一类人想采取更为激进的政策来号召民众参战，而另一类人则致力于将军事行动的决策权彻底转移到军队手中。这场戏剧性十足的马拉松式会议持续了 10 个小时，但关于此次会议的细节不为人知。迪诺 · 格兰迪（Dino Grandi）是一名法西斯主义领导人，思想观点都比较温和，也是由他在会议中提出针对墨索里尼的动议。他后来承认，在会议期间，他全程都带着一个随时可以拉响的手榴弹，以防发生任何意外。但这完全没有必要。面对矛头直指自己的各种挞伐批判，墨索里尼的反应是那么疲软乏力且茫然困惑。他似乎对此刻发生的一切都一无所知，完全没有提出任何反驳的意见，这让许多人都以为他对格兰迪提出的动议没有丝毫反对。凌晨时分，他们以 19 : 7 的投票通过了这一动议。[92]

法西斯大委员会的投票结果正中了军队领导人的下怀，他们对战争早就不满，这促使他们让意大利国王罢免了墨索里尼（这是宪法赋予国王的权力，因为当时墨索里尼的正式职位依然是意大利的首相），并在第二天将其逮捕。墨索里尼既没有做出任何抵抗，也没有发出任何强烈的抗议，此刻，这位前独裁者就这样轻而易举地被押送到了监狱。据悉，仅有一名狂热的法西斯主义者在听到这一消息后选择了自尽。意大利国王任命佩特罗·巴多格里奥（Pietro 471
Badoglio）元帅接手墨索里尼的职位，由他执掌新政府。在这一系列重大事件的冲击下，意大利的法西斯党几乎彻底瓦解，很快就被宣布为非法组织。巴多格里奥和意大利国王向德国方面保证，他们不会退出战争，而且为了表示自己的诚意（也可能是因为他们意识到这已成定局），新政府同意德国人接管他们位于阿尔卑斯山的重要关口以及其他关键的战略点，同时允许德国人开始向意大利半岛调遣大量的军队和武器装备。一方面，德国将他们的军队撤出科西嘉岛和撒丁岛（Sardinia），但另一方面，他们还命令从西西里岛抽离出来的部队做好准备，防守意大利大陆的南部地区。在这样一个战况迅速衰落的形势下，巴多格里奥开始秘密地与同盟国进行停战协商，并在 1943 年 9 月 3 日签订了停战协议。就在同一天，同盟国军队登陆意大利南部偏远地区的卡拉布里亚（Calabria），然后在 1943 年 9 月 9 日抵达了沿海岸进一步延伸的萨莱诺（Salerno）。而在前一天，也就是 1943 年 9 月 8 日，意大利政府就宣布向同盟国投降了。巴多格里奥、意大利国王以及整个政府都逃往受同盟国庇护的意大利南部地区。据报道，德国民众都对此表示很失望，都在说应该早点将意大利的领导人们逮捕并绞死。此外，意大利军方和意大利政府也没有给至少上百万的意大利士兵留下任何指令，他们此时依然处于严阵以待的状态。[93]

战争使德军变得强硬而冷酷，他们占领了意大利半岛的所有据点，面对这般严峻的形势，意大利士兵赶忙丢下了自己的武器，扔掉了自己的军装，或者干脆直接投降。只有为数不多的几个小分队进行了抵抗，其中最有名的一场抵抗发生在希腊海岸附近的凯法利尼亚岛(Cephalonia)上。意大利军队在这里持续抵抗了一周。最终，德军处死了 6,000 多名意大利士兵和水手，并在长达 4 个小时的血腥屠杀中，分批枪决了几乎所有意大利军官。而当时处于同盟国控制区域内的 50 万意大利士兵则非常走运，他们被解除了武装，最终被送回家乡。但有 65 万名意大利士兵沦为德军战俘，并在 1943 年 12 月被遣送到德国，充当强制性劳动力。虽然没有被直接杀害，但他们的处境也极为不堪。戈培尔公开宣称意大利人就是“一个懒惰成性的吉卜赛民族”。在希特勒看来，意大利人极度颓废堕落。在众多德国人眼中，意大利是轴心国的叛徒，因此对意大利人愤恨不平，并且，他们还将意大利人的背叛行为与第一次世界大战中的类似事件联系起来，因为那时候意大利也曾临阵倒戈。党卫队保安处汇报：

> 472 第三帝国境内所有地方以及任何一个帝国民众阶层中，都弥漫着一股针对某一个民族的仇恨之情，这个民族就是意大利民族。哪怕是对他们真正的敌人，德国民众也没有怀揣过如此强烈的敌意。人们感觉这就是命运，天意如此。但此前，意大利人通过他们自己任命的友好代表向德国一再信誓旦旦地许诺保证，事到如今却再一次“卑鄙无耻”地背叛了他们，因此，德国民众绝对不可能原谅意大利人。他们对意大利人的憎恶可谓深入到了骨子里。[94]

由于意大利违背了与德国的盟约，因此后者采取残酷的报复，德国统治当局对意大利人尤为苛刻。就食物配额和总体待遇而言，意大利人的地位与苏联工人的地位并无二致。在位于埃森的克虏伯公司，意大利战俘的体重在 1944 年的前 3 个月平均减轻了 9 千克，有的甚至瘦了 22 千克。同其他任何群体相比，意大利战俘的死亡率都很高，仅次于苏联工人。[95] 在这种恶劣的条件下，多达 5 万名意大利战俘不幸丧生。他们每 1,000 人中就有 75 人死亡，这是英国战俘死亡率的 5 倍；事实上，在德国境内的西方国家战俘中，意大利战俘的死亡率是最高的。[96]

而在意大利境内，德国人开始大肆发泄他们对意大利人临阵倒戈的愤怒，无缘无故地破坏公共财产，实施众多报复行为。1943 年 9 月 26 日，德军在进入那不勒斯时遇到了一些轻微的抵抗，于是他们在当地大学图书馆的书架上浇满了煤油，随即将其付之一炬，毁掉了 5 万卷书籍和手稿，其中许多都是孤本。两天后，当图书馆的火焰仍在肆虐燃烧时，德国士兵又在诺拉（Nola）的各个档案室里面发现了 8 万卷书籍和手稿，这些书籍和手稿是为了安全起见而专门存放在这些档案室的，现在也被他们点燃了，一同被烧毁的还有当地市民博物馆的藏品，包括 45 幅油画。空军元帅阿尔贝特 · 凯塞林是德国驻意大利的一名军事指挥官，他匆忙组织队伍将存放在佛罗伦萨和其他一些城市博物馆的艺术瑰宝转移走，因为如果同盟国军队成功挺进意大利半岛，那么这些城市都很有可能变为战场。德国士兵和党卫队成员趁机掠夺宫殿和乡间别墅中的珠宝、裘皮和银器，或者将这些地方原来的主人逐出门外，强行将其占为临时营房。侯爵夫人奥里戈（Origo）本是一名英美血统的妇女，她嫁给了一位意大利贵族，德军撤退后她回到了自己的别墅，并用这样的文字描述映入她眼帘的场景：

> 德国人偷走了他们能看上的所有东西，毯子、衣服、鞋子 473
> 以及玩具，当然，还有其他任何值钱的东西和食物，而且他们还故意破坏了许多对我们个人而言有价值的东西及那些有纪念意义的物品……我们的餐桌没有被偷走，还在饭厅里面，随处

> 可见他们酩酊大醉留下的痕迹：空红酒瓶以及摔碎的玻璃杯散落在我众多的帽子旁边，这些都是我夏天戴的帽子（他们很有可能还试戴过），还有鞋楦、玩具、倒得横七竖八的家具，还有厕纸……马桶里面塞满了各种各样的脏东西，而且每张餐桌上都摊着已经开始腐烂的肉食，使得本就令人作呕的气味愈发浓烈。到处都是苍蝇。我们的卧室也一样。[97]

德国士兵当时已经精疲力竭，而且其中许多人还曾在东部战线打过仗，此刻，他们对一切都表现出一种冷漠的态度。奥里戈侯爵夫人的痛苦经历也是当时许多意大利财产拥有者所遭遇过的。

就政治层面而言，德国人并未袖手旁观。1943 年 9 月，在新政府的命令下，被废黜的独裁者墨索里尼先是被带到蓬扎岛（Ponza），然后又被带到另外一个岛屿上，最终被带到意大利中部亚平宁山脉里的一个与世隔绝的滑雪场酒店里。此刻，墨索里尼已绝望至极，再加上疾病缠身，他有一次甚至试图自杀。而与此同时，希特勒也开始组织对墨索里尼的搜索救援行动，他已下定决心，绝不能让自己的盟友落入英美人的手中，因为那必将使自己的名声受到严重破坏，而且还会让他陷入尴尬的处境，他必须将这些可能性排除在外。如党卫队保安处所汇报所说，他非常清楚一个事实——许多德国民众都认为，如果墨索里尼的政权可以在一夜间倾覆，那么希特勒的政权也有这个可能性。无论如何，他必须重建这位意大利独裁者的传奇。墨索里尼的倒台给德国民众的士气带来了灾难性的打击，7 月底，德国国内出现了这样的报道，说民众将此次事件看作是战争的又一个转折点，而且绝大部分民众此刻也开始听天由命，认为再也看不到“真正的出路”，因此，希特勒必须采取措施来控制墨索里尼垮台所带来的一系列负面影响。[98] 要找到墨索里尼被囚禁的具体位置并非难事——这个信息已经通过无线电通信截获了。他所在的酒店有一大群武装宪兵把守。但上级指示这些宪兵，要他们行事务必谨小慎微，而且此刻意大利正处于德国人的占领之下，无论如何，这些宪兵都极不愿意冒犯意大利半岛的新统治者。如此一来，实施救援行动看来是很有希望的。[99]

奥托·斯科尔兹内（Otto Skorzeny）是一名奥地利籍的党卫队军官。在他的率领下，1943 年 9 月 12 日，一支由空降兵组成的突击队在对墨索里尼所在的区域进行了一番空中侦查后，搭乘滑翔机悄无声息地越过山顶，然后，突击队员们跳伞空降到墨索里尼被囚 474
禁的酒店，任他们搭乘的飞机坠落到附近的山中。在五分钟的时间里，他们就将这座建筑群翻了个底朝天，没有开一枪。斯科尔兹内找到了墨索里尼，并告知他自己是希特勒派来的。突击队员在酒店门前一片倾斜的狭小草地上整理出一条降落带，并呼叫了一架小型的施托克（Stork）侦查联络机，这种飞机能够以极慢的速度着陆。墨索里尼迅速被带上飞机，然后被带到了罗马，经罗马再被带到了希特勒位于拉斯滕堡的现场指挥部。面对眼前这个显然已经精疲力竭的人，希特勒感到很失望。但他还是成功说服这位前意大利独裁者在意大利北部组建傀儡政权，以小镇萨罗（Salò）为政权根据地。在纳粹党的怂恿下，他在萨罗将五名法西斯领导人以叛国罪的名义审判并予以处决，其中包括他的女婿兼前外交大臣加莱亚佐·齐亚诺（Galeazzo Ciano），这五个人都曾在法西斯大委员会的投票中给他投了反对票。但他的政权很快就陷入一片混乱，充斥着暴力、腐败和恐怖。而与此同时，斯科尔兹内的英勇功绩则令德国民众欢欣鼓舞，而这也是此次营救行动本身的意图。据报道，人们都说这充分证明了德国仍然有能力采取突然行动，以意想不到的巧妙方式摆脱困境。[100]

二

德国接管意大利并在萨罗建立的法西斯傀儡政权，使意大利境内的4.3万名犹太人（其中有3.4万都位于德国占领的区域）陷入一场前所未有的危机。1938年，意大利开始执行依照德国《纽伦堡法案》而制定的种族法律，自此，犹太人就遭到了意大利法西斯政权严重的政治歧视。但意大利从未出现过严峻或普遍的反犹主义情绪。事实上，在希腊、法国南部和克罗地亚等地区，意大利军队还曾尽力保护犹太人，使其免遭杀害和驱逐。而现在，这种保护再也不可能了。德国人首先开始实行了大规模的抢劫。德军占领罗马后不久，党卫队保安处驻意大利首都的总负责人赫伯特·卡普勒（Herbert Kappler）就下令，要求犹太社区在36小时内给他们送来50千克的黄金。他向犹太社区的领导人保证，如果犹太社区满足了他们的要求，那么犹太人就不会被驱逐。尽管希姆莱确实是在1943年9月12日就给卡普勒打了电话，要求他组织驱逐意大利犹太人
475 的行动，但党卫队保安处驻意大利的这位总负责人却认为，意大利警察此刻给他们构成的安全威胁要严重得多，他决定，如果可能的话，他打算组织自己相当有限的人力，率先对付这些意大利警察。1943年10月7日，犹太社区的领导人们准备好黄金并交付给了卡普勒，卡普勒将其运往位于柏林的帝国保安总局，而与此同时，阿尔弗雷德·罗森贝格的部下也来到了罗马，开始将犹太社区图书馆的馆藏装进两节火车车厢，然后运往德国。这一明火执仗的抢劫在罗马犹太人中引起了普遍的惊恐，德国人肆无忌惮地劫掠，完全不受任何惩处，这令他们骇然不已。该现象对犹太人自身的安全来说似乎不是什么好的征兆。事实上，不久之后就有54名犹太人在位于意大利极北地带的马焦雷湖（Lake Maggiore）区域被党卫队部队杀害了，而且梅拉诺（Merano）和的里雅斯特的犹太人也开始遭到

驱逐。1943年10月6日，特奥多尔·丹内克尔在一支武装队伍的护送下抵达罗马，他奉柏林方面的命令前来取代卡普勒，以抓捕犹太人，并将他们送到奥斯维辛集中营处死。[101]

特奥多尔·丹内克尔的到来引起了罗马城内德国高层官员的高度重视。德国外交部的临时代表艾特尔·默尔豪森（Eitel Möllhausen）以及罗马地区的德军总负责人阿尔贝特·凯塞林元帅与卡普勒站在了同一阵线上，向柏林的外交部施压，要求不要“彻底清除”犹太人——默尔豪森于1943年10月6日在给柏林方面发去的一封电报中曾鲁莽地使用过这一字眼——而是让他们去修建防御工事。而且，新任命的德国驻梵蒂冈大使恩斯特·冯·魏茨泽克向德国外交部警告道，可以毫不夸张地说，若驱逐运动按计划在教皇庇护十二世的眼皮底下展开，教皇可能会发出公开抗议。为了避免这一不利局面，冯·魏茨泽克也建议说，让犹太人就在意大利境内从事劳动工作，这样的处理方式可能更可取。希特勒很快便做出了回应。1943年10月9日，外交部以极其肯定的口吻通知默尔豪森，告诉他里宾特洛甫依然坚持决定，“基于元首的指令”，罗马的犹太人将被带走，默尔豪森不能再“干涉任何犹太人相关事宜”，这些都由党卫队来处理。[102]这彻底否决了他们的反对意见。1943年10月16日，在德国常规军的支持下，丹内克尔的党卫队抓捕了1,259名罗马犹太人，其中包括200名还不满10岁的儿童。绝大部分被捕者都是妇女。丹内克尔释放了其中的29名囚犯，有的因为不是意大利人，有的因为是“混血种族”，还有的是因为配偶是非犹太人，
而剩下的人则都被送往了奥斯维辛，到战争结束时，他们中仅有15 476
个人幸存下来。许多犹太人在非犹太裔意大利人的帮助下都藏匿起来了，这些意大利人对德国人的暴行感到震怒不已。数千名犹太人躲到了梵蒂冈城中，或躲到了罗马其他地方的寺院和女修道院中，但冯·魏茨泽克的预言（教皇会发表公开抗议）并未发生；教皇本

应以身作则，发出抗议，成为意大利民众的表率，如此一来，德国方面或许会因为担心引发公众反抗而停止暴行。但教皇却怕这种公然的谴责或许会让教会甚至是梵蒂冈本身陷入危险的境地。《罗马观察报》（*Roman Observer*）是梵蒂冈的官方报刊，它随后刊登了一篇文章，颂扬教皇努力减轻战争所造成的伤害，但这篇文章只是泛泛而谈，措辞含糊，所以正如冯·魏茨泽克所指出的那样，几乎没有人真正认为里面所谈及的事情与犹太人问题有丝毫关联。[103]

在意大利北部，墨索里尼的法西斯政权还在苟延残喘，当地政府下令将全部犹太人关进集中营。1943 年 12 月，警察开始抓捕威尼斯的犹太人，并在 1944 年 8 月和 10 月份的时候再次实施了抓捕行动，将他们从养老院、医院以及他们各自家中赶了出来。第二次和第三次的抓捕行动与第一次又不同，后两次有德国人的参与，那些最虚弱不堪的囚犯被直接杀死，剩下的则被送到了奥斯维辛。1944 年，总共又有 3,800 名犹太人被遣往了奥斯维辛，而与此同时，从东部调来的奥迪洛·格洛博奇尼克还在亚得里亚海海岸围捕了 4,000 名犹太人和游击队员，然后将他们送到的里雅斯特附近的集中营杀害，其中一些人是在移动气罐车里被毒死的。[104] 尽管如此，还是有 80% 左右的意大利犹太人得以在战争中幸存，这尤其要归功于非犹太裔的意大利普通民众，因为正是他们对犹太人施以了援手。[105]德国占领意大利这一事实立即促发了众多游击队的成立，截至 1943 年年底，游击队员的数量就达到了 1 万人，而到了 1944 年 10 月份时，这一数量则增长到了 10 万。他们中大约一半的人都是共产党员，而除他们之外的其他游击队员之间基本上没有什么团结性可言，也没有任何协作。游击队的四处活动再加上萨罗政权的煽动怂恿，一系列反游击队的组织也应运而生；这些组织的成员在农村地区到处游荡，搜寻萨罗政权的敌人，展开血腥的报复行动。此外，党卫队的队伍也加入了报复行动。1944 年 3 月 24 日发生了一起臭名昭著的事件，党卫队的队伍在罗马围捕了335个市民，其中包括72名犹太人，并将他们带到了阿尔帖亭（Ardeatine）洞穴（一处早期基督徒地下墓穴迷宫），命令他们跪下，然后朝着他们后颈射击。这次行动纯粹是出于报复，因为就在前一天，党卫队遭到了游击队的一次小规模攻击。随后还发生了接二连三的屠杀行动，而且所有的屠杀行动打的都是同一个幌子，其中在马尔扎博托（Marzabotto）屠杀中，共有771人被枪杀。据估计，在与法西斯或德国警察、准军事组织、党卫队以及陆军分队的激战中，共有近4.5万名游击 477
队员遇难，还有近1万人在报复行动中丧生。[106] 普里莫·莱维（Primo Levi）是在这些行动中被捕的游击队员之一，他是一名年轻的工业化学家。为了避免被捕，他逃到了阿尔卑斯山脉的山麓丘陵中，然后加入了一个自称为“正义与自由”的团体。在被法西斯民兵组织抓获后，他承认了自己的犹太身份，然后被带到了摩德纳（Modena）附近专门关押犹太人的福索利（Fossoli）拘留营，随后又被带到了奥斯维辛。他在奥斯维辛被囚禁了几个月，多亏他懂德语，同时还得到了一名意大利狱友的帮助，才得以幸存下来。1944年11月，莱维又被转移到莫洛维茨集中营，在那里，他在科学方面的专业知识派上了用场，被派去参与生产丁纳橡胶的项目。战后，他在自己的著作《如果这是一个人》（*If This Is a Man*）以及其他出版物中记录了大量的回忆和思考，他作为一名亲历者，以详细而精微的笔法将这段经历描绘出来，吸引了全世界的注意。[107]

与此同时，同盟国军队继续沿着意大利半岛由南向北缓慢挺进。在他们的行军路线中有一块沼泽地，名为蓬蒂内（Pontine）沼泽，20世纪30年代时，墨索里尼以高昂的代价把这块沼泽地抽干，将其改造为耕地，并让一战中退伍的10万名军人及其家属在此定居，还在那里建造了5个新城镇和8个村庄。为了减缓同盟国军队的行军，同时也为了向背叛他们的意大利人实施进一步的报复，德国人决定将这块土地变成之前未开化的样子。埃里希·马丁尼（Erich Martini）和恩斯特·罗登瓦尔特（Ernst Rodenwaldt）是两名疟疾方面的医疗专家，都在柏林的军事医学科学院（Military Medical Academy）工作。意大利投降后不久，他们两人就来考察过该区域。而且，他们均得到了希姆莱的党卫队祖先遗产学会（Ancestral Heritage）的鼎力支持；马丁尼还是该机构达豪分部的顾问委员会成员。他们二人指导德军关闭了之前将这片沼泽地抽干的抽水泵，如此一来，到冬季末的时候，这片土地就会再次陷入深达 30 厘米的水中。随后，他们还无视意大利医学专家的呼吁，将抽水泵掉转方向，把海水抽入了这片区域，并且还摧毁了防止高潮期间海水灌入的防潮闸门。在他们的指挥下，德军炸毁了许多抽水泵，并将剩下的抽水泵运回了德国，同时，他们还破坏了用于防止排水道中生长植物的设备，甚至还在周围地带布上了地雷，以确保他们造成的破坏具有持久性。[108]

478 这些措施最主要的目的就是将疟疾重新带到这片沼泽地来，因为马丁尼本人在 1931 年时发现，只有一种蚊子能在盐水、淡水和咸水环境中同等自如地生存和繁殖，这种蚊子就是羽斑按蚊（labranchiae），它是疟疾的载体。由于洪水的淹没，蓬蒂内沼泽区里只适合在淡水环境下生存的蚊子种类就此灭绝。如此一来，此刻在这片面积达 9.8 万英亩的被淹没土地上，正疯狂繁殖的所有蚊种几乎都是疟疾传播者。这与 1940 年的情形有天壤之别，那会儿这些物种正濒临灭绝。为了确保疟疾能在这片区域肆虐传播，马丁尼和罗登瓦尔特的团队将所有可利用的奎宁（专门用于治疗疟疾的药物）都没收了，将其送到与这片沼泽地相距甚远的托斯卡纳，藏在其中的一处秘密之地。同时，为了将目击者的数量降到最低，德国人将沼泽区内的全部人口都撤走了，直到他们完成了所有预定计划后才允许人们回到这片区域。许多人的房子被淹没了，或者直接被摧毁了，因此不得不露宿街头，很快，他们就沦为疟蚊的受害者。这些疟蚊到处都是，在堵塞的排水渠以及被炸弹炸出的坑中疯狂繁殖。官方登记的数据显示，1943 年疟疾感染人数为 1,200 例出头，到第二年，这一数字就猛增为 5.5 万例，而 1945 年时则有 4.3 万例。据后来估计，1944 年时，该区域疟疾患者的真正数量应该接近当时官方数据的两倍。一方面，他们没有治疗药物奎宁，而另一方面，由于战争和意大利政府的名存实亡，医疗服务也陷入一片混乱，此外，他们的耕地遭到了严重破坏，食物补给相当匮乏，民众因此营养不良，这导致生活在这片区域的贫苦民众们都染上了疟疾。德国方面蓄意采取这一措施，将其当作生物战的手段，其目的不只是对付可能会途经这片区域的同盟国军队，也是对付生活在这里的近 25 万名意大利人。此刻，德国人不再将意大利人视为自己的盟友，而将其看作劣等民族，由于他们做出抛弃轴心国事业的背叛行为，因而必须受到最残酷的惩罚。[109]

三

此刻，同盟国军队已经彻底占领了地中海，这使他们对意大利 479
的进攻成为可能。1942 至 1943 年，英国和美国能随意将他们的部队调遣到北非、西西里岛和意大利等区域。德国和意大利的海军根本无力攻击他们。20 世纪 30 年代，希特勒本计划打造一支水面舰队，但截至 1939 年，已经建成的战舰数量相对较少，因此，要实现这一宏伟计划不太可能。战争初期，英国皇家海军打败了德国的“斯比伯爵号”（*Count Spee*）袖珍战列舰，迫使其驶离了乌拉圭海岸。1940 年 2 月 16 日，另一支皇家海军队伍登上了驶离挪威的德国监狱船“阿尔特马克号”（*Altmark*），解救了上面 300 名被俘的英国水手。正如我们所见，在对挪威的进攻中，还有更多的德国战舰遭到了沉重打击。德国海军一直没能建成一艘航空母舰，所以，从地面基地出发的轰炸机由于受到作战半径的限制，它们空袭英国战舰的破坏力颇为有限。同盟国护航舰队在驶向俄罗斯位于北极地区的港口时，德军以挪威为基地的飞机的确对其发起过攻击，但这些飞机的补给明显不足。因此，要对其造成大规模的破坏还是要靠德国战舰。海军指挥官雷德尔元帅派出主力舰去攻打英军，但结果却喜忧参半。一艘名为“俾斯麦号”的新型战列舰击沉了英军的“胡德号”（*Hood*）战列巡洋舰，并且还重创了“威尔士亲王号”（*Prince of Wales*）战列舰，但 1941 年 5 月 27 日，一艘英国飞行艇发现了“俾斯麦”号战列舰并将其击沉。1941 年 6 月 13 日，“吕佐号”（*Lützow*）袖珍战列舰被鱼雷击中。第二年初，“沙恩霍斯特号”战列巡洋舰和“格奈森瑙号”战列巡洋舰从法国出发前往挪威，结果当它们悄悄穿越英吉利海峡的时候，被英军鱼雷击中，因而报废。此刻，德国方面还剩下一艘战列舰，名为“提尔皮茨号”（*Tirpitz*），这艘战列舰在挪威海域内受到过多次袭击，现已是伤痕累累，但一支英国突击队突然袭击了位于圣纳泽尔（St. Nazaire）的港口，摧毁了大西洋地区这唯一一个能够维修“提尔皮茨”号战列舰的码头。1943 年 9 月，这艘战列舰又遭到了英国小型潜艇的袭击，随后又遭到了轰炸，最终彻底报废。海战的教训再清楚不过，传统海军力量是无法取胜的。而在这期间，雷德尔元帅仍一直提倡水面攻击这种传统的作战方式，因此，1943 年 1 月 30 日，他被匆忙罢免，取而代之的是海军司令卡尔·邓尼茨，他是潜水艇舰队的总指挥官。希特勒本打算不再将德国海军剩余的大型战舰用于海战，而是将这些战舰
480 上的枪炮用来防守海岸线，而邓尼茨司令在新上任前才刚说服希特勒，让他打消了这一念头。[110]

事实上，长期以来，希特勒一直集中资源建造 U 艇。然而，在战争初期，一方面由于铜和橡胶等关键原材料的匮乏，另一方面因

为德国调集资源准备从陆路入侵法国，所以邓尼茨建造600艘U艇的宏伟计划根本不可能实现。事实上，从战争爆发之初到1940年夏天，他们仅建成了20艘U艇。一艘德国潜水艇潜入英国位于斯卡珀湾（Scapa Flow）的海军基地，在那里击沉了“皇家橡树号”（*Royal Oak*）战列舰，德国方面对此大张旗鼓地进行了宣传报道。但更严峻的是，尽管德国U艇的数量相当有限，但他们却立即对同盟国的海运发起了水下进攻，意图切断对方的物资补给。而且，德国方面还成功破解了英国用于无线电发送的情报密码，这对他们的进攻而言无异于如虎添翼。截至1940年3月，德国的U艇已经击沉了英国近68万吨的海运物资。这引起了伦敦方面的高度恐慌。然而，这也只是英国海运物资的极小一部分。由于各种折损、抛锚以及长时间停靠在港口中进行修理，截至1940年夏天时，德军在大西洋地区真正投入使用的U艇仅有25艘。要想切断英国的跨大西洋物资补给线，这个数量远远不够。[111]

德国的潜水艇不仅数量颇为有限，而且它们也不像在第一次世界大战中那样具有明显的技术优势。它们大多数时候依然必须在海面上行驶，速度缓慢，而且很容易会被敌机发现。它们只能在水下停留相对较短的时间。此外，它们另一个劣势就是没有空中侦察的辅助，所以，它们只能凭借自己的力量发现对方船只。英国方面几乎立即建立了一套护航体系，命令驱逐舰保护容易受到攻击的商船。德国潜水艇在发射鱼雷之前，不得不以目力来瞄准，他们焦急地搜寻着从英国船只上缓缓升起的模糊烟柱，试图通过这些暴露自身位置的烟柱来定位远在地平线之外的目标。对德国潜水艇而言，潜水只是一种防御策略，是到万不得已才采取的措施，旨在躲避负责保驾护航的驱逐舰以及它们发射出来的深水炸弹。德国的U艇极其容易暴露自己的位置，而且U艇舰队根本经不起折损，稍微损失几艘，德国方面摧毁英国海上物资补给线的行动就会受到重创。[112] 如果

德国方面组织了大规模的U艇生产，那么U艇舰队或许能在与英国的交手中占得上风。与建造水面舰艇相比，生产U艇的成本要低
481 得多。1940年7月,希特勒下令,要求将U艇的月产量提高为25艘。然而，实际的生产进程却相当缓慢。1940年年底时，与才智过人的士兵汉斯·迈尔–韦尔克一样，一名观察员不得不承认：“我们根本无法打败英国的海上力量。”[113]其他头衔更高的人也持这一观点。不久之后，希特勒还是将关注的重点转移到了陆军身上，因此，截至1941年3月，又交付的潜水艇数量仅为72艘。然而，就在这段时间内，这20多艘U艇又击沉了英国200多万吨的海运物资，他们任何时候都一起在太平洋海域搜寻目标。但是，英国方面随后又进一步增强了护航体系，而且他们还成功破解了德国的无线电密码，所以截至1941年夏天，英国每个月的海上物资损失减少到了10万吨以下。[114]

在向美国宣战后的头几个月里，德国的潜水艇潜伏在远离美国海岸的海域以及加勒比海地区。当时，美国方面并未熄灭沿海城镇的灯光，德国潜水艇借此机会击沉了大量运送补给物资的船只，这些船只在穿越大西洋的时候没有任何的武装护航。截至1942年8月底，被击沉的船只达到了485艘，它们所载的物资总共超过250万吨。在1942年绝大部分时间里，德国方面由于使用了一套新的密码，英国方面因此无法解读德方的海军情报——直到1942年12月时，这套密码才被最终破解——而与此同时，德国方面却能解读英军的无线电通信情报。仅1942年11月，同盟国方面被击沉的海运物资就达到了惊人的86万吨，其中72万吨是被潜水艇击沉的。截至此刻，德军在海上的U艇数量已经从1942年1月的22艘猛增为100多艘。早在1942年6月27日时，德国的飞机和潜水艇就重创了驶往北极地区的PQ17护航队，当时，这支护航队正载着大量的军用物资补给品前往苏联。伦敦的海军当局误以为“提尔皮茨”

号战列舰已经驶离港口前去攻击 PQ17 护航队，因此下令疏散护航队中的货船，结果 39 艘货船中损失了 26 艘。同盟国方面从这次灾难性的失败中吸取了诸多教训，在短暂中止后，北极地区的护航队于 1942 年 9 月恢复运行，而护航队这次则取得了更好的效果。同盟国方面试图炸毁生产 U 艇的造船厂以及 U 艇停泊的港口，结果不仅计划失败，而且还为此付出了惨重的代价。护航舰队与德国潜水艇之间的这场战争被戏称为“大西洋海战”，双方在 1943 年的头 4 个月里展开了一系列的激战，将这场战争推向了高潮，此刻，德国在北大西洋的潜水艇超过了 120 艘。[115] 海战的最终结果似乎难以预料。

但自 1942 年 12 月以来，英国方面便能再次解读德国海军的 482
往来信号了，使自己的护航队能避开正伺机袭击它们的德国 U 艇。[116] 德国潜水艇被迫四处搜寻同盟国护航队的位置，这些潜水艇主要以较为松散的方式结对航行（“狼群战术”），当其中一艘潜水艇发现敌军船只时，其他潜水艇便随即聚拢而来。而且自 1941 年以来，德国海军还能截获护航队所使用的海岸至船只的无线电通信，这有助于他们的潜水艇成功找到护航队，或者至少说可以帮助其弄清这些护航队正驶向什么地方，这一情况一直持续到 1943 年 6 月，那时英国方面引入了一套新的密码。使用狼群战术的 U 艇相互之间通过无线电信号交流，但护送货船的护卫舰队截获了它们的无线电信号。因为潜水艇在水下无法发送和接受无线电信号，而且在水中的航行速度也非常缓慢，所以它们绝大多数时候都在水面上航行，如此一来，它们就很容易暴露自己的位置并遭到攻击。而在水下的时候，敌军也可以用回音探测手段将它们定位出来并用深水炸弹将其摧毁。通常情况下，潜水艇是在夜晚时分从水面发起攻击的，所以护卫舰队设计制造了一套探照灯系统，用来确定潜水艇的位置。自 1943 年以来，小型航空母舰开始护送货船队伍，这取得了突破性的进展，尤其是对于北极地区的货船而言。1943 年 2 月，同盟国方面——最重要的是美国方面——所生产船只的载重总吨位首次超过了德国击沉船只的载重总吨位。截至 1943 年 5 月，U 艇的损失达到一天一艘，潜水艇指挥官越来越不愿意攻击敌军。1943 年 5 月 24 日，海军司令邓尼茨认输，并命令潜水艇舰队驶出北大西洋。尽管德国方面仍在大规模地继续制造 U 艇，也在命令生产更先进的新式潜水艇，而且海战仍在进行，但这对同盟国横跨大西洋以及穿越北冰洋地区的物资补给线而言，再也构不成什么严重威胁了。[117]

第三节

“厄运降临”

一

在东部战线，德国第 6 集团军在斯大林格勒的败北拉开了德军 483
持续失利命运的序幕，仅仅两年之后，随着柏林方面的彻底溃败，德军也被完全终结。此次战败是东方战场的决定性转折点。[118] 甚至在保卢斯以及他那精疲力竭的部队投降之前，A 集团军群（南方集团军群的另一支队伍）也已经陷入荆棘。1942 年夏天，因为红军的撤退，A 集团军群迅速挺进，穿越了高加索地区，而与此同时，苏联将领们正竭尽全力地组织增援部队以及物资补给。到了秋初时分，德军已疲惫不堪，数量也急剧减少，他们的物资补给线拉得过长，极不稳定，而且德军还被细分为了很多个先锋队，这进一步削弱了他们的实力。截至 1942 年 9 月中旬，尽管德军的挺进速度非常快，但他们离自己的目标——位于格罗兹尼（Grozny）和巴库的油田——依然还有数百英里。威廉 · 李斯特元帅是 A 集团军群的指挥官，他坦言，他不可能在冬天来临之前将俄罗斯人逼退到山口以外的地方，因为他根本没有充足的资源。得知这一情形后，希特勒怒火攻心，立刻罢免了李斯特，自己临时接管了 A 集团军群，尽管他完全没有精力去现场视察军事行动。希特勒仍然认为自己有能力占领里海地区的油田。但 1942 年时，他最终也不得不承认，要实现该目标无异于痴人说梦。红军也终于组织完毕，准备坚守他们的阵地。对很多德军士兵而言，在芳香的果园、葡萄园以及大片的玉米田中行军，再加上放眼望去，地平线上还有冰雪覆顶的远山，这一切似乎都恬静怡人。但在奥尔忠尼启则市（Ordzhonikidze），他们遭遇了苏联军队的拼死顽抗，无法将其挫败。11 月 2 日，一名
484 年轻的炮兵这样写道：“我们任何人都未曾经历过如此艰难的日子。厄运已经降临。”[119] 11 月 14 日时他又写道：“我们在过去两周的经历简直就是噩梦。”[120] 德军遭到了红军的围困，他们拼死杀出一条血路，但他们除了撤退之外，无路可走。德军的此次进攻不仅仅是被暂时中止，而是被彻底终结。[121]

苏联军队从斯大林格勒的西部杀来，这不仅切断了保卢斯自己的第 6 集团军，而且还威胁到德军其他的战略点，所以，此刻唯一的选择就是撤军。如果苏联军队成功占领罗斯托夫并封锁高加索北部地区，那么 A 集团军群也会沦为孤军。此刻，希特勒将越来越多的精力放在了斯大林格勒上，他委任埃瓦尔德 · 冯 · 克莱斯特元帅为 A 集团军群的指挥官。克莱斯特立刻就洞察出了 A 集团军群有可能沦为孤军的危险。1942 年 12 月 27 日，冯 · 曼施泰因劝蔡茨勒向希特勒提出请求，希望希特勒允许德军撤离高加索地区，最后希特勒极不情愿地批准了。或许他意识到了此刻第 6 集团军正困在斯大林格勒不得脱身，再加上之前还往北部地区派遣过重要部队，如此一来，要往高加索地区派遣增援部队根本不可能。但不久之后他就改变了自己的主意，但为时已晚，因为蔡茨勒已经打电话给那边的德军下达了命令，他们已经开始撤退。相对疲惫的苏联军队穷追不舍，德军一直撤退到顿河畔罗斯托夫，而红军在斯大林格勒取得

胜利后又往西挺进，德军因此被迫进一步撤退。[122]撤退强烈地打击了许多德军士兵的士气。“当你知道为了攻占这些区域，我们做出了多大的牺牲和努力时，”1943年2月16日，阿尔贝特·诺伊豪斯在给妻子的家书中写道，“你几乎会掉下泪来。你绝对不可以去想这些事情……此刻，我们正经历着一场名副其实的危机，如果你没有一颗虔诚坚定的心，你很可能失去坚持到底的勇气。”[123]这是他最后写的家书之一。结果不到一个月，也就是在1943年3月11日那天，阿尔贝特·诺伊豪斯因被红军的一发子弹击中而丧命。[124]

德军的一系列撤退使对战双方在东线开展下一轮战争成为可能，而且一定程度上东线开始趋于稳定。新的部队又从西欧地区抽调过来了，而且与此同时，冯·曼施泰因也重新组织兵力，配备新的武器，准备发起一场反击战。1943年2月19日，南方集团军群派遣两支装甲军朝北挺进，粉碎了苏联的先遣部队，重新夺取了哈尔科夫，而另一只装甲军则摧毁了更东边的苏联装甲军。一个月后，春天来临，冰雪融化，一切都变成稀泥，这迫使双方都暂时停止采取进一步的行动。面对这些颇为有限的军事成果，希特勒和德国军队领导层并未抱有更大的幻想。在斯大林格勒战败后，尽管纳粹领 485
导层依然一如既往地夸大其词，吹嘘造势，但他们都清楚地认识到，在东部战线上，德国已经转向了防御的被动地位。此刻，德军最首要的任务就是保住对顿涅茨盆地内重工业区的控制权，因为里面有丰富的煤炭和矿石储藏，这些都是关键资源。希特勒告诉德军将领们，失去了对该区域的控制权也就输掉了整场战争。[125]现在，德军需要采取一次战略性进攻，以尽可能少的兵力和军备损失来充分削弱红军力量，防止红军在夏天发起一场有效进攻，这样，德国前线现在面临的棘手问题就能被解决。完成这一战略性进攻的可能性甚为有限。此刻，红军在东部战线的兵力几乎是德军的2倍，而且他们的大炮数量也是德军的3倍，甚至4倍，德军将领们对此心知肚明。这种形势下，在哪里发起一场战略性进攻才最稳妥保险呢？与之前在莫斯科的情形如出一辙，德军将领们此刻各执己见，莫衷一是，无法做出一个统一的决定。是否无论在任何情况下，巩固德军在意大利和西部地区的防御力量都更为重要，就这一问题，国防军最高统帅部和陆军总司令部发生了分歧。最终，希特勒还是不得不自己做出决定，这一点也与之前在莫斯科的情形一样。希特勒下令，德军将进攻库尔斯克，因为那里有一块突出之地，苏联一部分前线部队就在这个地方，这给了德军一个可乘之机，可以对其实施经典的包围战术。[126]

在等待雪泥变干、地面变硬期间，德军指挥官们调遣了大量新设计制造的虎式坦克和豹式坦克，还有其他的重型装甲武器——尤其是另一种名为斐迪南坦克歼击车的新式武器——以及战斗机，以便为攻打这块突出之地做好准备。冯·曼施泰因想要在红军备战之前迅速调集援军，但此刻，铁路系统在将援军送往前线的转移过程中遇到了重重困难，而且游击队还不停地攻击运输车辆，这令冯·曼施泰因沮丧不已。瓦尔特·莫德尔（Walter Model）元帅是第 9 装甲集团军的指挥官，此刻，他的军队驻扎在库尔斯克北部。他反复警告道，他的军队实力太弱，无法执行“堡垒行动”（Operation Citadel）——这一计划的代号——中他所负责的那部分任务。因此，希特勒推迟了此次进攻，给他时间增强军队实力。但库尔斯克这个地方太容易受到攻击，敌军号角极有可能从这里吹响，这一点人尽皆知，所以红军也调来了大量的援军以及装甲武器。此外，苏联的情报机构不仅已经成功截获了德军将从哪里发起进攻的信息，并且还得知了他们将何时展开行动。德军原本打算发起一场突击战，而此刻，对这场突击战至关重要的出其不意性已经丧失了。结果证明，这给德军带来了致命性的打击。[127]

486 到了 7 月初，军队已经集合完毕，他们将奔赴一场有史以来最大规模的陆战。关于这场战争的数据可谓骇人听闻。在库尔斯克会战——包括“堡垒行动”和苏联发起的两场反攻战——中，双方总共投入了 400 多万兵力、6.9 万门大炮、1.3 万辆坦克和自行火炮以及近 1.2 万架战斗机。在起初的“堡垒行动”攻击中，红军的兵力几乎是德国兵力的 3 倍（142 万 6,352 人对战大约 51 万 8,000 人）。德国方面只有 2,365 辆坦克和自行火炮，而苏联调动的同类装甲武器则多达 4,938 辆。苏联防御力量总共拥有 31,415 门各种各样的大炮，其中包括火箭发射器，这些数量惊人的大炮构成了一道德军难以穿透的火力墙，而与此同时，德军能够调动的大炮仅有 7,417 门，根本不可能攻破苏联的防御。此外，德军早就丧失了在东部战线的空中主导权，他们在东部战线仅留下了 1,372 架战斗机，而对手的战斗机数量则多达 3,648 架，所以，德军不可能重掌空中霸权。除了上述装备及兵力投入之外，红军还在附近部署了大量的储备兵力和武器装备，如果有必要的话，可以随时投入战争。莫德尔意识到这一点后，他刻意没有命令大规模的装甲部队参与作战，唯恐苏联方面会调动他们的储备兵力来给自己的后方造成威胁。在整个战争区域，红军总人数是德军总人数的 3 倍，红军坦克与装甲武器的总数也是德军的 3 倍，红军的大炮总数是德军的 5 倍，红军的飞机总数是德军的 4 倍。而且，同之前的对峙相比，红军在此次对战中，准备工作和组织工作都有了长足的进步。[128]

二

1943 年 7 月 5 日早上，德军从这块突出之地的两翼同时向其发起进攻，但苏联人已经做好应战准备了。在连续 3 个月的抢工中，30 万名征召民众帮助苏联军队建造好了纵深达 300 千米的防御体系，包括带刺的铁丝网、深邃的壕沟、反坦克堑壕、掩体、安放机枪的防御性炮台以及交叉排列的总共整整8行的火焰喷射器和大炮。他们埋藏了近100万枚地雷，在有的区域，甚至每一千米就有3,000多枚地雷。德军的一名装甲部队指挥官评论道："在库尔斯克发生的一切简直难以置信。打仗以来我从未经历过这样的情况，以前没
487 有，以后应该也不会有。苏军防御体系的纵深简直难以想象。我们每次拼死苦战地突破一个据点后，又面临一个新的防御点，无穷无尽。"[129] 尽管如此，战争的发展局势对红军也极其不利。一名被捕的德国士兵给苏联炮兵提供了虚假的德军进攻时间，在该信息的误导下，苏联炮兵率先开火，因此，这向德军暴露了一个事实，即苏联炮兵已经知道了他们将发起进攻。此外，苏联轰炸机突然起飞，打算对德军机场实施一场突然袭击，那里停放着德军大量的战斗机。但德军的雷达发现了这些轰炸机，因此，德国空军命令他们的战斗机紧急起飞；德军战斗机击落了425架苏联飞机，而他们自己仅损失了36架飞机。因此，尽管在这片区域内苏联空军在实力上远胜德国人，但德军却暂时性地取得了这里的空中主导权。[130]

与此同时，在北部地区，瓦尔特·莫德尔元帅的第9装甲集团军正逐渐推进。他深知，在他的后方有大量的苏联储备军，而且对方的军事实力具有明显优势，因此，他一反常态，变得迟疑不决。为了尽可能地保存自己的坦克部队，他没有调遣坦克部队去突破苏联深厚的防御体系，而是命令它们紧跟在步兵后面。如此一来，莫德尔的行军速度就变得很慢，随后，由于四处开花的地雷，莫德尔的坦克部队也开始受到损失。在经过5天的鏖战后，莫德尔的军队被迫停止了行军。[131] 在南部地区，冯·曼施泰因的装甲军规模大得多，他有200多辆虎式坦克和豹式坦克，他调遣装甲军以经典的作战方式去进攻苏联的防御体系。但同样，苏联方面的地雷区减缓了装甲军的推进速度，仅在第一天，冯·曼施泰因就折损了25辆坦克。而且，另外45辆豹式坦克也出现了机械故障，这再次证明，在彻

底测试完成之前就将新式武器投入使用存在着极大的风险。尽管如此，重型虎式坦克对外界破坏力有着强大的抵御能力，而且，甚至连豹式坦克也很快证明，与苏联的 T-34 坦克相比，它们具有更大的优越性，能够在两千米以外的地方将对方击成碎片。冯 · 曼施泰因与霍特的部队稳步挺进，而苏联将军们则开始陷入恐惧。他们决定，为了起到有效的保护，将把很大一部分坦克埋在地底下，覆盖到连坦克车身顶的回转炮台也在地下。这给德军的坦克造成莫大的困难，因为如此一来，它们必须靠得非常接近才能摧毁苏联的坦克。苏军坦克的隐藏工作做得极其出色，很多时候，德军的虎式坦克和豹式坦克直接就从它们上面开过去了，然后苏军坦克从后面近射程地将德军坦克摧毁。南部地区的进攻速度也开始减缓，而且由于莫德尔的军队在北部受到了围困，大量的战斗机也因此被调到北部战 488
区去了，这让南部地区的进攻陷入了愈发被动的境地。尽管困难重重，冯 · 曼施泰因的军队还是于 1941 年 7 月 11 日突破苏联的防御体系，接近他们的第一个主要目标——普洛霍罗夫卡（Prokhorovka）小镇。[132]

在这里，苏联将领们发起了一场反击战，旨在包围并歼灭德军。帕维尔 · 罗特米斯特罗夫（Pavel Rotmistrov）是苏联坦克部队的主将，他派来了新的增援力量，增援力量有 800 多辆坦克，他们从后方出发，仅仅花 3 天时间，就挺进了 380 千米。他仍然将其中一部分坦克留作储备力量，派遣其中的 400 辆坦克从东北方向出发，另外 200 辆坦克从东部出发，朝着已被战争折磨得疲惫不堪的德军驶去，面对如此攻势，德军始料未及。德国方面仅有 186 辆装甲车辆，其中坦克只有 117 辆，正面临着被彻底歼灭的命运。但是一方面，连续三天的长途跋涉让苏军的坦克驾驶员疲倦不已，而另一方面，他们可能因为喝了太多的伏特加而异常兴奋——红军士兵经常如此——所以他们竟然没有注意到一个巨大的、深达 4.5 米的反坦克堑壕，这是苏联先锋队前不久挖掘的，是朱可夫备战计划的一部分。苏军前面几排的 T-34 坦克直接就掉进了这个堑壕，紧随其后的坦克终于意识到了这一危险，因此立刻惊慌地朝旁边打方向，一辆接一辆地撞在一起，德军朝其开火后，这些坦克瞬间就被火焰吞灭。截至当天日中的时候，德军汇报说，战场上被摧毁或遗弃的苏联坦克多达 190 辆，其中一些还在燃烧。这个数字大得让人难以置信，所以德军的一名高级将领还亲自前来核实。如此惨重的坦克损失令斯大林震怒不已，他威胁说要以军法审判罗特米斯特罗夫。尼基塔 · 赫鲁晓夫是罗特米斯特罗夫的一名指挥官员兼该区域的高级政治人民委员。为了自保，罗特米斯特罗夫将军听从了赫鲁晓夫的建议，称这些坦克是在与德军的一场大规模战争中折损的，还说英勇的苏联军队同时也摧毁了德军 400 多辆坦克。斯大林的原本意图是让罗特米斯特罗夫的部队去与德军作战，而此刻却不得不接受他们的这一份报告。后来流传着一个经久不衰的传奇故事，那就是发生在普洛霍罗夫卡的这场战争是“历史上最伟大的坦克战”，而这个传奇便滥觞于此。但事实却是，这是历史上最惨重的军事失败之一。苏联军队总共损失了 235 辆坦克，而德军仅损失了 3 辆。尽管如此，罗特米斯特罗夫仍然成了一位英雄，今天，普洛霍罗夫卡那里还立着一座巨大的纪念碑。[133]

由于希特勒下达了重新部署兵力的命令，所以那些被调走的德军坦克再也不会被重新填补。德军在地中海地区的局势急剧恶化，而且最重要的是，同盟国军队在 1943 年 7 月 10 日时登陆了西西里岛，因此，德国元首坚信，当务之急就是命令重要部队——尤其是
489 正在参与“堡垒行动”的装甲师——撤离东线，将他们转移到意大利半岛，为抵抗同盟军即将发起的进攻做好准备。而冯 · 曼施泰因却仍然笃信，要在对库尔斯克的进攻中取得一定战果是完全有可能的，尤其考虑到苏联军队蒙受了惨重的损失。但 1943 年 7 月 17 日

时，装甲部队的指挥官们接到了撤军的命令。后来，冯·曼施泰因和其他德军将领们都痛斥希特勒，埋怨他放弃了他们据说能取得胜利的良机。事实上，苏联虽然在普洛霍罗夫卡损失惨烈，但在库尔斯克会战中，苏德双方的力量悬殊实在太大，苏联这点损失根本改变不了这个事实。在整个“堡垒行动”中，德军的损失相对较轻，德军的坦克折损为252辆，而苏军则近乎2,000辆，德军的大炮损失约为500门，而苏军则接近4,000门，德军折翼的飞机为159架，而苏军则损失了近2,000架战斗机和轰炸机，德军的伤亡人数为5.4万人，而苏军却达到了近32万人。“堡垒行动”远未给德军造成致命性的打击，成为德军的坟场——有时候人们是这样描述的——这场战争只给德军造成了相对较小的影响。但有一点却是毋庸置疑，那就是这一行动充分证明了虎式坦克和豹式坦克要比T-34坦克优越得多。但这不能带来本质性的变化，因为与苏联的同类武器相比，它们的数量实在太少。“堡垒行动”的目标本来比较小，并非痴人说梦，但还是失败了。此次失败让许多德国士兵都相信，在斯大林格勒失利后，他们不可能东山再起了。德军在夏季发起的进攻有史以来第一次被挫败，其中最重要的原因就是德军腹背受敌，面临着两线作战的被动局面。[134]

然而，库尔斯克会战还远未结束。1943年7月12日，当德国还在继续进攻时，红军就已经发起了反击战。苏联方面又投入了100万生力军、3,200辆坦克和自行火炮、25,500门大炮和掷弹筒以及近4,000架飞机。这意味着，加上之前已经投入防御战中的军力，此刻，苏联方面投入的军力达到了前所未有的庞大规模，具有压倒性的优势。具体而言，苏联投入的兵力超过225万人，其中作战部队的兵力刚刚超过150万人，坦克和自行火炮的数量为4,800辆，而大炮则多达35,200门。与在斯大林格勒取得胜利的红军军力相比，红军这次的投入是那次的两倍多。红军在数量上的优势如此明

显，他们完全可以同时在东线的其他地方发起新一波进攻，而且对
490 他们更有利的是，游击队还在德军后方开展大规模的破坏行动，绊住了很大一部分德军。但红军并没有遵循经典的作战原则，尽力突破德军的战线，然后以夹击的方式将敌人围困起来，相反，他们在前线大范围地正面应战，因此蒙受了惨烈的损失。截至 1943 年 8 月 23 日反击战结束时，红军在行动中伤亡和失踪的人数多达 1,677,000 名，而德军仅为 17 万人；红军损失 6,000 辆坦克，德军仅损失 760 辆；红军损失 5,244 门大炮，德军仅损失 700 门左右；红军折翼的飞机超过 4,200 架，德军仅为 524 架。总共而言，在 1943 年 7 月和 8 月，红军损失了近 1 万辆坦克和自行火炮，德军仅损失了 1,300 辆。[135] 斯大林及其将领们如此无所顾忌地耗费他们的兵力简直令人毛骨悚然。

尽管德军的损失要小得多，但他们也根本没有能力承担这一损失。1943 年 9 月 2 日，步兵上将奥托·韦勒（Otto Wöhler）承认道：

> 为了节约弹药，我们不得不采取最艰难的战术，但与此同时，敌人却能给他们的大炮和掷弹筒提供无限量的弹药。敌军指挥官用之不竭的资源和兵力将我们的军队打得极为分散，我们根本不可能再保持自己的主要进攻战线，仅仅只能通过安全小组往返巡逻来勉强将进攻战线联系起来……在今天早上的战斗中，第 39 步兵师只有 6 名军官和大约 300 名士兵……指挥官们向我汇报道，过度的疲劳让士兵们产生了一股万事都无所谓的漠然情绪，此刻，哪怕是实施最严酷的政策也不能取得想要的效果，无论是军官们的以身作则还是“轻言细语的鼓励”都无济于事。[136]

德国将领们被迫撤军。对此，希特勒大发雷霆，他颁布了一连串的

命令，要求他们坚守这一战线。但形势所迫，这根本就不可能，甚至连希特勒最信赖的指挥官瓦尔特·莫德尔也忤逆了他这位元首的愿望，采取了一系列战术上极为高明的撤军，以便尽可能地减少德军的损失。随着苏联军队向哈尔科夫挺进，希特勒命令德军不惜一切代价务必守住哈尔科夫，但现场指挥官冯·曼施泰因和维尔纳·肯普夫（Werner Kempf）* 却告诉他这完全不可能。希特勒直接罢免了肯普夫，但他的继任者也给出了同样的回应，因此，希特勒被迫同意撤离哈尔科夫。当德军撤离库尔斯克战场时，他们遗留下的破坏
如同世界末日一般。正如一名德国士兵所描绘的那样，“这个战场 491
上的每一棵树、每一丛灌木都被连根拔起，毁得面目全非，整片区域布满了大炮的碎片、烧得满目疮痍的坦克以及被击落的飞机……这简直就是一幅幅世界末日的场景，此情此景会让一个亲眼看见它的人坠入绝望无助的深渊，除非这个人有钢铁般的意志”。[137]

三

库尔斯克会战发生于1943年7—8月，诺曼底登陆发生于1944年6月，在此期间的几个月有时候被称为战争中“被遗忘的一年”。[138]德军将领们对自己所处的不利局势洞若观火，他们反复向希特勒提出行动自由的请求，如此一来，他们就能充分利用草原上广阔无垠的空间来实施大规模的战略行动，希望以此能切断不断挺进的苏联军队，并将其歼灭。然而，在希特勒看来，这纯粹是他们因胆怯懦弱而想撤退的借口，而随着时间的推延，希特勒愈发坚持要守住这条战线。这意味着德军的撤退愈发不是任何总体战略的有机组成部分，而是突然的自发行为，是对有可能受到苏联军队围困而做出的

* 维尔纳·肯普夫在库尔斯克战役领导坦克部队“肯普夫装甲师”。

回应。很多时候，德军作战队直接丢弃了他们的据点惊慌逃窜，而非有计划地撤退。[139]在这整个期间，德军几乎总是在撤退，点燃并摧毁了他们撤退路上所遇到的一切。一名年轻步兵所在的队伍撤军时横渡了第聂伯河，他向他在家中的妻子这样描绘了当时的场景：

> 在河的另一边，所有的一切都吞噬在已经燃烧了数天的熊熊大火中，你肯定知道，在我们撤离的那些区域内，所有的城镇和村庄都被点燃了，甚至连村庄里最小的房屋也被点燃了。所有的大型建筑物都被炸毁了。留给俄罗斯人的是一片废墟瓦砾。如此一来，他们的部队就完全没有可以吃饭歇脚的地方了。所以这是一幅恐怖而美丽的画面。[140]

正如这封信所体现的那样，德军表现出一股无法自拔的强烈破坏欲，这往往会导致纪律涣散，他们冲进各种建筑物中大肆抢劫，然后将其付之一炬，夷为平地。德军这样点燃建筑物只会暴露自己的目标，告诉步步逼近的苏联军队自己正往哪个方向逃窜，而且这些破坏工作浪费了德军大量的时间和资源，他们本可利用这
492 些时间和资源来更好地组织防御工作。各德军作战队纪律愈发涣散，他们的形势一旦开始变得不利，还没等指挥官下令撤军，他们就开始自行逃窜。[141]

然而，德军相互配合，还是挺住了苏联一次又一次不计成本的进攻，苏联军队在对德军的正面进攻中损失惨重，是德军的5倍，有时更多。德军在指挥上更富策略，他们的战略据点和纵深防御做好了充分准备，而且渗入地下的防御工事也已挖好，因此，只有到最后万不得已的时候，面对苏联具有绝对优势的兵力，他们才被迫撤退，之前，他们在前线的关键据点一次又一次地挺住了苏军的攻

击。[142] 究竟是什么力量驱使德军在吃了一次又一次的败仗后依然坚持抗战呢？那是因为他们愈发感觉自己是在为德国战斗，而不是为希特勒或者纳粹主义战斗。他们对“布尔什维克分子”和苏联“劣等种族”怀有强烈的恐惧和憎恶，这使他们迫不及待地想要将其屠戮并灭绝。苏联方面无所顾忌地挥霍他们的士兵，这使苏军士兵的生命前所未有地一文不值。撤退的德军愈是接近德国的边境，他们愈是拼死顽抗，力图捍卫德国，这与他们对纳粹教条的效忠全无干系。与此同时，支持德军的一股强大精神力量就是民族主义信念，在过去十年中，这股信念已经镀上了越来越浓的纳粹主义色彩。在纳粹主义的浸淫下，此刻，强烈鄙夷斯拉夫人，极力宣扬日耳曼民族的优越性，而且更重要的是，欣然接受以暴力手段追求自己的目标，这一切都成为他们民族信念的题中之义。[143]

纳粹主义思想和一种更传统的民族主义思想完全融为一体，这在最年轻、资历也最浅的士兵中表现得最为明显，而在老一辈人，也就是军官层中职位最高的那一群人中表现得最弱。大部分将军——他们都出生于 19 世纪 80 年代——都属于那种传统的民族主义者。他们是在德国末代皇帝的统治下长大的，那时，他们理所当然地属于统治阶层，这个阶层由军官、贵族、高级公务员、新教神职人员、大学教授以及传统商人组成。他们很多人都生活在乡村地区或者小城镇，只和其他军官家庭或者当地精英分子的家庭有往来。如果他们是来自易北河东部普鲁士的话，那么他们可能会非常恐惧有“半亚洲人”血统的俄罗斯人，害怕虎视眈眈的他们会立即入侵自己。这些军官阶层的人接受了长期的军事训练，这愈发坚定了他们对传统价值观、君主制价值观以及民族主义价值观的信念，而漫长的军事训练也进一步切断了他们与社会其他群体的接触。戈特哈德·海因里希将军就是其中典型，唯一让他与众不同的就是他勤勤恳恳地写了一本日志，细致入微地记载了他所目睹和经历的风云

事迹。海因里希 1886 年出生于波兰边境的贡宾嫩（Gumbinnen），
493 1905 年时他正式成为一名军事学员，并参与了第一次世界大战。在一系列战争中，他不断地在参谋部和军事指挥部之间交替任职，以这种典型的晋升方式一路扶摇直上，1938 年时被提拔为中将，1940 年 6 月时被任命为上将，1943 年 1 月 1 日再次被擢升为大将。终其一生，海因里希都生活在军事精英阶层的圈子里，对于德国的其他社会阶层，他并不真正了解，更没有与之真正接触过。1918 年 11 月时，与德皇威廉二世精英阶层中其他成员的感受一样，对他而言，整个世界都倾覆了。他将战败归咎于国内大后方的一场犹太社会主义革命阴谋，因此，他不出意外地支持卡普政变，希望魏玛共和国迅速倒台，然后对德国的敌人们发起一场复仇战。起初，在海因里希看来，希特勒的观点是一种低俗的纳粹极端主义，并对此疑虑重重，但希特勒大力支持重新武装自己，同时还极力压迫社会民主党和共产党，这深深地吸引并俘获了海因里希。海因里希并非纳粹思想家，但他的确开始崇拜希特勒，在与生俱来的因循守旧观和强烈的爱国主义情怀的驱策下，他开始追随希特勒的政权。希特勒的目标是让欧洲都臣服于德国，并以此为起点向大英帝国和美国发起挑战，夺取全球霸主的地位，虽然与希特勒不同，海因里希仍然怀疑这一宏伟目标能否实现，但他依然鼎力支持希特勒。他的日志不仅包含了那种典型的自己对士兵们身心健康的种种关怀——他非常确定自己能理解他们的艰辛——同时也折射出他的狭隘思想，因为他认为军人以及军事行动永远高于一切。他不经意地在字里行间中流露出对犹太人和斯拉夫人的偏见，这种偏见深深地根植于他及其他所属阶层的每一位成员。他对希特勒和他对自己心中德国理想的忠诚将驱使着他一直抗战，几乎直至战争的最后一刻。[144]

费多尔·冯·博克的生平经历与海因里希的如出一辙，只不过相对而言，海因里希在事业上的成就更平淡无奇，而博克最终则被

擢升为元帅。1880 年，博克出生于一个军事家庭，位于德国东部边境的另一个小镇库斯特林（Küstrin）。第一次世界大战期间，他在两个前线上都曾战斗过，而在整个魏玛共和国时期，他都在部队中服役。1938 年，他率领第 8 集团军挺进奥地利，随后在 1939 年时又率领北方集团军挺进波兰。他结婚的时间比较晚，直到 1936 年，才娶了一位有子女的寡妇。尽管他活跃的军事行动意味着他不得不与家人聚少离多，但他的婚姻似乎还是非常成功的。虽然博克非常钦佩希特勒，因为他重建了德国的民族自豪感和军事威望，但博克本人绝不是纳粹思想家。从他的战争日记中，我们可以看出他勉强算是一名职业军人，对除了军事行动和军事规划以外的事情，几乎一无所知。他公开拥护君主制度。1940 年 5 月，他在荷兰逗留期间曾驱车前往多伦（Doorn），曾经的德皇，年迈的威廉二世此时在那里流放；但博克发现负责守卫德皇官邸的士兵们得到指令，不允许他进去拜访问候。博克专业的军事素养给他植入了一套基本信念，那就是绝对信奉战争法、尊重普通民众、关心战俘的福利待遇以及其他诸如此类的林林总总。例如，他认为沦陷区应该由军事政府直接管理，因此他不喜欢党卫队插手其中。此外，他也关心纳粹政府对法国和比利时沦陷区犹太人的政策，而且他的日记中没有任何公开的，哪怕是含沙射影的反犹主义措辞。但博克也承认，希特勒会干预他自己军队所攻陷的区域；但无论如何，同具有军事必要性的命令和规定相比，对他而言，这些问题都是次要的。他的全部时间和精力几乎都花在了行军打仗上，所以对于上述这些违背军事规范的行为，他从未采取过任何措施。[145]

驱策德军将领们坚持战斗的因素除了他们的专业素养和保守的民族主义思想外，物质奖励也扮演了一个重要角色。与其他国家一样，纳粹德国也设立一整套的荣誉和奖章制度，用以表彰战争中顽强作战的勇气。那些取得战争大捷的战地指挥官们晋升得非常快，

1940 年，德军在西部战区取得胜利后，其中有 12 名战地指挥官被提拔为元帅。但是，希特勒从未彻底信任过自己的军队，他只是把晋升视为一种手段，使高级军官能听从自己的意愿，哪怕他们根本不认同纳粹意识形态。然而，本质而言，在军官阶层中，高级职位都把持在传统贵族手中，所以，迅速地擢升其他人员对这一构成比例来说并不会产生任何影响。[146] 晋升不仅意味着薪资的增长，而且还能带来额外的奖励，陆军元帅或海军元帅每个月的额外奖励是 4,000 帝国马克，而且无须上税。通过其他途径，希特勒用自己数量惊人的私人财产来进一步高额奖励军事将领，在这一点上，他毫不吝啬。1941 年 4 月 24 日是雷德尔元帅的 65 岁生日，当天，希特勒向他一次性捐赠了 25 万帝国马克，用以资助他建造新的府邸。通常情况下，这种礼物都是以谨小慎微的方式馈赠的，而且都是幕后操作。另一个例子就是 1941 年 9 月 5 日，为了庆祝威廉 · 里特尔·冯·勒布元帅 65 岁生日，希特勒通过自己的首席副官鲁道夫·施蒙特（Rudolf Schmundt）送给了他一张 25 万帝国马克的支票。因为希特勒深知，勒布对自己开展战争的方式一向表现出批判否定的
495 态度。这笔钱等于是给勒布吃了一枚定心丸，甚至在 1942 初，勒布因在莫斯科败北而被罢免之后，他依然拿着这笔奖金四处打听可供购买的房屋，在搜寻过程中，他一次又一次地向各种各样的民事行政机构寻求帮助，最终在 1944 年时购买成功。

在此之前，希特勒曾于 1940 年提出入侵中立国比利时的计划，勒布对此大失所望，于是，他开始试探军事反对派的态度，这支反对势力在陆军参谋总长弗朗茨 · 哈尔德的领导下再次逐渐形成气候。但这是勒布唯一一次接触军事反对派，自此以后，他与军事反对派再无任何往来。其他一些军官在 60 或 65 岁生日时也曾得到过这一金额的奖励，他们包括格尔德 · 冯 · 伦德施泰特元帅、威廉 · 凯特尔元帅，以及汉斯–京特 · 冯 · 克卢格元帅。而诸如

海因茨·古德里安和克莱斯特等人则获得了价值不菲的庄园，或者是用以购买这些庄园的现金。古德里安获赠的庄园位于代彭霍芬（Deipenhof，今格文博基［Głębokie］），据估计，这座庄园价值近150万帝国马克。古德里安曾极力批判希特勒的战争行为，但截至战争尾声，因遭到强制退伍而返归故里时，他已变成了一位将战争进行到底的坚决拥护者。毋庸置疑，希望从希特勒那里获得如此昂贵的礼物，这一愿景影响了其他许多高级军官的行为。这些人往往大肆地自吹自擂，四处声称自己如何发扬谦虚、正直、节俭等普鲁士军人的传统美德，并称自己怀有强烈的荣誉感。外交官乌尔里希·冯·哈塞尔早已对此不以为然，正如他所评论的那样，“对于绝大部分将领而言，他们的仕途和元帅参谋们的意见更为重要，而他们本应持有的重要的实践原则和道德价值观则岌岌可危，随时可抛弃”。[147]

在师级部队里，资历相对较浅的军官虽然也表现出了师级部队整个军官群所具有的一些特征，但还是与之有一定区别，这些区别主要源自一个事实，那就是他们中大部分人的年龄都相对较轻。例如，在第253步兵师——有人曾就该步兵师做过详尽的数据统计分析——中，仅有9%的军官出生于1900年以前，8%的军官出生于1900—1909年之间，整整65%的军官出生于1910—1919年之间，剩下19%的军官出生于1919年以后。而且，在该步兵师中，57%的军官都将自己描述为新教教徒，仅有26%的军官称自己是天主教徒，这与他们麾下士兵的宗教信仰形成了鲜明对比，因为绝大部分士兵都是天主教徒，由此可见，在师级部队军官内的这一军事精英团体中，新教信仰占据了主导地位。当然，纳粹思想对他们也产
生了深刻影响，因为该步兵师中有12%的军官都称自己是“自然 496
神论信奉者”，这是纳粹政权所偏爱的一个模糊概念，不具有宗教色彩。大多数军官都来自中层或中上层阶级，受过良好的教育，有

专业的知识技能，而且已经在部队中服役了一定年份，其中不少人还曾在魏玛共和国时期服役。他们中 43% 的军官都加入了这样或那样的纳粹组织。同普通士兵相比，他们更有可能因骁勇无畏而获得嘉奖，他们的仕途也更加似锦如霞，当然，前提是他们能在战争中幸存下来。战争期间，他们中近一半的人都获得了营长或者更高的军衔，甚至连资历最浅的人都有可能被擢升为上尉和少校。然而，这同时也意味着，与他们手下的普通士兵相比，他们被调配到其他师或被安排去执行其他任务的可能性也高出许多。[148]

对绝大多数普通士兵而言，在战争大部分时期，他们几乎一成不变地在某一个工作环境里拼搏奋斗，这种稳定性令人惊讶不已。几乎一半左右的德国士兵从来没有执行过战斗任务。他们或待在预备役部队中，或在位于前线后方的沦陷区里从事安全工作，或者在行政、补给、支援或其他辅助工作中效力，门类繁多，不一而足。例如，每个坦克团不仅需要坦克驾驶员、坦克修理师，而且还需要专人负责补给汽油和弹药，将坦克运往前线或是将其从前线运回，不断跟踪记录坦克的最新位置。此外，总是有数量庞大的军队在接受训练，还有不计其数的退役军人在修养康复，他们由于各式伤病而被迫离开部队。而另一半德国士兵则积极地投身于战斗任务中，他们中 80% 的人都在步兵师中服役，因此，他们或许可以被视为武装部队中典型的作战单位。从战争爆发到入侵苏联，德军经历了一段漫长的准备时期，在该时期里，他们扩充军队，开展了军事训练以及部署组织工作。而且，德军在此期间的兵力损失也相对较轻，阵亡和失踪的士兵共计 13 万人左右，事实上，这只相当于德军在整个战争中兵力损失总量的 2.5%。通过将现有作战师中经验丰富的士兵抽调出来，将他们与刚征召入伍的新兵融合，不断组建形成新的作战师，可以确保高度的连续性。战争初期，德军仅有 90 个步兵师，而到了 1941 年 6 月，这一数字就猛增为 175 个。大多时候，士兵们只是断断续续地投入真正的战斗，都是一些持续时间很短的闪电战，比如入侵波兰、1940 年在西部地区开展的一系列战争以及1941 年在巴尔干半岛取得的诸多胜利等，都是如此。这一切都意味 497
着，相对而言，他们一直都是紧密团结的一个整体，在每个作战部队中，“同志们”之所以会彼此间相互忠诚，就是这份稳定的心理因素在起作用。[149]

但在德军入侵苏联后，他们遭受了惨烈的损失，这种相对稳定性也因此受到了巨大的冲击。德军管理层力图通过各种各样的方式来减轻这些损失所造成的破坏。例如，他们极力确保新征召入伍的士兵与即将加入的作战部队的士兵来自德国的同一个地方，再比如，他们也会将那些完全康复的士兵送回到他们之前所在的兵团，如此一来，一个兵团的成员在社会和文化背景的构成上就会维持一种相对的同质性，从而（德军管理层认为）增强每个军团的凝聚力和战斗力。而且，德军坚持全方位的训练，这也能确保他们随时都能以一名合格战士的姿态投入战争。尽管如此，德军方面的损失不断增长，所以他们根本无法彻底恢复到之前的兵力，而且事实上，有的兵团已经失去了有效的战斗力。此外，自斯大林格勒战败以来，德军又接二连三地遭受了一系列重创，他们的士气也开始变得愈发低落。然而，截至 1944 年夏末，有一点是非常明确的，那就是尽管连连失利，但德军在组织协调、排兵布阵和征募模式上依然保持着相对完整的状态，没有受到大的影响。因此，德军的失败不是源于他们组织无序或效率低下，而是因为红军在军事和经济实力上具有明显的优势（或者说德军在北非、意大利以及后来诺曼底的失利中，英美两国的军事与经济实力太过强大）。[150]

在这些步兵师中，究竟是哪些人在作战呢？第 253 步兵师的士兵和士官们拥有非常广的年龄分布。他们中 19% 的人生于 1901 年至 1910 年间，魏玛共和国时期他们已经是成年人了；68% 的人生于 1911 年至 1920 年间，而剩下约 11% 的人则生于 1921 年至 1926 年间，这后两拨人的一个共同点就是他们均完全或一定程度上是在第三帝国社会规范和教育模式的熏陶下长大的。尽管随着战争的不断推进，德军士兵的平均年龄在稳步下降，但最显著的一个特征就是德军的主体力量是出生于一战爆发前不久或者一战期间的那一代人。换言之，这支步兵师整体的性格特征、行为方式和精神面貌是由一群年龄介于 25 至 30 岁之间的年轻人决定的，其他步兵师也极有可能是这样的情形。[151] 从这一年龄结构中我们或许可以推论，这支部队的绝大部分人——战争开始时有 68% 的人，快到战争结束时有 60% 的人——都是单身。年龄更长的那些士兵中，许多人已经有小孩了，因此，他们的作战师指挥部通常情况下不会派他们
498 奔赴最前线，而是更倾向于派上述这种没有家庭牵挂的年轻人去执行最危险的任务。同样，在与沦陷区普通民众——尤其是妇女和儿童——的交涉中，婚姻和父亲身份也很有可能是促使这些年长士兵们约束自身行为的重要因素。[152]

在该步兵师里，出生于一战之后的士兵中有 59% 的人都是某个纳粹组织的成员；在 1916 年至 1919 年间出生的士兵中，有 69% 的人都加入了国家劳役团（Reich Labor Service）；而在 1913 年至 1917 年间出生的士兵中，有 83% 的人在 1939 年之前就已在武装部队服役了。这样平均下来，截至战争爆发时，该步兵师里在 1910 年至 1920 年间出生的士兵中，有 75% 的人都曾加入过上述组织中的其中一个；事实上，他们中 43% 的人曾加入过不止一个组织。在抗战的绝大部分时间里，正是这些年龄段的士兵们构成了该步兵师的中流砥柱。[153] 而且，随着战争的推进，德军进一步加强了政治灌输的工作，所有的军官和士官都必须接受这一政治教育，同时，通过他们也将这些理念植入普通士兵的认知中。在魏玛共和国时期，有一种理念得到了持久而声势浩大的宣扬，那就是建立一支政治态

度中立的军队，此刻，这种理念早就烟消云散了。截至战争爆发时，军队已经将征召入伍和对普通士兵实行军事训练这两个环节当作是整个意识形态教育过程中最后亦是高级的阶段，在此之前，对他们的意识形态教育早就开始了。军队训练士兵不仅仅是要将其培养为一名战士，而且还要将其塑造为一名彻底的日耳曼种族社区成员；根据一些训练指南的规定来看，他们甚至要令士兵脱胎换骨，成为一个全新的人。所有军官都必须学习国家社会主义的世界观并笃信其真理性。统治当局出版了不计其数的相关书籍、宣传单和手册，用以辅助完成这一学习任务。其中很多作品都告诉军官们，犹太人要针对德国开展一场世界性的阴谋，还说在将与他们对战的所有敌人中，犹太人是最危险也是最致命的。军队还做了进一步的安排，以确保军官们在国家社会主义精神的指导下延续“精神层面的战争准则”。学校、希特勒青年团以及戈培尔的大众媒体早就给士兵们灌输了大量的纳粹主义意识形态观念，此刻，高强度的意识形态训练更进一步增强了对他们的洗脑成效。因此，德军许多人投身到与红军士兵的战争中，称后者是“在犹太人的鞭笞下变得丧心病狂的劣等民族”，他们会有这样的认识，我们也就不足为奇了。[154]

自 1941 年 12 月以来，德军不可能被打败的这种观念就越来越 499
受到质疑，随后，在斯大林格勒的败北更是给德军造成了重创，之后，德军的高级指挥官们便愈发不遗余力地给士兵们灌输这样一种信念，那就是他们正在为一项崇高的事业而战斗。1943 年，希特勒宣告道，德国军官必须是一名政治军官。尤其是在形势不容乐观的时候，军官们更要从国家社会主义信念的不竭源泉中汲取能量，不断地警醒自己这一切究竟是为了什么。1943 年 12 月 22 日，希特勒下令成立专门小组，负责协调“对武装部队进行国家社会主义领导”。正如下个月月初他私下对戈培尔和其他少数几个人所说的那样，这一政策旨在确保所有士兵都处于同一种精神状态中，在这种精神状态的驱使下，他们都要有为纳粹事业奋战到底的“狂热意志”。统治当局集中管理并任命负责开展纳粹政治教育的官员。同时，海军和空军也采取了类似的措施。事实上，这等于是纳粹政权向德国武装部队引入了一种功能类似于政治委员的职位，这种政治委员在红军中有着举足轻重的作用。在后方举行的不计其数的特别政治教育课程中，政治委员的重要角色被反复强调，同时，在军队组织的各种会议上，他们的角色也得到了广泛探讨。随着时间不断向前推进，德军连连失利，德军军官所下达的命令和指挥就其内容而言，国家社会主义的色彩也越来越浓，他们试图以此激励士兵们向实力强大的敌人展开前所未有的疯狂抵抗。[155] 当然，相当多的德军军官和士兵对纳粹意识形态依然无动于衷，有的甚至产生了强烈的抵触情绪，这主要取决于他们的年龄、处境以及他们之前的信仰。但总体而言，政治教育和思想灌输的确对整个军队产生了一定作用，而且在鼓励他们奋战到底的过程中扮演了重要角色，这一点毋庸置疑。

事实上，有的人是在反犹主义信念的驱使下继续战斗的。政治宣传和思想灌输将这种观念根深蒂固地植入了他们的认知中，正如 1942 年 3 月 1 日一名在东部战线元首军事信使服务点工作的士兵所写的那样，“这是一个两种世界观相碰撞的问题。不是我们死，就是犹太人亡”。[156] 当“德国将取得最终胜利”这种前景越来越受到质疑时，正是这股信念驱使着他们中一些人继续一往无前。1942 年 5 月底，一名驻扎在法国南部的陆军士兵写道：“犹太人将取得胜利并开启他们的统治，这绝对不可能。”[157] 与这股怀疑情绪混杂交织在一起的是更强烈的恐惧感。1944 年 8 月，另一名士兵写道，如果德国战败，“犹太人将向我们发起猛烈攻击，将一切与日耳曼相关的东西都摧毁殆尽，他们将展开残暴而骇人的大屠杀”。[158] 尽管如此，纳粹意识形态对其他许多人的战斗信念并没有产生多大的刺激
500 效用，有的人甚至完全不受影响。以维尔姆 · 霍森费尔德为例，像

他这样对纳粹主义恨之入骨的人怎么可能继续在军队中服役？1943年12月，他意识到他所效力的政权不仅仅是在迫害并屠杀东欧人和犹太人，而且这个政权的打击对象还包括德国人自己。霍森费尔德来自黑森州的乡村地区，20世纪30年代时，他或许的确没有意识到纳粹党究竟会向内部竞争者下怎样的毒手。霍森费尔德的新助手以前是一名共产党员，曾被囚禁在盖世太保的监狱中，饱受严刑拷打，身体受到了严重的迫害，在与其聊天之后，霍森费尔德对纳粹党所抱有的最后希望也彻底破灭了。霍森费尔德写道，显而易见，政权的领导人们允许这样的暴行：

> 他们为什么只能通过暴力和谎言来维持工作，为什么只能用谎言来保护他们的整个体系，此刻，我终于彻底明白了……愈发暴力的行为必定会接踵而至，按照他们的政策，开展战争是唯一顺理成章的事情。现在，所有［德国］民众如果不在一个恰当的时机合力将这个毒瘤铲除，那么大家都势必走向灭亡。这些恶棍正在牺牲我们所有人……在德国，纳粹政权早就对他们的政敌施以了暴行，而当下，他们在东方地区——波兰、南斯拉夫和俄罗斯——所采取的行动纯粹只是这种暴行的延续……而我们还天真地以为他们能给我们创造更美好的未来。任何一个人，只要他曾赞同过这一体系的存在，哪怕是最低程度的赞同，那么今天他都应该为自己曾有过这样的做法而感到羞耻。[159]

在霍森费尔德看来，纳粹党只是一个犯罪分子集体中的小群体，并不能代表整个德国人民。他之所以留在自己的岗位上继续执行任务，并不是为了纳粹党，而是为了德国，为了使德国不会受到布尔什维主义的荼毒。极有可能其他很多德国军官也是像他这样想的。例如，到1943年7月，海因里希将军开始愈发担心德国很有可能战败。他写道——像是在鼓励自己务必要奋战到底——“显然，我们决不能战败，那样的话后果将不堪设想——德国将陨落衰败，我们也将随之一起跌入深渊。”[160]

几乎没有证据表明，在德军中，军人价值观和战友同志间首要的忠诚情谊遭到瓦解，纳粹意识形态进而得以通过在士兵中的传播填补这一精神缺失。从多方面来看，每一个作战师都保持了相对稳定的同质性，这意味着，在战争期间的大部分时候，作战师内部的群体忠诚仍然完好无损。一方面，老兵们阅历丰富，变得愈发愤世嫉俗，冷血无情；而另一方面，他们所属的部队也在不断吸纳深受纳粹意识形态浸淫的年轻士兵，而且自1943年年初以来，吸纳的
501 年轻士兵数量越来越多，他们构成了德军在东部战区的主力，实施了种种惨无人道的战争行为。事实上，在将年轻士兵和老兵们糅合在一起的过程中，更大程度上坍塌瓦解的不是战友同志间的忠诚，而是士兵们的坚持。甚至在损失惨重的时候——比如1941年年底至1942年年初——第253步兵师各连队之间的凝聚力虽然受到了打击，但也并未被彻底摧毁，而且随着士兵们的康复归来以及新生力量的注入，这股凝聚力很快就得以恢复。[161]将这些士兵群体紧紧凝聚在一起的是彼此之间的忠诚，这份披肝沥胆的情感是在战火中淬炼而成的。甚至当他们开始怀疑能否取得胜利时——斯大林格勒战役后，这种怀疑愈发强烈——他们也在继续战斗，而他们的精神动力就是这份同志情谊和逆境中的相互扶持。[162]在这里，通过照顾身边的伤员、适当地装饰掩体和居住营房、赋予虚无的战争生活一抹色彩——就像在斯大林格勒度过的那个圣诞节，有的部队在庆祝时情感非常投入——各士兵小团体内部形成了新的情感纽带，这种情感纽带至少能一定程度上弥补士兵们因家人远在国内而出现的情感缺失。从另一个角度来看，这或许也是他们民族共同体

（Volksgemeinschaft）的一个缩影；相应地，所有士兵极具攻击性的男子气概都一致对外，朝向敌人，朝向那个他们眼中的——至少在东方战区是这样的——劣等民族，事实上，在他们看来，这个劣等民族都算不上是人。[163]

驱使士兵们坚持战斗的另一个因素就是心中强烈的恐惧感。他们恐惧向敌军投降后将会发生的事情，他们也恐惧司令官如果看到自己表现出怯懦的迹象将会产生怎样的后果。武装部队有自己的军事法庭，海陆空三军的军官们都滥用这一机制来起诉各种各样的犯罪，从偷窃战区邮局寄送的食物包裹到扔掉国旗，无所不有。任何一项罪名都足以置犯罪者于死地。其中一项罪名的定义颇为模糊，名为“削弱军事力量”（Wehrkraftzersetzung），从发出失败主义者的言论到抱着以被勒令退役为目的的自残，它几乎可以将任何行为都囊括其中，正是借着这项罪名，不计其数的士兵遭到了控告；此外，与普通百姓一样，批评统治当局和领导人也是一项刑事罪。正如我们所见，与之形成鲜明对比的是，德军士兵对沦陷区平民百姓所犯下的罪行只得到了相对较轻的起诉，劫掠、强奸、谋杀以及枪杀本该成为战俘的敌军士兵，诸如此类的犯罪得到了普遍的宽恕，在巴巴罗萨行动的头几个阶段尤其如此。因此，军事法庭主要是用来增强军队纪律和战斗意志的手段。据估计，整个战争期间，军事法庭 502
总共审判了多达 300 万例的案件，其中与平民和战俘相关的案件仅有大约 40 万例。[164] 在这所有的案件中，至少有 3 万例案件的判决结果是对武装部队的其中一名成员处以死刑，这与一战期间德国武装部队仅有 48 名成员被处死的数据相比，有着天壤之别。在这 3 万例判决结果为处以死刑的案件中，一部分人被减刑，还有少数一部分人的判决是在本人缺席的情况下宣布的。但绝大部分判决——有人曾做过全面的估计，认为至少有 2.1 万例判决——都被执行。而二战期间，在除苏联以外的其他所有参战国，被军事法庭判决为死刑的人最多也只有数百名，远不及成千上万名。[165]

被送上军事法庭的犯人理应由 3 名法官一起审判；此外，相关条例规定，必须为被告人提供一名辩护律师。但在硝烟弥漫的战场上，这些规则条令基本上都被忽视了。例如，据一名参与者回忆，有 4 个师驻扎在斯大林格勒前线的某一处，在短短一周的时间里，那里的战地军事法庭就判决了 364 例死刑，而这些人的罪名则包括怯懦、逃跑以及偷窃食物包裹。[166] 希特勒行使自己总司令的权力，颁布了一套指导纲领，里面规定了最严苛的惩罚。指导纲领的其中一条规定是："如果犯罪者是因害怕个人危险而犯下这一罪行，或者如果有必要通过此案件来维持特定环境的军人纪律时，那么建议对犯罪人处以死刑。"[167] 总体而言，军事法庭与纳粹思想统治下的民事司法机构在观点上是一致的，正如其中一名军事法官所言：

> 只要是服务人民的都是正当的……因此，狭义上的军事法可以理解为"只要是服务武装部队的都是正当的"……为什么不能有"平庸的士兵"，这个问题现在变得十分明了。成为一名士兵就意味着必须将国家社会主义的荣誉观和士兵行为准则提升为一种职业道德观。[168] 这意味着什么呢？举个例子，处死 6,000 名士兵是因为他们"削弱了军事实力"。在被送到行刑队面前的士兵中，最常见的罪名就是当逃兵，有 1.5 万人都是因此而被处决的。但事实上，在许多案件中，士兵们的罪名差不多跟擅离职守（unerlaubte Entfernung）一样。1939 年 12 月和 1941 年 7 月，国防军最高统帅部两次下达命令，因此，判决宣布后很快就被执行了。"武装部队中的害虫（Wehrmachtschädling）越早得到应有的惩罚，我们就能越轻松
> 503 地防止其他士兵犯下同样或类似的罪行，我们也就越能轻松地维持士兵们英勇作战的纪律。"[169]

四

在明知战争不可能取得胜利后，士兵们依然坚持战斗了很长时间，通过严苛地执行军事司法制度来恐吓他们，这一手段极有可能发挥了巨大的作用。但统治当局要求打造的武装力量是一支疯狂地受国家社会主义信念驱使而战斗的队伍，而且这个要求愈发强烈。事实上，这样一支军队是存在的，只不过是以武装党卫队（Waffen-SS）* 的形式存在。武装党卫队的历史可以追溯到第三帝国的早期，当时，希特勒组建了一支私人武装护卫队，这支队伍后来演变成了广为人知的“阿道夫 · 希特勒亲卫队”（Leibstandarte Adolf Hitler）。按照起初的构想，这支私人护卫队将被主要用作礼仪队，由约瑟夫 · “塞普” · 迪特里希（Josef “Sepp” Dietrich）指挥。迪特里希是一名举止粗鲁的巴伐利亚纳粹党员，曾当过汽油加气员、侍应生、农场工人以及烟草工厂的工头。他出生于 1892 年，曾在坦克部队中服役，但除此之外他并没有什么严格意义上的军事经验，军中将领曾反复指出这一点，然而都不起作用。但很快，迪特里希的上司海因里希 · 希姆莱就成立了一个规模更大的组织，并开始征募军人，让他们来为自己的队伍提供正规的军事训练，而且从 1938 年开始也为迪特里希的队伍提供军事训练。截至 1939 年年底，党卫队名下各种各样的军事队伍与特奥多尔 · 艾克创建的“骷髅师”合编在一起，共同构成了看守集中营的保卫队。党卫队的规模由战争前夕的 1.8 万人猛增为 1941 年 11 月的 14 万人，其中还包括坦克团和摩托化步兵。从一开始，对他们的培养目标就是将其打造为精英分子，具体表现为绝对可靠的意识形态、高强度的训练以及对希特勒无条件的忠诚，而最后一点也是他们与常规军的主要区

* 武装党卫队也被称作“党卫军”。

别。这支队伍中的高级军官与常规军里的同级别军官相比，一个明显的特征就是前者要年轻一些，他们大部分都出生于19世纪90年代或者20世纪初，因此，战争期间，他们正值40多岁或50岁出头。武装党卫队各个军团的名字里都加上了“帝国”“德国”和“元首”等字眼。与常规军的另一个区别就是，武装党卫队并不是一个仅由德国人民构成的组织，而是由日耳曼人构成的组织。该组织的首要领导人是戈特洛布·贝格尔（Gottlob Berger），他是一名资深的纳
504 粹党员，曾参加过第一次世界大战，同时也是希姆莱最亲密的朋友之一，他在荷兰、丹麦、挪威以及佛兰德斯等“日耳曼”国家都设立了征募办公室，并在1941年春天的时候组建了第一支由非德国人构成的师（“维京”[Viking]装甲师）。随着对成员数量的要求超过了对成员自身民族同日耳曼民族亲缘度的要求，武装党卫队也开始从东欧国家征兵。截至1942年，武装党卫队的规模达到了23.6万人；到1943年时，规模超过了50万人；而到了1944年时，其规模已经快接近60万人了，其中活跃在战场上的大约有36.9万人。[170]

常规军的司令官都很蔑视武装党卫队，认为他们的司令官都缺乏专业素养，太轻视自己属下的生命。尽管武装党卫队的各个师都由常规军将领指挥，但常规军将领根本无法控制他们狂热的自我牺牲欲。艾克被安排在陆军将军艾里希·霍普纳的麾下，他对霍普纳将军说，在他刚刚实施的进攻中，自己士兵的性命一文不值，听了这番言论后，霍普纳将军直截了当地谴责了他这种态度，说：“这简直就是刽子手的观点。”[171]然而，将武装党卫队作为先头部队，让他们向敌军发起进攻，承担绝大部分的伤亡损失，对此，高级将领们并未表现出完全深恶痛绝的态度，因为他们可以借此削弱劲敌的力量，同时能够保全自己的部队。1944年8月，希姆莱抱怨道，军队中有一部分“心怀叵测的人”正密谋着如何将“这支不受欢迎

的军队屠杀殆尽，将其连根拔除，不留任何余地”。[172] 此外，军队指挥官也指出，与自己的部队相比，武装党卫队的成员更有可能屠杀无辜的平民百姓，特别是犹太人，另外，他们还很容易犯下其他的罪行，在东部战线尤其如此。1943 年 8 月，当局曾对陆军进行过一次官方调查，调查显示，被检举的 18 起强奸案确有其事，其中 12 起强奸案都是武装党卫队成员犯下的。这些报告的准确性到底有多高，我们无法核实。常规军司令官希望隐藏自己属下犯下的罪行或者对其避而不谈，因此，武装党卫队很容易替他们找一些借口。而另一方面，据闻，甚至连党卫队其他部门的军官都在抱怨，说武装党卫队行事太过残忍。当“欧根亲王”师（Prince Eugene）的指挥官想要用各种各样的借口来欺骗克罗地亚傀儡政府的一名部长，力图证明自己属下犯下的暴行纯粹是一些“失误”时，党卫队的另一名军官则当面讽刺道：“自从你来了以后，‘失误’便一次又一次地上演，真是太遗憾了。”[173] 1945 年以后，那些曾在武装党卫队中担任军官的人们力图将他们的部下描绘为普通士兵，但这未能取信于人，因为人们对他们所谓的精英身份，或者说纳粹意识形态狂热 505
捍卫者的身份，已经看得非常清楚了。而另一方面，自 20 世纪 90 年代初以来，大量证据重见天日，向我们揭示了常规军在东部前线及后方究竟是怎样的作风，这进一步削弱了武装党卫队的说辞，那就是他们只有在极少数的情况才无视战争法和战争惯例。

一方面，武装党卫队怀有明显的狂热主义思想，这一点毋庸置疑，而另一方面，他们的军事指挥官很乐意将自己的部下送往最前线，因此，武装党卫队遭受了惨重的兵力损失。战争期间，在武装党卫队中服役的士兵多达 90 万人，但其中超过 1/3 的人——准确地说是 34%——都不幸遇难了。[174] 据 1941 年 11 月 15 日的报告称，在“骷髅师”中，军官和士官的阵亡率高达 60%。另一份报告则抱怨道，“骷髅师”已经丧失了主心骨。正如 1942 年 3 月党卫队保安处所汇报的那样，德国民众普遍认为武装党卫队的士兵缺乏军事训练，而且经常被“随意地牺牲掉”。武装党卫队之所以如此无所顾忌地将他们的士兵送上战场，仅仅是想炫耀自己的军队要比其他军队更卓越。[175] 此外，家长们也开始竭尽所能地阻止自己的孩子被征入武装党卫队，因为他们一旦进入武装党卫队就会被强制灌以反基督教信仰的价值观念。1943 年 2 月，一处征募中心汇报道：“家长和教会给征兵工作造成了负面影响。”而另一处征募中心则汇报说：“家长普遍反对武装党卫队。”在维也纳，其中一个人对征募中心的官员说：“神父告诉我们，党卫队持无神论的观点，因此，如果我们加入其中，我们就会下地狱。”[176] 来自法兰德斯、丹麦、挪威以及荷兰的志愿者开始提出申请，要求退出党卫队，他们抱怨道，德国党卫队军官在对待外籍新兵时表现得非常傲慢无礼，而且专横跋扈。因此，征募中心的官员开始前往国家劳役团的各营区，强制那里的年轻人充当“志愿者”，加入武装党卫队。这些人的亲属们对诸如此类的举动抱怨连连，而另一方面，武装党卫队的官员很快也宣布道，他们对征募结果甚是不满，因为许多新兵“心智不达标”，而且“还经常违抗命令，装病怠惰”。快到战争结束时，武装党卫队兵力的质量急剧下滑。但就此而言，武装党卫队也只不过是踏上了常规军走过的老路。[177]

第四节

新的“挣扎时期”

一

1942 年 11 月 7 日，阿尔贝特 · 施佩尔搭乘希特勒的私人专列，506
与元首一同前往慕尼黑。施佩尔回忆道：“在前些年的时候，希特勒搭乘自己的专列有一个习惯，那就是列车任何时候停止，他总会出现在窗户边。而此时，他似乎不太愿意以这种方式与车窗外的世界打招呼；相反，他会下令将靠近车站那边的帘子放下来。”当天深夜，他们的专列在一段岔线轨道上临时停了下来，希特勒和其他随行人员坐下来一起共进晚餐。施佩尔这样描述了接下来发生的事情：

> 餐桌上摆放着银质的餐具、雕花玻璃杯、精美的瓷器以及怡人的花束，显得精致而优雅。我们开始享用丰盛的晚餐。起初，我们没有人留意到一列运送货物的火车停在了旁边的铁轨上。这列火车运送的是德国士兵，他们刚从东部战线回来，身上湿漉漉的，饥饿难耐，有的人还受了伤，他们从对面望过来，

> 目不转睛地盯着我们车上的晚餐。希特勒突然注意到了这幅离他仅有两米远的凄凉景象。他甚至没有朝士兵们打一个问候的手势，就果断地命令仆人把帘子拉了下来。当时已经进入战争的后半段，而这就是希特勒此时面对前线普通士兵时的惯常反应。[178]

事实上，自 1942 年以来，希特勒出现在公众视野中的频率就越来越低。戈培尔和施佩尔都力图劝说希特勒前去慰问德国各城市中被严重炸毁的地区，希望以此振奋民心，但这样的劝说都只是徒然。[179] 诸如希特勒病倒了或是受伤了的谣言甚嚣尘上。当希特勒出来发表公众演说时，他的演说也失去了曾经所具有的力量，无法再达到之前那般影响民意的效果。例如，1943 年 3 月 21 日，希特勒通过广播发表演说——这是自斯大林格勒败北以来他发表的首次公众演说——此次演说非常短促，他说话的语速之快以及沉闷
507 乏味的语调，使得民众们都以为他想尽快结束演说，唯恐遭遇突如其来的空袭，事实上，还有的人在猜测，做演讲的不是他本人，而是某个替身。[180]

希特勒甚至对自己亲信的态度也发生了转变，不再像以前那般真诚友好。自 1943 年秋天以来，施佩尔感觉与希特勒共同用膳简直就是“一场煎熬”。施佩尔提到，希特勒有一条德国牧羊犬，“这是总指挥部里唯一能偶尔激起希特勒心中人类情感的生物”。希特勒非常憎恶听到任何坏消息，因此，他的下属们在向他汇报好消息时会夸大其词，还会向他汇报那些无关痛痒的、暂时性的成功，就好像他们取得了重大胜利一般。希特勒也没有去前线慰问，完全不去了解残酷的战斗实情。他在地图上标出作战师的位置，以此下达命令，他一直认为这些作战师一直处于战斗力十足的状态。德军方面配备了先进的通信技术，有电话和双向无线电，希特勒可以与在

地面作战的将领们毫无障碍地沟通，但他们之间真正的沟通却是单方面的；如果任何将领拒绝希特勒，或试图告诉希特勒不利的真实战况，那么他就会遭到希特勒的大声呵斥，在有的情况下还会被直接罢免。在总指挥部，希特勒还经常威胁恐吓参谋总部的官员，而且听到坏消息时，他会立刻火冒三丈。他会怒火中烧地骂道，将领们都是懦夫，“参谋总部接受的训练简直就是撒谎和欺骗”，军队向参谋总部传递的信息纯粹是一派胡言，“他们故意将情形描绘得非常不利，根本就是想以此逼迫我下达同意撤军的命令！”[181]

在这表面的震怒下，希特勒深知战局变得对他们愈发不利，但他却总是表现出乐观的假象。他曾凭借坚强的意志力取胜过，因此，他笃信胜利能再次垂青于他。此时此刻，由于把军中大小事务的决策权都独揽一身，他有生以来第一次不得不夜以继日地疯狂工作。希特勒放弃了夜晚的休闲娱乐活动，比如听音乐、观看老电影，或者是拨弄施佩尔制作的建筑模型。此时，他将所有的时间都花在与自己属下将领的讨论中——与其说是讨论，不如说是和他们言辞激烈的争论并恐吓威胁他们——仔细观察军事地图，并研究制定军事计划，他考虑得极其全面，很多时候连最细枝末节的东西都会考虑到。希特勒愈发深信不疑地认为自己的判断和决策不可能出现任何差错，因此，他对自己的属下，尤其是属下们对军事事务的处理方式，产生了愈发强烈的质疑。没有他的批准，任何人都不可擅自做重大决定。希特勒从来都不参加体育锻炼，此刻，他越来越依赖私人医生特奥多尔·莫雷尔给他开的药物和制定的治疗方式。莫雷尔医生
自 1936 年以来就开始担任希特勒的私人医生，到了战争后期，希 508
特勒每天要吃 28 片以上的不同药物，而且接受很多注射治疗，因此戈林戏称莫雷尔是“帝国注射大师”。希特勒是素食主义者，他钟情于豌豆汤这样的食物——这也是导致其消化不良的原因——莫雷尔将这些因素都考虑其中，竭尽所能地控制他的饮食。莫雷尔是

一名医术精湛的医生，而非江湖郎中，从医学的角度来看，他给希特勒开的所有药物都是恰当合理的。莫雷尔负责的态度使他能够对希特勒开展行之有效的诊治，而随着战争的进一步推进，希特勒也越来越依赖他。事实上，在莫雷尔的精心护理下，希特勒几乎一直都处于健康的状态，只有在 1941 年 8 月初的时候，希特勒才突发了一次疾病。尽管莫雷尔专业素养良好并认真负责，但此刻希特勒面对巨大的压力，病情开始日渐恶化，莫雷尔对此也束手无策。自 1941 年以来，据心电图显示，希特勒的心脏病日趋严重，这可能是由冠状动脉硬化引起的。从 1943 年春天开始，希特勒就饱受慢性消化不良的折磨，而且还周期性地出现胃绞痛（截至 1944 年年底，他至少出现过 24 次胃绞痛），莫雷尔的治疗或许反而使他的病情愈发严峻。希特勒的左手开始不受控制地颤抖，而且自 1942 年年底以来，这一情况开始严峻恶化，随之而来的症状就是他的背越来越驼，左腿也禁不住地颤抖。到了 1944 年，希特勒已经是拖着脚在走路了，从他的各种症状来看，任何有医学常识的人都能明确判断出他患的是帕金森综合征，虽然病情还算轻微，但总体而言呈现出恶化的趋势。莫雷尔本来一直倾向于从心理因素影响身体健康的角度来诊断，但在 1945 年年初时，甚至连他也接受了希特勒所患疾病为帕金森综合征这一事实，因此开始采取那个年代所能应用的标准治疗法。但外界看来，更多的旁观者则开始注意到希特勒在迅速衰老，他的头发变成了灰色，不再精神焕发，活力十足，完全没有一副中年男子所应具有的样子，而是老态龙钟，疲惫衰竭，这副病态很大程度上都是由帕金森综合征所导致的。希特勒一直在迟疑是否要向公众透露这件事情，这有可能是他愈发不愿出现在公共场合的重要原因之一。[182]

1940 年，希特勒向公众发表了 9 次演说，1941 年发表了 7 次，1942 年发表了 5 次，而 1943 年只公开发表了 2 次演讲。1944 年

1 月 30 日是希特勒就任帝国总理的 11 周年纪念日，当天，他通过广播发表了演讲；同年 2 月 24 日是实行纳粹体制的纪念日，希特勒在慕尼黑向纳粹党的“老战士”们发表了演说，戈培尔建议用广播播放他的演说，但遭到了希特勒的拒绝，甚至连报纸都没有对此进行报道。自此以后，民众们再也没有听过他进行公众演说，只有在 1944 年 7 月 21 日极其特殊的情况下（正如我们将要看到的那样），他才做了一次非常简短的演说。不到万不得已，希特勒完全不想和德国民众们进行直接的口头交流，甚至 1944 年 11 月 509
8 日，他在慕尼黑向“老战士”做的例行演讲都是由海因里希 · 希姆莱代为宣读的。在绝大多数时候，希特勒都待在现场指挥部，几乎一门心思扎在排兵布阵上；1943 年，他回到了位于巴伐利亚阿尔卑斯山脉的贝格霍夫山间别墅，在那里待了 3 个月，1944 年，他再次前往贝格霍夫，从 2 月底一直待到 7 月中旬。[183] 宣传部收到的信开始成倍地增长，正如戈培尔在 1943 年 7 月 25 日所指出的那样，这些来信都在问“为什么元首甚至不跟德国民众说话，不向他们解释一下德国当前的局势”。“我认为，”这位宣传部部长在自己的日记中写道，“元首出来对时局做一番解释是极其有必要的”。否则，在戈培尔看来，民众们就不会再相信希特勒了。[184] 德国民众中不乏希特勒的崇拜者，此刻，他们也开始变得不耐烦了。其中一名希特勒支持者在写给宣传部的信中质问道，为何希特勒不就 1944 年 9 月“戏剧性”的战势发表评论呢？[185] 希特勒的所有心思都放在了军事事务上，明显忽略了国内政治，戈培尔对此愈发不满，并大加指摘。他抱怨道，希特勒不在柏林，这造成了严重的“领导危机”。“在政治上，我无法对他产生任何影响。在最紧急战况下，我甚至都无法向他直接汇报。这一切都要经过博尔曼的手。”[186] 1943 年 4 月 12 日，博尔曼被委任为“元首秘书”，他的权力更庞大了，如同希特勒的影子一样。戈培尔开始认为，希特勒已经在很大程度上失去了对国内事务的控制权。[187]

至少表面看来，“帝国二把手”赫尔曼·戈林应该是填补这一领导层缺口的最佳人选。在1939年8月30日，戈林曾成功说服希特勒成立帝国国防部长议会（Ministerial Council for the Defense of the Reich），这一机构的主要职责就是协调民事行政管理。虽然希特勒对该机构做出的任何决定保留有否决权，但事实上，他很大程度上将国内事务的决策权都移交给了戈林，也就是该机构的负责人。该机构的重要性显而易见，因此很多关键人物都前来参加机构会议，其中包括戈培尔、希姆莱、莱伊以及达雷，截至1940年2月，该机构在功能上已经如同政府内阁的代理机构了。这引起了希特勒的高度警觉，因此他下令禁止该机构再次召开会议，而自此以后，该机构也确实没有再召开任何会议。戈林并未试图恢复该机构，因为他已经获得了足够的权力，那就是在批准新的法律条令时，希特勒在这些文件上签完名后，戈林还需要在后面签名，这完全能够满足戈林的虚荣心了。戈林是四年计划的总负责人，尽管他的权力范围涉及诸多方面，但是他本人却感觉越来越疲惫乏力，也不像以前
510 那样果断决绝，这有可能是他沉溺于吗啡的结果。戈林流连于各个狩猎小屋以及各城堡的时间越来越多，他的精神本来就不佳，却还将很大一部分精力用来享受奢靡的生活。1943年3月，一名来访者在戈林的卡琳宫（Carinhall）陪戈林度过了一天，此人描绘了这位帝国元帅现在的“荒唐”生活：

> 他很早就起来了，身着一件巴伐利亚皮衣，里面是一件纯白色的衬衫。一天之内他频繁地更换服装，晚餐时分，他穿了一件蓝色，或者说是紫罗兰色的和服，趿着一双毛皮镶边的拖鞋出现在餐桌，这双拖鞋本是专门在卧室穿的。甚至在上午时分，他也在身上带了一把金制的匕首，而且他也频繁地更换匕首。

> 在领带别针上他还装饰了各种各样的宝石。此外，在他水桶般的腰上缠着一条镶了许多宝石的腰带，更不用提他多不胜数的戒指及其耀眼的光芒。[188]

在这种情况下，戈林根本不可能有机会接过权柄，负责管理第三帝国的国内日常事务。此外，自 1942 年以来，德国空军的表现令人愈发失望，而戈林作为空军总司令难辞其咎，因此，他的声望不仅在民众那里，甚至在希特勒本人那里也大打折扣。

显而易见，第三帝国的大后方开始变得越来越群龙无首。尽管如此，帝国政府仍在运转。民事行政管理很大程度上还是由传统的官僚阶级来执行，他们办事一丝不苟，而且勤勉有加，截至战争结束，他们都有条不紊地在自己岗位上尽职尽责。希特勒在战前就曾制定了总的路线方针，各部长和大臣则沿着这条总的路线方针执行具体政策，而当希特勒本人对路线方针做出调整时，他们就做出相应的调整。没有希特勒的明确批准，他们不敢擅自就重大问题制定新的政策。和以前一样，希特勒对政策的干预往往是断断续续，突发奇想的，而且很多时候都非常武断，并自相矛盾。各部长们发现，要与希特勒取得联系变得愈发困难，因此，从戈培尔开始，他们定期地向希特勒寄送重大问题的相关会议文件。希特勒有时会看两眼，但更多情况下只是置之不理。例如，宣传部给他寄来了 500 份左右的会议文件，他不可能每份都看；再比如，战争期间，司法部给他寄来了 191 份会议文件，他也不可能一一阅读。或许他也意识到了自己能用于处理国内事务的时间已经大不如前，所以在 1942 年 5 月以及 1943 年 6 月，他两次下达命令，明确指出现在他的身份只是“元首”，而不是“元首兼帝国总理”，甚至在签署法律条令时，自己也只有这一层身份。希特勒根本无暇对国内事务给出任何总体 511
性的指导，因此，各政府部门愈发认为很有必要就方方面面的细节问题出台自己的管理条例，而且通常情况下，它们并未事先与其他政府部门就各自条例的内容进行商讨。例如，1941 年时，在与各政府部门商讨之后，总共有 12 条法律被通过，希特勒亲自颁布的法令有 33 条，帝国国防部长议会下达的法令有 27 条，而各政府部门独立颁布的管理条例和下达的命令却多达 373 项。既没有正式的政府内阁，也没有希特勒贯穿始终的总体指导，在这种情况下，政府便朝着愈加分裂的方向发展，呈现出一盘散沙的状态。1943 年 3 月 2 日，戈培尔在日记中写道：“可以说每个人都按照自己意愿自行工作，但这些工作从未被完成，因为没有哪个部门有一呼百应的强权。” [189] 正如我们所见，1943 年初成立了一个“三人委员会”（博尔曼、凯特尔和拉默斯），但他们的理念与戈培尔和施佩尔等权力人物的观点完全相左，因此，8 月份之后该委员会就停止召开会议了。[190]

国内权力中心出现了真空状态，而随着时间的推进，纳粹党开始逐渐进入了权力中心。1943 年 8 月 20 日，希特勒罢免了内政部部长威廉 · 弗里克，给了他一个有名无实的头衔（波希米亚和摩拉维亚保护长官，而此时卡尔 · 赫曼 · 弗兰克被任命为波希米亚和摩拉维亚保护国国务部长，他将继续担任实际负责人）。多年来，戈培尔一直要求罢免弗里克。这位宣传部部长说道，弗里克已经年迈，早就心力不足，而大后方民众的士气持续下滑，因此需要采取更强硬的措施。希特勒委任海因里希 · 希姆莱取而代之，他的擢升意味着希特勒想扩大警察压迫的力度，以此防止民众从士气低落演变为公开抵抗。[191] 与此同时，马丁 · 博尔曼有效地控制了官员们接触希特勒的机会，力图将民事行政管理部门及其诸多部长都排除在权力中心之外。到了 1945 年初，拉默斯已经在抱怨，说自前一年 9 月份以来他就再也没有见过希特勒，而且他还“不断地面临着来自各方面的压力，焦急地等待着元首就不计其数的问题做出相应决策”。[192] 因此，民事机构的总负责人只能请求党办公厅的负责人，希望后者能允许自己与国家元首见上一面。传统的政府行政管理式微，开始让位于纳粹党的管理，这一权力的更迭再明显不过。此外，戈培尔的权力日益强大，其他的暂且不提，1943 年他号召发起“总体战”，仅这一点就让他前所未有地更加接近经济管理的权力中心，这也进一步增强了纳粹党的统治管理。[193]

战争刚刚拉开帷幕，各纳粹党党部领导人就被任命为各党部的 512
帝国防御总督，这一新职位赋予了他们更多的权力，使其能独立于现有的民事管理者以及各党部的军事当局行事。随之而来的便是他们各方面之间对职权无休无止的争论；1942 年 11 月 16 日，帝国防御总督的数量由 13 名猛增为 42 名，其所管辖的区域数量与纳粹党党部的数量完全等同，纳粹党最终在这场权力角逐战中取得了胜利。博尔曼试图通过党办公厅来控制帝国防御总督，但这些人都有直接接近希特勒的特权，所以博尔曼的意图并没有实现，而也正因如此，帝国防御总督与其他管理部门之间也展开了进一步的权力争夺。帝国防御总督们愈发倾向于安排他们自己的人来执行命令，而非按照正常的程序，通过当地政府管理机构来执行。1943 年 3 月以后，他们与第三帝国新的内政部部长海因里希 · 希姆莱针锋相对——很显然，同前任内政部部长威廉 · 弗里克相比，希姆莱是一名更强大的竞争对手——但在战争的影响下，希姆莱也面临着一个同样的问题，那就是自己民事行政管理的执行力逐渐遭到蚕食。恩斯特 · 卡尔滕布伦纳（Ernst Kaltenbrunner）是海德里希的继任者，执掌党卫队保安处。在希姆莱的委托下，他于 1944 年 8 月 26 日递交了一份报告，证实了纳粹党党部领导人直接安排自己属下处理相关事务，绕过政府行政管理者的事实。卡尔滕布伦纳绝望地写道：

在当前形势下，人们并没有将同志间的紧密合作看作第一

> 位，相反，他们在国内权力的博弈中见缝插针，力图使自己在其中占据优势地位，公众们都对此不以为是。当地各政府职能机构不得不持续地捍卫自己的地位，这造成了大量的人力损失，也打击了他们的主动性，而且有的时候还会给人一种绝望无助感。[194]

随着战争陷入愈发被动的局势，纳粹党官员们也开始投入更多的精力来振奋士气，并将“牢骚者”和怨气不断的人隔离起来。罗伯特·莱伊是纳粹党全国劳工组织的领导人，1944 年 7 月 1 日，他在自己权限范围内颁布了一套指导方针，规定每一位街区领导人必须去走访自己辖区范围内的每户人家，每个月至少走访每户人家一次，以确保所有居民在政治立场和意识形态方面达到了恰当的忠诚度。局势越是不利，纳粹党便投入越多的力量来营造出 1933 年以前那种“挣扎时期”的气氛。[195] 纳粹党的权力和影响力日盛一日，许多之前受到军事当局大力排挤的普通党员感到喜出望外。英格·莫尔特（Inge Molter）的父亲于 1932 年在汉堡加入纳粹党，她在 1944 年 8 月 7 日给自己的丈夫阿尔弗雷德写信道：“总体来说，当下的时局
513 不禁让我想起之前的挣扎时期。与当时一样，爸爸现在没有一刻不是在处理党内事务。”[196]

二

战争期间，统治当局对每位德国民众在意识形态上的忠诚度提出了更高的要求，他们通过一系列新的法律制裁手段来确保该目标的实现。正如帝国司法部国务秘书罗兰·弗赖斯勒在 1939 年 9 月所宣告的那样：

> 德国正在为荣誉和正义而战。德国士兵比以往任何时刻都更完美地诠释了恪守职责的含义，他们是每个德国民众的榜样。任何人，如果不以德国士兵为榜样，而与人民大众作对，那么我们的大家庭就不会有他的容身之所……如果我们不对这样的害虫施以最残酷的惩罚，那就意味着我们背叛了浴血奋战的德国战士！[197]

之所以会有这样的考虑，是因为统治当局害怕1918年的悲剧再次上演，这令他们忧心忡忡。在1940年1月做的另一个声明中，帝国司法部就明确地表达了这一顾虑：

> 战争期间，司法系统的任务就是根除政治层面上所有的危险分子和犯罪因素，因为在这样一个关键时刻，后者或许会在背后捅一刀，危及前线的战斗（比如1918年的工人与士兵的议会［Workers' and Soldiers' Councils］）。剪除这些不利因素具有重大意义，此外，经验告诉我们，我们最优秀的士兵在前线以身殉国，这能有效地巩固大后方的内部力量。[198]

诸如此类的声明反映出了明显的社会达尔文主义思想，该思想进一步反映在统治当局起诉和惩处犯罪者的时候，那就是统治当局并不以犯罪者的所作所为为依据，而以他们的身份为依据进行判决。我们从新的律法中就能看出这一点。这些新的律法在措辞上往往很模糊，而且反复提及“国民害虫”这一群体。战争刚爆发，任何人，只要他被判定为意图“公开颠覆或削弱德国民众以及盟友国民众的抗战决心”，那么他就将被处以死刑。[199] 1939年9月5日出台的《反对国民害虫的法令》（Decree Against National Pests）明确规定，任何人，只要他被判定为在灯火管制期危及他人财产或人身

安全的罪行——包括抢劫——都会被处以死刑；此外还规定，任何人，只要他削弱了德国民众的战斗意志，也将被处以死刑。而且自
514 1939 年 12 月 5 日以来，使用枪支进行暴力犯罪的人也会被处以死刑。《德国刑法典》(Reich Criminal Code)也被进一步修订，如此一来，任何给德国“战争努力”带来“不利因素”的人都会被处以死刑。例如，发出“失败主义者”的评论也属于此类犯罪。而另一条法令则规定，囤积或者隐藏食物供给的人也将被处以死刑。任何人，只要其蓄意破坏军事设备或者生产有质量问题的军需品，也将被处以死刑。总体而言，截至 1940 年初，有 40 多项罪名都可以置犯罪者于死地，而且正如上述所描述的那样，其中一些罪名在定义上极其模糊。1941 年，甚至连情节恶劣的“惯犯”也被纳入了死刑的惩罚对象。[200]

此刻，因刑事犯罪而被处死的罪犯数量开始攀升，这丝毫不出人意料。1939 年，大德意志帝国范围内仅有 329 人被判决为死刑，而 1940 年这一数字就猛增为 926 人，1941 年进一步增长为 1,292 人，而到了 1942 年，该数字更戏剧性地飙升到了 4,457 人，而到了 1943 年时，该数字更是高达 5,336 人。第三帝国的各个法庭，尤其是地方特别法庭以及国家人民法庭总共判处了 16,560 例死刑，其中 664 例是在 1933—1939 年期间判刑的，而其余的 15,896 例都是在战争期间判处的。最后大约有 12,000 例死刑判决被执行，剩余的被改判为无期徒刑。人民法院在整个设置期间总共判处了 5,000 多例死刑，而仅 1944 年就判决了其中 2,000 例以上死刑。自 1936 年以来，德国都是通过断头台来执行死刑的，但截至 1942 年，政府任命的官方行刑者也在使用绞刑，因为这种处决方式更迅速，简单，而且比较卫生。另外，截至此刻，德国国家监狱需要执行的死刑数量如此庞大，所以司法部允许各监狱在一天中的任何时刻执行死刑，而非像之前那般只能在黎明时分执行。政府监狱还雇佣了新的行刑者，

他们中几乎所有人都来自职业行刑者领域，该领域有漫长的历史，与屠宰业和宰杀老残马匹等古老行业息息相关。截至 1944 年，在职的主要行刑者有 10 名，为他们服务的助手总共多达 38 人。后来有行刑者声称，他本人于 1924—1945 年在职，期间处决的罪犯超过 2,800 名。此时，从判决到行刑，中间间隔的时间通常情况下不到几个小时，因此，罪犯自然没有足够的时间来准备向法院请求开恩，法院更不可能有时间予以重新考虑。德国监狱中被判处死刑的人源源不断，监狱出现了严重的人员拥挤。截至 1942 年年底，大约一半左右被处决的人都不是德国人，而多是来自波兰或捷克的强 515
制性劳动力，正如我们所见，这些人往往会遭受极其严苛的法律制裁。在 1943 年 9 月 7 日至 8 日的晚上，司法部下令立即绞死柏林普洛岑湖（Plötzensee）监狱的 194 名囚犯，目的是缓解人满为患的问题，而且在此之前，该监狱曾遭到空袭，里面许多牢房都被炸毁，因此里面的空间变得愈发不足。他们以 8 名囚犯为一组进行处决，在处决了 78 人之后，他们发现从监狱办公室拿出来的文件是错的，其中 6 名已经被处决的人根本没有被判处死刑。然而，司法部官员所关注的焦点并非是如何处理这 6 名囚犯所遭受的不公正待遇，他们甚至连一点反思都没有，相反，他们忙于找出另外 6 名本应被处死的囚犯，这也是司法部典型的行事作风。一名行刑者本来请求在行刑过程中休息 24 小时，但遭到断然拒绝，因此，到了 9 月 8 日清晨，他超额完成任务，多绞死了 142 名囚犯。囚犯的尸体就直接堆在露天场所，当时天气非常热，几天之后这些尸体才被清除。[201]

之所以采取这些措施，是因为希特勒一直以来都认为德国的司法系统太宽厚太仁慈了，这些措施，特别是当其运用于本土德国人的时候，尤其能折射出希特勒的这一观点。例如，1942 年 2 月 8 日，希特勒私底下抱怨说许多入室抢劫者和小偷仅仅被投进了监狱，他们得到庇护“是以牺牲整个社会的利益为代价”。他们应该被“投进集中营，终身囚禁在那里，或者直接被处以死刑”。“在战争时期，”他补充道，“如果是为了树立榜样，起到警示作用，那么后面这种惩处方式，即处以死刑，将非常合适。”但司法系统还在不遗余力地“寻找各种各样情有可原的条件为其开脱——他们还在按照和平时期的方式行事。我们本应彻底摈弃这样的方式”。[202] 1942 年 3 月，希特勒读到一份新闻报道。据这份报道，有一名男子殴打并虐待自己的妻子，直至其最终死亡，位于奥尔登堡的法庭判处该男子 5 年监禁。希特勒看了之后勃然大怒，于是给司法部国务秘书弗朗茨 · 施勒格贝格尔（Franz Schlegelberger）打电话，“情绪极其激动”地向他抱怨这件事情。[203] 1942 年 4 月 26 日，希特勒在国会大厦发表了重要演讲，这次演讲通过广播在全德国直播，我们从中可以明显感受到他对该名男子的判决依然耿耿于怀。面对会场上经久不息的掌声，他宣告道:“从现在开始，我将插手这些案件，那些对当下要求显然没有清醒认识的法官，我将其予以革职。”[204] 法官们对此骇然不已。截至此刻，甚至连纳粹党都没有暗示说会打破这一根深蒂固的传统原则，即法官的权力是不可被取代的。这样的威胁使法官们愈发屈从于他们面对的压力，因此对犯罪者予以更
516 严苛残酷的判决。在很多案件中，这些判决是由希特勒直接下达的。自战争爆发以来，希特勒就处决之事给司法部打了大约 18 次电话，常见的情况是他早上读报纸的时候看到一些罪犯被处以监禁，于是打电话来说，他们“如果试图越狱就直接予以枪决”。当时的司法部部长弗朗茨 · 居特纳观点保守，他试图以一些正常的程序来强行限制希特勒的个人干预，但他在 1941 年 1 月时去世了，而他的职位也由弗朗茨 · 施勒格贝格尔继任。施勒格贝格尔是司法部里的一名高级公务员，由此一来，司法部极其容易受到希特勒的干预。1942 年 8 月 20 日，希特勒最终让奥托–格奥尔格 · 提拉克取代了施勒格贝格尔，此人是一名坚定的纳粹分子，本是人民法院的院

长，而司法部的国务秘书罗兰德 · 弗赖斯勒则接替他，成为新任人民法院院长。[205]

在午餐时分举行的会议上进行了换任，会上，希特勒明确表达了自己的信念，那就是就本质而言，正义是一个优生学问题。他说，在战争时期，“遭到杀害的总是最优秀的人。一直以来，那些一文不值的废物”在监狱中“得到了良好的照顾，无论是在身体上还是精神上”。除非采取一些措施，否则“国家平衡会逐渐发生转变”，开始愈发倾向于那些劣等因素和犯罪分子。他的结论是，法官因此“要承担起保存我们自身种族的责任”。[206] 提拉克立即开始付诸实践。在 1942 年年初，他开始公布“致法官的书信”，向各法庭列举了一些案件，在这些案件中，法官被认为过于宽大仁慈，已经招致了希特勒、党卫队以及纳粹党一些成员的批评，此外，他也给各法庭提供了一些指导，告诉他们在未来如何处理类似案件。[207] 此外，他还就基本原则提出了自己的建议。例如，1943 年 6 月 1 日，他对法官们说道，“判决的目的在于保护我们的人民社区”，而“在我们所处的特定时期”，实施惩罚“其实是要完成一项民众清洗任务，也就是犯罪分子的生命一文不值，必须毫不留情地予以剪除，凭借该措施就能持续不断地清洁我们的种族大家庭”。[208] 为了实现该目标，提拉克还开始协调司法系统和党卫队之间的关系，在希特勒的命令下，后者不仅带走了那些本来被判处监禁的罪犯，“在他们试图越狱时”将其枪决，而且甚至在罪犯被带到法庭审判之前，党卫队就自作主张地将其处决了。司法部将这样的举动委婉地表述为“警察当局通过特殊处理方式来纠正司法判决的不足”，这样的举动将停止下来；而且博尔曼和希姆莱也将会把这样的案件转交司法部，同时向其请求宽大处理，如此一来，希特勒就不用将自己的时间用
来处理这些无关紧要的事情。纳粹党地方官员、纳粹党党部的官员 517
以及党卫队的官员接到命令，从此刻开始，他们无权干涉司法程序。

* 普鲁士—施塔加德为普鲁什奇—格但斯克的旧称；松嫩堡是斯翁斯克的旧称；施韦德尼茨是希维德尼察的旧称；利特梅里茨是利托梅日采的旧称；格拉茨（Glatz）为克沃兹科的旧称；大施特雷利茨为斯切尔采—奥波莱的旧称；拉蒂博尔是拉齐布日的旧称。

地图17　德国监狱

1942年9月18日，提拉克在与博尔曼和希姆莱的会议上表示，作为补偿，他同意国家监狱将会把“与社会不相容者”转交给党卫队，允许后者“通过苦力劳动的方式根除这一群体”。此外，“处于保护性监禁的人也会无一例外地被转走，无论是捷克人还是德国人，只要他们的判决是8年以上的监禁，在帝国司法部的建议下都会被转移”。[209]

从此刻开始，尽管有一些非德裔的犯罪分子依然由正规法庭判决处理，但为数众多的非德裔犯罪分子都开始交由党卫队处理。这在很大程度上解释了为什么第三帝国官方登记在册的死刑判决数量从1943年的5,336例减少为1944年的4,264例。当然，除此之外，数量减少还有一个可能的次要原因，那就是具有狂热纳粹思想的年青一代法官被征召到了前线，所以法庭都交由老一辈的法官负责，他们心中还保留着丝毫的司法忠诚，遵守正常的司法程序。[210]换言之，统计数据的下降意味着有越来越多的本土德国人被判处死刑。此外，提拉克还将“与社会不相容者”和“惯犯”移交给党卫队，后者将会“通过苦力劳动的方式来根除这一群体”，这进一步增加了受害者的数量。1942年9月22日，希特勒批准了处决令，之后，国家监狱的囚犯们遭到转移。他们中绝大部分人都是“危险分子”，是怙恶不悛的犯罪者，自第三帝国早期以来就一直处于监禁之中。在转移过程中，监狱中的吉卜赛人和犹太人亦被纳为转移对象。单个的犯人如果要被转移到集中营必须得到司法部的推荐，在此之前，他们所在监狱的官员需要对其进行审查，但通常情况下，这一审核过程非常简略，最多不过几分钟的时间。有的犯人其实已经刑满，应该被释放，但他们仍然被囚禁在监狱中，如此一来，监狱方面就可以用这样的方式来审查这些犯人。监狱长想方设法地留住那部分对自己监狱具有很大经济价值的囚犯，而且很多时候也的确如愿以偿。总共有超过2万名囚犯被转移，其中绝大部分被送进了毛特豪森集中营。他们刚到那里就遭到了毒打，有时甚至被殴打致死；如果他们没有被打死，那么他们随后就会被强迫去搬运每块重达 50 千克的石头，还要攀登集中营采石场里的 186 级厚厚的阶梯。如果他们走路踉跄，不慎摔倒的话，就会被党卫队看守人员枪杀，这些看守人员有时还会将他们推下高达 30 ～ 40 米的采石场，或者强迫
519 他们倒空满车的石头，丢向在采石场下面劳作的犯人。不计其数的囚犯从悬崖处纵身一跃，跳进采石场，以此终结自己的痛苦。截至 1942 年年底，被转移囚犯的死亡率高达 35%，除犹太人之外，这一死亡率远远高出集中营其他囚犯群体的死亡率。[211]

三

随着战争进一步推进，那些被留在德国国家监狱的囚犯们面临着愈发艰苦的生存条件。战争经济对劳动力的需求使司法部面临着前所未有的巨大压力，因为它必须完成提拉克口中“调遣”囚犯的任务。国家监狱中越来越多的囚犯以合适的价格被借调到军备生产商那里，他们遭受着与集中营囚犯毫无二致的命运。同样，他们很多时候也并非待在监狱，而是被送到了集中营附属营区。而监狱本身的食物供给也开始日渐减少，因此，囚犯们有时沦落到吃动物饲料和发霉蔬菜的地步。例如，据报道，在 1943 年，普洛岑湖监狱的囚犯们每天沿着监狱院子做例行锻炼时，他们会去摘院中的树叶，将其放到汤里，以此补充营养。由于体重下降，以及缺乏维生素，囚犯们的身体变得愈发虚弱，这让他们很容易受到感染。[212] 食物供给完全跟不上监狱中人口数量的增加，女性囚犯的数量增加得尤其明显。1939 年，被判定为刑事犯罪的妇女有 46,500 人，而到了 1942 年，这一数字就激增为 117,000 人；在此期间，青少年犯罪者的数量也由 17,500 人增加为 52,500 人。他们中许多人之所以受到

判处，是因为触犯了战争法和战争条例，尤其是其中的经济犯罪；因这些罪名而遭到判决的人，其数量在1940年时还不足3,000人，而两年后，这一数字就飙升到了26,500人。与战俘有过非法接触是一项新的罪名，截至1943年，10,600人被判定为犯有这一罪行。此外，因其他罪行而遭到判处的人，数量也在增长。比如，在1939年，有48,000人被判决为犯有盗窃罪，而到了1943年，因此项罪名而遭到判决的则猛增为近83,000人。相较而言，性犯罪的数量急剧下降，因拉皮条而获罪的人的数量减少了50%以上，强奸罪减少了65%以上，而对未成年人的性犯罪则减少了60%以上。虽然性犯罪数量的下降一定程度上是因为数百万的年轻男性被送到了战争前线，但显而易见的是，警察当局此时一门心思都放在了执行战时限令上，开始忽略其他方面的刑事犯罪。[213]

在这种情况下，战争期间，德国的各个国家服刑机构无可避免 520
地会出现一个严重问题，那就是人满为患。在1939年年中，德国囚犯总人数接近11万名，1942年年中时增长为14.4万名，而到了1944年年中时，这一数字就猛增为了19.7万名。战争初期，在整个第三帝国——德国1937年时的疆界范围以及战争期间它吞并的一些面积不大的区域——内，囚犯的总数为10万名左右，1942年9月时增长为14万名，而两年后则进一步增长为15.8万名。1939年时，女性囚犯仅占囚犯总数的9%，4年后则占到了囚犯总数的23%，截至此时，德国服刑机构中女性囚犯的数量已经超过了4.3万名。这些囚犯数量远远超过了监狱设计之初所预期的承载量。一间牢房中往往挤着多名囚犯，卫生设施的数量也完全不能满足囚犯们的需求，想要洗漱和淋浴几乎是痴人说梦，在战争的最后两年情况尤其如此，所以牢房中到处都是粪便，疾病也四处滋生传播。囚犯们饱受疥疮和虱子的折磨，好几所监狱都大面积地出现了斑疹伤寒和其他传染病。监狱看守人员的脾气变得愈发暴躁，而且他们与囚犯的数量比例由 1∶6（1939 年）骤降为 1∶14（1944 年），因此，为了维持秩序，他们很容易诉诸暴力。在有的情况下，当看守人员要惩罚囚犯时，会用链子将囚犯捆缚在墙上或地上。在 20 世纪 30 年代时，殴打囚犯还不是很常见，但在战争最后两年，这种事情则变得屡见不鲜。1941 年 12 月，德军在莫斯科饱受严寒之苦，因此，监狱当局决定搜集冬衣，帮助士兵抵御寒冬。监狱当局从囚犯那里强制没收了 5.5 万多只袜子和近 5,000 件针织套衫，囚犯们因此暴露在严寒之中，其死亡率也随之上升。监狱并没有修建防空洞，因此位于大城镇中心或附近地带的监狱在空袭中很容易被夷为平地，一方面，这导致了更多的囚犯遇难，而另一方面，由此导致的牢房数量减少也进一步加剧了监狱拥挤的问题。[214]

甚至在 1943 年以后，国家监狱中关押的德国人也要多于集中营关押的德国人。同时集中营里的条件也在日渐恶化。最初，集中营专门用来关押统治当局的政治敌人，但这些人后来表现良好，被释放了。自 30 年代中期以来,集中营的主要功能开始转变为拘留“与社会不相容者”和其他小众群体。然而战争刚爆发，集中营便开始恢复了之前的功能，也就是拘留并威慑更广泛的德国普通民众，尤
521 其是前共产党员和社会民主党成员。战争初期，希特勒赋予了希姆莱逮捕和拘留的新权力，在元首的允许下，他开始使用这些权力来拘捕反对统治当局的嫌疑人。1939 年 10 月 26 日，盖世太保下令，军工厂中的任何人，如果他因为对国家实施了任何不利行为或者有可能打击劳工们的士气而被送进了集中营，那么相应的公告必须在所属工厂发布，宣告这一事实，如果情节严重，公告中还须明确指出此人将受到惩处。盖世太保在命令中还补充道，公布时必须谨小慎微，千万不能明确说明刑期的期限或者刑满释放的日期。如果集中营对某个工人下达了体罚命令，那么这一消息也应广而告之。[215] 如果说这还不能起到杀一儆百的作用，那么集中营开始

扮演的另一个角色必定能够取得威慑效果，那就是处决警察当局逮捕的那些“蓄意破坏者”和“怠工者”。集中营会大肆宣传对这些人的处决。鲁道夫·霍斯后来回忆说，当他还在萨克森豪森集中营时，在容克斯飞机制造厂工作的一名前共产党员遭到了逮捕，原因是其拒绝执行防空工作，希姆莱亲自下达了处决令，将在最近的一个集中营对其执行处决。因此，这名男子被带到了萨克森豪森集中营，正好由霍斯负责执行处决。霍斯命人在集中营作坊附近的沙坑立了一根桩子，并命人将这名男子捆在桩子上。“尽管这名男子没有料到自己将会被处死，”霍斯后来回忆道，“但他已经完全听天由命了。我们允许他给家里面写信，并应他的要求，给了他香烟。”一支行刑队开枪射穿了他的心脏，霍斯“给了他最后一枪”。“在随后的日子里，”霍斯补充道，“我们经历了不计其数这样的事情。我几乎每天都不得不跟我的行刑队来执行这样的任务。”[216]

大多数被送到集中营的德国人都变成了长期囚徒。因此，“政治犯”再次成为集中营囚犯的重要组成部分。“政治犯”必须在自己的囚服上佩戴一个红色的三角形标志，以此将自己和其他类别的囚犯，比如囚服上佩有绿色三角形标志的“犯罪分子”，区别开来。“政治犯”后来回忆了他们在集中营的经历，据他们的描述，佩戴绿色三角形标志的“犯罪分子”格外残酷无情，党卫队故意将这些人安插在管理岗位，以此威胁震慑其他囚犯。但这些描述与事实相去甚远。事实上，党卫队不仅利用佩戴绿色标志的“犯罪分子”，也利用佩戴红色标志的“政治犯”，让其为集中营的管理当局效劳，一起控制其他囚犯。之所以这样，是因为这两类人都是德国人，符合党卫队在任人从事管理岗位时所要求的种族标准。贝内迪克特·考茨基（Benedikt Kautsky）是帝国一名重要社会民主党成员的儿子， 522
他曾被关进各类集中营，他后来回忆了这段经历。据他的回忆，“红色派”和“绿色派”之间不断发生“激烈的争斗”，他们相互向党卫队举报对方阵营的成员，策划一起又一起“卑鄙无耻的阴谋”，发动一场又一场的“宫廷政变”，以此打击对手。获胜方能够在集中营管理办公室那里谋得更稳定的工作，还能获得更好的食物、衣服、更多的行动自由、更大的权力以及更高的地位。而获得“监狱领导人”或者“囚监”（capo）的职位意味着存活下来的概率就越大。通过这样的方式，“政治犯”成功地在其中一些集中营——尤其是布痕瓦尔德集中营和诺因加默集中营——主导了囚犯的内部自我管理。并没有令人信服的证据可以表明佩戴绿色标志的“犯罪分子”要比佩戴红色标志的政治囚监更残忍无情或更寡廉鲜耻。他们所有人要想生存，都必须执行党卫队的命令。[217]

随着集中营从惩罚中心转变为强制性劳动力供给中心，其规模也开始不断扩大，其性质也因而发生了根本转变。在1939年年中，集中营里关押的囚犯数量为2.1万名，其中绝大部分都是德国人，而到了1942年9月，该数字猛增为11万名，截至1945年1月，更是飙升到71.5万名，其中包括20.2万多名女性。例如，仅1944年一年，布痕瓦尔德集中营就接收了近10万名新囚犯。该集中营的囚犯来自30多个国家，而且外国人的数量是德国人的很多倍。[218]在这种情况下，集中营管理当局根本来不及扩建营区，以容纳新遣送来的、数量庞大的囚犯，再加上集中营看守人员极为残忍无情，所以死亡和疾病在集中营里变得愈发常见。集中营里除了“绿色派”和“红色派”这样的贵族阶级，绝大部分囚犯都一直处在恐惧之中，生活条件极其恶劣。除了极少数群体外，集中营里的生活基本上就是一场适者生存的战争，所有人都参与其中，相互竞争，最糟糕的工作会分配给那些最没有自卫能力的人。犹太人和斯拉夫人得到的食物配额是最低的，而且他们的住宿条件也是最差的。在饥饿、过度劳动、殴打以及疾病的重重折磨之下，那些最弱的群体沦为了“穆斯林”（Muselmänner）——集中营里的囚犯称那些不再与命运抗争、变得听天由命的人为“穆斯林”；这些人不再注意自己的清洁卫生，其他犯人来偷窃他们食物时也不反抗，集中营看护人员和囚监对他们拳打脚踢时也没有任何反应，他们就这样得过且过，直至在虐待和繁重不堪的劳役中死去。[219]

一方面，集中营转变为给工业生产提供劳动力的劳动力供给中心，而另一方面，多不胜数的新囚犯被不断地送到集中营，各指挥官和军官们很快就抓住了这个中饱私囊的机会。希姆莱对这一腐败 523
问题洞若观火，因此，1944 年 10 月 14 日，他在波森向党卫队中的高级领导人发表讲话，提醒他们，说他们已经从犹太人那里拿走了“大量的财富”，并奉劝他们将这些财富上交给第三帝国：

> 我们没有把这些东西当作是我们自己的。犯下这些错误的个人将受到相应惩罚……党卫队中的一部分人——数量并不是太多——已经犯下了这样的错误，他们将会被处死，得不到任何怜悯。我们对我们的民众负有一份责任，那就是消灭这个意图置我们于死地的民族，而且，从道德层面来讲，我们也有这一权利。但是，我们并没有权利中饱私囊，哪怕是一件皮衣、一只表、一马克的钱、一根香烟，或者其他任何东西。我们已经根除了这种细菌，因为我们不希望最终感染这种细菌并因此殒命。我不想再看到哪怕这样小的一个脓毒出现在这里，或者产生任何影响。只要它有可能产生影响，无论是什么时候，我们都将予以铲除。[220]

在这里，希姆莱指的是——至少在暗指——党卫队法官康拉德·莫根（Konrad Morgen）统领的调查委员会，该委员会发现了大量证据，都证明许多集中营的管理机构均存在腐败现象。事实上，只有很少一部分负责人被直接枪决了，大部分只是被革职，或者是被调到其他岗位上去了。其中最有名的例子就是奥斯维辛集中营的负责人鲁道夫·霍斯，1943 年 11 月 22 日他被调到了集中营检查团，负责处理行政事务。正如我们所见，其他几名集中营负责人也受到了类似的惩罚，其中包括马伊达内克集中营和特雷布林卡集中营的负责人。卡尔·奥托·科赫的犯罪情节格外严重，他本是布痕瓦尔德集中营的负责人，1941 年年底时被革职。在 1942—1943 年期间，莫根对他进行了详细的调查，结果发现他不仅私自挪用了党卫队的大量公款，而且还允许犯人私逃，并且毁掉了自己贪污腐败的重要证据，还谋杀了关键证人。1943 年 8 月 24 日，在希姆莱的批准下，莫根逮捕了科赫，将他送上了党卫队的特别法庭，并处以死刑。最终，就在美国军队来解放布痕瓦尔德集中营的前几天，他在那里被枪决。[221]

四

524 随着集中营囚犯拥挤的问题日益严峻，疾病也开始四处蔓延，营养不良，遭到虐待的囚犯们愈发容易感染各种疾病，有时候还会感染斑疹伤寒这样致命的传染病。集中营里的医院也开始不堪重荷。因此，在 1941 年年初，希姆莱前往位于柏林的 T-4“安乐死”工作组，向他们请求援助。起初，T-4 行动组的成员们都忙于屠杀心智不全者和精神病人，所以无暇援助希姆莱。但由于冯·加伦主教的干预，T-4 行动组的屠杀计划在 1941 年 8 月份被迫中止，行动组的两位主要负责人——菲利普·鲍赫勒和维克托·布拉克——开始派遣 T-4 行动的医生前去检查并评估集中营里病入膏肓的囚犯。集中营检查团的总负责人给他们设计了一个官僚称号，名为“特别行动 14f13”（Special Treatment 14f13），其中“特别行动”指的是屠杀，“14”指的是集中营里需要上报的死亡情况，而“13”则指的是具体的死亡原因，也就是关进毒气室毒死（其他文件上标有其他不同的代码，“14f6”表示自杀，“14f7”表示自然死亡，等等），T-4 行动组就是在这一名号下开展工作的。[222] 自 1941 年 9 月以来，来自安乐死工作组的医生委员会便开始在 14f13 行动的名义下造访集中营。在党卫队的组织下，囚犯们在医生委员会的成员面前依次穿行而过，医生们就这么简单地看一眼，然后就开始填写表格，这种表格在 T-4 行动中也经常使用，T-4 行动的成员们也是挑出屠杀对象，然后直接填写这种表格。随后，这些表格将送到布拉克位于柏林的办公室，然后再被送到某个选定的屠杀中心（贝恩堡、哈特海姆或者索嫩斯泰因），并要求相关的集中营将指定的囚犯送到该屠杀中心。弗里德里希·门内克（Friedrich Mennecke）是其中一位医学鉴定人，1941 年 11 月 26 日他在布痕瓦尔德集中营给妻子写信。正如他在信中所明确表达的那样，在很多情况下，选择屠杀对象的过程“纯粹是一个理论任务”，基本上与医学无关。这一筛选机制尤其用在了“总共多达 1,200 名犹太人的身上”，他写道：“我们并不需要挨个对他们进行‘检查’，但我们必须从相应文档中找出他们被捕的原因（通常情况下，原因种类很多），然后将其复制到我们要填写的表格上。”在选择杀戮对象时，门内克也选择了一些非犹太人囚犯，他在诊断书上用诸如此类的文字来给他们定性，如“无法自控、漂泊无根的精神变态者，具有反德意志民族的思想意识”，或者是“强烈地仇视德意志民族，是无法融入社会的精神变态者”。在这种大的“症状”分类下，门内克还给了具体的描述，比如“根深蒂固的共产党员，525
不配加入武装队伍”，或者“会持续玷污我们的种族”。[223]

相关负责人告诉被选定的屠杀对象，说他们要被转移到条件更好的地方。在检查完第一批人之后，剩下的囚犯对情况有了进一步的了解，他们告诉狱友们先摘下自己的眼镜，然后再从医生面前走过去，如果自己能应付处理的话，不要向医生汇报小的伤病。这些被选定的囚犯在登上交通工具之前，被要求留下自己的眼镜、假肢以及其他残疾人士使用的装备，这其实明显地暗示了等待他们的命运。被选定的杀戮对象数量极其庞大。在第一次审查集中营文件的时候——整个第三帝国和前奥地利范围内的集中营，包括布痕瓦尔德集中营、达豪集中营、弗洛森比格集中营、毛特豪森集中营、诺因加默集中营以及拉文斯布吕克集中营——医生们就已经选出了多达 12,000 名的杀戮对象。事实上，这并不完全符合希姆莱的心意，因为他给集中营负责人的指示是只需要杀掉那部分没有劳动能力的囚犯；在 1943 年 4 月时，他还要求将屠杀对象进一步限定为精神病人。然而，T-4 工作组在毒气室中总共毒死了 2 万名左右集中营囚犯。毛特豪森集中营大约有 5 万名囚犯，其中 1 万名被登记为病患人士，自 1944 年 4 月以来，该集中营就在没有知会柏林安乐死工作组的前提下直接将囚犯送到了位于哈特海姆的毒气室；到底有多少囚犯以这种方式遇难，我们无从得知。这里的毒气室本来是要拆除的，但拆除日期推迟到了 1944 年 12 月 12 日，其中一个重要的原因就是服务这一屠杀行动。[224]

但这并非哈特海姆杀戮中心和 T-4 行动其他杀戮中心在 1941 年 8 月后仍继续运作的唯一原因。布拉克和鲍赫勒不仅将他们的专家派往集中营，或者临时派他们去执行东方地区的赖因哈德行动，而且也让这些专家继续秘密执行最初的杀戮计划。加伦主教的抗议的确削弱了该杀戮组织的政治地位，这也成为 T-4 小组——以元首办公厅为大本营——和内政部之间展开官僚内斗的焦点，最后双方达成了暂时性妥协，那就是该杀戮计划形式上由赫伯特·林登（Herbert Linden）负责，担任内政部新设立的帝国医疗与护理机构（Reich Commissioner for Healing and Care Institutions）的领导人。但实际上，继续开展这一工作的仍然是 T-4 小组。维克托·布拉克是 T-4 小组的负责人，他向参与者解释道，“1941 年 8 月发生的阻止事件并不会终止这一‘行动’，相反，我们的行动将继续进行下去”。[225] 其他附属组织——比如负责将病人送往杀戮中心的运输小 526
组——也仍然存在。此刻，为了避免引起公众怀疑，必须摈弃大规模的屠杀行动，转而采取个体谋杀的方式，但这一点几乎路人皆知。但关闭毒气室也并未平息人们的不安之情。例如，1941 年 11 月 18 日，弗赖堡大学医学教授弗朗茨·比希纳（Franz Büchner）公开抨击了这一屠杀行动，他的抨击无疑是第三帝国统治期间医疗专业人士所发出的最强烈的挞伐。在一场关于“希波克拉底誓言”的讲座中，他反问道：“在未来，难道我们仅仅以生物学价值的标准来评价人类吗？”他给出了绝对否定的答案。“在宾丁（Binding）和霍赫（Hoche）看来，那些身患不治之症者的生命是不值得生存的生命，任何一位医生，只要他以希波克拉底的方式进行思考，那么必定会坚决抵制这种观点。”宾丁和霍赫曾合著过一本极富影响力的书籍，大力鼓吹非自愿安乐死，因此，在比希纳看来，这完全违反了最基本的医疗道德。比希纳宣告道：“医生所需要服务的主人只有一个，那就是生命。”[226]

然而，在各精神病护理机构和 T-4 行动柏林总部工作的医疗人员仍执着于这一信念，那就是屠杀“不值得生存的生命”。与以前一样，他们通过注射致命药剂来谋杀儿童，或者故意将其活活饿死，这些手段此刻也用到了成年病人身上，而且不只是最初的杀戮中心，更多的精神病院也在使用这些手段。在考夫博伊伦–伊尔塞（Kaufbeuren-Irsee），有的病人能在精神病院农场工作或者具备其他劳动能力，他们得到的是被划归为“正常餐食”的食物，而其他没有劳动能力的人得到的则是被划归为“基本餐食”的食物，这种“基本餐食”就是用清水煮少量的根茎类蔬菜。后面这类人在 3 个月的时间里几乎没有摄取任何脂肪和蛋白质，他们变得极度虚弱，所以只需要给他们注射很少的镇静剂就可以将其杀害。到了1942年年末，由于死亡的人实在太多，所以该精神病院的负责人下令，在举行葬礼的时候禁止敲响教堂的丧钟，以防高频率的丧钟声引起本地居民的警觉。来自各精神病院的负责人和员工举行了多次会议，共同商讨决定饿死病人的最佳途径；例如，巴伐利亚州内政部就颁布命令，要求削减“低生产效率者”的食物配给。在埃格尔芬—哈尔，那些被选定为杀戮对象的病人被隔离在专门的建筑物里，这些建筑物很快就被戏称为“饥饿房屋”。赫尔曼·普凡米勒是该精神病院的负责人，他丝毫不遮掩使用这些餐食的目的。他经常去巡视精神病院
527 的厨房，以确保这些餐食的确是按照要求准备的。厨房的厨师对所发生的一切了然于心，在普凡米勒离开之后，这位厨师往锅里面又加了一些油。然而，从 1943 年到 1945 年，还是有大约 429 位病人死于饥饿房屋。在哈达马尔，那些被判定为没有劳动能力的病人得到的餐食就是荨麻汤，而且一周只供应 3 次。这些病人给亲戚写信，让亲戚给他们寄食物过去，但精神病院方面却对病人们的亲戚说，饥饿感是他们所患疾病的症状之一，而且还说，无论如何，士兵以及正在为祖国奋斗的人们应该在食物分配中获得优先权。在 1942 年 8 月到 1945 年 3 月之间，有 4,817 名病人被运送到了哈达马尔，其中多达 4,422 人遇难。[227]

截至此刻，使用忍饥挨饿和注射致命药剂这样的手段不仅用来杀害不守纪律的病人，而且也被用来对付精神病院负责人眼中没有用处的工人，由 T-4 总部负责的填表程序也被完全无视了。例如，在考夫博伊伦–伊尔塞，一名年仅 15 岁的吉卜赛青少年被注射了致命药剂，原因仅仅是他在医院商店中行窃，相关负责人告诉他，这是在给他打斑疹伤寒的预防针。再比如，1942 年 12 月，在哈达马尔，一名在医院农场工作的病人被发现在当地城镇散播有关精神病院的故事，此人随后被囚禁在宿舍中，不到 3 天就去世了。贪污腐败也是病人遭受屠杀的重要原因。护士们有时将一些病人杀害，仅

仅是为了将他们制作精良的手表或是结实耐穿的鞋据为己有。卡尔门霍芬（Kalmenhof）的青少年精神病教养院拥有多达 1,000 英亩的土地，生产出的农作物本应分发给病人，但教养院的负责人和员工常常拿走食物，而病人仅仅得到配额一半的牛奶、肉和黄油。[228] 在 1944—1945 年，杀戮计划执行得愈发频繁，有的精神病院甚至直到战争结束都在执行着杀戮计划。事实上，在考夫博伊伦—伊尔塞，甚至在 1945 年 5 月 29 日还有一起杀害行动的记录，此刻战争已经正式结束了近 1 个月。[229]

在此期间，最初的迫害对象名录上还增加了新的迫害对象。快到 1942 年年底时，安乐死计划中央负责部门开始组织杀害患有精神病或者感染上肺结核的外国强制性劳动力，尤其是波兰人。从 1944 年年中到战争结束，哈达马尔有 100 多人遇难，而在哈特海姆和其他已建成的杀戮中心，以及为了该目的而新修建的集中营和精神病院，有更多人遇难。杀戮对象还进一步扩展到婴儿，这些婴儿的母亲是女性强制性劳动工人，她们拒绝堕胎；从 1943 年到 1945 年， 528
有 68 名年龄不足 3 岁的儿童在凯尔斯特巴赫（Kelsterbach）的精神病院被杀害，因为他们是这些妇女的子女，被认为是不良种族的后代。[230]1943 年 4 月，哈达马尔有 40 多名健康儿童被转移到凯尔斯特巴赫的精神病院，然后被杀害，因为他们被归类为“一等混血种族”，换言之，他们父母中有一人是犹太人。通常情况下，他们之所以被送到公共机构照顾，是因为他们的双亲已经去世，或者他们父母中犹太裔的那一方已经被杀害，而另一方则被判定为无力抚养他们。阿道夫 · 瓦尔曼（Adolf Wahlmann）是哈达马尔精神病院的主治医生，他将这些受害者归类为“先天大脑迟钝者”或者是“难以教化者”，以此证明谋杀他们的行为是合情合理的，虽然这种说法完全缺乏医学或精神病学依据。[231]

屠杀精神病人的行动甚至拓展到了第三帝国境外。在 1939 到

1940 年间，屠杀行动就已经在沦陷国波兰境内的精神病院上演。德军在开展巴巴罗萨行动的过程中攻陷并占领了苏联的部分地区，自 1941 年夏天以来，屠杀行动也在这些区域上演。党卫队别动队紧随德军而来，他们除了屠杀大量的犹太人和共产党官员以外，还四处挑选精神病院，并系统地将这些病人杀害，他们的手段包括枪决、投毒、剥夺病人的食物，或者在冬天的时候将病人赶到室外，将其活活冻死。党卫队成员在用如此直接露骨的手段迫害病人时难以承受巨大的压力，他们中一些人开始沉醉于酒精，有的人则饱受神经衰弱的折磨。有鉴于此，在希姆莱的指示下，自 1941 年 8 月以来，他们开始寻求其他的迫害方式。阿尔贝特 · 威德曼和犯罪与技术研究所（Criminal-Technical Institute）提供了相应的设备，借助这些设备，党卫队首先尝试将病人锁在一栋建筑物里，然后将他们炸死。结果他们发现这种方式太混乱肮脏，不甚理想。所以，在威德曼的建议下，他们开始将病人关进移动气罐车，然后用一氧化碳将他们毒死。党卫队别动队以此种方式断断续续地杀害苏联沦陷区的精神病人，并一直持续到 1942 年年底。尽管我们无法统计遇难者的确切数量，但据苏联方面的资料显示，大约有 1 万人以此种方式遇难。[232]

1941 年 8 月以后，相关当局愈发不遗余力地隐瞒谋杀计划，使其不引起公众的注意。例如，他们此时转移病人，给出的冠冕堂皇的理由是为了使病人免受空袭的危险。然而，这些屠杀行动不可能
529 不走漏一点风声。1943 年 10 月 21 日，赫伯特 · 林登向耶拿大学的校长抱怨，说耶拿大学的教师们对仍在进行的“儿童安乐死”计划太直言不讳了：

> 据施塔特罗达（Stadtroda）的负责人克洛斯（Kloos）所言，一位母亲的幼子是一个智障儿，在耶拿的诊所，她被告知：“你

> 的儿子就是一个白痴，没有任何发育潜能，因此必须把他送到施塔特罗达的地区医院去。那里有3名来自柏林的医生，他们会定期地检查小孩，并决定他们是否将被处死。”[233]

林登说道，这样马虎的态度必须予以禁止。在第二封信里，他进一步补充道：“正如你所知道的那样，元首不希望有人讨论任何与安乐死有关的话题。”[234] 认信教会的抗议之声也愈发强烈，尤其是在1943年10月，当时，认信教会在布雷斯劳（Breslau，今弗罗茨瓦夫［Wrocław］）举行了一次会议，公开宣告道：“罪犯亲属的身份、年老体衰、患有精神病，或者是外族人身份，仅仅因为诸如此类的原因就将他们屠杀殆尽，上帝还没有赋予统治当局这样一把权柄之剑，他们这不是在行使上帝赐予他们的权力。”[235] 新教福利机构——比如博德尔施文格的贝特尔医院——有时也竭尽所能地推迟将病人送往杀戮中心的时间，或者是将他们送到其他安全的地方，但甚至连博德尔施文格在这方面的努力也只取得了颇为有限的成果。[236] 虽然天主教会很快就意识到了杀戮计划仍在继续，但起初，天主教会仍然迟疑不决。1941年11月，数名主教就该问题联名起草了一封致教区信徒的牧函，但枢机主教贝尔特拉姆将这封信扣押了下来，因为加伦的布道会已经让教会处于被动地位，贝尔特拉姆不愿意使教会陷入愈发不利的境地。相反，在1943年年初，主教们给天主教的各机构下达了指令，不要与帝国内政部合作，拒绝执行帝国内政部在1942年年底时下达的命令，即登记注册自己机构中的病人，因为帝国内政部的意图路人皆知，那就是编纂相关人员名册，然后将其杀害。[237] 1943年6月29日，教皇庇护十二世颁布了名为《基督奥体》（*Mystici Corporis*）的通谕，谴责了德国境内这些惨无人道的行径，里面指出，在德国，“身体残疾者、精神病患者以及遗传病患者有时被剥夺了生命……那些人对我们的救世主而言是何等珍贵，他们理应获得更大的怜悯”。他在结尾说道 :“他们流的血正在地上朝天堂哀号。”[238] 很快，在 1943 年 9 月 26 日，德国天主教的主教们进一步公开谴责了德国的屠杀暴行，他们在谴责声明中写道，“那些无辜且没有自卫能力的智障者和精神病人、虚弱体衰者以及身负重伤者、无辜的人质、被缴械的战俘以及刑事犯罪者、异
530 族人或异族后裔”，都遭到了杀害，全德国的天主教堂都宣读了该谴责声明。这份谴责声明囊括了大量的被迫害群体，这令人称道不已，但它的实际成效却微乎其微。[239]

五

在纳粹分子眼中，很多族群都是劣等种族，而且，纳粹分子还特地把吉卜赛人单独列了出来。在希姆莱看来，吉卜赛人过着一种居无定所的生活，具有所谓的犯罪倾向，而且他们还憎恶传统而固定的雇佣方式，所以他们格外具有颠覆性。这些异族人与德国人通婚会威胁到德国的优良人种。截至 1939 年 9 月，柏林的一个特别办事处负责对德国吉卜赛人进行围捕，登记注册。他们许多人都被关进了特殊营区。战争刚刚爆发，党卫队就利用这一契机，开始实施希姆莱早已制定好的针对“吉卜赛人问题的最终解决方案”。[240] 吉卜赛人的人身自由受到了限制，而且许多人还被逐出了边境区域，因为在纳粹当局看来，他们迁徙不定，而且可能缺乏爱国主义精神，因此很容易被外国情报机构雇佣为情报人员。他们决定将吉卜赛人重新安置在沦陷国波兰，但该计划被耽搁了，因为希姆莱要把德意志人在那里的聚居点挑选出来。然而，1940 年 1 月 30 日，海德里希主持召开了一个由党卫队军官参加的会议，决定实施重新安置吉卜赛人的计划 ;1940 年 5 月，大约 2,500 名德国吉卜赛人遭到围捕，并被遣送到波兰总督府。但是，1940 年 8 月，纳粹当局决定，进一

步的驱逐运动将被推迟，直至犹太人的问题解决完毕。当党卫队在犹疑不决的时候，那些仍然留在第三帝国境内的吉卜赛人遭到了愈发严峻的迫害。吉卜赛士兵被勒令退伍，吉卜赛儿童被学校开除，吉卜赛男子也被征募为强制性劳动力。在 1942 年年初，阿尔萨斯—洛林的吉卜赛人遭到逮捕，其中一些人被扣上了“与社会不相容者”的帽子，被投进了位于德国的集中营。与此同时，东普鲁士的 2,000 名吉卜赛人被塞进了运牛车，然后被送往比亚韦斯托克，他们被关进了那里的一所监狱，后来又被转移到布列斯特–立托夫斯克的一个集中营。罗伯特·里特尔博士的研究团队以帝国卫生部为大本营，他们此刻正细致入微地登记德国境内的每一名吉卜赛人和有半吉卜赛血统的人，并对其开展种族审查。截至 1942 年 3 月，他的研究团队总共审查了 1.3 万人；一年后，德国和奥地利境内被审查的人数超过了 2.1 万名；而到了 1944 年 3 月该项目最终完成时，他们审 531
查记录的准确数字为 23,822 人。然而，截至此时，里特尔及其团队所审查的许多人都已经去世了。[241]

1942 年，屠杀吉卜赛人的行动拉开帷幕。就在前一年，帝国刑事警察局（Reich Criminal Police Office）已经将奥地利布尔根兰州的吉卜赛人聚集到该州的很多个集中营，而且刑事警察局还成功说服希姆莱允许他们将其中的 5,000 人遣送到罗兹，安置在少数族裔聚居区的一块隔离区域，并将其封锁。然而，用吉卜赛成年人做苦力劳动的计划依然化为了泡影。随着斑疹伤寒在种族隔离区肆虐蔓延——吉卜赛人生活的区域由于过度拥挤，以及很差的卫生条件，成为重灾区——德国行政管理当局决定将全部吉卜赛人送到海乌姆诺，在那里，绝大部分人——他们中超过一半以上都是儿童——被毒死在移动气罐车里。大约与此同时，东欧沦陷区的党卫队别动队以“与社会不相容者”和“蓄意破坏者”的名义枪决了不计其数的吉卜赛人。例如，在 1942 年 3 月，D 别动队以不加掩饰的满意口

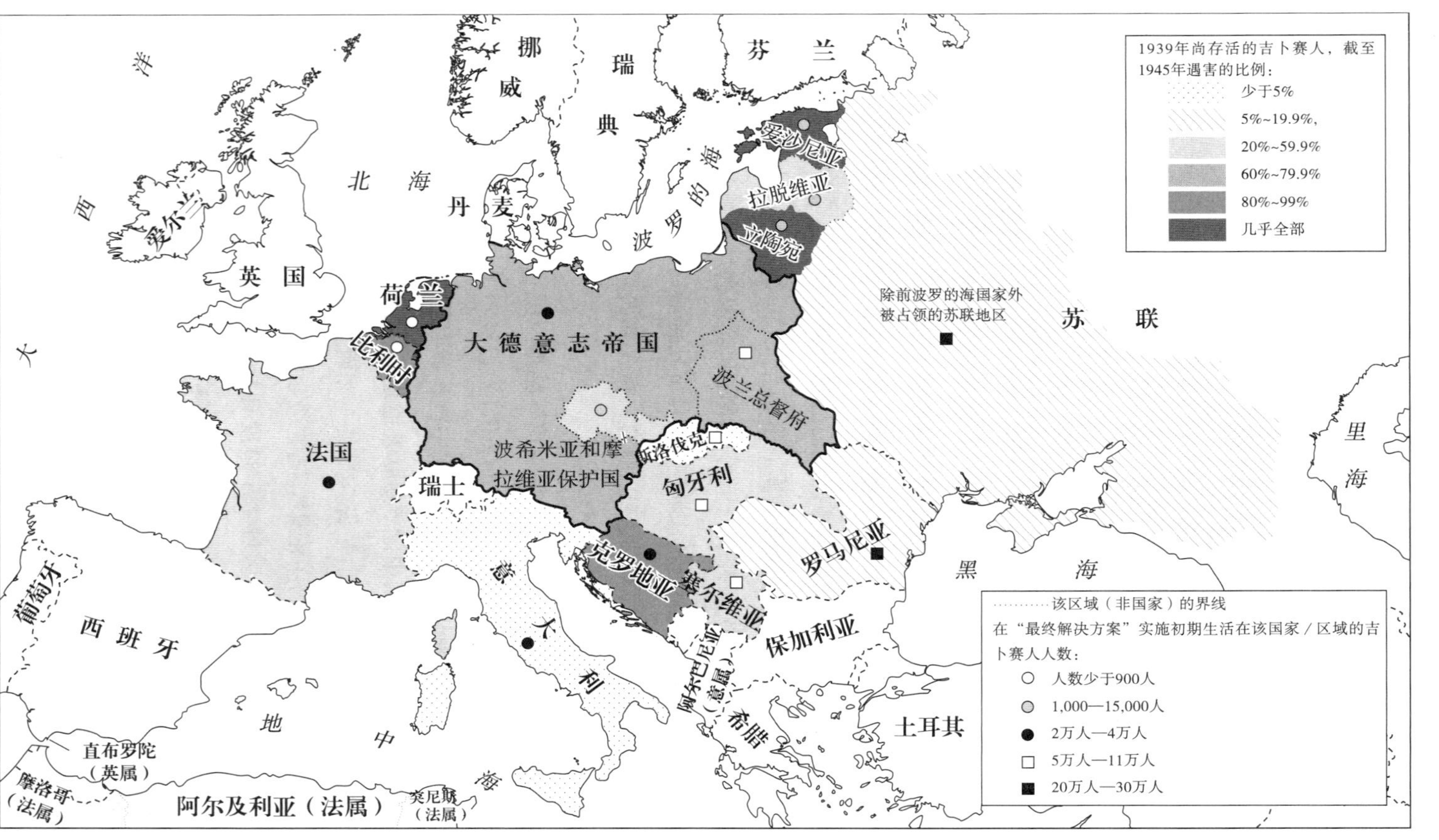

地图18　吉卜赛人的灭绝

吻汇报道，克里米亚再也没有吉卜赛人了。他们的杀戮对象通常包括妇女、儿童以及成年男子。一般情况下，这些吉卜赛人会连同当地的犹太人一起被围捕起来，被剥光衣服，沿着沟渠站成一排，然后后脑中枪，随即倒地。虽然希姆莱明确地将定居的吉卜赛人和居无定所的吉卜赛人区分开来，但这两类吉卜赛家庭都沦为了迫害对象，遇难者成千上万。正如我们所见，弗朗茨·伯梅是德军在塞尔维亚的陆军司令官，他将吉卜赛人纳入了“人质”范畴，逮捕并枪决了他们。其中一位见证者目睹了 1941 年 10 月 30 日发生的一场大规模枪决，当时，来自德国常规军第 704 步兵师的士兵们枪决了大量的犹太人和吉卜赛人。这名见证者汇报道：“枪决犹太人要比枪决吉卜赛人简单一些。任何亲临者都不得不承认，犹太人在赴死的时候表现得从容淡定，他们只是静静地站在那里，而吉卜赛人则在号啕大哭，尖声厉叫，都已经站到了行刑处，还在不停地动来动去。有几个人甚至直接跳进旁边的沟渠装死。”哈拉尔德·图尔纳是党卫队在该地区的负责人，他（毫无根据地）声称，吉卜赛人在游击战中给犹太人效力，而且还声称他们实施了很多残暴行为。1942 年 2 月，当萨吉米斯切集中营毒死剩余的塞尔维亚吉卜赛人的时候，关押在那里的吉卜赛妇女和儿童开始得以释放，尽管如此，还是有数千名吉卜赛人被杀害。[242]

德国在巴尔干半岛的盟国也在屠杀吉卜赛人。正如我们所见，
在克罗地亚，“乌斯塔沙”屠杀了大量的吉卜赛人、塞尔维亚人以 533
及犹太人。同样，在罗马尼亚，扬·安东内斯库的政权也极具反犹主义色彩，该政权下令将总共 20.9 万名罗马尼亚吉卜赛人中的 2.5 万人驱逐到德涅斯特河沿岸，一起遭到驱逐的还有 2,000 名宗教成员，他们都是伊诺琴金教派（Inochentism）的信奉者，出于良知，他们拒绝服从兵役。遭到围捕的主要是那些居无定所的吉卜赛人，在安东内斯库看来，这些人是罗马尼亚犯罪和公共混乱的罪魁祸首。

事实上，就本质而言，逮捕行动通常都很随意而武断；罗马尼亚军队发出抗议，反对将一些参加过第一次世界大战的老兵也纳为驱逐对象，他们的抗议取得了成效。据1942年的一份报告称，这些被驱逐者的生存条件“极端恶劣，任何文字的描述都显得乏力”，他们没有食物，形容枯槁，全身都布满了虱子。越来越多的人死于饥饿、寒冷和疾病。他们的尸体被丢弃在当地的公路上。1943年春天，他们被转移到许多居住条件更好的村庄，而且被派去从事公共建设工程，但截至此时，已经有成千上万的人死去了。在这些被驱逐者中，仅有一半的人在1944年与撤退的罗马尼亚军队一起从德涅斯特河沿岸返回罗马尼亚，并最终幸存下来。[243]

虽然这些屠杀运动的规模也甚是庞大，但它们在系统性上还是远不及德国人开展的屠杀运动。1942年12月16日，希姆莱下令将1.3万多名德国吉卜赛人驱逐到奥斯维辛集中营的一块特定区域。[244]奥斯维辛集中营的负责人鲁道夫 · 霍斯回忆道，对于吉卜赛人的逮捕行动颇为随意而混乱，不少在战争中受到嘉奖的老兵，甚至纳粹党员也遭到了围捕，仅仅因为他们的祖籍中有吉卜赛血统。就这些被逐者而言，有1/2吉卜赛血统的人和有1/4吉卜赛血统的人之间没有丝毫区别；任何人，哪怕他有一丝一毫的吉卜赛血统，均会被视为一个威胁。被逐的1.3万人包括第三帝国境内吉卜赛血统不足1/2的人和具有部分吉卜赛血统的人；而其他许多人因为在生产军需品和武器的工厂工作，所以得以豁免，由此一来，在遭到驱逐的人中，有很大一部分都是儿童。还有数千名吉卜赛人从波希米亚和摩拉维亚保护国被驱逐到奥斯维辛集中营。在奥斯维辛—比克瑙集中营，吉卜赛人共同构成了一个特殊家庭营。最终，这个特殊家庭营包含了来自德国和奥地利的1.4万名吉卜赛人，来自波希米亚和摩拉维亚保护国的4,500名吉卜赛人，以及来自波兰的1,300名吉卜赛人。这里的卫生条件非常恶劣，到处都很肮脏，营养不良也极

为普遍，所以，里面的囚犯，尤其是儿童，很快就患上了斑疹伤寒和结核病。在很多情况下，这些病人会被筛选出来，然后送到毒气
室。1943 年 3 月 23 日，大约有 1,700 名吉卜赛人从比亚韦斯托克 534
被送到这里，不久后就被杀害了。1944 年年初，吉卜赛家庭营中的大部分成年男女被带到德国境内的其他营区，去充作强制性劳动力。1944 年 5 月 16 日，党卫队包围了家庭营，他们的目的是将剩余的 6,000 名囚犯送到毒气室毒死。家庭营的德国负责人曾预先警告过吉卜赛人，因此，吉卜赛人用刀、铲子、铁撬棍以及石头武装自己，拒绝离开家庭营。党卫队担心双方发生激烈的冲突，因此撤退了。在随之而来的几周里，有更多的吉卜赛人被分批送到德国进行劳动。此刻，鲁道夫·霍斯已经又被任命为奥斯维辛集中营的主要负责人，1944 年 8 月 2 日，他命令党卫队围捕剩余的约 3,000 名吉卜赛人，他根据配额给了这些吉卜赛人食物，同时对他们说他们也将被遣送到另一个营区。然而，霍斯的真正意图是把关押吉卜赛人的营区空出来，以便为即将到来的众多新囚犯腾出住宿空间。这些吉卜赛人被送到了焚化室，然后在那里被处死。1944 年 8 月初，另外 800 名吉卜赛人，其中绝大多数是儿童，从布痕瓦尔德集中营被送到这里，然后也被处死。如此一来，死于奥斯维辛的吉卜赛人，其总数便达到了 2 万人以上，其中 5,600 人是在毒气室被毒死的，而其余的人则死于疾病或虐待。难以置信的是，霍斯在自己的回忆录中将这些吉卜赛人描绘为“我最深爱的囚犯”，说他们如此轻信于人，秉性善良而又不负责任，就像儿童一般。[245]

纳粹德国之所以逮捕吉卜赛人，将他们送进集中营并予以处死，并非因为纳粹统治当局认为吉卜赛人严重地威胁到了德国的战事工作，所以必须被铲除殆尽，这是他们对犹太人的看法；相反，他们之所以这样对吉卜赛人，纯粹是因为在他们看来吉卜赛人是“与社会不相容者”，具有犯罪倾向，对德国的“民族共同体”

完全无用。当然，在纳粹德国，人们认为吉卜赛人的这些所谓特征主要还是先天遗传而来的，因此，这归根结底是一种种族本性。然而，虽然都被归为是种族本性，但对德国和欧洲吉卜赛人的种族灭绝方式与对德国和欧洲犹太人的大规模屠杀方式并未因此就变得一样。在大多数集中营，吉卜赛人被归类为“与社会不相容者”，他们被强制要求佩戴与该身份相对应的黑色三角形标志。正如我们将在下一章节中所见，有的时候，吉卜赛人会被专门挑选出来做医疗试验。在布痕瓦尔德集中营，他们被单独挑选出来，被施以残忍的治疗方式，这一点无可置疑。战争期间，留在德国的吉卜赛人至少有 5,000 名，或者多达 15,000 名；1943 年 1 月，警察当局下令，如果他们同意手术的话，他们将全都被绝育。统治当局给他们的诱惑条件是，如果他们同意，就能够与众多的非吉卜赛血统德国人通婚。

535 然而，那些拒绝接受手术的人很有可能面临巨大的压力，被迫屈服答应。很多人都受到了被送往集中营的威胁。其他人则成功地说服了统治当局，称自己身体里虽然流着吉卜赛人的血，但渊源甚远，微乎其微，完全可以忽略不计。战争期间，总共有 2,000 到 2,500 名吉卜赛人被施行了绝育手术，里特尔及其团队将他们中大部分人都归类为“与社会不相容的混血吉卜赛人”。他们所属的种族类别与所谓混血犹太人的种族类别比较相似，一直以来，究竟该如何处理混血犹太人这一种族群体，纳粹党没有制定出什么固定的政策方针。换言之，总体来说，纳粹统治当局无一例外地从未调集各方面的力量，由中央统一部署，执着地发起一场将吉卜赛人根除殆尽的运动。尽管如此，绝大部分吉卜赛人被扣上了“与社会不相容者”的帽子，这一事实的确将他们置于了被歧视和被迫害的双重窘境之中。这也是为什么他们中如此多的人遭到杀害，而很大一部分的混血犹太人却得以幸存。当然，长远看来，种族法律和绝育计划都旨在将这两类种族从遗传链条中彻底根除，有的人称这一过程为“推迟的种族灭绝”。[246]

六

集中营里关押着类别众多的囚犯，其中也包括同性恋者，他们必须佩戴与身份相对应的粉红色三角形标志。男同性恋是非法的，在战前，对男同性恋的定义就已经被显著扩大了。党卫队的总负责人海因里希·希姆莱近乎偏执地四处搜捕同性恋者，因为在他看来，同性恋严重地损害了党卫队和武装部队的阳刚力量。在这一点上，他得到了希特勒的鼎力支持。1941 年 8 月，希特勒宣告道，“事实上，同性恋就像传染病一样，极度危险，并具有强烈的感染性”，因此，他催促道，“无论在哪个地方，只要年轻人中出现了同性恋的症状，就必须采取野蛮而严酷的措施”。[247] 1941 年 9 月 4 日，统治当局把与未成年人发生性关系的行为也纳入了死刑的实施范围。[248] 随后，1941 年 11 月，在希姆莱的请求下，希特勒下达了一个秘密命令，即任何一名党卫队成员，只要被发现“与另一名男性发生了不正常的行为”，就将被处以死刑。[249] 1942 年 3 月，希姆莱下达命令，要求向党卫队和警察部队的所有成员解释该命令，并要求他们在一张表格上签字，声明自己已经阅读并充分理解了该命令。事实上，该命令执行得并不是非常彻底，而且诸如此类的指控也相对较少。事 536
实上，在战争的最后几个月，那些因同性恋行为而遭到判决的党卫队成员，只要他们愿意加入武装党卫队并去前线作战，希姆莱就减轻了对他们的判决。[250]

武装部队在打击士兵同性恋的问题上也表现出极大的关心，而且，在经过了反复的内部讨论后，武装部队最终于 1943 年 5 月 19 日决定，对于那些情节严重的涉案者，无论其案件是被如何界定的，都将被处以死刑，而其他人则名誉扫地，被勒令退伍，或者被囚禁在战地惩戒营，再或者被移交到警察当局。1940 年，在武装部队中，因违反了同性恋行为相关法律而被定罪的案件仅有 1,100 例出头，而在战争的剩下阶段，此类案件的数量猛增到每年大约 1700 例。更普遍的是，1939 年，德国普通民众因违反了《德国刑法典》第 175 条——该条款将同性恋判定为非法——而被定罪的案件，其数量为 8,200 例左右，而到了 1940 年，该数量骤降为 4,000 例出头，这反映了一个事实，那就是有数百万的男性被征召到了武装部队中。起初，如果普通百姓触犯了此条法律，他们将被审判，然后被送进监狱，但 1940 年希姆莱进一步下令，所有的同性恋者，只要被发现拥有一个以上的性伴侣，那么在他们刑满后都将被直接送往集中营。[251] 党卫队保安处的恩斯特 · 卡尔滕布伦纳则想要采取更激进的措施。1943 年 7 月，他给司法部施压，要求其颁布紧急法令，对同性恋者实行强制性阉割，他之所以向司法部施压，是因为前来主动要求采取该措施的囚犯，其数量实在太少了。司法部指出，自战争爆发以来，司法部就禁止对男子进行阉割，但同时指出，这一禁令此时已经取消了。卡尔滕布伦纳对该解释颇为满意，但他仍然成功地让军队重新审查了近 6,000 起与同性恋罪名有关的诉讼，这些诉讼是 1939 年 9 月以来针对士兵提出的，他这样做的目的是将那些“屡教不改者”剔除出军队（毋庸置疑的是，他们中许多人随后应该会被盖世太保逮捕，然后被投进集中营）。[252]

这意味着在战争期间，每年至少有 2,300 名同性恋者被投进德国的某些主要集中营。[253] 在集中营里，他们同其他类别的囚犯分开关押，而且不管天气如何，他们都被迫在户外劳动，这样做的目的是将他们中那些具有真正“男子气概”的人同那些没有这一阳刚品质的人区别开来。鲁道夫 · 霍斯认为，在萨克森豪森集中营，通
537 过这种方式，那些仅仅因为钱而沦为男妓的年轻男子“在艰苦工作

和营区生活严格纪律的改造下，很快就能清醒过来，恢复到正常的状态”。相反，那些他眼中的真正同性恋者会扛不住巨大的压力，“身体会逐渐垮掉”。[254]在达豪集中营，1939年大约有31名犯人因同性恋罪名而遭到监禁，1940年有50名，1941年有37名，1942年有113名，1943年有81名，1944年有84名，1945年有19名。1945年解放前夕，这里因同性恋罪名而被监禁的囚犯仍有109名。[255]盖世太保在对付左翼人士的过程中，有时无法以政治罪的名义来打击他们，而左翼人士中碰巧是同性恋的人，也因此以同性恋罪名被投进了集中营。例如，H.D. 出生于1915年，是一名普通职员，1938年时他试图与苏联驻布拉格的大使馆联系，结果被捕。他的伴侣也遭到逮捕，在残酷的折磨下，他的伴侣最终承认自己和H.D. 之间有性关系。盖世太保不能给H.D. 扣上叛国罪的帽子，但却凭借禁止同性恋的相关法律，确保法庭会将其定罪。H.D. 因此身陷囹圄，被关了3年半。1941年11月，他刚刑满释放，就立刻再次被捕，并被带到了布痕瓦尔德集中营。在那里，他必须佩戴粉红色的三角形标志。他被安排在集中营的采石场劳作，而且，其中一名素来以憎恶同性恋闻名的囚监还将他单独挑选出来，对他施以了极其不人道的虐待。只有后来这名囚监离开集中营之后，他才免受这么多的折磨，得以幸存。集中营里专门供同性恋者居住的区域遭到了党卫队护卫人员残酷地压榨，护卫人员经常偷窃这些同性恋囚犯从亲朋好友那里收到的食物包裹。在采石场工作期间，同性恋者也经常被单独挑选出来，他们“在试图逃跑的时候被当场击毙”。自1942年秋天以来，战争经济对集中营劳动力的需求持续增长，枪杀同性恋者的行为也因而停止，尽管如此，但护卫人员和囚监们对同性恋者日常实施的暴行却并未消失。最终，H.D. 在集中营里得到了一些相对轻松的工作，因而幸存下来，而其他许多人则未能幸免。[256]在第三帝国存在的整个时期，总共有大约5,000到1.5万名同性恋者被关进集中营，人们认为，其中多达一半的人都不幸遇难。[257]

战争期间，纳粹政权对同性恋者的政策变得愈发激进，而且愈发致力于将这一群体赶尽杀绝，这一点基本上毋庸置疑。事实上，从更大层面来看，在此期间，集中营体系不断扩张，这不仅反映出战争经济对新鲜劳动力的要求完全得不到满足，而且也反映出整个纳粹政权朝着越来越激进的方向发展。1944 年 2 月，司法部准备引入一项新的法律，该法律将允许警察逮捕并囚禁他们眼中的“与民
538 族共同体相抵触者”，而且事实上，这项法律允许警察彻底根除这类群体。该项法律在草案中对这类群体给出了法律定义，如其所述：

> 下列人群都属于与民族共同体相抵触者 :（1）任何人，如果依照他的个性和生活方式来判断，他通过自身努力也无法达到民族共同体的最低要求 ;（2）任何人，（a）如果他逃避工作，举止轻浮，并由此过着一种对集体毫无用处、目无法纪或挥霍无度的生活……或者（b）如果他极有可能犯下情节较轻的刑事罪或极有可能酒醉滋事，并由此严重渎职，不能维护民族共同体的继续存在，或者（c）他因脾气暴躁、耽于争执而持续地破坏集体和平 ;（3）任何人，据他们的个性和生活方式来判断，他的自然倾向将导致他犯下严重罪行。[258]

犯罪学家埃德蒙 · 梅茨格尔（Edmund Mezger）在这份法律草案的前言中指出，这项法律将被施用于“失败者”“道德沦丧者”“犯罪者”以及“逃避工作者”。[259] 然而，这项法律从未被真正执行过。戈培尔认为，通过这项法律，国外人士会对德国产生一种很糟糕的印象，而此时德国亟须赢得中立国家的好感，因此在这样一个特殊时期，该法律不能被执行。在统治当局的高层中，也有其他人阻止了该法律，因为如此一来，希姆莱控制的警察系统将获得无限的权

力，足以控制整个德国社会，能通过为所欲为的恐怖统治来推行纳粹意识形态。[260] 然而，归根结底，这项法律是这个时代的典型产物。在战争的最后阶段，“挣扎时期”再次出现了，而这项法律正是汲取了“挣扎时期”的极端精神，此刻，这种精神将整个国家机器和纳粹党机器都置于自己的麾下，为自己所用。

第六章

德国的道德体系

第一节

恐惧与内疚

一

1941 年 3 月 10 日晚上，一名 15 岁的女孩突然被吵醒，争吵 541
声是从她所住公寓的另一边传来的，她和她的家人一起住在杜塞尔多夫的一个中产阶级地区。“我听到我的继父和我的妈妈正在争吵，”她后来对盖世太保说道，“他喝醉了，我听到他说：‘现在一切都没有什么起色。英国肯定会赢的。德国已经没有弹药储备了。’听到这话后，我妈妈回嘴道：‘说这话的时候，你根本就不是一个德国人，我会向警察告发你。’”争执发展到这个时候，这名女孩已经从床上起来了，她正透过厨房的门看着他们争吵。“我看到，”这名女孩继续说道，“我的继父拿出了一把刀指着我妈妈，威胁说：‘在你出卖我之前我就会把你干掉。’我赶忙过来帮我的妈妈。当我的继父看到我的时候，他就把刀收起来了，然后试图用椅子打我……后来，他被警察带走了。”[1] 他的妻子告诉盖世太保，他说了不少反动言论，他曾说“我们现在饱受饥饿和战争之苦，这都拜希特勒所赐”，还说“希特勒想要绞死犹太人，但犹太人应该先把希特勒绞死”。

对于这些指控，这名男子全都予以否认，他称自己当时已经醉得不省人事了,所以根本记不得自己说过这些叛国言论。跟许多类似(可能戏剧性没有这般强烈)的事件相同，这起事件所涉及问题不纯粹只是一名妇女不赞同丈夫的政治观点。被委派来处理这起事件的盖世太保官员们注意到——也正如该男子的继女所提到的——这名男子经常酗酒，而且辱骂虐待他的妻子，因此，他们得出的结论是，这起事件最核心的问题是家庭内部的不和谐，而非彻底的政治矛盾。他们认为没有充足的证据来起诉这名男子，因此在没收了他的刀之后就宽恕了他。在诸如此类的事件中，盖世太保们通常都会站在丈夫这边，事实上，他们并不十分在乎那些遭到虐待的妇女们。[2]

542 在其他情况中，盖世太保会更严肃地对待妇女们的控诉。例如，1944 年 3 月，一名杜塞尔多夫的妇女由于自己的家园在轰炸中被夷为平地，所以前去姊妹家中寻求庇护。她的这名姊妹——霍夫曼女士(Frau Hoffmann)——1933 年时嫁给了一名警察，而此时她碰巧前往巴伐利亚探望自己的母亲，所以不在家中。当她来到霍夫曼女士的家中时，她被眼前的场景震惊了，她发现这位警察正与一名爱沙尼亚妇女共处卧房之中。霍夫曼女士回来后，千方百计地让自己的丈夫结束和这位情妇的关系，但却无济于事。很快，他们的婚姻就开始走下坡路，他们之间频繁地发生激烈的争吵，互不相让。霍夫曼女士陷入了绝望的深渊，她翻出了丈夫外出期间给她寄来的一些信。在信中，她的丈夫发表了许多反动言论，他写到德国绝不可能赢得战争。此外，她还举报说，自己的丈夫曾在办公室发出过一些失败主义者的言辞。她的丈夫理所当然遭到逮捕，并受到审问。在盖世太保的高压下，他没法就信中的内容进行狡辩，所以承认妻子的指控确有其事。1945 年年初，他因削弱民众的士气而遭到了审判，被判决为死刑，不久之后就被处死了。[3]

此外，人们也会因为个人处境而采取举报措施，但盖世太保并不真的关心这些举报究竟出于何种动机。事实上，在警察当局收到的举报中，只有 30% 的举报源自妇女。在妇女的绝大多数举报中，她们都遭受了男性的辱骂或暴力对待。自 1933 年以来，纳粹政府就越来越干涉人们的家庭生活和私人生活，在各种社会关系中遇到困难的妇女会逆向而行，主动地越过私人生活和公众领域的界线，故意将二者混为一谈，因此，统治当局就能有效地笼络这些妇女，利用她们来打压具有失败主义观点或反动思想的人。整个第三帝国笼罩在极具攻击性的男子气概氛围中，通常情况下，妇女们的感受是，除了故意模糊私人和公众领域的概念以外，自己别无他途。如果一名女性员工遭到上司的性骚扰，或者一名家庭妇女遭到丈夫的辱骂殴打，除非她举报称自己的上司或丈夫犯有政治罪，否则相关机构根本就不会受理她的案件。[4] 当士兵们在前线打仗的时候，政府尤其愿意让他们的妻子与士兵的利益保持一致，因此，当这些妻子抱怨自己丈夫的时候，政府只会置之不理。在政府宣传和大众媒体的刻画中，士兵、海员和空军的妻子们（军嫂［Kriegerfrauen］）都具有纯洁无瑕、清心寡欲、富有自我牺牲精神以及辛勤劳作的品质，最重要的是，她们都被描绘为忠贞不渝。因此，街区管理者、纳粹党地方官员以及相关的雇佣人员都对她们日常的行为作风高度 543
警惕。所以，对于妇女的举报——控告她们的生活方式不符合这一圣洁形象对她们的要求，这是她们理应遵从的——多不胜数。1941 年 11 月，盖世太保在杜塞尔多夫的分局就记录了这样一起典型的案例。当时，一位米勒女士（Frau Müller）在一家包装厂工作，她的工头指控她与一名比利时工人有染。随后，她和这名工头发生了激烈的争吵，并打了这名工头一巴掌，这名工头因此向警察举报了她。盖世太保问了她一番话，她回答说自己的丈夫是一名士兵，曾和数名女子有往来，甚至还同她们中的一些人有了孩子。然而，盖世太保却正式警告她，要求她必须注意自己的言行，并结束与那名比利时男子的关系，否则他们将对她采取更严厉的措施。[5]

威廉·赖希（Wilhelm Reich）是弗洛伊德主义的马克思主义代表人物，他的追随者以及社会学法兰克福学派的流亡学者都将纳粹政府描绘成一个在性方面过于迂腐守旧并大力采取压抑政策的政权。尽管纳粹政府给士兵的妻子们施加了压力，要求她们当自己的丈夫在武装部队中服役时，必须保持贞洁，但纳粹政府绝非像上述两类人群所描绘的那般夸张极端。战争期间，人们在生育小孩的问题上自然而然地变得很谨慎。无论如何，由于丈夫在前线作战，妇女们怀孕的概率本来就要小一些，而且许多妇女不愿意一个人抚养小孩。1939 年出生的人数超过 141.3 万名，而在开战之后，每年平均出生的人数仅为 100 万出头，此外，新结婚的夫妇数量也从近 77.5 万对暴跌为 52 万对。[6] 由于折损的兵力数量逐渐上升，希特勒对德国未来的人口数量变得愈发忧虑。1942 年 8 月 15 日，他出台了一项命令，即任何一个家庭，如果有一名以上的儿子阵亡，那么该家庭在前线作战的最后一名幸存的儿子将被召回。希特勒说，这是因为这些家庭的血脉里遗传有英勇无畏和自我牺牲的优秀品质，所以“国家和政府不想让你们家庭的延续就此中断”。[7] 海因里希·希姆莱已经下令，党卫队成员，无论此时已成婚，或是——正如他本人所言——“以逾越资产阶级法律和传统的方式”，都必须生育小孩。[8] 当然，生育的小孩在种族成分上必须是纯洁的，事实上，为了达到该目的，1941 年时婚姻方面的限制条件被进一步加强了，这或许是在回应这样一个事实，那就是此时德国境内有大量的外籍工人。[9] 1944 年 1 月，马丁·博尔曼汇报了希特勒在该问题上的观点，然后也出台了一份备忘录，警告道，由于大量最勇敢无
544 畏的年轻士兵战死疆场，我们的国家“损失了大量的血脉”，所以战后德国将会陷入“灾难性的”处境。他建议采取一系列的补救措施，其中包括向妇女们宣扬生育小孩的益处，而且建议还在女性数量远

远多于男性数量的情况下，应放宽非婚生方面的法律。[10]

统治当局大力提倡人口增长，为了实现该目标，他们鼓励种族成分合乎要求的女性未婚生育，甚至还出版了通用手册，指导大家如何获得幸福的性生活。约翰内斯·舒尔茨（Johannes Schultz）博士就曾写过这样一本书。1940年，他写了一本名为《性、爱情与婚姻》（*Sex-Love-Marriag*）的书，给成年男女们提供了详细的指导，里面还专门解释了如何在性交过程中最有效地达到性高潮。与此同时，舒尔茨对异性恋持有狂热而偏执的态度，这导致了一个极端的结果，那就是他极力赞同在T-4行动中彻底铲除残疾人士，而且还在戈林的心理学和心理治疗研究所开展了"体检"行动。在"体检"中，那些被指控为有同性恋罪名的男子被迫与妓女性交，如果他们的表现不尽人意，就会被送进集中营。而就在种族条件上符合要求的异性恋性事而言，纳粹政权的鼓励加上特定的战争背景，在1939—1945年期间共同催生出了许多评论员所描绘的性道德沦丧局面。[11]克特·彼得森（Käthe Petersen）是汉堡的一名社会工作者，她在1943年抱怨道，战争期间，女性在操守行为上出现了显著的堕落；道德感减轻、淫秽，甚至卖淫等现象变得甚为普遍：

> 出来工作后，许多曾经备受尊敬的妇女也注意到了其他男子的存在。在许多公司——有轨电车公司就是其中典型——男性工人似乎养成了追求士兵妻子的习惯。这种情形同样出现在许多工厂，那些更粗俗的女性工友对士兵的妻子们产生了腐蚀性的影响，也将她们带入了歧途。在这些不良影响下，那些曾忙于家庭事务的妇女们，那些曾经的好妈妈们现在也忽略了她们的家务和孩子，一门心思都扎进了夜晚的寻欢作乐中，一味地追求男性的陪伴。[12]

1944 年 4 月 13 日，党卫队保安处报告说，关于家中已婚妇女不忠行为的故事让前线的士兵们愤怒不安。党卫队保安处宣称，女性的放荡行为显著增加，尤其令人忧虑的是，年轻女性并不认为与劣等
545 种族的外籍工人或战俘发生性关系有什么错误。这些女性一旦被举报，就会遭到逮捕，而且，正如希姆莱在 1940 年 1 月所指示的那样，如果她们的行为冒犯了“民众的情绪”，那么她们将被投进集中营，至少关押 1 年。[13]

然而，在 1944 年的报告中，党卫队保安处并未将女性道德堕落的原因归咎为她们开始被雇佣来工作，而认为这是因为她们无所事事，尤其是因为：

> 士兵的妻子或遗孀得到了相对高昂的家庭补助金……这些妇女根本不需要工作，因为在很多情况下，她们获得的家庭补助金甚至足以让她们享受比战前更优越的生活。此刻，她们有充足的时间和金钱，在这样的诱惑条件下，她们很容易整个下午和晚上都泡在咖啡馆和酒吧中。在给自己购买价值不菲的红酒或烈酒时，她们眼睛都不眨一下，而且更重要的是，她们此刻的经济状态使她们完全有能力招待其他男人——主要是士兵——喝酒。[14]

流行歌曲、电影以及时事讽刺剧给公众生活抹上了愈发淫秽的色彩，这也是女性道德堕落的原因之一。还有一个原因就是，一些女性持这样一种看法，即如果士兵们——情况的确可能如此——在“偷腥”，那么女人“也要享有同样的权利，也应有资格找乐子”。[15] 性甚至逐渐变成了一种商品，尤其是年轻女子，她们出卖自己的身体来换取稀缺的食物和奢侈品，比如巧克力、长筒丝袜或者香烟。特别是在最后空袭期间，一个普遍的感觉是生命太廉价了，太容易猝然而

止，所以妇女和女孩们都决定趁着还有机会，必须充分极致地享受生命。[16]

总体而言，女性的权利和行动自由有所提高，但道德沦丧是否是其中的组成部分，或许值得怀疑，一些女权主义历史学家也持怀疑态度。当然，在战争期间，丈夫不在家，妇女的确不受其控制，但她们却不得不自谋生计，经营家庭，因而，她们随机应变的能力以及管理自身日常生活的主动性都提高了。但她们是在日趋恶劣的环境下采取这些行动的，燃料和食物的短缺令她们焦虑不安，轰炸和强制性撤离严重打乱了她们的生活，方方面面的挣扎求存让她们感到精疲力竭，郁结于心。只有很少一部分士兵妻子抛弃或举报自己的丈夫。她们中绝大多数还是经常与丈夫通信，在信中征求丈夫的意见，并期盼丈夫早日归来。正如其中一名妇女 1945 年 4 月 17 日在给丈夫的信中写道："哎，你要是在我们身边多好，这样一切都会好太多太多，也要容易得多。"[17] 在战争的后半段，丈夫们休 546
假回家的频率越来越低。已婚妇女会习惯性地把丈夫的照片放在家中显眼的位置，以此提醒孩子们父亲的存在，她们也会经常提到自己的丈夫，并尽可能地使丈夫的形象凸显在家庭生活中。对孩子们而言，父亲经常从前线给予他们建议和鼓励，或者是严厉地批评责备他们，父亲在远方竭尽所能地控制他们的家庭。父母们甚至会讨论孩子的成绩单。"克劳斯（Klaus）因为懒惰，英语成绩下滑了，"一名父亲——显然是一名教师——从前线给妻子写信道，"他缺乏父亲的管教"。[18]"我把你的练习本寄回来了，"1943 年，另一名父亲从前线给他 9 岁的儿子写信道，"这样持之以恒地努力，你会让爸爸妈妈为你感到自豪。你那篇关于当地历史的作文写得很好"。[19]

二

希姆莱鼓励非婚生育，试图借此为整个国家带来更多的小孩，但他的计划却收效甚微，其中一个原因就是绝大部分德国人仍然以基督教的教义为圭臬，指导自己的道德生活。1939 年，95% 的德国人把自己定位为天主教徒或者新教徒；3.5% 的德国人认为自己是“自然神论者”（gottgläubig，虽然没有具体的宗派信仰，但相信造物主的存在），还有 1.5% 的德国人是无神论者。在自然神论者和无神论者这两类群体中，大部分人都是坚定的纳粹党员。纳粹党自 20 世纪 30 年代中期以来就不遗余力地削弱基督教在社会中的影响，这部分人正是在纳粹党的要求下抛弃了自己的宗教信仰。[20] 尤其是在农村地区和老一辈人当中，基督教信仰占据了绝对的统治地位，基督教的教义提倡保守的性道德，而且在牧师的讲道说教下，这种价值观被进一步增强。纳粹统治当局对这种观点不予赞同。天主教会在德国南部和西部有最广泛的信徒，早在 20 世纪 30 年代期间，希特勒就已经无所不用其极地限制了天主教会的自治权，因此，第三帝国和天主教会的关系严重恶化。而新教的影响力集中在德国北部和中部，统治当局试图在德意志基督教运动中将纳粹意识形态和剔除掉“犹太”因素的新教价值体系相融合，创造出一套新的价值体系，但以失败告终，其中一个特别重要的原因就是认信教会的坚决反对。认信教会独具风格，其中的基本教义派牧师强烈反对统治当局的这一计划。汉斯 · 科尔（Hans Kerrl）是宗教事务部部长，是德国基
547 督徒的狂热支持者，1941 年 12 月 12 日他带着失望之情离世，时年 54 岁。随着战争的爆发，德国新教内部陷入了僵局，因为新教价值体系和纳粹意识形态在相互的交锋中都没有真正获胜，而且很大一部分普通新教信徒尝试在这二者之间寻求一套折中体系。[21]

在战争期间，希特勒对基督教深恶痛绝，敌视情绪达到了前所

未有的程度。这亦是他吃饭时经常自言自语的话题。他在 1942 年时说道，等战争结束，胜利完全属于德国的时候，他将正式废除 1933 年与天主教会签订的政教协议（Concordat），他将像对待其他非纳粹志愿协会那样对待天主教会。第三帝国“绝不容忍任何外国势力的干涉”，比如教皇，而且教廷大使最终也必须回到罗马。[22] 他还说，神父都是“黑色的邪恶昆虫”，是“穿着长袍的怪物”。[23] 希特勒笃信，纳粹主义是一种建基于现代科学的世俗意识形态，他反复强调这一观点。他宣告道，科学可以轻而易举地根除迷信观念最后的残渣。“如果你在一个村庄里面安放一架小的望远镜，那么你就能将这里各种各样的迷信思想铲除殆尽。”[24]“最好的事情，”1941 年 10 月 14 日时他宣称道，“就是让基督教自然灭亡。一个缓慢的灭亡过程也有其令人欣慰舒坦之处。只有当基督教的教义彻底消失之后，科学才能得以发展。”[25] 在他看来，基督教教义违背了物竞天择，适者生存的定律，他对这一点进行了尤为激烈的批判。“如果我们将基督教的逻辑发挥到极致，就会发现基督教是在系统地将人类带向失败的尽头。”[26] 从根源和属性上来讲，基督教是属于犹太人的，这一点无法消弭。“基督教是布尔什维主义的原型——犹太人集结了大量的奴隶，其目标是颠覆社会。”[27] 基督教是一种毒药，一种疾病，“让我们成为唯一一个对这种疾病有免疫力的民族”。[28] 他总结道：“长远来看，国家社会主义和宗教意志不可能再共存。”他不会再迫害宗教，因为它们都将逐渐消失。“等到那时，我们绝不能以其他类似的组织来替代宗教。那实在是太恐怖了！”[29] 未来将是纳粹党的，因此，未来将是世俗的。

但是，希特勒担心教会和国家之间的关系会在战争爆发时进一步恶化，那么全民参战的团结精神可能会遭到严重破坏，所以，他最初在制定反基督教的政策上比较收敛而保守。统治当局给基督教和天主教的神职人员施压，要求他们站出来公开支持战争，而神职

548 人员也的确照做了。在战争的头几个星期，盖世太保曾下令中止教会会议，但很快就取消了这一禁令。不久，相关部门就任命了军队特遣牧师，他们被安排到各个作战部队，而且受到了士兵们的普遍欢迎。但政府和教会的这一和平相处期很快就结束了。随着希特勒和其他纳粹领导人对战争的最后结果变得愈发胸有成竹，他们再次向教会发难。1941 年春天，在新教教会对弗兰肯的巡视报告中出现了这样的文字记录，即“打击教会的斗争又明显恢复了”。纳粹党再次发行反基督教的宣传资料。[30] 1941 年 6 月，马丁 · 博尔曼向纳粹党党区领导人发布通知，提醒他们国家社会主义与基督教之间立场相左、相互抵牾，并催促他们须不遗余力地削弱教会的影响力。[31] 为数不少的纳粹党党区领导人——例如瓦尔塔兰的领导人阿图尔 · 格赖泽——早就怀有极端的反基督教思想，他们根本无须任何怂恿就会自发地响应博尔曼的倡议。很快，那些远离防空洞的教堂被永久关闭了，教堂的钟也被熔化，用以制作炮弹；教会的期刊也因为纸张短缺而被收缴。此外，纳粹政权的领导人之一赫尔曼·戈林全权负责武装部队的一个分支，他下令禁止特遣牧师进入空军布道。政府以当下需要进一步增强战争投入的力度为由，废除了一些宗教节日，还把另一些在周中的宗教节日挪到了星期天。在萨克森州，最后仅存的宗教教育也被逐渐正式取缔了。在全德国境内，教会的房产都遭到没收，被改造为妇产院、收容被撤离儿童的学校或者治疗伤兵的医院。1940 年 9 月，相关当局出台禁令，全面禁止任何新修士加入任何修道会。随后，从 1940 年 12 月开始，修士和修女们所居住的修道院均遭到强制没收，他们也被驱逐出来。截至 1941 年 5 月，纳粹党和政府总共没收了大约 130 处修道院。[32]

正如我们所见，诸如此类的强制没收行动直接促使了加伦主教在 1941 年时谴责“安乐死”计划。事实上，这些措施在信徒中激起了普遍的不满。例如，据报道，在 1941 年 5 月 31 日，在巴伐利亚州埃伯曼施塔特的乡村地区，人们直接忽视了在宗教节日也必须工作的命令：

> 绝大部分的农村居民仍虔诚地追随他们的宗教组织。任何
> 试图动摇他们虔诚之心的努力都只得到了冰冷的回应，而且一 549
> 定层面上反而激起了他们的不满和仇视。面对耶稣升天节（被
> 法律废除），当地新教和天主教的信徒发起了一场坚定的示威游
> 行，以此抗议政府的禁令。在信徒们看来，废除耶稣升天节以
> 及禁止在工作日举行游行和朝圣之旅只是一个借口，统治当局
> 会逐渐地全面废除宗教节日，这也是最终彻底铲除宗教团体的
> 一部分。[33]

仅在巴伐利亚州，就有大约59名神父因抗议宗教节日被废除而遭到逮捕。这已算程度非常严重的公众反对了。1941年4月23日，巴伐利亚州教育部部长阿道夫·瓦格纳（Adolf Wagner）出台了一项新的法令，这项反基督教措施在民众中激起了迄今为止最为广泛的不满。此项法律规定学校的祈祷会被代之以歌唱纳粹歌曲，同时，必须摘除学校墙壁上的耶稣受难像和其他宗教图片。学生的母亲们感到义愤填膺，她们来到那些耶稣受难像被摘除的学校门口，要求将画像重新挂回去。公众的反对动摇了瓦格纳的决心，他在两周后便撤回了该法令。他并没有公开宣布此取消令，因为他不想让自己彻底颜面无存。因此，当地那些急躁鲁莽的纳粹分子在不知情的情况下仍在继续执行这一法令，结果在1941年秋天新学期开始的时候招致了家长们更为普遍的抗议以及规模愈发庞大的示威游行。妇女们收集了成千上万人的签名，向当局发出请愿，要求将十字架重新安置回去。她们反问道，如果宗教信仰在国内都遭到了攻击，那么她们怎能支持自己的丈夫去对抗无神信仰的布尔什维主义？枢机

主教米夏埃尔·福尔哈贝尔写了一封致郊区信徒的牧函，大力声援了这些妇女们的行动,1941 年 8 月 17 日,众多教会宣读了这封牧函。显然，民众的抗议并不会就此作罢。最终，瓦格纳羞辱难当，被迫公开宣布取缔该法令，释放那 59 名神父，命令将所有的耶稣受难像重新挂回学校，并允许学校师生在早上集体祷告的时候宣读（措辞由官方批准的）祷词。此次事件令统治当局感到非常难堪，希特勒严厉地训斥了瓦格纳，并威胁说如果他再犯这样愚蠢的错误，就会将其送进达豪集中营。[34]

抗议者之所以取得成功，一方面因为他们均是非常虔诚的信徒，而另一方面则是因为统治当局采取的打压措施不成体系，只是零零散散的敲打。如果瓦格纳集中各方面的力量，雷厉风行般地在一夜之间执行这些措施，那么这些措施取得成效的概率或许会更大。此刻，希特勒、戈培尔，甚至连博尔曼都意识到，必须等到战争结束
550 才能执行对宗教问题的最终解决方案。采取诸如此类的打击措施只能削弱甚至摧毁全民团结的精神以及整个国家的士气，尤其是在德国战势走下坡路的时候。截至 1942 年，新教教会在对弗兰肯的巡视报告中指出，一切都再次恢复了平静。[35] 虽然统治当局仍在给纳粹党活跃成员施压，要求他们放弃宗教信仰，但基本上没有人予以理会。而另一反面，战争期间，德国的局势虽然日渐衰落，但这似乎也没有促使很多人将目光重新投向宗教。这份巡视报告同样指出："在这样一个艰难的时代，教区中也只有为数不多的成员零散地重新参加宗教典礼，他们之前都没有参加这些活动。但我们不难观察到，总体而言，绝大多数民众对宗教信仰还是表现出漠然的态度……很遗憾的是，年轻人中呈现出一股明显的趋势，那就是他们愈发认为宗教信仰是微不足道的（quantité négligeable）。"[36] 这也表明，希特勒的想法其实并非毫无根据，他认为如果第三帝国存在的时间足够长，那么在未来，基督教将会不复存在。在纳粹教育和纳粹价

值体系的灌输下，年轻一代正与宗教信仰渐行渐远。

由于害怕遭到迫害——尤其是经历了 1941 年的迫害之后——天主教会的管理层对参与公开抗议统治当局的活动变得高度警惕。在枢机主教福尔哈贝尔的文件中，人们后来发现了一份没有署名的备忘录。正如这份备忘录所提到的那样，一些主教比较关心“犹太人问题、俄罗斯战俘的处境问题、党卫队在俄罗斯所犯暴行的问题等等”，他们决定只在私底下向纳粹党统治阶层反映自己的顾虑，而在公开抗议的时候，则只会含糊其词，泛泛而谈，仅仅抗议统治当局对教会的迫害，对德国公民基本权利、财产、自由以及生命安全造成的威胁。然而，哪怕像这种性质的一次公开抗议——相关文件标记的日期为 1941 年 11 月 15 日——德国天主教的阿道夫 · 贝尔特拉姆枢机主教也下令阻止。[37] 虽然同绝大部分高级神职人员相比，贝尔特拉姆更加谨小慎微，畏惧权势，但在整个战争期间，天主教的主教们对大规模杀害犹太人和苏联战俘的问题也很少公开地表达过关切之情。甚至连克莱门斯 · 冯 · 加伦也一直持缄口不言。1941 年 8 月 3 日，他进行了一次著名的布道，强烈谴责了安乐死计划，虽然其中也提到了犹太人，但他也只是间接地提到了犹太人，他反问到，耶稣仅仅只是在为耶路撒冷哭泣，还是也在为整个威斯特法伦哭泣。他暗示到，“一些人抛弃上帝的真理，遗弃上帝的律法，因而使自己注定走向毁灭”，认为耶稣仅仅是在为这些人哭泣的观点简直荒谬不已。[38] 虽然事实上至少有一个犹太人曾向加伦求助，
希望他能做一些事情来帮助犹太人，但他哪怕是在私底下，既没有 551
发出声援，也没有付诸行动。[39]

康拉德 · 普赖斯辛（Conrad Preysing）伯爵是柏林主教，他认为应强烈谴责统治当局对犹太人的虐待，在这方面，他或许是天主教会中最坚定的提倡者。1943 年 8 月，他下令起草了一份致统治当局的请愿书，希望德国所有天主教会的主教都在上面签字。这封请

愿书虽然谴责了犹太人被残忍地从德国转移出去的行为，但对于犹太人被屠杀的事情，他却只字未提，他只是请求，在执行驱逐的时候，应采用更尊重被逐者生命权利的方式。但天主教会的主教们否决了这一请愿书，相反，他们写了一封致教区信徒的牧函，要求信徒们尊重其他种族人民的生命权。普赖斯辛前来面见教廷大使，但却被告知：“热爱你的邻居是好的，但最伟大的邻里之爱在于切勿给教会制造任何麻烦。”[40] 德国天主教会一直处于这种相对缄口不言的状态，这尤其折射出教皇庇护十二世的顾虑，那就是他对共产主义的威胁变得越来越忧心忡忡，随着德军在东部战线陷入愈发被动的局势以及红军开始挺进，这份忧虑变得更加强烈。庇护十二世永远也无法忘记 1919 年共产主义和无政府主义革命期间，他在慕尼黑担任教廷大使的经历；1943 年 7 月，当他会见德国驻梵蒂冈新任大使恩斯特 · 冯 · 魏茨泽克的时候，他还提到了这段经历。随着战争的进一步推进，庇护十二世开始将第三帝国视为欧洲抵抗共产主义的唯一阵地，而且，在墨索里尼政权被推翻以及共产主义游击队在意大利北部和中部的势力日渐强大后，他开始愈发笃信这一点；此外，他私底下还谴责同盟国让德国方面无条件投降的要求。他利用梵蒂冈在国际上的中立地位，开始致力于促进参战方相互妥协，实现和平，如此一来，反共产主义的德国就能得以保全。为了实现该目标，他认为最好不要公开抗议屠杀犹太人，因为这会破坏梵蒂冈方面的中立立场。但纵然有这一层顾虑，他还是发表了一系列言辞尖锐的谴责言论，他在给德国主教的一封信中就批判了“安乐死”计划，同时还在 1943 年 5 月和 6 月公开发表言论，表达了他对波兰人民遭罹痛苦的怜悯之情，正如他在 1939 年 12 月所做过的那样。[41]

正如庇护十二世 1943 年 4 月在给普赖斯辛的信中写道，他担
552 心公开抗议会导致统治当局再次迫害德国的天主教会。因此，他不

愿意插手帮助犹太人。而且在他看来，公开反对屠杀犹太人不仅不能起到阻止作用，这反而有可能适得其反。罗马也有德国人，因此，公开的挞伐或许会招致德国派遣军队进入梵蒂冈。他告诉普赖斯辛，他能够做的，最多也就是“当非雅利安或具有半雅利安血统的天主教徒面临外部生存环境倾覆、内部精神需求得不到满足时……为他们”祷告。庇护十二世的一些批评者声称，他是一名反犹主义者，而且他从 1919 年在慕尼黑的经历中得出这样的结论，即共产主义是世界犹太阴谋的一部分，但事实并非如此，诸如此类的指控并无令人信服的证据。[42] 但另一方面，犹太人，包括犹太后裔的天主教徒，不仅遭罹着精神和物质方面的双重折磨，而且还遭到德国人的大规模屠杀，截至 1943 年 4 月时，庇护十二世对于这一点完全了然于心，这也是无可否认的。当然，庇护十二世也深知，德国人自 1943 年秋天开始威胁到犹太人的生存，自此以来，意大利的许多天主教神父，其中包括梵蒂冈城的一些神父，就一直在给犹太人提供庇护。他并没有采取任何措施来禁止这些行为，但是他也没有亲自参与其中，更没有发表任何可能会鼓励神父们参与其中的言论。庇护十二世的确是一名谨小慎微的职业外交官，他在竭尽所能地维护意大利以及其他地方天主教会的利益。[43]

面对统治当局的这些暴行，德国新教教徒与天主教教徒的态度只有些许差异。1939 年 4 月 4 日，德意志基督教在巴特戈德斯贝格（Bad Godesberg）发表声明，承认教会“有责任确保我们本民族的种族纯洁性”，并坚持声称，与犹太教和基督教之间的冲突相比，这个世界上不存在“更尖锐的冲突”。紧接着在第二个月，认信教会就以一份内容相似的文件予以了回应，赞同说“为了保全我们民族的纯洁性，我们必须奉行严厉而负责的种族政策”。这两个宗教派别的立场几乎没有本质区别，或许很少有人会注意到其中的差异。[44] 有时，认信教会的确会发出抗议之声。德国福音教会（Evangelical Church）的正式领导机构教区秘书处（Church Chancellery）与3名主教共同发表了一封公开信，要求“受洗的非雅利安人不得参加德国教堂会众举行的宗教活动”时，认信教会的领导机构尖锐地质问道，这样一来，如果耶稣及其十二门徒生活在第三帝国，是否他们也会因种族原因而被逐出教会。随着迫害运动进一步演变为大规模的屠杀，一名新教领袖人物开始竭尽所能地阻止纳粹党对犹太人的迫害。1941年11月，特奥菲尔·武尔姆主教
553 给戈培尔写信，提醒他迫害犹太人等于贻人口实，有助于敌人的宣传攻势。戈培尔看后，只是将此封信丢进了垃圾桶。武尔姆还写了一封信，试图通过一名高级公务员转交给希特勒。在信中，他谈论了“非雅利安人遭到了愈发残酷的对待”，并就此问题得出了在前一封信中所得出的类似结论。[45] 1943年7月16日，武尔姆再次写信。正如他所指出的那样，他的儿子和女婿都已在东线阵亡了。这次，他是以私人的名义给希特勒写信，他指出，对“非雅利安人”的“种族灭亡措施”与“上帝的戒条截然相悖，从根本上违背了整个西方的生命观和思想体系，即普遍的生命权和尊严是上帝赋予人的，是人类最根本的权利”。虽然表面看来这是一封私人信件，但武尔姆命人将其复印，并在整个教会中分发。1943年12月20日，武尔姆给帝国总理府的秘书长汉斯·海因里希·拉默斯写信，他在信中再次申明了自己的观点。“在此，我既正式警告，”拉默斯回复道，“同时也奉劝你以后高度注意自己的言行，尽自己的本分即可，切勿逾矩。”政治不是主教应关心的事情。除了武尔姆，没有任何人进行过这样的干涉。在这一系列的抗议后不久，他就被禁止公开写作或讲话了，尽管对他下达的禁令一直持续到战争结束，他仍参加宗教仪式，继续布道。[46]

三

如果说教会既没有公开谴责纳粹政权对犹太人的种族屠杀行动，也没有采取任何措施予以阻止，那么德国普通大众在迫害犹太人的问题上持怎样的态度呢？要想获取屠杀行动的相关信息并非难事。显然，相关消息很快就传到了少部分仍留在德国境内的犹太人的耳中。[47] 1942 年 1 月，维克多 · 克伦佩雷尔记载道，有谣言称，“在里加，被转移的犹太人下火车时被一批一批地枪杀了”。[48] 1942 年 3 月 16 日，他在日记中首次提到了“位于上西里西亚霍茹夫（Chorzów，德文名为 Königshütte）附近的‘奥斯维辛’（或与之相似的名字），被称为是最骇人听闻的集中营”。[49] 到了 1942 年 10 月，他已将其称为“高速运转的屠宰场”。[50] 1942 年 8 月底，他写道：“屠杀殆尽的欲望一直在不断增长。”[51] 他还记载道，关于在奥斯维辛和其他地方发生的大规模屠杀，“现在已有相当多的传言，其中很多信息都出自雅利安人，而且这些信息在内容上前后一致，因此，大屠杀不可能只是一个传闻”。[52] 由此可见，要获得犹太人、 554
波兰人以及其他种族者在东方地区遭到大规模屠杀的相关消息确非难事，人们可以通过一系列的渠道获知。1942 年 3 月，党卫队保安处报告说，从波兰返回的士兵在公开谈论那里的犹太人如何遭到大规模的屠杀。[53] 1942 年 10 月 9 日，纳粹党办公厅抱怨道，“东方地区部署着各种各样的作战部队，那里的士兵们有机会亲眼看见犹太人是如何被对待的，他们休假回国后便四处散播关于犹太人面临的残酷措施的信息”，尤其是东方占领区的犹太人所遭受的迫害。[54] 在第三帝国中央管理系统中工作的各级别公务员，有的阅读了别动队的报告，有的则与东方地区的管理人员有联系。[55] 铁路系统的时刻表制定人员、火车驾驶员、各火车站的员工以及各铁路货场的工作人员都能辨别出这些火车，而且也知道它们将驶向何方。

负责围捕这些犹太人、处理其文件或财产的警察们也对此了然于心。此外，负责将犹太人的寓所重新分配给德国人的房产官员和负责处理犹太人财产的行政管理人员也都心知肚明，诸如此类的知情者不胜枚举。

面对歧视犹太人的行为，有的德国人公开地表示强烈欢迎。维克多·克伦佩雷尔戴上黄色之星的标志后，希特勒青年团的年轻成员们开始在街上对其大声呵斥，这是他头一遭经历这样的事情。[56] 克伦佩雷尔详细地描绘了战争期间，他身为犹太人在纳粹德国的日常点滴；他记录了自己戴着犹太之星走在街上时，普通德国民众碰到他的各种反应。一方面，有的人会极其冒犯地问道“你这个恶棍，怎么还没死啊？”，而其他人——完完全全是陌生人——也会向他走来，去拽他的手，低声说“这都是形势所逼！”，随即迅速走开。[57] 1941 年 10 月末以后，与犹太人的这种碰面变得愈发危险。当时，帝国保安总局下令，任何德国人，只要他公开地对犹太人表现出任何形式的友好，都将被逮捕，此外，他所同情的那名犹太人也将被捕，并被关进集中营。[58] 然而，有的人依然对犹太人表现出怜悯之情。克伦佩雷尔有时能辨认出那些友好的工作人员，他们“至少是老一辈的社会民主党员，或者是德国共产党员”，但与此同时，他也会遭到其他工作人员的羞辱冒犯。[59] 有一次，克伦佩雷尔前去医疗保险办公厅办事，他留意到，一名工作人员在看到他佩戴着犹太之星后，说道“他们应该给犹太人都打一针，这样，他们就不复存在了！”[60] 与之形成鲜明对比的是，1943 年 4 月，一名工作人员在德累斯顿犹太人之家——克伦佩雷尔就住在这里——清理一名“被撤离者”的私人财产时，对克伦佩雷尔发
555 牢骚道：“这些恶棍，看看他们在波兰干的勾当，我都感到怒不可遏。”[61] 犹太人在各方面的配额远不能满足他们基本的生存要求，虽然有的店主甚为铁石心肠，严格按照当局的规定行事，但其他

店主却还是愿意违背规定，对犹太人施以援手。[62]

当统治当局强迫犹太人必须在衣服上佩戴黄色之星，以便民众们更轻而易举地认出他们时，许多非犹太裔德国人的反应与戈培尔的期望截然相反。据报告，犹太人走在大街上时，得到了异于寻常的友好问候，人们走上前来向他们表达歉意，而且在搭乘有轨电车时，还有人主动给他们让座。其他国家的外交官们——比如瑞典驻柏林的大使以及美国驻柏林的总领事——也注意到，绝大部分德国民众都怀揣着类似的同情心，年长者尤其如此。犹太人也是活生生的人，他们此刻在众目睽睽之下沦为被迫害的对象；统治当局公开宣传他们这一被迫害者的身份反而让德国民众感到羞愧难当。[63] 总体而言，对佩戴犹太之星这一要求，民众们表现出极为负面的态度，只有少部分人将其视为侮辱并攻击犹太人的良机。[64] 不久，当警察开始围捕德国各城市中的犹太人，把他们送到当地火车站准备将其驱逐到东方地区时，公众的负面回应再次淹没了正面回应。这些驱逐运动尤其令老一辈的德国人感到震惊不已。1941 年 12 月，党卫队保安处汇报到，在明登（Minden），人们都在说，“以如此残忍的方式来对待人类，这简直难以理解；无论他们是犹太人还是雅利安人，毕竟，他们归根结底都是上帝创造的人”。[65] 驱逐运动尤其为宗教信仰者所诟病。[66] 1942 年 7 月底，在莱姆戈（Lemgo），一群民众聚集在一起，前来送别最后一车被驱逐的犹太人。许多德国公民，尤其是老一辈德国民众，对驱逐运动都持批判态度，甚至连纳粹党员也认为这对犹太人来说太残忍了，因为他们已经在这个镇里生活了几十年，甚至数个世纪。[67]1941 年 11 月 7 日，路易丝 · 索尔米茨在汉堡写道：“火车上的人们都向外探着脖子；显然，又来了一批将被送走的非雅利安人，此刻，他们正在车厢旁集合。”[68] 不一会儿，一名犹太老妇被带离犹太老年之家，然后被“赶进这拥挤不堪的可怜人群中”，索尔米茨听到一位路人对此评论道：“太好了！这群乌合之众终于要被清除干净了！”而这一评论让目睹该场景的另一个人甚为气愤。“你是在跟我说话，对吗？”他问道，“那么请把你的嘴闭上。”[69] 在 1942 年的整个夏天，路易丝·索尔米茨亲眼见证了一批又一批的犹太老人被驱逐到特莱西恩施塔特。“甚
556 至连驱逐年迈者的行动也在整个汉堡上演。”她写道。虽然索尔米茨本人从未亲眼看见，但一位熟人告诉她说，当自己家遭到驱逐时，“小孩们兴奋得又叫又喊”。“犹太人再次去了华沙，”她在 1942 年 7 月 14 日写道，“我在他们家门外的垃圾箱确认了这个事实。垃圾箱里装着他们家少数物品的残骸，包括有颜色的锡罐头，旧的床头灯，还有被撕碎的手提包，塞满了整个垃圾箱。小孩们正在搜刮这些垃圾箱，将其底朝天地翻了又翻，他们欢呼雀跃，把这里搞得一团糟，其凌乱程度简直难以用文字来形容。”[70]

吉塞拉是弗里德里希和路易丝的女儿，当她爱上了一名比利时男子——此人在汉堡一家工厂工作——并决定与他结婚时，索尔米茨一家人将面临一个始料未及的新难题。在户籍登记处，一名官员告诉路易丝，帝国司法部拒绝了这对恋人的结婚申请，并补充道：

> “这名年轻男子的父母知道你的女儿是一等混血种族吗？我相信他们已经同意了这门婚事，但他们知道你女儿的种族问题吗？”
>
> “比利时不承认这样的法律和观点。”
>
> “你说的‘比利时’是什么意思？我们现在甚至不用‘德国’这个概念了。我们用的是‘欧洲’这个概念。没有犹太人能够留在欧洲。这只是我的个人观点，不是官方的，但据一系列迹象来看，我觉得与此前相比，犹太人将被待之以更严厉的方式。”
>
> 这个话他给我说了两遍。我坐在那里，软弱无力。他继续教育我说：“看看犹太人在俄罗斯、在美国都干了些什么勾当。我们现在才第一次注意到了这些。”

当路易丝·索尔米茨鼓足勇气，提起自己的犹太丈夫时，这名官员着实大吃一惊。他一脸怀疑地惊叫道：“你的丈夫还在这里？！”[71]

四

也有一部分人不遗余力地解救犹太人。商人奥斯卡·辛德勒（Oskar Schindler）的故事就广为人知。奥斯卡·辛德勒是一名捷克裔德国人，亦是一名纳粹党员。辛德勒在克拉科夫一家搪瓷厂原来的犹太厂主被剥夺了所有权之后，得到了这间工厂。一方面，他雇佣了 1,100 名犹太强制性劳动力在这里劳作，而另一反面，他也在广泛从事黑市贸易，卖劫掠而来的艺术品，同时也通过其他渠道进行贪污腐败。然而，随着时间的流逝，辛德勒开始对波兰犹太人所遭受的痛苦变得义愤难平，他设法动用自己的金钱和私人关系成 557
功地保护了那些为他工作的人。随着红军的到来，他获得了撤离手下工人的许可，将他们转移到了苏台德地区的一家军工厂，尽管这家军工厂从未生产过任何武器装备。最终，这些犹太人在战争中得以幸存，但辛德勒却在保护他们的过程中散尽了自己绝大部分财富，而且在战后的岁月里，虽然商业世界更井然有序，但他却未能东山再起。1948 年，他搬到了阿根廷，但 10 年后他再次破产，随后回到了德国。他最初住在法兰克福，然后搬到希尔德斯海姆（Hildesheim）。辛德勒在 1974 年去世，时年 66 岁，去世时生活相对拮据。[72]

另一位施以援手的人是维尔姆·霍森费尔德，他是一名信仰天主教的德国陆军军官，曾是一名教师。为了保护波兰人和犹太人，使其免于被捕的命运，他雇佣这些人在自己华沙的军队体育运动行政管理机构中任职。“我已经帮助了很多人！”1943 年 3 月 31 日，他在给妻子的信中写道。几个月后，他又补充道：“我没有背负十恶不赦的良心谴责，所以我不用害怕以后会遭到任何报应。”[73] 1944 年 11 月 17 日，霍森费尔德无意间发现了一名饥肠辘辘的犹太幸存者。这名幸存者本居住在犹太人隔离区，霍森费尔德发现他时，他正居住在一栋被遗弃的房子里，霍森费尔德正打算将这栋房子用作新的军队指挥中心。[74] 结果，这个人正是大名鼎鼎的职业钢琴家瓦迪斯瓦夫 · 席皮尔曼（Władysław Szpilman），早在战前，他的音乐演奏就通过无线电播送，使他成了一名波兰家喻户晓的人物。当德军指挥部搬到这栋房子的楼下时，霍森费尔德就将他藏在了阁楼里，并一直给他提供食物和冬衣，直至德军离开这座城市。霍森费尔德从未告诉过席皮尔曼自己的名字，甚至在日记中记录自己所做的这一切时，他也没有提到席皮尔曼，这显然是出于安全考虑。直到 20 世纪 50 年代，这位在波兰又恢复了事业的钢琴家才发现了自己恩人的真实身份。[75]

还有其他人士也投入到救援行动中，他们的故事虽不如这般众所周知，但他们也帮助藏匿了柏林、华沙、阿姆斯特丹以及其他沦陷城市的数千名犹太人。这些援助者包括一些秘密组织，比如各种童子军部队、慈善机构以及之前就存在的整个救援系统，这些组织或是受到了社会主义信念的激励，或是受到了宗教信仰的驱使，而有时也纯粹是出于人道主义关怀。农夫和村民们表现出了友好和怜悯之情，在他们的帮助下，许多犹太人，尤其是法国的犹太人，得以躲藏在乡村地区。在这众多的营救机构中，其中一个名为拯救儿童与保护犹太人健康组织（Organization for Rescuing Children and Protecting the Health of Jewish Populations），该组织在 1912 年成立于俄罗斯。它的法国分部帮助藏匿了数百名犹太儿童——这些儿童大部分都是来自德国和奥地利的难民——并为他们提供虚假的身
558 份文件，将他们分散到愿意冒风险的非犹太人家庭中，再或者将他们偷渡到西班牙或瑞士。总的来说，像这样的地下组织成功地将成

千上万名犹太人藏了起来，或者是将他们送到了欧洲非德占区的安全地带。[76]当然，与未能幸免于难的数百万犹太人相比，这些数字太微不足道了。

一小部分人也在不遗余力地获取灭绝行动的相关信息，并将此传递到欧洲——此时已经被德国主宰——以外的世界。爱德华·舒尔特（Eduard Schulte）是一名德国实业家，与统治当局的一些领导人私交甚好。1942 年 7 月底，他前往苏黎世旅行，在那里，他告诉一位犹太商务朋友说，希特勒已经计划在当年年底前彻底完成对欧洲犹太人的灭绝行动。他还告诉这位朋友，有多达 400 万的犹太人将被送到东方地区杀害，而且有可能是用硫酸来杀害他们。这一消息传到了世界犹太人大会（Jewish World Congress）秘书长格哈特·里格纳（Gerhart Riegner）那里，他组织英国和美国的大使馆通过电报将该消息进一步发送到世界犹太人大会位于纽约的总部。但很多时候，这些报告的接收者们都对这一消息持怀疑态度，因为该犯罪行动的规模着实令人难以置信。所以，美国政府给世界犹太人大会的建议是，等到里格纳的报告被核实后再公之于众。[77]只有亲眼看见者才能提供更可靠而准确的信息。在这些见证者中，最不可思议的便是库尔特·格施泰因（Kurt Gerstein）。他是一名消毒专家，在武装党卫队的卫生所供职。1942 年夏天，帝国保安总局派格施泰因带着 100 千克的齐克隆 B 前往卢布林，但他不知道这一任务的目的。1942 年 8 月 2 日，他来到贝乌热茨。当天，当一火车的犹太人从利沃夫被送抵这里时，他也在场。这些犹太人被迫脱下了自己的衣服，然后被乌克兰的辅助人员赶进了毒气室，他们告诉犹太人，把他们送进这些房间是给他们消毒。毒气室外的操作人员一直在想方设法让柴油马达运转起来，这一启动过程足足持续了两个半小时，这些犹太人在里面哭喊连天。格施泰因细致入微地记录到，柴油马达启动后又过了 32 分钟的时间，毒气室里的人被毒死殆尽。

格施泰因是一名虔诚的新教徒，眼前的这一幕令他毛骨悚然。在从华沙返回柏林的旅途中，他把这一切告诉了一位名叫约兰·冯·奥特（Göran von Otter）的瑞典外交官。这位外交官谨慎地核查了格施泰因的证明文件，然后向瑞典外交部发去急件，详细地汇报了这一事件。瑞典官员害怕这份文件会激怒德国人，因此一直秘而不发，直到战争结束，这份文件才得以重见天日。回到柏林后，格施泰因前去拜访教廷大使、认信教会的领导人以及瑞士大使馆，向他们讲述这一事件，结果都无功而返。人们或许会认为格施泰因会因此辞
559 职或者申请调离到其他岗位，然而他并没有这样做。相反，一方面，他仍在给集中营运送齐克隆 B，而另一方面，尽管无济于事，但他还在竭尽所能地四处传播相关信息，告诉人们德国正在发生的一切。最终，他把自己目睹的这一幕幕，再加上与其他参与者交谈而得的信息结合起来，写了三份独立的报告。但是，他一直没有公布这三份报告，直到战争结束，他将报告交给了美国人，这一切才被公之于众。格施泰因被指控为犯了战争罪，并因此锒铛入狱。1945 年 7 月 25 日，他在监狱中上吊自裁；导致其自戕的原因极有可能是他难以承受内心的自责和愧疚，他痛恨自己没能成功解救这些犹太人，或者说没能起到更大的作用。[78]

波兰在向全世界散播德国灭绝计划的消息方面做出了最坚定的努力。用毒气毒死犹太人的灭绝行动刚在特雷布林卡集中营拉开序幕，波兰抵抗运动的成员们几乎就立即给流亡伦敦的波兰政府发去了相关消息。1942 年 9 月 17 日，波兰流亡政府批准举行一场公开抗议，抵抗德国人正对犹太人实施的罪行，但波兰流亡政府并没有采取任何实际行动，既没有鼓励波兰人给犹太人提供庇护，也没有鼓励犹太人向波兰人寻求帮助。当时，斯大林正极力说服同盟国承认 1939 年 9 月波兰分裂前纳粹德国与苏联所达成的边界协约，所以，在波兰流亡政府看来，将太多的注意力放在犹太人身上会使全

世界忽略波兰人所受的痛苦，从而进一步削弱波兰流亡政府对抗斯大林这一政策的努力。流亡政府里的一些政治家认为，不仅斯大林会利用犹太人的悲剧做文章，而且丘吉尔和罗斯福也会这样。他们或许会借犹太人的问题来使大家承认寇松线的合法地位。[79] 1942年，抵抗运动组织委派波兰地下党的一名成员扬·卡尔斯基（Jan Karski）去西方，向西方人士讲述波兰所蒙受的苦难，直到此刻，波兰在帮助犹太人的问题上才开始有了转变。其实，在他要向西方人汇报的一系列问题中，犹太人遭到谋杀的这一项并不是重点。然而，一个犹太地下组织的两名成员听到他要去执行该任务时，成功地说服了他去探访位于华沙的犹太人隔离区，同时，他极有可能也去了位于贝乌热茨的集中营。当卡尔斯基最终到达伦敦时，他讲述了他所目睹的一切。[80]

他的汇报产生了巨大的效果。1942 年 10 月 29 日，坎特伯雷（Canterbury）大主教在伦敦的阿尔贝特音乐厅主持了一个大型的公众抗议活动，犹太和波兰社区的社区代表出席了此次活动。1942 年 11 月 27 日，波兰流亡政府在伦敦最终公开承认，来自波兰和欧洲其他地方的犹太人正在波兰境内——波兰流亡政府所声称的疆域——遭到谋杀。波兰流亡政府的代表告知了丘吉尔这一事件，同 560
时，在 1942 年 12 月 14 日，英国外交大臣安东尼·艾登（Anthony Eden）也向英国内阁递交了一份与种族大屠杀相关的官方报告。三天后，同盟国各政府发表了一份联合声明，承诺将严惩那些大规模屠杀欧洲犹太人的犯罪分子。[81] 同盟国得出的结论是，阻止种族大屠杀的最佳方式就是集中一切力量，在尽可能短的时间内赢得战争。轰炸通往奥斯维辛集中营以及其他集中营的铁路干线只能给犹太人争取到暂时的喘息机会，治标不治本，而且只会分散各方力量的关注点和资源，应该将大家的注意力和资源汇聚在一起，一鼓作气地彻底推翻杀害犹太人的政权。[82] 然而，同盟国真正落实的却只是开展打击纳粹政权的大规模宣传运动。自 1942 年 12 月以来，英国和其他同盟国的宣传媒体开始通过广播和书面材料向德国民众大肆宣传大屠杀的有关信息，并承诺将实施严厉的惩处行动。[83] 在柏林，面对如此狂轰滥炸的控诉，纳粹宣传者们甚至都不再予以任何否认了。就反宣传而言，戈培尔说道：

> 有不少关于犹太人遭到迫害的流言，要部分或者全都予以否认是不可能的。但是我们可以将德国所犯暴行与英国和美国在全世界的暴力行为联系起来，我们需要做的就是否认这一个暴行……每一方都会控诉另一方犯下了暴行，这是普遍的规律。最终，民众的这一呼声将会促使大家不再谈论灭绝行动的话题。[84]

因此，最晚自 1942 年年底以来，在德国，大规模屠杀犹太人成了某种公开的秘密，戈培尔深知，要否认这一事实绝无可能。

由此可见，战争刚结束时，许多德国人声称他们对屠杀犹太人的行动一无所知，这显然与现有的证据不符。但是，也没有证据足以证明另一种观点，即整个德国人无一例外地狂热支持统治当局凶残的反犹主义运动，更没有证据表明，对犹太人的憎恶，无论是在战前还是在战后，是凝聚“民族共同体”的强大力量。[85] 党卫队保安处那里有堆积如山的监视报告，但这些报告都鲜有提及屠杀犹太人的这一问题。之所以如此，背后存在着充分的理由。正如社会民主党的秘密报道机构在 1940 年 3 月所指出的那样：

> 恐怖统治无所不在，这迫使“日耳曼民族同胞们”将他们真正的情感隐藏起来了，他们不敢表达真实的想法，只能披着
> 561 一张伪装的面孔，表现出乐观的情绪和赞同的立场。事实上，

> 这一恐怖统治史无前例地迫使众多民众都屈从于统治当局的要求，甚至是思想层面的要求；他们不敢发出任何的谴责或提出丝毫的质疑。通过这种方式形成的忠诚外壳会持续相当长一段时间。[86]

因此，人们很少公开地讨论迫害和屠杀犹太人的行动，而且，甚至连党卫队保安处对此也鲜有汇报。[87]然而，据现有的证据来看，总体而言，德国普通百姓并没有站在支持的立场上。戈培尔在1941年下半年和1943年开展了两次宣传运动，结果都未能改变普通百姓的立场。但是，如果说统治当局无力改变民众的态度，不能从他们那里获得支持谋杀犹太人的立场，那么统治当局或许反倒可以利用这一事实——民众们显然知道犹太人正遭到迫害——来说服民众们继续战斗，以防犹太人以牙还牙，对他们进行报复，尤其是——正如纳粹宣传所鼓吹的那样——当犹太人控制了德国的敌人，也就是英国、美国和苏联，后果将不堪设想。[88]

在战争的最后两年，戈培尔麾下的大众媒体展开了铺天盖地的恶毒宣传，充斥着夸张而虚假的信息，在刻画红军的时候尤其如此。在他们的描述里，红军在挺进过程中对德国人实施了疯狂的强奸和屠杀，虽然诸如此类的宣传并非与事实全然相左，但太过夸张。这种宣传所造成的后果并不是戈培尔想要的。它非但远未能实现预期的目标——进一步增强德国普通民众的决心——反倒只是揭开了民众内心强烈的自责情绪，因为他们觉得自己未能采取任何行动来阻止犹太人遭到杀害。绝大多数德国公民仍然信仰基督教，而这股内疚感正是基督教信仰在他们心中所带来副产品，这一点出人意料。例如，据报道，在1943年6月，面对戈培尔关于苏联在卡廷屠杀波兰军官的宣传运动，巴伐利亚的神职人员团体以下面这样的方式予以回应。慕尼黑的党办公厅汇报道，这些神职人员团体说：

> 在东部，党卫队用同样的屠杀手段来打击犹太人。犹太人遭到了党卫队非人的对待，其方式令人毛骨悚然，这必将招致上帝对我们民族的惩罚。如果这样的谋杀罪行还不足以让我们受到报应，那么上帝的神圣正义也就不复存在了！德意志民族身上背负着如此深重的罪孽，我们不指望得到任何的怜悯或原谅。我们在世间也会遭到残酷的报复。因为我们采取了这些野蛮而血腥的手段，所以我们的敌人在向我们发动战争的时候绝不会有丝毫手软。[89]

当科隆大教堂在第二个月遭到轰炸时，人们都说这是 1938 年烧毁
562 诸多犹太会堂而招致的报应。[90] 1943 年 8 月 3 日，效力于党卫队保安处的一名间谍报告到，巴伐利亚的民众都在议论纷纷，说“敌人的空军之前没有袭击维尔茨堡，那是因为维尔茨堡的犹太会堂没有被烧毁。其他人则在说，敌人的空军现在也朝维尔茨堡飞来了，原因是不久之前，最后一名犹太人也被迫离开了维尔茨堡”。1943 年 12 月 20 日，符腾堡的新教主教特奥菲尔·武尔姆给汉斯·海因里希·拉默斯写信，后者是一名公务员，长期执掌希特勒的帝国总理府。特奥菲尔·武尔姆在信中汇报说，很多情况下，德国民众都：

> 将敌人空军给他们造成的一系列痛苦当作是报应，是因为犹太人受到的不人道待遇而招致的报应。在遭到空袭的夜晚，民众们的房屋和教堂都被点燃，在火光中倾塌，最后被焚为灰烬。人们从被毁的房屋中抢出少得可怜的东西，然后仓皇逃窜，在一片混乱中四处搜寻避难所。这一切都让德国民众万分痛苦地想起了最初犹太人所遭遇的种种苦难。[91]

仅在一年后，也就是在 1944 年 11 月 6 日，党卫队保安处从斯

图加特汇报道，戈培尔的宣传生动详尽地描绘了红军在东普鲁士内梅尔斯多夫（Nemmersdorf）犯下的种种暴行，包括劫掠、屠杀以及强奸。

> 但在很多时候，这些宣传却适得其反。许多同胞都说，德国媒体对其狂轰滥炸的报道简直是厚颜无耻……“比如星期六在《国家社会主义信使报》（*National Socialist Courier*）上刊登的那些图片，统治当局借此究竟想达到怎样的目的？他们应该意识到，这些受害者的图片反而会使每一个能独立思考的人想起我们在敌国领土，甚至在德国境内所犯下的种种暴行。我们难道没有谋杀成千上万的犹太人吗？士兵们难道不是一次又一次地汇报说波兰的犹太人被迫为自己挖掘坟墓吗？我们又是怎样对待阿尔萨斯集中营里的犹太人呢？犹太人也是人！我们的所作所为无异于是在对敌人说，如果他们赢得了战争，他们也可以这样对付我们。”（这是当地众多来自社会各阶级的民众的观点。）[92]

1944年7月4日，宣传部的新闻处负责人收到一封匿名信，写信人在信中预言说：“仅犹太人就会让我们为对之所犯下的罪行付出代价。”[93]德国民众笼罩在恐惧和内疚的情绪中，他们对来自同盟国的惩罚感到寝食不安。自1943年以来，他们就已经开始从思想上做准备，等一旦战败，他们就一口咬定自己对种族大屠杀一无所知，竭尽所能地逃避这一惩罚。

第二节

毁灭的文化

一

563 在第二次世界大战期间——在此之前亦如此——纳粹宣传可能看似无处不在，渗透进了民众生活的方方面面，似乎在不遗余力地把得过且过的民众们全都聚集起来，将他们转变为只懂得对希特勒阿谀奉承、没有思想的群体，让他们无条件地狂热拥护纳粹意识形态，坚定不移地支持纳粹政权的军事征服和种族优越论，这亦是德国军事战争的基本目标。至少，这样的宣传效果是戈培尔想营造出来的。但这只是一个假象。[94] 首先，纳粹宣传远未达到无处不在的夸张程度。甚至戈培尔本人也意识到，必须对纳粹宣传加以一定程度的限制。休闲娱乐也扮演着无可替代的重要角色。“让我们的民众心情愉悦，积极乐观，这对战争也很重要。”1942 年 2 月 26 日，他在日记中如是写道。“[第一次]世界大战期间，我们忽略了这一点，因此付出了沉重的代价，蒙受了巨大的灾难。我们绝不能重蹈覆辙。”[95] 在这一观点的指导下，其他的事情尚且不提，戈培尔汲取了教训，因为在战争爆发前，民众对过度政治化的媒体宣传以及无穷无尽的政治演讲和规劝说教感到恶心生厌，他们已经对纳粹宣传表现出普遍的漠然。[96] 因此，截至 1939 年，这位纳粹宣传部部长已经非常深刻地认识到，他最初的宏伟目标——在精神和情感层面上彻底动员德国民众——没有实现的可能性。有鉴于此，在战争期间，纳粹宣传的目标变得更切合实际一些，那就是让人们坚持战斗，并确保他们能遵守统治当局给他们提出的要求，哪怕他们只是表面遵守。[97]

身为宣传部部长，戈培尔在艺术、文化以及媒体领域拥有庞大的权力，但还没有大到足以任他一手遮天，独断专行的程度。他的一位主要竞争对手就是奥托 · 迪特里希，此人在 1931 年时被希特
勒任命为纳粹党新闻总监，1938 年时又被希特勒任命为帝国新闻 564
官。与戈培尔不同，迪特里希就在希特勒的办公室工作，因此，他几乎每天都从希特勒元首那里直接获取命令。迪特里希的众多任务之一就是每天早上给希特勒呈递一份国际新闻摘要。自 1938 年以来，迪特里希及其下属在每天中午的时候召开新闻发布会，他们在会上给德国各大报纸的编辑们下达指令。迪特里希的影响力日盛一日，而戈培尔为了尽可能地避免与之发生正面冲突，将自己每天的部长会议定在上午 11 点。结果戈培尔却陷入了愈发被动的地位。1940 年，迪特里希从希特勒的总部那里直接发布“纳粹党首席新闻发言人每天的标语口号”，以此开始逐渐蚕食戈培尔的权力。之后，两人的关系变得愈发紧张。一次，他们两人与希特勒共进午餐，迪特里希说：“我的元首，今天早上我在泡澡的时候想到了一个很好的主意。”戈培尔迅即打断道：“迪特里希先生，你应该多泡几次澡。”[98]

1941 年 10 月，此二人之间发生了一次很严重的冲突，当时希特勒派迪特里希前往柏林，目的是在一场国际新闻发布会上宣布苏联已经战败。尽管当时纳粹政权的高层领导都持这一观点，但戈培尔却认为这种过度乐观的言论必定会招致可怕的后果，所以对此感

到大为光火。[99]在这一点上，戈培尔是正确的，后来事实也证明如此。截至1942年8月23日，戈培尔和迪特里希的关系实在太过紧张，所以甚至连希特勒也感到很有必要下令要求所有的新闻指令——包括戈培尔下达的新闻指令——都需要经过迪特里希办公室的审查，并明确规定，正午时分迪特里希的新闻发布会才是唯一能合法代表元首观点的发布会。不久以后，迪特里希成功地让自己的一名属下被任命为纳粹党副新闻发言人，而且还让此人在宣传部中供职。戈培尔向此刻权力庞大的博尔曼大发牢骚。这一危险的举动结果导致迪特里希以辞职相威胁，但希特勒直接拒绝了迪特里希的辞职请求。直到临近战争结束时，戈培尔才最终在他们二人的交锋中占据了上风，在1944年6月时获得了否决迪特里希日常新闻指令的权力，并在1945年3月30日终于说服希特勒罢免了这位新闻官，但为时已晚。[100]截至此时，这位宣传部部长也已成功地将其他一系列竞争对手都排除在权力中心之外。这些竞争对手从隶属于里宾特洛甫外交部的新闻司到武装部队成立的各种“宣传公司”，无所不包。长期以来，宣传工作的管理被为数众多的竞争对
565 手搅得四分五裂，但在战争的最后两年，戈培尔终于夺取了宣传工作的绝对控制权。[101]

虽然背后存在着诸如此类的激烈倾轧，但宣传部仍然通过各种传播媒介炮制了不计其数的宣传资料，这是其增强民众士气的重要手段之一。宣传部的一份官方报告指出，从1939年9月开始，宣传部制作了9组幻灯片，期间，通过纳粹党各党区办公室组织的夜间娱乐活动，总共有430万人观看了这些幻灯片。这些幻灯片涉及的主题包括“德国的种族政策”以及“世界海盗英格兰”。在战争爆发后的最初16个月里，纳粹党组织召开了大约20万次政治会议，其主要目的就是增强士气。用于张贴在墙上的图片海报，其印刷量不计其数（例如，名为“打败德国的敌人”的海报就印刷了100万

份）；文字型海报的印刷量也多达 50 万份。宣传部发行了 3,250 万份纳粹党“每周的话”，印刷了多达 6,500 万份小册子，这些册子涉及各种各样的主题。还有一点不能忽视，那就是截至 1940 年年底，纳粹党总共发行了 70 万张希特勒的照片。1939 年 9 月 3 日，奥托 · 迪特里希对新闻界的代表说道，记者不再仅仅只是报道者，同时也是“德国民众的士兵”。[102] 到了 1944 年，纳粹党几乎控制了德国整个新闻界。在这里，新闻界很大程度上是一种政治宣传媒介，而非娱乐媒介。此时，纸张也开始定量供应，这促使帝国新闻部在 1941 年 5 月停止发行了 500 种报纸，两年后又进一步停止发行了 950 种报纸（其中包括之前深得人心的《法兰克福报》[*Frankfurt Newspaper*]）。但战争期间人们很渴望阅读新闻，随着报纸种类的减少，主流报纸的流通量则迅猛增加。自 1939 年至 1944 年，报纸每天日总发行量从 2,050 万份增长为 2,650 万份。截至 1941 年，纳粹党的王牌日报《人民观察家报》每天的销量达到了 1,192,500 份；之后，纳粹党又推出了其他重要的周报，其中影响最大的就是《帝国》，这是戈培尔在 1940 年创办的，而且 3 年后，该报纸每期的发行量多达 150 万份。《黑色军团》是党卫队 1935 年创办的报纸，截至此时，它已发展为销量第二的周报，每期的发行量高达 75 万份，这也反映出党卫队的规模及其重要性日盛一日。然而，民众阅读这些报纸杂志并非仅仅是为了获取与纳粹党或党卫队有关的最新信息，他们也是为了娱乐和放松，因此，1939—1944 年期间，那些有插图的杂志和周报，其销量由 1,190 万份猛增为 2,080 万份。[103]

统治当局非常重视文学，并将其视为激发爱国主义情怀的手 566
段，不遗余力地复兴并推销他们认为恰当的经典作品，比如弗里德里希 · 席勒（Friedrich Schiller）的《威廉 · 退尔》（*William Tell*）。4.5 万间前线图书馆为士兵们提供闲暇时间——如果他们有闲暇时间的话——的阅读材料。德国民众为士兵们捐赠了多达 4,300 万册的图书。国内的2.5万间图书馆则满足了普通百姓的阅读需求。那么战争期间，人们都在阅读什么呢？据1939年10月，威廉·L.夏伊勒的报道，当时德国境内销量最好的小说是玛格丽特·米切尔（Margaret Mitchell）的《乱世佳人》（*Gone with the Wind*）和A. J.克罗宁（A. J. Cronin）的《堡垒》（*The Citadel*）。瑞典探险家斯文·赫定（Sven Hedin）的《德国50年》（*Fifty Years of Germany*）也对读者极具吸引力，因为他们想通过这本书再次确定，在非法西斯主义的世界里，德国还没有沦落到被大家彻底鄙夷唾弃的境地。[104]但这种阅读情形显然不可能持续很久。战争赋予了帝国文化协会（Reich Chamber of Literature）*前所未有的众多机会来控制作家和出版社。1940年，审查机制增强，而且由于纸张也成了定量供应的物品，所以政府当局正好有理由要求出版社重点关注那些在此之后得到批准的新书及其作者。至于来自敌国的书籍和期刊，除了纯科学的作品以及作者（前提是非犹太人）于1904年以前去世的作品以外，其他的都被严令禁止。在世的德国作家除非创作名为《我们朝英国飞去》（*We Fly Against England*）——据统计，这是1940—1941年间汉堡各图书馆借阅次数最多的一本书——这样的作品，否则，他们如果还想在第三帝国境内出版自己作品的话，那么他们的出版进程可能就无法有稳定的保证了。据威廉·L.夏伊勒的报道，虽然签订了《苏德互不侵犯条约》，但在1939—1940年间，反苏联的书籍销量仍然很好，侦探小说也大受欢迎。更受读者追捧的是与战争相关的历史书籍，其中包括《总体战》（*The Total War*）。这是一本论述第一次世界大战的著名册子，作者是埃里希·鲁登道夫（Erich Ludendorff），因为他已经去世，

* 指Reichsschrifttumskammer，一般英文多翻为Reich Chamber of Culture，由宣传部部长戈培尔领导。

所以出版他的作品完全没有风险。此外，描述英国和波兰的宣传作品，其销量也甚是可观。但在所有作品中，销量最高的仍然是希特勒的《我的奋斗》，截至 1940 年，它的销量不少于 600 万册，给他的作者带来了丰厚的版税。[105]

战争爆发后，各种各样逃避现实的文学作品获得了前所未有的重要地位。戈培尔鼓励出版色情文学和尺度较小的黄色作品，这主要是为士兵提供的，此外，幽默小说和笑话集也很畅销。众所周知，卡尔·麦（Karl May）是希特勒本人最喜爱的作家，此时，他那一系列以美国西部拓荒时期为背景的小说再次受到追捧，有的军人读者甚至从他的作品中获得了很多启示，领悟到了在东线对付苏联游击队的作战策略。在这种形势下，文学作家们愈发选择“内心流亡” 567
（inner emigration）——或者缄默不言，或者创作历史传奇故事——将其作为庇护策略。在读者大众看来，维尔纳·贝根格林（Werner Bergengruen）1939 年以前的作品含沙射影地批判了纳粹政权；他 1940 年出版的小说《天堂人间》（*Heaven as It Is on Earth*）售出了 6 万册，但 1942 年该书就被禁止售卖了。在被剥夺了以传统方式与读者分享自己作品的机会后，贝根格林开始写匿名诗，并在私底下进行散播，而事实上这是非法的。《魔鬼王国》（*The Realm of Demons*）是弗兰克·蒂斯（Frank Thiess）的作品，其第一版在 1941 年售罄后也被禁止了。他的下一步小说名为《那不勒斯传奇》（*The Neapolitan Legend*），于第二年出版，这部小说在政策上得到了更多的宽容，因为人们并不能直接地将其与当下的政治环境联系起来。这些“内心流亡”作品的问题在于它们所传递出的信息过于隐晦，读者们必须极其细致入微地阅读才能从字里行间中抠出与当下时局相关的信息，事实上，通常情况下，这层信息是读者们希望从中发现因而出于主观意愿才将其赋予其中的，而非作者预设其中并希望读者们领会而得的。战争结束后，蒂斯与流亡作家托马斯·曼

（Thomas Mann）发生了激烈的争执，他认为只有战争期间留在德国境内反对统治当局的作家才有资格称自己是战后民主的精神奠基人。但是，与其他为统治当局所容忍作家的作品一样，这些作家的作品很大程度上是在分散读者的注意力，使他们不要将焦点放在第三帝国战争生活的现实上，他们在作品中也表达了一个大家普遍接受的意愿，那就是在心理层面上逃离战争生活。[106]

二

在宣传部所使用的所有大众媒体中，戏剧表演得到了最多的资金投入，这或许有点出人意料。例如，在专门拨付给艺术领域的补贴中，超过 26% 的补贴都给了戏剧表演，而只有不到 12% 的补贴拨付给了电影行业。战争初期，在全德国境内，有多达 240 家由国家或区域、地方或市政运营的公立剧院，座位总共多达 22.2 万个，此外，还有约 120 家私立剧院。在 1940 年，剧院售出大约 4,000 万张票，其中大约 1/4 的票都由士兵或军工厂工人团体预定。由于其他许多娱乐休闲活动都被取缔了，所以民众对戏剧表演的需求很大。[107] 尽管战争期间私人旅游和个体旅游一定程度上仍在继
568 续，但劳动阵线的“力量来自快乐”项目受到了严重的限制，其国外和国内旅游规模都在缩水，项目所用的船和其他交通设备也被用来运送士兵，用以发展娱乐项目的资金也被用来满足军队成员的需求了。[108] 因此，戏剧表演演变成了一项重要的替代品。

1942 年初，党卫队保安处记录到，“在战争期间，很多剧院都涌来了大量观众，这种爆棚的场面，剧院在战前很少经历过。在大都市，要想通过常规渠道在售票厅那里买到票几乎不再可能”。[109] 战争刚拉开帷幕，戈培尔就宣告说，此时必须避免剧院上演的剧目“太过夸张或毫无特色，这与我们所处时代的严肃性和人们的民族

情绪相违背”。[110] 然而，他本人也深知，那些去剧院看戏的观众，尤其是新观众，最主要的目的还是去寻找乐趣。戏剧导演们接到指令，具有悲观主义情绪或充满绝望氛围的戏剧不得上演。此外，敌国作家的戏剧也不得表演（但莎士比亚的戏剧偶尔也在上演）。契诃夫的作品在 1941 年 6 月 22 日以前还是被允许表演的，但之后就被禁止了。戏剧导演们想方设法地来绕开这些规定。他们以新的方式来演绎德国经典作品——其中包括悲剧——将其重新搬上舞台，因此，他们中很多人后来称他们在纳粹文化沙漠中打造了一片戏剧绿洲。但这一切都不能掩盖一个事实，那就是由于许多外国作家的作品都被禁止了，所以戏剧表演整体显得非常贫乏。此外，为了回应观众们对喜剧和轻松娱乐剧目的要求，在那些年，德国戏剧舞台所呈现的剧目的水准逐步下降。有一点不出所料，那就是与战时德国的其他文化领域一样，逃避现实的剧目此时在剧院最受欢迎。[111] 从 1943 年开始，一家又一家的剧院被炸毁，演员和舞台工作人员也因此经常被征募到军队服役或军工厂中工作，所以，通过观看戏剧来逃避现实也变得愈发困难了。1944 年 8 月，戈培尔以总体战动员委员会全权总监（Reich Plenipotentiary for the Total War Effort）的新身份下令关闭全部剧院、音乐厅和有歌舞表演的卡巴莱餐厅，他这也是不得已而为之。[112]

与剧院一样，战争初期，电影院在民众中的受欢迎程度也急剧提高。[113] 1942 年售出了超过 10 亿张的电影票，这比 1933 年售出的电影票多出了 5 倍多。平均下来，每个德国人每年去电影院的次数大约为 13 到 14 次。年轻人去电影院的比例则非常高。据 1943
年的一个抽样调查显示，在年龄介于 10 到 17 岁的年轻人中，有 569
70% 的人每个月至少去一次电影院，有 22% 的人每个星期至少去一次电影院。为了满足电影观众的需求，德国不仅有 7,000 多家固定的电影院，而且还有数量庞大的移动电影院，这些移动电影院不仅去全国各地巡回放映电影，同时也去战争前线慰劳士兵。从 1939 年至 1944 年，德国的电影公司每年都会出品大约 60 到 70 部新电影，并在有德军驻扎的每一个欧洲国家放映。[114] 这些电影公司自 1942 年以来由中央直接控制后，装备精良，并使用最现代的技术。宣传部下达命令，在电影院，每部电影中都必须包含一些具有教育意义的“文化电影”内容，主要讲述自然史，展现德国在波兰的“文化工作”，而自 1943 年以来，则主要是普及空袭中如何自我保护。[115]

据称，观众觉得放映的内容甚是无聊。他们真正想看的是最新的新闻短片。自 1940 年 9 月 7 日起，现有的全部新闻短片都被整合成了一个短片，从 1940 年 11 月开始，这个被整合的新闻短片定名为“德国新闻周报”（German Weekly Review），在放映每部电影前都必须播放这个周报。制片人可以放映这样一个时长为 40 分钟的新闻短片，这个短片是在该电影上映前的两周内由摄影师和记者拍摄的，这些摄影师和记者被“安置”于前线服役的兵团中。如此一来，这些新闻短片就极具时效性和真实性，所以广受欢迎。每一期新闻短片都有多达 3,000 份拷贝，仅在德国境内，每一期就有大约 2,000 万人观看。公众渴望获得与战争进展相关的最新信息，这些新闻短片正好满足了他们的需求，许多观众去电影院主要是去看新闻短片，而不是电影正片。这些新闻短片巧妙地运用音乐，尤其是图片而非文字，再佐以细致的剪辑整合，因此被赋予了强大的吸引力以及一定程度的美学效果。当然，士兵们总是以英雄的形象出现在新闻短片中，他们击退了一心想要摧毁德国的邪恶敌人；战略形势也主要是被模糊地呈现出来，但总是给人一种乐观的氛围；血液、内脏、死尸以及其他任何有可能令观众产生恐惧感和作呕情绪的场景都被严禁出现在大银幕上。1942 年 7 月 10 日，希特勒亲自要求宣传部将枪杀俄罗斯人的场面加进新闻短片中（“他特地指出，应该囊括切除囚犯外生殖器以及将手榴弹放在囚犯裤子中的场面”）[116]，但宣传部似乎并没有执行他这一要求，这可能是考虑到观众的反应。然而，在战争的头两年，观众在观看新闻短片时异常投入，仿佛他们自己也身临其境，当看到捷报场面时，他们 570
会自发地报以掌声，大声地呼喊“希特勒万岁！”。[117]

戈培尔非常欣赏新闻短片在信息传播和政治宣传上所取得的效果，为了取得进一步成效，他下令配之以一系列的重要电影，这些电影都旨在普及纳粹意识形态的构成要素。1941 年，他命令在第二年 8 月 14 日开始公映 4 部反布尔什维克的电影，其中包括《国家政治保卫局》（*GPU*）。这个电影的名字其实已经过时了，因为众所周知，当时俄罗斯政治警察的首字母缩写已经是 NKVD（内务人民委员部）。不难预料，这部电影着重刻画了所谓的犹太人阴谋，展现了苏联警察一系列暴行的幕后主使是犹太人。戈培尔试图以一个爱情故事为核心，将这个电影整合起来，借此噱头博得更多的观众，但这部电影还是失败了。它将俄罗斯人刻画为变态的、具有施虐狂倾向的拷问者，这种刻画方式太过老套，而且过于粗俗野蛮，这部电影上映之后，戈培尔就下令不再上映反苏联的故事片。除了反苏联的电影外，他还下令拍摄了一些将矛头指向英国人的电影，他想刻画的是英国人受到了犹太人和财阀的控制，但这些电影上映后，其命运也喜忧参半。1940 年，电影《罗斯柴尔德：在滑铁卢的得利》（*The Rothschilds' Shares in Waterloo*）上映，该片批判了 1815 年滑铁卢战役期间一家犹太银行对金融业的操控，但事实上，这只是毫无根据的想象（当然，在电影中，普鲁士人在布吕歇尔将军的指挥下赢得了滑铁卢战役）。然而，这部电影在公众那里并没有取得成功，因为主题表达得并不明确，观众们不知道它究竟是针对英国人的还是针对犹太人的，所以该电影在 1940 年时又被撤下银幕，进行重新剪辑。诸如《为爱尔兰而生》（*My Life for Ireland*）、《卡尔 · 彼得斯》（*Carl Peters*）以及《克吕格尔叔叔》（*Uncle Krüger*）

等电影都在1941年上映，猛烈地抨击了英国的殖民史。《克吕格尔叔叔》给人留下了尤其深刻的影响。这部电影是围绕着第二次布尔战争（Boer War）展开的，里面的表演非常精彩（是埃米尔·雅宁斯主演的），具有很高的上映价值。但电影中很多角色都严重地扭曲了各自所对应的真实人物，是充满恶意的描绘。例如，在电影中，维多利亚女王沉溺于药用威士忌；赛西尔·罗兹（Cecil Rhodes）颓废堕落，过着奴隶伺候的生活，贪得无厌地追逐黄金；戴着单片眼镜的张伯伦是不折不扣的伪君子，而且缺乏男子气概；赫伯特·基奇纳（Herbert Kitchener）冷血无情，人性泯灭；而年轻的温斯顿·丘吉尔则是一名集中营负责人，是一个有施虐狂倾向的谋杀犯，用牛排来喂养自己的斗牛犬，如果饥肠辘辘的囚犯抱怨食物匮乏，他就将其枪杀。克卢格叔叔是布尔人的领袖，他被刻画为一个坦诚而朴实的民族英雄，在他的领导下，布尔人成功地抵抗了侵略，解除了这场巨大的危机，这也是戈培尔极其看中的一点，因此，他在1944
571 年时下令重新放映该电影。[118] 事实上，这部电影第一次上映的时候只受到了很少的批评，有的观众的确认为其中的场景“与历史不符”，但绝大部分观众都视之为“一种真实的历史记录”。然而，学识更广博的那部分观众却在思考以这种英雄主义的手法来刻画“布尔人”是否明智。“这个混血民族的性格诡谲多变，考虑到大德意志帝国在战争最终胜利后必将面临一系列的殖民任务，那么我们就知道，此刻按照日耳曼民族的理想形象来呈现布尔人实在太不合适。”[119]

战争刚刚拉开帷幕，戈培尔就几乎就同时下令准备拍摄两部重要的反犹主义电影，分别是《犹太人苏斯》（*Jew Süß*）和《永恒的犹太人》。战争刚爆发，纳粹政权就打算进一步采取打击犹太人的措施，尤其是在波兰，这两部电影都旨在为纳粹政权赢得德国民众对这些措施的支持。《犹太人苏斯》的导演是法伊特·哈兰（Veit

Harlan），该片于 1940 年 9 月 24 日上映，是一部历史题材的电影，改编自（当时正在流亡的）犹太作家利翁·福伊希特万格（Lion Feuchtwanger）的同名小说。虽然福伊希特万格本来想要突出犹太人沦为替罪羊的角色，但哈兰故意扭曲了苏斯这个人物。在小说中，苏斯本来是 18 世纪的一名放债人，被人诬告有罪，他因而被处以绞刑；但在电影中，他被刻画成了一个恶棍，不仅勒索德国老实人的钱财，而且还劫持并强暴了一位年轻美丽的德国女孩。在哈兰的电影中，苏斯这个人物看起来受过良好的教育，而且很好地融入了社会，哈兰不仅让他与金发的德国人形成鲜明对比，而且也让他同电影中其他所有犹太角色形成对比，这些犹太角色都被刻画成了肮脏丑陋的人。在电影末，苏斯被绞死了，这再清楚不过地表现出了犹太人当下要面临的命运。主演们的表现好评如潮，惟妙惟肖，非常具有冲击力，事实上，其中一名演员甚至请求戈培尔公开宣告他不是犹太人，因为他的表演让很多观众都信以为真，认为他就是犹太人。希姆莱极其喜爱这部电影，他下令党卫队所有人都必须观看。此外，在东欧，这部电影还专门给集中营和集中营附近的非犹太裔观众放映了，而且在那些新一轮驱逐运动已排上日程的德国城镇，该片也给非犹太裔观众放映了。[120]

《永恒的犹太人》是在戈培尔的亲自监督下由弗里茨·希普勒（Fritz Hippler）指导拍摄的，这是一部纪录片，长度和故事片差不多，该片也声称旨在向观众揭露犹太人的真面目。波兰城镇街头犹太人的画面与聚焦“老鼠”的电影镜头反复切换，据电影梗概介绍，老鼠是“寄生虫和病菌携带者，其之于动物界就像犹太人之于人类”。影片中还有屠宰动物的画面，呈现的是按照犹太人饮食礼仪要求而采取的屠宰方式，这些画面是 1939 年入侵波兰后不久拍摄的，剪辑这样的画面是为了表现出犹太人残忍无情。此外，犹太人家庭的 572
实体模型也出现在影片中，整个是一幅肮脏不堪、年久失修的场面，里面爬满了害虫。该影片引用了一系列杜撰的数据，并据此声称，犹太人就像老鼠一般，在全世界四处游荡，无所不在，他们恶贯满盈，到处散播革命思想，怂恿人们颠覆政权，并且还侵蚀文化价值观和现行的文化标准。这部影片的反犹主义色彩太过强烈，甚至连宣传部都在怀疑是否应该向公众放映该片。当然，它在纳粹党中的活跃分子那里取得了极大的成功，但公众并没有什么反应。据报道，很多观众在电影放映中途就离场了，而其他人则认为该片很“无聊”。绝大部分人都更倾向于像影片《犹太人苏斯》里面那种更微妙的形象，那些形象要有趣很多。《犹太人苏斯》对观众产生了非常强烈的冲击，他们在观影过程中会不由自主地跳起来，尤其是看到强奸场景的时候，他们会朝着银幕大声吼叫。在柏林，甚至有观众在观影过程中大吼“让犹太人彻底滚出德国！”[121]

《犹太人苏斯》是一部卖座的电影，相对而言，《永恒的犹太人》则是一部失败的影片，这一强烈的对比表明，德国民众想要的不仅仅只是政治宣传。随着战争的来临，德国民众比以往任何时刻都更需要娱乐节目，以便将自己的注意力从日常生活中暂时地抽离出来。1939 年 10 月，威廉 · L. 夏伊勒记载道：“在电影界，当下最受追捧的就是克拉克 · 盖博（Clark Gable），他出演的这部影片在这里被翻译为了《中国历险记》(*Adventure in China*)。该片已经在云石山庄（Marble House）连续上映 4 周了，吸引了大量的观众。“一部德国电影，”他补充道，“能坚持放映一周就已经很不错了。”[122]夏伊勒的说法有点太夸张，并非所有的德国电影都一败涂地。《愿望音乐会》(*Request Concert*）和《伟大的爱》(*The Great Love*）就深得观众喜爱，这两部电影各自都吸引了 2,000 万以上的观众进入电影院，戈培尔对此了然于心。这两部电影都暗含了意识形态元素，展现了爱人们因战争而被迫分离，他们克服了自己的私欲，献身于更大的社会，最后又再次团聚。这些电影呈现了军事行动的某些场面，但与此同时，也把战争中那些更血腥暴力、更具毁灭性的方面剔除了，他们给观众展现的是一个被删除了所有负面元素的战争，人们从中只会感受到乐观积极的情绪。[123] 鉴于这些电影都取得了巨大的成功，戈培尔下令，每拍摄 5 部电影就必须有 4 部是“上乘的娱乐片，必须保证其质量”。事实上，在 1943 年，德国制作的 74 部影片中有多达 41 部都是喜剧片。[124] 截至此时，人们喜欢娱乐活动，他们都蜂拥去看服饰极尽华丽的轻歌剧、讽刺剧、侦探电影以及内容夸张的情节剧。当戈培尔正在柏林体育宫向忠诚的纳粹
党员们发表“总体战”演讲时，德国普通百姓却正在柏林的各个 573
电影院里舒适地观看《两个快乐的人》（*Two Happy People*）、《喜欢我》（*Be Fond of Me*）以及《尽情舞蹈》（*The Big Number*）等影片。第二年，一部名为《白色之梦》（*The White Dream*）的电影更是将这一逃避现实的主题发挥到了前所未有的极致，其中一组画面是冰上表演，这组画面所配歌曲的歌词鼓励人们“买一个彩色的气球 / 将它牢牢地拽在手里 / 看它带着你一起飞 / 飞向遥远的仙境”。[125]

截至 1943 年，尽管娱乐电影的数量甚为庞大，而且每周的新闻短片亦是以威胁的口吻解说，但这都无法掩盖一个事实，那就是战局对德国愈发不利。正如党卫队保安处在 1943 年 3 月 4 日所报告的那样，显而易见，“人们不愿再仅仅为了看新闻短片而去电影院，也不愿再为了看电影而忍受与之相伴的任何麻烦，比如排队买票”。[126] 宣传内容越是与实际情况不符，宣传短片越是反复声称最终的胜利毋庸置疑将属于德国，而观众的怀疑就越是强烈。戈培尔不遗余力地打消民众们因希望破灭而产生的失落感，为此，在 1943 年年中，他委托法伊特 · 哈兰拍摄了一部彩色电影，讲述了 1806 年拿破仑军队包围位于波罗的海的德国城市科尔贝格（Kolberg）的故事。在经历了耶拿和奥斯特里茨（Austerlitz）的

军事惨败之后，科尔贝格的卫戍部队都已经打算放弃这个城市了，但该市市长却将居民们团结起来，展开了最后的防守。在战争的后半阶段，纳粹政权的宣传主要包括如下主题：纳粹党对军队不信任、以民粹主义者的姿态呼吁德国民众紧密地团结在统治当局身边、信仰牺牲精神、民众们应甘愿默默忍受死亡和毁灭。“死亡与胜利密不可分，”正如电影中这位市长在关键时刻曾说过的那样，“最伟大的成就往往诞生于痛苦之中。”电影中的另一个角色预感到了他们将无可避免地输掉战争，但他勉励观众道：“一个新的民族将在灰烬和瓦砾中重生，如凤凰涅槃一样，一个新的帝国即将崛起。”

电影中的许多台词都不是法伊特·哈兰所写，而是出自戈培尔本人之手。他给这部电影划拨了 850 万帝国马克的预算，这是一部故事片正常制作成本的两倍。为了在电影中生动地呈现战争场景，他特地从军队中调遣了 4,000 名海员和 18.7 万名士兵来参与表演，而当时前线正处于兵力极度吃紧的状态，由此可见，戈培尔对宣传工作重视到了极点。其实，在历史上，科尔贝格最终被拿破仑攻陷了，但大部分人都不知道这一点，所以对他们而言，该片对这一历史事
574 件的刻画是很陌生的。在电影剧本中，这位法国皇帝遭到了市民们的殊死抵抗，最终战败，并在失望中撤军。无论这部电影有多强大的宣传潜力，但一切都为时已晚。这部电影直到 1945 年 1 月 30 日才彻底制作完毕，并于当天在柏林上映，这天是希特勒就任帝国总理 12 周年的纪念日。截至此时，许多电影院都已经在战争中被毁了，事实上，截至 1943 年 8 月，就已经有 237 家影院被毁。例如在汉诺威，32 家影院中仅有 12 家仍在运营。此外，由于铁路运输系统瘫痪，所以将电影《科尔贝格》的拷贝送到德国的其他地方也不太可能。因此，基本上没有什么人看过这部电影。另外，这部电影首映后不到两个月，科尔贝格这座城市就被红军攻陷了。戈培尔在日

记中写道：“我保证，民众们撤离科尔贝格的事件不会出现在国防军最高统帅部的汇报中，这绝不会发生。”[127]

三

约瑟夫·戈培尔的宏愿是将纳粹政权的相关消息送进德国的每家每户，而就实现这个目标而言，无线电广播是最适合的传播工具。[128] 1939 年 8 月，帝国宣传部接管了德国的所有广播电台，而且自 1942 年 7 月起，宣传部开始直接运营帝国广播协会（Reich Radio Society，一家主要的广播公司）。与其他参战国一样，德国也通过广播节目给听众们提供一些实用的建议，包括如何靠着有限的定量食物供给来度日、如何改变生活方式过省吃俭用的日子以及如何应对战争环境。前线传来的报道给听众构建了一个正面的英雄主义士兵形象，而在战争的后期阶段，广播节目则开始鼓励听众们忽略前线传来的坏消息，敦促他们坚持战斗。然而，由于广播电台的一些员工被征召入伍，广播节目因此受到了影响；此外，因为相关当局要通过其他语言向国外观众进行宣传，所以整个广播节目，甚至广播频率都做了相应调整，广播节目也因而进一步受到影响。跟以前一样，戈培尔坚持认为绝不能将德国无线电广播的功能局限为政治宣传，这甚至不能成为其主要功能。例如，1944 年，在每周 190 小时的广播节目中，流行音乐占了 71 小时，一般的娱乐节目占了 55 小时，古典音乐占了 24 小时，每周的政治广播节目只占了 32 小时，解说与音乐相融合的节目占了 5 小时，而“文化”节目则占了其余的 3 小时。有的听众认为，不应该在这样艰难的时刻播放流行音乐；此外，对于播放舞曲和低吟男歌手的“现代作品”，尤其 575
是在乡村地区播放，人们也普遍不以为然。但广播公司（也不无理由地）坚持声称士兵们和国家劳役团的成员非常欢迎诸如此类的节目，因而才予以保留。据党卫队保安处的报告，幽默元素与流行音乐相融合的节目格外受欢迎。广播公司竭尽所能地满足当地听众的口味，据说，巴伐利亚州的听众就非常欢迎本地的音乐广播节目，比如“泰根塞（Tegernsee）音乐家们的蒸气面条歌”。[129]

然而，有些歌曲不仅仅在当地大受追捧，还突破了地域的局限，在整个士兵和普通民众中都成了热门金曲。在艰难的时代，抒情歌曲——比如札瑞·朗德尔（Zarah Leander）的《我知道有一天会出现奇迹》（“I Know One Day A Miracle Will Come”）——能够予人慰藉，而且也在委婉地向人们许诺一个更美好的未来。正如我们所见，在攻打斯大林格勒期间，士兵们聚集在收音机旁，收听女歌手拉莉·安德森（Lale Andersen）娓娓地唱着“一切都快结束了/终有一日会完结”。与其他同类型的歌曲一样，这首歌也主要是用来增强因战争而被迫分离的爱人之间以及家人之间的情感纽带的。安德森在1939年发行的《莉莉玛莲》（“Lili Marleen”）成为当时的热门歌曲。这首歌描绘了一名士兵在营房外的路灯下与自己女朋友告别的场景，触动了听众们丝丝缕缕的怀恋之情。他们还能见面吗？她会爱上其他人吗？他能在战火中幸存下来吗？如果他不幸阵亡，那么谁又将与莉莉站在路灯柱下缠绵呢？这首歌不仅唱出了士兵们心中的忧虑，而且也细致入微地捕捉了远方爱人对士兵们热切的盼望，这股盼望在其心中徘徊萦绕。令这首歌更有趣的是，虽然这里面的歌词是以一个男人的口吻说的，但演唱者却是一位魅力四射的女人。然而戈培尔却不喜欢这首歌所发酵的悲观情绪和怀旧色彩。因此，在1942年9月底，他下令逮捕了安德森，罪名是她的歌曲严重地打击了军队的士气。德军截获了她与瑞士朋友——包括被流放的德国籍犹太人——联系的信件；此外，戈培尔希望她能去参观华沙的犹太人隔离区以达到宣传的目的，但也遭到了她的拒绝。所以，这些事情对她都十分不利。戈培尔禁止安德森再出现在公众面前。在1943年年中，她最终又获得了重新在公众面前唱歌表演的机会，但前提是她在表演中不能演唱《莉莉玛莲》。在她解禁后的第一场音乐会上，观众们都大声呐喊，要求她唱《莉莉玛莲》；当观众们清楚地意识到她将不能演唱这首歌时，他们就自己唱了起来。1944年8月，这首曲子最终被彻底禁止了。早在此之前，英国和美国的士兵就通过德军在贝尔格莱德强大的无线电发射台开始收听这 576
首歌了。同盟国的军事当局还将这首歌翻译成了英文。玛琳·黛德丽和薇拉·琳恩（Vera Lynn）都演唱过它的英文版《我灯光下的莉莉》（"My Lili of the Lamplight"），而法语版是伊迪丝·瑟雅芙（Edith Piaf）演唱的。临近战争结束时，英国军队通过无线电广播给整个德军战线的德国士兵播放这首歌的德语版，想以此彻底挫败他们的士气，这或许也无意间证明了戈培尔的观点，即这首歌的确是靡靡之音，会消磨士气。[130]

截至此时，对于德国听众而言，不仅通过无线电广播收听《莉莉玛莲》变得愈发困难，而且收听任何节目都变得愈发困难。廉价的国民收音机经常出故障，而且很难买到电池和其他备用零部件。相关产品的黑市也因而迅速繁荣起来。空袭破坏了各城镇的电力供应系统，有时需要好几天才能恢复供电。随着战局对德国愈发不利，听众们对德国广播电台的相关报道愈发怀疑。[131]一方面，早在1942年1月，党卫队保安处就已经在抱怨，说人们对政治广播节目反应冷淡。但另一方面，民众们其实非常关心德国在东部战线和非洲的最新战况，相关的详细报道却相对匮乏，他们对此也很焦虑。他们感觉自己对正在发生的事情一无所知。“这些问题牵动每一个人的心，他们对此忧心忡忡，如果能对这些问题作一个公开说明，那么民众当前的不确定情绪就能一扫而空。”[132]为了寻求可靠的信息，德国民众开始收听外国广播电台的节目，其中最重要的就是英国广播公司（BBC）的节目。国民收音机在战前销售时，价格低廉，因而在民众中极为普遍。但国民收音机只能接受短波节目，因此，要收听外国的广播电台并非易事。但在1943年时，全德国听众中只有不到40%的人使用这种收音机。绝大部分有收音机的人都无须费太多的功夫就能收听到BBC提供的德语节目，而且甚至连国民收音机有时亦能成功地调到这个频道。据BBC的估计，截至1944年8月，多达1,500万德国听众每天都在收听自己的节目。[133]

德国听众收听BBC和其他外国电台的节目需要冒巨大的风险。战争刚爆发，收听外国电台就被认定是一项刑事罪，犯罪者足以被处以死刑。有的德国听众住在隔音效果很差的公寓楼里，因而极容易遭到举报。有些邻居是狂热主义分子或者本身就用心歹毒，他们会将耳朵贴在墙上偷听屋内传出来的BBC新闻播音员那浑厚的嗓音，然后向统治当局检举告发。在“广播罪”这一法律实施的头一年里，大约有4,000人因此项罪名锒铛入狱并遭到起
577 诉，而在1941年时相关犯罪者首次被处以了死刑。[134]在这方面，克雷费尔德一名工人的案件甚为典型。此人在1943年11月时被判刑为监禁1年，原因是他收听了BBC的节目并在工友中传播他所听到的内容。与大多数因这项罪名而受到惩罚的人一样，他曾经也是一名活跃的左翼派人士。普通的犯罪者很少受到严厉惩罚，而且自1941年以来，对他们的起诉和判刑相对比较少见。例如，1943年，在整个大德意志帝国，因广播罪而被判处为死刑的只有11例，这在当年所有广播罪犯罪者中仅占了0.2%。[135]尽管如此，民众们还是想方设法地避免被别人听到自己在收听BBC的节目，他们将自己锁在厕所里收听，或者用毯子将自己和收音机都捂起来收听，或者让其他家庭成员在屋外面把守。战争爆发后不久，威廉·L.夏伊勒就略微夸张地记载道，“许多收听外国广播电台的德国民众都被判处长期监禁，尽管如此，仍有很多人继续收听”，其中包括他最近与之共度了一下午的一家人。“当他们在下午6点

打开 BBC 的新闻节目时，他们有一点紧张焦虑。”他写道。公寓门房是“一名纳粹密探，专门负责监视这栋公寓楼”，此外，还有其他的一些密探。“他们把收音机的声音调得异常低，我几乎什么新闻都听不到，”夏伊勒写道，“而且他们的其中一个女儿还特意在大门口那里守着。”[136]

在英国和其他国家，若本国居民要收听德国炮制的政治宣传广播节目时，他们完全无须采取这样的防范措施。戈培尔确保了将越来越多的资源都分配给用英语播送的广播节目，而且聘用亲德的英美人士来制作这些节目，他们往往是法西斯主义的追随者，其中最臭名昭著的就是威廉·乔伊斯（William Joyce）。威廉·乔伊斯的播音腔调矫揉造作，因此，英国听众们给他取了一个绰号，名为“哈哈勋爵”（Lord Haw-Haw）。此类新闻播音员的节目显然就是政治宣传，但仍然有观众愿意收听，其中一个特别重要的原因就是，同 BBC 那些极其正式严肃的节目相比，他们的节目含有一些花边内容，而且这些新闻播音员的风格更轻松幽默。但总体而言，这些节目对民众的士气没有产生什么影响，而且随着收听的次数越来越多，人们对乔伊斯那种翻来覆去的讽刺与鄙夷风格逐渐产生了厌倦。在这些广播节目中，最出人意料的可能就是戈培尔安排的那些爵士乐节目。本来纳粹分子笃信，爵士乐是劣等种族的象征，但一支由男歌手卡尔·“查理”·施韦德勒（Karl ‘Charlie’ Schwedler）领衔的德国摇摆乐队却被安排在广播节目中演唱英美流行歌曲，为了取得预期的宣传效果，他们故意对原来的歌词进行了戏谑的改编。他们最喜欢传达的一个主题就是 BBC 的节目是无稽之谈（正如歌曲《兰贝斯路》［“Lambeth Walk”］的仿作所唱的那样，说他们总是“信 578
口雌黄”）。[137]

爵士乐和摇摆乐不仅成为统治当局用以实现自身目的的工具，同时也成为人们表达对统治当局不满情绪的手段。在战前的岁月里，汉堡地区家境优渥的“摇摆青年”（Swing Youth）热衷于跳舞和举行派对，甚至战争的爆发也没有对他们的这一爱好产生多大影响。1940 年初，盖世太保发现有 500 名摇摆青年在汉堡市阿尔托纳区（Altona）一家酒店的舞厅里踏着英国舞曲纵情摇摆，这些音乐甚至还有英语歌词。当这种事情再次发生时，警察们都已有所准备。1940 年 3 月 2 日，40 名盖世太保成员来到位于汉堡大学城的库里欧大楼（Curio-Haus），他们突击检查了在里面举行的另一个舞蹈派对。他们将所有门都锁了起来，让现场 408 名派对参与者按了指纹，结果这些人中除了 17 人以外，其他人的年龄全都不足 21 岁。虽然公开的舞蹈派对被取消了，但汉堡地区上层阶级的青年人私底下仍在聚会狂欢。摇摆青年经常聚集在汉堡达姆托尔（Dammtor）车站附近的滑铁卢电影院观看美国电影，该现象一直持续到了 1941 年 12 月，而当时年轻的电影放映员就是后来鼎鼎大名的报纸出版商阿克塞尔·施普林格（Axel Springer）。随着警察对他们的干涉越来越频繁，这些摇摆青年索性跑到了父母们位于郊区的别墅，在那里的地下室中纵情狂欢，盖世太保非常鄙夷地称他们的狂欢简直就是“色情派对”。1942 年 6 月，一个夏日派对就在这样的一栋别墅中上演，其中的一个唱跳表演节目还戏谑地模仿了希特勒和戈培尔。希特勒青年团非常担心摇摆青年会成为他们的劲敌——这种可能也的确存在——因此专门派密探潜入他们的派对，并逮捕了这个唱跳表演节目的表演者。

摇摆青年们往往傲慢无礼，表现出一副漫不经心的样子，并且穿着极具挑逗性，比如，汉内洛蕾·埃弗斯（Hannelore Evers）就喜欢穿灰色西服套装，男士背心以及敞开的夹克，夹克里还有肩垫（正如一名资深摇摆青年后来所回忆的那样，这样的穿着“格外引人注目”），再比如，库尔特·鲁道夫·霍夫曼（Kurt Rudolf Hoffmann）就习惯性地在他的衣服翻领上佩戴一个美国国旗标志，此外，他们还公开地表示极为欣赏英伦风格。这一切最终都被上告到了希姆莱和海德里希那里，1942 年 1 月 26 日，他们下令逮捕并殴打这些摇摆青年，并且命令他们参加劳动。如果摇摆青年的父母被发现曾鼓励过自己的孩子形成“盎格鲁崇拜情结”，那么这些父母将遭到拷问，然后被送进集中营。在短短几周内，多达 70 名摇摆青年遭到逮捕并被关进了集中营，其中有的还被送进了拉文斯布吕克集中营和萨克森豪森集中营。尽管很多摇摆青年都否认自己这种行为方式是受政治信仰的驱使，但他们在集中营里还是被归类为了政治犯。其中一名摇摆青年后来承认说，“我们虽然看起来很反动，但我们的想法却非常简单”。至于他们在电影院看新闻短片时为什么会习惯性地发出嘘声，他们中其中一人解释道，之所以这样做，仅仅是因为“我们要告诉这些愚蠢的混蛋我们与众不同，仅此而已”。 579
但盖世太保把他们视作政治犯还是有一定依据的，比如，这些摇摆青年藐视统治当局的种族政策，并与犹太女孩发生性关系；而且他们中一些人在信中（被盖世太保截获了）表示对战争深恶痛绝；此外，他们还公开地对纳粹领导人和希特勒青年团嗤之以鼻。许多年纪更小的摇摆青年在青少年集中营关押了一段时间后就被征募到军队中去了，但他们中至少有三个人——据他们后来自己回忆道——成功地避免了上阵杀敌的命运，还有两个人越过战线，举手投降了。[138]

四

歌舞片和音乐类的无线电广播节目仍然非常普遍，由此可见，相对而言，人们的音乐生活在战争初期并没有受到太大影响。[139] 无论是在剧院还是在电影院，以逃避为主题的歌剧作品都很受欢迎，那几年中最有名的歌剧作品就是理查德 · 施特劳斯（Richard Strauss）创作的《随想曲》（*Capriccio*，1942）。希特勒不久前也迷上了安东·布鲁克纳（Anton Bruckner）的音乐作品，而且还打算将布鲁克纳的手稿存放在富丽堂皇的奥地利圣弗洛里安修道院（St. Florian Monastery）图书馆中，因为布鲁克纳生前曾在这所修道院里演奏过风琴，而且他的尸骨也长眠于此。这所修道院坐落于林茨（Linz）附近，而林茨则是希特勒最钟爱的城市。为了将这所修道院改造为布鲁克纳的手稿存放地，希特勒草草地将修道士逐了出来。他个人出资修复了布鲁克纳使用过的那把风琴，而且还资助发行哈斯（Hass）版本的布鲁克纳全集。此外，希特勒给这所图书馆还购置了许多其他物件，并且在修道院中设立了一个布鲁克纳研究中心，这当然也是他私人赞助的；按照他的长期计划，这个研究中心将被打造为一个重要的音乐学院。希特勒促使成立了布鲁克纳管弦乐团（Bruckner Symphony Orchestra），该乐团在 1943 年秋天开始举行音乐会。希特勒原本打算在林茨修建一个钟楼，以此传递布鲁克纳第四交响曲《浪漫》（*Romantic*）的主题，然而该计划一直没有实现。[140]

尽管希特勒非常喜爱布鲁克纳并做了这么多的事情，但在希特勒看来，还是没有人能最终替代理查德·瓦格纳（Richard Wagner）。1940 年，他短暂地出访了巴黎，在回来的路上，他专程前往拜罗伊特（Bayreuth）观看了一场演出，就是瓦格纳的歌剧
580 作品《诸神的黄昏》（*Twilight of the Gods*）。这将是希特勒最后一次观看歌剧表演。希特勒由于戎马倥偬，每天忙于战争指挥，再加上他愈发地不愿出现在公众面前，所以自此之后，他再也没有去现场看过音乐表演。同年，他在拜罗伊特设立了一个“战争音乐节”，在这个节日存在的 5 年间，他总共“邀请”了 14.2 万位专门挑选的客人来观看表演，与其说是邀请，不如说他们是被迫出席的。1942 年 1 月，希特勒缅怀道：“是战争赐予了我这个机会，让我帮助瓦格纳实现他的夙愿，即我们从人民中甄选出的那些人——工人和士

兵——理应有权免费参加他的拜罗伊特音乐节。”[141] 截至 1943 年，考虑到德国在战争中正迅速陷入愈发被动的地位，《诸神的黄昏》这部歌剧似乎显得与时局不相宜，因此，在与威妮弗蕾德 · 瓦格纳（Winifred Wagner）商量之后，希特勒决定在剩余的两次节日中以《纽伦堡的名歌手》（*The Mastersingers of Nuremberg*）取而代之。而在自己的住宅里，希特勒从斯大林格勒败北后就不再听瓦格纳的作品了，相反，他开始沉浸在最钟爱的轻歌剧《风流寡妇》（*The Merry Widow*）中，以求得暂时的逃避。这部轻歌剧是弗朗茨 · 莱哈尔（Franz Lehár）创作的，而歌词则是犹太人写的，希特勒直接无视了这一事实，而且，事实上，莱哈尔本人的妻子也是犹太人。[142]

拜罗伊特及其音乐节在第三帝国中占据着一个非常特殊的位置，尤其是因为这些音乐节事实上是由瓦格纳家族运营的，他们直接请示希特勒，而与此同时，德国其他音乐活动都是由帝国音乐协会（Reich Chamber of Music）负责，因而也就是由约瑟夫 · 戈培尔的宣传部负责。1940 年，宣传部称，第三帝国境内正在运营的永久性管弦乐团共有 181 家，总共聘请了 8,918 名音乐家。[143] 这些管弦乐团必须服从战时规定，即必须到军工厂以及为慈善活动进行表演，这些慈善活动是为士兵募捐。虽然统治当局颇为敌视现代主义音乐，但出于政治考虑，他们还是选择继续接受现代主义音乐。例如，因为匈牙利是德国的盟友，所以慕尼黑爱乐乐团（Munich Philharmonic）才能够在指挥家奥斯瓦尔德 · 卡巴斯塔（Oswald Kabasta）的指挥下于 1942 年的音乐会演奏巴托克 · 贝拉（Béla Bartók）的《为弦乐、打击乐和钢片琴而作的音乐》（*Music for Strings, Percussion and Celesta*），尽管巴托克 · 贝拉本人从未想让自己的作品在纳粹德国演奏（截至此刻，他已经流亡美国了）。在当时的政治环境下，德国的各管弦乐团不得不在沦陷国家巡回演出——也可以说这正好为其提供了巡回演出的机会——旨在宣扬德国文化，使沦陷国都认同并接受德国音乐。这些管弦乐团表演的都是非常典型的德国音乐，在世的作曲家里面理查德 · 施特劳斯和汉斯·普菲茨纳（Hans Pfitzner）占据着首要地位,其作品经常被表演。老一辈的指挥家欧根 · 约胡姆（Eugen Jochum）、汉斯 · 克纳佩兹
581 布施（Hans Knappertsbusch）和诸如赫伯特 · 冯 · 卡拉扬（Herbert von Karajan）以及卡尔 · 伯姆（Karl Böhm）等年轻一辈指挥家同样非常卓越，他们确保了音乐演奏一贯的高水准。但自 1943 年以来，由于音乐大厅以及歌剧院在战争中被毁，加上表演者和管理人员也被征募到军队中服役，这些演出的质量才受到严重影响。在每次音乐会开始前，伯姆都会站在指挥台上行纳粹礼，正因如此，他的音乐生涯才没有遭到阻碍。卡拉扬在 1933 年加入了纳粹党,因此,同前辈威廉 · 富特文格勒（Wilhelm Furtwängler）相比，他被认为在政治立场上更为可靠。战争期间，卡拉扬开始与富特文格勒竞争赢得音乐会听众的喜爱，而他更可靠的政治身份也成为他竞争的一个重要筹码。[144]

然而，希特勒仍然是富特文格勒的乐迷。（希特勒曾在 1942 年说 ：“在指挥家里面，只有富特文格勒的动作姿势显得不那么滑稽可笑。”）[145] 这样的赞美愈发增强了富特文格勒效忠第三帝国的决心。事实上，1944 年 1 月 13 日，戈培尔在日记中写道 ：“让我感到非常高兴的是，我发现局势越是对我们不利，富特文格勒就越是支持我们的政权。” [146] 从某种意义上讲，战争期间，富特文格勒成了宫廷指挥家，专门为纳粹精英阶层表演。在 1940 年德国入侵挪威的前一周，他还带着管弦乐团前往挪威演出，德国驻奥斯陆的大使馆知道德军即将攻打挪威，他们称富特文格勒的这次演出“非常适宜，能有效地唤醒并增强挪威人民对德国艺术以及德国的好感”。1942 年,为庆祝希特勒的生日,富特文格勒指挥表演了贝多芬的《第九号交响曲》。富特文格勒所做的这一切都出于自愿。他保守的民

族主义信念驱使着他一直留在第三帝国，直到 1945 年 1 月，当时他在一场音乐会间隙休息时碰到了阿尔贝特·施佩尔。“音乐大师，您看起来太疲惫了。”施佩尔对他说道，脸上带着一幅另有深意的表情。施佩尔向他暗示到，在表演完下一场音乐会后，或许他最好应该留在瑞士不要再回来了。富特文格勒领会了他的意思，再也没有回到德国。[147]

正如富特文格勒在战后所说的那样，许多前去听他音乐会的人，以及更多的、通过收音机收听他音乐的人，都能够暂时在他所创造的音乐世界中寻得庇护，这个音乐世界所奉献给他们的精神食粮要比纳粹政权为他们提供的精神食粮更有营养。但音乐的价值会因为表演者和听众的不同而产生巨大的差异。例如，1942 年，一名记者在一本无线电广播杂志中撰文道：“当我在听贝多芬的音乐时，我变得勇敢无畏。”[148] 一位妇女在 1943 年时参加了在拜罗伊特举行的战争音乐节，她说那里的表演赐予了她“新的勇气和力量，能更好地迎接新的工作”。[149] 但与之有霄壤之别的是，拜罗伊特的居民却认为这个战争音乐节太过铺张奢侈，对其深恶痛绝。一队士兵在看到一群参加战争音乐节的客人畅饮白兰地时，嘲讽地说：“看 582
到了吧，我们一直被人当成傻子。”[150] 在轰炸中变得无家可归的人对这种场景尤其恨之入骨。他们中一人看到这些客人在剧院的饭店中大吃大喝，骂道：“这群混蛋倒是在这里酒足饭饱了，而我们这些一无所有的人却一滴酒都没得喝。”[151] 据报道，甚至在拜罗伊特以外的地方，人们也是怨声连连，说统治当局告诫大家要省吃俭用，但与此同时却将这么多的资源投入到战争音乐节上。例如，统治当局给了 3 万名军工厂工人将近一周的假期去拜罗伊特参加音乐节，并命令本已超负荷工作的铁路部门必须执行运输任务。[152] 然而，对于那些参加战争节的人而言，这个节日似乎是希特勒馈赠给他们的礼物，简直是难以置信的慷慨。党卫队保安处在报告中以恰当的篇幅记录了这些人的感激之情。虽然这些工人很欢迎这个节日，但对他们绝大部分人而言，这仅仅只是一个短暂的休息。总体而言，音乐与现实生活基本无关。听音乐、去剧院看戏和去音乐会看表演的人都只是在逃避现实，这也是戈培尔为他们打造的遁世途径。正如曾在1943年参加过拜罗伊特音乐节的一名军工厂工人所言：“幕布落下后，我们很难迅速地回到现实中来。”[153] 其他很多人也必定深有同感。

根据第三帝国的记载，第三帝国在创作属于自己的新音乐作品，但这些记载根本不足为信。毫无疑问，第三帝国存在期间，理查德·施特劳斯是最声名卓著的德国作曲家。但他的儿子娶了一位被纳粹政权归类为犹太人的女子，所以纳粹政权对此大为光火。施特劳斯及其家人定居在奥地利；1938年，当第三帝国吞并奥地利后，冲锋队员在1938年11月9至10日的犹太人迫害运动中也将目光锁定在了施特劳斯的儿媳爱丽丝（Alice）身上，他们无情地骚扰她，并搜查她的家。施特劳斯与维也纳的纳粹党党区领导人巴尔杜尔·冯·席拉赫关系甚好，后者的父亲是魏玛市的一位戏剧导演，席拉赫因而与施特劳斯家族私交甚好。施特劳斯发出了强烈抗议，再加上这一层私人关系，因而取得了一定成效，尽管如此，但他也无力阻止爱丽丝的祖母被遣送到特莱西恩施塔特集中营。施特劳斯开着他的豪华轿车来到集中营的门口，派头十足地宣告道：“我是作曲家理查德·施特劳斯。”卫兵们非常怀疑地将他拒之门外。最终，爱丽丝的祖母在集中营里去世了，一同不幸遇难的还有爱丽丝的另外25名犹太亲戚。与此同时，在戈培尔的督促下，盖世太保搜查了她的家，还把爱丽丝和她的丈夫都带走并加以审问，他们给她的丈夫施
583 压，要求他跟爱丽丝离婚。但爱丽丝的丈夫坚决不同意。施特劳斯不断地给希姆莱和其他领导人写信，希望把他的遗产全都留给他半犹太裔的孙子们，但这些信都未能清楚地阐明他的意图。1942年，

在世的歌剧作曲家中，虽然施特劳斯的作品最受欢迎，但他的生活却非常拮据。与其他一些杰出的音乐家不同，统治当局不再予以施特劳斯特权，他的儿媳和孙子们也一直受到生命威胁，为此他不得不应付这个棘手的问题。[154]

1941 年 2 月 28 日，戈培尔召开了由主要作曲家参加的会议，在会上，统治当局对施特劳斯的真实态度无情地暴露了出来。此前不久，戈培尔决定削减给严肃音乐作曲家们的版权费，同时嘉奖那些轻音乐作曲家们，比如希特勒最钟爱的弗朗茨 · 莱哈尔——施特劳斯对他的作品完全嗤之以鼻——奖励的方式多种多样，例如允许他们获得全额的版权费，之所以如此，是因为他们的作品被更频繁地搬上舞台。在会上，施特劳斯试图说服戈培尔取消该决定。但这位宣传部部长则命人大声地念出了施特劳斯信中的一句批判统治当局的话，这句话足以用来治施特劳斯的罪，而这封信是他于 1933 年 6 月 17 日写给自己剧本作者斯蒂芬 · 茨威格（Stefan Zweig）的。随后，戈培尔朝他大声吼道 ："你给我闭嘴，你还没有搞清楚你现在的处境，以及你与我之间的关系！莱哈尔有广大的观众，你没有！不要再扯严肃音乐到底有多重要！这也不能提升你作品的价值！明天的文化与昨天的文化截然不同！你，施特劳斯先生，是昨天的文化！"[155] 1943 年，施特劳斯因为拒绝将撤离人员安置在自己的家中而惹上了更大的麻烦。当第二年他再次拒绝的时候，戈培尔便开始禁止他的歌剧上演，只不过希特勒后来否定了戈培尔的这一做法。但统治当局和纳粹党都刻意无视了这位作曲家在 1944 年 6 月份的 80 大寿。施特劳斯已经被彻底冷落了。

在各大音乐厅中，第二受欢迎就是汉斯 · 普菲茨纳，而他的境遇比施特劳斯的也好不了多少。普菲茨纳脾气暴躁而且时常自哀自怜。1942 年 3 月，他抱怨统治当局简直无视他的存在，"重要的位置都被那些品德和天资都卑劣的人占据了，观众们蜂拥地朝他们跑去，现在一次都不来看我的演出，对此时的德国而言，这不是一个好的征兆”。[156] 他未能在德国找到能与之心有戚戚的观众，但却在沦陷国波兰找到了。党区领导人格赖泽授予了他价值 2 万帝国马克的“瓦尔塔兰奖章”；此外，波兰总督府总督弗兰克也邀请普菲茨纳于 1942 年 5 月前往克拉科夫举行一场特别的音乐会，表演他本人的，以及其他人的音乐。第二年，他再次受邀，对此，他欣然不已，
584 于是为此次表演还专门写了长为 6 分钟的“克拉科夫致辞”。普菲茨纳在战争中幸存下来了。1949 年他在一所养老院中去世，享年 80 岁。[157] 与前两者相比，维尔纳·埃克（Werner Egk）则成功得多。艾克的作品表达了与纳粹意识形态相关的主题，所以尽管他的这些作品风格相当现代，但在 20 世纪 30 年代时依然赢得了希特勒的认可。他的歌剧《培尔 · 金特》（*Peer Gynt*）于 1939 至 1940 年期间在众多德国歌剧院上演，1941 年在布拉格上演，1943 年又在巴黎歌剧院上演。截至此时，艾克已经是帝国音乐协会作曲家分部的负责人，年收入 4 万帝国马克。他新的舞台作品《哥伦布》（*Columbus*）很明显是在将德国在东方创建德意志帝国比作历史上的欧洲征服美洲。1943 年 2 月，他在《人民观察家报》中写道，他坚信德国必将赢得战争，而且战争结束后，德国必将实现“理想主义政治与现实主义艺术的完美结合”。[158] 相较而言，战争期间卡尔·奥尔夫（Carl Orff）的声望则日趋下滑，他的音乐作品《布兰诗歌》（*Carmina Burana*）在 1937 年首演时取得了巨大轰动。然而，他的歌剧《聪明的女人》（*The Wise Woman*）在 1943 年 2 月首演时，观众的反应则冷淡很多。1944 年 3 月这部剧作在格拉茨（Graz）上演，一位评论家随后发出了这样的疑问，德国士兵在前线浴血奋战，牺牲自己，仅仅就是因为这样的文化吗？这部歌剧在格拉茨第二次上演的时候，当地纳粹党员也来剧院观看，他们在台下发出一片嘘声。后来，奥尔夫多次声称这部歌剧是抵制纳粹暴政的一次大胆行动，

但他的这个说法却很牵强，因为那些谴责暴政和不公的歌词都并非出自剧中英雄人物之口，而都是由一帮恶棍以及一无是处的人合唱出来的，显然，这种处理手法嘲讽的不是统治当局，而是说这话的社会渣滓。[159]

最终，战争期间，在德国境内创作出的有价值的音乐寥若晨星。最具震撼力的那些作品都是由一个截然不同的群体创作的，那就是囚禁在特莱西恩施塔特集中营的犹太作曲家们。除了维克托·乌尔曼和库尔特·盖隆以外，还有其他许多囚徒在特莱西恩施塔特集中营存在的短短几年中创作并表演了各种体裁的音乐作品。其中最打动人心的一些作品是伊尔沙·韦伯（Ilse Weber）创作的，她既谱曲也写歌词，而且自己用吉他弹唱，她在集中营的医院里当护士，夜晚去儿童病房查房的时候就弹着吉他唱歌。韦伯生于1903年，在1942年被驱逐之前，她是布拉格的一名作家兼广播制作人。她的丈夫以及小儿子与她一起被关进了集中营，他们成功将大儿子安全地送到了瑞典。在那个年代，札瑞·朗德尔和拉莉·安德森的歌曲非常流行，这些歌曲表达的都主要是朋友、亲戚、伴侣以及爱人终有一天会再次团聚的主题，而韦伯的歌曲则没有诸如此类的幻想： 585

永别了，我的朋友，我们共同开启的旅程，
已经彻底结束了。
他们在前往波兰的火车上给我安排了一个座位，
我此刻不得不永远地离你而去了。
你可靠而忠诚，你帮我度过了千难万险，
你任何时候都伴我身边。
我只要感觉到你的相伴就无所畏惧，
我们曾共同分担所有的风雨。
永别了，一切都结束了；我将思念你，我的朋友，以及我们共同度过的时光。
我将我的心交给你；在我们分开的岁月里你要坚强，
因为这一次我们是真的永别了。[160]

她谱的歌曲简单而温暖，而其中最抚慰人心的就是她自己创作的摇篮曲“Viegala”*。据说，1944 年 10 月 6 日，集中营里的一群小孩，包括她的儿子汤米，将被送进奥斯维辛集中营的毒气室，她自愿陪他们一起进入毒气室，并给他们唱道：“Viegala，Viegala，vill：现在整个世界都安宁了！没有嘈杂的声音会惊扰这可爱的平静了：我的孩子，现在安睡吧。”[161]

五

战争期间，一些德国画家和雕塑家仍在坚持进行创作。有人说，对他们而言，特莱西恩施塔特集中营和其他的集中营以及犹太人隔离区并没有为他们提供合适的创作题材。而戈培尔和帝国文化协会想要艺术家们刻画的是英雄战争。[162] 1940 年，戈培尔揭幕了第四届大德意志帝国艺术展。此次艺术展将大量的展示空间都留给了战争艺术，在 751 名艺术家创作的 1,397 件作品中，刻画战争场景的作品占据了格外突出的位置。正如一名评论员所记载的那样，战争“是一个强有力的挑战者。德国的视觉艺术已经受到了挑战”。[163]希特勒在 1942 年的艺术展揭幕式上这样提醒在场观众，“我们也号召了德国的艺术家们报效祖国，为前线贡献自己的力量”。[164] 战争期间，越来越多的人都参观了艺术展，有的人则在电影院中看到了相关的新闻短片报道。无论是亲眼看见，还是观看相关报道，

* 又作“Wiegala”。

观众们都非常欣赏其中一些画作，比如鲁道夫·利普斯（Rudolf Liepus）的《火焰喷射器》（*The Flame-Throwers*）、吉斯贝特·帕尔米耶（Gisbert Palmie）的《瞄准步枪的狙击手》（*Sniper Aiming* 586
a Rifle）或者鲁道夫·豪斯克内希特（Rudolf Hausknecht）的《U艇上的眺望员》（*Lookout on a U-boat*）。卢伊特波尔德·亚当（Luitpold Adam）在1914—1918年期间曾是一名官方的战争艺术家，而此刻他已成为一个相关委员会的负责人，麾下有45名官方的战争艺术家，而截至1944年，他手下的艺术家则增加到了80人。这些艺术家为各个武装部队效力，都有薪资报酬，他们创作的油画和素描画也都是政府的财产。他们的作品会在全德国进行专题展出，以此证明战争期间，德国的文化创造力并没有衰退。事实上，这些艺术家们本身就被视为士兵，正如一位评论员在1942年所言，“唯有像士兵那样充满强烈战斗激情的人才能够用艺术的形式传递出身临其境般的战争体验”。[165]

战争艺术家采用了各种各样的绘画技法，他们中有的人画的是风景画，而里面刻画的场景与真实的战争场景简直是两个世界。例如，弗朗茨·容汉斯（Franz Junghans）创作的《多瑙河上的黄昏》（*Sunset on the Duna River*，1942）几乎就是一幅抽象画，在平淡无奇的风景上，各种色彩相互交融，揉为一体，难以分辨。在《德国人的两名俄罗斯俘虏》（*Two Russian Prisoners of the Germans*）中，奥拉夫·约尔丹（Olaf Jordan）充满怜悯和同情地刻画了其中的主人公；而沃尔夫冈·维尔里希（Wolfgang Willrich）则描绘了一名在东部战线服役的巴伐利亚村民，他以粗犷而幽默的手法着力刻画了主人公农夫而非士兵的一面。但战争艺术家们的绝大部分画作呈现的都是乐观积极的战争场景，包括英勇无畏的士兵们坚守在机关枪发射处，挑衅地瞪着敌人，或者是带领着大家向前挺进，而且领头人的各种引领姿势还不经意地将画作的观看者——也就是整个德国民众——带入其中，这是在间接地邀请他们加入战斗。埃尔克·埃贝尔（Elk Eber）是最受欢迎的战争艺术家之一，那些宣传性的杂志曾持续不断地复制刊登他的作品。诚如1941年《人民观察家报》刊登的一篇讣告所言，他的油画“基本上只有一个主题，那就是我们这个时代专有的战士般的英雄主义男子汉气概”。[166] 埃贝尔的《快递员》（*The Dispatch Courier*）尤其受人们喜爱，经常被印在明信片上。这幅画展现了一名士兵戴着钢盔，背上横挂着一挺步枪，英勇无畏地从一个散兵坑里冲出来，他的脸上露出一副坚定不移的表情，同时洋溢着效忠国家的满足和享受之情。然而，无论战争艺术家们刻画什么，他们都会避免呈现对战争的恐惧。在他们的作品中，我们看不到伤员和死尸，看不到鲜血和痛苦，也看不到四肢不全的士兵，事实上，我们几乎看不到任何真正的暴力。1914—1918年期间，德国反战艺术家们创作了一些令人极度痛苦的美术作品，统治当局特意批准战争艺术家创作与之形成巨大反差的
587 作品。他们一致认为，这些新作品非常适合在学校教育中使用。一名评论员曾说道：“要给小学生们看埃贝尔或者施皮格尔的士兵题材画作，这些作品与迪克斯或者格罗兹*的作品会形成鲜明对比，后者极其低俗，而且令人反感。每一名小学生都能立刻分辨出到底什么才是堕落腐朽的艺术……真正的艺术家，其力量流淌在他的血液中，这股力量驱使着他去呈现英雄主义。”[167]

然而，战争期间，德国最有分量的艺术家并非任何一位画家，而是一位雕塑家，他就是阿尔诺·布雷克尔。在战争爆发前，布雷克尔就已经创作了大量的人物雕像，这些雕像都表现出很强的侵略性，而且富有军国主义精神。[168] 布雷克尔在欧洲拥有很高的声望。

---

* 分别指费迪南德·施皮格尔（Ferdinand Spiegel）、奥托·迪克斯（Otto Dix）和乔治·格罗兹（George Grosz）。

1941 年，希特勒说服了一些法国艺术家——其中包括安德烈 · 德兰（André Derain）、凯斯·凡·东根（Kees van Dongen）和莫里斯·弗拉曼克（Maurice Vlaminck）——去布雷克尔的工作室进行探访。其中一人是法国一美术学院的负责人，此人刚回国便热情洋溢地赞美道，“一个伟大的国家何等尊重它的艺术家们及其作品，尊重它的知识文化以及人类存在的尊严”。[169] 统治当局要举行一次重大的艺术品回顾展，布雷克尔似乎就是最佳的展览主题，这场回顾展于 1942 年 4 月举行，但不是在柏林，而是在已经沦陷的巴黎。让 · 谷克多（Jean Cocteau）给展览目录写了一篇导言，里面浸满了溢美之词，他甚至将布雷克尔盛赞为米开朗基罗（Michelangelo）的绝佳继承人。[170] 纳粹政权的高层领导们深知布雷克尔在希特勒心中享有很高的地位，因此都争相拉拢他，布雷克尔不仅和赫尔曼 · 戈林以及约瑟夫 · 戈培尔关系甚好，而且与海因里希 · 希姆莱也相交甚密，希姆莱还曾委托布雷克尔用他的作品来装饰党卫队各办公场所。1941 年 4 月，布雷克尔被任命为帝国视觉艺术协会（Reich Chamber for the Visual Arts）副会长。在施佩尔重建柏林的计划中，布雷克尔扮演着举足轻重的角色。施佩尔设立了一个工厂，并提供大量资助，用于专门生产布雷克尔的雕塑作品、浅浮雕作品以及其他立体物品。一天晚上，希特勒在吃晚饭时对在座的人说，值得给布雷克尔提供 100 万帝国马克的年收入，而在 1942 年 4 月，马丁·博尔曼给了他 25 万帝国马克的酬金，且无须缴税。布雷克尔在奥得河（Oder）附近有一座城堡，希特勒和施佩尔为其提供资金以便重新装修。当时，费尔南 · 莱热（Fernand Léger）、毕加索以及其他一些艺术家们都被统治当局视为“堕落”艺术家，布雷克尔搜集他们的画作并挂在城堡的墙上进行展览，以此炫耀他所享有的特权身份。德国驻巴黎的大使也将他们没收的犹太化妆品制造者海伦娜 · 鲁宾斯坦（Helena Rubinstein）的房子拱手交给了布雷克尔，任其处理。布雷克尔将很大一部分收入用来收购罗丹（Rodin）以及其他艺术家的作品，此外，还购买了大量品质上乘的葡萄酒、书籍以及香水。[171]

588 布雷克尔在沦陷国狂热地搜集各种油画、雕塑作品以及其他艺术品，但在这一追逐艺术品的行列中绝非仅他一人。事实上，在这方面，希特勒和戈林是他所难以望其项背的。截至战争爆发时，希特勒和戈林都已聚敛了大量财富。[172] 戈林拥有的房子、城堡以及打猎用的别墅加起来多达 10 套，这全都是用纳税人的钱购买并维护的。为了凸显他是第三帝国二把手的隆重身份，戈林想在这些住宅中——尤其是在他位于卡琳宫的打猎别墅，这是以他第一任妻子的名字命名的，是其最主要的打猎用别墅，占地面积广阔，而且还在不断扩建——展示各种艺术品、壁毯、油画、雕塑以及其他各种精美物件。戈林斥巨资购买种类繁多的文化品，而且为了获得这些东西，手段用尽。[173] 相比而言，希特勒则坚决避免炫耀自己的私人财富，他更倾向于将艺术品搜集起来作为公用。奥地利的林茨是希特勒的家乡，长期以来，希特勒一直想将这个小镇打造为新帝国的文化中心，他甚至还简单地勾画出了他希望在那里建设的新公共大楼和博物馆的计划。林茨将会成为德国的佛罗伦萨，城中将布满一系列专题画廊和博物馆，用于陈列各式各样、门类繁多的艺术品，尤其是日耳曼艺术品。在他的规划中，柏林即将成为全世界的首都，因此，同样需要有一座能与这一世界之都身份相符的艺术博物馆。为了实现该目标，1939 年 6 月 26 日，希特勒聘请汉斯·波塞（Hans Posse）大规模搜集所需要的艺术品。波塞是德累斯顿的一名博物馆馆长，亦是一名艺术史家。波塞几乎获得了无限的资助，截至战争中期，他已经在欧洲被德国占领的所有地区搜集艺术品，而到了 1945 年，他及其继任者已搜集了多达 8,000 多件的艺术品，数量之庞大，令人难以置信。因为他直接听命于希特勒，是希特勒的全权代理人，所以有雄厚的资本能够给出比其他代理人更高的价格，而且手段也高出一筹，而其他代理人有的效力于戈林，比如卡耶坦·米尔曼（Kajetan Mühlmann），有的效力于德国其他的主要博物馆，还有的则是自己在收购艺术品。1942 年 12 月，波塞因癌症去世，不久，威斯巴登博物馆馆长赫尔曼·福斯接替了他的职务。截至 1944 年，波塞和福斯两人总共花费了 7,000 万帝国马克为林茨购买艺术品。意料之中的是，诸如卡尔·哈伯施托克（Karl Haberstock）等为希特勒和波塞效劳的艺术品贸易商从这些交易中获取了丰厚的利润。[174]

尽管如此，但艺术品的消费热潮并没有出现在正常的艺术品市场中，这背后的缘由多种多样。比如，虽然许多国家都有相关的规则和管理条例来控制艺术瑰宝的出口，但在战争期间，希特勒可以轻而易举无视这些条例，这些规定对他完全没有约束力。而且，虽然很多情况下希特勒在为林茨博物馆购买德国早期绘画大师的作品 589
时貌似出了很高的价格，但事实却并非如此，因为德国人以强制手段规定了帝国马克与法国法郎和其他沦陷国货币的兑换率，这些兑换率都对德国的帝国马克极为有利，这一情况自 1940 年以来尤其突出。然而，在很多情况下，德国人甚至根本无须花一分一毫就能获得这些艺术品。德国籍犹太收藏家的艺术藏品已经遭到了大规模没收，在 1938 年 11 月 9 至 10 日的犹太人迫害运动以后，这种强制性没收愈演愈烈，他们声称这是为了“保护艺术品的安全”；这些艺术品随后会被登记注册，进而被德国政府征用。早在 1938 年 3 月德国入侵奥地利时，这样的事情就已经有先例了。与其他沦陷国一样，在奥地利，犹太人如果要移民的话，必须留下他们的财产，这些财产将被第三帝国接管。1940 年法国沦陷，许多法国市民逃离了自己的国家，他们留下的财产同样落入了第三帝国的手中。欧洲每个沦陷国的犹太人都被驱逐到了位于东方的奥斯维辛集中营以及其他集中营，最终，他们留下的财产也面临着同样的命运，这给纳粹分子提供了大范围劫掠的机会。[175]

纳粹分子认为斯拉夫人是野蛮蒙昧的劣等种族，所以当他们侵入所谓的由斯拉夫人统治的国家时，其掠夺财产的对象也远不仅仅是犹太人了。在入侵波兰时，德军为了搜寻各种各样的艺术品，就已经将那里众多的住宅和乡间别墅翻了个底朝天。不久之后，波兰的文化遗产就被德军有组织地洗劫一空。卡耶坦 · 米尔曼之前曾在维也纳执行过类似的任务，此刻他又被委派来负责劫掠波兰的艺术品。截至 1940 年 11 月底，艺术品登记注册完毕，于是波塞前来为元首挑选最上乘的艺术品。随后，德国各艺术博物馆的馆长也在合适时机抵达，迫不及待地想从这些赃物中分得一杯羹。一方面，赫尔曼 · 戈林坚持要为自己留一些画作，而另一方面，汉斯 · 弗兰克却极力反对将这些战利品从他的总部带走，因此，他们之间发生了争执。然而，戈林要拿走这些画作或许并不是什么坏事，因为弗兰克对如何保存或展览早期绘画大师的作品根本一窍不通，他曾将列奥纳多·达·芬奇（Leonardo da Vinci）的一幅画悬挂在暖气片上方，并因此受到了米尔曼的批评。私人藏品和公立博物馆中的藏品都遭到了洗劫，此外，恰尔托雷斯基（Czartoryski）家族所收藏的大量艺术品也遭到了有组织的劫掠，其中包括一幅伦勃朗（Rembrandt）的作品和一幅拉斐尔（Raphael）的作品。[176] 此刻，汉斯 · 弗兰克正忙于用这些掠夺而来的艺术品装饰自己的总部，与此同时，还将战利品运往他位于巴伐利亚的家中。1945 年，当美军来到巴伐利亚
590 时，他们在弗兰克的家中发现了一幅伦勃朗的作品，一幅列奥纳多的作品，一幅从克拉科夫那里掠夺而来的 14 世纪圣母玛利亚画像，以及一些从波兰教堂搜刮而来的宗教仪式祭服和圣杯。[177]

当德国于 1941 年 6 月 22 日入侵苏联时，这一幕幕劫掠和强行没收的场景再次上演，而且规模甚至更大。与当时波兰的情形如出

一辙，纳粹分子在展开种族大清洗的同时，也展开了文化大清洗。党卫队部队和一些特别小分队，带着“日耳曼”艺术品清单，在苏联大肆掠夺，并将强制没收的艺术品运回第三帝国。在这一清单中，最著名的就是早已名声在外的琥珀宫，这是普鲁士国王腓特烈·威廉一世（Friedrich Wilhelm I）馈赠给彼得大帝（Peter the Great）的礼物，后来腓特烈·威廉一世的继承者又送来了一些礼物，这些礼物将琥珀宫装饰得愈发奢华。其实，在此之前，苏联人已经搬走了里面所有的家具和其他可以移动的物件，只留下了用来装饰墙壁的琥珀嵌板，而琥珀宫的整个房间——安置在普希金市（Pushkin）的凯萨琳宫（Catherine Palace）内——也已被拆卸并运回了东普鲁士的柯尼斯堡，之后便一直留在柯尼斯堡进行展出，直到后来为了防止其在空袭中遭到破坏，才被收起来了。当然，在德军入侵前，苏联人也已转移了许多文化瑰宝，以确保其不会落入党卫队的手中，而且事实上，整个苏联已经没有什么重要的私人藏品了，因为它们早就被共产主义政府没收了，更何况德国人从未成功征服过莫斯科或圣彼得堡。尽管如此，还是有不少艺术品遭到了掠夺，例如，仅在哈尔科夫，德军就掠走了 279 幅油画，而且希姆莱强制没收了数量庞大的艺术品，将其用来装饰位于韦沃尔斯贝格城堡的党卫队总部。此外，将士们自己也能廉价地购得一些珍宝。例如，基辅在战争中被炸得满目疮痍，一名党卫队军官在那里用 8,000 克的小米就从一位苏联考古学家的遗孀手中换来了一批古老的珠宝藏品，然后将其寄给了希姆莱。[178]

然而，绝大部分艺术珍品都是从西欧的沦陷国家中搜刮的。1940 年 7 月 5 日，希特勒派遣“全国领袖罗森贝格小组”（Task Staff of Reich Leader Rosenberg）——阿尔弗雷德·罗森贝格所辖对外政策办公厅（Foreign Policy Office）的一个下属机构——去搜集犹太人手中的艺术品，并没收所有的反德国材料以及任何对第三帝国或许有价值的文件。罗森贝格手下的这个机构最初设在巴黎，并得到了希特勒本人的大力扶持。在搜集各种藏品以及为林茨博物馆网罗艺术品的过程中，该机构可谓一马当先，做出了迅速反应。1941 年 3 月 1 日，该机构转移到了柏林，在巴巴罗萨行动之后，它从柏林派遣特使去监督在东方地区劫掠博物馆和图书馆的行动。然而，截至 1940 年 9 月罗森贝格的手下抵达荷兰时，卡耶坦 · 米尔曼就已经在那里了，此外，赫尔曼 · 戈林的艺术策展人瓦尔特 · 安
591 德烈 · 霍弗（Walter Andreas Hofer）也已先行抵达那里。1940 年 6 月 13 日，希特勒授权汉斯·波塞前往荷兰，而与此同时，赫尔曼·戈林则亲自来到了阿姆斯特丹。一场疯狂的竞购战就此拉开帷幕，不计其数的德国艺术品——不管它们真的是德国艺术品抑或是所谓的德国艺术品——都从荷兰收藏家、交易商以及博物馆手中流进了第三帝国囊中。米尔曼一行人追踪到并没收了一些艺术藏品，这是 20 世纪 30 年代一部分德国籍犹太人为躲避迫害逃到荷兰时携带而来的。大量的艺术品被送回了德国，其中包括伦勃朗 1669 年的一幅自画像。德国方面称这些艺术品均是非法出口的，所以也并未支付给这些艺术品的犹太所有者任何补偿。此外，一些犹太人已经逃往英国避难了，他们留下的艺术品也被没收了，而那些已经装箱准备运往国外的艺术品，其箱子亦被拆开，里面的艺术品被拿出来并遭到没收。[179]

而这些德国掠夺者将在法国搜刮到更丰富的艺术品。1940 年 6 月 30 日，希特勒下令，法国政府拥有的所有艺术品都将由德国看管。大使阿贝茨计划大规模地掳掠法国艺术品，他对军方说，希特勒或者里宾特洛甫将决定哪些艺术品将被运往德国。在 20 世纪 30 年代，德国的艺术史家们以学术研究者的身份参观了法国的各个博物馆和图书馆，并据此起草了一份长达 300 页的文件，罗列了要被运回德国的艺术品名单，其中还包括拿破仑从莱茵掠走的那些艺术品。然

而军队指挥部已经聘请了自己的艺术史家，那就是亲法的弗朗茨·沃尔夫–梅特涅（Franz Wolff-Metternich）伯爵，此人说服军事当局拒绝与阿贝茨合作，理由是 1907 年签订的《海牙公约》(Hague Convention）明确禁止劫掠。阿贝茨试图扣押法国政府拥有的艺术品，但这位伯爵得到了陆军总司令布劳希奇的支持，阿贝茨的努力因而落空。除此之外，希特勒还下令没收犹太交易商和收藏家的藏品，而他们的命运则与法国政府的命运有天壤之别。15 名主要犹太交易商的藏品都被侵吞了,另外,诸如罗斯柴尔德家族(Rothschilds）等犹太所有者的艺术藏品也未能幸免。劫掠而来的这些艺术品存放在一个室内网球场（Jeu de Paumes），这是一个小型美术馆，卢浮宫将其作为临时的展览场所。罗森贝格的别动队专程赶来管理这些藏品，但不久之后赫尔曼 · 戈林也亲自来到了这里，他在这里逗留了两天，总共挑选了由伦勃朗、凡 · 戴克（van Dyck）和其他一些艺术家创作的 27 幅画作，纳为已有。然而，他非常谨慎，同意希特勒对存放在网球场的这些艺术品拥有优先挑选权。除此之外，剩余藏品中的绝大部分则由罗森贝格和德国各博物馆瓜分了。带走这里的一切藏品都需要支付一定的报酬，而这些钱将用来资助战争中的法国孤儿。这些艺术品堆积在这个网球场，汉斯 · 波塞 592
查看了藏品清单，挑选了 53 件作品运往德国，这些作品最终将被送往林茨博物馆。而另一方面，戈林最终挑选的油画、家具以及其他物品则总共多达 600 多件，在他挑选的藏品中，对于那些将被送往卡琳宫展览的藏品，他就将其价格估得极低，而对于那部分他打算卖掉的藏品，他就将其价格估得很高。戈林专横霸道地无视了沃尔夫–梅特涅的反对意见，而军方则正式宣告不再对这些艺术品承担任何责任。[180]

截至战争结束，希特勒本人收藏了 75 幅伦巴赫（Lenbach）的画作、58 幅施图克（Stuck）的画作、58 幅考尔巴赫（Kaulbach）

的画作、52 幅门采尔（Menzel）的画作，以及 44 幅施皮茨韦格（Spitzweg）的画作。除了 19 世纪德国和奥地利画家的作品外，他还收藏了 15 幅伦勃朗的画作、23 幅勃鲁盖尔（Bruegel）的画作、2 幅维米尔（Vermeer）的画作、15 幅加纳莱托（Canalettos）的画作，此外，还收藏了提香（Titian）、列奥纳多（达 · 芬奇）、波提切利（Botticelli）、霍尔拜因（Holbein）、克拉纳赫（Cranach）、鲁本斯（Rubens）以及其他众多画家的作品。因为博斯（Bosch）、格吕内瓦尔德（Grünewald）以及丢勒（Dürer）的作品甚为罕见，所以只是这一个原因，希特勒就买不到他们的作品。希特勒经常提到自己获得的这些画作，但他基本上没有去看过这些作品，它们都被收起来了。[181] 希特勒一直念念不忘建造林茨博物馆，他甚至将会在自己的遗嘱中下达建设该博物馆的指令。他宣告道："这些年来我收藏了不少画作，但我购买这些作品从来都不是为了我自己，而是为了在我的故乡林茨打造一个画廊。"然而，归根结底，希特勒之所以幻想着打造一个世界级的日耳曼艺术中心，纯粹只是他想实现自己成为一名艺术家的心愿，因为在第一次世界大战以前，他曾在维也纳度过了一段失败而羞辱难堪的岁月。[182]

第三节

致命的科学

一

威廉 · 居特勒（William Guertler）是柏林工业大学的一名冶金 593
学教授，也是一位资深的纳粹党员。1940 年 3 月，他给希特勒写了一封私人请愿书。事实上，诸如此类的请愿书多不胜数，按照惯例，均是由希特勒的下属处理。虽然没有证据表明希特勒本人曾看过居特勒所写的内容，但这封请愿书却被认为意义重大，因而被转交给了帝国总理府的负责人汉斯 · 海因里希 · 拉默斯，而拉默斯又命人将其复印并分发给了众多政府部门的部长，其中包括赫尔曼 · 戈林。当时战争已经进行了 7 个月，令居特勒忧心忡忡的是，教育质量出现了严重下降，他认为这势必会造成不可设想的严峻后果。战争刚刚拉开序幕，教育部就下令，为了最充分有效地利用学生的时间，大学教育一学年两学期的传统制度将被一学年三学期的制度取代，而且每学期的长度并不会缩短。如此一来，在大学教育中，一学年就由过去的 7.5 个月延长为 10.5 个月。居特勒因而抱怨道：

我们教师接到命令，必须确保学生在一年的时间里学习他们曾需要一年半才能学完的内容。我们已经竭尽所能了，但这依然无济于事。学生们的学习精力本来就已经透支了。甚至在此之前，我们就已经不能保证训练的有效性了，而现在，我们通过考试发现，他们对知识的掌握水平出现了灾难性的下降。在他们最勤奋学习那个阶段，能享受难得的娱乐是应该庆祝的，而且他们也值得拥有，但甚至是在那种高压情况下，他们也被迫放弃了这些娱乐。他们简直是在折磨自己，程度骇人，这已经超过了他们的极限。[183]

594 拉默斯和这封请愿书的其他读者对此都未提出任何异议。甚至帝国教育部部长伯恩哈德·鲁斯特（Bernhard Rust）也赞同这位教授的观点。[184]

其实早在战争爆发前，德国的教育水平就已经开始下降了，中小学和大学都受到了影响。1937 年，德国的中学教育年限由 9 年缩减为 8 年。另外，希特勒青年团的影响力削弱了许多教师的权威；此外，因为纳粹教育将重心放在体育教育和身体锻炼上，所以用于书本学习的时间也相应减少。即便学生们在这种情况下成功地掌握了一定程度的知识，但他们在进入大学学习前，必须花两年半左右的时间参加劳动工作或者在军队中服役，在此期间，他们很容易忘掉绝大部分所学的知识。[185] 此外，学校课程新增加了大量的意识形态内容。例如，相关部门匆忙地发行了 150 份宣传册，用来替代之前教科书里对英国历史和制度的描述，这些宣传册里含有大量的恶意宣传，它们称英国是一个犹太人控制的国家，有不可告人的历史，犯下了罄竹难书的暴行。不仅教科书的获得变得愈发困难，而且在很多城镇，学校建筑物或者是被强制征用为军队医院，或者是在轰炸中被摧毁，后面这种情况自 1942 年以来尤为突出。[186] 教师们奔赴前线，但他们的空缺岗位却没有人顶上，这样的情形比比皆是，因此，截至1943年2月，国家社会主义教师协会（National Socialist Teachers' League）由于活动稀少和资金匮乏而最终解散。高年级的小学生被迫将越来越多的时间花在空袭的善后工作上，或者是为战争经济收集衣服、碎布、骨头、纸张和金属等物品，或者在夏天时去农村地区帮助收割，而且一去就是整整4个月。自1943年2月以来，柏林中小学仅在上午开课，因为在下午，所有的孩子都要接受军事教育，进行军事训练，如果他们的年龄在15岁或者以上，那么就会被安排去驻守防空炮台。1943年举行了最后一次中小学考试，而在战争的最后几个月里，绝大部分中小学都已经完全停课了。[187]

纳粹精英学校也同样受到了严重影响。例如，战争刚爆发，沃格桑（Vogelsang）的“奥登斯堡”（Order Castle）学校就受到了冲击，几乎所有师生都到军队中服役去了，而学校的各个建筑物也被用作士兵的临时营房，随后又被当作教学场所，为养伤的士兵提供灌输意识形态的课程。[188]国家政治教育机构（National Political Educational Institutions，德语名为Napolas）是另一形式的精英学校，也面临着同样的问题。具有狂热纳粹主义思想的学生把战争视作千载难逢的机会，可以充分表现自己对国家的忠诚，证明自己的 595
英勇无畏，进而赢得奖章。截至1944年3月，大约有143名国家政治教育机构的在读学生或毕业生已经凭借自己的骁勇无畏而获得勋章，但也有1,226人不幸阵亡。如此一来，学生的数量大幅度下降，而且截至1944年年底，国家政治教育机构已经被用来培训军官学员以及武装党卫队的成员。尽管如此，国家政治教育机构依然在开展一些正常的教学。例如，战争快结束时，位于奥兰尼施泰因（Oranienstein）的国家政治教育机构仍在上课，有一次，当美国的轰炸机从学生们头顶飞过时，学生们正在上帆船课，这太不可思议了，正如一名学生后来回忆道，“那真是彻底疯狂的世界里上演的彻底疯狂的一幕”。[189]

在这种情况下，大学的教育质量亦受到严重影响，也就不足为奇了。但另一方面，大学也面临着自己的问题。1939 年 9 月 1 日，德国的所有大学都被关闭了，10 天后，学校重新开学，却发现学生的数量由 4.1 万名骤减为 2.9 万名，这反映出一个事实，即许多男性学生都被征召入伍了。后来，学生的数量开始逐渐回升，1942 年时达到 3.8 万名，1943 年时进一步增长为 5.2 万名；1940 年时，全德国各种高等教育机构的学生总数为 5.2 万名，到了 1944 年时增长为 6.5 万名。此时，那些入伍学生所留下的数量空缺主要是由下列这几类人填补的，他们包括在战争中受伤的士兵、因各种理由而被判定为不宜在军队中服役的男性、休假的士兵（他们中许多人都丧失了参军前所在学校的学籍）、留学生、医学专业的学生——他们所属部队要求他们继续学习——以及越来越多的女性学生。1939 年，在所有高等教育机构的全体学生中，女性学生所占的比例为 14%，1941 年增长到 30%，而 1943 年则达到了 48%。与战前一样，在德国大学中，医学占据着绝对的统治地位。1940 年，医学专业的学生占学生总数的 62%，在合格毕业然后以全职军医的身份在部队工作前，他们都必须以普通士兵的身份在前线服役 6 个月，以便做好充分准备。当时有一些（典型的持反智主义观点的）纳粹活跃分子认为，战争期间去大学读书的人都是“怠惰之徒”，他们是在想方设法地逃避兵役，这种观点显然是不正确的；事实上，几乎所有的男性学生都是军队成员，只不过他们各自承担的职责不同而已。[190]

战争期间，大学教育水平出现了下降，但这并不只是由于中小学教育水平的下降而导致的。另一个原因就是，学生们不得不花越来越多的时间去执行其他的工作任务，比如去帮忙收割，或者假期
596 时去工厂劳动。1941 年，教育部也的确意识到，学生们面对一年三

个学期的学习任务以及假期的劳役，他们无法承受这样的压力，因此，教育部恢复了传统的一年两个学期的制度。[191]尽管如此，但学校的教授们还是开始普遍抱怨道，学生或者由于太过疲劳而没有精力学习，或者就是太过懒惰，表现出一副无所谓的样子。纳粹党素来公开地对知识学习嗤之以鼻，这种态度和观点在学生的认知形塑阶段已经深深地植入了他们的思想中，因而降低了学生们对老师的尊重程度。教授们认为，战争结束后，社会将需要大量的律师和医生，既然如此，那么为何现在还要学生去劳动呢？正如 1942 年 10 月 5 日党卫队保安处所汇报的那样：

> 第三帝国境内的每一个大学城均无一例外地报告道，学生们的学业成绩在持续下降。他们的书面作业、他们在课堂和研讨会上的参与程度以及他们的考试结果，都已经跌到了很低的水平……许多学生甚至连最简单、最基础的知识都没有掌握。在他们的书面作业中，拼写错误、语法错误以及文体错误出现的频率越来越高。[192]

这份报告还补充道，学生的外语水平非常低，完全跟不上那些涉及用拉丁语指示人体不同部位的课程。学生希望教授们尽量避免使用外语词汇，而教授们也开始降低标准，出更简单的试题，以便学生更容易通过考试；批改学生作业时也降低要求，如此一来，他们也能给自己腾出更多的时间。[193]

早在战争爆发前，许多纳粹积极分子就很蔑视学生组织，认为他们在政治问题上总是一幅事不关己的样子，而战争爆发后，学生组织也并未开始对国家社会主义投入一丝一毫的热情。如果它自身投入了斗争，那更多是为了德国，而并非是致力于实现国家社会主义的目标。

国家社会主义德国学生同盟（National Socialist German Students’ League）这一学生组织的确取得过成功。在该学生组织内部，曾有一部分成员始终执着于传统的兄弟会观念，他们仍在用决斗这种方式来解决问题，而该学生组织成功地说服这部分人放弃了这种传统。它告诉他们，他们再也没有必要一动不动地站在那里，任凭对手用佩剑在自己脸上划出一道疤痕，以此证明自己的男子气概，因为现在他们可以到真正的战场上浴血奋战，证明自己的勇气。尽管如此，但国家社会主义德国学生同盟的影响力已日渐衰落。[194]虽然学生组织被批评为不关心政治，然而，大学本身却对战争有着愈发深刻的认识，尤其是那些坐落于大城镇和大都市的学校。截至1944年7月，在大德意志帝国的61所高等教育机构中，有25所
597 都已经在爆炸袭击中遭到破坏。因为寻找新的教室和阶梯讲堂需要时间，而且这些新找到的教学场所随后也经常被炸毁，所以教学时常中断。此外，频繁的虚假警报进一步打乱了教学秩序。事实上，截至1945年战争结束时，除了埃朗根（Erlangen）、哥廷根（Göttingen）、哈雷（Halle）、海德堡、马堡（Marburg）以及图林根等地的高等教育没有遭到破坏外，德国其他地方的所有高等教育几乎都在轰炸中被迫停止了。此外，其他地方的许多大学甚至已经被彻底摧毁。其实，早在此之前，许多大学的图书馆就做出了一个不难被理解的决定，那就是为了安全起见，将它们珍贵的图书藏品转移到煤矿或类似的地方去，因此，学生们的学习早就变得愈加困难。书店在轰炸中也难以幸免，如此一来，想获得期刊和教科书也变得越来越困难。[195]

当戈培尔于1944年被任命为总体战动员委员会**全权**总监时，大学教育事实上也彻底终止了。1.6万名学生奔赴前线，还有3.1万名学生被征募到战争工业中去服务。戈培尔曾打算关闭所有的大学，但遭到了希姆莱的阻止，因为希姆莱认为，至少有一些大学活动能

给德国的战争事业带来直接的益处。如此一来，只有那些马上要参加期末考试的学生和那些选了物理、数学、弹道学和电子学等课程的学生才被允许继续学习。尽管与一年前的德国学生人数相比少了很多，但在 1944 年年底时，大学里面仍然还有 3.8 万名德国学生。然而即使这些学生愿意学习，他们也已经学不了什么知识了。人们已经普遍地对统治当局不抱希望了。据说，在数个月以前，人们基本上就不再使用“纳粹礼”了。尽管如此，但公开地反对纳粹主义仍然十分罕见，民众们更多的是持一种完全漠然的态度。[196]

二

在这种环境下，大学老师要想继续从事学术研究，出版发表学术成果，就变得颇为困难。事实上，在 1939 和 1940 年，由于教学时间变长，所以对于许多教师而言，科研和出版几乎完全不可能。唯独那些对战争事业具有直接益处的研究或者与之密切相关的项目才会获得一定程度的优先考虑。艺术和人文学科的出版物基本上已经沦为政治宣传。虽然绝大部分教授都是保守的民族主义者，但不
管他们曾多么憎恶纳粹主义及其相关思想，战争对他们而言都是强 598
有力的精神召唤，号召他们武装起来，为德国而战，而其中一个代表性的人物就是弗赖堡大学的历史学家格哈德 · 里特尔（Gerhard Ritter）。这位历史学家在战争期间的文字，不管是公开发表的还是私下撰写的，都处于一种分裂的状态，一方面，他从道德角度对纳粹主义大加挞伐，而另一方面，他也对德国的伟大事业流露出强烈的爱国主义情感。与许多处境相同的学者一样，德国在 1939 年和 1940 年的胜利令他激动不已，而德国随后几年遭遇的军事失利以及灾难性挫败又让他的希望逐渐破灭。他的儿子在东部战线阵亡，这强烈地影响了他的作为。在自己的出版物及其公共讲座中，里特尔

不遗余力地振奋国内民众以及前线军队的士气，除了继续在大学教书以外，他还亲赴法国和其他沦陷国，给驻守在那里的德军发表演讲。尽管如此，他在演讲和文章中也开始逐渐呼吁德国须适可而止，而且还含沙射影地评判他眼中的纳粹极端主义。例如，1943 年，他写的马丁 · 路德的传记将再版发行，在介绍这本书时，他强调保持纯洁的良心和坚决维护法律秩序极为重要。另外，德意志基督教徒试图将德国新教纳粹化，里特尔对此也坚决反对，而且他私底下开始着手撰写关于战后重建道德秩序的建议书。1944 年 11 月，里特尔最终被盖世太保逮捕，所幸的是他在监狱里并未遭到虐待。他在战争中幸存下来，而且在 20 世纪 50 年代时成为西德的一位著名历史研究者。第三帝国存在期间，他的立场颇为复杂，经常游移不定，自相矛盾，这种情况在当时人文领域的学者中极为普遍。里特尔在思想上经历了一个逐渐转变的过程，最初，他对统治当局的支持虽然一直是有条件的，但总体来说，他还是对统治当局给予了鼎力支持，但后来他认为统治当局的所作所为不仅违背了基督教的价值观，而且与爱国主义理念和传统的价值观也相左，所以对统治当局持愈发反对的立场，而经历过此种思想变化历程的人远非他一个。[197]

然而，其他的历史学家和社会科学家则迫不及待地投身于战争中，但他们更多的是为了捍卫纳粹意识形态，而不是捍卫德国本身的利益，这一点在年轻一辈历史学家和社会科学家中尤为突出。特奥多尔·席德尔（Theodor Schieder）及其同事维尔纳·康策（Werner Conze）均为中东欧历史研究领域的年轻专家，诸如他们这样的学者都宣称该区域的绝大部领土历史上都属于德国，所以他们催促将犹太人口驱逐殆尽，以便为德国定居者腾出生存空间。在呈递给希姆莱的一份备忘录中，席德尔极力提倡把犹太人都驱逐到海外，同时还建议将一部分波兰人也流放到更东边去。其他更年长的历史学家——赫尔曼·奥宾（Hermann Aubin）和阿尔贝特·布拉克曼（Albert

Brackmann）亦位列其中——也在竭尽所能地辨别出那些历史上曾 599
属于“德国”的区域，为驱逐剩余的人口做准备。统计学家们在估算该区域内的犹太人比例；人口统计学家们在详细地预测日耳曼化之后未来可能的人口增长情况；经济学家们在致力于分析实施驱逐运动和谋杀运动所需的成本和所能获得的效益；而地理学家们则在精心盘算将要被德国人重新占领和开发的领土。最终，这所有的一切酝酿发酵为了“东方总计划”，该计划野心勃勃地要打造种族新秩序，实施种族大屠杀。[198] 各方面的力量都热情高涨地为东方总计划献计献策，这反映出各领域的学者和研究机构都迫不及待地想在纳粹统治下的东欧重构大业中施展拳脚，或者说至少可以一定程度地参与其中。除此之外，他们也如过江之鲫般地投身到纳粹领导层制定的一系列宏伟计划中，这些计划皆旨在全面重塑欧洲的经济、社会和种族结构秩序。“学术界不能仅仅被动地等待统治当局的召唤，”奥宾在 1939 年 9 月 18 日给布拉克曼的信中写道，“学术界必须主动发声。”[199]

战争期间，一部分学者和科学家仍然以大学为根据地，但与和平年代相比，有更多的研究活动，尤其是自然科学和物理科学方面的研究活动，都集中在非大学研究机构中。这些机构都由主要的国家机关赞助，其中最著名的研究机构就是德国研究协会（German Research Community）和威廉皇帝科学促进协会（Kaiser Wilhelm Society）。这些非大学研究机构的预算极其庞大，它们之所以在战争初期得以存在，一个重要的原因就是没有任何一名当权者格外留意过它们。德国接二连三地取得军事大捷，这在全德国滋生了一股普遍的自满情绪。1940 年，德国在西方取得一系列胜利，紧接着在第二年时，德国又迅速向苏联挺进，这不仅证明了德国在武器装备上的优越性，而且也表现出德国的科学技术足以将全世界打败的傲人姿态。只有当战争情势朝着不利的方向发展时，纳粹领导人才开始向科学家们求助。阿尔贝特·施佩尔尤其致力于协调科学研究，并将与战争相关的研究项目列为重点。1943 年夏天，帝国研究理事会（Reich Research Council）成立，旨在将各个研究所和资金赞助机构凝聚起来，这些研究所和赞助机构数量庞大，门类众多，为了制造新武器和研发新技术相互角逐，而该理事会正是要协调它们所开展的科研工作。帝国研究理事会竭尽所能地制定一项协调而统一的研究策略，如此一来，就能成功避免出现相互独立的研究团队都在研究同一领域的局面，但由于空军和陆军都坚持要求独立运营自己的研究中心，要求军事相关的研究不能实行集权制，必须将权力
600 分散开来，所以帝国研究理事会的努力沦为泡影，因而众多相互竞争的研究机构依然存在。[200]

战争期间，德国的科学研究覆盖了纳粹计划及其野心所触及的方方面面。纳粹政权特地在雅典成立了一个研究机构，那里的科学家们专门负责研究如何提高粮食产量，增加未来的食物供给，以便为东方地区的德国定居者提供粮食，而党卫队下属的植物研究小组则在东部战线的后方搜集植物样本，检查其中具备营养价值的植物。[201] 这种科研工作就是一场互惠交易，一方面，不仅统治当局在拉拢这些科学家，而另一方面，这些科学家们本身也非常乐意利用统治当局为他们提供的研究机会来发展自己的科研生涯，进一步推进自己的科研工作。统治当局与科学家之间的合作过于密切，事实上，有的人甚至戏谑地称“战争是在为科学服务”。[202] 1942 年，帝国心理学和心理治疗研究所成立，这使马蒂亚斯·戈林（Matthias Göring）（他是帝国元帅赫尔曼·戈林的一位堂兄，正是因为这层关系，他才能在赫尔曼·戈林发起的这场运动中大展拳脚）终于在心理学这一行业领域得到了人们的认可，长期以来，纳粹政权一直把这一行业与诸如西格蒙德·弗洛伊德（Sigmund Freud）等犹太医生联系起来。该研究所探究了一系列与战争相关的问题，比如士

兵们为什么会出现焦虑恐惧症，为什么会精神崩溃；但正如我们所见，研究所也研究同性恋问题，因为军队和党卫队都认为同性恋会严重威胁德国士兵的战斗力。[203]

此外，不仅威廉皇帝科学促进协会在开展种族与生物学研究，而且希姆莱麾下的祖先遗产学会也在从事相关研究，该研究机构专门服务于党卫队。[204] 希姆莱的团队学术背景广阔，无论是在战前还是在战争期间，他们都不远万里地去为希姆莱搜寻证据，帮助证明希姆莱疯狂的种族理论和人类学理论具有事实依据。该研究机构专程前往斯堪的纳维亚、希腊、利比亚和伊拉克等地寻找史前遗迹，还有两名学者一路艰难跋涉穿越中东，他们途经了一系列的地方，在路上不断地将报告发送回德国的情报机构。最不可思议的是，祖先遗产学会的两名成员恩斯特·舍费尔（Ernst Schäfer）和布鲁诺·贝格（Bruno Beger）甚至带着一支党卫队考察队前往遥远的西藏，他们给那里大约 2,000 名居民拍摄了照片，测量了 376 个人的体貌，而且还依照 17 个西藏居民的脸做了塑料模型。希姆莱还派人前往喜马拉雅山脉考察，海因里希 · 哈勒（Heinrich Harrer）就是成员之一，他因为成功征服过艾格峰（Eiger），当时就已经名声在外了，而通过此次考察，他变得愈发声名卓著。战争刚爆发，哈勒就被英军逮捕，之后他成功逃离，并在西藏逗留了 7 年的时间，后来他将自己的经历付诸文字并加以出版，成为热门畅销书。

克里米亚和高加索地区在种族和文化构成上都非常多元，当德 601
军侵占了这些地区并试图分辨出该地区的犹太人时，他们遇到了诸多问题，希姆莱因此派遣舍费尔和贝格前往该区域处理这些问题，以确保德军能将犹太人甄别出来并予以处死。不久之后，贝格就全身心地致力于大规模的所谓犹太种族特征研究。1943 年，红军的到来使得贝格无法再继续开展他的研究工作，于是他转移到了奥斯维辛集中营，对里面的犹太囚犯进行研究。他挑选了一些犹太囚犯，测量了他们的体貌并依照他们的脸做了模型，贝格深知这些囚犯将面临怎样的命运。随后，他又转移到位于纳特兹维莱的集中营，他在这里得到了奥古斯特·希尔特（August Hirt）的帮助。希尔特是一名残忍的解剖学家，在第一次世界大战期间，他上下颌受到了严重的伤害，所以整个脸遭受了大幅度的扭曲。在纳特兹维莱集中营，他们二人开始搜集犹太人的颅骨。他们首先对挑选出来的犹太囚犯进行X光检查，然后把他们关进毒气室毒死，之后将他们的肉浸泡在化学溶液中，最后将残留的骨头送到位于米特西尔城堡（Mittersill Castle）的祖先遗产学会档案馆。直到同盟国的军队抵达，这些令人毛骨悚然的活动才最终停止。[205]

三

医疗科学也开始服务于战争。军事与民事规划人员急需医学研究来解决一系列的问题。其中一些问题与战争直接相关，比如如何有效地治疗斑疹伤寒，如何防止伤口进一步感染，当水兵的战舰沉没后，如何提高他们在救生艇中漂浮的生还率，等等。战争期间，所有参战国都面临着诸如此类的问题。在德国，医学界认为用集中营囚犯来做实验能够找到解决上述这些问题的答案。没有人强迫医学家们做这些工作；相反，他们自愿投入其中，有时甚至主动要求这么做。出现这样的情况，我们不应该感到太过惊讶，因为多年以来，医生们一直是纳粹事业最忠诚的支持者。[206] 在医生看来，集中营的囚犯或者是劣等种族，或者是十恶不赦的罪犯，或者是德国事业的背叛者，或者上述身份的结合者。不管他们属于哪种身份，对纳粹医生——他们占到了第三帝国整个医疗行业从业人员的2/3——
602 而言，他们没有生命权，更没有享受幸福的权力，因此，他们理所当然地成为医疗实验的对象。这些医疗实验使囚犯蒙受了极大的痛苦，而且他们还会因此染上疾病，甚至不幸身亡，从很多例子中我们都能再明显不过地感受到这一点。

将集中营囚犯用于医学实验最初发生于达豪集中营，那里的负责人是一位野心勃勃的年轻党卫队医生，名为西格蒙德·拉舍尔（Sigmund Rascher）。拉舍尔出生于 1909 年，1933 年加入纳粹党，战争爆发时，他效力于希姆莱的祖先遗产学会。拉舍尔的伴侣卡罗利妮·迪尔（Karoline Diehl）曾是一名歌手，比拉舍尔年长 16 岁。她与希姆莱有多年的私交，因此，当拉舍尔向希姆莱提出要开展癌症早期诊断的研究项目时，这位党卫队领导人予以了非常肯定的回应。拉舍尔设想制造一种癌症感染途径，以此来充当给予集中营囚犯的“老鼠药”。为了开展这一研究，他从希姆莱那里获得了许可，能够利用达豪集中营的长期犯人来做常规血液测试。此外，因为拉舍尔还有一重身份，那就是空军预备部队的一名医疗官员，所以在 1941 年，他又再次说服希姆莱允许他利用达豪集中营的囚犯来进行另外一种实验，那就是测试人体在高海拔缺氧和迅速减压的情况下会有怎样的反应，该实验旨在找到帮助飞行员求生的方法，因为飞行员被迫从 18 到 21 千米的高度跳出注有气压的机舱时会面临同样的问题。从 1942 年 2 月到 5 月，他在达豪集中营将 10 名或者 15 名罪犯关进一个移动减压室，进行了多达 300 次的实验。这些囚犯遭受了难以想象的痛苦，据记载，至少有 3 人在实验中当场死亡。空军部队也派遣了一名高级职员来参与实验，当这位同事不在场时，拉舍尔甚至实施了更极端的实验，他本人称之为“终极实验”。在这些实验中，受试者会死去是从一开始就计划好的，因为这些实验的一个重要环节就是看一个人在空气供给逐渐减少的情况下到底能存活多久。其中一些受试者——拉舍尔称他们为“玷污种族的职业犹太犯罪分子”——被迫参加了模拟从 14 千米高空无氧气跳伞的实验，他们在实验中陷入了无意识状态，在清醒过来之前，他们就溺水而亡了。希姆莱会前往达豪集中营观看这些实验，而拉舍尔则直接向希姆莱报告实验结果。此外，这些实验过程还被拍摄下来了，而一组空军医疗人员则于 1942 年 9 月 11 日在航空部听取了这些实验的最终结果。共计 70 到 80 名囚犯在拉舍尔的这个研究中遇害。[207]

603 希姆莱对拉舍尔的工作极为满意，所以在 1942 年夏天，他设立了国防科学应用研究所（Institute for Applied Research in Defence Science），以此作为党卫队下属祖先遗产学会的一部分，该研究所的目的很明确，那就是在集中营开展医疗实验。拉舍尔在达豪集中营的行动成为该研究所的一部分。其实，早在 1942 年 6 月，希姆莱因考虑到空军的需求就已经委任拉舍尔用囚犯做实验，考察如何才能最有效地帮助坠入北海冰冷水域的飞行员求生。囚犯们漂浮在巨大的水箱里，每个水箱都注满了温度不一样的水，但总体而言，温度都很低，他们穿着空军制服和救生衣，试验人员在采取各种各样模拟的救援行动时，会密切观察囚犯们的身体状况。截至 1942 年 10 月，在被迫参与这项实验的五六十名囚犯中，有 15 到 18 名囚犯身亡。平均下来，这些遇害者从实验开始到最终死亡坚持了 70 分钟。正如拉舍尔所预料，他们从冰冷的水中出来，然后跳入温水中，并不会给他们的身体系统带来任何剧烈损害，反而会即时性地增强他们身体系统的抵御能力。1942 年 10 月 26 日至 27 日，拉舍尔在纽伦堡一个由 95 名医学家参与的大型会议上发表了他的实验成果。对于利用集中营囚犯来做实验的行为，以及对于很多囚犯在实验中遇害这样的残酷事实，在场的这些医学家中，没有任何人提出任何反对。[208]

这或许是拉舍尔职业生涯的顶峰。拉舍尔的职业生涯之所以能逐步推进，这几乎全得益于希姆莱对他的偏爱。这位党卫队领导人最初反对他与卡罗利妮 · 迪尔的婚姻，理由是后者年龄太大，不能生育小孩，因此，他们二人就宣称迪尔怀孕了，以证明希姆莱的观点是错的。当拉舍尔告诉希姆莱，他的未婚妻已经给他生了两个儿子时，希姆莱最终同意了他们的婚姻，而且甚至还给他们夫妇送了一束鲜花，表达最衷心的祝福。然而，这位党卫队领导人其实被骗了，当 1944 年初拉舍尔的太太宣布自己又生了一个小孩时，甚至连希姆莱也感觉事有蹊跷，他不禁怀疑，一个 52 岁的老妪怎么可能生育孩子。经调查，她这个婴儿是在慕尼黑的一个主要火车站那里从一位母亲手中偷来的，而她之前的小孩也是用相似的手段得到的。希姆莱感觉自己像傻子一样被愚弄，怒火中烧，下令逮捕了她，将其关进拉文斯布吕克集中营并予以处死。而拉舍尔本人也被解除了所有职务，被囚禁在布痕瓦尔德集中营，战争快结束时，他被转移到了达豪集中营，在该集中营被解放的 3 天前，他被枪决了。[209]

然而，诸如此类的医学实验绝对没有因为拉舍尔的这一丑闻 604
事件而终结。德国的空军和海军也非常关心空军士兵和水兵的安危，他们虽然成功地坐上了敞篷小船或者救生筏，但却没有水喝。饮水问题对空军来说尤为严峻，因为就带上飞机而言，任何重量的饮用水都显得太重。将海水直接转化为饮用水的众多试验都没有取得任何成果，因为受试者都是纯粹的志愿者，他们的健康不能受到任何损害。因此，1944 年 6 月 7 日，奥斯卡 · 施勒德（Oskar Schröder）教授——一位主要的空军医生——请求希姆莱从集中营挑选 40 名身体健康的受试者。这些年轻的受试者是从 1,000 名由奥斯维辛集中营转移到布痕瓦尔德集中营的吉卜赛人中挑选的，他们被告知，如果愿意到达豪集中营参加特别任务，那么他们就能得到充足的食物，而且这个实验也没有任何危险。负责这些试验的医生名为威廉 · 拜格尔伯克（Wilhelm Beiglböck），他告诉这些人自己也喝过海水，完全没有什么不良反应。这些受试者们在享用了一周的空军食物待遇后，开始饮用海水，这些海水有的用各种方式处理过，而有的则根本没有经过处理。很快，他们全都饥渴难耐。如果他们拒绝再饮用海水，那么实验人员就会采取强制措施逼迫他们饮用。其中一人被逼疯了，绝望不已，被强制穿上了一件约束衣，而另外一个人则被绑缚在床上。其他一些人漠然地躺在周围，还有的人在痛苦地尖声厉叫。当地板被清扫干净后，受试者们就迫不及待地趴在地下，去舔舐拖把遗留下来的液体。虽然没有受试者在这些试验中死亡，但试验却给受试者造成了难以衡量的痛苦，而试验也没有取得任何成果。[210]

一些医学家对如何治疗战争中受伤的士兵感兴趣，便开展了相关实验。赖因哈德·海德里希因败血症殒命后，经希特勒指示，希姆莱命令在帝国党卫队医生恩斯特-罗伯特·格拉维茨（Ernst-Robert Grawitz）的监督下进行相关实验，看各种各样的磺酰胺能否有效对抗这种感染，以及有效对抗感染需要的条件。这些磺酰胺都是抗菌药，是各种抗生素的雏形，此前，拜耳制药公司（Bayer）在对这些药物的研究中就已经取得了一定成果。比如医学家格哈德·多马克（Gerhard Domagk）在1939年因研制出被称为百浪多息的商用磺酰胺而被授予了诺贝尔奖，但因希特勒的禁止，他不得
605 领取该奖。1942年7月，希姆莱的私人党卫队医生卡尔·格布哈特（Karl Gebhardt）开始在拉文斯布吕克集中营用15名男性囚犯和42名女性囚犯做实验，这些囚犯均来自波兰，而且大部分均是学生。当时，格布哈特因为用自己研发的磺酰胺未能拯救海德里希的生命，声誉受到了严重损害，此刻，他亟须在这些实验中取得成功，挽救自己的名声，所以他在这些实验上投入了巨大的热情和心思。首先，为了模拟在战争中受的伤，他将受试者的小腿肚割开，压碎他们的肌肉，然后把受到感染的物质缝进他们的伤口，有时还会同时将玻璃碎片或者碎木片，或者是布满了各种培养菌的纱布条缝进去。格布哈特用各种磺酰胺来治疗这些病人，4天后又把他们的伤口打开，

以检查这些磺酰胺的药效。结果发现，这类药物完全没有任何治疗效果。与此同时，类似的实验也在达豪集中营开展，实验人员人为地让受试者感染，其中10位受试者因感染造成的坏疽而丧命。格拉维茨对在拉文斯布吕克集中营开展的实验不满意，因为受试者身上的伤太轻了，实验不够彻底，所以格布哈特又挑选了24名女性囚犯进行实验，在她们身上注入坏疽组织，结果她们中有3人不幸身亡，而剩下的人之所以幸存，极有可能是因为磺酰胺的治疗效果。格布哈特在集中营里开展了进一步的实验，他甚至用锤子敲碎妇女的骨头来模拟战争中受的伤。磺酰胺这种治疗方式完全能够使希姆莱帮助恢复格布哈特的声誉，并允许其恢复自己的职业生涯。在达豪集中营，党卫队医生们也进行了类似的工作，他们将脓水注入40名受试者的身体——这些受试者大多是波兰的天主教神父——然后只给其中一部分受试者提供治疗，实验人员不仅文字记录治疗效果，还将过程拍摄了下来。所有受试者都蒙受了巨大的痛苦，结果其中12人死亡。很多磺酰胺实验都给受试者遗留下严重的健康问题或身体残疾，而且这些伤害都是终身的。[211] 1943年5月，这些实验的成果在一个医学会议上发表，实验人员完全没有试图掩藏一个事实，即这些实验都是在未经受试者同意的情况下开展的。[212]

在各集中营里，医学实验不仅以各种受伤囚犯为研究对象，也以各种疾病为研究对象。其中，斑疹伤寒是最首要的疾病研究对象。第一次世界大战爆发前不久，相关研究就已经表明，斑疹伤寒会通过人体身上的虱子传播，但人们一直没有抵抗这种疾病的手段，直到波兰研究者于20世纪30年代研发出一种疫苗，情况才有所转变，但生产这种疫苗比较困难，成本高昂，而且非常耗时。德军虽然开始制造这种疫苗，但产量无法满足需求。德国士兵在与东方的军队 606
和民众接触时会染上虱子，正是这个威胁促使德国方面增强了相关研究，其中法本公司的各实验室也加大了在这方面的研究力度。德国方面生产了各种各样的疫苗，但到底该使用多少剂量，研究人员尚不清楚，而且他们对这些疫苗的效果也仍存有疑惑。在德国医学家看来，要解答这些问题，最直接的手段就是进行人体实验。1941年12月29日，对这些问题饶有兴趣的各方——其中包括陆军卫生督查委员会（Army Sanitary Inspectorate）、武装党卫队、帝国首席医务官，以及罗伯特·科赫研究所（Robert Koch Institute，一个重要的细菌学研究中心）——都派自己的代表参加了一个会议，该会议正式批准了人体实验，自此以后，人体实验就在布痕瓦尔德集中营开始上演。在首次实验中，实验人员选择了145名囚犯，他们首先给其中一部分囚犯注射了疫苗，另一部分则没有（作为对照组），后来，在最后一次疫苗注射后再过两周左右的时间，他们会再次给受试者注射，只不过这次注射的是已患有最恶性的斑疹伤寒的病人的血液。这个实验后来又进行了8次，每次实验的疫苗都不同。在被迫参与这些实验的537名集中营囚犯中，有127名不幸身亡。[213]

在斯大林格勒战役中，成千上万的德军士兵死于营养不良，有鉴于此，希特勒认为必须找到新方法，给士兵补充营养。希特勒的私人医生卡尔·勃兰特、党卫队总负责人海因里希·希姆莱和众多的营养专家一起探讨了可能的应对方案。1943年，一种名为“东部营养品”（Östliche Kostform）的稠状食物最终被研发出来，这种食物由细小纤维制成，毛特豪森集中营的450名表面看起来健康的囚犯将食用这种稠状物质。能够用这种食物来喂养全部集中营囚犯，这一前景显得格外诱人。这种稠状物质令囚犯们作呕，但他们却别无选择。考虑到囚犯们的关押环境本就极为恶劣，因此，我们很难说他们的死与这些食物到底有多大程度的直接关联，尽管如此，在毛特豪森集中营进行的第二次实验中，仍有116名囚犯殒命。[214]此外，在斯大林格勒，另一种高传染率的流行病就是黄疸病，或者说肝炎，根据陆军的一项估计，从1941年6月到1942年年底，东部战线多达600万士兵都患上了这种疾病。库尔特·古特蔡特（Kurt Gutzeit）是布雷斯劳大学的一名医学教授，同时也是陆军的一名顾问，是肝炎研究方面的专家。他想证明肝炎是一种传染病，而且他从党卫队那里获得了批准，将用集中营囚犯来做实验。1943年6月，
在卡尔·勃兰特和海因里希·希姆莱的大力支持下，古特蔡特的助 607
手阿诺尔德·多门（Arnold Dohmen）前往奥斯维辛集中营，他刚抵达那里就挑选了一群年轻犹太人。8月10日，他从中筛选出11人，命令他们穿着普通老百姓的衣服，带着他们搭乘正常班次的载客列车前往柏林，然后从柏林出发前往萨克森豪森集中营。多门因为请假去结婚，然后去度蜜月，所以他直到10月份才到达萨克森豪森集中营，但到达之后，他开始对这些实验的道德性产生了怀疑，因此，直到一年之后，他在上司们施加的巨大压力下才给这些受试者注射肝炎病毒，然后在两名受试者的肝脏上刺上小孔，看他们是否染上了肝炎。据我们所知，该实验没有对任何一名受试者产生长期的不良生理反应，事实上，传染性肝炎通常情况下并不会引起这些不良后果。虽然如此，但这些受试者所承受的痛苦却难以想象，尤其是他们与自己的父母分离，父母们对他们的命运一无所知，这一点令受试者们寝食难安。[215]

因为燃烧弹容易引起磷烧伤，所以治疗磷烧伤的相关实验也在进行。1943年11月，在得到希姆莱的批准后，恩斯特·格拉维茨令一名党卫队医生在5名布痕瓦尔德集中营囚犯的手臂上涂上磷，然后将其点燃。据生还者称，他们当时疼痛难忍。随后，他们伤口处被涂上了药膏，但这些膏药似乎完全不起作用，他们中有的人不幸丧命。[216]芥子毒气在第一次世界大战中给士兵们造成了极大的痛苦，德军担心同盟国军队可能会在爆炸袭击中使用这种毒气，因此，在萨克森豪森集中营和纳特兹维莱集中营，实验人员将芥子毒

气注入一些囚犯体内，其他一些囚犯则被迫以液体的形式将其喝下，或者是被迫直接吸入这种气体。还有一些囚犯身上被强制性地造成伤口，然后伤口因接触这些气体而受到感染。截至 1943 年年初，有 3 名囚犯在这些实验中遇害，但那些效力于党卫队祖先遗产学会的科学家却汇报称他们取得了一定的治疗成果。在接下来使用光气的实验中，4 名俄罗斯囚犯殒命，而在 1944 年于诺因加默集中营进行的芥子毒气实验中，还有更多的囚犯不幸身亡。这些实验都非常危险，而且通常情况下都会给受试者造成巨大的痛苦，有的时候甚至还会导致其死亡，然而受试者只能被迫参与实验，根本没有选择权。这些实验都是在卡尔·勃兰特和党卫队的支持下开展的，而且很多时候希特勒本人也知情。这些研究本旨在为德国的陆军、海军和空军提供帮助，但事实上却并未给他们带来任何益处。[217]

四

608 集中营的囚犯也被用于纯研究性质的实验当中，这些实验并不致力于取得即时、明显的效果。在这方面最主要的一名研究者就是约瑟夫·门格勒（Josef Mengele）博士，他是奥斯维辛集中营的一名医生。门格勒是奥特马尔·冯·费许尔男爵（Otmar Baron von Verschuer）的助手，后者是一位臭名昭著的种族优生学家，执教于美茵河畔法兰克福大学。门格勒已经发表了一系列的科学论文，宣称不同种族在下颌结构、腭裂以及被称为耳瘘的耳朵变形方面具有差异。门格勒既是一名纳粹党员，也是一名党卫队成员，并且于 1940 年加入了武装党卫队，并以军医的身份前往东部战线服役。在东部战线，他为自己赢得了一级铁十字勋章，后来他在行动中受伤。1943 年 5 月，他被调遣到党卫队经济与管理部，当月月底，他又被委派到奥斯维辛集中营。门格勒年轻而英俊，他穿着量身定做的制服，脚上的靴子擦得锃亮，而且他谦恭有礼，举止优雅，这与集中营里蓬头垢面、面黄肌瘦的众多囚犯有着霄壤之别，因此，他刚到达集中营，就给这些囚犯们留下了深刻的印象。在此之前，他曾在前线做科研，但因故中止，所以他此时在奥斯维辛集中营看到了一个重振自己科研生涯的良机。他的一个研究项目考察的是坏疽性口炎，这种疾病的患者由于严重的营养不良而出现了脸颊内膜萎缩的情况，同时坏疽孔裂开，进而牙齿和两颌会暴露出来。门格勒猜测，吉卜赛人染上这种疾病的概率或许比其他任何族群都高，因此，他致力于探寻这种疾病的遗传原因，在探索过程中，他在奥斯维辛集中营治疗了大量患有这种疾病的儿童，让他们摄入维生素和磺酰胺，极大地缓解了他们的疾病。[218]

然而，对门格勒而言，这些治疗本身并不是他想达到的目的，他仅仅将其作为科研手段。因此，当受试者的疾病得到了一定程度缓解，足以充分地证明该治疗方式有效可行时，他就立刻停止了给他们的治疗，这些儿童们的身体状况也倒退到之前的状态，他们再次沦为这种疾病的受害者。在门格勒看来，他们都纯粹只是实验对象，不是医疗病人。门格勒精力旺盛，是一个工作狂，他进一步开展了许许多多的实验，其中一些实验是由威廉皇帝科学促进协会人类学研究所支持的，该研究所位于柏林，门格勒的老师费许尔就在此工作，门格勒会定期地将他在集中营的工作向这位老师报告。[219]费许尔曾提出，研究遗传影响因素最有效的方式就是用双胞胎做研 609
究，门格勒的一个研究项目正是以该理念为指导思想的，而且他认为这个研究是自己最重要的一个研究。奥斯维辛集中营为门格勒提供了得天独厚的条件，他能在这里找到符合研究要求的受试群体。人们经常可以看到他在新囚犯被送抵的场所进行审查，寻觅新到达的双胞胎，哪怕是在他休息的日子里，他也如此。他冲进新到达的犹太人群中，大声喊道“犹太人站出去！”，不管这些双胞胎的年龄几何，他都会强行将他们抓出来，然后将他们带到三个该项目专用办公室中的其中任何一个，双胞胎的家人们都惊恐万分。在办公室中，他会在每个人身上印一个特别的囚犯号码，然后他们将会被安置在专门的住所，这些住所是与集中营的其他牢房分开的。他们可以携带自己的衣服，而且不需要剃光头。如果他们实在太小，那么他们的母亲因为需要照顾他们就会幸运地免遭在毒气室被毒死的命运。

门格勒不允许这些双胞胎遭到殴打或其他虐待，以防实验受到干扰。他首先极其细致入微地测量了双胞胎们的体貌特征，然后在他们身体中——有时是在他们脊椎中——注射各种各样的化学品，以观察他们的反应是否有所不同，或者是在他们的皮肤上涂抹化学品，观察会产生怎样的效果。诸如此类的实验导致受试者们出现了耳聋、晕厥的后果，如果孩子太小，甚至还会不幸死亡。如果遇到当双胞胎生病了而且对他们的病因诊断也无法完全确定的情况，门格勒有时会直接给他们注射死亡药物，然后解剖检验他们的尸体，以确定他们的疾病原因。然而，总体来说，他还是尽可能地让双胞胎存活下来。1945 年 1 月，年龄稍长的双胞胎从奥斯维辛集中营被转走了，我们对其命运不得而知。有人估计，在所有双胞胎中，大约有 15% 的人死于这些实验。尽管门格勒本打算用他的这项研究来为自己获得“特许任教资格”——这在德国相当于是第二个博士学位，只有获得了该学位之后才有资格开展职业学术生涯——奠定基础，但从科学的角度来看，他这一研究的价值非常令人怀疑。例如，他根本无法确定他找到的这些双胞胎是否完全相同，事实上，为了避免自己被送进毒气室毒死，一些在年龄和外貌上比较接近的兄弟或姐妹都成功地冒充自己是双胞胎，尽管他们根本不是。[220]

门格勒之所以在集中营囚犯中臭名昭著，其最主要的原因并非是他开展了一系列的实验，而是他在挑选哪些囚犯将被处死的过程中扮演了重要的角色。门格勒经常一个人站在新囚犯运送车的抵达场所，穿得十分体面讲究，手里握着一根短马鞭，每次有新囚犯抵达，他就会快速地朝他们扫一眼，然后以他们的身体状况和能否胜任集中营劳动工作为依据，简单地说道“左边”“右边”。门格勒如此频繁地出现在新囚犯被送达的地点，许多囚犯甚至非常错误地以为他 610
是唯一一位执行该任务的集中营医生。有的人认为他看起来就像好莱坞电影明星。只有当他遇到囚犯反抗时，他才会放下自己的儒雅姿态。例如，只有当囚犯们拒绝与自己的家人分开时，他才会挥舞手中的短马鞭殴打他们；再比如，有一次，一名党卫队士兵试图将一位母亲和她的女儿分开，这位母亲用身体攻击这位党卫队士兵，于是门格勒就抽出自己的手枪将这位母亲击毙。不仅如此，门格勒还击毙了她的女儿，随后，作为惩罚，他还下令将与这对母女同批次送来的囚犯都投进毒气室毒死，并大声吼道：“把这群废物都处理掉！”门格勒在集中营医院里巡查病房时身着党卫队制服，外面套着一件洁净的白色衣服，身上喷了科隆香水，吹着瓦格纳乐曲片段的口哨，用大拇指朝上或者朝下的动作来表示哪些病人将被关进毒气室毒死。通常情况下，他在选择毒杀对象时仅仅以外貌审美为依据，如果一个病人身上有丑陋的伤疤或者疹子，那么他就会不幸中选。有一次，他在儿童病房的墙上画了一条水平线，那些身高在这条水平线以下的孩子全都被投进了毒气室。有时候他根本就不会等别人执行，而是亲自向囚犯体内注射致命的苯酚溶剂。让囚犯不寒而栗的是，门格勒明显非常享受自己的工作，他随心所欲地行使自己手中的生杀大权。[221]

门格勒的遗传研究并不局限于双胞胎实验。他还特地将身体畸形者、驼背者和变性人等群体挑选出来，下令将其中一些人直接枪决，如此一来，他便可以将他们的尸体放在解剖台上进行解剖。在研究侏儒症患者上，他表现出不同寻常的热情。他将这些侏儒症患者关进专门安置双胞胎的场所，用这些人做实验，探究侏儒症的遗传成因。门格勒还利用职权之便将死囚的眼睛取下来送往他位于柏林的所属研究所，该研究所正在进行一个研究计划，那里的科学家们在探索虹膜异色症这种现象（一个人两只眼睛的颜色不同）。若门格勒发现了具有这种体貌特征的囚犯，他就会下令将其处死。有一次，一个吉卜赛家庭的八名家庭成员被杀害后，门格勒的囚犯助理将他们的眼睛全都整理好，准备运往柏林，但负责运送的职员却发现总共只有七对眼睛。如果被门格勒发现，后果将不堪设想，这位囚犯助理对此感到惊恐万分，所以在安置吉卜赛人尸体的停尸房中仔细搜寻，从一具尸体上取下一只蓝色的眼睛，从另一具尸体上取下一只黑色的眼睛，然后将它们与先前的七对眼睛一同包起来。因此，我们从这里亦能看出，门格勒的科学研究并非完全可靠。此
611 外，门格勒为了创造完美的雅利安人样本，还在那些金色头发、棕色眼睛的儿童眼内注射亚甲蓝，这让他的科研工作更加不可靠了，而这亦是他的典型做法。当然，这个手段并不会永久地改变眼睛的颜色，但的确会给受试者造成极大的痛苦，有的时候还会严重损害儿童的视力，而且据记录，至少有一人因此殒命。在这所有的研究项目中，门格勒都把自己看作是一名十分正常的科学家，他甚至与自己的助手们定期地举行研讨会，他的助手中甚至还包括具有医生资格的集中营囚犯。门格勒负责主持这些研讨会，并且让这些囚犯身份的医生们讨论特殊的病例。然而，这些讨论显然非常不自由，因为——正如他们中其中一人后来回忆道——他们不愿意与门格勒发生分歧，他随时都可能心血来潮地杀掉他们中的任何人。[222]

约瑟夫·门格勒已经成为第三帝国存在期间扭曲医学的代表。但除他之外，还有各门各类的医生用集中营的囚犯做了大量实验，

门格勒所做的实验只是其中的冰山一隅。例如，库尔特·海斯迈尔（Kurt Heissmeyer）医生也在诺因加默集中营进行研究，他挑选了 20 名年龄介于 5 至 12 岁，从奥斯维辛集中营转移过来的患有恶性结核病的犹太儿童。海斯迈尔对他们采用了各种治疗方式，其中包括实施摘除腺体的手术。在战争快结束时，为了毁灭这些实验证据，其中一名医生于 1945 年 4 月 20 日将那些幸存的儿童转移到了位于布伦胡泽达姆（Bullenhuser Damm）的集中营附属营区，在那里给他们注射了吗啡，然后，负责看押他们的一名党卫队士兵用钩子将这些熟睡的儿童挨个吊起来绞死，并拉扯他们的身体以确保他们会必死无疑。而其他的实验都是在希姆莱的直接命令下展开的，这些实验的目的不是进行科学研究，而是出于政策原因。例如，在奥斯维辛集中营，效力于希姆莱的医生们为了找到一种快速而廉价的大规模绝育手段，他们用女性囚犯做实验，给她们注射各种药物和拍摄 X 光，结果导致很多受试者出现脱发和掉牙的后果，对性完全失去感觉，或者在最严重的情况下，她们甚至开始患上癌症。此外，这些医生们对男性囚犯的睾丸进行了高强度的 X 光拍摄，结果导致受试者性无能，或者是给他们造成严重的生理伤害，使他们连小便都十分困难。党卫队高级军官幻想着将诸如此类的方法运用在 1,000 万名劣等种族者身上，或者是运用在将被安排去参加劳动工作的犹太男子身上，但这些惨无人道的处理方式都仅 612
仅停留于实验阶段。[223] 威廉皇帝科学促进协会下属的各研究所有众多医学家，他们用成百上千的病人大脑做研究，这些病人是在“安乐死”行动中被杀害的，医学家们想借此寻找这些病人大脑中的相同的退化信号。[224] 1942 年 11 月，德国诸多大学的解剖学研究所都在抱怨，称他们没有充足的尸体进行解剖，无法满足教学和研究需要，有鉴于此，司法部规定，在未经相关亲属允许的情况下，这些研究所就可以获得德国监狱中被处决犯罪者的遗骸。不到一年，此项规定就招致了这些研究所的进一步抱怨，而这次他们则抱怨道“在最近几个月中，我们收到了大量被处决犯罪者的尸体，我们的存放设施已经尸满为患”。[225]

那么在各集中营进行的医学实验是否具有医疗或者科学价值呢？从科学的角度来讲，有的实验显然存在诸多问题，比如门格勒的实验就是这样。而其他实验则明显没有任何正当的医学应用价值。例如，在位于霍伦林兴（Hohlenlynchen）的党卫队医院中，实验人员研发了一种向囚犯体内注射结核杆菌的方式，这种方式能快速地杀害囚犯，如此一来，医生们就能将他们的死因记录为结核病。之所以必须采取这种方式，是因为那些在囚犯体内注射苯酚或汽油的常用杀人方式会使尸体发出一股令人怀疑的味道。西格蒙德·拉舍尔发明了一种用于自杀的氰化物胶囊，在临近战争结束时，这种胶囊被广泛运用，但我们基本上不能称这种应用在科学或医疗上是有用的。然而，在德国国内，那些在德国集中营里用囚犯开展的实验却被视为正当的科学，而且实验结果还在各个大会上以及各种著名医学期刊上进行发表。拜耳制药公司用奥斯维辛集中营的女囚犯来做实验，这些女囚犯是拜耳集团为了做实验以 700 帝国马克一人的高昂价格特地从党卫队那里购买的，而标准的实验规范居然被采用来评估拜耳集团的这些实验。再比如，在拉文斯布吕克集中营，卡尔·格布哈特和弗里茨·菲舍尔（Fritz Fischer）命人将产气荚膜梭菌、葡萄球菌或者是恶性水肿病菌注入女性囚犯的身体，然后用她们来测试新研发药物的药效，测试结果不仅在随后召开的一个学术会议上得到了讨论，而且不少医学界的领军人物也参与了这一讨论，甚至连声名卓著的费迪南德·绍尔布鲁赫医生也位列其中。然而，哪怕让人感觉这些实验的确都是依照当时正常的科研规范开
613 展的，这也无法证明实验所采取手段的合法性。诸如此类的医学研究完全没有道德可言，因为它给受试者造成了巨大痛苦，而且往往

会导致其死亡，这些受试者都是被迫参与的，毫无选择权可言。事实上，哪怕受试者是自愿参与其中的，这些研究依然不道德，因为医学最根本的道德存在于延续生命，而非终结生命。[226]

第四节

抵抗

一

614 1943 年 10 月 4 日，海因里希 · 希姆莱在波森向党卫队高级军官发表了演讲，两天后，在纳粹党各党区领导人以及包括约瑟夫·戈培尔和阿尔贝特 · 施佩尔在内的其他高层领导面前，他又做了大致相同的演讲。[227] 他在演讲中的一些话成为他最臭名昭著的言论。“撤离犹太人，”他宣称道，“……是我们历史上值得颂扬的一页，但我们不会将这一页记入历史”。他进一步声称，犹太人给第三帝国造成了严重威胁。正因如此，犹太人才正在被逐渐铲除，而且遭到铲除的不仅仅只是成年男性犹太人：

> 我们在面临这个问题的同时还要思考另外一个问题——如何处理犹太妇女和犹太儿童？在此，我决意也确定一个绝对清晰明确的解决方案。所以，我觉得我没有权力在将犹太男子消灭殆尽——比如说将他们全都杀死或者命人以其他什么形式将他们处决——的同时，却姑息将为他们报仇雪恨的人——也就

> 是他们的孩子——成长，然后将他们的仇恨报复在我们的子孙后代身上。必须让这个种族在地球上彻底消失，这个决定虽然很艰难，但我们却必须执行。我们如何组织相关人员执行这一任务，这是我们目前为止遇到的最大困难。[228]

几个月后，也就是1944年5月5日和24日，他在松特霍芬（Sonthofen）对陆军高级军官做了多次演讲。在这些演讲中，他重复了上述观点，描绘了“要完成这个赋予我的、军人的命令”——将犹太人铲除殆尽——何其艰难。他暗示道，按照自己的解读，希特勒的命令就是将犹太妇女、儿童和男子全都消灭；希姆莱提到的“军人的命令”指的只可能是希特勒本人下达的命令，因为很显然，除了希特勒本人以外，希姆莱不会接受任何人给他下达的任何命令。然而，希特勒本人也非常清楚，自己将对整个行动负责。正如1944年5月26日他对军事高层所言：“我只要将犹太人消灭殆尽，我也就消灭了德国境内任何形式的革命组织或革命基础，它们也就没有 615
发展的可能性……在犹太人问题上，人道主义无异于是对我们自己人民最大的残忍，这个道理不仅在该问题上合乎情理，而且放之四海皆准。”[229]这是一个生死较量。如果不将犹太人铲除殆尽，那么他们必将杀害整个日耳曼民族。其实，不仅各位将领和纳粹党高层领导，希姆莱本人似乎也认为灭绝犹太人等于是在犯罪。但在他们看来，这是一个必要的罪，即虽然明知是罪，但却不得不犯。若非如此，那么为什么后来编写的历史书不敢丝毫提及屠杀犹太人的行动呢？如果德国战败，那么这样的滔天大罪将会招致难以想象的严重惩罚。所以，在战势发展对德国持续不利的情况下，做诸如此类的演讲，其目的是在提醒纳粹党高级官员和各位将领，他们也是共谋者，他们也参与到了这场种族大屠杀中，这样就可确保他们会战斗到底。对于这一点，戈培尔是完全理解的，他在1944年10月9

日的日记中写道，希姆莱在他的演讲中“呼吁大家采取最激进、最严苛的种族解决措施，也就是将犹太人根除殆尽，连同他们的财产都不能放过。尽管这是一个极为残酷的解决措施，但这绝对是一个非常彻底而连贯的解决措施，因为为了我们自己，我们必须承担责任，一劳永逸地解决该问题”。[230]

1944 年 5 月 4 日，希姆莱向党卫队领导人们传递了一个更明确的信息。事实上，希姆莱完全不怀疑党卫队的领导人们将战斗到底，但是他依然想提醒他们，只要有可能，必须随时随地地执行灭绝犹太人的计划，不能有任何例外：

> “犹太人将被连根拔除，”每一位纳粹同志都这样说道，“这是我们的计划，再明确不过。除掉犹太人，将他们屠杀殆尽，我们必将成功。”随后，800 万值得尊重的德国人也一起前来，他们中每一个人都培育了自己的举止得当的犹太人。很明显，其他犹太人都是卑鄙无耻的家伙，但他们自己培育的这个犹太人却是一个杰出的犹太人。喊着这些口号的人中，没有任何人曾亲眼看见过这样的事情发生，更没有任何人曾亲身经历过。你们中绝大部分人将会深刻地理解 100 具尸体依次排开罗列在一起意味着什么，或者说 500 具，甚至 1,000 具体尸体躺在这里将意味着什么。我们曾坚持到底——除了因为人性的弱点而存在一些特殊情况以外——并一如既往地高尚得体，正是这两点让我们变得这般坚强。”[231]

因此，希姆莱甚至是在告诉那些执行屠杀计划的党卫队成员，他们的所作所为与绝大部分德国民众的意愿背道而驰。

616 截至此刻，欧洲的大部分犹太人都已遭到谋害，但还有一个规模庞大的犹太社区几乎没有受到任何影响，他们就是匈牙利犹太人，其实希特勒曾给霍尔蒂政权施压，令其交出这些犹太人，但没有取得成效。随着战争局势的迅速恶化，越来越多的迹象表明霍尔蒂准备改变立场。因为匈牙利仍然是第三帝国主要的石油供给国，所以德国人不会允许匈牙利脱离自己的控制范围。1944 年 3 月 18 日，希特勒召见霍尔蒂 · 米克洛什，告诉他德军即将占领匈牙利，此时唯一的问题就是德军在攻占过程中是否需要采取大规模的杀戮。霍尔蒂别无选择，只能接受希特勒的最后通牒，并同意任命亲德的匈牙利驻柏林大使斯托尧伊 · 德迈（Sztójay Döme）为总理。正如希特勒在此次会面中对霍尔蒂这位匈牙利摄政王所言，他对霍尔蒂最不满的就是“匈牙利在犹太人问题上完全无动于衷，压根儿就没有打算与匈牙利数量庞大的犹太人做一次彻底的清算”。此刻，这一情形将完全改变。[232]

1944 年 3 月 19 日，德军挺进匈牙利。就在同一天，阿道夫·艾希曼抵达布达佩斯，不久之后，由提奥多尔 · 艾克领导的一支特别行动队也来到这里，这支特别行动队的任务是逮捕并驱逐匈牙利犹太人。拉斯洛 · 安德烈（László Endre）和拉斯洛 · 鲍基（László Baky）是两名激进的反犹主义者，他们被任命为匈牙利内政部的高级公务员，负责协助围捕犹太人的工作。按照惯例，首先成立犹太居民委员会，然后在 1944 年 4 月 7 日，确立必须佩戴犹太之星的这一制度。逮捕犹太人的运动此刻首先在匈牙利的特兰西瓦尼亚和喀尔巴阡乌克兰（Carpatho-Ukraine）拉开序幕，犹太人隔离区和集中营很快就在这两个地方设立起来，而且整个过程都得到了匈牙利警察的全力配合。与此同时，盖世太保逮捕了数千名犹太专家、知识分子、记者、左翼或支持变革的政治家，以及其他杰出人物——他们中绝大部分人都在布达佩斯——然后将他们送往位于奥地利的各个集中营。他们将会面临怎样的命运，此刻尚不确定。布达佩斯以外的犹太人此时也被大量地投进匈牙利境内新建的临时集中营和犹太人隔离区，他们的命运也难以预测。一些犹太被逐者登上了驶往奥斯维辛集中营的火车，尽管犹太居民委员会以及众多的犹太人凭借私人关系、BBC 的匈牙利语新闻和其他多种渠道已充分了解到等待这些被逐者的将是什么，但他们却没有采取任何措施来警告布达佩斯以外的犹太人勿要搭乘这些列车。其中有 4 个人成功逃离奥斯维辛集中营，他们将里面的情况描述后打印出来并广泛散播，但
617 也未能改变这一情形。犹太居民委员会的成员们极有可能不愿引发混乱的局面，因此，到底要不要鼓励犹太同胞违抗相关法律，他们对此一直犹豫不决。然而，与此同时，该委员会的数名成员动用他们与党卫队的私人关系，成功地让他们本人、家庭成员和朋友逃遁到罗马尼亚，有的还逃到其他邻邦国家。多达 8,000 名犹太人以这种方式成功逃离。[233] 而就在此刻，位于柏林的宣传部也开始指导德国的报纸杂志大肆报道匈牙利被“犹太化”的事实，这个“严重错误”在德国入侵匈牙利并采取了相应措施后，才最终得以纠正。[234]

1944 年 5 月 14 日，第一趟载满犹太人的列车驶向了奥斯维辛集中营。自此以后，每天都有大约 1.2 万名到 1.4 万名犹太人被塞进运输牲畜的列车，被送到奥斯维辛集中营。四个毒气室和焚化室又开始同时开工，夜以继日，运转不休。他们招募成立了新的别动队，负责尽可能快地将这些犹太人的尸体拖出毒气室，以便腾出空间，将下一拨受害者赶进去。夜晚，在附近丁纳橡胶厂工作的一名囚犯看到焚化室各个烟囱冒出的火焰高达 10 米，在空中肆虐飞舞，而且焚烧尸体的味道也扩散得很远，甚至飘到了工厂这边来。其中一个焚化室因负荷过重而出现故障，因此别动队开始将这些死尸埋在坑里。1944 年 6 月 7 日，匈牙利总理斯托尧伊前去拜访希特勒，竭尽所能地令这位德国元首相信，驱逐运动在匈牙利激起了民众的强烈反对，因为这些行动被视为外国势力干涉匈牙利内政的结果。听了这番陈词后，希特勒长篇大论地批判了犹太人。他说他已经警告

过霍尔蒂，犹太人的影响力实在太大，但那位摄政王却完全无动于衷。他宣称，同盟国军队在空袭中杀害了成千上万的德国人，犹太人必须为此负责。正是出于这个原因，“没有人能要求他对犹太人这个全球性的祸害怀揣哪怕一丝一毫的同情，他此刻只想坚定地贯彻犹太人那条古老的谚语——‘以眼还眼，以牙还牙’”。[235] 瑞典国王和美国总统罗斯福都向霍尔蒂提出抗议，要求他终止驱逐运动。教皇庇护十二世虽然也在 1944 年 6 月 25 日采取了一些干预行动，但他既没有明确提到犹太人，也没有具体指出他们此刻面临的命运。匈牙利的天主教统治阶层也拒绝对驱逐运动进行任何公开谴责；其中一人——也就是埃格尔教区的大主教——认为，“当前犹太人遭受的一切仅仅是他们理应承受的惩罚，因为他们在 618
过去犯下了罪行”。[236] 1944 年 7 月 7 日，霍尔蒂最终克服了匈牙利政府中亲纳粹成员的反对，下令停止驱逐运动。尽管如此，艾希曼依然成功地于 7 月 19 日和 24 日向奥斯维辛集中营送去两拨匈牙利犹太人。截至此时，在短短两个月出头的时间里，有多达 43.8 万名匈牙利犹太人被运往奥斯维辛集中营，他们中有 39.4 万人刚到达那里就被投进毒气室毒死了。[237]

二

这些悲剧性的事件是在第三帝国战势迅速恶化的大背景下发生的，是第三帝国铤而走险的一步。1943 年 11 月 3 日，希特勒发布了一条通令，规划了在接下来的几个月里如何开展战争。东方地区的红军可能正在挺进，但德国军队已经深入苏联领土内部，而且仍留在那里，所以就目前而言，第三帝国的生存尚未受到苏联方面的直接威胁。但另一方面，西欧同盟国军队的入侵近在咫尺，因为英美联军一旦成功登上欧洲大陆，那么他们只需跨越相对较短的距离就能抵达德国的边界，所以包括英美联军在内的西欧同盟国军队给第三帝国造成的威胁要严峻得多。有鉴于此，德军必须优先巩固西面的防御力量，而东面的德军暂时还可以应付他们自己当下的局势。然而，与此同时，希特勒不愿牺牲东部的领土，因为这些区域是德国在粮食、原材料以及劳动力方面的主要供给来源。红军持续不断地逼近，迫使冯·曼施泰因领导的德国南方集团军群退到基辅的西边，同时也迫使克莱斯特的 A 集团军群从第聂伯河的弯道处撤退。在东方战区的整个前线，从普里佩特沼泽地到黑海，苏联的装甲师不断朝德军袭来；此刻，德军因为很多兵力和武器装备都已转移到了西面战场，所以实力薄弱，苏联装甲师也因此接二连三地打破德军的防御，朝着匈牙利和罗马尼亚的边界挺进。1944 年 4 月和 5 月，共计 12 万名德国和罗马尼亚士兵被困在克里米亚，之后苏联军队对他们发起钳形攻势，并将其全部剿灭了。与过去一样，希特勒将这些失利归咎于他手下的将领们；1944 年 3 月 28 日，他罢免了冯·曼施泰因和克莱斯特，代之以他最钟爱的两名高级军官——费迪南德·舍尔纳（Ferdinand Schörner）和瓦尔特·莫德尔。[238]

619 这些战败均表明，红军此刻已经彻底掌握了主动权。事实上，德国要开展任何规模的反攻战都绝不可能。舍尔纳、莫德尔以及其他战地指挥官们能够做的就只是竭尽所能地预测红军下一步将进攻哪个区域。但这样的预测并非易事。斯大林、朱可夫以及苏联的主要将领们决定误导德国的军事领导层，让他们以为苏联军队会趁着春天时取得的一系列胜利向乌克兰挺进。莫德尔成功说服希特勒调遣大量的增援部队和武器装备来支持他的军队（此刻已更名为北乌克兰集团军群［Army Group North Ukraine］），因而调走了中央集团军群的后援军，当时中央集团军群驻扎在白俄罗斯，由陆军元帅恩斯特·布施（Ernst Busch）指挥。春天时，红军在前线的北方和南方取得了一系列胜利，因此，整个前线的中部地带朝东突出。苏联军队之前多次试图削弱德军在这块突出之地的军力，但都以失败告终。斯大林及其麾下各指挥官们高度保密地将大量的增援部队、坦克以及武器调往该区域，他们的目的不是将兵力分散在整个战线的各个地带，而是集中力量发起一场大的进攻，这场进攻的代号就是“巴格拉季昂行动”（Operation Bagration）。德国情报人员截获的都是苏联方面反复释放出来的虚假信息，这些虚假信息让布施以为他能高枕无忧，他于是离开了数日，完全没有理会在自己军队后方上演的大范围游击队活动。从1944年6月19至20日的夜晚开始，亲苏联的游击队员就炸毁了成百上千条的铁路线，进一步加大了德国人运送增援部队的难度。150万苏联士兵带着数量惊人的坦克、装甲车辆以及火炮开始发起了一场规模庞大的包围战，他们利用精良的装甲设备展开了一轮又一轮的攻击，而德国人之前在战争中也极其成功地运用过此种包围策略。布施终于返回了前线，他向希特勒请求撤军，但遭到拒绝。在红军摧枯拉朽的攻势下，不到两周的时间，阵亡或沦为俘虏的德军士兵总计多达30万名。截至7月中旬，苏联军队已经在前线中部地带挺进了200英里，须停下来进行重组。1944年7月17日，苏联方面安排大约5.7万名德军俘虏列队穿过莫斯科中心，这宛如一个凯旋仪式。很多德军都已经放弃抵抗，听天由命了，他们还没有准备好再经历一次斯大林格勒战役。此次胜利是整个战争期间最伟大、最了不起的胜利之一。[239]

“巴格拉季昂行动”为苏联军队沿着这条战线取得进一步的胜利开辟了一条道路。在北部，苏联军队一路挺进，到达了里加西面的波罗的海；舍尔纳被派去挽救这一局面，他成功地予以了反击，重新占领了相当长度的海岸线，足以恢复当地的联络线路。尽管如 621
此，但为了避免自己陷入孤军作战的窘境，他的军队还是从整个爱沙尼亚以及拉脱维亚的大部分领土撤退了。1944年10月5日至9日，苏联军队一路推进，再次到达波罗的海海边。德军由于缺乏军

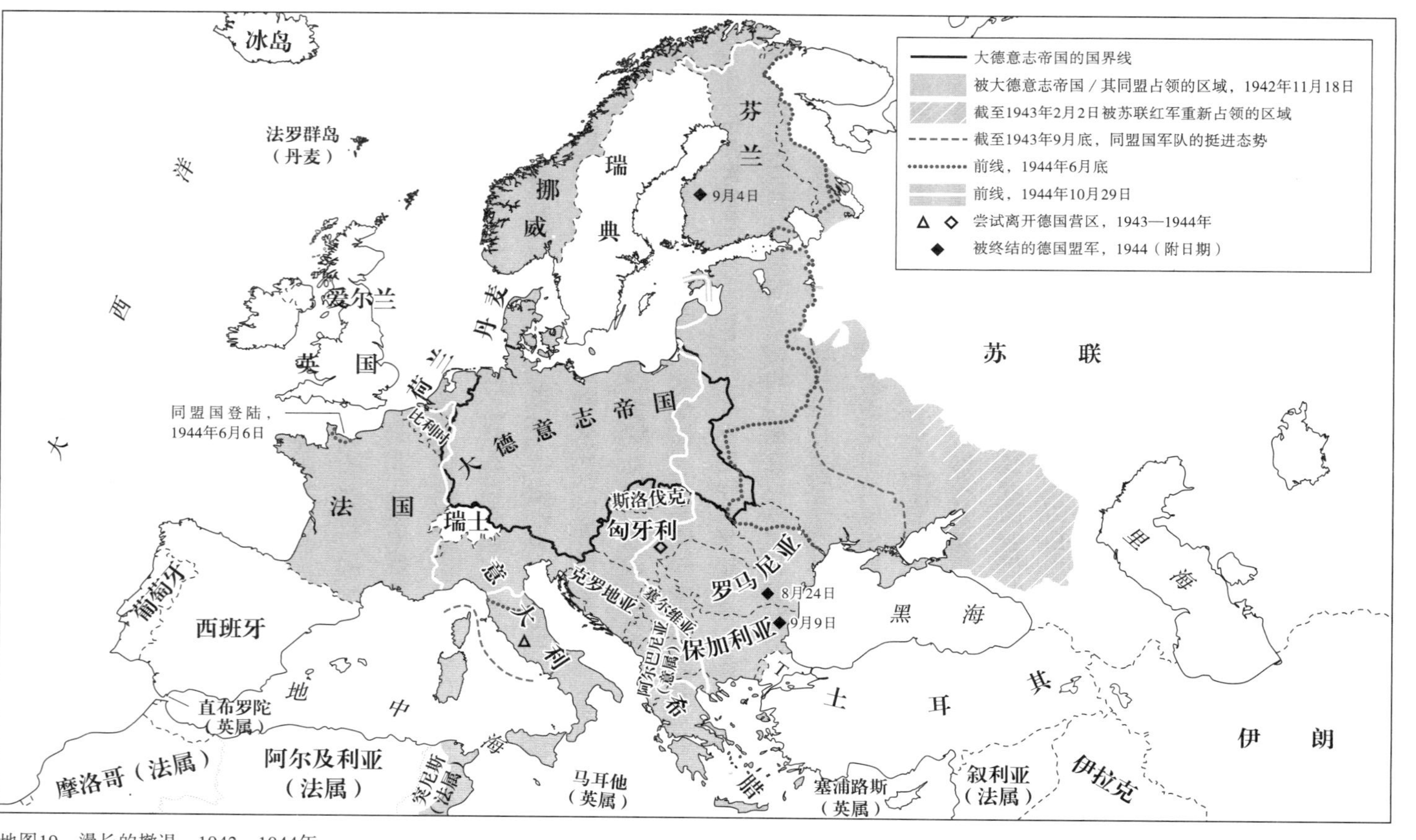

地图19　漫长的撤退，1942—1944年

事资源，以及经海运来的物资和增援部队无法靠岸，因此无法发起反击。此外，德军必须捍卫德国在东普鲁士的领土，所以他们的战斗显得愈发紧迫。此刻，苏联的联络线路拉得过长。德军成功迫使苏联军队逐渐放缓挺进速度，并使其最终停止下来。然而，在1944年6月，红军也向芬兰发起了进攻，他们解除了敌军对列宁格勒的围困，并使芬兰人相信，除了求和之外，芬兰人别无选择。1944年9月4日，曼纳海姆元帅领导下的新政府签署了停战协议，根据协议规定，1940年的边界划分方式将重新恢复，而且芬兰境内的任何德军部队也必须被逮捕并囚禁。在更南面，由于很多士兵和武器装备都被调遣去扩充中央集团军群的实力，所以莫德尔的北乌克兰集团军群力量被削弱了，结果苏联军队利用自己数量庞大的装甲武器向他发起了一连串火力汹涌的攻击，迫使莫德尔的军队匆忙地退到喀尔巴阡山脉。红军指挥官备有充足的武器和军事装备，战争优势明显，更令他们如虎添翼的是，德国已经重新部署战斗机力量以应对同盟国在西面展开的一系列空袭，所以苏联空军在该片区域的上空具有明显的主导权。苏联方面正在大规模地生产火炮，以便在敌军坦克赶来之前就将其彻底歼灭。更令人闻风丧胆的是喀秋莎火箭炮（Katyusha rocket launcher），这种武器最早使用于1941年的斯摩棱斯克战役。因为喀秋莎火箭炮的研发制造是绝对保密的，所以当它第一次被投入到作战行动中，声响震天地朝着敌军同时发射出数枚火箭弹时，不仅德军士兵，甚至连红军士兵也惊恐逃窜。起初，喀秋莎火箭炮的作战效果非常不好，它的射程还不到10英里，但到了1944年，这种武器得以改良，并已经开始被大规模生产。因为喀秋莎火箭炮的数管发射筒紧密排在一起，所以德军士兵称之为“斯大林的管风琴”（Stalin Organ）。德军没有与之抗衡的同类武器。[240]

到了1944年秋天，苏联军队已经在迅速向华沙挺进。斯大林宣布成立一个波兰傀儡政府，与流亡伦敦的波兰政府相抗衡。波兰家乡军是听命于流亡政府的一个反对共产党的地下民族主义组织。随着红军进入波兰领土，波兰家乡军也遭到了红军镇压。然而，当斯大林号召华沙市民们起来反抗德国压迫者时，华沙城内的波兰家
622 乡军却决定响应斯大林的号召，并计划在 1944 年 8 月 1 日发动一场起义。之所以如此，是因为波兰家乡军已经预测到苏联军队即将进入华沙，如果他们不响应号召，那么斯大林可能会给他们扣上一顶亲德的帽子；同时，无论如何，波兰家乡军本就希望控制华沙，因为它是波兰历史上一贯的首都，如此一来，他们便能获得政治影响力。但是，一方面，因为波兰家乡军的大部分武器和弹药此刻都被用于乡村地区的游击战，所以华沙城内的波兰家乡军面临着装备匮乏的问题，而另一方面他们也确实没有做好准备。波兰家乡军的指挥官们并没有注意前一年在犹太隔离区发生的起义，完全没有从这场起义的结果中汲取任何教训。尽管如此，但这些波兰人顽强作战，用莫洛托夫燃烧瓶、手枪和步枪对抗敌人的坦克、火炮、机枪以及火焰喷射器。在整整两个月的时间里，埃里克·冯·登·巴赫–热勒维斯基指挥的德国党卫队和警察部队把起义军围困在各个独立的区域，然后对其进行包围，并最终将他们彻底消灭，这简直就是 1943 年一幕幕惨烈场景的翻版，只不过这次规模更大。在整个战斗过程中，大半个华沙城都被夷为平地。经过此次交锋，德军方面阵亡、受伤和失踪的士兵总计 2.6 万名，而波兰方面死亡的儿童以及成年男女则超过 20 万。巴赫–热勒维斯基让乌克兰人、苏联变节者以及从集中营里征募来的服刑犯人实施屠杀行动，杀害他们所能发现的任何人。一名起义的护士描绘了德国和乌克兰党卫队部队来到她所在医院的一个场景，该场景极具典型性：

他们对躺在地上的伤员拳脚相加，并骂他们是狗娘养的，

> 说他们是波兰土匪。这些人用靴子踹他们的头，踹的时候还发出恐怖的吼声。鲜血和脑浆溅得到处都是……一拨德国士兵走进来，为首的是一名军官。“发生什么了？”这名军官问道。这名军官把这帮谋杀犯赶了出去，然后下令清理这些尸体，并冷峻地命令那些一息犹存并且尚能行走的人站起来，走到外面的院子里去。他们将被枪杀，这一点我们非常清楚。在一两个小时后，另一拨德国人和乌克兰人又来了，手里面拿着稻草。他们中其中一人往上面淋了一些汽油……这里一下子就爆炸了，发出一股耸人的巨响——大火就在我们身后燃烧。德国人将整个医院都烧毁了，并枪杀了这些伤员。[241]

在接下来的几个星期，类似的事件以及更惨烈的事件在波兰首都的每个角落轮番上演。希姆莱下令摧毁整座城市，并将里面的人民赶尽杀绝。波兰的文化中心将不复存在。他对希特勒说，从历史的角度来看这场起义，“幸亏波兰人发起了这场起义”。这场起义给德国提供了一个绝佳的契机，能对“波兰问题”来一次彻底的清算。[242]

斯大林没有让红军参与其中，相反，红军一直集中精力在维斯 623
瓦河和纳尔瓦河（Narva）上建造桥头堡。英美联军派出少量飞机试图给起义者空投物资，而斯大林也没有予以任何协助。这些飞机空投的绝大部分物资都落在了德国占领区；此外，斯大林不允许这些飞机使用苏联的机场，而且空军指挥官们也不愿意，因此，空投注定不会产生任何效果。从斯大林的角度来看，这次起义是成功的，因为它给德国方面造成了惨重损失，同时它也彻底剪除了政治立场上与自己相左的波兰家乡军。当最后一拨抵抗者也于 1944 年 10 月 2 日缴械投降之后，斯大林立刻调遣自己的军队前去接管满目疮痍的华沙城。[243] 维尔姆·霍森费尔德是驻华沙的一名德国陆军军官，当这场不平等的战争尚在持续进行时，他写道：“你不得不闭上眼睛，并将自己的心也封锁起来。”“这里的人民遭到了惨无人道的大屠杀。”[244]华沙起义最终失败后，霍森费尔德看到“被俘虏的叛军排成一路路的纵队，望不到尽头。他们走出来时展现出的骄傲姿态着实令我们感到惊奇不已”。让霍森费尔德印象格外深刻的是那些妇女，她们在他面前走过，高昂着自己的头颅，嘴里唱着爱国主义的歌曲。[245]他试图将这些被俘的抵抗者定性为参战敌军，如此一来，就可以用战争法来处理他们，至少理论上如此；毫无意外的是，他的上司们断然拒绝了这一请求。霍森费尔德被命令去审问这些生还者。他写道：“我将竭尽所能地拯救任何一名尚有一线生机的人。”[246]

此外，西面的抵抗运动也日渐高涨，尤其是在法国。法国一个名为马基的抵抗组织此时已经聚集了成千上万的男男女女，他们破坏了德军安置的各种军事设施，为同盟国军队横渡英吉利海峡进而进入法国做准备。英国和美国的情报机构采取了一系列高明的欺骗手段，使德军指挥官们以为入侵地点将选在挪威、加来（Calais），或者是其他港口附近。来自英国、美国、法国、加拿大和其他同盟国的共计100多万士兵聚集在英国南部，统一由美国将军德怀特·艾森豪威尔指挥。在1944年6月5日至6日的夜晚，超过4,000艘登陆艇和超过1,000艘军舰搭载着同盟国士兵横渡英吉利海峡，与此同时，有3个空降师开始在德国防线的后方跳伞着陆。德国的海军事实上无法派上任何用场，空军在之前的几个月中损失惨烈，而陆军也分散在其他区域，此外，他们的一系列精锐师也集中在东部战线，如此一来，德国的抵抗力量比预期的要弱一些。德国的防线本就无力招架同盟军海军和空军的狂轰滥炸，而当同盟军部队登
624 陆之后，德国的防线更是无力回天，除了在奥马哈海滩（Omaha Beach）的抵御外，整个防线的其他区域很快就彻底沦陷了。截至

1944年6月6日，同盟国通过此次行动已成功地让15.5万名士兵和1.6万辆车辆安全登陆。预先制造好的“桑树人造港”零部件被运送过来并组装完成，因此，在德军能调遣足够的援军来击退同盟国军队之前，更多的同盟国军队就已经成功登陆，从5个滩头阵地赶来会合。截至1944年6月27日，瑟堡港（Cherbourg）已经被同盟国军队占领，这为他们提供了一个很好的海港，大量的士兵和武器装备也开始朝这里运来。德国的增援部队匆匆忙忙地赶到前线，开始展开顽强的抵抗，但德国的指挥官们，也就是伦德施泰特及其下属隆美尔，对于如何应付入侵的同盟国军队——他们此刻已经慢慢地穿过诺曼底——拿不出任何有效的战略计划。对德国而言，此时他们正经历一场腹背受敌的战争。[247]

不出所料的是，希特勒又将目前的被动局势归咎于他手下的将领们。他怒斥道，这些将领们不断地把对当下战争形势的悲观评估抛给他，一次次地要求他准许撤军，而不是坚守自己的阵地，战斗到底。陆军参谋总长库尔特·蔡茨勒在与这位元首的频繁争论中感到精疲力竭，1944年7月1日，他病倒了，并直接丢下了手中的工作。1945年1月，希特勒将他逐出了陆军，并且不允许他再穿军装。1944年7月21日，海因茨·古德里安将军被任命来接替他的职位。两天后，在西面的元帅冯·伦德施泰特也被革职了，一同被罢免的还有空军指挥官胡戈·施佩尔勒，后者在西班牙内战期间轰炸了格尔尼卡而声名鹊起，但此刻他因为没能开展有效的空中防御，抵抗同盟国军队的入侵，所以遭到了元首的怪罪。京特·冯·克卢格元帅被任命来接替伦德施泰特。在东部战线，恩斯特·布施元帅被革职了，原因是在巴格拉季昂行动中，他领导的中央集团军群遭到了灾难性的战败，取而代之的是瓦尔特·莫德尔元帅，他是得到希特勒一如既往敬重的少数高级军官之一。1944年7月14日，希特勒最后一次离开他的山间别墅贝格霍夫，返回位于拉斯滕堡“狼穴”

的现场指挥部，截至此刻，他对自己诸多将领的鄙夷之情与之前相比更加公开而明显。[248]

三

625 德军在1944年春天和夏初遭受了一系列军事重创，结果导致了抵抗势力突然猛增，这股抵抗势力不仅在德国占领的欧洲地区愈演愈烈，而且在第三帝国内部亦如此。其实，德军在前一年的战败就已经使很多民众不再对统治当局怀抱希望了；轰炸造成的毁灭性后果更进一步削弱了统治当局的权威。尽管如此，但公开的抵抗或违逆行为还是甚为罕见。任何做出违逆行为的民众，将遭到逮捕和审判，而且通常情况下还会被处死。集体性的抵抗运动则极其困难。截至20世纪30年代中期，社会民主党和共产党成立的各种抵抗组织已经遭到了盖世太保的镇压，而且这两个政党的领袖人物们要么流亡在外，要么身陷囹圄，要么被投进了集中营。1941年6月之前，曾热衷于工人运动的积极分子不愿再组织任何形式的抵抗活动，他们的意志和热情被两方面的因素浇灭，一是警察当局在战争年间加强了限制力度，二是德国与苏联签订了《苏德互不侵犯条约》。此外，德国在1939年和1940年取得了一系列出人意料的军事大捷，全国上下都沉浸在一阵狂喜之中，许多工人阶级成员，其中包括前社会民主党员，也因此兴奋不已。出于预防目的，当德国入侵苏联时，盖世太保依然逮捕并囚禁了数量众多的前共产党官员，以防他们发起任何颠覆运动。只有在1942年，也就是德军在莫斯科败北后，共产党的秘密抵抗小组才在工业无产阶级的各个大本营——比如萨克森州、图林根州、柏林和鲁尔区——等地开始重新浮出水面。其中一些抵抗小组与流亡莫斯科的共产党领导层建立了联系，但这种联系也只是断断续续的，总体而言，两者之间的沟通甚至不能算是一种统一的协调合作。共产党虽然成功地发放了一些宣传册，鼓励大家一起反对纳粹政权，甚至提倡实施破坏行为，但往往在他们还没采取任何行动之前，就被盖世太保镇压了。其中，由赫伯特·鲍姆领导的，由一群年轻的犹太共产党员及其支持者发起的抵抗运动是其中最突出的一次行动。正如我们所见，这群抵抗人士虽然没有给纳粹政权造成什么严重破坏或者人员伤亡，但他们成功地部分炸毁了戈培尔在柏林举行的反苏联展览。但很快就有人向盖世太保举报了他们；他们中有 30 人被捕并遭到了人民法院的审判，其中 15 人被处死。[249]

自 20 世纪 30 年代中期以来，从莫斯科方面发来的共产党官方
路线就一直强调德国共产党需要和社会民主党以“人民阵线”的形 626
式合作。但就这一战略而言，德国共产党和社会民主党双方都面临着数重困难。一方面，社会民主党完全有理由怀疑，与自己相比，此刻这些秘密的共产党小组正遭到严重得多的监视，1944 年 6 月 22 日发生的一件事情就能充分地证明与他们合作极其危险。当时社会民主党员尤利乌斯·莱贝尔（Julius Leber）和阿道夫·赖希魏因（Adolf Reichwein）与一部分共产党官员在柏林举行了一次会议，结果与会者全都被捕。另一方面，在德国共产党看来，战争结束后，社会民主党极有可能再次成为他们争夺工业无产阶级成员的主要竞争对手，所以德国共产党与之开展任何形式的合作都只能限定为严格意义上的策略性和暂时性的合作，绝不能对这个未来可能的政敌做出任何妥协。在集中营里面，尤其是在布痕瓦尔德集中营，共产党员形成了他们自己的组织，这些组织有时能实现一定程度的囚犯自治管理。集中营的党卫队管理层鼓励任命共产党员为囚监和街区领导人，因为在他们看来，共产党员能可靠而有效地扮演该角色。共产党囚犯竭尽所能地维持他们内部的团结，保护自己的同志，将那些困难而危险的工作转嫁到其他囚犯身上，比如转嫁到“与社会

不相容者”和犯罪分子身上。通过与党卫队维持良好的关系，共产党员也希望能够改善集中营里的整体生存环境，如此一来，从长远角度看，就可以使集中营里的全部囚犯受益。鉴于上述考虑，要想让共产党囚犯同社会民主党囚犯或其他政治犯之间进行有意义的合作，其可能性微乎其微。共产党认为组织内部的团结最为重要。因而，共产党员一方面致力于保持自己意识形态的纯洁性，而另一方面却又希望通过与党卫队建立合作而实现自保，他们想在此二者之间达到一个完美的平衡，这个危险的策略将在战后造成广泛的，有时还是极为激烈的争议。[250]

还有一个极为特殊的组织，它虽然既不受共产主义纪律的约束，也不受斯大林主义意识形态的左右，但却与共产党有着千丝万缕的联系，并且自成立初期以来，该组织就一直存在于第三帝国，它就是被盖世太保称为“红色管弦乐队”(Rote Kapelle)的组织。事实上，该组织由一系列秘密团体构成，这些团体既有交叉重叠的部分，但又扮演着功能上截然不同的角色。自 1941 年年末以来，德国在布鲁塞尔和巴黎的军事反间谍活动中逐渐发现了一张庞大的苏联情报间谍网。这个苏联情报间谍网与柏林的一个抵抗团体交往甚密，该
627 抵抗团体由阿维德·哈纳克（Arvid Harnack）和哈罗·舒尔策–博伊森（Harro Schulze-Boysen）领导，前者是帝国财政部的一名公务员，后者是帝国航空部的一名随员。哈纳克是一位马克思主义经济学家，他相信德国将发展为一个和平的社会主义国家，而舒尔策–博伊森则是一位激进的民族主义革命分子，1933 年时他曾被纳粹分子逮捕并遭到严刑拷打，后因表现良好而得以释放。虽然在追随他们的人当中有一些共产党员，但就本质而言，该组织完全不听从莫斯科方面下达的任何中央指示。女性成员在该组织中扮演了尤为突出的角色，其中最著名的就是哈纳克的美国妻子米尔德丽德·哈纳克–菲什（Mildred Harnack-Fish）和舒尔策–博伊森的妻子利贝塔

斯（Libertas），前者是一名文学史家，而后者则在宣传部下属的电影分部工作，并据此形成了对纳粹宣传活动的批判观点。为了“隐藏”自己的身份，哈纳克在 1937 年时加入了纳粹党。红色管弦乐队帮助政治逃犯逃离德国，同时向德国人以及外国强制性劳动力发放宣传册，此外还与美国和苏联大使馆建立联系，向他们披露纳粹政权犯下的累累罪行。苏联方面被该组织的所作所为深深打动，于是为他们提供了无线电设备，而他们也成功地将一些关于战争经济的信息传递给了俄罗斯人，并警告说德国即将在 1941 年 6 月发起进攻，但斯大林拒绝相信该警告。“红色管弦乐队”的宣传册开始变得更厚，而且口吻也愈发自信，其中由舒尔策–博伊森写的一份小册子极富洞察力地告诫道，希特勒将在俄罗斯重蹈拿破仑的覆辙。然而，不幸的是，成员们给俄罗斯人发送的无线电秘密信息被德国的军事反情报部门截获了，这直接导致舒尔策–博伊森在 1942 年 8 月 30 日被捕以及哈纳克在 1942 年 9 月 7 日被捕。其他逮捕行动也接踵而至，最终有 130 人锒铛入狱。在经过了一系列的迅速审判之后，红色管弦乐队中有 50 多名成员被处死，其中包括哈纳克夫妇和舒尔策–博伊森夫妇。应希特勒本人的要求，处决他们的方式是绞刑。[251]

在随后的纳粹宣传中，“红色管弦乐队”被描绘为一个苏联间谍组织，但事实并非如此，该组织只是德国国内自发形成的一个抵抗运动团体，与苏联情报机构的接触也纯粹是成员们自己决定的。“红色管弦乐队”绝非当时唯一一个左翼团体，只不过与其他绝大部分同类团体相比，它的规模更大。在这些左翼团体中，最不可思议的就是一个名为“联盟：社会主义生存社区”（League: Community for Socialist Living）的团体，该团体规模很小，鲜为人知，但组织极为严密。该联盟由一位成人教育老师，阿图尔·雅各布斯（Artur Jacobs），成立于 20 世纪 20 年代初期，它有众多的聚集点，并且在这些聚集点举行讨论，提供舞蹈课程，教授人们如 628

何开展政治运动，同时致力于创造一种超越阶级界限、打破个体利己主义思想的生活方式。其中一些成员是共产党员，也有一部分成员是社会民主党员，此外，还有相当数量的成员是无党派人士。无论如何，该联盟的成员在进入聚集场所时都一定程度地放下了自己所属政党的党员身份。从一开始，该联盟的成员们就将反犹主义视为纳粹意识形态的核心观念；在1933年，该联盟及其成员展开地下活动，开始对犹太人施以援手，使其免于被捕，而且自1941年以来，还帮助他们逃脱被驱逐的厄运。该联盟的规模很小，即便是在成员数量达到顶峰的20年代时，总人数也不过几百人而已;此外，成员之间逐渐形成了非常亲密的关系。正是得益于这两个因素，该联盟才能一直处于团结统一的状态，而且在盖世太保眼皮底下，秘密开展了一系列工作。它的成员们为犹太人提供了很多虚假身份，帮助他们藏匿起来，偷偷地将他们从一个地方转移到另一个地方，使他们躲开了盖世太保的注意。在成员们自己看来，他们凭借这种方式，使社会平等和种族平等的精神在面对纳粹政权的压迫下，得以延续。联盟开辟的这种非传统的实践方式与其他左翼抵抗团体开展的日常活动不同，后者旨在唤醒民众形成反对纳粹政权意识，虽然他们的努力很大程度上都只是徒劳。[252]

20世纪20年代，出现了政治色彩多样的小团体，他们都致力于打造一种新的生活方式。这样的社会背景下，诞生了“联盟：社会主义生存社区”。这也为后来一个更广为人知的抵抗运动团体——“白玫瑰（White Rose）”组织——提供了萌芽的温床，只不过它正式成立的时间要晚很多，他们中的一些成员还曾参与了魏玛共和国执政年间的自治青年运动。起初，他们对纳粹政权还怀有一定程度的热情，但之后纳粹政权的种种暴行——包括提倡种族主义和反犹主义，极力限制个人自由，更重要的是，纳粹政权于1941年和1942年在东部战线实施了一系列极端的暴力活动——很快就浇灭

了他们对纳粹政权的全部热情。当他们在慕尼黑大学学医时，“白
玫瑰”的核心组建者中就有人曾被派遣到东部战线，为那里的士
兵们提供医疗服务。该团体逐渐扩大，不仅库特·胡贝尔（Kurt
Huber）——慕尼黑大学的一名教授，他扮演着人生导师的角色，
为“白玫瑰”的很多成员提供指导——加入其中，而且成员们的朋友、
同事以及来自其他各个大学城的学生都参与进来，从弗赖堡大学城
到斯图加特大学城，不一而足，但其中最突出还是汉堡大学城。该
组织的领军成员包括朔尔（Scholl）兄妹，也就是汉斯（Hans）和
索菲（Sophie），还有很多慕尼黑大学的其他学生，比如亚历山大·许
墨瑞（Alexander Schmorell）、克里斯托夫·普罗布斯特（Christoph
Probst）以及维利·格拉夫（Willi Graf）等。他们中的一些人竭
尽所能地与法尔克·哈纳克（Falk Harnack）取得联系，此人的兄 629
弟是“红色管弦乐队”的关键领导人，但法尔克·哈纳克并没有对
他们的主动联系予以回应。随着规模的扩大，“白玫瑰”也变得愈
发大胆，他们先后制作了 6 份宣传册，之后用模板复印机复印了从
几百份到几千份不等，然后随机分发给民众。与传统左翼抵抗团体
的目标相似，他们的目的也是激发人们的反纳粹政权观点，如此一
来，大量的民众就会起身反抗并推翻希特勒及其统治集团，进而结
束战争。“白玫瑰”的成员们广泛而有力地谴责了纳粹政权大规模
屠杀犹太人和波兰精英的暴行，而且公开地批判了德国民众，斥责
他们面对纳粹政权罄竹难书的罪行却无动于衷。在斯大林格勒战役
后，成员们开始在慕尼黑公共建筑物的墙上涂鸦（内容包括“希特
勒是大屠杀者”“自由”等等）。然而，在 1943 年 2 月 18 日，慕尼
黑大学的一名搬运工看到汉斯·朔尔和索菲·朔尔这对兄妹在校园
里面散发他们最新一期的宣传册。这名搬运工向盖世太保举报了他
们，朔尔兄妹也因此被捕。尽管他们二人受尽折磨也拒绝背叛“白
玫瑰”的其他成员，但警察们很快就发现了普罗布斯特和该团体的

其他积极分子，并将其全都逮捕。希特勒想要迅速地将他们审理完毕。1943 年 2 月 22 日，普罗布斯特和朔尔兄妹被送上人民法院的法庭，他们均被定为叛国罪，然后被处以斩首；许墨瑞和格拉夫在 4 月 19 日也受到审判并被处死；其他 10 名成员被处以监禁。“白玫瑰”在汉堡的小团体仍继续散发宣传册，但最终被盖世太保发现，其最后一名成员亦于 1944 年 6 月被捕。最后一份宣传册的复印件通过瑞典传到了英国，英国皇家空军在 1943 年春天将成千上万份复印件空投于德国领土。[253] 因此，“白玫瑰”传递给大家的信息并没有被湮灭。

然而，在针砭统治当局的道德批评家和政治批评家当中，绝大部分人还是将信念深埋心中静观其变，期待好时代的到来。到底有多大部分人持这样的态度和作为，我们无法给出准确的回答。但我们可以从埃丽卡 · S.（Erika S.）的日记中看到一个典型例子。埃丽卡 · S. 于 1926 年出生于汉堡的一个前社会民主党家庭。她认为那些大范围的破坏都是由战争造成的，并对此感到义愤填膺。在日记中，她将心头的义愤和对家人以及对受害者的关心，极为自然地融合起来，毫无矫揉造作之感。“啊！”她在 1942 年 6 月 4 日写道，“要是这邪恶的战争能即刻结束该多好！什么吃的都没有，再看看这众多的谋杀犯，他们太过残忍；一切简直糟糕透顶，尤其是当你想到所有的受害者以及他们留下的一切时，就愈发感到深恶痛绝。无人
630 知晓到底有多少年轻人为了希特勒的邪恶事业已经献出了生命，他的邪恶事业没有任何价值，纯粹是一场巨大的谋杀运动。”[254] 毫无疑问，她的父亲也深有同感。她的父亲曾被盖世太保多次羁押，最后一次是在 1944 年 8 月 23 日。父亲的最后一次被捕并没有让埃丽卡感到畏惧，她坐下来写了一封给希姆莱的信，力图让希姆莱相信自己的父母“是以彻底纯粹的国家社会主义方式将我和我 14 岁的哥哥养大的”。此外，她还告诉这位党卫队负责人，她自己也是德国少女联盟的一名成员，而且在今年 4 月份还加入了纳粹党。正因

如此，她无法理解为什么她的父亲会遭到羁押。她一直没有等到希姆莱的回复，所以就跑到最近的一个盖世太保办事处进行询问。那里的办公人员非常友好，但却并未给出任何答复。“我真的再也受不了了，”她在日记中写道，“人们在德国竟然遭到这样的对待。还是老样子，人们依然尽可能地明哲保身，避免引起注意”。[255]

四

但上述所有组织和行动都不可能实现推翻纳粹政权的目标。在这方面，只有一个团体有能力取得成功，那就是最初于 1938 年在德国高级陆军军官中发展起来的军事抵抗团体。希特勒当时计划入侵捷克斯洛伐克，进而在全欧洲掀起一场战争，但其实德国并未做好充分准备，因此，这些高级陆军军官认为希特勒行事太过鲁莽，都对此忧心忡忡。然而，德国在 1939—1940 年间接二连三地取得了胜利，这似乎证明他们的判断是错误的。[256] 如此一来，只剩下很少一部分人——比如乌尔里希·冯·哈塞尔，他是德国驻意大利的前任大使——依然坚守之前的信念。在哈塞尔看来，统治当局此刻的所作所为等于是不负责任的犯罪，这些罪行在东欧领土上造成的巨大破坏令他们这些人感到骇然。1940 年 10 月 8 日，哈塞尔如是记载道，“犹太人正惨遭有组织、有系统的屠杀，而且另一个专门打击波兰知识分子的邪恶运动也已发起，该运动的目的十分明确，那就是将波兰知识分子赶尽杀绝”,哈塞尔认为这简直难以容忍。[257] 外交部的其他官员，其中包括国务秘书恩斯特·冯·魏茨泽克、亚当·冯·特罗特·楚·佐尔茨（Adam von Trott zu Solz）和汉斯—贝恩德·冯·黑夫腾（Hans-Bernd von Haeften）等人，一直以来也都非常认同哈塞尔的观点。哈塞尔定期地与一小拨志趣相投的民间人士讨论包括上述问题在内的诸多问题，这些民间人士都曾在政府和其他行政管理机构中身居要职，其中最突出的有卡尔 · 格德勒（Carl Goerdeler）和约翰内斯 · 珀匹茨（Johannes Popitz），前者曾是莱比锡的物价专员（Price Commissioner），亦曾担任过莱比
631 锡市长，而后者则是普鲁士财政部部长。路德维希 · 贝克（Ludwig Beck）也在他们这个团体当中，他曾是陆军参谋总长；只有很少一部分高层军事领导没有被德国在战争第一阶段取得的一系列军事大捷冲昏头脑，而他便是其中一位。诸如弗朗茨 · 哈尔德等人曾经也考虑过逮捕希特勒，然后建立一个军事政权，但正如我们所见，他们此时对于希特勒的战争方式也只是发发牢骚而已，甚至是在1941年战争局势开始变得对德国愈发不利时，他们也只不过抱怨了几句。与绝大部分高级军官一样，哈尔德同样支持向苏联发动一场长期持久的战争，而且认为采取最严苛的措施亦合情合理。这个抵抗运动圈子以军事情报机构的总负责人威廉 · 冯 · 卡纳里斯（Wilhelm von Canaris）海军上将及其参谋长汉斯 · 奥斯特（Hans Oster）为中心，里面所有人都曾一度对希特勒鲁莽且不计后果的军事野心感到惶惶不安。在民众大力支持希特勒的时期，试图采取任何反对行动都毫无意义，正是考虑到这一点，成员们选择等待时机。年轻的神学家迪特里希 · 潘霍华（Dietrich Bonhoeffer）也是该团体的成员，他曾是认信教会中一个极富感召力的人，但他错过了认信教会在20世纪30年代中期时与纳粹政权的主要对峙，因为他当时在伦敦担任牧师，进行教会服侍。1940年，潘霍华被征募到军事情报机构中效力，他很快便开始与当地的抵抗运动团体展开合作。[258]

然而，诸如法比安 · 冯 · 施拉布伦多夫（Fabian von Schlabrendorff）和亨宁 · 冯 · 特雷斯科等少数效力于中央集团军群的年轻一辈军官——他们大多是贵族——决定采取行动，因为他们对德军在东方地区犯下的种种暴行感到义愤填膺。尤其是特雷斯科，他虽然最初也支持希特勒，但希特勒政权血腥残暴，藐视法纪，很快就令他感

到震惊不已。他是一名典型的普鲁士军官，认为理应采用战争法来处置敌军士兵，所以他想方设法地规避上级给他下达的命令，即要求他只要看到苏联的政治委员，立刻将其枪杀。京特 · 冯 · 克卢格元帅是他的指挥官，曾表示有意向加入军事反对团体，但这位元帅行事太过谨小慎微，所以并未真正投身其中。另一个抵抗运动团体克莱稍集团（Kreisau Circle，这是后来盖世太保私底下取的一个名字）也对纳粹政权表达了愈发强烈的反对意见，而他们最核心的批判是对纳粹主义的道德谴责。克莱稍集团是一个组织比较松散的团体，由知识分子构成，成员数量最终有 100 多人，他们在赫尔穆特 · 冯 · 毛奇（Helmuth von Moltke）伯爵位于下西里西亚克莱稍的庄园碰面，共同讨论当前的局势。在 1942—1943 年，克莱稍集团举行了三次大规模会议，与会者包括神学家、律师、前社会民主党政治家以及其他各种背景的人。

克莱稍集团的很多成员都在政府中供职，只不过职位不是很 632
高，其中两人便是彼得 · 约克 · 冯 · 瓦尔登堡（Peter Yorck von Wartenburg）伯爵（他是物价专员办事处的一名公务员）和弗里茨–迪特洛夫 · 冯 · 舒伦堡（Fritz-Dietlof von der Schulenburg）伯爵，后者是柏林警察局副局长。而毛奇本人则效力于国防军最高统帅部的战俘部门。此外，克莱稍集团的很大一部分成员也有国外生活的经历，这进一步强化了他们对纳粹主义的批评。他们的观点极为理想主义。1943 年 8 月 9 日，他们制定了一整套的基本原则，计划在纳粹主义倾覆之后予以贯彻。这些原则强调将基督教作为德国人民道德复兴的基础。此外，要求必须恢复各种基本自由。而从政体角度来讲，德国将成为一个联邦国家，中央权力将被削弱。德国将由众多的省构成，每个省有 300 万到 500 万居民，然后每个省将进一步细分为众多自治区，每个自治区再细分为多个辖区。各个辖区都有自己的议会，辖区级的议会通过选举产生自治区级的议会，而整个国家的帝国议会则由省级议会选举产生。选民的年龄下限为27岁。与此同时，克莱稍集团也希望打造一个由各个国家组成的国际大社会，以便降低战争再次爆发的风险。这所有的一切都表明，他们怀揣的是一种极端保守的理想主义，这种理想主义深深地质疑现代“大众社会”，相反，它致力于在基督教价值体系和地方身份的基础上重建一种根源感和归属感。克莱稍集团的成员们严重怀疑资本主义，他们希望在命脉行业实行公有制，同时在个体工厂中实行“共同责任”制。按照他们的观点，他们眼中的过度城市主义的问题可以如是解决，即国家保证给每个家庭提供一个花园。[259]

克莱稍集团及其成员与军事抵抗运动团体和民间抵抗运动团体的成员都建立了多种联系，他们时而与军事团体联系，时而与民间团体联系，但在1943年1月8日，各方代表共同举行了一次会议。此次会议的商谈效果并不理想。一方面，毛奇认为格德勒是一名反动分子，而另一方面，诸如哈塞尔等政治经验更丰富的人则认为其中其他团体的许多“年轻人”太不切实际。[260]毛奇、佐尔茨以及其他人曾想方设法地与西方同盟国建立联系，并试图说服西方同盟国在取得战争胜利后与自己合作，一起重建德国，但这些努力都只不过是徒劳。[261]同盟国有它们自己的计划。德国抵抗运动的各分支力量基本上都不信任西方议会这种民主模式，在克莱稍集团眼中，这种民主模式早在魏玛共和国执政时期就已经试验失败了；仅凭这
633 一点不信任，英国人和美国人就不太可能接受上面这些人极力提倡的立宪计划。而格德勒和其他军事密谋者则更不可能赢得同盟国的支持。该团体的关键人物们反复讨论，反复修改他们的目标，随着德国的战势变得愈发不利，他们的目标也变得越来越低。尽管如此，但即便是到了1944年5月，他们的目标也还包括这样一条，即和平谈判的前提条件是德国的领土范围依照1914年的标准执行，外加奥地利、苏台德地区和博尔扎诺自治省(South Tyrol)都划归德国，

此外，还要求阿尔萨斯—洛林实行自治，并且德国将继续保持在东方地区的有效防御力量。[262]

密谋者们的立宪设想多种多样，从打造为一个集权制的、类似于社团主义制的国家——正如哈塞尔所提议的那样——到格德勒提倡的一种更偏议会制的模式，无所不包，而格德勒之所以提倡更偏议会制的模式，其中一个重要的意图就是让该团体中像尤利乌斯·莱贝尔这样的社会民主党员满意。然而，即便是实行更偏议会制的模式，格德勒依然想在里面注入强烈的社团主义因素，要求议员候选人必须来自经济利益团体，而且只能通过间接选举的方式进入帝国议会，此外，帝国议会在影响力上亦非常有限，它只拥有建议权，必须服从国家元首提名任命的第二议院。每个家庭中的父亲将被赋予额外的选票权。与克莱稍集团一样，格德勒以及其他军事密谋者们都决定尽量避免各党派之间的政治冲突，因为魏玛共和国正是由于党派倾轧才遭到严重削弱，所以在他们未来想要建立的国家中，公开的选举运动将不存在。此外，尽管莱贝尔和社会民主党员非常不悦，但与克莱稍集团的另一个相似之处就是，军事保守主义的抵抗运动团体也笃信，要让一个道德价值取向正确的德国复兴，那么基督教价值体系是最重要的基石。随着时间的推进，社会民主党的影响力也逐渐增强，他们提倡的观点与克莱稍集团强调必须控制资本主义经济的观点有一定程度的重合。然而，按照格德勒及其所属团体的设想，在未来建立的德国中，通过创建一个由传统贵族（正如舒伦堡所言，这指的是“控制国家的那个阶层”）主导的真正民族社区，阶级之间的仇恨和对抗将被克服，显然，社会民主党的那些工人阶级追随者们永远也不可能接受这种构想和政治实践。军事保守主义的抵抗运动团体非常敌视制定一套议会体制的宪法以及打造一个多元主义的开放社会，这既充分证明该团体的思想极为落后，同时也暴露出它缺乏吸引人民大众的潜力。事实上，考虑到普

鲁士军官和保守的普鲁士政客也参与到他们这一团体中，所以他们这个团体会往回看——克莱稍集团中的很多成员也如此——将卡
634 尔·冯·施泰因（Karl vom Stein）男爵在19世纪初的改革视作德国未来发展可参照的模板，这也就不足为奇了。从这里我们也能看出，他们太缺乏现实主义精神了。[263]

毫无疑问，德国抵抗运动爆发的其中一个原因就是统治当局对待犹太人的方式令抵抗者们感到愤怒而羞愧。早在1941年8月末，赫尔穆特·冯·毛奇就给他的妻子写信，讲述了德军在东方地区大规模屠杀犹太人和苏联战俘的情形。他说这让德国民众们背上了“一份沉重的负担，我们有生之年都不可能将这份血债偿还干净，也永远不可能将其遗忘”。[264]同样，乌尔里希·冯·哈塞尔私下也在1941年10月4日的日记中写道，格奥尔格·托马斯将军，也就是武装部队的采购部负责人，刚从东部战线回来就谈到德军“一直在实施令人发指的暴行，尤其是针对犹太人，一批又一批的犹太人被德军厚颜无耻地枪杀掉”。[265]1942年11月，格德勒以及其他人共同起草了一份关于德国战后未来的备忘录，他们在这份备忘录中指出，“成千上万的犹太人惨遭有组织的杀害，原因仅仅是他们的犹太血统”。这份备忘录的作者们承诺，在纳粹主义垮台之后，《纽伦堡法案》以及其他专门针对犹太人的法律都将被废除。但根据他们的解释，废除这些法律的原因并不是这些法律本身不公平，而是这些法律到时候会变得没有必要，因为那时幸存下来的犹太人将少之又少，所以不能构成“日耳曼民族的威胁”。同样重要的是，这些抵抗者也并未因为犹太人大量减少而停止起草以种族和宗教为依据来归类犹太幸存者的诸多方案。[266]

此外，参与这场密谋的许多军事人员本身也下达过相关的行动命令，打击犹太人，比如，驻巴黎的陆军指挥官卡尔–海因里希·冯·施蒂尔普纳格尔就位列其中。再比如，弗里茨–迪特洛夫·冯·舒伦

堡是纳粹党党区领导人瓦格纳安排在西里西亚的一名高级官员，他曾狂热地执行过反犹主义和反波兰的政策，其中包括将波兰人和犹太人征募为强制性劳动力，或者对他们开展驱逐运动。舒伦堡之所以转而加入抵抗运动的阵营，最重要的原因就是德国在斯大林格勒的军事失利，他认为这充分证明了希特勒在军事上的无能。而且，事实上，在数量众多的军事抵抗者看来，德国在战争中陷入愈发被动的局势，希特勒难辞其咎，这一点对他们而言格外重要。[267]沃尔夫–海因里希·冯·赫尔多夫伯爵（Wolf-Heinrich Graf von Helldorff）是柏林警察局局长，他也参与了这场密谋，但实际上，他在 20 世纪 30 年代迫害首都犹太人的行动中扮演了重要角色。[268]此外，阿图尔·内贝也是这场密谋的支持者和情报提供者之一，此 635
人是一名指挥官，负责驻苏联的党卫队 B 别动队，他亦曾组织杀害了成千上万名犹太人；而他投身抵抗运动的原因尤其不为人知。包括约翰内斯·珀匹茨在内的其中一些密谋者不赞同纳粹政权用来解决“犹太人问题”的方式，但这并非因为他们认为歧视犹太人这种观点本身是错的，而是因为他们觉得这些处理方式太过极端。由此可见，他们最初因为纳粹政权的种族政策以及其他原因而对纳粹政权予以鼎力支持，这一点也就不足为奇。然而，早在 1944 年之前很久，他们这些拥戴纳粹政权的观点就被另外一种观点完全取代了，那就是——正如格德勒所言——“在迫害犹太人方面……我们采取了最惨无人道、最血腥残暴以及最令我们自己无地自容的方式，怎样的赔偿都不足以弥补我们的过错”。[269]

来自军事抵抗团体的密谋者们与克莱稍集团的成员间有着一个重要差别。毛奇及其绝大部分朋友都反对出于宗教原因而暗杀希特勒，他们更倾向于等第三帝国的军事力量彻底覆灭之后，再实施他们此时制订的一系列计划。民间抵抗运动团体的其他成员一定程度上也支持这一观点。但军事抵抗运动的成员却全无类似的顾虑。尤其是亨宁·冯·特雷斯科，他笃信，如果要推翻纳粹政权，那么必须杀掉希特勒。斯大林格勒战役后不久，他组织了一系列的暗杀行动。1943 年 3 月 13 日，他把海军上将卡纳里斯以及军事反情报部门提供的炸药偷偷安置在希特勒所乘飞机的货舱，这架飞机往来于希特勒的各个现场指挥部，他试图将该飞机炸毁。由于在高空飞行时飞机货舱的温度极低，炸药的引爆装置因此失灵，所以他的计划也就落空了。当时这些炸药隐藏在一个装了两瓶科尼亚克白兰地酒的盒子中，飞机降落时，炸药还留在飞机货舱。在这紧要关头，特雷斯科的同谋法比安·冯·施拉布伦多夫成功地冲到炸药存放处，拿起来拆除了其中的引信。1943 年 3 月 21 日，另外一名年轻的密谋者鲁道夫-克里斯多夫·冯·格斯多夫（Rudolf-Christoph von Gersdorff）男爵——他是一名上校——参加了在柏林举行的一个苏联被收缴装备展览，他身上带着一包炸药，因为希特勒计划出席该展览，所以他希望将希特勒炸死。但这位纳粹元首只是匆忙地穿过了这栋建筑物，步伐之快，让格斯多夫完全没有可乘之机。随着一次又一次的暗杀计划都沦为泡影，格德勒开始给军方施加压力，催促他们快速采取行动，否则又将有数百万的生命牺牲，而且德国也将彻底战败，如此一来，他构想的新政权将没有资格与同盟国进行
636 任何谈判。同盟国的领导人们于 1943 年年初已经在卡萨布兰卡做出决定，除非德国无条件投降，其他情形他们一律不接受；尽管如此，格德勒依然相信他的设想有可能实现，这充分暴露出这些密谋者们在政治上太不切实际。其实，即使丘吉尔和罗斯福愿意与之谈判，他们二人也绝不可能接受格德勒及其同谋们提出的条件。[270]

而且，随着该密谋集团的成员们由于这样或那样的原因逐渐引起盖世太保的注意，该团体也开始陷入棘手的困难之中。密谋者们把卡纳里斯和奥斯特负责的军事情报部门看作他们行动的关键后勤中心，但瓦尔特·舍伦贝格领导的党卫队保安处对外情报局却野心

勃勃，愈发威胁到卡纳里斯和奥斯特主管的军事情报部门。1943 年春天，奥斯特及其属下重要官员——包括潘霍华在内——都由于所谓的货币犯罪而遭到逮捕。对外军事情报机构本来一直由奥斯特主管，但 1944 年 1 月，由于希特勒对其产生了严重怀疑，所以下令让党卫队保安处接管该机构。此外，卡纳里斯也锒铛入狱；他是一个颇为神秘的人物，有人怀疑他将军事秘密泄露给了同盟国。1944 年 1 月，甚至连毛奇也遭到逮捕，这给该密谋集团造成了进一步的打击。与此同时，珀匹茨竟去找希姆莱，意图赢得他的支持，希望他能主动推翻希特勒，这一举动淋漓尽致地暴露出他在政治上是多么天真而不切实际。这位党卫队领导人只是非常模糊地表示了自己对该提议感兴趣，但仅此而已。格德勒和其他民间密谋人士对此感到惊惧万分，自此以后，他们想方设法地避免与珀匹茨有任何接触。此外，此次密谋也逐渐流失了一些重要成员，比如克卢格在一次车祸中严重受伤，而社会民主党员米伦多夫（Mierendorff）以及退休的国防军总司令哈默施泰因（Hammerstein）都由于自然原因死亡。所有这一切都将他们的密谋向后推迟了很多个月，严重削弱了此次密谋的连贯性以及原本可能取得的成效。[271]

当密谋者们试图恢复暗杀行动时，他们开始面临愈发棘手的问题。为了确保他们的计划能够成功，这些密谋者们不得不说服预备军的重要部队向柏林方面施加压力并接管关键的政府机构，然而，虽然密谋者们在与预备军谨慎而艰难的谈判中取得了一定进展，但仍然存在着很多不确定的因素。弗里德里希·奥尔布里希特（Friedrich Olbricht）将军是柏林预备军的负责人，他与密谋者站在同一战线上，积极地安排军事行动，以确保希特勒一旦身亡，权力将控制在他们手中。尽管如此，但他的顶头上司——预备军总司令弗里德里希·弗罗姆将军——在得知了他们的密谋之后，虽然暂时未告发这些密谋者，但却决定静观其变，他把眼光放在了更大的 637

机会上。奥尔布里希特与前陆军参谋总长路德维希·贝克以及特雷斯科共同起草了名为“瓦尔基里行动”(Operation Valkyrie)的计划，这是一次军事政变，他们打算一旦希特勒被宣告死亡，就即刻发起这一军事政变。但谁来刺杀元首呢？这是他们需要解决的最终问题。能担此重任的人必须具备两方面的条件。首先，此人必须有机会接近希特勒，此外，还必须绝对忠诚于抵抗力量。如果说要觅得同时具备这两个条件的人并非完全不可能，但也的确非常困难。答应执行该任务的人因为无法靠近希特勒而不得不放弃刺杀行动，这样的情况出现过不止一次。然而在1943年夏末，另一个人加了这个密谋团体，此人符合刺杀希特勒的所有条件，他就是克劳斯·申克·冯·施陶芬贝格(Claus Schenk von Stauffenberg)伯爵。施陶芬贝格是一名中校，曾在北非严重受伤，失去了整只右手以及左手的无名指和小指；他的一只眼睛还戴了一个黑色眼罩。1943年10月1日，他将接任陆军大将办公室参谋长一职。施陶芬贝格是一名能力出众而且精力极其旺盛的军官，与军事高层的其他一小部分人一样，他最初也大力支持纳粹主义，而且对德军早期在波兰和法国取得的一系列军事大捷感到欢欣鼓舞。但希特勒在东部战线鲁莽而不计后果的行事风格让他感到希望破灭；尤其是在斯大林格勒战役之后，他认为希特勒的这种做法正在将德国推向深渊。施陶芬贝格年轻时曾加入了以诗人斯特凡·格奥尔格(Stefan George)为中心的团体，在该团体的熏陶下，他形成了某种不同寻常的道德感以及爱国主义精神。然而，促使他最终对希特勒倒戈相向的决定性因素还是党卫队在东部战线及其后方迫害斯拉夫人和犹太人的累累暴行，而且他愈发强烈地感觉，必须终结这些暴行。施陶芬贝格与特雷斯科一起成为密谋行动最核心的推动者和组织者。他们策划了一次又一次的暗杀行动，结果却眼看着这些行动一次又一次落空，而且很多时候纯粹是因为偶然因素而失败的。最终，施陶芬贝格决定亲自上阵，刺杀希特勒。[272]

随着盖世太保逐渐向密谋者们逼近，对密谋者们而言，找到接近希特勒的途径变得愈发紧迫。1944 年 7 月 1 日，他们颇为意外地得到了一个良机，那就是施陶芬贝格被擢升为陆军上校，而且同时被任命为预备军总司令弗罗姆的参谋长。如此一来，他身为弗罗姆的特使，也就有了接近希特勒的机会。但与此同时，随着德国战势的风云突变，暗杀希特勒的目的也相应地发生了变化。诺曼底登陆后，施陶芬贝格开始怀疑暗杀是否具有任何政治价值。如果说曾经 638
他们尚有可能与同盟国协商进而达成一致意见，一定程度地挽救德国，使其免遭彻底摧毁，那么很显然，这种可能性此刻已经不复存在了。然而，正如特雷斯科对施陶芬贝格所言："不管付出任何代价，我们都必须实施暗杀行动。哪怕行动会失败，我们也必须尝试夺取首都的控制权。我们必须向全世界，也向未来几代人证明，德国抵抗运动的参与者们敢于迈出这至关重要的一步，并且愿意为此冒生命之险。与这个目标相比，其他一切都不重要。"[273] 1944 年 7 月 20 日，施陶芬贝格造访了希特勒位于拉斯滕堡的现场指挥部，手中拿着一个公文包，里面藏有两枚炸弹。因为他只有拇指、食指和中指可以用，所以他在设置延时引爆器时动作比较迟缓，在被带领到希特勒所在的营房——希特勒正在里面与他的参谋们回顾战争局势——之前，他仅仅设置好了其中一枚炸弹的引爆器；他将另一枚炸弹交给了他的同伴维尔纳 · 冯 · 黑夫腾（Werner von Haeften），此人后来将炸弹扔出了车外。施陶芬贝格将公文包放在一张很大的木桌旁，这张桌子上印着地图，希特勒此刻正倚靠着这张桌子；然后，施陶芬贝格就离开了房间，说自己需要打一个电话。他远远地看着炸弹爆炸并炸毁了整间营房。之后，他又瞒天过海地通过了党卫队设置的封锁线，搭乘飞机，回到了柏林。[274]

施陶芬贝格在电话中信誓旦旦地保证希特勒绝不可能在此次爆

炸中生还，奥尔布里希特和柏林陆军总部的主要密谋者们因而发动了军事政变。但事情很快便出现了问题。如果施陶芬贝格当时能将两枚炸弹的引爆器都设置好，或者哪怕他将那枚引爆器尚未设置成功的炸弹与另一枚炸弹都留在公文包里，那么希特勒都必死无疑。但一枚炸弹的杀伤力却不够。虽然营房脆弱的木质墙并未能抵挡爆炸产生的冲击力，几堵墙连同窗户都被炸开了，但那张笨重的、印有地图的木质桌子却保护了希特勒，他当时就站在桌子的另一边。虽然情况如此，但在场者中有 4 人当时站在炸弹旁，他们有的当场毙命，有的伤势严重，不治而亡。希特勒踉踉跄跄地走出房门，同时不停地扑打裤子上的火焰。他跌在了武装部队参谋总长凯特尔的怀里，此人喜欢阿谀奉承，当即哭出声来，叫道：“我的元首，您还活着！您还活着！”希特勒的衣服已经被毁坏了，四肢都有烧伤和擦伤，而且一些木片还扎进了他的双腿。而且与这个屋子里的其
639 他人——除凯特尔之外——一样，希特勒的耳膜也被震破了。但总体而言，他的伤势并不严重，这一点对事件的后续发展至关重要。希特勒死里逃生，这对密谋者而言是一个凶兆，但另一个事实对他们来说同样极为不祥，那就是他们虽然成功地切断了拉斯滕堡与外界的一部分联系，但却未能将其全部切断。很快，希特勒参谋部的一些成员就给柏林方面打去电话，告知他们希特勒死里逃生的消息。

在柏林，密谋者们让弗罗姆将军发动军事政变，但此人素来谨小慎微，他给拉斯滕堡那边打去电话，以确认希特勒死亡的消息是否属实。对方告诉他，消息有误。弗罗姆将军试图逮捕奥尔布里希特和和陆军总部的其他密谋者们，然而，因为这些人依然决定发动军事政变，所以反倒逮捕了弗罗姆将军。在一片混乱的形势中，有的军事小组按照事先制订的“瓦尔基里行动”计划开始采取行动，而其他军事小组在准备执行他们的任务时则被拦了下来，因为希特勒开始从拉斯滕堡那边发来指示，撤销了密谋者们下达的一系列命

令。密谋者们的要求和拉斯滕堡那边的要求截然相反，让夹在中间的奥托·恩斯特·雷默（Otto Ernst Remer）少校无所适从，此人是柏林卫兵营的指挥官，同时也是一名狂热的纳粹分子。他最终听从了密谋者们的命令，让自己的军队包围了政府大楼，因为他相信希特勒已经不幸身亡了。随着机枪手们在勃兰登堡大门附近准备就绪，戈培尔等各政府部门的部长面临着严峻的形势，此时他们都被困在里面。戈培尔已经做好了最坏的打算，他在采取行动之前往口袋里放了一些毒性强烈的氰化物药片。他成功地说服雷默过来与自己讨论当前的形势，当时阿尔贝特·施佩尔也在场，施佩尔后来回忆说，当雷默少校走进戈培尔的房间时，这位宣传部部长紧张到了极点。戈培尔告诉雷默，希特勒没有死，并让他相信，元首百分之百能驳回任何将领下达的命令。戈培尔直接拨通了拉斯滕堡的希特勒专线。希特勒亲自跟雷默说话，并命令他恢复秩序。雷默随即将他的军队撤出了各政府部门。而另一方面，奥尔布里希特的一部分下属还没有成为自己的亲信，这些人现在加入了雷默的队伍。枪战开始在陆军总部爆发，施陶芬贝格也因此受伤。弗罗姆将军被释放了，而奥尔布里希特、施陶芬贝格和其他密谋者们被捕。贝克手握一把左轮手枪，朝自己开了两枪；伤势严重的他躺在地上奄奄一息，弗罗姆命令一名中士将他带到隔壁房间。随后，弗罗姆也急忙下令将其他密谋者们处死。如果留下这些活口，他们便有机会向盖世太保举报，如此一来，弗罗姆自己早期也参与了此次密谋的事情就会败露。一支行刑队让奥尔布里希特、
施陶芬贝格、维尔纳·冯·黑夫腾以及他们的同谋阿尔布雷希特·默 640
茨·冯·奎恩海姆（Albrecht Mertz von Quirnheim）上校在院子里面站成一排，然后将他们逐一枪杀。当施陶芬贝格将被枪杀时，他大声吼道：“神圣的德意志帝国万岁！”[275]

五

希特勒生还的消息不仅彻底摧毁了柏林的密谋行动，同时也粉碎了布拉格和维也纳的密谋行动，一些密谋者们本来也计划在这两个地方发动政变。在巴黎，法国沦陷区的军事指挥官卡尔–海因里希·冯·施蒂尔普纳格尔将军刚接到施陶芬贝格的电话，被告知希特勒已经去世时，就立刻发动了政变。随后，超过1,000名党卫队军官被捕，其中包括巴黎党卫队及其保安处的最高指挥官卡尔–阿尔布雷希特·奥贝格（Carl-Albrecht Oberg）和赫尔穆特·克诺亨（Helmut Knochen）。但在采取进一步行动之前，立场本就摇摆不定的克卢格元帅发现希特勒竟然还活着，于是采取措施阻止了密谋者们的行动。党卫队成员都被释放了。奥贝格和克诺亨不仅遭到羁押，而且未能采取行动挫败此次密谋，这既令他们二人颜面无存，同时也很可能给他们带来危险。君特·布鲁门特里特（Günther Blumentritt）将军是克卢格在巴黎的代表，他深知此时奥贝格和克诺亨二人的尴尬处境，在将他们约在拉菲尔酒店（Hôtel Raphaël）的“蓝色沙龙”（Salon Bleu）喝了几瓶香槟酒之后，经过长时间的谈判，他们达成了协议，即布鲁门特里特会把主要事件都归因为一场误解，同时也确保了巴黎绝大部分密谋者参与其中的事情不被发现。然而，就冯·施蒂尔普纳格尔的问题而言，没有任何可回旋的余地。“所以，将军先生，”奥贝格刚走进酒店就对冯·施蒂尔普纳格尔说，“你似乎押错注了。”事实上，克卢格已经向柏林方面汇报了冯·施蒂尔普纳格尔采取的一系列行动。冯·施蒂尔普纳格尔将军猜到了等待自己的命运，他驱车驶出了巴黎，前往第一次世界大战的凡尔登战场，在那里停下了车，走出来，然后朝自己头颅开了一枪。但是跟贝克一样，他也没能成功地将自己了结。他的眼睛瞎了，而且身体遭到严重损伤，随后，他被带到柏林，被羁押在那里。[276]

截至此刻，爆炸以及希特勒生还的消息已经通过广播播报了。此次爆炸虽然令希特勒大为震惊，但他并未受到严重伤害。1944年
7月21日凌晨1点刚过，希特勒通过广播向全国发布了相关消息。 641
在此之前，他甚至还成功地腾出时间在自己的现场指挥部与墨索里尼进行了事先安排好的会晤，骄傲地向后者展示了爆炸现场。希特勒再次向德国民众确认他还活着，并且毫发无损，他宣告道“一小部分狼子野心、不知廉耻，但同时也愚不可及的刑事犯罪者策划了一场试图颠覆我的阴谋，事实上，他们想将我以及德国最高指挥部彻底摧毁殆尽”。他毫无意外地继续说道，是上天保全了他的生命。在私底下，他言辞激烈地批判了密谋者们，怒火中烧地誓要把每一个密谋者都“消除殆尽”。他任命希姆莱替代弗罗姆，弗罗姆本试图隐藏自己曾参与密谋的事实，但没有骗过任何人。古德里安被任命为陆军参谋部长。希特勒说，所有德国人都必须加入搜捕密谋行动相关负责人的行列。截至此时，雷默以及党卫队保安处负责人恩斯特·卡尔滕布伦纳都已经抵达位于柏林的陆军总部，此外，奥托·斯科尔兹内也带着一支由党卫队组成的武装小组赶过来了，此人在一年前曾成功营救出被囚禁的墨索里尼。他们到这里阻止了其他人进一步的行动。与此同时，弗罗姆试图从戈培尔的办公室给希特勒打电话，但对此疑心重重的宣传部部长亲自打了这个电话，并由此得到命令，逮捕弗罗姆将军。戈培尔给媒体下达指示，要求他们再次强调只有很少一部分反动派贵族涉事其中。同时，为了庆祝这次政变被挫败，必须举行公众游行。[277]

与此同时，希姆莱和盖世太保开始采取行动，确认并逮捕残余的密谋者。希特勒最初估计这次密谋应该只局限于一小撮反动派军官，但随着调查的一步步深入，他的这个想法很明显被证明是错的。不久，卡纳里斯、奥斯特以及军事情报小组都被召来审讯，同时，还有许多陆军指挥官也卷入此次密谋。逮捕普通民众的行动也紧随

其后，其中，亚尔马 · 沙赫特（Hjalmar Schacht）也未能幸免，他曾担任第三帝国的经济部部长。沙赫特曾与密谋者们有接触，但甚至在希特勒得知此事之前，希特勒就下令将会逮捕他，因为希特勒仍然认为沙赫特在 20 世纪 30 年代故意破坏德国重整军备的行动。此外，希特勒还愤怒地说道，当英国最终战败时，赫斯也将被捕。他将被“绞死，得不到任何人的怜悯”，因为他给其他人树立了一个“通敌叛国的例子”。珀匹茨以及社会民主党的参与者和支持者们——包括古斯塔夫 · 诺斯克（Gustav Noske）和威廉 · 洛伊施纳（Wilhelm Leuschner）在内——也遭到逮捕。卡尔·格德勒藏了起来，他向东逃离，在森林里露宿，但最终还是被认出来，遭到举报并被逮捕。一方面，卡尔 · 格德勒精疲力竭，意志消沉，他的抓捕者们
642 也不让他睡觉；而另一方面，与其他部分抵抗者一样，他亦深深地笃信这样一种道德观念，即真相不仅应该被公告出来，而且定会对听者产生一种劝说性的效果。鉴于这两方面的原因，他将此次密谋其他成员的名字告诉了盖世太保，以便让他们清楚地认识到此次运动绝非只是一小拨军事不满分子策划的密谋。他一直深信希特勒是一个“吸血鬼”，是“杀害一百万犹太人的残忍杀人犯”，这项罪名会玷污德国的名声。而此刻他公开地表达了这一看法，毫不畏惧。[278]

希姆莱组织了一次大规模的扫荡运动，搜寻已知的政权反对者，并最终逮捕了多达 5,000 人。迟至 1944 年 9 月 23 日，相关文件开始浮出水面，先前的密谋者也遭到牵连，其中，哈尔德和冯 · 布劳希奇等高级陆军军官亦不能幸免。同时，军队采购部的负责官员格奥尔格 · 托马斯将军也涉事其中。其他许多人已经彻底放弃了，比如乌尔里希 · 冯 · 哈塞尔，他们或者是通过拒捕的方式寻死，再或者直接饮弹自尽。亨宁 · 冯 · 特雷斯科此刻还在东部战线，在得知密谋行动失败之后，7 月 21 日早上，他驱车驶往敌人的防线，然后用手榴弹将自己炸死。特雷斯科担心自己会在严刑拷打之下说出密

谋者的名字，在出发之前，他对法比安·冯·施拉布伦多夫说：“希特勒不仅是德国的死敌，也是全世界的死敌。”[279] 其他人也因为类似的原因服毒自杀或者饮弹自尽。有一名陆军军官也曾参与了柏林的政变，当盖世太保前来将他带走时，他将一枚手榴弹塞进了自己嘴里，然后拉掉了上面的保险针。许多抵抗运动参与者都遭到了毒打。审讯者们将金属尖刺插进他们的指甲缝里，逼他们告发其他人。但他们并没有供出同谋们的名字。希特勒对克卢格的疑心越来越重，他担心克卢格会与入侵的同盟国达成投降协议，因此，在 1944 年 8 月 17 日，他命令忠心耿耿的莫德尔取而代之，莫德尔是西面战线的总指挥官。克卢格知道自己命不保矣，所以驱车往东行驶，来到冯·施蒂尔普纳格尔曾试图自裁的地方，停下车，饮下了一瓶毒药。埃尔温·隆美尔元帅事先知道此次密谋，但并不赞同。尽管如此，他曾当面对希特勒说，希特勒应该终止这场战争。隆美尔在战争中受伤，当他还处在康复阶段时，希特勒给了他两个选择，或者自裁，对外宣传他因伤重不愈而亡，这样的话希特勒会给他举行国葬；或者遭到逮捕，并被审判，颜面无存。当党卫队包围了隆美尔疗养地所在的村庄时，隆美尔意识到他不可能再活着回到柏林了，因此服 643
毒自尽。希特勒的确为他举行了国葬。应希特勒的命令，在冯·伦德施泰特元帅的主持下，军事法庭匆忙地审判了另外 22 名军事密谋者，他们被逐出了陆军，名誉扫地。[280]

1944 年 8 月 7 日，对埃尔温·冯·维茨莱本（Erwin von Witzleben）元帅和彼得·约克·冯·瓦尔登堡等 8 位密谋者的审判在柏林人民法院拉开序幕，其中冯·维茨莱本元帅自 1938 年以来就参与了针对希特勒的各种军事密谋。在接下来的几个星期里，其他审判也相继上演，牵涉到为数众多的密谋者，其中包括舒伦堡、特洛、格德勒、洛伊施纳、哈塞尔和失明的冯·施蒂尔普纳格尔等人。莱贝尔、珀匹茨、符腾堡州的前任领导人欧根·博尔茨（Eugen Bolz）以及包括毛奇在内的克莱稍集团成员则迟至1945年1月才遭到审判。许多密谋者一直希望审判能给他们提供一个解释自己观点的机会，而事实上，先不提其他人，哈塞尔或许早就不报这样的幻想了。人民法院的院长罗兰·弗赖斯勒粗鲁地威胁恐吓这些被审判者，每次只让他们说几个字。弗赖斯勒的行为实在令人义愤，甚至连纳粹司法部部长奥托—格奥尔格·提拉克也对此有所抱怨。给他们指派的绝大部分辩护律师从一开始就精明而谨慎地接受对这些被告的指控，完全没有为他们请求减刑。为了确保被告们显得尽可能可悲且毫无尊严，被告们事先都遭到了虐待，而且他们还被禁止系领带，也不能用皮带或者裤带确保自己的裤子不下坠。然而，还是有一小部分受审者成功地插上嘴说了几句话。当弗赖斯勒对其中一名被告说他很快就会在地狱中永受煎熬时，这名被告鞠了一躬，然后迅速回答道：“尊敬的法官大人，我会在那里期待你不久之后的到来！”另一名被告则对弗赖斯勒说，虽然他自己很快就会人头落地，但“一年之内，你也会遭遇同样的下场！”截至此刻，绞刑这种令人颜面无存的处罚方式虽然也曾用来处置“红色管弦乐队”的成员，但主要还是施用于外籍工人，而对于这批受审者，希特勒亲自下令将他们处以绞刑。第一拨被告被送到位于柏林普洛岑湖监狱的一幢监狱附属建筑物中，这幢建筑物的屋顶悬挂着一些粗糙的钩子，他们就是被用绳子挂在上面绞死的。用于绞死他们的绳子非常细，如此一来，他们窒息而死的过程就极为漫长。他们死后，裤子也被脱了下来，这是给他们最后的羞辱。希特勒命人将整个过程拍了下来，他晚上在自己的指挥部会观看这些影像。[281]

644 其中一些密谋者幸免于难，而且在第三帝国倾覆后仍然健在，因此得以将他们的故事告诉后人。法比安·冯·施拉布伦多夫便是其中一位幸存者，1945年2月3日，他和法官以及其他法律官员躲在人民法院的地下室，当时同盟国的轰炸摧毁了法院大楼。其中一根柱子倒下来穿透地面扎入了下面的地下室。弗赖斯勒当场死亡。施拉布伦多夫只受了伤，但整个审判不得不推迟。重新开庭的时候已是3月中旬，面对即将到来的战败，法院开始拖延时间，因为考虑到施拉布伦多夫之前已经遭到了非法折磨，所以法院最终宣告他无罪，在数个月之前，法庭完全不会有这样的顾虑。在政变失败后，被杀者或者自裁者总共大约有1,000人。此外，希姆莱宣称这一邪恶罪行的任何参与者都必定流淌着邪恶的血液，还说按照古老的日耳曼传统，不仅要惩罚犯罪者本人，而且犯罪者的家人也应一并遭到惩处，据此，他抓捕了密谋者们的妻子和孩子，而且有时还抓捕了大量密谋者的亲兄弟、亲姐妹、父母、各堂表兄弟姐妹、叔叔和阿姨。例如，施陶芬贝格的妻子被送进了拉文斯布吕克集中营，而他的孩子们则被给予了一个新的身份被送进孤儿院。此外，格德勒、哈默施泰因、奥斯特、珀匹茨、特雷斯科、特洛以及其他一些人的家属也遭遇了类似的命运。密谋者及其家属们的房子和财产都被政府强制没收了。[282]

此次颠覆希特勒政权的密谋行动是希特勒自1933年掌权以来遇到的最严重、波及范围最广的一次密谋，但最终破产了。由于各种各样的原因——无论是具体的、细节性的原因还是笼统的、整体性的原因——几乎参与其中的每一个人都遭受了最灾难性的后果。密谋者们既未能成功地杀死希特勒，也未能阻止希特勒生还的消息通过广播从他的现场指挥部传递到外面的世界。密谋者们在准备工作上太过大意，而且太不注重细节。希特勒超凡的个人权威尽管迅速减弱，但在戈培尔、戈林、希姆莱和博尔曼等人的鼎力支持下，仍然足够强大，正是慑于他的这份权威，诸如弗罗姆和克卢格等立场游移不定的高级军官才不敢孤注一掷，将所有的筹码都押在政变上。戈培尔、希特勒、希姆莱以及党卫队等方面的行动迅速而果断，相比而言，密谋者们则速度迟缓。另外，密谋者们也未能成功地说

服足够多的军事指挥官支持此次政变。尽管截至此刻，绝大部分高
645 级军官都已经断定德国赢得战争的可能性基本为零，但他们中大多数人仍然执着于一种严格的军人思维模式，换言之，他们仍旧固执地认为上级的命令必须服从，向希特勒发下的誓言神圣而不可违背，杀害国家元首等于是叛国行为。戈特哈德·海因里希将军的态度极具典型性，他在日记中坚持认为他自己对希特勒发下的誓言神圣到不能有丝毫怀疑，其他所有德国士兵也都持这一立场，而且他还强烈反对1944年7月的爆炸阴谋。[283]

只有一小部分人由始至终都支持政变。一些高层军官从希特勒那里获得了大量的金钱，这毋庸置疑地对他们产生了很大的影响。此外，许多军官担心德国会因为某种“刀刺在背”的原因而再一次战败，他们中不少人都认为这是德国输掉第一次世界大战的根源。他们正是顾虑自己会因此遭到谴责，所以不敢采取行动。从一个更宏观的角度来看，密谋者们的观念落后，而且在一次次试图集结各方面力量，发起一场联合运动时，他们在诸多核心问题上都存在巨大的分歧。正如他们中头脑最清醒的那部分人早在1944年6月就已经意识到的那样，暗杀计划更大层面上并非是一种政治行为，而是出于道义采取的行动。如果他们在1943年实施的一系列早期刺杀行动中就成功地杀死了希特勒，那么他们有可能确实会带来一番不同的历史景象。但他们的行动从一开始就命途多舛。如果施陶芬贝格成功地刺杀了希特勒，那么后果极有可能是爆发一场内战，一方是密谋者们支持的各路军队，而另一方则是由党卫队支持的反对派力量。即使事情真的演变为那种局面，密谋者们似乎也不可能获胜，因为他们麾下的军队不仅实力弱小，而且数量也不够。同盟国完全没有要与他们谈判的想法，事实上，当刺杀希特勒的消息传到伦敦和纽约时，同盟国方面很快就将其视为密谋者与纳粹统治当局之间的一场小争执，毫无意义。一些密谋者曾幻想发动一场政变能

使他们与西方同盟国单独达成和平协议。英国和美国知道这些人的想法，但他们更关心的是如果他们给这个密谋团体任何积极的回应，这是否会损害到他们与苏联的结盟。单独与密谋者们达成和平协议很有可能引起苏联的警觉，进而使自己与苏联发生冲突，丘吉尔和罗斯福还没有充分准备到去思考这个问题。[284]

密谋者们的目标是发动一场军事政变，然而尽管施陶芬贝格数次尝试，力图通过与莱贝尔等社会民主党员进行协商进而赢得更广泛的支持，但一场军事保守主义抵抗运动本身却几乎没有得到普通民众的支持。[285]但是，如果希特勒真的被暗杀成功，那么这或许会加快纳粹政权的瓦解倾覆，动摇众多德国百姓对纳粹政权的 646
忠诚——甚至在 1944 年年中，仍然有大量的德国民众坚持这份忠心——也能将战争结束的时间缩短几个月，如此一来就能挽救各参战方的数百万条性命。仅仅这一点就充分证明该行动值得实施。对于密谋者们来说，各方最终达成一致举兵叛变并非易事，而要实施叛变行动也属不易。然而，他们最终还是实施了行动。彼得 · 约克 · 冯 · 瓦尔登堡伯爵在被处死前不久给他的母亲写了最后一封信，他在信中委婉地说出了他们这一团体的内心想法，他写道，“驱使我实施这些行动的既不是我的野心，也不是我对权力的渴望。我之所以付诸实践，纯粹出于我的爱国热忱，出于我自己对祖国——我热爱的拥有两千年历史的德国——的关心。”[286]与其他密谋者一样，他们心中的德国是曾经的德国，尤其是普鲁士时期的德国；他已经开始意识到，从各个角度来看，希特勒都在摧毁他心中的这个德国。

第七章

倾覆

第一节

“最后的希望”

一

1943年7月底，同盟国轰炸机离开后，汉堡的清理队在清理废墟，他们将一名15岁的学生从碎石瓦砾中拉了出来，这名学生不仅幸存下来了，而且毫发无损。这名学生叫乌尔里希·S.(Ulrich S.)，他向救援者们表示感谢，然后加入了难民的行列，这些难民正在逃离这座城市。几天后，他在一位居住在城市附近的乡村的叔叔那里找到了庇护。乌尔里希的父母是狂热的社会民主党成员，此刻，他不想与战争有任何的关联。他叔叔的房子在树林里，他将自己藏在阁楼上，以免引起希特勒青年团的注意。他通过收听BBC的节目了解最新的时事，此外，他还写日记，目的是不让自己陷入无可避免的孤独中，他给这份日记取名为“敌人说话了！”(The Enemy Speaks!)。他在日记中也记录了1944年7月这次失败的暗杀行动，而且他在记录此次事件时所用口吻也是他在整本日记中惯常使用的口吻。他写道：“太不幸了，这个卑鄙无耻的家伙竟安然无恙，这简直是造化弄人……希特勒这次可能逃过了他理应受到的惩罚，但 649

过不了多久，这个超级谋杀犯必将自食其果。”[1]在审判完第一批密谋者之后，他在日记中如是描述这些密谋者：“他们的事业将被进行到底。纳粹分子想要以牺牲全民族为代价，目的仅仅是将他们自己垮台的时间延迟一丁点儿。”[2]

可以毫不夸张地说，这个孩子的反应比较极端。其他前社会民主党和共产党家庭的家庭成员们在这个问题上态度可能会更温和一些，而他们究竟在多大程度上认同这个孩子的观点，我们当然无从可知。然而，对于那些在前线战斗的很多人而言，暗杀行动似乎是一种背叛，因为如果他们赞同暗杀行动，那么他们又到底是在为了什么而战斗呢？“我们知道，”1944年8月7日，一名士兵写道，“这群恶棍都是共济会成员，因此与全世界的犹太人是一丘之貉，或者更准确地说，他们是犹太人的狗腿子。我不能参与到打击这些恶棍
650 的行动中，这真是太遗憾了。”[3]这令那些坚定的纳粹分子深感震惊。阿尔弗雷德·莫尔特长期供职于奥地利冲锋队，他在德国空军的地面工作组中服役。1944年7月20日，他正在维也纳拜访自己的母亲，并从那里给妻子英格写信：

> 亲爱的，你有没有听到有人试图暗杀元首的新闻？亲爱的，我感觉我必须跑到某个角落去祈祷。感谢上帝，他为我们保全了元首。英格，如果元首不幸遇难，那么我们将会输掉战争，而且戈林也必将遭到杀害。这正是这群恶棍们想要的结果。是何等见利忘义的蠢货才会伸出他的魔爪，干出这样的勾当！当我听到这个消息时，我知道必定还有人跟我持同样的看法。所以我就跑到冲锋队那里去了。[4]

在冲锋队中，阿尔弗雷德与一名资深的冲锋队同志一起怀念起往昔的日子，当时他们并肩作战，抵抗奥地利独裁者许士尼格，他在回

忆中找到了一些安慰。“没有什么能动摇我们对元首的信心。”[5]虽然很多部队都感到震惊和愤怒，但他们心中也交织着其他情绪。马丁·珀佩尔是一名伞兵，已经从一名普通士兵擢升到了军官阶层，他并不赞同暗杀行动。继续战斗是士兵的职责。但是，在他看来，到目前为止，希特勒已经让他们变得很被动。希特勒本应将指挥权交给专业人士，让他们来制定战略方针。随着同盟国军队步步逼近，珀佩尔的军队在法国北部陷入了窘境，变得愈发绝望。然而，当他对自己的部下说他们不得不投降时，他们中许多人感到羞耻。“身为伞兵，”他们问道，“如果我们自愿投降，那么我们如何面对自己的妻子？”最终，珀佩尔还是成功地劝服了他们，让他们意识到此时的确别无选择。但他们那绝望的质问的确折射出军人职责感和男性荣誉感的强大力量，这也是驱使许多德军士兵在西方战线一直战斗到底的两个重要因素。[6]

大后方的反应同样颇为复杂。1944 年 7 月 28 日，党卫队保安处尽职地声称，希特勒死里逃生令人民群众如释重负，并称德国民众普遍表现出坚持战斗的决心。“我们一次又一次地听到这样一种观点，即如果暗杀行动已经成功，唯一的后果就是 1918 年的灾难将再次上演。”民众想知道更多的内情，此次密谋到底酝酿了多久？谁是幕后推手？英国的间谍是否参与其中？有的人对普鲁士贵族在此次密谋中扮演了重要角色而感到愤怒。据报道，他们甚至说“应该将这些贵族赶尽杀绝”。数量众多的陆军军官也参与其中，而在 651
很多人看来，这正是德国战事吃紧、败仗连连的根源，因为他们数个月来按兵不动，扣着军备武器，严重怠慢了战争工作。有的人甚至声称战争经济出现的一系列问题也都是因为他们的怠慢而导致的。[7]戈培尔非常支持这种观点，他在 1944 年 8 月 8 日那天对纳粹党官员说，此次爆炸阴谋有力地解释了为什么在过去几个月中，陆军的表现如此糟糕。显而易见，叛变的将领们根本不想获胜。他们倒戈相向，与同盟国勾结，目的就是让德国战败。[8] 戈培尔要求召开的数次公共会议吸引了大规模的人群，他们迫不及待地想听到关于此次暗杀行动的更多细节。事实上，一份报告描述到，全民通过这些会议间接地表达了他们对希特勒及其政权的支持。戈培尔本人下结论道，这次失败的政变具有肃清作用，对统治当局而言利大于弊。[9]

不出意料的是，信念坚定的纳粹分子以及统治当局的代理人们急忙声明效忠希特勒，当时时局紧张，任何人对密谋者流露出丝毫的同情都极有可能被逮捕、折磨和处死。要对此次暗杀行动进行任何公开的回应完全不可能。正如巴伐利亚农村地区巴特艾布灵（Bad Aibling）以及罗森海姆（Rosenheim）的宪兵在 1944 年 7 月 23 日所汇报的那样：

> 1944 年 7 月 20 日周二晚上 8 点，新闻广播播报了关于暴力攻击的特别公告，在此之前也已经公告过，有 12 名来自当时播报地区的农民坐在当地的一个旅店里面。他们全神贯注地听着这份特别公告，非常安静。公告宣布完之后，没有人敢说话，每个人都静静地坐在桌子边上。[10]

在贝希特斯加登（Berchtesgaden），党卫队保安处汇报说妇女尤其渴望战争能立刻结束，而且有的人认为希特勒如果死亡，这个愿望就能够实现。“空袭警报拉响后，人们在防空掩体里可以听到一名妇女在黑暗中说道：‘要是他当时被炸死了该多好！’”[11] 人们只有在匿名的情况下才敢发表这样的言论。总体而言，尽管此次暗杀行动让民众们暂时强烈地感到如释重负，但它并没有对民众的士气带来大的积极影响。宪兵的汇报继续指出：“没有人再相信德国会赢
652 得战争。”民众的情绪已经降到了“可以想像的最低点”。[12] 与政变

相比，绝大部分人还有更重要的事情需要担心。施陶芬贝格引爆炸弹的两天后，党卫队保安处汇报说战势日渐恶化，使大家的士气变得愈发低迷。雪上加霜的是，“一种恐惧的情绪已经攫住了数量众多的德意志民族同志，这一点在许多妇女中表现得尤其明显。在我们搜集的评论中，失望、困惑以及沮丧占据了主要地位”。[13]

甚至在德国西部，据说，人们对其他任何事情的关注都会让位于对东部战线最新进展的关注。在情况最好的时候，民众们仍然表示对希特勒充满信心；而在情况最糟的时候，他们也会说战况比自己想象的还令人绝望。“而且，”其中一份报告指出，“绝大多数人都持悲观态度。”[14] 东线士兵的书信以及那些因伤退役者的报告都清楚地表明，德军并不是在有计划有层次地撤退，而是全军逃离。整支整支的军队逃离前线或者是向敌人投降，士兵们“已经没有战斗的心思了”。[15]“据休假回来的士兵说，许多部队的情绪甚至要比国内民众的情绪更低落，因为绝大多数士兵都不再相信德国会赢得胜利。”[16] 在战争的剩下几个月，民众的士气愈发低迷，爆炸密谋的新闻完全没有对他们产生影响。民众们带着自己的财产开始逃离红军进军过程中会经过的区域。1944 年 8 月 10 日，党卫队保安处汇报说，“绝大部分德意志民族同志对战争都感到厌烦”，但除此之外（这名报道员感觉或许有必要加一句），他们也愿意在一场“大决战”——这位报道员透露出会有这样一场战争的信息——中取得最终胜利。[17] 希特勒和戈培尔或许会谴责将领们这么多年来如此系统、如此有计划地破坏德国的战争工作，但如果这些谴责内容确有其实，那么原因只有两种可能，要么纳粹领导人愚蠢或者大意到了极点，竟会允许这样的事情发生，要么他们事先本就知情，但却刻意向德国民众隐瞒。因此，1944 年 8 月初，斯图加特的党卫队保安处汇报说，这些事情的后果就是“绝大多数德意志民族同志此刻都不再对元首抱有丝毫信任，甚至连那些到目前为止信念一直坚定不移的民族同志们也不再相信他了”。[18] 到了 1944 年 11 月，斯图加特的党卫队保安处又报告说，如果可能的话，希特勒的名声会进一步恶化。一位市民说道：“总是声称元首是上帝派来给我们的。我对此深感怀疑。如果说元首真是上帝派给我们的，那么上帝不是派
653 他来拯救德国，而是摧毁德国。上帝已经决定要将德国民众铲除殆尽，而希特勒就是行刑人。”[19]

接连不断的报告更暴露出一点，那就是随着红军朝德国本土逐渐逼近，然后又进入德国领土，整个德国的士气变得愈发低落。而在西方战线，面对入侵的同盟国军队，德国正经历着似乎无休无止的失利，这让德国上下更加感到前途暗淡。在外交方面，第三帝国同样陷入了愈加孤立无援的境地。土耳其在 1944 年 8 月 2 日断绝了与德国的外交关系；1944 年 9 月 8 日，随着苏联军队进入保加利亚，保加利亚也对德国宣战。面对苏联军队的挺进，罗马尼亚的残余部队也解体了，结果导致红军在罗马尼亚歼灭了德军的 18 个师，紧接着，在 1944 年 8 月 23 日，元帅安东内斯库的权力被剥夺了，罗马尼亚也倒向了同盟国这边，它希望能重新夺回 1940 年被匈牙利夺走的领土。所有这一切都威胁到希腊的德军，因为他们与外边的联系很有可能被切断。在希特勒的批准下，他们在 10 月份时撤退到马其顿，同时南斯拉夫南部以及阿尔巴尼亚的德军也撤离了。土耳其的叛变尤其进一步挫败了德国举国上下的士气。[20] 罗马尼亚的失利让红军顺利地到达匈牙利的边境，面对入侵的敌军，匈牙利的统治者霍尔蒂海军上将组织了顽强的抵抗。然而，霍尔蒂意识到匈牙利已经无力回天，所以他给斯大林写信，有点令人难以置信地声称，他之所以在 1941 年时加入战斗，与德国为伍，纯粹是因为误解。1944 年 10 月 15 日，他宣布匈牙利不再是第三帝国的盟友。[21]

希特勒很早之前就预料到匈牙利会临阵变卦，所以早已制定好反击行动。就在匈牙利终止盟友关系的当日，奥托 · 斯科尔兹内在

希特勒的命令下闯入布达佩斯的一幢堡垒，那是霍尔蒂海军上将及
其政府的所在地，绑架了这位匈牙利领导人的儿子——他的儿子也
叫米克洛什——把他用一床毯子裹起来，然后迅速将其带出堡垒，
送上在外候着的一辆卡车。很快，这位小霍尔蒂就被投进了毛特豪
森集中营。希特勒通知他的父亲海军上将霍尔蒂，声称除非他投降，
否则小霍尔蒂就会被枪决，而且他本人所在的堡垒也将被攻占。这
位海军上将最终屈服并辞职，然后被流放到了巴伐利亚的一座城堡，
在那里过着相对舒适安逸的生活。与此同时，法西斯性质的箭十字
党（Arrow Cross）领导人萨洛希 · 费伦茨（Ferenc Szálasi）在德
国人的支持下攫取了权力，他迫不及待地通过了一系列新法律，旨
在以法西斯主义的、集体式的方针路线重构整个国家。他手下的人
开始搜捕并谋杀整个布达佩斯幸存的犹太人，而且很多时候还得到 654
了天主教神父的协助，其中一位就是库恩（Kun）神父，当箭十字
党的准军事组织把枪口对准犹太受害者时，他习惯性地吼道："以
基督的名义，开枪！" 有 3.5 万名犹太男子被聚集起来编入各劳动
团，他们被安排环绕着匈牙利首都修建防御工事。当红军袭来，这
3.5 万名犹太男子开始仓皇地越过多瑙河，向布达佩斯城内撤退逃
窜，但箭十字党的部队截住了他们的去路，在河两岸以及各个桥上
把他们杀死，然后抛尸河中。街上每一个角落都横七竖八地躺着尸
体，数量之大，甚至连警察都怨声不断。1944 年 10 月 18 日，阿道
夫 · 艾希曼再次来到布达佩斯，组织了新一轮的逮捕行动，又抓捕
了 5 万名犹太人，这些犹太人被要求徒步走出布达佩斯城，朝着维
也纳的方向行进，他们被安排在那里修建防御工事。这是一次糟糕
透顶的徒步行进，不仅他们的食物供给少得可怜，而且他们本人也
遭到了非人的虐待，成千上万的人甚至命丧途中。事实上，由于死
亡人数实在太大，萨洛希或许因为害怕自己要担责任——这完全有
可能——在 11 月中旬时就下令停止这样的驱逐运动。留在布达佩

斯的犹太人被拘囿于犹太人隔离区内。截至1945年1月，仅仅4,500处住所中就挤了6万名犹太人，有的时候甚至14个人挤在一个房间里。由于经常遭到箭十字党暗杀队的劫掠，犹太隔离区里的居民很快就食不果腹，而且隔离区内疾病丛生，居民的死亡率也迅速攀升。一小部分驻匈牙利首都的国际外交官——其中瑞典驻匈牙利的代表拉乌尔·瓦伦贝里（Raoul Wallenberg）尤为突出——为保护犹太人不遗余力地尝试，并取得了一定成效：他们成功地获得了近4万份豁免书，虽然其中许多皆系伪造，但都得到了箭十字党的承认。[22]

这绝不是最后一次在欧洲国家上演的大规模屠杀犹太人的行动。由国防部长领导的斯洛伐克军方正紧锣密鼓地精心策划，准备推翻自1939年以来就在德国监管下控制国家的傀儡政府，待事成之后再加入同盟国阵营。而截至1944年8月，这些策划者的意图已再明显不过。有鉴于此，德军在1944年8月29日占领了斯洛伐克。起义运动随即在斯洛伐克全面爆发。然而，民族主义和亲苏联的起义者未能有效协调他们的起义行动。此外，因为红军已经到达了边境，所以西方同盟国认为没有必要前来予以协助。但苏联部队行军迟缓，未能及时支援游击队。截至1944年10月，此次起义就
655 被暴力镇压了。此前，在大约5.8万名犹太人被带到各个集中营后，斯洛伐克的傀儡政权曾于1942年10月终止了驱逐犹太人的运动，而此刻，德国占领者赶忙下令恢复驱逐斯洛伐克境内的残余犹太人。第一批被驱逐的犹太人于1944年9月被火车运走，这样的情形一直持续到1945年3月。截至那时，将近8,000名斯洛伐克犹太人遭到围捕并被流放到奥斯维辛集中营，还有超过2,700名被流放到萨克森豪森集中营，超过1,600名被流放到特莱西恩施塔特集中营。[23]因此，不仅希姆莱麾下的党卫队，而且供职于德国民事以及军事当局的绝大部分人虽然早就清楚地意识到德国已经输掉了战争，但他

们仍在搜捕犹太人。在他们的想象中，德国之所以即将战败，犹太人在其中扮演了无可替代的角色，复仇的意念正是此刻驱使这些人的根本动力，而且不到最后一刻，他们誓不罢休。

二

1944 年夏天，民众中流传着这样一个笑话。说有人给一位天真的年轻人展示了一个地球仪，据解释，在这个地球仪上，巨大的绿色区域代表苏联，同样庞大显眼的红色区域代表大英帝国，淡紫色的广阔区域代表美国，而那片宽广的黄色区域代表中国。“那么那个蓝色的小点呢？”他指着欧洲最中心的那个地方问道。“那是德国！”“天哪！元首知道这个点有多小吗？”[24] 1943—1944 年，第三帝国的战势迅速恶化，这是路人皆知的事情。希特勒自诩为有史以来最伟大杰出的军事领袖，他的直觉告诉他，如果自己麾下的将领没有不断地破坏他制定的战略，没有不断违抗他的命令，也没有面对敌军——他认为自己凭一己之才智便可将其歼灭——一味地撤退，那么德国仍然能够取得最终的胜利。只要放手一搏，一切都会回到正轨，局势将按照他的计划发展。1944 年 7 月 18 日，希特勒任命戈培尔为总体战动员委员会全权总监。发动总体战是戈培尔本人最早提出的设想，此外，在意图推翻希特勒统治的反动政变期间，他一直对希特勒忠心耿耿，而且沉着冷静，他此刻得到该职位等于是希特勒对他的嘉奖。戈培尔的竞争对手赫尔曼 · 戈林感觉自己被剔除在了权力中心外，在之后的几个星期，戈林一直闷闷不乐地待在他位于罗明登（Rominten）的庄园。此刻，已与马丁 · 博尔曼结盟的戈培尔出台了一系列政策，其中许多政策都直接由各地的党区领导人执行，而不是由烦琐低效的国家官僚机构执行。这些政策尤其旨在为军队征募更多的人。这一点使戈培尔与施佩尔陷入针锋相

对的立场，因为施佩尔想让更多的人被纳入武器生产行业。但希特
656 勒拒绝了施佩尔这位他曾经最信赖和喜爱的人。在元首的鼎力支持下，戈培尔和博尔曼把装备部部长施佩尔召唤过来，直截了当地告诉他，他现在必须听命于他们二人。此后，施佩尔不再为直接影响希特勒而做任何尝试。[25]

戈培尔再次投入“总体战”的努力中，在这一目标的驱使下，他制定了一系列精简劳动力的措施。帝国文化协会3/4的员工都被裁撤，此外，剧院、管弦乐队、报社、出版社以及其他被认为对总体战工作无重大意义的机构都被缩减或直接关闭。消费品工业此时也被取缔。戈培尔建议停止向前线士兵寄送报纸杂志，担心这可能会打击他们的士气，但该建议被希特勒亲自否决。尽管如此，邮寄方面的服务还是被进一步缩减。另外，裁撤地方政府及行政机关工作人员的措施进一步提高了工作效率，而且还节约了成本开支。女性被征召进军工业的年龄上限由45岁提高到55岁，而且大约有40万名女性——她们中绝大部分是外国人——由她们本来从事的家庭服务业被转移到与战争相关的经济领域。将普鲁士财政部——炸弹暗杀的密谋者珀匹茨就曾主持过该部门——编入帝国财政部也是总体战工作的一部分，由于合并过程实在太过复杂，所以合并问题未能得到解决；但总体而言，在尝试合并过程中所采取的诸多措施仍然为战争新腾出45万多人。有的男性在战争工业中从事不可或缺的保留性职业，而此时，甚至他们中的一些人也被抽调出来。从1944年8月初到12月底，这一切措施将另外100万人送到了前线。然而，就在同一期间，阵亡、被俘以及受伤的士兵超过100万，因此，在第三帝国覆盖统辖的整个区域，第三帝国能够征召入伍的人数在迅速缩水。为了尽可能维持现状，第三帝国的运转速度越来越快。[26]

到了1944年11月20日，红军已经进入可攻击希特勒拉斯滕堡现场指挥部的范围，在马丁·博尔曼的再三请求下，希特勒最终

屈服，彻底离开了这个现场指挥部，踏上回程，前往位于柏林的帝国总理府。红军因为已抵达德国境内，其行军速度此时已经放慢。在德国本土，位于波罗的海和喀尔巴阡山脉之间的前线变得较窄，而且德军有内部交通线。在经过一路快速行军之后，苏联军队此刻精疲力竭，他们必须进行重组。此外，与苏联和巴尔干半岛使用的 657
宽轨铁路相比，在他们即将进入的区域内，铁轨更窄一些，所以苏联军队需要一定时间来解决由此带来的补给问题。红军方面的停歇给了希特勒一丝喘息之机，使他能够放手一搏，力图扭转西面的局势，因为在西面，同盟国军队由于物资补给和人力方面的诸多问题也放缓了进军速度。截至 12 月初，德军已经被迫退到了齐格菲防线的各防御点后面。希特勒打算以装甲部队开道，突破美国人的防守——他对美国人的作战能力充满鄙夷之情——进而以 30 个新编的、拥有全新装备的师突破重围。从各方面来看，这是德军 1940 年行动的翻版，即分散敌军力量，将其钳制在海边，进而采取大规模的包围策略将之彻底歼灭。希特勒希望这一战略能暂时牵制住西方同盟国，以便争取时间研发“奇迹武器”，他相信这些奇迹武器能根本性地逆转战局，使自己处于有利地位。希特勒和约德尔认为，如果此次进攻果真奏效，而且还能攻占安特卫普的话，那么甚至有可能迫使西方同盟国回到谈判桌上。1944 年 11 月 3 日，约德尔向一些将领和指挥官解释了这些计划，但他们都认为这完全是痴人说梦。1940 年德军迅速朝海岸进军，攻击那里茫然无措、毫无准备的敌军，这是一回事；而在 1944 年 12 月，与德军对阵的敌军力量具有明显优势，德军不仅兵力不足，而且弹药，尤其是燃料也十分匮乏，在这种情况下作战完全是另一回事。但约德尔告诉他们此刻已别无他途。然而，像夺回亚琛这样一场小小的战略性胜利根本不足以改变整个局势。[27]

1944 年 12 月 11 日，希特勒抵达位于巴特瑙海姆（Bad

Nauheim）的新现场指挥部，这里距离此次进攻的发动点非常接近。1944 年 12 月 16 日，德军发起进攻。一方面，德军此次进攻出乎同盟国军队的意料；而另一方面，由于天气恶劣，同盟国军队的飞机无法起飞，如此一来，20 万名德军加上 600 辆坦克和 1,900 门火炮一起突破了美国由 8 万名士兵和 400 辆坦克组成的战线，进而朝着默兹河推进了 65 英里。然而，德军的汽油很快就要用尽了，而且在圣诞节前夕，美国装甲部队在同盟国空军的协助下逼停了德军的进一步挺进，当时天气刚刚好转，5,000 架同盟国飞机就开始对德国战线展开持续的狂轰滥炸。英军指挥官伯纳德 · 蒙哥马利过分谨小慎微，虽然英军在他的指挥下未能迅速做出反应切断德军，使其占领了一块巨大的突出部——也正因如此，此次对峙被称为“突出部之役”（Battle of the Bulge）——但美军在乔治 · 巴顿（George Patton）的指挥下从南面发起了一场成功的装甲反击战。1945 年
658 1 月 1 日，德国空军派出总共 800 架战斗机和轰炸机，向同盟国的各个机场展开了一系列空袭，试图借此打破同盟国空军在空中的绝对优势，以创造一种平衡制约的局面，但此次行动让德军付出了同样惨重的代价，它与同盟国方面都折损了约 280 架飞机，不仅如此，它也未能实现预期目标。此外，德国在阿尔萨斯发动的一场辅助性进攻也毫无成效。因为没能取得关键性的突破，党卫队第 1 装甲师感到沮丧不已，因此，他们于 1944 年 12 月 17 日在马尔梅迪（Malmédy）屠杀了大量的美军战俘，这无异于火上浇油，让此时重新向德国挺进的美军怒不可遏。在此次战役中，阵亡、受伤和被报道失踪的德国士兵约 8 万人，美国士兵约 7 万人，双方各损失了大概 700 辆坦克和装甲车辆。对德国人而言，这样的损失无法弥补。而美军方面大量的兵力和武器装备横渡英吉利海峡，被源源不断地运到战斗区域，因此可以轻而易举地填补这些损失。希特勒最后一次主要的反攻战也失败了。1945 年 1 月 3 日，他彻底认清了形势，

将自己的主要兵力从前线战场撤退到更东面的防御位置。[28] 此刻，战败的命运似乎无可避免。1945 年 1 月 15 日，希特勒登上了他的特别专列，返回了柏林。[29]

希特勒和纳粹领导层开始愈发地将心思放到复仇上，而不是赢得胜利。希特勒尤其希望采取相应手段，对同盟国实施的轰炸运动以牙还牙，甚至予以更大强度的报复。尽管在自己政治生涯之初，希特勒就把恐怖手段视为与敌人作战的重要方式，但他最初并未把对鹿特丹、伦敦以及其他城市的轰炸当作“恐怖袭击”，这与同盟国方面的宣传不符。甚至伦敦大轰炸的最主要轰炸目标也只是港口码头，而之所以对考文垂发动那次臭名昭著的攻击，也是因为考文垂这座城市在军备生产上具有举足轻重的地位。这些空袭都旨在削弱英国的战争经济，进而迫使丘吉尔回到谈判桌上，而不是——正如希特勒明确指出——恐吓当地的普通百姓。1942 年 4 月，吕贝克在遭到英国袭击后，希特勒下令开始对英国展开“恐怖袭击”。然而，在随后的数月中，希特勒一直都缺乏有效实施“恐怖袭击”的手段。与此同时，英美联军却迅速加强了对德国各大城镇的空袭，例如，在 1943 年，多达 70% 的高爆弹和 90% 的燃烧弹都被投掷在居民区内。这激起了德国上下广泛的报复情绪，但这种报复并非旨在报复英国人，而是想迫使他们停止对德国的破坏行动。

空袭会影响民众的士气，这令宣传部部长戈培尔格外忧心忡忡。 659
如果戈林（在戈培尔看来他是“一场灾难”）未能采取充分的保护措施抵御空袭，那么自己有必要做点什么让民众相信，统治当局还没有完全沦落到听天由命的地步。希特勒表现得有点麻木不仁，他起初认为，空袭某种意义上提供了一个改建城市的机会（他认为“从美学的角度来看，现在的城镇并不是那么令人满意。绝大部分工业城市的布局规划都极不合理，风格太过陈旧，建得糟糕透顶。现在，英国实施的空袭将给我们提供更多的建筑空间”）。[30] 尽管如此，但希特勒对英国人的破坏活动也变得愈发愤怒，因此，他宣告道“唯有当英国人自己的城市遭到破坏时，英国人才会停手……以暴制暴是唯一的有效手段”。[31]

戈培尔更倾向于轰炸英国各城市中“财阀居住的”区域，这亦是他素来的行事方式。[32] 然而，要求这种程度的精确性轰炸显然不现实。而且，德国空军既没有四引擎轰炸机，也没有高空轰炸机，更没有专门的夜间轰炸机。高级军官们要求新式轰炸机能够对敌人的步兵和坦克进行俯冲式轰炸，因此推迟了新式轰炸机的生产。1942 年 9 月，戈林宣称他因为德国缺乏远距离轰炸机而“哭泣”。[33] 然而，在 1944 年 1 月 21 日至 22 日的夜间，德国空军还是向伦敦发动空袭，英国人嘲讽地称之为“婴儿大轰炸”（Baby Blitz），而在此次轰炸中，德国空军总共报废了约 440 架轰炸机，其中绝大部分都是容克斯 Ju 88 这样的老式轰炸机。德国轰炸机总共携带了 475 吨炸药，其中约 60% 都是燃烧弹。这是一次报复性空袭，旨在对英国首都的民用房造成最大程度的破坏。然而，到头来只有 30 吨炸药落在了目标区域内，而且事实上，仅有一半炸药成功地落在了英国本土。德国人在一周后发动的另一次空袭也没有好多少。超过 100 架飞机因为机械故障而不得不折返。新式的亨克尔 He 117 轰炸机折损了一半，其中 4 架是因为引擎着火。这种轰炸机还没有接受适当的测试就投入了战争。希特勒称这简直就是“一无是处的飞机……可能是有史以来最差劲的”。[34] 此后，德国空军又对一系列目标发动了 20 多次空袭，从朴次茅斯（Portsmouth）到托基（Torquay），无所不包，每次空袭派出 200 架左右的飞机，这种情况一直持续到空袭行动的尾声，也就是 1944 年 4、5 月份，截至那时，由于折损和机械故障等原因，德军每次派出的轰炸机数量减少到 100 架出头，而且空袭并未对英国造成严重的破坏。除了在 1944 年 2 月 18 日、20 日、24 日以及 3 月 21 日对伦敦发动的几次空袭

取得了成功之外，其他空袭投掷的绝大部分炸弹都没有击中预期目
标，而且与德国遭到的轰炸相比，德军在英国投掷的弹药量实在太 660
少。此次进攻最终于 1944 年 5 月结束，但早在此之前，德军就心
知肚明，知道要想取得胜利，他们需要一些新花样。一系列的“奇
迹武器”早就开始投入研发。希特勒和戈培尔都承诺道，凭借这些
武器，战局很快就会被彻底扭转，德国必能力挽狂澜，反败为胜。[35]

三

在这些奇迹武器中，第一种被启用的就是无人驾驶的“飞弹”。1944 年 7 月 17 日，汉斯 · 施瓦茨 · 凡 · 伯克（Hans Schwarz van Berk）——此人是任职于戈培尔《帝国》报纸的一名记者——将这种武器命名为 V-1，并立即得到了希特勒的批准。这个名字显示了该武器的功能，即它是用来对付同盟国的复仇性武器，旨在报复同盟国轰炸对德国城镇造成的破坏。当人工驾驶的轰炸机不能取得显著轰炸效果时，这种武器就会派上用场。V 代表德语词 Vergeltung，即报复之意，仅是这个名字就已经暴露出研制这种武器的潜在意图，即它更大程度上是想鼓舞士气，取得军事成效只是其次。V-1 飞弹的研发得益于 20 世纪 30 年代中期开展的实验项目，当时工程师保罗 · 施密特（Paul Schmidt）已经开始致力于研究脉冲喷气发动机系统，这种系统能通过高速的间歇性爆炸运转。为了加快研发进程，航空部让阿格斯（Argus）飞机引擎公司于 1939 年接手该项目，并于 1941—1942 年间，开始在小型战斗机上试用脉冲喷气发动机。然而，这种发动机的噪音极其刺耳，而且震动的程度极其强烈，所以根本不能应用于载人飞机中。除它之外，另一个可选择的武器就是“空投鱼雷”，也就是现在所谓的巡航导弹。1942 年 6 月，航空部正式批准了全面研发该武器的项目，由菲泽勒（Fieseler）的飞机

制造公司负责。经过两年的时间，该武器研发成功，达到可以投产的水平。1944 年 6 月 13 日，在希特勒的催促命令下，最初的 10 枚 V-1 飞弹从所在的海岸发射斜坡被发射出去，飞向伦敦。德军已经事先计算好 V-1 飞弹的燃料，使其飞到英国首都之后才会耗尽，足以保证其落到地面并爆炸。当 V-1 飞弹接近伦敦的时候，当地民众听着震动的马达声，焦急地等待着马达停止运转，然后一分一秒地数着时间，直至爆炸，这给伦敦民众造成了巨大的心理影响。1944 年 6 月末，希特勒下令大幅度提高 V-1 飞弹的产量。据统计，发射的飞
661 弹总共多达 22,384 枚（其中 1,600 枚是在飞机上发射的，其余的则是从发射斜坡上发射的），但大约有 1/3 到一半左右的飞弹未击中预期目标。有的发射后不久燃料就耗尽了，有的则被防空火力击落，而还有的则被速度较快的战斗机击落，因为飞弹速度为每小时 375 英里，飞行速度较慢，所以战斗机具有明显的速度优势。施佩尔后来认为，希特勒及其幕僚——包括施佩尔本人——都“过度高估了 V-1 飞弹的作战效果”。由于同盟国军队遍布飞弹的发射点，所以越来越多的 V-1 飞弹都从德国境内发射，攻击目标变为比利时，尤其是安特卫普，这完全不是 V-1 飞弹设计之初所要攻击的目标。截至 1944 年 9 月，很明显地，V-1 飞弹未能挫败英国人的士气，所以飞弹研发项目的规模也被缩水。1945 年从德国本土发射、以伦敦为攻击目标的少量飞弹只能运载小很多的弹头，唯其如此才能确保飞弹飞行更远的距离，但也正因如此，飞弹几乎产生不了任何破坏效果。[36]

两个复仇武器中的第二个就是陆军研发的弹道导弹，陆军用它来与空军研发的 V-1 飞弹竞争，这种导弹在技术层面上更为精密。科学家们起初在 20 世纪 20 年代末开始研究液体燃料火箭，其灵感部分源自弗里茨·朗（Fritz Lang）一部名为《月宫女》（*The Woman in the Moon*）的电影。一系列小组团队——其中一些得到

了雨果·容克斯（Hugo Junkers）等飞机制造商的支持——开始用各种各样的燃料做实验，有的燃料极不稳定，挥发性很强，所以非常危险。到了30年代末，一位富有的年轻贵族——韦恩赫尔·冯·布劳恩（Wernher von Braun）——已经开始崭露头角，成为火箭研究领域最重要的开拓者。这位小冯·布劳恩生于1912年，成长于一个保守的民族主义家庭，他的父亲因为支持1920年的卡普政变而丢掉了公务员的工作，后来转行做了一名银行家。1932年，老冯·布劳恩成为弗朗茨·冯·巴本（Franz von Papen）反动政府的农业部长，但当希特勒开始掌权时，他也丢了这份工作。然而，老冯·布劳恩的右翼政治思想影响了他儿子各方面的思想态度，所以他的儿子很容易为纳粹政府服务。韦恩赫尔·冯·布劳恩就读于柏林工业大学的机械工程学专业，随后又获得了应用物理学的博士学位，专攻液体燃料火箭研究。此后，他得到了陆军和空军的资助，在佩内明德（Peenemünde）建立了一个试验场，那是一片偏远荒芜之地，由海滩、沼泽和沙丘组成，位于波罗的海沿岸的乌瑟多姆岛（Usedom）北端，他的祖父很多年前曾在这里度假，打野鸭。小冯·布劳恩于1937年加入纳粹党，三年后又加入了党卫队，此刻他不仅拥有各种资质证明和人脉关系，而且还表现出超凡的人格魅力和领导才能，因此， 662
他足以说服军方为这项不太现实的研发项目增加资助。小冯·布劳恩及其团队需要解决诸多颇为棘手的问题：燃料既须稳定，而且也必须强大有力，火箭的空气动力必须绝对可靠，导航系统也须切实有效。此外，像钢铁这种关键材料以及陀螺仪、发送器以及涡轮泵等不可或缺的元件有配额限制，所以小冯·布劳恩必须尽力争取；而且，战争经济中有的领域较实验性火箭的测试和研发更为重要，所以他也不得不与这些领域抢夺科学专家和技能工人。[37]

然而，小冯·布劳恩成功地让阿尔贝特·施佩尔相信了这项研究的重要性，这一点至关重要。施佩尔后来回忆道：“我喜欢和这群非政治性的年轻科学家和发明者们交往，他们由 27 岁的韦恩赫尔 · 冯 · 布劳恩领导，此人意志坚定，又极为务实，前途无可限量。”[38] 施佩尔在被任命为装备部部长后不久就参观了佩内明德，随行的还有弗罗姆将军、米尔希元帅以及一名海军代表；施佩尔亲眼见证了第一枚遥控火箭的发射。“火箭这个庞然大物咆哮，发出巨大的声响，”他回忆道：“从发射台缓缓升起，它似乎立在喷射的火焰上，但一眨眼的工夫，就轰的一声蹿到了低云层里，消失在视线外。韦恩赫尔 · 冯 · 布劳恩咧开嘴笑了。”这项魔法般的技术简直不可思议，给施佩尔留下了深刻印象。技术人员正在告诉施佩尔，“这个发射体能飞越难以置信的遥远距离，而就在此刻——发射后一分半钟——传来了迅速增强的轰隆声，很明显，这枚火箭落在了临近区域。我们都原地僵住了，这枚火箭竟然落在了半英里以内的地方”。[39] 不出所料，听到试射报告后，希特勒根本不相信这项研究有可观的前景。但施佩尔于 1942 年 10 月 14 日呈递的首次成功试射报告彻底打消了希特勒的疑虑，当天，其中一枚火箭飞行了 120 英里后落在了预期目标的 2.5 英里范围内。现在轮到希特勒狂喜不已。希特勒完全不顾实际情况——这在其他领域也变得愈发明显——宣布必须生产 5,000 枚火箭，用以攻击英国首都。看了小冯 · 布劳恩以影像形式制作的说明陈述后，希特勒笃信，火箭将成为“赢得战争的决定性武器”。[40]

此时，有了希特勒的支持，火箭研发计划就非常顺利了。然而，不久之后，火箭的生产地必须从佩内明德转移到某个更安全的地方。同盟国的情报机构和侦察飞行已经获取了佩内明德以及其他秘密武
663 器生产地的相关信息，这引起了德国方面的高度警觉；而且，同盟国方面已经派出由近 600 架轰炸机组成的机队来摧毁位于佩内明德的火箭研发基地。尽管 1943 年 8 月 18 日的空袭并未彻底摧毁这个基地，但却给基地造成了重创。希姆莱迫切希望能扩大自己的权限

范围，将该研发项目置于自己的职权之内，所以说服希特勒将火箭的生产地重新安置在一个地下基地，以远离同盟国轰炸机的破坏。希姆莱委派党卫队高级军官汉斯·卡米勒（Hans Kammler）负责建造这个新的生产基地。卡米勒拥有工程专业背景，曾在航空部中扮演着举足轻重的角色，后来又被调去协助管理奥斯维辛—比克瑙、马伊达内克以及贝乌热茨等集中营的修建工作。自 1942 年初，他被安排负责党卫队经济与管理部的建筑部门。在施佩尔看来，卡米勒与赖因哈德·海德里希出奇地相似，不仅都是“白肤金发，蓝眼睛，脸比较长，衣着总是很整洁，受过良好教育”，而且也都是“冷血残忍的谋划家，也是不达目的不罢休的狂热分子，既谨慎精明，又狡诈无耻”。然而，施佩尔起初与卡米勒相处甚好，称他“在很多方面简直就是自己的翻版”，并称他是一名具有天赋的中产阶级大学毕业生，能“在没有受过训练的领域里很快适应，而且还能在其中大有作为”，此外，施佩尔还非常欣赏其“客观冷静”的品质。[41]在进行了诸多考察后，施佩尔、卡米勒和火箭小组最终将新的生产基地安置在一个旧石膏矿建筑群里，该建筑群临近图林根州哈茨山（Harz）内的北豪森镇（Nordhausen）。卡米勒立刻展开部署，将石膏矿改造为一个新的火箭生产基地，这个基地就是我们所熟知的“米特尔维克”，德语为 Mittelwerk，即中心工厂之意，暗指其地理位置；与此同时，他组织转移工作，将可挽救的设备和文件转移出佩内明德。[42]

为了建造生产基地，党卫队在布痕瓦尔德设置了一个集中营附属营区，即我们所知的“朵拉劳改营”（Work Camp Dora），位置就在工地现场。* 截至 1943 年 10 月，有 4,000 名囚犯——其中绝大

---

* 朵拉劳改营与“米特尔维克”火箭生产基地后扩展成“米特堡”（Mittelbau：Central Construction），整个营区合称“朵拉–米特堡”。

部分是俄罗斯人、波兰人和法国人——在这个矿场工作，负责爆破和挖掘工作，以及混合和倾倒混凝土。卡米勒宣告道："完全不用考虑人力成本。""工期不得有丝毫耽误，必须在最短的时间内完成建设。"[43]卡米勒并未像最初计划的那样投入金钱和时间在矿地外建造供囚犯居住的营房，相反，他命令党卫队隔开了 43 至 46 号隧
664 道，让囚犯们在里面组装木质多层床，每个床有 4 层高。隧道里面阴冷潮湿，温度从未超过 15 摄氏度（59 华氏度）；此外，爆破不断扬起的灰尘使隧道里的环境愈发难以忍受。里面没有合适的卫生设施，水供应也完全不足，囚犯们根本无法洗漱。临时厕所由锯成两半的大油桶组成，上面放了一块木板。党卫队守卫人员最乐此不疲的一个恶作剧就是当囚犯坐在木板上时，从后面接近囚犯，然后将其推进油桶。囚犯们两个人或者更多人挤在一张床上，很快就变得脏兮兮的，蓬头垢面，而且浑身都是虱子。[44]一名法国囚犯这样描述了他 1943 年 10 月 14 日抵达建筑工地的情形：

> 囚监和党卫队以恶魔般的速度催促我们，不仅大吼大叫，而且不断地对我们拳打脚踢，还威胁说要把我们处死……嘈杂的声音刺进我们的大脑，让我们一直处于神经崩溃的状态。这种令人发狂的节奏整整持续了 15 个小时。到达宿舍之后……我们甚至懒得躺到多层床上去；我们精疲力竭，直接躺在了粗糙的岩石上或者地面上。后面的囚监仍然在催促我们。后进来的人直接从前面躺下者的身上踩了过去。很快，一千名以上的囚犯绝望地躺在地上，他们渴得要死，濒临生命极限，都希望能睡一觉，但这完全不可能，因为看护人员的吼叫声、机器运作的嘈杂声、接连不断的爆破声以及钟声夹杂在一起，不断地刺激着他们的耳朵。[45]

囚犯一直都被限制在隧道里面，只能在每周例行点名的时候，见上一次阳光，他们每次都在外面连续站上数个小时。很多人都患上了痢疾；那些因身体过度虚弱而无法走到检阅场上的囚犯会遭到党卫队毒打，通常会被活活打死。[46]

在后来的纽伦堡审判中，施佩尔否认曾参观过任何类型的劳改营，也没有提到朵拉的中心工厂。[47] 然而，事实上，正如他执掌的装备部的资料显示，施佩尔曾于 1943 年 12 月 10 日参观过新落成的 V-2 火箭生产中心。他后来承认，囚犯的工作环境令他震惊。据他的回忆录来看，他曾当即下令为囚犯建设恰当的住所，改善卫生设施，增加他们的配给。[48] 然而，他的办公记录并没有提到任何抗议内容；相反，1943 年 12 月 17 日，施佩尔在给卡米勒的信中祝贺他取得的成功，即两个月内就建成新生产中心，并称这项成就“远远超过了欧洲曾取得的任何成就，而且美国人也望尘莫及”。[49] 直 665
到 1944 年 1 月 13 日，装备部的负责医生才汇报了该集中营糟糕的健康状况，促使装备部展开了相关调查。据显示，该集中营 1943 年 10 月的死亡人数为 18 人，11 月为 172 人，12 月为 670 人；营区投入使用后的 6 个月内，有 2,882 名囚犯死亡。截至 1944 年 3 月，该集中营已经设立了焚化室，专门用于处理这些尸体。直到天气变暖以及 1944 年 5 月隧道外面的宿舍修建完成，死亡率才开始下降。[50] 最终，被迫在 V-2 火箭生产基地工作并在朵拉劳改营或周边 30 多个附属营区生活的 6 万名囚犯中，死于疾病、饥饿和虐待的囚犯总共多达 2 万名。[51]

与此同时，施佩尔刚于 1944 年 1 月 18 日病倒，希姆莱就插手其中，试图全权接管该项目，将其变为党卫队迅速发展的经济帝国的又一分支。两个月出头的时间后，希姆莱因为没能说服韦恩赫尔 · 冯 · 布劳恩加入自己的计划，所以逮捕了这名火箭设计者、他的兄弟以及他最紧密的两名合作者，理由是他们加入了一个（完全杜撰的）左翼抵抗组织，试图破坏火箭计划。然而，不久之后，施佩尔趁元首来探病之机请求希特勒下令释放他们。此外，V-2 火箭项目的总负责人——陆军军官瓦尔特·多恩贝格尔（Walter Dornberger）——也给这位纳粹元首施加了很大压力。希姆莱不得不下令释放这些火箭设计者，因为他们的科学技术知识不可或缺，如此一来，他试图接管该项目的努力也化为泡影。战后，冯·布劳恩称自己是一名与政治无关的纯技术专家，而他此次被捕为他本人捍卫自己在纳粹统治时期的所作所为提供了有利证据。在随后的几个月中，他的专业技能受到了严峻考验，因为这些火箭在试飞过程中都爆炸了，而且中心工厂匆忙生产的第一批火箭成品也同样难以令人满意。但这一点根本不足为奇，因为工人们就像奴隶一样，他们的健康状况糟糕透顶，而且还受到虐待，再加上缺乏专业技能，所以他们的制作水平低得不能再低。此外，火箭设计在不断调整和改进，截至战争结束，原初设计被修改的地方多达 6.5 万处。朵拉劳改营的条件虽然后来得到改善，有了居住营房和各种各样的基础
666 福利设施，但这些囚犯依然遭到看护人员和监管者非人的虐待，而且没有任何证据显示，多恩贝格尔或冯·布劳恩曾采取任何改善措施，而且就这方面而言，施佩尔也没有。直到 1944 年 9 月，当初期就出现的问题得以最终解决后，第一批火箭才射向伦敦。很快，该工厂的火箭日产量达到 20 枚以上，或者说月产量多达 700 枚。[52]

截至此刻，火箭生产项目的管理权已经由陆军——1944 年 7 月炸弹密谋事件之后，陆军的权力和影响力就已大打折扣——转移到由火箭设计者们组成的小团体手中，目的是防止其完全落入权力日渐强大的卡米勒和党卫队的手里。1945 年 2 月 1 日，随着新指挥官里夏德·贝尔（Richard Baer）——他曾是奥斯维辛集中营的最后一任负责人——的到来，朵拉集中营的条件变得愈发恶劣，他下令镇压当下活跃的囚犯抵抗运动。贝尔下令将前德国共产党员棒打致

死，并且多次开展大规模的处死行动，其中在 1945 年 3 月的一次处死行动中，有 162 人被害，而且其他囚犯必须观看整个处死过程。不久后，德军就从朵拉集中营撤离了。当同盟国军队到来时，朵拉集中营只留下了 600 名工人，他们病入膏肓，无法转移，此外，临近的一个集中营附属营区还有 405 名工人。截至此时，这个火箭生产中心加上之前佩内明德的工厂，总共成功制造了大约 6,000 枚火箭；中心工厂的厂房也生产了数千枚 V-1 飞弹。总共有 3,200 枚 V-2 火箭被成功发射，其中绝大多数的攻击目标都不在英国，而在比利时境内。对方无法采取任何抵御措施，因为这些火箭以无法阻挡的速度——每小时 2,000 英里左右——落下来，而且几乎是垂直落下。尽管如此，但它们也只能携带常规数量的弹药，即一吨高爆弹，所以根本无法对目标点予以重创。总共超过 5,000 人被火箭炸死。因此，正如研究 V-2 火箭的历史学家迈克尔 · 诺伊费尔德（Michael Neufeld）所言，V-2 火箭“是一种极其特别的武器，因为为生产它而牺牲的人比被它炸死的人还要多”。[53]

四

正如我们所见，早在 1942 年春天，弗罗姆将军——两年后，他将因参与炸弹密谋而锒铛入狱——就已经对战争的最终结果感到悲观。然而，弗罗姆并未彻底绝望。他笃信，在英国、美国和苏联 667
正开展大规模武器生产的背景下，要想赢得战争，唯一的希望就是超级炸弹，此时一组物理学家正在研发超级炸弹，而领衔这支研发队伍的就是杰出的理论物理学家奥托 · 哈恩（Otto Hahn）和维尔纳 · 海森堡（Werner Heisenberg）。20 世纪 30 年代，一些极端的纳粹科学家试图否定理论物理学，尤其是相对论，称其为“犹太人”的东西；但 1940 年 11 月 15 日，一场戏剧性的对峙在慕尼黑上演，通过此次对峙，物理学界成功地否决了这些极端纳粹科学家的观点。[54] 物理学界得出结论，本质而言，理论不是犹太性质的，而是德国性质的。然而，与此同时，这已经给德国相关方面的研发造成了很大程度的破坏。物理学家们指出，德国科学家在 1927 年发表了 47 篇关于原子核物理学的文章，而美国和英国科学家总共才发表了 35 篇。但是，到了 1939 年，发表情况出现了巨大的转变，德国人只发表了 166 篇，而英美人则发表了 471 篇。同样，截至 1939 年，美国拥有 30 台粒子加速器，而德国仅有 1 台。[55] 这些设备所能产生的潜在军事效果非常可怕。正如哈恩在 1938 年所发现的那样，如果铀遭到中子的强烈撞击，那么铀将会释放出足够的能量，引起链条反应，造成几乎无可估量的巨大破坏力。但在把这一发现运用到实际军事战争的竞争中，德国显然已经落后。[56]

尽管如此，但海森堡坚持研发核炸弹。然而，要研发核炸弹，他面临着难以攻克的问题。尽管丹麦科学家尼耳斯 · 玻尔（Niels Bohr）在战前就已经发现，铀 235 是研制核炸弹的最佳原料，但海森堡和哈恩从未成功计算出制造一枚核炸弹到底需要多少数量的铀 235，而且也不知道在生产期间如何控制分裂过程。他们认为，需要用“重水”（水的一种同位素）来解决第二个问题，他们这种想法是正确的。位于挪威的一家工厂是全世界唯一能生产大量重水的地方，当 1940 年 4 月这家工厂被德国人占领之后，德国人占尽了各方面的条件，成功似乎指日可待。但同盟国情报机构意识到了这家工厂的重要性，因此，同盟国于 1943 年派突击队和轰炸机实施了一系列袭击，将这家工厂彻底摧毁了。事实上，即便这家工厂没有被摧毁，海森堡的团队其实也没有发现石墨和重水在控制核分裂方面具有的重要作用。而且就算是投入大量的金钱和资源，要想最
668 终制造出一枚“原子弹”，也还需要两三年的时间。与陆军将领们一样，施佩尔非常清楚，第三帝国根本没有功夫等这么久。研制原

子弹需要大规模的投资，这只会占用各种亟需资源，使战争经济的当下要求无法得到满足。具体来说，在接下来的短短几个月中，德军方面需要飞机、枪炮、坦克、弹药、潜水艇、人力以及各种物资来彻底歼灭红军，切断英国人的大西洋补给线，同时做好充分准备，迎接美国人势必即将发起的猛烈进攻。海森堡前来游说施佩尔，他的想法给施佩尔留下了深刻印象，所以施佩尔给了他一些经济支持。但这些资源根本不够。早在 1942 年夏初，纳粹当局就做了一个重要决定，那就是只允许小规模开展该研发项目，因为当时希特勒和德国的主要经济管理人都认为，这场战争最多还会持续几个月，所以必须等到战争结束之后才能放手进行原子弹研发。陆军在 1940 年就已经接管了该领域的主要研究中心——即威廉皇帝物理研究所（Kaiser Wilhelm Institute for Physics），这里也是海森堡的根据地——将其重新置于帝国研究理事会的麾下，因为该研究所似乎不再具有直接的军事价值。[57]

施佩尔后来认为，如果这样的炸弹存在，希特勒将会毫不怀疑，也毫不犹豫地将其投入战争。希特勒观看了一则 1939 年 9 月轰炸华沙的新闻短片，这则短片的结尾以蒙太奇的手法呈现了一架飞机俯冲向地图上的不列颠群岛的画面，不列颠群岛立即爆炸，爆炸物散布天空。希特勒看了之后对施佩尔说道："这就是它们将面临的命运！我们就是要用这种方式将其铲除！"截至 1944 年夏天，海森堡及其团队利用施佩尔提供的资金，已经建造了一台能成功分裂原子核的回旋加速器。然而，他们没有足够的铀来进一步开展研究；尤其是考虑到 1943 年源自葡萄牙的钨锰铁矿供给被切断之后，德国现有的铀储备需要用来给实心弹药提供内核。[58] 而且，无论如何，相关的精力与资源本应全部集中在一个团队上，但统治当局内部的相互倾轧分散了这些有限的资源——除了海森堡的团队外，还存在另一个团队。这另一个团队由年轻的物理学家曼弗雷德 · 冯 · 阿登

（Manfred von Ardenne）领导，他们得到了帝国邮政部部长威廉·奥内佐格（Wilhelm Ohnesorge）的支持——这看起来有点不可思议。希特勒的御用摄影师海因里希 · 霍夫曼（Heinrich Hoffmann）是奥内佐格的朋友，他成功地让希特勒对阿登的研究产生了兴趣。阿登得到了库尔特 · 迪布纳（Kurt Diebner）的协助，后者是隶属于德国陆军的一名物理学家，此外，阿登还有一个由另外 100 名研究人员组成的团队，这些研究人员分布在 17 个不同的机构。他们用
669 浓缩钚研发一种与海森堡超级炸弹不同的战略性核武器，并取得了一定进展。后来有人称阿登的团队于 1944 年 10 月在波罗的海吕根岛（Rügen）成功地进行了爆炸测试，之后又于 1945 年 3 月 3 日和 12 日在图林根州成功测试，但历史学家对此抱有一定怀疑。同样，在实验基地，集中营囚犯也被用来执行建造工作，而且在 1945 年 3 月，有数百名囚犯在建设实验基地的过程中不幸丧命。但不管阿登和迪布纳究竟有没有取得成功，都为时已晚，无力回天。截至此时，铀和钚这两种必要元素都无法获得。[59] 此外，希特勒对这方面的研究已经失去了兴趣，也不再予以大力支持，因为他仍然固执地认为，本质而言，核物理学是一门犹太学科，这也是教育部的观点，教育部对该学科领域的研究没有提供过任何支持。无论如何，即便资金、人力以及原材料都一应俱全，他们也没有时间了。美国为制造原子弹而投入的资源是德国所负担不起的，甚至在美国，即便曼哈顿计划投入了数十亿美元的资金、大量的科学家以及无限量的物资供给，直到 1945 年才研制出一个可使用的武器。[60]

法本公司正在研发的神经性毒剂同样极具破坏潜能。1938 年，法本公司的科学家施拉德尔（Schrader）、安布罗斯（Ambros）、吕迪格（Rüdiger）和范德林德（Van der Linde）合成了一种高度致命的有机磷化合物，他们把各自的姓氏组合在一起，共同将其命名为沙林（Sarin）。安布罗斯既是法本公司的负责人之一，同时也

是施佩尔装备部中毒气特别委员会的总负责人，他有着得天独厚的条件来研发这些化学战剂。除了沙林以外，还有一种名为塔崩（Tabun）的毒剂，这种毒剂已经准备投产，此外，还有一种名为梭曼（Soman）的毒剂，由威廉皇帝化学研究所（Kaiser Wilhelm Institute for Chemistry）的科学家们在里夏德·库恩（Richard Kuhn）的带领下，于1944年初发现。截至1942年，位于布雷斯劳北部的工厂已经开始生产沙林和塔崩；而截至1944年6月，塔崩的总产量达到了1.2万吨。这些神经性毒剂在动物身上做过测试，但也有人称集中营囚犯也被用来做过测试，可这一指控没有十足证据。但在这些毒剂能被投入使用之前，研究者们还需要克服许多棘手的问题。因为这些神经性毒剂非常危险，哪怕皮肤只是接触了极少量的毒剂，那也是致命的。所以在研发阶段，这些毒剂给300多名工人（他们中许多都是强制性劳动者）造成了抽搐和其他伤害，而且其中至少10人死亡。德意志劳工阵线的纳粹负责人罗伯特·莱
伊是一名受过专业训练的化学家，尽管生产神经性毒剂极其危险， 670
但他对这些新的化学武器仍怀有十二分的热情。据阿尔贝特·施佩尔后来回忆，莱伊喝了数杯他惯饮的烈酒之后，兴奋而又结巴地说道：“你知道我们有这种新毒气——我已经听说了。元首必须这样做。他必须使用这种毒气。现在他不得不走这一步！不然更待何时呢！这是最后的机会。你也必须让他意识到是时候动手了。”事实上，希特勒的确在考虑用神经性毒剂来对付红军。但施佩尔知道，生产基本原料的那些工厂已经遭到同盟国空袭的严重破坏，使用神经性毒剂的想法根本就不可能被付诸实践。[61]

但无论如何，还没有哪一种已知的防御措施能有效地抵抗毒剂。在战场上使用神经性毒剂实在太过危险。假设风向突变，这些毒剂被吹向德军这边，那该怎么应对？把毒剂放进炸弹或者导弹中也几乎同样危险。失误总是无可避免，没有人能确定，当毒剂炸弹爆炸时，

这些毒剂会朝哪个方向扩散。与其他科学家一样，希特勒的化学战全权总监（Plenipotentiary for Chemical Warfare）卡尔·勃兰特（也是希特勒的私人医生）深信，同盟国有资源优势，这意味着它们在神经性毒剂的研发和生产上也更为先进。他分析到，如果德国开始使用神经性毒剂，那么同盟国一旦决定以牙还牙，它们凭借在空中作战的绝对优势，德国将毫无招架之力。1944 年秋天，考虑到这一点之后，德国迅速提高了防毒面具的产量，在短短几个月的时间内就生产了数百万张防毒面具。事实上，尽管同盟国的确存有光气和芥子毒气，但它们根本没有现代化的神经性毒剂。同盟国方面也的确很好地配备了防毒面具，其实，早在战争爆发前，数百万张防毒面具就已经分发给了英国民众。然而，这种简单的设备能否就抵御沙林或塔崩起到丝毫作用，这非常值得怀疑。[62]

战争期间，德国研发中的尖端技术设备远非只有飞弹、火箭、原子弹和神经性毒剂。正如施佩尔所言，截至 1944 年，德国有一系列处于准备阶段的奇迹武器：

> 我们拥有遥控飞弹，拥有甚至比喷气式飞机更快的火箭动力飞机；我们也拥有火箭弹，它能通过追踪敌机马达发出的热射线准确地瞄准敌机；我们还拥有先进的鱼雷，它能根据敌舰发出的声音追逐并击中敌舰，哪怕这艘敌舰在不断地转变逃窜
> 671 方向。而且，地对空导弹的研发也已经完成。设计师利皮施（Lippisch）已经开始设计新的喷气式飞机，这要比目前已知的任何设备都先进……我们研发的项目实在太多，这让我们的确大受其苦。如果我们只聚焦于少数几种武器，那么其中一些肯定很快就能完成。[63]

但这些研究项目最终都没有带来实质性成果。统治当局不能分主次、

有先后地进行研发，注定了这些项目会以失败告终，而统治当局之所以无法厘清事情的轻重缓急，原因是多方面的。一方面，不同机构相互倾轧；另一方面，总体而言，统治当局高估了自己资助和实施这些项目的能力；再一方面就是，统治当局普遍低估了从研发到生产所需要的时间和资源。举个例子，在施佩尔看来，“瀑布”地对空导弹能有效地削弱英美空袭的影响，但希特勒并未集中力量制造这种导弹，相反，他下令集中资源生产 V-1 飞弹，后来又聚焦于 V-2 火箭。这使“瀑布”地对空导弹的研发项目陷入一个又一个的问题，举步维艰，如果将那些人力和设备资源都用在这种导弹的研发上，那么其研发速度很有可能被加快，不久之后它就能运用到实际作战中。[64] 施佩尔和其他人都知道武器研发缺乏统筹协调，而且，有的研发项目明显没有实际的军事价值，但仍然在继续进行。统治当局永无休止的内部斗争意味着没有人能对此采取有效措施。这些研发项目的成本巨大无比，例如，与在洛斯阿拉莫斯（Los Alamos）实施的曼哈顿计划相比，佩内明德 V-2 火箭基地雇了更多的操作人员。最终，所有这些计划都没有对战争的最后结果产生任何积极作用，反而给德国造成了巨大的经济负担。[65]

喷气式战斗机本来有可能帮助捍卫德国城市，但这款战斗机也经历了类似的命运。当时，制造喷气式战斗机的科学技术显然已经存在。截至 1941 年，恩斯特 · 亨克尔（Ernst Heinkel）已经成功研制并测试了喷气发动机，并且即将运用到一款具有革命意义的新式战斗机上，也就是双引擎的 Me 262 飞机，喷气发动机将使该战斗机的时速超过 500 英里。1943 年 7 月，Me 262 首次飞行。这款新式飞机让施佩尔欣喜若狂，但后来由于希特勒的多次干预，这款飞机未能得以大规模生产，对此，施佩尔责备不已。希特勒先是下令暂停 Me 262 项目，随后他又改变主意，宣称他要的是轰炸机，而不是战斗机。施佩尔和其他许多人，包括空军的高层指挥官们，

都力图让希特勒相信，如果能将 Me 262 作为战斗机来进一步研发
672 并最终启用的话，那么它将重创此刻正在德国城镇上空嚣张跋扈的英美轰炸机。但希特勒认为他们这是在谴责自己的军事和技术才能，这些一个接一个试图改变他想法的说客们让他怒火中烧，所以他下令，从 1944 年秋天开始，禁止所有人讨论 Me 262。但无论如何，在尚未发展到这个阶段之前，同盟国实施的轰炸早就给 Me 262 的研发和生产基地造成了破坏。因此，Me 262 的产量几乎可以忽略不计。此外，燃料补给也被摧毁了；大规模制造 Me 262 所必需的金属合金供应也没有；最后，也没有时间和设施来培训飞行员驾驶这款飞机。而且，最重要的是，研究人员需要更多的时间来测试进而完善这款飞机的设计，直到初期问题——这是无可避免的——得以解决，从而保证这款飞机能安全有效地飞行。航空部全心全意地投身到这款飞机的研发上，但梅塞施密特公司的确没有充足的时间和资源来将该研究项目变成实质性成果。[66]

新一代潜水艇也被给予了厚望，这种潜水艇将拥有强大的电池，能保证它可以长时间潜在水下，如此一来，就不会被雷达发现。此外，它也将拥有非同一般的速度，能超过护航队，所以在敌方随行的驱逐舰采取行动之前，它就能将护航船只击沉。1944 年 6 月，第一艘新式 U 艇交付，截至 1945 年 2 月，建造的 U 艇超过了 150 艘。但它们只是被匆忙生产出来的，还没有经过恰当的测试和检验，因此，很多 U 艇几乎立刻暴露出设计之初就存在的问题。而且无论如何，没有空中侦查的支援，这些 U 艇很难准确定位它们的攻击目标。1944 年夏天，生产 Ju 290 远程侦察机的应急项目被迫取消，因为同盟国发动的空袭给各个生产中心造成重创，如此一来，这个飞机生产计划显然不可能成功。不久以后，位于法国海岸的 U 艇基地就落入了同盟国的手中。由于建造新式 U 艇的计划被优先考虑，而且它也被给予了取得成功的厚望，所以希特勒相信，U 艇舰队的指挥

官邓尼茨海军上将是军队中少数几名仍然抱有获胜决心——这是希特勒所要求的——的领导人之一，尽管如此，但U艇却未能成功击沉一艘敌船。[67]

还有一种被称为V-3的奇迹武器，这种武器纯粹是用来报复英
国人的。V-3是一门巨大的火炮，炮管长达150多米，设计者打算 673
用它来将炮弹直接从欧洲大陆射到伦敦中心。火炮装置内会有少量的爆炸，以便驱动这些炮弹，当这些炮弹沿着炮管上升时，速度就会逐渐增快。当这种武器尚处于研发阶段时，同盟国的炸弹就摧毁了它的发射基地，而等德国方面把这些基础设施修复完毕时，德国战败已是无可避免的事实。[68] 另一种奇迹武器就是四节火箭，由粉末燃料而非液体燃料提供推动力，四节火箭最终在战后年代发展为由固体燃料推动的多节火箭。然而，德国陆军仅成功生产出少量的四节火箭，并且自1944年年底向安特卫普发射这些火箭，但火箭飞过了攻击目标，最后坠入海里。这种武器造成的唯一破坏就是在它试飞的时候，当时一枚火箭嗖的一声窜到了附近的一个农场，结果只杀死了几只鸡和一条狗，另外还有两头牛受伤。[69] 德国似乎有无穷无尽的奇迹武器。1945年4月初，劳工阵线领导人罗伯特·莱伊专门跑到阿尔贝特·施佩尔这里，与之一同前来的还有马丁·博尔曼和其他一些人，他们与施佩尔进行了深入讨论：

莱伊匆忙地跑到我这里来，告诉我说："死光已经发明出来了！这种武器很简单，我们完全可以大规模生产。我仔细研究了相关文件。这种武器绝对可靠，毋庸置疑，它将具有决定性意义！"博尔曼在旁边也点头肯定。莱伊接着又挑我的刺，说话时一如既往地结结巴巴。"但你的装备部竟然直接拒绝了这位发明者。还好他给我写了信。但现在你必须亲自启动这个项目。马上，立刻！眼下没有什么事情比这更重要。"[70]

施佩尔的团队很快就发现，发明该武器的人是一个非常奇怪的业余者，此人要求的设备实在太过陈旧，40 年前就不生产了。[71]

最终，这些奇迹武器主要只是起到了宣传的作用，给那些仍然想要纳粹主义获得胜利的人注入希望。德国媒体报道了 V-1 飞弹和 V-2 火箭给敌方造成巨大破坏的轰动故事，目的就是满足民众的要求，即对英国采取有效的报复行动，他们相信这些报复行动能终结同盟国的空袭。但其中许多故事都是虚构的。总体而言，落在英国境内的 V-1 飞弹不足 6,000 枚，而 V-2 火箭则只有 1,000 枚出头。这两种武器炸毁的房屋大约有 31,600 处，绝大部分都在伦敦，而被炸死者有近 9,000 人，被炸伤者有 2,400 人。这一破坏完全无法与同盟国在对德轰炸中所造成的破坏相提并论，根本满足不了
674 大规模复仇的要求。民众们把 V-1 飞弹戏称为“愚弄民众者 1 号”（Volksverdummer Nr 1）或“失败者 1 号”（Versager Nr 1）。戈培尔的宣传部非常清楚，这是民众们在质疑，所以宣传部组织媒体抛出大量模棱两可的承诺，称德国还有新式奇迹武器，具有强大得多的破坏力，但这些武器到底是什么，却并未言明。早在 1943 年 2 月 19 日，希特勒就公开提到了“目前尚不为人知的、独一无二的奇迹武器”，称这些武器已经在研发中，必将彻底扭转战局。[72] 但诸如此类的承诺很快就丧失了它们或许具有的效力。甚至就在当年 11 月，一则调侃这些承诺的笑话就在民众中迅速流传，这暴露出民众已经非常清醒地认识到，德国因资源匮乏正逐渐走向战败的命运。这个笑话是一条想象的报道：“1950 年时，元首指挥部正在开会，讨论原本确定下来的报复日期。但报复行动又被推迟了一个月，因为大家还没有就两架飞机应并排飞还是前后飞达成一致意见。”[73]

快到战争结束时，甚至最乐观、最坚定不移的纳粹主义追随者也开始怀疑奇迹武器。1944 年 9 月 3 日，英格·莫尔特给她的丈夫阿尔弗雷德写信道：

> 亲爱的弗雷德，我们必须坚持不懈，直到新式武器制造成功，在那之前，我们决不能在敌人的威胁下屈膝投降。亲爱的，我只是无法相信。难道这一切真是徒劳吗？难道德国真的将不复存在吗？不，亲爱的，这我无法相信。但不幸的是，这种观点已经逐渐地在各个商铺中流传，凡是你看到有几个人聚集在一起的地方，他们必定是在谈论这个问题。[74]

1944 年 11 月 12 日，一名焦急的广播收听者给宣传部新闻司司长汉斯 · 弗里切（Hans Fritzsche）寄来一封信，问道：“敌人此刻离我们的西部和东部边界如此近，为何还不采用新式武器呢？哪怕不全部采用，至少也应采用其中一些。”但他并没有得到任何回复。[75] 大学生洛蕾·瓦尔布写道，截至 1945 年 3 月，德国的战局已经到了“无法形容的危急时刻”：

> 到了这个时候，政府还在谈论胜利！我内心深处同样不愿相信我们的人民将注定走向失败。但只要你稍微思考一下，你就知道，现在已经到了迫在眉睫的时刻，前途一片黑暗。你甚至看不到丝毫希望之光。新式武器还没有出现，极有可能永远也出不来了。我当然相信这些武器的研发生产项目是规划好的，
> 也相信它们正在制造之中，但到了这个关键时刻，研发者们不 675
> 可能成功地再将其准备就绪。[76]

党卫队保安处在 1945 年 3 月底报告道：“直到最近几天，民众们还抱有一丝希望，相信奇迹会出现，这是关于新式武器的宣传在起作用，这些宣传极富策略性，同时也故意地将这个奇迹信念植入了他们的大脑。”但这残存的希望应被视作一种心理防御机制，德国民众现在处于绝望的深渊，他们需要这一心理机制来应付这股情绪。

这份报告总结道："没有人相信我们还能采取截至目前我们曾采取过的方式来发动一场战争，进而逃过这场劫难。民众将最后的希望寄托在外部救援上，或者期盼整个局势奇迹般地发生彻底变化，再或者德国拥有某种极具强大破坏力的秘密武器。但甚至连这最后的希望也逐渐破灭了。"[77]

五

如果说新式武器无法拯救德国，那么新征募的士兵或许可能。早在1943年年底，随着越来越多的年长男性被征召入伍，民众中也开始流传着各种各样的笑话。其中一则笑话是这样的："当你看到老人之家上贴着'因征兵而关闭'的公告时，你就知道我们即将复仇。"[78] 1944年9月26日，军事人员严重匮乏，希特勒焦急万分，为了解决该问题，他下令创建"人民冲锋队"（Volkssturm），也就是年龄介于16至60岁的男性都被要求拿起武器，接受训练，做最后抵抗。人民冲锋队将由纳粹党组织，希特勒指出，其目标是保卫德国人民，防止其遭到"犹太国际敌人"发起的种族灭绝。人民冲锋队的所有队员都必须发誓效忠希特勒，也要发誓甘愿肝脑涂地。希姆莱将人民冲锋队的正式启动日期选为10月18日，这是拿破仑军队于1813年在莱比锡的"民族大会战"（Battle of the Nations）中战败的纪念日。人民冲锋队将领导一场与当年一样的民族起义，在民间传说中，130年前的那场起义终结了法国对德国的统治。但现实却与他们展望和描绘的情景相去甚远。人民冲锋队永远也不可能成为一支非常有效的战斗力量。他们甚至连制服都没有——到了
676 这个节骨眼，相关当局也无力给他们提供制服——只得穿自己的衣服来，随身再带一个背包、一床毯子和炊具。他们需要的武器和弹药也迟迟未至，截至战争最后阶段，他们根本算不上一支真正的军

队，甚至连徒有其表都称不上。那名社会民主党小学生乌尔里希·S.有一天走出他在森林的藏匿之处，看到人民冲锋队的400名成员来到附近一所村庄。“他们精疲力竭，绝大部分人穿的制服都是从空军那里借来的，或者是从其他地方抢来的。还有一小部分人没有制服，只得穿普通服装。我看到全部人中只有5个人拿着枪支武器，剩下的人甚至连刺刀都没有。”这名小学生还带着青少年对中年人特有的鄙视口吻补充道：“他们中绝大多数人都介于45至60岁之间。我们的印象是这整群人太可怜了。他们看起来就像是一个老人之家的成员出来郊游。”[79]很多人都与这名小学生的观点一致。当时，民众中还流传着这样一则笑话：“两名男子拿着铲子经过一片墓地，一位老人在他们背后吼道：‘你们这是要去墓地中给人民冲锋队挖后援军吗？’”[80]然而，对于人民冲锋队的成员来说，入伍却绝非只是一个笑话这么轻松。最终，在与俄罗斯和西方同盟国职业军队的对抗中，多达17.5万名人民冲锋队队员阵亡。[81]

人民冲锋队的征召令非常不得民心。民众们心知肚明，就军事层面而言，这根本就是徒劳，让自己去白白牺牲，他们对此怨恨不已。1944年10月20日，宣传成立人民冲锋队的红色海报在斯图加特全城张贴，这让市民们联想到用来宣布死刑的红色公告。“这也是在宣布死刑，”据报道，有人这样说，“也就是处死德国人民。”[82]人民冲锋队在士兵征募上完全不加选择。因此，许多尚未意识到危险的人和不情愿者都被征入其中。其中一名受害者就是弗里德里希·雷克–马列策文（Friedrich Reck-Malleczewen），他是一名戏剧批评家、作家，也是一名伪贵族幻想家。人民冲锋队组建起来的时候，他正与第二任妻子伊姆加德（Irmgard）安静地生活在他位于巴伐利亚的山间小别墅。他和伊姆加德于1935年3月结婚，后来有了3个女儿，分别出生于1939年、1941年和1943年。此时，他过去的谎言和欺骗行为正令他自食其果。雷克曾四处吹嘘自己在第一次世界大战期间是一名普鲁士军官，有过一段英勇的军事生涯，所以，附近塞布鲁克（Seebruck）城的人民冲锋队领导专程前来邀请他从
677 军时，一点也不让人感到意外。事实上，雷克从未在战争中服役过，而且有生以来也从未朝任何人开过枪。此刻，他直接无视了这一入伍邀请。4 天后，也就是 1944 年 10 月 13 日，在特劳恩施泰因（Traunstein）军队征兵办公室的命令下，他因破坏德国军事工作而锒铛入狱，将被囚禁一周。此时，盖世太保也盯上了雷克。除了其他方面之外，盖世太保还知道雷克写了好几本主题思想显然反纳粹的书籍，比如他研究了再洗礼派（Anabaptists）在 16 世纪明斯特的恐怖统治（这本书的副标题为“大众欺骗史”[History of a Mass Delusion]），也描写了夏洛蒂·科黛（Charlotte Corday）刺杀法国革命家让—保尔·马拉（Jean-Paul Marat）的历史，这两本书都于 1937 年出版。

虽然他的这些书具有反动思想，但毕竟它们的出版都得到了戈培尔审查机构的批准，在德国是完全合法的，所以仅凭这些书，盖世太保无法逮捕他；相反地，他们是根据相关检举来逮捕雷克的。慕尼黑“克诺尔与希尔特”出版社（Knorr & Hirth）的负责人阿尔弗雷德·扎拉特（Alfred Salat）向盖世太保检举了弗里德里希·雷克，扎拉特看了雷克 1944 年 7 月 10 日写给弗里茨·哈辛格（Fritz Hasinger）——扎拉特的同事——的信，里面谈到了版税的事情。这封信还顺便提到“现在的马克”在价值上“只相当于其他地方更强劲货币的一半”，同时，他在信中还抱怨了出版商自 1933 年以来对自己旗下的作家不公——他虽然没有指名道姓，但这个大概意思依然很明显——这两点就足以让雷克锒铛入狱。1944 年 12 月 29 日，雷克因“侮辱德国货币”和“诋毁政府”的指控而被捕。他被关押在慕尼黑的一所监狱，当这所监狱在 1945 年 1 月 7 日至 8 日被炸毁后，雷克与其他囚犯被转移到达豪集中营，盖世太保下令将他关

押在那里，以便进一步审问。在战争的最后几个月，达豪集中营的生存条件迅速恶化，雷克不久就病倒了。他被转移到其中的病人专属区，尽管他曾一度完全康复，可以被送回集中营里的正常关押区，但他又病了，并于 1945 年 2 月 16 日早上 8 点半过世。死亡证书上称他死于小肠结肠炎，但许多目击者——包括雷克在医院专属区的隔壁病友、临死前几日负责照顾他并亲眼看到他死去的医生，以及集中营的医护人员——后来都证明他死于斑疹伤寒。甚至到了这么晚的阶段，集中营官员们还想否认集中营里存在斑疹伤寒这一疾病。[83]

不仅像雷克这样上了岁数的普通民众被征召入伍，而且年轻小男孩和越来越多的女孩也被征募，被安排在空袭期间操作高射炮和探照灯，或者以其他形式参与到战争工作中。希特勒青年团的青少年被号召去“第三帝国的几乎整个边境地带”修建防御工事，对此，1944 年 10 月，甚至纳粹党官员都怨声连连，说“征募来的这个年 678
龄段的人无法执行任何具有实际意义的任务”。[84] 例如，1945 年 3 月 17 日，位于奥兰尼施泰因的国家政治教育机构精英中学的所有 14—16 岁学生都被征召去修建西面的防御工事。5 天后，一名党卫队指导员来到该精英中学，教其他的学生如何使用手持式反坦克枪。[85] 此外，女性也以辅助人员的身份被征召到军队中，而且也必须遵守军纪。据一名年轻的东普鲁士女性描述，在她所属的军事小组，成员们都对军事一窍不通，大家在一起待了 3 个星期。当敌人的战斗机从空中扫射她们的训练营时，她们正在学习如何使用手枪。营区外负责把守的一个女孩为躲避扫射而逃跑了。她因此被处以死刑：

我们全都被迫站在围栏外看着我们的同志被枪决……很多女孩都晕倒了。然后我们被驱赶着回到了营区……处决给我们

> 留下了难以描述的印象。我们所有人整天下来什么都没做，一直在哭。我们没有人去劳作。也正因如此，我们全都被关进了牢房……我们必须在那里待四天，除了面包和水之外，什么食物都没有。我们只允许带一本《我的奋斗》或者《圣经》，但我都拒绝了。[86]

将年轻女性也征召入伍已是最后的无可奈何之举，然而这也是徒劳，丽塔 · H.（Rita H.）的例子淋漓尽致地展现了这一点。丽塔是一名23岁的女裁缝，她的主要职责不过是协助陆军行政办公室撤离，包括焚毁那些能构成德军罪名的文件。当她试图在倾盆大雨中把火点燃时，“由于风不断地吹着我们一沓一沓的文件，那些被火燎着的文件和档案撒得到处都是”。“虽然有点奇怪，”她以一名虔诚天主教徒的身份继续写道，“但让这一沓一沓的文件就这样立在这儿，以一种独特方式亲历一个无神论政府的倾覆，这也是美妙且不可思议的。”[87]

第二节

“与全世界同归于尽”

一

希特勒在 1945 年 1 月 30 日——也就是他就任帝国总理的 12 679
周年纪念日——做了最后一次广播演讲，这次演讲在听众中激起的与其说是战斗热情，不如说是怜悯之情。希特勒甚至懒得制造希望，根本没有提“奇迹武器”将会扭转战局这样的字眼。相反，他一如既往将矛头直指“犹太国际社区策划的阴谋”，称其丧心病狂要铲除整个欧洲。他说，德国人必须继续抵抗，直到取得最终胜利。还说在第一次世界大战期间，德国出现刀刺在背，祸起萧墙的悲剧，但这样的悲剧将不会再上演。尽管如此，可这次演讲甚至连最坚定的纳粹分子都没有打动。正如梅利塔·马施曼后来写道：

> 在战争最后几个月，每次在广播上听到希特勒的声音或是在新闻短片中看到他的身影，我都不得不强忍着泪水。虽然我们的清醒意识拒绝承认德国即将战败的种种迹象——这些迹象正变得愈发明显——但我们的耳闻目见在我们大脑中产生的即

> 时性反应却不可能被篡改，而且我们感到恐惧，我们的心被残酷骇人的事实牢牢地攫住——新闻短片里的那个人日渐衰老，他走路时弓着背，焦急地四处打望。他的声音尖锐刺耳，听起来绝望不已。他注定要失败吗？对我们而言，他代表了德意志民族做出的前所未有的努力，这份努力使德意志民族接管了欧洲大陆的统治权。看着他，你能看到所有的牺牲，包括健康的牺牲、财富的牺牲以及不计其数的生命的牺牲，这都是这份努力必须付出的代价。难道这一切都是徒劳吗？[88]

许多最虔诚和最天真的纳粹分子仍然抱有一线希望，他们希望这一切并非徒劳。其中有一位 15 岁的女孩，这个女孩接受的全部教育都尤其致力于将希特勒构建成一个父亲形象。该女孩在日记中记载
680 了最新的军事灾难后，仍然写道："我们可怜的元首实在太可怜了，他晚上再也不能睡觉了，他一直都牵挂着德国的命运。"[89]

在这类人群中，这名女孩说话的口吻绝非个例。另一个例子就是阿尔弗雷德·莫尔特。当时正在接受空军军官培训。他参加了在军官食堂举行的一个派对，此次派对的目的是收听希特勒的演讲。表演者演唱了许多爱国歌曲，还节选演出了汉斯·约斯特（Hanns Johst）的剧作《斯拉格特》（*Schlageter*）。[90] 随后，收音机被打开，每个人都安静下来，聆听希特勒的演讲。阿尔弗雷德给妻子英格写信道："与往常一样，聆听元首的讲话总是一件美好的事情。他肩上的负担一定很重。只要考虑到这一点，我就感觉，期待元首在讲话中告诉我们该如何做决定，这种想法简直刻薄无比。但事实上，我们已经做出了决定，那就是不会发生什么奇迹，只有德国人自己的英勇无畏才能拯救自己。"[91] 他的妻子在回信中将国家社会主义的事业比作基督教的事业，把希特勒受的所谓苦难与耶稣经受的苦难相提并论。她回顾道，基督最后被钉死在十字架上。"亲爱的弗

雷德，”她问丈夫，“我们是否也需要做出类似的牺牲才能让我们的理想永垂不朽呢？”[92] 他们夫妇完全认同并理解希特勒。1945 年 3 月 9 日，阿尔弗雷德给妻子再次写信道：“我们必须与德国并肩作战，与元首并肩作战，唯有如此，我们所有人才能并肩作战。”[93] 不久后，他所在的部队被派往柏林，与步兵共同作战，捍卫德国首都。在短短几周内，英国人就占领了宁堡（Nienburg）——也就是英格此刻居住的地方——并逮捕了她的父亲，一名纳粹党员。“我们深爱的、美丽的祖国德国”，她绝望地给丈夫写信道，“其所有的牺牲、所有的英勇行为，都成为泡影。”[94] 她再也没有收到丈夫的回信，因为截至她写这封信时，她的丈夫已经在作战行动中失踪了，其尸体一直都未找到。[95]

当希特勒最忠诚的追随者们还在为他所处的困境难过，沉浸在悲伤同情中时，希特勒本人却越来越想自裁。德国在突出部之役中战败后不久，希特勒就在帝国总理府下面的掩体中躲避空袭，他此时感到无比绝望。他说陆军背叛了他，空军又不堪一击。“我知道战争已经输了，”他对副官尼古拉斯 · 冯 · 贝洛继续说道，“我现在最想做的就是对准自己脑袋开一枪。”但如果他死了，那么德国很快也就灭亡了。“我们不能投降。绝不。我们可能会失败，但我们也要与全世界同归于尽。”[96] 在公共宣传方面，希特勒和戈培尔此时愈发将焦点放在他们认为来自东部的亡国威胁。恐惧会促使德国人继续战斗。1945 年 1 月 21 日，戈培尔在《帝国》报纸上发表社论，绝望地痛斥犹太人这个“寄生虫民族策划的世界阴谋”，称他们已 681
经成功地煽动全世界的力量来与国家社会主义作对。戈培尔还挑衅地宣告道，虽然犹太人集结了如此强大的力量，“但要走向灭亡的不是欧洲，而是犹太人自己”。[97]

尽管戈培尔气势汹汹地发表了这番言论，但绝大部分德国人都已经清楚地意识到，战争即将结束。红军经过前几个月的快速行军后做了短暂休整，进行了重组，并重新配备了武器，此时，他们又继续向德国发起进攻。在丧失了罗马尼亚的油田后，德国陆军必须拼尽全力，死守匈牙利的燃料补给源，否则他们就的的确确不能给剩下的坦克、卡车、移动火炮以及各种运输工具提供燃料了。希特勒拒绝批准布达佩斯的德军撤退，然而苏联军队即将包围匈牙利首都。1945 年 2 月，德军发起了一场大规模的进攻，旨在突破包围圈，但却以失败告终，德军阵亡和被俘的士兵多达近 3 万人。此外，从突出部之役中抽调出来的党卫队第 6 装甲集团军也发起了一场装甲进攻战，但同样一败涂地。截至 3 月末，红军就已经占领了几乎整个匈牙利。在北方，德国在拉脱维亚的军队虽然还在顽强抵抗，但他们已经彻底孤立无援。苏联方面于 1 月中旬在中部战区发动了大规模进攻，当时，德国的关键部队被调去应付匈牙利方面发起的军事行动，红军组建的装甲部队正好利用这个机会，彻底击溃德国的前线并粉碎德军剩余的装甲部队。截至 1 月底，红军已经攻占了波兰战前的绝大部分领土。尽管如此，但波兰境内还有一些德军在抵抗，最突出的就是布雷斯劳城内的德军，他们一直坚持抵抗到 5 月份。然而，此刻红军已经到达了奥得河，站在了进入第三帝国的各个门口。红军已占领了西里西亚的主要工业区，控制了匈牙利的油田，而且还在逐渐逼近维也纳。红军指挥官们停下来做短暂休整，进行人员重组，补充弹药和其他物资，为发起最后的进攻做好充分准备。[98]

在西面战场，德国在反击战——突出部之役——中失败后，150 万美军、40 多万英军和加拿大军队，以及自由法国组织的 10 万大军于 1 月底集结，准备向莱茵河发起进攻。他们在进军过程中俘获了 5 万多名德军士兵，把德军驱赶到了莱茵河对面。1945 年 3 月 7 日，美军抵达雷马根（Remagen），他们发现德军士兵正拼命地要炸毁莱茵河上的雷马根大桥，这是最后一座还没有被炸毁的桥。

美军连忙催促后援部队，他们越过了大桥，并在另一端搭建了桥头堡，在大桥彻底坍塌之前，更多的美军士兵得以转移到桥对面。等 682
到美军越过莱茵河，又有 30 万名德军士兵被俘，而且另外还有 6 万名德军士兵阵亡或受伤。美军继续向东推进，即朝着萨克森州前进，与此同时，加拿大军队则向荷兰挺进。英军朝东北方向的不来梅和汉堡挺进，此外，美军还有更多的师级作战部队在鲁尔区发动了一场包围运动，俘获了 30 多万名德军士兵。1945 年 4 月 25 日，美军部队和红军部队在穆尔德河（Mulde）——易北河的支流——边的城镇托尔高（Torgau）会面，这是一次仪式性的握手结盟。其他军队则朝着东南方向的慕尼黑进发，目的是与从意大利北部——1945 年 4 月 3 日，最后的进攻就已经在意大利打响——出发并朝着勃伦纳山口（Brenner Pass）前进的同盟国军队会师。当美军从西面出发，逐渐朝奥地利推进时，红军就已经于 1945 年 4 月 3 日进入了维也纳。随着最后的大清算即将来临，入侵部队在不断协商，他们就领土划分达成了大致协议。尽管英国方面仍有怀疑，但德国首都将留给红军占领。苏联此刻在空军上占据着绝对霸主的地位并在装甲武器、火炮、弹药以及兵力等地面作战方面具有绝对优势。在 1945 年 3 月和 4 月初的激烈战斗中，苏联军队几乎消灭了在东普鲁士和波美拉尼亚的全部剩余德军并摧毁了其军事要塞，而希特勒原本还将最后的希望寄托在这些军事要塞上。与此同时，康斯坦丁·罗科索夫斯基在北面向梅克伦堡（Mecklenburg）发起了大规模进攻。截至 1945 年 4 月中旬，250 万兵力已经准备好向希特勒的首都发起最后的进攻。

可供德国武装部队调遣来对付敌人的兵力所剩无几。1945 年 3 月，大约有 5.8 万名 16—17 岁的青年被送上战场。他们战前接受的训练只是敷衍了事，无论纳粹事业或许多么根深蒂固地被植入他们的认知系统，但他们都绝对无法战胜作战经验丰富且坚毅不屈的红

丹麦
瑞典
北海
波罗的海
英国
荷兰
比利时
法国
瑞士
意大利
大德意志帝国
苏联
斯洛伐克
匈牙利
罗马尼亚
克罗地亚
塞尔维亚
亚得里亚海
汉堡
斯德丁
柏林
但泽
柯尼斯堡
华沙
布雷斯劳
克拉科夫
科隆
法兰克福
巴黎
布拉格
慕尼黑
维也纳
布达佩斯
米兰
萨洛
德军控制区域，1944年10月29日
截至1944年年底被同盟军占领的区域
截至1944年年底被德军占领的区域
阵地，1945年4月中旬
同盟军通过敌军投降而占领的区域
德军通过敌军投降而控制的区域
国界线，1944年7月

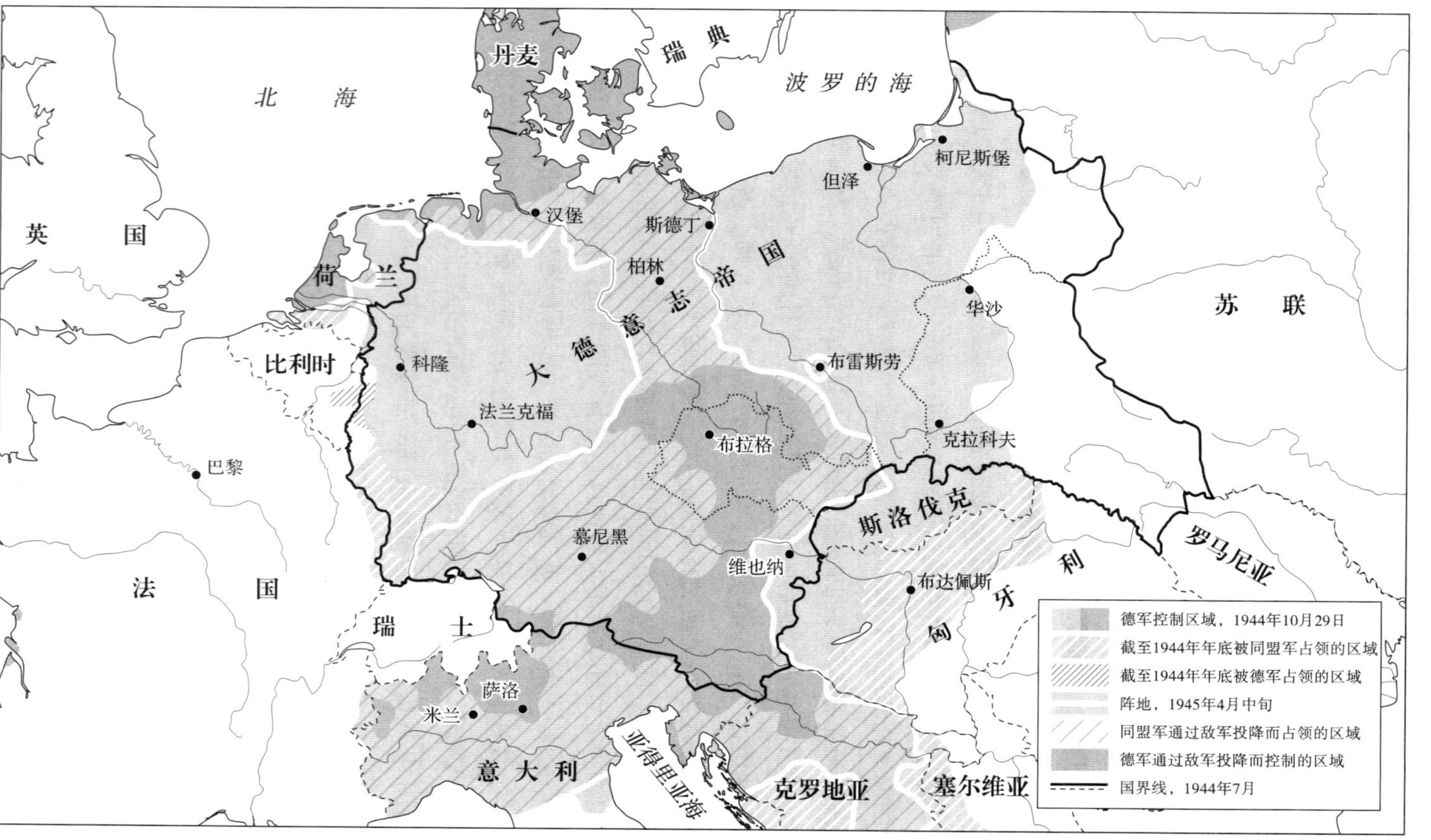

地图20　战争的终结

军士兵，也无法与装备精良的英美军队及其盟国军队相匹敌。[99] 德国在东线的兵力损失由 1943 年的 81.2 万人狂飙到 1944 年的 180.2 万人。截至 1944 年年底，超过 350 万德军士兵被红军消灭或俘虏。总体而言，德国武装部队 1945 年 1 月阵亡的人数为 45 万名，2 月阵亡的人数为 29.5 万名，3 月阵亡的人数为 28.4 万名，4 月阵亡的人数为 28.1 万名。事实上，整个战争下来，在阵亡的德军士兵中，超过 1/3 的士兵都是在最后 4 个半月的时间里阵亡的。截至 1944 年年底，大约有 80 万名德军士兵被西方同盟国囚禁，到了 1945 年 4 月，这一数字攀升到 100 万以上，而截至战争最终结束，该数字 683
更是猛增到 400 万。此外，还有 70 万名德国军人被关押在苏联集中营。截至 1945 年 4 月，德军方面因生病或受伤而住院的陆军、空军和海军人员共有 60 万人。[100] 仅在 1944 年下半年，德国空军就折损了 2 万架飞机。空中霸主地位由此转移到西面的同盟国轰炸机、红军以及其他入侵军队的手中。[101] 施佩尔竭尽所能地提高武器产量，在 1944 年 9 月就生产完成了近 3,000 架战斗机。但德国丧失的领土越多，德国的战争经济就缩水得越快。德国不可能再从占领区招募新的强制性劳动力了。德国在罗马尼亚和匈牙利的燃料资源已经不复存在。德国方面试图生产人工合成燃料来当替代品，但却以失败告终。此刻，敌军的飞机在对德国各城市狂轰滥炸，而德国却再也无法采取任何抵御措施了。此时，德军已不再是之前那支纪律严明、作战有效、斗志昂扬的战斗部队了，相反，他们不仅在兵力上迅速缩水，而且变得士气低落，组织涣散，简直就是一群配有武器装备的乌合之众。[102]

二

此时，纳粹宣传愈发致力于让德国民众对入侵者形成强烈的恐惧之情。1945 年 2 月 24 日——也就是纳粹党计划的纪念日，纳粹党计划于 1920 年的这天正式拉开序幕——广播播报了希特勒写的文字材料，他警告道，如果红军获胜，那么德国人将被作为奴隶流放到西伯利亚。[103] 第二天，也就是 1945 年 2 月 25 日，戈培尔在《帝国》报纸上发表文章，也向德国民众发出警告，称如果德国投降，那么斯大林立刻就会占领欧洲东南部，“这块庞大的区域马上就会笼罩在苏联的铁幕下，成为苏联广袤领土的一部分，而处于该地带的各个民族都将被屠杀殆尽”。[104] 1945 年 4 月 15 日，希特勒主要利用德军的恐惧心理，向东部战线的德军进行了最后讲话，呼吁他们誓死抵抗，直至最后一个人倒下。他说道：“这位危险的犹太–布尔什维克敌人已经命令他的大部队发起最后进攻。他想要彻底摧毁德国并将我们的民族赶尽杀绝……我们的老人和儿童将被杀害，我们的妇女和小女孩将被他们抓去当慰安妇，而剩下的人都会被流放到西伯利亚。”但如果德国上下能宁死不屈，殊死顽抗的话，那么
685 德国就能避免这样的命运。“布尔什维克……将在第三帝国的首都折戟。”[105] 在最后几周，戈培尔不断地重复这些警告，而且还描绘了诸多细节，这的确起到了一定作用。他再次让民众误以为同盟国打算一个不留地杀尽德意志民族。陆军参谋总长海因茨·古德里安也呼应了戈培尔的警告，他宣称，红军想在德国做的事情就是劫掠、强奸和杀戮。[106]

这种如此严重的警告有时会奏效，但有时也可能适得其反。正如我们所见，许多德国人认为他们自己根本没有资格批判红军，因为德国自己就犯下了罄竹难书的暴行。而且，激起他们心中这份内疚之情的，不仅仅只是犹太人遭到了非人的虐待。据报道，斯图加特地区的一名纳粹党员曾反问：“很多时候，与俄罗斯人对待东普鲁士人的方式相比，难道我们的党卫队成员不是在用更残忍的方式对待德国人吗？那可是他们自己的同胞啊！我们淋漓尽致地向别人

示范了该如何对付政敌。”[107]纳粹当局敦促公众继续战斗，但同样收效甚微。1945 年 2 月 24 日——纳粹党于 1920 年的 2 月 24 日开启了他们的纳粹计划——博尔曼发出呼吁。他说，任何动过退却或投降念头的人都是卖国贼。自我牺牲必将得到胜利的回报。如果德国人民众志成城，矢志不移，那么德国必将获胜。[108]然而，不久之后，在柏林，有人看到三名妇女站在卡迪威（KaDeWe）百货大楼的橱窗前，盯着上面的一张海报看，这张海报上赫然写着："柏林正在劳作、战斗、屹立。”有人听到其中一名妇女说今天跟昨天一样，又遭到好几次空袭，“唯一将会屹立不倒的就是废墟……我们并未看到什么证据足以证明柏林上周日还在战斗。美国人随心所欲地投掷炸弹，他们肆意地在整个柏林上空飞翔，完全不受阻碍，柏林完全没有投入战斗”。[109]在遭到入侵的区域，民众开始想方设法地试图投降，但他们的诸多尝试都受到了纳粹狂热分子的阻挠。例如，洛蕾·瓦尔布此刻已经从慕尼黑回到了她的故乡，也就是位于莱茵兰的阿尔蔡（Alzey）小城镇，她记录道："有一次开城镇议会，沙医生（Dr Sch.）也呼吁整个城镇投降，因为继续挣扎毫无意义，而且投降的话可以使现在尚未遭到破坏的一切保持完整。但（纳粹党的）区域负责人显然更倾向于抗战到底。”[110]在德国西部的一
个农村地区，德军士兵试图在逐渐逼近的美国人面前引爆炸弹，将 686
其炸死，但当地民众却拿着干草叉去攻击这些德军士兵。[111]

宣传失败后，纳粹当局又开始采取恐怖威胁手段。1945 年 2 月 15 日，帝国司法部部长奥托-格奥尔格·提拉克下令，任何人只要试图逃避继续战斗的职责，都等于是在打击德国的获胜信念，因此都将遭到战地军事审判。战地军事审判小组由一名刑事法官、一名纳粹官员以及来自武装部队、武装党卫队或警察部队的一名军官组成，受审者一旦罪名成立，将会被当场处决。[112]临时法院开始正式运作后，那些更狂热、精力更旺盛的纳粹党官员很快就抛弃了正

常的规章条例。1945 年 3 月 18 日，元帅莫德尔下令，任何参与实施妨碍或破坏行为的士兵和百姓都将被宪兵枪决。希姆莱对党卫队和警察部队中的军官们下达指示：“任何地方一旦举起白旗，那么这个地方所有的男性成员都将被枪决。”他继续补充道：“在执行这些措施时，不得有任何迟疑。”[113] 1945 年 4 月中旬，希特勒对东部战线的士兵下达了最后命令，他再次重申，绝不能撤退，也绝不能投降。他说道：“任何人，只要他给你下达撤军的命令，如果你不确定自己是否认识这个人，那么马上逮捕这个人，必要的话，无论他的军衔如何，都可将其当场处决。”[114]“力量来自恐惧”取代“力量来自欢乐”，成为当时的新口号——在德语中，这两个口号的首字母缩写完全一样，均为 KdF。*

在这最后的恐吓和压迫阶段中，多达 1 万人被草草处决。[115] 在这些被处决者中，很大一部分人来自那 19 万名左右的刑事犯。这些刑事犯此时挤满了德国的各个国家监狱，他们中许多人是在政治压迫运动中被抓进去的，或者是战争期间打击抢劫、偷窃以及“动摇士气”的运动中身陷囹圄的。随着同盟国军队逐渐逼近，监狱当局开始撤离囚犯。1945 年 1 月 21 日，弗尔东（Fordon）——位于布龙贝格附近——的女子监狱负责人将 565 名囚犯带出来，她们将在看押人员的监督下徒步转移到位于克罗内（Krone）的另一所女子监狱，两地相距 36 千米。最后只有 40 人抵达目的地。这位监狱负责人汇报道：“气温大概是零下 12 度，寒冷刺骨。因此，不断有囚犯和看守人员倒下……”“在徒步转移过程中，”他继续说道，“我看到有很多囚犯被落在后面，她们极力挣扎着朝前移动。许多人直接坐在或是躺在了路边，没有什么能刺激她们再站起身来。”[116] 而

* “力量来自恐惧”的德文是“Kraft durch Furcht”取代“力量来自快乐”的德文是“Kraft durch Freude”。

当克罗内监狱的囚犯开始转移时，同样的情形再次上演。一支党卫 687
队部队在撤退过程中碰巧遇到了正在转移的囚犯队伍，他们枪杀了其中一小组囚犯，而路过的德军士兵则粗暴地将其他女囚犯拽出队伍，然后把她们强奸了。[117]

在整个德国及其吞并的区域，监狱中关押的犯人都被迫开始了类似的徒步转移，他们中有的人将被送往集中营。有的犯人被刑事官员归类为可改造者，而得以释放，后来被编入武装党卫队的一支特别队伍。而那些成千上万所谓的无可救药者则直接被带出去枪决了。在位于柏林东部的松嫩堡（Sonnenburg）监狱，当地的地区检察官库尔特—瓦尔特·汉森（Kurt-Walter Hanssen）——马丁·博尔曼的前私人助理——在 1 月 30 日专门调来了一支由党卫队和警察组成的队伍，命令他们处死了该监狱中的绝大部分囚犯。囚犯们被迫十人一组跪在地上，行刑人朝他们颈部开枪；而那些生病的囚犯则直接被枪杀于监狱医务室的病床上。在短短几小时内，就有 800 名囚犯被枪决，他们绝大部分都是来自国外的强制性劳动力，之所以被囚禁在这里，是因为违反了那些非人的苛刻法规，他们被迫在这样的法规下生活和工作。剩下那部分被归类为“有用者”的人——仅 150 名——被迫朝着柏林方向前进。而对于被留在松嫩堡监狱的囚犯而言，生存条件开始迅速恶化，因为从其他地方转移而来的囚犯加入了他们，如此一来，食物供给愈发稀少，疾病开始肆虐蔓延，死亡率飙升。甚至迟至 1945 年 4 月，帝国司法部部长提拉克还在下令大规模处决囚犯。一些陆军指挥官认为，狱中的囚犯是一种军事威胁，因此也下令将其处决。例如，瓦尔特·莫德尔元帅被美国人包围在鲁尔区，他下令将监狱中那些“危险分子”挑选出来，直接处死。这些危险分子既包括德国政治犯，也包括外籍工人。总体而言，在随后一周内，该区域有 200 名囚犯被枪决，而且其中有不少人都只是在押候审者。[118]

莫德尔的谋杀行动与希特勒本人采取的行动如出一辙，这反映出他们类似的思维模式，那就是德国战势愈发吃紧，对他们这些人而言，剪除有可能从内部动摇统治政权的人就显得愈发重要。希特勒对 1918 年的前车之鉴——虽然这只是想象出来的——一直耿耿于怀，他不想让“刀刺在背”的悲剧再次上演。“以防将来有一天国内大后方再次出现令人焦头烂额的局面，我已经给希姆莱下令，”
688 他数年前——也就是 1941 年 9 月 14 日和 15 日夜晚——就说道，“让他彻底清除在集中营里发现的各种麻烦。如此一来，我们就能轻而易举地让这些反革命者群龙无首。”[119] 他们的打击对象包括外国人，比如 141 名被枪决于纳特兹维莱的法国抵抗工人，当时同盟国军队逐渐逼近，就在这些工人所属集中营撤离的前一天，他们被枪决了。然而，希特勒将最首要的迫害对象锁定为他的内部敌人。[120] 对于卷入 1944 年 7 月 20 日炸弹袭击的密谋者而言，相关的审判和处决行动几乎一直持续到战争结束。1945 年 4 月 4 日，海军上将卡纳里斯的私人日记被发现。希特勒在自己位于柏林的地下掩体中阅读了这些日记，并笃信，卡纳里斯和他的共谋者们从最开始就一直与自己为敌。他决定，必须将剩余的敌人剪除殆尽。他开始采取行动打击幸存下来的密谋者，并将这个任务委派给党卫队保安处负责人恩斯特 · 卡尔滕布伦纳。1945 年 4 月 9 日，卡纳里斯、奥斯特、潘霍华以及关押在弗洛森比格集中营的两名政治犯被扒光了衣服，然后吊在院子里，被挂在木钩上的粗绳子活活绞死。他们的尸体被当即焚毁。此外，希姆莱还决定，纳粹主义的主要敌人都不应该活到战后年代，这愈发满足了希特勒的报复欲。正如盖世太保负责人海因里希 · 米勒对赫尔穆特 · 冯 · 毛奇所言：“我们不会重蹈覆辙，再犯一次 1918 年的错误。我们将一个不留地消灭德国内部敌人。”[121] 由于红军开始逐渐逼近萨克森豪森集中营，所以就在卡纳里斯和其他人被处决的同一天，萨克森豪森集中营的一名囚犯乔治·艾尔塞——他曾险些在1939年11月用自制的定时炸弹把希特勒炸死——被带出牢房，然后被转移到达豪集中营，集中营的负责人简单地问了他几句话，然后就命人把他带出去，从他的脖子后面，将他枪杀了。枪决他的指示是希姆莱下达的，而且希姆莱还让集中营当局谎称艾尔塞丧命于英国发动的空袭。一周后，媒体的确如是报道。[122]1945年4月20至24日，柏林城中还发生了一系列处决，在那里，被党卫队枪杀的人数多于卷入1944年7月炸弹密谋的人数。[123]

希特勒以前就曾开展过类似的清算行动。1934年6月底，他抓住清算恩斯特·罗姆（Ernst Röhm）冲锋队的机会，剪除了自己的全部宿敌以及可能加入另一个替代性政府的成员。其中一名受害者就是前共产党领导人恩斯特·台尔曼（Ernst Thälmann）。自1933 689
年以来，台尔曼就一直流转于各个监狱和集中营。台尔曼深知，即便红军成功进入柏林，他也不可能再对自己的命运抱有任何幻想。1943年8月，他被转移到位于包岑（Bautzen）的国家监狱，几个月后，他的妻子和女儿也遭到逮捕，被投进拉文斯布吕克集中营。1944年8月14日，希姆莱将与希特勒会面，会面前，希姆莱特地写道："台尔曼将被处死。"希特勒签署了这项命令，3天后，台尔曼被带出牢房，然后被送到布痕瓦尔德集中营。在他抵达前，布痕瓦尔德的囚犯——其中许多都是共产党员——被关进了牢房。然而，一名波兰囚犯成功地躲在了焚化室入口附近，那里的焚尸炉已准备就绪，将要处理台尔曼的尸体。他看到前方驶来一辆很大的汽车，一个肩膀宽阔的男子走下来，两边各站着一名盖世太保警察。这名男子没有戴帽子，而这个波兰人观察到此人是一个光头。盖世太保戳着他往前走，他经过了有党卫队把守的焚化室大门。随即这个波兰人听到三声枪响，很快又是第四声。大门关闭了大概25分钟后，党卫队从中走了出来。这个波兰人偷听到了他们的对话。"你知道这个人是谁吗？”其中一名党卫队成员问身边的同伴。“那是共产党领导人台尔曼。”另一个人回答道。但官方公告却称台尔曼死于英国空袭。[124]

显然，纳粹当局的许多其他主要敌人也面临着类似的命运。这些主要敌人包括陆军前参谋总长弗朗茨·哈尔德将军、财政部前部长亚尔马·沙赫特、被罢免的陆军军需部长格奥尔格·托马斯（他们三人在炸弹密谋后都被捕）、上任奥地利总理库尔特·许士尼格、法国政治家兼前总理莱昂·布鲁姆、认信教会领导人马丁·尼莫拉（Martin Niemöller）、匈牙利前总理卡洛伊·米克洛什、爆炸密谋者法比安·冯·施拉布伦多夫、其他共谋者——比如施陶芬贝格、格德勒以及冯·哈塞尔等——的家人、苏联外交部部长莫洛托夫的侄子、英国各种情报人员以及来自德国前盟友国的陆军指挥官们。1945 年 4 月 28 日，总共大约 160 人被聚集在一起，由党卫队护送到博尔扎诺自治省的大山里。相关当局已经决定将他们在这里全部
690 枪决，并把他们的尸体处理掉。一名看押人员无意间将他们即将遭受的命运泄露了出去，随后，其中一名囚犯成功地联系上当地的德国陆军指挥官，这名指挥官派下属官员维夏德·冯·阿尔文斯莱本（Wichard von Alvensleben）上尉前去调查。在集结了一支武装队伍后，这名上尉来到集中营。他直接以贵族式的傲慢语气恐吓党卫队释放囚犯。这些囚犯均毫发无损，但这的确是死里逃生，他们差点就命丧黄泉了。[125]

三

1945 年年初，所有集中营里还关押着大约 70 万名囚犯。此时，除了那些主要集中营外，在整个第三帝国及其吞并的领土范围内，还零零散散地分布着至少 662 个集中营附属营区。截至此刻，这些

集中营里关押的囚犯总数甚至比最核心集中营——如奥斯维辛集中营、布痕瓦尔德集中营、萨克森豪森集中营以及拉文斯布吕克集中营等——关押的囚犯人数还要多。随着红军逐渐逼近，希姆莱下令撤离红军行军路线上的各集中营。而到底什么时候撤离、如何撤离，这很大程度上都任由各集中营负责人自己决定。最大的集中营群，也就是奥斯维辛集中营，关押着不少于 15.5 万名囚犯，他们中绝大多数都是波兰人和俄罗斯人。奥斯维辛集中营大约一半左右的犯人被转移到了更西边的各个集中营。与囚犯们被一同转移的还有大量的原料、设备以及个人财物。当撤离行动正在进行时，新房屋的建造与完善工作也还在继续，其中包括比克瑙集中营——囚犯们将比克瑙戏称为“墨西哥”——的一整套附属设施。只有在 1944 年 10 月，比克瑙集中营的建筑工作才停下来。就在当月，该集中营有大约 4 万名囚犯在现有的毒气室里被毒死。然而，在 11 月，希姆莱下令关闭并拆除各个集中营的全部毒气室。而在奥斯维辛集中营，用来焚烧尸体的沟渠也被填平，大型埋葬区被用土填满，并且上面覆盖了草坪，焚尸炉以及焚化室被拆卸，毒气室也被直接摧毁或是改造成防空掩体。[126]

奥斯维辛集中营前负责人鲁道夫 · 霍斯此时任职于集中营检查团。1944 年年底，奥斯瓦尔德 · 波尔派他前往奥斯维辛集中营执行检查任务。霍斯后来回忆：“他希望能及时赶到奥斯维辛集中营，以确保摧毁一切重要证据的命令已被正确执行。”霍斯驱车在西里西亚行驶了一段距离，但红军也在马不停蹄地行军，他因此无法抵达奥斯维辛集中营。他汇报道：“在奥得河西边的上西里西亚，我 691
看到所有公路以及铁轨上全是一列列的囚犯，他们在厚厚的雪地里挣扎。他们没有食物。路上横七竖八地躺着绊脚的尸体，负责处理这些尸体的绝大部分士官自己也不知道现在到底要去哪儿。”他们虽然能从途经村庄征用食物，但“要想在谷仓或学校过夜却绝无可能，因为这些地方都挤满了难民”。霍斯“看到拉煤的敞篷车上装满了冻得僵硬的尸体，还看到运输囚犯的一列列火车变轨到空着的侧轨上，然后将囚犯遗弃在那里，他们既没有食物，也没有庇护所”。俄罗斯人日渐逼近，在仓皇逃窜的队伍中也有德国难民，有的妇女还“推着婴儿车，里面塞满了个人财物”。他补充道，这“一列列可怜的”囚犯们，要找到他们的撤离路线轻而易举，“因为每隔几百码就躺着囚犯尸体，这些人或因体力不支而倒下，或是直接被枪杀的”。霍斯在一具尸体前停了下来，他走下车，想弄清楚他所听到附近传来的枪声。他看到“一名士兵停下自己的摩托车，正要朝一名囚犯开枪，这名囚犯正倚在一棵树旁。我朝这名士兵大吼一声，质问他知不知道自己在做什么，这名囚犯究竟怎样伤害了他。他对着我轻蔑地一笑，问我想怎样。”作为一名党卫队高级军官，自己的权威竟遭到这样公然挑战，霍斯丝毫没有犹豫：“我当即拿出手枪，直接将这名士兵击毙了。”[127]

1945 年 1 月 19 日，尽管霍斯未能抵达奥斯维辛集中营，但 5.8 万名囚犯仍然开始朝西面缓慢撤离，其中绝大部分人都步行，少部分人搭乘火车。党卫队看护人员会将掉队者直接枪毙，把他们的尸体抛在路边。一路下来，被活活饿死、冻死或被党卫队枪杀的囚犯总共多达 1.5 万人。一小部分波兰人无视党卫队的威胁，给其中一些囚犯提供食物或庇护所；而德意志人则躲在屋子里面。最终，大约 4.3 万名囚犯抵达西面的集中营。只有那些已经病入膏肓的囚犯才被留在奥斯维辛集中营。党卫队趁红军抵达之前，疯狂地炸毁那里剩余的各种设施，烧掉证据性的文件。奥斯维辛集中营建设、行政以及政治部门的档案都被转移到西边去了，其中许多文件直接在格罗斯–罗森集中营被销毁。实验中使用的医疗设备也被拆卸或摧
692 毁。别动队犯人是大规模谋杀的关键证人，在一片混乱中，他们成功地混入正在撤离集中营的人群，躲过了打算将他们杀死的党卫队。

集中营医生约瑟夫·门格勒也成功逃离，并随身携带着研究笔记和论文。1945年1月20至21日，党卫队看护人员也丢弃了瞭望台，炸毁了残余的主要焚化室，并将储存个人财物的大仓库——囚犯们称该仓库为“加拿大”——付之一炬。处决行动一直持续到最后一刻，直至1945年1月25至26日5号焚化室——处决行动就是在这里执行的——被炸毁。党卫队离开奥斯维辛集中营群之前，在各个集中营以及附属营区总共处决了大约700名囚犯，他们没有时间将那里剩余的所有囚犯杀光。1945年1月27日，红军抵达奥斯维辛，发现户外地面上躺着600具尸体；还有7,000名左右囚犯还活着，但他们很多人都虚弱至极。俄罗斯士兵仔细地统计了尚未被烧毁的各个仓库，最后发现有83.7万件女士衣服和裙子，4.4万双鞋和7.7吨人发。[128]

在从奥斯维辛集中营和其他集中营出发的强制性徒步转移队伍中，犹太犯人是重点关注对象。1945年3月，美军即将抵达法兰克福，因此，在法兰克福阿德勒工厂（Adler Works）制造装甲运输车的囚犯也开始撤离。党卫队将撤离队伍中的犹太人拽出来，将他们枪杀，其中一些犹太受害者是被同行的波兰囚犯举报的。[129]在东普鲁士，大约有5,000名犹太囚犯——绝大部分是女性——被迫徒步撤离隶属于施图特霍夫集中营的各个集中营附属营区，他们一路跋涉，直至来到一个名为帕尔姆尼肯（Palmnicken）的渔村才停下来，因为他们被拦住了去路。东普鲁士的党区领导人、集中营附属营区的各负责人以及当地的党卫队和托特组织的官员决定直接在这里把他们处决，最终，除了两三百人以外，其他人均被枪杀。[130]黑尔恩布雷希茨（Helmbrechts）位于法兰克尼亚人居住的霍夫县（Hof）附近，这里有一座弗洛森比格集中营的附属营区，里面关押着许多波兰和俄罗斯囚犯——绝大多数都是女性——这些囚犯在一家军工厂工作。1945年4月13日，在47名男女武装押解人员的看护下，

* 特莱西恩施塔特为泰雷津的旧称。

地图21 死亡行军

1,100 名出头的囚犯分成三组，开始被迫徒步转移。他们漫无目标地跋涉着，截至 5 月 3 日，他们已经行走了 195 英里的距离。在第一周时，押护人员就把那些非犹太犯人留在了后面，押着剩下的犯人朝西南方向前进，前进过程中，他们殴打并枪杀了那些掉队者和生病的犯人，还剥夺了其他犯人的食物和饮品。当地市民出于同情，偶尔试图扔给囚犯们少量食物，每当这时，囚犯们就会遭到押解人员更猛烈的拳打脚踢。5 月 4 日，在抵达捷克边境城市普拉哈季采 693
（Prachatice）后，这支转移队伍遭到了一架美军飞机的攻击，其中一名押解人员被杀。随后，剩下的押解人员朝囚犯们一阵胡乱地开枪。一些幸存者往附近一座林木茂盛的山上逃跑，有的人因精疲力竭倒下后，就被押解人员逐一枪毙了。在这些囚犯逃跑之前，押解人员让其他囚犯进入普拉哈季采这座小镇，当地的捷克市民给囚犯们提供了食物和庇护所。但对于他们很多人而言都为时已晚。美军于 1945 年 5 月 6 日抵达，但在这前后不久，26 名囚犯就先后死亡了。在整个徒步转移中，总共至少有 178 名犹太犯人死亡。一名美国陆军军医后来宣称，一半左右的囚犯之所以得以幸存，纯粹得益于他的医疗小组提供了及时治疗。囚犯称这种漫无目的、谋杀般的长途跋涉为“死亡行军”（death marches），这并非毫无道理。许多徒步转移甚至都没有明确的目的地。事实上，其中一些徒步转移就是在全国范围内迂回曲折地行军，最后甚至又回到起点。从弗洛森比格出发的一次死亡行军前后跋涉了至少 250 英里，囚犯们先朝北走了 1/3 的距离，然后折向南，他们中途经过的地方离出发的集中营不远，随后又继续朝雷根斯堡（Regensburg）前进。[131]

诺因加默集中营加上其 57 个附属营区总共关押着 5 万名囚犯，该集中营群的撤离工作得到了附近的汉堡党区领导人卡尔·考夫曼的配合。截至 4 月中旬，附属营区的绝大部分囚犯都被迫开始了令人精疲力竭又致命的“死亡行军”，前往包括贝尔根—贝尔森在内的“集合营”。尽管如此，但诺因加默集中营的主营里面还剩有 1.4 万名囚犯。在与商务和军事领导人等交涉后，考夫曼已经决定向同盟国举白旗，全城投降。考夫曼担心，如果将这些囚犯释放，那么他们将在整个城市寻找食物和庇护所。截至此时，德国前线已经没有其他集中营可以接收这些撤离的囚犯了，所以考夫曼决定将他们送上船。在此之前，海因里希 · 希姆莱在得到瑞典红十字会负责人伯纳多特（Bernadotte）伯爵的同意后，于 1945 年 3 月就已经下令将 4,000 名丹麦和挪威囚犯转移到了瑞典。希姆莱希望借此可以赢得瑞典皇室——伯纳多特亦是皇室成员——的信任，让瑞典皇室扮演协调人的角色，促成他与英国方面的谈判，希姆莱感觉（完全没有任何依据）这个设想是可能的。剩下的 1 万名囚犯在 1945 年 4 月 21 日至 26 日之间从诺因加默集中营主营被转移到吕贝克。随后，他们被送上了考夫曼强制征用的三艘船——其中两艘为货运船，分别为“雅典号”（*Athens*）和“蒂尔贝克号”（*Thielbeck*），另外一艘是豪华客轮，名为“开普艾柯纳号”（*Cap Arcona*）——这三艘
695 船被称为“浮动集中营”（floating concentration camps）。囚犯们被塞进货仓，船上没有准备物资供给，而且货仓里也没有厕所和水。党卫队打开货仓顶部的仓门，然后将一大锅一大锅的汤放下去，但囚犯们既没有碗，也没有勺子，锅里的很大一部分食物都溅到了货仓地面上，和囚犯们的粪便——因为没有厕所，很快就垒成了一堆堆——混在了一起。为了防止囚犯逃走，党卫队拿走了救生圈。每天白天出发，党卫队会带上淡水，夜晚再带着死囚的尸体回到岸边。1945 年 5 月 3 日，英国战斗轰炸机发现了这几艘船，他们以为这是德军运输船，所以直接朝其发射火箭攻击。蒂尔贝克号和开普艾柯纳号被击中，而且受损严重。其中，蒂尔贝克号沉没，船上 2,800 名犯人只有 50 人生还，其余全部溺亡。开普艾柯纳号着火，上面的绝大部分救生圈都被烧毁。囚犯们的衣服上也是火，他们跳入

波罗的海冰冷刺骨的水里，随即，整艘船在一声巨大的爆炸中裂开。船朝着左舷方向倾斜，最后在海岸的浅滩上停了下来，一半左右的船身仍然留在水面上。船上的 4,250 名囚犯被溺死、烧死或被空中乱飞的子弹射死——当时，英国的战斗轰炸机与附近港口的一组 U 艇进行了交火。350 名囚犯一直紧紧拽着船身，这样坚持了数小时后最终得救。与之形成鲜明对比的是，船上 500 名党卫队成员中有 400 名生还。[132]

集中营的其他撤离者也被党卫队蓄意集体杀害。来自朵拉集中营的一列撤离队伍大约有 1,000 名囚犯，他们被关进了加尔德莱根县（Gardelegen）的一座谷仓过夜。因为人数过多，所以谷仓的墙壁在人的挤压下坍塌，这时，警察和希特勒青年团的成员就往房顶上浇汽油，意图将里面的人活活烧死。只有少数人成功逃了出来。当美国人第二天抵达时，里面的尸体还在燃烧。[133] 有时，在囚犯徒步转移经过的区域，当地人民也会加入杀戮队伍中。例如，1945 年 4 月 8 日，在德国北部的县城策勒（Celle），一支囚犯队伍因空袭而四处逃窜，结果当地的警察以及包括一些青少年在内的其他人也帮着搜捕囚犯。然而，正如有人所认为的那样，在党卫队专门针对犹太犯人实施的各种暴力和虐待行为中，死亡行军绝对不是“最终解决方案”的最后一个迫害篇章，因为成千上万的非犹太裔集中营囚犯、政治犯、强制性劳动力以及其他人也都被迫经历过死亡行军。只有如下这样理解死亡行军才最为恰当，即第三帝国的迫害体系史残忍而暴力，死亡行军只是这整段迫害史中针对全部迫害群体的最后一种迫害行为，还不是排他性的、专门针对犹太人的种族灭 696
绝行动。[134]

对那些活着抵达撤离目的地的人而言，更恐怖的命运正等待着他们。由于转移进来了许多蓬头垢面的囚犯，位于第三帝国中部地区的集中营开始人满为患。例如，布痕瓦尔德集中营的人数从 1943

年的3.7万名囚犯飙升到1945年1月的10万名囚犯。在这种情况下，死亡率成倍增长，从1945年1月至5月，布痕瓦尔德集中营里大约1.4万人死亡，其中一半为犹太人。在毛特豪森集中营，由于从当地附属营区撤离过来数千名囚犯，所以毛特豪森集中营的囚犯的生存条件急剧恶化，其程度之严重，导致1944年10月至1945年5月期间有4.5万名囚犯死亡。那些持续到战争结束的集中营附属营区，其状况也好不到哪儿去。奥尔德鲁夫集中营是布痕瓦尔德集中营的一个附属营区，位于哥达附近，美军在图林根州行军时发现，也是美军发现的第一个集中营。该集中营关押了1万名囚犯，他们被要求去挖掘地下掩体。美军抵达的前几天，那里的党卫队撤离了一部分囚犯，并且将其中许多人枪杀。美军士兵于1945年4月5日发现该集中营，士兵们被眼前的一切吓得目瞪口呆，其场景如此骇人，他们的指挥官甚至特地邀请巴顿、布拉德利*以及艾森豪威尔等将军前来参观。“3,200具裸露瘦削的尸体，”布拉德利后来回忆道，“被丢进了挖得很浅的坟墓。他们瘦得只剩下皮包骨，虚弱得发黄的皮肤上爬满了虱子。”这几位将军来到一个棚屋前，发现里面堆满了尸体。布拉德利感到骇然，他甚至出现恶心不适。艾森豪威尔命令该区域的全部士兵前来参观集中营。随着美军不断前进，他们一路下来在其他地方也不断目睹类似的场景。之前在集中营执行看押工作的一些党卫队看护人员此刻仍然躲在集中营，把自己装扮成囚犯，幸存下来的犯人认出了他们，并向同盟国军队举报，在此情况下，同盟国士兵实在对他们深恶痛绝，直接将看护人员枪杀；其他看护人员则早已被愤怒的囚犯杀死，以泄心头之恨。[135]

在战争最后几个月，集中营里的生存条件普遍极端恶劣，而在英国人看来，英军在战争结束时解救的贝尔森集中营最能淋漓尽

---

* 指陆军上将奥马尔·布拉德利（Omar Bradley），美军在北非和欧洲战场的主要指挥官。

致地暴露出党卫队人性的泯灭。贝尔森集中营也称贝尔根–贝尔森集中营，是由一个战俘营于 1943 年初改造而来。贝尔根–贝尔森集中营专门用来给少量犹太囚犯提供临时住所，这些犹太囚犯来自欧洲各国家，尤其是荷兰，希姆莱及他在外交部的盟友们认为，可 697
以把这些犹太囚犯当作在国际谈判中讨价还价的筹码或人质。随着交换犹太囚犯的难度明显增大，1944 年 3 月，党卫队决定将贝尔根—贝尔森集中营用作“康复营”（convalescence camp），更准确地说，就是把它当作一个囚犯处理场，专门接收其他集中营生病和体力透支的囚犯，这些人都虚弱不堪，无法劳作。截至 1944 年年底，大约 4,000 名这样的犯人被转移到贝尔根–贝尔森集中营，但由于这里根本没有充足的医疗设施，所以囚犯的死亡率迅速攀升到 50% 以上。1944 年 8 月，该集中营的规模进一步扩大，开始接收女性囚犯，其中许多来自奥斯维辛集中营。截至 1944 年 12 月，贝尔根–贝尔森集中营的囚犯数量超过 1.5 万人，其中包括女囚区关押的 8,000 名女囚。其中一名女囚就是年轻的荷兰女孩安妮 · 弗兰克，她于 1944 年 10 月底从奥斯维辛集中营被转移过来，第二年 3 月，她死于斑疹伤寒。约瑟夫 · 克莱默（Josef Kramer）是一名资深的党卫队军官，他于 1944 年 12 月 2 日被任命为贝尔根–贝尔森集中营的负责人。他之前供职于奥斯维辛–比克瑙集中营，前不久才在那里监督了将几十万匈牙利犹太人关进毒气室毒死的谋杀行动。在贝尔根—贝尔森集中营，他有众多的属下，其中还包括女性看守人员。克莱默走马上任后立刻取消了 6,000 名左右“交换犹太囚犯”——从他们原来所属集中营转移过来的——所享有的特权，开启了愈发混乱而残暴的管理。[136]

随着红军不断地挺进，贝尔根–贝尔森集中营成为其他集中营转移囚犯的目的地，这里也因此愈发人满为患。截至 1945 年 3 月中旬，该集中营的囚犯数量超过了 4.4 万人。相关当局多次试图将其他集中营的部分囚犯撤离到特莱西恩施塔特集中营，但都遭遇炸弹袭击。其中一次，两辆运送列车在乡间开阔地带行驶时遭到炸弹攻击而被迫停车，押解人员四处逃窜，同盟国军队前来将饥肠辘辘的囚犯，或者说那些一息尚存的囚犯，解救出来。而与此同时，还有成千上万的囚犯仍然在被送往贝尔根–贝尔森集中营，其中包括朵拉工厂的一大拨犯人。所以，1945 年 4 月 15 日，总共 6 万名囚犯抵达该集中营。克莱默并未及时做好充分的准备，未能就如此庞大数量的囚犯做合理的卫生设施安排。一年前，这里的洗漱室、淋浴和厕所数量是按不到 2,000 名囚犯的规模设计提供的，而此时，6 万名囚犯不得不将就使用同样数量的卫生设施。很快，他们居住的营房地板上就累积了厚厚的深达 1 米的粪便。此外，食物供给完全不足，而且最后的通信渠道也被战争中断后，食物供给就彻
698 底停止了。当一枚炸弹击中贝尔根–贝尔森集中营的泵站，导致厨房无法使用之后，水的供给也终止了，但克莱默不愿费力改善这种局面。4 月 15 日，英军接管了该集中营，在短短几天内就恢复了水和食物供给，而且还修复了各种做饭设施。有一名囚犯是医生，此人后来汇报到曾亲眼看见 200 多次囚犯自相残食的场景。克莱默经常在露天点名，不管天气有多么寒冷或潮湿，这使囚犯们的生存状态愈发恶劣。此外，传染病也开始肆虐，其中斑疹伤寒就夺走了数千名囚犯的生命。幸亏囚犯中有的人是医生，若非他们的努力，情况会更严重。尽管如此，但在 1945 年年初至 4 月中旬期间，贝尔根–贝尔森集中营里仍然有大约 3.5 万人死亡。英军于 1945 年 4 月 15 日接管了该集中营，但他们也无法挽救另外 1.4 万名囚犯的生命，因为他们身体太虚弱了，已病入膏肓，或者严重营养不良，无法康复。[137] 总体而言，据估计，在战争最后几个月，整个德国大约有 20 万至 35 万名集中营囚犯在“死亡行军”中丧生或直接丧命于被关押的营区，换言之，1945 年 1 月仍囚禁于集

中营的所有囚犯，四个月后，有一半的人都已经死亡。[138]

四

在战争最后阶段，德国遭受了有史以来最具破坏性的多次空袭。轰炸几乎每天都在进行，而且有时候强度之大，甚至造成了风暴性大火，其破坏力度可与 1943 年夏天汉堡所遭受风暴性大火的破坏力度相匹敌。在马格德堡，1945 年 1 月 16 日，风暴性大火杀死了 4,000 人，而且该城镇 1/3 的地方被彻底夷为平地；雪上加霜的是，当天夜晚，72 架蚊式战斗轰炸机朝地面投掷地雷和炸药，消防队和清理队的工作因此被迫中断。此外，敌方还投掷了越来越多的时间引信炸弹，使地面形势愈发危险。蚊式战斗轰炸机速度快，飞行距离远，由它们组成的飞机中队在德国各城镇上空随意飞行，不断引起各城镇的德军拉响防空警报并调遣防御性兵力，唯恐大规模的空袭来临，如此一来，这些飞机中队大规模地扰乱了德国城镇正常的生活秩序。1945 年 2 月 21 日，超过 2,000 架轰炸机袭击纽伦堡，夷平了该城市的大部分区域，并切断了当地的水电供应。两天后，也就是在 1945 年 2 月 23 日和 24 日夜晚，360 架英 699
国轰炸机对德国西南部城镇普福尔茨海姆（Pforzheim）发起空袭，这也是该城镇在战争期间所遭到的唯一一次空袭。在空袭中，英国轰炸机连续进行了 22 分钟的狂轰滥炸，火力之密集，造成了风暴性大火，不仅摧毁了普福尔茨海姆的市中心，而且整个城镇 7.9 万名居民中有 1.7 万人丧生。另一方面，柏林在该阶段也遭到了战争期间规模最大、破坏力最强的一次空袭。1945 年 3 月 3 日，超过 1,000 架美国轰炸机在白天进攻德国首都柏林，不仅柏林市中心遭到大面积摧毁，而且超过 10 万人在此次轰炸中无家可归，居民们的水电供应也被切断，另外还有近 3,000 人遇难。在苏联空军的要求下，超过650架美国轰炸机于3月12日摧毁了斯维内明德（Swinemünde，今希维诺乌伊希切［Świnoujście］）的港口——许多德国民众为躲避逐渐逼近的红军而逃到这里避难——结果导致大约5,000人丧生，虽然民间谣传的死亡人数要多出很多倍，但并无依据。随后，多特蒙德也遭到空袭，与其他最近几次空袭一样，此次空袭的主要目标也是摧毁当地的交通和通信中心。3月16至17日，维尔茨堡遭到空袭，225架英国轰炸机摧毁了当地80%以上的建筑区域，并导致大约5,000民众丧生。1945年4月14至15日，英国对波茨坦发动空袭，这也是战争期间英国发动的最后一次大规模夜间空袭，结果造成至少3,500人丧生。[139]

在战争最后阶段，德累斯顿遭遇了同盟军最致命的空袭。截至此刻，这座易北河上的巴洛克城市还没有受到空袭威胁。然而，德累斯顿不仅具有文化纪念碑式的地位，而且还是一个重要的通信中心和军工业中心。苏联军队此刻已经逼近易北河，而为了支援苏联军队，同盟国将向德累斯顿发动空袭，目的是破坏城内及其周围的公路和铁路运输系统。德国方面的抵抗意志将被进一步动摇。1945年2月13日，英国轰炸机对德累斯顿市中心发动了两次无特定目标的轰炸，它们既没有遭到地面高射炮的阻击，也没有遭到德国战斗机的抵御，因为高射炮已经被撤掉并转移到更东面，去抵御持续逼近的红军，而战斗机因为没有燃料，所以只得停在地面。当天天空非常明亮清晰，空降引导队轻而易举地就能完成开道任务。英国空袭结束后，紧接着美国轰炸机又在白天发动了两次空袭。空袭持续时间较长，以及密集的火力，引起了风暴性大火，结果摧毁了整个市中心以及大部分郊区。其中一位居民写道，整个城市“因为街
700 衢狭窄，建筑密集，所以成了一片孤立的火海。熊熊火焰将夜空染成一片血红”。[140] 空袭造成3.5万人死亡。[141] 对于德累斯顿的居民而言，这几天仿佛就是世界末日，而其中一位居民就是维克

多·克伦佩雷尔。他是德国境内所剩无几的犹太人之一，他之所以能活到现在，完全是因为他非犹太裔的妻子埃娃对他不离不弃。除了担心随时可能的空袭外，克伦佩雷尔还有其他焦虑的事情。就在德累斯顿遭到首次空袭的早晨，犹太人之家——他此刻被迫居住在这里——接到命令，宣布德累斯顿剩余的犹太人将于16号被转移。该命令声称，他们之所以被转移，是因为有劳动任务，但由于犹太儿童也被列入了陪同转移的名单，所以此次转移的真正意图究竟为何，每个人都心知肚明。克伦佩雷尔本人不得不将复印的名单分发给那些被点名撤离的人。虽然他本人不在名单上，但他确定自己将会出现在下一份撤离人员的名单上，对此，他完全不抱其他幻想。由此可见，甚至在战争最后几个月，纳粹当局也在不断地推进执行灭绝计划。[142]

就在这天夜晚，当克伦佩雷尔正在思考他可能即将面临的命运时，第一拨轰炸机飞到德累斯顿的上空，开始投掷弹药，其数量之大，足以产生致命性的破坏。克伦佩雷尔起初躲在犹太人之家的地下室，但他所在的犹太人之家受到了炸弹气流的严重冲击，于是他走到楼上来，看到窗户在气流的冲击下都溅落在了屋里，到处都是玻璃碎片。“外面明亮得就像白天一样。”街道上的风十分猛烈，这都是由市中心强烈的风暴性大火引起的，此外，爆炸产生了持续不断的气流。“随后，我身边的那扇窗户也发生了爆炸。我的右脸被一块发着光的硬物击中，我立刻用手捂住右脸，手上全沾满了血，好在我还能感觉到我的眼睛，没有被炸飞。”在一片混乱中，克伦佩雷尔和他的妻子走散了。克伦佩雷尔将妻子的珠宝和自己的手稿装进背包，然后吃力地爬出了房子，他穿过已被炸得只剩一半的地下室，然后跳进炸弹炸出的一个大口，随后爬到街上，加入了人流。人群穿过一个个花园，正朝着一个大的露台奔去，那里可以俯瞰整个城市，他们认为在那里呼吸起来要容易一些。整个城市都被吞噬在火焰中。“只要当露台一边星星点点的火光汇成一股朝我蹿来，我就躲到另一边。”后来又开始下雨。克伦佩雷尔用一床毯子把自己裹了起来，他俯瞰着城市里的塔楼和其他各种建筑，它们燃烧着，泛出白色的光，随后坍塌，化作一堆堆灰烬。他走到露台边缘，竟然碰到了自己的妻子，他做梦也没有想到能如此幸运地与她重逢。他的妻子还活着。她之所以能死里逃生，是因为有人将她拽出了犹太人之家，然后把她带到了附近一个专门留给雅利安人的地下室。在
701 地下室里，她想抽一支烟来缓解压力，但苦于没有火柴，这时，她看到“地上有东西正在泛光，她想用这个东西来点火，走近一看，发现这是一具正在燃烧的尸体”。[143] 与其他许多人一样，她也是穿过市区这个人间地狱后来到这个公园的。

这时，克伦佩雷尔的朋友艾森曼（Eisenmann）——另外一名幸存的犹太人——牵着自己的一个孩子朝克伦佩雷尔夫妇走来，他与其他家庭成员都走散了。艾森曼提出了一些很中肯的建议。“他说我必须把身上的犹太之星摘下来，”据克伦佩雷尔称，当时艾森曼告诉他，“就像他已经把自己身上的犹太之星摘下来了一样。埃娃听从了他的建议，立刻用一把小刀把我衣服上的犹太之星撕了下来。”事实上，这样，克伦佩雷尔夫妇就可以很好地隐藏自己犹太人的身份。在一片混乱和破坏中，盖世太保以及其他相关当局至少暂时还没有工夫来围捕剩余的犹太人，他们需要应付其他事情，而且无论如何，他们的撤离人员名单或许已经被摧毁了。克伦佩雷尔和他的妻子缓慢地沿着河岸边行走：

> 在我们上方，一幢一幢的建筑物燃烧成了灰烬。而在下面河边，许多人正沿着河岸前行，有的人则坐在地上休息。棒形燃烧弹的长方形空弹壳落下来，扎入被掀开的泥土，密密麻麻到处都是。上方道路边的许多建筑物内还在燃烧。有时，走着

> 走着我们会看到小的捆状物，外边裹着衣服，那是死人，他们零零散散地躺在地上。其中一个人的头颅已经和身体扯开了，头顶是一个深红色的碗状物。我们还看到一只手臂横在地上，连着一只苍白精致的手，就像人们在理发店橱窗上看到的蜡制模特一样。一辆辆汽车被烧得只剩金属框架，停车用的车棚也燃为灰烬。有的人之前还从市中心抢救出少量东西，他们此刻用手推车推着，上面覆着被褥或是其他东西，有的人直接坐在箱子和捆好的行李上。人群不断地在由尸体和被毁车辆堆成的小岛中穿行，浩浩荡荡沿着整个易北河前进，沉默而焦虑。[144]

克伦佩雷尔夫妇艰难地穿过仍在燃烧的城市，然后来到犹太人之家，结果发现那里几乎已被彻底摧毁。克伦佩雷尔向一支救护车队求救，请他们治疗自己的眼睛。随后，这对夫妇就被带到了一个医疗中心，他们可以在那里睡一觉，而且还能吃一点东西。最终，他们所有人都被带到了城外的一个空军基地，并在那里获得了更多的食物。同时，克伦佩雷尔在那里也得到了更好的医治。登记时，他用的是自己的真实姓名，但他没有佩戴暴露身份的犹太之星——自1939年初，在法律强制要求下，他就一直佩戴着——所以他并未被认出来。之后，他们夫妇冒着被处死的危险搭乘火车离开德累斯顿前往北方，702
并最终抵达皮斯科维茨（Piskowitz），曾在他们家当过佣人的阿格内斯（Agnes）生活在这里。阿格内斯给他们提供了庇护所，并向他们保证，自己从未向任何人透露过曾给一对犹太夫妇当过家庭佣人的经历。当地行政长官问了克伦佩雷尔一个难以回避的问题（你不是犹太裔或犹太混血吧？），克伦佩雷尔坚定地予以否认。[145] 与其他许多犹太人一样，对他们夫妇而言，战争最后几个月充满混乱和破坏，这反而给他们提供了一个生存机会。他们欣然接受。

只有那部分最冥顽不化的纳粹分子才将同盟国的空袭视作一股鞭策力量，能刺激大家进一步反击同盟国。同盟国轰炸德累斯顿后不久，路易丝·索尔米茨就碰到了一个在宣传部工作的熟人：

> 我说 99% 的汉堡市民都想让这些空袭终止，此外，我们还不得不忍受随之而来的后果。听到这话后，某某人就大吼道："那些人肯定疯了！愚蠢的老百姓才会这么想！我们要对得起历史，要维护自己的尊严！一旦战败，无论你多么巧妙地书写，都无法掩盖失败的惨淡后果。"……在他看来，德累斯顿空袭是"历史上有组织的、规模最大的谋杀运动"。[146]

在战争后半段，索尔米茨大部分时间都在想方设法地让一家人能生存度日。尽管她本人并不吸烟，但也申请了香烟的定量配给卡，正如她本人记载的那样，因为"香烟就是钱，而且是实实在在的钱"。正因如此，她才能用香烟来交换定量供应的食物，养活她襁褓中的外孙。在 1943 年 6 月底的空袭中，通向她家的天然气供应管道被切断了，直到 1944 年 1 月才被恢复。但不管怎样，到了 1945 年年初，相关当局打着所谓"节气日"和"省钱日"的旗号，定期地切断气和电的供应。同样，原本供 4 周使用的定量配给卡此刻也不得不当作 5 周的来用。1944 年年底，官方的食物定额开始缩水，缩水后的食物定额甚至连基本的生存水平都不能保证。在 1945 年 1 月的第二周，每个月的面包定额由 10.5 千克削减为 8,750 克，而到了 4 月中旬，更进一步减少为 3,600 克。在同一时期，肉的定额由 1,900 克削减为 550 克，而油的定额则从 875 克猛跌为 325 克。[147] 整个国家的基础设施在迅速坍塌。"我已到了身心俱疲的地步，我的体力已全部透支，我再也动不了了。"路易丝·索尔米茨在 1945 年 4 月 9 日这样绝望地写道。[148]

路易丝·索尔米茨最终也开始不再相信希特勒。一方面，德军战败并撤退，这对包括她在内的整个德国上下都造成了很大影响，而另一方面，自己的家乡汉堡不断遭到空袭，也令她感到精疲力竭。但她非常谨小慎微，甚至在自己高度私密的日记中，也未曾极其直 703
白地袒露这种思想变化。1942 年 9 月 8 日，她思考着德国同胞以及当前所处的局势，然后捋了捋思绪，写道：

> 在我看来，只有懂得自律的人才是真正伟大的人，因为不懂自律的人不仅当下会招致报复，而且以后也会遭到惩罚。俾斯麦懂得如何克己，懂得如何避免让成功的力量冲昏自己的头脑，懂得如何运用自律法则来抗衡人的本性，这种本性往往会让征服者自我膨胀。能像他这样的人的确为数不多，绝大部分征服者都很难逃出自我毁灭的命运。[149]

路易丝·索尔米茨的女儿吉塞拉在看护其刚出生的儿子理查德（Richard）时永远地离开了，直到此刻，索尔米茨才彻底站在了希特勒的对立面。索尔米茨一想到她和丈夫弗里德里希可能会在轰炸中遇难就感到害怕，但一想到这会严重威胁到他们襁褓中的外孙——一名无辜的德国未来接班人——她就不寒而栗。此时，她对希特勒只有“恨”和“诅咒”。“我养成了这样一个习惯，那就是只有我们自己人时，每听到一枚炸弹，我就会说‘让希特勒不得好死’”她这样写道。[150] 她们一家人开始称纳粹分子为“雅斯佩斯先生”（Herr Jaspers），如此一来，全家人就可以大胆地讨论纳粹体系的衰落和即将来临的灭亡，即便有人偷听到他们讲话，他们也不用担心会被捕。每次戈培尔或其他纳粹领导人在广播上讲话时，他们都会冲到房间对面去把广播关掉。[151] 民众们对希特勒的信任以及对纳粹政权的支持本就所剩无几，而连续不断的轰炸将这仅存的信任和支持都被消磨得荡然无存。

随着德国陷入愈发紧迫被动的局势，偷窃和非法的黑市贸易成为唯一的生存方式。此外，抢劫也日趋猖獗，尤其是自1944年夏天以来。例如，在1944年秋天的短短两周内，埃森就有超过90家杂货铺遭到劫掠。夜间空袭时，店主们都不在店铺，人们正好利用这个间隙。店铺在轰炸中被损毁，这给打劫者们提供了更多的机会。大多数情况下，他们拿的都是少量的食物和衣服。相关当局增加了巡警数量，盖世太保也在外籍工人居住的社区安插了更多的告密者。1944年9月，盖世太保们得到授权，可以当场处决打家劫舍者；1944年11月初，帝国保安总局将该命令正式确定下来。起初，该命令是专门针对来自东方地区的工人，后来适用于所有外籍工人。因此，本质而言，这是在鼓励地方警察当局和行政管理机构将这些
704 事情都揽入自己的职权范围。人民冲锋队的成员被安排去看守遭到炸弹损毁的建筑物，而且当来自东方地区的工人被发现在遭到轰炸的地方打劫时，人民冲锋队员有权逮捕并直接枪杀他们。1944年10月，在距科隆不远的德国西部小镇达尔海姆（Dalheim），一名盖世太保官员碰到了一些来自东方地区的女性工人，她们手中拿着的东西似乎是打劫而来，见此，这名官员命令手下逮捕了其中7名工人。经审问，她们承认了自己的罪行，第二天，该官员就下令将其全部枪决。有时，当地民众也会加入抓捕行动中。例如，1945年年初，在奥伯豪森（Oberhausen），一名总机话务员在下班回家路上留意到四名东方工人从一幢房子里面窜出来，生活在这幢房子里的人们显然已经到防空洞里面避难去了。见此，他聚集了一帮人，抓住了其中一名工人，随后对其拳打脚踢。这名工人承认偷了一些土豆，然后就被带到武装部队的一个办事处，办事处工作人员给了该话务员一把枪。这名话务员将自己抓获的这名囚犯押到一个运动场，一群看客也蜂拥而至，他们开始用棍子和木板殴打该囚犯。随后，

话务员就对着此人开了一枪，但他并未当即死亡，当他躺在地上挣扎呻吟时，整群人就围拢来，将他活活打死。[152]

在这种情况下，越来越多的外籍工人开始逃跑或者藏匿起来，这完全不足为奇。很多时候，被允许回乡探亲休假的法国工人直接一去不返。以法本公司位于路德维希港(Ludwigshafen)的工厂为例，在被允许于 1943 年 5 月和 6 月回乡探亲休假的西欧工人中，整整 68% 的人再没返回。然而，如果出台命令，禁止探亲休假，那么在这些工人中很有可能爆发大范围动乱；而且，相关当局也不可能针对他们采取惩罚措施，因为他们都来自“友好”国家。在抛弃工作的工人中，一半或以上的工人都来自东方地区，而且毋庸置疑的是，他们这样做是违法的。事实上，他们逃回家乡的成功率很低，但他们中许多人都能在其他地方找到工作，尤其是当这份新工作与他们丢弃的工作相比技能要求更低时。绝大部分工人想方设法地转移至尚未受到轰炸威胁的区域。盖世太保组织大范围的搜捕行动，加强了在火车站、酒吧以及各公共区域的检查，成功地追捕了其中许多人。按照阿尔贝特 · 施佩尔的说法，到了 1944 年，每年的逃跑者数量飙升到至少 50 万人。施佩尔坚持认为这些逃跑工人对于战争经济的发展有着不可或缺的重大意义，所以当他们被捕后，最重要 705
的就是把他们送回原来的工作地点。越来越多的外国劳动者称病请假，或者故意放慢回来的进度。1944 年 5 月，警察在一名法国工人的口袋里发现了这样一封连锁信：“完美法国工人的十诫：1. 在工厂放慢步伐；2. 下班后加快步伐；3. 频繁上厕所；4. 不要太努力工作；5. 多去麻烦工头；6. 给美女献殷勤；7. 经常去看病；8. 别指望有假期；9. 保持卫生；10. 常怀希望。”[153] 有的工人故意破坏他们被迫生产的武器。其他一些工人则毛手毛脚，制造出来的都是次品，因为他们确实已经精疲力竭，而且营养不良。

几乎每个人都采取过诸如此类的抵制或违抗行为。在有的地方，外国劳动力中的共产党员还组织了秘密抵抗运动，但这些抵抗运动的主要目标也只是组织逃跑，或是找出并对付告密者。而更常见的则是由逃跑的外籍工人组成的小团伙，他们躲藏在被炸得满目疮痍的建筑物中，靠耍小聪明过活，而且很多时候跟德国年轻人混迹在一起。通常情况下，他们的生活来源主要来自黑市。正如路易丝·索尔米茨所言，随着食物供应日趋紧张，烟草成为一种货币，必要时可以用来换取面包和衣服。同来自东方地区的工人相比，来自西方地区的工人，尤其是法国工人，能得到更好的报酬，而且他们在国内的亲属还经常给他们寄来食物包裹，因此，他们能利用这个优势搭建一个兴旺的地下食物市场，而苏联和意大利工人亟需这些食物。俄罗斯的战俘和普通强制性劳动力因为缺乏购买能力，所以开始用废弃的工业材料制作小玩具或其他小装饰品，然后拿到街上或直接在工厂里面兜售。但不久后，相关当局就禁止了他们的这种行为，称他们使用的这些原材料对战争经济极为重要。[154] 大规模的帮派团体开始出现，在诸如此类的危险贸易中扮演着关键角色。截至 1944 年 9 月，同盟国军队逐渐逼近，此类团体得到进一步发展，数量不断增长，这在德国西部被毁的城镇中尤其明显，其中典型就是科隆。这些团伙往往都有武器装备，根本不害怕与警察决一死战。在科隆，其中一个团伙由大约 30 人组成，成员主要是来自东方地区的工人，据报道，他们以偷抢食物为生。当该团伙在一次枪战中被盖世太保粉碎——一
706 名警官也被击毙——后，其首领米什卡·芬恩（Mishka Finn）又加入了另一个团伙。新加入的这个团伙由一名德国人领导，此人曾是一名集中营囚犯，而团伙内的绝大多数成员都是逃兵和越狱犯。该团伙与一个名为“雪绒花海盗”（Edelweiss Pirates）的组织合作。雪绒花海盗是一个更具政治色彩的团体，由年轻一辈的工人阶级组成，他们曾攻击过希特勒青年团的成员，也曾抢劫过

杂货铺和其他经营场所。当雪绒花海盗将目标设定得更高，开始计划炸毁盖世太保位于科隆的总部时，警察发现并逮捕了他们的成员。1944 年 10 月 25 日，警方公开绞死了其中 6 名成员——全都是来自东方地区的工人——而且现场有很多围观者。随后，警方又于1944 年 11 月 10 日公开处决了这个德国团体的 13 名成员。[155]

然而，公开处决也未能彻底终止科隆城里的这些团伙活动。事实上，不久后，盖世太保与另一个由东方地区工人组成的团伙进行了战斗，而科隆地区的盖世太保负责人也在此次交战中丧命。杜伊斯堡的其中一个团伙有 100 多人，他们几乎每天都打家劫舍，严重地扰乱了秩序，而盖世太保的回应方式就是不断增强大规模逮捕和处决的力度。这个团伙也是由来自东方地区的工人组成，其中 24 名成员于 1945 年 2 月在杜伊斯堡被枪决；随后在 3 月，杜伊斯堡又有 67 人被处决，其中一部分是德国人，相关当局怀疑他们给这个团伙的成员提供庇护。在埃森，当地的盖世太保负责人联同在杜塞尔多夫的上司，下令将 35 名囚犯带出警察监狱并予以枪决，他们绝大部分人之前都曾因涉嫌抢劫或入室盗窃而被捕。1945 年 3 月 20 日，来自东方地区的工人有 30 名在伍珀塔尔附近被处决，23 名在波鸿被处决，11 名在盖尔森基兴被处决。在多特蒙德，盖世太保于 1945 年 3 月和 4 月枪决了大约 240 名男女。因为同盟国军队此时即将进入多特蒙德，盖世太保因此抢在他们之前实施了这些杀戮。这些受害者因涉嫌劫掠、盗窃、参与共产党抵抗活动、从事间谍活动，以及其他各种罪名而锒铛入狱。德国即将战败的愤怒情绪不仅滋长了一股复仇意念，也激起了一股恢复纳粹秩序观的欲望，他们所处的世界正迅速陷入混乱的泥沼，盖世太保眼中的那些劣等种族者正在德国西部的各主要工业城市无所阻拦地穿梭漫游。事实上，该区域的团伙活动与其说是由公开反对纳粹政权的欲望所驱使，毋宁说是生存所逼。然而，在统治当局看来——也是其一贯的观点——这些活动归根结底都是具有政治色彩的，自始至终也都是意识形态层面的。[156]

五

707 据苏联方面估计，红军在战争中总共折损了1,100万士兵、10万架以上飞机、30万门以上火炮以及近10万辆坦克和自行火炮。但按照其他一些官方机构的估计，红军在兵力上的损失要惨重得多，事实上，有的机构甚至认为他们折损了2,600万军人。红军部队既未受过正规军事训练，也未受过良好教育，而且很多时候甚至完全没有准备。红军损失惨烈的情况一直持续到战争最终结束。其实，同红军在库尔斯克会战中每天折损的坦克数量相比，他们在最后攻打柏林的战役中，每天折损的坦克数量更多。斯大林为赢得胜利不惜一切成本，而他手下的将士们付出了高昂得吓人的代价。红军将士们都被告知必须绝对服从命令，不得有丝毫怀疑，并且不得自作主张。通常情况下，红军并没有发动策略高明的进攻，相反，他们直接朝敌人战线发起正面攻击。这让红军遭受了惨烈的损失，以至于红军虽然有充足的资源，也需要不少时间才能完全恢复。如果红军的军事领导层多一分智慧，少一分不计成本的挥霍态度，那么赢得东部战线战争的时间会大大提前。[157]然而，最重要的是，苏联军队因为忍受了长期的痛苦，而且蒙受了无可估量的惨烈损失，这在他们的必胜信念中注入了一剂强烈的酸楚感和对敌人极端的仇恨。这一点在他们刚抵达德国边境时显露无余。

1944年7月，苏联军队来到马伊达内克集中营，这也是整个同盟国军队发现的第一个集中营。里面的营房和院子横七竖八地躺满了尸体——有俄罗斯人的尸体，波兰人的尸体，以及许多其他族裔的尸体，当然，还有犹太人的尸体。面对眼前的场景，通信员们感到毛骨悚然，随后，他们又去了毒气室——德国人当时已来不及将这些毒气室拆除。成千上万的红军士兵被带领着参观了马伊达内克集中营，他们要亲眼看看德国人的暴行。此前，德国人蓄意饿死数百万苏联战俘的故事已广为人知，此时，苏联的主要日报《真理报》（*Pravda*）更是对该集中营的场景进行了细致入微的报道。随着苏联部队继续向西挺进并进入德国境内，他们进而发现了其他杀戮中心，其中不仅包括奥斯维辛集中营，还包括克洛加（Klooga）这样的小规模集中营。克洛加位于塔林附近，摄像师们将那里遇难的犹太人尸体拍了下来，这些尸体垒得高高的，下面已经垫好了木头，准备用来将尸体全部焚毁，但德国人还没有来得及点火就撤离了。数年来，苏联军队已经忍受了德国人给他们带来的诸多痛苦，他们对德国人积怨已深，而此刻这些场景更是在他们心中留下了无法抹去的印象，愈发加剧了他们心中的怒火。苏联军队进入德国后，发现这里的生活水平与他们自己国家的生活水平相比，高得简直难以置信，像基辅和斯摩棱斯克等城市被炸毁和劫掠的记忆又再次浮现在眼前，并被强化。既然德国这么富裕，那么德国人为什么还要发动战争呢？这种霄壤之别的对比似乎只能进一步加深俄罗斯 708
士兵的愤怒。“我们要复仇，”1945 年 1 月，一名俄罗斯士兵进入东普鲁士后这样写道，“要为遭受的所有痛苦复仇……我们眼前的一切都再明显不过地表明，希特勒洗劫了整个欧洲来满足双手沾满鲜血的德国人……他们商铺里琳琅满目的商品来自全欧洲的商铺和工厂。”[158]“我们对德国和德国人恨之入骨，”另外一名士兵写道，“很多时候，你都能看到老百姓横尸街头……我们要对德国人以牙还牙，让他们尝尝自己所施暴行的滋味。你只要想想马伊达内克的场景就够了。”[159]早在 1941 年，德军接到命令，将苏联政委列为专门的迫害对象之一，而此刻，政委们也催促苏联军队实施报复。“士兵们在战争中积压的怒火必定难以平息。”当时，一条广为人知的苏联政治口号这样宣传道。“你说我们对德国应该以眼还眼，以牙还牙，”另外一名士兵在给父亲的信中写道，“审判已经开始，我们军队在德国领土上的这段征程将永远地烙在他们的记忆中。”[160]

苏联的军事和民事当局都下令将德国的沦陷区洗劫一空。他们运走了大量的铁轨、火车头、铁路货车、武器、弹药以及其他林林总总的东西，用来尽可能地补充战争中被摧毁的苏联工厂和设备。当美国人于 1945 年来到柏林时，他们发现柏林城中 80% 的工业机械装置都已被转移到苏联。艺术品也是苏联官方批准的劫掠对象之一。德国人在仓皇撤退时无法带走不计其数的艺术品，与整个欧洲的其他艺术品一样，为了安全起见，他们将这些艺术品留在地下室、矿井和其他隐秘处，以防止其遭到战火和爆炸袭击的毁坏。苏联艺术品收复别动队在乡村地区四处搜寻这些藏品，他们将找到的艺术品成功带回了位于莫斯科的一个专门储藏处。他们在德累斯顿附近的大科塔（Groscotta）村庄找到了一条很深的采石场隧道，发现了德累斯顿各个博物馆藏在那里的大量油画，其中包括拉斐尔的《西斯廷圣母》(*Sistine Madonna*）和伦勃朗的《诱拐伽倪墨得斯》(*Abduction of Ganymede*)。巨大的佩加蒙祭坛（Pergamon Altar）
709 也被拆卸带走。1949 年后，最终有 150 万件文物返还东德，但还有很大一部分文物下落不明。例如，不来梅的市长为了安全起见，曾将不来梅的艺术品送到离柏林不远的一座城堡，后来，红军找到了该城堡。维克托 · 巴尔金（Viktor Baldin）是一名俄罗斯建筑家，也是一名红军，他前来检查这些藏品，发现这些珍贵的艺术品零零散散地分布在该区域，他竭尽所能地将它们重新整理起来。有一次，他还用一双靴子跟一名俄罗斯士兵换了阿尔布雷特 · 丢勒的一幅蚀刻版画。一方面，巴尔金将他发现的数百幅素描画妥善地保存起来，并寻求机会将其还给不来梅市；而另一方面，不久之后，出自这同一地方的其他艺术藏品就开始出现在艺术品市场。迟至 1956 年，依然有一名交易商用150马克和一磅咖啡从一位德国妇女那里换来一幅克拉纳赫的作品。甚至在1990年以后，俄罗斯人依然霸占着其中许多“艺术战利品”，而且他们还尖锐地反问道，由于入侵德军的所作所为，他们俄罗斯人自己的很多文化瑰宝都下落不明或毁于一旦，所以凭什么要将这些劫掠而来的艺术品还给德国。[161]

此刻，红军普通士兵开始随心所欲地抢劫掳掠。战争最后几个月的战斗极其惨烈，这只能给红军士兵的愤怒情绪火上浇油。多年来，他们不仅忍受着希特勒给他们造成的痛苦，而在此之前，也忍受着斯大林给他们施加的苦难，所以，他们内心郁积着强烈的愤懑和绝望情绪，此刻，他们或许是在发泄释放这些长久的压抑。与1941年进入俄罗斯的德军士兵如出一辙，此刻，在阳刚尚武精神的凝聚下，红军士兵各作战分队紧密协作。他们恣意妄为，犯下了罄竹难书的暴行，但这并非由于他们纪律涣散，士气受挫，相反，这淋漓尽致地表现出他们的团结精神和集体意识，这种品质是他们在残酷战争中铸就的。德国人也劫掠过，也破坏过，所以现在为何不以彼之道，还施彼身呢？红军普通士兵目之所及，无所不取，将军规法则弃置不顾。食物是最重要的劫掠对象。士兵们洗劫了专供德国军人消费的商铺，闯入红酒地窖，喝得酩酊大醉，并大量地将食物包裹寄给家乡的亲人。军官们拿走了稀有书籍、油画、猎枪、打字机、自行车、床上用品、衣服、鞋子、乐器，此外，还专门抢走了收音机，这是他们国内罕有的珍贵物件。所有的将士都偷腕表。在库尔斯克的火车终点，每个月苏联士兵从德国寄回的包裹总量由1945年1月的300个飙升到4月的5万个。到了1945年5月中旬，大约2万辆载满战利品的铁路货车等待着卸货或是继续驶往其他目
的地。除了这样的劫掠外，红军也实施了种种暴力，采取了毫无意 710
义的破坏行动。[162]红军士兵将房子，农场，甚至整个城镇、村庄都付之一炬。他们枪杀的普通民众数以千计，男女老少均不例外。

1945年2月，一名士兵在给父母的信中写道："当你驱车穿过一个熊熊燃烧的德国城镇时，你的心里洋溢着无限的欢喜。我们正在为之前的一切复仇，而且我们的复仇完全正当合理。以眼还眼，以牙还牙，血债血偿。"[163]

受仇恨和报复情绪的驱使，以及似乎无穷无尽的烈酒的刺激下，红军士兵沉浸在强奸德国妇女以及对她们施加性暴力的恶行中。虽然红军士兵经年累月地受到性压抑，但本质而言，他们此时之所以实施性侵犯，绝对不是纯粹为了宣泄这压抑已久的生理欲望；相反，他们这样做有更深层次的原因，其中最突出的两个就是仇恨和侵略欲望。在德国，红军部队遇到的绝大部分成年民众都是女性，因为德国男性或者已经死亡，或者仍在战场，或者在军工厂工作。苏联士兵对德国人恨之入骨，因此，德国女性此时自然成为他们泄恨的对象。后来有人采访德国女性，她们都回忆道，当她们极力反抗时，苏联士兵并未讲述类似的德国士兵强奸俄罗斯女性这种故事，相反，他们描绘了"这样一幅画面，即一名德国士兵从一位母亲怀中拽下她的婴儿，然后将其不断撞击在墙壁上，孩子的母亲发狂地尖叫着，孩子的脑浆也溅在了墙上，而这名士兵却在恣意地笑"。[164]毕竟，是德国人无端地侵略了俄罗斯，并造成了难以想象的死亡、痛苦和破坏。必须给德国人一个教训，一个永世难忘的教训。正如一名红军士兵写道："很明显，如果我们此刻不着实地吓吓他们，就难保他们以后不再发动一场战争。"[165]

一名年轻的红军军官碰巧遇到了一支红军小分队，这支小分队刚追赶上一队往西逃离的德国难民。据这名军官后来回忆："妇女、母亲以及她们的孩子都躺在道路两侧，她们每人面前都站着一队士兵，士兵们在那里吵吵嚷嚷，均脱下了裤子。那些正在流血或已经失去意识的女性被粗鲁地拉到一边，而那些试图救自己孩子的母亲被士兵直接枪杀了。"一群军官站在附近"龇牙咧嘴地笑"，确

保“每名士兵无一例外地都参与其中”。[166]德国妇女学会了藏起来，711
尤其是在天黑之后。而那些年轻貌美的德国女性则学着找一名苏联士兵——更倾向于是一名军官——当情人兼保护人。1945 年 5 月 4 日，一位匿名的德国女性在日记中写道：“毋庸置疑，我们逐渐开始幽默地看待所有强奸行为，这也是一种调侃危险、丑陋事物的幽默。”[167]她非常自得地写道，当最初的愤怒发泄完毕后，俄罗斯士兵更喜欢选择丰满圆润的女性当他们的受害者，毫无意外地，这类女性往往是纳粹官员的妻子。[168]

由于害怕红军抵达后自己可能遭遇的悲惨命运——他们完全有理由这么认为——数百万身处境外的德国人在苏联部队进军前就已经从居住地逃离了。在 1941 年和 1942 年，当德军朝欧洲其他国家进军时，路上挤满了包括妇女、儿童和老人在内的逃离德国的队伍，他们奔向欧洲其他地方——从比利时到白俄罗斯，无所不包——唯恐德军侵入自己的国家后，自己也将遭到屠杀。而此刻，在 1944 年和 1945 年，我们又看到可怜的逃难队伍往德国方向撤离，只不过这次整个逃难队伍都由德国人组成。幸运一点的人可以用小汽车或马拉车运载他们的财物，而那些运气不佳的人就只能艰难地徒步跋涉。许多儿童在路上就被活活冻死了。有的难民找到了尚未被毁坏的铁路线，并在火车上占得一席之地。一部分城镇的纳粹官员将难民们塞进敞篷的铁路货车，他们一路上在车里冷得直打哆嗦，而且也没有食物和水。据报道，当这样一列车抵达石勒苏益格—荷尔斯泰因（Schleswig-Holstein）时，整车难民的“身体状况都糟糕透顶。他们不仅身上爬满了虱子，而且还患上了疥疮等各种疾病。经过长途行驶，很多人都已经死了，尸体就躺在这些敞篷的铁路货车里”。[169]接近 1945 年年末时，每天乘火车抵达柏林的难民多达 5 万人。1945 年 2 月中旬，据纳粹当局估计，超过 800 万人正向西逃离，奔向第三帝国的心脏城市，柏林。在波罗的海海岸，

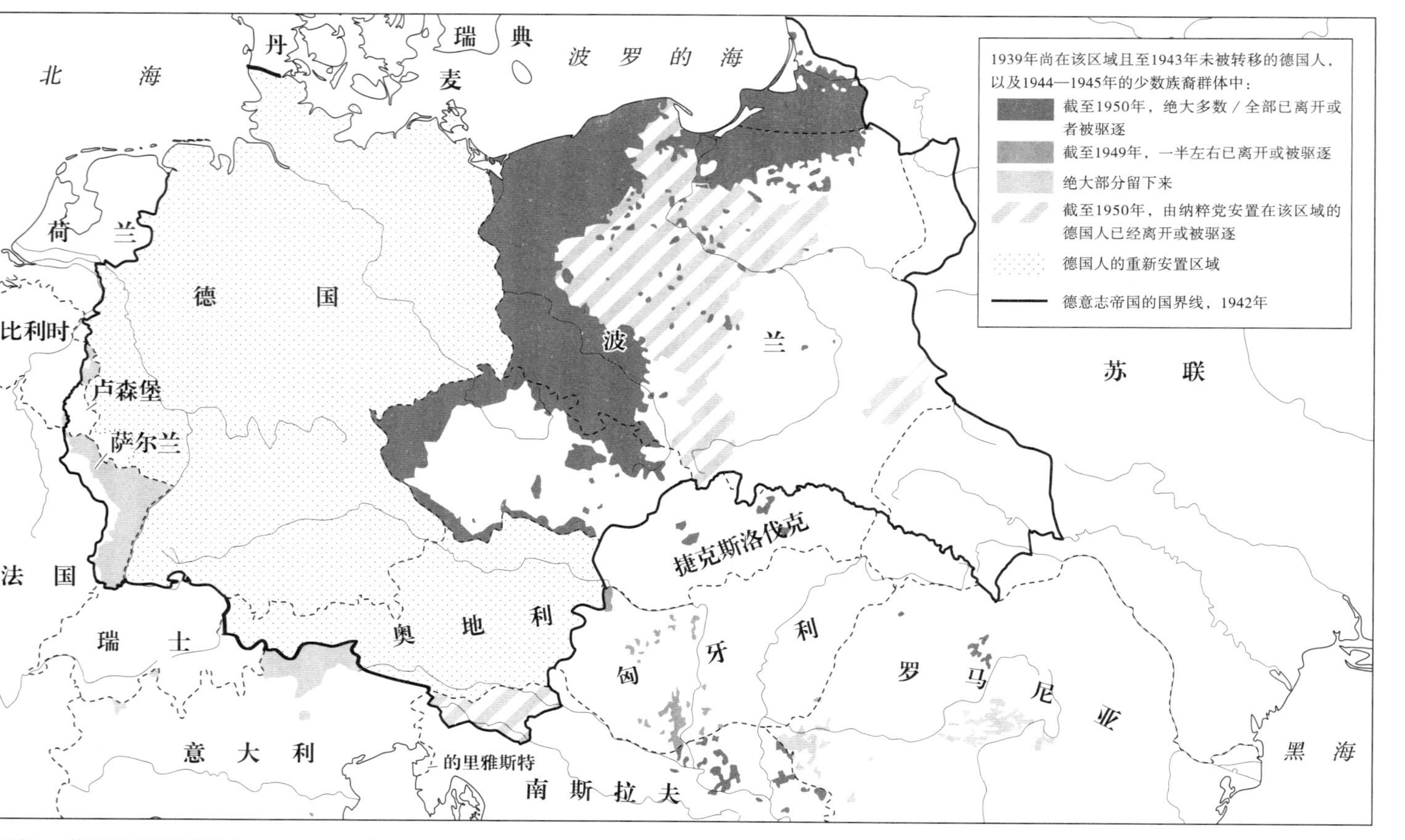

地图22　德国难民和被驱逐者，1944—1950年

大约有 50 万难民被困在但泽，空运或海路而来的食物包裹经常被饥肠辘辘的德国士兵抢走。另外还有 20 万人因战争被困在皮拉乌 713 （Pillau）这个港口小城。当地官员以及高级别行政区的官员们都开始组织海路撤离。休闲组织“力量来自快乐”的“威廉·古斯特洛夫号”（*Wilhelm Gustloff*）游轮载着大约 6,600 名难民从格丁尼亚港口出发，驶入波罗的海。一艘苏联潜水艇碰巧遇到了这艘游轮，发射了 3 颗水雷，将其击沉，船上 5,300 人遇难。但这并非唯一一艘被击沉的难民船。这一惨无人道的行径使苏联海军招致了严重的控诉，面对来势汹汹的口诛笔伐，他们声称威廉·古斯特洛夫号运载的全是 U 艇海员。苏联海军知道，海军元帅邓尼茨曾下令，与普通民众相比，优先撤离军队成员。然而，他们这次却犯了一个严重的错误。尽管如此，但这艘击沉威廉·古斯特洛夫号游轮的潜艇艇长仍然获得了嘉奖。此前，他因与一名外国女人保持长期的不正当关系被发现后，而被判处监禁，而此刻，作为奖励，他被豁免了牢狱之刑；此外，1990 年，他还被追授“苏联英雄”的称号。[170]

此时，有些德国人还留在东方被德国占领的沦陷区，他们的未来变得异常艰难。战争期间，他们是当地处于统治地位的精英种族，经常实施惨无人道的暴力统治。此时，德国战败了。虽然已有数百万德意志人逃离，但在随后的几个月，捷克、波兰和其他重建政府强制驱逐了自己国内剩余的全部德意志人，并没收了他们的财产。在 1944—1947 年间，总共有大约 1,100 万德国难民和被逐者抵达第三帝国。同样，西面的情况也如出一辙，当地德国人在逐渐逼近的同盟国军队抵达前就已大量逃走。在自己家乡阿尔蔡——一个位于莱茵兰的小城镇——洛蕾·瓦尔布看到当美军快兵临城下时，民众们都忙着收拾行囊。“一辆辆逃离的小轿车不间断地驶过我们这幢小房子，一整晚都没有停止过，”1945 年 3 月 26 日，她这样写道，“这些车全都来自前线，正朝着东部方向驶去。”据她估计，整个城镇 1/4 的人都加入了难民队伍。[171] 在 1945 年的头几个月，德国到处都有民众在迁移，到处都弥漫着无休无止的来自暴力和死亡的威胁，所有人都在恐惧和希望的复杂情绪中等待着最后的结局。

第三节

最后的战败

一

在战争最后几个月，整个德国境内到处都遭到了严重破坏，陷入了极端混乱的局面，而希特勒在德国民众中的影响力也终将不复存在。1945 年 3 月 28 日，党卫队保安处指出，甚至连统治当局的支持者也在批判希特勒。希特勒曾一次次保证德国将取得最终胜利，而此刻，没有人再相信这些诺言。[172] 据报道，有人曾这样问："那么你认为德国人已经完全没有思考能力了吗？那么你认为仅凭这些乏力言辞和空头承诺就能让德国民众继续坚守胜利信念吗？" 1941 年，希特勒宣布俄罗斯最后一批准备就绪的作战师已被彻底歼灭。俄罗斯人此时已经兵临城下，"如果我们不再相信元首说的话，那么谁又会把它当真呢？" [173] 党卫队保安处不得不承认："我们的领导层受到严重质疑，甚至连元首本人亦不例外。" 1945 年 2 月 24 日，希特勒的讲话在广播上被宣读，但这并未在听众中留下有利的印象。吕讷堡（Lüneburg）的一名纳粹党下层官员嘲讽道："元首又在预言了。" 另一个人则说："这又是陈词滥调。" [174] 人们普遍都对纳粹 714

政权感到很愤怒。此时，同战败相比，人们更害怕来自党卫队和顽固纳粹积极分子的威胁。[175] 维克多 · 克伦佩雷尔此刻生活在德国老百姓中，他小心翼翼地隐藏了自己的犹太人身份。他开始情难自已地同情自己的犹太同胞，脑海中浮现的都是犹太人——“这些可怜人”——过去遭受的苦难。[176] 只有少部分人声称依然相信希特勒，并将德国战败归咎于其他人。[177] 人们开始将建筑物上的万字符摘了下来，并摧毁了公共场所里展示的其他纳粹标志。[178]

此外，虽然战败已成定局，但纳粹领导层仍未投降，这也令民
715 众们愈发愤怒。那些还清楚记得第一次世界大战的人回忆说，当时的军事领导人意识到德国即将战败后就主动投降了，因而挽救了众多生命。“相比而言，兴登堡（Hindenburg）和鲁登道夫真是好人，”其中一个人说道，“发现战败无可避免时，他们就主动终止了战争，而没有让我们继续送死。再看看现在**这帮人！**他们完全不顾我们的死活，就为了自己还能苟延残喘地统治几个星期……”[179] 事实上，数百万德国人将在战争最后阶段丧生。洛蕾 · 瓦尔布愤怒地思考了希特勒的“滔天罪行”。“为什么，”1945 年 4 月 23 日，她诘问道，“他到了最后时刻还不放弃战斗？为什么最后关头他还要急匆匆地让德国上下陷入内战？”她称这些为“狂热分子的不理智行为”，并为此怒火难消，显然，她把希特勒本人也算在这些狂热分子中。[180] 事实上，希特勒根本没有打算终止这些不必要的死亡和破坏，相反，如果说他确实做了什么决定的话，那就是让这一切变本加厉。1944 年秋天，敌军再次入侵德国领土。或许是效仿斯大林，面对这一入侵，希特勒催促实施焦土政策，以迫使敌军无法在这片区域生存下来，就像俄罗斯人在之前战斗中的做法一样。但这个想法根本就是痴人说梦，因为同盟国军队的各个基地就能给他们提供充足的物资。焦土政策唯一的受害者只能是当地的德国民众。各政府部门都认为这个想法不切实际，施佩尔也成功说服希特勒放弃炸毁当地的工厂

或用水灌注矿井，相反，只是转移重要的零部件，使当地工业生产无法运转。这位装备部部长当时仍然认为，在不久的将来，重新占领这些沦陷区完全可能，因此想将这些不可或缺的基础生产设施保留下来，以便随时使用。1945 年初，德国在突出部之役中战败，苏联军队开始继续挺进，这让施佩尔终于清醒地意识到战败已是必然。他下定决心，必须给德国人民保留一个尽可能健康、有效的经济，以便其能在战后正常运转。因此，毋庸置疑的是，他开始关心自己在同盟国方面的名声。此刻，想要有计划地投降，最主要的障碍就是希特勒本人。据施佩尔后来的描述，1945 年 2 月中旬，他设想顺着通风井将毒气灌入希特勒位于帝国总理府下面的防空掩体。那段时间希特勒抱怨说下面闷得令人窒息，所以施佩尔顺理成章地将空气过滤系统移除了。但施佩尔还得绞尽脑汁地找到一种合适的化学品。希特勒非常担心自身安全，尤其是在 7 月的炸弹密谋后，他记得毒气比空气要重，所以他下令在自己防空掩体的通风口上方搭建 716
了一个 10 英尺高的烟囱，并且在房顶周围部署了党卫队哨兵，此外，屋顶现在还安装了探照灯，可以发现夜晚潜伏在附近的任何人。施佩尔悄无声息放弃了通过毒气杀死希特勒的设想。这件事的确存在过还是纯粹幻想出来的，现在仍然没有定论。[181]

1945 年 3 月 18 日，施佩尔向希特勒提交了一份备忘录，里面罗列了保存德国经济基础以便战后重建德国的各种计划。在当晚的军事指示会上，希特勒说采取这样的行动毫无意义。德意志民族在适者生存的竞争中已经失败了。未来只属于胜利者。竞争失败后仍苟延残喘的德国人是劣等的德意志人，因为最优秀的都已经战死疆场了。因此，没有必要给他们提供这些基础设施以保证他们的未来生存，不管是多么原始或基本的生存水平，都不用给他们保证。随后，他又愤怒地将矛头指向施佩尔的备忘录。面对这份备忘录，希特勒直接剥夺了这位装备部部长的绝大部分职权。1945年3月19日，希特勒出台相关法令，这套法令很快就被人们称为希特勒的“尼禄法令”（Nero order），因为据猜测，罗马皇帝尼禄当年就曾下令将整个罗马城付之一炬。第三帝国境内的军事、交通、通信、工业以及补给设施和装备，只要它们有可能落入敌军手中，那么都要将其彻底摧毁。希特勒说：“认为收复失地后，或许可以重新利用未遭损毁或暂时瘫痪的交通、通信、工业和补给设施来实现自己的目的，这种想法错误至极。”当敌人最终战败并被逐出德国时，他们只会“留下一片焦土……根本不会考虑这里的人民”。[182] 当然，从多个层面来讲，这套法令都只是一个设想；但一旦实施，它将造成难以估量的巨大破坏。阿尔贝特·施佩尔决定予以阻止。他前往各战斗前线，去游说那些与自己观点一致的陆军指挥官们，与他们说好直接忽略希特勒摧毁一切的命令。施佩尔得知党区领导人们打算用水灌注煤矿，炸毁提升机并堵住运河，他和他的团队则偷偷地处理了需要用来实施该计划的炸药和其他装备，然后与党区领导人们见面，劝说他们这个计划根本不切实际。他的劝说取得了一定成效。施佩尔已经与海因里希、莫德尔和古德里安会面，他们都决定在战争条件下尽可能地保存敌军入侵区域的基础设施，无论是东面的还是西面的。[183]

717 在柏林，希特勒控诉施佩尔试图游说党区领导人违抗自己的命令，并告诉这位装备部部长，如果他还想保住自己的职位，就必须坚定一个信念，那就是德国必将赢得战争。施佩尔表示反对，并说道，战败无可避免。据施佩尔后来回忆，当时希特勒再问了他一次，带着“几乎恳求的语气，在那一刻，我觉得与他平时趾高气扬的样子相比，他可怜无助的样子甚至更具说服力。如果是其他情况，我或许已经心软并妥协。但这一次，面对他的哀怜情绪，我并未让步，因为我脑子里想的都是他那些破坏计划”。[184] 希特勒给了施佩尔 24 小时的时间来想清楚该如何回答自己的问题。施佩尔起草了一封拒绝信，但希特勒的秘书们告知他，希特勒禁止他们用专门的、大字体的打字机打印这封信。希特勒当时已经近视，这个打字机专门用来打印供这位元首仔细阅读的文件。所以，希特勒不会阅读这封拒绝信。施佩尔只得放弃。回到总理府后，施佩尔对希特勒说：“我的元首，我毫无保留地支持你。”希特勒的眼里噙满泪水，充泛着爱意和释怀的光芒。施佩尔也因而避免了被革职的命运。事实上，他获得了亲自执行“尼禄法令”的授权，并恢复了之前的绝大部分职权。在这次谈话后，1945 年 3 月 30 日，施佩尔劝服希特勒发表了一份关于“尼禄法令”的声明，明确指出，只有在为了防止敌人利用当地工厂来增强自己军事实力时，才能实施毁灭计划。而且只能一定程度地破坏该工厂，不将其彻底摧毁。施佩尔继续与纳粹狂热分子做斗争，他们仍然想摧毁一切。事实上，到了这个阶段，各工业公司及其工人们都强烈地想要保护他们的工厂和矿井，使其免遭摧毁，而且他们中许多人也的确采取了相应行动。[185] 无论如何，随着同盟国军队愈发逼近德国的心脏地带，这些争论也越来越上升到了学术层次。

在最后几个星期，希特勒时而笼罩在失败主义的情绪中，感觉世界末日即将来临，时而又显得过度自信，目中无人，笃信自己能逆转局势。他仍然希望西方同盟国力量和苏联发生内部分裂。与陆军参谋总长海因茨·古德里安一样，一些人提倡让西部战线的德军投降，然后用德国的全部军队和资源来抵抗红军入侵柏林，希望借此刺激英国和美国加入防止苏联控制中欧地区的新斗争。但希特勒不愿听到任何形式的投降，哪怕是部分投降，并控诉古德里安犯下
了严重的叛国罪。虽然他暂时没有对古德里安采取进一步行动，但 718
从 1945 年 1 月底开始，希特勒每次与这位陆军参谋总长开会，党卫队保安处的总负责人恩斯特·卡尔滕布伦纳都会在场，他静静地坐在那里，构成无声的威胁。尽管如此，但包括里宾特洛甫和戈林

在内的其他人也在考虑类似的路线方针。然而，他们都不愿采取任何切实有效的措施来促成西部战线的和平谈判。希特勒不仅将英国持续拒绝与自己和平谈判归咎于丘吉尔好战，而且还认为与斯大林达成和平协议会更容易，因为斯大林完全不用理睬这种独立的民意，而西方领导人却受这方面限制。但是，与此同时，他也不认为斯大林会坐到谈判桌前，除非红军在柏林城边遭到重创，以至于斯大林也别无选择。因此，按照他的逻辑推论，最终结果都一样，即德国除了继续战斗外，别无他途。[186]

在 1944 年 7 月 20 日针对自己的暗杀行动中，希特勒虽然死里逃生，但也并非毫发无损。尽管爆炸产生的气流暂时治愈了他的帕金森症震颤——我们从他左手和左前臂的抖动中就能非常明显地感受到他应该患了这种疾病——但到了 1944 年 9 月中旬，他又开始颤抖。而且除此之外，他还感到眩晕，不能长时间地站立；他的耳朵也严重受损，需要数周的时间才能好转。1944 年 9 月 23 日，他出现了严重的胃痉挛，四天后又出现了黄疸病的症状。他感到精疲力竭，而且又发高烧。他开始卧床不起。直到 1944 年 10 月 2 日，希特勒才开始好转；但截至此刻，他已经瘦了 16 磅。给希特勒治疗耳疾的医生试图将他的这些病症归咎于特奥 · 莫雷尔给他开的药片，而且照顾希特勒的其他医生——包括卡尔 · 勃兰特在内——也支持他的做法。希特勒的回应是直接解聘了其他所有医生，再次肯定他对莫雷尔医术的绝对信任。事实上，希特勒继续使用莫雷尔开的药片后最终康复了，证明这群医生的断言——莫雷尔试图毒杀纳粹领导人——是假的。[187] 据阿尔贝特 · 施佩尔的说法，希特勒在自己生命最后几个月里，身体一日不如一日。截至 1945 年年初，施佩尔写道：

（希特勒）整个人都蔫了，就像一个年迈的老人一样。他的

> 四肢都在发抖，行走时弓着背，步子也是在地上拖着走。甚至
> 连他的嗓音也开始颤抖，失去了以往盛气凌人的力度。他现在 719
> 说起话来打战，语调平白乏力。他一兴奋，嗓音都会破掉——
> 他经常这样——活脱脱的一个老人……他脸色发黄，面部往下
> 陷。此外，在生命最后阶段，他也不注意自己的制服了。因为
> 他的手发抖，所以吃饭时食物会粘到衣服上。而在以前，他极
> 其注重自己的着装。[188]

在施佩尔看来，或许是出于同情，所以尽管“德国早就陷入了绝望的深渊，但当希特勒仍然要往战争中投入本就不存在的作战师，或是命令部署空运——飞机因燃料匮乏根本无法飞行——而来的部队时”，他的随从们并没有提出任何反对意见。[189] 他告诉随从们，在德国赢得战争前，斯大林和西方国家肯定会发生冲突，还说，在这种情况下，西方国家会发现没有他根本寸步难行。每当希特勒说这话，随从们都缄默不言。施佩尔依旧非常乐意花时间与希特勒研究他们之前就起草好的战后重建林茨的计划。然而，希特勒的魄力和威信还是日渐衰落，甚至当着他的面，人们也不像以前那般尊重他。施佩尔后来观察到，以前希特勒走进房间时，在场的每个人都会起身，而“现在，人们却仍坐在自己的位置上，与身边的人聊天，宾客们也直接给仆人下命令，而那些喝得酩酊大醉的副官们则直接在椅子上睡着了，其他人也肆无忌惮地大声谈论”。[190]

此时，希特勒越来越多常待在帝国总理府下面的防空掩体群中。起初，他仍在帝国总理府未遭损毁的区域吃午餐，但 1945 年 3 月 3 日的空袭不仅摧毁了他的住所，而且还摧毁了帝国总理府的其他大部分建筑。因此，他开始在地下工作和睡觉，只有遛爱犬布隆迪（Blondi）时才来到上面的总理府花园，周围全是碎石瓦砾。他通常在正午时分或稍晚一点起床，然后刮胡子，整理着装，吃午饭，

之后就开会讨论战局。参加会议的不仅有高级指挥官，而且还有希姆莱、博尔曼、卡尔滕布伦纳，有时里宾特洛甫也会出席。晚饭后8点左右，他会再召开一次军事指示会，之后，他就回到自己的书房，一如既往地对随从们唠叨半天，直到他上床睡觉，通常情况下，此时都已经是清晨五六点了。[191] 1945年2月24日——也就是纳粹党计划的纪念日，纳粹党计划于1920年的这天正式拉开序幕——希特勒在帝国总理府尚未坍塌的大厅召开了最后一次由纳粹党党区领导人出席的会议。这些“老战士”从德国各地赶来，他们中许多
720 人有数个月没有见过希特勒了，当看到希特勒衰老的样子，他们简直不敢相信自己的眼睛。他并非昂首挺胸走进来的，而是拖着脚蹒跚进来的；他的眼睛也充满了血丝。他本想端起水杯凑到嘴边喝一口，让自己清醒一下，但他的左手和左前臂抖得厉害，所以不得不放弃了。其中一名与会者还留意到，希特勒说话时，偶尔还会淌口水。为了再一次振奋这些党区领导人，希特勒再次承诺奇迹武器即将制造完成，必能扭转战局。他说，他们必须鼓舞自己所辖区域的民众继续战斗，直至新式奇迹武器开始投入战争。否则，如果德国人民被彻底打败的话，那么很明显，德国民众也不配赢得战争。希特勒显然并不十分相信自己口中的奇迹武器。但达尔文主义的厄运即将降临到德国人民的头上，他对这一点深信不疑。[192]

二

在希特勒的想象中，历史会高度评价他，而此刻，他的主要精力都在思考这个问题。1945年3月11日（“英雄”纪念日），他向全军发表声明，宣布自己已经决定，将给全世界树立一个榜样。在暗示了德国将会战败后，他坚决表示德国要英勇地抗战到底，绝不能像1918年那样胆小怯懦地选择投降。戈培尔也决定，如果失败

已成定局，那么就让它是一场英雄式的失败。在最后几周，他将创造纳粹党自我牺牲的形象，鼓舞后代。戈培尔试图劝希特勒在广播上发表全民讲话，但这位元首沮丧地回答道，自己已没什么新东西可说了，而且希特勒收到了党卫队保安处发来的报告，知道自己1945年2月24日的讲话收效甚微。戈培尔也万念俱灰。希特勒很清楚，面对敌军入侵和德军战败这样无可否认的事实，宣传工作也最终彻底失败了。而另一方面，希特勒一直待在防空掩体的会议室中，在地图上排兵布阵，但他以为可供自己调度部署的军队或者已经消耗殆尽，或者根本就不存在，所以希特勒此时过着一种几乎完全脱离现实的生活。马丁·博尔曼也完全生活在幻觉中，他仍然控制着纳粹党，还在针对一系列的问题下达各种指示，出台各种法令，并不断地鼓舞勉励全党上下。戈培尔抱怨自己不得不为党办公厅制造大量的文件。在他看来，大区长官们根本没有时间阅读这些法令，
更没有办法将其执行。虽然各政府部门的影响力正迅速缩水，但里 721
面的公务员们仍在继续工作，他们就像卡通人物一样，都已经到了悬崖边上，还在不停地奔跑，哪怕下面是无底深渊，随时都有可能将他们吞噬。[193]

关于希特勒青年团柏林总部的情形，梅利塔·马施曼写道：

> 我们这里每个人都在争分夺秒地工作。无穷无尽的项目被启动，因受战争影响又被取消，然后被彻底放弃，之后又重新启用，又取消，修改，然后又被否决，似乎永远没有尽头。在这种情况持续期间的最后几个月，我们开始隐约地感觉，希特勒青年团领导层开展的这一系列疯狂活动在全国范围几乎没有产生任何回应。我们的办公室就像一个白蚁穴，大家都感觉它即将坍塌，目睹着它被逐渐蚕食，但任何人都不敢说一个“不”字……我们不断绞尽脑汁地，想出一个又一个的计划，唯恐自

> 己中途得空停下来思考当前的局势，然后不得不承认，现在忙忙碌碌做的一切看起来就像死亡之舞的抽搐。[194]

在战争最后几周，梅利塔·马施曼只是偶尔来办公室，她投身到帮助难民逃离红军的行动中。她遇到了一群伤员，全是小学生，他们是防空辅助人员，一枚炸弹炸毁了他们的炮台并夺走了他们许多同志的生命，所以不少人都在哭。其中一名小男孩被问到疼不疼，她听到这名男孩回答说："疼，但没关系，德国必将胜利。"[195] 马施曼回忆道："我不记得在德国倾覆前的几周，任何人曾在聊天中提到过德国可能会战败。"[196] 当然，这也是因为她的活动范围主要局限在坚定的纳粹信徒中。但即便是在这些活动圈子，其氛围也开始染上帝国行将坍塌前那种奇怪的末世色彩。阿图尔·阿克斯曼（Arthur Axmann）是希特勒青年团领袖，也是马施曼的上司，此人经常吹嘘自己工人阶级的出生。但当柏林城内的战火还在燃烧时，他却在专供希特勒青年团领导层消费的小酒馆——位于柏林西面的加托夫（Gatow）——举行社交晚宴。马施曼是一个恪守道德规范的人，据她的描述，她当时也是在不情愿的情况下参加的，她看到"人们在那里纵情地大吃大喝"，而参加这些聚会的人有渴望成名的年轻女演员，还有"江湖骗子以及一帮自以为是者"。[197]

1945 年 4 月 12 日，美国总统富兰克林·D. 罗斯福去世，这一消息暂时驱散了笼罩着希特勒柏林防空掩体的压抑气氛。希特勒拿着这条新闻的简报朝施佩尔挥舞。对希特勒而言，这"就是我一直
722 预言的奇迹。到底谁才是对的？战争没有输。快读读这条新闻！罗斯福死了！"[198] 上天再次眷顾了希特勒。不久之后，一系列令他们喜出望外的计划就传遍了防空掩体群的每一条走廊。施佩尔将搭乘飞机去会见罗斯福的继任者哈里·S. 杜鲁门（Harry S. Truman），并寄希望于与美国签署和平协议。希特勒书房的墙上挂着一幅腓特

烈大帝的图画。这位普鲁士国王甚至在俄罗斯人已经占领柏林之后，也于七年战争期间使整个国家重振雄风，因此，希特勒把他作为鼓舞自己的榜样。托马斯·卡莱尔（Thomas Carlyle）曾写过关于腓特烈大帝的传记，而戈培尔甚至将从中节选的一篇文章背了下来，在这篇文章中，传记作者直接与这位君主对话，并再次保证他最终必能大获全胜。之后，戈培尔为纳粹元首背诵了这篇文章，希望借此激励希特勒。[199] 希特勒感觉美国总统的死就像腓特烈大帝当年战争的重大转折点。当时，女沙皇伊丽莎白（Elizabeth）去世，于是沙俄突然放弃了反普鲁士联盟。然而，不久后，希特勒等人的狂喜便昙花一现般地烟消云散了，因为杜鲁门显然不打算放弃前任总统的政策。[200] 1945 年 4 月 20 日，红军向柏林开火。这天是希特勒的生日。

在以前，元首的生日是举国欢庆的节日。而此时，整个柏林都淹没在碎石瓦砾中，面对如此惨淡的景象，希特勒回忆起曾经的生日盛况痛苦不堪。希特勒禁止像以往那样在办公室给他庆祝，尽管如此，但他的下属们还是列队站在防空掩体中，向他祝贺。希特勒来到户外，在帝国总理府的花园仓促地检阅了一支小规模的希特勒青年团别动队，这支别动队与陆军以及党卫队代表共同聚集在这里。他表扬这些小男孩们——他们都不到 14 岁——英勇无畏，并拍了拍其中一两人的肩膀，然后就回到了地下防空掩体。这是希特勒最后一次公开亮相，也是最后一次正式出现在摄影师的镜头里。在随后几天，统治当局中剩余的高层领导趁柏林被俄罗斯人彻底包围之前，离开了柏林的这个中心。他们驱车穿越仍旧在闷燃的废墟，行驶在为数不多的几条尚未被淹没的道路上，驶出了柏林。施佩尔、邓尼茨、希姆莱、卡尔滕布伦纳、里宾特洛甫、罗森贝格以及一系列政府部门部长都在逃离的队伍中。希特勒用飞机将他的绝大部分随身侍从都送到了贝希特斯加登。赫尔曼·戈林甚至在自己跟希特勒道别并前往巴伐利亚之前，就已经用卡车队将大量的艺术收藏品从他位于北方的狩猎别墅卡琳宫转移到了南方。只有很少一部分人还留在柏林，其中最主要的就是博尔曼、希特勒长期的私人总管尤
723 利乌斯·绍布（Julius Schaub）以及包括凯特尔和约德尔在内的军事高层领导。希特勒此时陷入了歇斯底里的状态。他说自己的医生莫雷尔试图用吗啡麻醉他，并威胁说要将莫雷尔枪杀。1945 年 4 月 22 日，他怒不可遏地向他的军事将领们咆哮。他大吼道，每个人都背叛了他，甚至连党卫队也不例外。希特勒已万念俱灰，彻底垮掉了，他第一次坦白地告诉他们，他自己也知道战争已经输了。他将留在这里并饮弹自裁。所有人都劝他不要采取这样极端的行动，但均未奏效。最终，戈培尔——希特勒在电话里也对他这样大吼大叫了——赶来并平复了希特勒的情绪。他们大家都同意，这位宣传部部长和他的妻子以及 6 个小孩将留在防空掩体，陪希特勒度过最后的日子。希特勒剩余的两名秘书也主动留了下来。与此同时，绍布烧毁了希特勒的私人文件，随后又前往贝希特斯加登，确保希特勒在那里的私人文件也被销毁。[201]

两天后，施佩尔回来与希特勒进行了最后一次谈话。施佩尔称当时无法控制自己的情绪，向希特勒承认自己违抗了他的命令，但这只是施佩尔后来杜撰的。虽然他们二人有着多年的友谊，但他们当时并未谈论他们的私人关系。希特勒只是问他，自己是否应该答应随从人员的请求，离开柏林，前往贝希特斯加登。施佩尔的回复令希特勒更加坚定了自己的意图：他将继续留在第三帝国的首都并选择自裁，以免被俄罗斯人抓获。他长期的伴侣爱娃·布劳恩（Eva Braun）几周前也来到防空掩体，将与希特勒共同赴死。他们的尸体将被火化，以免遭到亵渎。在防空掩体待了 8 小时后，施佩尔再次乘飞机离开了，这次是永远地离开了。[202] 不久后，当希特勒得知了墨索里尼及其情妇克拉拉·贝塔西的命运后，他更加坚定了自

裁的决心。1945 年 4 月 27 日，墨索里尼夫妇被游击队抓走，这支游击队开着小汽车、卡车以及装甲车辆前往意大利北部边界的科莫湖（Lake Como）附近，车里塞满了德国士兵和意大利法西斯分子。瓦莱里奥上校（Colonel Valerio）是一名共产党游击队员，因参加反法西斯活动而于 20 世纪 30 年代期间被监禁了 5 年。此刻，他带领着一支武装别动队将被抓获的这帮人挂在墙上，然后以“意大利人民的正义”之名，用冲锋枪将他们扫射而死。在小镇东戈（Dongo）另外处决了 15 名囚犯后，瓦莱里奥及其队伍将所有尸体运往米兰，并将其倾倒在洛雷托广场（Piazzale Loreto）。人们聚集过来，朝着尸体吐唾沫，在上面小便，或者大吼大骂，总而言之，他们穷尽了每一种方式来亵渎这些尸体。最终，墨索里尼、贝塔西以及其他一些人的尸体被倒挂在加油站的塔架上，遭到进一步的侮辱。[203] 如 724
果希特勒还需要什么事情来坚定自裁的决心，这件事显然够了。

直到这最后一刻，希特勒最亲密的战友们才开始抛弃他。4 月 24 日，希特勒陷入了歇斯底里的状态，在一阵狂怒中，他表达了对帝国未来继承人的设想，当时在场的一位将军把希特勒的意图告诉了赫尔曼·戈林。希特勒曾于 1941 年颁布法令，宣告如果他无法履行职责，那么将委任戈林为国家元首。戈林认为，该法令此刻即将生效。戈林向地堡发来电报，宣告说，如果截至 4 月 24 日晚上 10 点还未收到任何信息，那么他就将接掌大权。戈林的主要政敌博尔曼对希特勒说这是赤裸裸的叛变，并成功地说服了希特勒，于是，希特勒发来一封回电，撤销了 1941 年的法令，并以健康状况为由，要求这位帝国元帅辞去所有职务。戈林的确照办了。在短短几小时内，他就被软禁在位于上萨尔茨山（Obersalzberg）的别墅中。希姆莱是第二个叛逃的人。连续几周来，这位党卫队总负责人一直在与瑞典红十字会秘密谈判，协商释放剩余集中营里的斯堪的纳维亚囚犯。1945 年 4 月 23 日，在听说了希特勒自裁的打算后，希姆莱与他的中间协调人伯纳多特伯爵会面。希姆莱公然宣称自己此刻是事实上的德国国家领导人，并起草了投降书交给西方同盟国。希特勒得知该消息后，再次大发雷霆，并称之为“人类历史上最厚颜无耻的背叛”。他将心中无法遏制的怒火全都发泄在希姆莱的一名属下身上，此人就是赫尔曼·费格莱因（Hermann Fegelein）。费格莱因是一名腐败的党卫队军官，因娶了爱娃·布劳恩的妹妹而成为希特勒的随身侍从之一，他当时很不幸地恰巧留在地堡。就在这周前些时候，费格莱因在未提前告知的情况下就离开了地堡，消失得无影无踪。后来，他在自己的公寓中被发现，酩酊大醉，穿着便服，而且身边还有一名年轻女子，此人还不是他的妻子。费格莱因周围是一袋一袋的钱，事实上他准备逃亡。费格莱因遭到逮捕并被押到希特勒面前。希特勒勃然大怒，痛斥费格莱因的一系列罪行，说他在给希姆莱当狗腿子，还说他离开地堡就是去谋划如何逮捕或暗杀自己，并称他是一个不折不扣的叛徒。希特勒对费格莱因采取了战地军事审判，将他判处死刑。之后，费格莱因被带到地面，随即被行刑队处死。[204]

一直以来，希特勒仍在连续不断地召开军事会议，下达捍卫柏林的指示。他命令军队去击溃苏联防线，或者是部署他们去突破外
725 面的包围，但可供他调遣的人马几乎都溃不成军，总共才不到几千人，面对苏联200多万军队发起的最后总攻，这无异于螳臂当车。截至1945年4月25日，苏联将领朱可夫和科涅夫（Konev）已经彻底包围柏林，开始穿过柏林郊区，朝市中心挺进。与斯大林格勒的情形如出一辙，柏林的战争开始沦为一场惨烈无序的街头混战。戈特哈德·海因里希将军素以擅长防御战闻名，正因如此，他被任命为集团军群指挥官，负责捍卫首都。此刻，他唯有忽略希特勒让他们坚守战线的命令才能勉强维持有序作战的假象，但在4月29日，他最终辞职，因为他再也无法应付元首愈发无理的命令。[205]一方面，

海因里希仍怀有坚定的爱国信念，而且遵守军事纪律的观念也在他心中根深蒂固，而另一方面，他也非常恐惧向俄罗斯人投降后的命运。他这种复杂情绪也是许多德国士兵所共有的，因此，虽然战败已明显无可逆转，但这些士兵仍在坚持战斗。成千上万的人也被征召进人民冲锋队中去捍卫首都，但这些人的意志并不坚定，只要有机会，他们就丢盔卸甲，跑回家去了。[206]

截至 1945 年 4 月 29 日，苏联军队已经进入柏林市中心波茨坦广场（Potsdamer Platz）附近的政府区域。毫无疑问，过不了几个小时，第三帝国即将落幕。希特勒做好了最后的打算。他把市议员瓦尔特·瓦格纳（Walter Wagner）召唤到地堡。希特勒说，既然没有必要再隐藏什么，那么他将迎娶爱娃·布劳恩。地堡外弹壳四处横飞，爆炸声此起彼落，在戈培尔和博尔曼的见证下，瓦格纳为希特勒和爱娃举行了结婚典礼。随后，又举行了一个简短的香槟酒会。凌晨 3 点，希特勒从凯特尔那里得知，从外部解围柏林的最后努力也失败了。黎明破晓，苏联的枪炮开始对地面上的帝国总理府狂轰滥炸。军事指挥官们告诉希特勒，今天之内，一切都将彻底终结。午饭后，希特勒向他的秘书们做了最后告别。地堡内剩余的所有人都得到了氢氰酸胶囊。尽管希特勒在前一天用一粒胶囊成功地将他的爱犬布隆迪杀死，但他仍对这种胶囊的效力持有怀疑。下午 3 点半，他和爱娃·布劳恩回到了他的书房。大约十分钟后，希特勒的管家海因茨·林格（Heinz Linge）在博尔曼的陪同下打开了书房房门，发现希特勒的尸体躺在沙发上，鲜血从右边太阳穴淌出来，手枪就在他的脚下。而爱娃·布劳恩的尸体则躺在他身旁，散发出一股苦 726
杏仁的味道。她服毒了。在林格和 3 名党卫队成员的协助下，希特勒的贴身副官奥托·京舍（Otto Günsche）按照希特勒生前的指示，将他们二人的尸体用毯子裹起来，抬到了上面的帝国总理府花园。在博尔曼、戈培尔以及剩余两名高级军官——汉斯·克雷布斯（Hans

Krebs）和威廉·布格多夫（Wilhelm Burgdorf）——的目睹下，希特勒和爱娃的尸体被浇上了大量汽油，然后被点燃。地堡的门是半开着的，参加葬礼的这些人从门后看着这可怕的场景，最后一次举起手臂，说了一声“希特勒万岁！”，随即回到地下。晚上6点后不久，京舍派两名党卫队成员将烧焦的尸体残余部分埋葬了。几天后，苏联调查员找到了这些残余部分，唯一能帮助他们识别这是希特勒以及爱娃尸体的残余物就是牙桥。一名技术人员自1938年以来就给希特勒的牙医当助手，他确认这就是前纳粹元首及其伴侣的牙桥。[207]

除了一份用以处理个人财产的简短私人遗嘱外，希特勒还留下了一份很长的“政治遗嘱”（Political Testament），这是1945年4月29日他向自己的秘书口述的。在这份遗嘱中，他否认始于1939年的这场战争是自己挑起的。他几乎毫不掩饰地坦白——或更准确地说，是炫耀了他杀害犹太人的原因，那就是报复，因为在他看来，犹太人在挑起这场战争中扮演了始作俑者的角色。他再次强调，这场战争“纯粹是那些犹太裔和为犹太人利益跑腿的国际政客们所期待并主动点燃的”。他再次回顾了自己1930年1月30日的预言，追述了第一次世界大战，或许还联想到了对他登上权力宝座至关重要的大萧条，然后开始提醒他未来的读者，他要让所有人清楚地意识到：

> 此次惨烈斗争的真正祸首是犹太人！我还要让所有人清楚地意识到，这次不仅有数百万……成年男性将死亡，还有成千上万的妇女和儿童将在城市中被焚为灰烬，在炸弹中命丧黄泉，而且真正的罪人也将付出代价，哪怕是以更人道的方式付出代价。

最后，他号召德国和德国人民必须“严格遵守种族律法，毫不留情地抵制全体民族的毒害者，那就是国际犹太人”。[208]

三

在记录完希特勒的遗嘱后，戈培尔又对记录遗嘱的秘书口述了 727
一份自己的遗言，并作为附录加在这份遗嘱上。戈培尔泪流满面，他说他将生平第一次违背元首直接下达的命令。希特勒曾让戈培尔离开柏林，但他将留在“元首身边，终结自己的生命，因为于我而言，如果我的生命不能用来为元首效劳，如果我不能陪在他身边，那么我的生命也就没有任何价值”。[209] 就在前一天，玛格达·戈培尔（Magda Goebbels）给自己第一段婚姻的儿子写信，告知他自己将和丈夫以及他们的孩子一同自裁：

> 即将到来的世界是一个没有元首和国家社会主义的世界，不值得生活在这样的一个世界，因此，我已经把我的孩子们都送到另一个世界去了。他们太珍贵了，不能忍受即将到来的一切，仁慈的上帝将理解我为何把他们带离这个世界。我们现在只有一个目标，那就是誓死效忠元首。我们能同他一起了结生命简直是命运的恩赐，我们做梦都不敢奢求这份荣耀。[210]

1945 年 4 月 30 日晚上 8 点 40 分，党卫队医赫尔穆特·孔茨（Helmut Kunz）给戈培尔的 6 个孩子分别注射了一针吗啡，让他们进入了梦乡。随后，希特勒在生命最后阶段的私人医生路德维希·施通普费格尔（Ludwig Stumpfegger）在每个孩子的口中放了一小瓶氢氰酸，然后将其捣碎，这些孩子当即死亡。戈培尔和妻子沿着楼梯爬到上面的帝国总理府花园，然后也咬碎了他们自己口中的胶囊。之后，一名党卫队成员还朝他们各自身上开了两枪，以确保他们都已死亡。他们的尸体被点燃了，但大部分汽油都被用来焚烧希特勒和爱娃·布劳恩的尸体了，所以留给他们的汽油所剩无几。因此，红军部队第二天来到帝国总理府花园后，轻而易举地就认出了他们二人的尸体。[211] 剩余的两名将军，威廉·布格多夫和汉斯·克雷布斯（希特勒的最后一任陆军参谋总长）同样自裁了，与他们一同奔赴黄泉的还有希特勒的元首护卫队（FBK）队长弗朗茨·舍德勒（Franz Schädle）。地堡中的其他人则沿着地下铁路隧道，开始仓皇逃窜。他们从腓特烈大街（Friedrichstraße）车站出来，走到地面，看到眼前毁灭性的场景简直不敢相信：到处都在溅落弹壳，一幢幢建筑物全都沦为废墟，上面还冒着烟，还有一小拨一小拨的德国士
728 兵在抵抗苏联军队发起的最后攻击。在一片嘈杂声和混乱中，希特勒的秘书们以及其他少数人成功躲开了敌军的抓捕，开始朝西逃离。而其他人，包括京舍和林格在内，则被俘获。还有很多人被四处横飞的子弹射死，或者是被多疑的苏联士兵杀死。博尔曼和施通普费格尔成功逃到恩瓦利登大街（Invalidenstraße），但他们的去路却被红军部队封锁，为了避免被捕，他们选择了服毒自尽。[212]

地堡里面以及被烧成废墟的地面大街都充斥着死亡，这是现代历史上规模最大的自杀浪潮，史无前例。与希特勒一样，许多纳粹高层领导人出于一种畸形的荣誉感，都选择了自裁，他们害怕因受到审判而颜面无存，害怕因遭到公开判决而名誉扫地，也担心自己的尸体可能会受到亵渎和侮辱。其中最具代表的就是赫尔曼·戈林。当美军 1945 年 5 月 9 日来到他位于巴伐利亚贝希特斯加登附近的藏身之所时，他选择了主动投降。显然，他以为自己会被当作战败政权的一个重要人物，被用来商讨投降条款。美国指挥官握了握他的手，并让他吃了一顿饭，随后，报道员们便被允许就他在第三帝国所扮演的角色以及他对未来局势的走向（“我对德国和全世界的

未来都持悲观态度”）提问。艾森豪威尔大为光火，下令禁止了类似的报道。他把戈林投进监狱，强迫他开始节食，停止供应他药品，并下令对他进行温和但却持续不断的审问。这位曾经的帝国元帅恢复了之前的大部分精力，很快就在狱友中占据了统治地位，这不仅让他的审判者们刮目相看，而且也给抓捕他的人留下了深刻印象。由于戈林执迷不悟，并且对自己的所作所为依然引以为豪，所以他被判处绞刑。他要求死得有尊严，要像军人那样被行刑队枪决，但遭到拒绝。之后，在 1946 年 10 月 16 日，他设法得到了一粒有毒胶囊——或许是其中一名看押人员给他的——并服毒自裁。[213]

几乎就在一年前，德意志劳工阵线的前负责人罗伯特·莱伊在狱中等待审判时也选择了自裁，只不过他选择了上吊。由于第一次世界大战期间曾经历过飞机失事，以及之后严重酗酒，所以莱伊本就出现了精神衰退的迹象，而在监禁条件下，他的病情急剧恶化。在狱中的大部分时间，他都在给妻子英格写信，而且篇幅都很长，但他的妻子其实在 1942 年就已经自杀了。不仅如此，他还想象着英格看完信之后的回复，并根据这些回复来写信（“你勇敢地刻画了元首真正的样子：**有史以来最伟大的德国人**”）；此外，他还试图 729
与美国汽车制造商亨利·福特（Henry Ford）交流，在他看来（这并非毫无根由），福特也是一名反犹主义者。当得知法庭控告他有战争罪时，莱伊大吼道：“把我们押到墙边，然后全部枪毙吧！你们赢了！”他否认对他的一切控告，并选择了自裁。正如他在自杀笔记中所写的那样，因为他无法忍受自己明明不是罪犯却被视为罪犯的这份耻辱。[214] 海因里希·希姆莱也选择了自裁。在奥托·奥伦多夫等助手的陪同下，希姆莱用一个眼罩和一个假护照将自己伪装起来，准备逃离弗伦斯堡。在成功地渡过了易北河后，他遇到了一个英国关卡，结果他和随行人员都被逮捕了。他们被送抵吕讷堡附近的一个拘留营，刚抵达后，那里的负责人就将其他人关进各自的牢房，单独把希姆莱（一位“个子矮小、长相惨兮兮、衣衫褴褛”的男子）扣留下来进行进一步审问。希姆莱意识到已无法瞒天过海，他摘下眼罩，戴上一副眼镜。甚至还没等他报上自己的名字“海因里希·希姆莱”，大家立刻就认出了他是谁。在被搜身后，希姆莱身上的一瓶毒药被拿走了，但审问者们还不满意，因此下令对他进行医学检查。当医生命令希姆莱张开嘴时，他注意到这位党卫队领导人的两排牙齿间有一个小的黑色物件。当这名医生把希姆莱的头扭过来，对着有光的方向以便看得更清楚时，希姆莱用力咬了一下牙齿。咔嚓一声后，希姆莱就倒在地下了。他咬碎了一粒玻璃包裹的氰化物胶囊，几秒钟内就中毒身亡了，时年 44 岁。其他主要的党卫队军官也效仿他服毒自裁，其中包括奥迪洛·格洛博奇尼克。还有恩斯特·格拉维茨，他是党卫队的医疗官员负责人，曾疯狂地用集中营囚犯做实验。格拉维茨拉响了两枚手榴弹，将自己和家人一同炸死。此外，弗里德里希·威廉·克吕格尔也选择自裁，他是“党卫队和警察高级长官”，曾在波兰总督府为汉斯·弗兰克干了一堆伤天害理的勾当。[215]

汉斯·卡米勒是一名党卫队高级军官，在朵拉中心工厂火箭制造厂征募并压榨强制性劳动力的过程中，他扮演了关键角色。作为回报，希特勒对他进行了最后一次擢升：就在战争结束前不久，希特勒授予了他一个没有任何意义的头衔——“喷气式飞机生产元首全权总代表”（Plenipotentiary of the Leader for Jet Aircraft）。汉斯·卡米勒跑遍了整个德国，竭尽所能地振奋党卫队部队的气势，鼓励他们背水一战。他最终来到了布拉格，在那里，由于极度害怕
730 落入捷克游击队的手中，所以临近战争最终结束时，卡米勒命令自己的副官将他一枪了结了。[216] 特奥多尔·丹内克尔是一个四处游荡的死神，他曾负责将不计其数的犹太人从各个国家驱逐到奥斯维辛集中营。战争结束时，他跑到德国北部小镇策勒，躲到那里的亲

戚家中。但 1945 年 12 月 9 日他在柏林探望妻子时，被邻居举报，遭到逮捕。第二天，他就在狱中上吊自裁了。一听到他的死讯，他的妻子就决定带着两名幼子一起自杀。但当她正准备杀害长子时，长子的哭声惊醒了弟弟，因此，她始终无法将两个孩子杀死。随后，她遭到了逮捕，并被审判，但由于她精神失常可减轻刑事责任，所以被宣告无罪。之后，她移民到了澳大利亚。[217] 此外，另一名党卫队高级军官菲利普·鲍赫勒也于 1945 年 5 月 19 日和妻子一起自裁，此人既是元首办公厅的负责人，也是“安乐死”计划——谋杀精神病人和身体残疾者——的组织者。[218]

帝国教育部部长伯恩哈德·鲁斯特于 1945 年 5 月 8 日了结了自己的生命，这与他任职多年来别人对他的普遍印象截然相反，他最终证明了自己的性格并非真正的优柔寡断。帝国司法部部长奥托–格奥尔格·提拉克被英国人逮捕，于 1946 年 11 月 2 日在拘留营自裁。帝国最高法院院长埃尔温·布姆克（Erwin Bumke）也选择了自杀。帝国首席医务官李奥纳多·孔蒂也遭到逮捕和囚禁，他因参与谋杀精神病人而将在纽伦堡被审判，他也于 1945 年 10 月 6 日在狱中上吊自裁。康拉德·亨莱因（Konrad Henlein）是苏台德德国人纳粹党（Sudeten German Nazis）的领袖，在被美国人俘虏后也自杀了。总体而言，41 名纳粹党党区领导人中有 8 人自裁，47 名党卫队及警察指挥官中有 7 人自裁，98 名空军将领中有 14 人自裁，53 名海军上将中有 11 人自裁。元帅瓦尔特·莫德尔是希特勒最钟爱的军人，为了避免投降所带来的耻辱，他于 1945 年 4 月底在杜塞尔多夫附近的一片森林里饮弹自尽，这也与希特勒给全体德军下达的指示相符。另一名将军约翰内斯·布拉斯科维茨于 1939 年因谴责德国在波兰的暴行而未能得到晋升，尽管如此，但他仍然因战争罪而遭到提审。1948 年 2 月 5 日，他最终选择了自裁，从纽伦堡监狱的窗户中跳了下去。此外，黑森–拿骚（Hesse-Nassau）的党区领导人雅各布·施普伦格（Jakob Sprenger）在听到希特勒的死讯后，也与妻子一起自杀了。[219]

除上述人员之外，还有其他许多人也考虑过自裁。奥斯维辛集
731 中营的前负责人鲁道夫·霍斯在1945年时也曾把死亡当作一条出路。“我们的世界已随着元首一起消失了。继续活着还有什么意义？”但在经过详细讨论之后，他和妻子最终决定“为了孩子”活下来。他后来很后悔这个决定。“我们注定属于另一个世界，我们本应与之一同消失。”[220]

其他很多纳粹分子也持他这种态度，尤其是年轻一代，因为他们的成年时光都是在纳粹政权的浸淫下度过的。

> （梅利塔·马施曼）笃定自己不可能在“第三帝国”倾覆后还苟延残喘地活着。如果第三帝国注定要走向毁灭，那么我也将如此。我根本什么都不用做，自动地就会随着第三帝国的死亡而死亡。我并不认为我的死亡是我不得不做出的最后牺牲。我也没有想过自杀。我心里有这样一个模糊的印象，“我的世界”会脱离轨道，就像一个星座在宇宙大灾难中所经历的一样，我的世界会拽着我——就如同一粒尘埃——一起进入外面无边无垠的黑暗。[221]

她承认，她和朋友们都“想让所有的一切都与第三帝国一起倾覆”。[222]但她最终也决定活下来，继续面对一个没有纳粹主义的恐怖未来。而其他人则抱有的此种想法则更坚决。1991年，基塔·瑟伦利（Gitta Sereny）采访了马丁·博尔曼的儿子。据马丁·博尔曼的儿子回忆，他自己所在的学校，即位于费尔达芬（Feldafing）的帝国纳粹党学校（Reich School of the Nazi Party），于1943年4月23日被关闭。随后，他被送到上萨尔茨山。5月1日，当广播宣布

希特勒的死讯时，他和来自他父亲办公室以及贝格霍夫的许多工作人员一起坐在附近的一个小客栈里。他记得当时每个人都沉默了一阵子，“但很快，人们就开始走出客栈。第一个人走出去，然后听到一声枪响。随后又一个人走出去，又是一声枪响。里面的人一言不发，除了从外面传来的枪响，什么声音都没有。我们感觉自己脑子里都只有枪声，感觉我们所有人都必须死”。因此，15 岁的小博尔曼也走出了客栈，扛着他的枪。“我的整个世界都坍塌了，我根本看不到未来在何处。”在客栈后院，“横七竖八的尸体铺满了整个小花园”；他看到另一个 18 岁的男孩坐在一根木头上，他“让我过去坐在他身边。呼吸着清新的空气，听着啾啾的鸟鸣，我们聊着天，完全忘了眼前的一切”。[223]

此刻，不计其数的人都考虑过了结自己的生命，而且他们中很大一部分人也的确付诸实践了。自杀浪潮远远没有局限在坚定的纳粹分子群中。1945 年 3 月末，党卫队保安处撰写了一份关于民众行 732
为和士气的报告，里面记录的氛围仿如世界末日：

> 很多人都已习惯了及时行乐，活在当下。只要有机会，他们都把任何一种乐趣享受到极致。甚至连最无意义的场合，他们也将其视为痛饮最后一瓶酒的机会，而这些酒原本是专门留着庆祝胜利、灯火管制结束或丈夫和儿子归来的。自杀的念头已经在人们心中酝酿了很久。人民四处寻找毒药、手枪和其他可用来结束生命的东西。对毫无疑问即将到来的灾难他们发自内心地绝望，因此，他们已做好了自裁的准备。[224]

就在这个月早些时候，柏林威廉皇帝纪念教堂（Kaiser Wilhelm Memorial Church）的牧师觉得有必要就反对自杀而进行一次讲道。但他的话并未引起人们的注意。据官方数据统计，1945 年 3 月，柏林总共有 238 起自杀，而在 4 月份，该数字猛增到多达 3,881 起，5 月份时减少为 977 起。普通大众感到茫然而绝望，他们不知道第三帝国倾覆后未来在何处。在警察当局发现的死亡笔记中，死者只提到“当前形势”或者“害怕俄罗斯人入侵”是他们自杀的原因，但并未进一步详细说明。正如其中一份死亡笔记所言，第三帝国坍塌后，“生命将没有意义”，再也没有。很多家长都对未来感到绝望，他们先杀死自己的孩子，然后再了结自己的生命。[225]

几乎每个地方的自杀率都在攀升，天主教地区亦不例外。当然，天主教地区的死亡率攀升也可能是因为从新教地区涌入了大量难民。由于新教地区对自杀并没有严格禁令，所以天主教地区或许受到了迁入难民的影响。但无论如何，死亡率都普遍升高。例如，在上巴伐利亚行政区（Upper Bavaria），1945 年 4 月和 5 月发生了 421 起自杀，而与之形成鲜明对比的是，在之前几年的同期月份中，仅有 3 至 5 起自杀。但与红军入侵区域——包括柏林在内——的自杀增长记录相比，这些地方的死亡增长率简直可以忽略不计。据一名语法学校的学生汇报，在柏林的腓特烈斯海恩区（Friedrichshain），俄罗斯人入侵那天就有超过 100 人自杀。“还好没有天然气，”她补充道，“否则会有更多人自裁，或许我们也会选择死亡。”[226] 据另一名新教牧师汇报，在波美拉尼亚希维德温（Schivelbein）的一个村庄，红军刚抵达那里，“所有善良的、去教会的家庭都选择了自裁，他们或者溺死、上吊、割腕，或者连同家园一起被焚为灰烬”。其
733 他波美拉尼亚小城镇也传来大规模自杀的消息。例如，红军到来后，奇强卡（Schönlanke）有 500 人自杀，代明（Demmin）有 700 人自杀。1946 年，小镇泰特罗（Teterow）居住着大约 1 万人，而据葬礼登记显示，当年 5 月初就有 120 起自杀。毋庸置疑，自杀率骤增的一个主要原因就是俄罗斯士兵的强奸行为。在泰特罗，强奸暴行发生后，因羞辱难当和男性尊严受到严重伤害，受害者家庭中的

父亲会杀死自己的妻子和孩子，而且很多时候他们会得到这位女性受害者本人的同意；随后，父亲们也会自裁。据报道，在苏台德地区，“所有家庭成员均精心打扮，穿上礼拜日的精美服饰，周围摆满鲜花、十字架和家庭相册，然后上吊自裁或服毒自尽”。[227]

然而，总体来说，选择自杀的总是少数人。许多坚定的纳粹分子虽然茫然困惑，但还未彻底绝望。夏洛特 · L.（Charlotte L.）出生于 1921 年，她在国家劳役团中做福利工作。她对纳粹主义深信不疑，而且似乎从未考虑过自杀。政治教育在她心中点燃了一股坚定不移的信念。1940 年 2 月 5 日，她在日记中写道自己上了一门关于“犹太人后果”的课，并感到无限“欢喜”。[228] 到了 1945 年 4 月 22 日，美国人已经占领了她的家乡黑尔姆施泰特县，但夏洛特仍拒绝接受战败事实。“我坚定不移地相信我们的元首，”她写道，“我也笃信德国将有一个美好的未来，这是我们德国人理应拥有的。”当得知希特勒的死讯，她的世界彻底倾覆了。“我们深爱的元首，他为我们，为德国做了一切。”有些人对纳粹政权的观点此时发生了变化，她对此深恶痛绝。“在阿道夫 · 希特勒的伟大领导下，一切都那么美好，”她于 1945 年 6 月 3 日写道，“但这些美好的事物在很长一段时间里都将不复存在。报纸都在撒谎，为了政治宣传而肆无忌惮地捏造事实。这一切的幕后指使就是犹太人。世界人民能意识到犹太人是我们大家的邪恶敌人吗？”她这样诘问道。英格 · 莫尔特是一名纳粹活跃分子的女儿，她也一直希望德国能赢得胜利，而且这份期许一直持续到最后时刻。然而最终，这些坚定信徒也逐渐开始与纳粹统治渐行渐远。莫尔特的丈夫——前冲锋队员阿尔弗雷德——在最后捍卫柏林的战役中失踪，之后，莫尔特得到了一份在医院当护士的工作。那里的一位医生详细地给她列举了纳粹党犯下的诸多暴行。她给不在身边的丈夫——她仍拒绝相信自己的丈夫已经死亡——写信道：“很多时候，我真不知道该如何看待这些事情。现在，我有时的确 734

不得不认为，我们赢得战争或许也不是件好事。”[229]

四

1945 年 5 月 5 日，士兵兼前冲锋队员格哈德 · M. 终于再次有空写日记。“我们的元首阿道夫 · 希特勒，”他这样开头道，“已经不在了。”然而，他带着明显的困惑继续写道：“在有的人看来，这或许会将我们彻底击垮，但事实并非如此。”他和战友们一起短暂地缅怀了前 20 年的峥嵘岁月。“然而，无论如何，我们的日子还要过下去，我们必须习惯这一点。即使大德意志帝国的最后一位领袖不在了，生活也依然继续。”[230] 其他人也表现出类似的反应。1945 年 5 月 1 日晚上接近 10 点半时，德国人民在广播上听到了官方发布的希特勒去世的消息，广播称布尔什维克的军队入侵帝国首都，希特勒在捍卫首都的战斗中英勇牺牲。如果告诉大家希特勒真正的死亡方式，那么任何继续战斗的意志都会被摧毁，如此一来，最后协商解决的可能性——事实上，这种可能性纯粹是帝国新领导人们的意淫——都将灰飞烟灭。其实，当柏林的德军指挥官于 1945 年 5 月 2 日命令自己的部队放下武器时，这位指挥官就已经告诉部下们，自己之所以下达如此命令，是因为希特勒既然选择了自杀，就等于已经放弃了他们。[231] 人们拒绝相信这个事实，在他们看来，这是天方夜谭，同时，他们开始猜测希特勒是服毒自尽的。但无论如何，随着希特勒的死亡，支持纳粹政权的最后理由也不复存在了。我们看不到悲伤的场景，也看不到市民们在公共场所悲恸欲绝地哭泣——8 年后斯大林去世时，俄罗斯人民就是这般痛哭流涕的。听到希特勒的死讯后，18 岁的埃丽卡 · S 不久就走出房门，来到汉堡街头，她想看看人们的反应。“太奇怪了”，她写道，“尽管我们深爱的、尊贵的元首——一些彻头彻尾的蠢货几乎把他当成了神——

不在了，但却没有人哭泣，甚至难过的表情都看不到……这实在难以理解……”只有学校早上集合宣布了元首死讯后，她才看到几个女孩在哭泣。[232]

5 年前，洛蕾·瓦尔布对希特勒的崇拜达到了无以复加的地步，而此时，她于 1945 年 5 月 2 日写道：

> 希特勒已经垮了，他现在已经安息了，这对他本人而言 735
> 自然是最不好过的。但我们自己呢？我们被抛弃了，任何人都可以来欺侮我们。在有生之年，我们显然不可能将战争摧毁的一切恢复重建。起初，希特勒想要实现的想法是好的，而且国内政策也出现了一些积极变化。但他在外交政策上却一败涂地，尤其是他身为一名拥有无上权力的军阀。“实现理想的道路”，这是一条怎样的道路啊！此刻，德国人民正在为之付出代价……多么惨淡的结局……希特勒现在已经死了。我们以及我们的下一代将用一辈子的时间来背着他丢在我们面前的重担。[233]

“现在一切都已终结，”汉堡一名 23 岁的办公人员 1945 年 5 月 2 日如是写道，“我们的元首曾给我们许下如此多诺言，他取得了德国任何一位当权者截至目前都未取得的成就——他留下了一个满目疮痍的德国，带走了每个人的房屋和家园，让所有人背井离乡，让数百万人失去生命，简而言之，他让我们陷入了难以置信的混乱。”[234]

当自己的家乡锡根（Siegen）遭到轰炸，随后德军和美军又展开徒手搏斗时，一个 15 岁的女孩躲在地下室里，胆战心惊。她曾笃信希特勒的承诺，即德国在最后千钧一发的时刻将用新式秘密武器赢得胜利；但在亲历了这些后，她意识到一切都已成为泡影。“我一个人走到饭厅，一头扎进沙发，然后失声痛哭起来。”一切都毁了。“起初，我对元首毫无厌恶之情……但现在，经过强烈的内心挣扎，我感觉元首一点也不值得同情。”她感觉自己被元首出卖了，也被其他纳粹领导人出卖了，因为他们此刻一个接一个地选择自裁。事实上，她现在开始觉得1944年7月20日的暗杀行动是有意义的，而在事发当时，她曾对此严词谴责。“7月20号粉碎暗杀行动的那些人此刻才意识到，元首死亡才是挽救德国的唯一途径。”[235] 1945年4月30日，路易丝·索尔米茨在汉堡听到了希特勒的死讯。她认为希特勒是服毒自尽的，但无论如何，她感觉自己终于可以将前几个月以来郁积于心的愤恨宣泄出来。她在日记中写道，希特勒是“世界历史上最卑鄙无耻的失败者”。他“不仅刚愎自用，恣意妄为，而且毫无责任心”，这些品质起初助他登上了成功的宝座，但随后又将他推入了灾难的深渊。她现在认为，“国家社会主义集合了人类历史上所有的罪行和堕落”。与12年前相比，她的想
736 法已发生了根本性转变，但与此同时，“希特勒也将她从一个温和柔顺之人变为一个战争反对者”。戈培尔也死了，但“没有什么死亡可以抹去他们所犯下的滔天罪行”。至于希特勒，“既然我们满怀希望地将他诸多难以想象的罪行、谎言、龌龊勾当以及他的烂摊子、他的无能和他五年零八个月的战争全都抛在身后，那么此刻对我们绝大部分德国人而言：这是我们生命中最美好的日子！”她写道：“希特勒曾承诺说‘给我10年，你会看到我将铸造一个怎样的德国’，这是他最近几个月里引用最频繁的空头支票，其实他已黔驴技穷了。”1945年5月5日，索尔米茨一家人把他们的纳粹旗帜烧了。然而，被打败的不仅仅是纳粹主义。“从未有哪个民族如此狂热地支持过此类邪恶事业，如此强烈地驱使着自己投向灭亡的怀抱。”1945年5月8日，她如是写道，或许她当时想到了自己之前对纳粹主义的态度。德国人“旅鼠”般疯狂地奔向自我毁灭。她总

结道，失败的不仅仅是纳粹分子，还有德国人。[236]

生活仍在继续。特别是因为绝大多数人都在第三帝国的一片废墟中为生计而奔波忙碌，所以根本没有工夫来担心希特勒死了、会有哪些影响以及可能产生的后果。此刻，第三帝国的很大一部分领土都落入了同盟国手中，所以希特勒为保证第三帝国继续运转而制定的“政治遗嘱”成了一纸空文。为了嘉奖海军元帅卡尔·邓尼茨的赤胆忠诚，希特勒在遗嘱中任命他为帝国总统（Reich President），希特勒曾说，这个职位相当于前任领导人保罗·冯·兴登堡当时的职位，不能设置任何新的职位取而代之。显然，希特勒要独享“元首”这个头衔，绝不允许其他人的头衔与之混淆。与此同时，邓尼茨也被委任为作战部长。戈培尔被任命为帝国总理，博尔曼被任命为党务部长。此外，戈培尔还最终成功地让自己厌恶鄙夷的政敌约阿希姆·冯·里宾特洛甫被免去了外交部部长的职位，接替他的是阿图尔·赛斯—英夸特。卡尔·汉克（Karl Hanke）是一名党区领导人，他当时仍在被围困的布雷斯劳抵抗红军，他被任命为希姆莱的继任者，成为新一任党卫队全国领袖。变节的施佩尔被革除了装备部部长的职位，取而代之的是卡尔–奥托·绍尔（Karl-Otto Saur）。戈培尔的国务秘书维尔纳·瑙曼（Werner Naumann）被擢升为宣传部部长。少数几位现任部长，比如巴克、瓦尔特·丰克（Walther Funk）、什未林·冯·科洛希克（Schwerin von Krosigk）以及提拉克等被允许继续留任。然而，截至此时，这些领导人都等于是光杆司令，没有什么人或事物可供他们管理了。邓尼茨同意意大利北部、德国西北部、丹麦以及荷兰的德军投降，希望借此争取时间，让仍在与红军作战的部队从自己在弗伦斯 737
堡——位于石勒苏益格–荷尔斯泰因，临近丹麦边界——的总部撤退到西部地区。奥地利和巴伐利亚的德军在指挥官阿尔贝特·凯塞林的命令下也投降了。邓尼茨的策略取得了一定成效，如此一来，可以让超过 175 万德军向美国人或英国人，而不是向苏联人投降。事实上，苏联最终俘获的战俘不到战俘总数的 1/3。邓尼茨请求通过协商仅向西方同盟国单独投降，但被直接拒绝。因为担心会遭到持续空袭,所以约德尔同意无条件全面投降。1945 年 5 月 7 日凌晨，邓尼茨极不情愿地批准并签署了投降书，1945 年 5 月 8 日结束时正式生效。两天后，在朱可夫元帅位于柏林城外的大本营里，德方再次签署了四个同盟国早些时候联合起草的完整的投降书，只不过上面的日期是签字的前一天。战争结束了。[237]

第四节

余波

一

无论当我们回头反观时 1945 年 5 月 8 日多么像是一场彻底的解脱，但对于当时绝大部分德国人而言，事实并非如此。德国战败了，这一点再明显不过。人们开始挣扎着让自己从思想上适应新局势，并竭尽所能地让自己从纳粹主义的道德枷锁和精神负担下解放出来。许多人已经朝这个方向迈出了第一步。对于德国人而言，战争结束不是一个一蹴而就的单一事件，而是一个逐渐的过程，这个过程会持续数个月，在此期间，同盟国军队缓慢地穿过整个第三帝国，在不同时候会对不同的人产生影响。然而，无论何时，无论何地，只要该地区被同盟国军队占领，那么当地的德国人民就会恭顺地向占领者屈服。希姆莱和博尔曼曾希望组织游击队抵抗同盟国军队的占领，就像前些年苏联游击队在德国后方造成严重破坏一样，但他们成立游击队的时间太迟了，根本没有任何发展壮大的机会。他们的游击队行动被称为“狼人”行动，他们试图从希特勒青年团这一代人中征募狂热分子，在后方继续开展抵抗运动。他们组建了少数 738

几支小部队。1945 年 3 月 25 日，其中一支队伍成功地暗杀了弗朗茨·奥彭霍夫（Franz Oppenhoff），此人被入侵的同盟国军队任命为亚琛市长。[238] 在巴伐利亚的采矿小城彭茨贝格（Penzberg），工人们罢免了当地的纳粹市长，以便逐渐逼近的美军部队和平进入该地区。但在慕尼黑纳粹党党区领导人的命令下，当地的一支军队逮捕并处死了这些工人，而且当一支狼人行动队抵达现场后，他们还变本加厉地开展了更多的杀戮。[239] 但诸如此类的行动都只是个例，并未产生广泛影响，其背后的原因也是多方面的。

739 首先，与党卫队、武装部队以及第三帝国的几乎任何一个组织一样，纳粹党此时已经彻底分裂坍塌了。许多人或许有能力领导一场抵抗运动，但这些人都已经去世了，或者已遭到俘虏。此外，通信联络虽并非完全不可能，但也变得异常困难。而且，希特勒的死摧毁了一股重要的纽带力量，这股力量曾将许多人对纳粹事业的忠诚之心凝聚在一起。许多人曾认为他们既是在为德国而战，也是在为希特勒而战；既然现在希特勒都不在了，那么似乎也没有理由再继续战斗了。此外，在第三帝国存在的整个期间，纳粹教条都在宣扬“强权即真理”和成功即合理这样的思想，这种思想在不计其数的场合被反复灌输，已经植入普通大众的认知系统。因此，德国彻底战败的事实似乎肯定了一点，那就是无论如何，真理掌握在同盟国手中；而且，德国人本就因为对犹太人实施过种族灭绝行动而怀有强烈的内疚情绪——早在战争结束前，许多德国人就已经为此深感良心不安了——这股内疚情绪此时更进一步增强了他们心中同盟国师出有名的信念。德国一败涂地，整个国家被毁得满目疮痍，体无完肤，甚至连众多的爱国者也不得不将这一切归咎于希特勒和纳粹政权。这一点，没有人可以狡辩。另外，德国境内的同盟国军队无所不在。同盟国占领军对来自任何游击队或抵抗运动的威胁都高度警觉，这还得归功于纳粹德国铺天盖地的宣传，因为戈培尔的媒体王国在不断催促德国年轻人投身其中。还有一点就是，德国老百姓发现同盟国军队并非他们想象的那样被复仇情绪冲昏头脑，相反，他们也富有同情心，甚至苏联和法国军队在到来后的头几周内也给德国百姓留下了这样的印象。戈培尔的预言——数百万德国人将被送往西伯利亚——显然是无稽之谈，人们甚至都没有被送往东方地区。事实上，德国以前占领其他欧洲国家时，当地也曾出现过抵抗运动，在这些抵抗运动（除南斯拉夫的抵抗运动外）开展的头两三年里，当地绝大部分人都在观望战争究竟朝哪个方向发展，过了这段时间后，他们就屈服于德国的占领了，至少暂时如此。德国此时的情形也如出一辙。最后还有一个原因就是，纳粹党在国家自由选举中最多也只赢得过 37.4% 的选票。有时，尤其是在 1940 年德国接二连三地获胜后，纳粹党在民众中的受欢迎程度要高很多。但与其他地方一样，德国的民意也普遍不稳定，难以预测；正如我们所见，截至 1945 年年初，纳粹党的民众支持率跌到了自 20 世纪 20 年代以来的最低点，且低得令人难以想象。

当然，尽管有纳粹分子自杀和死亡，但总体而言，战争结束时德国境内仍有大量坚定的纳粹分子。为了处理这部分人，尤其是为 741
了与剩下的纳粹领导们算总账，同盟国在纽伦堡成立了国际军事法庭。审判从最主要的战犯开始。在一系列审判中（从 1945 年 11 月到 1946 年 10 月），同盟国方的公诉人们呈现了海量的纳粹犯罪证据，控告戈林、里宾特洛甫和其他人发动了一场侵略战争，大规模屠杀了无辜的平民百姓，犯下的暴行和反人类罪罄竹难书，严重违反了国际战争法。由于苏联法官的参与以及西方同盟国曾对德国城市进行过地毯式轰炸，所以诉讼的合法性受到一定程度的负面影响，其中部分指控被证明很难成立，尤其是对德国的阴谋指控。然而，国际军事法庭为以后的审判提供了一个重要的先例，而且此次审判也得到了广泛宣传。其中一名在场的报道员就是威廉 · L · 夏伊勒。

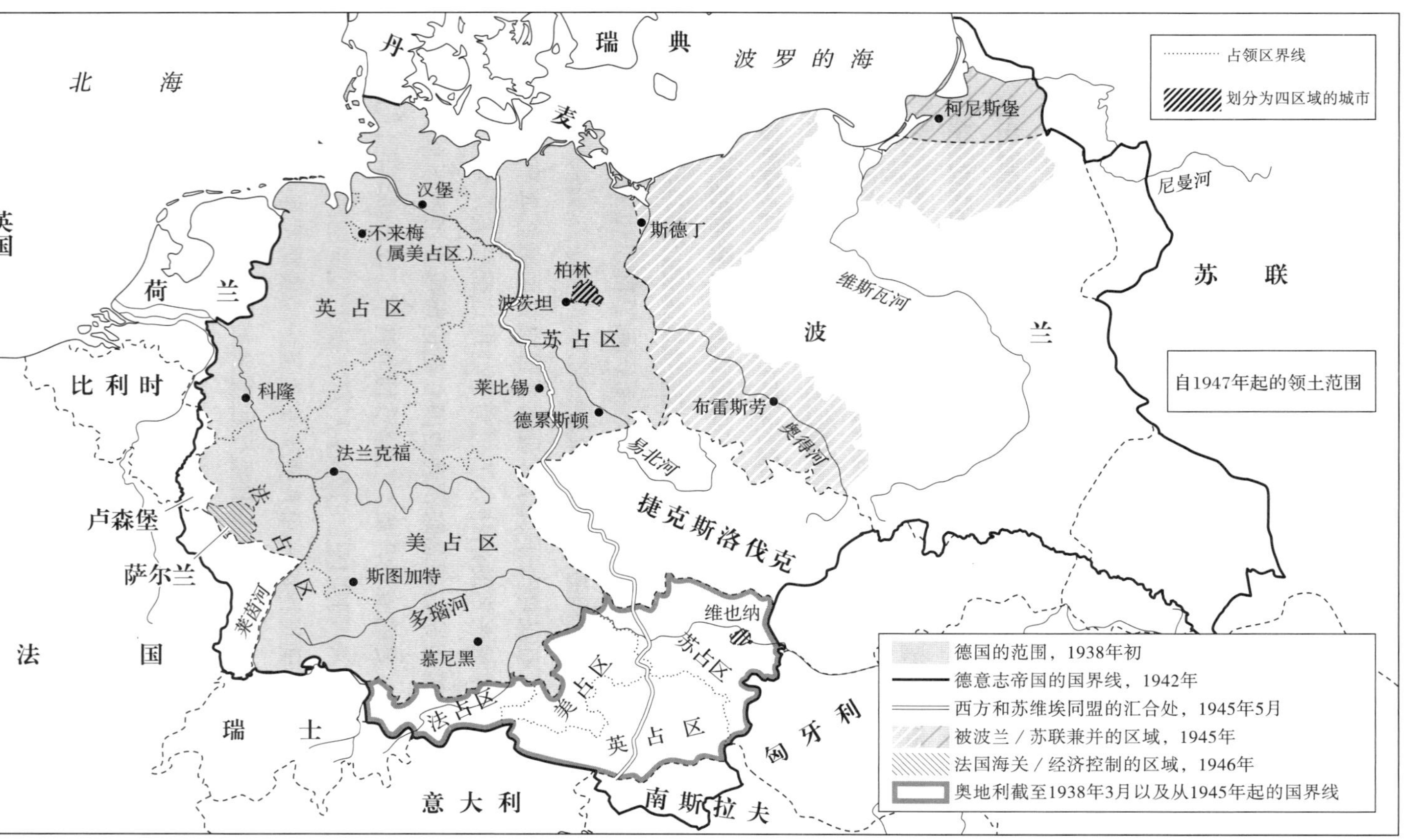

地图23　战后中欧的区域划分

可能是因为被告知盖世太保正在对他的活动进行资料汇编，夏伊勒曾于1940年12月离开德国。后来，夏伊勒以专为纽伦堡审判而整理的文献证据为主要资料，撰写了关于纳粹德国历史的畅销书《第三帝国的兴亡》(*The Rise and Fall of the Third Reich*)。他在1960年出版此书，而在他33年后辞世时，这本书仍在印刷发行。然而，对于数量庞大的德国民众——他们中至少有一部分人在战争结束时被同盟国军队安排去协助清理集中营的囚犯尸体——而言，与遭到轰炸和德意志人被逐出东欧的性质一样，这一系列的审判愈发证明，在一场无可避免地由胜利者判定孰对孰错的战争中，他们是唯一的受害者。[240]

在纽伦堡审判中，主要战犯都被判处死刑，审判时只有博尔曼一人不在现场。汉斯·弗兰克（波兰总督府总督）、威廉·弗里克（内政部部长，而且自1943年以来担任波希米亚和摩拉维亚保护长官）、赫尔曼·戈林、阿尔弗雷德·约德尔将军（国防军最高统帅部的行动负责人*）、恩斯特·卡尔滕布伦纳（自1943年以来任党卫队保安处负责人）、威廉·凯特尔（约德尔的上司）、约阿希姆·冯·里宾特洛甫、阿尔弗雷德·罗森贝格、弗里茨·绍克尔、阿图尔·赛斯–英夸特以及尤利乌斯·施特莱歇尔都被判处死刑。除戈林外——正如我们所见，戈林在将被绞死的前一天选择了自裁——他们的判决
都被执行。鲁道夫·赫斯被处以终身监禁。在生命最后几年，他一 742
个人被关在斯潘道（Spandau）的监狱，1987年，他上吊自裁，时年93岁，他也是最后一名自杀的纳粹分子。汉斯·弗里切是宣传部的新闻司司长，同时也是一位知名的广播评论员，他代替戈培尔被提审，但他的罪行显然不能与戈培尔的罪行相提并论，他最终被无罪释放。亚尔马·沙赫特在20世纪30年代曾出任财政部部长，

---

* 约德尔为国防军最高统帅部的作战部长，同时也是国防军指挥参谋部（WFA）部长。

他在战前曾提供大量资金重整军备，在审判中，他也被无罪释放；毕竟，他在战争开始前就已经被撤职了。沙赫特后来写了回忆录，之后于 1970 年去世，时年 93 岁。他的继任者瓦尔特 · 丰克被判处终身监禁，但因身体原因于 1957 年被释放，3 年后去世。卡尔 · 邓尼茨被判处十年监禁，他服刑期满后被释放，于 1980 年去世。而他之前的一任海军元帅埃里希 · 雷德尔则被处以终身监禁，但因身体原因于 1955 年被释放，后于 1960 年辞世。康斯坦丁 · 冯 · 诺伊拉特被判处 15 年监禁，但也因身体原因于 1954 年被释放，2 年后去世。与他一样同为贵族的弗朗茨 · 冯 · 巴本曾于 1933 年至 1934 年担任希特勒的副总理，后又出任驻奥地利大使，之后又任驻土耳其大使，此人被无罪释放，但 1947 年时又重新被捕，并因战争罪被德国法庭判处 8 年监禁。但经申诉，他在 2 年后被释放，后于 1969 年去世。巴尔杜尔 · 冯 · 席拉赫是希特勒青年团的负责人，后又出任维也纳纳粹党党区领导人，他被判处 20 年监禁；他于 1966 年 10 月 1 日被释放，后于 1974 年 8 月 8 日去世。[241]

在纽伦堡审判中，阿尔贝特 · 施佩尔亦被判处 20 年监禁。他十分高明地将自我申辩和自我问责微妙地结合起来，成功地躲过了被判处死刑的命运。他说，虽然自己本应知晓奥斯维辛集中营，但的确对其一无所知，这是赤裸裸的谎言。有人认为施佩尔也惨无人道地剥削过强制性劳动力，应被定为与弗里茨 · 绍克尔一样的罪名。在这部分人看来，施佩尔儒雅而职业的中产阶级举止为他赢得了法官们的信任，而与他形成鲜明对比的是，绍克尔粗俗野蛮的举止则将自己送上了绞刑架。在斯潘道监狱服刑期间，施佩尔感到无聊困顿，为了消遣，他每天保健散步时想象着自己在全世界游走。此外，他也偷偷写日记（写在卫生纸上），并且还写了 2.5 万多封信，富有同情心的访客们将这些文字材料夹带了出去。他于 1966 年被释放，后出版了一套广受好评的回忆录。这本回忆录很值得称道的就是他在书中坦白地呈现了自己与希特勒的关系，同时很高明地评价了纳粹统治体系。但随着时间的推移，人们发现他的回忆录明显不够真 743
实。很多时候，施佩尔为了使自己处于有利地位，粉饰或篡改了许多历史事件，而且隐藏了他其实知道灭绝犹太人计划的事实。在他去世前不久，记者基塔 · 瑟伦利曾对他进行过数次具有重大意义的采访。在采访中，施佩尔被迫放弃了在回忆录里他关于很多细节问题的立场。然而，无论如何，就奥斯维辛集中营的知晓情况而言，他向瑟伦利承认的内容与他当年在纽伦堡国际军事法庭上承认的别无二致，尽管瑟伦利摆出的事实与之完全相反。1981 年 8 月，施佩尔在访问伦敦时中风而亡。[242]

除了在纽伦堡的审判外，还有许多其他审判，其中不少是在波兰进行的，比如对奥斯维辛集中营前负责人鲁道夫 · 霍斯的审判就在那里进行。战争结束时，霍斯逃往度假胜地叙尔特岛（Sylt），并以虚假身份进入了海军情报学校（Naval Intelligence School）。随后，他成功地用假名在农场上找到一份工作，但终究还是被追踪到，并于 1946 年 3 月 11 日被抓捕。就在被捕的两天前，他意外地将自己那小瓶毒药打碎了。他在监狱遭到了虐待，抱怨说自己被毒打，最后在并不完全准确的罪状书上签字。据他所言，审问者们全是犹太人。霍斯并不否认他的纳粹罪名。在他看来，战前设置集中营很有必要，因为它们是非常难得的再教育中心，具有重大意义。但与此同时，他也认为灭绝犹太人是“一个根本性的错误”，因为它不仅导致“全世界都仇恨”德国，而且“对反犹主义事业没有任何价值，反而帮助犹太人朝自己的最终目标迈进了一大步”。[243] 虽然霍斯以证人身份被多次带到纽伦堡国际军事法庭，尤其是在为恩斯特 · 卡尔滕布伦纳辩护期间，但绝大多数时候他都被囚禁在克拉科夫。在克拉科夫监狱中，他撰写了一部长篇自传，虽然里面很多细节都不甚准确，但该书却无意间透露出他的态度和信仰，正是在这种认知体系下，他成为历史上规模最大的谋杀工厂的负责人。1947 年 3 月 11 日，他被带到受审席，旁听庭审的还有众多外国观察员。霍斯被定为谋杀罪并被判处死刑；1947 年 4 月 16 日，他在奥斯维辛集中营的主营——在党卫队行政管理楼旁边——被绞死。[244]

就在同年晚些时候，也就是 1947 年 11 月，克拉科夫最高法院审判了来自奥斯维辛集中营的 40 名党卫队军官和看押人员。他们中
744 23 人被判处死刑，其中包括奥斯维辛集中营领导人汉斯·奥梅尔和另一位曾经的负责人阿图尔·利贝亨舍尔（Arthur Liebehenschel）。其他人则被处以不同年限的监禁。党卫队医生汉斯·明希（Hans Münch）曾用集中营囚犯研究营养不良，但因为当时的囚犯们为他提供了很多有利证词，所以他被无罪释放了。工程师库尔特·普吕弗是毒气室的设计者，他于 1946 年在爱尔福特被捕并被送到苏联的一个劳改营，后于 1952 年在劳改营中去世。普吕弗所属的托普夫父子公司的共同所有人之一路德维希·托普夫（Ludwig Topf）是选择自杀，而他的兄弟恩斯特·沃尔夫冈·托普夫（Ernst Wolfgang Topf）则毫发无伤地逃跑了，并在威斯巴登重新创业，为焚化室生产焚尸炉。而毒气齐克隆 B 的生产者中有两人——也就是汉堡企业（Tesch & Stabenow）的所有者和总经理——被一个英国军事法庭处死，而其他生产者，包括德国害虫防治公司（Degesch）的总负责人格哈德·彼得斯（Gerhard Peters）在内，则被无罪释放。[245] 还有一部分人也因自己的罪行在各欧洲国家受审后被处死，其中包括弗里德里希·耶克尔恩，他是一名党卫队指挥官，曾负责在里加和其他地方对犹太人实施大屠杀；奥托·奥伦多夫和维尔纳·瑙曼，他们曾领导党卫队别动队在东方地区开展谋杀行动；库尔特·达吕格（Kurt Daluege），此人是警察最高领袖；于尔根·斯特罗普，他是一名党卫队指挥官，曾成功镇压华沙隔离区起义；奥斯瓦尔德·波尔，此人是集中营组织的负责人；最后，

还有纳粹党党区领导人阿图尔·格赖泽和阿尔贝特·福斯特，他们二人曾在波兰沦陷区统治。埃里克·科赫是东普鲁士党区领导人，他被波兰人判处死刑，但由于健康原因又被改判为终身监禁。还有其他很多人被处以长期监禁。[246]日记作者费利克斯·兰道是一名来自奥地利的党卫队成员。1941年，作为一次特别行动的任务之一，他在波兰东部沦陷区组织开展了大规模枪杀行动；此后，在利沃夫地区担任犹太强制性劳动力组织者期间，他又利用自己的职权实施了进一步的谋杀行动。1946年，他以前手下的一名工人在林茨认出了他，随后，他被美国人投进了战俘营，但第二年时他又成功逃离。他用假名生活在讷德林根（Nördlingen）附近，并从事室内设计，直到1959年再次被捕。他于1962年遭到审判，随即被终身监禁，后于1983年去世。[247]

二

除了“主要战犯”受到审判外，美国占领当局还在纽伦堡举 745
行了12次审判，专门处理情节较轻的罪犯，总共涉及184名被告。第一场审判针对高级医疗人员，他们的罪名包括在未经受试者同意的情况下对其进行残忍实验、在“安乐死”行动中杀害精神病人和残疾人以及其他各种罪行。其中两名被告是维克托·布拉克和卡尔·勃兰特。他们二人都冥顽不化地认为下令杀害残疾人并没有错，最后，均被判处死刑。在其他审判中，各“安乐死”中心的工作人员也因各自的罪行遭到提审。赫曼·普凡米勒于1951年被判处5年监禁，而弗里德里希·门内克被判处死刑后自裁。[248]还有两名医学家——恩斯特·罗登瓦尔特和埃里克·马丁尼——在1943年时故意让整个蓬蒂内沼泽感染疟疾，结果极有可能导致了10万意大利人感染这种疾病，同时导致数量巨大的平民丧命，他们二人在战后的命运可谓喜忧参半。罗登瓦尔特因与纳粹政权千丝万缕的联系而遭到自己学生的举报，所以他被革除了系主任的职位。尽管如此，但他依然得到了很多同事的支持，而且同盟国委托他汇编一份关于第三帝国卫生的报告（他极其高明地没有将自己的专业领域——种族卫生——纳入这份报告）。他出版了一份流行病世界分布图集、数本医学史方面的著作以及一本措辞谨小慎微的回忆录。1967 年，位于科布伦茨（Koblenz）的西德陆军战争医学与卫生研究所（Institute of War Medicine and Hygiene of the West German Army）就是以他的名字命名的。[249] 而至于马丁尼，尽管他不能重新恢复在汉堡的职位，但也在继续出书。1952 年，马丁尼关于医学昆虫学的标准教科书迎来了第四版，之后于 1960 年去世。[250]

约瑟夫·门格勒医生曾在奥斯维辛集中营的斜坡上挑选犯人做实验，结果导致许多人不幸身亡。他在奥斯维辛集中营关闭之前就已经离开了，之后在格罗斯–罗森集中营工作了很短时间，然后又加入了由前同事领导的一支军队。1945 年 7 月，当他以农场工人的身份开始在巴伐利亚罗森海姆上班时，被美国人俘获，但是得到假名的庇护，又得以被释放。由于担心被发现，他在另一名前同事的帮助下途径瑞士和意大利北部逃到了阿根廷，并在那里重新安身立命，于 1955 年购买了一家制药公司一半的股份。1959 年，他搬到
746 了德国位于巴拉圭的一块殖民地，但第二年又去往了巴西。在此期间，他离婚后又再婚了，这两次法律行为让人们首次注意到门格勒还活着。他之所以能四处逃亡并隐藏自己的身份，很大程度是因为他从前纳粹分子构成的地下联络网那里获得了很多帮助。他继续逍遥法外，最终于 1979 年游泳时因心脏病发作而亡。他的坟墓直到 1985 年才被人发现，他的尸体被挖掘出来，身份通过牙齿记录得以确认。[251] 与门格勒形成对比的是，他的导师奥特马尔·冯·费许尔在战后恢复了自己的学术事业。费许尔于 1952 年被选为德国人

类学学会（German Society for Anthropology）会长，2 年后又出任明斯特大学医学系的系主任，并且自 1951 年以来就一直在那里担任遗传学教授。1954 年，他基于自己 20 年前出版的《遗传病理学》（*Hereditary Pathology*）一书又出版了自己的专著《人类遗传学》（*Human Genetics*）。最终，他于 1969 车祸身亡。[252]

除了约瑟夫 · 门格勒外，弗朗茨 · 施坦格尔和阿道夫 · 艾希曼也逃往了拉丁美洲。施坦格尔曾任特雷布林卡集中营的指挥官，当该集中营被关闭时，他被调遣到了意大利北部。上级命令他去监督修建防御工事和镇压游击队运动。战争结束时，他逃到了奥地利，结果被美军逮捕并囚禁。随着战争罪调查的进一步深入，施坦格尔在安乐死行动中扮演的重要角色暴露无遗，而且美国人似乎已经发现他曾于某个时刻担任过一个集中营的总负责人。然而，截至此时，绝大部分同盟国战争罪法庭都已停止工作了，因此，他被移交给奥地利当局，奥地利当局将他囚禁在林茨的露天监狱。1948 年 5 月 30 日，施坦格尔越狱了。他用从监狱中弄到的假身份文件成功地越过阿尔卑斯山，进入意大利，并在意大利联系了许多能予以他重要帮助的人。抵达罗马后，他在梵蒂冈不仅造访了阿洛伊斯 · 胡达尔（Alois Hudal）主教，还拜访了一名神父以及德国与奥地利神职人员圈的部分成员，这些成员都是庇护十二世身边的人。胡达尔是意大利首都的德国天主教社区负责人。他是一名奥地利人，做了大量工作来帮助自己的同胞们免受惩罚。他给施坦格尔找到了一处藏身之所，给了他一些钱，然后又给他准备了一份红十字会的护照，最后给他买了一张前往叙利亚的船票。施坦格尔的家人与他在叙利亚会和；1951 年，他们全家移民巴西。其他许多前纳粹分子和党卫队成员都是通过这条逃亡路线死里逃生的。在巴西，施坦格尔一家人对弗朗茨 · 施坦格尔的过去讳莫如深。他们在当地的德国人聚居区找到了工作并开始了正常的社交生活。他们全家人用的都是自己的 747

本名，完全没有试图隐藏他们的真实身份。尽管弗朗茨·施坦格尔是奥地利和德国政府的官方通缉人员之一，但结果他最终还是在西蒙·维森塔尔（Simon Wiesenthal）——此人成立了一个信息中心，专门致力于搜寻逍遥法外的前纳粹领导人并确保其被逮捕——的不懈努力下才被追踪到的。1967 年 2 月 28 日，施坦格尔被巴西警察逮捕并被遣送回德国。在德国，他因曾在特雷布林卡集中营下令杀害 90 万人而遭到审判。他的妻子从巴西过来旁听庭审，直到此时，她才知晓自己的丈夫究竟在集中营都干了些什么。1970 年 12 月 22 日，施坦格尔被判处终身监禁，于次年 6 月 28 日在狱中去世。[253]

临近战争结束时，在恩斯特·卡尔滕布伦纳的命令下，阿道夫·艾希曼在奥托·斯科尔兹内和前罗马尼亚铁卫团领导人霍里亚·西马的协助下组织了小规模的游击队抵抗运动。但希姆莱很快就终止了该行动，于是，艾希曼用伪造的身份文件开始潜入地下。由于担心自己的真实身份被发现，所以他也利用梵蒂冈方面帮助“反共产主义战士”的政策逃往拉丁美洲。他来到阿根廷，在那里，胡安·庇隆（Juan Perón）领导的半法西斯独裁政权为各路前纳粹分子和党卫队成员提供庇护所。其中一名避难者就是奥托·斯科尔兹内，他于 1948 年从德国的一个战俘营逃离出来，之后在一系列地方生活过，其中包括西班牙和爱尔兰（他于 1975 年在德国去世）。艾希曼的身份和藏身之地被黑森州的反纳粹州检察官弗里茨·鲍尔（Fritz Bauer）发现。鲍尔是一名犹太裔德国人，整个战争期间，他都在瑞典过着流亡生活。在他的催促下，以色列秘密情报机构于 1960 年 5 月在布宜诺斯艾利斯绑架了艾希曼并将其偷渡到耶路撒冷。第二年，艾希曼因大规模谋杀罪在耶路撒冷受到审判，整个舆论界都沸腾了。艾希曼被判处死刑，于 1962 年 5 月 31 日午夜被处以绞刑。[254]

三

从 20 世纪 40 年代末到 20 世纪 50 年代末，由于全世界都笼罩在冷战的政治氛围中，所以西德并未开展大规模的战争罪审判。一方面，北大西洋公约组织的成员国以及西德政府都普遍认为，大规模的审判会进一步刺激东德政府，导致其控告整个德国都充斥着纳粹犯罪分子；而另一方面，大规模的审判也会让为数众多的前纳粹党员感觉自己被孤立，他们害怕自己可能会被送上受审席，如此一 748
来，联邦德国羽翼未丰的民主制度或许会被扼杀在摇篮中。然而，到了 1958 年，有迹象表明情况已经开始发生转变。在路德维希堡（Ludwigsburg）成立的州司法行政中心办公室（Central Office of the Provincial Justice Administrations）为协调全国范围内的纳粹犯罪起诉工作奠定了基础。但真正迫使西德采取行动的还是对艾希曼的审判。弗里茨 · 鲍尔再次成为这些调查强有力的推动者。最终，很多党卫队军官和看押人员于 1964 年在美因河畔法兰克福遭到审判，将调查行动推向了高潮。里夏德 · 贝尔是奥斯维辛集中营的最后一任指挥官，他隐姓埋名当了很多年林业工作者，后来于 1960 年被捕。他原本也将站到受审席上，但审判开始前他就去世了。受审席中有街区领导人，有集中营的党卫队看守人员，还有其他因对囚犯单独实施过身体暴力行为而遭控告的人，总计 22 名。超过 350 名曾被关押的囚犯专程赶到法院作证。1965 年 8 月，17 名被告中，大多数都被判处长期监禁。此次审判具有历史转折意义，它让西德年轻一代意识到第三帝国的罪行。此外，西德随后还举行了四次规模相对较小的审判，在这些审判中，更多的奥斯维辛集中营看守人员和街区领导人被判处监禁。对此，东德也予以了积极回应，他们亦举行了审判，于 1966 年逮捕并处死了集中营医生霍斯特 · 菲舍尔（Horst Fischer）。菲舍尔锒铛入狱前曾用自己的真名在东德这个社会主义国家公开行医 20 年，未受任何阻碍。[255]

对许多观察家而言，像菲舍尔这样的人在战后德国还能身居要职，这充分表明同盟国开展的“去纳粹化”运动还不够彻底。在战争刚结束的头几年，数百万德国人被要求填写并提交长长的表格，详细汇报他们自己在第三帝国存在期间的个人活动和观念信仰。随后，他们被带上法庭，法官会听审相关方提供的证据，并据此将受审者归类为纳粹分子、参与纳粹活动、同路人或完全无关。去纳粹化运动的规模甚大。西德地区超过 360 万人受到影响，其中 1,667 人被归类为“主犯”，2.3 万出头的人被归类为“罪人”，15 万出头的人被归类为“轻犯”。由此可见，只有不到 5% 的人被判定为冥顽
749 不化的纳粹分子。99.6 万人被认为只是有名无实的纳粹党员（占总数的 27%），还有 121.4 万人被判定为清白无辜（占总数的 33%）。截至 1948 年去纳粹化运动结束时，尚有 78.3 万人未遭起诉，35.8 万人被赦免，还有 12.5 万人未被归类。在苏联占领区开展的类似运动中，超过 30 万人被解聘，还有 8.3 万人被永远禁止聘用。当然，去纳粹化运动不可能禁止所有 650 万纳粹党员担任要职。法官、医生、律师、科学家、工程师、银行家以及其他许多人具有德国社会亟需的专业技能。他们中有的人曾在法庭上将政治犯判处死刑，曾在医院中参与过“安乐死”屠杀行动，曾在各中小学和大学宣扬过纳粹教条，或者在政府行政工作中整理过“谋杀文案”，而其中许多人此时都恢复了自己的职位。这些领域的人抱团合作，阻止别人批评他们在第三帝国存在期间的作为，他们以前曾扮演的同谋角色因此被掩藏起来，所有人都讳莫如深，直到 20 世纪末那些主要参与者退休之后，这片集体沉默才被撕破。[256]

去纳粹化运动具有侵犯性，它让那部分迫切想要忘记历史的德国人感觉自己被孤立，而且据民意调查显示，民众对去纳粹化运动的支持率从 1946 年 3 月的 57% 暴跌至 1949 年的 17%。去纳粹化

运动可能更多的是表面化运动，未触及实质，因此许多参与其中的
人并未改变自己的纳粹观念。然而，尽管如此，此次运动总体而言
还算成功。它使得公开表达纳粹观点成为禁忌，也使得流露出纳粹
情结的人往往被迫辞职。数万名顽固不化的纳粹分子被监禁、遭到
审查并在去纳粹化法庭上受到审判，这为反纳粹的社会民主党人士、
天主教人士、自由派以及没有参与纳粹政权的其他人提供了新的契
机，他们开始在政治、行政、文化以及媒体等领域担任要职。诸如
德国社会主义帝国党（Socialist Reich Party）以及后来的德国国家
民主党（National Democratic Party）等团体试图以新纳粹主义政
治运动的形式复兴纳粹主义，但其获得的民众支持都少得可怜。此
外，如果他们明目张胆地宣扬纳粹观点——比如德国社会主义帝国
党——那么将被直接依法废除。像维尔纳·贝斯特这样的例子算极
其特殊。在战后，贝斯特不止一次受到审判和定罪，但均死里逃生，
在之后漫长的余生里——他于 1989 年去世——集结前纳粹分子的
力量，为争取“大赦”积极活动。但他只是个例。尽管如此，但据
民意调查显示，到了 20 世纪 50 年代，大多数人依然认为纳粹主义 750
“本身是一种好的理念，只是被错误地执行”，而且有一大部分民众
仍旧认为没有犹太人的德国会更好，这令人非常担忧。直至以 1968
年为标志的新一代人的到来，德国人才与过去进行了真正的诀别。
然而，无论如何，东德和西德的政治文化从一开始都坚定地摈弃纳
粹意识形态和价值观，包括具有悠久传统的德国民族主义和军国主
义思想也被抛弃，很多人曾经就是在这两种思想的怂恿下支持纳粹
主义的。德国彻底战败，以及 20 世纪 50 年代和 60 年代出现“经
济奇迹”，大量财富被创造，在这种背景下，绝大部分德国人开始
拥护以议会民主为特征的政治文化，并以愈发强烈的热情和日渐坚
定的信念投入到欧洲一体化进程和维护国际和平的事业中。[257]

德国人基本上都无法轻松自如地适应这个全新的世界。许多人

仍为第三帝国的失败感到惋惜。当希特勒曾经的军事指挥官们各自开始写回忆录时，他们都利用这个机会表达了一个虽不切实际但多年来却被广泛接受的观点，那就是如若希特勒让他们继续坚持的话，他们或许已经赢得了战争。在这些回忆录中，东部战线的德军在战争作风上并未受到批评，因此也未遭到质疑。戈特哈德·海因里希将军最终于1945年5月28日被捕，直到1948年才返回德国。在整个余生，他都笃信自己当年是在为一个伟大的事业——德国事业——而战斗。之后，海因里希于1971年12月13日安详辞世。[258]而费多尔·冯·博克元帅就没有这么走运。自1942年夏天以来，他就过着强制性退休的生活。1945年5月3日，博克驱车与他的妻子、继女以及一位朋友穿过乡村地区，驶向奥尔登堡。他希望与老朋友冯·曼施泰因元帅会面，探讨战争结束的相关问题。一架英国战斗机发现了他的车，随即迅速俯冲，朝他们猛烈开火，整辆车立刻被火焰吞噬。博克颤颤巍巍地逃出车，成为唯一的幸存者。他被接走并被送往医院，但因伤势过重，第二天就去世了。[259]至于其他高级军事指挥官，他们的命运也不尽相同。瓦尔特·冯·布劳希奇于1948年在英国监狱中去世；格尔德·冯·伦德施泰特被英军俘虏并遭到审问，但由于心脏健康原因，他从未接受审判，后于1953年去世；弗里德里希·保卢斯在斯大林格勒会战中投降，此后他一直居住在东德，直至1957年去世，去世时他依然公开地拥护他在囚禁期间接受的共产主义事业；弗里茨·冯·曼
751 施泰因由于对非战斗人员犯下的罪行于1949年被一个英国军事法庭判处15年监禁，他后于1953年被释放并成为西德政府的一名军事顾问，最终于1973年去世。与坦克指挥官海因茨·古德里安——此人在战争结束后被短暂囚禁，后于1954年去世——一样，冯·曼施泰因也由于其杰出的军事领导才能而广受敬重，而且关于他参与纳粹事业和犯下的相关罪行基本上也没有被追问。

此外，中下层军事人员的命运也值得关注。日记兼书信作者维尔姆·霍森费尔德于 1945 年 1 月 17 日撤离华沙时被一支红军部队俘虏，随后被投进了战俘营。他的身体状况日渐恶化，并且 1947 年 7 月 27 日中风发作。截至此时，他已可以给朋友和家人写信。霍森费尔德竭尽所能地凭记忆罗列出自己曾救过的波兰人和犹太人，试图让他们为自己请愿，以便得以释放。有的人的确为他求情了，但这亦于事无补。1944 年华沙起义期间，他是德方军事行政管理人员之一，被控告有战争罪，遭到审判并被处以 20 年监禁。1952 年 8 月 13 日，他中风再次发作，再也未能醒过来。[260] 其他许多德国战俘都被囚禁在苏联劳改营，战后被关押了整整 10 年，直至 20 世纪 50 年代中期才被最终释放。对他们很多人而言，适应普通百姓的生活也并非易事。格哈德·M. 是一名士兵，亦是一名资深的突击队员，他感觉在这个全新的政治世界中最无法忍受的就是不能穿制服。“我素来很喜欢穿制服，”他在日记中写道，“事实上，我喜欢穿制服并不仅仅是因为上面有很多银质勋章……主要是因为马裤看起来比较有力度而且衣服穿起来也更舒适。”[261] 他无法理解为何自己不能恢复战前消防员的身份。“是的，”消防局的新负责人告诉他，“你们这些纳粹分子确实出尽了风头，但现在一切都已经成为过去了。”格哈德·M. 完全不能理解自己为何被革职。“我变得一蹶不振。”他痛苦地反思这场战争，“我们的领导者们将德国推到了一个新的高度，他们采用的手段可供后人效仿学习：他们发动了一场将全世界卷入其中的战争，并因此摧毁了他们以及前几代人创造的一切，而他们这样做纯粹是因为想名垂青史，让后世铭记自己是伟大的军事领袖。”[262] 又过了 9 年，他才重新回到了自己的消防事业。[263]

对其他人而言，要适应这个新世界、对自己往昔的纳粹岁月形 752
成自我批判的立场并从纳粹意识形态中彻底解放出来，也同样困难。梅利塔·马施曼是德国少女联盟的前领导成员之一，与很多人一样，她亦害怕同盟国的惩罚，所以躲到了位于奥地利阿尔卑斯山的村庄里，用伪造的文件隐藏身份，靠用物品交换或直接偷盗来的食物过活。这样的生活一直持续到她身份被识破，最终于 1945 年 6 月中旬被捕。身陷囹圄后，她才终于清醒地意识到第三帝国已经分崩离析了。据她后来回忆，监狱生活最好的一点就是自己被迫闲了下来，于是，她有充分的时间反思过去，同时也能趁这段闲暇时光休养身心，因为在过去几年，她一直持续不断在为纳粹事业奔波辛劳。她必须接受有限的“再教育”，她说这种“再教育”十分可悲，很多时候，那些教育者们的教育程度还不如她这样的中产阶级女性的教育程度高，在与教育者的争论中，她们这些中产阶级女性往往更占优势。她拒绝相信集中营的故事，并认为别人给她展示的照片是假的。1946 年，希特勒青年团的领袖巴尔杜尔 · 冯 · 席拉赫在纽伦堡审判上做了自己的最后陈词。通过广播转播听到他在最后陈词中认罪时，马施曼感觉自己被出卖了，她认为他之所以如此，是因为监禁生活的压力太大。正如她当时在笔记中所记载的那样，她仍然坚信“国家社会主义是一种关乎种族复兴、大德意志帝国以及欧洲统一体的理念……是现代历史上最伟大的政治理念之一”。她认为，在去纳粹化运动中被判定为一名坚定的纳粹分子要比被判定为同路人体面得多。在后来数年中，她依旧抱着一贯的理想主义态度，投身于帮助困难的前纳粹分子的事业中，而且期间捐赠了自己很大一部分收入。很多年后，在宗教信仰的帮助下，尤其是在一名福音派牧师朋友的帮助下，马施曼才一定程度地从过去的纳粹意识形态中走出来。她注册成为一名大学生，并积极地与其他种族的外国学生结交。在之前的人生中，她的一切均是在纳粹意识形态的支配下开展的；她后来开始阅读关于华沙犹太个人悲惨命运以及关于集中营的报告，当她最终接受这些报告才是事实真相时，她才从纳粹意识形态中彻底解放出来。她总结到，纳粹主义能吸引很多善良并怀有理想主义情结的年轻人，因为他们被狂热情绪点燃，盲目地投身于纳粹事业中，头脑发热，对真相一无所知。尽管如此，她本人却对意识形态的感召力依旧持怀疑态度，后来，她对印度灵性信仰产生了浓厚兴趣。[264]

四

在同盟国的支持下，德国战后的文化生活恢复得相对较快。但 753
那些曾积极参与过纳粹宣传的人却无法恢复自己的事业。在电影界，埃米尔·雅宁斯被迫回到他位于奥地利的农场，后于 1950 年去世；莱妮·里芬施塔尔（Leni Riefenstahl）发现自己不可能再制作电影了，因此转而投身摄影，用胶片记录了努比亚部落的生活，还拍摄了珊瑚礁上的水下生命。她于 2003 年去世，时年 101 岁。里芬施塔尔一直声称自己与政治毫无关联，但只要看过她《意志的胜利》（*Triumph of the Will*）这部影片的人，几乎都无法相信她的声明。相比之下，法伊特·哈兰在去纳粹化的审判中则成功地为自己的过去辩护，他的理由是自己纯粹是一名艺术家，他电影里的政治宣传内容都是戈培尔强加给他的。他在 1964 年去世前还制作了几部电影。[265] 维尔纳·埃克是第三帝国的一名重要的现代主义作曲家，他成功地恢复了自己事业，成为一所音乐学校的负责人，并在重建西德音乐生活的过程中扮演了无可替代的角色。他后于 1983 年去世，世人冠以了他无限荣誉。在他去世前一年，卡尔·奥尔夫也去世了，此人在战后的事业也同样颇为成功。作曲家理查德·施特劳斯曾是戈培尔帝国音乐协会的负责人，或许因为他过于声名卓著，所以没有受到去纳粹化审判的影响。他安宁地生活在维也纳，从战争中幸存下来，期间还创作了最后一系列清晰流畅的莫扎特式作品——从专供弦乐团演奏的《变形》（*Metamorphoses*）到双簧管协奏曲——

而且这些都是他最上乘的作品。他还未来得及欣赏《最后四首歌》（*Four Last Songs*）——他最后的杰作——的首演，就于 1949 年去世了。[266]

指挥家威廉 · 富特文格勒在战后的职业生涯更持久一些，但同时也更富争议。一家去纳粹化法院撤销了对他的全部控告，他以自由指挥家的身份继续工作并录制作品，直至 1954 年去世。1949 年，富特文格勒被邀请出任芝加哥交响乐团首席指挥，但在诸多杰出犹太音乐家——包括弗拉基米尔 · 霍洛维茨（Vladimir Horowitz）和阿图尔 · 鲁宾斯坦（Artur Rubinstein）在内——的反对下，这份聘任邀请又被取消了。同为指挥家的布鲁诺 · 瓦尔特（Bruno Walter）因自己的犹太血统在纳粹政权统治时期被迫过着流亡生活，他语气强烈地对富特文格勒说道，在整个纳粹年间：

> 很显然地，这个魔鬼政权把你的艺术当作一种有效的宣传
> 754 手段。利用你的知名形象和杰出天赋尽心地为这个政权效力，并使得与你居于同样地位的艺术家也参与其中并竭力表演，这会教唆别人犯下可怕的罪行，怂恿他们破坏文化，损毁道德。或者至少说来，你这样做也给纳粹政权提供了极大的支持。[267]

富特文格勒称自己也曾为纳粹政权的犹太受害者挺身而出，正如第三帝国初期，他在几次涉及犹太人的事件中曾出面干涉过。布鲁诺 · 瓦尔特指出，尽管如此，但他从未陷入危险之中，而且在第三帝国存在的整个期间，他一直是德国的主要指挥家，一帆风顺地发展着自己的事业。瓦尔特总结道："有鉴于此，你曾在少数几个犹太人案件中施以援手，这又算得了什么？"[268]

阿尔诺 · 布雷克尔是希特勒最钟爱的雕塑家，也被送上了去纳粹化法庭的受审席，但他列举出了自己曾帮助过的许多受害者的姓

名，因此减轻了他与希特勒往来密切的罪名。他帮助过的其中一名受害者就是一个名为迪娜 · 维耶妮（Dina Vierny）的犹太女子，此人是马约尔（Maillol）的模特。维耶妮原本将从一个法国的临时难民营被遣送到奥斯维辛集中营，为了确保她从那里被释放出来，布雷克尔曾拜访盖世太保的首领海因里希 · 米勒。此外，他也曾帮助毕加索躲过了巴黎盖世太保的注意。不仅希特勒对布雷克尔的雕塑作品情有独钟，斯大林也对他的雕塑作品表示喜爱，曾于 1946 年邀请他进行创作（布雷克尔拒绝了他的邀请，并说道 :“对我而言，给一个独裁者效劳就已经够了”）。除了这一切，还有 160 份宣誓口供证明他在第三帝国存在期间为人正直，因此，他成功地让自己仅仅被划归为“同路人”,只需交 100 帝国马克罚金并承担审判费用（他从未支付）即可。后来，他恢复了自己的事业，这一定程度上得益于一些建筑师——施佩尔曾经的下属——的帮助，而且他的崇拜者们还举办了他的作品展。尽管如此，他不遗余力地在主流艺术界恢复自己的名声却未能取得成功；直至他 1991 年去世，主流艺术界基本上仍然把他视为第三帝国的国家雕塑师。1990 年，在他 90 岁生日时，德国一份持保守立场的主流报纸曾这样评论过布雷克尔，称他是“一个典型的受到引诱和迷惑,同时亦专横跋扈的天才”。[269]

战后，与艺术家和作曲家相比，同盟国对曾致力于生产 V-1 飞弹和 V-2 火箭等奇迹武器的科学家和工程师们更感兴趣。这些人虽然非常专业，但当时在奇迹武器的研发上却并未取得什么重大突破。苏联和美国当局都成立了专门小组，负责找到那些重要的军事技术设备并将其运回国内，以便开展进一步研究。神经毒气沙林和塔崩的发明者被逮捕并遭到审问；喷气发动机、先进的潜水艇、火箭动 755
力飞机以及其他许多装备都被拆卸带走，以供研究。苏联方面转移了数千名科学家和工程师，让他们负责革新苏联的军事技术和设备。与此同时，英国人和美国人则将注意力投向了 V-2 火箭的研发团队。1945 年 10 月，英美人与韦恩赫尔 · 冯 · 布劳恩及其部分团队成员共同见证了 3 枚 V-2 火箭导弹从德国北海海岸的发射。火箭研发团队的其中 120 名成员被带到了德克萨斯州埃尔帕索（El Paso）附近的新基地，负责继续研发火箭；他们本应对朵拉集中营的罪行负责，但在相关审判中却并未被送上受审席。到了 1950 年，火箭研发项目又被转移到了亚拉巴马州的亨茨维尔（Huntsville），并在那里逐渐发展，超过了之前的其他同类研发团队——比如位于加利福尼亚州帕萨迪纳（Pasadena）的喷气推进实验室（Jet Propulsion Laboratory）——成为美国主要的导弹研发中心。在 V-2 火箭研发经验的基础上，冯 · 布劳恩和亨茨维尔团队于 10 年后建造了强大的土星号火箭，这种火箭被用来将人送进太空，并且在 10 年内成功地将人送上了月球。不仅是美国人，而且苏联人、英国人和法国人也在利用佩内明德团队成员——无论他们是在哪里找到这些成员的——的专业知识来研发建造新一代的洲际弹道导弹，而且随着原子弹的发明，这些国家比之前的德国要危险千万倍。[270]

其他科学家则留在了德国并恢复了自己的事业，其中最著名的就是原子弹研究的先锋奥托 · 哈恩和维尔纳 · 海森堡。哈恩于 1946 年接掌威廉皇帝科学促进协会。1947 年，马克斯 · 普朗克（Max Planck）去世，为了纪念这位伟大的科学家，英国占领当局下令将威廉皇帝科学促进协会更名为马克斯 · 普朗克学会（Max Planck Society），哈恩虽极力反对，但也无可奈何。然而，哈恩的确非常成功地使该协会不再大力服务于纳粹所需的研究，这一点直到 20 世纪末才开始被讨论。哈恩曾前往斯德哥尔摩领取诺贝尔奖，他因发现核分裂而被授予该奖项。他后于 1968 年在哥廷根去世。维尔纳 · 海森堡成为马克斯 · 普朗克物理研究所（Max Planck Institute for Physics）的负责人，重新进入了国际科学界，后于 1971 年去世。他的劲敌，也就是“德意志物理学”的提倡者们，则并没有这么走运。

1947 年，约翰内斯·斯塔克（Johannes Stark）遭到审判，海森堡欣然地提供了不利于他的证词。斯塔克被判处 4 年监禁，但最终并未执行，他后于 1957 年去世，几乎被人彻底遗忘。斯塔克的导师菲利普·莱纳德（Philipp Lenard）则在 10 年前就已去世，时年 85 756
岁。战后学术研究恢复后，德意志物理学运动中的其他次要人物也都被刻意拦在了学术圈的大门外。[271]

五

一些平凡而低调的市民本着良心撰写了大量日记，这些日记作为重要史料，记录了纳粹统治下的日常生活，而这些日记的作者们在战后也经历了各自不同的命运。齐格蒙特·克卢科夫斯基医生出版了一部五卷本的作品，记载了德国所犯下的战争罪和扎莫希奇地区的地下抵抗运动。因此，在纽伦堡的其中一场审判里，他被传唤去作证。克卢科夫斯基很快发现自己又生活在了另一个独裁政府的统治下，因为苏联占领军不仅镇压了波兰的民族主义运动，并且还扶持了一个共产主义政权。此刻，克卢科夫斯基开始帮助那些打击共产党的波兰地下抵抗运动，同时写日记记载了共产党的恐怖统治，正如他当年记录纳粹统治一样。他被苏联政治警察抓捕过两次。他虽然未被监禁，但却被免除了自己长期担任的医院院长之职，被降级为身份稍低微的病房医生。1952 年，他的儿子因参与抵抗活动将被处死，在试图阻止儿子免遭此厄运时，他再次被捕，并在弗龙基监狱（Wronki）被关押了 4 年。在 1956 年解冻时期，克卢科夫斯基的罪行被赦免，名声也得以恢复，并于当年搬到了卢布林，2 年后，他在卢布林出版了他的战争日记。这些战争日记让他名声大噪，不仅很快就被再次印刷发行，而且还为克卢科夫斯基赢得了一个主流的文学奖项，此外还使他赢得了其他许多波兰国家奖励。然而，截至此刻，克卢科夫斯基已身患癌症。他于 1959 年 11 月 23 日去世，和其他波兰家乡军士兵一起被葬在什切布热申。1986 年，这个小城在中心广场为他设立了一个纪念碑。在他幸存下来的儿子和孙子的倡议下，其日记的英译本于 1993 年出版，因此得以进入更多读者的视野。他的日记生动而详细地记录了德国占领下的波兰生活，目前为止仍然是我们了解这个历史片段的最佳读物。[272]

1939 年，维克多·克伦佩雷尔和妻子埃娃被逐出了他们位于德累斯顿郊区多尔兹肯的房子，此时他们又搬了回去，并逐渐将其还原成往昔的样子。克伦佩雷尔虽然已经 63 岁了，但他丝毫没有打
757 算安闲地过退休生活。德累斯顿工业大学的前同事们此时都再次和他聊天，仿佛中间几年什么事都未发生过一样，而事实上，因为克伦佩雷尔是犹太人，这些前同事在纳粹统治期间都对他避而远之。此刻，曾经的朋友、邻居以及熟人，甚至完全不认识的陌生人都来向他套近乎；他们都称自己是清白无辜的，完全没有参与第三帝国的犯罪，希望克伦佩雷尔能帮助他们证实这一声明。他发现自己有了一个新的身份，那就是第三帝国的受迫害者，他很享受这个身份。他在德累斯顿工业大学的教授头衔被恢复了，尽管他并未回去教书；随后，他又接二连三地在格赖夫斯瓦尔德（Greifswald）、哈雷和柏林被授予了一系列声誉卓著的职位。他从自己非犹太裔的朋友安娜玛丽·克尔勒那里拿回了手稿，并出版了他对纳粹语言的研究成果——《第三帝国的语言》，此书出版后立刻就被认为是一本经典之作。此外，他还恢复了自己对 18 世纪法国文学的研究，且研究成果亦被出版。德累斯顿位于苏联占领区，在犹豫了一段时间后，克伦佩雷尔加入了共产党，他将其视为补偿和重生的最可靠途径。在他看来，这是让自己彻底摆脱纳粹主义的最佳途径。他的共产党员身份给他带来了广阔的文化和教育工作机会，而且 1949 年德意志民主共和国成立后，他成为国家议会的议员。其他共产党员

如果要获得这个职位，需要积极竞选或者是与对手针锋相对，而他不需要。但随着东德变得越来越斯大林化，他也开始愈发怀疑；他的作品遭到了政治批评，而他私底下总结到，归根结底，自己毕竟还是一个自由派人士。[273]

1951 年，克伦佩雷尔的妻子埃娃在刚过完自己 69 岁的生日后不久，便在睡梦中因心脏病发作去世。在第三帝国存在期间，正是她矢志不渝的爱让克伦佩雷尔得以坚持下去。“我很寂寞，”克伦佩雷尔在日记中写道，“现在，对我来说一切都没有意义。”[274] 起初，他将精力都投入工作，以求得暂时的慰藉，但在短短几个月内，他就与自己一名 25 岁的学生哈德维希 · 基希纳（Hadwig Kirchner）开始了一段新恋情。尽管感觉这有点难堪，但他依然陷入了爱河，而且他的情愫得到了回应。他们二人于 1952 年 5 月 23 日结婚。克伦佩雷尔继续教授法国文学，一直到 70 多岁。1959 年，克伦佩雷尔病危，后于 1960 年 2 月 11 日去世，时年 78 岁。在东德的统治下，他卷帙浩繁的日记不可能被出版，因为无论是在魏玛共和国时期、第三帝国时期或是在战后年代，这些日记都不是以共产党的立场撰写的。柏林墙坍塌后，他的遗孀使这些日记的出版成为可能。在 20
世纪 90 年代，这些日记开始被连载出版，它们呈现了一个犹太人 758
在 20 世纪头 60 年里的德国生活，立刻就成为人们了解这段历史的最翔实生动的文字记录。[275]

路易丝 · 索尔米茨和犹太裔丈夫弗里德里希也在战争中幸存下来，且毫发无损。他们在汉堡安静地过着退休生活。路易丝每天仍然写日记，记录自己的点滴，这是她 1905 年以来就养成的习惯。她每年的日记都记在一个 700 页厚的笔记本里，里面密密麻麻写满了字，行距很窄，字也很小，就这样一年一本。1953 年 12 月，她把日记作为历史记录捐赠给了汉堡州立档案馆（Hamburg State Archive），但一年后又将其取回，留作私用，因为她发现自己不能没有这些日记。1967 年，她再次将其捐赠，但三个月后再次取回。此后，她将这些日记一直留在身边，直至 1973 年去世，时年 84 岁。在 20 世纪 60 年代，汉堡国家社会主义历史研究中心（Research Centre for the History of National Socialism）取得了索尔米茨的同意，她每天前来宣读自己 1918—1945 年的日记，然后一名速记打字员将其记录下来。在重新阅读这些日记时，她偶尔对自己于 20 世纪 30 年代初表达的观点也感到奇怪，因为她自己的这些观点到了 1945 年都发生了根本改变。其中，从 1933 年 1 月起开始，她描述了纳粹分子们唱着歌，描绘犹太人的鲜血从刀口上喷涌出来的场景，再读到这些文字时，她评论道："那时谁会当真呢？" [276]

六

很多人都与路易丝 · 索尔米茨一样，在 20 世纪 30 年代未能意识到暴力是纳粹主义的核心要旨。甚至迟至 1939 年，绝大部分德国人依旧抱有一丝希望，认为欧洲不会爆发一场广泛的战争。1940 年，法国战败后整个德国陶醉在胜利的喜悦中，他们的喜悦很大程度上源自这样一种观念，即他们用似乎最小的流血代价不仅将宿敌打败，而且也洗清了 1919 年《凡尔赛和约》的耻辱，这令他们感到无限欣慰。然而，从一开始，纳粹主义就是一种以暴力和仇恨为导向的教条，其诞生于痛苦和绝望之中。在魏玛共和国时期，德国在政治、社会和经济方面都出现了严重危机，因此，相应地，它必定会采取强烈而激进的方式予以回应。德国必定会将国内外的敌人
759 都彻底歼灭，以便自己东山再起，而且这次志在赢得史无前例的庞大权力和霸主地位。20 世纪 30 年代，为数众多的德国人是在经济重建和社会统一的承诺下才投身纳粹事业的，但甚至这些承诺最终也让位于为战争而奋斗。为了复制 1914 年 8 月的氛围——或者说

纳粹分子想象出来的当时存在的氛围——内部矛盾将被彻底抛弃，社会与政治分歧也将在一个无所不包的神话中消弭，这个神话就是创建一个统一的由全体日耳曼人组成的国家和种族社区。据说，在1918年时，犹太革命分子利用德国国内的不满情绪挑起了颠覆运动，结果导致德军在背后被捅了一刀。为防止重蹈覆辙，必须以无所不用其极的手段将犹太人逐出德国，同时德国人也必须充分地养精蓄锐，在种族上保持纯洁性，在政治上保持忠诚性。要想实现这些目标，只有用最惨无人道和极端激进的手段实施暴力。

这场战争始于1939年9月，它将释放出一股令人毛骨悚然的破坏力。而截至战争爆发前，这股破坏力的端倪仅仅只出现在几个特殊情况下，例如1938年3月奥地利被吞并后维也纳犹太人遭到的非人虐待，或者1938年11月“碎玻璃之夜”行动中开展的全国范围的犹太人大屠杀。在战争拉开序幕后的头几个月，纳粹政权在波兰逐步实施的政策为他们自1941年年中开始将在东欧其他占领区实施的政策奠定了基调，这些政策包括没收财产、强行驱逐、监禁、大规模枪决以及到目前为止程度令人咋舌的屠杀。这些政策被运用到了当地除德意志人以外的所有人身上，尤其是被恶毒地运用到犹太人身上。犹太人遭到变态而系统的羞辱和折磨，他们不仅被强行关进隔离区，而且还被投进特定场所，然后被毒气大规模毒死，这些场所也是为开展这些灭绝行动而专门建设的。其他群体——主要是德国人，但在很多情况下也不局限于德国人——也被大规模杀害，他们包括精神病人、残疾人、吉卜赛人、同性恋、耶和华见证人（Jehovah’s Witnesses）、“与社会不相容者”、轻罪犯、政治执迷不悟者以及社会边缘人。此外，数百万苏联战俘被杀害，还有许多种族的人也都被强行带到德国，被迫在极端恶劣的条件下工作和生活，他们中很多人因此丧命。属于上述其他被迫害群体的一些人也像犹太人一样被毒气毒死。尽管如此，但只有犹太人被单独列作

“世界公敌”，被视作德国存在的一个全球性威胁；犹太人无论在哪里被发现，都必须被铲除殆尽。

这些政策被数十万，甚至数百万德国人，不同程度地付诸实践。
760 他们或者是纳粹事业的坚定捍卫者，或者自 1933 年以来就被灌输了大量的纳粹思想——尤其是年轻一代——认为斯拉夫人是非人类，犹太人邪恶至极，而至于吉卜赛人、罪犯、边缘群体以及异常群体，他们中最好的也是麻烦制造者，而最坏的纯粹是威胁。纳粹主义鼓励凶残的暴力、偷盗、劫掠以及随心所欲的破坏，这一定程度地影响了在波兰、苏联、塞尔维亚以及欧洲其他地方的德国士兵的所作所为。只有很少一部分人——其中绝大多数都是基督徒——受到了良心的强烈驱策，发出了批评之声。然而，面对犹太人和斯拉夫人遭到大规模屠杀，大部分德国人虽然保持沉默，但依然感到非常不安，同时感到自责，他们太过惧怕而不敢采取任何行动予以制止。当牵涉到精神病人和残疾人——很多时候，他们自己的家人和社区成员也在其中——时，他们怒不可遏，开始反对抗议；起初他们采取间接途径，后来又通过教会公开地表达了他们的义愤和绝望，并取得了一定成效。

希特勒和纳粹分子的长期目标是统治全世界。他们想发动一场欧洲战争来实现自己的幻想，即复兴德国，并建立一个史无前例的庞大帝国，洗清 1918 年战败的耻辱，而这也是他们当初投身政治的动机。而且，这些幻想很大程度上也是德国当权派——其中包括民事当局、专业人员以及陆军高级将领——中重要成员的想法。尽管他们亦有所怀疑，但都始终坚持这种想法。然而，德国从未有过充足的经济资源来将这些幻想变为现实，哪怕把欧洲其他国家的大部分资源据为己用，依然不够。任何程度的“总体战动员”或者经济合理化改革都不可能改变这一根本事实。德军起初之所以能通过一系列战术打败敌人，接二连三地取得闪电式胜利，最主要是得益于出其不意的战术。然而，他们在 1940 年时却无法打败英国，随后便陷入僵局。这是整场战争的第一个重大转折点。

德国在第二年入侵苏联，一定程度上是为了打破这一僵局。但与此同时，这也是试图提前实现希特勒和其他纳粹领导人的夙愿——征服东欧，占领他们所想象的丰富的自然资源，同时对其中的一大部分居民实施种族压迫和种族灭绝，为新的永垂不朽的德国统治扫清道路。巴巴罗萨行动开启了一场德国不可能取得胜利的消 761
耗战。德国试图横穿北非以确保获得中东的石油，但纵然有隆美尔这样的杰出军事家，此次行动也以失败告终。此外，美国向英国和苏联输送的物资愈来愈多，德国试图切断这条物资补给线，但由于缺乏足够的 U 艇，最终亦惨淡收场。1941 年年末，在德国陆军无法攻下莫斯科，同时美国又向同盟国方面提供了大量物资的情况下，整场战争的第二个转折点出现了。一年后，第三个转折点又出现了，那就是德国在斯大林格勒会战中惨败。

随着同盟国的轰炸机队伍取得了空中主导权并开始轰炸德国城市，战争也愈发地转移到了德国境内。从始至终，纳粹当局都成功地令德国民众紧密地团结在自己身后，直至所有一切在战争中陷入了无以复加的混乱状态。强烈的日耳曼民族主义情结、坚定的德国乃伟大之国的信念以及对 1919 年《凡尔赛和约》的怨恨，这些情绪都普遍地存在于所有民众中。他们都怀有这样的信念，而且毫无疑问，正是这些信念的驱使下，德国才在 1939—1940 年取得了难以置信的军事大捷，进而使全国上下都陶醉在胜利的狂喜中；同时，也是得益于这些信念的支撑，在 1944—1945 年，很大部分德国抵抗苏联入侵的运动才得以在一片焦虑情绪中坚持下去。直至 1944 年夏天，文化机构和大众媒体都还在给大后方的德国民众继续炮制各种宣传资料，一方面试图振奋他们的士气，另一方面也给他们打开一扇逃遁现实和抚慰灵魂的大门。而与此同时，食物和生活必需品的供给几乎直至最后都没有彻底中断过。1943 年，德国城镇开始遭到真正的大规模破坏，这在德国民众中产生的影响甚至要比当年斯大林格勒会战后他们意识到战争已经输掉所产生的影响还要强烈，它促使德国民众将矛头指向了纳粹政权。国内民众已经不抱任何希望，而且武装部队的士气也持续下降。对此，纳粹政权的回应是进一步增强镇压力度和恐怖统治，而这也是他们向来最重要的统治手段。同时，纳粹意识形态中的殉难和自我牺牲元素也被加强。少量的德国人开始展开抵抗纳粹政权运动，但唯一有能力推翻希特勒的那个群体，也就是军事抵抗群体，在 1944 年 7 月的政变中失败，结果导致希特勒政权再次加强恐怖统治和破坏力度。最终 9 个月后，随着第三帝国的倾覆，这些恐怖统治和毁灭政策也一同终结。

暴力是纳粹主义的核心要素，但到头来，德国却自食其果。当德国人民——主要是德国女性——清扫完最后的碎石瓦砾后，他们
762 似乎开始回归常态，其特征是强调家庭价值、物质财富、社会秩序、政治稳定以及选择性地遗忘纳粹历史，这在 20 世纪 50 年代的政治和社会氛围中都有所反映。但对许多中老年德国人而言，自第一次世界大战爆发之前以来，一直都不存在真正的常态。军事冲突和资源匮乏后又再次出现革命、恶性通货膨胀、政治暴力、经济萧条、独裁统治和战争，它们就像一个死循环。然而，20 世纪 50 年代的常态是一种新常态。第三帝国及其发动的战争改变了很多东西。纳粹主义所承诺的社会平等在战争期间和战后的确被实践了，只不过以一种它自己也未曾预料的方式：1944 年 7 月 20 日刺杀行动后，希特勒政权向德国贵族发起了猛烈攻击；1945 年以后，同盟国又瓜分了大面积的不动产，与此同时，普鲁士军事传统也遭到终结，这一切合力剥夺了贵族阶级手中残余的社会与政治特权。

在社会底层，纳粹主义也摧毁了工人运动的悠久传统；而且，其实早在 1929—1933 年的经济大萧条中，这种传统就已经遭到了

严重破坏。战后，老一辈的工人成立了各种工会组织，改革共产党和社会民主党，并于 1947 年发动了一系列罢工，要求生产资料公有化。然而，年轻几代的工人们并未给予他们支持，这些年轻工人从未加入过任何工会或左翼党派，他们只想要一个和平且物质财富丰裕的社会。罢工以失败告终，西德的共产党几乎失去所有支持，并最终被禁止；社会民主党也在 1959 年抛弃了他们的马克思主义传统；再加上重工业的衰落和消费社会的兴起，这些事件联合终结了工人运动传统。在东德，尽管物质财富的水平要低一些，但数百万专业人员逃离至西德，再加上共产主义政权实施的平等主义政策，最终也产生了同样的效果。纳粹主义曾不遗余力想要克服的老式阶级冲突最终也消失了。德国成为一个平等的中产阶级社会，虽然东德和西德具有本质性的区别，但都超越了传统的阶级结构。

民族主义思潮的力量也被严重削弱，事实上，当老一辈德国人在 20 世纪末回顾第三帝国并问自己当时为何会支持第三帝国时，他们都已记不得当时其中一个主要原因就是他们曾认为第三帝国能使德国东山再起。[277] 在 1989—1990 年，伴随着的德国重新统一，763
公众举行了一系列庆祝活动，正如这些活动所示，德国或许并没有发展为一个后民族社会。虽然德国人依然自我认同为德国人，但或许这并未削弱绝大多数德国人对欧洲一体化进程的强烈支持。与 20 世纪上半叶相比，身为一名德国人在 20 世纪下半叶的含义截然不同，其他的就不提了，它意味着热爱和平，拥护民主、繁荣和稳定，同时意味着对德国的过去持批判态度，对纳粹主义所造成的死亡和破坏担有一份责任感，甚至因此感到内疚。[278]

当然，这些问题后来还在被继续广泛讨论，而且至少有一部分人亦把德国人本身视为第二次世界大战的受害者。然而，在 21 世纪初，德国在首都市中心为纳粹主义的犹太受害者设立了一个大型的公共纪念馆；德国各集中营也被改造为展示纳粹暴行的公共博物馆。此外，在越来越多德国城镇的马路上，一些房屋和商铺外的人行道上也挂了黄铜制的牌子，这些建筑在1933年以前都属于犹太人，现在，他们曾经主人的名字也被刻在了黄铜牌上。许多领域的德国人——从军官到普通士兵，从德国医院里的医生到研究所里的科学家们——长期以来都矢口否认自己曾参与第三帝国的罪行，但德国历史学家们将其彻底曝光揭露。曾经奴隶般的强制性劳动者们采取行动，成功地得到了大家的承认并且为自己的痛苦挣得了少量赔偿。曾在纳粹当局及其政策中牟利获益的企业和公司也开放了自己的档案资料，并承认了自己曾经的共犯角色。第三帝国统治期间从犹太人那里没收的艺术品和文物也被编入目录，画廊、博物馆和国家官方机构也在为返还那些尚未物归原主的物品而积极服务。

随着纳粹政权逐渐远去，不仅关于第三帝国的历史知识在逐渐增加，而且公众对第三帝国的所作所为也有了愈发清楚的认识。尽管如此，但纳粹政权依然能够激起道德讨论，而非其他方面——比如与之截然相反的反人类事业——的讨论。第二次世界大战结束后不久，英国历史学家艾伦·布洛克（Alan Bullock）撰写了著名的希特勒传记，他在结尾时引用了建筑师克里斯托弗·雷恩爵士（Sir Christopher Wren）墓碑——位于伦敦的圣保罗大教堂，这座教堂是他自己建造的——上的铭文：*Si monumentum requiris*,
764 *circumspice*，意思是“如果你在找一个纪念馆，请看周围”。[279] 当布洛克于1952年出版该书时，战争造成的破坏几乎在欧洲的每一个角落依然可见。半个多世纪后，情况就不是这样了。轰炸后的废墟已被清理，战场已被填平，分歧也已被消弭，欧洲已恢复了和平与繁荣。曾亲历整个第三帝国时期并在其诸多战争中战斗过的人，绝大多数都已经不在了。短短几十年内，最后的亲历者也将离开这个世界。然而，第三帝国留给我们的遗产仍然以各种各样的方式鲜活地存在着。历史不会重演：不会再有第四帝国。尽管新纳粹主义仍然有支持者，但无论在哪里，都没有任何迹象表明这个群体能获得真正的政治力量，甚至接近这个目标的可能性都为零。此外，第三帝国的遗产有着更广泛的受益者，远远不局限于德国和欧洲。我们每个人都有仇恨情绪和破坏欲望，哪怕程度很低，而第三帝国则以最极端的形式展现了人类仇恨情绪和破坏欲望可能达到的程度及产生的后果。它以血淋淋的事实淋漓尽致地呈现了种族主义、军国主义和威权主义最终的潜在后果。它展现了将种族三六九等区别对待会导致的后果。它也用最极端的形式抛出了我们每个人在生命的某一刻会面临的道德困境——在我们被迫陷入的特定情境中，我们是选择屈服还是抵抗，选择作为还是不作为。这就是为什么第三帝国不会彻底消失，虽然它的实体早已湮灭在历史中，但它本身仍将继续引起全世界每个思考者的关注。

注 释

第一章　“披着人皮的野兽”

1. 基本的信息来自 Paul Latawski, ‘Polish Campaign’, 收录于 Ian C. B. Dear ed., *The Oxford Companion to World War II* (Oxford, 2005 [1995]), 705-8; 以及 Ian C. B. Dear, ‘Animals’, 收录于同上 , 28-9; 具体的说明收录于 Horst Rohde, ‘Hitler’s First Blitzkrieg and Its Consequences for North-eastern Europe’, 收录于 Militärgeschichtliches Forschungsamt ed., *Germany and the Second World War* (10 vols, Oxford, 1990-; 以下称 *GSWW*), II. 67-150 (德国军队部署表在 92). 关于希特勒的命令 , 参见 Walther Hubatsch ed., *Hitlers Weisungen für die Kriegführung 1939—1945. Dokumente des Oberkommandos der Wehrmacht* (Frankfurt am Main, 1962), 17-19.
2. Latawski, ‘Polish Campaign’; Rohde, ‘Hitler’s First Blitzkrieg’, 101-18; 尖锐的分析收录于 Gerhard L. Weinberg, *A World at Arms: A Global History of World War II* (Cambridge, 2005 [1994]), 48-64; 以及 Józef Garlinski, *Poland in the Second World War* (London, 1985), 11-24; Wolfgang Jacobmeyer, ‘Der Überfall auf Polen und der neue Charakter des Krieges’ 收录于 Christoph Klessmann ed., September 1939: *Krieg, Besatzung, Widerstand in Polen: Acht Beiträge* (Göttingen, 1989), 16-37, 在 19-20; 关于所谓的波兰骑兵的冲锋 , 参见 Patrick Wright, *Tank: The Progress of a Monstrous War Machine* (London, 2000), 231-7.
3. William L. Shirer, *Berlin Diary* (London, 1970 [1941]), 167-8.
4. 同一时期的详情收录于 Alcuin (笔名), *I Saw Poland Suffer, by a Polish Doctor Who Held an Official Position in Warsaw under German Occupation* (London, 1941), 15; 目击者报告收录于 Dieter Bach and Wieslaw Lesiuk, *Ich sah in das Gesicht eines Menschen: Deutsch-polnische Begegnungen vor und nach 1945* (Wuppertal, 1995), 81-104.
5. Chaim A. Kaplan, *Scroll of Agony: The Warsaw Diary of Chaim A. Kaplan* (London, 1966), 20 (1939 年 9 月 28 日); 同样的场景也记录于 Adam Czerniakow, *The Warsaw Diary of Adam Czerniakow: Prelude to Doom* (New York, 1979 [1968]), 77 (1939 年 9 月 28 日).

6. Zygmunt Klukowski, *Diary from the Years of Occupation 1939-44* (Urbana, Ill., 1993 [1958]), vii-x, 16-17 (段落结束).

7. 同上 , 17.

8. 同上 , 22.

9. Richard J. Evans, *The Third Reich in Power 1933-1939* (London, 2005), 689-95.

10. Rohde, 'Hitler's First Blitzkrieg', 118-26; Weinberg, *A World at Arms*, 60-63, 细数了这些边界调整和之前的谈判 .

11. Rohde, 'Hitler's First Blitzkrieg', 122-6; Garlinski, *Poland*, 25.

12. Ian Kershaw, *Hitler*, II: 1936-1945: *Nemesis* (London, 2000), 235- 9.

13. Shirer, *Berlin Diary*, 173.

14. Klaus Behnken ed., *Deutschland-Berichte der Sozialdemokratischen Partei Deutschlands (Sopade) 1934-1940* (7vols., Frankfurt am Main, 1980), VI: 1939, 980-82.

15. Heinz Boberach ed., *Meldungen aus dem Reich: Die geheimen Lageberichte des Sicherheitsdienstes der SS 1938-1945* (17vols, Herrsching, 1984), II. 339 (Bericht zur innenpolitischen Lage (Nr. 2), 11 October 1939); Shirer, *Berlin Diary*, 182-4.

16. Martin Broszat, *Nationalsozialistische Polenpolitik* (Frankfurt am Main, 1965), 46-8.

17. Melita Maschmann, *Account Rendered: A Dossier on my Former Self* (London, 1964), 58-60.

18. Helmut Krausnick, *Hitlers Einsatzgruppen: Die Truppen des Weltanschauungskrieges 1938-1942* (Frankfurt am Main, 1985 [1981]), 267 n. 140; Broszat, *Nationalsozialistische Polenpolitik*, 51.

19. Kershaw, *Hitler*, II. 241-3; Wlodzimierz Jastrzebski, *Der Bromberger Blutsonntag: Legende und Wirklichkeit* (Poznań, 1990); Günter Schubert, *Das Unternehmen 'Bromberger Blutsonntag': Tod einer Legende* (Cologne, 1989). 德国外交部的官方出版物记下了所谓的波兰人的暴行 , 它指出 , 总共有 5,437 名德国人被波兰人谋杀 : Auswärtiges Amt ed., *Die polnischen Greueltaten an den Volksdeutschen in Polen* (Berlin, 1940), 5.

20. 参见由两名波兰战争罪行起诉人整理的材料 , Tadeusz Cyprian and Jerzy Sawicki, *Nazi Rule in Poland 1939-1945* (Warsaw, 1961), 11-70.

21. Evans, *The Third Reich in Power*, 614-15, 652-3, 678-88.

22. Günter Berndt and Reinhard Strecker ed., *Polen-ein Schauermärchen oder Gehirnwäsche für Generationen: Geschichtsschreibung und Schulbücher: Beiträge zum Polenbild der Deutschen* (Reinbek, 1971); Jacobmeyer, 'Der Überfall', 18. 另参见 Antony Polonsky, 'The German Occupation of Poland during the First and Second World Wars', 收录于 Roy A. Prete and A. Hamish Ion ed., *Armies of Occupation* (Waterloo, Ontario, 1984), 97-142.

23. Broszat, *Nationalsozialistische Polenpolitik*, 9-13; Evans, *The Third Reich in Power*, 619, 689-92; Christoph Klessmann, *Die Selbstbehauptung einer Nation: Nationalsozialistische Kulturpolitik und polnische Widerstandsbewegung im Generalgouvernement 1939-1945* (Düsseldorf, 1971), 27-32.

24. 引用自 Jacobmeyer, 'Der Überfall', 16-17; 另参见 Winfried Baumgart, 'Zur Ansprache Hitlers vor den Führern der Wehrmacht am 22. August 1939', *Vierteljahrshefte für Zeitgeschichte* (以下称 *VfZ*) 16 (1968), 120-49, 以及同前 , 和 Hermann Boehm, 'Zur

Ansprache Hitlers vor den Führern der Wehrmacht am 22. August 1939', *VfZ* 19 (1971), 294-304.

25. Elke Fröhlich ed., *Die Tagebücher von Joseph Goebbels I: Aufzeichnungen 1923-1941* (9 vols); II: Diktate 1941-1945 (15vols) (Munich, 1993-2000), I/VII. 147 (1939 年 10 月 10 日).

26. Hans-Günter Seraphim ed., *Das Politische Tagebuch Alfred Rosenbergs aus den Jahren 1934/35 und 1939/40* (Munich, 1964), 98-100; 更普遍地参见 Tomasz Szarota, 'Poland and Poles in German Eyes during World War II', *Polish Western Affairs*, 19 (1978), 229-54, 和 Alexander B. Rossino, *Hitler Strikes Poland: Blitzkrieg, Ideology, and Atrocity* (Lawrence, Kans., 2003), 1-28.

27. Helmut Krausnick, 'Hitler und die Morde in Polen: Ein Beitrag zum Konflikt zwischen Heer und SS um die Verwaltung der besetzten Gebiete (Dokumentation)', *VfZ* 11 (1963), 196-209.

28. Broszat, *Nationalsozialistische Polenpolitik*, 13-37; 关于对这些地区的管理，参见同上，49-60; 关于波兰总督府的地位和它的管理性质，同上，68-74; 更多细节收录于 Czeslaw Madajczyk, *Die Okkupationspolitik Nazideutschlands in Polen 1939-1945* (Cologne, 1988 [1970]), 18-29, 30-44; 关于法郎克，参见 Richard J. Evans, *The Coming of the Third Reich* (London, 2003), 179; Christoph Klessmann, 'Der Generalgouverneur Hans Frank', *VfZ* 19 (1971), 245-60; 和 Martyn Housden, *Hans Frank: Lebensraum and the Holocaust* (London, 2003), 1-76（被无端的说教破坏）; 关于 Forster, 参见 Dieter Schenk, *Hitlers Mann in Danzig: Gauleiter Forster und die NSVerbrechen in Danzig-Westpreussen* (Bonn, 2000). 关于最近一个较好的分析 参见 Mark Mazower, *Hitler's Empire: Nazi Rule in Occupied Europe* (London, 2008), 63-77.

29. Jan T. Gross, *Polish Society under German Occupation: The Generalgouvernement 1939-1944* (Princeton, N.J., 1979), 45-53; 弗兰克在 1939 年 10 月 21 日转述了这些观点：参见 Werner Präg and Wolfgang Jacobmeyer ed., *Das Diensttagebuch des deutschen Generalgouverneurs in Polen 1939 -1945* (Stuttgart, 1975), 52- 3; 另参见报告，收录于 Franz Halder, *Kriegstagebuch* (Hans-Adolf Jacobsened.. 3vols, Stuttgart, 1962-4), I. 107.

30. Jansen 和 Arno Weckbecker, 'Eine Miliz im "Weltanschauungskrieg" : Der "Volksdeutsche Selbstschutz" 收录于 Polen 1939/40', 收录于 Wolfgang Michalka ed., *Der Zweite Weltkrieg: Analysen-Grundzüge-Forschungsbilanz* (Munich, 1989), 482-500, 在 490, 引用在 Kershaw, *Hitler*, II. 242-3.

31. Jansen 和 Weckbecker, 'Eine Miliz'; 更多细节收录于同一作者的 *Der 'Volksdeutsche Selbstschutz' in Polen 1939/40* (Munich, 1992); Broszat, *Nationalsozialistische Polenpolitik*, 60-62; and Hans Umbrei t, *Deutsche Militärverwaltungen 1938/39: Die militärische Besetzung der Tschechoslowakei und Polens* (Stuttgart, 1977), 176-8.

32. Michael Wildt, *Generationdes Unbedingten: Das Führungskorps des Reichssicherheitshauptamtes* (Hamburg, 2002), 209-415; Saul Friedländer, *The Years of Extermination: The Third Reich and the Jews 1939-194* (New York, 2007), 679-81 n. 23.

33. Helmut Groscurth, *Tagebücher eines Abwehroffiziers 1938-1940* (Helmut Krausnick 和 Harold C. Deutsch ed. Stuttgart, 1970), 201 (1939 年 9 月 8 日).

34. Kershaw, *Hitler*, II. 243; Groscurth, *Tagebücher*, 202 (1939 年 9 月 9 日).

35. Halder, *Kriegstagebuch*, I. 79 (1939 年 9 月 19 日), 81 (1939 年 9 月 20 日), 107 (1939 年

10 月 18 日); Rossino, *Hitler Strikes Poland*, 14-16; 另参见海德里希后来提到的希特勒下令消灭在 Krausnick 的波兰知识分子的命令 , ‘Hitler und die Morde in Polen’.

36. Broszat, *Nationalsozialistische Polenpolitik*, 221-2.

37. Krausnick, *Hitlers Einsatzgruppen*, 13-25; Wildt, *Generation des Unbedingten*, 420-28; Evans, *The Third Reich in Power*, 656-61, 678-9, 685 页关于奥地利和捷克斯洛伐克 .

38. Evans, *The Coming of the Third Reich*, 274; 同前 , *The Third Reich in Power*, 44, 52, 116; Rossino, *Hitler Strikes Poland*, 10-16.

39. 同上 , 29-57; 另参见 Jens Banach, *Heydrichs Elite: Das Führerkorps der Sicherheitspolizei und des SD, 1936-1945* (Paderborn, 1998).

40. Rossino, *Hitler Strikes Poland*, 29-57; 关于 von Woyrsch, 参见 Evans, *The Third Reich in Power*, 36.

41. 引用自 Krausnick, *Hitlers Einsatzgruppen*, 29; 以及 Kurt Pätzold ed., *Verfolgung, Vertreibung, Vernichtung: Dokumente des faschistischen Antisemitismus 1933 bis 1942* (Frankfurt am Main, 1984), 234.

42. Krausnick, *Hitlers Einsatzgruppen*, 31-4; Umbreit, *Deutsche Militärverwaltungen*, 162-73.

43. Krausnick, *Hitlers Einsatzgruppen*, 35-51; Rossino, *Hitler Strikes Poland*, 59-74; Jastrzebski, *Der Bromberger Blutsonntag*.

44. Klukowski, *Diary*, 68.

45. 同上 , 90-99 (1940 年 6 月 21 日).

46. Alcuin (笔名), *I Saw Poland Suffer*, 73.

47. Broszat, *Nationalsozialistische Polenpolitik*, 44.

48. Jon Evans, *The Nazi New Order in Poland* (London, 1941), 51; 同样的事件也收录于 Francis Aldor, *Germany's 'Death Space': The Polish Tragedy* (London, 1940), 187-92, 根据在巴黎的波兰流亡者的说明 .

49. Rossino, *Hitler Strikes Poland*, 87.

50. 对游击战的迷恋是一个中心议题 , 收录于 Jochen Böhler, *Auftakt zum Vernichtungskrieg: Die Wehrmacht in Polen 1939* (Frankfurt am Main, 2006), 54-168. 对于更普遍的恐惧 , 参见 Madajczyk, *Die Okkupationspolitik*, 186-215.

51. 引用自 Krausnick, *Hitlers Einsatzgruppen*, 271 n. 177.

52. Keith Sword, ‘Poland’, 收录于 Dear ed., *The Oxford Companion to World War II*, 696; 另 Szymon Datner, ‘Crimes Committed by the Wehrmacht during the September Campaign and the Period of Military Government (1939 年 9 月 1 日 -1939 年 10 月 25 日)’, *Polish Western Affairs*, 3 (1962), 294-328; 以及 Umbreit, *Deutsche Militärverwaltungen*, 197-9.

53. Karl Malthes, 收录于 *IR 309 marchiert an den Feind: Erlebnisberichte aus dem Polenfeldzuge 1939* (Oberst Dr Hoffmanned., Berlin, 1940), 158.

54. Heinrich Breloer ed., *Geheime Welten: Deutsche Tagebücher aus den Jahren 1939 bis 1947* (Cologne, 1999 [1984]), 27.

55. 同上 , 30.

56. Klukowski, *Diary*, 75, 77, 80-82; Evans, *The Nazi New Order*, 66- 82; Broszat,

Nationalsozialistische Polenpolitik, 102-10; Adam Tooze, *The Wages of Destruction: The Making and Breaking of the Nazi Economy* (London, 2006), 361-2.

57. Klukowski, *Diary*, 86-7 (1940 年 5 月 19 日); Wolfgang Jacobmeyer, *Heimat und Exil: Die Anfänge der polnischen Untergrundbewegung im Zweiten Weltkrieg* (1939 年 9 月—1941 年中) (Hamburg, 1973).

58. Housden, *Hans Frank*, 120-21; Gross, *Polish Society*, 87

59. Ulrich Herbert, *Hitler's Foreign Workers: Enforced Foreign Labor in Germany under the Third Reich* (Cambridge, 1997 [1985]), 79-94; Broszat, *Nationalsozialistische Polenpolitik*, 102-17; Gross, *Polish Society*, 78-81; Madajczyk, *Die Okkupationspolitik*, 216-32.

60. Klukowski, *Diary*, 31.

61. Böhler, *Auftakt*, 181-5.

62. Breloer ed., *Geheime Welten*, 27.

63. Housden, *Hans Frank*, 84-6; Madajczyk, *Die Okkupationspolitik*, 334-8.

64. Robert L. Koehl, *RKFDV: German Resettlement and Population Policy 1939-1945: A History of the Reich Commission for the Strengthening of Germandom* (Cambridge, Mass., 1957), 58; (匿名), *The German New Order in Poland* (London, 1942), 262; Aldor, *Germany's 'Death Space'*, 147; Umbreit, *Deutsche Militärverwaltungenn*, 222-72; Werner Röhr, 'Zur Wirtschaftspolitik der deutschen Okkupanten in Polen 1939-1945', 收录于 Dietrich Eichholtz ed. , *Krieg und Wirtschaft: Studien zur deutschen Wirtschaftsgeschichte 1939-1945* (Berlin, 1999); Ryszard Kaczmarek, 'Die deutsche wirtschaftliche Penetration in Polen (Oberschlesien)', 收录于 Richard Overy 等 ed., *Die 'Neuordnung' Europas: NSWirtschaftspolitik in den besetzten Gebieten* (Berlin, 1997), 257-72.

65. Evans, *The Nazi New Order*, 83-96; Klukowski, *Diary*, 85; Alder, *Germany's 'Death Space'*, 147.

66. Martin Pöppel, *Heaven and Hell: The War Diary of a German Paratrooper* (Staplehurst, 1988), 21.

67. Alcuin (笔名), *I Saw Poland Suffer*, 52-6.

68. 同上, 69.

69. 同上, 72-3; 一般的调查收录于 Madajczyk, *Die Okkupationspolitik*, 548-63. 关于德国对波兰人的行为是否可以合理地被称为是种族灭绝这一问题进行了明智的处理，收录于 Gerhard Eitel, 'Genozid auch an Polen? Kein Thema für einen "Historikerstreit" ', *Zeitgeschichte*, 18 (1990), 22-39.

70. Halder, *Kriegstagebuch*, I. 68 (1939 年 9 月 10 日).

71. Jansen 和 Weckbecker, *Der 'Volksdeutsche Selbstschutz'*, 175- 80.

72. 引用自 Krausnick, *Hitlers Einsatzgruppen*, 63.

73. 同上, 63-4.

74. 同上, 55-6.

75. 同上, 56-67; Rossino, *Hitler Strikes Poland*, 88-120, 174-85; Hans Meier-Welcker, *Aufzeichnungen eines Generalstabsoffiziers 1939-1942* (Freiburg im Breisgau, 1982), 39 (Cologne, 1939 年 9

月 10 日).

76. 收录于 Hans-Adolf Jacobsen ed., *Misstrauische Nachbarn: Deutsche Ostpolitik 1919/1970* (Düsseldorf, 1970), 137-41.

77. 同上 , 138.

78. Krausnick, *Hitlers Einsatzgruppen*, 78-88; Kershaw, *Hitler*, II. 247-8; Broszat, *Nationalsozialistische Polenpolitik*, 40-41.

79. 关于陆军和党卫军以及德意志族准军事部队之间的合作 , 参见 Böhler, *Auftakt*, 201-40.

80. Leon Poliakov and Josef Wulf ed., *Das Dritte Reich und seine Diener* (Frankfurt am Main, 1959), 385-6; Christopher Browning, *The Origins of the Final Solution: The Evolution of Nazi Jewish Policy, September 1939-March 1942* (Lincoln, Nebr., 2004), 16-24, 72-80.

81. Rossino, *Hitler Strikes Poland*, 174-85; Szymon Datner, *Crimes Committed by the Wehrmacht during the September Campaign and the Period of Military Government* (Posen, 1962); Janusz Gumkowski 和 Kazimierz Leszczynski, *Poland under Nazi Occupation* (Warsaw, 1961), 53-5.

82. Rossino, *Hitler Strikes Poland*, 263 n. 129; Böhler, *Auftakt*, 169-80. 另 参 见 Mazower, *Hitler's Empire*, 78-96.

83. Koehl, *RKFDV*, 14-52; 关于 Darré 的计划 , 参见 Evans, *The Third Reich in Power*, 421-5. 这些政策被 Michael G. Esch 放置在战后波兰政策的背景下 , Michael G. Esch, *'Gesunde Verhältnisse': Die deutsche und polnische Bevölkerungspolitik in Ostmitteleuropa 1939-1950* (Marburg, 1998); 这里基本的著作仍是 Koehl, *RKFDV*, 它首次弄清了纳粹党在中东欧进行种族重新排序的性质和程度 . 最近 , 参见 Czeslaw Madajczyk 等 ed., *Vom Generalplan Ost zum Generalsiedlungsplan: Dokumente* (Munich, 1994); Götz Aly, *'Final Solution': Nazi Population Policy and the Murder of the European Jews* I (London, 1999 [1995]); 和 Isabel Heinemann, *'Rasse, Siedlung, deutsches Blut': Das Rasse- und Siedlungshauptamt der SS und die rassenpolitische Neuordnung Europas* (Göttingen, 2003).

84. 希特勒演说收录于 Max Domarus ed., *Hitler: Speeches and Proclamations 1932-1945: The Chronicle of a Dictatorship* (4vols, London, 1990- [1962-63]), III: *The Years 1939 to 1940*, 1,836.

85. Koehl, *RKFDV*, 49-58, 247-9.

86. 同上 , 49-65; Broszat, *Nationalsozialistische Polenpolitik*, 62-5; Götz Aly and Susanne Heim, *Architects of Annihilation: Auschwitz and the Logic of Destruction* (Princeton, N.J., 2002), 73-114; 另 参 见 Michael G. Esch, ' "Ohne Rcksicht auf historisch Gewordenes" : Raumplanung und Raumordnung im besetzten Polen 1939-1944', 收录于 Götz Aly 等 ed., *Modelle für ein deutsches Europa: Ökonomie und Herrschaft im Grosswirtschaftsraum* (Berlin, 1992), 77-123; Philip T. Rutherford, *Prelude to the Final Solution: The Nazi Program for Deporting Ethnic Poles, 1939-1941* (Lawrence, Kans., 2007).

87. Broszat, *Nationalsozialistische Polenpolitik*, 43.

88. Klukowski, *Diary*, 60 (1939 年 12 月 11 日); Broszat, *Nationalsozialistische Polenpolitik*, 42-3.

89. Klukowski, *Diary*, 88; 以及 120-21 (1940 年 10 月 14 日).

90. Jacobmeyer, 'Der Uberfall', 23-9; Klukowski, *Diary*, 104 (1940 年 7 月 26 日); Koehl, *RKFDV*, 126-60; 综述和年表收录于 Aly, 'Final Solution', 14-52, 和收录于 Madajczyk, *Die Okkupationspolitik*, 233-58.

91. Wilm Hosenfeld, 'Ich versuche jeden zu retten': *Das Leben eines deutschen Offiziers in Briefen und Tagebhern* (Thomas Vogeled., Munich, 2004), 3, 302 (笔记，1939年12月14日).

92. 同上，303 (1939 年 12 月 15 日的笔记).

93. Koehl, *RKFDV*, 49-70; Broszat, *Nationalsozialistische Polenpolitik*, 118-37. 关于德国种族政策的文件材料，参见 Georg Hansen ed., *Schulpolitik als Volkstumspolitik: Quellen zur Schulpolitik der Besatzer in Polen 1939-1945* (Münster, 1994), 23-80.

94. Wolfgang Michalka ed., *Das Dritte Reich* (2vols, Munich, 1985), II: *Weltmachtanspruch und nationaler Zusammenbruch 1939-1945*, 163-6.

95. Clarissa Henry and Marc Hillel, *Children of the SS* (London, 1976 [1975]), 182-90; Koehl, *RKFDV*, 143-5, 219-21; Cyprian 和 Sawicki, *Nazi Rule*, 83-91. 关于 'Well of Life' 计划，参见 Evans, *The Third Reich in Power*, 521.

96. Koehl, *RKFDV*, 140-42.

97. 引用自 Broszat, *Nationalsozialistische Polenpolitik*, 129-30 (脚注).

98. Klukowski, *Diary*, 240 (1943 年 1 月 29 日).

99. Präg and Jacobmeyer ed., *Das Diensttagebuch*, 53; 更普遍地参见 Madajczyk, *Die Okkupationspolitik*, 42-146.

100. Koehl, *RKFDV*, 70-88, 125-40; Präg 和 Jacobmeyer ed., *Das Diensttagebuch*, 209-10, 251, 296-7, 303-4.

101. Broszat, *Nationalsozialistische Polenpolitik*, 137-57; (匿名), *The German New Order*, 410-11; Aly and Heim, *Architects*, 130-59; Cyprian 和 Sawicki, *Nazi Rule*, 92-105; Boguslaw Drewniak, 'Die deutsche Verwaltung und die rechtliche Stellung der Polen in den besetzten polnischen Gebieten 1939-1945', *Deutsch-Polnisches Jahrbuch 1979-80*, 151-70.

102. Georg Hansen, ' "Damit wurde der Warthegau zum Exerzierplatz des praktischen Nationalsozialismus" : Eine Fallstudie zur Politik der Einverleibung', 收录于 Klessmann ed., *September 1939*, 55-72; Klessmann, *Die Selbstbehauptung*, 19-26; Broszat, *Nationalsozialistische Polenpolitik*, 157-76; Georg Hansen, *Ethnische Schulpolitik im besetzten Polen: Der Mustergau Wartheland* (Münster, 1995). 关于语言政策的文件收录于 Georg Hansen ed., *Schulpolitik*, 81-106. 关于 Jäger, 参见 Evans, *The Third Reich in Power*, 224. 另参见 Präg 和 Jacobmeyer ed., *Das Diensttagebuch*, 314, 关于弗兰克在波兰总督府对天主教会的敌意与日俱增 (1940 年 12 月 19 日).

103. Jochen August ed., 'Sonderaktion Krakau': *Die Verhaftung der Krakauer Wissenschaftler am 6. November 1939* (Hamburg, 1997).

104. Klessmann, *Die Selbstbehauptung*, 54-61, 78-107; 同前和 Wazlaw Dlugoborski, 'Nationalsozialistische Bildungspolitik und polnische Hochschulen 1939—1945', *Geschichte und Gesellschaft*, 23 (1997), 535-59.

105. Präg 和 Jacobmeyer ed., *Das Diensttagebuch*, 53.

106. Hans-Christian Harten, *De-Kulturation und Germanisierung: Die nationalsozialistische*

Rassen- und Erziehungspolitik in Polen 1939- 1945 (Frankfurt am Main, 1996), 170-87（关于文化政策）和 188- 264（关于教育）; Evans, *The Nazi New Order*, 113-37; Gross, *Polish Society*, 75-8.

107. Sword, 'Poland', 696-7; Gertrude M. Godden, *Murder of a Nation: German Destruction of Polish Culture* (London, 1943), 7-56.

108. Klukowski, *Diary*, 54, 72; 更普遍地参见 Christoph Klessmann, 'Die kulturelle Selbstbehauptung der polnischen Nation', 收录于同前 (ed.), *September 1939*, 117-38; 同前 , *Die Selbstbehauptung*, 108-82; 同前 , 'Die Zerstörung des Schulwesens als Bestandteil deutscher Okkupationspolitik im Osten am Beispiel Polens', 收录于 Manfred Heinemann ed., *Erziehung und Schulung im Dritten Reich*, I: *Kindergarten, Schule, Jugend, Berufserziehung* (Stuttgart, 1980), 176-92; 以及大量文件收录于 Hansen ed., *Schulpolitik*, 107-411.

109. Klukowski, *Diary*, 146 (1941 年 4 月 18 日).

110. 同上 , 126 (1940 年 11 月 25 日); Madajczyk, *Die Okkupationspolitik*, 333-64. 关于长期影响 , 参见 Waclaw Dlugoborski, 'Die deutsche Besatzungspolitik und die Veränderungen der sozialen Struktur Polens 1939-1945', 收录于同前 (ed.), Zweiter Weltkrieg und sozialer Wandel: *Achsenmächte und besetzte Länder* (Göttingen, 1981), 303-63.

111. Koehl, *RKFDV*, 49, 76, 89-100, 254; Aly, *'Final Solution'*, 59-81.

112. Matthias Hamann, 'Erwünscht und unerwünscht: Die rassenpsychologische Selektion der Ausländer', 收录于 Götz Aly 等 ed., *Herrenmensch und Arbeits*völker: *Ausländische Arbeiter und Deutsche 1939-1945* (Berlin, 1986), 143-80; Koehl, *RKFDV*, 100-110.

113. 同上 , 209-37.

114. 同上 , 129, 160-61.

115. Klukowski, *Diary*, 253-4 (1943 年 5 月 17 日).

116. 同上 , 264-9 (1943 年 7 月 2-11 日), 274-5 (1943 年 8 月 1 日); 更广的背景收录于 Michael Hartenstein, *Neue Dorflandschaften: Nationalsozialistische Siedlungsplanung in den 'eingegliederten Ostgebieten': 1939 und 1944* (Berlin, 1998).

117. Aly 和 Heim, *Architects*, 275-9（再次过分强调经济动机）; Henry 和 Hillel, *Children*, 180-81; Housden, *Hans Frank*, 187-9, 203; Madajczyk, *Die Okkupationspolitik*, 422-30.

118. Klukowski, *Diary*, 271 (1943 年 7 月 15 日), 289 (1943 年 11 月 28 日).

119. 同上 , 277-8 (1943 年 8 月 18-27 日).

120. Götz Aly, 'The Posen Diaries of the Anatomist Hermann Voss', 收录于 Götz Aly 等 , *Cleansing the Fatherland: Nazi Medicine and Racial Hygiene* (Baltimore, Md., 1994), 99-155, 在 127 (1941 年 5 月 24 日), 128 (1941 年 6 月 2 日), 130 (1941 年 6 月 15 日).

121. Jost Hermand, *Als Pimpf in Polen: Erweiterte Kinderlandverschickung 1940-1945* (Frankfurt am Main, 1993), 78-118.

122. Maschmann, *Account Rendered*, 110-19.

123. 同上 , 127-9.

124. Elizabeth Harvey, *Women and the Nazi East: Agents and Witnesses of Germanization* (London, 2003), 尤其是 78-118（征募）和 119-90; 更普遍地 , 关于德国人对待波兰人的不同态度 , 参见 Madajczyk, *Die Okkupationspolitik*, 166-85.

125. Alcuin（笔名）, *I Saw Poland Suffer*, 62-8.

126. Broszat, *Nationalsozialistische Polenpolitik*, 80-84; Joachim C. Fest, *The Face of the Third Reich* (London, 1979 [1963]), 322-31; Gross, *Polish Society*, 45-62, 145-59; Housden, *Hans Frank*, 154-76.

127. 引用自 Gross, *Polish Society*, 110; 对黑市的担忧收录于 Präg and Jacobmeyer ed., *Das Diensttagebuch*, 88 (1940 年 1 月 16 日).

128. Madajczyk, *Die Okkupationspolitik*, 596-602.

129. Klukowski, *Diary*, 70.

130. 同上, 74.

131. 同上, 119 (1940 年 10 月 1 日); 另参见 Tomasz Szarota, *Warschau unter dem Hakenkreuz: Leben und Alltag im besetzten Warschau 1. 10. 1939 bis 31. 7. 1944* (Paderborn, 1985 [1973]), 80-81, 113-14.

132. Jacobmeyer, 'Der Überfall', 29-31.

133. Sword, 'Poland', 697; Czeslaw Luczak, 'Landwirtschaft und Ernährung in Polen während der deutschen Besatzungszeit 1939-1945', 收录于 Bernd Märtin 和 Alan S. Milward ed., *Agriculture and Food Supply in the Second World War* (Ostfildern, 1985), 117-27.

134. Natalija Decker, 'Die Auswirkungen der faschistischen Okkupation auf das Gesundheitswesen Polens und den Gesundheitszustand des polnischen Volkes', 收录于 Achim Thom 和 Genadij Caregorodcev ed., *Medizin unterm Hakenkreuz* (Berlin, 1989), 401-16; 以及 Madajczyk, *Die Okkupationspolitik*, 261-307（关于在德国统治下的日常生活）.

135. Klukowski, *Diary*, 77 (1940 年 2 月 19 日), 105-6 (1940 年 8 月 1 日), 126 (1940 年 11 月 23 日), 132 (1941 年 1 月 4 日). 关于举报人，参见 Wlodzimierz Borodziej, *Terror und Politik: Die deutsche Polizei und die polnische Widerstandsbewegung im Generalgouvernement 1939-1944* (Mainz, 1999), 136-61.

136. Klukowski, *Diary*, 85 (1940 年 4 月 25 日).

137. 关于对比，参见 Waclaw Dlugoborski, 'Deutsche und sowjetische Herrschaftssysteme in Ostmitteleuropa im Vergleich', 收录于 Gerhard Otto and Johannes Houwink ten Cate ed., *Das organisierte Chaos: 'mterdarwinismus' und 'Gesinnungsethik': Determinanten nationalsozialistischer Besatzungsherrschaft* (Berlin, 1999), 93-121; 同前和 Czeslaw Madajczyk, 'Ausbeutungssysteme in den besetzten Gebieten Polens und der UdSSR', 收录于 Friedrich Forstmeier 和 Hans-Erich Volkmann ed., *Kriegswirtschaft und Rüstung 1939-1945* (Düsseldorf, 1977), 375-416.

138. Janusz K. Zawodny, *Death in the Forest: The Story of the Katyn Forest Massacre* (London, 1971); Wladyslaw T. Bartoszewski, 'Foreword', 收录于 Salomon W. Slowes, *The Road to Katyn: A Soldier's Story* (Oxford, 1992), vii-xxxii; 和最近, Gerd Kaiser, *Katyn: Das Staatsverbrechen-das Staatsgeheimnis* (Berlin, 2002), 和 Anna M. Cienciala 等, *Katyn: A Crime without Punishment* (London, 2006).

139. Sword, 'Poland', 698-9; Garlinski, *Poland*, 32-7; Norman Davies, *God's Playground: A History of Poland* (2vols, Oxford, 1981), II. 447-53; Jan T. Gross, *Revolution from Abroad: The Soviet Conquest of Poland's Western Ukraine and Western Belorussia* (Princeton, N.J., 1988), 尤其是 35-45（种族之间的暴力）, 71-113（公民投票）, 144-86（监狱）以及 187-224

(驱逐).

140. Friedländer, *The Years of Extermination*, 43-8; 以及更普遍地参见 Norman Davies and Antony Polonsky ed., *Jews in Eastern Poland and the USSR, 1939-1946* (New York, 1991), 和 Jan T. Gross, 'A Tangled Web: Confronting Stereotypes Concerning Relations between Poles, Germans, Jews, and Communists', 收录于 István Deák and ed., *The Politics of Retribution in Europe: World War II and its Aftermath* (Princeton, N.J., 2000), 74-129, 然而, 或许低估了犹太人与苏联政府之间的合作 (97-8): 参见 Alexander B. Rossino 的详细调查, Alexander B. Rossino, 'Polish "Neighbors" and German Invaders: Anti-Jewish Violence in the Bialystok District during the Opening Weeks of Operation Barbarossa', *Polin: Studies in Polish Jewry*, 16 (2003), 431-52; 和 Bogdan Musial, *'Konterrevolutione Elemente sind zu erschiessen': Die Brutalisierung des deutsch-sowjetischen Krieges im Sommer 1941* (Berlin, 2000), 57-73.

141. Mazower, *Hitler's Empire*, 96-101.

142. 关于纳粹党反犹主义, 参见 Evans, *The Coming of the Third Reich*, 172-4; 同前, *The Third Reich in Power*, 536-610.

143. Wladyslaw Bartoszewski, 'Polen und Juden in der deutschen Besatzungszeit', 收录于 Klessmann ed., 1939 年 9 月, 139-55, 在 139-41; Evans, *The Third Reich in Power*, 605-7; Peter Longerich, *Politik der Vernichtung: Eine Gesamtdarstellung der nationalsozialistischen Judenverfolgung* (Munich, 1998), 252; Friedländer, *The Years of Extermination*, 24-30.

144. Evans, *The Third Reich in Power*, 578-9; Sybil H. Milton, 'The Expulsion of Polish Jews from Germany, October 1938 to July 1939: A Documentation', *Leo Baeck Institute Yearbook*, 29 (1984), 169-74.

145. Longerich, Politik, 249-50; 以及 Werner Röhr, 'Zum Zusammenhang von nazistischer Okkupationspolitik in Polen und dem Völkermord an den polnischen Juden', 收录于 idem *et al.* ed., *Faschismus und Rassismus: Kontroversen um Ideologie und Opfer* (Berlin, 1992), 300-316.

146. Rossino, *Hitler Strikes Poland*, 88-115; Halder, *Kriegstagebuch*, I. 67 (1939 年 9 月 10 日).

147. Walter Manoschek ed., *'Es gibt nur Eines für das Judentum: Vernichtung': Das Judenbild in deutschen Soldatenbriefen 1939-1941* (Hamburg, 1997 [1995]).

148. 引用自 Browning, *The Origins*, 114.

149. Otto Dietrich, *Auf den Strassen des Sieges Erlebnisse mit dem Führer in Polen: Ein Gemeinschaftsbuch* (Munich, 1939), 引用自 Richard Breitman, *The Architect of Genocide: Himmler and the Final Solution* (London, 1991), 73.

150. Fröhlich ed., *Die Tagebücher*, I/VII. 177-9 (1939 年 11 月 2 日).

151. David Welch, *Propaganda and the German Cinema 1933-1945* (Oxford, 1983), 292-3.

152. Böhler, Auftakt, 197-200, 关于一个简明的总的说明; 同上, 188- 97, 反犹主义的偏见以及普通士兵的行为.

153. Kaplan, *Scroll*, 25 (1939 年 10 月 4 日), 28 (1939 年 10 月 6 日), 69 (1939 年 12 月 16 日); Umbreit, *Deutsche Militärverwaltungenn*, 205-11; 参见对强奸的说明, 简明但某种程度上无法使人信服, 收录于 Böhler, *Auftakt*, 186-7, 以及德国士兵强奸犹太妇女的例子收录于同上, 197-200.

154. Klukowski, *Diary*, 30, 45-8.

155. 同上, 78; 另参见 Gross, *Polish Society*, 92-109; 更多的例子收录于 Kaplan, *Scroll*, 30 (1939 年 10 月 12 日); 关于教会, Dawid Sierakowiak, *The Diary of Dawid Sierakowiak* (Alan Adelso ed., London, 1996), 54; Anna Landau-Czajka, 'The Jewish Question in Poland: Views Expressed in the Catholic Press between the Two World Wars', *Polin: Studies in Polish Jewry*, 11 (1998), 263- 78; Brian Porter, 'Making a Space for Antisemitism: The Catholic Hierarchy and the Jews in the Early Twentieth Century', *Polin: Studies in Polish Jewry*, 16 (2003), 415-29; 和 Klukowski, *Diary*, 40.

156. 同上, 45.

157. 同上, 38-42.

158. 同上, 52-3.

159. 同上, 62-3.

160. 同上, 83.

161. Präg 和 Jacobmeyer ed., *Diensttagebuch*, 176-7; Omer Bartov, *Hitler's Army: Soldiers, Nazis, and War in the Third Reich* (New York, 1991), 64; Alexander Rossino, 'Destructive Impulses: German Soldiers and the Conquest of Poland', *Holocaust and Genocide Studies*, 11 (1997), 351-65.

162. Gefr. H. K., 1940 年 8 月 12 日, 引用自 Manoschek ed., *'Es gibt nur eines'*, 15.

163. O. Gefr. J. E., 1939 年 12 月 30 日, 引用在同上, 12.

164. Emanuel Ringelblum, *Notes from the Warsaw Ghetto: The Journal of Emanuel Ringelblum* (New York, 1958 [1952]), 24, 27, 34.

165. 同上, 47, 另 33, 254.

166. 同上, 68.

167. 同上, 79.

168. 同上, 84.

169. Mark Spoerer, *Zwangsarbeit unter dem Hakenkreuz: Ausländische Zivilarbeiter, Kriegsgefangere und Häftlinge im Deutschen Reich und im besetzten Europa 1939-1945* (Stuttgart, 2001), 45; Böhler, *Auftakt*, 177-8; Shmuel Krakowski, 'The Fate of Polish Prisoners of War in the September 1939 Camps', *Yad Vashem Studies*, 12 (1977), 296-333.

170. Kaplan, *Scroll*, 29 (1939 年 10 月 10 日); 更多的例子收录于 Emanuel Ringelblum, *Polish-Jewish Relations during the Second World War* (Jerusalem, 1974), 23-57 (还有波兰人参与的细节).

171. Tatiana Berenstein 等 ed., *Faschismus-Getto-Massenmord: Dokumentation ˚ber Ausrottung und Widerstand der Juden in Polen während des Zweiten Weltkrieges* (Berlin, 1960), 219-21; Dieter Pohl, *Von der 'Judenpolitik' zum Judenmord: Der Distrikt Lublin des Generalgouvernements 1939-1944* (Frankfurt am Main, 1993), 22-5.

172. Sierakowiak, *The Diary*, 37 (1939 年 9 月 10 日), 38 (1939 年 9 月 14 日), 39 (1939 年 9 月 15 日), 40 (1939 年 9 月 17 日), 41 (1939 年 9 月 19 日), 52 (1939 年 10 月 14 日), 56 (1939 年 10 月 27 日), 63 (1939 年 11 月 16 日), 66 (1939 年 11 月 30 日), 69- 70 (1939 年 12 月 12 日).

173. 同上，111 (1940 年 9 月 9 日).

174. 更普遍地参见 Madajczyk, *Die Okkupationspolitik*, 258-60, 关于在德国重新安置计划背景下对犹太人的驱逐.

175. Longerich, *Politik*, 251-61; Hans Safrian, *Die Eichmann-Männer* (Vienna, 1993), 68-86; Christopher Browning, *The Path to Genocide: Essays on Launching the Final Solution* (Cambridge, 1992), 3-11; 同前，Nazi Policy, Jewish Workers, German Killers (Cambridge, 2000), 1-15; idem, The Origins, 36-43; David Cesarani, Eichmann: His Life and Crimes (London, 2004), 78-81; Pohl, Von der 'Judenpolitik', 15-21, 26-31, 47-55; 希姆莱将所有犹太人从吞并的地区驱逐出去的命令报告于 1939 年 10 月 31 日，收录于 Präg 和 Jacobmeyer ed., *Das Diensttagebuch*, 52; 更多细节收录于 Seev Goshen, 'Eichmann und die Nisko-Aktion im Oktober 1939: Eine Fallstudie zur NS-Judenpolitik in der letzten Etappe vor der "Endlösung" ', *VfZ* 29 (1981), 74-96, 和同前，'Nisko-Ein Ausnahmefall unter den Judenlagern der SS', *VfZ* 40 (1992), 95-106.

176. Safrian, *Die Eichmann-Männer*, 87-104.

177. Aly 和 Heim, *Architects*, 156-9; Longerich, *Politik*, 253-61.

178. Browning, *The Path to Genocide*, 28-30; 同前，*The Origins*, 36-81, 89-110 数字在 109); Longerich, *Politik*, 266-9.

179. Shirer, *Berlin Diary*, 197-8.

180. Evans, *The Third Reich in Power*, 660-61.

181. Gustavo Corni, *Hitler's Ghettos: Voices from a Beleaguered Society 1939-1944* (London, 2002), 22-4; 弗兰克的担忧收录于 Präg and Jacobmeyer ed., *Das Diensttagebuch* , 95, 146-7.

182. Sierakowiak, *The Diary*, 71 (1939 年 12 月 15 日).

183. Browning, *The Origins*, 111-18; 另 Berenstein 等 ed., Faschismus, 78-81, 关于 1939 年 12 月 10 日的命令；以及 Lucjan Dobroszycki ed., *The Chronicle of the Lodz Ghetto 1941-1944* (New Haven, Conn., 1984), 尤其是序言.

184. Friedländer, *The Years of Extermination*, 105-6.

185. Isaiah Trunk, Judenrat: *The Jewish Councils in Eastern Europe under Nazi Occupation* (New York, 1972), 作为对这些体制的权威分析，仍然是无法超越的。关于它们的开端，参见同上，1-55. 备受人关注的是，政治哲学家汉娜 · 阿伦特（Hannah Arendt）在她著名的、立场客观的书《艾希曼在耶路撒冷》(*Eichmann in Jerusalem*, New York, 1963)，指责在第三帝国大规模谋杀政策中的这些相互勾结的组织. 然而，这些组织和它们成员可操纵的空间是很小的，正如 Friedläner, *The Years of Extermination*, xxiii-xxiv, 指出的那样；另参见 Aharon Weiss, 'Jewish Leadership in Occupied Poland: Postures and Attitudes', *Yad Vashem Studies*, 12 (1977), 335-65.

186. Browning, *The Origins*, 114-20; Corni, *Hitler's Ghettos*, 82-3; Aly and Heim, *Architects*, 186-214.

187. Corni, *Hitler's Ghettos*, 84-6; Isaiah Trunk, *Lodz Ghetto: A History* (Bloomington, Ind., 2006 [1962]), 32-103. 关于对 Rumkowski 的有说服力辩护，参见 Gordon J. Horwitz, *Ghettostadt: Lodz and the Making of a Nazi City* (London, 2008), 尤其是 75-88 和 311-17.

188. Corni, *Hitler's Ghettos*, 24-31, 78-81; Präg 和 Jacobmeyer ed., *Das Diensttagebuch*, 91, 94.

189. Corni, *Hitler's Ghettos*, 27-9.

190. Friedländer, *The Yers of Extermination*, 104-6.

191. Ringelblum, *Notes*, 86-7 (1940 年 11 月 19 日). 林格尔布卢姆总是小心地区分普通士兵，就像在这里一样，党卫队成员和盖世太保. 参见同上, 114-15 作为一个例子.

192. Berenstein 等 ed., *Faschismus*, 108-13; Browning, *The Origins*, 121-31.

193. Czerniakow, *The Warsaw Diary*, 237 (1941 年 5 月 17 日).

194. Nachman Blumenthal, 'A Martyr or Hero? Reflections on the Diary of Adam Czerniakow', *Yad Vashem Studies*, 7 (1968), 165-71; Joseph Kermish, 'Introduction', 收录于 Czerniakow, *The Warsaw Diary*, 1-24, 在 19; Czerniakow, *The Warsaw Diary*, 295 (1941 年 11 月 1 日); Trunk, *Judenrat*; 1940 年 6 月 6—7 日会议的记录收录于 Präg and Jacobmeyer ed., *Das Diensttagebuch*, 232, 239 (point 8).

195. Berenstein and el. ed., *Faschismus*, 138; Friedländer, *The Years of Extermination*, 105-7; Trunk, *Judenrat*, 165; 另参见 Yisrael Gutman, *The Jews of Warsaw, 1939-1943: Ghetto, Underground, Revolt* (Bloomington, Ind., 1982).

196. Corni, *Hitler's Ghettos*, 204-7, 215.

197. Ringelblum, 笔记, 241.

198. 同上, 194, 181.

199. Berenstein and el. ed., *Faschismus*, 152-3.

200. Charles G. Roland, *Courage under Siege: Starvation, Disease, and Death in the Warsaw Ghetto* (New York, 1992), 39, 99-101, 154-65.

201. Klukowski, *Diary*, 168 (1941 年 9 月 3 日).

202. Ringelblum, 笔记, 268.

203. 同上, 224 (1941 年 2 月 19 日); Corni, *Hitler's Ghettos*, 119-56; Trunk, *Judenrat*, 96-9.

204. 同上, 时时出现, 尤其是 100-155; 和尤其是 Gunnar S. Paulsson, *Secret City: The Hidden Jews of Warsaw, 1940-1945* (London, 2003); 和 Yisrael Gutman 和 Shmuel Krakowski, *Unequal Victims: Poles and Jews during World War Two* (New York, 1986), 32-3.

205. Hosenfeld, *'Ich versuche'*, 534 (1941 年 9 月 27 日笔记).

206. Kaplan, *Scroll*, 221-2 (1941 年 2 月 14 日).

207. Szarota, *Warschau*, 46; Ringelblum, 笔记, 181.

208. Maschmann, *Account Rendered*, 81-2.

209. Uff. H. Z., 1941 年 6 月 30 日, 引用自 Manoschek ed., *'Es gibt nur Eines'*, 30.

210. Hosenfeld, *'Ich versuche'*, 452 (1941 年 3 月 3 日笔记).

211. Corni, *Hitler's Ghettos*, 139-56; Czerniakow, *The Warsaw Diary*, 363 (1942 年 6 月 6 日), 373 (1942 年 7 月 2 日); Ringelblum, *Polish-Jewish Relations*; Ringelblum, *Notes*.

212. Browning, *The Origins*, 175-8; 另参见 Wolf Gruner, *Die geschlossene Arbeitseinsatz deutscher Juden: Zur Zwangsarbeit als Element der Verfolgung, 1938-1943* (Berlin, 1997); 和 Dieter Maier, *Arbeitseinsatz und Deportation: Die Mitwirkung der Arbeitsverwaltung bei*

der nationalsozialistischen Judenverfolgung in den Jahren 1938-1945 (Berlin, 1994).

213. Friedländer, *The Years of Extermination, 193-4*; Hillel Levine, *In Search of Sugihara: The Elusive Japanese Diplomat Who Risked His Life to Rescue 10,000 Jews from the Holocaust* (New York, 1996).

214. Juliane Wetzel, 'Auswanderung aus Deutschland', 收录于 Wolfgang Benz ed., *Die Juden in Deutschland 1933-1945: Leben unter nationalsozialistischer Herrschaft* (Munich, 1988), 413-98, 尤其是 472-98.

215. Volker Dahm, 'Kulturelles und geistiges Leben', 收录于 Benz ed., *Die Juden*, 75-267, 尤其是 223-57（'Kulturelles und geistiges Leben 1939-41'）.

216. Günter Plum, 'Deutsche Juden oder Juden in Deutschland?', 收录于 Benz ed., *Die Juden*, 35-74, 尤其是 71-2.

217. Browning, *The Origins*, 169-75; Eric A. Johnson, *Nazi Terror: The Gestapo, Jews, and Ordinary Germans* (New York, 1999), 355-8, 382-95;"种族玷污"的例子收录于 Patricia Szobar, 'Telling Sexual Stories in the Nazi Courts of Law: Race Defilement in Germany 1933- 1945', *Journal of the History of Sexuality*, 11 (2002), 131-63. 关于配给，参见 Marion Kaplan, 'Jewish Daily Life in Wartime Germany', 收录于 David Bankier ed., *Probing the Depths of German Antisemitism: German Society and the Persecution of the Jews, 1933-1941* (Jerusalem, 2000), 395-412, 在 396-8.

218. Friedländer, *The Years of Extermination*, 93-4.

219. 同上，51-2.

220. Evans, *The Third Reich in Power*, 567-8, 601-2.

221. Victor Klemperer, *I Shall Bear Witness: The Diaries of Victor Klemperer 1933-41* (London, 1998 [1995]), 114, 266-9, 279, 292- 336, quotes at 324 (1940 年 5 月 26 日), 325 (1940 年 5 月 26 日), 336 (1940 年 8 月 11 日); 同前，*To the Bitter End: The Diaries of Victor Klemperer 1942-45* (London, 1998 [1995]), 31 (1942 年 3 月 24 日).

222. Klemperer, *I Shall Bear Witness*, 337-99.

223. Evans, *The Third Reich in Power*, 524-7.

224. Michael Zimmermann, *Rassenutopie und Genozid: Die nationalsozialistische 'Lösung der Zigeunerfrage'* (Hamburg, 1996), 193-9.

225. Browning, *The Origins*, 178-84; Henry Friedlander, *The Origins of Nazi Genocide: From Euthanasia to the Final Solution* (Chapel Hill, N.C., 1995), 246-62; Sybil H. Milton, ' "Gypsies" as Social Outsiders in Nazi Germany', 收录于 Robert Gellately 和 Nathan Stolzfus ed., *Social Outsiders in Nazi Germany* (Princeton, N.J., 2001), 212-32, 尤其是 223-5.

226. Guenter Lewy, *The Nazi Persecution of the Gypsies* (New York, 2000), 65-81; Zimmermann, *Rassenutopie*, 167-84, 200-207.

227. Volker Riess, *Die Anfänge der Vernichtung 'lebensunwerten Lebens' in den Reichsgauen Danzig-Westpreussen und Wartheland 1939/40* (Frankfurt am Main, 1995), 21-24, 98.

228. 同上，355-8. 关于毒气货车，参见 Matthias Beer, 'Die Entwicklung der Gaswagen beim Mord an den Juden', *VfZ* 35 (1987), 403-17.

229. Klukowski, *Diary*, 76 (1940 年 2 月 18 日).

230. Longerich, *Politik*, 236-7; Ernst Klee ed., *Dokumente zur 'Euthanasie'* (Frankfurt am Main, 1985), 70-81; Michael Burleigh, *Death and Deliverance: 'Euthanasia' in Germany, c.1900-1945* (Cambridge, 1994), 130-33.

231. Longerich, *Politik*, 234-5, 648 n. 36, 极力反对 Götz Aly 的观点，即杀戮与在这一区域重新安置德意志族人的计划有因果关系。(Aly, *'Final Solution'*, 70-76; 同前，'Medicine against the Useless', 收录于同前等，*Cleansing the Fatherland: Nazi Medicine and Racial Hygiene* (Baltimore, Md., 1994), 22-98).

232. Riess, Die Anfänge, 359; 以 及 Ernst Klee, *'Euthanasie' im NS-Staat: Die 'Vernichtung lebensunwerten Lebens'* (Frankfurt am Main, 1985 [1983]), 95-8, 112-15; 和 Burleigh, *Death*, 130.

233. 引用自 Kurt Nowak, *'Euthanasie' und Sterilisierung im 'Dritten Reich' -Die Konfrontation der evangelischen und katholischen Kirche mit dem 'Gesetz zur Verhütung erbkranken Nachwuchses' und der 'Euthanasie' -Aktion* (Göttingen, 1984 [1977]), 63-4.

234. Evans, *The Coming of the Third Reich*, 35-8, 143-5, 377-8; 同 前，*The Third Reich in Power*, 506-15.

235. Hans-Walter Schmuhl, 'Die Patientenmorde', 收 录 于 Angelika Ebbinghaus and Klaus Dörner ed., *Vernichten und Heilen: DerNürnberger Ärzteprozess und seine Folgen* (Berlin, 2001), 295-328, 在 301; Klee ed., *Dokumente*, 35-64.

236. 引用自 Burleigh, *Death*, 97; Klee, *'Euthanasie'*, 76-7; Wagner quote in Eugen Kogon 等 ed., *Nationalsozialistische Massentötungen durch Giftgas: Eine Dokumentation* (Frankfurt am Main, 1983), 28-9; Hans-Walter Schmuhl, *Rassenhygiene, Nationalsozialismus, Euthanasie: Von der Verhütung zur Vernichtung 'lebensunwerten Lebens'*, 1890-1945 (Göttingen, 1987), 149-50, 178-81.

237. Riess, *Die Anfänge*, 281-90; Karl Heinz Roth 和 Götz Aly, 'Das "Gesetz über die Sterbehilfe bei unheilbar Kranken" : Protokolle der Diskussionüber die Legalisierung der nationalsozialistischen Anstaltsmorde in den Jahren 1938-1941', 收录于 Karl Heinz Roth ed., *Erfassung zur Vernichtung: Vonder Sozialhygiene zum 'Gesetzüber Sterbehilfe'* (Berlin, 1984), 101-79, 在 104-11; Friedlander, *The Origins*, 39-44; Burleigh, *Death*, 93-100; Klee, *'Euthanasie'*, 77-81; Longerich, *Politik*, 234-5. 这些事件的年表被详细地考察，收录于 Ulf Schmidt, 'Reassessing the Beginning of the "Euthanasia" Programme', *German History*, 17 (1999), 543-50, 以及对在莱比锡的婴儿的姓名和病历情况的规范记录进行有效处理，这些婴儿的状况给希特勒发动这场行动提供了借口 . 另参见 Ulf Schmidt, *Karl Brandt: The Nazi Doctor: Medicine and Power in the Third Reich* (London, 2007), 117- 23 (关于案例) 和 123-46 (关于计划的发动).

238. Roth and Aly, 'Das "Gesetz" ', 112-17; Burleigh, *Death*, 98-9; Friedlander, *The Origins*, 44-6.

239. 同上，67-8; Kleeed., *Dokumente*, 85-91; Christian Ganssmüller, *Die Erbgesundheitspolitik des Dritten Reiches: Planung, Durchfhrung und Durchsetzung* (Cologne, 1987), 158-70.

240. Klee, *'Euthanasie'*, 80-81.

241. Burleigh, *Death*, 99-101; Klee, *'Euthanasie'*, 82-95; Klee ed., *Dokumente*, 238-45, 295-307;

Ganssmüller, *Die Erbgesundheitspolitik*, 150-55. 关于 Binding 和 Hoche, 参见 Evans, *The Coming of the Third Reich*, 145.

242. Götz Aly, 'Der Mord an behinderten Hamburger Kindern zwischen 1939 und 1945', 收录于 Angelika Ebbinghaus 等 ed., *Heilen und Vernichten im Mustergau Hamburg: Bevölkerungs- und Gesundheitspolitik im Dritten Reich* (Hamburg, 1984), 147-55; Burleigh, *Death*, 101-11; Schmuhl, 'Die Patientenmorde', 302; 同前 , Rassenhygiene, 182-9.

243. 引用自 Friedlander, *The Origins*, 50.

244. Aly, 'Der Mord', 151; Schmuhl, *Rassenhygiene*, 188-9.

245. 引用自 Aly, 'Der Mord', 148; 另参见 Burleigh, *Death*, 100; Schmuhl, 'Die Patientenmorde', 305-6, 和 Gerhard Baader, 'Heilen und Vernichten: Die Mentalität der NS-Äzte', 收录于 Ebbinghaus 和 Dörner ed., *Vernichten und Heilen*, 275-94.

246. Friedlander, *The Origins*, 68-9; Ganssmüller, *Die Erbgesundheitspolitik*, 155-7.

247. 好的基本概述收录于 Armin Trus, *'...vom Leid erlösen': Zur Geschichte der nationalsozialistischen 'Euthanasie'-Verbrechen: Texte und Materialien für Unterricht und Studium* (Frankfurt am Main, 1995), 91-7; 更多细节收录于 Schmuhl, *Rassenhygiene*, 190-95.

248. Friedlander, *The Origins*, 65-6; Burleigh, *Death*, 113-14.

249. Friedlander, *The Origins*, 86-7; Schmuhl, *Rassenhygiene*, 195- 7; Widmann 引用自 Klee ed., *Dokumente*, 69.

250. Riess, *Die Anfänge*, 355-8.

251. Friedlander, *The Origins*, 86-94.

252. 同上 , 73-84; Klee, *'Euthanasie'*, 115-23; Klee ed., *Dokumente*, 92-104; Burleigh, *Death*, 128-9.

253. Schmuhl, *Rassenhygiene*, 202-3, 215-17.

254. Friedlander, *The Origins*, 83-5; Klee, *'Euthanasie'*, 174-90; Klee ed., *Dokumente*, 105-16, 184-90; Burleigh, *Death*, 135-46.

255. 引用自 Klee ed., Dokumente, 125 (box); 对于过程 , 另参见 , Friedlander, *The Origins*, 93-110.

256. Klee, *'Euthanasie'*, 149-52; Klee ed., *Dokumente*, 149-59; Burleigh, *Death*, 146-9; Schmuhl, *Rassenhygiene*, 203-8.

257. Friedlander, *The Origins*, 85.

258. Wirth 引用自 Klee ed., *Dokumente*, 124-5; 以及更普遍地同上 , 119-42; Friedlander, *The Origins*, 102-6; 和 Burleigh, *Death*, 149-57.

259. Friedlander, *The Origins*, 109-10. 另参见 Johannes Tuchel ed., *'Kein Recht auf Leben': Beiträge und Dokumente zur Entrechtung und Vernichtung 'lebensunwerten Lebens' im Nationalsozialismus* (Berlin, 1984), 和 Roland Müller ed., *Krankenmord im Nationalsozialismus: Grafeneck und die 'Euthanasie' in Südwestdeutschland* (Stuttgart, 2001), 一些会议文件 .

260. Burleigh, *Death*, 169-73.

261. 所有的引用自 Klee, *'Euthanasie'*, 310; 另参见 Schmuhl, *Rassenhygiene*, 207-11.

262. Klee ed., *Dokumente*, 209; Friedlander, *The Origins*, 116-21; Lothar Gruchmann, 'Ein unbequemer Amtsrichter im Dritten Reich: Aus den Personalakten des Dr. Lothar Kreyssig', *VfZ* 32 (1984), 462- 88.

263. Klee, '*Euthanasie*', 255-8; 更普遍地参见 Nowak, '*Euthanasie' und Sterilisierung.*

264. Shirer, *Berlin Diary*, 398-401, 447-51.

265. Klee ed., *Dokumente*, 151-62 (重印全部备忘录); Klee, '*Euthanasie*', 285.

266. 引用自 Klee ed., *Dokumente*, 213-14.

267. Friedlander, *The Origins*, 113-14; Burleigh, *Death*, 166-9; Ganssmüller, *Die Erbgesundheitspolitik* , 170-72; Schmuhl, *Rassenhygiene*, 312-46.

268. Ulrich von Hassell, *The von Hassell Diaries: The Story of the Forces against Hitler inside Germany 1938-1944* (Boulder, Colo., 1994 [1946]), 150, 159, 165.

269. Klee ed., *Dokumente*, 143.

270. Klee, '*Euthanasie*', 278-85; Burleigh, *Death*, 167-8.

271. Klee, '*Euthanasie*', 234-53.

272. Beth A. Griech-Polelle, *Bishop von Galen: German Catholicism and National Socialism* (New Haven, Conn., 2002), 77; Evans, *The Third Reich in Power*, 515-16.

273. 同上 , 239.

274. Klee ed., *Dokumente*, 167-8, 193.

275. 同上 , 170-73; Griech-Polelle, *Bishop von Galen*, 76-7.

276. Klee ed., *Dokumente*, 182-4; Burleigh, *Death*, 174-6; Griech- Polelle, *Bishop von Galen*, 76-8 (但是引用 Burleigh 的文字就好像它们是福尔哈贝尔的文字一样).

277. Klee ed., *Dokumente*, 183.

278. 同上 , 184. 这些不同的文件强调杀戮无辜者是非法的 , 这表明了天主教会以及它的世俗组织长久以来对死刑的支持 : 参见 Richard J. Evans, *Rituals of Retribution: Capital Punishment in Germany 1600-1987* (Oxford, 1996), 76-7, 332-3, 336-8, 432-3, 604- 6, 654-5, 711-14, 797-9.

279. Klee ed., *Dokumente*, 193; 概述收录于 Schmuhl, *Rassenhygiene*, 346-54.

280. Klee ed., *Dokumente*, 178-86, 82-3.

281. Griech-Polelle, *Bishop von Galen*, 84-5, 186-96; Burleigh, *Death*, 176-8.

282. Trus, '*...vom Leid erlösen*', 147-8.

283. Griech-Polelle, *Bishop von Galen*, 86; Klee, '*Euthanasie*', 335-9.

284. Joachim Kuropka ed., *Meldungen aus Münster, 1924-1944: Geheime und vertrauliche Berichte von Polizei, Gestapo, NSDAP und ihren Gliederungen, staatlicher Verwaltung, Gerichtsbarkeit und Wehrmachtüber die politische und gesellschaftliche Situation in Münster* (Münster, 1992).

285. 报告收录于 Boberach ed., *Meldungen*, IX. 3,175-8, 以及重印在 Trus, '*...vom Leid erlösen*', 138-41. 另参见 Griech- Polelle, *Bishop von Galen*, 86-93; Burleigh, *Death*, 209-19; Karl Ludwig Rost, *Sterilisation und Euthanasie im Film des 'Dritten Reiches': Nationalsozialistische*

Propaganda in ihrer Beziehung zu rassenhygienischen Massnahmen des NS-Staates (Berlin, 1984), 166-8; 和 Kurt Nowak, 'Widerstand, Zustimmung, Hinnahme: Das Verhalten der Bevkerung zur "Euthanasie" ', 收录于 Norbert Frei ed., *Medizin und Gesundheitspolitik in der NS-Zeit* (Munich, 1991), 235- 51.

286. Lothar Gruchmann, 'Euthanasie und Justiz im Dritten Reich', *VfZ* 20 (1972), 235-79, 在 278-9.

287. Ganssmüller, *Die Erbgesundheitspolitik*, 173; Gruchmann, *'Euthanasie'*, 277.

288. Burleigh, *Death*, 176-80, 过分强调对天主教会不利的情况 ; Friedlander, *The Origins*, 111-12, 或多或少将它当成是读物, 以及将它归因于民意而非教会 ; Griech-Polelle, *Bish op von Galen*, 92-3, 审慎地概括争论 , 指出冯 · 加伦的布道是用宗教的术语表达的 , 这种宗教术语是公众舆论可以普遍感受到的 .

289. 极好的分析收录于 Longerich, *Politik*, 241-2.

290. 因此争论收录于 Omer Bartov, *The Eastern Front 1941- 1945: German Troops and the Barbarization of Warfare* (London, 1985); 以及同前 , *Hitler's Army*, 将这些过程追溯到苏联入侵时起 ; 参见批评 , 收录于 Rossino, *Hitler Strikes Poland*, 191, 以及对许多著作的分析 , 这些著作认为德国在东方的种族灭绝战争到 1941 年才开始 , 收录于 Böhler, *Auftakt*, 9-16.

291. Tadeusz Piotrowski, *Poland's Holocaust: Ethnic Strife, Collaboration with Occupying Forces, and Genocide in the Second Republic, 1918-1947* (Jefferson, N.C., 1998); Böhler, *Auftakt*, 241-7.

292. Berndt and Strecker ed., *Polen*; Richard J. Evans ed., *Kneipengesprche im Kaiserreich: Die Stimmungsberichte der Hamburger Politischen Polizei 1892-1914* (Hamburg, 1989), 361-83.

293. Hosenfeld, *'Ich versuche'*, 292 (letter to son, 23 November 1939).

294. Johannes Hürter ed., *Ein deutscher General an der Ostfront: Die Briefe und Tagebücher des Gotthard Heinrici 1941/42* (Essen, 2001), 56 (写给妻子的信 , 1941 年 4 月 22 日).

295. 同上 , 56 (写给妻子的信 , 1941 年 4 月 25 日).

296. 同上 , 57 (写给家人的信 , 1941 年 4 月 30 日).

297. 同上 .

298. Rossino, *Hitler Strikes Poland*, 121-43.

299. Evans, *The Coming of the Third Reich*, 61.

300. 参见 Rossino, *Hitler Strikes Poland, arguing against Jürgen Förster*, 'Jewish Policies of the German Military, 1939-1942', 收录于 Asher Cohen 等 ed., *The Shoah and the War* (New York, 1992), 53-71, 在 56, 和 Umbreit, *Deutsche Militärverwaltungenn*, 137, 273.

第二章　战争的命运

1. Roger Moorhouse, *Killing Hitler: The Third Reich and the Plots against the Führer* (London, 2006), 36-58, 是最近的分析 . 另参见 Peter Hoffmann, *Hitler's Personal Security* (London, 1979), 105-11.

2. Moorhouse, *Killing Hitler*, 50-53; Heinz Höhne, *The Order of the Death's Head: The Story of Hitler's SS* (London, 1972 [1966]), 264-6.

3. Moorhouse, *Killing Hitler*, 43-50; Kershaw, *Hitler*, II. 271-5.

4. Boberach ed., *Meldungen*, III. 449: Bericht zur innenpolitischen Lage Nr. 15, 1939 年 11 月 13 日 .

5. Shirer, *Berlin Diary*, 194-5 (1939 年 11 月 9 日).

6. Alan Bullock, Hitler: *A Study in Tyranny* (London, 1952), 522-3, 声称盖世太保应负责，正如 Peter Padfield 所做的，Peter Padfield, *Himmler: Reichsführer-SS* (London, 1990), 283. 然而，参见 Anton Hoch, 'Das Attentat auf Hitler im Münchener Bürgerbräkeller 1939', *VfZ* 17 (1969), 383-413, 以及尤其是 Lothar Gruchmann ed., *Autobiographie eines Attentäers: Johann Georg Elser: Aussage zum Sprengstoffanschlag im Bürgerbräukeller, München, am 8. November 1939* (Stuttgart, 1970).

7. Moorhouse, *Killing Hitler*, 58.

8. Hans-Adolf Jacobsen ed., *Dokumente zur Vorgeschichte des Westfeldzuges 1939-1940* (Göttingen, 1956), 5-7. 对于将领们之前的警告，参见 Evans, *The Third Reich in Power*, 633, 642, 668-70.

9. International Military Tribunal, Nuremberg: ND 789-PS, 572-80: 参见 Evans, *The Third Reich in Power*, 892.

10. Fedor von Bock, *Generalfeldmarschall Fedor von Bock: Zwischen Pflicht und Verweigerung: Das Kriegstagebuch* (Klaus Gerbeted., Munich, 1995), 78-9 (1939 年 11 月 23 日).

11. 对于 1938 年的冲突，参见 Evans, *The Third Reich in Power*, 668-71; 关于 1939-40 年的争论和密谋的再次恢复，参见 Kershaw, *Hitler*, II. 262-71, 和 Johannes Hürter, *Hitlers Heerführer: Die deutschen Oberbefehlshaber im Krieg gegen die Sowjetunion 1941/42* (Munich, 2007), 163-71.

12. Tooze, *The Wages of Destruction*, 331-43. 对飞机建造计划的详细分析由 Lutz Budrass 提供，Lutz Budrass, *Flugzeugindustrie und Luftrüstung in Deutschland* (Düsseldorf, 1998). 在哈尔德日记中，这几个月的供给形势一直令人担忧 (Halder, Kriegstagebuch, I, 处处都是这种观点).

13. Rolf-Dieter Müller, 'The Mobilization of the German Economy for Hitler's War Aims', *GSWW* V/I. 407-786, 在 407-11; Tooze, *The Wages of Destruction*, 343-8.

14. Müller, 'The Mobilization', 453-85.

15. Evans, *The Third Reich in Power*, 364-5; 对于 Todt 参见同上，322- 5.

16. Weinberg, *A World at Arms*, 100-103; Catherine Merridale, *Ivan's War: The Red Army 1939-1945* (London, 2005), 67-70. 对于德国的政策，参见 Gerd R. Ueberschär, *Hitler und Finnland 1938-1941* (Wiesbaden, 1978).

17. Merridale, *Ivan's War*, 44-7, 57-60, 67-71.

18. Weinberg, *A World at Arms*, 105-7; John Erickson, *The Soviet High Command* (London, 1962), 541-52; Tomas Ries, *Cold Will: The Defence of Finland* (London, 1988); Geoffrey Roberts, *Stalin's Wars: From World War to Cold War, 1939-1953* (London, 2006), 46-55; Chris Bellamy, *Absolute War: Soviet Russia in the Second World War: A Modern History*

(London, 2007), 69-98.

19. Thomas K. Derry, 'Norway', in Stuart J. Woolf ed., *European Fascism* (London, 1968), 217-30, 在 217-24.

20. Derry, 'Norway', 224-6; Weinberg, *A World at Arms*, 114-15; Oddvar K. Hoidal, *Quisling: A Study in Treason* (Oslo, 1989); Carl- Axel Gemzell, Raeder, *Hitler und Skandinavien* (Lund, 1965). 对于吉斯林在 1939 年对柏林的拜访以及雷德尔在战前计划中的关键作用，参见 Hans-Martin Ottmer, *'Weserüng': Der deutsche Angriff auf Dänemark und Norwegen im April 1940* (Munich, 1994), 24- 6, 3-17.

21. Bernd Stegemann, 'Operation Weserübung', 收录于 *GSWW* II. 206-19, 在 211-12; Ottmer, *'Weserübung'*, 67-79; Hubatsch ed., *Hitlers Weisungen*, 47-50.

22. Stegemann, 'Operation Weserübung', 207-11; Ottmer, *'Weserübung'*, 79-131.

23. Vidkun Quisling, *Quisling ruft Norwegen! Reden und Aufsätze* (Munich, 1942), 96-7, 102, 105, 137.

24. Stegemann, 'Operation Weserübung', 212-15.

25. Weinberg, *A World at Arms*, 119-21; Shirer, *Berlin Diary*, 254 (1940 年 5 月 4 日).

26. Meier-Welcker, *Aufzeichnungen*, 54 (1940 年 3 月 21 日).

27. Roy Jenkins, *Churchill* (London, 2001), 573-84.

28. Peter Clarke, *Hope and Glory: Britain 1900-1990* (London, 1996), 192-6.

29. Jacobsen ed., *Dokumente*, 64-5, 155-6; Hans-Adolf Jacobsen, Fall Gelb: *Der Kampf um den deutschen Operationsplan zur Westoffensive 1940* (Wiesbaden, 1957); Karl-Heinz Frieser, *Blitzkrieg-Legende: Der Westfeldzug 1940* (Munich, 1996 [1995]), 15- 70 关于计划的短期和临时性，71-116 关于军事领导层内部的对它的争论 .

30. Shirer, *Berlin Diary*, 275-6 (1940 年 5 月 20 日); Hans Umbreit, 'The Battle for Hegemony in Western Europe', 收录于 *GSWW* II. 227-326, 在 270-80; Julian Jackson, *The Fall of France: The Nazi Invasion of 1940* (Oxford, 2003), 9-39; Ernest R. May, *Strange Victory: Hitler's Conquest of France* (New York, 2000).

31. Shirer, *Berlin Diary*, 276-9 (20 May 1940).

32. Weinberg, *A World at Arms*, 122-6.

33. Umbreit, 'The Battle', 37; Frieser, *Blitzkrieg-Legende*, 428.

34. Jackson, *The Fall of France*, 37-9; Frieser, *Blitzkrieg-Legende*, 135.

35. Bock, *Zwischen Pflicht und Verweigerung*, 101 (1940 年 2 月 24 日).

36. Jackson, *The Fall of France*, 42-7; Umbreit, 'The Battle', 278- 304; 生动的叙述收录于 Tooze, *The Wages of Destruction*, 374-9; 安非他命使用的详情收录于 Werner Pieper ed., *Nazis on Speed: Drogen im 3. Reich* (Loherbach, 2002), 325-30; 最近最好的批判性分析收录于 , *Blitzkrieg-Legende*, 173-361.

37. Jackson, *The Fall of France*, 9-12 (quote on 10).

38. 同上 , 58-62.

39. 同上 , 85-94, 对这些备受争议的事件给出了合理的解释；另参见 Kershaw, Hitler, II. 295-6.

40. Bock, *Zwischen Pflicht und Verweigerung*, 135 (1940 年 5 月 26 日), 140 (1940 年 5 月 30 日); Hans-Adolf Jacobsen, *Dünkirchen: Ein Beitrag zur Geschichte des Westfeldzuges 1940* (Neckargemünd, 1958), 70-122, 203, 以及同前 ed., *Dokumente zum Westfeldzug 1940* (Göttingen, 1960), 114-46, 都将责任归咎于伦德施泰特 ; Frieser, *Blitzkrieg-Legende*, 363-93, 强调希特勒的作用 .

41. Bock, *Zwischen Pflicht und Verweigerung*, 143 (1940 年 6 月 2 日).

42. Jackson, *The Fall of France*, 94-100.

43. 同上 , 101-6 (quote on 105).

44. 同上 , 107-73; Frieser, *Blitzkrieg-Legende*, 399-409; May, *Strange Victory*, 448-9, 认为在入侵的初期 , 法国军队的士气高涨 .

45. Irène N'mirovsky, *Suite Française* (London, 2007 [2004]), 50.

46. 同上 , 42.

47. Jackson, *The Fall of France*, 174-82; Hanna Diamond, *Fleeing Hitler: France 1940* (Oxford, 2007).

48. Meier-Welcker, *Aufzeichnungen*, 74 (1940 年 6 月 12 日).

49. Shirer, *Berlin Diary*, 328-32 (1940 年 6 月 21 日).

50. Jackson, *The Fall of France*, 232; 最好的总体调查仍是同一作者的 *France: The Dark Years 1940-1944* (Oxford, 2001).

51. Frieser, *Blitzkrieg-Legende*, 409-35.

52. Albert Speer, *Inside the Third Reich: Memoirs* (London, 1971 [1970]), 170-2 (也引用自 Lynn Nicholas, *The Rape of Europa: The Fate of Europe's Treasures in the Third Reich and the Second World War* (New York, 1994), 118).

53. Shirer, *Berlin Diary*, 260-63 (1940 年 5 月 10-11 日).

54. Lore Walb, *Ich, die Alte-ich, die Junge: Konfrontation mit meinen Tagebüchern 1933-1945* (Berlin, 1997), 179 (1940 年 5 月 21 日).

55. Boberach ed., *Meldungen*, IV. 1,163 (1940 年 5 月 23 日).

56. 同上 , 1,189 (1940 年 5 月 30 日), 1,261 (1940 年 6 月 17 日).

57. 同上 , 1,274-5 (1940 年 6 月 20 日).

58. Hosenfeld, '*Ich versuche*', 294 (写给他妻子的信 , 1939 年 11 月 25 日).

59. 同上 , 356 (写给儿子的信 , 1940 年 6 月 11 日).

60. Luise Solmitz, *Tagebuch* (Staatsarchiv der Freien- und Hansestadt Hamburg, 622-1, 111511-13: Familie Solmitz; transcripts in Forschungsstelle für Zeitgeschichte, Hamburg), XI. 551, 560, 563, 565-6 (1940 年 6 月 12 日 , 1940 年 6 月 17 日 , 1940 年 6 月 21 日).

61. Gerhard L. Weinberg, 'Hitler and England, 1933-1945: Pretense and Reality', *German Studies Review*, 8 (1988), 299-309, 认为希特勒对与英国达成协议从来不感兴趣 ; 另参见 Weinberg, *A World at Arms*, 89-95.

62. Frances Donaldson, *Edward VIII* (London, 1974), 191-206, 327- 34, 358-77; Michael Bloch, *Operation Willi: The Plot to Kidnap the Duke of Windsor, July 1940* (London, 1984); Walter

Schellenberg, *The Memoirs of Hitler's Spymaster* (London, 2006 [1956]).

63. Weinberg, *A World at Arms*, 118.

64. Charles S. Thomas, *The German Navy in the Nazi Era* (London, 1990), 191.

65. Shirer, *Berlin Diary*, 355, 358 (1940 年 7 月 19-20 日).

66. Walb, *Ich, die Alte*, 185 (1940 年 6 月 17 日).

67. Domarus ed., *Hitler*, III. 2,062 (1940 年 7 月 19 日), Kershaw, *Hitler*, II. 301-8. 对于单独的和平可以拯救英帝国的想法，参见 John Charmley, *Churchill: The End of Glory: A Political Biography* (London, 1993), 422-32.

68. Karl Klee, *Das Unternehmen 'Seelöwe': Die geplante deutsche Landung in England 1940* (Göttingen, 1958); 同前，*Dokumente zum Unternehmen 'Seelöwe': Die geplante deutsche Landung in England 1940* (Göttingen, 1959), 都认为问题是由缺乏提前计划造成的.

69. Walter Schellenberg, *Invasion 1940: The Nazi Invasion Plan for Britain* (London, 2000), 尤其是 1-114 ('盖世太保手册').

70. Richard J. Overy, *The Battle* (London, 2000), 60-63.

71. 同上，尤其是 161-2.

72. 同上，53-4, 80.

73. Tooze, *The Wages of Destruction*, 249-50, 400-401.

74. Shirer, *Berlin Diary*, 377 (1940 年 8 月 17 日).

75. Ulrich Steinhilfer 和 Peter Osborne, *Spitfire on My Tail: A View from the Other Side* (Bromley, 1989), 279 (1940 年 8 月 19 日).

76. 同上，289 (8 月 31 日). 最初的表达是 *Horridoh!*

77. Domarus ed., *Hitler*, III. 2,086 (1940 年 9 月 4 日).

78. 同上，2,072 (1940 年 8 月 1 日，指令第 17); 对于相反的观点，参见 Kershaw, *Hitler*, II. 309; 很好的议论收录于 Horst Boog, 'The Strategic Air War in Europe and Air Defence of the Reich', 收录于 *GSWW* VII. 9-458, 在 357-67.

79. Overy, *The Battle*, 90-96; Klaus A. Maier, 'The Battle of Britain', 收录于 *GSWW* II. 374-407.

80. Overy, *The Battle*, 90-96; Alfred Price, *Blitz on Britain* (Shepperton, 1977); Tooze, *The Wages of Destruction*, 447-8.

81. Steinhilfer and Osborne, *Spitfire*, 295 (1940 年 9 月 17 日).

82. 同上，319 (写给父亲的信，1940 年 10 月 19 日).

83. Halder, *Kriegstagebuch*, II. 128 (1940 年 10 月 7 日).

84. 同上，99 (1940 年 9 月 14 日).

85. Walb, *Ich, die Alte*, 197 (1940 年 9 月 10 日).

86. F. Harry Hinsley, *British Intelligence in the Second World War* (5vols, London, 1979-90),I. 316-18, 523-48.

87. Walb, *Ich, die Alte*, 200 (1940 年 10 月 3 日).

88. Meier-Welcker, *Aufzeichnungen*, 101 (1940 年 12 月 31 日).

89. Overy, *The Battle*, 97-135.

90. 引用自 Paul Preston, *Franco: A Biography* (London, 1993), 397-8.

91. Kershaw, *Hitler*, II. 329-30; Paul Preston, 'Franco and Hitler: The Myth of Hendaye 1940', *Contemporary European History*, 1 (1992), 1-16; 同前 , *Franco*, 399.

92. Richard Bosworth, *Mussolini's Italy: Life under the Dictatorship 1915-1945* (London, 2005), 415-20.

93. Denis Mack Smith, *Mussolini* (London, 1983 [1981]), 269-91; Umbreit, 'The Battle', 304-13.

94. Kershaw, *Hitler*, II. 331.

95. Detlef Vogel, 'German Intervention in the Balkans', 收录于 *GSWW* III. 451-55; Gerhard Schreiber, 'Germany, Italy and South-east Europe: From Political and Economic Hegemony to Military Aggression', 同上 , 305-448 (统计在 448); Smith, *Mussolini*, 298- 302; Martin Clark, *Modern Italy 1871-1982* (Harlow, 1984), 285-8.

96. Dear ed., *The Oxford Companion to World War II*, 148-9; Smith, *Mussolini*, 308.

97. Clark, *Modern Italy*, 286.

98. Smith, *Mussolini*, 310-11; Dear ed., *The Oxford Companion to World War II*, 245-7.

99. Bernd Stegemann, 'The Italo-German Conduct of War in the Mediterranean and North Africa', 收录于 *GSWW* III. 643-754, 在 673-80.

100. Halder, *Kriegstagebuch*, II. 377 (1941 年 4 月 23 日), III. 48 (1941 年 7 月 6 日).

101 . Dear ed., *The Oxford Companion to World War II*, 748-9, 992- 4; Weinberg, *A World at Arms*, 211-15, 222-5, 361-3; Stegemann, 'The Italo-German Conduct of War', 680-754; Reinhard Stumpf, 'The War in the Mediterranean Area 1942-1943: Operations in North Africa and the Central Mediterranean', 收录于 *GSWW* VI. 631-840, 在 631-54 和 661-748.

102. Martin Gilbert, *The Holocaust: The Jewish Tragedy* (London, 1987 [1986]), 578; 同前 , *The Routledge Atlas of the Holocaust* (London, 2002 [1982]), 地图 59, 188; Robert Satloff, *Among the Righteous: Lost Stories from the Holocaust's Long Reach into Arab Lands* (New York, 2006).

103. Andreas Hillgruber ed., *Staatsmänner und Diplomaten bei Hitler: Vertrauliche Aufzeichnungen über Unterredungen mit Vertretern des Auslandes* (2vols, Frankfurt am Main, 1967-70), I. 664-6.

104. Jeffrey Herf, *The Jewish Enemy: Nazi Propaganda during World War II and the Holocaust* (London, 2006), 76.

105. Tooze, *The Wages of Destruction*, 381-2.

106. Dear ed., *The Oxford Companion to World War II*, 744-5; Schreiber, 'Germany', 305-448, Weinberg, *A World at Arms*, 195-6; Jürgen Förster, 'Germany's Acquisition of Allies in South-east Europe', 收 录 于 *GSWW* IV. 386-428, 在 386; Friedländer, *The Years of Extermination*, 166-9; Randolph L. Braham ed., *The Tragedy of Romanian Jewry* (New York, 1994); Mihail Sebastian, '*Voller Entsetzen, aber nicht verzweifelt*': *Tagebücher 1935-44* (Edward Kanterianed., Berlin, 2005). 对于罗马尼亚法西斯主义和反犹主义 , 参见 Leon Volovici, *Nationalist Ideology and Antisemitism: The Case of Romanian Intellectuals in the*

1930s (Oxford, 1991) (尤 其 是 Stephen Fischer- Galati, 'The Legacy of AntiSemitism', 1-28); Stanley G. Payne, *A History of Fascism 1914-45* (London, 1995), 134-8, 391-7; 对事件的充分叙述收录于 Keith Hitchins, *Rumania 1866-1947* (Oxford, 1994), 376-471 (尤其是 451-71). 截至目前，对安东内斯库的做最好的分析是 Dennis Deletant, *Hitler's Forgotten Ally: Ion Antonescu and His Regime, Romania 1940-44* (London, 2006): 关于对以上列举事件的详细叙述，参见同上，8-68. 屠宰场事件叙述于 Robert St John, *Foreign Correspondent* (London, 1960), 180.

107. Dear ed., *The Oxford Companion to World War II*, 1,011-2.

108. Kershaw, *Hitler*, II. 360-63; Vogel, 'German Intervention', 451-85.

109. 同上，497-526; Mark Mazower, *Inside Hitler's Greece: The Experience of Occupation 1941-44* (London, 1993), 1-8, 15-18; Peter Calvocoressi 和 Guy Wint, *Total War: Causes and Courses of the Second World War* (Harmondsworth, 1974 [1972]), 154-60 (有点过时，但仍有价值); Weinberg, *A World at Arms*, 218-22.

110. Dear ed., *The Oxford Companion to World War II*, 213-15; Vogel, 'German Intervention', 527-55.

111. Dear ed., *The Oxford Companion to World War II*, 213-15.

112. Pöppel, *Heaven and Hell*, 67.

113. 引用自 Mazower, *Inside Hitler's Greece*, 23-4.

114. 同上，23-32; Rainer Eckert, *Vom 'Fall Marita' zur 'Wirtschaftlichen Sonderaktion': Die deutsche Besatzungspolitik in Griechenland vom 6. April 1941 bis zur Kriegswende im Februar/März 1943* (Frankfurt am Main, 1992), 85-142.

115. Mazower, *Inside Hitler's Greece*, 32-52.

116. 同上，85-96, 235-8; 同前，*Salonica: City of Ghosts: Christians, Muslims and Jews 1430-1950* (London, 2004), 421-2.

117. Payne, *A History of Fascism*, 404-11; Ladislaus Hory 和 Martin Broszat, *Der kroatische Ustascha-Staat 1941-1945* (Stuttgart, 1965 [1964]), 13-38; Jozo Tomasevich, *War and Revolution in Yugoslavia, 1941-1945: Occupation and Collaboration* (Stanford, Calif., 2001), 47-174; Gert Fricke, *Kroatien 1941-1944: Der 'Unabhängige Staat' in der Sicht des Deutschen Bevollmächtigten Generals in Agram, Blaise v Hortenau* (Freiburg, 1972), 10, 25-67.

118. Hory 和 Broszat, *Der kroatische Ustascha-Staat*, 39-57.

119. Misha Glenny, *The Balkans 1804-1999: Nationalism, War and the Great Powers* (London, 1999), 498-502: Hory 和 Broszat, *Der kroatische Ustascha-Staat*, 75-106; Payne, *A History of Fascism*, 408-10; Friedländer, *The Years of Extermination*, 228-30; 可怕的细节和照片收录于 Edmond Paris, *Genocide in Satellite Croatia 1941-1945: A Record of Racial and Religious Persecution and Massacres* (Chicago, 1961), 尤其是 88-126 和 162-205.

120. 引用自同上，109-10; 另参见同上，127-61 关于集中营.

121. Milan Ristovic', 'Yugoslav Jews Fleeing the Holocaust, 1941- 1945', 收录于 John K. Roth 和 Elisabeth Maxwell ed., *Remembering for the Future: The Holocaust in an Age of Genocide* (London, 3vols, 2001), I. 512-26; Glenny, *The Balkans*, 300-302; Payne, *A History*

of *Fascism*, 409-10; Hory 和 Broszat, *Der kroatische Ustascha-Staat*, 75-92; Tomasevich, *War and Revolution*, 380-415 关于乌斯塔沙的恐怖统治，以及 511-79 关于天主教会的角色 . 对乌斯塔沙在大屠杀运动中杀害的人数的准确分析收录于 Marko Hoare, *Genocide and Resistance in Hitler's Bosnia: The Partisans and the Chetniks, 1941-1943* (London, 2006), 19-28.

122. Evans, *The Coming of the Third Reich*, 316.

123. Kershaw, *Hitler*, II. 305.

124. Hitler, *Kriegstagebuch*, II. 214 (1940 年 12 月 5 日); Kershaw, *Hitler*, II. 307-8; Bernd Stegemann, 'Hitlers Kriegszeiele im ersten Kriegsjahr 1939/40: Ein Beitrag zur Quellenkritik', *Militärgeschichtliche Mitteilungen*, 27 (1980), 93-105. 关于斯大林主义者的反犹主义，参见 Herf, *The Jewish Enemy*, 93. 关于对决定入侵的详细分析，参见 Jürgen Förster, 'Hitler's Decision in Favour of War against the Soviet Union', 收录于 *GSWW* IV. 13-51. 关于 1940 年夏天的讨论和选择，参见 Andreas Hillgruber, *Hitlers Strategie: Politik und Kriegführung 1940- 41* (Frankfurt am Main, 1965), 144-277.

125. Roberts, *Stalin's Wars*, 30-46.

126. Tooze, *The Wages of Destruction*, 421-5.

127. Halder, *Kriegstagebuch*, II. 49 (1940 年 7 月 31 日).

128. Bock, *Zwischen Pflicht und Verweigerung*, 173 (1941 年 2 月 1 日); 重复于 1941 年 6 月 14 日 (同上 , 193).

129. Kershaw, *Hitler*, II. 331-7; Weinberg, *A World at Arms*, 198-205.

130. David M. Glantz, *Barbarossa: Hitler's Invasion of Russia 1941* (Stroud, 2001), 13-18.

131. Evan Mawdsley, *Thunder in the East: The Nazi-Soviet War 1941-1945* (London, 2005), 19-20; Tooze, *The Wages of Destruction*, 429-36.

132. Anthony F. Upton, *Finland 1939-40* (London, 1974); David Kirby, *Finland in the Twentieth Century* (London, 1979).

133. Förster, 'Germany's Acquisition', 398-408; 另参见 Mark Axworthy *and et al.*, *Third Axis, Fourth Ally: Romanian Armed Forces in the European War, 1941-1945* (London, 1995); 和 Hillgruber, *Hitler, König Carol und Marschall Antonescu*, 126-34; 更普遍地，同前 , *Hitlers Strategie*, 484-501.

134. Dear ed., *The Oxford Companion to World War II*, 431-3; Förster, 'Germany's Acquisition', 409-24.

135. 同上 , 421-8; Weinberg, *A World at Arms*, 274-8.

136. 引用自 Marshall Lee Miller, *Bulgaria during the Second World War* (Stanford, Calif., 1975), 1.

137. Hans-Jürgen Hoppe, *Bulgarien-Hitlers eigenwilliger Verbündeter* (Stuttgart, 1979); Miller, *Bulgaria*, 93-106; Richard Crampton, *Bulgaria* (Oxford, 2007), 248-65.

138. 引用自 Miller, *Bulgaria*, 76.

139. Klukowski, *Diary*, 158 (1941 年 6 月 14 日).

140. Tooze, *The Wages of Destruction*, 321; Heinrich Schwendemann, *Die wirtschaftliche Zusammenarbeit zwischen dem Deutschen Reich und der Sowjetunion von 1939 bis 1941:*

Alternative zu Hitlers Ostprogramm? (Berlin, 1993), 373.

141. Weinberg, *A World at Arms*, 201-5; Roberts, *Stalin's Wars*, 61-70.

142. 引用自 Robert Service, *Stalin: A Biography* (London, 2004), 407.

143. 同上, 406-9; Gabriel Gorodetsky, *Grand Delusion: Stalin and the German Invasion of Russia* (London, 1999); Roberts, *Stalin's Wars*, 70-81; Mawdsley, *Thunder in the East*, 32-41.

144. Glantz, *Barbarossa*, 28-32; 关于苏联情报, 参见 David M. Glantz, *Stumbling Colossus: The Red Army on the Eve of War* (Lawrence, Kans., 1998), 233-57.

145. Simon Sebag-Montefiore, *Stalin: The Court of the Red Tsar* (London, 2003), 317.

146. Kershaw, *Hitler*, II. 369-73, 378.

147. 引用自 Rainer F. Schmidt, 'Der Hess-Flug und das Kabinett Churchill: Hitlers Stellvertreten im Kalkül der britischen Kriegsdiplomatie Mai-Juni 1941', *VfZ* 42 (1994), 1-38, 在 14-16.

148. Kershaw, *Hitler*, II. 369-81, 在当时和以后, 围绕赫斯的逃走, 有效地处理了大量且通常是极端令人意想不到的阴谋理论。那种认为希特已经批准, 更不必说下令采取这样一种轻率的越轨行动的声明, 以及认为赫斯或希特勒受英国政府和情报机关中一个有影响力的"和平党"所鼓动而执行这一任务的想法——以两种不那么怪异的理论为例——实际上都没有任何根据.

149. Gerhard Engel, *Heeresadjutant bei Hitler 1938-1943* (Hildegard von Kotzeed., Stuttgart, 1974), 103-4.

150. Fröhlich ed., *Die Tagebücher*, I/IX. 309 (1941 年 5 月 13 日).

151. 引用自 Kershaw, *Hitler*, II. 939 n. 210.

152. Boberach ed., *Meldungen*, VII. 2,302 和 2,313 (1941 年 5 月 15 日和 19 日).

153. Martin Broszat 等 ed., *Bayern in der NS-Zeit* (6vols, Munich, 1977-83), I. 148 ('Aus Monatsbericht des Landrats, 31. 5. 1941').

154. Bock, *Zwischen Pflicht und Verweigerung*, 185 (1941 年 5 月 10 日 -12 日).

155. Klemperer, *I Shall Bear Witness*, 368 (1941 年 5 月 21 日).

156. Walb, *Ich, die Alte*, 219 (1941 年 5 月 15 日).

157. Kershaw, *Hitler*, II. 166-7.

158. 引用自 Marie Vassiltchikov, *The Berlin Diaries of Marie 'Missie' Vassiltchikov 1940-1945* (London, 1987 [1985]), 51-2; Hassell, *The von Hassell Diaries*, 196, 204, 和 Gerhardt B. Thamm, *Boy Soldier: A German Teenager at the Nazi Twilight* (Jefferson, N.C., 2000), 34.

159. Hugh R. Trevor-Roper, 'The Mind of Adolf Hitler', 收录于 Adolf Hitler, *Hitler's Table Talk 1941-1944* (Oxford, 1988 [1953]), vii-xxxv, at xii-xiii.

160. Hitler, *Hitler's Table Talk*, 51 (1941 年 10 月 10 日).

161. 同上, 38 (1941 年 9 月 23 日).

162. 同上, 16 (1941 年 7 月 27 日).

163. 同上, 24 (8/9 and 9/10 August 1941). 关于希特勒和希姆莱认为乌克兰是帝国的一个封地, 类似于英属印度, 参见 Wendy Lower, *Nazi Empire-Building and the Holocaust in Ukraine* (Chapel Hill, N.C., 2005), 98-128.

164. Hitler, *Hitler's Table Talk*, 68-9 (1941 年 10 月 17 日).

165. 同上, 61 (2 and 2/3 November 1941).

166. 同上, 447 (1942 年 4 月 27 日).

167. 同上, 578 (1942 年 7 月 18 日).

168. 同上, 77 (17/18 October 1941).

169. 同上, 69 (1941 年 10 月 17 日和 1942 年 7 月 22 日).

170. 同上, 62 (1942 年 8 月 9 日).

171. Longerich, *Politik*, 298; quote in Madajczyk, *Die Okkupationspolitik*, 92.

172. Alex J. Kay, 'Germany's Staatssekretäre, Mass Starvation and the Meeting of 2 May 1941', *Journal of Contemporary History*, 41 (2006), 685-700; Tooze, *The Wages of Destruction*, 475-80.

173. Madajczy 等 ed., Vom Generalplan Ost; Mechthild Rössler 和 Sabine Schleiermacher, *Der 'Generalplan Ost': Hauptlinien der nationalsozialistischen Planungs- und Vernichtungspolitik* (Berlin, 1993); Thomas Podranski, *Deutsche Siedlungspolitik im Osten: Die verschiedenen Varianten des Generalplan Ost der SS* (Berlin, 2001).

174. Evans, *The Third Reich in Power*, 419-28.

175. Tooze, *The Wages of Destruction*, 463-76.

176. Hitler, *Hitler's Table Talk*, 8 (11/12 July 1941).

177. 同上, 587 (1942 年 7 月 22 日).

178. 同上, 624 (1942 年 8 月 9 日).

179. Halder, *Kriegstagebuch*, II. 317-20 (1941 年 3 月 17 日).

180. 同上, 336-7 (1941 年 3 月 30 日).

181. 同上.

182. 引用自 Longerich, *Politik*, 300-301; 另参见 Hans-Adolf Jacobsen, 'The *Kommissarbefehl* and Mass Executions of Soviet Russian Prisoners of War', 收录于 Helmut Krausnick 等, *Anatomy of the SS State* (London, 1968 [1965]), 505-35 (对 6 月 6 日命令的完整翻译在 532-4).

183. 另参见 Jürgen Förster, 'Operation Barbarossa as a War of Conquest and Annihilation', 收录于 *GSWW* IV. 481-521.

184. Jacobsen, 'The *Kommissarbefehl*', 505-35, 在 517; Kershaw, *Hitler*, II. 353-60; Bodo Scheurig, *Henning von Tresckow: Ein Preusse gegen Hitler* (Frankfurt am Main, 1987), 113-14; Christian Gerlach, 'Hitlergegner bei der Heeresgruppe Mitte und die "Verbrecherischen Befehle" ', 收录于 Gerd R. Ueberschär ed., *NSVerbrechen und der militärische Widerstand gegen Hitler* (Darmstadt, 2000), 62-76; Johannes Hürter, 'Auf dem Weg zur Militäropposition: Tresckow, Gersdorff, der Vernichtungskrieg und der Judenmord: Neue Dokumente über das Verhältnis der Heeresgruppe Mitte zur Einsatzgruppe B im Jahr 1941', *VfZ* 52 (2004), 527-62; 博克的观点收录于 Bock, *Zwischen Pflicht und Verweigerung*, 190 (1941 年 6 月 4 日).

185. 引用自 Förster, 'Operation Barbarossa', 485.

186. 引用自同上，514.

187. 引用自同上，520.

188. Friedländer, *The Years of Extermination*, 210-11; 另参见 Ortwin Buchbender, *Das tönende Erz: Deutsche Propaganda gegen die Rote Armee im Zweiten Weltkrieg* (Stuttgart, 1978), 以及关于高级指挥官对“犯罪的命令”的态度，Hüter, *Hitlers Heerführer*, 247-65.

189. Longerich, *Politik*, 302 -10, 令人信服地处理了 Christopher Browning, *Ordinary Men: Reserve Police Battalion 101 and the Final Solution in Poland* (London, 1998 [1992]), 与 Daniel Jonah Goldhagen, *Hitler's Willing Executioners: Ordinary Germans and the Holocaust* (London, 1996) 之间争议的细节，不过 Goldhagen 提出的一般问题继续被公正地讨论 . 关于背景，参见 Helmut Fangmann *and et al.*, ‘Parteisoldaten’: Die Hamburger Polizei im ‘3. Reich’ (Hamburg, 1987); 关于教化，参见 Jürgen Matthäus, ‘Ausbildungsziel Judenmord? Zum Stellenwert der “weltanschaulichen Erziehung” von SS und Polizei im Rahmen der “Endösung” ’, *Zeitschrift für Geschichtswissenschaft*, 47 (1999), 677-99; 以及同前等 ed., *Ausbildungsziel Judenmord? ‘Weltanschauliche Erziehung’ von SS, Polizei und Waffen-SS im Rahmen der ‘Endlösung’* (Frankfurt am Main, 2003).

190. 引用自 Longerich, *Politik*, 315.

191. 同上，310-20, 提供了一个对证据的仔细考虑，总结认为，诸如别动队领袖奥伦多夫等被告者的战后审判陈述，即他们收到了一个不加区分杀害所有犹太人的总命令，缺乏可信性，因为他们是为了辩解才这样陈述的 . 实际上，在被判处死刑后，奥伦多夫改变了他的说法，指出并没有这样的命令 . 尤其参见 Ralf Ogorreck, *Die Einsatzgruppen und die ‘Genesis der Endlöung’* (Berlin, 1996). 对于相反的观点，参见 Breitman, *The Architect of Genocide*, 145-206. 关于在苏联组织中的犹太人，参见 Friedländer, *The Years of Extermination*, 247-51; 更多细节收录于 Mordechai Altschuler, *Soviet Jewry on the Eve of the Holocaust: A Social and Demographic Profile* (Jerusalem, 1998).

192. Glantz, *Barbarossa*, 35.

193. 简要总结收录于 Weinberg, *A World at Arms*, 264-6; Glantz, *Barbarossa*, 35; 和 Kershaw, *Hitler*, II. 393-9. John Erickson, *Stalin's War with Germany*, I: *The Road to Stalingrad* (London, 1975), 仍然是经典的分析，但是不可避免地被最近的研究赶上，尤其是随着苏联文件在 1990 年后的发布。同样的情况发生在收录于 *GSWW* IV 中的更详细的分析，其中关于苏联的章节显得尤其陈旧。最近的陈述是 Bellamy, *Absolute War*. 另参见对高级将领指挥战役的讨论，收录于 Hürter, *Hitlers Heerführer*, 279-302.

194. Hürter ed., *Ein deutscher General*, 68（写给妻子的信，1941 年 7 月 11 日）.

195. Karl Reddemann ed., *Zwischen Front und Heimat: Der Briefwechsel des münsterischen Ehepaares Agnes und Albert Neuhaus 1940-1944* (Münster, 1996), 223（写给 Agnes Neuhaus, 1941 年 6 月 25 日）.

196. Konrad Elmshäuser 和 Jan Lokers ed., *‘Man muss hier nur hart sein’: Kriegsbriefe und Bilder einer Familie* (1934-1945) (Bremen, 1999), 92 (Kalendereintrag Hans-Albert Giese, 1941 年 6 月 22 日）.

197. Hürter ed., *Ein deutscher General*, 63（写给家人的信，1941 年 6 月 24 日）.

198. 引用自 Merridale, *Ivan's War*, 96-7（以及这段中关于之前的细节）; Mawdsley, *Thunder in the East*, 59-69; Glantz, *Barbarossa*, 37-40. 关于 1941 年红军的状况，参见 Glantz,

Stumbling Colossus.

199. Merridale, *Ivan's War*, 86-7.

200. 同上, 99.

201. 同上, 99-100, 116, 122-3 (翻译经过了轻微地修正).

202. Hürter, *Hitlers Heerführer*, 393-404.

203. Reddemann ed., *Zwischen Front und Heimat*, 225 (写给 Agnes Neuhaus, 1941 年 6 月 27 日).

204. Rudolf Stützel, *Feldpost: Briefe und Aufzeichnungen eines 17jährigen 1940-1945* (Hamburg, 2005), 41; 更普遍地 Hannes Heer ed., *'Stets zu erschiessen sind Frauen, die in der Roten Armee dienen': Geständnisse deutscher Kriegsgefangener über ihren Einsatz an der Ostfront* (Hamburg, 1995), 7, 和 Hürter, *Hitlers Heerführer*, 359-76.

205. Klukowski, *Diary*, 173 (1941 年 10 月 4 日).

206. 同上, 173 (1941 年 10 月 5 日).

207. Merridale, *Ivan's War*, 123-5; Christian Streit, *Keine Kameraden: Die Wehrmacht und die sowjetischen Kriegsgefangenen 1941-1945* (Stuttgart, 1978).

208. 引用自同上, 131; 另参见 Hürter, *Hitlers Heerführer*, 377-93.

209. Hosenfeld, *'Ich versuche'*, 557 (写给妻子的信, 1941 年 12 月 3 日).

210. Streit, *Keine Kameraden*, 9.

211. Halder, *Kriegstagebuch*, III. 289 (1941 年 11 月 14 日); 更普遍地参见 Vyacheslav M. Molotov and el., *Soviet Government Statements on Nazi Atrocities* (London, 1945), 183-8.

212. Streit, *Keine Kameraden*, 201-88.

213. Andreas Hilger, *Deutsche Kriegsgefangene in der Sowjetunion, 1941-1956: Kriegsgefangenenpolitik, Lageralltag und Erinnerung* (Essen, 2000), 取代了更早的研究, 比如 Kurt W. Böhme, *Die deutschen Kriegsgefangenen in sowjetischer Hand: Eine Bilanz* (Munich, 1966). 关于统计, 参见 Hilger, *Deutsche Kriegsgefangene*, 137, 370, 389, 425; 关于政治再教育, 政治再教育大体上是不成功的, 220-54.

214. Christian Streit, 'The Fate of the Soviet Prisoners of War', 收录于 Michael Berenbaum ed., *A Mosaic of Victims: Non-Jews Persecuted and Murdered by the Nazis* (London, 1990), 142-9; Alexander Dallin, *German Rule in Russia 1941-1945: A Study of Occupation Policies* (London, 1957), 409-27; Mawdsley, *Thunder in the East*, 102-5.

215. Bock, *Zwischen Pflicht und Verweigerung*, 298 (1941 年 10 月 20 日); 另参见同上, 312-13 (1941 年 11 月 9 日), 抗议道, "根据军事习惯和法律, 军队对任何战犯的生命和安全负责。"

216. Hürter, *Hitlers Heerführer*, 377-93.

217. Mawdsley, *Thunder in the East*, 102-5.

218. Service, *Stalin*, 410-24; Merridale, *Ivan's War*, 83; Sebag- Montefiore, *Stalin*, 330-33, 也记录了各种传记中斯大林声明的不同版本, 所有版本都同等流行; 这里引用的版本经过了 Molotov 和 Chadaev 两者的证实。关于斯大林准备不足的情况, 参见 Roberts, *Stalin's Wars*, 61-70. 关于斯大林勇气的丧失, 罗伯茨的怀疑在时间上不成立, 因为罗伯茨没能意识到它发生在 6 月底, 而不是入侵刚刚发生时 (89-95).

219. Hoffmann, *Hitler's Personal Security*, 216-63; Kershaw, *Hitler*, II. 395-7; Fröhlich ed., *Die Tagebücher* II/I. 35 (1941 年 7 月 9 日).

220. Halder, *Kriegstagebuch*, III. 38 (1941 年 7 月 3 日).

221. Kershaw, *Hitler*, II. 405-7; Friedländer, *The Years of Extermination*, 199-200.

222. 引用自 Kershaw, *Hitler*, II. 405.

223. 同上 , 399 和 944 n. 40; Hitler, *Hitler's Table Talk*, 1941 年 9 月 17 日 ; Fröhlich ed., *Die Tagebücher* II/I. 29-39 (1941 年 7 月 9 日).

224. Walb, *Ich, die Alte*, 225 (1941 年 6 月 30 日).

225. Broszat and el. ed., *Bayern*, I. 149 ('Aus Monatsbericht der Gendarmerie-Station Heiligenstadt, 25. 6. 1941' 和 'Aus Monatsbericht der Gendarmerie-Station Waischenfeld, 26. 6. 1941').

226. Solmitz, *Tagebücher*, 662 (1941 年 6 月 23 日).

227. Jochen Klepper, *Uberwindung: Tagebücher und Aufzeichnungen aus dem Kriege* (Stuttgart, 1958), 50 (1941 年 6 月 22 日).

228. Maschmann, *Account Rendered*, 91.

229. Broszat and el. ed., *Bayern*, I. 149-50 ('Aus Monatsbericht der Gendarmerie-Station Ebermannstadt, 27. 6. 1941').

230. 同上 , I. 152 ('Aus Monatsbericht des Gendarmerie-Kreisfürers, 29. 8. 1941').

231. Merridale, *Ivan's War*, 84-7; Sebag-Montefiore, *Stalin*, 332-4.

232. Merridale, *Ivan's War*, 115-17.

233. 同上 , 114-16, 以及关于引用 ; Roberts, *Stalin's Wars*, 95- 103; 对苏联后备队的讨论收录于 Glantz, *Barbarossa*, 15.

234. Bock, *Zwischen Pflicht und Verweigerung*, 210 (1941 年 7 月 6 日).

235. Halder, *Kriegstagebuch*, III. 53 (1941 年 7 月 8 日).

236. Rolf-Dieter Müller, 'The Failure of the Economic "Blitzkrieg Strategy" ' , 收录于 *GSWW* IV. 1,081-8, 尤其是 1, 141-72; 图表详情收录于 Anatoly Kuznetsov, *Babi Yar: A Document in the Form of a Novel* (London, 1970 [1966]), 149-52.

237. Hürter ed., *Ein deutscher General*, 63 (日记 , 1941 年 6 月 23 日).

238. 同上 , 64 (海因里希写给家人 , 1941 年 7 月 4 日).

239. Meier-Welcker, *Aufzeichnungen*, 124 (1941 年 7 月 31 日), 129 (1941 年 8 月 24 日).

240. 引用自 Theo J. Schulte, *The German Army and Nazi Policies in Occupied Russia* (Oxford, 1989), 109.

241. Birgit Beck, *Wehrmacht und sexuelle Gewalt: Sexualverbrechen vor deutschen Militärgerichten 1939-1945* (Paderborn, 2004), 105-16 (关于军事妓院), 326-8 (关于强奸的审判).

242. Nicholas, *The Rape of Europa*, 185-201; 以及 Molotov and el. , *Soviet Government Statements*, 198-209. 对士兵在信中说起偷窃和劫掠的分析 , 另参见 Martin Humburg ed., *Das Gesicht des Krieges: Feldpostbriefe von Wehrmachtssoldaten aus der Sowjetunion 1941-*

1944 (Opladen, 1998), 164-70. 关于平民总体上的待遇，参见 Hürter, *Hitlers Heerführer*, 465-508.

243. Elmshäuser 和 Lokers ed., *'Man muss hier nur hart sein'*, 93 (Hans-Albert Giese 写给 Frieda Giese, 1941 年 7 月 12 日), 和 102 (Hans- Albert Giese 写给 Frieda Giese, 1941 年 7 月 17 日).

244. Hürter, *Hitlers Heerführer*, 442-9.

245. 同上，97 (1941 年 10 月 23 日).

246. Klaus Latzel, 'Tourismus und Gewalt Kriegswahrnehmungen in Feldpostbriefen', 收录于 Hannes Heer 和 Klaus Naumann ed., *Vernichtungskrieg: Verbrechen der Wehrmacht 1941-1944* (Hamburg, 1995), 449-51. 另参见 Dieter Reifarth 和 Viktoria Schmidt-Linsenhoff, 'Die Kamera der Täter', 收录于同上，475-503, 和 Bernd Hüpauf, 'Der entleerte Blick hinter der Kamera', 收录于同上，504-50.

247. Alois Scheuer, *Briefe aus Russland: Feldpostbriefe des Gefreiten Alois Scheuer 1941-1942* (St Ingbert, 2000), 31 (1941 年 8 月 15 日).

248. Reddemann ed., *Zwischen Front und Heimat*, 286 (写给 Agnes, 1941 年 8 月 16 日).

249. 同上，431 (写给 Agnes, 1942 年 2 月 28 日).

250. 同上，500.

251. 参见希特勒关于与游击队作战的命令，收录于 Hubatsch ed., *Hitlers Weisungen*, 201-9.

252. Hürter ed., *Ein deutscher General*, 62 (日记，1941 年 6 月 23 日).

253. 同上，65 (写给妻子的信，1941 年 7 月 6 日); 更普遍地关于对游击队员的处理，参见同前，*Hitlers Heerführer*, 404-41.

254. Hürter ed., *Ein deutscher General*, 107 (1941 年 11 月 7 日).

255. Schulte, *The German Army*, 86-149.

256. Glantz, *Barbarossa*, 57-74.

257. Karel C. Berkhoff, *Harvest of Despair: Life and Death in Ukraine under Nazi Rule* (Cambridge, Mass., 2004), 15-17; Gross, *Revolution from Abroad*, 229.

258. Bock, *Zwischen Pflicht und Verweigerung*, 218-19 (1941 年 7 月 15 日), 229 (1941 年 7 月 24 日).

259. Horst Slesina, *Soldaten gegen Tod und Teufel: Unser Kampf in der Sowjetunion: Eine soldatische Deutung* (Düsseldorf, 1942), 164.

260. Scheuer, *Briefe aus Russland*, 30 (1941 年 8 月 7 日).

261. Hürter ed., Ein deutscher General, 69 (写给妻子的信，1941 年 7 月 20 日). 另参见对红军反击的生动描述，收录于 Stützel, *Feldpost*, 54-6.

262. Rüdiger Overmans, *Deutsche militärische Verluste im Zweiten Weltkrieg* (Munich, 1999), 277-9; Hürter ed., *Ein deutscher General*, 177 n. 138.

263. 同上，70 (写给妻子的信，1941 年 7 月 22 日).

264. 同上，72 (写给妻子的信，1941 年 8 月 3 日), 76 (写给妻子的信，1941 年 8 月 23 日).

265. Glantz, *Barbarossa*, 21-2, 75-84.

266. Halder, *Kriegstagebuch*, III. 117 (1941 年 7 月 25 日).

267. 同上 , III. 143 (1941 年 8 月 2 日).

268. 同上 , III. 170 (1941 年 8 月 11 日).

269. 同上 , III. 183 (1941 年 8 月 17 日) 和 178 (1941 年 8 月 15 日).

270. Bock, *Zwischen Pflicht und Verweigerung*, 234 (1941 年 7 月 29 日), 236 (1941 年 7 月 31 日), 242 (1941 年 8 月 7 日).

271. Kleo Pleyer, *Volk im Feld* (Hamburg, 1943), 177.

272. Meier-Welcker, *Aufzeichnungen*, 168 (1942 年 7 月 29 日).

273. Glantz, *Barbarossa*, 21-2; Bock, *Zwischen Pflicht und Verweigerung*, 234-5.

274. Glantz, *Barbarossa*, 99-114 (quote on 114); Weinberg, *A World at Arms*, 268-78.

275. Bock, *Zwischen Pflicht und Verweigerung*, 255 (1941 年 8 月 22 日).

276. 同上 , 258 (1941 年 8 月 25 日).

277. Halder, *Kriegstagebuch*, III. 192 (1941 年 8 月 22 日).

278. 详细分析收录于 Glantz, *Barbarossa*, 117-58; 关于古德里安的“固执己见”, 参见 Bock, *Zwischen Pflicht und Verweigerung*, 269-70 (1941 年 9 月 5 日).

279. 同上 , 277 (1941 年 9 月 15 日).

280. Fröhlich ed., *Die Tagebücher* II/I. 471-6 (1941 年 9 月 23 日).

281. Bock, *Zwischen Pflicht und Verweigerung*, 272 (1941 年 9 月 7 日); 另参见 Hürter ed., *Ein deutscher General*, 85-91 (海因里希在 1941 年 9 月 17 日从基辅被调到中央集团军群).

282. Kershaw, *Hitler*, II. 430-38; Glantz, *Barbarossa*, 84-96 (斯摩棱斯克反攻).

283. Humburg, *Das Gesicht*, 170-71; 好的批判性讨论收录于 Hürter, *Hitlers Heerführer*, 302-10; 更普遍地 , 参见 Jehuda L. Wallach, *The Dogma of the Battle of Annihilation: The Theories of Clausewitz and Schieffen and their Impact on the German Conduct of Two World Wars* (Westport, Conn., 1980), 265-81.

284. Sebag-Montefiore, *Stalin*, 351-54.

285. 同上 .

286. Bock, *Zwischen Pflicht und Verweigerung*, 295 (1941 年 10 月 15 日), 297 (1941 年 10 月 19 日).

287. Meier-Welcker, *Aufzeichnungen*, 130-31 (1941 年 9 月 1 日), 136-8 (1941 年 11 月 7 日); 以及 Bock, *Zwischen Pflicht und Verweigerung*, 307 (1941 年 10 月 31 日).

288. Hürter ed., *Ein deutscher General*, 94 (写给妻子的信 , 1941 年 10 月 16 日).

289. Sebag-Montefiore, *Stalin*, 356; Weinberg, *A World at Arms*, 278-82; Mawdsley, *Thunder in the East*, 195-217.

290. Bock, *Zwischen Pflicht und Verweigerung*, 301 (1941 年 10 月 25 日).

291. 同上 , 317 (1941 年 11 月 14 日).

292. Meier-Welcker, *Aufzeichnungen*, 156 (1942 年 1 月 27 日), 158 (1942 年 3 月 3 日).

293. Hürter ed., *Ein deutscher General*, 108 (对家人的报告 , 1941 年 11 月 19 日).

294. Christoph Rass, ‘Das Sozialprofil von Kampfverbänden des deutschen Heeres 1939 bis

1945', 收录于 Militärgeschichtliches Forschungsant ed., *Das Deutsche Reich und der Zweite Weltkrieg* (以 下 称 *DRZW* (10vols, Stuttgart/Munich, 1979-2008), IX/I (Munich, 2004), 641-741, 在 700.

295. Hürter ed., *Ein deutscher General*, 116 (1941 年 12 月 4 日), 124 (1941 年 12 月 11 日).

296. Bock, *Zwischen Pflicht und Verweigerung*, 342 (1941 年 12 月 7 日).

297. Hürter, *Hitlers Heerführer*, 310-24.

298. Scheuer, *Briefe aus Russland*, 51 (写给妻子的信 , 1941 年 11 月 30 日).

299. 同上 , 56 (写给妻子的信 , 1941 年 12 月 25 日).

300. Kershaw, *Hitler*, II. 450-57.

301. Meier-Welcker, *Aufzeichnungen*, 145-6 (1941 年 12 月 26 日).

302. 同上 .

303. Hürter ed., *Ein deutscher General*, 131 (写给妻子的信 , 1941 年 12 月 22 日); 关于坏天气、肮脏、饥饿和疾病等这类主题在士兵们的通信中出现的频率 , 参见 Humburg, *Das Gesicht*, 129-170.

304. Bock, *Zwischen Pflicht und Verweigerung*, 353-7 (1941 年 12 月 16-22 日); Hürter, *Hitlers Heerführer*, 310-28 (现在取代了之前所有对希特勒和高级将领在 1941 年 12 月和 1942 年 1 月的危机中的关系的分析).

305. Kershaw, *Hitler*, II. 451-5.

306. Reddemann ed., *Zwischen Front und Heimat*, 375 (写给 Agnes, 1941 年 12 月 21 日).

307. Hürter, *Hitlers Heerführer*, 325-6.

308. Weinberg, *A World at Arms*, 用许多例子反复争论 , 并令人信服地说明希特勒一直赞成战术撤退的想法 . 然而 , 一旦他拿定一个主意 , 从性格上讲 , 他倾向于尽可能坚定不移且毫不妥协地执行它 .

309. Hürter ed., *Ein deutscher General*, 135 (写给妻子的信 , 1941 年 12 月 24 日).

310. 同上 , 138 (写给妻子的信 , 1942 年 1 月 11 日).

311. Halder, *Kriegstagebuch*, III. 373 (1942 年 1 月 3 日).

312. Hürter, *Hitlers Heerführer*, 341-2.

313. 同上 , 328-32.

314. 同上 , 332.

315. 同上 , 333-7.

316. Hürter ed., *Ein deutscher General*, 140-59 (1942 年 1 月 21 日至 4 月 25 日).

317. 简要叙述收录于 Earl Ziemke, 'Moscow, Battle for', 收录于 Dear ed., *The Oxford Companion to World War II*, 593-5; 更多细节收录于 Earl F. Ziemke, *Moscow to Stalingrad* (Washington, D.C., 1968).

318. Glantz, *Barbarossa*, 161-204; Overmans, *Deutsche militärische Verluste*, 239, 266.

319. 同上 , 238-9. 给出的数字收录于 Glantz, *Barbarossa*, 161, 超过了这一数字的两倍 , 似乎被夸大了 .

320. Weinberg, *A World at Arms*, 264.

第三章 “最终解决方案”

1. Ernst Klee *et al.* ed., *'Those Were the Days': The Holocaust as Seen by the Perpetrators and Bystanders* (London, 1991 [1988]), 28-33.
2. 同上, 28-31.
3. Friedländer, *The Years of Extermination*, 207, 以及更多细节收录于, Alfred Streim, 'Zur Erörfnung des allgemeinen Judenvernichtungsbefehls gegenüber den Einsatzgruppen', 收录于 Eberhard Jäckel 和 Jürgen Rohwer ed., *Der Mord an den Juden im Zweiten Weltkrieg: Entschlussbildung und Verwirklichung* (Stuttgart, 1985), 108-19 和 Peter Klein ed., *Die Einsatzgruppen in der besetzten Sowjetunion 1941/42: Die Tätigkeits- und Lageberichte des Chefs des Sicherheitspolizei und des SD* (Berlin, 1997).
4. 引用自 Longerich, *Politik*, 324-5, 333-4; Klee *et al.* ed., *'Those Were the Days'*, 24-7.
5. Björn Felder, *Lettland im Zweiten Weltkrieg: Zwischen sowjetischen und deutschen Besatzern 1940-1946* (Paderborn, 2008).
6. Longerich, *Politik*, 325-6, 333-4.
7. Friedländer, *The Years of Extermination*, 219-25; Konrad Kwiet, 'Rehearsing for Murder: The Beginning of the Final Solution in Lithuania in June 1941', *Holocaust and Genocide Studies*, 12 (1998), 3-26; Jürgen Matthäus, 'Jenseits der Grenze: Die ersten Massenerschiessungen von Juden in Litauen (Juni-August 1941)', *Zeitschrift für Geschichtswissenschaft*, 44 (1996), 97-117; 更普遍地 Wolfgang Benz 和 Marion Neiss ed., *Judenmord in Litauen: Studien und Dokumente* (Berlin, 1999).
8. Reddemann ed., *Zwischen Front und Heimat*, 222 (致姊妹, 1941 年 6 月 25 日).
9. 引用自 Bernd Boll and Hans Safrian, 'Auf dem Weg nach Stalingrad: Die 6. Armee 1941/42 收录于 Heer and Naumann ed., *Vernichtungskrieg*, 260-96, 在 271; 同时全面引用自 Longerich, Politik, 324-5.
10. 一名犹太人逃脱了, 因为他的基督徒邻居向暴怒的士兵保证, 屋里没有一个犹太人, 这名犹太人的日记被重印于 Aryeh Klonicki and Malwina Klonicki, *The Diary of Adam's Father: The Diary of Aryeh Klonicki (Klonymus) and His Wife Malvina* (Jerusalem, 1973).
11. 引用自 Longerich, *Politik*, 333, 352-7, 392; 对 A 别动队的活动和杀戮行动的分析收录于同上, 390-94, 和 Krausnick, *Hitlers Einsatzgruppen*, 151-6.
12. Browning, *The Origins*, 255-7.
13. Longerich, *Politik*, 334-7; B 别动队的进展被记录于 Krausnick, *Hitlers Einsatzgruppen*, 156-62.
14. Ben-Cion Pinchuk, *Shtetl Jews under Soviet Rule: Eastern Poland on the Eve of the Holocaust* (Oxford, 1990), 117-200.
15. Pleyer, *Volk im Feld*, 169, 184.
16. Longerich, *Politik*, 352-6.
17. 引用自同上, 358. 另参见 Andrej Angrick and Dieter Pohl, *Einsatzgruppen C and D in the Invasion of the Soviet Union, 1941- 1942* (London, 1999); Klein ed., *Die Einsatzgruppen*. 报告的英语版本收录于 Yitzhak Arad 等 ed., *The Einsatzgruppen Reports: Selections from the*

Dispatches of the Nazi Death Squads' Campaign against the Jews, July 1941-January 1943 (New York, 1989) (翻译内容不一定可信); 和 Ogorreck, *Die Einsatzgruppen*.

18. 关于这个事件 , 参见 Evans, *The Third Reich in Power*, 621-3.

19. Longerich, *Politik*, 337-8.

20. Musial, *'Konterrevolutionäe Elemente'*, 262-9.

21. 同上 , 200-248; 另参见 Manoschek ed., *'Es gibt nur eines'*, 31 (Gefr. F. B., 1941 年 7 月 3 日), 和 51 (Lt. K., 1942 年 2 月 13 日).

22. Klee *et al.* ed., *'Those Were the Days'*, 88-91.

23. 同上 , 91 (1941 年 7 月 5 日).

24. 同上 , 91 (1941 年 7 月 5 日); Musial, *'Konterrevolutionäre Elemente'*, 175-99, 另外关于德国士兵在伦贝格和其他各地参与屠杀和破坏 , 以及关于在鲍里斯拉夫的事件 ; 另参见 Manoschek ed., *'Es gibt nur eines'*, 33 (1941 年 7 月 6 日的信).

25. Berkhoff, *Harvest of Despair*, 205-31; Longerich, *Politik*, 337-43.

26. 同上 , 343.

27. 关于 C 别动队的活动 , 参见 Krausnick, *Hitlers Einsatzgruppen*, 162-9.

28. Klee *et al.* ed., *'Those Were the Days'*, 96 (1941 年 7 月 12 日).

29. 同上 , 97 (1941 年 7 月 12 日).

30. 同上 , 101 (1941 年 7 月 22 日), 105 (1941 年 8 月 2 日); 以及收录于 Longerich, *Politik*, 338-9.

31. Klee *et al.* ed., *'Those Were the Days'*, 297-9; Friedlander, *The Years of Extermination*, 246-7.

32. 引用自 Latzel, 'Tourismus und Gewalt', 449-51. 现在有大量文献讨论战地信件作为历史材料是否有价值 . 例如参见 Humburg, *Das Gesicht*, 257-68.

33. 引用自 Hürter, *Hitlers Heerführer*, 443.

34. Hürter ed., *Ein deutscher General*, 67 (1941 年 7 月 11 日).

35. Longerich, *Politik*, 362.

36. 引用自 Kershaw, *Hitler*, II. 405; Browning, *The Origins*, 274, 310; Friedländer, *The Years of Extermination*, 200; Longerich, *Politik*, 362-6.

37. Fritz Baade and et al ed., *'Unsere Ehre heisst Treue': Kriegstagebuch des Kommandostabes Reichsführer-SS, Tätigkeitsberichte der 1. und 2. 33-Infanterie-Brigade, der 1. SS-Kav. Brigade und von Sonderkommandos der SS* (Vienna, 1965), 212.

38. 同上 , 96.

39. 同上 , 220 (Bericht 'Pripjet-Aktion').

40. 引用自 Klee *et al.* ed., *'Those Were the Days'*, 66-7.

41. 同上 , 67; Berkhoff, *Harvest of Despair*, 65-9.

42. Peter Longerich, *Der ungeschriebene Befehl: Hitler und der Weg zur 'Endlösung'* (Munich, 2001), 106-7.

43. Klee 等 ed., '*Those Were the Days*', 75-86.

44. 简要分析收录于 Friedländer, *The Years of Extermination*, 282; 更多细节收录于 Dieter Pohl, 'Hans Krüger and the Murder of the Jews in the Stanislawo'w Region (Galicia)', *Yad Vashem Studies*, 26 (1998), 257-64; 同前, *Nationalsozialistische Judenverfolgung in Ostgalizien 1941-1944: Organisation und Durchführung eines staatlichen Massenverbrechens* (Munich, 1996) 尤其是 144- 7; Thomas Sandkühler, *'Endlösung' in Galizien: Der Judenmord in Ostpolen und die Rettungsinitiativen von Berthold Beitz, 1941-1944* (Bonn, 1996) 尤其是 150; 和 Browning, *The Origins*, 348-50.

45. Bernd Boll, 'Z oczów, Juli 1941: Die Wehrmacht und der Beginn des Holocaust in Galizien', *Zeitschrift für Geschichtswissenschaft*, 50 (2002), 899-917.

46. Friedländer, *The Years of Extermination*, 215-19, 文件收录于 Klee 等 ed., 'Those Were the Days', 137-54.

47. 引用自同上, 151; Groscurth, *Tagebücher*, 534-42.

48. Deletant, *Hitler's Forgotten Ally*, 127-30; 更普遍地, Andrej Angrick, 'The Escalation of German-Rumanian Anti-Jewish Policy after the Attack on the Soviet Union', *Yad Vashem Studies*, 26 (1998), 203-38.

49. Deletant, *Hitler's Forgotten Ally*, 102-28 (quote at 116), 有力地反驳了 Larry Watts 不那么敌意的分析(尽管在许多方面是有价值的), Larry Watts, *Romanian Cassandra: Ion Antonescu and the Struggle for Reform, 1916-1941* (Boulder, Colo., 1993).

50. Kurt Erichson ed., *Abschied ist immer: Briefe an den Bruder im Zweiten Weltkrieg* (Frankfurt am Main, 1994), 25 (letter to brother, 1941 年 7 月 17 日).

51. 参见 Jean Ancel, *Transnistria* (3vols, Bucharest, 1998).

52. Deletant, *Hitler's Forgotten Ally*, 197.

53. 同上, 171-3, 有根据罗马尼亚和德国文件的准确详情和数字(其他的分析似乎包含重复计算的因素); 更普遍地, 参见 Alexander Dallin, *Odessa, 1941-1944: A Case Study of Soviet Territory under Foreign Rule* (Ia i, 1998 [1957]) 尤其是 74-5.

54. Deletant, *Hitler's Forgotten Ally*, 173-9.

55. 同上, 179-87; Paul A. Shapiro, 'The Jews of Chisinau (Kishinev): Romanian Reoccupation, Ghettoization, Deportation', 收录于 Randolph L. Braham ed., *The Destruction of Romanian and Ukrainian Jews during the Antonescu Era* (New York, 1997), 135-94; Dennis Deletant, 'Ghetto Experience in Golta, Transnistria, 1942-1944', *Holocaust and Genocide Studies*, 18 (2004), 1-26; 和 Dalia Ofer, 'Life in the Ghettos of Transnistria', *Yad Vashem Studies*, 25 (1996), 229-74.

56. Jean Ancel, 'The Romanian Way of Solving the "Jewish Problem" 收录于 Bessarabia 和 Bukovina: June-July 1941', *Yad Vashem Studies*, 19 (1988), 187-232; 同前, 'The "Christian" Regimes of Romania and the Jews, 1940-1942', *Holocaust and Genocide Studies*, 7 (1993), 14-29; Braham ed., *The Destruction of Romanian and Ukrainian Jews*; 最完整和最准确的分析, 有力地强调了这些大规模谋杀的种族主义特征, 现在收录于 Deletant, *Hitler's Forgotten Ally*, 130-49 (quote on 141).

57. Friedländer, *The Years of Extermination*, 225, 引用国际委员会关于大屠杀的报告, 收录于罗马尼亚的 *Final Report of the International Commission on the Holocaust in Romania,*

presented to Romanian President Ion Iliescu, 11 November 2004; Deletant, *Hitler's Forgotten Ally*, 166-71.

58. Andrej Angrick, Besatzungspolitik und Massenmord: *Die Einsatzgruppe D in der südlichen Sowjetunion 1941-1943* (Hamburg, 2003), 174; Radu Ioanid, *The Holocaust in Romania: The Destruction of Jews and Gypsies under the Antonescu Regime, 1940-1944* (Chicago, 2000), 62-4.

59. 引用在 Longerich, *Politik*, 388.

60. 同上, 388-9; Breitman, *The Architect of Genocide*, 213-14.

61. 关于一个详细的路线，参见 Krausnick, *Hitlers Einsatzgruppen*, 169-78; 详情收录于 Longerich, *Politik*, 386-90; 和 Angrick, *Besatzungspolitik und Massenmord*.

62. Krausnick, *Hitlers Einsatzgruppen*, 118; Dear ed., *The Oxford Companion to World War II*, 1,011-16; Browning, *The Origins*, 334-5.

63. Walter Manoschek, 'Die Vernichtung der Juden in Serbien', 收录于 Ulrich Herbert ed., *Nationalsozialistische Vernichtungspolitik 1939- 1945: Neue Forschungen und Kontroversen* (Frankfurt am Main, 1998), 209-34, 在 209-12.

64. 引用自 Paul Hehn, *The German Struggle against Yugoslav Guerillas in World War II: German Counter-Insurgency in Yugoslavia 1941-1943* (New York, 1979), 28-9; Manoschek, 'Die Vernichtung', 214-15, 220.

65. 引用自同上, 216-17.

66. 引用自 Manoschek ed., *'Es gibt nur eines'*, 39 (Lt. P. G., 1941 年 7 月 29 日).

67. 引用自 Manoschek, 'Die Vernichtung', 216.

68. Fröhlich ed., *Die Tagebücher*, II/I. 478 (1941 年 9 月 24 日).

69. 引用自 Browning, *The Origins*, 338.

70. Longeri ch, *Politik*, 458-9; 引文收录于 Manoschek, 'Die Vernichtung', 222.

71. 引用自同上, 227; 关于吉普赛人，参见同上, 233, 以及尤其是 Karola Fings 等, *'...einziges Land, in dem Judenfrage und Zigeunerfrage gelt': Die Verfolgung der Roma im faschistisch besetzten Jugoslawien 1941-1945* (Cologne, n.d.).

72. 引用自 Glenny, *The Balkans*, 503.

73. Browning, *The Origins*, 341.

74. 引用自 Walter Manoschek, '"Gehst mit Juden erschiessen?" Die Vernichtung der Juden in Serbien', 收录于 Heer and Naumann ed., *Vernichtungskrieg*, 39-56, 在 46.

75. Walter Manoschek, *'Serbien ist judenfrei': Militsärische Besatzungspolitik und Judenvernichtung in Serbien 1941/42* (Munich, 1993), 155-8.

76. Manfred Messerschmidt, 'Partisanenkrieg auf dem Balkan, Ziele, Methoden, "Rechtfertigung"', 收录于 Loukia Droulia 和 Hagen Fleischer ed., *Von Lidice bis Kalavryta: Widerstand und Besatzungsterror: Studien zur Repressalienpraxis im Zweiten Weltkrieg* (Berlin, 1999), 65-91; Walter Manoschek, 'Krajevo-Kragujevac-Kalavryta: Die Massaker der 717. Infanteriedivision bzw. 117. Jägerdivision am Balnak', 收录于同上, 93-104; 同前, 'Partisanenkrieg und Genozid: Die Wehrmacht in Serbien 1941', 收录于同前

ed., *Die Wehrmacht im Rassenkrieg: Der Vernichtungskrieg hinter der Front* (Vienna, 1996), 142-67.

77. Longerich, *Politik*, 405-10; Hannes Heer, 'Killing Fields: Die Wehrmacht und der Holocaust', 收录于同前和 Naumann ed., *Vernichtungskrieg*, 57-77.

78. Longerich, *Politik*, 418.

79. Browning, *The Origins*, 309-11.

80. Longerich, *Der ungeschriebene Befehl*, 107-11.

81. Werner Jochmann ed., *Monologe im Fhrerhauptquartier 1941- 44: Die Aufzeichnungen Heinrich Heims* (Hamburg, 1980), 106-8; 另参见 Longerich, *Der ungeschriebene Befehl*, 114-15.

82. Browning, *The Origins*, 312; Longerich, *Der ungeschriebene Befehl*, 112.

83. 同上, 112.

84. Weinberg, *A World at Arms*, 153-61; Saul Friedländer, *Prelude to Downfall: Hitler and the United States, 1939-1941* (London, 1967); David Reynolds, *From Munich to Pearl Harbor: Roosevelt's America and the Origins of the Second World War* (Chicago, 2001); 同前, *The Creation of the Anglo-American Alliance, 1937-1941: A Study in Competitive Co-operation* (London, 1981).

85. Friedländer, *The Years of Extermination*, 201; Tooze, *The Wages of Destruction*, 406-7.

86. Weinberg, *A World at Arms*, 243-5.

87. 同上, 245-63.

88. Domarus ed., *Hitler*, IV. 1,731. 关于此刻犹太人对美国政策缺乏影响的详情，参见 Herf, *The Jewish Enemy*, 79-82.

89. 同上, 84-5.

90. 同上, 98-104.

91. Frölich ed., *Die Tagebücher*, II/I. 32-5 (1941 年 7 月 9 日；首次口述记录).

92. Herf, *The Jewish Enemy*, 105.

93. 同上, 106-7, 281-3 (由于 Herf 引用的一些标题没有提及犹太人，因此我做了轻微的更正).

94. 同上, 28-31.

95. A. N., 1941 年 6 月 23 日，引用自 Manoschek ed., *'Es gibt nur eines'*, 28.

96. Herf, *The Jewish Enemy*, 282.

97. 同上，插图，166 和 167 之间.

98. 引用自同上, 113.

99. Friedländer, *The Years of Extermination*, 202-7; Wolfgang Benz, 'Judenvernichtung aus Notwehr? Die Legenden um Theodore N. Kaufman', *VfZ* 29 (1981), 615-30; 更普遍地, Philipp Gassert, *Amerika im Dritten Reich: Ideologie, Propaganda und Volksmeinung 1933-1941* (Stuttgart, 1997) 尤其是 ch. 7, 和 Bianka Pietrow-Ennker, 'Die Sowjetunion in der Propaganda des Dritten Reiches: Das Beispiel der Wochenschau', *Militärgeschichtliche Mitteilungen*, 46 (1989), 79-120.

100. 引用在 Herf, *The Jewish Enemy*, 108; 关于 *The Reich*, 参见同上 , 20-21.

101. Longerich, *Politik*, 421-3 和 696 nn. 3, 5, 8; 好的讨论收录于 Friedländer, *The Years of Extermination*, 78-9 n. 160.

102. Kershaw, *Hitler*, II. 410-12.

103. Fröhlich ed., Die Tagebücher, II/I. 269 (1941 年 8 月 19 日); 另参见 Longerich, *Der ungeschriebene Befehl*, 113-14.

104. 尤其参见 Gerhard Botz, *Wohnungspolitik und Judendeportation in Wien 1938 bis 1945: Zur Funktion des Antisemitismus als Ersatz nationalsozialistischer Sozialpolitik* (Vienna, 1975) 57-65.

105. Friedländer, *The Years of Extermination*, 238-9.

106. Longerich 和 Pohl, *Ermordung*, 157; 另参见同前 , *Der ungeschriebene Befehl*, 114, 和更普遍地 , *Politik*, 421-34 (除了别的之外 , 强调这时反犹主义宣传的强化).

107. Longerich, *Der ungeschriebene Befehl*, 115. Friedländer 的推论 , *The Years of Extermination*, 264, 斯大林没有被打动这一点无关紧要 , 重要的是给德国国内民众留下深刻印象 .

108. Fröhlich ed., *Die Tagebücher*, II/I. 480-81 (1941 年 9 月 24 日); 另参见 Longerich, *Der ungeschriebene Befehl*, 116-17.

109. Fröhlich ed., *Die Tagebücher*, II/I. 481 (1941 年 9 月 24 日).

110. Longerich, *Der ungeschriebene Befehl*, 115-17.

111. Klemperer, *I Shall Bear Witness*, 374-98 (23 June-1 July 1941 年 6 月 23 日 -7 月 1 日).

112. Klemperer, *To the Bitter End*, 37 (1942 年 4 月 12 日).

113. 同上 , 33 (1942 年 3 月 31 日), 37 (1942 年 4 月 18 日), 41-2 (1942 年 4 月 23 日和 26 日).

114. 同上 , 65 (1942 年 6 月 6 日).

115. Friedländer, *The Years of Extermination*, 228.

116. Klemperer, *I Shall Bear Witness*, 414-15 (18, 19 and 20 September 1941 年 9 月 18、19 和 20 日), 以及 424 (1941 年 11 月 9 日).

117. 同上 , 422 (1941 年 10 月 31 日).

118. Klemperer, *To the Bitter End*, 11 (1942 年 2 月 6 日).

119. 同上 , 62-3 (1942 年 6 月 2 日).

120. Friedländer, *The Years of Extermination*, 289.

121. 同上 , 368.

122. Klemperer, *To the Bitter End*, 50-53 (1942 年 5 月 18-19 日).

123. Longerich, *Politik*, 446-8.

124. Longerich, *Der ungeschriebene Befehl*, 121.

125. Friedländer, *The Years of Extermination*, 255-6.

126. Wolf Gruner, Judenverfolgung in Berlin 1933-1945: *Eine Chronologie der Behördenmassnahmen in der Reichshauptstadt* (Berlin, 1996), 84.

127. Friedländer, *The Years of Extermination*, 266-7, 给出了轻微变动的数字；另参见 Longerich, *Der ungeschriebene Befehl*, 117- 18. 关于驱逐的方法和大量被驱逐个人的故事，参见特别的研究 Hans Georg Adler, *Der verwaltete Mensch: Studien zur Deportation der Juden aus Deutschland* (Tübingen, 1974).

128. Fröhlich ed., *Die Tagebücher*, II/II.340-41 (1941 年 11 月 22 日).

129. 参见 Stadtarchiv München ed., *'...verzogen, unbekannt wohin': Die erste Deportation von Münchner Juden im November 1941* (Zurich, 2000); Dina Porat, 'The Legend of the Struggle of Jews from the Third Reich in the Ninth Fort Near Kovno, 1941-1942', *Tel Aviver Jahrbuch für deutsche Geschichte*, 20 (1991), 363-92.

130. Klemperer, *To the Bitter End*, 6 (1942 年 1 月 1 日).

131. 同上，13 (1942 年 2 月 15 日).

132. 同上，17 (1942 年 2 月 21 日 -3 月 6 日).

133. 同上，25-7 (1942 年 3 月 9-16 日).

134. 同上，54-6 (1942 年 5 月 23 日).

135. 同上，81 (1942 年 6 月 24 日)（原文是斜体）.

136. 同上，58 (1942 年 5 月 27 日).

137. Solmitz, *Tagebuch*, 652, 655, 679 (1941 年 5 月 22 日，1941 年 6 月 3 日，1941 年 9 月 13 日).

138. 参见一般的讨论，收录于 Friedländer, *The Years of Extermination*, 263-7.

139. 引用自 Longerich, *Der ungeschriebene Befehl*, 119.

140. 引用自同上，118.

141. Hillgruber ed., *Staatsmänner und Diplomaten*, I. 664.

142. Fröhlich ed., *Die Tagebücher* II/II. 222 (1941 年 11 月 2 日).

143. Avraham Tory, *Surviving the Holocaust: The Kovno Ghetto Diary* (Cambridge, 1990).

144. 同上，43-60; 和 Corni, *Hitler's Ghettos*, 35.

145. 同上，31-7.

146. Pohl 的有力推论，Pohl, *Von der 'Judenpolitik' zum Judenmord*, 179; 关于对一个命令的争论的分析，这一命令是假设的，对它的争论是无休止的，参见 Christopher R. Browning, 'The Decision-Making Process', 收录于 Dan Stone ed., *The Historiography of the Holocaust* (London, 2004), 173-96.

147. 引用自 Longerich, *Der ungeschriebene Befehl*, 23-4.

148. Christian Gerlach, *Kalkulierte Morde: Die deutsche Wirtschaftsund Vernichtungspolitik in Weissrussland 1941 bis 1944* (Hamburg, 1999), 尤其是 683-743, 和 1,131-6; 关于精神病人和残疾人士，参见同上，1,067-74.

149. Herf, *The Jewish Enemy*, 124-7. 演讲后来被出版成一本小册子，*The Iron Heart*.

150. 引用自 Longerich, *Der ungeschriebene Befehl*, 139; 另参见 Jürgen Hagemann, *Die Presselenkung im Dritten Reich* (Bonn, 1970), 125, 146 n. 67.

151. Dieter Pohl, 'Schauplatz Ukraine: Der Massenmord an den Juden im Militärverwaltungsgebiet und im Reichskommissariat 1941-1945', 收录于 Norbert Frei 等 ed., *Ausbeutung, Vernichtung,*

Öffentlichkeit: Neue Studien zur nationalsozialistischen Lagerpolitik (Munich, 2000), 135-73. 另参见 Martin Dean, *Collaboration in the Holocaust: Crimes of the Local Police in Belorussia and the Ukraine, 1941-44* (New York, 2000); 和 Shmuel Spector, *The Holocaust of Volhynian Jews: 1941-1944* (Jerusalem, 1990).

152. Rudolf Höss, *Commandant of Auschwitz: The Autobiography of Rudolf Höss* (London, 1959 [1951]), 165.

153. Klee *and et al* ed., *'Those Were the Days'*, 68.

154. Longerich, *Der ungeschriebene Befehl*, 122-3.

155. 引用自 Klee *and et al* ed., *'Those Were the Days'*, 69.

156. Yitzhak Arad, *Belzec, Sobibor, Treblinka: The Operation Reinhard Death Camps* (Bloomington, Ind., 1999 [1987]), 10-11; Longerich, *Der ungeschriebene Befehl*, 123; 同前 , *Politik*, 441-2; 更多细节收录于 Beer, 'Die Entwicklung der Gaswagen'; 对精神病患者杀戮的列举收录于 Longerich, *Politik*, 403-4.

157. Peter Witte *and et al* ed., *Der Dienstkalender Heinrich Himmlers 1941/42* (Hamburg, 1999), 233-4 (1941 年 10 月 13 日和注释 35). 在里加和莫吉廖夫修建杀戮中心的计划也被起草 , 尽管实际上这些杀戮中心从来没有建成 .

158. Longerich, *Der ungeschriebene Befehl*, 122-3.

159. Friedländer, *The Years of Extermination*, 314-18; Grojanowski 设法逃出去 , 并且将他的故事告诉华沙的林格尔布卢姆 , 他于 1942 年 1 月抵达华沙 . 另参见 Gilbert, *The Holocaust*, 502.

160. Longerich, *Der ungeschriebene Befehl*, 123; 同前 , *Politik*, 443.

161. 引用自 Klee *and et al* ed., *'Those Were the Days'*, 72-4.

162. Manoschek, 'Die Vernichtung', 228-34; 还有 Menachem Schelach, 'Sajmiste-an Extermination Camp in Serbia', *Holocaust and Genocide Studies*, 2 (1987), 243-60; 更多细节收录于 , *The Balkans*, 504-6, 和 Browning, *The Origins*, 344-6, 421-3.

163. Mark Roseman, *The Wannsee Conference and the Final Solution: A Reconsideration* (New York, 2002), 81; Friedländer, *The Years of Extermination*, 728-31 n. 193.

164. Christian Gerlach, 'Die Wannsee-Konferenz, das Schicksal der deutschen Juden und Hitlers politische Grundsatzentscheidung, alle Juden Europas zu ermorden', *Werkstatt Geschichte*, 18 (1997), 7-44; Roseman, *The Wannsee Conference*, 86.

165. 同上 , 86.

166. Fröhlich ed., *Die Tagebücher*, II/II. 498-9 (1941 年 12 月 13 日); 另参见 Longerich, *Der ungeschriebene Befehl*, 138.

167. 引用在同上 , 139.

168. 同上 , 140-42.

169. Präg and Jacobmeyer ed., *Das Diensttagebuch*, 457 (1941 年 12 月 16 日).

170. 同上 , 458.

171. Longerich, *Der ungeschriebene Befehl*, 133; 同前 , *Politik*, 461- 5; Richard J. Evans, *Telling Lies About Hitler: The Holocaust, History and the David Irving Trial* (London, 2002), 84-8.

172. Longerich, *Der ungeschriebene Befehl*, 122-37.

173. Witte *and et al* ed., *Der Dienstkalender*, 294.

174. 引用在 Longerich, *Der ungeschriebene Befehl*, 169-70.

175. Longerich, *Politik*, 447-8, 强调截至 1940 年 10 月这一意图的存在，但不是一个灭绝欧洲犹太人的计划；更普遍地，关于在瓦尔塔兰和卢布林区的大规模杀戮，参见同上，450-58.

176. Roseman, *The Wannsee Conference*, 157-62, 重印会议的原始记录，通常被称为“万湖备忘录”. Eberhard Jäckel, ‘On the Purpose of the Wannsee Conference’, 收录于 James S. Pacy and Alan P. Wertheimer ed., *Perspectives on the Holocaust: Essays in Honor of Raul Hilberg* (Boulder, Colo., 1995), 39-49, 认为会议的目的是使与会者相信希特勒已经亲自委托海德里希进行大屠杀，这种假设并没有令人信服的证据.

177. Roseman, *The Wannsee Conference*, 163-4.

178. Roseman, *The Wannsee Conference*, 165-72. 关于对“混血种族”的讨论和决定，参见 Beate Meyer, *‘Jüdische Mischlinge’: Rassenpolitik und Verfolgungserfahrung 1933-1945* (Hamburg, 1999), 99-101; 和 Peter Longerich 和 Dieter Pohl ed., *Die Ermordung der europäischen Juden: Eine umfassende Dokumentation des Holocaust 1941-1945* (Munich, 1989), 167-9.

179. Tooze, *The Wages of Destruction*, 476.

180. Roseman, *The Wannsee Conference*, 136-40.

181. Longerich, *Politik*, 476-82; Tooze, *The Wages of Destruction*, 531-3.

182. Eichmann trial, 26 June 1961, 24 July 1961, 引用自 Roseman, *The Wannsee Conference*, 144. 关于一种观点，即提及道路建设计划具有隐喻意义，象征各种奴隶劳工，参见 Friedländer, *The Years of Extermination* , 342.

183. Roseman, *The Wannsee Conference*, 136-40.

184. 同上，144-5, 148.

185. 同上，149-50.

186. Longerich, *Der ungeschriebene Befehl*, 143-8.

187. Domarus ed., *Hitler*, IV. 1,828-9 (1942 年 1 月 30 日).

188. Jochmann ed., *Adolf Hitler*, 227-9.

189. Longerich, *Der ungeschriebene Befehl*, 138-42.

190. Fröhlich ed., *Die Tagebücher*, II/III. 320-21 (1942 年 2 月 15 日).

191. 同上 II/III. 561 (1942 年 3 月 27 日).

192. 同上

193. Domarus ed., *Hitler*, IV. 1,869.

194. Fröhlich ed., *Die Tagebücher*, II/IV. 184 (1942 年 4 月 27 日). 关于所谓的‘Schlegelberger Note’, 一个没有标明日期的备忘录报告道，希特勒反复向拉默斯强调，犹太人问题只能在战后解决，参见 Evans, *Telling Lies*, 89-94. 如果正如文件标明的那样，备忘录始于 1942 年春天，那么它要么谈论的是“混血种族”和“具有一半犹太人血统的犹太人”的具体问题，要么它表达了希特勒的信念，即“最终解决方案”的完成将只能在战争结束后发生，在这一年内，这一事件此时仍在被期待.

195. 引用自 Herf, *The Jewish Enemy*, 155.

196. Fröhlich ed., *Die Tagebücher*, II/IV. 350 (1942 年 5 月 24 日).

197. 同上，355.

198. 同上，406 (1942 年 5 月 30 日).

199. Roseman, *The Wannsee Conference*, 152-5.

200. 引用自 Berenstein 等 ed., *Faschismus*, 296; cf. 还有 o Evans, *Telling Lies*, 96.

201. Wolf Gruner, *Widerstand in der Rosenstrasse: Die Fabrik- Aktion und die Verfolgung der Mischehen 1943* (Frankfurt am Main, 2005); 同前，‘Die Fabrik-Aktion und die Ereignisse in der Berliner Rosenstrasse: Fakten und Fiktionen um den 27. Februar 1943’, *Jahrbuch für Antisemitismusforschung*, 11 (2002), 137-77. 关于它的经典版本中的说明，参见 Nathan Stoltzfus, *Resistance of the Heart: Intermarriage and the Rosenstrasse Protest in Nazi Germany* (New York, 1996), 209-58 (严重依赖口述历史访谈).

202. Jochen Klepper, *Unter dem Schatten deiner Flügel: Aus den Tagebüchern der Jahre 1932-1942* (Stuttgart, 1955), 798 (1939 年 9 月 3 日); 同前，*Briefwechsel 1925-1942* (Ernst G. Riemschneidered., Stuttgart, 1973), 227-30 (与 Frick 交换信件).

203. 引用自 Klepper, *Unter dem Schatten*, 1,130 (8 December 1942).

204. 同上，1,130-31 (1942 年 12 月 8 日).

205. 同上，1,133 (1942 年 12 月 10 日).

206. Christian Goeschel, ‘Suicide in Weimar and Nazi Germany’ (Ph.D. dissertation, University of Cambridge, 2006), 135-59.

207. Longerich, *Der ungeschriebene Befehl*, 151-2.

208. 同上，149-6, 170-73. 关于驱逐的列表，参见同前，*Politik*, 483-93.

209. Höhne, *The Order of the Death's Head*, 455-6; Detlev Brandes, *Die Tschechen unter deutschem Protektorat, I: Besatzungspolitik, Kollaboration und Widerstand im Protektorat Böhmen und Mähren bis Heydrichs Tod, 1939-1942* (Munich, 1969); Miroslav Kárny, ‘“Heydrichiaden”: Widerstand und Terror im Protektorat Böhmen und Mähren’, 收录于 Droulia and Fleischer ed., *Von Lidice bis Kalavryta*, 51- 63.

210. Charles Whiting, *Heydrich: Henchman of Death* (London, 1999), 141-7.

211. Höhne, *The Order of the Death's Head*, 455-7; Kershaw, *Hitler*, II. 518-19; 仍然对了解详情有用：Charles Wighton, *Heydrich: Hitler's Most Evil Henchman* (London, 1962), 270-76; 最近利用外科医生证言进行的分析收录于 Mario R. Dederichs, *Heydrich: Das Gesicht des Bösen* (Munich, 2005), 185-212.

212. 引用在 Günther Deschner, ‘Reinhard Heydrich: Security Technocrat’, 收录于 Ronald Smelser and Rainer Zitelmann ed., *The Nazi Elite* (London, 1993 [1989]), 85-97, 在 87; 同前，*Reinhard Heydrich-Statthalter der totalen Macht* (Munich, 1978).

213. Hitler, *Hitler's Table Talk*, 1942 年 6 月 4 日.

214. Höhne, *The Order of the Death's Head*, 149-50; Fest, *The Face of the Third Reich*, 152-70.

215. 正如他的遗孀后来报告的那样；参见同上，161.

216. Felix Kersten, *The Kersten Memoirs 1940-1945* (London, 1956), 90-99.

217. Carl J. *Burckhardt, Meine Danziger Mission 1937-1939* (Munich, 1960), 55.

218. 同上，57.

219. Hitler, *Hitler's Table Talk*, 1942 年 6 月 4 日.

220. 同上，1942 年 7 月 4 日.

221. Jürgen Tampke, *Czech-German Relations and the Politics of Central Europe from Bohemia to the EU* (London, 2003), 67-9; Ren' Kupper, 'Karl Hermann Frank als Deutscher Staatsminister für Böhmen und Mähren', 收录于 Monika Glettler 等 ed., *Geteilt, Besetzt, Beherrscht: Die Tschechoslowakei 1938-1945: Reichsgau Sudetenland, Protektorat Böhmen und Mähren, Slowakei* (Essen, 2004), 31-52.

222. Tooze, *The Wages of Destruction*, 538-45. 食品问题的重要性首次被强调，收录于 Christian Gerlach's Krieg, *Ernährung, Völkermord: Forschungen zur deutschen Vernichtungspolitik im Zweiten Weltkrieg* (Hamburg, 1998).

223. Berenstein 等 ed., *Faschismus*, 303.

224. Longerich, *Der ungeschriebene Befehl*, 168.

225. Domarus ed., *Hitler*, IV. 1,920 (1942 年 9 月 30 日); 在这种场合，希特勒使用的词是 Ausrottung 而不像平常那样使用 Vernichtung.

226. 引用于 Friedländer, *The Years of Extermination*, 403.

227. 引用自 Herf, *The Jewish Enemy*, 169.

228. Domarus ed., *Hitler* IV. 1,937 (1942 年 11 月 8 日).

229. Helmut Heiber, *Goebbels-Reden* (2vols, Düsseldorf, 1971-2). 这一版本引用自 Jeremy Noakes ed., *Nazism 1919-1945*, IV: *The German Home Front in World War II: A Documentary Reader* (Exeter, 1998), 490-91, 来自 BBC 广播监听业务记录，在最后一次审判之后，从观众中传来"赶走犹太人"的喊声.

230. Domarus ed., *Hitler*, IV. 1,991 (1943 年 2 月 25 日) 和 2,001 (1943 年 3 月 21 日).

231. Frohlich ed., *Die Tagebücher* II/VIII. 287-90 (1943 年 5 月 13 日); 另参见 Norman Cohn, *Warrant for Genocide: The Myth of the Jewish World-Conspiracy and the Protocols of the Elders of Zion* (London, 1967).

232. 引用自 Noakes ed., *Nazism*, IV. 497.

233. Herf, *The Jewish Enemy*, 281-7.

234. 这是 Herf 的论文，同上. 另参见同书，183-230, 关于 1943 年反犹主义宣传的一个调查.

235. 引用自 Longerich, *Der ungeschriebene Befehl*, 181-2.

236. Arad, *Belzec*, 14-16.

237. 同上，16-22.

238. Gilbert, *The Holocaust*, 817; Arad, *Belzec*, 23-9, 68-74.

239. Klukowski, *Diary*, 191 (1942 年 4 月 8 日); 提到电明显根据的是错误的信息.

240. 同上，192 (1942 年 4 月 12-13 日).

241. 同上，195-6 (1942 年 5 月 8 日).

242. 同上，197 (1942 年 5 月 9 日).

243. Gitta Sereny, *Into that Darkness: An Examination of Conscience* (London, 1977 [1974]), 111-12.

244. 同上，21-55.

245. Arad, *Belzec*, 126-7.

246. 同上，30-37, 75-80.

247. 同上，30-36, 49-53, 75-80, 128-30, 171-3.

248. Michael MacQueen, 'The Conversion of Looted Jewish Assets to Run the German War Machine', *Holocaust and Genocide Studies*, 18 (2004), 27-45; Bertrand Perz and Thomas Sandkühler, 'Auschwitz und die "Aktion Reinhard" 1942-1945: Judenmord und Raubpraxis in neuer Sicht', *Zeitgeschichte*, 26 (2000), 283-316.

249. Friedländer, *The Years of Extermination*, 498-9.

250. Berenstein and el. ed., *Faschismus*, 412-21.

251. Arad, *Belzec*, 165-9, 171, 306-41, 373-5.

252. 同上，37-43.

253. 同上，81-94; Sereny, *Into that Darkness*, 200-207.

254. 同上，200-207, 358; Arad, *Belzec*, 89-99.

255. 同上，196-7.

256. 同上，101.

257. 同上，270-98; Sereny, *Into that Darkness*, 236-49.

258. Sereny, *Into that Darkness*, 248-9.

259. Arad, *Belzec*, 365-9.

260. 同上，170-78, 372-6; Sereny, *Into that Darkness*, 249-50.

261. Arad, *Belzec*, 379-80.

262. Peter Witte 和 Stephen Tyas, 'A New Document on the Deportation and Murder of Jews during "Einsatz Reinhard" 1942', *Holocaust and Genocide Studies*, 15 (2001), 468-86.

263. Gerald Fleming, *Hitler and the Final Solution* (Oxford, 1986 [1982]), 135-9. 后来在对艾希曼进行审判时，根据他的说法，当被删减的报告到达他的办公室时，上面有希姆莱的笔记："元首已经阅过，摧毁，H.H.".

264. Arad, *Belzec*, 379.

265. Sybille Steinbacher, *Auschwitz: A History* (London, 2005 [2004]), 5-27; Höss, *Commandant of Auschwitz*, 116-19; Nilli Keren, 'The Family Camp', 收录于 Yisrael Gutman 和 Michael Berenbaum ed., *Anatomy of the Auschwitz Death Camp* (Bloomington, Ind., 1994), 428-40. 关于这些囚犯中的其中一名写的一个图像回忆录，参见 Wieslaw Kielar, *Anus Mundi: Five Years in Auschwitz* (London, 1982 [1972]).

266. Höss, *Commandant of Auschwitz*, 231.

267. 同上，134-9; Steinbacher, *Auschwitz*, 89-91.

268. Tomasz Kranz, 'Das KL Lublin zwischen Planung und Realisierung', 收录于 Herbert 等 ed., *Die nationalsozialistischen Konzentrationslager*, I. 363-89.

269. Longerich, *Der ungeschriebene Befehl*, 124-5; Steinbacher, *Auschwitz*, 77.

270. Longerich, *Politik*, 444（和 704 n. 114, 关于这些实验的存在争议的时间选择）.

271. Friedländer, *The Years of Extermination*, 236, 717 n. 147; Höss, *Commandant of Auschwitz*, 164.

272. Longerich, *Der ungeschriebene Befehl*, 124; Steinbacher, *Auschwitz*, 87-9.

273. Höss, *Commandant of Auschwitz*, 169.

274. Höss, *Commandant of Auschwitz*, 169.

275. 同上，166-7.

276. Longerich, *Der ungeschriebene Befehl*, 124-5; Jamie McCarthy 等，'The Ruins of the Gas Chambers: A Forensic Investigation of Crematoriums at Auschwitz I and Auschwitz-Birkenau', *Holocaust and Genocide Studies*, 18 (2004), 68-103. Michael Thad Allen, 'Not Just a "Dating Game": Origins of the Holocaust at Auschwitz in the Light of Witness Testimony', *German History*, 25 (2007), 162-91, 有力地争论道，按照在柏林的希姆莱的指令，2 号火葬场从一开始就被设计为一个毒气室，批判了那种认为火葬场只在后来才转变为毒气室的说法：参见 Robert Jan Van Pelt, 'A Site in Search of a Mission', 收录于 Gutman and Berenbaum ed., *Anatomy*, 93-156; 和 Sybille Steinbacher, *'Musterstadt' Auschwitz: Germanisierungspolitik und Judenmord in Ostoberschlesien* (Munich, 2000), 78.

277. Steinbacher, *Auschwitz*, 96-105.

278. 同上，119-21.

279. 同上，105-7; Höss, *Commandant of Auschwitz*, 211, 235.

280. Steinbacher, *Auschwitz*, 107.

281. Miroslav Kárny 等 ed., *Theresienstadt in der 'Endlösung der Judenfrage'* (Prague, 1992).

282. Steinbacher, *Auschwitz*, 108-9; Friedländer, *The Years of Extermination*, 354.

283. 同上，620; Steinbacher, *Auschwitz*, 108.

284. 同上，40-44; 同样，*'Musterstadt' Auschwitz*, 247.

285. Steinbacher, *Auschwitz*, 132-5.

286. Höss, *Commandant of Auschwitz*, 173.

287. 同上，172.

288. 同上，145.

289. 同上，172.

290. 同上，174.

291. 同上，175-6.

292. Czerniakow, *The Warsaw Diary*, 300 (1941 年 11 月 19 日), 341 (1942 年 4 月 8-10 日), 355 (1942 年 5 月 18 日), 366 (1942 年 6 月 14 日), 376-7 (1942 年 7 月 8 日).

293. 同上，384-5 (21-3 July 1942); Kermish, 'Introduction', 收录于同上，23- 4. Czerniakow 的

日记被不明人士保存，在 1959 年才得以曝光．关于 1942 年 7 月 22 日的关键会议，有一个模糊的分析，收录于 Marcel Reich-Ranicki, *The Author of Himself: The Life of Marcel Reich-Ranicki* (London, 2001 [1999]), 164-6. 另参见 Wolfgang Scheffler, 'The Forgotten Part of the "Final Solution"：The Liquidation of the Ghettos', *Simon Wiesenthal Centre Annual*, 2 (1985), 31-51.

294. Hosenfeld, 'Ich versuche', 628 (letter to wife, 23 July 1942). 霍森费尔德在军事管理层中的地位似乎使他的信件逃脱了审查者的注意，不过这样一种不受限制的批评表达仍具有潜在的危险性．

295. 同上，630 (*diary*, 1942 年 7 月 25 日).

296. 同上，642 (写给儿子的信，1942 年 8 月 18 日).

297. Klukowski, *Diary*, 208 (1942 年 8 月 4 日).

298. Kaplan, *Scroll*, 序言和 271 (1942 年 6 月 16 日), 279-80 (25- 6 June 1942); Gilbert, *The Holocaust*, 462; Corni, *Hitler's Ghettos*, 279. 另参见 Jerzy Lewinski, 'The Death of Adam Czerniakow and Janusz Korcak's Last Journey', *Polin: Studies in Polish Jewry*, 7 (1992), 224-53.

299. Gutman, *The Jews of Warsaw*, 270-72.

300. Ringelblum, *Notes*, 310-11, 也引用自 Corni, *Hitler's Ghettos*, 279.

301. 同上，293-315, 320-21; Hosenfeld, *'Ich versuche'*, 631 (日记，1942 年 7 月 25 日).

302. Yisrael Gutman, *Resistance: The Warsaw Ghetto Uprising* (Boston, Mass., 1994); Shmuel Krakowski, *The War of the Doomed: Jewish Armed Resistance in Poland, 1942- 1944* (New York, 1984); Reuben Ainsztein, *Revolte gegen die Vernichtung: Der Aufstand im Warschauer Ghetto* (Berlin, 1993).

303. Jürgen Stroop, *The Stroop Report: The Jewish Quarter of Warsaw Is No More!* (London, 1980 [1960]), 9.

304. Corni, *Hitler's Ghettos*, 315-21.

305. Hosenfeld, *'Ich versuche'*, 719 (日记，1943 年 6 月 16 日).

306. Reich-Ranicki, *The Author of Himself*, 176-92.

307. Joseph Kermish, 'Introduction', 收录于 Ringelblum, *Polish-Jewish Relations*, vii-xxxi, at xxiii-xvi, 和 Ringelblum, *Notes*, ix-xxvii.

308. Weiss, 'Jewish Leadership'.

309. Friedländer, *The Years of Extermination*, 557.

310. Sierakowiak, *The Diary*, 77-90 (1941 年 4 月 6 日 -5 月 15 日), 91-2 (1941 年 5 月 16 日), 133 (1941 年 9 月 28 日), 137-43 (1941 年 10 月 4-23 日).

311. Corni, *Hitler's Ghettos*, 280-81; Friedländer, *The Years of Extermination*, 314-15, 387-9; Avraham Barkai, 'Between East and West: Jews from Germany in the Lodz Ghetto'，收录于 Michael R. Marrus ed., *The Nazi Holocaust: Historical Articles on the Destruction of European Jews* (Westport, Conn., 1989), 378-439.

312. Dobroszycki ed., *The Chronicle of the Lodz Ghetto*, 163-5.

313. Sierakowiak, *The Diary*, 173 (1942 年 5 月 25 日), 238 (1942 年 12 月 11 日), 267-8 (1942

年 4 月 14-15 日); Corni, *Hitler's Ghettos*, 282-3.

314. Friedländer, *The Years of Extermination*, 531.

315. 同上 , 529-30; Alan Adelson 和 Robert Lapides ed., *Łódź Ghetto: Inside a Community under Siege* (New York, 1989), 328-31; Bernhard Chiari, *Alltag hinter der Front: Besatzung, Kollaboration und Widerstand in Weissrussland 1941-1944* (Düsseldorf, 1998).

316. Corni, *Hitler's Ghettos*, 309-10.

317. Yitzhak Arad, *Ghetto in Flames: The Struggle and Destruction of the Jews in Vilna in the Holocaust* (Jerusalem, 1980).

318. Philip Friedman, *Roads to Extinction: Essays on the Holocaust* (New York, 1980), 294-321.

319. Corni, *Hitler's Ghettos*, 283-4.

320. Antony Polonsky, 'Beyond Condemnation, Apologetics and Apologies: On the Complexity of Polish Behaviour Towards the Jews during the Second World War', 收录于 Roger Bullen, Hartmut Pogge Von Strandmann 和 Antony Polonsky ed., *Ideas into Politics: Aspects of European History 1880 to 1950* (London, 1984), 123-43, 在 194.

321. Hosenfeld, *'Ich versuche'*, 657-8 (日记 , 1942 年 9 月 1 日).

322. Wolfram Wette, '"Rassenfeind" : Antisemitismus und Antislawismus in der Wehrmachtspropaganda', 收录于 Manoschek ed., *Die Wehrmacht im Rassenkrieg*, 55-73.

323. Manoschek, *'Es gibt nur eines'*, 65 (Fw. E. E., 1942 年 12 月 18 日).

324. 同上 , 57 (Am. D. S., 1942 年 5 月 17 日).

325. Hans Safrian, 'Komplizen des Genozids: Zum Anteil der Heeresgruppe Süd an der Verfolgung und Ermordung der Juden in der Ukraine 1941', 收录于 Manoschek ed., *Die Wehrmacht im Rassenkrieg*, 90-115; Andrej Angrick, 'Zur Rolle der Militärverwaltung bei der Ermordung der sowjetischen Juden', 收录于 Babette Quinkert ed., *'Wir sind die Herren dieses Landes': Ursachen, Verlauf und Folgen des deutschen Überfalls auf die Sowjetunion* (Hamburg, 2002), 104-23.

326. Hürter, *Hitlers Heerführer*, 509-99, 探讨了功利主义和意识形态掺杂在一起的动机，这一动机导致东线上的高级军队指挥官鼓励对这一地区的犹太人口进行大规模杀戮或对大规模杀戮提供后勤保障 .

327. Hosenfeld, *'Ich versuche'*, 719 (日记 , 1943 年 6 月 16 日).

第四章　新秩序

1. Richard Overy, 'Rationalization and the "Production Miracle" in Germany during the Second World War', 收录于同一作者 , *War and Economy in the Third Reich* (Oxford, 1994), 343-75 (引用文字在 353-4 页).

2. Speer, *Inside the Third Reich*, 271-9; Tooze, *The Wages of Destruction*, 508-9.

3. Speer 的描述在 Gitta Sereny 的书中被纠正 , *Albert Speer: His Battle with Truth* (London, 1995), 274-83; Max Müller, 'Der Tod des Reichsministers Dr Fritz Todt', Geschichte in *Wissenschaft und Unterricht 18* (1967), 602-5; 具体讨论参见 Kershaw, *Hitler*, II. 502-3.

4. Karl-Heinz Ludwig, *Technik und Ingenieure im Dritten Reich* (Düsseldorf, 1974), 403-72, and Müller, 'The Mobilization', 453-85.
5. Speer, *Inside the Third Reich*, 261-5, 275-7, 291; Sereny, *Albert Speer*, 291-2.
6. Müller, 'The Mobilization', 773-86.
7. Evans, *The Third Reich in Power*, 183-6; Alan S. Milward, *The German Economy at War* (London, 1985), 72-99.
8. 参见 Evans, *The Third Reich in Power*, 183-6.
9. Speer, *Inside the Third Reich*, 262-3.
10. 引自 Tooze, *The Wages of Destruction*, 506-7.
11. Halder, *Kriegstagebuch*, III. 309 (1941 年 11 月 24 日).
12. Budrass, *Flugzeugindustrie*, 724. 其中一个刺激性因素可能是针对他的争夺权力阴谋。
13. Tooze, *The Wages of Destruction*, 123-4, 508.
14. 同上 , 587-9; Overy, 'Rationalization', 356, 343-9.
15. Walter Naasner, *Neue Machtzentren in der deutschen Kriegswirtschaft 1942-1945* (Boppard, 1994), 471-2.
16. Speer, *Inside the Third Reich*, 280.
17. 同上 , 282-5.
18. Paul B. Jaskot, *The Architecture of Oppression: The SS, Forced Labor, and the Nazi Monumental Building Economy* (London, 2000), 80-113.
19. Speer, *Inside the Third Reich*, 287-300 (引用文字在 295-6 页); Milward, *The German Economy at War*, 54-71 (阐述了 Todt 的成就).
20. Overy, *War and Economy*, 356-70.
21. Tooze, *The Wages of Destruction*, 568-74.
22. 同上 , 578-84.
23. Overy, *War and Economy*, 356-67.
24. Weinberg, *A World at Arms*, 538.
25. Mark Harrison ed., *The Economics of World War II: Six Great Powers in International Comparison* (Cambridge, 1998), 26.
26. Edward R. Zilbert, *Albert Speer and the Nazi Ministry of Arms: Economic Institutions and Industrial Production in the German War Economy* (London, 1981), 尤其参见 184-257; Budrass, *Flugzeugindustrie*, 738-9, 891.
27. Tooze, *The Wages of Destruction*, 587-9; Mark Harrison, *Accounting for War: Soviet Production, Employment and the Defence Burden, 1940-1945* (Cambridge, 1996); 和 John Barber and Mark Harrison, *The Soviet Home Front, 1941-1945: A Social and Economic History of the USSR in World War II* (London, 1991).
28. Tooze, *The Wages of Destruction*, 407; Müller, 'The Mobilization', 723; Boog, 'The Strategic Air War', 118.
29. Rolf-Dieter Müller, 'Albert Speer and Armaments Policy in Total War', *GSWW* V/II, 293-

832, at 805.

30. Harrison ed., *The Economics of World War II*, 20-21.

31. Tooze, *The Wages of Destruction*, 383-5; Alan S. Milward, *The New Order and the French Economy* (Oxford, 1984), 81.

32. 更多的例子参见 Götz Aly, *Hitler's Beneficiaries: Plunder, Racial War, and the Nazi Welfare State* (New York, 2007 [2005]); 另参见 Elmshäuser and Lokers ed., '*Man muss hier nur hart sein*', 55, 62, 63, 68 等 .

33. Jeremy Noakes and Geoffrey Pridham ed., *Nazism 1919-1945*, III: *Foreign Policy, War and Racial Extermination: A Documentary Reader* (Exeter, 1988), 295; Alan S. Milward, *War, Economy and Society 1939-1945* (London, 1987 [1977]), 137.

34. Tooze, *The Wages of Destruction*, 386-8; Overy 等 ed.), Die *'Neuordnung' Europas*

35. Milward, *War, Economy and Society*, 139-41.

36. Milward, *The New Order and the French Economy*, 111.

37. Harrison ed., *The Economics of World War II*, 22.

38. Milward, *War, Economy and Society*, 138-45.

39. Tooze, *The Wages of Destruction*, 389-91; Noakes and Pridham ed., *Nazism*, III. 297-8.

40. Harald Wixforth, *Die Expansion der Dresdner Bank in Europa* (Munich, 2006), 871-902.

41. Noakes and Pridham ed., *Nazism*, III. 274-80, at 280.

42. Alan Milward, *The Fascist Economy in Norway* (Oxford, 1972), 1, 3; 同一作者 , *War, Economy and Society*, 153-7; Ludolf Herbst, *Der totale Krieg und die Ordnung der Wirtschaft: Die Kriegswirtschaft im Spannungfeld von Politik, Ideologie und Propaganda 1939-1945* (Stuttgart, 1982), 127-44.

43. Noakes and Pridham ed., *Nazism*, III. 283-4.

44. 同上 , 286.

45. Milward, *The New Order and the French Economy*, 23-8.

46. Tooze, *The Wages of Destruction*, 391-3.

47. Milward, *The New Order and the French Economy*, 147-80.

48. Noakes and Pridham ed., *Nazism*, III. 290.

49. 同上 , 292.

50. 同上 , 292.

51. Tooze, *The Wages of Destruction*, 409-10; Milward, *The New Order and the French Economy*, 293-4.

52. Tooze, *The Wages of Destruction*, 411-12.

53. 同上 , 418-19; Noakes and Pridham ed., *Nazism*, III. 298.

54. Tooze, *The Wages of Destruction*, 412-18.

55. Noakes and Pridham ed., *Nazism*, III. 304-9.

56. Franz Neumann, *Behemoth: The Structure and Practice of National Socialism 1933-1944*

(New York, 1944 [1942]), 293.

57. Harold James, *The Deutsche Bank and the Nazi Economic War against the Jews: The Expropriation of Jewish-Owned Property* (Cambridge, 2001), 213-14.

58. Walter Naasner, *SS-Wirtschaft und SS-Verwaltung* (Düsseldorf, 1998), 164-7; Michael Thad Allen, *The Business of Genocide: The SS, Slave Labor, and the Concentration Camps* (Chapel Hill, N.C., 2002), 58-71, 107-12.

59. Naasner, *Neue Machtzentren*, 197-44; Georg Enno, *Die wirtschaftlichen Unternehmungen der SS* (Stuttgart, 1963), 70-71, 145.

60. Jan Erik Schulte, *Zwangsarbeit und Vernichtung: Das Wirtschaftsimperium der SS: Oswald Pohl und das SS-Wirtschafts-Verwaltungshauptamt 1933-1945* (Paderborn, 2001), 440-41.

61. Berenice A. Carroll, *Design for Total War: Arms and Economics in the Third Reich* (The Hague, 1968), 233.

62. Paul Erker, *Industrie-Eliten in der NS-Zeit: Anpassungsbereitschaft und Eigeninteresse von Unternehmen in der Rüstungs-und Kriegswirtschaft 1936-1945* (Passau, 1993), 73-5.

63. Johannes Bähr, *Die Dresdner Bank in der Wirtschaft des Dritten Reichs* (Munich, 2006), 477-570.

64. Peter Hayes, *From Cooperation to Complicity: Degussa in the Third Reich* (Cambridge, 2004), 190-91.

65. 参见 Jonathan Steinberg, *The Deutsche Bank and its Gold Transactions during the Second World War* (Munich, 1999).

66. Erna Spiewack, 1988 年电视采访，被引用于 Hayes, *From Cooperation to Complicity*, 193.

67. Overy, 'Rationalization', 368.

68. Tooze, *The Wages of Destruction*, 567-9.

69. Peter W. Becker, 'Fritz Sauckel: Plenipotentiary for the Mobilisation of Labour', 收录于 Smelser and Zitelmann ed., *The Nazi Elite*, 194-201.

70. 同上；另见 Herbert, *Hitler's Foreign Workers*, 161-3; Edward L. Homze, *Foreign Labor in Nazi Germany* (Princeton, N.J., 1967), 11-53; Hans Pfahlmann, *Fremdarbeiter und Kriegsgefangene in der deutschen Kriegswirtschaft 1939-1945* (Darmstadt, 1968), 16-22.

71. 总体情况参见 Ela Hornung 等., 'Zwangsarbeit in der Landwirtschaft', *DRZW* IX/II. 577-666.

72. Herbert, *Hitler's Foreign Workers*, 84-9; Christa Tholander, *Fremdarbeiter 1939 bis 1945: Ausländische Arbeitskräfte in der Zeppelin-Stadt Friedrichshafen* (Essen, 2001), 34-104.

73. Spoerer, *Zwangsarbeit*, 35-88, 详细地介绍了每个国家的征募情况；关于战俘的情况，另见 Pfahlmann, *Fremdarbeiter*, 82-103 和 176-92.

74. Herbert, *Hitler's Foreign Workers*, 95-111; 另见 Oliver Rathkolb 最近的调查研究，'Zwangsarbeit in der Industrie', *DRZW* IX/II, 667-728.

75. Herbert, *Hitler's Foreign Workers*, 137-49.

76. 同上，157.

77. 同上，193-4; 另见 Pfahlmann, *Fremdarbeiter*, 44-65.

78. Overmans, *Deutsche militärische Verluste*, 238-9.

79. Tooze, *The Wages of Destruction*, 513-14.

80. Herbert, *Hitler's Foreign Workers*, 273-8; Homze, *Foreign Labor*, 177-203; Richard Vinen, *The Unfree French: Life under the Occupation* (London, 2006), 183-214（关于战俘）, 和 247-312（关于劳动力服务）; Pfahlmann, *Fremdarbeiter*, 31-44.

81. 引用自 Herbert, *Hitler's Foreign Workers*, 279.

82. 同上，278-82, 297-8.

83. Tooze, *The Wages of Destruction*, 519.

84. Bernard Bellon, *Mercedes in Peace and War: German Automobile Workers, 1903-1945* (New York, 1990), 250-51.

85. 引用自 Herbert, *Hitler's Foreign Workers*, 209-11; 另见同上，211-17, 和 Bellon, *Mercedes*, 251; 关于更广泛的信息，参见 Spoerer, *Zwangsarbeit*, 116-44; Pfahlmann, *Fremdarbeiter*, 193-217; Marcus Meyer, '*...uns 100 Zivilausländer umgehend zu beschaffen': Zwangsarbeit bei den Bremer Stadtwerken 1939-1945* (Bremen, 2002); Mark Spoerer, 'Die soziale Differenzierung der ausländischen Zivilarbeiter, Kriegsgefangenen und Häftlinge im Deutschen Reich', *DRZW* IX/II. 485 -576, at 515-32.

86. Herbert, *Hitler's Foreign Workers*, 217-22; Andreas Heusler, *Ausländereinsatz: Zwangsarbeit für die Münchner Kriegswirtschaft 1939-1945* (Munich, 1996), 212-22; Spoerer, *Zwangsarbeit*, 199-200; Eginhard Scharf, '*Man machte mit uns, was man wollte': Ausländische Zwangsarbeiter in Ludwigshafen am Rhein 1939-1945* (Hamburg, 2004), 56-73; 和 Valentina Maria Stefanski, *Zwangsarbeit in Leverkusen: Polnische Jugendliche im I. G. Farbenwerk* (Osnabrück, 2000), 333-49; Katharina Hoffmann, *Zwangsarbeit und ihre gesellschaftliche Akzeptanz in Oldenburg 1939-1945* (Oldenburg, 2001), 96- 161, 216-24; 更普遍的情况，参见 Spoerer, 'Die soziale Differenzierung', 562-5.

87. Herbert, *Hitler's Foreign Workers*, 268-9; Spoerer, *Zwangsarbeit*, 200-205; Scharf, 'Man machte', 237-42.

88. Behnken ed., *Deutschland-Berichte*, VII. 100-103 (1940 年 2 月).

89. Evans, *The Third Reich in Power*, 686-7.

90. Jill Stephenson, *Hitler's Home Front: Württemberg under the Nazis* (London, 2006), 281-5.

91. Herbert, *Hitler's Foreign Workers*, 116-36. Heusler, *Ausländereinsatz*, 387-417, 详细地描述了慕尼黑地区外国人与当地德国民众的社会交往和性事．关于对外国劳动力的惩罚情况，另见 Scharf, '*Man machte*', 246-50.

92. Herbert, *Hitler's Foreign Workers*, 69-94.

93. 关于大众汽车工厂内苏联战俘的情况，参见 Hans Mommsen and Manfred Grieger, *Das Volkswagenwerk und seine Arbeiter im Dritten Reich* (Düsseldorf, 1996), 544-65.

94. 引用自 Herbert, *Hitler's Foreign Workers*, 149.

95. 同上，149-67; Spoerer, *Zwangsarbeit*, 200-205.

96. 引用自 Herbert, *Hitler's Foreign Workers*, 171.

97. Tholander, *Fremdarbeiter*, 312-37, 365-9.

98. Herbert, *Hitler's Foreign Workers*, 176-80; Heusler, *Ausländereinsatz*, 172-222; Mommsen and Grieger, *Das Volkswagenwerk*, 566 -98.

99. 引用自 Herbert, *Hitler's Foreign Workers*, 192.

100. 同上, 182-92; Spoerer, *Zwangsarbeit*, 33, 90-115.

101. Solmitz, *Tagebuch* (1943 年 3 月 7 日).

102. 同上, 840 (1943 年 8 月 4 日).

103. Rolf Keller, ' "Die kamen in Scharen hier an, die Gefangenen" : Sowjetische Kriegsgefangene, Wehrmachtsoldaten und deutsche Bevölkerung in Norddeutschland 1941/42', 收录于 Detlef Garbe ed., *Rassismus in Deutschland* (Bremen, 1994), 35-53; Hoffmann, *Zwangsarbeit*, 315.

104. Solmitz, Tagebuch, 858 (1943 年 9 月 2 日) and 883 (1943 年 12 月 29 日, 附言).

105. Richard J. Overy, 'Guns or Butter? Living Standards, Finance, and Labour in Germany, 1939-1942', 收录于同一作者, *War and Economy in the Third Reich*, 259-314, at 303-4; Tilla Siegel, *Leistung und Lohn in der nationalsozialistischen 'Ordnung der Arbeit'* (Opladen, 1989), 161-73; 和 Leila J. Rupp, *Mobilizing Women for War: German and American Propaganda 1939-1945* (Princeton, N.J., 1978), 185-6.

106. Overy, 'Guns or Butter?', 307-11.

107. Matthew Stibbe, *Women in the Third Reich* (London, 2003), 91-6; Tim Mason, *Social Policy in the Third Reich: The Working Class and the 'National Community'* (Oxford, 1995), 19-40; Overy, 'Guns or Butter?', 309-10.

108. 引用自 Rupp, *Mobilizing Women*, 115.

109. Evans, *The Third Reich in Power*, 517-20.

110. 引用自 Rupp, *Mobilizing Women*, 122; 关于上述细节，同上,115-16; 另见 Dörte Winkler, 'Frauenarbeit versus Frauenideologie: Probleme der weiblichen Erwerbstätigkeit in Deutschland, 1930-1945', *Archiv für Sozialgeschichte*, 17 (1977), 99-126, 和该作者的 *Frauenarbeit im 'Dritten Reich'* (Hamburg, 1977); 另见 Annemarie Trger, 'Die Frau im wesensgemüssen Einsatz', 收录于 Frauengruppe Faschismusforschung ed., *Mutterkreuz und Arbeitsbuch: Zur Geschichte der Frauen in der Weimarer Republik und im Nationalsozialismus* (Frankfurt am Main, 1981), 246-72.

111. 这是 Rupp 的综合观点, *Mobilizing Women*.

112. 同上, 185, 和 Winkler, 'Frauenarbeit', 126.

113. Stibbe, *Women*, 94-5.

114. 引用自 Herbert, *Hitler's Foreign Workers*, 189.

115. 同上, 187-9.

116. 引用自 ibid., 307.

117. Stefanski, *Zwangsarbeit*, 339.

118. 同上, 268-9; Stibbe, *Women*, 101-2; Klaus-Georg Siegfried, *Das Leben der Zwangsarbeiter im Volkswagenwerk 1939-1945* (Frankfurt am Main, 1988), 235-55; Spoerer, *Zwangsarbeit*, 205-9.

119. Peter Hayes, *Industry and Ideology: IG Farben in the Nazi Era* (Cambridge, 1987), 349-56. 关于合成橡胶的情况，参见 Evans, *The Third Reich in Power*, 362-3, 375.

120. Hayes, *Industry and Ideology*, 358-67; Bernd C. Wagner, *IG-Auschwitz: Zwangsarbeit und Vernichtung von Häftlingen des Lagers Monowitz 1941-1945* (Munich, 2000), 37-90.

121. Martin Broszat, 'The Concentration Camps 1933-1945', 收录于 Helmut Krausnick 等, *Anatomy of the SS State* (London, 1968), 460-71; 相关数据在 Nikolaus Wachsmann 的著作中有修订，*Hitler's Prisons: Legal Terror in Nazi Germany* (London, 2004), 395; Hermann Kaienburg, 'KZ-Haft und Wirtschaftsinteresse: Das Wirtschaftsverwaltungshauptamt der SS als Leitungszentrale der Konzentrationslager und der SS-Wirtschaft', 收录于同一作者 ed., *Konzentrationslager und deutsche Wirtschaft 1939-1945* (Opladen, 1996), 29-60.

122. 引用自 Broszat, 'The Concentration Camps', 497.

123. 同上，498, 关于更普遍的信息，参见同书 473-98.

124. 同上，503-4; Jan Erik Schulte, 'Das SS-Wirtschafts-Verwaltungshauptamt und die Expansion des KZ-Systems', 收录于 Wolfgang Benz and Barbara Distel ed., *Der Ort des Terrors: Geschichte der nationalsozialistischen Konzentrationslager* (6 vols, Munich, 2005-7), I. 141-55; Hermann Kaienburg, 'Zwangsarbeit: KZ und Wirtschaft im Zweiten Weltkrieg', 同书，179-94.

125. 'Auschwitz', 同上，V. 79-173.

126. Schulte, *Zwangsarbeit*, 441-5.

127. Jan Erik Schulte, 'Zwangsarbeit für die SS: Juden in der Ostindustrie GmbH', 收录于 Frei 等 ed., *Ausbeutung*, 43-74.

128. Manfred Grieger, 'Unternehmen und KZ-Arbeit: Das Beispiel der Volkswagenwerk GmbH', 收录于 Kaienburged., *Konzentrationslager*, 77-94; Mommsen and Grieger, *Das Volkswagenwerk*, 516-43, 566-98, 740-99; Christian Jansen and Arno Weckbecker, 'Zwangsarbeit für das Volkswagenwerk: Häftlingsalltag auf dem Laagberg bei Wolfsburg', 收录于 Frei 等 ed., *Ausbeutung*, 75-108.

129. Ludwig Eiber, 'Das KZ-Aussenlager Blohm und Voss im Hamburger Hafen', 收录于 Kaienburg ed., *Konzentrationslager*, 227-38.

130. Neil Gregor, *Daimler-Benz in the Third Reich* (London, 1998), 194-6; Birgit Weitz, 'Der Einsatz von KZ-Häftlingen und jüdischen Zwangsarbeitern bei der Daimler-Benz AG (1941-1945): EinÜberblick', 收录于 Kaienburg ed., *Konzentrationslager*, 169-95, 尤其参见 190. 还有许多地方性研究，比如包括 Annette Wienecke, *'Besondere Vorkommnisse nicht bekannt': Zwangsarbeit in unterirdischen Rüstungsbetrieben: Wie ein Heidedorf kriegswichtig wurde* (Bonn, 1996); 和 Wilhelm J. Waibel, *Schatten am Hohentwiel: Zwangsarbeiter und Kriegsgefangene in Singen* (Konstanz, 1997[1995]), 此外，还有对前工人的采访.

131. Broszat, 'The Concentration Camps', 501-2.

132. 引用自同上，502.

133. 同上，497-9. 另见 Lutz Budrass and Manfred Grieger, 'Die Moral der Effizienz: Die Beschäftigung von KZ-Häftlingen am Beispiel des Volkswagenwerks und der Henschel Flugzeug-Werke', *Jahrbuch für Wirtschaftsgeschichte* (1993), 89-136.

134. Wagner, *IG-Auschwitz*, 204, 291; Rainer Fröbe, 'Der Arbeitseinsatz von KZ-HÄFTLINGEN und die Perspektive der Industrie, 1943-1945', 收录于 Ulrich Herbert ed., *Europa und der 'Reichseinsatz': Ausländische Zivilarbeiter, Kriegsgefangene und KZ-Häftlinge in Deutschland 1938-1945* (Essen, 1991), 351-83; Jaskot, *The Architecture of Oppression*, 37-8.

135. Spoerer, *Zwangsarbeit*, 183-90.

136. Tooze, *The Wages of Destruction*, 445-6; Hayes, *Industry and Ideology*, 361-5.

137. Hayes, *From Cooperation to Complicity*, 26-71; Heusler, *Ausländereinsatz*, 421; Spoerer, *Zwangsarbeit*, 186.

138. 同上, 221-2.

139. 该观点最早由 Carroll 提出, *Design for Total War*, 245-7.

140. 关于 Speer 之前的多头政治, 参见 Müller, 'The Mobilization', 448-56, 630-38; 另外 Herbst 也强调过这一点, *Der totale Krieg*, 111-17; 关于 Speer 掌权时期机构间的持续竞争情况，参见 Carroll, *Design for Total War*, 245-7; 关于 Speer 和帝国财政部长的竞争, 参见 Herbst, *Der totale Krieg*, 267-75.

141. Aly, *Hitler's Beneficiaries*, 75-179, 324-5; 另 Michael Wildt, 'Alys Volksstaat: Hybris und Simplizität einer Wissenschaft', *Sozial.Geschichte*, 20 (2005), 91-97, 里面有更多的参考资料. 关于对外国劳动力所做贡献的正面评价, 参见 Pfahlmann, *Fremdarbeiter*, 226-35.

142. Harrison ed., *The Economics of World War II*, 10-11.

143. Naasner, *Neue Machtzentren*, 469-73. 关于德国战争期间"危机管理"的理念，参见 Rolf-Dieter Müller, *Der Manager der Kriegswirtschaft: Hans Kehrl: Ein Unternehmer in der Politik des 'Dritten Reiches'* (Essen, 1999), 尤其是参见 101-3.

144. Speer, *Inside the Third Reich*, 446; 关于该阶段的 Sauckel, 参见 Homze, *Foreign Labor*, 233-9.

145. Milward, *The Fascist Economy in Norway*, 279.

146. Hans Umbreit, 'Auf dem Weg zur Kontinentalherrschaft', *DRZW* V/I. 3-345.

147. 同上, 3-165 ('Stadien der territorialen "Neuordnung" in Europa' and 'Die vorgezogene "Neuordnung"'). 关于总的情况, 参见 Mazower, *Hitler's Empire*.

148. 关于法国卢瓦尔河谷（Loire Valley）地区人民如何用各式各样富有创造力的方式应对德国的占领, Robert Gildea 做了详细而敏锐的研究, *Marianne in Chains: In Search of the German Occupation 1940-1945* (London, 2002).

149. 引用自 Vinen, *The Unfree French*, 53.

150. 近来 Jackson 对此有过最佳的描述, *France*; 另见 Vinen, *The Unfree French*; Ian Ousby, *Occupation: The Ordeal of France 1940-1944* (London, 1997); Robert O. Paxton 在这方面进行了经典而开创性的研究, *Vichy France: Old Guard and New Order, 1940-1944* (London, 1972).

151. Michael R. Marrus and Robert O. Paxton, *Vichy France and the Jews* (New York, 1981), 23-72; Paula Hyman, *From Dreyfus to Vichy: The Remaking of French Jewry, 1906-1939* (New York, 1979) and Pierre Birnbaum, *Anti-semitism in France: A Political History from Léon Blum to the Present* (Oxford, 1992 [1988]).

152. Marrus and Paxton, *Vichy France*, 177-314.

153. Friedländer, *The Years of Extermination*, 109-16; Longerich, *Politik*, 435. 关于集中营，参见 Regina M. Delacor, 'From Potential Friends to Potential Enemies: The Internment of "Hostile Foreigners" in France at the Beginning of the Second World War', *Journal of Contemporary History*, 35 (2000), 361-8; 关于沦陷区更泛的介绍，参见 *Philippe Burrin, France under the Germans: Collaboration and Compromise* (New York, 1996).

154. David Carroll, *French Literary Fascism: Nationalism, Anti-Semitism, and the Ideology of Culture* (Princeton, N.J., 1995).

155. Anne Grynberg, *Les Camps de la honte: Les internes juifs des camps français, 1939-1944* (Paris, 1991); Marrus and Paxton, *Vichy France*, 121-76; Renée Poznanski, *Jews in France during World War II* (Hanover, 2001 [1994]), 42-55.

156. Friedländer, *The Years of Extermination*, 169-78.

157. Longerich, *Politik*, 435.

158. Ahrlich Meyer, *Täter im Verhör: Die Endlösung der Judenfrage in Frankreich 1940-1944* (Darmstadt, 2005), and Barbara Lambauer, 'Opportunistischer Antisemitismus: Der deutsche Botschafter Otto Abetz und die Judenverfolgung in Frankreich', VfZ 53 (2005), 241-73.

159. Friedländer, *The Years of Extermination*, 157-78; 关于丹内克尔的背景及其根深蒂固的反犹主义，参见 Claudia Steur, *Theodor Dannecker: Ein Funktionär der 'Endlösung'* (Essen, 1997), 14-91; 关于种族法及其在法国的应用，参见 Susan Zuccotti, *The Holocaust, the French, and the Jews* (New York, 1993), 51-64（关于集中营，参见本书 65-80). 关于更广泛的介绍，另见 Jackson 的描述，*France*, 354-84.

160. Longerich, *Politik*, 434-40.

161. Gerald Schwab, *The Day the Holocaust Began: The Odyssey of Herschel Grynszpan* (New York, 1990).

162. Jacques Adler, *The Jews of Paris and the Final Solution: Communal Responses and Internal Conflicts, 1940-1944* (New York, 1987).

163. Marrus and Paxton, *Vichy France*, 281-340; 另见 Carmen Callil, *Bad Faith: A Forgotten History of Family and Fatherland* (London, 2007).

164. Friedländer, *The Years of Extermination*, 377.

165. Poznanski, *Jews in France*, 237-50.

166. 同上，303-55; Marrus and Paxton, *Vichy France*, 250-55; Zuccotti, *The Holocaust*, 103-17; Asher Cohen, *Persécutions et sauvetages, Juifs et Français sous l'occupation et sous Vichy* (Paris, 1993), 269-7.

167. Richard I. Cohen, *The Burden of Conscience: French Jewish Leadership during the Holocaust* (Bloomington, Ind., 1987); Cohen, *Persécution*, 125-90.

168. Michèle Cointet, *L'Église sous Vichy, 1940-1945: La repentance en question* (Paris, 1998).

169. Jackson, *France*, 221-4.

170. Witte and el. ed., *Der Dienstkalender*, 637.

171. Longerich, *Der ungeschriebene Befehl*, 178-9.

172. Cohen, *Persécution*, 191-240, 改变法国公众观点的分析；另见 Jackson, *France*, 233-5.

173. Cohen, *Persécution*, 496.

174. Jackson, *France*, 213-35, 389-426.

175. Martin Conway, *Collaboration in Belgium: Léon Degrelle and the Rexist Movement 1940-1944* (London, 1993), 22-7, 286-9.

176. Werner Warmbrunn, *The Dutch under German Occupation, 1940-1945* (London, 1963), 24-5, 32-4, 261-5; Gerhard Hirschfeld, *Nazi Rule and Dutch Collaboration: The Netherlands under German Occupation, 1940-1945* (Oxford, 1988 [1984]), 5-6. *Konrad Kwiet, Reichskommissariat Niederlande: Versuch und Scheitern nationalsozialistischer Neuordnung* (Stuttgart, 1968)，在此书中，作者认为与资产阶级当权派的合作不够成功 .

177. Bob Moore, *Victims and Survivors: The Nazi Persecution of the Jews in the Netherlands, 1940-1945* (London, 1997), 19-90.

178. Moore, *Victims and Survivors*, 146-89; Anne Frank, *The Diary of a Young Girl* (New York, 1995).

179. Moore, *Victims and Survivors*, 91-115, 195-206; Louis de Jong, 'The Netherlands and Auschwitz', *Yad Vashem Studies*, 7(1968), 39-55; Gerhard Hirschfeld, 'Niederlande', 收录于 Wolfgang Benz ed., *Dimension des Völkermords: Die Zahl der jüdischen Opfer des Nationalsozialismus* (Munich, 1991), 137-63.

180. Moore, *Victims and Survivors*, 102-4.

181. 同上, 125-6.

182. Dan Michman ed., *Belgium and the Holocaust: Jews, Belgians, Germans* (Jerusalem, 1998).

183. Moore, *Victims and Survivors*, 2, 255; Maxime Steinberg, *La Persécution des Juifs en Belgique (1940-1945)* (Brussels, 2004), 77-108（关于经济政策）和 157-91（关于警察的角色）.

184. William B. Cohen and Jörgen Svensson, 'Finland and the Holocaust', *Holocaust and Genocide Studies*, 9 (1995), 70-92; Longerich, *Politik*, 520.

185. 同上, 531-2.

186. Paul A. Levine, *From Indifference to Activism: Swedish Diplomacy and the Holocaust, 1938-1944* (Uppsala, 1998); Friedländer, *The Years of Extermination*, 449, 454.

187. Jozef Lewandowski, 'Early Swedish Information about the Nazis' Mass Murder of the Jews', *Polin: Studies in Polish Jewry*, 13 (2000), 113-27; Steven Kublik, *The Stones Cry Out: Sweden's Response to the Persecution of the Jews, 1933-1945* (New York, 1988).

188. Ulrich Herbert, *Best: Biographische Studien über Radikalismus, Weltanschauung und Vernunft, 1903-1989* (Bonn, 1996), 323-41.

188. Longerich, *Politik*, 555-8; Herbert, *Best*, 360-73; Leni Yahil, *The Rescue of Danish Jewry: Test of a Democracy* (Philadelphia, Pa., 1969), 233-84; 以及 Levine, *From Indifference to Activism*, 229-45. 关于该正义，另见 Gunnar S. Paulsson, 'The Bridge over the Øresund: The Historiography on the Expulsion of the Jews from Nazi-occupied Denmark', 收录于 David Cesarani ed., *Holocaust: Critical Concepts in Historical Studies* (London, 2004),

V. 99-127, 以及 Hans Kirchhoff, 'Denmark: A Light in the Darkness of the Holocaust? A Reply to Gunnar S. Paulsson', 同上, 128-39.

190. 引用自 Longerich, *Politik*, 558.

191. Hassell, *The von Hassell Diaries*, 352.

192. Longerich, *Politik*, 558-60.

193. Mark Mazower, *Salonica: City of Ghosts: Christians, Muslims and Jews 1430-1950* (London, 2004), 421-42; Longerich, *Politik*, 526-7, 546-7, 561-2.

194. Götz Aly, 'Die Deportation der Juden von Rhodos nach Auschwitz', *Mittelweg*, 36 (2003), 79-88.

195. Deletant, *Hitler's Forgotten Ally*, 205-25.

196. Hillgruber ed., *Staatsmänner und Diplomaten*, II. 494; 关于梵蒂冈方面插手罗马尼亚的问题, 参见 Theodore Lavi, 'The Vatican's Endeavors on Behalf of Romanian Jewry during the Second World War', *Yad Vashem Studies*, 5(1963), 405-18.

197. Tzvetan Todorov, *The Fragility of Goodness: Why Bulgaria's Jews Survived the Holocaust* (London, 1999); 关于更广泛的情况，参见 Friedländer, *The Years of Extermination*, 452, 485 (引用了 Ribbentrop); Deletant, *Hitler's Forgotten Ally*, 198-204; Crampton, *Bulgaria*, 264-6; Stephane Groueff, *Crown of Thorns: The Reign of King Boris III of Bulgaria, 1918-1943* (Lanham, Md., 1987), 316-31; 以及 Frederick B. Chary, *The Bulgarian Jews and the Final Solution, 1940-1944* (Pittsburgh, Pa., 1972).

198. Hillgruber ed., *Staatsmänner und Diplomaten*, II. 256.

199. Longerich, *Politik*, 491-2, 563-5.

200. Livia Rothkirchen, 'The Situation of the Jews in Slovakia between 1939 and 1945', *Jahrbuch für Antisemitismusforschung*, 7 (1998), 46-70; Friedländer, *The Years of Extermination*, 372-4, 485-6 (引用文字在 373-4 页).

201. 同上, 669; Rothkirchen, 'The Situation of the Jews'; John F. Morley, *Vatican Diplomacy and the Jews during the Holocaust, 1939-1945* (New York, 1980).

202. Marrus and Paxton, *Vichy France*, 215-80.

203. Ahlrich Meyer, *Die deutsche Besatzung in Frankreich 1940-1944: Widerstandbekämpfung und Judenverfolgung* (Darmstadt, 2000), 149-68.

204. Bob Moore 'Comparing Resistance and Resistance Movements', 收录于同一作者 ed., *Resistance in Western Europe* (Oxford, 2000), 249-62.

205. 关于希腊的情况, 参见 Mazower, *Inside Hitler's Greece*, 尤其参见 265-354.

206. Klukowski, *Diary*, 197 (1942 年 5 月 17 日).

207. 同上, 229-31 (1942 年 12 月 7-14 日).

208. 同上, 235-7 (19431 年 1 月 1-16 日), 282 (1943 年 9 月 29 日), 286 (1943 年 10 月 19 日).

209. 同上, 155-6 (1941 年 6 月 12 日), 159 (1941 年 6 月 21 日); Gross, *Polish Society*, 213-91.

210. Klukowski, *Diary*, 244-5 (1943 年 2 月 22-5 日).

211. 同上, 299 (1944 年 2 月 5 日), 305 (1944 年 3 月 2 日).

212. Borodziej, *Terror und Politik*, 162-209.

213. 引用自 Hans Umbreit, 'Das unbewältigte Problem: Der Partisanenkrieg im Rücken der Ostfront', 收录于 Jürgen Förster ed., *Stalingrad: Ereignis: Wirkung und Symbol* (Munich, 1992), 130-49, 在 142-3.

214. Peter Klein, 'Zwischen den Fronten: Die Zivilbevölkerung Weissrusslands und der Krieg der Wehrmacht gegen die Partisanen', 收录于 Quinkert ed., '*Wir sind die Herren dieses Landes*', 82-103.

215. Friedländer, *The Years of Extermination*, 250.

216. Klukowski, *Diary*, 223-6 (1942 年 11 月 4-20 日).

217. 同上 , (November 1942 年 11 月 26 日).

218. Dina Porat, 'The Vilna Proclamation of January 1, 1942, in Historical Perspective', *Yad Vashem Studies*, 25 (1996), 99-136.

219. Nechama Tec, *Ich wollte retten: Die unglaubliche Geschichte der Bielski-Partisanen 1942-1944* (Berlin, 2002).

220. Sven Erichson ed., *Abschied ist immer: Briefe an den Bruder im Zweiten Weltkrieg* (Frankfurt am Main, 1994), 78; 关于更广泛的情况 , 参见 Weinberg, *A World at Arms*, 408-17.

221. David M. Glantz and Jonathan M. House, *When Titans Clashed: How the Red Army Stopped Hitler* (Lawrence, Kans., 1995), 98-107.

222. Bock, *Zwischen Pflicht und Verweigerung*, 445 (1942 年 6 月 15 日).

223. Elmshäuser and Lokers ed., 'Man muss hier nur hart sein' , 181 (写给 Frieda 的信 , 1942 年 7 月 20 日).

224. Weinberg, *A World at Arms*, 296-8, 412; Mawdsley, *Thunder in the East*, 118-48; Glantz and House, *When Titans Clashed*, 105-19; Bock, *Zwischen Pflicht und Verweigerung*, 470 (1942 年 7 月 13-15 日).

225. Kershaw, *Hitler*, II. 526-8.

226. Halder, *Kriegstagebuch*, III. 489 (1942 年 7 月 23 日).

227. Speer, *Inside the Third Reich*, 332.

228. Bellamy, *Absolute War*, 351-408; David Glantz, *The Siege of Leningrad 1941-1944: 900 Days of Terror* (London, 2004); Harrison E. Salisbury, *The 900 Days: The Siege of Leningrad* (London, 1969).

229. 引用自 Kershaw, *Hitler*, II. 531-2.

230. Meier-Welcker, *Aufzeichnungen*, 159 (1942 年 4 月 9 日).

231. Erichson, *Abschied*, 27 (给兄弟的信 , 1942 年 7 月 28 日).

232. 同上 , 77 (1942 年 8 月 18 日的信).

233. Halder, *Kriegstagebuch*, III. 513 (1942 年 8 月 30 日).

234. 同上 , 517 (1942 年 9 月 4 日), 528 (1942 年 9 月 24 日).

235. Weinberg, *A World at Arms*, 408-17, 420-28; Kershaw, *Hitler*, II. 531-4; Bernd Wegner,

'Vom Lebensraum zum Todesraum: Deutschlands Kriegführung zwischen Moskau und Stalingrad', 收录于 Förster ed., *Stalingrad*, 17-38; Bernd Wegner, 'The War against the Soviet Union, 1942-1943', *GSWW* VI. 843-1,203, 在 843-1,058.

236. Heinrich von Einsiedel, *The Shadow of Stalingrad: Being the Diary of a Temptation* (London, 1953), 7-8 (1942 年 8 月 24 日).

237. 同上 , 8-9.

238. 同上 ; Antony Beevor, *Stalingrad* (London, 1998), 92-5.

239. 同上 , 102-31.

240. Halder, *Kriegstagebuch*, III. 514 (1942 年 8 月 31 日).

241. Reddemann ed., *Zwischen Front und Heimat*, 631 (致 Agnes, 1942 年 10 月 3 日).

242. Kershaw, *Hitler*, II. 536-8.

243. Beevor, *Stalingrad*, 127-33, 166-77.

244. Beevor, *Stalingrad*, 291-310.

245. Jens Ebert ed., *Feldpostbriefe aus Stalingrad: November 1942 bis Januar 1943* (Munich, 2006 [2000]). 正如士兵在信中表达出的那样，他们士气下降并期待战争结束，关于这方面的情况，另见 Katrin A. Kilian, 'Kriegsstimmungen: Emotionen einfacher Soldaten in Feldpostbriefen', *DRZW* IX/II. 251-88.

246. Beevor, *Stalingrad*, 189-235.

247. 同上 , 236-65; 另见 Mawdsley, *Thunder in the East*, 159-73, 以及 Bellamy, *Absolute War*, 497-53.

248. Beevor, *Stalingrad*, 266-90.

249. Speer, *Inside the Third Reich*, 343.

250. Ebert ed., *Feldpostbriefe*, 81.

251. Beevor, *Stalingrad*, 333-6.

252. Ebert ed., *Feldpostbriefe*, 170.

253. Beevor, *Stalingrad*, 311-30.

254. Ebert ed., *Feldpostbriefe*, 216; 关于更普遍的情况 , 同上 , 186-222.

255. 同上 , 163

256. 同上 , 49.

257. 同上 , 27, 29; 307 页上的插图说明文字称士兵们的衣着并不适合冬季作战，但士兵信中多次提到了相反的情况，因此插图的说明性文字是歪曲事实 (43, 159, 176, 205).

258. 同上 , 16, 38, 180, 236, 262.

259. Anatoly Golovchansky 等 . ed., *'Ich will raus aus diesem Wahnsinn': Deutsche Briefe von der Ostfront 1941-1945* (Wuppertal, 1991), 164 (1942 年 12 月 31 日).

260. Groscurth, *Tagebücher*, 532.

261. Ebert ed., *Feldpostbriefe*, 242.

262. Golovchansky 等 . ed., *'Ich will raus'*, 205 (1943 年 1 月 10 日).

263. 同上, 202 (1943 年 1 月 10 日).

264. 同上, 223 (1943 年 1 月 15 日).

265. Ebert ed., *Feldpostbriefe*, 304, 316; 相似的内容还可参见 270, 274, 281, 296, 305.

266. Rolf Dieter Müller, ' "Was wir an Hunger ausstehen müssen, könnt Ihr Euch gar nicht denken" : Eine Armee verhungert', 收录于 Wolfram Wette and Gerd R. Ueberschär ed., *Stalingrad: Mythos und Wirklichkeit einer Schlacht* (Frankfurt am Main, 1992), 131-45; Beevor, *Stalingrad*, 335-8.

267. Ebert ed., *Feldpostbriefe*, 209; 相似内容参见本书 124, 143, 161, 186.

268. 同上, 306.

269. 同上, 318, 322-4.

270. Boberach ed., *Meldungen*, XII. 4,698 (1943 年 1 月 18 日).

271. Beevor, *Stalingrad*, 352-73.

272. 引用自 Ebert ed., *Feldpostbriefe*, 341-2.

273. 引用自 ibid., 343.

274. 同上, 342-4.

275. Beevor, *Stalingrad*, 374-431; Kershaw, *Hitler*, II. 543-57; Groscurth, *Tagebücher*, 95; f 关于更详细的描述, 参见 Wegner, 'The War against the Soviet Union', *GSWW* VI. 1,058-72.

276. Karl-Heinz Frieser, *Krieg hinter Stacheldraht: Die deutschen Kriegsgefangenen in der Sowjetunion und das Nationalkomitee 'Freies Deutschland'* (Mainz, 1981), 55, 144-82, 188-9, 193-5; Kershaw, *Hitler*, II. 550-51.

277. Walb, *Ich, die Alte*, 260 (1943 年 2 月 3 日).

278. Wolfram Wette, 'Das Massensterben als "Heldenepos" : Stalingrad in der NS-PROPAGANDA', 收录于 Wette and Ueberschär ed., *Stalingrad*, 43-60; Heinz Boberach, 'Stimmungsumschwung in der deutschen Bevölkerung,'收录于同一书籍, 61-6; Bernhard R. Kroener, ' "Nun Volk, steh auf ...!" Stalingrad und der "totale" Krieg 1942-1943', 收录于 Förster ed., *Stalingrad*, 151-70; Marlis Steinert, 'Stalingrad und die deutsche Gesellschaft', 收录于同一书籍, 171-88.

279. Boberach ed., *Meldungen*, XII. 4,750-51 (1943 年 2 月 4 日) (原著中就是斜体).

280. 同上.

281. Broszat and el. ed., *Bayern* I. 633 (Bericht der SD-Hauptaussenstelle Würzburg, 1943 年 2 月 1 日).

282. 同上 (Bericht der SD-Aussenstelle Friedberg, 1943 年 2 月 8 日).

283. 同上, 164-5 (Monatsbericht des Landrats, 1943 年 2 月 2 日).

284. Hassell, *The von Hassell Diaries*, 284.

285. Broszat 等 ed., *Bayern*, I. 633 (Bericht der SD-Hauptaussenstelle Würzburg, 1943 年 2 月 1 日).

286. Klemperer, *To the Bitter End*, 189-92 (1943 年 2 月 5 日和 14 日).

287. Broszat and el. ed., *Bayern* I. 170 (Monatsbericht der Gendarmerie-Station Muggendorf,

1943 年 3 月 19 日).

288. 同上 , 170 (Monatsbericht der Gendarmerie-Station Waischenfeld, 1943 年 3 月 19 日).

289. Boberach ed., *Meldungen*, XIII. 5,146 (1943 年 4 月 19 日).

290. Cited in Noakes ed., *Nazism*, IV. 548.

291. Boberach ed., *Meldungen*, XIV. 5,445 (1943 年 7 月 8 日) (原著中就是斜体).

292. 同上 , 5,446 (原著中就是斜体); 另参见 Hassell, *The von Hassell Diaries*, 294 (1943 年 3 月).

293. 同上 , 5,447 (原著中就是斜体).

294. Willi A. Boelcke ed., *'Wollt Ihr den totalen Krieg? ' Die geheimen Goebbels-Konferenzen 1939-1943* (Munich, 1969 [1967]), 414.

295. 此处的演讲版本与出版发行的版本不同，是英国广播公司实时接收到的版本，摘录于 Noakes ed., *Nazism*, IV. 490-94. 另参见 Iring Fetscher, *Joseph Goebbels im Berliner Sportpalast 1943: 'Wollt Ihr den totalen Krieg? '* (Hamburg, 1998) (该演讲摘录于同书 , 63-98); 以及 Günter Moltmann, 'Goebbels' Speech on Total War, February 18, 1943', 收录于 Hajo Holborn ed., *Republic to Reich: The Making of the Nazi Revolution: Ten Essays* (New York, 1973 [1972]), 298-342.

296. Boberach ed., *Meldungen*, XII. 4,833 (1943 年 2 月 22 日); Moltmann, 'Goebbels' Speech', 337 (关于 "集体催眠" 的信息).

297. 同上 , 309-16.

298. Kershaw, *Hitler*, II. 561-77.

299. Noakes ed., *Nazism*, IV. 238-40; Boberach ed., *Meldungen*, XIII. 5,136-40 (1943 年 4 月 1 日).

300. Boberach ed., *Meldungen*, XII. 4,826-30 (1943 年 2 月 18 日).

301. Tooze, *The Wages of Destruction*, 353-6.

302. Noakes ed., *Nazism*, IV. 510-18.

303. 同上 .

304. Overy, 'Guns or Butter? ', 284-6; Josef Wulf, Presse und Funk im Dritten Reich: Eine Dokumentation (Gütersloh, 1964), 374.

305. Boberach ed., *Meldungen*, IX. 3,504-5 (1942 年 3 月 23 日).

306. 同上 .

307. Noakes ed., *Nazism*, IV. 521, 548.

308. Herbst, *Der totale Krieg*, 171-241.

309. Overy, 'Guns or Butter? ', 259-64 (引用文字在 263 页), 批判 Alan S. Milward, 'Hitlers Konzept des Blitzkrieges', 收录于 Andreas Hillgruber ed., *Probleme des Zweiten Weltkrieges* (Cologne, 1967),19-40, 以及 Burton H. Klein, *Germany's Economic Preparations for War* (Cambridge, Mass., 1959); 另参见 Evans, *The Third Reich in Power*, 322-36, 349-50, 477-92.

310. Carroll, *Design for Total War*, 190.

311. Overy, 'Guns or Butter?', 264-71.

312. 同上, 272; Tooze, *The Wages of Destruction*, 353-6; Aly, *Hitler's Beneficiaries*, 295-300; Philipp Kratz, 'Sparen für das kleine Glück', 收录于 Götz Aly ed., *Volkes Stimme: Skepsis und Führervertrauen im Nationalsozialismus* (Frankfurt am Main, 2006), 59-79; Angelika Ebbinghaus, 'Fakten oder Fiktionen: Wie ist Götz Aly zu seinen weitreichenden Schlussfolgerungen gekommen?', *Sozial.Geschichte*, 20 (2005), 29-45, 在 32; 另参见 Christoph Buchheim, 'Die vielen Rechenfehler in der Abrechnung Götz Alys mit den Deutschen unter dem NS-Regime', *Sozial.Geschichte*, 20 (2005), 67-76.

313. Mathilde Wolff-Mönckeberg, *On the Other Side: To My Children from Germany 1940-1945* (London, 1982 [1979]), 96.

314. Boberach ed., *Meldungen*, XVI. 6,260-5 (引用文字在 6,262 页).

315. Overy, 'Guns or Butter?', 272-84.

316. 同上, 285-91.

317. Hassell, *The von Hassell Diaries*, 173.

318. Pöppel, *Heaven and Hell*, 101.

319. Boberach ed., *Meldungen*, XII. 4,831 (1943 年 2 月 22 日) (原著中就是斜体).

320. Broszat and el. ed., *Bayern*, I. 169 (Landrat Ebermannstadt, Monatsbericht, 1943 年 3 月 2 日).

321. 同上, 635 (Bericht der SD-Hauptaussenstelle Würzburg, 1943 年 2 月 22 日).

第五章 "终结的开端"

1. 'Aufsatz des Schülers Günter R. von der Dreikönigschule in Dresden, verfasst am 9. November 1934', No. 120, 收录于 Joachim S. Hohmann and Hermann Langer ed., *'Stolz, ein Deutscher zu sein . . .': Nationales Selbstverständnis in Schulaufsätzen 1914-1945* (Frankfurt am Main, 1995), 227-8.

2. Ralf Blank, 'Kriegsalltag und Luftkrieg an der "Heimatfront" ', *DRZW* IX/I. 357-468, 在 358 以及 403-6.

3. Ursula Büttner, ' "Gomorrha" und die Folgen: Der Bombenkrieg', in Forschungsstelle für Zeitgeschichte in Hamburg ed., *Hamburg im 'Dritten Reich'* (Göttingen, 2005), 613-32, 在 613-16; Horst Boog, 'The Anglo-American Strategic Air War over Europe and German Air Defence', in *GSWW* VI. 469-628, 在 478-91.

4. Shirer, *Berlin Diary*, 441-2 (1940 年 11 月 9 日).

5. Boog, 'The Strategic Air War', 379-406.

6. Richard Overy, *Why the Allies Won* (London, 1995), 101-4 (具体的引用文字); Boog, 'The Anglo-American Strategic Air War', 492-521.

7. Weinberg, *A World at Arms*, 572-7; Overy, *Why the Allies Won*, 104-12; Calvocoressi and Wint, *Total War*, 489-94; Jörg Friedrich, *Der Brand: Deutschland im Bombenkrieg 1940-1945* (Munich, 2002), 63-85. 关于战略轰炸的原则、起源及其演变，参见 Boog, 'The Anglo-American Strategic Air War', 469-77.

8. 同上, 565-6, 622-3.

9. Boog, 'The Strategic Air War', 367-8.

10. Boog, 'The Anglo-American Strategic Air War', 622-3.

11. Weinberg, *A World at Arms*, 577; Overy, *Why the Allies Won*, 109-10; Calvocoressi and Wint, *Total War*, 494; Friedrich, *Der Brand*, 86-7, 179-90; Boog, 'The Anglo-American Strategic Air War', 558-66. 此时，兰开斯特轰炸机仍然叫做曼彻斯特轰炸机 .

12. Boberach ed., *Meldungen*, X. 3,597-9 (1942 年 4 月 9 日).

13. Solmitz, *Tagebuch*, 765 (1942 年 9 月 8 日).

14. 同上 , 733 (1942 年 4 月 26 日 , 1942 年 4 月 29 日).

15. Overy, *Why the Allies Won*, 117-19; Weinberg, *A World at Arms*, 578-9; Calvocoressi and Wint, *Total War*, 494; Boog, 'The Anglo-American Strategic Air War', 566-621.

16. 引用自 Overy, *Why the Allies Won*, 117; Boog, 'The Strategic Air War', 9-15; 另参见 Charles Webster 和 Noble Frankland 撰写的经典官方历史 , *The Strategic Air Offensive against Germany 1939-1945* (4vols, London, 1961), IV. 273-83.

17. Overy, *Why the Allies Won*, 114-22; Blank, 'Kriegsalltag', 366-8; Boog, 'The Strategic Air War', 22-9.

18. Fröhlich (ed.), *Die Tagebücher*, VII. 491 (1943 年 3 月 7 日).

19. Blank, 'Kriegsalltag', 369-70.

20. Tooze, *The Wages of Destruction*, 596-600.

21. Speer, *Inside the Third Reich*, 389-93, 引用了他的官方日志 .

22. Martin Middlebrook, *The Battle of Hamburg: Allied Bomber Forces against a German City in 1943* (London, 1980), 93-251; Boog, 'The Strategic Air War', 43-51.

23. 引用自 Middlebrook, *The Battle of Hamburg*, 264-5; 关于风暴性大火的详情，同上 , 252-81.

24. 同上 , 266-7.

25. 同上 , 282-327; Büttner, ' "Gomorrha" ', 616-18; Friedrich, *Der Brand*, 455; 另参见 Christian Hanke *and et al.*, *Hamburg im Bombenkrieg 1940-1945: Das Schicksal einer Stadt* (Hamburg, 2001); 以及 Renate Hauschild-Thiessen ed., *Die Hamburger Katastrophe vom Sommer 1943 in Augenzeugenberichten* (Hamburg, 1991).

26. Wolff-Mönckeberg, *On the Other Side*, 79.

27. 同上 , 79; Büttner, ' "Gomorrha" ', 620-22.

28. Solmitz, *Tagebuch*, 840, 851 (1943 年 8 月 4 日， 1943 年 8 月 19 日).

29. Breloer ed., *Geheime Welten*, 41.

30. 同上 , 42.

31. 同上 , 43.

32. Solmitz, Tagebuch, 930 (1944 年 6 月 21 日), 943 (1944 年 8 月 8 日).

33. 同上 , 943 (1944 年 8 月 8 日).

34. Wolff-Mönckeberg, *On the Other Side*, 86.

35. Boberach ed., *Meldungen*, XV. 5,583 (9 August 1943 年 8 月 9 日) (原著中就是斜体).

36. 同上, XV. 5 562, 5 575 (1943 年 8 月 2 日和 5 日).

37. Joachim Szodrzynski, 'Die "Heimatfront" zwischen Stalingrad und Kriegsende', in Forschungsstelle für Zeitgeschichte 收录于 Hamburg ed., *Hamburg*, 633-86; 关于其他地方，可以参见 Wilfried Beer, *Kriegsalltag an der Heimatfront: Alliierter Luftkrieg und deutsche Gegenmassnahmen zur Abwehr und Schadenbegrenzung, dargestellt für den Raum Münster* (Bremen, 1990); Gerd R. Ueberschär, *Freiburg im Luftkrieg 1939-1945* (Freiburg, 1990); Gerhard E. Sollbach ed., *Dortmund: Bombenkrieg und Nachkriegsalltag 1939-1945* (Hagen, 1996); Birgit Horn, *Die Nacht, als der Feuertod vom Himmel stürzte Leipzig, 4. Dezember 1943* (Gudensberg-Gleichen, 2003).

38. Erichson, *Abschied*, 160-61 (给兄弟的新, 1943 年 8 月 12 日).

39. Boberach ed., *Meldungen*, XIV. 5,356 (1943 年 6 月 17 日).

40. Meike Wöhlert, *Der politische Witz in der NS-Zeit am Beispiel ausgesuchten SD-BERICHTE und Gestapo-Akten* (Frankfurt am Main, 1997), 50; Boberach ed., *Meldungen*, XIV. 5,619-20 (1943 年 8 月 16 日).

41. Boberach ed., *Meldungen*, XIV. 5,357.

42. 同上.

43. Eva Gehrken, *Nationalsozialistische Erziehung in den Lagern der Erweiterten Kinderlandverschickung 1940 bis 1945* (Braunschweig, 1997), 16.

44. Gerhard Kock, 'Die Erweiterte Kinderlandverschickung und der Konflikt mit den Kirchen', 收录于 Martin Rüther ed., *'Zu Hause könnten sie es nicht schöner haben!': Kinderlandverschickung aus Köln und Umgebung 1941-1945* (Cologne, 2000), 209-42.

45. Gerhard Kock, 'Nur zum Schutz aufs Land gebracht? Die Kinderlandverschickung und ihre erziehungspolitischen Ziele', 也收录于上述编著, 17-52; 另参见 Gehrken, *Nationalsozialistische Erziehung*, 16, 149, 证明了这些营区事实上就是一个正当机构，与 Gerhard Dabel ed. 的论点截然相反, *KLV: Die erweiterte Kinder-Land-Verschickung* (Freiburg, 1981).

46. Katja Klee, ' "Nie wieder Aufnahme von Kindern" -Anspruch und Wirklichkeit der KLV in den Aufnahmegauen', 收录于 Rüther ed., *'Zu Hause'*, 161-94; Stephenson, *Hitler's Home Front*, 295-311.

47. Friedrich, *Der Brand*, 455-67; 另参见 Olaf Gröhler, *Bombenkrieg gegen Deutschland* (Berlin, 1990).

48. Boberach ed., *Meldungen*, XV. 6,033.

49. 同上, 6 025-8 (引言在第 6,028 页).

50. 同上, 6 029-30.

51. 同上, 6 030.

52. 同上, 6 031.

53. 同上, 6 032.

54. Fröhlich ed., *Die Tagebücher*, II/XIV. 409 (1944 年 12 月 12 日); 关于上述情况，参见该编著, 417-21; 另参见 Karl Christian Führer, 'Anspruch und Realität: Das Scheitern der nationalsozialistischen Wohnungsbaupolitik 1933-1945', *VfZ* 45 (1997), 225-56.

55. Herwart Vorländer, *Die NSV: Darstellung und Dokumentation einer nationalsozialistischen Organisation* (Boppard, 1988), 127-75; 另参见 Armin Nolzen, ' "Sozialismus der Tat" ? Die Nationalsozialistische Volkswohlfahrt (NSV) und der alliierte Luftkrieg gegen das deutsche Reich', 收录于 Dietmar Süss ed., *Deutschland im Luftkrieg: Geschichte und Erinnerung* (Munich, 2007), 57-70.

56. 关于普遍的情况，参见 Nicole Krämer, ' "Kämpfende Mütter" und "gefallene Heldinnen" - Frauen im Luftschutz', 收录于 Süss ed., *Deutschland im Luftkrieg*, 85-98.

57. Blank, 'Kriegsalltag', 391-4; Noakes ed., *Nazism*, IV. 562-5.

58. Blank, 'Kriegsalltag', 394-402, 421-5. 战争后期阶段，在希特勒位于巴伐利亚上萨尔茨山的住所同样修建了一个庞大的建筑群，其中包含众多的地下隧道和房间 .

59. Hassell, *The von Hassell Diaries*, 157.

60. Blank, 'Kriegsalltag', 407-16; Fröhlich ed., *Die Tagebücher*, II/XI. 42 (1944 年 1 月 3 日).

61. 引用自 Blank, 'Kriegsalltag', 407-8.

62. 引用自 ibid., 410-11; 另参见 Friedrich, *Der Brand*, 371-406.

63. 同上 , 406-34, 以及 Bernhard Gotto, 'Kommunale Krisenbewältigung', 收录于 Süss ed., *Deutschland im Luftkrieg*, 41-56.

64. 引用自 Friedrich, *Der Brand*, 446.

65. Hans Wrobel ed., *Strafjustiz im totalen Krieg: Aus den Akten des Sondergerichts Bremen 1940 bis 1945* (Bremen, 1991), I. 168-71.

66. 同上 , 190-2.

67. Ralph Angermund, *Deutsche Richterschaft 1919-1945* (Frankfurt am Main, 1990), 209-15.

68. Speer, *Inside the Third Reich*, 396-8; Blank, 'Kriegsalltag', 372.

69. Speer, *Inside the Third Reich*, 395.

70. Blank, 'Kriegsalltag', 374-6.

71. Overy, *Why the Allies Won*, 120-22; Boog, 'The Strategic Air War', 54-76.

72. Overy, Why the Allies Won, 122-5; 关于 1943 年轰炸运动的危机，参见 Boog, 'The Strategic Air War', 76-88; 关于德国空军防御形势的转变，同上 , 159-256.

73. Overy, *Why the Allies Won*, 125-3, 211.

74. Blank, 'Kriegsalltag', 459-60, 简要地概述了相互差异很大的估计 .

75. Anthony C. Grayling, *Among the Dead Cities: Was the Allied Bombing of Civilians in WWII a Necessity or a Crime?* (London, 2006), 条理清晰地总结了从道德立场出发的反对轰炸运动论点 . 另参见 Lothar Kettenacker ed., *Ein Volk von Opfern? Die neue Debatte um den Bombenkrieg 1940-45* (Berlin, 2003).

76. Overy, *Why the Allies Won*, 128-33.

77. Pöppel, *Heaven and Hell*, 233.

78. Dietmar Süss, 'Nationalsozialistische Deutungen des Luftkrieges', 收录于其本人编著的 *Deutschland im Luftkrieg*, 99-110.

79. 同上 , 379-80.

80. 同上, 435-6.

81. Boberach ed., *Meldungen*, XV. 5,575 (1943 年 8 月 5 日); 另参见 XV. 5,885 (1943 年 10 月 15 日).

82. Blank, 'Kriegsalltag', 448-50. 另参见 Friedrich, *Der Brand*, 48-90, 以及 Barbara Grimm, 'Lynchmorde an alliierten Fliegern im Zweiten Weltkrieg', 收录于 Süss ed., *Deutschland im Luftkrieg*, 71-84.

83. 同上, XVI, 6,302-3 (1944 年 2 月 7 日) (原著中就是斜体).

84. Dear ed., *The Oxford Companion to World War II*, 748-9, 992-4; Weinberg, *A World at Arms*, 211-15, 222-5, 361-3; Stumpf, 'The War in the Mediterranean Area', 631-840.

85. Kershaw, *Hitler*, II. 585.

86. Tooze, *The Wages of Destruction*, 401-2.

87. Basil H. Liddell Hart ed., *The Rommel Papers* (London, 1953), 507-24.

88. Walb, *Ich, die Alte*, 249, 253 (November 1942 年 11 月 14 日和 29 日).

89. Crampton, *Bulgaria*, 374-81; Miller, *Bulgaria*, 135-48, 细致地考察了关于鲍里斯死亡的各种说法，得出的结论是没人有明显意图想置之于死地. Edward P. Thompson, *Beyond the Frontier: The Politics of a Failed Mission: Bulgaria 1944* (Woodbridge, 1997), 作者讲述了自己兄长弗兰克在游击战中死亡的事迹.

90. Denis Mack Smith, *Modern Italy: A Political History* (London, 1997 [1959]), 404-12; Kershaw, *Hitler*, II. 593.

91. Weinberg, *A World at Arms*, 593-6.

92. Smith, *Modern Italy*, 412-14; 同一作者, *Mussolini* (London, 1987 [1981]), 341-6.

93. Christopher Duggan, *The Force of Destiny: A History of Italy since 1796* (London, 2007), 520-26; Boberach ed., *Meldungen*, XV. 5,755 (1943 年 9 月 13 日); Kershaw, *Hitler*, II. 593-8.

94. Boberach ed., *Meldungen*, XVI. 6,304 (7 February 1944 年 2 月 7 日) (原著中就是斜体).

95. Bosworth, *Mussolini's Italy*, 503-5; Herbert, *Hitler's Foreign Workers*, 282-7; Boberach ed., *Meldungen*, XIV. 5,724-5 (1943 年 9 月 9 日), 和 XV. 5,766 (1943 年 9 月 13 日) (原著中就是斜体).

96. Luigi Cajani, 'Die italienischen Militär-Internierten im nationalsozialistischen Deutschland', 收录于 Herbert ed., *Europa und der 'Reichseinsatz'*, 295-316, 在 308; 另参见 Brunello Mantelli, 'Von der Wanderarbeit zur Deportation: Die italienischen Arbeiter in Deutschland 1938-1945', 收录于同书, 51-89; Ralf Lang, *Italienische 'Fremdarbeiter' im nationalsozialistischen Deutschland 1937-1945* (Frankfurt am Main, 1996), 83-110; Spoerer, *Zwangsarbeit*, 228.

97. Nicholas, *The Rape of Europa*, 229-72 (引言在 266-7 页).

98. Boberach ed., *Meldungen*, XIV. 5,540-41 (1943 年 7 月 29 日).

99. Smith, *Mussolini*, 348-67.

100. 同上; Boberach ed., *Meldungen*, XV. 5,755 (1943 年 9 月 13 日).

101. Friedländer, *The Years of Extermination*, 559-77; Longerich, *Politik*, 553-4, 560; Robert Katz, *The Battle for Rome: The Germans, the Allies, the Partisans, and the Pope, September*

1943-June 1944 (New York, 2003), 61-85; 同一作者 , *Black Sabbath: A Journey through a Crime against Humanity* (London, 1969), 3-104.

102. 参见 Evans, *Telling Lies*, 103-8; 以及 Steur, *Theodor Dannecker*, 113-28.

103. Meir Michaelis, *Mussolini and the Jews: German-Italian Relations and the Jewish Question in Italy, 1922-1945* (Oxford, 1978); Susan Zuccotti, *The Italians and the Holocaust: Persecution, Rescue and Survival* (London, 1987); Katz, *Black Sabbath*, 105-292; Lilliana Picciotto Fargion, 'Italien', 收录于 Wolfgang Benz ed., Dimension des Völkermords: Die Zahl der jüdischen Opfer des Nationalsozialismus (Munich, 1991), 199-228; Jonathan Steinberg, *All or Nothing: The Axis and the Holocaust 1941-1943* (London, 1991); Susan Zuccotti, *Under His Very Windows: The Vatican and the Holocaust in Italy* (London, 2001).

104. Longerich, *Politik*, 561-2.

105. 同上 , 561.

106. Bosworth, *Mussolini's Italy*, 498-530 (统计数据在 522 页).

107. Primo Levi, *If This Is a Man* (London, 1957 [1948]).

108. Frank Snowden, 'Latina Province 1944-1950', *Journal of Contemporary History*, 43/3 (2008), 509-26; Paul Weindling, *Epidemics and Genocide in Eastern Europe, 1890-1945* (Oxford, 2000), 2-3, 76-9, 376-8; Michael H. Kater, *Doctors under Hitler* (Chapel Hill, N.C., 1989).

109. Snowden, 'Latina Province'.

110. Weinberg, *A World at Arms*, 367-9.

111. 同上 , 64-73; Tooze, *The Wages of Destruction*, 338-9, 397-9; Kershaw, *Hitler*, II. 585; 关于详细的描述，参见 Werner Rahn, 'The War at Sea in the Atlantic and in the Arctic Ocean', *GSWW* VI. 301-468.

112. Klaus von Trotha, ' "Ran, Angreifen, Versenken!" Aus dem Tagebuch eines U-Boots Kapitäns', 收录于 Georg von Hase ed., *Die Kriegsmarine im Kampf um den Atlantik: Erlebnisberichte von Mitkämpfern* (Leipzig, 1942), 40- 69.

113. Meier-Welcker, Aufzeichnungen, 98-103 (1940 年 12 月 31 日).

114. Michael Salewski, *Die deutsche Seekriegsleitung 1935-1945* (Frankfurt am Main, 1970), I. 175-207.

115. Weinberg, *A World at Arms*, 367-82.

116. 同上 , 235-7, 358, 382.

117. 同上 , 382-9.

118. Bernd Wegner, 'Von Stalingrad nach Kursk', 收录于 *DRZW* VII. 3-82, 在 3-8.

119. Helmut Blume, *Zum Kaukasus 1941-1942: Aus Tagebuch und Briefen eines jungen Artilleristen* (Tübingen, 1993), 140 (给父母的信 , 1942 年 11 月 2 日).

120. 同上 , 141 (给父母的信 , 1942 年 11 月 14 日).

121. Wegner, 'The War against the Soviet Union', 1,022-59, 1,173-92.

122. Kershaw, *Hitler* II. 529-33; Wegner, 'The War against the Soviet Union'.

123. Reddemann ed., *Zwischen Front und Heimat*, 761 (致 Agnes, 1943 年 2 月 16 日).

124. 同上 , Introduction. 他的遗孀在未婚嫁 .

125. Wegner, ‘Von Stalingrad’, 62.

126. 同上 , 63-9.

127. 同上 , 69-79; Karl-Heinz Frieser, ‘Die Schlacht im Kursker Bogen’, 收录于 *DRZW* VIII. 83-210, 在 83-5.

128. 同上 , 83-102.

129. 引用自 ibid., 102; 细节内容参见同书 , 102-3.

130. 同上 , 104-6.

131. 同上 , 106-12.

132. 同上 , 112-19.

133. 同上 , 119-39. Frieser 从激进的修正主义视角对库尔斯克战役进行了描述，他的描述取代了之前关于这场战役的所有叙述 .

134. 同上 , 140-72.

135. 同上 , 173-207.

136. 引用自 ibid., 200.

137. 同上 , 190-208 (引言在第 208 页).

138. Karl-Heinz Frieser and Klaus Schönherr, ‘Der Rückschlag des Pendels: Das Zurückweichen der Ostfront von Sommer 1943 bis Sommer 1944’, 收录于 *DRZW* VIII. 277-490, 在 277.

139. Karl-Heinz Frieser, ‘Zusammenfassung’, 收录于 *DRZW* VIII. 1,211-24.

140. Bernd Wegner, ‘Die Aporie des Krieges’, 收录于 *DRZW* VII. 211-76, 在 256-69.

141. 同上 , 259-60.

142. Frieser and Schönherr, ‘Der Rückschlag’, 324-5.

143. Sven Oliver Müller, ‘Nationalismus in der deutschen Kriegsgesellschaft 1939 bis 1945’, 收录于 *DRZW* IX/II. 9-92, 在 70-92.

144. Hürter ed., *Ein deutscher General*, 12-42.

145. Bock, *Zwischen Pflicht und Verweigerung*, Introduction, 和 125-7.

146. Reinhard Stumpf, *Die Wehrmacht-Elite: Rang-und Herkunftsstruktur der deutschen Generale und Admirale 1933–1945* (Boppard, 1982), 298-302.

147. 引用自 Gerd R. Ueberschär and Winfried Vogel, *Dienen und Verdienen: Hitlers Geschenke an seine Eliten* (Frankfurt am Main, 2000 [1999]), 147-8; 关于上述内容的细节 , 参见同书 , 146-82.

148. Rass, ‘Das Sozialprofil’, 712-18.

149. 同上 , 647.

150. 同上 , 651-7.

151. 同上 , 658-80.

152. 同上 , 682-3.

153. 同上，690.

154. Horst F. Richardson, *Sieg Heil! War Letters of Tank Gunner Karl Fuchs, 1937-1941* (Hamden, Conn., 1987), 124 (1941 年 8 月 4 日); 关于更整体的情况，参见 Jürgen Förster, 'Geistige Kriegführung in Deutschland 1919 bis 1945', 收录于 *DRZW* IX/I. 469-640, 尤其参见 469-559.

155. 同上，560-640.

156. Manoschek ed., 'Es gibt nur Eines', 52 (O'Gefr. A. G., 1942 年 3 月 1 日).

157. 同上，69 (Uffz. A. N., 1943 年 5 月 29 日).

158. 同上，74 (Uffz. O. D., 1944 年 8 月 16 日).

159. Hosenfeld, 'Ich versuche', 780-82 (日记，1943 年 12 月 28 日).

160. Hürter ed., *Ein deutscher General*, 142.

161. Rass, 'Das Sozialprofil', 723-5, 733-5.

162. 参见 Edward A. Shils and Morris Janowitz 的经典研究，'Cohesion and Disintegration in the Wehrmacht in World War II', *Public Opinion Quarterly*, 12 (1948), 280-315.

163. Thomas Kühne, 'Gruppenkohäsion und Kameradschaftsmythos in der Wehrmacht', 收录于 Rolf-Dieter Müller and Hans-Erich Volkmann ed., *Die Wehrmacht: Mythos und Realität* (Munich, 1999), 534-59; 同一作者，'Zwischen Männerbund und Volksgemeinschaft: Hitlers Soldaten und der Mythos der Kameradschaft', *Archiv für Sozialgeschichte*, 38 (1998), 165-89; 关于更整体的情况，参见同一作者，*Kameradschaft: Die Soldaten des nationalsozialistischen Krieges und das 20. Jahrhundert* (Göttingen, 2006).

164. Manfred Messerschmidt and Fritz Wüllner, *Die Wehrmachtjustiz im Dienste des Nationalsozialismus: Zerstörung einer Legende* (Baden-Baden, 1987), 50.

165. 同上，63-89.

166. 同上，69.

167. 同上，102.

168. 同上，102-3.

169. 同，115; 另 91, 132-68. Maria Fritsche, Österreichische Deserteure und Selbstverst*ümmler in der Deutschen Wehrmacht* (Vienna, 2004).

170. Bernd Wegner, *Hitlers politische Soldaten: Die Waffen-SS 1933-1945: Studien zu Leitbild, Struktur und Funktion einer nationalsozialistischen Elite* (Paderborn, 1982), 210, 305, 316-17; Höhne, *The Order of the Death's Head*, 401-24.

171. 引用自 ibid., 425.

172. 'Die Rede Himmlers vor den Gauleitern am 3. August 1944', *VfZ* 1 (1953), 357-94.

173. Höhne, *The Order of the Death's Head*, 432-5.

174. 同上，435; Overmans, *Deutsche Militärische Verluste*, 257.

175. 引用自 Höhne, *The Order of the Death's Head*, 401-2.

176. 同上，436-7.

177. 同上，438-40.

178. Speer, *Inside the Third Reich*, 341.

179. 同上, 409.

180. Boberach ed., *Meldungen*, XIII. 4,981-2 (1943 年 3 月 22 日); Kershaw, *Hitler*, II. 555-6.

181. Speer, *Inside the Third Reich*, 407-18.

182. Fritz Redlich, *Hitler: Diagnosis of a Destructive Prophet* (New York, 1998), 223-54.

183. Kershaw, *Hitler*, II. 564-6, 611-15.

184. Fröhlich ed., *Die Tagebücher* (1943 年 7 月 25 日).

185. Ludwig Metzger to Hans Fritsche, 12 September 1944, 收录于 Wulf, *Presse und Funk*, 359-60.

186. Speer, *Inside the Third Reich*, 271.

187. Kershaw, *Hitler*, II. 571-2.

188. Hassell, *The von Hassell Diaries*, 247.

189. Fröhlich ed., *Die Tagebücher* II/VII, 447-51 (1943 年 3 月 2 日).

190. Noakes ed., *Nazism*, IV. 27-46; Dieter Rebentisch, *Führerstaat und Verwaltung im Zweiten Weltkrieg* (Stuttgart, 1989).

191. Kershaw, *Hitler*, II. 599.

192. Lammers to Bormann, 1 January 1945, 引用自 Noakes ed., *Nazism*, IV. 35-7.

193. 同上, 24-53.

194. 同上, 54-91 (引言在第 90 页).

195. 同上, 91-120.

196. Bärbel Wirrer ed., *Ich glaube an den Führer: Eine Dokumentation zur Mentalitätsgeschichte in nationalsozialistischen Deutschland 1942-1945* (Bielefeld, 2003), 243 (Inge to Alfred, 1944 年 8 月 7 日).

197. 引用自 Hans Engelhard ed., *Im Namen des deutschen Volkes: Justiz und Nationalsozialismus* (Cologne, 1989), 287.

198. 引用自 Lothar Gruchmann, Justiz im Dritten Reich 1933-1940: Anpassung und Unterwerfung in der Ära Gürtner (Munich, 1988), 921.

199. Wrobel ed., *Strafjustiz im totalen Krieg*, 46.

200. 同上, 46-9; Engelhard ed., *Im Namen*, 149-50; Noakes ed., *Nazism*, IV. 121-35.

201. Evans, *Rituals*, 689-737.

202. Hitler, *Hitler's Table Talk*, 303 (1942 年 2 月 8 日).

203. Engelhard ed., *Im Namen*, 294.

204. 引用自 ibid., 293.

205. Evans, *Rituals*, 696-700; Martin Hirsch 等 ed., *Recht, Verwaltung und Justiz im Nationalsozialismus* (Cologne, 1984), 507-19; Engelhard ed., *Im Namen*, 267.

206. Hitler, *Hitler's Table Talk*, 637-45.

207. Hans Boberach ed., *Richterbriefe: Dokumente zur Beeinflussung der deutschen*

Rechtsprechung 1942-1944 (Boppard, 1975); Martin Broszat, 'Zur Perversion der Strafjustiz im Dritten Reich', *VfZ* 6 (1958), 390-443.

208. Boberach ed., *Richterbriefe*, 55-8.

209. Engelhard ed., *Im Namen*, 269; Patrick Wagner, 'Das Gesetz über die Behandlung Gemeinschaftsfremder: Die Kriminalpolizei und die "Vernichtung des Verbrechertums" ', 收录于 Götz Aly ed., *Feinderklärung und Prävention: Kriminalbiologie: Zigeunerforschung und Asozialenpolitik* (Berlin, 1988), 75-100.

210. 关于司法机赞同采取这些措施的情况，参见 Angermund, *Deutsche Richterschaft*.

211. Wachsmann, *Hitler's Prisons*, 284-306.

212. 同上, 237-41.

213. Noakes ed., *Nazism*, IV. 135-6.

214. Wachsmann, *Hitler's Prisons*, 227-62, 392-7.

215. 引用自 Noakes ed., *Nazism*, IV. 168-9. 关于更整体的情况，参见 Georg Wagner-Kyora, '"Menschenführung" in Rüstungsunternehmen der nationalsozialistischen Kriegswirtschaft', 收录于 *DRZW* IX/II. 383-476.

216. Höss, *Commandant of Auschwitz*, 90-91.

217. Karin Orth, 'Gab es eine Lagergesellschaft? "Kriminelle" und politische Häftlinge im Konzentrationslager', 收录于 Frei 等 ed., *Ausbeutung*, 109-33; Hermann Kaienburg, 'Deutsche politische Häftlinge im Konzentrationslager Neuengamme und ihre Stellung im Hauptlager', 收录于 Detlef Garbe ed., *Häftlinge in KZ Neuengamme: Verfolgungserfahrungen, Häftlingssolidarität und nationale Bindung* (Hamburg, 1999), 26-80; Lutz Niethammer ed., *Der 'gesäuberte' Antifaschismus: Die SED und die roten Kapos von Buchenwald* (Berlin, 1994); Benedikt Kautsky, *Teufel und Verdammte: Erfahrungen und Erkenntnisse aus sieben Jahren in deutschen Konzentrationslagern* (Vienna, 1961), 159-63, 引用自 Noakes ed., *Nazism*, IV. 162-4.

218. 同上, 170-71; Wachsmann, *Hitler's Prisons*, 394-5; Garbe ed., *Häftlinge*, 203.

219. Kautsky, *Teufel*, 引用自 Noakes ed., *Nazism*, IV. 167-8; 另参见 Herbert Obenaus, 'Der Kampfum das tägliche Brot', 收录于 Ulrich Herbert 等 ed., *Die nationalsozialistischen Konzentrationslager: Entwicklung und Struktur* (2vols, Göttingen, 1998), II. 841-73; 以及 Florian Freund, 'Häftlingskategorien und Sterblichkeit in einem Aussenlager des KZ Mauthausen', 收录于同书, 874-86. 另参见 Stanislav Zamecnik 所做的杰出研究, *Das war Dachau* (Frankfurt am Main, 2007 [2002]), 尤其是 226-322.

220. 引用自 Noakes and Pridham ed., *Nazism*, III. 618.

221. Steinbacher, *Auschwitz*, 59; Karin Orth, 'Die Kommandanten der nationalsozialistischen Konzentrationslager', 收录于 Herbert 等 ed., *Die nationalsozialistischen Konzentrationslager*, II. 755-86.

222. Burleigh, *Death*, 220; Schmuhl, *Rassenhygiene*, 217-19.

223. 关于 Mennecke 的书信和报告，参见 Peter Chroust ed., Friedrich Mennecke: *Innenansichten eines medizinischen Täters im Nationalsozialismus: Eine Edition seiner Briefe 1935–1947* (Hamburg, 1988); 信在同书中被引用, I. 242-4; 另参见 Trus, '*...vom Leid erlösen*', 118-

19.

224. Schmuhl, *Rassenhygiene*, 217-19; Burleigh, *Death*, 220-29.

225. Klee, '*Euthanasie*', 418.

226. 引用自 Ganssmüller, *Die Erbgesundheitspolitik*, 174-5; 另参见 Fridlof Kudlien, *Arzte im Nationalsozialismus* (Cologne, 1985), 210.

227. Burleigh, *Death*, 239-45; Klee ed., *Dokumente*, 286-97; 同一作者，'*Euthanasie*', 429-39.

228. Burleigh, *Death*, 238-48; Schmuhl, *Rassenhygiene*, 220-36.

229. Klee, '*Euthanasie*', 439-56.

230. Schmuhl, *Rassenhygiene*, 237-9; Burleigh, *Death*, 255-7.

231. Trus, '*...vom Leid erlösen*', 116, 129-30.

232. Burleigh, *Death*, 230-31.

233. Klee ed., *Dokumente*, 302-3; 同一作者，'*Euthanasie*', 417-21.

234. Klee ed., *Dokumente*, 303.

235. 引用自 Schmuhl, *Rassenhygiene*, 346.

236. Klee, '*Euthanasie*', 421-5.

237. *Ganssmüller, Die Erbgesundheitspolitik*, 175.

238. Klee ed., *Dokumente*, 300-301.

239. 同上，301-2.

240. Evans, *The Third Reich in Power*, 524-7.

241. Lewy, *The Nazi Persecution*, 65-106.

242. 同上，107-32（引言在第 130 页）. 这些事件中遇害者的人数尚不确定，现有的估计数量也差异巨大.

243. Deletant, *Hitler's Forgotten Ally*, 187-96.

244. Lewy, *The Nazi Persecution*, 135.

245. Höss, *Commandant of Auschwitz*, 138-42.

246. Lewy, *The Nazi Persecution*, 167-228. 另参见 Michael Zimmermann, 'Die nationalsozialistische Zigeunerverfolgung, das System der Konzentrationslager und das Zigeunerlager in Auschwitz-Birkenau', 收录于 Herbert 等 ed., *Die nationalsozialistischen Konzentrationslager*, II. 887-910.

247. 引用自 Noakes ed., *Nazism*, IV. 392.

248. Burkhard Jellonek, *Homosexuelle unter dem Hakenkreuz: Die Verfolgung Homosexueller im Dritten Reich* (Paderborn, 1990), 117.

249. 同上，257, 269-73, 282-7; Geoffrey Giles, 'The Denial of Homosexuality: Same-Sex Incidents in Himmler's SS and Police,' 收录于 Dagmar Herzog ed., *Sexuality and German Fascism* (New York, 2005), 256-90, 在 265-9.

250. 同上，269-90.

251. Jellonek, *Homosexuelle*, 329.

252. Geoffrey Giles, 'The Institutionalization of Homosexual Panic in the Third Reich', 收录于 Robert Gellately and Nathan Stoltzfus ed., *Social Outsiders in Nazi Germany* (Princeton, N.J., 2001), 233-55.

253. Noakes ed., *Nazism*, IV. 395.

254. Höss, *Commandant of Auschwitz*, 103-4.

255. Zamecnik, *Das war Dachau*, 230.

256. Till Bastian, *Homosexuelle im Dritten Reich: Geschichte einer Verfolgung* (Munich, 2000), 79-84.

257. 参见 Evans, *The Third Reich in Power*, 529-35, 另外，关于同性恋者 1939 年之前在纳粹德国的艰难处境，也参见该部分 . 关于耶和华见证人的情况 , 参见同书 , 254-5.

258. Detlev J. K. Peukert, 'Arbeitslager und Jugend-KZ: Die Behandlung "Gemeinschaftsfremder" im Dritten Reich', 收录于同一作者与 Jürgen Reulecke ed., *Die Reihen fast geschlossen: Beiträge zur Geschichte des Alltags unterm Nationalsozialismus* (Wuppertal, 1981), 413-34, 在 416.

259. 引用自 Norbert Frei, *Der Führerstaat: Nationalsozialistische Herrschaft 1933 bis 1945* (Munich, 1987), 202-8.

260. Peukert, 'Arbeitslager', 416.

第六章　德国的道德体系

1. 引用自 Vandana Joshi, *Gender and Power in the Third Reich: Female Denouncers and the Gestapo, 1933-45* (London, 2003), 60.

2. 同上 , 59-61.

3. Rita Wolters, *Verrat für die Volksgemeinschaft: Denunziantinnen im Dritten Reich* (Pfaffenweiler, 1996), 59-61.

4. Joshi, *Gender*, 168-97.

5. 同上 , 152; 关于更整体的情况 , 参见 Birthe Kundrus, *Kriegerfrauen: Familienpolitik und Geschlechterverhältnisse im Ersten und Zweiten Weltkrieg* (Hamburg, 1995).

6. Noakes ed., *Nazism*, IV. 374.

7. 同上 ; 另参见 Michelle Mouton, *From Nurturing the Nation to Purifying the Volk: Weimar and Nazi Family Policy, 1918–1945* (New York, 2007), 224-32.

8. Noakes ed., *Nazism*, IV. 368-9.

9. 同上 , 373.

10. 同上 , 375-84.

11. Dagmar Herzog, 'Hubris and Hypocrisy, Incitement and Disavowal: Sexuality and German Fascism', 收录于同一作者 ed., *Sexuality and German Fascism*, 1-21, 在 18-19.

12. 引用自 Stibbe, *Women*, 155.

13. Noakes, *Nazism*, IV. 385-90.

14. Boberach ed., *Meldungen*, XVI. 6,487（原著中就是斜体）; Mouton, *From Nurturing the Nation*, 186, 193-4.

15. Boberach ed., *Meldungen*, XVI. 6,487.

16. 同上；另参见 Stibbe, *Women*, 159.

17. Wirrer ed., *Ich glaube an den Führer*, 324 (Inge to Fred, 1945 年 4 月 17 日).

18. Gerwin Udke ed., *'Schreib so oft Du kannst': Feldpostbriefe des Lehrers Gerhard Udke, 1940-1944* (Berlin, 2002), 73 (Gerhard to Dorothea Udke, 1942 年 4 月 3 日).

19. Benedikt Burkard and Friederike Valet ed., *'Abends wenn wir essen, fehlt uns immer einer': Kinder schreiben an die Väter, 1939-1945* (Heidelberg, 2000), 240 (1 November 1943).

20. John S. Conway, *The Nazi Persecution of the Churches 1933-1945* (London, 1968), 232-53; Evans, *The Third Reich in Power*, 220-60.

21. 同上，253, 220-60.

22. Hitler, *Hitler's Table Talk*, 555-6 (1942 年 7 月 4 日).

23. 同上，322 (1942 年 2 月 20-21 日).

24. 同上，323 (1942 年 2 月 20-21 日).

25. 同上，59 (1941 年 10 月 14 日).

26. 同上，51 (1941 年 10 月 10 日).

27. 同上，75-6 (1941 年 10 月 19 日).

28. 同上，145 (1941 年 12 月 13 日).

29. 同上，6-7 (1941 年 7 月 11-12 日).

30. Broszat and el. ed., *Bayern*, I. 423 (Aus Visitationsberichten Dekanat Hof (Oberfranken), 1941).

31. Conway, *The Nazi Persecution*, 259-60, 383-6.

32. Ian Kershaw, *Popular Opinion and Political Dissent in the Third Reich: Bavaria 1933-1945* (Oxford, 1983), 331-40.

33. Broszat and el. ed., *Bayern*, I. 148 (Aus Monatsbericht des Landrats, 1941 年 3 月 31 日).

34. Kershaw, *Popular Opinion*, 331-57.

35. Broszat and el. ed., *Bayern*, I. 424 (Aus Visitationsberichten Dekanat Hof (Oberfranken), 1942).

36. 同上.

37. Friedländer, *The Years of Extermination*, 302-3.

38. Griech-Polelle, *Bishop von Galen*, 195.

39. Friedländer, The Years of Extermination, 303.

40. 引用自 Michael Phayer, The *Catholic Church and the Holocaust, 1930-1965* (Bloomington, Ind., 2000), 75.

41. Friedländer, *The Years of Extermination*, 559-74.

42. 关于这种观点，参见 John Cornwell, *Hitler's Pope: The Secret History of Pius XII* (London,

1999).

43. Zuccotti, *Under His Very Windows*; Robert S. Wistrich, 'The Vatican Documents and the Holocaust: A Personal Report', *Polin: Studies in Polish Jewry*, 15 (2002), 413-43.

44. Friedländer, *The Years of Extermination*, 56.

45. 同上, 300.

46. Heinrich Hermelink ed., *Kirche im Kampf: Dokumente des Widerstands und des Aufbaus in der evangelischen Kirche Deutschlands von 1933 bis 1945* (Tübingen, 1950), 654-8, 700-702; Theophil Wurm, *Aus meinem Leben* (Stuttgart, 1953), 88-177; 他于1949年退休,时年80岁,后于1953年辞世.

47. Klemperer, *To the Bitter End*, 14 (1942 年 2 月 15 日).

48. 同上, 5 (1942 年 1 月 13 日).

49. 同上, 27 (1942 年 3 月 16 日).

50. 同上, 148 (1942 年 10 月 17 日).

51. 同上, 127 (1942 年 8 月 29 日).

52. 同上, 361 (1944 年 11 月 26 日).

53. Otto Dov Kulka and Eberhard Jäckel ed., *Die Juden in den Geheimen NS-STIMMUNGSBERICHTEN 1933-1945* (Düsseldorf, 2004), 489 (NSDAP Meinberg, March 1942).

54. Peter Longerich, *'Davon haben wir nichts gewusst!' Die Deutschen und die Judenverfolgung 1933-1945* (Munich, 2006), 253-4.

55. Friedländer, *The Years of Extermination*, 294.

56. Klemperer, *I Shall Bear Witness*, 423 (1941 年 11 月 1 日).

57. Klemperer, *To the Bitter End*, 46 (1942 年 5 月 8 日), 50 (1942 年 5 月 15 日).

58. Friedländer, *The Years of Extermination*, 289.

59. Klemperer, *To the Bitter End*, 179 (1943 年 1 月 8 日).

60. 同上, 282 (1944 年 2 月 7 日).

61. 同上, 204 (1943 年 4 月 16 日).

62. Klemperer, *I Shall Bear Witness*, 404 (1941 年 7 月 21 日).

63. Friedländer, *The Years of Extermination*, 251-5; David Bankier, *The Germans and the Final Solution: Public Opinion under Nazism* (Oxford, 1992), 124-30. 另参见 Frank Bajohr and Dieter Pohl, Der Holocaust als offenes Geheimnis: *Die Deutschen, die NS-FÜHRUNG und die Alliierten* (Munich, 2006); Ian Kershaw, Hitler, the Germans and the Final Solution (London, 2008); 以及 Bernward Dörner, *Die Deutschen und der Holocaust: Was niemand wissen wollte, aber jeder wissen konnte* (Berlin, 2007).

64. Longerich, *'Davon'*, 175-81.

65. Kulka and Jäckel ed., *Die Juden*, 476-7 (SD-Aussenstelle Minden, 1941 年 12 月 6 日和 12 日).

66. 同上, 478 (SD Hauptaussenstelle Bielefeld, 1941 年 12 月 16 日).

67. 同上, 503 (SD Aussenstelle Detmold, 1942 年 7 月 31 日), 和 476-7 (SD Aussenstelle Minden,

1941 年 12 月 6 日).

68. Solmitz, *Tagebuch*, 691 (1941 年 11 月 7 日).

69. 同上 , 699 (1941 年 12 月 5 日).

70. 同上 , 747-9 (1942 年 7 月 14 日 , 1942 年 7 月 22 日).

71. 同上 , 768-9, 776, 780, 782, 788, 796 (1942 年 9 月 25 日 , 1942 年 9 月 26 日 , 1942 年 11 月 9 日 , 1942 年 11 月 24 日 , 1942 年 12 月 21 日 , 1943 年 1 月 26 日).

72. David M. Crowe, *Oskar Schindler: The Untold Account of His Life, Wartime Activities, and the True Story Behind The List* (Cambridge, Mass., 2004). 该故事被史蒂文 · 斯皮尔伯格拍成电影《辛德勒名单》.

73. Hosenfeld, 'Ich versuche' , 710 (致妻子的信 , 1943 年 3 月 31 日), 739 (致妻子的信 , 1943 年 7 月 29 日).

74. 同上 , 108-11.

75. Wladyslaw Szpilman, The Pianist: *The Extraordinary True Story of One Man's Survival in Warsaw, 1939-1945* (London, 2002). 罗曼 · 波兰斯基的电影《钢琴师》便以该书为基础 .

76. Deb'rah Dwork and Robert Jan van Pelt, *Holocaust: A History* (London, 2002), 337-55.

77. Walter Laqueur, *The Terrible Secret: Suppression of the Truth about Hitler's 'Final Solution'* (London, 1980).

78. Saul Friedländer, Kurt Gerstein oder die Zwiespältigkeit des Guten (Gütersloh, 1968).

79. Friedländer, *The Years of Extermination*, 454-6.

80. David Engel, 'The Western Allies and the Holocaust: Jan Karski's Mission to the West, 1942-1944', *Holocaust and Genocide Studies*, 5 (1990), 363-446.

81. Bernard Wasserstein, *Britain and the Jews of Europe, 1939-1945* (London, 1979); 节选自 Herf, *The Jewish Enemy*, 174-5.

82. William D. Rubinstein, *The Myth of Rescue: Why the Democracies Could Not Have Saved More Jews from the Nazis* (London, 1997), 略显激进地用这个例子来反驳如下声明，即同盟国本来或许能拯救余下的欧洲犹太人 .

83. Longerich, *'Davon'*, 201-62, 325.

84. Boelcke ed., 'Wollt Ihr den totalen Krieg?', 410-11 (1942 年 12 月 14 至 16 日).

85. 正如 Goldhagen 在其著作中所言 , *Hitler's Willing Executioners*.

86. Behnken ed., *Deutschland-Berichte*, VII. 157 (1940 年 3 月 7 日).

87. Kershaw, *Hitler, the Germans and the Final Solution*, 119-234.

88. Longerich, *'Davon'*, 290-91, 326-7.

89. Kulka and Jäckel ed., *Die Juden*, 525 (Parteikanzlei Munich, 1943 年 6 月 12 日).

90. 同上 , 527 (SD-Berichte zu Inlandsfragen, 1943 年 7 月 8 日); 另见同上 , 531 (SD-AUSSENSTELLE Schweinfurt, 1943 年 9 月 6 日).

91. 同上 , 528 (SD-Aussenstelle Würzburg, 1943 年 8 月 3 日).

92. 引用自 Noakes ed., *Nazism*, IV. 652.

93．引用自 Wulf, *Presse und Funk*, 37 和 546.

94．David Welch, *The Third Reich: Politics and Propaganda* (London, 2002 [1993]), 159.

95．Fröhlich ed., *Die Tagebücher*, II/III. 377 (1942 年 2 月 26 日).

96．Evans, *The Third Reich in Power*, 207-18.

97．Birthe Kundrus, ‘Totale Unterhaltung? Die kulturelle Kriegführung 1939 bis 1945 in Film, Rundfunk und Theater’, 收录于 DRZW IX/I. 93-157; Peter Longerich, ‘Nationalsozialistische Propaganda’, 收录于 Karl Dietrich Bracher 等 ed., *Deutschland 1933-1945: Neue Studien zur nationalsozialistischen Herrschaft* (Düsseldorf, 1993), 291-314; Kaspar Maase, Grenzenloses Vergnügen: Der Aufstieg der Massenkultur 1850-1970 (Frankfurt am Main, 1997), 206-34; David Welch, ‘Nazi Propaganda and the Volksgemeinschaft: Constructing a People’s Community’, *Journal of Contemporary History*, 39 (2004), 213-38.

98．在 Jay W. Baird 的著作中有报告 , *The Mythical World of Nazi War Propaganda, 1939-1945* (Minneapolis, Minn., 1974), 30.

99．同上 .

100．Herf, *The Jewish Enemy*, 13, 22-6; Baird, *The Mythical World*, 28-31; Aristotle A. Kallis, *Nazi Propaganda and the Second World War* (London, 2005), 47-9, 59-62.

101．同上 , 40-62.

102．Herf, *The Jewish Enemy*, 59-60.

103．Oron J. Hale, The Captive Press in the Third Reich (Princeton, N.J., 1964), 151, 234, 276-8, 287; William L. Combs, *The Voice of the SS: A History of the SS Journal ‘Das Schwarze Korps’* (New York, 1986); Doris Kohlmann-Viand, *NS-Pressepolitik im Zweiten Weltkrieg* (Munich, 1991), 53-63; Richard Grunberger, *A Social History of the Third Reich* (London, 1974 [1971]), 504-5.

104．Shirer, *Berlin Diary*, 189-90.

105．Jan-Pieter Barbian, *Literaturpolitik im ‘Dritten Reich’: Institutionen, Kompetenzen, Betätigungsfelder* (Munich, 1995 [1993]), 238-44, 344-5, 373; Joseph Wulf, Literatur und Dichtung im Dritten Reich: Eine Dokumentation (Gütersloh, 1963), 222-3; Grunberger, A Social History, 453-6.

106．Ralf Schnell, *Literarische innere Emigration 1933-1945* (Stuttgart, 1976); Evans, *The Third Reich in Power*, 149-63.

107．Kundrus, ‘Totale Unterhaltung? ’, 114-19.

108．Shelley Baranowski, *Strength Through Joy: Consumerism and Mass Tourism in the Third Reich* (Cambridge, 2004), 199-230; Kristin Semmens, *Seeing Hitler’s Germany: Tourism in the Third Reich* (London, 2005), 154-86.

109．Boberach ed., *Meldungen*, IX. 3,371 (1942 年 2 月 26 日).

110．1939 年 11 月 27 日的电报，引自 Friederike Euler, ‘Theater zwischen Anpassung und Widerstand: Die Münchner Kammerspiele im Dritten Reich’, 收录于 Broszat *and et al.*, ed., *Bayern*, II. 91-173, 在 159.

111．同上 , 160-72.

112．Kundrus, ‘Totale Unterhaltung?’, 119-21．另参见 Boguslaw Drewniak, *Das Theater im*

NS-Staat: Szenarium deutscher Zeitgeschichte 1933-1945 (Düsseldorf, 1983). 关于 20 世纪 30 年代的电影和电影新闻短片，参见 Evans, *The Third Reich in Power*, 125-33.

113. Wolf Donner, *Propaganda und Film im 'Dritten Reich'* (Berlin, 1993); Boguslaw Drewniak, *Der deutsche Film 1938-1945: Ein Gesamtüberblick* (Düsseldorf, 1987); Hilmar Hoffmann, *The Triumph of Propaganda: Film and National Socialism 1933-1945* (Oxford, 1996 [1988]); Eric Rentschler, *The Ministry of Illusion: Nazi Cinema and its Afterlife* (Cambridge, Mass., 1996); Harro Segeberg ed., *Mediale Mobilmachung*, I: *Das Dritte Reich und der Film* (Munich, 2004); Gerhard Stahr, *Volksgemeinschaft vor der Leinwand? Der nationalsozialistische Film und sein Publikum* (Berlin, 2001).

114. Kundrus, 'Totale Unterhaltung? ', 101; Welch, *Propaganda and the German Cinema*, 217-18.

115. Kundrus, 'Totale Unterhaltung? ', 105-7; 然而，关于更乐观的报告，参见 Gerd Albrecht ed., *Film im Dritten Reich: Eine Dokumentation* (Karlsruhe, 1979), 225-32.

116. Welch, *Propaganda and the German Cinema*, 249.

117. Kundrus, 'Totale Unterhaltung? ', 102-4; Welch, *Propaganda and the German Cinema*, 186-200; Kallis, *Nazi Propaganda*, 188-94.

118. Welch, *Propaganda and the German Cinema*, 238-80.

119. Boberach ed., *Meldungen*, VII. 2,293-5 (1941 年 5 月 12 日).

120. Welch, *Propaganda and the German Cinema*, 284-92.

121. 同上，292-301; Friedländer, *The Years of Extermination*, 19-24, 98-102, 此二者都是很优秀的概况介绍性研究．公众的反应被记录在 Kulka and Jäckel ed., *Die Juden*, 434-40．关于接受情况，参见 David Culbert, 'The Impact of AntiSemitic Film Propaganda on German Audiences: Jew Süß and The Wandering Jew (1940)', 收录于 Richard A. Etlin ed., *Art, Culture, and Media under the Third Reich* (Chicago, Ill., 2002), 139-57, 在 139-47, 以及 Karl-Heinz Reuband, ' "Jud Süß" und "Der ewige Jude" als Prototypen antisemitischer Filmpropaganda im Dritten Reich: Entstehungsbedingungen, Zuschauerstrukturen und Wirkungspotential', 收录于 Michel Andel 等 ed., *Propaganda, (Selbst-) Zensur, Sensation: Grenzen von Presse- und Wissenschaftsfreiheit in Deutschland und Tschechien seit 1871* (Essen, 2005), 89-148.

122. Shirer, *Berlin Diary*, 190. 他指的电影是 1935 年美国发行的 *China Seas,* 正如外国电影都会被用德语配音一样，该电影也被用德语配音，并被换上了一个新名字．

123. Mary-Elizabeth O'Brien, 'The Celluloid War: Packaging War for Sale in Nazi Home-Front Films', 收录于 Etlin ed., *Art*, 158-80.

124. Gerd Albrecht, *Nationalsozialistische Filmpolitik: Eine Soziologische Untersuchung über die Spielfilme des Dritten Reiches* (Stuttgart, 1969), 110.

125. Kundrus, 'Totale Unterhaltung? ', 107; 关于整体的情况，参见 Kallis, *Nazi Propaganda*, 194-217.

126. Boberach ed., *Meldungen*, XIII. 4,892 (1943 年 3 月 4 日); Welch, *Propaganda and the German Cinema*, 201-3, 222-4; Baird, *The Mythical World*, 217-27.

127. Welch, *Propaganda and the German Cinema*, 225-37; Kundrus, 'Totale Unterhaltung? ', 107-8; 关于整体背景，参见 Kallis, Nazi Propaganda, 153-84; 关于 Kolberg，同上，198-

202; 关于Goebbel的引言,参见Fröhlich ed., *Die Tagebücher* II/XV, 542 (1945年3月9日).

128. 关于 20 世纪 30 年代的无线电广播 , 参见 Evans, *The Third Reich in Power*, 133-7.

129. Boberach ed., *Meldungen*, IX. 3,199 (1942 年 1 月 22 日); Uta C. Schmidt, 'Radioaneignung', 收录于 Inge Marssolek and Adelheid von Saldern ed., Zuhören und Gehörtwerden (2vols, Tübingen, 1998), I: *Radio im Nationalsozialismus: Zwischen Lenkung und Ablenkung*, 243-360, 在 351-3; Michael Kater, *Different Drummers: Jazz in the Culture of Nazi Germany* (New York, 1992), 111-25.

130. Wilhelm Schepping, 'Zeitgeschichte im Spiegel eines Liedes', in Günter Noll and Marianne Brücker ed., *Musikalische Volkskunde aktuell* (Bonn, 1984), 435-64; Maase, Grenzenloses Vergnügen, 218-21.

131. Wulf, *Presse und Funk*, 358-61.

132. Boberach ed., *Meldungen*, IX. 3,166 (1942 年 1 月 15 日).

133. Johnson, *Nazi Terror*, 322-8.

134. Schmidt, 'Radioaneignung', 354 n. 435.

135. Evans, *Rituals*, 694-5.

136. Shirer, *Berlin Diary*, 206-7.

137. Horst J. P. Bergmeier and Rainer E. Lotz, *Hitler's Airwaves: The Inside Story of Nazi Radio Broadcasting and Propaganda Swing* (London, 1997), 尤其是 99-110, 136-77, 332-3.

138. Kater, *Different Drummers*, 102-10, 190-94; 关于 20 世纪 30 年代后期的爵士乐和摇摆青年，参见 Evans, *The Third Reich in Power*, 204-7.

139. 关于 20 世纪 30 年代的古典乐，参见同上 , 186-203.

140. Frederic Spotts, *Hitler and the Power of Aesthetics* (London, 2002), 232-3; Erik Levi, *Music in the Third Reich* (London, 1994), 209-12.

141. Hitler, *Hitler's Table Talk*, 242 (1942 年 1 月 24 至 25 日 , 关于希特勒仍然喜爱瓦格纳的音乐并对此做出的评论，也参见该部分).

142. Spotts, *Hitler*, 233-4, 259-63; L'har, 生于 1870 年，于 1936 年与希特勒相遇；他后于 1948 年去世 .

143. Levi, *Music in the Third Reich*, 195.

144. 同上 , 195-219.

145. Hitler, *Hitler's Table Talk*, 449 (1942 年 4 月 30 日).

146. Fröhlich ed., *Die Tagebcher*, II/XI. 82 (1944 年 1 月 13 日).

147. Richard J. Evans, *Rereading German History: From Unification to Reunification 1800-1996* (London, 1997), 187-93; Sam H. Shirakawa, *The Devil's Music Master: The Controversial Life and Career of Wilhelm Furtwängler* (New York, 1992), 290-93. Shirakawa and Fred K. Prieberg, *Trial of Strength: Wilhelm Furtwängler and the Third Reich* (London, 1991 [1986]), 他们试图将该指挥家刻画为一名抵制希特勒的英雄，但难以令人信服 .

148. 引用自 Walter Klingler, *Nationalsozialistische Rundfunkpolitik 1942-1945: Organisation, Programm und die Hörer* (Mannheim, 1983), 137.

149. Boberach ed., *Meldungen*, XV. 5,808 (1943 年 9 月 27 日).

150. 同上, 5,807.

151. 同上.

152. 同上.

153. 同上, 5,809.

154. Michael H. Kater, *Composers of the Nazi Era: Eight Portraits* (New York, 2000), 248-59.

155. 引用自 Spotts, Hitler, 303. 另参见 Evans, *The Third Reich in Power*, 187-90.

156. Fred K. Prieberg, *Musik im NS-Staat* (Frankfurt am Main, 1989 [1982]), 222-3.

157. Johann Peter Vogel, *Hans Pfitzner: Leben, Werke, Dokumente* (Berlin, 1999), 156-67, 182; Prieberg, *Musik*, 224-5.

158. 同上, 318-24.

159. 同上, 324-8.

160. 歌词来自给 Anne Sofie von Otter 等人的附册, *Terezín /Theresienstadt* (DGG, 2007). 我非常感谢 Chris Clark 的翻译.

161. 同上.

162. 关于 20 世纪 30 年代的视觉艺术, 参见 Evans, *The Third Reich in Power*, 164-80.

163. Peter Adam, *The Arts of the Third Reich* (London, 1992), 157.

164. 同上, 158.

165. 同上, 158-64; Gregory Maertz, *The Invisible Museum: The Secret Postwar History of Nazi Art* (New Haven, Conn., 2008).

166. Adam, *The Arts of the Third Reich*, 162, 169.

167. 同上.

168. Evans, *The Third Reich in Power*, 167-8.

169. Adam, *The Arts of the Third Reich*, 202.

170. 同上, 201.

171. Jonathan Petropoulos, *The Faustian Bargain: The Art World in Nazi Germany* (London, 2000), 218-38.

172. Evans, *The Third Reich in Power*, 400-409.

173. Nicholas, *The Rape of Europa*, 35-7, 44.

174. 同上, 41-4; Petropoulos, *The Faustian Bargain*, 63-110.

175. 参见上书, 375-82.

176. Nicholas, *The Rape of Europa*, 57-80; Housden, *Hans Frank*, 81-2.

177. 同上, 84-6.

178. Nicholas, *The Rape of Europa*, 185-201.

179. 同上, 83-114.

180. 同上, 115-33. 关于 Karl Haberstock 等主要艺术品交易商参与其中的情况, 参见 Petropoulos, *The Faustian Bargain*, 63-110.

181. Spotts, *Hitler*, 217-19.

182. 同上 , 219-20.

183. 引用自 Michael Grüttner, *Studenten im Dritten Reich* (Paderborn, 1995), 370.

184. 同上 , 371-3.

185. 同上 ; 关于 20 世纪 30 年代的教育状况，参见 Evans, *The Third Reich in Power*, 261-90.

186. Reiner Lehberger, *Englischunterricht im Nationalsozialismus* (Tübingen, 1986), 196-208.

187. Bettina Goldberg, *Schulgeschichte als Gesellschaftsgeschichte: Die höheren Schulen im Berliner Vorort Hermsdorf (1893-1945)* (Berlin, 1994), 285-305; Willi Feiten, *Der nationalsozialistische Lehrerbund: Entwicklung und Organisation: Ein Beitrag zum Aufbau und zur Organisationsstruktur des nationalsozialistischen Herrschaftssystems* (Weinheim, 1981).

188. Hans-Dieter Arntz, *Ordensburg Vogelsang 1934-1945: Erziehung zur politischen Führung im Dritten Reich* (Eulskirchen, 1986), 193-228.

189. Harald Schäfer, *Napola: Die letzten vier Jahre der Nationalpolitischen Erziehungsanstalt Oranienstein bei Dietz an der Lahn 1941-1945: Eine Erlebnisdokumentation* (Frankfurt am Main, 1997), 94-5.

190. Grüttner, *Studenten*, 361-70, 487-8.

191. 同上 , 374-80.

192. Boberach ed., *Meldungen*, XI, 4,281 (1942 年 10 月 5 日). 原著中就是斜体 .

193. Grüttner, *Studenten*, 383-5.

194. 同上 , 287-331, 387-414.

195. 同上 , 415-22; 在针对各个学校具体情况的许多研究中，绝大部分研究对学校战争年间的情形介绍得都比较少 ; 其中一个例外是 Mike Bruhn and Heike Büttner, *Die Jenaer Studenten unter nationalsozialistischer Herrschaft 1933-1945* (Erfurt, 2001), 85-166.

196. Grüttner, *Studenten*, 422-6, 457-71.

197. Christoph Cornelissen, *Gerhard Ritter: Geschichtswissenschaft und Politik im 20. Jahrhundert* (Düsseldorf, 2001), 292-369.

198. Michael Burleigh, *Germany Turns Eastward: A Study of Ostforschung in the Third Reich* (Cambridge, 1988), 155-249; Götz Aly, *Macht-Geist-Wahn: Kontinuitäten deutschen Denkens* (Berlin, 1997); Ingo Haar, *Historiker im Nationalsozialismus: Deutsche Geschichtswissenschaft und der 'Volkstumskampf' im Osten* (Göttingen, 2002); Winfried Schulze and Otto Oexle ed., *Deutsche Historiker im Nationalsozialismus* (Frankfurt am Main, 1999); 关于整体的情况 , 参见 Michael Fahlbusch, *Wissenschaft im Dienst nationalsozialistischer Politik? Die 'Volksdeutschen Forschungsgemeinschaften' von 1931-1945* (Baden-Baden, 1999); 以及 Aly and Heim, *Architects*.

199. 引用自 Burleigh, Germany, 165.

200. Michael Grüttner, 'Wissenschaftspolitik im Nationalsozialismus', 收录于 Doris Kaufmann ed., *Geschichte der Kaiser-Wilhelm-Gesellschaft im Nationalsozialismus: Bestandsaufnahme und Perspektiven der Forschung* (2vols, Göttingen, 2000), II. 557-85.

201. Susanne Heim ed., *Autarkie und Ostexpansion: Pflanzenzucht und Agrarforschung im Nationalsozialismus* (Göttingen, 2002).

202. Susanne Heim, *Kalorien Kautschuk Karrieren: Pflanzenzüchtung und landwirtschaftliche Forschung in Kaiser-Wilhelm-Instituten 1933-1945* (Göttingen, 2003), 249; Grüttner, 'Wissenschaftspolitik', 583.

203. Geoffrey Cocks, *Psychotherapy in the Third Reich: The Göring Institute* (New Brunswick, N.J., 1997 [1985]), 251-350.

204. Hans-Walter Schmuhl ed., *Rassenforschung an Kaiser-Wilhelm-Instituten vor und nach 1933* (Göttingen, 2003).

205. Heather Pringle, The Master Plan: Himmler's Scholars and the Holocaust (New York, 2006); Michael H. Kater, *Das Ahnenerbe der SS 1935-1945: Ein Beitrag zur Kulturpolitik des Dritten Reiches* (4th edn, Munich, 2006); Heinrich Harrer, *Seven Years in Tibet* (London, 1953). 该书后来被拍成了一部好莱坞电影，由布拉德 · 皮特主演 . Harrer 最终于 2006 年去世 .

206. Robert N. Proctor, *Racial Hygiene: Medicine under the Nazis* (Cambridge, Mass., 1988), 217-22; Evans, *The Third Reich in Power*, 444-6.

207. Zamecnik, *Das war Dachau*, 262-75; Karl Heinz Roth, 'Tödliche Höhen: Die Unterdruckkammer-Experimente im Konzentrationslager Dachau und ihre Bedeutung für die luftfahrtmedizinische Forschung des "Dritten Reichs" ', 收录于 Ebbinghaus and Dörner ed., *Vernichten und Heilen*, 110-51.

208. Karl Heinz Roth, 'Strukturen, Paradigmen und Mentalitäten in der luftfahrtmedizinischen Forschung des "Dritten Reichs" : Der Weg ins Konzentrationslager Dachau', *1999. Zeitschrift für Sozialgeschichte des 20. und 21. Jahrhunderts*, 15 (2000), 49-77.

209. Zamecnik, *Das war Dachau*, 275-84.

210. 同上 , 292-5.

211. 同上 , 285-92;Angelika Ebbinghaus and Karl Heinz Roth, 'Kriegswunden: Die kriegschirurgischen Experimente in den Konzentrationslagern und ihre Hintergründe', 收录于 Ebbinghaus and Dörner ed., *Vernichten und Heilen*, 177-218; Angelika Ebbinghaus, 'Zwei Welten: Die Opfer und die Täter der kriegschirurgischen Experimente', 收录于同书 , 219-40; Loretta Walz, 'Gespräche mit Stanislawa Bafia, W adyslawa Marczewska und Maria Plater über die medizinischen Versuche in Ravensbrück', 收录于同书 , 241-72.

212. Schmidt, *Karl Brandt*, 263-4, 也提供了有些许差异的数据 .

213. Thomas Werther, 'Menschenversuche in der Fleckfieberforschung', 收录于 Ebbinghaus and Dörner ed., *Vernichten und Heilen*, 152-73.

214. Schmidt, *Karl Brandt*, 257-62.

215. 同上 , 265-76.

216. 同上 , 276-9.

217. 同上 , 284-96.

218. Ernst Klee, *Auschwitz, die NS-Medizin und ihre Opfer* (Frankfurt am Main, 1997), 456-66; Robert Jay Lifton, *The Nazi Doctors: Medical Killing and the Psychology of Genocide*

(London, 1986), 337-42.

219. Benoit Massin, 'Mengele, die Zwillingsforschung und die "Auschwitz-Dahlem Connection"', 收录于 Carola Sachse ed., *Die Verbindung nach Auschwitz: Biowissenschaften und Menschenversuche an Kaiser-Wilhelm-Instituten: Dokumentation eines Symposiums* (Göttingen, 2003), 201-54.

220. Lifton, *The Nazi Doctors*, 347-60; Paul J. Weindling, *Health, Race and German Politics between National Unification and Nazism 1870-1945* (Cambridge, 1989), 55-63.

221. Lifton, *The Nazi Doctors*, 342-8.

222. 同上, 360-83.

223. Klee, *Auschwitz*, 167-72, 436-45.

224. Jörgen Pfeiffer, 'Neuropathologische Forschung an "Euthanasie" -Opfern in zwei Kaiser-Wilhelm-Instituten', 收录于 Kaufmann ed., *Geschichte der Kaiser-Wilhelm-Gesellschaft*, I. 151-73.

225. 引用自 Evans, *Rituals*, 714-15.

226. Proctor, *Racial Hygiene*, 219-22; 另参见 Rolf Winau, 'Medizinische Experimente in den Konzentrationslagern', 收录于 Benz and Distel ed., *Der Ort des Terrors*, I. 165-78.

227. 施佩尔公开场合一直否认他当时也在场，但 1971 年 12 月 23 日，在给 Hélène Jeanty——比利时抵抗运动一名领导人的遗孀——的信中，他写道："毋庸置疑，1943 年 10 月 6 日，当希姆莱宣布所有犹太人将被杀死时，我也在场。"然而，甚至这一点也是谎言；希姆莱并未说犹太人将被杀死，而是说他们已经开始被处死，这一点施配尔非常清楚 (Kate Connolly, 'Letter proves Speer knew of Holocaust plan', *Guardian*, 2007 年 3 月 13 日).

228. 引用自 Longerich, *Der ungeschriebene Befehl*, 189.

229. Hans-Heinrich Wilhelm, 'Hitlers Ansprache vor Generalen und Offizieren am 26. Mai 1944', *Militärgeschichtliche Mitteilungen*, 20 (1976), 123-70 (引言在第 156 页).

230. Longerich, *Der ungeschriebene Befehl*, 188-91.

231. 引用自 Noakes and Pridham ed., *Nazism*, III. 617-18.

232. Randolph L. Braham, *The Politics of Genocide: The Holocaust in Hungary* (2vols, New York, 1981), I. 391; Christian Gerlach and Götz Aly, *Das letzte Kapitel: Realpolitik, Ideologie und der Mord an den ungarischen Juden 1941/1945* (Munich, 2002).

233. Randolph L. Braham, 'The Role of the Jewish Council in Hungary: A Tentative Assessment', *Yad Vashem Studies*, 10 (1974), 69-109; Robert Rozett, 'Jewish and Hungarian Armed Resistance in Hungary', *Yad Vashem Studies*, 19 (1988), 269-88; Rudolf Vrba, 'Die missachtete Warnung: Betrachtungen ber den Auschwitz-Bericht von 1944', *VfZ* 44 (1996), 1-24; 以及 Yehuda Bauer, 'Anmerkungen zum "Auschwitz-Bericht" von Rudolf Vrba', *VfZ* 45 (1997), 297-307; Steur, *Theodor Dannecker*, 129-50.

234. Herf, *The Jewish Enemy*, 242.

235. Hillgruber ed., *Staatsmänner und Diplomaten*, II. 463-4.

236. 引用自 Phayer, *The Catholic Church*, 106.

237. Braham, *The Politics*, II. 607, 664-84, 762-74.

238. Weinberg, *A World at Arms*, 667-75; Frieser and Schönherr, 'Der Rückschlag', 447-50.

239. Weinberg, *A World at Arms*, 703-6; Karl-Heinz Frieser and Klaus Schänherr, 'Der Zusammenbruch im Osten: Die Rückzugskämpfe seit Sommer 1944', 收录于 *DRZW* VIII. 493-960.

240. Merridale, *Ivan's War*, 96; Weinberg, *A World at Arms*, 705-8.

241. 引用自 Norman Davies, *Rising '44: 'The Battle for Warsaw'* (London, 2003), 299-300.

242. 引用自 Kershaw, *Hitler*, II. 725.

243. Weinberg, *A World at Arms*, 709-12.

244. Hosenfeld, *'Ich versuche'*, 824 (给家人的信, 1944 年 8 月 8 日).

245. 同上, 856 (给家人的信, 1944 年 10 月 5 日).

246. 同上, 100-101, 834 (给家人的信, 1944 年 8 月 23 日).

247. Weinberg, *A World at Arms*, 676-93, 而关于总体情况，参见 Overy, Why the Allies Won, 134-79; 详细的描述，参见 Detlef Vogel, 'German and Allied Conduct of the War in the West', 收录于 *GSWW* VII. 459-702.

248. Kershaw, *Hitler*, II. 637-51.

249. 关于这方面的总结，参见 Gerd R. Ueberschär, Für ein anderes Deutschland: Der deutsche Widerstand gegen den NS-Staat 1933-1945 (Frankfurt am Main, 2006), 78-90, 116. 这方面的研究成果比较多，可参见其中的 Horst Duhnke, *Die KPD von 1933-1945* (Cologne, 1972); Detlev Peukert, *Die KPD im Widerstand: Verfolgung und Untergrundarbeit an Rhein und Ruhr 1933-1945* (Wuppertal, 1980); 以及同一作者, 'Der deutsche Arbeiterwiderstand 1933-1945', 收录于 Klaus-Jürgen Müller ed., *Der deutsche Widerstand 1933-1945* (Paderborn, 1986), 157-81.

250. Karin Hartewig, 'Wolf unter Wölfen? Die prekäre Macht der kommunistischen Kapos im Konzentrationslager Buchenwald', 收录于 Herbert *and et al.* ed., *Die nationalsozialistischen Konzentrationslager*, II. 939-58; Niethammer ed., *Der 'gesäuberte' Antifaschismus*.

251. Ueberschär, *Für ein anderes Deutschland*, 133-40; Shareen Blair Brysac, *Resisting Hitler: Mildred Harnack and the Red Orchestra: The Life and Death of an American Woman in Nazi Germany* (New York, 2000); Almut Brunckhorst, *Die Berliner Widerstandsorganisation um Arvid Harnack und Harro Schluze-Boysen ('Rote Kapelle'): Kundchafter im Auftrag Moskaus oder integraler Bestandteil des deutschen Widerstandes gegen den Nationalsozialismus? Ein Testfall für die deutsche Historiographie* (Hamburg, 1998); Hans Coppi *and et al.* ed., *Die Rote Kapelle im Widerstand gegen den Nationalsozialismus* (Berlin, 1994); Stefan Roloff, 'Die Entstehung der Roten Kapelle und die Verzerrung ihrer Geschichte im Kalten Krieg', 收录于 Karl Heinz Roth and Angelika Ebbinghaus ed., *Rote Kapellen-Kreisauer Kreise-Schwarze Kapellen: Neue Sichtweisen auf den Widerstand gegen die NS-Diktatur 1938-1945* (Hamburg, 2004), 186-205.

252. 该联盟的故事在 Mark Roseman 精彩而动人的书中有所记录, *The Past in Hiding* (London, 2000).

253. Ueberschär, *Für ein anderes Deutschland*, 126-32; 这方面文献众多，尤其参见 Karl Heinz Jahnke, *Weisse Rose contra Hakenkreuz: Der Widerstand der Geschwister Scholl und ihrer*

Freunde (Frankfurt am Main, 1969); 同一作者 , *Weisse Rose contra Hakenkreuz: Studenten im Widerstand 1942/43: Einblicke in viereinhalb Jahrzehnte Forschung* (Rostock, 2003); 翻译的文件，参见 Noakes ed., *Nazism*, IV. 457-9.

254. Breloer ed., *Geheime Welten*, 103.

255. 同上 , 113-15 (1944 年 8 月 24 日和 9 月 10 日).

256. Evans, *The Third Reich in Power*, 668-71.

257. Hassell, *The von Hassell Diaries*, 151-2.

258. Ueberschär, *Für ein anderes Deutschland*, 32-60, 66-77; Joachim C. Fest, *Plotting Hitler's Death: The German Resistance to Hitler 1933-1945* (London, 1996), 对军事贵族的密谋过程进行了具有可读性的叙述 . Peter Hoffmann, *The History of the German Resistance 1933-1945* (Montreal, 1996 [1969]), 是最彻底翔实的记录 ; Winfried Heinemann, 'Der militärische Widerstand und der Krieg', 收录于 *DRZW* IX/I. 743-892, 是最新的研究 .

259. 1943 年 8 月 9 日宣言的摘录文本之英文版收录于 Noakes ed., *Nazism*, IV. 614-16.

260. Hassell, *The von Hassell Diaries*, 283; Ueberschär, *Für ein anderes Deutschland*, 161-3.

261. Klemens von Klemperer, *German Resistance against Hitler: The Search for Allies Abroad 1938-1945* (Oxford, 1992); Hoffmann, *The History*, 205-50.

262. 关于抵抗者的政治目标和计划，参见 Hoffmann, *The History*, 175-202. 关于抵抗运动的文件资料，参见 Hans-Adolf Jacobsen ed., *'Spiegelbild einer Verschwörung': Die Opposition gegen Hitler und der Staatsstreich vom 20. Juli 1940 in der SD-Berichterstattung: Geheime Dokumente aus dem ehemaligen Reichssicherheitshauptamt* (2vols, Stuttgart, 1984).

263. Hans Mommsen, 'Social Views and Constitutional Plans of the Resistance', 收录于 Hermann Graml *et al.*, *The German Resistance to Hitler* (London, 1970 [1966]), 55-147.

264. Beate Ruhm von Oppen ed., *Helmuth James von Moltke: Letters to Freya, 1939-1945* (London, 1991); 关于抵抗者对东部战线战争行为的整体批评情况 , 参见 Heinemann, 'Der militärische Widerstand', 777-89.

265. Hassel, *The von Hassell Diaries*, 218.

266. Wolfgang Gerlach, *And the Witnesses Were Silent: The Confessing Church and the Persecution of the Jews* (Lincoln, Nebr., 2000 [1987]), 210-14; Hans Mommsen, 'Die Moralische Wiederherstellung der Nation: Der Widerstand gegen Hitler war von einer antisemitischen Grundhaltung getragen', *Süddeutsche Zeitung*, 1999 年 7 月 21 日 , 15.

267. Ulrich Heinemann, ' "Kein Platz für Polen und Juden" : Der Widerstandskämpfer Fritz-Dietlof Graf von der Schulenburg und die Politik der Verwaltung in Schlesien 1939/40', 收录于 Klessmann ed., *September 1939*, 38-54; Heinemann, 'Der militärische Widerstand', 751-76.

268. Evans, *The Third Reich in Power*, 576-7.

269. 引用自 Noakes ed., *Nazism*, IV. 633 (关于 Popitz 和其他人的观点，参见这部分).

270. Ueberschär, *Für ein anderes Deutschland*, 165-71; 关于此次及其他试图刺杀希特勒的行动之细节，参见 Hoffmann, *The History*, 251-60.

271. Fest, *Plotting Hitler's Death*, 202-4, 212-15, 225-30.

272. 同上，202-26; Peter Hoffmann, *Claus Schenk Graf von Stauffenberg und seine Brüder* (Stuttgart, 1992), 15-268.

273. Fabian von Schlabrendorff, *Revolt against Hitler: The Personal Account of Fabian von Schlabrendorff* (London, 1948), 131.

274. Ueberschär, *Für ein anderes Deutschland*, 200-206; Fest, *Plotting Hitler's Death*, 237-60; Hoffmann, *The History*, 373-411; Heinemann, 'Der militärische Widerstand', 803-38.

275. Fest, *Plotting Hitler's Death*, 255-79; Hoffmann, *Claus Schenk*, 383-443.

276. Fest, *Plotting Hitler's Death*, 280-87; Kershaw 对此也有非常精彩的叙述，参见 Kershaw, *Hitler*, II. 655-84.

277. Heinemann, 'Der militärische Widerstand', 838-40; Hoffmann, *The History*, 412-506.

278. Fest, *Plotting Hitler's Death*, 292-309; Kershaw, *Hitler*, II. 688-90; Speer, *Inside the Third Reich*, 511-28.

279. 引用自 Fest, *Plotting Hitler's Death*, 290.

280. Kershaw, *Hitler*, II. 691; Fest, *Plotting Hitler's Death*, 291-307.

281. 同上，297-317; Kershaw, *Hitler*, II. 692-3（以及 1,006 n. 43, 讨论了希特勒曾看过这部电影的正反两方证据）; Speer, *Inside the Third Reich*, 531.

282. Schlabrendorff, *Revolt*, 164.

283. Hürter ed., *Ein deutscher General*, 16, 48.

284. 关于密谋者对外联络的详细描述，参见 Klemperer, *German Resistance against Hitler*.

285. Heinemann, 'Der militärische Widerstand', 840-43.

286. 引用自 Noakes ed., *Nazism*, IV. 634.

第七章　倾覆

1. Breloer ed., *Geheime Welten*,76-8 (1944 年 7 月 20 至 22 日).

2. 同上，80 (1944 年 8 月 10 日).

3. 引用自 Manoschek ed., *'Es gibt nur eines'*，73 (Uffz.E, 1944 年 8 月 7 日).

4. Wirrer ed., *Ich glaube an den Führer*, 235 (Alfred to Inge, 1944 年 7 月 20 日).

5. 同上.

6. Pöppel, *Heaven and Hell*, 221, 237. 另参见 Ian Kershaw 对各方反应的细致分析，*The 'Hitler Myth': Image and Reality in the Third Reich* (Oxford, 1989 [1987], 215-20.

7. Boberach ed., *Meldungen*, XVII. 6,684-6, 以及 6,700-701; Broszat *et al.* ed., *Bayern*, I. 185-6 (Ebermannstadt, 1944 年 7 月 25 日和 27 日).

8. Herber ed., *Goebbels-Reden*, II. 394.

9. Ueberschär, *Für ein anderes Deutschland*, 224-8.

10. Broszat *et al.* ed., *Bayern*, I. 667.

11. 同上，664.

12. 同上, 668.

13. Boberach ed., *Meldungen*, XVII. 6,651 (1944 年 7 月 22 日).

14. 同上, XVII. 6,652.

15. 同上, XVII. 6,693 (1944 年 8 月 7 日).

16. 同上, XVII. 6,653

17. 同上, XVII. 6,698.

18. 引用自 Kershaw, *The 'Hitler Myth'*, 220.

19. 引用自同上, 1,008-9 n. 91.

20. Weinberg, *A World at Arms*, 713-16; Kershaw, *Hitler*, II. 717-24.

21. Kershaw, *Hitler*, II. 734.

22. Tim Cole, *Holocaust City: The Making of a Jewish Ghetto* (London, 2003); Randolph L. Braham, *Eichmann and the Destruction of Hungarian Jewry* (New York, 1961); Kershaw, *Hitler*, II. 735-6; Longerich, *Politik*, 565-70.

23. 同上, 563-4.

24. Hassell, *The von Hassell Diaries*, 351.

25. Speer, *Inside the Third Reich*, 532-4; Ralf Georg Reuth, *Goebbels: Eine Biographie* (Munich, 1995 [1990]), 561-6; Tooze, *The Wages of Destruction*, 637-8.

26. Kershaw, *Hitler*, II. 712-13.

27. 同上, 731-42.

28. 同上, 747, 757; Weinberg, *A World at Arms*, 757-71. 关于西部战线陆地战争的详情，参见 John Zimmermann, 'Die deutsche militärische Kriegsführung im Westen 1944/45', 收录于 *DRZW* X/I, 277-489. 关于'突出部之役', 参见 Vogel, 'German and Allied Conduct of the War in the West', 863-97.

29. Kershaw, *Hitler*, II. 768-9.

30. Boog, 'The Strategic Air War', 369-73; Fröhlich ed., *Die Tagebücher*, II/VIII. 527-9 (1943 年 6 月 25 日).

31. Boog, 'The Strategic Air War', 375.

32. Fröhlich ed., *Die Tagebücher*, II/VII. 578 (1943 年 3 月 18 日).

33. Boog, 'The Strategic Air War', 381.

34. 同上, 417.

35. 同上, 406-20.

36. Speer, *Inside the Third Reich*, 481; Heinz Dieter Hölsken, Die V-Waffen Entstehung-Propaganda-Kriegseinsatz (Stuttgart, 1984),178-202; Weinberg, *A World at Arms*, 561-2; Boog, 'The Strategic Air War', 413-15.

37. Michael J. Neufeld, *The Rocket and the Reich: Peenemünde and the Coming of the Ballistic Missile Era* (New York, 1995), 13, 22-3, 108-37; 另参见 Rainer Eisfeld, *Mondsüchtig: Wernher von Braun und die Geburt der Raumfahrt aus dem Geist der Barbarei* (Hamburg, 2000).

38. Speer, *Inside the Third Reich*, 494.

39. 同上, 495.

40. 同上, 497.

41. Speer, *Inside the Third Reich*, 503-5; Neufeld, *The Rocket and the Reich*, 197-201.

42. Neufeld, *The Rocket and the Reich*, 197-238; Florian Freund, 'Die Entscheidung zum Einsatz von KZ-Häftlingen in der Raketenrüstung', 收录于 Kaienburg ed., *Konzentrationslager*, 61-74.

43. 引用自 Neufeld, *The Rocket and the Reich*, 209-10.

44. 同上, 197-209; Sereny, *Albert Speer*, 402-5.

45. Neufeld, *The Rocket and the Reich*, 210.

46. 同上.

47. Sereny, *Albert Speer*, 403. Sereny 并未提及给卡米勒的信.

48. Speer, *Inside the Third Reich*, 500-501.

49. 引用自 Neufeld, *The Rocket and the Reich*, 211-12.

50. 同上, 210-12.

51. 同上, 264, 405; 另参见 Jens Christian Wagner, 'Noch einmal: Arbeit und Vernichtung: Häftlingseinsatz im KL Mittelbau-Dora 1943-1945', 收录于 Frei 等 ed., *Ausbeutung*, 11-42.

52. Neufeld, *The Rocket and the Reich*, 226-30.

53. 同上, 238-64(引言在第 264 页). Weinberg, *A World at Arms*, 562-3, 给出的死亡人数为 15,000 人; 另参见 Allen, *The Business of Genocide*, 208-32.

54. Evans, *The Third Reich in Power*, 306-9; Alan D. Beyerchen, *Scientists under Hitler: Politics and the Physics Community in the Third Reich* (London, 1977), 168-98; Klaus Hentschel ed., *Physics and National Socialism: An Anthology of Primary Sources* (Basel, 1996), 281-4, 290-92.

55. Beyerchen, *Scientists*, 168-98.

56. Hentschel ed., *Physics*, lxvii.

57. Mark Walker, *German National Socialism and the Quest for Nuclear Power 1939-1949* (Cambridge, 1989); Speer, *Inside the Third Reich*, 315-17; Weinberg, *A World at Arms*, 568-71. 海森堡后来声称，为了确保希特勒在战争结束前无法获得原子弹，他故意放慢了研究进度，但他的这一说法缺乏可信度；因为即便全力以赴，他能及时研发出有效原子弹的可能性也微乎其微. 这方面的文献非常丰富，可参见 Thomas Powers, *Heisenberg's War: The Secret History of the German Bomb* (Boston, 1993); Jeremy Bernstein ed., *Hitler's Uranium Club: The Secret Recordings at Farm Hall* (New York, 2001), xxiv-xxv, xxvii-xxviii.

58. Speer, *Inside the Third Reich*, 317-18.

59. Rainer Karlsch, *Hitlers Bombe: Die geheime Geschichte der deutschen Kernwaffenversuche* (Stuttgart, 2005), 171-81, 215-19.

60. Speer, *Inside the Third Reich*, 316-20; 关于 Lenard, 参见 Evans, *The Third Reich in Power*, 306-9.

61. Speer, *Inside the Third Reich*, 553-4.

62. Schmidt, *Karl Brandt*, 284-96; 另参见 Florian Schmaltz, *Kampfstoff-Forschung im Nationalsozialismus: Zur Kooperation von Kaiser-Wilhelm-Instituten, Militär und Industrie* (Göttingen, 2005), 143-77, 608-10; 以及同一作者, 'Neurosciences and Research on Chemical Weapons of Mass Destruction in Nazi Germany', *Journal of the History of the Neurosciences*, 15 (2006), 186-209; Weinberg, *A World at Arms*, 558-9.

63. Speer, *Inside the Third Reich*, 491.

64. Neufeld, *The Rocket and the Reich*, 233-8.

65. Ludwig, *Technik*, 451-63; Hentschel ed., *Physics*, 303, 327.

66. Speer, *Inside the Third Reich*, 488-91; Tooze, *The Wages of Destruction*, 620-21.

67. Weinberg, *A World at Arms*, 771-3.

68. 同上, 537-8 (第 563 页上有一个不同版本的描述，而且更精确). 另参见 Fritz Hahn, *Waffen und Geheimwaffen des deutschen Heeres, 1933-1945* (2vols, Koblenz, 1986-7), I. 191-4.

69. Weinberg, *A World at Arms*, 563-4.

70. Speer, *Inside the Third Reich*, 620.

71. 同上.

72. 引用自 Boog, 'The Strategic Air War', 413, 423, 数据在第 453-4 页.

73. Boberach ed., Meldungen, XV. 6,187 (1943 年 12 月 27 日).

74. Wirrer ed., *Ich glaube an den Führer*, 256 (Inge to Alfred, 1944 年 9 月 3 日).

75. 引用自 Wulf, *Presse und Funk*, 360.

76. Walb, *Ich, die Alte*, 301 (1945 年 3 月 4 日).

77. Boberach ed., *Meldungen*, XVII. 6,736 (28 March 1945 年 3 月 28 日). 印刷本里这句话是 'einen ganz gewöhnlichen Umstand', 即"一个极其平常的情形", 但只有将其解释为 'einen ganz ungewöhnlichen Umstand' —— "一个极其不平常的情形" ——视之为打字或印刷错误，它才解释得通.

78. Boberach ed., *Meldungen*, XV. 6,187 (1943 年 12 月 27 日).

79. Breloer ed., *Geheime Welten*, 87-8 (1945 年 4 月 18 日).

80. Hans-Jochen Gamm, *Der Flüsterwitz im Dritten Reich: Mündliche Dokumente zur Lage der Deutschen während des Nationalsozialismus* (Munich, 1990 [1963]), 180. 这个笑话的关键点在于一个无法被翻译的双关语——ausheben 在德语中有两个意思，即"挖出"和"征召入伍", 具体意思取决于语境.

81. Klaus Mammach, *Der Volkssturm: Bestandteil des totalen Kriegseinsatzes der deutschen Bevölkerung 1944/45* (Berlin, 1981), 150; Franz Seidler, *'Deutscher Volkssturm': Der letzte Aufgebot 1944/45* (Munich, 1989), 374.

82. Roland Müller, *Stuttgart zur Zeit des Nationalsozialismus* (Stuttgart, 1988), 519.

83. Alphons Kappeler, *Ein Fall von 'Pseudologia phantastica' in der deutschen Literatur: Fritz Reck-Malleczewen: Mit Totalbibliographie* (Göppingen, 1975), 7-11. 一个广为流传的说法是他是被盖世太保枪杀的，但这个故事无事实依据；关于他早期的生平，无论是真实的还是人们想象的，参见 Evans, *The Third Reich in Power*, 154-5, 251, 414-17, 419, 499, 587.

84. Boberach ed., *Meldungen*, XVII. 6,721 (1944 年 10 月 28 日).

85. Schäfer, *Napola*, 95-6.

86. Breloer ed., *Geheime Welten*, 226-7 (1945 年 2 月 22 日).

87. 同上 , 229.

88. Maschmann, *Account Rendered*, 176.

89. Breloer ed., *Geheime Welten*, 154 (1945 年 1 月 27 日).

90. 关于这部戏剧 , 参见 Evans, *The Coming of the Third Reich*, 417-18.

91. Wirrer ed., *Ich glaube an den Führer*, 293 (Albert to Inge, 1945 年 1 月 30 日).

92. 同上 , 295-6 (Inge to Alfred, 1945 年 2 月 3 至 4 日).

93. 同上 , 313 (Alfred to Inge, 1945 年 3 月 9 日).

94. 同上 , 321 (Inge to Alfred, 1945 年 4 月 10 日).

95. 同上 , 317.

96. Nicolaus von Below, *Als Hitlers Adjutant 1937-1945* (Frankfurt am Main, 1980), 398.

97. 引用自 Herf, *The Jewish Enemy*, 255-6.

98. Weinberg, *A World at Arms*, 798-802.

99. Jörg Echternkamp ed., *Kriegsschauplatz Deutschland 1945: Leben in Angst-Hoffnung auf Frieden: Feldpost aus der Heimat und von der Front* (Paderborn, 2006), 20-21.

100. Overmans, *Deutsche militärische Verluste*, 238-9.

101. 关于具体的描述，参见 Holst Boog, 'Die strategische Bomberoffensive der Alliierten gegen Deutschland und die Reichluftverteidigung in der Schlussphase des Krieges', 收录于 *DRZW* X/I. 771-884.

102. Andreas Kunz, *Wehrmacht und Niederlage: Die bewaffnete Macht in der Endphase der nationalsozialistischen Herrschaft 1944 bis 1945* (Munich, 2005); 207-15; 同一作者 , 'Die Wehrmacht 1944/45: Eine Armee im Untergang', 收录于 *DRZW* X/II. 3-54.

103. Kershaw, *Hitler*, II. 781.

104. 引用自 Patrick Wright, *Iron Curtain: From Stage to Cold War* (London, 2007), 352. 此后不久，丘吉尔首次使用改词 .

105. Hubatsch ed., *Hitlers Weisungen*, 310-11.

106. Baird, *The Mythical World*, 246-55.

107. Noakes ed., *Nazism*, IV. 652.

108. 同上 , 653.

109. 同上 , 651.

110. Walb, *Ich, die Alte*, 316 (1945 年 3 月 26 日).

111. Noakes ed., *Nazism*, IV. 654.

112. 同上 , 655-6.

113. 同上 , 658.

114. Hubatsch ed., *Hitlers Weisungen*, 311.

115. Gerhard Paul, ' "Diese Erschiessungen haben mich innerlich gar nicht mehr berhrt" : Die Kriegsendphasenverbrechen der Gestapo 1944/45', 收录于同一作者和 Klaus-Michael Mallmann ed., *Die Gestapo im Zweiten Weltkrieg: 'Heimatfront' und besetztes Europa* (Darmstadt, 2000), 543-68.

116. Wachsmann, *Hitler's Prisons*, 327.

117. 同上.

118. 同上, 334-7.

119. Hitler, *Hitler's Table Talk*, 29.

120. 关于 Natzweiler, 参见 Wolfgang Kirstin, *Das Konzentrationslager als Institution totalen Terrors: Das Beispiel des KL Natzweiler* (Pfaffenweiler, 1992), 13-16.

121. 引用自 Fest, *Plotting Hitler's Death*, 312.

122. Moorhouse, *Killing Hitler*, 58; Hoffmann, *The History*, 258.

123. Ueberschär, *Für ein anderes Deutschland*, 238-9.

124. Hannes Heer, *Ernst Thälmann in Selbstzeugnissen und Bilddokumenten* (Reinbek, 1975), 127-30.

125. Fest, *Plotting Hitler's Death*, 304; Ueberschr, *Für ein anderes Deutschland*, 238; Willi Dressen, 'Konzentrationslager als Tötungs-und Hinrichtungsstätten für Oppositionelle, Behinderte, Kriegsgefangene', 收录于 Benz and Distel ed., *Der Ort des Terrors*, I. 230-41.

126. Echternkamp ed., *Kriegsschauplatz*, 34-5.

127. Höss, *Commandant of Auschwitz*, 190-92.

128. Steinbacher, *Auschwitz*, 123-8.

129. Ernst Kaiser and Michael Knorn, *'Wir lebten und schliefen zwischen den Toten': Rüstungsproduktion, Zwangsarbeit und Vernichtung in den Frankfurter Adlerwerken* (Frankfurt am Main, 1994), 214-27.

130. Daniel Blatman, 'The Death Marches, January-May 1945: Who Was Responsible for What?', *Yad Vashem Studies*, 28 (2000), 155-201.

131. Goldhagen, *Hitler's Willing Executioners*, 327-71, 该书对当时的场景进行了详细生动的描述,但其中反德意志的言辞以及只有犹太囚犯被迫长途跋涉的假设使这部作品大打折扣.

132. Wilhelm Lange, *Cap Arcona: Dokumentation* (Eutin, 1992); Detlef Garbe, 'Institutionen des Terrors und der Widerstand der Wenigen', 收录于 *Forschungsstelle für Zeitgeschichte in Hamburg* ed., Hamburg, 519-72, 在 549-55; David Stafford, *Endgame 1945: Victory, Retribution, Liberation* (London, 2007), 291-306.

133. Neuman, *The Rocket and the Reich*, 264.

134. Daniel Blatman, 'Rückzug, Evakuierung und Todesmärsche 1944-1945', 收录于 Benz and Distel ed., Der Ort des Terrors, I. 296-312, at 306-8; 关于 1945 年被盖世太保囚禁于奥尔登堡的俄罗斯工人的死亡行军，参见 Hoffmann, *Zwangsarbeit*, 288-92.

135. Harry Stein, 'Funktionswandel des Konzentrationslagers Buchenwald im Spiegel der Lagerstatistiken', 收录于 Herbert *and et al.* ed., *Die Nationsozialistische Konzentrationslager*, I. 167-92; Michael Fabréguet, 'Entwicklung und Veränderung der Funktionen des

Konzentrationslager Mauthausen 1938-1945'，收录于同书，193-214; 另参见 Blatman, Rückzug; 以及 Robert H. Abzug, *Inside the Vicious Heart: Americans and the Liberation of Nazi Concentration Camps* (New York, 1985), 21-30. 136.

136. Eberhard Kolb, *Bergen-Belsen 1943-1945: Vom 'Aufenthaltslager' zum Konzentrationslager 1943-1945* (Göttingen, 2001), 21-4, 38-41.

137. 同上，另参见 Joanne Reilly, *Belsen: The Liberation of a Concentration Camp* (London, 1998), 和 Ben Shephard, *After Daybreak: The Liberation of Belsen, 1945* (London, 2005).

138. Daniel Blatman, 'Die Todesmärsche-Entscheidungsträger, Mörder und Opfer'，收录于 Herbert *et al.* ed., *Die nationalsozialistischen Konzentrationslager*, II. 1,063-92.

139. Blank, 'Kriegsalltag', 451-7; 关于完整的细节，参见 Boog, 'Die Strategische Bomberoffensive'.

140. 引用自 Blank, 'Kriegsalltag', 455.

141. Evans, *Telling Lies*, 193-231; 关于一些可信的的描述，参见 Rudolf Fröster, 'Dresden'，收录于 Marlene P. Hiller 等 ed., *Städte im 2. Weltkrieg: Ein internationaler Vergleich* (Essen, 1991), 299-315; Götz Bergander, *Dresden im Luftkrieg: Vorgeschichte, Zerstörung, Folgen* (Würzburg, 1998); 以及 Frederick Taylor, *Dresden: Tuesday 13 February 1945* (London, 2004).

142. Klemperer, *To the Bitter End*, 387-9 (1945 年 2 月 13 日).

143. 同上，389-92 (1945 年 2 月 22 至 24 日).

144. 同上，393 (1945 年 2 月 22 至 24 日).

145. 同上，396-405 (1945 年 2 月 15 日至 27 日).

146. Solmitz, *Tagebuch*, 998 (1945 年 3 月 7 日).

147. Noakes ed., *Nazism*, IV. 515.

148. Solmitz, *Tagebuch*, 983 (1945 年 2 月 2 日), 995 (1945 年 2 月 27 日), 1,010 (1945 年 4 月 9 日).

149. Solmitz, *Tagebuch*, 765 (1942 年 9 月 8 日).

150. 同上，888 (1944 年 1 月 8 日), 928 (1944 年 6 月 10 日), 943 (1944 年 8 月 8 日).

151. 同上，944 (1944 年 9 月 3 日), 958 (1944 年 10 月 27 日).

152. Herbert, *Hitler's Foreign Workers*, 359-64.

153. 同上，329 (引言) 以及 326-45.

154. 同上，326-8.

155. 同上，366-9; Fritz Theilen, *Edelweisspiraten* (Frankfurt am Main, 1984); Bernd-A. Rusinek, *Gesellschaft in der Katastrophe: Terror, Illegalität, Widerstand-Köln 1944/45* (Essen, 1989).

156. Herbert, *Hitler's Foreign Workers*, 369-71.

157. Frieser, 'Die Schlacht', 200-208.

158. 引用自 Merridale, *Ivan's War*, 260.

159. 同上，261.

160. 同上，261-2.

161. Nicholas, *The Rape of Europa*, 361-7.

162. Merridale, *Ivan's War*, 277-82.

163. 同上, 267-9.

164. Atina Grossmann, 'A Question of Silence: The Rape of German Women by Occupation Soldiers', *October*, 72 (1995), 43-63, 在 51.

165. Merridale, *Ivan's War*, 270.

166. 同上, 267-8.

167. (匿名), *A Woman in Berlin: Diary 20 April 1945 to 22 June 1945* (Oxford, 2006 [1955]), 173. 作者是一名记者，名为 Masta Hillers (Grossmann, 'A Question of Silence', 54).

168. 同上.

169. 引用自 Antony Beevor, *Berlin: The Downfall 1945* (London, 2002), 52.

170. 同上, 46-55, 88; Heinrich Schwendemann, '"Deutsche Menschen vor der Vernichtung durch den Bolschewismus zu retten" : Das Programm der Regierung Dönitz und der Beginn einer Legendenbildung', 收录于 Bernd-A. Rusinek ed., *Kriegsende 1945: Verbrechen, Katastrophen, Befreiungen in nationaler und internationaler Perspektive* (Göttingen, 2004), 9-33.

171. Walb, *Ich, die Alte*, 313 (1945 年 3 月 26 日).

172. Kershaw, *The 'Hitler Myth'*, 200-225.

173. Boberach ed., *Meldungen*, XVII. 6,732-3.

174. 同上, XVII. 6,733-4.

175. Klemperer, *To the Bitter End*, 443 (1945 年 4 月 22 日).

176. 同上, 444 (1945 年 4 月 22 日).

177. 同上, 453 (1945 年 5 月 4 日).

178. 同上, 453 (1945 年 5 月 5 日).

179. 同上, 419-27 (1945 年 3 月 26 日至 4 月 15 日), 引言在第 419 页.

180. Walb, *Ich, die Alte*, 333 (1945 年 4 月 23 日).

181. Speer, *Inside the Third Reich*, 575-7.

182. 引用自 Noakes ed., *Nazism*, IV. 659-60; 另参见 Kershaw, *Hitler*, II. 784-6.

183. Speer, *Inside the Third Reich*, 541-601; Kershaw, *Hitler*, II. 784.

184. Speer, *Inside the Third Reich*, 604.

185. 同上, 610-18; Noakes ed., *Nazism*, IV. 659-61. 关于对 Speer 在第三帝国最后阶段所采取行动的评判性论述，参见 Rolf-Dieter Müller, 'Der Zusammenbruch des Wirtschaftslebens und die Anfänge des Wideraufbaus', 收录于 *DRZW* X/II, 55-378, 在 74-106.

186. Kershaw, *Hitler*, II. 768-75, 782.

187. Redlich, *Hitler*, 207-9, 223-54.

188. Speer, *Inside the Third Reich*, 629.

189. 同上.

190. 同上, 631; Redlich, *Hitler*, 227.

191. 关于对希特勒日常工作的精彩描述，参见 Kershaw, *Hitler* II. 775-7.

192. 同上 , 780-81.

193. 同上 , 785-91.

194. Maschmann, *Account Rendered*, 146.

195. 同上 , 157.

196. 同上 , 163.

197. 同上 , 149.

198. Speer, *Inside the Third Reich*, 619.

199. Noakes ed., *Nazism*, IV. 666.

200. 同上 .

201. Kershaw, *Hitler*, II. 803-5.

202. Sereny, *Albert Speer*, 530-33; Speer, *Inside the Third Reich*, 635-47.

203. Duggan, *The Force of Destiny*, 529-32.

204. Kershaw, *Hitler*, II. 807-19.

205. Hürter ed., *Ein deutscher General*, 16.

206. Kershaw, *Hitler*, II. 802-19.

207. 同上 , 820-31, 以及 1,037-8 n. 156. 另参见 Hugh R. Trevor-Roper 的经典作品 , *The Last Days of Hitler* (London, 1962 [1947]), 此书仍然很值得一读 ; 关于详细的证据审查，参见 Anton Joachimsthaler, *Hitlers End: Legenden und Dokumente* (Augsburg, 1999 [1994]).

208. Domarus ed., *Hitler*, IV. 2,236; Werner Maser ed., *Hitlers Briefe und Notizen: Sein Weltbild in handschriftlichen Dokumenten* (Düsseldorf, 1973), 326-66.

309. Kershaw, *Hitler*, 824.

210. 引用自 Christian Goeschel, 'Suicide at the End of the Third Reich', *Journal of Contemporary History*, 41 (2006), 153-73, 在 167.

211. Reuth, *Goebbels*, 613-14; Trevor-Roper, *The Last Days*, 241-7.

212. Kershaw, *Hitler*, II. 831-3, 1,039 n. 15. 此二人的骨骼都是在 1972 年建筑施工期间发现的，其身份通过牙齿记录得以确认 .

213. Richard Overy, *Interrogations: The Nazi Elite in Allied Hands, 1945* (London, 2001), 145-6, 205.

214. 同上 , 165-8.

215. Höhne, *The Order of the Death's Head*, 534-6.

216. Neufeld, *The Rocket and the Reich*, 265.

217. Steur, *Theodor Dannecker*, 156-60, 指出如果她丈夫没有自裁的话，她几乎不可能这样做 . 因此，关于他幸存下来的谣传没有事实依据 .

218. Burleigh, *Death*, 273, 351-84.

219. Goeschel, 'Suicide'; 另参见同一作者 , 'Suicide in Weimar and Nazi Germany', 196-200; Richard Bessel, *Nazism and War* (London, 2004), 154.

220. Höss, *Commandant of Auschwitz*, 193-4.

221. Maschmann, *Account Rendered*, 163.

222. 同上 , 164.

223. Sereny, *Albert Speer*, 543-4.

224. Boberach ed., *Meldungen*, XVII. 6,737.

225. Goeschel, 'Suicide in Weimar and Nazi Germany', 209-13.

226. 引用自 Bessel, *Nazism and War*, 155.

227. Damian van Melis, *Entnazifizierung in Mecklenburg-Vorpommern: Herrschaft und Verwaltung 1945-1948* (Munich, 1999), 23-4; Bessel, *Nazism and War*, 155; Naimark, *Fires of Hatred*, 117.

228. Breloer ed., *Geheime Welten*, 235.

229. Wirrer ed., *Ich glaube an den Führer*, 324 (Inge to Alfred, 1945 年 8 月 4 日). Breloer ed., *Geheime Welten*, 238 (1945 年 4 月 22 日) 和 240 (1945 年 6 月 3 日).

230. Breloer ed., *Geheime Welten*, 44 (1945 年 5 月 5 日).

231. Kershaw, *Hitler*, II. 831- 3.

232. Breloer ed., *Geheime Welten*, 123-4 (1945 年 5 月 1 日).

233. Walb, *Ich, die Alte*, 338, 344-5 (1945 年 5 月 2 日和 8 日).

234. Breloer ed., *Geheime Welten*, 141.

235. 同上 , 163-5 (1945 年 4 月 29 日).

236. Solmitz, *Tagebuch*, 1,022 (1945 年 4 月 30 日), 1,031 (1945 年 5 月 5 日), 1,037 (1945 年 5 月 8 日).

237. Kershaw, *Hitler*, II. 822-3, 835-6; 关于欧洲各个地区德军投降的详细描述，参见 Klaus-Jürgen Müller and Gerd Ueberschär, *Kriegsende 1945: Die Zerstörung des deutschen Reiches* (Frankfurt am Main, 1994); 另参见 *Jörg Hillmann and John Zimmermann, Kriegsende 1945 in Deutschland* (Munich, 2002) 以及 Marlis Steinert, *Capitulation: A Story of the Dönitz Regime* (London, 1969).

238. Perry Biddiscombe, *Werwolf! The History of the National Socialist Guerilla Movement 1944-1946* (Cardiff, 1996), 38-9.

239. Klaus Tenfelde, 'Proletarische Provinz: Radikalisierung und Widerstand in Penzberg/ Oberbayern 1900 bis 1945', 收录于 Broszat 等 ed., *Bayern*, IV. 1-382.

240. Robert G. Moeller, *War Stories: The Search for a Usable Past in the Federal Republic of Germany* (Berkeley, Calif., 2001), 3, 6, 24, 43; Norbert Frei, *Adenauer's Germany and the Nazi Past: The Politics of Amnesty and Integration* (New York, 2002 [1997]), 303-12.

241. 参见 Telford Taylor, *The Anatomy of the Nuremberg Trials* (London, 1993) 以及 Overy, *Interrogations*.

242. Sereny, *Albert Speer*, 702-21; Matthias Schmidt, *Albert Speer: Das Ende eines Mythos: Speers wahre Rolle im Dritten Reich* (Bern, 1982); 另参见 Albert Speer, *Spandau: The Secret Diaries* (London, 1976 [1975]).

243. Höss, *Commandant of Auschwitz*, 195-201.

244. Steinbacher, *Auschwitz*, 137-9.

245. 同上, 139-45.

246. Höhne, *The Order of the Death's Head*, 535-6.

247. Klee 等 ed., 'Those Were the Days', 297-9.

248. Burleigh, *Death*, 269-80; Schmidt, *Karl Brandt*, 351-84.

249. Kater, *Doctors under Hitler*, 2-3; Steven P. Remy, *The Heidelberg Myth: The Nazification and Denazification of a German University* (Cambridge, Mass., 2002), 198-203.

250. Horace W. Stunkard, 'Erich Martini (1880-1960)', *Journal of Parasitology*, 47 (1961), 909-10.

251. Lifton, *The Nazi Doctors*, 380-83.

252. Klee, *Auschwitz*, 488-91.

253. Sereny, *Into that Darkness*, 13, 16, 261-77, 301-7, 321-2, 339-66.

254. Cesarani, *Eichmann*, 200-323.

255. Steinbacher, *Auschwitz*, 145-52.

256. Konrad H. Jarausch, *After Hitler: Recivilizing Germans, 1945-1995* (New York, 2006), 54. 此处"受牵连者"的数据不包括英国占领区的受牵连者. 另参见 Clemens Vollnhals, *Entnazifizierung: Politische Säuberung und Rehabilitierung in den vier Besatzungszonen 1945-1949* (Munich, 1991); Lutz Niethammer, *Die Mitläuferfabrik: Die Entnazifizierung am Beispiel Bayerns* (Berlin, 1992).

257. Jarausch, *After Hitler*, 271-81. 关于 Best, 参见 Herbert, *Best*, 403-76, 而关于更整体的情况, 参见 Norbert Frei ed., *Karrieren im Zwielicht: Hitlers Eliten nach 1945* (Frankfurt am Main, 2001). 关于战后立即出现的社会调整问题, 参见 Jörg Echternkamp, 'Im Schlagschatten des Krieges: Von den Folgen militärischer Herrschaft in der frühen Nachkriegszeit', 收录于 *DRZW* X/II. 657-97.

258. Hürter ed., *Ein deutscher General*, 16.

259. Bock, *Zwischen Pflicht und Verweigerung*, 11-25.

260. Hosenfeld, '*Ich versuche*', 111-46.

261. Breloer ed., *Geheime Welten*, 44.

262. 同上, 45.

263. 同上, 273.

264. Maschmann, *Account Rendered*, 168-223 (引言在第 190 页).

265. Steven Bach, *Leni-The Life and Work of Leni Riefenstahl* (New York, 2007), 252- 92; Welch, *Propaganda and the German Cinema*, 125-34, 263, 307; Emil Jannings, Theater, *Film-Das Leben und Ich* (Munich, 1989 [1951]).

266. Kater, *Composers*, 3-30, 211-63.

267. Shirakawa, *The Devil's Music Master*, 364.

268. 同上. 关于更整体的情况, 参见 Toby Thacker, *Music after Hitler, 1945-1955* (London,

2007), 39-74.

269. Petropoulos, *The Faustian Bargain*, 239-53.

270. Neufeld, *The Rocket and the Reich*, 267-75.

271. Remy, *The Heidelberg Myth*, 54, 204-5.

272. Klukowski, *Diary*, x-xi, xv-xx.

273. Martin Chalmers, 'Introduction', 收录于 Victor Klemperer, *The Lesser Evil: The Diaries of Victor Klemperer 1945-59* (London, 2003 [1999]), vii-xvii.

274. Klemperer, *The Lesser Evil*, 359 (1951 年 7 月 8 日).

275. 同上 , 621-4.

276. 转引自 Evans, The Coming of the Third Reich, 312-13; 信息源自于 Staatsarchiv der Freien- und Hansestadt Hamburg.

277. Eric A. Johnson and Karl-Heinz Reuband, *What We Knew: Terror, Mass Murder, and Everyday Life in Nazi Germany: An Oral History* (New York, 2005), 337-44.

278. Bill Niven, *Facing the Nazi Past: United Germany and the Legacy of the Third Reich* (London, 2002), 233-41; Peter Reichel, *Politik mit der Erinnerung: Gedächtnisorte im Streit um die nationalsozialistische Vergangenheit* (Frankfurt am Main, 1999 [1995]).

279. Bullock, *Hitler*, 808.

参考文献

Abzug, Robert H., *Inside the Vicious Heart: Americans and the Liberation of Nazi Concentration Camps* (New York, 1985).

Adam, Peter, *The Arts of the Third Reich* (London, 1992).

Adelson, Alan, and Lapides, Robert (eds.), *Lódź Ghetto: Inside a Community under Siege* (New York, 1989).

Adler, Hans Georg, *Der verwaltete Mensch: Studien zur Deportation der Juden aus Deutschland* (Tübingen, 1974).

Adler, Jacques, *The Jews of Paris and the Final Solution: Communal Responses and Internal Conflicts, 1940-1944* (New York, 1987).

Ainsztein, Reuben, *Revolte gegen die Vernichtung: Der Aufstand im Warschauer Ghetto* (Berlin, 1993).

Albrecht, Gerd (ed.), *Nationalsozialistische Filmpolitik: Ein Soziologische Untersuchung über die Spielfilme des dritten Reiches* (Stuttgart, 1969).

——, *Film im Dritten Reich: Eine Dokumentation* (Karlsruhe, 1979).

Alcuin (pseud.), *I SawPoland Suffer, by a Polish Doctor Who Held an Official Position in Warsaw under German Occupation* (London, 1941).

Aldor, Francis, *Germany's 'Death Space': The Polish Tragedy* (London, 1940).

Allen, Michael Thad, *The Business of Genocide: The SS, Slave Labor, and the Concentration Camps* (Chapel Hill, N.C., 2002).

——, 'Not Just a "Dating Game" : Origins of the Holocaust at Auschwitz in the Light of Witness Testimony', *German History*, 25 (2007), 162- 91.

Altschuler, Mordechai, *Soviet Jewry on the Eve of the Holocaust: A Social and Demographic Profile* (Jerusalem, 1998).

Aly, Gtz, 'Der Mord an behinderten Hamburger Kindern zwischen 1939 und 1945', in Angelika Ebbinghaus *et al.* (eds.), *Heilen und Vernichten im Mustergau Hamburg: Bevölkerungs- und Gesundheitspolitik im Dritten Reich* (Hamburg, 1984), 147-55.

——, 'Medicine against the Useless', in idem *et al.*, *Cleansing the Fatherland*, 22-98.

——, 'The Posen Diaries of the Anatomist Hermann Voss', in idem *et al.*, *Cleansing the Fatherland.*

——, *Macht-Geist-Wahn: Kontinuitäten deutschen Denkens* (Berlin, 1997).

——, *'Final Solution': Nazi Population Policy and the Murder of the European Jews* (London, 1999 [1995]).

——, 'Die Deportation der Juden von Rhodos nach Auschwitz', *Mittelweg*, 36 (2003), 79-88.

——, *Hitler's Beneficiaries: Plunder, Racial War, and the Nazi Welfare State* (New York, 2007 [2005]).

——, and Heim, Susanne, *Architects of Annihilation: Auschwitz and the Logic of Destruction* (Princeton, N.J., 2002).

——, *et al.*, *Cleansing the Fatherland: Nazi Medicine and Racial Hygiene* (Baltimore, Md., 1994).

Ancel, Jean, 'The Romanian Way of Solving the "Jewish Problem" in Bessarabia and Bukovina: June-July 1941', *Yad Vashem Studies*, 9 (1988), 187-232.

——, 'The "Christian" regimes of Romania and the Jews, 1940-1942', *Holocaust and Genocide Studies*, 7 (1993), 14-29.

——, *Transnistria* (3 vols., Bucharest, 1998). Angermund, Ralph, *Deutsche Richterschaft 1919-1945* (Frankfurt am Main, 1990).

Angrick, Andrej, 'The Escalation of German-Rumanian Anti-Jewish Policy after the Attack on the Soviet Union', *Yad Vashem Studies*, 26 (1998), 203-38.

——, 'Zur Rolle der Militrverwaltung bei der Ermordung der sowjetischen Juden', in Quinkert (ed.), '*Wir sind die Herren dieses Landes*', 104-23.

——, *Besatzungspolitik und Massenmord: Die Einsatzgruppe D in der Sdlichen Sowjetunion 1941-1943* (Hamburg, 2003).

——, and Pohl, Dieter, *Einsatzgruppen C and D in the Invasion of the Soviet Union, 1941- 1942* (London, 1999). (Anon.), *The German New Order in Poland* (London, 1942).

——, *A Woman in Berlin: Diary 20 April 1945 to 22 June 1945* (Oxford, 2006 [1955]).

Arad, Yitzhak, *Ghetto in Flames: The Struggle and Destruction of the Jews in Vilna in the Holocaust* (Jerusalem, 1980).

——, *Belzec, Sobibor, Treblinka: The Operation Reinhard Death Camps* (Bloomington, Ind., 1999 [1987]).

——, et al. (eds.), *The Einsatzgruppen Reports: Selections from the Dispatches of the Nazi Death Squads' Campaign against the Jews, July 1941-January 1943* (New York, 1989).

Arendt, Hannah, *Eichmann in Jerusalem* (New York, 1963).

Arntz, Hans-Dieter, *Ordensburg Vogelsang 1934-1945: Erziehung zur politischen Fhrung im Dritten Reich* (Eulskirchen, 1986).

August, Jochen (ed.), *'Sonderaktion Krakau' Die Verhaftung der Krakauer Wissenschaftler am 6. November 1939* (Hamburg, 1997).

AusWrtiges Amt (ed.), *Die polnischen Greueltaten an den Volksdeutschen in Polen* (Berlin, 1940).

Avni, Haim, *Spain, the Jews, and Franco* (Philadelphia, 1982).

Axworthy, Mark, *et al.*, *Third Axis, Fourth Ally: Romanian Armed Forces in the European War, 1941-1945* (London, 1995).

Baade, Fritz, et al. (eds.), *'Unsere Ehre heisst Treue': Kriegstagebuch des Kommandostabes Reichsfhrer-SS, Tätigkeitsberichte der 1. und 2. 33-Infanterie-Brigade, der 1. SS-Kav. Brigade und von Sonderkommandos der SS* (Vienna, 1965).

Baader, Gerhard, 'Heilen und Vernichten: Die Mentalität der NS-Rzte', in Ebbinghaus and Dörner (eds.), *Vernichten und Heilen*, 275-94.

Bach, Dieter, and Lesiuk, Wieslaw, *Ich sah in das Gesicht eines Menschen: Deutsch-polnische Begegnungen vor und nach 1945* (Wuppertal, 1995).

Bach, Steven, *Leni-The Life and Work of Leni Riefenstahl* (New York, 2007).

Bähr, Johannes, *Die Dresdner Bank in der Wirtschaft des Dritten Reichs* (Munich, 2006).

Baird, Jay W., *The Mythical World of Nazi War Propaganda, 1939- 1945* (Minneapolis, Minn., 1974).

Bajohr, Frank, and Pohl, Dieter, *Der Holocaust als offenes Geheinnis: Die Deutschen, die NS-Führung und die Alliierten* (Munich, 2006).

Banach, Jens, *Heydrichs Elite: Das Führerkorps der Sicherheitspolizei und des SD, 1936- 1945* (Paderborn, 1998).

Bankier, David, *The Germans and the Final Solution: Public Opinion under Nazism* (Oxford, 1992).

Baranowski, Shelley, *Strength Through Joy: Consumerism and Mass Tourism in the Third Reich* (Cambridge, 2004).

Barber, John, and Harrison, Mark, *The Soviet Home Front, 1941- 1945: A Social and Economic History of the USSR in World War II* (London, 1991).

Barbian, Jan-Pieter, *Literaturpolitik im 'Dritten Reich': Institutionen, Kompetenzen, Beftigungsfelder* (Munich, 1995 [1993]).

Barkai, Avraham, 'Between East and West: Jews from Germany in the Lodz Ghetto', in Marrus (ed.), *The Nazi Holocaust*, 378-439.

Bartoszewski, Wladyslaw T., 'Polen und Juden in der deutschen Besatzungszeit', in Klessmann (ed.), *September 1939*, 139-55.

——, 'Foreword', in Salomon W. Slowes, *The Road to Katyn: A Soldier's Story* (Oxford, 1992), vii-xxxii.

Bartov, Omer, *The Eastern Front 1941-1945: German Troops and the Barbarization of Warfare* (London, 1985).

——, *Hitler's Army: Soldiers, Nazis, and War in the Third Reich* (New York, 1991).

Bar-Zohar, Michael, *Beyond Hitler's Grasp: The Heroic Rescue of Bulgaria's Jews* (Holbrook, Mass., 1998).

Bastian, Till, *Homosexuelle im Dritten Reich: Geschichte einer Verfolgung* (Munich, 2000).

Bauer, Yehuda, 'Anmerkungen zum "Auschwitz-Bericht" von Rudolf Vrba', *VfZ* 45 (1997), 297-307.

Baumgart, Winfried, 'Zur Ansprache Hitlers vor den Führern der Wehrmacht am 22. August 1939', *VfZ* 16 (1968), 120-49.

——, and Boehm, Hermann, 'Zur Ansprache Hitlers vor den Führern der Wehrmacht am 22. August 1939', *VfZ* 19 (1971), 294-304.

Beck, Birgit, *Wehrmacht und sexuelle Gewalt: Sexualverbrechen vor deutschen Militärgerichten 1939-1945* (Paderborn, 2004).

Becker, Peter W., 'Fritz Sauckel: Plenipotentiary for the Mobilisation of Labour', in Smelser and Zitelman (eds.), *The Nazi Elite*, 194-201.

Beer, Matthias, 'Die Entwicklung der Gaswagen beim Mord an den Juden', *VfZ* 35 (1987), 403-17.

Beer, Wilfried, *Kriegsalltag an der Heimatfront: Alliierter Luftkrieg und deutsche Gegenmassnahmen zur Abwehr und Schadenbegrenzung, dargestellt für den Raum Münster* (Bremen, 1990).

Beevor, Antony, *Stalingrad* (London, 1998).

——, *Berlin: The Downfall 1945* (London, 2002).

Behnken, Klaus (ed.), *Deutschland-Berichte der Sozialdemokratischen Partei Deutschlands (Sopade) 1934-1940* (7 vols., Frankfurt am Main, 1980).

Bellamy, Chris, *Absolute War: Soviet Russia in the Second World War: A Modern History* (London, 2007).

Bellon, Bernard, *Mercedes in Peace and War: German Automobile Workers, 1903-1945* (New York, 1990).

Below, Nicolaus von, *Als Hitlers Adjutant 1937-1945* (Frankfurt am Main, 1980).

Benz, Wolfgang, 'Judenvernichtung aus Notwehr? Die Legenden um Theodore N. Kaufman', *VfZ* 29 (1981), 615-30.

——(ed.), *Die Juden in Deutschland 1933-1945: Leben unter nationalsozialistischer Herrschaft* (Munich, 1988).

——(ed.), *Dimension des Völkermords: Die Zahl der jüdischen Opfer des Nationalsozialismus* (Munich, 1991).

——, and Distel, Barbara (eds.), *Der Ort des Terrors: Geschichte der nationalsozialistischen Konzentrationslager* (6 vols., Munich, 2005-7).

——, and Neiss, Marion (eds.), *Judenmord in Litauen: Studien und Dokumente* (Berlin, 1999).

Berenstein, Tatiana, *et al.* (eds.), *Faschismus-Getto-Massenmord: Dokumentation über Ausrottung und Widerstand der Juden in Polen Während des Zweiten Weltkrieges* (Berlin, 1960).

Bergander, Götz, *Dresden im Luftkrieg: Vorgeschichte, Zerstörung, Folgen* (Würzburg, 1998).

Bergmeier, Horst J. P., and Lotz, Rainer E., *Hitler's Airwaves: The Inside Story of Nazi Radio Broadcasting and Propaganda Swing* (London, 1997).

Berkhoff, Karel C., *Harvest of Despair: Life and Death in Ukraine under Nazi Rule* (Cambridge, Mass., 2004).

Berndt, Günter, and Strecker, Reinhard (eds.), *Polen-ein Schauermärchen oder GehirnWäsche für Generationen: Geschichtsschreibung und Schulbücher: Beiträge zum Polenbild der Deutschen* (Reinbek, 1971).

Bernstein, Jeremy (ed.), *Hitler's Uranium Club: The Secret Recordings at Farm Hall* (New York, 2001).

Bessel, Richard, *Nazism and War* (London, 2004).

Beyerchen, Alan D., *Scientists under Hitler: Politics and the Physics Community in the Third Reich* (London, 1977).

Biddiscombe, Perry, *Werwolf! The History of the National Socialist Guerilla Movement 1944-1946* (Cardiff, 1996).

Birnbaum, Pierre, *Anti-semitism in France: A Political History from Le'on Blum to the Present* (Oxford, 1992 [1988]).

Blank, Ralf, 'Kriegsalltag und Luftkrieg an der "Heimatfront"', *DRZW* IX/I. 357-468.

Blatman, Daniel, 'Die Todesmärsche-Entscheidungsträger, Mörder und Opfer', in Herbert *et al.* (eds.), *Die nationalsozialistischen Konzentrationslager*, II. 1063-92.

——, 'The Death Marches, January-May 1945: Who Was Responsible for What?', *Yad Vashem Studies*, 28 (2000), 155-201.

——, 'Rückzug, Evakuierung und Todesmärsche 1944-1945', in Benz and Distel (eds.), *Der Ort des Terrors*, I. 296-312.

Bloch, Michael, *Operation Willi: The Plot to Kidnap the Duke of Windsor, July 1940* (London, 1984).

Blume, Helmut, *Zum Kaukasus 1941-1942: Aus Tagebuch und Briefen eines jungen Artilleristen* (Tübingen, 1993).

Blumenthal, Nachman, 'A Martyr or Hero? Reflections on the Diary of Adam Czerniakow', *Yad Vashem Studies*, 7 (1968), 165-71.

Boberach, Heinz (ed.), *Richterbriefe: Dokumente zur Beeinflussung der deutschen Rechtsprechung 1942-1944* (Boppard, 1975).

——(ed.), *Meldungen aus dem Reich: Die geheimen Lageberichte des Sicherheitsdienstes der SS 1938-1945* (17 vols., Herrsching, 1984).

——, 'Stimmungsumschwung in der deutschen Bevölkerung', in Wette and UeberscHär (eds.), *Stalingrad*, 61-6.

Bock, Fedor von, *Generalfeldmarschall Fedor von Bock: Zwischen Pflicht und Verweigerung: Das Kriegstagebuch* (ed. Klaus Gerbet, Munich, 1995).

Boelcke, Willi A. (ed.), *'Wollt Ihr den totalen Krieg?' Die geheimen Goebbels-Konferenzen 1939-1943* (Munich, 1969 [1967]), 414.

Böhler, Jochen, *Auftakt zum Vernichtungskrieg: Die Wehrmacht in Polen 1939* (Frankfurt am Main, 2006).

Böhme, Kurt W., *Die deutschen Kriegsgefangenen in sowjetischer Hand: Eine Bilanz* (Munich, 1966).

Boll, Bernd, 'Zloczo'w, Juli 1941: Die Wehrmacht und der Beginn des Holocaust in Galizien', *Zeitschrift für Geschichtswissenschaft* 50 (2002), 899-917.

——, and Safrian, Hans, 'Auf dem Weg nach Stalingrad: Die 6. Armee 1941/42', in Heer and Naumann (eds.), *Vernichtungskrieg*, 260-96.

Boog, Horst, 'The Anglo-American Strategic Air War over Europe and German Air Defence', in *GSWW* VI. 469-628.

——, 'The Strategic Air War in Europe and Air Defence of the Reich', in *GSWW* VII. 9-458.

——, 'Die strategische Bomberoffensive der Alliierten gegen Deutschland und die Reichsluftverteidigung in der Schlussphase des Krieges', in *DRZW* X/I, 777-884.

Borodziej, Wlodzimierz, *Terror und Politik: Die deutsche Polizei und die polnische Widerstandsbewegung im Generalgouvernement 1939-1944* (Mainz, 1999).

Bosworth, Richard, *Mussolini's Italy: Life under the Dictatorship 1915-1945* (London, 2005).

Botz, Gerhard, *Wohnungspolitik und Judendeportation in Wien 1938 bis 1945: Zur Funktion des Antisemitismus als Ersatz nationalsozialistischer Sozialpolitik* (Vienna, 1975).

Braham, Randolph L., *Eichmann and the Destruction of Hungarian Jewry* (New York, 1961).

——, 'The Role of the Jewish Council in Hungary: A Tentative Assessment', *Yad Vashem Studies*, 10 (1974), 69-109.

——, *The Politics of Genocide: The Holocaust in Hungary* (2 vols., New York, 1981).

——(ed.), *The Tragedy of Romanian Jewry* (New York, 1994).

——(ed.), *The Destruction of Romanian and Ukrainian Jews during the Antonescu Era* (New York, 1997).

Brandes, Detlev, *Die Tschechen unter deutschem Protektorat, I: Besatzungspolitik, Kollaboration und Widerstand im Protektorat Böhmen und Mähren bis Heydrichs Tod, 1939- 1942* (Munich, 1969).

Breitman, Richard, *The Architect of Genocide: Himmler and the Final Solution* (London, 1991).

Breloer, Heinrich (ed.), *Geheime Welten: Deutsche Tagebücher zus den Jahren 1939 bis 1947* (Cologne, 1999 [1984]).

Broszat, Martin, 'Zur Perversion der Strafjustiz im Dritten Reich', *VfZ* 6 (1958), 390-443.

——, *Nationalsozialistische Polenpolitik* (Frankfurt am Main, 1965).

——, 'The Concentration Camps 1933-1945', in Helmut Krausnick *et al.*, *Anatomy of the SS State* (London, 1968), 397-504.

——, *et al.* (eds.), *Bayern in der NS-Zeit* (6 vols., Munich, 1977-83).

Browning, Christopher R., *The Path to Genocide: Essays on Launching the Final Solution* (Cambridge, 1992).

——, *Ordinary Men: Reserve Police Battalion 101 and the Final Solution in Poland* (London, 1998 [1992]).

——, *Nazi Policy, Jewish Workers, German Killers* (Cambridge, 2000).

——, 'The Decision-Making Process', in Dan Stone (ed.), *The Historiography of the Holocaust* (London, 2004), 173-96.

——, *The Origins of the Final Solution: The Evolution of Nazi Jewish Policy, September 1939-March 1942* (Lincoln, Nebr., 2004).

Bruhn, Mike, and Böttner, Heike, *Die Jenaer Studenten unter nationalsozialistischer Herrschaft 1933-1945* (Erfurt, 2001).

Brunckhorst, Almut, *Die Berliner Widerstandsorganisation um Arvid Harnack und Harro Schluze-Boysen ('Rote Kapelle'): Kundschafter im Auftrag Moskaus oder integraler Bestandteil des deutschen Widerstandes gegen den Nationalsozialismus? Ein Testfall für die deutsche Historiographie* (Hamburg, 1998).

Brysac, Shareen Blair, *Resisting Hitler: Mildred Harnack and the Red Orchestra: The Life and Death of an American Woman in Nazi Germany* (New York, 2000).

Buchbender, Ortwin, *Das tönende Erz: Deutsche Propaganda gegen die Rote Armee im Zweiten Weltkrieg* (Stuttgart, 1978).

Buchheim, Christoph, 'Die vielen Rechenfehler in der Abrechnung Götz Alys mit den Deutschen unter dem NS-Regime', *Sozial Geschichte*, 20 (2005), 67-76.

Budrass, Lutz, *Flugzeugindustrie und Luftrüstung in Deutschland* (Düsseldorf, 1998).

——, and Grieger, Manfred, 'Die Moral der Effizienz: Die Beschäftigung von KZ-Häftlingen am Beispiel des Volkswagenwerks und der Henschel Flugzeug-Werke', *Jahrbuch für Wirtschaftsgeschichte* (1993), 89-136.

Bullock, Alan, *Hitler: A Study in Tyranny* (London, 1952).

Burckhardt, Carl J., *Meine Danziger Mission 1937-1939* (Munich, 1960).

Burkhard, Benedikt, and Valet, Friederike (eds.), *'Abends wein wir essen, fehlt uns immer einer': Kinder schreiben and die Väter, 1939- 1945* (Heidelberg, 2000).

Burleigh, Michael, *Germany Turns Eastwards: A Study of Ostforschung in the Third Reich* (Cambridge, 1988).

——, *Death and Deliverance: 'Euthanasia' in Germany, c.1900-1945*(Cambridge, 1994).

——, *Sacred Causes: Religion and Politics from the European Dictators to Al Qaeda* (London, 2006), 214-83.

Burrin, Philippe, *France under the Germans: Collaboration and Compromise* (New York, 1996).

Büttner, Ursula, '"Gomorrha" und die Folgen: Der Bombenkrieg', in Forschungsstelle für Zeitgeschichte in Hamburg (ed.), *Hamburg*, 613- 32.

Cajani, Luigi, 'Die italienischen Militär-Internierten im nationalsozialistischen Deutschland', in Herbert (ed.), *Europa und der 'Reichseinsatz'*, 295-316.

Callil, Carmen, *Bad Faith: A Forgotten History of Family and Fatherland* (London, 2007).

Calvocoressi, Peter, and Wint, Guy, *Total War: Causes and Courses of the Second World War* (Harmondsworth, 1974 [1972]).

Carroll, Berenice A., *Design for Total War: Arms and Economics in the Third Reich* (The Hague, 1968).

Carroll, David, *French Literary Fascism: Nationalism, Anti-Semitism, and the Ideology of Culture* (Princeton, N.J., 1995).

Cesarani, David, *Eichmann: His Life and Crimes* (London, 2004).

——(ed.), *Holocaust: Critical Concepts in Historical Studies* (6 vols., London, 2004).

Chalmers, Martin, 'Introduction', in Klemperer, *The Lesser Evil*, vii-xvi.

Charmley, John, *Churchill: The End of Glory: A Political Biography* (London, 1993).

Chary, Frederick B., *The Bulgarian Jews and the Final Solution, 1940-1944* (Pittsburgh, Pa., 1972).

Chiari, Bernhard, *Alltag hinter der Front: Besatzung, Kollaboration und Widerstand in Weissrussland 1941-1944* (Düsseldorf, 1998).

Chroust, Peter (ed.), *Friedrich Mennecke: Innenansichten eines medizinischen Täters im Nationalsozialismus: Eine Edition seiner Briefe 1935-1947* (Hamburg, 1988).

Cienciala, Anna M., *et al.*, *Katyn: A Crime without Punishment* (London, 2006).

Clark, Martin, *Modern Italy 1871-1982* (Harlow, 1984).

Clarke, Peter, *Hope and Glory: Britain 1900-1990* (London, 1996).

Cocks, Geoffrey, *Psychotherapy in the Third Reich: The Göring Institute* (New Brunswick, N.J., 1997 [1985]).

Cohen, Asher, *Persécutions et sauvetages: Juifs et Français sous l'Occupation et sous Vichy* (Paris, 1993).

——, *et al.* (eds.), *The Shoah and the War* (New York, 1992).

Cohen, Richard I., *The Burden of Conscience: French Jewish Leadership during the Holocaust* (Bloomington, Ind., 1987).

Cohen, William B., and Svensson, Jörgen, 'Finland and the Holocaust', *Holocaust and Genocide Studies*, 9 (1995), 70-92.

Cohn, Norman, *Warrant for Genocide: The Myth of the Jewish World- Conspiracy and the Protocols of the Elders of Zion* (London, 1967).

Cointet, Michèle, *L'Église sous Vichy, 1940-1945: La répentance en question* (Paris, 1998).

Cole, Tim, *Holocaust City: The Making of a Jewish Ghetto* (London, 2003).

Combs, William L., *The Voice of the SS: A History of the SS Journal 'Das Schwarze Korps'* (New York, 1986).

Connolly, Kate, 'Letter Proves Speer Knew of Holocaust Plan', *Guardian*, 13 March 2007.

Conway, John S., *The Nazi Persecution of the Churches 1933-1945* (London, 1968).

Conway, Martin, *Collaboration in Belgium: Le'on Degrelle and the Rexist Movement 1940- 1944* (London, 1993).

Coppi, Hans, *et al.* (eds.), *Die Rote Kapelle im Widerstand gegen den Nationalsozialismus* (Berlin, 1994).

Cornelissen, Christoph, *Gerhard Ritter: Geschichtswissenschaft und Politik im 20. Jahrhundert* (Düsseldorf, 2001).

Corni, Gustavo, *Hitler's Ghettos: Voices from a Beleaguered Society 1939-1944* (London, 2002).

Cornwell, John, *Hitler's Pope: The Secret History of Pius XII* (London, 1999).

Crampton, Richard, *Bulgaria* (Oxford, 2007).

Crowe, David M., *Oskar Schindler: The Untold Account of His Life, Wartime Activities, and the True Story Behind The List* (Cambridge, Mass., 2004).

Culbert, David, 'The Impact of Anti-Semitic Film Propaganda on German Audiences: *Jew Süss* and *The Wandering Jew*(1940)', in Etlin (ed.), *Art*, 139-57.

Cyprian, Tadeusz, and Sawicki, Jerzy, *Nazi Rule in Poland 1939- 1945* (Warsaw, 1961).

Czerniakow, Adam, *The Warsaw Diary of Adam Czerniakow: Prelude to Doom* (New York, 1979 [1968]).

Dabel, Gerhard (ed.), *KLV: Die erweiterte Kinder-Land-Verschickung* (Freiburg,

1981).

Dahm, Volker, 'Kulturelles und geistiges Leben', in Benz (ed.), *Die Juden*, 75-267.

Dallin, Alexander, *German Rule in Russia 1941-1945: A Study of Occupation Policies* (London, 1957).

——, *Odessa, 1941-1944: A Case Study of Soviet Territory under Foreign Rule* (Iaşi, 1998 [1957]).

Datner, Szymon, 'Crimes Committed by the Wehrmacht during the September Campaign and the Period of Military Government (1 Sept. 1939-25 Oct. 1939)', *Polish Western Affairs*, 3 (1962), 294-328.

——, *Crimes Committed by the Wehrmacht during the September Campaign and the Period of Military Government* (Posen, 1962).

Davies, Norman, *God's Playground: A History of Poland* (2 vols., Oxford, 1981).

——, *Rising'44: The Battle for Warsaw* (London, 2003).

——, and Polonsky, Antony (eds.), *Jews in Eastern Poland and the USSR, 1939-1946* (New York, 1991).

Dean, Martin, *Collaboration in the Holocaust: Crimes of the Local Police in Belorussia and the Ukraine, 1941-44* (New York, 2000).

Dear, Ian C. B. (ed.), *The Oxford Companion to World War II* (Oxford, 2005 [1995]).

——, 'Animals', in idem (ed.), *The Oxford Companion to World War II*, 28-9.

Decker, Natalija, 'Die Auswirkungen der faschistischen Okkupation auf das Gesundheitswesen Polens und den Gesundheitszustand des polnischen Volkes', in Thom and Caregorodcev (eds.), *Medizin unterm Hakenkreuz*, 401-16.

Dederichs, Mario R., *Heydrich: Das Gesicht des Bösen* (Munich, 2005).

Delacor, Regina M., 'From Potential Friends to Potential Enemies: The Internment of "Hostile Foreigners" in France at the Beginning of the Second World War', *Journal of Contemporary History*, 35 (2000), 361-8.

Deletant, Dennis, 'Ghetto Experience in Golta, Transnistria, 1942- 1944', *Holocaust and Genocide Studies*, 18 (2004), 1-26.

——, *Hitler's Forgotten Ally: Ion Antonescu and His Regime, Romania 1940-44* (London, 2006).

Derry, Thomas K., 'Norway', in Stuart J. Woolf (ed.), *European Fascism* (London, 1968), 217-30.

Deschner, Günther, *Reinhard Heydrich-Statthalter der totalen Macht* (Munich, 1978).

——, 'Reinhard Heydrich: Security Technocrat', in Smelser and Zitelmann (eds.), *The Nazi Elite*, 85-97.

Diamond, Hanna, *Fleeing Hitler: France 1940* (Oxford, 2007).

Dietrich, Otto, *Auf den Strassen des Sieges: Erlebnisse mit dem Führer in Polen: Ein Gemeinschaftsbuch* (Munich, 1939).

Dlugoborski, Wlodimierz, 'Die deutsche Besatzungspolitik und die Veränderungen der sozialen Struktur Polens 1939-1945', in idem (ed.), *Zweiter Weltkrieg und sozialer Wandel: Achsenmächte und besetzte Länder* (Göttingen, 1981), 303-63.

——, 'Deutsche und sowjetische Herrschaftssysteme in Ostmitteleuropa im Vergleich', in Gerhard Otto and Johannes Houwink ten Cate (eds.), *Das organisierte Chaos: 'Ämterdarwinismus' und 'Gesinnungsethik': Determinanten nationalsozialistischer Besatzungsherrschaft* (Berlin, 1999), 93-121.

——, and Madajczyk, Czeslaw, 'Ausbeutungssysteme in den besetzten Gebieten Polens und der UdSSR', in Friedrich Forstmeier and Hans-Erich Volkmann (eds.), *Kriegswirtschaft und Rüstung 1939- 1945* (Düsseldorf, 1977), 375-416.

Dobroszycki, Lucjan (ed.), *The Chronicle of the Lódź Ghetto 1941- 1944* (New Haven, Conn., 1984).

Domarus, Max (ed.), *Hitler: Speeches and Proclamations 1932- 1945: The Chronicle of a Dictatorship* (4 vols., London, 1990- [1962-63]).

Donaldson, Frances, *Edward VIII* (London, 1974).

Donner, Wolf, *Propaganda und Film im 'Dritten Reich'* (Berlin, 1995).

Dörner, Bernward, *Die Deutschen und der Holocaust: Was niemand wissen wollte, aber jeder wissen konnte* (Berlin, 2007).

Dressen, Willi, 'Konzentrationslager als Tötungs- und Hinrichtungsstätten für Oppositionelle, Behinderte, Kriegsgefangene', in Benz and Distel (eds.), *Der Ort des Terrors*, I. 230-41.

Drewniak, Boguslaw, 'Die deutsche Verwaltung und die rechtliche Stellung der Polen in den besetzten polnischen Gebieten 1939-1945', *Deutsch-Polnisches Jahrbuch* (1979-80), 151-70.

——, *Das Theater im NS-Staat: Szenarium deutscher Zeitgeschichte 1933-1945* (Düsseldorf, 1983).

——, *Der deutsche Film 1938-1945: Ein Gesamtüberblick* (Düsseldorf, 1987).

Droulia, Loukia, and Fleischer, Hagen (eds.), *Von Lidice bis Kalavryta: Widerstand und Besatzungsterror: Studien zur Repressalienpraxis im Zweiten Weltkrieg* (Berlin, 1999).

Duhnke, Horst, *Die KPD von 1933-1945* (Cologne, 1972).

Duggan, Christopher, *The Force of Destiny: A History of Italy since 1796* (London, 2007).

Dwork, Deb'rah, and van Pelt, Robert Jan, *Holocaust: A History* (London, 2002).

Ebbinghaus, Angelika, 'Zwei Welten: Die Opfer und die Täter der kriegschirurgischen Experimente', in Ebbinghaus and Dörner (eds.), *Vernichten und Heilen*, 219-40.

——, 'Fakten oder Fiktionen: Wie ist Götz Aly zu seinen weitreichenden Schlussfolgerungen gekommen?', *Sozial.Geschichte*, 20 (2005), 29-45.

——, and Dörner, Klaus (eds.), *Vernichten und Heilen: Der Nürnberger Ärzteprozess und seine Folgen* (Berlin, 2001).

——, and Roth, Karl Heinz, 'Kriegswunden: Die kriegschirurgischen Experimente in den Konzentrationslagern und ihre Hintergründe', in Ebbinghaus and Dörner (eds.), *Vernichten und Heilen*, 177-218.

Ebert, Jens (ed.), *Feldpostbriefe aus Stalingrad: November 1942 bis Januar 1943* (Munich, 2006 [2000]).

Echternkamp, Jörg (ed.), *Kriegsschauplatz Deutschland 1945: Leben in Angst-Hoffnung auf Frieden: Feldpost aus der Heimat und von der Front* (Paderborn, 2006).

Eckert, Rainer, *Vom 'Fall Marita'zur 'Wirtschaftlichen Sonderaktion': Die deutsche Besatzungspolitik in Griechenland vom 6. April 1941 bis zur Kriegswende im Februar/März 1943* (Frankfurt am Main, 1992).

Eiber, Ludwig, 'Das KZ-Aussenlager Blohm und Voss im Hamburger Hafen', in Kaienburg (ed.), *Konzentrationslager*, 227-38.

Einsiedel, Heinrich von, *The Shadow of Stalingrad: Being the Diary of a Temptation* (London, 1953).

Eisfeld, Rainer, *Mondsüchtig: Wernher von Braun und die Geburt der Raumfahrt aus den Geist der Barbarei* (Hamburg, 2000).

Eitel, Gerhard, 'Genozid auch an Polen? Kein Thema für einen "Historikerstreit"', *Zeitgeschichte* , 18 (1990), 22-39.

Elmshäuser, Konrad, and Lokers, Jan (eds.), *'Man muss hier nur hart sein': Kriegsbriefe und Bilder einer Familie (1934-1945)* (Bremen, 1999).

Engel, David, 'The Western Allies and the Holocaust: Jan Karski's Mission to the West, 1942-1944', *Holocaust and Genocide Studies*, 5 (1990), 363-446.

Engel, Gerhard, *Heeresadjutant bei Hitler 1938-1943* (ed. Hildegard von Kotze, Stuttgart, 1974).

Engelhard, Hans (ed.), *Im Namen des deutschen Volkes: Justiz und Nationalsozialismus* (Cologne, 1989).

Enno, Georg, *Die wirtschaftlichen Unternehmungen der SS* (Stuttgart, 1963).

Erichson, Kurt (ed.), *Abschied ist immer: Briefe an den Bruder im Zweiten Weltkrieg* (Frankfurt am Main, 1994).

Erickson, John, *The Soviet High Command* (London, 1962).

——, *Stalin's War with Germany*, I: *The Road to Stalingrad* (London, 1975).

Erker, Paul, *Industrie-Eliten in der NS-Zeit: Anpassungsbereitschaft und Eigeninteresse von Unternehmen in der Rüstungs- und Kriegswirtschaft 1936-1945* (Passau, 1993).

Esch, Michael G., '"Ohne Rücksicht auf historisch Gewordenes" : Raumplanung und Raumordnung im besetzten Polen 1939-1944', in Götz Aly *et al.* (eds.), *Modelle für ein deutsches Europa: Ökonomie und Herrschaft im Grosswirtschaftsraum* (Berlin, 1992).

——, *'Gesunde Verhältnisse': Die deutsche und polnische Bevölkerungspolitik in Ostmitteleuropa 1939-1950* (Marburg, 1998).

Etlin, Richard A. (ed.), *Art, Culture, and Media under the Third Reich* (Chicago, Ill., 2002).

Euler, Friederike, 'Theater zwischen Anpassung und Widerstand: Die Münchner Kammerspiele im Dritten Reich', in Broszat *et al.* (eds.), *Bayern*, II. 91-173.

Evans, Jon, *The Nazi New Order in Poland* (London, 1941).

Evans, Richard J. (ed.), *Kneipengespräche im Kaiserreich: Die Stimmungsberichte der Hamburger Politischen Polizei 1892-1914* (Hamburg, 1989).

——, *Rituals of Retribution: Capital Punishment in Germany 1600-1987* (Oxford, 1996).

——, *Rereading German History: From Unification to Reunification 1800-1996* (London, 1997).

——, *Telling Lies About Hitler: The Holocaust, History and the David Irving Trial* (London, 2002).

——, *The Coming of the Third Reich* (London, 2003).

——, *The Third Reich in Power 1933-1939* (London, 2005).

Fabruéget, Michel, 'Entwicklung und Veränderung der Funktionen des Konzentrationslager Mauthausen 1938-1945', in Herbert *et al.* (eds.), *Die nationalsozialistischen Konzentrationslager*, I. 193-214.

Fahlbusch, Michael, *Wissenschaft im Dienst nationalsozialistischer Politik? Die 'Volksdeutschen Forschungsgemeinschaften' von 1931- 1945* (Wiesbaden, 1999).

Fangemann, Helmut, *et al.*, *'Parteisoldaten': Die Hamburger Polizei im '3. Reich'* (Baden-Baden, 1987).

Fargion, Lilliana Picciotto, 'Italien', in Benz (ed.), *Dimension des Völkermords*, 199-228.

Feiten, Willi, *Der nationalsozialistische Lehrerbund: Entwicklung und Organisation: Ein Beitrag zum Aufbau und zur Organisationsstruktur des nationalsozialistischen Herrschaftssystems* (Weinheim, 1981).

Felder, Björn, *Lettland im Zweiten Weltkrieg: Zwischen sowjetischen und deutschen Besatzern 1940-1946* (Paderborn, 2008).

Fest, Joachim C., *The Face of the Third Reich* (London, 1979 [1963]).

——, *Plotting Hitler's Death: The German Resistance to Hitler 1933-1945* (London, 1996).

Fetscher, Iring, *Joseph Goebbels im Berliner Sportpalast 1943: 'Wollt Ihr den totalen Krieg?'* (Hamburg, 1998).

Fings, Karola, *et al.*, *'...einziges Land, in dem Judenfrage und Zigeunerfrage gelöst': Die Verfolgung der Roma im faschistisch besetzten Jugoslawien 1941-1945*

(Cologne, n.d.).
Fleming, Gerald, *Hitler and the Final Solution* (Oxford, 1986 [1982]).
Forschungsstelle für Zeitgeschichte in Hamburg (ed.), *Hamburg im 'Dritten Reich'* (Göttingen, 2005).
Förster, Jürgen, 'Hitlers Decision in Favour of War against the Soviet Union', in *GSWW* IV. 13-51.
——, 'Germany's Acquisition of Allies in South-east Europe', in *GSWW* IV. 386-428.
——, 'Operation Barbarossa as a War of Conquest and Annihilation', in *GSWW* IV. 481- 521.
——, 'Jewish Policies of the German Military, 1939-1942', in Cohen *et al.* (eds.), *The Shoah and the War*, 53-71.
——(ed.), *Stalingrad: Ereignis: Wirkung und Symbol* (Munich, 1992).
——, 'Geistige Kriegführung in Deutschland 1919 bis 1945', in *DRZW* IX/I. 469-640. Förster, Rudolf, 'Dresden', in Marlene P. Hiller *et al.* (eds.), *Städte im 2. Weltkrieg: Ein internationaler Vergleich* (Essen, 1991), 299-315.
Frank, Anne, *The Diary of a Young Girl* (New York, 1995).
Frei, Norbert, *Der Führerstaat: Nationalsozialistische Herrschaft 1933 bis 1945* (Munich, 1987).
——(ed.), *Karrieren im Zwielicht: Hitlers Eliten nach 1945* (Frankfurt am Main, 2001).
——, *Adenauer's Germany and the Nazi Past: The Politics of Amnesty and Integration* (New York, 2002 [1997]).
——*et al.* (eds.), *Ausbeutung, Vernichtung, Offentlichkeit: Neue Studien zur nationalsozialistischen Lagerpolitik* (Munich, 2000).
Freund, Florian, 'Die Entscheidung zum Einsatz von KZ-Häftlingen in der Raketenrüstung', in Kaienburg (ed.), *Konzentrationslager*, 61-76.
——, 'Häftlingskategorien und Sterblichkeit in einem Aussenlager des KZ Mauthausen', in Herbert *et al.* (eds.), *Die nationalsozialistischen Konzentrationslager*, II. 874-86.
Fricke, Gert, *Kroatien 1941-1944: Der 'Unabhängige Staat' in der Sicht des Deutschen Bevollmächtigten Generals in Agram, Blaise v Hortenau* (Freiburg, 1972).
Friedlander, Henry, *The Origins of Nazi Genocide: From Euthanasia to the Final Solution* (Chapel Hill, N.C., 1995).
Friedländer, Saul, *Prelude to Downfall: Hitler and the United States, 1939-1941* (London, 1967).
——, *Kurt Gerstein oder die Zwiespältigkeit des Guten* (Gütersloh, 1968).
——, *The Years of Extermination: The Third Reich and the Jews 1939-1945* (New

York, 2007).
Friedman, Philip, *Roads to Extinction: Essays on the Holocaust* (New York, 1980).
Friedrich, Jörg, *Der Brand: Deutschland im Bombenkrieg 1940-1945* (Munich, 2002).
Frieser, Karl-Heinz, *Krieg hinter Stacheldraht: Die deutschen Kriegsgefangenen in der Sowjetunion und das Nationalkomitee 'Freies Deutschland'* (Mainz, 1981).
——, *Blitzkrieg-Legende: Der Westfeldzug 1940* (Munich, 1996 [1995]).
——, 'Die Schlacht im Kursker Bogen', in *DRZW* VIII. 83-210.
——, 'Der Zusammenbruch im Osten: Die Rückzugskämpfe seit Sommer 1944', in *DRZW* VIII. 493-960.
——, 'Zusammenfassung', in *DRZW* VIII. 1,211-24.
——, and Schönherr, Klaus, 'Der Rückschlag des Pendels: Das Zurückweichen der Ostfront von Sommer 1943 bis Sommer 1944', in *DRZW* VIII. 277-490.
Fritsche, Maria, *Österreichische Deserteure und Selbstverstümmler in der Deutschen Wehrmacht* (Vienna, 2004).
Fröbe, Rainer, 'Der Arbeitseinsatz von KZ-Häftlingen und die Perspektive der Industrie, 1943-1945', in Herbert (ed.), *Europa und der 'Reichseinsatz'*, 351-83.
Fröhlich, Elke (ed.), *Die Tagebücher von Joseph Goebbels*, I: *Aufzeichnungen 1923-1941* (9 vols.); II: *Diktate 1941-1945* (15 vols.) (Munich, 1993-2000).
Führer, Karl Christian, 'Anspruch und Realität: Das Scheitern der nationalsozialistischen Wohnungsbaupolitik 1933-1945', *VfZ* 45 (1997), 247-56.
Gamm, Hans-Jochen, *Der Flüsterwitz im Dritten Reich: Mündliche Dokumente zur Lage der Deutschen während des Nationalsozialismus* (Munich, 1990 [1963]).
Ganssmüller, Christian, *Die Erbgesundheitspolitik des Dritten Reiches: Planung, Durchführung und Durchsetzung* (Cologne, 1987).
Garbe, Detlef (ed.), *Häftlinge im KZ Neuengamme: Verfolgungserfahrungen, ftlingssolidarität und nationale Bindung* (Hamburg, 1999).
——, 'Institutionen des Terrors und der Widerstand der Wenigen', in Forschungsstelle für Zeitgeschichte in Hamburg (ed.), *Hamburg*, 573- 618.
Garlinski, Józef, *Poland in the Second World War* (London, 1985).
Gassert, Philipp, *Amerika im Dritten Reich: Ideologie, Propaganda und Volksmeinung 1933-1941* (Stuttgart, 1997).
Gehrken, Eva, *Nationalsozialistische Erziehung in den Lagern der Erweiterten Kinderlandverschickung 1940 bis 1945* (Braunschweig, 1997), 9, 16.
Gemzell, Carl-Axel, *Raeder, Hitler und Skandinavien* (Lund, 1965).
Gerlach, Christian, 'Die Wannsee-Konferenz, das Schicksal der deutschen Juden und Hitlers politische Grundsatzentscheidung, alle Juden Europas zu ermorden', *Werkstatt Geschichte* , 18 (1997), 7-44.
——, *Krieg, Ernährung, Völkermord: Forschungen zur deutschen Vernichtungspolitik im Zweiten Weltkrieg* (Hamburg, 1998).

——, *Kalkulierte Morde: Die deutsche Wirtschafts- und Vernichtungspolitik in Weissrussland 1941 bis 1944* (Hamburg, 1999).

——, 'Hitlergegner bei der Heeresgruppe Mitte und die "Verbrecherischen Befehle"', in Gerd R. Ueberschär (ed.), *NS- Verbrechen und der militärische Widerstand gegen Hitler* (Darmstadt, 2000), 62-76.

——, and Aly, Götz, *Das letzte Kapitel: Realpolitik, Ideologie und der Mord an den ungarischen Juden 1941/1945* (Munich, 2002).

Gerlach, Wolfgang, *And the Witnesses Were Silent: The Confessing Church and the Persecution of the Jews* (Lincoln, Nebr., 2000 [1987]).

Gilbert, Martin, *The Holocaust: The Jewish Tragedy* (London, 1987 [1986]).

——, *The Routledge Atlas of the Holocaust* (London, 2002 [1982]).

Gildea, Robert, *Marianne in Chains: In Search of the German Occupation 1940-1945* (London, 2002).

Giles, Geoffrey, 'The Institutionalization of Homosexual Panic in the Third Reich', in Robert Gellately and Nathan Stoltzfus (eds.), *Social Outsiders in Nazi Germany* (Princeton, N.J., 2001), 233-54.

——, 'The Denial of Homosexuality: Same-Sex Incidents in Himmler's SS and Police', in Herzog (ed.), *Sexuality and German Fascism*, 256-90.

Glantz, David M., *Stumbling Colossus: The Red Army on the Eve of World War* (Lawrence, Kans., 1998).

——, *Barbarossa: Hitler's Invasion of Russia 1941* (Stroud, 2001).

——, *The Siege of Leningrad 1941-1944: 900 Days of Terror* (London, 2004).

——, and House, Jonathan M., *When Titans Clashed: How the Red Army Stopped Hitler* (Lawrence, Kans., 1995).

Glenny, Misha, *The Balkans 1804-1999: Nationalism, War and the Great Powers* (London, 1999).

Godden, Gertrude M., *Murder of a Nation: German Destruction of Polish Culture* (London, 1943).

Goeschel, Christian, 'Suicide at the End of the Third Reich', *Journal of Contemporary History*, 41 (2006), 153-73.

——, 'Suicide in Weimar and Nazi Germany' (Ph.D. dissertation, University of Cambridge, 2006).

Goldberg, Bettina, *Schulgeschichte als Gesellschaftsgeschichte: Die höheren Schulen im Berliner Vorort Hermsdorf (1893-1945)* (Berlin, 1994).

Goldhagen, Daniel Jonah, *Hitler's Willing Executioners: Ordinary Germans and the Holocaust* (London, 1996).

Golovchansky, Anatoly *et al.* (eds.), *'Ich will raus aus diesem Wahnsinn': Deutsche Briefe von der Ostfront 1941-1945* (Wuppertal, 1991).

Gorodetsky, Gabriel, *Grand Delusion: Stalin and the German Invasion of Russia*

(London, 1999).
Goshen, Seev, 'Eichmann und die Nisko-Aktion im Oktober 1939: Eine Fallstudie zur NS-Judenpolitik in der letzten Etappe vor der "Endlösung"', *VfZ* 29 (1981), 74-96.
——, 'Nisko-Ein Ausnahmefall unter den Judenlagern der SS', *VfZ* 40 (1992), 95-106.
Gotto, Bernhard, 'Kommunale Krisenbewältigung', in Süss (ed.), *Deutschland im Luftkrieg*, 41-56.
Grayling, Anthony C., *Among the Dead Cities: Was the Allied Bombing of Civilians in WWII a Necessity or a Crime?* (London, 2006).
Gregor, Neil, *Daimler-Benz in the Third Reich* (London, 1998).
Griech-Polelle, Beth A., *Bishop von Galen: German Catholicism and National Socialism* (New Haven, Conn., 2002).
Grieger, Manfred, 'Unternehmen und KZ-Arbeit: Das Beispiel der Volkswagenwerk GmbH', in Kaienburg (ed.), *Konzentrationslager*, 77- 94.
Grimm, Barbara, 'Lynchmorde an alliierten Fliegern im Zweiten Weltkrieg', in Süss (ed.), *Deutschland im Luftkrieg*, 71-84.
Gröhler, Olaf, *Bombenkrieg gegen Deutschland* (Berlin, 1990).
Groscurth, Helmut, *Tagebücher eines Abwehroffiziers 1938-1940* (ed. Helmut Krausnick and Harold C. Deutsch, Stuttgart, 1970).
Gross, Jan T., *Polish Society under German Occupation: The Generalgouvernement 1939- 1944* (Princeton, N.J., 1979).
——, *Revolution from Abroad: The Soviet Conquest of Poland's Western Ukraine and Western Belorussia* (Princeton, N.J., 1988).
——, 'A Tangled Web: Confronting Stereotypes Concerning Relations between Poles, Germans, Jews, and Communists', in István Déak *et al.* (eds.), *The Politics of Retribution in Europe: World War II and its Aftermath* (Princeton, N.J., 2000), 74-129.
Grossmann, Atina, 'A Question of Silence: The Rape of German Women by Occupation Soldiers', *October*, 72 (1995), 43-63.
Groueff, Stephane, *Crown of Thorns: The Reign of King Boris III of Bulgaria, 1918-1943* (Lanham, Md., 1987).
Gruchmann, Lothar (ed.), *Autobiographie eines Attentäters: Johann Georg Elser: Aussage zum Sprengstoffanschlag im Bürgerbräukeller, München, am 8. November 1939* (Stuttgart, 1970).
——, 'Euthanasie und Justiz im Dritten Reich', *VfZ* 20 (1972), 235-79.
——, 'Ein unbequemer Amtsrichter im Dritten Reich: Aus den Personalakten des Dr Lothar Kreyssig', *VfZ* 32 (1984), 463-88.
——, *Justiz im Dritten Reich 1933-1940: Anpassung und Unterwerfung in der Ara*

Gürtner (Munich, 1988).

Grunberger, Richard, *A Social History of the Third Reich* (London, 1974 [1971]).

Gruner, Wolf, *Judenverfolgung in Berlin 1933-1945: Eine Chronologie der Behördenmassnahmen in der Reichshauptstadt* (Berlin, 1996).

——, *Die geschlossene Arbeitseinsatz deutscher Juden: Zur Zwangsarbeit als Element der Verfolgung, 1938-1943* (Berlin, 1997).

——, 'Die Fabrik-Aktion und die Ereignisse in der Berliner Rosenstrasse: Fakten und Fiktionen um den 27. Februar 1943', *Jahrbuch für Antisemitismusforschung*, 11 (2002), 137-77.

——, *Widerstand in der Rosenstrasse: Die Fabrik-Aktion und die Verfolgung der Mischehen 1943* (Frankfurt am Main, 2005).

Grüttner, Michael, *Studenten im Dritten Reich* (Paderborn, 1995).

——, 'Wissenschaftspolitik im Nationalsozialismus', in Kaufmann (ed.), *Geschichte der Kaiser-Wilhelm-Gesellschaft*, II. 557-85.

Grynberg, Anne, *Les Camps de la honte: Les internes juifs des camps français, 1939-1944* (Paris, 1991).

Gumkowski, Janusz, and Leszczynski, Kazimierz, *Poland under Nazi Occupation* (Warsaw, 1961).

Gutman, Yisrael, *The Jews of Warsaw, 1939-1945: Ghetto, Underground, Revolt* (Bloomington, Ind., 1982).

——, *Resistance: The Warsaw Ghetto Uprising* (Boston, Mass., 1994).

——, and Berenbaum, Michael (eds.), *Anatomy of the Auschwitz Death Camp* (Bloomington, Ind., 1994).

——, and Krakowski, Shmuel, *Unequal Victims: Poles and Jews during World War Two* (New York, 1986).

Haar, Ingo, *Historiker im Nationalsozialismus: Deutsche Geschichtswissenschaft und der 'Volkstumskampf' im Osten* (Göttingen, 2002).

Hagemann, Jürgen, *Die Presselenkung in Dritten Reich* (Bonn, 1970).

Hahn, Fritz, *Waffen und Geheimwaffen des deutschen Heeres, 1933-1945* (2 vols., Koblenz, 1986-7).

Halder, Franz, *Kriegstagebuch* (ed. Hans-Adolf Jacobsen, 3 vols., Stuttgart, 1962-4).

Hale, Oron J., *The Captive Press in the Third Reich* (Princeton, N.J., 1964).

Hamann, Matthias, 'Erwünscht und unerwünscht: Die rassenpsychologische Selektion der Ausländer', in Götz Aly *et al.* (eds.), *Herrenmensch und Arbeitsvölker: Ausländische Arbeiter und Deutsche 1939-1945* (Berlin, 1986), 143-80.

Hanke, Christian, *et al.*, *Hamburg im Bombenkrieg 1940-1945: Das Schicksal einer Stadt* (Hamburg, 2001).

Hansen, Georg, '"Damit wurde der Warthegau zum Exerzierplatz des praktischen Nationalsozialismus" : Eine Fallstudie zur Politik der Einverleibung', in

Klessmann (ed.), *September 1939*, 55-72.

——(ed.), *Schulpolitik als Volkstumspolitik: Quellen zur Schulpolitik der Besatzer in Polen 1939-1945* (Münster, 1994).

——, *Ethnische Schulpolitik im besetzten Polen: Der Mustergau Wartheland* (Münster, 1995).

Harrer, Heinrich, *Seven Years in Tibet* (London, 1953).

Harrison, Mark, *Accounting for War: Soviet Production, Employment and the Defence Burden, 1940-1945* (Cambridge, 1996).

——(ed.), *The Economics of World War II: Six Great Powers in International Comparison* (Cambridge, 1998).

Harten, Hans-Christian, *De-Kulturation und Germanisierung: Die nationalsozialistische Rassen- und Erziehungspolitik in Polen 1939- 1945* (Frankfurt am Main, 1996).

Hartenstein, Michael, *Neue Dorflandschaften: Nationalsozialistische Siedlungsplanung in den 'eingegliederten Ostgebieten': 1939 und 1944* (Berlin, 1998).

Hartewig, Karin, 'Wolf unter Wölfen? Die prekäre Macht der kommunistischen Kapos im Konzentrationslager Buchenwald', in Herbert *et al.* (eds.), *Die nationalsozialistischen Konzentrationslager*, II. 939-58.

Harvey, Elizabeth, *Women and the Nazi East: Agents and Witnesses of Germanization* (London, 2003).

Hassell, Ulrich von, *The von Hassell Diaries: The Story of the Forces against Hitler inside Germany 1938-1944* (Boulder, Colo., 1994 [1946]).

Hauschild-Thiessen, Renate (ed.), *Die Hamburger Katastrophe vom Sommer 1943 in Augenzeugenberichten* (Hamburg, 1991).

Hayes, Peter, *Industry and Ideology: IG Farben in the Nazi Era* (Cambridge, 1987).

——, *From Cooperation to Complicity: Degussa in the Third Reich* (Cambridge, 2004). Heer, Hannes, *Ernst THlmann in Selbstzeugnissen und Bilddokumenten* (Reinbek, 1975).

——, 'Killing Fields: Die Wehrmacht und der Holocaust', in idem and Naumann (eds.), *Vernichtungskrieg*, 57-77.

——(ed.), *'Stets zu erschiessen sind Frauen, die in der Roten Armee dienen': Geständnisse deutscher Kriegsgefangener über ihren Einsatz an der Ostfront* (Hamburg, 1995).

——, and Naumann, Klaus (eds.), *Vernichtungskrieg: Verbrechen der Wehrmacht 1941- 1944* (Hamburg, 1995).

Hehn, Paul, *The German Struggle against Yugoslav Guerillas in World War II: German Counter-Insurgency in Yugoslavia 1941-1943* (New York, 1979).

Heiber, Helmut (ed.), *Goebbels-Reden* (2 vols., Düsseldorf, 1971-2).

Heim, Susanne (ed.), *Autarkie und Ostexpansion: Pflanzenzucht und Agrarforschung im Nationalsozialismus* (Göttingen, 2002).

——, *Kalorien, Kautschuk, Karrieren: Pflanzenzüchtung und landwirtschaftliche Forschung in Kaiser-Wilhelm-Instituten 1933- 1945* (Göttingen, 2003).

Heinemann, Isabel, *'Rasse, Siedlung, deutsches Blut': Das Rasse- und Siedlungshauptamt der SS und die rassenpolitische Neuordnung Europas* (Göttingen, 2003).

Heinemann, Ulrich, '"Kein Platz für Polen und Juden" : Der Widerstandskämpfer Fritz-Dietlof Graf von der Schulenburg und die Politik der Verwaltung in Schlesien 1939/40', in Klessmann (ed.), *September 1939*, 38-54.

Heinemann, Winfried, 'Der militärische Widerstand und der Krieg', in *DRZW* IX/I. 743- 892.

Henry, Clarissa, and Hillel, Marc, *Children of the SS* (London, 1976 [1975]).

Hentschel, Klaus (ed.), *Physics and National Socialism: An Anthology of Primary Sources* (Basel, 1996).

Herbert, Ulrich (ed.), *Europa und der 'Reichseinsatz': Ausländische Zivilarbeiter, Kriegsgefangene und KZ-Häftlinge in Deutschland 1938-1945* (Essen, 1991).

——, *Best: Biographische Studien über Radikalismus, Weltanschauung und Vernunft, 1903- 1989* (Bonn, 1996).

——, *Hitler's Foreign Workers: Enforced Foreign Labor in Germany under the Third Reich* (Cambridge, 1997 [1985]).

——, *et al.* (eds.), *Die nationalsozialistischen Konzentrationslager: Entwicklung und Struktur* (2 vols., Göttingen, 1998).

Herbst, Ludolf, *Der totale Krieg und die Ordnung der Wirtschaft: Die Kriegswirtschaft im Spannungfeld von Politik, Ideologie und Propaganda 1939-1945* (Stuttgart, 1982).

Herf, Jeffrey, *The Jewish Enemy: Nazi Propaganda during World War II and the Holocaust* (London, 2006).

Hermand, Jost, *Als Pimpf in Polen: Erweiterte Kinderlandverschickung 1940-1945* (Frankfurt am Main, 1993).

Hermelink, Heinrich (ed.), *Kirche im Kampf: Dokumente des Widerstands und des Aufbaus in der evangelischen Kirche Deutschlands von 1933 bis 1945* (Tübingen, 1950).

Herzog, Dagmar, 'Hubris and Hypocrisy, Incitement and Disavowal: Sexuality and German Fascism', in eadem (ed.), *Sexuality and German Fascism*, 1-21.

——(ed.), *Sexuality and German Fascism* (New York, 2005).

Heusler, Andreas, *Ausländereinsatz: Zwangsarbeit für die Münchner Kriegswirtschaft 1939-1945* (Munich, 1996).

Hilger, Andreas, *Deutsche Kriegsgefangene in der Sowjetunion, 1941-1956: Kriegsgefangenenpolitik, Lageralltag und Erinnerung* (Essen, 2000).

Hillgruber, Andreas, *Hitlers Strategie: Politik und Kriegführung 1940- 41* (Frankfurt am Main, 1965).

——(ed.), *Staatsmänner und Diplomaten bei Hitler: Vertrauliche Aufzeichnungen über Unterredungen mit Vertretern des Auslandes* (2 vols., Frankfurt am Main, 1967-70).

Hillmann, Jörg, and Zimmermann, John, *Kriegsende 1945 in Deutschland* (Munich, 2002).

Hinsley, F. Harry, *British Intelligence in the Second World War* (5 vols., London, 1979-90).

Hirsch, Martin, *et al.* (eds.), *Recht, Verwaltung und Justiz im Nationalsozialismus* (Cologne, 1984).

Hirschfeld, Gerhard, *Nazi Rule and Dutch Collaboration: The Netherlands under German Occupation, 1940-1945* (Oxford, 1988 [1984]).

——, 'Niederlande', in Benz (ed.), *Dimension des Völkermords*, 137- 63.

Hitchins, Keith, *Rumania 1866-1947* (Oxford, 1994).

Hitler, Adolf, *Hitler's Table Talk 1941-1944* (Oxford, 1988 [1953]).

Hoare, Marko, *Genocide and Resistance in Hitler's Bosnia: The Partisans and the Chetniks, 1941-1943* (London, 2006).

Hoch, Anton, 'Das Attentat auf Hitler im Münchener Bürgerbräukeller 1939', *VfZ* 17 (1969), 383-413.

Hoffmann, Hilmar, *The Triumph of Propaganda: Film and National Socialism 1933-1945* (Oxford, 1996 [1988]).

Hoffmann, Katharina, *Zwangsarbeit und ihre gesellschaftliche Akzeptanz in Oldenburg 1939-1945* (Oldenburg, 2001).

Hoffmann, Peter, *Hitler's Personal Security* (London, 1979).

——, *Claus Schenk Graf von Stauffenberg und seine Brüder* (Stuttgart, 1992).

——, *The History of the German Resistance 1933-1945* (Montreal, 1996 [1969]).

Hohmann, Joachim S., and Langer, Hermann (eds.), *'Stolz, ein Deutscher zu sein...' Nationales Selbstverständnis in Schulaufsätzen 1914-1945* (Frankfurt am Main, 1995), 227-8.

Höhne, Heinz, *The Order of the Death's Head: The Story of Hitler's SS* (London, 1972 [1966]).

Hoidal, Oddvar K., *Quisling: A Study in Treason* (Oslo, 1989).

Hölsken, Heinz Dieter, *Die V-Waffen: Entstehung-Propaganda-Kriegseinsatz* (Stuttgart, 1984).

Homze, Edward L., *Foreign Labor in Nazi Germany* (Princeton, N.J., 1967).

Hoppe, Hans-Jürgen, *Bulgarien-Hitlers eigenwilliger Verbündeter* (Stuttgart, 1979).

Horn, Birgit, *Die Nacht, als der Feuertod vom Himmel stürzte-Leipzig, 4. Dezember 1943* (Gudensberg-Gleichen, 2003).

Hornung, Ella, *et al.*, 'Zwangsarbeit in der Landwirtschaft', *DRZW* IX/II. 577-666.

Horwitz, Gordon J., *Ghettostadt: Lodz and the Making of a Nazi City* (London,

2008).

Hory, Ladislaus, and Broszat, Martin, *Der kroatische Ustascha-Staat 1941-1945* (Stuttgart, 1965 [1964]), 15-38.

Hosenfeld, Wilm, *'Ich versuche jeden zu retten': Das Leben eines deutschen Offiziers in Briefen und Tagebüchern* (ed. Thomas Vogel, Munich, 2004).

Höss, Rudolf, *Commandant of Auschwitz: The Autobiography of Rudolf Höss* (London, 1959 [1951]).

Housden, Martyn, *Hans Frank: Lebensraum and the Holocaust* (London, 2003).

Hubatsch, Walther (ed.), *Hitlers Weisungen für die Kriegführung 1939- 1945: Dokumente des Oberkommandos der Wehrmacht* (Frankfurt am Main, 1962).

Humburg, Martin (ed.), *Das Gesicht des Krieges: Feldpostbriefe von Wehrmachtssoldaten aus der Sowjetunion 1941-1944* (Opladen, 1998).

Hüppauf, Bernd, 'Der entleerte Blick hinter der Kamera', in Heer and Naumann (eds.), *Vernichtungskrieg*, 504-50.

Hürter, Johannes (ed.), *Ein deutscher General an der Ostfront: Die Briefe und Tagebücher des Gotthard Heinrici 1941/42* (Essen, 2001).

——, 'Auf dem Weg zur Militäropposition: Tresckow, Gersdorff, der Vernichtungskrieg und der Judenmord: Neue Dokumente über das Verhältnis der Heeresgruppe Mitte zur Einsatzgruppe B im Jahr 1941' , *VfZ* 52 (2004), 527-62.

——, *Hitlers Heerführer: Die deutschen Oberbefehlshaber im Krieg gegen die Sowjetunion 1941/42* (Munich, 2007).

Hyman, Paula, *From Dreyfus to Vichy: The Remaking of French Jewry, 1906- 1939* (New York, 1979).

Ioanid, Radu, *The Holocaust in Romania: The Destruction of Jews and Gypsies under the Antonescu Regime, 1940-1944* (Chicago, Ill., 2000).

IR 309 marchiert an den Feind: Erlebnisberichte aus dem Polenfeldzuge 1939 (ed. Oberst Dr Hoffmann, Berlin, 1940).

Jäckel, Eberhard, 'On the Purpose of the Wannsee Conference', in James S. Pacy and Alan P. Wertheimer (eds.), *Perspectives on the Holocaust: Essays in Honor of Raul Hilberg* (Boulder, Colo., 1995), 39-49.

Jackson, Julian, *France: The Dark Years 1940-1944* (Oxford, 2001).

——, *The Fall of France: The Nazi Invasion of 1940* (Oxford, 2003).

Jacobmeyer, Wolfgang, *Heimat und Exil: Die Anfänge der polnischen Untergrundbewegung im Zweiten Weltkrieg (September 1939 bis Mitte 1941)* (Hamburg, 1973).

——, 'Der'berfall auf Polen und der neue Charakter des Krieges', in Klessmann (ed.), *September 1939*, 16-37.

Jacobsen, Hans-Adolf (ed.), *Dokumente zur Vorgeschichte des Westfeldzuges 1939-1940* (Göttingen, 1956).

——, *Fall Gelb: Der Kampf um den deutschen Operationsplan zur Westoffensive*

1940 (Wiesbaden, 1957).

——, *Dünkirchen: Ein Beitrag zur Geschichte des Westfeldzuges 1940* (Neckargemünd, 1958).

——(ed.), *Dokumente zum Westfeldzug 1940* (Göttingen, 1960).

——, 'The *Kommissarbefehl* and Mass Executions of Soviet Russian Prisoners of War', in Helmut Krausnick *et al.*, *Anatomy of the SS State* (London, 1968 [1965]), 505-34.

——(ed.), *Misstrauische Nachbarn: Deutsche Ostpolitik 1919/1970* (Düsseldorf, 1970).

——(ed.), *'Spiegelbild einer Verschwörung' : Die Opposition gegen Hitler und der Staatsstreich vom 20. Juli 1940 in der SD- Berichterstattung: Geheime Dokumente aus dem ehemaligen Reichssicherheitshauptamt* (2 vols., Stuttgart, 1984).

Jahnke, Karl Heinz, *Weisse Rose contra Hakenkreuz: Der Widerstand der Geschwister Scholl und ihre Freunde* (Frankfurt am Main, 1969).

——, *Weisse Rose contra Hakenkreuz: Studenten im Widerstand 1942/43: Einblicke in viereinhalb Jahrzehnte Forschung* (Rostock, 2003).

James, Harold, *The Deutsche Bank and the Nazi Economic War against the Jews: The xpropriation of Jewish-Owned Property* (Cambridge, 2001).

Jannings, Emil, *Theater, Film-Das Leben und ich* (Munich, 1989 [1951]).

Jansen, Christian, and Weckbecker, Arno, 'Eine Miliz im "Weltanschauungskrieg" : Der "Volksdeutsche Selbstschutz in Polen 1939/40"', in Wolfgang Michalka (ed.), *Der Zweite Weltkrieg: Analysen-Grundzüge-Forschungsbilanz* (Munich, 1989), 482-500.

——, *Der 'Volksdeutsche Selbstschutz' in Polen 1939/40* (Munich, 1992).

——, 'Zwangsarbeit für das Volkswagenwerk: Häftlingsalltag auf dem Laagberg bei Wolfsburg', in Frei *et al.* (eds.), *Ausbeutung*, 75-108.

Jarausch, Konrad H., *After Hitler: Recivilizing Germans, 1945-1995* (New York, 2006). Jaskot, Paul B., *The Architecture of Oppression: The SS, Forced Labor, and the Nazi Monumental Building Economy* (London, 2000).

Jastrzebski, Wlodzimierz, *Der Bromberger Blutsonntag: Legende und Wirklichkeit* (Poznań, 1990).

Jellonek, Burkhard, *Homosexuelle unter dem Hakenkreuz: Die Verfolgung Homosexueller im Dritten Reich* (Paderborn, 1990).

Jenkins, Roy, *Churchill* (London, 2001).

Joachimsthaler, Anton, *Hitlers End: Legenden und Dokumente* (Augsburg, 1999 [1994]).

Jochmann, Werner (ed.), *Adolf Hitler: Monologe im Führerhauptquartier 1941-1944: Die Aufzeichnungen Heinrich Heims* (Hamburg, 1980).

Johnson, Eric A., *Nazi Terror: The Gestapo, Jews, and Ordinary Germans* (New York, 1999).

——, and Reuband, Karl-Heinz, *What We Knew: Terror, Mass Murder, and Everyday Life in Nazi Germany: An Oral History* (New York, 2005).

Jong, Louis de, 'The Netherlands and Auschwitz', *Yad Vashem Studies*, 7 (1968), 39-55.

Joshi, Vandana, *Gender and Power in the Third Reich: Female Denouncers and the Gestapo, 1933-45* (London, 2003).

Kaczmarek, Ryszard, 'Die deutsche wirtschaftliche Penetration in Polen (Oberschlesien)', in Overy *et al.* (eds.), *Die 'Neuordnung'* , 257-72.

Kaienburg, Hermann (ed.), *Konzentrationslager und deutsche Wirtschaft 1939-1945* (Opladen, 1996).

——, 'KZ-Haft und Wirtschaftsinteresse: Das Wirtschaftsverwaltungshauptamt der SS als Leitungszentrale der Konzentrationslager und der SS-Wirtschaft', in idem (ed.), *Konzentrationslager*, 29-60.

——, 'Deutsche politische Häftlinge im Konzentrationslager Neuengamme und ihre Stellung im Hauptlager', in Garbe (ed.), *Häftlinge*, 12-80.

——, 'Zwangsarbeit: KZ und Wirtschaft im Zweiten Weltkrieg', in Benz and Distel (eds.), *Der Ort des Terrors*, I. 179-94.

Kaiser, Ernst, and Knorn, Michael, *'Wir lebten und schliefen zwischen den Toten': Rüstungsproduktion, Zwangsarbeit und Vernichtung in den Frankfurter Adlerwerken* (Frankfurt am Main, 1994).

Kaiser, Gerd, *Katyn: Das Staatsverbrechen-das Staatsgeheimnis* (Berlin, 2002).

Kallis, Aristotle A., *Nazi Propaganda and the Second World War* (London, 2005).

Kaplan, Chaim A., *Scroll of Agony: The Warsaw Diary of Chaim A. Kaplan* (London, 1966).

Kaplan, Marion, 'Jewish Daily Life in Wartime Germany', in David Bankier (ed.), *Probing the Depths of German Antisemitism: German Society and the Persecution of the Jews, 1933-1941* (Jerusalem, 2000), 395-412.

Kappeler, Alphons, *Ein Fall von 'Pseudologia phantastica' in der deutschen Literatur: Fritz Reck-Malleczewen: Mit Totalbibliographie* (Gppingen, 1975).

Karlsch, Rainer, *Hitlers Bombe: Die geheime Geschichte der deutschen Kernwaffenversuche* (Stuttgart, 2005).

Kárny, Miroslav, '"Heydrichiaden" : Widerstand und Terror im Protektorat Böhmen und Mähren' , in Droulia and Fleischer (eds.), *Von Lidice bis Kalavryta*, 51-63.

——, *et al.* (eds.), *Theresienstadt in der 'Endlösung der Judenfrage'* (Prague, 1992).

Kater, Michael H., *Doctors under Hitler* (Chapel Hill, N.C., 1989).

——, *Different Drummers: Jazz in the Culture of Nazi Germany* (New York, 1992).

——, *Composers of the Nazi Era: Eight Portraits* (New York, 2000).

——, *Das Ahnenerbe der SS 1935-1945: Ein Beitrag zur Kulturpolitik des Dritten Reiches* (Munich, 4th edn, 2006).

Katz, Robert, *Black Sabbath: A Journey through a Crime against Humanity* (London, 1969).

——, *The Battle for Rome: The Germans, the Allies, the Partisans, and the Pope, September 1943-June 1944* (New York, 2003).

Kaufmann, Doris (ed.), *Geschichte der Kaiser-Wilhelm-Gesellschaft im Nationalsozialismus: Bestandsaufnahme und Perspektiven der Forschung* (2 vols., Göttingen, 2000).

Kautsky, Benedikt, *Teufel und Verdammte: Erfahrungen und Erkenntnisse aus sieben Jahren in deutschen Konzentrationslagern* (Vienna, 1961).

Kay, Alex J., 'Germany's Staatssekretäre, Mass Starvation and the Meeting of 2 May 1941', *Journal of Contemporary History*, 41 (2006), 685-700.

Keller, Rolf, '"Die kamen in Scharen hier an, die Gefangenen" : Sowjetische Kriegsgefangene, Wehrmachtsoldaten und deutsche Bevölkerung in Norddeutschland 1941/42', in Detlef Garbe (ed.), *Rassismus in Deutschland* (Bremen, 1994), 35-53.

Keren, Nilli, 'The Family Camp', in Gutman and Berenbaum (eds.), *Anatomy*, 428-40.

Kermish, Joseph, 'Introduction', in Ringelblum, *Polish-Jewish Relations*, vii-xxxix.

——, 'Introduction', in Czerniakow, *The WarsawDiary*, 1-24.

Kershaw, Ian, *Popular Opinion and Political Dissent in the Third Reich: Bavaria 1933-1945* (Oxford, 1983).

——, *The 'Hitler Myth': Image and Reality in the Third Reich* (Oxford, 1989 [1987]).

——, *Hitler*, II: *1936-1945: Nemesis* (London, 2000).

——, *Hitler, the Germans and the Final Solution* (London, 2008). Kersten, Felix, *The Kersten Memoirs 1940-1945* (London, 1956).

Kettenacker, Lothar (ed.), *Ein Volk von Opfern? Die neue Debatte um den Bombenkrieg 1940-45* (Berlin, 2003).

Kielar, Wieslaw, *Anus Mundi: Five Years in Auschwitz* (London, 1982 [1972]).

Killian, Katrin A., 'Kriegsstimmungen: Emotionen einfacher Soldaten in Feldpostbriefen', in *DRZW* IX/II. 251-88.

Kirby, David, *Finland in the Twentieth Century* (London, 1979).

Kirchhoff, Hans, 'Denmark: A Light in the Darkness of the Holocaust? A Reply to Gunnar S. Paulsson', in Cesarani (ed.), *Holocaust*, V. 128-39.

Kirstin, Wolfgang, *Das Konzentrationslager als Institution totalen Terrors: Das Beispiel des KL Natzweiler* (Pfaffenweiler, 1992).

Klee, Ernst (ed.), *Dokumente zur 'Euthanasie'* (Frankfurt am Main, 1985).

——, *'Euthanasie' im NS-Staat: Die 'Vernichtung lebensunwerten Lebens'* (Frankfurt am Main, 1985 [1983]).

——, *Auschwitz, die NS-Medizin und ihre Opfer* (Frankfurt am Main, 1997).

——, *et al.* (eds.), *'Those Were the Days': The Holocaust as Seen by the Perpetrators and Bystanders* (London, 1991 [1988]).

Klee, Karl, *Das Unternehmen 'Seelöwe': Die geplante deutsche Landung in England 1940* (Göttingen, 1958).

——,*Dokumente zum Unternehmen 'Seelöwe': Die geplante deutsche Landung in England 1940* (Göttingen, 1959).

Klee, Katja, '"Nie wieder Aufnahme von Kindern" : Anspruch und Wirklichkeit der KLV in den Aufnahmegauen', in Rüther (ed.), *'Zu Hause'*, 161-94.

Klein, Burton H., *Germany's Economic Preparations for War* (Cambridge, Mass., 1959).

Klein, Peter (ed.), *Die Einsatzgruppen in der besetzten Sowjetunion 1941/42: Die Tätigkeitsund Lageberichte des Chefs der Sicherheitspolizei und des SD* (Berlin, 1997).

——, 'Zwischen den Fronten: Die Zivilbev̈lkerung Weissrusslands und der Krieg der Wehrmacht gegen die Partisanen', in Quinkert (ed.), *'Wir sind die Herren dieses Landes'*, 82-103.

Klemperer, Klemens von, *German Resistance against Hitler: The Search for Allies Abroad 1938-1945* (Oxford, 1992).

Klemperer, Victor, *I Shall Bear Witness: The Diaries of Victor Klemperer 1933-41* (London, 1998 [1995]).

——, *To the Bitter End: The Diaries of Victor Klemperer 1942-45* (London, 1998 [1995]).

——, *The Lesser Evil: The Diaries of Victor Klemperer 1945-59* (London, 2003 [1999]).

Klepper, Jochen, *Unter dem Schatten deiner Flügel: Aus den Tagebüchern der Jahre 1932- 1942* (Stuttgart, 1955).

——, *Uberwindung: Tagebücher und Aufzeichnungen aus dem Kriege* (Stuttgart, 1958).

——, *Briefwechsel 1925-1942* (ed. Ernst G. Riemschneider, Stuttgart, 1973).

Klessmann, Christoph, 'Der Generalgouverneur Hans Frank', *VfZ* 19 (1971), 245-66.

——,*Die Selbstbehauptung einer Nation: Nationalsozialistische Kulturpolitik und polnische Widerstandsbewegung im* Generalgouvernement 1939-1945 (Düsseldorf, 1971).

——, 'Die Zerstörung des Schulwesens als Bestandteil deutscher Okkupationspolitik im Osten am Beispiel Polens', in Manfred Heinemann (ed.), *Erziehung und Schulung im Dritten Reich*, I: *Kindergarten, Schule, Jugend, Berufserziehung* (Stuttgart, 1980), 176-92.

——, 'Die kulturelle Selbstbehauptung der polnischen Nation', in idem (ed.),

September 1939, 117-38.

——(ed.), *September 1939: Krieg, Besatzung, Widerstand in Polen: Acht Beiträge* (G'ttingen, 1989).

——, and Dlugoborski, Wazlaw, 'Nationalsozialistische Bildungspolitik und polnische Hochschulen 1939-1945', *Geschichte und Gesellschaft*, 23 (1997), 535-59.

Klingler, Walter, *Nationalsozialistische Rundfunkpolitik 1942-1945: Organisation, Programm und die Hörer* (Mannheim, 1983).

Klonicki, Aryeh and Malwina, *The Diary of Adam's Father: The Diary of Aryeh Klonicki (Klonymus) and His Wife Malvina* (Jerusalem, 1973).

Klukowski, Zygmunt, *Diary from the Years of Occupation 1939-44* (Urbana, Ill., 1993 [1958]).

Kock, Gerhard, 'Die Erweiterte Kinderlandverschickung und der Konflikt mit den Kirchen', in Rüther (ed.), *'Zu Hause'*, 209-42.

——, 'Nur zum Schutz aufs Land gebracht? Die Kinderlandverschickung und ihre erziehungspolitischen Ziele', in Rüther (ed.), *'Zu Hause'*, 17-52.

Koehl, Robert L., *RKFDV: German Resettlement and Population Policy 1939-1945: A History of the Reich Commission for the Strengthening of Germandom* (Cambridge, Mass., 1957).

Kogon, Eugen, *et al.* (eds.), *Nationalsozialistische Massentötungen durch Giftgas: Eine Dokumentation* (Frankfurt am Main, 1983).

Kohlmann-Viand, Doris, *NS-Pressepolitik im Zweiten Weltkrieg* (Munich, 1991).

Kolb, Eberhard, *Bergen-Belsen 1943-1945: Vom 'Aufenthaltslager' zum Konzentrationslager 1943-1945* (Göttingen, 2001).

Krakowski, Shmuel, 'The Fate of Polish Prisoners of War in the September 1939 Camps', *Yad Vashem Studies* 12 (1977), 296-333.

——, *The War of the Doomed: Jewish Armed Resistance in Poland, 1942-1944* (New York, 1984).

Krämer, Nicole, "'Kämpfende Mütter" und "gefallene Heldinnen" : Frauen im Luftschutz' , in Süss (ed.), *Deutschland im Luftkrieg*, 85-98.

Kranz, Tomasz, 'Das KL Lublin zwischen Planung und Realisierung' , in Herbert *et al.* (eds.), *Die nationalsozialistischen Konzentrationslager*, I. 363-89.

Kratz, Philipp, 'Sparen für das kleine Glück' , in Götz Aly (ed.), *Volkes Stimme: Skepsis und Führervertrauen im Nationalsozialismus* (Frankfurt am Main, 2006), 59-79.

Krausnick, Helmut, 'Hitler und die Morde in Polen: Ein Beitrag zum Konflikt zwischen Heer und SS um die Verwaltung der besetzten Gebiete (Dokumentation)' , *VfZ* 11 (1963), 196-209.

——, *Hitlers Einsatzgruppen: Die Truppen des Weltanschauungskrieges 1938-1942*

(Frankfurt am Main, 1985 [1981]).

Kroener, Bernhard R., 'The Manpower Resources of the Third Reich in the Area of Conflict between Wehrmacht, Bureaucracy and War Economy, 1939-1942', in *GSWW* V/I, 799-1,154.

——, '"Nun Volk, steh auf ...!" Stalingrad und der "totale" Krieg 1942-1943', in Förster (ed.), *Stalingrad*, 151-70. Kublik, Steven, *The Stones Cry Out: Sweden's Response to the Persecution of the Jews, 1933-1945* (New York, 1988).

Kudlien, Fridlof, *Ärzte im Nationalsozialismus* (Cologne, 1985).

Kühne, Thomas, 'Zwischen Männerbund und Volksgemeinschaft: Hitlers Soldaten und der Mythos der Kameradschaft', *Archiv für Sozialgeschichte*, 38 (1998), 165-89.

——, 'Gruppenkohäsion und Kameradschaftsmythos in der Wehrmacht', in Rolf-Dieter Müller and Hans-Erich Volkmann (eds.), *Die Wehrmacht: Mythos und Realität* (Munich, 1999), 534-59.

——, *Kameradschaft: Die Soldaten des nationalsozialistischen Krieges und das 20. Jahrhundert* (Göttingen, 2006).

Kulka, Otto Dov, and Jäckel, Eberhard (eds.), *Die Juden in den Geheimen NS-STIMMUNGSBERICHTEN 1933-1945* (Düsseldorf, 2004).

Kundrus, Birthe, *Kriegerfrauen: Familienpolitik und Geschlechterverhältnisse im Ersten und Zweiten Weltkrieg* (Hamburg, 1995).

——, 'Totale Unterhaltung? Die kulturelle Kriegführung 1939 bis 1945 in Film, Rundfunk und Theater', in *DRZW* IX/I. 93-157.

Kunz, Andreas, *Wehrmacht und Niederlage: Die bewaffnete Macht in der Endphase der nationalsozialistischen Herrschaft 1944 bis 1945* (Munich, 2005).

——, 'Die Wehrmacht 1944/45: Eine Armee im Untergang', in *DRZW* X/II. 3-54.

Kupper, Ren', 'Karl Hermann Frank als Deutscher Staatsminister für Böhmen und Mähren', in Monika Glettler *et al.* (eds.), *Geteilt, Besetzt, Beherrscht: Die Tschechoslowakei 1938-1945: Reichsgau Sudetenland, Protektorat Böhmen und Mähren, Slowakei* (Essen, 2004), 31-52.

Kuropka, Joachim (ed.), *Meldungen aus Münster, 1924-1944: Geheime und vertrauliche Berichte von Polizei, Gestapo, NSDAP und ihren Gliederungen, staatlicher Verwaltung, Gerichtsbarkeit und Wehrmacht ˚ber die politische und gesellschaftliche Situation in Münster* (Münster, 1992).

Kuznetsov, Anatoly, *Babi Yar: A Document in the Form of a Novel* (London, 1970 [1966]).

Kwiet, Konrad, *Reichskommissariat Niederlande: Versuch und Scheitern nationalsozialistischer Neuordnung* (Stuttgart, 1968).

——, 'Rehearsing for Murder: The Beginning of the Final Solution in Lithuania in June 1941', *Holocaust and Genocide Studies*, 12 (1998), 3-26.

Lambauer, Barbara, 'Opportunistischer Antisemitismus: Der deutsche Botschafter Otto Abetz und die Judenverfolgung in Frankreich', *VfZ* 53 (2005), 241-73.

Landau-Czajka, Anna, 'The Jewish Question in Poland: Views Expressed in the Catholic Press between the Two World Wars', *Polin: Studies in Polish Jewry*, 11 (1998), 263-78.

Lang, Ralf, *Italienische 'Fremdarbeiter' im nationalsozialistischen Deutschland 1937-1945* (Frankfurt am Main, 1996).

Lange, Wilhelm, *Cap Arcona: Dokumentation* (Eutin, 1992).

Laqueur, Walter, *The Terrible Secret: Suppression of the Truth about Hitler's 'Final Solution'* (London, 1980).

Latawski, Paul, 'Polish Campaign', in Dear (ed.), *The Oxford Companion to World War II*, 705-8.

Latzel, Klaus, 'Tourismus und Gewalt: Kriegswahrnehmungen in Feldpostbriefen', in Heer and Naumann (eds.), *Vernichtungskrieg*, 447-59.

Lavi, Theodore, 'The Vatican's Endeavors on Behalf of Romanian Jewry during the Second World War', *Yad Vashem Studies*, 5 (1963), 405-18.

Lehberger, Reiner, *Englischunterricht im Nationalsozialismus* (Tübingen, 1986).

Levi, Erik, *Music in the Third Reich* (London, 1994). Levi, Primo, *If This Is a Man* (London, 1957 [1948]).

Levine, Hillel, *In Search of Sugihara: The Elusive Japanese Diplomat Who Risked His Life to Rescue 10,000 Jews from the Holocaust* (New York, 1996).

Levine, Paul A., *From Indifference to Activism: Swedish Diplomacy and the Holocaust* (Uppsala, 1996).

Lewandowski, Jozef, 'Early Swedish Information about the Nazis' Mass Murder of the Jews', *Polin: Studies in Polish Jewry*, 13 (2000), 113-27.

Lewinski, Jerzy, 'The Death of Adam Czerniakow and Janusz Korcak's Last Journey', *Polin: Studies in Polish Jewry*, 7 (1992), 224-53.

Lewy, Guenter, *The Nazi Persecution of the Gypsies* (New York, 2000).

Liddell Hart, Basil H. (ed.), *The Rommel Papers* (London, 1953).

Lifton, Robert Jay, *The Nazi Doctors: Medical Killing and the Psychology of Genocide* (London, 1986).

Longerich, Peter, 'Nationalsozialistische Propaganda', in Karl Dietrich Bracher *et al.* (eds.), *Deutschland 1933-1945: Neue Studien zur nationalsozialistischen Herrschaft* (Düsseldorf, 1993), 291-314.

——, *Politik der Vernichtung: Eine Gesamtdarstellung der nationalsozialistischen Judenverfolgung* (Munich, 1998).

——, *Der ungeschriebene Befehl: Hitler und der Weg zur 'Endlösung'* (Munich, 2001).

——, *'Davon haben wir nichts gewusst!' Die Deutschen und die Judenverfolgung*

1933- 1945 (Munich, 2006).

——, and Pohl, Dieter (eds.), *Die Ermordung der europäischen Juden: Eine umfassende Dokumentation des Holocaust 1941-1945* (Munich, 1989), 167-9.

Lower, Wendy, *Nazi Empire-Building and the Holocaust in Ukraine* (Chapel Hill, N.C., 2005).

Luczak, Czeslaw, 'Landwirtschaft und Ernährung in Polen während der deutschen Besatzungszeit 1939-1945', in Bernd Martin and Alan S.

Milward (eds.), *Agriculture and Food Supply in the Second World War* (Ostfildern, 1985), 117-27.

Ludwig, Karl-Heinz, *Technik und Ingenieure im Dritten Reich* (Düsseldorf, 1974).

Maase, Kaspar, *Grenzenloses Vergnügen*: Der *Aufstieg der Massenkultur 1850-1970* (Frankfurt am Main, 1997).

McCarthy, Jamie, *et al.*, 'The Ruins of the Gas Chambers: A Forensic Investigation of Crematoriums at Auschwitz I and Auschwitz-Birkenau', *Holocaust and Genocide Studies*, 18 (2004), 68-103.

MacQueen, Michael, 'The Conversion of Looted Jewish Assets to Run the German War Machine', *Holocaust and Genocide Studies*, 18 (2004), 27-45.

Madajczyk, Czeslaw, *Die Okkupationspolitik Nazideutschlands in Polen 1939-1945* (Cologne, 1988 [1970]).

——, *et al.* (eds.), *Vom Generalplan Ost zum Generalsiedlungsplan: Dokumente* (Munich, 1994).

Maertz, Gregory, *The Invisible Museum: The Secret Postwar History of Nazi Art* (New Haven, Conn., 2008).

Maier, Dieter, *Arbeitseinsatz und Deportation: Die Mitwirkung der Arbeitsverwaltung bei der nationalsozialistischen Judenverfolgung in den Jahren 1938-1945* (Berlin, 1994).

Maier, Klaus A., 'The Battle of Britain', in *GSWW* II. 374-407.

Mammach, Klaus, *Der Volkssturm: Bestandteil des totalen Kriegseinsatzes der deutschen Bevölkerung 1944/45* (Berlin, 1981).

Manoschek, Walter, *'Serbien ist judenfrei': Militärische Besatzungspolitik und Judenvernichtung in Serbien 1941/42* (Munich, 1993).

——, '"Gehst mit Juden erschiessen?" Die Vernichtung der Juden in Serbien', in Heer and Naumann (eds.), *Vernichtungskrieg*, 39-56.

——(ed.), *Die Wehrmacht im Rassenkrieg: Der Vernichtungskrieg hinter der Front* (Vienna, 1996).

——, 'Partisanenkrieg und Genozid: Die Wehrmacht in Serbien 1941', in idem (ed.), *Die Wehrmacht im Rassenkrieg*, 142-67.

——(ed.), *'Es gibt nur Eines für das Judentum: Vernichtung': Das Judenbild in deutschen Soldatenbriefen 1939-1941* (Hamburg, 1997 [1995]).

——, 'Die Vernichtung der Juden in Serbien', in Ulrich Herbert (ed.), *Nationalsozialistische Vernichtungspolitik 1939-1945: Neue Forschungen und Kontroversen* (Frankfurt am Main, 1998), 209-34.

——, 'Krajevo-Kragujevac-Kalavryta: Die Massaker der 717. Infanteriedivision bzw. 117. Jägerdivision am Balnak', in Droulia and Fleischer (eds.), *Von Lidice bis Kalavryta*, 93-104.

Mantelli, Brunello, 'Von der Wanderarbeit zur Deportation: Die italienischen Arbeiter in Deutschland 1938-1945', in Herbert (ed.), *Europa und der 'Reichseinsatz'*, 51-89.

Marrus, Michael R. (ed.), *The Nazi Holocaust: Historical Articles on the Destruction of European Jews* (5 vols., Westport, Conn., 1989).

——, and Paxton, Robert O., *Vichy France and the Jews* (New York, 1981).

Maschmann, Melita, *Account Rendered: A Dossier on my Former Self* (London, 1964).

Maser, Werner (ed.), *Hitlers Briefe und Notizen: Sein Weltbild in handschriftlichen Dokumenten* (Düsseldorf, 1973).

Mason, Tim, *Social Policy in the Third Reich: The Working Class and the 'National Community'* (Oxford, 1995).

Massin, Benoît, 'Mengele, die Zwillingsforschung und die "Auschwitz- Dahlem Connection"', in Carola Sachse (ed.), *Die Verbindung nach Auschwitz: Biowissenschaften und Menschenversuche an Kaiser- Wilhelm-Instituten: Dokumentation eines Symposiums* (Göttingen, 2003), 201-54.

MattHäus, Jürgen, 'Jenseits der Grenze: Die ersten Massenerschiessungen von Juden in Litauen (Juni-August 1941)', *Zeitschrift für Geschichtswissenschaft*, 44 (1996), 97-117.

——, 'Ausbildungsziel Judenmord? Zum Stellenwert der "weltanschaulichen Erziehung" von SS und Polizei im Rahmen der "Endlösung"', *Zeitschrift für Geschichtswissenschaft*, 47 (1999), 677 - 99.

——, *et al.* (eds.), *Ausbildungsziel Judenmord? 'Weltanschauliche Erziehung' von SS, Polizei und Waffen-SS im Rahmen der 'Endlösung'* (Frankfurt am Main, 2003).

Mawdsley, Evan, *Thunder in the East: The Nazi-Soviet War 1941-1945* (London, 2005).

May, Ernest R., *Strange Victory: Hitler's Conquest of France* (New York, 2000).

Mazower, Mark, *Inside Hitler's Greece: The Experience of Occupation 1941-44* (London, 1993).

——, *Salonica: City of Ghosts: Christians, Muslims and Jews 1430-1950* (London, 2004).

——, *Hitler's Empire: Nazi Rule in Occupied Europe* (London, 2008).

Meier-Welcker, Hans, *Aufzeichnungen eines Generalstabsoffiziers 1939-1942* (Freiburg im Breisgau, 1982).

Melis, Damian van, *Entnazifizierung in Mecklenburg-Vorpommern: Herrschaft und Verwaltung 1945-1948* (Munich, 1999).

Merridale, Catherine, *Ivan's War: The Red Army 1939-1945* (London, 2005).

Messerschmidt, Manfred, 'Partisanenkrieg auf dem Balkan, Ziele, Methoden, "Rechtfertigung"', in Droulia and Fleischer (eds.), *Von Lidice bis Kalavryta*, 65-91.

——, and Wüllner, Fritz, *Die Wehrmachtjustiz im Dienste des Nationalsozialismus: Zerstörung einer Legende* (Baden-Baden, 1987).

Meyer, Ahlrich, *Die deutsche Besatzung in Frankreich 1940-1944: Widerstandbekämpfung und Judenverfolgung* (Darmstadt, 2000).

——, *Täter im Verhör: Die Endl'*sung der *Judenfrage in Frankreich 1940-1944* (Darmstadt, 2005).

Meyer, Beate, *'Jüdische Mischlinge': Rassenpolitik und Verfolgungserfahrung 1933-1945* (Hamburg, 1999).

Meyer, Marcus, *'...uns 100 Zivilausländer umgehend zu beschaffen': Zwangsarbeit bei den Bremer Stadtwerken 1939-1945* (Bremen, 2002).

Michaelis, Meir, *Mussolini and the Jews: German-Italian Relations and the Jewish Question in Italy, 1922-1945* (Oxford, 1978).

Michalka, Wolfgang (ed.), *Das Dritte Reich* (2 vols., Munich, 1985).

Michman, Dan (ed.), *Belgium and the Holocaust: Jews, Belgians, Germans* (Jerusalem, 1998).

Middlebrook, Martin, *The Battle of Hamburg: Allied Bomber Forces against a German City in 1943* (London, 1980).

Militärgeschichtliches Forschungsamt (ed.), *Das Deutsche Reich und der Zweite Weltkrieg* (10 vols., Stuttgart/Munich, 1979-2008); English edn: *Germany and the Second World War* (10 vols., Oxford, 1990- [1979-]).

Miller, Marshall Lee, *Bulgaria during the Second World War* (Stanford, Calif., 1975).

Milton, Sybil H., 'The Expulsion of Polish Jews from Germany, October 1938 to July 1939: A Documentation', *Leo Baeck Institute Yearbook*, 29 (1984), 169-74.

——, '"Gypsies" as Social Outsiders in Nazi Germany', in Robert Gellately and Nathan Stolzfus (eds.), *Social Outsiders in Nazi Germany* (Princeton, N.J., 2001).

Milward, Alan S., 'Hitlers Konzept des Blitzkrieges', in Andreas Hillgruber (ed.), *Probleme des Zweiten Weltkrieges* (Cologne, 1967), 19-40.

——, *The Fascist Economy in Norway* (Oxford, 1972).

——, *The New Order and the French Economy* (Oxford, 1984).

——, *The German Economy at War* (London, 1985).

——, *War, Economy and Society 1939-1945* (London, 1987 [1977]), 137.

Moeller, Robert G., *War Stories: The Search for a Usable Past in the Federal Republic of Germany* (Berkeley, Calif., 2001).

Molotov, Vyacheslav M. *et al.*, *Soviet Government Statements on Nazi Atrocities* (London, 1945).

Moltmann, Gnter, 'Goebbels' Speech on Total War, February 18, 1943', in Hajo Holborn (ed.), *Republic to Reich: The Making of the Nazi Revolution: Ten Essays* (New York, 1973 [1972]), 298-342.

Mommsen, Hans, 'Social Views and Constitutional Plans of the Resistance', in Hermann Graml *et al.*, *The German Resistance to Hitler* (London, 1970 [1966]), 55-147.

——, 'Die moralische Wiederherstellung der Nation: Der Widerstand gegen Hitler war von einer antisemitischen Grundhaltung getragen', *Süddeutsche Zeitung*, 21 July 1999, 15.

——, and Manfred Grieger, *Das Volkswagenwerk und seine Arbeiter im Dritten Reich* (Düsseldorf, 1996), 544-65.

Moore, Bob (ed.), *Victims and Survivors: The Nazi Persecution of the Jews in the Netherlands, 1940-1945* (London, 1997).

——, *Resistance in Western Europe* (Oxford, 2000).

Moorhouse, Roger, *Killing Hitler: The Third Reich and the Plots against the Führer* (London, 2006).

Morley, John F., *Vatican Diplomacy and the Jews during the Holocaust, 1939-1945* (New York, 1980).

Mouton, Michelle, *From Nurturing the Nation to Purifying the Volk: Weimar and Nazi Family Policy, 1918-1945* (New York, 2007).

Müller, Klaus-Jürgen, and Ueberschär, Gerd, *Kriegsende 1945: Die Zerstörung des deutschen Reiches* (Frankfurt am Main, 1994).

Müller, Max, 'Der Tod des Reichsministers Dr Fritz Todt', *Geschichte in Wissenschaft und Unterricht* 18 (1967), 602-5.

Müller, Roland (ed.), *Stuttgart zur Zeit des Nationalsozialismus* (Stuttgart, 1988).

——, *Krankenmord im Nationalsozialismus: Grafeneck und die 'Euthanasie'in Südwestdeutschland* (Stuttgart, 2001).

Müller, Rolf-Dieter, 'The Failure of the Economic "Blitzkrieg Strategy"', in *GSWW* IV. 1061-8

——, 'The Mobilization of the German Economy for Hitler's War Aims', in *GSWW* V/I, 407-86.

——, '"Was wir an Hunger ausstehen Müssen, könnt Ihr Euch gar nicht denken" : Eine Armee verhungert', in Wette and Ueberschär (eds.), *Stalingrad*, 131-45.

——, 'Albert Speer and Armaments Policy in Total War', in *GSWW* V/II, 293-832.

——, *Der Manager der Kriegswirtschaft: Hans Kehrl: Ein Unternehmer in der Politik des 'Dritten Reiches'* (Essen, 1999).

——, 'Der Zusammenbruch des Wirtschaftslebens und die Anfänge des Wiederaufbaus', in *DRZW* X/II, 55-378.

Müller, Sven Oliver, 'Nationalismus in der deutschen Kriegsgesellschaft 1939 bis 1945', in *DRZW* IX/II. 9-92.

Musial, Bogdan, *'Konterrevolutionäre Elemente sind zu erschiessen': Die Brutalisierung des deutsch-sowjetischen Krieges im Sommer 1941* (Berlin, 2000).

Naasner, Walter, *Neue Machtzentren in der deutschen Kriegswirtschaft 1942-1945* (Boppard, 1994).

——, *SS-Wirtschaft und SS-Verwaltung* (Düsseldorf, 1998).

Naimark, Norman M., *Fires of Hatred: Ethnic Cleansing in Twentieth- Century Europe* (London, 2001).

Némirovsky, Irène, *Suite Française* (London, 2007 [2004]).

Neufeld, Michael J., *The Rocket and the Reich: Peenemünde and the Coming of the Ballistic Missile Era* (New York, 1995).

Neumann, Franz, *Behemoth: The Structure and Practice of National Socialism 1933-1944* (New York, 1944 [1942]).

Nicholas, Lynn, *The Rape of Europa: The Fate of Europe's Treasures in the Third Reich and the Second World War* (New York, 1994).

Niethammer, Lutz (ed.), *Die Mitläuferfabrik: Die Entnazifizierung am Beispiel Bayerns* (Berlin, 1992).

——, *Der 'gesäuberte'Antifaschismus: Die SED und die rotten Kapos von Buchenwald* (Berlin, 1994).

Niven, Bill, *Facing the Nazi Past: United Germany and the Legacy of the Third Reich* (London, 2002).

Noakes, Jeremy (ed.), *Nazism 1919- 1945*, IV: *The German Home Front in World War II: A Documentary Reader* (Exeter, 1998).

——, and Pridham, Geoffrey (eds.), *Nazism 1919-1945*, III: *Foreign Policy, War and Racial Extermination: A Documentary Reader* (Exeter, 1988).

Nolzen, Armin, '"Sozialismus der Tat" ? Die Nationalsozialistische Volkswohlfahrt (NSV) und der alliierte Luftkrieg gegen das deutsche Reich', in Süss (ed.), *Deutschland im Luftkrieg*, 57-70.

Nowak, Kurt, *'Euthanasie' und Sterilisierung im 'Dritten Reich'-Die Konfrontation der evangelischen und katholischen Kirche mit dem 'Gesetz zur Verhütung erbkranken Nachwuchses' und der 'Euthanasie' -Aktion* (Gottingen, 1984 [1977]).

——, 'Widerstand, Zustimmung, Hinnahme: Das Verhalten der Bevölkerung zur "Euthanasie"', in Norbert Frei (ed.), *Medizin und Gesundheitspolitik in der NS-Zeit* (Munich, 1991), 235-51.

Obenaus, Herbert, 'Der Kampf um das tägliche Brot', in Herbert *et al.* (eds.), *Die nationalsozialistischen Konzentrationslager* II. 841-73.

O'Brien, Mary-Elizabeth, 'The Celluloid War: Packaging War for Sale in Nazi Home-Front Films', in Etlin (ed.), *Art*, 158-80.

Ofer, Dalia, 'Life in the Ghettos of Transnistria', *Yad Vashem Studies*, 25 (1996), 229-74.

Ogorreck, Ralf, *Die Einsatzgruppen und die 'Genesis der Endlösung'* (Berlin, 1996).

Orth, Karin, 'Die Kommandanten der nationalsozialistischen Konzentrationslager' in Herbert *et al.* (eds.), *Die nationalsozialistischen Konzentrationslager*, II. 755-86.

——, 'Gab es eine Lagergesellschaft? "Kriminelle" und politische Häftlinge im Konzentrationslager', in Frei *et al.* (eds.), *Ausbeutung*, 109-33.

Otter, Anne Sofie von, *et al.*, *Terezín/Theresienstadt* (Deutsche Grammophon Gesellschaft, 2007).

Ottmer, Hans-Martin, *'Weserübung': Der deutsche Angriff auf Dänemark und Norwegen im April 1940* (Munich, 1994).

Ousby, Ian, *Occupation: The Ordeal of France 1940-1944* (London, 1997).

Overmans, Rüdiger, *Deutsche militärische Verluste im Zweiten Weltkriege* (Munich, 1999).

Overy, Richard J., 'Guns or Butter? Living Standards, Finance, and Labour in Germany, 1939-1942', in idem, *War and Economy in the Third Reich*, 259-314.

——, 'Rationalization and the "Production Miracle" in Germany during the Second World War', in idem, *War and Economy in the Third Reich*, 343-56.

——, *War and Economy in the Third Reich* (Oxford, 1994).

——, *Why the Allies Won* (London, 1995).

——, *The Battle* (London, 2000).

——, *Interrogations: The Nazi Elite in Allied Hands, 1945* (London, 2001).

——, *et al.*, *Die 'Neuordnung' Europas: NS-Wirtschaftspolitik in den besetzten Gebieten* (Berlin, 1997).

Padfield, Peter, *Himmler: Reichsführer-SS* (London, 1990).

Paris, Edmond, *Genocide in Satellite Croatia 1941-1945: A Record of Racial and Religious Persecution and Massacres* (Chicago, Ill., 1961).

Pätzold, Kurt (ed.), *Verfolgung, Vertreibung, Vernichtung: Dokumente des faschistischen Antisemitismus 1933 bis 1942* (Frankfurt am Main, 1984).

Paul, Gerhard, '"Diese Erschiessungen haben mich innerlich gar nicht mehr berührt" : Die Kriegsendphasenverbrechen der Gestapo 1944/45', in idem and Klaus-Michael Mallmann (eds.), *Die Gestapo im Zweiten Weltkrieg: 'Heimatfront' und besetztes Europa* (Darmstadt, 2000), 543-68.

Paulsson, Gunnar S., *Secret City: The Hidden Jews of Warsaw, 1940-1945* (London,

2003).

——, 'The Bridge over the Øresund: The Historiography on the Expulsion of the Jews from Nazi-occupied Denmark', in Cesarani (ed.), *Holocaust*, V. 99-127.

Paxton, Robert O., *Vichy France: Old Guard and New Order, 1940-1944* (London, 1972). Payne, Stanley G., *A History of Fascism 1914-45* (London, 2001 [1995]).

Pelt, Robert Jan Van, 'A Site in Search of a Mission', in Gutman and Berenbaum (eds.), *Anatomy*, 93-156.

Perz, Bertrand, and Sandkühler, Thomas, 'Auschwitz und die "Aktion Reinhard" 1942- 1945: Judenmord und Raubpraxis in neuer Sicht', *Zeitgeschichte*, 26 (2000), 283-316.

Petropoulos, Jonathan, *The Faustian Bargain: The Art World in Nazi Germany* (London, 2000).

Peukert, Detlev J. K., *Die KPD im Widerstand: Verfolgung und Untergrundarbeit an Rhein und Ruhr 1933-1945* (Wuppertal, 1980).

——, 'Arbeitslager und Jugend-KZ: Die Behandlung "Gemeinschaftsfremder" im Dritten Reich', in idem and J̈rgen Reulecke (eds.), *Die Reihen fast geschlossen: Beiträge zur Geschichte des Alltags unterm Nationalsozialismus* (Wuppertal, 1981), 413-34.

——, 'Der deutsche Arbeiterwiderstand 1933-1945', in Klaus-Jürgen Müller (ed.), *Der deutsche Widerstand 1933-1945* (Paderborn, 1986), 157-81.

Pfahlmann, Hans, *Fremdarbeiter und Kriegsgefangene in der deutschen Kriegswirtschaft 1939-1945* (Darmstadt, 1968).

Pfeiffer, Jürgen, 'Neuropathologische Forschung an "Euthanasie" - Opfern in zwei Kaiser-Wilhelm-Instituten', in Kaufmann (ed.), *Geschichte der Kaiser-Wilhelm-Gesellschaft*, I. 151-73.

Phayer, Michael, *The Catholic Church and the Holocaust, 1930-1965* (Bloomington, Ind., 2000).

Pieper, Werner (ed.), *Nazis on Speed: Drogen im 3. Reich* (Loherbach, 2002).

Pietrow-Ennker, Bianka, 'Die Sowjetunion in der Propaganda des Dritten Reiches: Das Beispiel der Wochenschau', *Militärgeschichtliche Mitteilungen*, 46 (1989), 79-120.

Pinchuk, Ben-Cion, *Shtetl Jews under Soviet Rule: Eastern Poland on the Eve of the Holocaust* (Oxford, 1990).

Piotrowski, Tadeusz, *Poland's Holocaust: Ethnic Strife, Collaboration with Occupying Forces, and Genocide in the Second Republic, 1918-1947* (Jefferson, N.C., 1998).

Pleyer, Kleo, *Volk im Feld* (Hamburg, 1943).

Plum, Günter, 'Deutsche Juden oder Juden in Deutschland?', in Benz (ed.), *Die Juden*, 35-74.

Podranski, Thomas, *Deutsche Siedlungspolitik im Osten: Die verschiedenen Varianten des Generalplan Ost der SS* (Berlin, 2001).

Pohl, Dieter, *Von der 'Judenpolitik' zum Judenmord: Der Distrikt Lublin des Generalgouvernements 1939-1944* (Frankfurt am Main, 1993).

——, *Nationalsozialistische Judenverfolgung in Ostgalizien 1941- 1944: Organisation und Durchführung eines staatlichen Massenverbrechens* (Munich, 1996).

——, 'Hans Krüger and the Murder of the Jews in the Stanislaw'w Region (Galicia)', *Yad Vashem Studies*, 26 (1998), 259-64.

——, 'Schauplatz Ukraine: Der Massenmord an den Juden im Militärverwaltungsgebiet und im Reichskommissariat 1941-1945', in Frei *et al.* (eds.), *Ausbeutung*, 135-73.

Poliakov, Leon, and Wulf, Josef (eds.), *Das Dritte Reich und seine Diener* (Frankfurt am Main, 1959).

Polonsky, Antony, 'Beyond Condemnation, Apologetics and Apologies: On the Complexity of Polish Behaviour Towards the Jews during the Second World War', in Roger Bullen, Hartmut Pogge von Strandmann and Antony Polonsky (eds.), *Ideas into Politics: Aspects of European History 1880 to 1950* (London, 1984).

——, 'The German Occupation of Poland during the First and Second World Wars', in Roy A. Prete and A. Hamish Ion (eds.), *Armies of Occupation* (Waterloo, Ontario, 1984), 97-142.

Pöppel, Martin, *Heaven and Hell: The War Diary of a German Paratrooper* (Staplehurst, 1988).

Porat, Dina, 'The Legend of the Struggle of Jews from the Third Reich in the Ninth Fort Near Kovno, 1941-1942', *Tel Aviver Jahrbuch für deutsche Geschichte*, 20 (1991), 363-92.

——, 'The Vilna Proclamation of January 1, 1942, in Historical Perspective', *Yad Vashem Studies*, 25 (1996), 99-136.

Porter, Brian, 'Making a Space for Antisemitism: The Catholic Hierarchy and the Jews in the Early Twentieth Century', *Polin: Studies in Polish Jewry*, 16 (2003), 415-29.

Powers, Thomas, *Heisenberg's War: The Secret History of the German Bomb* (Boston, 1993).

Poznanski, Ren'e, *Jews in France during World War II* (Hanover, 2001 [1994]).

Pr̈g, Werner, and Jacobmeyer, Wolfgang (eds.), *Das Diensttagebuch des deutschen Generalgouverneurs in Polen 1939-1945* (Stuttgart, 1975).

Preston, Paul, 'Franco and Hitler: The Myth of Hendaye 1940', *Contemporary European History*, 1 (1992), 1-16.

——, *Franco: A Biography* (London, 1993). Price, Alfred, *Blitz on Britain* (Shepperton, 1977).

Prieberg, Fred K., *Musik im NS-Staat* (Frankfurt am Main, 1989 [1982]).

——, *Trial of Strength: Wilhelm FurtWängler and the Third Reich* (London, 1991 [1986]).

Pringle, Heather, *The Master Plan: Himmler's Scholars and the Holocaust* (New York, 2006).

Proctor, Robert N., *Racial Hygiene: Medicine under the Nazis* (Cambridge, Mass., 1988).

Quinkert, Babette (ed.), *'Wir sind die Herren dieses Landes': Ursachen, Verlauf und Folgen des deutschen Überfalls auf die Sowjetunion* (Hamburg, 2002).

Quisling, Vidkun, *Quisling ruft Norwegen! Reden und Aufsätze* (Munich, 1942).

Rahn, Werner, 'The War at Sea in the Atlantic and in the Arctic Ocean', in *GSWW* VI. 301-468.

Rass, Christoph, 'Das Sozialprofil von Kampfverbänden des deutschen Heeres 1939 bis 1945', in *DRZW* IX/I, 641-741.

Rathkolb, Oliver, 'Zwangsarbeit in der Industrie', in *DRZW* IX/II, 667-728.

Rebentisch, Dieter, *Führerstaat und Verwaltung im Zweiten Weltkrieg* (Stuttgart, 1989).

Reddemann, Karl (ed.), *Zwischen Front und Heimat: Der Briefwechsel des Münsterischen Ehepaares Agnes und Albert Neuhaus 1940-1944* (Münster, 1996).

Redlich, Fritz, *Hitler: Diagnosis of a Destructive Prophet* (New York, 1998).

Reichel, Peter, *Politik mit der Erinnerung: Gedächtnisorte im Streit um die nationalsozialistische Vergangenheit* (Frankfurt am Main, 1999 [1995]).

Reich-Ranicki, Marcel, *The Author of Himself: The Life of Marcel Reich-Ranicki* (London, 2001 [1999]).

Reifarth, Dieter, and Schmidt-Linsenhoff, Viktoria, 'Die Kamera der Täter', in Heer and Naumann (eds.), *Vernichtungskrieg*, 475-503.

Reilly, Joanne, *Belsen: The Liberation of a Concentration Camp* (London, 1998).

Remy, Steven P., *The Heidelberg Myth: The Nazification and Denazification of a German University* (Cambridge, Mass., 2002).

Rentschler, Eric, *The Ministry of Illusion: Nazi Cinema and its Afterlife* (Cambridge, Mass., 1996).

Reuband, Karl-Heinz, '"Jud Süss" und "Der ewige Jude" als Prototypen antisemitischer Filmpropaganda im Dritten Reich: Entstehungsbedingungen, Zuschauerstrukturen und Wirkungspotential', in Michel Andel *et al.* (eds.), *Propaganda, (Selbst) Zensur, Sensation: Grenzen von Presse- und Wissenschaftsfreiheit in Deutschland und Tschechien seit 1871* (Essen, 2005), 89-148.

Reuth, Ralf Georg, *Goebbels: Eine Biographie* (Munich, 1995 [1990]).

Reynolds, David, *The Creation of the Anglo-American Alliance, 1937-1941: A Study in Competitive Co-operation* (London, 1981).

——, *From Munich to Pearl Harbor: Roosevelt's America and the Origins of the Second World War* (Chicago, 2001).

Richardson, Horst F., *Sieg Heil! War Letters of Tank Gunner Karl Fuchs, 1937-1941* (Hamden, Conn., 1987).

Ries, Tomas, *Cold Will: The Defence of Finland* (London, 1988).

Riess, Volker, *Die Anfänge der Vernichtung 'lebensunwerten Lebens' in den Reichsgauen Danzig-Westpreussen und Wartheland 1939/40* (Frankfurt am Main, 1995).

Ringelblum, Emanuel, *Notes from the WarsawGhetto: The Journal of Emanuel Ringelblum* (New York, 1958 [1952]).

——, *Polish-Jewish Relations during the Second World War (Jerusalem, 1974), 23-57.*

Ristovi, Milan, 'Yugoslav Jews Fleeing the Holocaust, 1941-1945', in John K. Roth and Elisabeth Maxwell (eds.), *Remembering for the Future: The Holocaust in an Age of Genocide* (3 vols., London, 2001), I. 512-26.

Roberts, Geoffrey, *Stalin's Wars: From World War to Cold War, 1939- 1953* (London, 2006).

Rohde, Horst, 'Hitler's First Blitzkrieg and Its Consequences for North- eastern Europe', in *GSWW* II. 67-150.

Röhm, Eberhard, and Thierfelder, Jörg, *Juden, Christen, Deutsche 1933-1945* (3 vols., Stuttgart, 1990-98).

Röhr, Werner, 'Zum Zusammenhang von nazistischer Okkupationspolitik in Polen und dem Völkermord an den polnischen Juden', in idem *et al.* (eds.), *Faschismus und Rassismus: Kontroversen um Ideologie und Opfer* (Berlin, 1992), 300-316.

——, 'Zur Wirtschaftspolitik der deutschen Okkupanten in Polen 1939- 1945', in Dietrich Eichholtz (ed.), *Krieg und Wirtschaft: Studien zur deutschen Wirtschaftsgeschichte 1939-1945* (Berlin, 1999).

Roland, Charles G., *Courage under Siege: Starvation, Disease, and Death in the Warsaw Ghetto* (New York, 1992).

Roloff, Stefan, 'Die Entstehung der Roten Kapelle und die Verzerrung ihrer Geschichte im Kalten Krieg', in Karl Heinz Roth and Angelika Ebbinghaus (eds.), *Rote Kapellen-Kreisauer Kreise-Schwarze Kapellen: Neue Sichtweisen auf den Widerstand gegen die NS- Diktatur 1938-1945* (Hamburg, 2004), 186-205.

Roseman, Mark, *The Past in Hiding* (London, 2000).

——, *The Wannsee Conference and the Final Solution: A Reconsideration* (New York, 2002).

Rossino, Alexander B., 'Nisko-Ein Ausnahmefall unter den Judenlagern der SS', *VfZ* 40 (1992), 95-106.

——, 'Destructive Impulses: German Soldiers and the Conquest of Poland', *Holocaust and Genocide Studies*, 11 (1997), 351-65.

——, *Hitler Strikes Poland: Blitzkrieg, Ideology, and Atrocity* (Lawrence, Kans., 2003).

——, 'Polish "Neighbors" and German Invaders: Anti-Jewish Violence in the Bialystok District during the Opening Weeks of Operation Barbarossa', *Polin: Studies in Polish Jewry*, 16 (2003), 431-52.

Rössler, Mechthild, and Schleiermacher, Sabine, *Der 'Generalplan Ost': Hauptlinien der nationalsozialistischen Planungs- und Vernichtungspolitik* (Berlin, 1993).

Rost, Karl Ludwig, *Sterilisation und Euthanasie im Film des 'Dritten Reiches': Nationalsozialistische Propaganda in ihrer Beziehung zu rassenhygienischen Massnahmen des NS-Staates* (Berlin, 1984).

Roth, Karl Heinz, 'Strukturen, Paradigmen und Mentalitäten in der luftfahrtmedizinischen Forschung des "Dritten Reichs" : Der Weg ins Konzentrationslager Dachau', *1999. Zeitschrift für Sozialgeschichte des 20. und 21. Jahrhunderts*, 15 (2000), 49-77.

——, 'Tödliche Höhen: Die Unterdruckkammer-Experimente im Konzentrationslager Dachau und ihre Bedeutung für die luftfahrtmedizinische Forschung des "Dritten Reichs"', in Ebbinghaus and Dörner (eds.), *Vernichten und Heilen*, 110-51.

——, and Götz Aly, 'Das "Gesetz über die Sterbehilfe bei unheilbar Kranken" : Protokolle der Diskussion über die Legalisierung der nationalsozialistischen Anstaltsmorde in den Jahren 1938-1941', in Karl Heinz Roth (ed.), *Erfassung zur Vernichtung: Von der Sozialhygiene zum 'Gesetz über Sterbehilfe'* (Berlin, 1984), 101-79.

Rothkirchen, Livia, 'The Situation of the Jews in Slovakia between 1939 and 1945', *Jahrbuch für Antisemitismusforschung*, 7 (1998), 46-70.

Rozett, Robert, 'Jewish and Hungarian Armed Resistance in Hungary', *Yad Vashem Studies*, 19 (1988), 269-88.

Rubinstein, William D., *The Myth of Rescue: Why the Democracies Could not Have Saved More Jews from the Nazis* (London, 1997).

Ruhm von Oppen, Beate (ed.), *Helmuth James von Moltke: Letters to Freya, 1939-1945* (London, 1991).

Rupp, Leila J., *Mobilizing Women for War: German and American Propaganda 1939-1945* (Princeton, N.J., 1978).

Rusinek, Bernd-A., *Gesellschaft in der Katastrophe: Terror, Illegalität, Widerstand-Köln 1944/45* (Essen, 1989).

Rüther, Martin (ed.), *'Zu Hause könnten sie es nicht schöner haben!' Kinderlandverschickung aus Köln und Umgebung 1941-1945* (Cologne, 2000).

Rutherford, Philip T., *Prelude to the Final Solution: The Nazi Program for Deporting Ethnic Poles, 1939-1941* (Lawrence, Kans., 2007).

Safrian, Hans, *Die Eichmann-Männer* (Vienna, 1993).

——, 'Komplizen des Genozids: Zum Anteil der Heeresgruppe Süd an der Verfolgung und Ermordung der Juden in der Ukraine 1941' , in Manoschek (ed.), *Die Wehrmacht im Rassenkrieg*, 90-115.

Salewski, Michael, *Die deutsche Seekriegsleitung 1935-1945* (Frankfurt am Main, 1970).

Salisbury, Harrison E., *The 900 Days: The Siege of Leningrad* (London, 1969).

Sandkühler, Thomas, *'Endlösung' in Galizien: Der Judenmord in Ostpolen und die Rettungsinitiativen von Berthold Beitz, 1941-1944* (Bonn, 1996).

Satloff, Robert, *Among the Righteous: Lost Stories from the Holocaust's Long Reach into Arab Lands* (New York, 2006).

Schäfer, Harald, *Napola: Die letzten vier Jahre der Nationalpolitischen Erziehungsanstalt Oranienstein bei Dietz an der Lahn 1941-1945: Eine Erlebnis-Dokumentation* (Frankfurt am Main, 1997).

Scharf, Eginhard, *'Man machte mit uns, was man wollte': Ausländische Zwangsarbeiter in Ludwigshafen am Rhein 1939-1945* (Hamburg, 2004).

Scheffler, Wolfgang, 'The Forgotten Part of the "Final Solution" : The Liquidation of the Ghettos', *Simon Wiesenthal Centre Annual*, 2 (1985), 31-51.

Schelach, Menachem, 'Sajmiste-An Extermination Camp in Serbia', *Holocaust and Genocide Studies*, 2 (1987), 243-60.

Schellenberg, Walter, *Invasion 1940: The Nazi Invasion Plan for Britain* (London, 2000).

——, *The Memoirs of Hitler's Spymaster* (London, 2006 [1956]). Schenk, Dieter, *Hitlers Mann in Danzig: Gauleiter Forster und die NS-Verbrechen in Danzig-Westpreussen* (Bonn, 2000).

Schepping, Wilhelm, 'Zeitgeschichte im Spiegel eines Liedes', in Günter Noll and Marianne Bröcker (eds.), *Musikalische Volkskunde aktuell* (Bonn, 1984), 435-64.

Scheuer, Alois (ed.), *Briefe aus Russland: Feldpostbriefe des Gefreiten Alois Scheuer 1941-1942* (St Ingbert, 2000).

Scheurig, Bodo, *Henning von Tresckow: Ein Preusse gegen Hitler* (Frankfurt am Main, 1987).

Schlabrendorff, Fabian von, *Revolt against Hitler: The Personal Account of Fabian von Schlabrendorff* (London, 1948).

Schmaltz, Florian, *Kampfstoff-Forschung im Nationalsozialismus: Zur Kooperation von Kaiser-Wilhelm-Instituten, Militär und Industrie* (Göttingen, 2005).

——, 'Neurosciences and Research on Chemical Weapons of Mass Destruction in Nazi Germany',*Journal of the History of Neurosciences*, 15 (2006), 186-209.

Schmidt, Matthias, *Albert Speer: Das Ende eines Mythos: Speers wahre Rolle im Dritten Reich* (Bern, 1982).

Schmidt, Rainer F., 'Der Hess-Flug und das Kabinett Churchill', *VfZ* 42 (1994), 1-38.

Schmidt, Ulf, 'Reassessing the Beginning of the "Euthanasia" Programme', *German History*, 17 (1999), 543-50.

——, *Karl Brandt: The Nazi Doctor: Medicine and Power in the Third Reich* (London, 2007).

Schmidt, Uta C., 'Radioaneignung', in Inge Marssolek and Adelheid von Saldern (eds.), *Zuhören und Gehörtwerden* (2 vols., Tübingen, 1998), I: *Radio im Nationalsozialismus: Zwischen Lenkung und Ablenkung*, 243-360.

Schmuhl, Hans-Walter, *Rassenhygiene, Nationalsozialismus, Euthanasie: Von der Verhütung zur Vernichtung 'lebensunwerten Lebens', 1890-1945* (Göttingen, 1987).

——, 'Die Patientenmorde', in Ebbinghaus and Dörner (eds.), *Vernichten und Heilen*, 295-328.

——(ed.), *Rassenforschung an Kaiser-Wilhelm-Instituten vor und nach 1933* (Göttingen, 2003).

Schnell, Ralf, *Literarische innere Emigration 1933-1945* (Stuttgart, 1976).

Schreiber, Gerhard, 'Germany, Italy, and South-east Europe: From Political and Economic Hegemony to Military Aggression', in *GSWW* III. 305-448.

Schubert, Günter, *Das Unternehmen 'Bromberger Blutsonntag': Tod einer Legende* (Cologne, 1989).

Schulte, Jan-Erik, 'Zwangsarbeit für die SS: Juden in der Ostindustrie GmbH', in Frei *et al.* (eds.), *Ausbeutung*, 43-74.

——, *Zwangsarbeit und Vernichtung: Das Wirtschaftsimperium der SS: Oswald Pohl und das SS-Wirtschafts-Verwaltungshauptamt 1933-1945* (Paderborn, 2001).

——, 'Das SS-Wirtschafts-Verwaltungshauptamt und die Expansion des KZ-Systems', in Benz and Distel (eds.), *Der Ort des Terrors*, I. 141-55.

Schulte, Theo J., *The German Army and Nazi Policies in Occupied Russia* (Oxford, 1989).

Schulze, Winfried, and Oexle, Otto (eds.), *Deutsche Historiker im Nationalsozialismus* (Frankfurt am Main, 1999).

Schwab, Gerald, *The Day the Holocaust Began: The Odyssey of Herschel Grynszpan* (New York, 1990).

Schwarz, Erika, *Tagesordnung: Judenmord: Die Wannsee- Konferenz am 20. Januar 1942* (Berlin, 1992).

Schwendemann, Heinrich, *Die wirtschaftliche Zusammenarbeit zwischen dem Deutschen Reich und der Sowjetunion von 1939 bis 1941: Alternative zu Hitlers Ostprogramm?* (Berlin, 1993).

——, '"Deutsche Menschen vor der Vernichtung durch den Bolschewismus zu retten" : Das Programm der Regierung Dönitz und der Beginn einer Legendenbildung', in Bernd-A. Rusinek (ed.), *Kriegsende 1945: Verbrechen, Katastrophen, Befreiungen in nationaler und internationaler Perspektive* (Göttingen, 2004), 9-33.

Sebag-Montefiori, Simon, *Stalin: The Court of the Red Tsar* (London, 2003).

Sebastian, Mihail, *'Voller Entsetzen, aber nicht verzweifelt': Tagebücher 1935-44* (ed. Edward Kanterian, Berlin, 2005).

Segeberg, Harro (ed.), *Mediale Mobilmachung*, I: *Das Dritte Reich und der Film* (Munich, 2004).

Seidler, Franz, *'Deutscher Volkssturm': Der letzte Aufgebot 1944/45* (Munich, 1989).

Semmens, Kristin, *Seeing Hitler's Germany: Tourism in the Third Reich* (London, 2005).

Seraphim, Hans-Günter (ed.), *Das Politische Tagebuch Alfred Rosenbergs aus den Jahren 1934/35 und 1939/40* (Munich, 1964).

Sereny, Gitta, *Into that Darkness: An Examination of Conscience* (London, 1977 [1974]).

——, *Albert Speer: His Battle with Truth* (London, 1995). Service, Robert, *Stalin: A Biography* (London, 2004).

Shapiro, Paul A., 'The Jews of Chisinau (Kishinev): Romanian Reoccupation, Ghettoization, Deportation', in Braham (ed.), *The Destruction of Romanian and Ukrainian Jews*, 135-94.

Shephard, Ben, *After Daybreak: The Liberation of Belsen, 1945* (London, 2005).

Shils, Edward A., and Janowitz, Morris, 'Cohesion and Disintegration in the *Wehrmacht* in World War II', *Public Opinion Quarterly*, 12 (1948), 280-315.

Shirakawa, Sam H., *The Devil's Music Master: The Controversial Life and Career of Wilhelm Furtwängler* (New York, 1992).

Shirer, William L., *Berlin Diary* (London, 1970 [1941]).

Siegel, Tilla, *Leistung und Lohn in der nationalsozialistischen 'Ordnung der Arbeit'* (Opladen, 1989).

Siegfried, Klaus-Georg, *Das Leben der Zwangsarbeiter im Volkswagenwerk 1939-1945* (Frankfurt am Main, 1988).

Sierakowiak, Dawid, *The Diary of Dawid Sierakowiak* (ed. Alan Adelson, London, 1996).

Slesina, Horst, *Soldaten gegen Tod und Teufel: Unser Kampf in der Sowjetunion: Eine soldatische Deutung* (Düsseldorf, 1942).

Smelser, Ronald M., and Zitelmann, Rainer (eds.), *The Nazi Elite* (Basingstoke, 1993 [1989]).

Smith, Denis Mack, *Mussolini* (London, 1987 [1981]).

——, *Modern Italy: A Political History* (London, 1997 [1959]).

Snowden, Frank, 'Latina Province 1944-1950', *Journal of Contemporary History*, 43/3 (2008), 509-76.

Sollbach, Gerhard E. (ed.), *Dortmund: Bombenkrieg und Nachkriegsalltag 1939-1945* (Hagen, 1996).

Solmitz, Luise, *Tagebuch* (Staatsarchiv der Freien- und Hansestadt Hamburg, 622-1, 111511-13: Familie Solmitz; transcripts in Forschungsstelle für Zeitgeschichte, Hamburg).

Spector, Shmuel, *The Holocaust of Volhynian Jews: 1941-1944* (Jerusalem, 1990).

Speer, Albert, *Inside the Third Reich: Memoirs* (London, 1975 [1970]).

——, *Spandau: The Secret Diaries* (London, 1976 [1975]).

Spoerer, Mark, *Zwangsarbeit unter dem Hakenkreuz: Ausländische Zivilarbeiter, Kriegsgefangene und Häftlinge im Deutschen Reich und im besetzten Europa 1939-1945* (Stuttgart, 2001).

——, 'Die soziale Differenzierung der ausländischen Zivilarbeiter, Kriegsgefangenen und Häftlinge im Deutschen Reich', in *DRZW* IX/II. 485-576.

Spotts, Frederic, *Hitler and the Power of Aesthetics* (London, 2002).

Stadtarchiv München (ed.), *'...verzogen, unbekannt wohin': Die erste Deportation von Münchner Juden im November 1941* (Zurich, 2000).

Stafford, David, *Endgame 1945: Victory, Retribution, Liberation* (London, 2007).

Stahr, Gerhard, *Volksgemeinschaft vor der Leinwand? Der nationalsozialistische Film und sein Publikum* (Berlin, 2001).

Stefanski, Valentina Maria, *Zwangsarbeit in Leverkusen: Polnische Jugendliche im I. G. Farbenwerk* (Osnabrück, 2000).

Stegemann, Bernd, 'Hitlers Kriegszeiele im ersten Kriegsjahr 1939/40: Ein Beitrag zur Quellenkritik', *Militärgeschichtliche Mitteilungen*, 27 (1980), 93-105.

——, 'The Italo-German Conduct of War in the Mediterranean and North Africa', in *GSWW* III. 643-754.

——, 'Operation Weserübung', in *GSWW* II. 206-19.

Stein, Henry, 'Funktionswandel des Konzentrationslagers Buchenwald im Spiegel der Lagerstatistiken', in Herbert *et al.* (eds.), *Die nationalsozialistischen Konzentrationslager*, I. 167-92.

Steinbacher, Sybille, *'Musterstadt' Auschwitz: Germanisierungspolitik und Judenmord in Ostoberschlesien* (Munich, 2000).

——, *Auschwitz: A History* (London, 2005 [2004]).

Steinberg, Jonathan, *All or Nothing: The Axis and the Holocaust 1941-1943* (London, 1991).

——, *The Deutsche Bank and Its Gold Transactions during the Second World War* (Munich, 1999).

Steinberg, Maxime, *La Persécution des Juifs en Belgique (1940-1945)* (Brussels, 2004).

Steinert, Marlis, *Capitulation 1945: A Story of the Dönitz Regime* (London, 1969).

——, 'Stalingrad und die deutsche Gesellschaft', in Förster (ed.), *Stalingrad*, 171-88.

Steinhilfer, Ulrich, and Osborne, Peter, *Spitfire on My Tail: A View from the Other Side* (Bromley, 1989).

Stephenson, Jill, *Hitler's Home Front: Württemberg under the Nazis* (London, 2006).

Steur, Claudia, *Theodor Dannecker: Ein Funktionär* der *'Endlösung'* (Essen, 1997).

Stibbe, Matthew, *Women in the Third Reich* (London, 2003). St John, Robert, *Foreign Correspondent* (London, 1960), 180.

Stoltzfus, Nathan, *Resistance of the Heart: Intermarriage and the Rosenstrasse Protest in Nazi Germany* (New York, 1996).

Streim, Alfred, 'Zur Eröffnung des allgemeinen Judenvernichtungsbefehls gegenüber den Einsatzgruppen', in Eberhard Jäckel and Jürgen Rohwer (eds.), *Der Mord an den Juden im Zweiten Weltkrieg: Entschlussbildung und Verwirklichung* (Stuttgart, 1985).

Streit, Christian, *Keine Kameraden: Die Wehrmacht und die sowjetischen Kriegsgefangenen 1941-1945* (Stuttgart, 1978).

——, 'The Fate of the Soviet Prisoners of War', in Michael Berenbaum (ed.), *A Mosaic of Victims: Non-Jews Persecuted and Murdered by the Nazis* (London, 1990), 142-9.

Stroop, Jürgen, *The Stroop Report: The Jewish Quarter of Warsaw Is No More!* (London, 1980 [1960]).

Stumpf, Reinhard, *Die Wehrmacht-Elite: Rang- und Herkunftsstruktur der deutschen Generale und Admirale 1933-1945* (Boppard, 1982).

——, 'The War in the Mediterranean Area 1942-1943: Operations in North Africa and the Central Mediterranean', in *GSWW* VI. 631-840.

Stunkard, Horace W., 'Erich Martini (1880-1960)', *Journal of Parasitology*, 147 (1961), 909-10.

Stützel, Rudolf, *Feldpost: Briefe und Aufzeichnungen eines 17jährigen 1940-1945* (Hamburg, 2005), 54-6.

Süss, Dietmar (ed.), *Deutschland im Luftkrieg: Geschichte und Erinnerung* (Munich, 2007).

——, 'Nationalsozialistische Deutungen des Luftkrieges', in idem (ed.), *Deutschland im Luftkrieg*, 99-110.

Sword, Keith, 'Poland', in Dear (ed.), *The Oxford Companion to World War II*, 695-705.

Szarota, Tomasz, 'Poland and Poles in German Eyes during World War II', *Polish*

Western Affairs, 19 (1978), 229-54.

——, *Warschau unter dem Hakenkreuz: Leben und Alltag im besetzten Warschau 1. 10. 1939 bis 31. 7. 1944* (Paderborn, 1985 [1973]).

Szobar, Patricia, 'Telling Sexual Stories in the Nazi Courts of Law: Race Defilement in Germany 1933-1945', *Journal of the History of Sexuality*, 11 (2002), 131-63.

Szodrzynski, Joachim, 'Die "Heimatfront" zwischen Stalingrad und Kriegsende', in Forschungsstelle für Zeitgeschichite in Hamburg (ed.), *Hamburg*, 633-86.

Szpilman, Wladyslaw, *The Pianist: The Extraordinary True Story of One Man's Survival in Warsaw, 1939-1945* (London, 2002 [1999]).

Tampke, Jˈrgen, *Czech-German Relations and the Politics of Central Europe from Bohemia to the EU* (London, 2003).

Taylor, Frederick, *Dresden: Tuesday 13 February 1945* (London, 2004).

Taylor, Telford, *The Anatomy of the Nuremberg Trials* (London, 1993).

Tec, Nechama, *Ich wollte retten: Die unglaubliche Geschichte der Bielski-Partisanen 1942-1944* (Berlin, 2002).

Tenfelde, Klaus, 'Proletarische Provinz: Radikalisierung und Widerstand in Penzberg/Oberbayern 1900 bis 1945', in Broszat *et al.* (eds.), *Bayern*, IV. 1-382.

Thacker, Toby, *Music after Hitler, 1945-1955* (London, 2007).

Thamm, Gerhardt B., *Boy Soldier: A German Teenager at the Nazi Twilight* (Jefferson, N.C., 2000).

Theilen, Fritz, *Edelweisspiraten* (Frankfurt am Main, 1984).

Tholander, Christa, *Fremdarbeiter 1939 bis 1945: Ausländische Arbeitskräfte in der Zeppelin-Stadt Friedrichshafen* (Essen, 2001).

Thom, Achim, and Caregorodcev, Genadij (eds.), *Medizin unterm Hakenkreuz* (Berlin, 1989).

Thomas, Charles S., *The German Navy in the Nazi Era* (London, 1990).

Thompson, Edward P., *Beyond the Frontier: The Politics of a Failed Mission: Bulgaria 1944* (Woodbridge, 1997).

Todorov, Tzvetan, *The Fragility of Goodness: Why Bulgaria's Jews Survived the Holocaust* (London, 1999).

Tomasevich, Jozo, *War and Revolution in Yugoslavia, 1941-1945: Occupation and Collaboration* (Stanford, Calif., 2001).

Tooze, Adam, *The Wages of Destruction: The Making and Breaking of the Nazi Economy* (London, 2006).

Tory, Avraham, *Surviving the Holocaust: The Kovno Ghetto Diary* (Cambridge, 1990).

Trevor-Roper, Hugh R., *The Last Days of Hitler* (London, 1962 [1947]).

——, 'The Mind of Adolf Hitler', in Hitler, *Hitler's Table Talk* vii-xxxv.

Tröger, Annemarie, 'Die Frau im wesensgemässen Einsatz', in Frauengruppe

Faschismusforschung (ed.), *Mutterkreuz und Arbeitsbuch: Zur Geschichte der Frauen in der Weimarer Republik und im Nationalsozialismus* (Frankfurt am Main, 1981), 246-72.

Trotha, Klaus von, '"Ran, Angreifen, Versenken!" Aus dem Tagebuch eines U-Boots Kapitäns', in Georg von Hase (ed.), *Die Kriegsmarine im Kampf um den Atlantik: Erlebnisberichte von Mitkämpfern* (Leipzig, 1942), 40-69.

Trunk, Isaiah, *Judenrat: The Jewish Councils in Eastern Europe under Nazi Occupation* (New York, 1972).

——, *Lodz Ghetto: A History* (Bloomington, Ind., 2006 [1962]).

Trus, Armin, *'...vom Leid erlösen': Zur Geschichte der nationalsozialistischen 'Euthanasie'-Verbrechen: Texte und Materialien für Unterricht und Studium* (Frankfurt am Main, 1995).

Tuchel, Johannes (ed.), *'Kein Recht auf Leben': Beiträge und Dokumente zur Entrechtung und Vernichtung 'lebensunwerten Lebens' im Nationalsozialismus* (Berlin, 1984).

Udke, Gerwin (ed.), *'Schreib so oft Du kannst': Feldpostbriefe des Lehrers Gerhard Udke, 1940-1944* (Berlin, 2002).

Ueberschär, Gerd R., *Hitler und Finnland 1938-1941* (Wiesbaden, 1978).

——, *Freiburg im Luftkrieg 1939-1945* (Freiburg, 1990).

——, *Für ein anderes Deutschland: Der deutsche Widerstand gegen den NS-Staat 1933- 1945* (Frankfurt am Main, 2006).

——, and Vogel, Winfried, *Dienen und Verdienen: Hitlers Geschenke an seine Eliten* (Frankfurt am Main, 2000 [1999]).

Umbreit, Hans, *Deutsche Militärverwaltungen 1938/39: Die militärische Besetzung der Tschechoslowakei und Polens* (Stuttgart, 1977).

——, 'Auf dem Weg zur Kontinentalherrschaft', in *DRZW* V/I. 3-345.

——, 'The Battle for Hegemony in Western Europe', in *GSWW* II. 227- 326.

——, 'Das unbewältigte Problem: Der Partisanenkrieg im Rücken der Ostfront', in Förster (ed.), *Stalingrad*, 130-49.

Upton, Anthony F., *Finland 1939-40* (London, 1974).

Vassiltchikov, Marie, *The Berlin Diaries 1940-1945 of Marie 'Missie' Vassiltchikov 1940-1945* (London, 1987 [1985]).

Vinen, Richard, *The Unfree French: Life under the Occupation* (London, 2006).

Vogel, Detlef, 'German Intervention in the Balkans', in *GSWW* III. 451-555.

——, 'German and Allied Conduct of the War in the West', in *GSWW* VII. 459-702.

Vogel, Johann Peter, *Hans Pfitzner: Leben, Werke, Dokumente* (Berlin, 1999).

Vollnhals, Clemens, *Entnazifizierung: Politische Säuberung und Rehabilitierung in den vier Besatzungszonen 1945-1949* (Munich, 1991).

Volovici, Leon, *Nationalist Ideology and Antisemitism: The Case of Romanian*

Intellectuals in the 1930s (Oxford, 1991).

Vorländer, Herwart, *Die NSV:Darstellung und Dokumentation einer nationalsozialistischen Organisation* (Boppard, 1988).

Vrba, Rudolf, 'Die missachtete Warnung: Betrachtungenüber den Auschwitz-Bericht von 1944', *VfZ* 44 (1996), 1-24.

Wachsmann, Nikolaus, *Hitler's Prisons: Legal Terror in Nazi Germany* (London, 2004).

Wagner, Bernd C., *IG-Auschwitz: Zwangsarbeit und Vernichtung von Häftlingen des Lagers Monowitz 1941-1945* (Munich, 2000).

Wagner, Jens Christian, 'Noch einmal: Arbeit und Vernichtung: Häftlingseinsatz im KL Mittelbau-Dora 1943-1945', in Frei *et al.* (eds.), *Ausbeutung*, 11-42.

Wagner, Patrick, 'Das Gesetz 'ber die Behandluung Gemeinschaftsfremder: Die Kriminalpolizei und die "Vernichtung des Verbrechertums"', in Götz Aly (ed.), *Feinderklärung und Prävention: Kriminalbiologie: Zigeunerforschung und Asozialenpolitik* (Berlin, 1988), 75-100.

Wagner-Kyora, Georg, '"Menschenführung" in Rüstungsunternehmen der nationalsozialistischen Kriegswirtschaft', in *DRZW* IX/II. 383-476.

Waibel, Wilhelm J., *Schatten am Hohentwiel: Zwangsarbeiter und Kriegsgefangene in Singen* (Konstanz, 1997 [1995]).

Walb, Lore, *Ich, die Alte-ich, die Junge: Konfrontation mit meinen Tagebüchern 1933- 1945* (Berlin, 1997).

Walker, Mark, *German National Socialism and the Quest for Nuclear Power 1939-1949* (Cambridge, 1989).

Wallach, Jehuda L., *The Dogma of the Battle of Annihilation: The Theories of Clausewitz and Schlieffen and their Impact on the German Conduct of Two World Wars* (Westport, Conn., 1986).

Walz, Loretta, 'Gespräche mit Stanislawa Bafia, Wladyslawa Marczewska und Maria Plater über die medizinischen Versuche in Ravensbrück', in Ebbinghaus and Dörner (eds.), *Vernichten und Heilen*, 241-72.

Warmbrunn, Werner, *The Dutch under German Occupation, 1940-45* (London, 1963).

Wasserstein, Bernard, *Britain and the Jews of Europe, 1939-1945* (London, 1979).

Watts, Larry, *Romanian Cassandra: Ion Antonescu and the Struggle for Reform, 1916- 1941* (Boulder, Colo., 1993).

Webster, Charles, and Frankland, Noble, *The Strategic Air Offensive against Germany 1939-1945* (4 vols., London, 1961).

Wegner, Bernd, *Hitlers politische Soldaten: Die Waffen-SS 1933- 1945: Studien zu Leitbild, Struktur und Funktion einer nationalsozialistischen Elite* (Paderborn, 1982).

——, 'Vom Lebensraum zum Todesraum: Deutschlands Kriegführung zwischen Moskau und Stalingrad', in Förster (ed.), *Stalingrad*, 17-38.

——, 'Die Aporie des Krieges', in *DRZW* VII. 211-76.

——, 'Von Stalingrad nach Kursk', in *DRZW* VII. 3-82.

——, 'The War against the Soviet Union, 1942-1943', in *GSWW* VI. 843-1,230.

Weinberg, Gerhard L., 'Hitler and England, 1933-1945: Pretense and Reality', *German Studies Review*, 8 (1988), 299-309.

——, *A World at Arms: A Global History of World War II* (Cambridge, 2005 [1994]).

Weindling, Paul, *Health, Race and German Politics between National Unification and Nazism 1870-1945* (Cambridge, 1989).

——, *Epidemics and Genocide in Eastern Europe, 1890-1945* (Oxford, 2000).

Weiss, Aharon, 'Jewish Leadership in Occupied Poland: Postures and Attitudes', *Yad Vashem Studies*, 12 (1977), 335-65.

Weitz, Birgit, 'Der Einsatz von KZ-Häftlingen und jüdischen Zwangsarbeitern bei der Daimler-Benz AG (1941-1945): Ein Überblick', in Kaienburg (ed.), *Konzentrationslager*, 169-95.

Welch, David, *Propaganda and the German Cinema 1933-1945* (Oxford, 1983).

——, *The Third Reich: Politics and Propaganda* (London, 2002 [1993]).

——, 'Nazi Propaganda and the *Volksgemeinschaft*: Constructing a People's Community', *Journal of Contemporary History*, 39 (2004), 213-38.

Werther, Thomas, 'Menschenversuche in der Fleckfieberforschung', in Ebbinghaus and Dörner (eds.), *Vernichten und Heilen*, 152-73.

Wette, Wolfram, 'Das Massensterben als "Heldenepos" : Stalingrad in der NS-Propaganda', in Wette and Ueberschär (eds.), *Stalingrad*, 43-60.

——, '"Rassenfeind" : Antisemitismus und Antislawismus in der Wehrmachtspropaganda', in Manoschek (ed.), *Die Wehrmacht im Rassenkrieg*, 55-73.

——, and Ueberschär, Gerd R. (eds.), *Stalingrad: Mythos und Wirklichkeit einer Schlacht* (Frankfurt am Main, 1992).

Wetzel, Juliane, 'Auswanderung aus Deutschland', in Benz (ed.), *Die Juden*, 413-98.

Whiting, Charles, *Heydrich: Henchman of Death* (London, 1999).

Wienecke, Annette, '*Besondere Vorkommnisse nicht bekannt*': *Zwangsarbeit in unterirdischen Rüstungsbetrieben: Wie ein Heidedorf kriegswichtig wurde* (Bonn, 1996).

Wighton, Charles, *Heydrich: Hitler's Most Evil Henchman* (London, 1962).

Wildt, Michael, *Generation des Unbedingten: Das Führungskorps des Reichssicherheitshauptamtes* (Hamburg, 2002).

——, 'Alys Volksstaat: Hybris und Simplizit́t einer Wissenschaft', *Sozial.Geschichte*, 20 (2005), 91-7.

Wilhelm, Hans-Heinrich, 'Hitlers Ansprache vor Generalen und Offizieren am 26.

Mai 1944', *Militärgeschichtliche Mitteilungen*, 2 (1976), 123-70.

Winau, Rolf, 'Medizinische Experimente in den Konzentrationslagern', in Benz and Distel (eds.), *Der Ort des Terrors*, I. 165-78.

Winkler, Dŕte, *Frauenarbeit im 'Dritten Reich'* (Hamburg, 1977).

——, 'Frauenarbeit versus Frauenideologie: Probleme der weiblichen Erwerbstätigkeit in Deutschland, 1930-1945', *Archiv für Sozialgeschichte*, 17 (1977), 99-126.

Wirrer, Bärbel (ed.), *Ich glaube an den Führer: Eine Dokumentation zur Mentalitätsgeschichte im nationalsozialistischen Deutschland 1942- 1945* (Bielefeld, 2003).

Wistrich, Robert S., 'The Vatican Documents and the Holocaust: A Personal Report', *Polin: Studies in Polish Jewry*, 15 (2002), 413-43.

Witte, Peter, and Tyas, Stephen, 'A New Document on the Deportation and Murder of Jews during "Einsatz Reinhard" 1942', *Holocaust and Genocide Studies*, 15 (2001), 468-86.

Witte, Peter, *et al.* (eds.), *Der Dienstkalender Heinrich Himmlers 1941/42* (Hamburg, 1999).

Wixforth, Harald, *Die Expansion der Dresdner Bank in Europa* (Munich, 2006).

Wöhlert, Meike, *Der politische Witz in der NS-Zeit am Beispiel ausgesuchten SD-Berichte und Gestapo-Akten* (Frankfurt am Main, 1997).

Wolff-Mönckeberg, Mathilde, *On the Other Side: To My Children from Germany 1940- 1945* (London, 1982 [1979]).

Wolters, Rita, *Verrat für die Volksgemeinschaft: Denunziantinnen im Dritten Reich* (Pfaffenweiler, 1996).

Wright, Patrick, *Tank: The Progress of a Monstrous War Machine* (London, 2000).

——, *Iron Curtain: From Stage to Cold War* (London, 2007).

Wrobel, Hans (ed.), *Strafjustiz im totalen Krieg: Aus den Akten des Sondergerichts Bremen 1940 bis 1945* (Bremen, 1991).

Wulf, Joseph, *Literatur und Dichtung im Dritten Reich: Eine Dokumentation* (Gütersloh, 1963).

——, *Presse und Funk im Dritten Reich: Eine Dokumentation* (Gütersloh, 1964).

Wurm, Theophil, *Aus meinem Leben* (Stuttgart, 1953).

Yahil, Leni, *The Rescue of Danish Jewry: Test of a Democracy* (Philadelphia, Pa., 1969).

Zamecnik, Stanislav, *Das war Dachau* (Frankfurt am Main, 2007 [2002]).

Zawodny, Janusz K., *Death in the Forest: The Story of the Katyn Forest Massacre* (London, 1971).

Ziemke, Earl F., *Moscowto Stalingrad* (Washington, D.C., 1968).

——, 'Moscow, Battle for', in Dear (ed.), *The Oxford Companion to World War II*, 593-5.

Zilbert, Edward R., *Albert Speer and the Nazi Ministry of Arms: Economic Institutions and Industrial Production in the German War Economy* (London, 1981).

Zimmermann, John, 'Die deutsche militärische Kriegsführung im Western 1944/45', in *DRZW* X/I. 277-489.

Zimmermann, Michael, *Rassenutopie und Genozid: Die nationalsozialistische 'Lösung der Zigeunerfrage'* (Hamburg, 1996).

——, 'Die nationalsozialistische Zigeunerverfolgung, das System der Konzentrationslager und das Zigeunerlager in Auschwitz-Birkenau', in Herbert *et al.* (eds.), *Die nationalsozialistischen Konzentrationslager*, II. 887-910.

Zuccotti, Susan, *The Italians and the Holocaust: Persecution, Rescue and Survival* (London, 1987).

——, *The Holocaust, the French, and the Jews* (New York, 1993).

——, *Under His Very Windows: The Vatican and the Holocaust in Italy* (New Haven, Conn., 2000).

索 引

B

E

F

G

M

N

O

P

Q

R

S

Z

M 译丛

imaginist [MIRROR]

001 没有宽恕就没有未来

[南非] 德斯蒙德 · 图图 著

002 漫漫自由路：曼德拉自传

[南非] 纳尔逊 · 曼德拉 著

003 断臂上的花朵：人生与法律的奇幻炼金术

[南非] 奥比 · 萨克斯 著

004 历史的终结与最后的人

[美] 弗朗西斯 · 福山 著

005 政治秩序的起源：从前人类时代到法国大革命

[美] 弗朗西斯 · 福山 著

006 事实即颠覆：无以名之的十年的政治写作

[英] 蒂莫西 · 加顿艾什 著

007 苏联的最后一天：莫斯科，1991 年 12 月 25 日

[爱尔兰] 康纳 · 奥克莱利 著

008 耳语者：斯大林时代苏联的私人生活

[英] 奥兰多 · 费吉斯 著

009 零年：1945，现代世界诞生的时刻

[荷] 伊恩 · 布鲁玛 著

010 大断裂：人类本性与社会秩序的重建

[美] 弗朗西斯 · 福山 著

011 政治秩序与政治衰败：从工业革命到民主全球化

[美] 弗朗西斯 · 福山 著

012 罪孽的报应：德国和日本的战争记忆

[荷] 伊恩 · 布鲁玛 著

013 档案：一部个人史

[英] 蒂莫西 · 加顿艾什 著

014 布达佩斯往事：冷战时期一个东欧家庭的秘密档案

[美] 卡蒂 · 马顿 著

015 古拉格之恋：一个爱情与求生的真实故事

[英] 奥兰多 · 费吉斯 著

016 信任：社会美德与创造经济繁荣

[美] 弗朗西斯 · 福山 著

017 奥斯维辛：一部历史

[英] 劳伦斯 · 里斯 著

018 活着回来的男人：一个普通日本兵的二战及战后生命史

[日] 小熊英二 著

019 我们的后人类未来：生物科技革命的后果

[美] 弗朗西斯 · 福山 著

020 奥斯曼帝国的衰亡：一战中东，1914-1920

[英] 尤金 · 罗根 著

021　国家构建：21 世纪的国家治理与世界秩序

[美] 弗朗西斯·福山 著

022　战争、枪炮与选票

[英] 保罗·科利尔 著

023　金与铁：俾斯麦、布莱希罗德与德意志帝国的建立

[美] 弗里茨·斯特恩 著

024　创造日本：1853—1964

[荷] 伊恩·布鲁玛 著

025　娜塔莎之舞：俄罗斯文化史

[英] 奥兰多·费吉斯 著

026　日本之镜：日本文化中的英雄与恶人

[荷] 伊恩·布鲁玛 著

027　教宗与墨索里尼：庇护十一世与法西斯崛起秘史

[美] 大卫·I. 科泽 著

028　明治天皇：1852—1912

[美] 唐纳德·基恩 著

029　八月炮火

[美] 巴巴拉·W. 塔奇曼 著

030　资本之都：21 世纪德里的美好与野蛮

[英] 拉纳·达斯古普塔 著

031　回访历史：新东欧之旅

[美] 伊娃·霍夫曼 著

032　克里米亚战争：被遗忘的帝国博弈

[英] 奥兰多·费吉斯 著

033　拉丁美洲被切开的血管

[乌拉圭] 爱德华多·加莱亚诺 著

034　不敢懈怠：曼德拉的总统岁月

[南非] 纳尔逊·曼德拉、曼迪拉·兰加 著

035　圣经与利剑：英国和巴勒斯坦——从青铜时代到贝尔福宣言

[美] 巴巴拉·W. 塔奇曼 著

036　战争时期日本精神史：1931—1945

[日] 鹤见俊辅 著

037　印尼 Etc.：众神遗落的珍珠

[美] 伊丽莎白·皮萨尼 著

038　第三帝国的到来

[英] 理查德·J. 埃文斯 著

039　当权的第三帝国

[英] 理查德·J. 埃文斯 著

040　战时的第三帝国

[英] 理查德·J. 埃文斯 著